U0918697

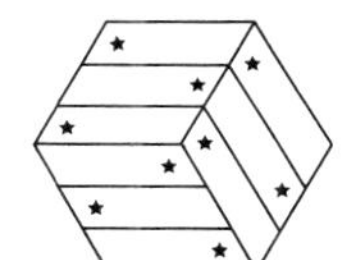

思维游戏

文思◎主编

Thinking Game

图书在版编目（CIP）数据

思维游戏 / 文思主编 . — 北京：北京联合出版公司，2015.5（2018.11 重印）

ISBN 978-7-5502-4718-5

Ⅰ . ①思… Ⅱ . ①文… Ⅲ . ①智力游戏 Ⅳ . ① G898.2

中国版本图书馆 CIP 数据核字（2015）第 031752 号

思维游戏

主　　编：文　思

责任编辑：孙志文

封面设计：施凌云

责任校对：宋　媛

美术编辑：吴秀侠

北京联合出版公司出版

（北京市西城区德外大街83号楼9层　100088）

北京市松源印刷有限公司印刷　新华书店经销

字数655千字　720毫米 × 1020毫米　1/16　40印张

2018年11月第2版　2018年11月第3次印刷

ISBN 978-7-5502-4718-5

定价：78.00元

前 言

优秀的人之所以优秀，并不是在于他们有多聪明，而是在于他们掌握了科学的思维方法。爱因斯坦说过：人们解决世界的问题，靠的是大脑思维和智慧。思维能力在人的成功过程中起着举足轻重的作用，没有思维活动的参与，人类的任何发明创造都是根本不可能完成的。无论从事什么职业，处于什么岗位，拥有活跃的思维，都是你快速走向成功的有利资本。

一个人只有接受更多、更好的思维训练，才能有更高的思维效率和更强的思维能力，才能从竞争激烈的社会中脱颖而出。人的一生可以通过学习来获取知识，但思维训练从来都不是一件简单容易的事情，也不是一蹴而就的事情，许多心理学和社会学家都认为思维游戏是一种最好的训练方式，他们把思维游戏称为“使思维流动的活动”，“是一种轻松有趣的训练思维、提高智力的方式”。好的思维游戏不但可以帮助发掘游戏者的思维潜能，而且可以使游戏者获得解题的快乐和满足，增强挑战困难的信心。

本书精选近千个世界经典思维游戏，分为形象类思维游戏、数字类思维游戏、语言类思维游戏、几何类思维游戏、逻辑类思维游戏、推理类思维游戏、发散类思维游戏、创新类思维游戏、综合类思维游戏等 9 章，每个游戏都极具代表性和独创性，有看似复杂但却非常简单的推理问题，有让人迷惑不解的图形难题，有运用算术技巧以及常识解决的谜题，以及由词语、数字组成的纵横字谜等，内容丰富，难易有度。各种题型灵活地交叉在一起，让你真正感受到是在“玩”而不是在“学”。这更像是让头脑做一个自由操，使思维因此得到发散。

本书虽是一本游戏书，但却不是一本简单的娱乐书，书中的游戏貌似简单，但却极富思维训练的张力。在游戏的过程中，你需要大胆地设想、判断与推测，需要尽量发挥想象力，突破固有思维模式，充分运用创造性思维，多角度、多层次地审视问题，将所有线索纳入你的思考。这些异彩纷呈的游戏，将让你在享受解题乐趣的同时，彻底带动你的思维高速运转起来，充分发掘大脑潜能，让你越玩越聪明。如果你平时不喜欢玩思维游戏，那么这本书会让你爱上它；

如果你是个思维游戏迷，那么这本书会让你觉得有新意；如果你觉得这本书中的游戏太简单，那么，恭喜你，你已经出师了。

不论是热爱思维训练、喜欢不断挑战自我的读者，还是渴望成为社会精英的莘莘学子；不论是渴望在职场上获得机会的求职者、渴望在工作中寻求突破的上班族，还是报考各类考试的应试者、正在求职的面试者，只要你渴望找到思维的突破，锻炼出聪明的大脑，本书就是你最好的选择。你要做的就是，马上翻开本书，开启一段非凡的锻炼大脑之旅，经历一场前所未有的思维革命！在游戏中，你会发现你的观察力、想象力、注意力、逻辑力、推理力、创新力等各方面的能力都得到了极大的提升，让你在学习、工作与生活中获得更多的新想法、新发现，做出更正确的判断，取得更大的成功。

目 录

第一章
形象类思维游戏

第二章
数字类思维游戏

第三章

语言类思维游戏

第四章

几何类思维游戏

第五章

逻辑类思维游戏

第六章

推理类思维游戏

第七章

发散类思维游戏

第八章

创新类思维游戏

第九章

综合类思维游戏

第一章

形象类思维游戏

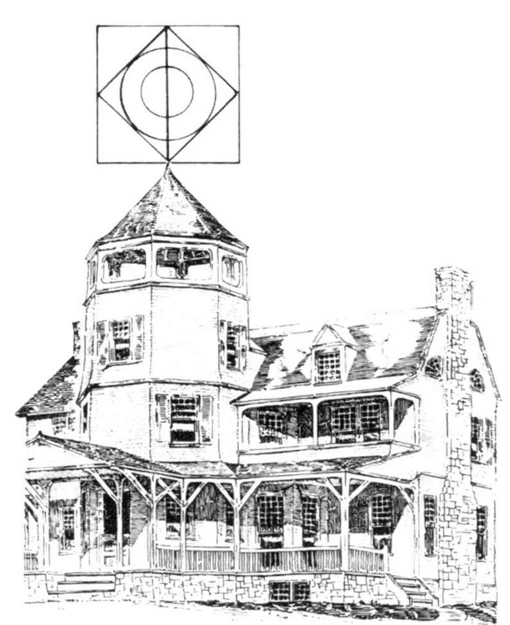

1. 特雷瓦路斯与电视机

天啦，特雷瓦路斯已经把电视机吞掉了。现在，请给这幅图画着色，找出通往电视机的路线。

2. 骑士与财宝

这些英勇的骑士中，只有一个能最终到达藏有财宝的地方，你猜是哪个呢？

3. 风筝

下图就是著名的“风筝思维游戏”。要做这个游戏，你得先画一个风筝。然后画一条线把风筝连接起来，但是必须一步完成（即用一条线连续画出）。线与线之间不能交叉，也不能重复出现。你必须从线团开始画，然后到风筝的正中央结束。

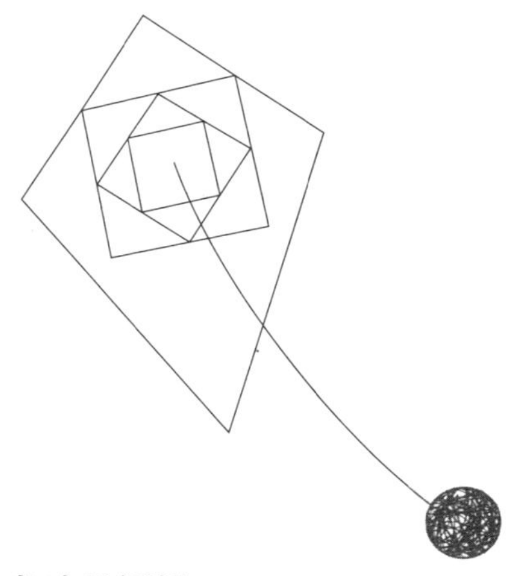

4. 多汁的樱桃

我们用冰激凌棒做一个带柄的高玻璃杯，杯中涂色的圆圈是一个多汁的樱桃。你要把樱桃从杯子里拿出来，但是只能移动其中的两根木棒的位置。你不能把樱桃拿走，而且必须保证杯子的形状不变。

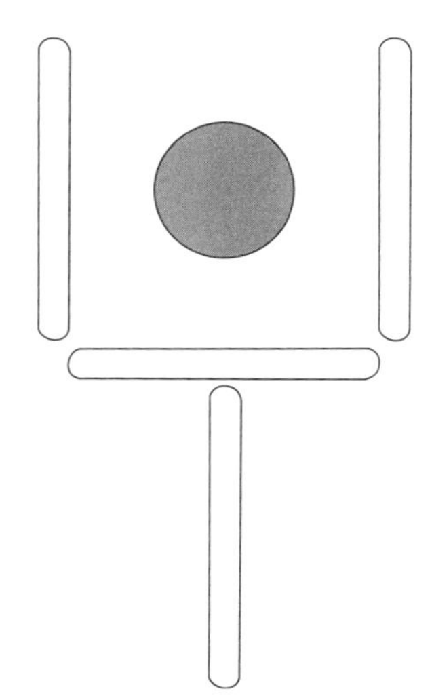

5.“牙签”金枪鱼

将 8 根牙签按照图中所示的样子摆放。再把一个纽扣当作眼睛放在方框内。

这时，突然我们的“牙签”金枪鱼看见了一条鲨鱼！它必须转身逃命。你能否将 3 根牙签和纽扣移动一下位置，使金枪鱼转到左边呢？

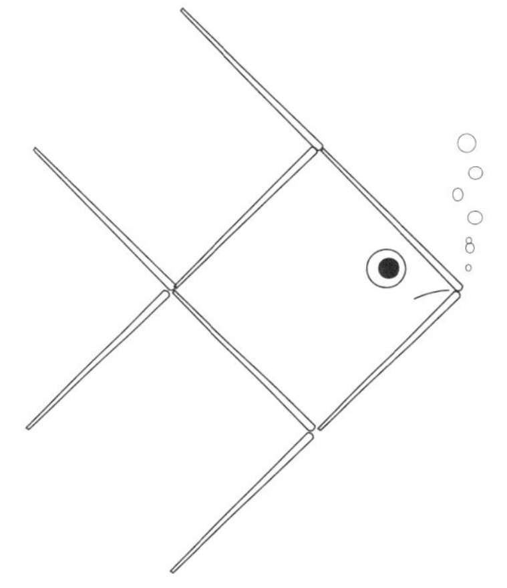

6. 小蚂蚁妮娜

小蚂蚁妮娜得赶快上岸，快来帮帮她吧，不然的话她就要被河水冲走了。

7. 邮票与十字形

这里有 6 张来自世界各国的不同邮票，问题是如何将这些邮票摆成一个十字形。但是，要保证十字架的每条线都有 4 张邮票。

8. 印第安箭头

有一种办法可以只通过移动位置就能将这 4 支印第安箭头变成 5 支。你有什么好办法来解决这个难题，请想一想。

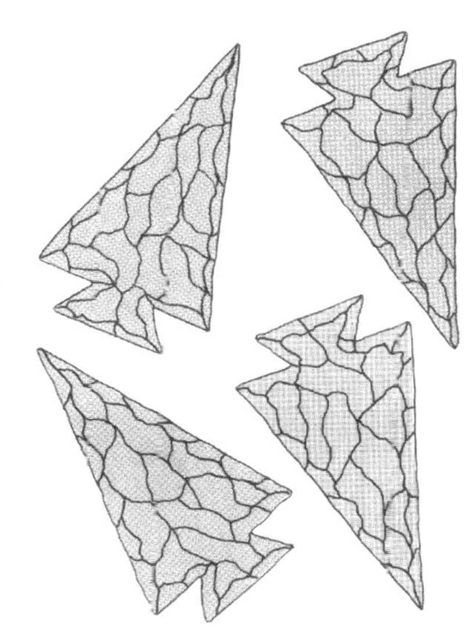

9. 餐叉

我们的好朋友刚刚不小心在吃饭的时候吞下了一把餐叉，你要赶快帮它找出来呀！

10. 小行星与宇航员

请你帮助站在小行星外面的宇航员进去与他的朋友会合，他的朋友刚刚发现了一些令人惊奇的事物。

11. 乌贼与锚

是哪只乌贼把锚绞住了呢？

12. 寻找公主

走哪条路才能与公主会面呢？

13. 魔鬼迷宫

你能以最快的速度走出这个迷宫吗？

14. 巡逻

在世纪之交，奥拉夫·安德森成为一名小城市的警察。他的任务是巡逻这个城市的6个正方形街区。作为一个尽职尽责的警察，他希望在巡逻时找出一条可以一次把所有街区都巡视完的路线。答案中已经给出了他所制定的路线，我们认为那可能是最好的路线。但是，或许也有一条更便捷的路线，所以在查看答案之前请你来试一试。

15. 园丁与树叶

请帮助园丁找到最后一片树叶。

16. 木匠与钉子

这个游戏来自一位老木匠。你必须重新排列这6根钉子，并使它们彼此相接触。这个游戏看似简单，但是要注意：也许你在放弃之前就已经“结束”自己的尝试了。

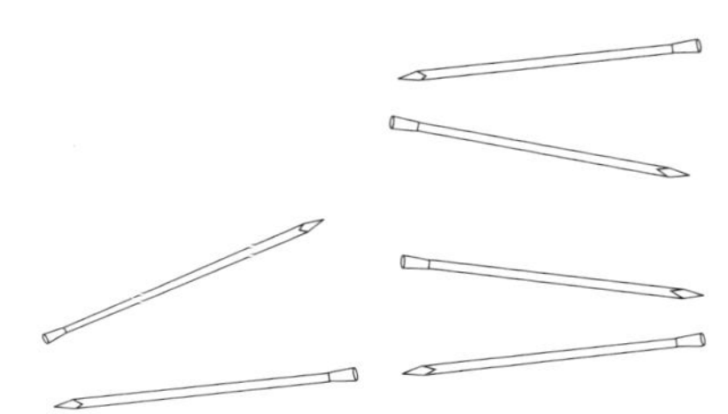

17. 迪克与奶酪

老鼠迪克要怎样才能吃到奶酪呢？

18. 烟雾通道

请帮助两位研究员找到烟雾的通道。

19. 宝石徽章

思维游戏起源于3000多年前的尼罗河流域。这里，我们关注的是那些石匠们正在抛光的智慧之神斯塔姆尤莫斯特的头像。他的头盔上的徽章就是有记载的最早的直线思维游戏。要解决这个题，你必须用一笔把这个饰有宝石的徽章画下来。在画的过程中，你既不可以把铅笔从纸上抬起来，也不可以使线条交叉在一起。

20. 密室里的手稿

探险者要找到藏在密室里的手稿，密室四周是走廊迷宫，现在他显然需要你的帮助。

21. 旋转盘子

图中所示的那个人正是19世纪90年代著名的盘子旋转大师约翰·马斯基林。他可以同时使6个盘子和1个脸盆旋转5分多钟。现在，他有1个关于盘子的游戏等着你。他向你提出挑战：看谁能将盘子的中心点稳稳当当地放在针尖上，而这根针插在瓶口的瓶塞上。你可以利用4个叉子和2个瓶塞来完成这个看似不可能完成的表演。如果你能够正确使用，你就可以与马斯基林先生不相上下。把盘子平稳地放在针尖上后，就可以开始旋转这个盘子了。

马斯基林先生在旋转盘子

22. 火柴游戏

阿布丝诺·隆戈兹是火柴游戏的改进者，现在他又开始玩这个游戏了。那么，你可以在可怜的贝提伯尔尼先生掏钱包之前完成这个思维游戏吗？

23. 被人遗忘的宝藏

这是一个被人遗忘的巨大宝藏，帮帮诺罗斯老师吧，别让他迷路了。

24. 圣诞老人

圣诞老人走的是几号通道啊？

25. 逃生通道

太幸运了，小蚂蚁妮娜还有一条逃生的通道，但是千万不要搞错了呀！

26. 塔

注意不要走得太快，以免从塔上掉下来！

27. 狼牙棒

从蛇或者从大象开始，看看是谁拿着巨大的狼牙棒。

28. 弹孔

按照过去的观念，卡特尔·凯特称得上是位高人。她使用 6 发装左轮手枪的本领堪称传奇，这里我们看到的是她如何打赌取胜的。她说她可以在扭转头的同时往墙上射 12 颗子弹，这 12 个弹孔排列成 7 行，每行 4 个弹孔；当然，某些弹孔将同时存在于多个行列。钢琴师萨姆一点儿也不担心。那么，你认为弹孔在墙上是如何排列的呢？

29. 走出金字塔

法老要怎样才能走出金字塔呢？快来帮帮他吧！

30. 蛋糕上的蜡烛

你能顺利地吹灭蛋糕上的蜡烛吗?

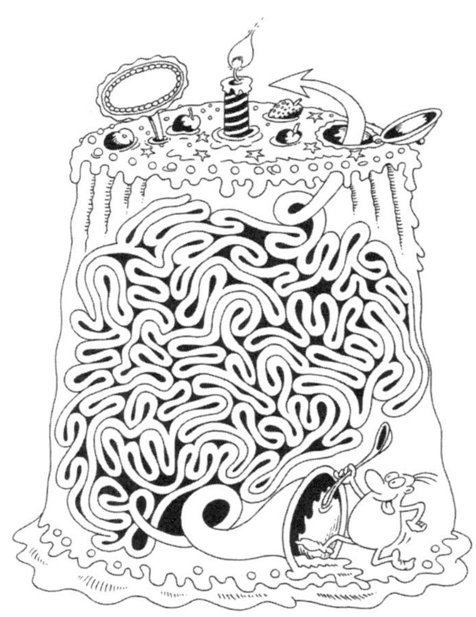

31. 海盗与财宝

这 3 个海盗谁能最先找到财宝呢?

32. 最好的线路

到达数字 4 的最好的线路是哪条呢?

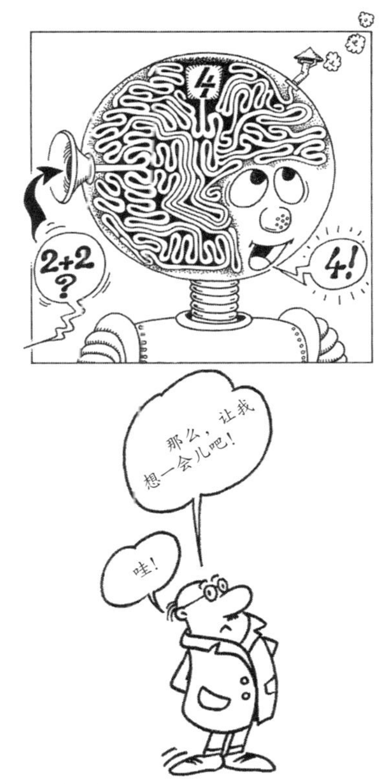

33. 电动汽车

这辆电动汽车的插头是哪个?

34. 岗哨

下图是山上城堡的布局图。城堡各个岗哨都用字母标注出来了，从图中可以看出所有的岗哨都与通道相连接。如果警察想一次检查完所有的岗哨并且最终回到出发点的话，那么，应该走什么路线呢？

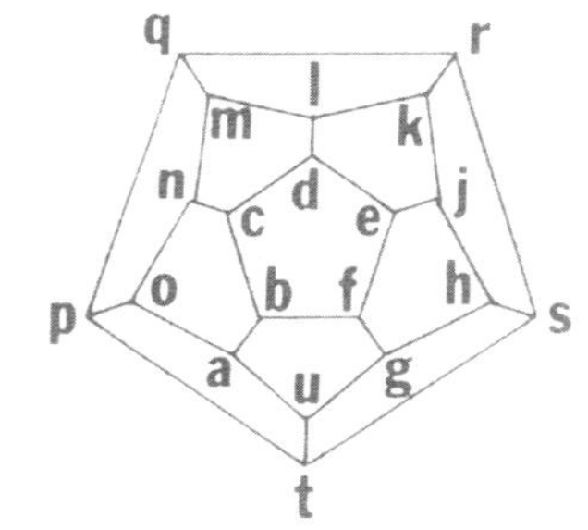

35. 罐子里的蛇

是哪条蛇的尾巴从罐子里伸出来了？

36. 水下基地

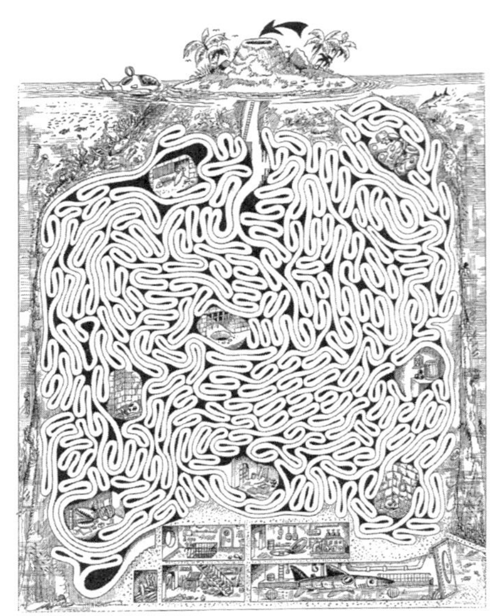

在火山岛上，隐藏着一个秘密的水下基地，你需要找到正确的通道，直接下到藏有潜艇的地方，一定要注意陷阱哦。

37. 热狗

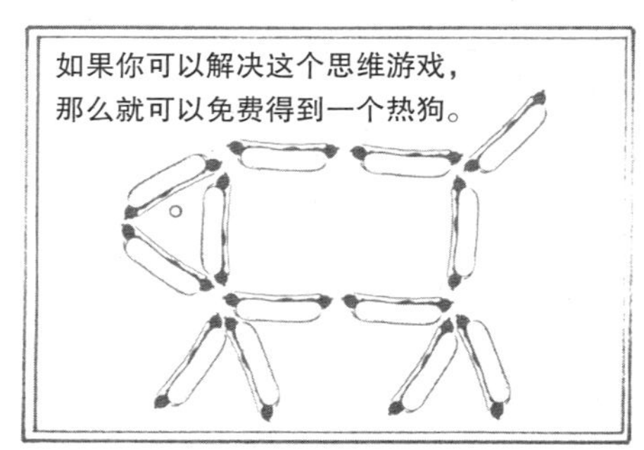

38. 秘密通道

请找出连接着两个金字塔的秘密通道。

39. 地心旅游

轮到你投入到这次新奇的历险中了，作家儒勒·凡尔纳想象出来的地心旅游。

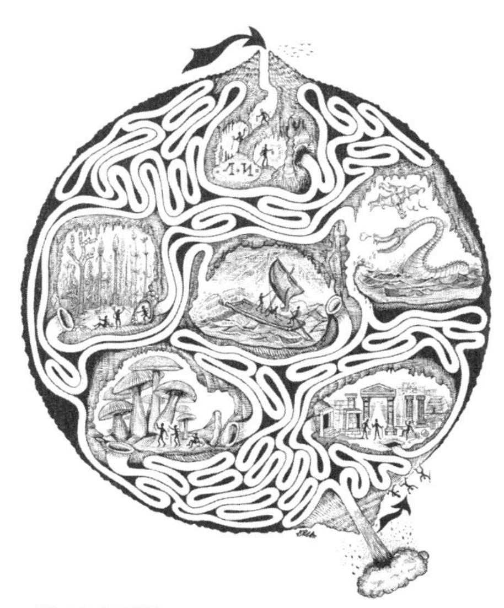

40. 沙滩假期

阿莫斯·埃德哈根想要一笔画出下图的图案，每部分的线条彼此不能交叉。

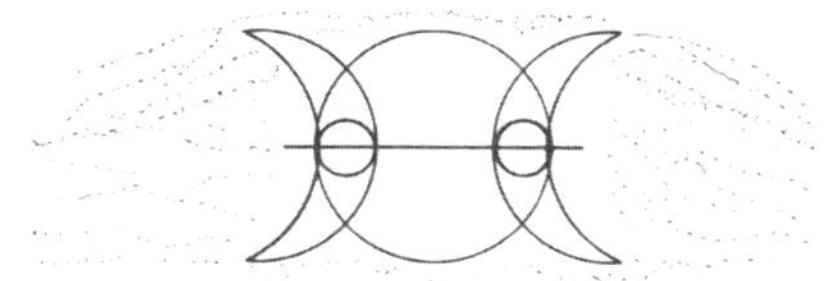

41. 几何难题

昨晚的作业中有一道几何难题。要求是从下图中去掉 4 条短线，这样，只剩下 5 个三角形。你如何解决这个问题呢？

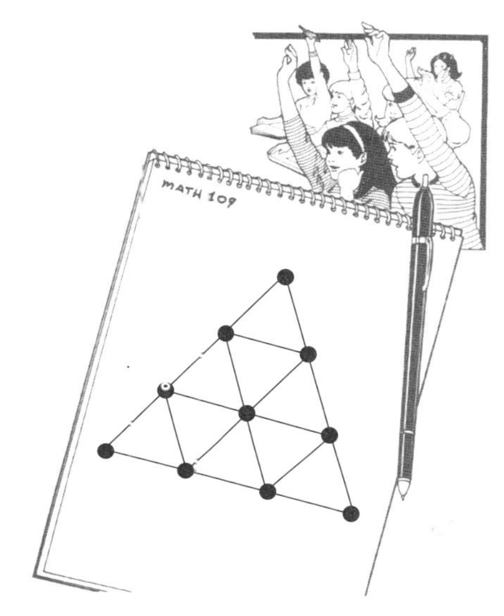

42. 美味的种子

迪克先生在家里准备了美味的种子，等待着以前和它住在一起的老朋友，但是，它的朋友忘了应该走哪条路。快帮帮它吧！

43. 约克的家

毛毛虫尼鲁要怎样才能到达它的好朋友约克的家呢?

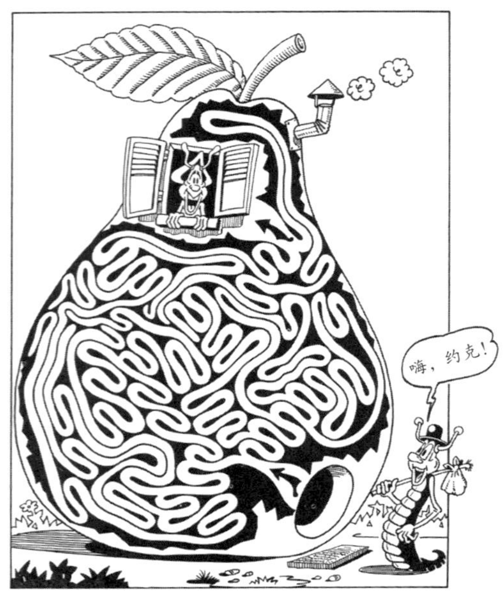

44. 古董

亚历克斯·莫卡托是无新古董市场的所有者。上个月他出乎意料地在思维游戏大会上获胜，而他现在正在兴致勃勃地浏览这一新闻。他向比赛的裁判员提出挑战，看谁能把他带来的 17 件古董分 4 行放在地上，而且每行都有 5 件古董。那么，你能完成那些著名裁判员都无法完成的任务吗?

45. 黑色幽灵

帮帮诺罗斯老师找出神秘的黑色幽灵的藏身之处吧。

46. 正方形中的圆点

按下图的样子，在纸上画一个方格，分成 16 个正方形，然后在每个正方形的中间点一个圆点。现在解答题：请设法画出 6 条直线，要求经过每个正方形中的圆点，但是在画的过程中铅笔不可以从纸上抬起。提示：其中有两个圆点要经过两次；而且，第一笔要从这个方格外面开始。

47. 奇幻屋

如果被关在这个迷宫里就太糟了！快来帮帮这两兄弟找到正确的路吧。

48. 晚餐

下面的两幅图中一共有 7 处不同，你能找出来吗？

49. 老鼠造反

老鼠造反啦。这两幅图中有 7 处不同，请把它们找出来。

50. 香茶公司的标志

下面站着的那个人是余武陵，他是著名的香茶出口公司的广告经理人。他胳膊下面夹的是公司的标志——一个内有十字的正方形，表示整个世界。许多年前，余武陵根据这个标志想出来一道题。他说他可以用一把东方的喷水刷子在纸上把这个标志画出来，而且前提是笔不离纸、线不重复。那么，你知道他是如何做到的吗？

51. 地毯

阿布杜是个地毯商，现在他遇到了一个大麻烦。他必须在太阳落山之前把一个边长为 10 米的正方形地毯交给一位十分富裕的客户。他在仓库里找出一个长 12 米宽 9 米的地毯，他打算用这个地毯来做客户所要的地毯。可是，当他展开这个地毯时，发现中间被剪掉了一块，被剪掉的部分长 8 米宽 1 米。然而，老练的阿布杜却很快想出一个办法，他把剩下的地毯剪成了两块，然后再缝在一起，这样便做出一整块边长为 10 米的正方形地毯。那么，他是怎么做的呢？

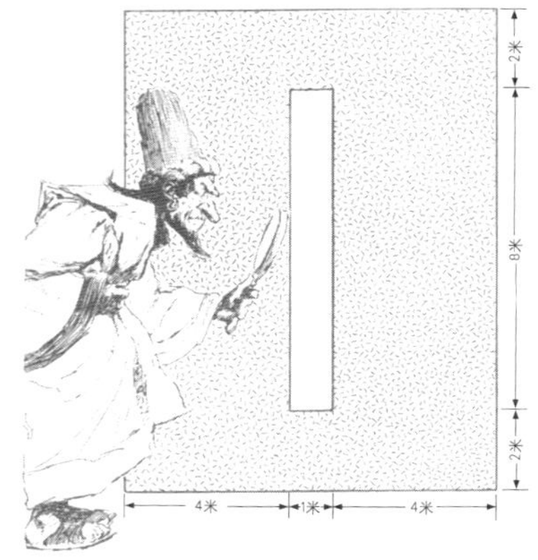

52. 格子上的圆点

这个题虽然很古老，但是很有趣。在下边的格子上有 5 对圆点，分别标着 A 至 E 这几个字母。请将各对字母相连：A 与 A，B 与 B，C 与 C，D 与 D，E 与 E。你必须沿着格子上的直线连线，彼此路线不能相交或者重叠。

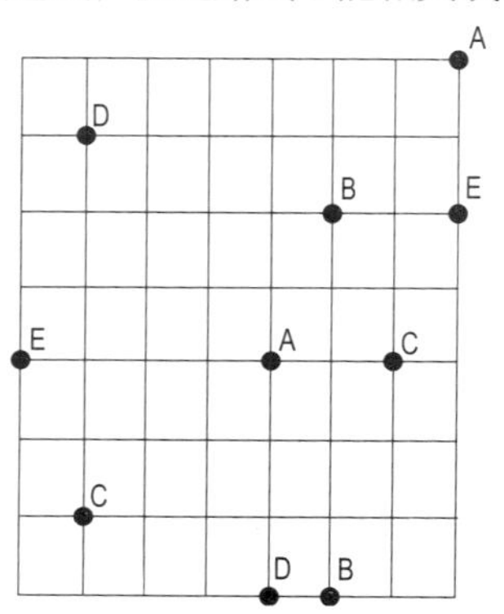

53. 碰碰车

这两个碰碰车长得非常像，不过它们还是有 7 处不同，你能找出它们的不同吗？

54. 跳房子

下面是 19 世纪年轻人在消磨时间时所玩的跳房子游戏。在跳房子游戏中其中有一种是“难题型”的跳房子游戏。这个题要求你用一笔把这个跳房子的轮廓画出来，但前提是笔不离纸、线不重叠。同时，任何部分也不可以重复。

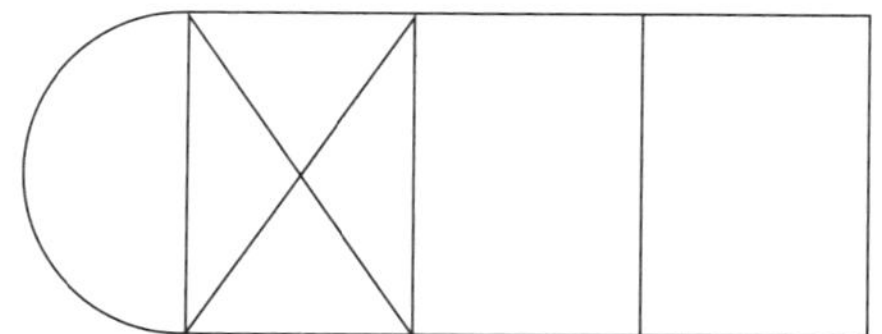

55. 飞机旅行

下面的两幅图中共有 10 处不同，请把它们找出来。

56. 小丑

这两个小丑有 7 处不同，请把它们找出来。

57. 机器人

这两个机器人有 7 处不同，把它们找出来。

58. 黑色圆点

古特罗克斯先生正在琢磨一个著名的长方形思维游戏。下图均匀地分布着 12 个黑色圆点，它们之间有间隔。如果利用任意 4 个圆点作为长方形的顶点（角），那么，你能否计算出有多少个长方形呢？记住，正方形也看作是长方形。

59. 冰上垂钓

这两幅图中有 7 处不同，你能找出来吗？

60. 潜水艇拦截网

在世纪之交，为了抵御新式潜水艇，这个潜水艇拦截网便孕育而生了。但是，相应的抵抗措施也随之出现，法国人甘默尼特先

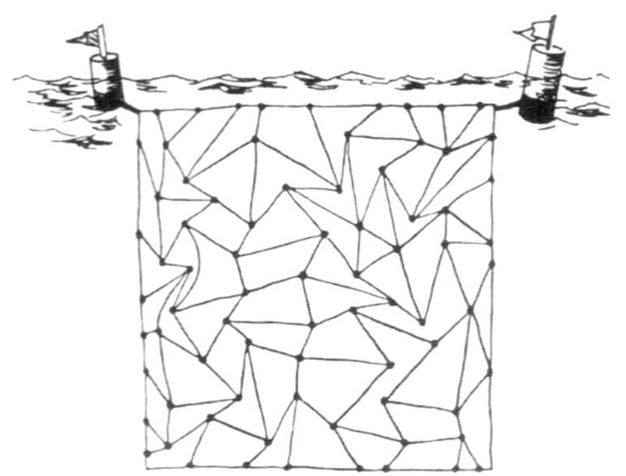

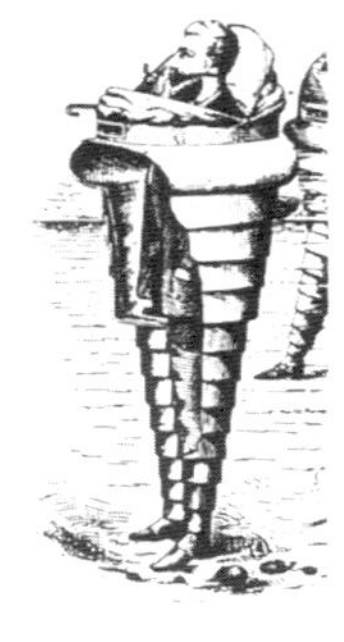

生发明了著名的潜水服。现在，你要穿上这个潜水服把上图的这个网由上而下剪成两部分，但是要用最少的次数。在你剪的过程中，不可以把网的节点剪断。请你找出最佳位置并开始剪。

61. 海底世界

这两幅图中有 10 处不同，你能找出来吗？

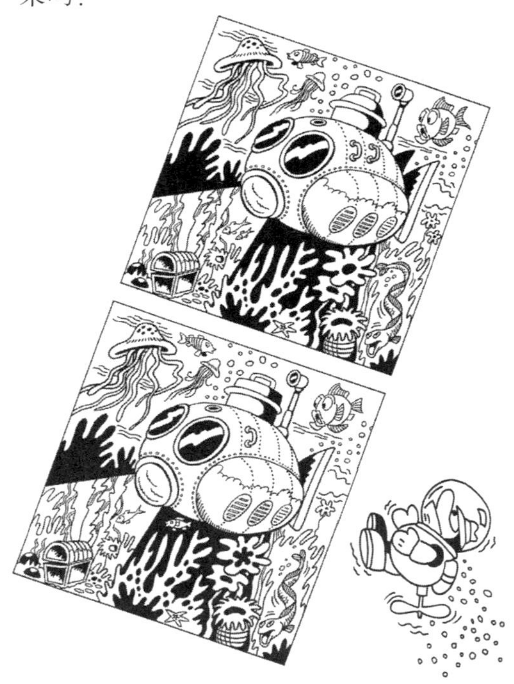

62. 捕捉蝴蝶

这两个正在捕捉蝴蝶的小丑有 7 处不同，你能找出来吗？

63. 寻宝

用线把 1 ~ 93 号点连起来，出现在你面前的会是什么呢？

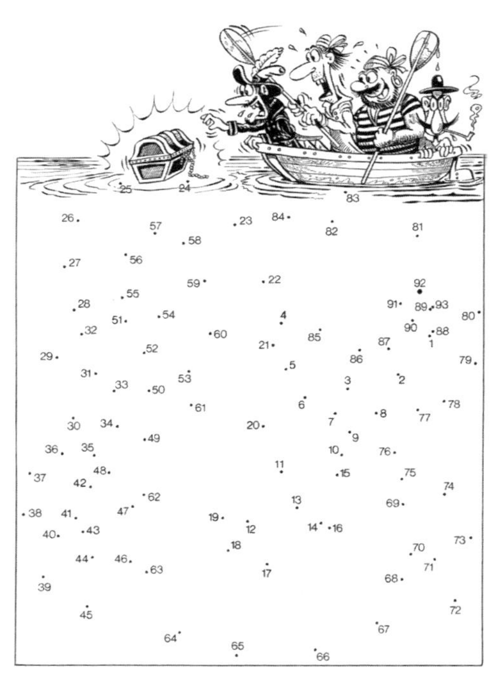

64. 神庙

公元前 1480 年，埃及斯塔姆尤莫斯特神庙刚刚建成。在神庙入口旁边的雕刻是最早有记载的思维游戏。问题是要将这个有 20 条边的图形切成 4 块儿，而且每块儿的大小形状都相同，同时，这 4 部分可以拼成一个完整的正方形。

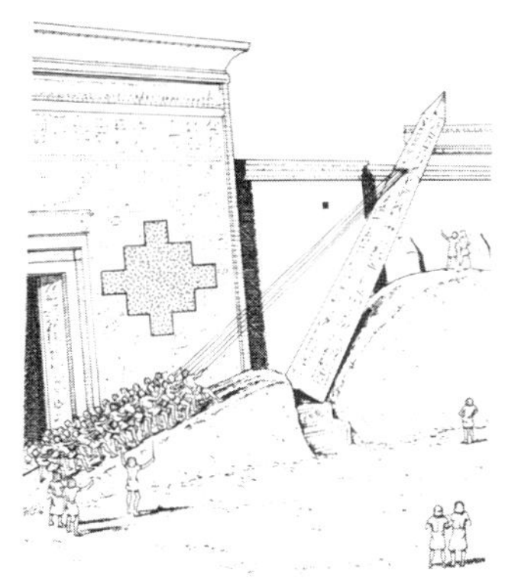

65. 铜锣的秘密

这名罗马士兵不幸落入敌人手中。如果他无法解开这个铜锣的秘密，那么，他将成为太阳神的祭品。你能在铜锣上直切两下，把它分成至少 5 块儿吗？但是，在切第 2 下时，不可以把一块儿放在另一块儿上。

66. 见鬼啦

用线把 1 ~ 49 号点连起来，你看见什么？

67. 恐龙

这好吃的食物是给谁的呢？嗯，用线把 1 ~ 97 号点连起来吧。

68. 汽水吸管

特雷塔尔·本特利这次想出来一个好主意。他在桌上摆了 24 根汽水吸管（如下图所示），这样，便组成了 9 个小方块儿。首先，他拿走 4 根吸管，桌上剩下了 5 个小方块儿；把吸管重新放好，这次拿走 6 根吸管，桌上剩下 5 个小方块儿；再一次把吸管放好，这次拿走 8 根吸管，桌上还是剩下 5 个小方块儿！他是怎么做的呢？每个方块的每条边都要有一根吸管。

69. 飞行计划

在离开北极之前，圣诞老人停下来制订到城镇——欢乐谷的飞行计划。欢乐谷共有 64 个家庭，它们的分布位置如下图所示。每个家庭都在他的计划名单上。圣诞老人想从塔克家开始，到维卡家结束。在这个过程中，他的前进路线需要保持直线，按照水平或者垂直方向在家与家之间飞行；但是，不能重复走过的路线。那么，你能否只用 21 条直线就可以帮圣诞老人把飞行计划画出来呢？

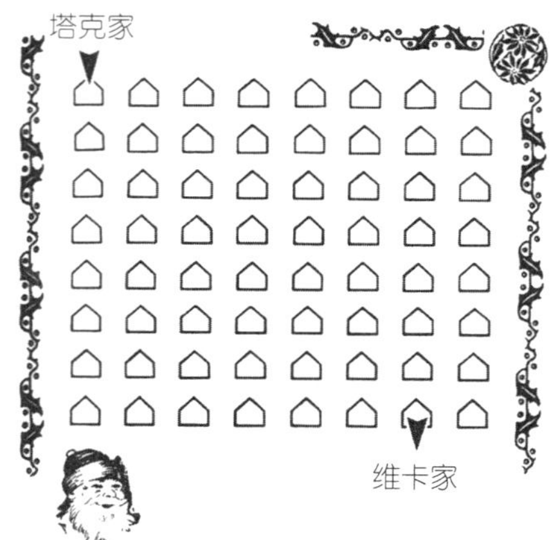

70. 长颈鹿

为了看到完整的画面，请你把 1 ~ 85 号点用线连接起来。

71. 管式电车

这里我们看到的是赫尔曼·贾泽尔，他正驾驶他那引人注目的贾泽尔管式电车穿过纽约有 100 年历史的河流，在水涨上来之前希望他可以穿过那里。当人们把他的电车用船从他在欧立斯康尼的工厂运出来时，大家就造了一个特殊的盒子把它装了起来。这个盒子有 14 个角、21 边。那么，你能计算出这个盒子有多少个面吗？

72. 电视天线

巴罗·威盖特退休后便搬到了山区，他确信他的电视天线大得足够可以接收到他喜欢看的节目。那么，你能否用一笔将这个天线画出来？前提是直线不能在任意点交叉或者与已画直线重复。

73. 蜗牛

为了看到整幅图，请你把 1 ~ 29 号点用线连起来。

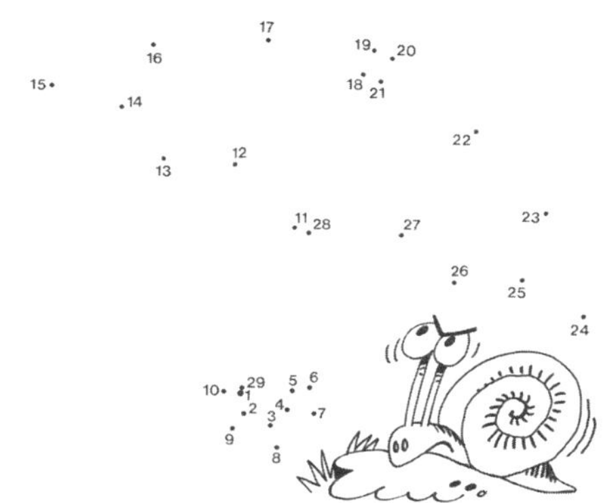

74. 希腊十字架

古代巫师梅林为你准备了一个有趣的问题。布置 5 行圆点，每行各有 5 个。现在，设法用一笔将圆点连成一个希腊十字架。完成的时候，十字架的外面应该有 8 个圆点，而里面则有 5 个圆点（十字架的架臂长度都相等）。

75 . 分拆金字塔

卡拉培尔又迎来了思维游戏展览会，所有的商人都用思维游戏装饰自己的销售窗口。迪利·托诺尔是提沃利市迪利·托诺尔玩具店的老板，今年她想出来一个很好的题目。她用儿童玩具做了一个由 9 个大小相同的三角形组成的金字塔。如果你想进入最后决赛，你必须使这个金字塔在移走 4 根梁之后留下 5 个相同大小的三角形。那么，你有没有兴趣参加这个比赛呢？

76. 受惊吓的迪克

用线把 1 ~ 51 号点连起来，你会看见什么呢？

77. 杜德尼线条画

辛西娅，你觉得它怎么样？这是一个真正的杜德尼线条绘画思维游戏。

这个题要求你用一笔尽可能地把这条蛇画完整。你可以从任何地方开始画，也可以在任意地方结束，但是你不可以将笔从纸上抬起来也不可以与已画部分交叉或者重复。这是1个很好的绘画题，在它上面花的每分钟都很值。

好极了，巴兹尔。问题是什么？

78. 烟

这些烟都是从哪里来的呢？把上面1～95号点用线连接起来，你就知道了。

79. 太妃糖

莫尔博斯太太代售各种好吃的东西，也包括糖果。近来，她的生意肯定不错。她在这里为你准备的是一个有关糖果的题。如果你想免费品尝太妃糖，你需要把21块儿糖排成9条直线，每条直线上有5块儿。当然，每块儿糖不止在一条直线上。

80. 垂钓者

这位垂钓者钓到的是什么？试试按序号将各个点连接起来看看。

81. 木马计

请你把 1 ~ 38 号点用线连接起来，并猜猜看这个游戏是从哪个传说故事中得到的灵感。

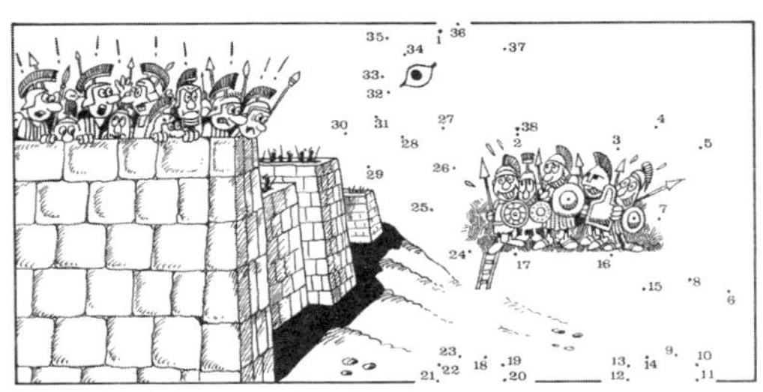

82. 多米诺骨牌塔

准备7个多米诺骨牌，然后把它们搭建成一个小塔（如图所示）。再拿一个骨牌放在塔的前面，你可以在塔不塌的情况下利用这个骨牌将A骨牌从塔上移开吗？除了用B骨牌之外，你不可以用其他东西接触塔。

83. 滑雪橇

下次当你外出滑雪时，如果你想在温暖的临时营地赢得一块儿热巧克力的话，这里有一个万全之策。跟你的朋友打赌，说他们不可能把6个滑雪橇组成8个完整的三角形。如果你没有外出滑雪，你也可以用汽水吸管来完成。

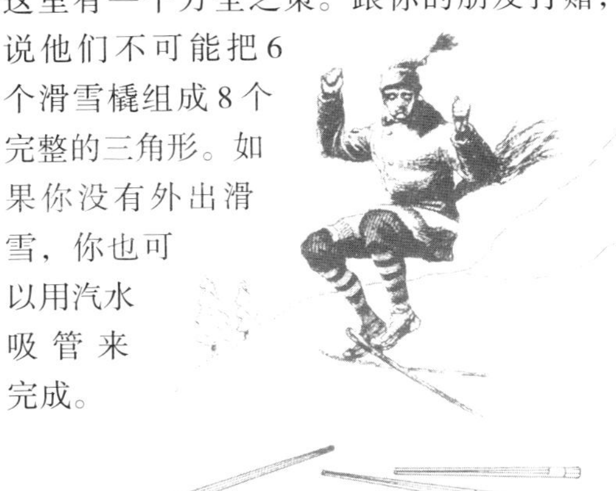

84. 魔术帽

按照序号连起来，看看这到底是什么？

85. 蚂蚁国王

按序号将各点连接起来，看看这幅图的本来面目。

86. 电池城

埃尔默·拉泽罗是电池城的主人，这个电池城位于威斯康星州的拉辛市。他举办了一场比赛，也就是下图中的两个人所提到的比赛。他在陈列室的地上将 36 块儿电池摆成了一个正方形，并答应提供给任何一个答对的人一次为期两周的费用全免的新泽西州海洋树林之旅。但是要求如下：参加比赛的人必须从上面拿走 6 块儿电池，使剩下的每行电池不论在水平方向还是垂直方向都保持偶数。从下面我们可以看出威拉德好像找到了解决办法。

87. 胶合板

海勒姆·鲍尔皮尼不仅是当地最好的杂务工人，而且也是一个思维游戏业余爱好者，他的作品都是自己通过切割创作的。梅尔是他忠实的助手，他买了一块儿胶合板，上面有 3 个正方形的洞。梅尔向海勒姆提出挑战：把它切成两块儿，并使它们正好可以拼成一个没有洞的矩形。那么，你认为海勒姆会从哪里下手呢？

88. 可爱的小家伙

试试按序号将各个点连接起来看看。

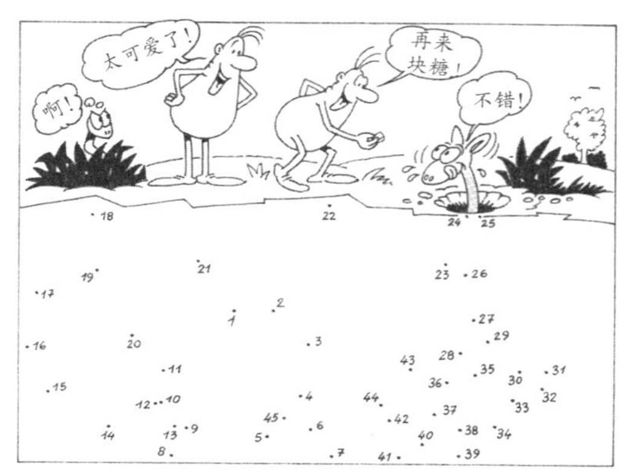

89. 狗饼干

我们的小狗杰姬约了它的几个朋友参加狗食饼干思维游戏派对。派对中的问题如下图所示，即要求你在铅笔不离开纸的前提下用 4 条直线将这 9 块儿饼干连起来。这个游戏你可要好好想一会儿。

90. 老鼠厨师

请按顺序把这些点连接起来。

91. 采樱桃

为了帮助这只老鼠采到樱桃，你需要先完成连线游戏。

92. 快乐的海盗

这些快乐的海盗要行动了，请把 1 ～ 72 号点和从 a ～ u 的字母用线连接起来吧。

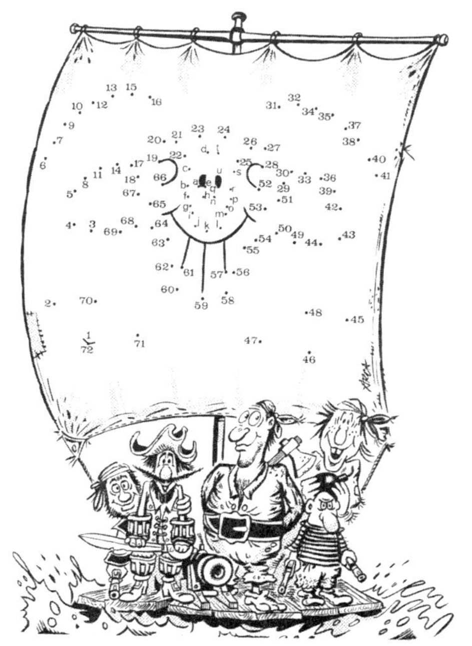

93. 奇怪的飞碟

把 1 ～ 72 号点用线连接起来，你将会发现一个奇怪的飞碟。

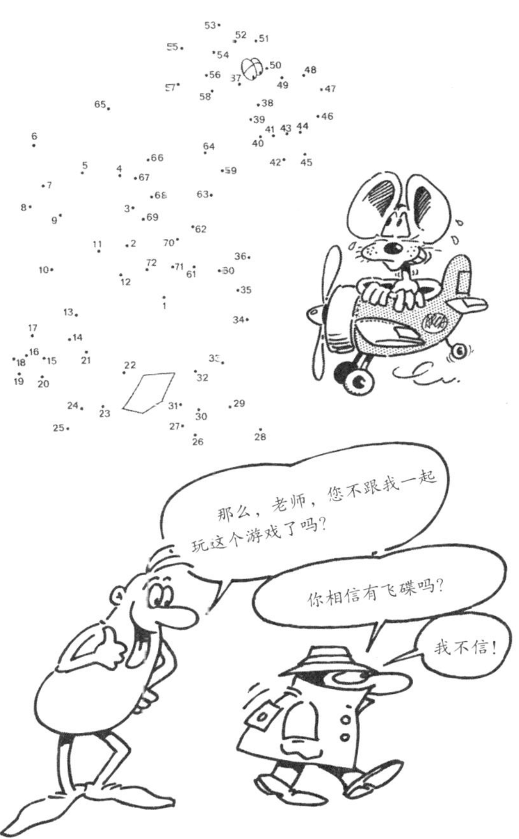

94. 忙碌的古迪克

小蜜蜂古迪克看上去很忙，它拎着两个水桶准备干什么呢？

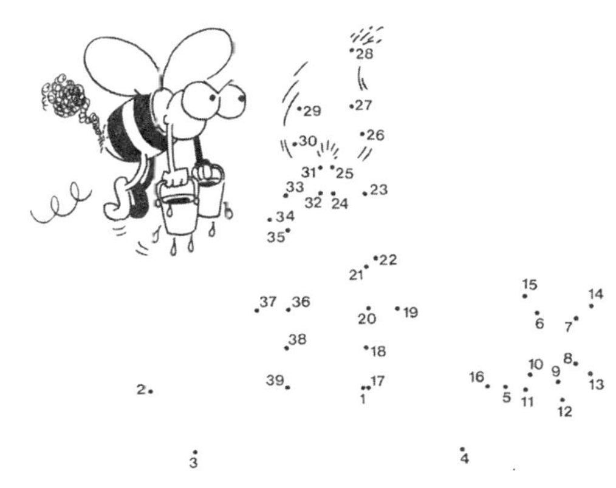

95. 占卜

虽然你不是巫师但同样可以解决这个题，而且可以令人刮目相看！下图中的保罗和维维安正在与样子看起来像暹罗的好斗鱼进行交流。我不知道他们是怎么做的，他们告诉我这幅画是这个占卜写板用一条线画出来的，写板上的笔没有离开纸，而且线条也没有相互交叉。那么，你能按照这些规则重复以上的过程吗？

96. 惊叹的机器人

97. 海岛

98. 魔术师迪克

魔术师被自己的魔术吓了一跳！

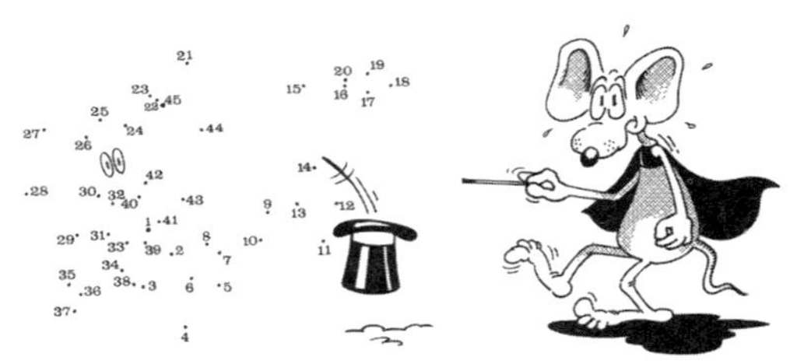

99. 雕刻品

“米利森特，你说你的花园里的那个雕刻品其实是一个很不错的思维游戏。那么，它所隐藏的题是什么呢？”

“珀西，那个题最早是由奥利弗·维尔德莱特设计的。那个题要求你找出奥利佛应该在哪里焊接3根铁条才能使它们经过雕刻品上的所有方格。希望你在下午茶之前把答案想出来！”

100. 快跑！

101. 损坏的钟

那天虽然没有下雨，但是雨却浇在善良的斯皮尔牧师的心里。他不但失去了教堂尖塔上的十字架，而且时钟的表面也被飞来的树枝撞成了 4 块儿。当他检查损坏的钟表时，他发现了一件不同寻常的事情。每块儿碎片上的罗马数字相加的结果都是 20。那么，你知道时钟表面是如何断裂以致发生了这样的事情吗？

102. 惊奇的朋友

把 1 ~ 44 号点用线连接起来，你将会跟这 3 个朋友一样感到惊奇。

103. 英王的皇冠

这里我们看到的是一位城堡的护卫，他的任务是保护英王的皇冠。这个坚强的小伙子注视这些世界瑰宝已经好几个小时了。当哈罗德注视这个装有 12 个镶嵌了宝石的箱子时，他突然想出来一道题，即能否用 5 条直线将这 12 个皇冠全部连起来？每条直线都是从前一条直线的末端开始。10 分钟之后，哈罗德就找出了答案。如果你也能找出答案，我们将授予你“思维游戏王子”的称号！

104. 猎物

这位捕鱼者非常努力地想要把他的猎物拉上来。想知道他钓到了什么吗？把 1 ~ 60 号点用线连起来吧。

105. 天平与鸡

106. 边界线

西德尼是当地的一个建筑商，他把一块长方形的土地分成了 8 块儿建筑用地，并打算在每块儿地上建造一间房子。按他的计划，每块儿土地的大小、形状都要一样。西德尼遇到的问题是有人把每块儿地上的边界碑偷走了，而且房产规划图也丢失了。他在猜测是谁做了如此卑鄙的事情。那么，你能帮助西德尼重新划定各块儿土地的边界线吗（图中的 H 表示每间房子所在的位置）？

107. 郊游

108. 龟形岛

方格最下面一行符号指示的是龟形岛上的藏宝地点，你能以最快的速度找到宝藏吗？

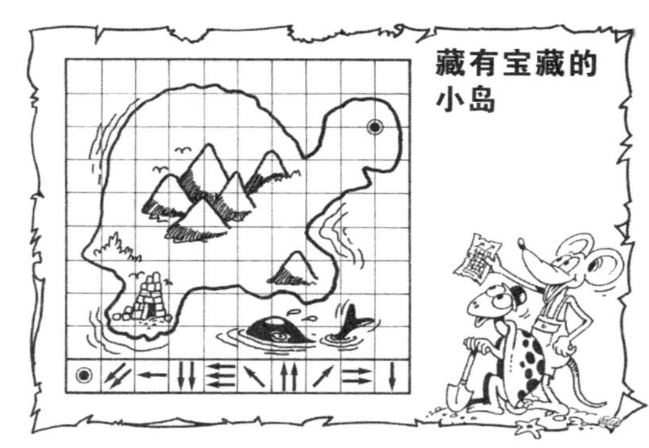

109. 搅拌棍

如果你下次买饮料时，你就可以打这个赌，这很划算。在桌子上放 4 根搅拌棍和 1 枚硬币。然后，与在场的人打赌，说他们不可能只凭借第 5 根搅拌棍就可以把这 4 根搅拌棍和这枚硬币拿起来。在把它们从桌子上拿起来后，挑战者必须保证在扭转那根搅拌棍时，其他的搅拌棍或者硬币不落地，同时，也要使它们在空中逗留片刻。

110. 搬运雪块

这两个人以同样的速度搬运同样大小的雪块，逻辑上来说，谁会第一个完成呢？

111. 帐篷

下面的 12 顶帐篷看上去各不相同，但是其中有两顶是相同的，是哪两顶呢？

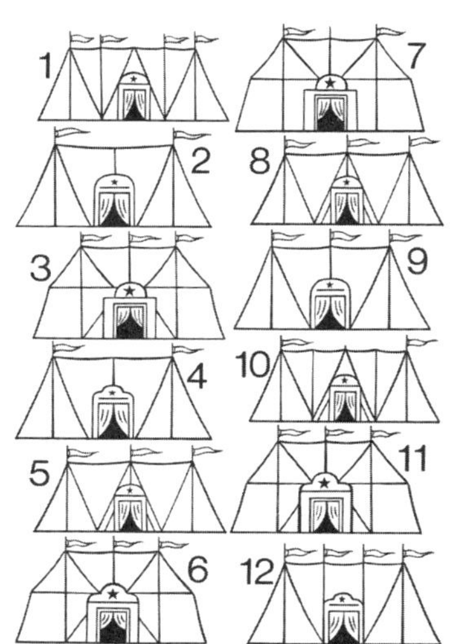

112. 机器人乐师

这个机器人乐师一共演奏了多少种乐器呢？

113. 馅饼思维游戏

感恩节过后便没有比馅饼思维游戏更好的游戏了。这个题实在是太古老了，许多年前，在第一个感恩节上，布拉德福总督可能在享用甜点的时候玩过这个游戏。你要判断的是：如果在馅饼上切 4 下，那么，最多可以切成多少大小不同的块呢？

114. 鱼形岛

地图下面的符号指示的是鱼形岛上的藏宝地点，你能快速找到宝藏吗？

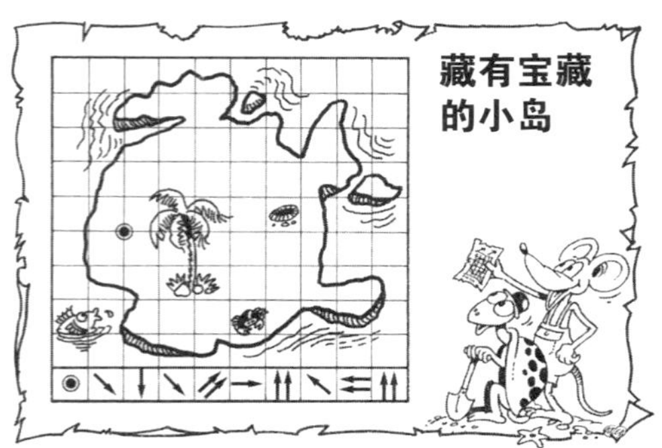

115. 危险！

小蚂蚁妮娜刚刚躲过了什么危险呢？你想知道吗？那就赶快根据数字所代表的颜色，认真地在图上标注了数字的区域中涂上相应的颜色吧。

0＝白色　1＝浅蓝色　2＝橘红色　3＝深蓝色　4＝绿色　5＝红色

小窍门： 你最好使用彩色铅笔，这样，如果你涂错了，可以擦掉重来，不会像使用水彩笔那样把纸都浸透了，不能够修改。

116. 改变方向

这是一个很巧妙的手段，每次都会把别人迷惑住。在一小张硬纸板上画一支箭，越别致越好。然后，把这幅画对准桌上的某个物体，使箭头正好指向它（如图所示）。现在，跟任何一个人打赌，说你可以在不接触这张纸板或者移动桌子的情况下使这支箭改变方向转向左边。这听起来不可能完成，但是……

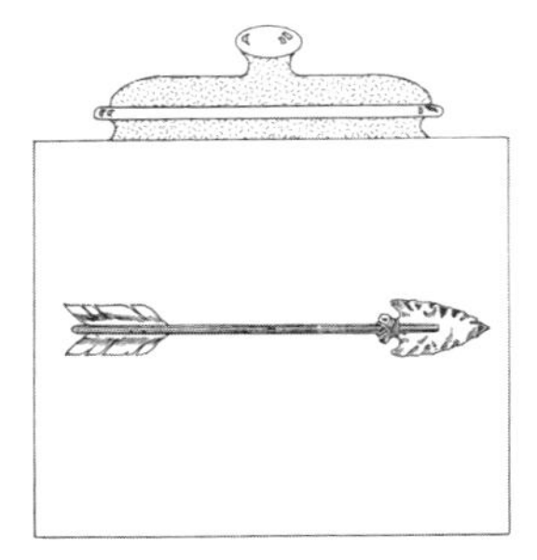

117. 害怕的布尔都索尔

为什么我们的朋友布尔都索尔看上去那么害怕呢？把图中标注数字的区域用它所对应的颜色填好，你就知道为什么了。下面是数字对应的颜色。

0＝白色　1＝黑色　2＝粉色　3＝橘红色　4＝棕色

118. 深红色种子面包

这是一个有关螺旋状的思维游戏。奥拉夫刚刚从烤箱里取出热腾腾的“深红色种子面包”，他的这种管状面包非常有名。当他的顾客走过来时，他就问他们：“如果我拿刀子从任意地方将面包切开，那么，我最多可以把它分成多少份呢？”你知道答案吗？

119. 森林中的怪事

森林中发生了一件非常奇怪的事情，到底是什么事呢？把图中标注数字的区域涂上对应的颜色，你就知道了。

1= 浅蓝色 2= 绿色 3= 黑色 4= 棕色 5= 黄色

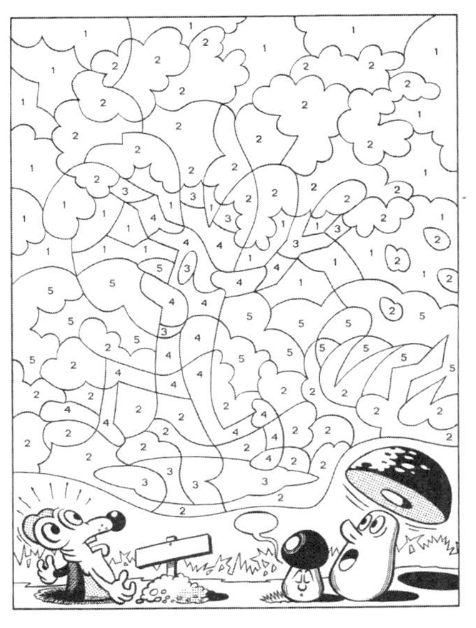

120. 扑克难题

这次，我们的英雄智穷力竭了，我们来帮帮他吧。题是这样说的：从 1 副牌中挑出 4 张 5, 然后，把它们正面放在桌上，你如何使 20 个牌点只显示出 16 个。你有 10 分钟的时间来解答这个题。

121. 奇怪的房子

这栋房子建筑在一块奇怪的地方。到底是什么地方呢？把图中标注数字的区域涂上对应的颜色，你就知道了。

0= 白色 1= 红色 2= 橘红色 3= 黄色 4= 黑色 5= 绿色

122. 陷阱

这是一个伟大的“陷阱”思维游戏。在桌子上放4个矩形硬纸板，然后请几个朋友将它们重新排列，使它们拼成一个完整的正方形，下图的数字表明了各自的尺寸数。当他们屡次失败后，你再得意地告诉他们你可以向他们展示这个过程。当然，你在看答案之前，要先自己尝试一下。

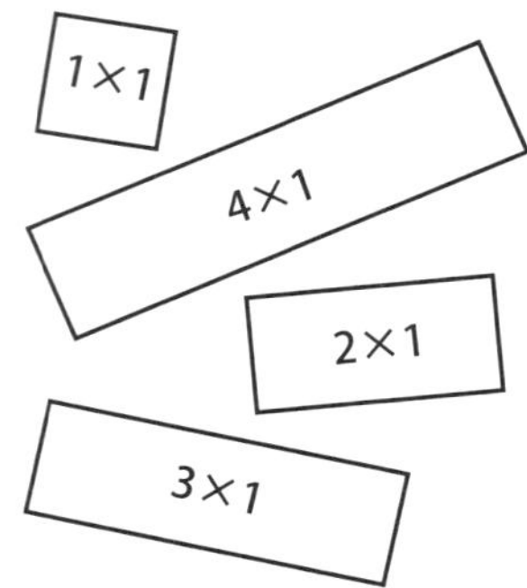

123. 开心的妮娜

小蚂蚁妮娜看上去很开心。想知道为什么吗？赶快拿起你的彩色铅笔吧。

0= 白色 1= 浅蓝色 2= 红色 3= 棕色 4= 橘红色

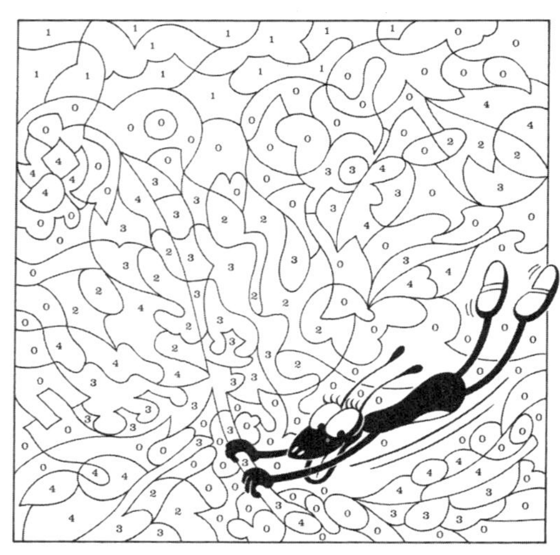

124. 米克所勒

想知道在哪里能遇到一只米克所勒，你只需要给图画上色。

0 = 白色 1 = 黑色 2 = 深绿色 3 = 浅绿色 4 = 黄色 5 = 红色

125. 一笔连线

这是我们所喜欢的“一笔连线”题当中的一个。手里拿着一支铅笔，然后按照下图再重新画一个。画的时候必须用一笔画完，线条不能彼此交叉，也不能重复，从图中那位年轻的艺术家手中铅笔的笔尖所指的位置开始。

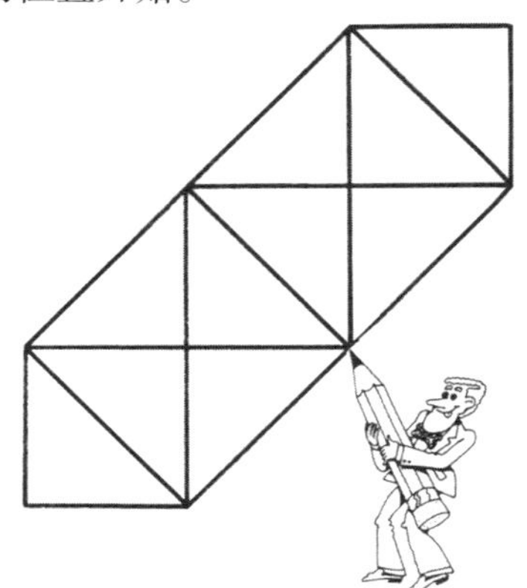

126. 彩色公鸡

快拿起你的彩色铅笔完成这个游戏。

1 = 棕色　2 = 黑色　3 = 橘红色　4 = 红色
5 = 深绿色　6 = 白色

127. 东方好斗鱼

在世界上的机械思维游戏当中，持续时间最长的莫过于七巧板。它已经持续了大约 100 年。

下图是一个长方形的七巧板，在它的上面是一条东方好斗鱼的轮廓。这个游戏就是要把这 7 块儿七巧板重新排列成鱼的形状。那么，你能否展示这个过程呢？

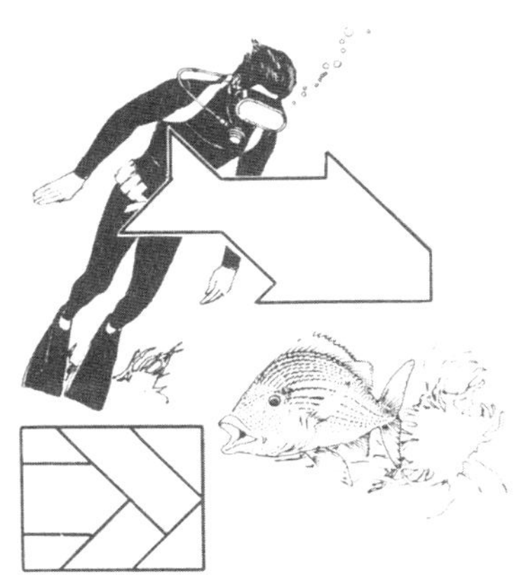

128. 锯木板

巴兹·索·贝利路过咖啡店，在那里，他把刚从木材推销员那儿听到的一个思维游戏告诉了大家。那个推销员拿出一块儿钻着小洞的木板让贝利看，小洞位于偏离中心的位置。“问题是，”他对贝利说，“如果将木板锯开，那么最少锯成多少块儿可以在重新拼组之后使这个洞位于中间位置。”你能找出答案吗？

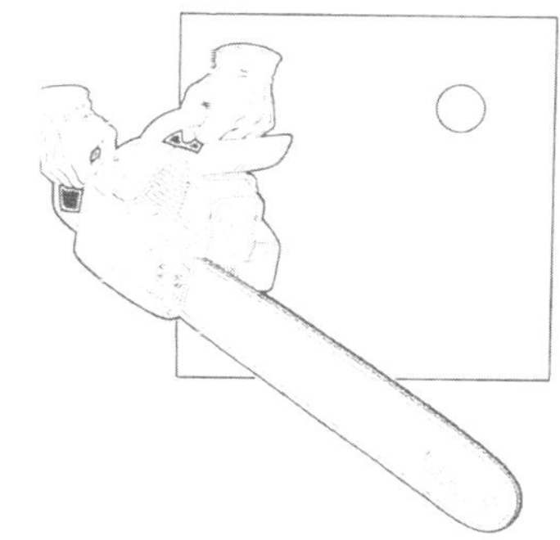

129. 尼斯湖中的大怪物

尼斯湖中的大怪物隐匿身份去度假了。为了找到它的住所，需要用你的彩色铅笔给画面上色。

0= 白色　1= 黄色　2= 黑色　3= 棕色　4= 绿色
5= 浅蓝色

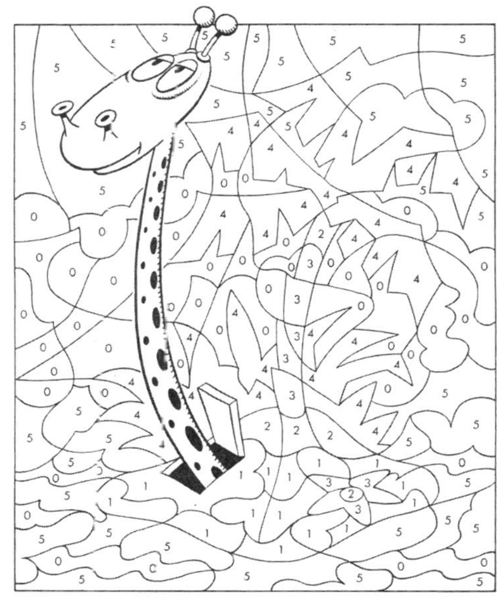

130. 热气球

这个空中的热气球好像受到了什么干扰。想知道发生了什么事情吗？那就按照下面的指示来给图画上色吧。

0= 白色 1= 红色 2= 绿色 3= 黄色 4= 黑色
5= 棕色

131. 淘金者若尔

是什么让淘金者若尔这样吃惊呢？把画面按照下面的指示上色，你就知道了。

1= 橘红色 2= 黑色 3= 黄色 4= 红色 5= 绿色
6= 白色

132. 铅笔与正方形

你可以用这个题为难你的朋友。将35 支铅笔呈螺旋状摆放（如图所示）。现在，向任何人挑战，看谁能把 4 支铅笔移动到新位置可使所有的铅笔形成 3 个完整的正方形。

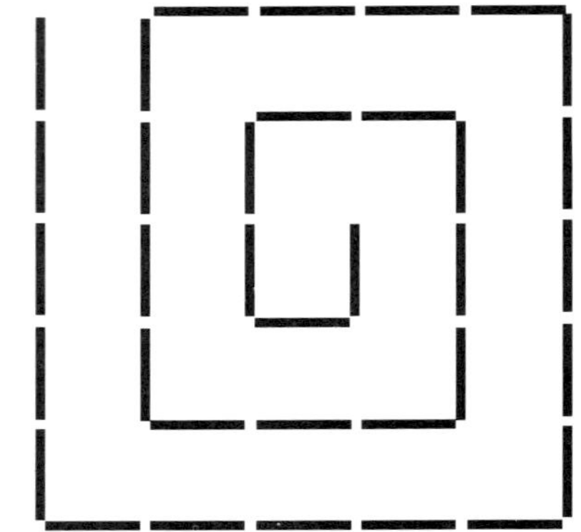

133. 胶水罐

小蚂蚁妮娜看上去好像很惬意，但是它为什么在自己的窝门口放一个胶水罐呢？

0= 白色 1= 粉色 2= 浅绿色 3= 黄色 4= 黑色
5= 棕色 6= 橘红色

134. 两个玻璃杯

如果下次你和朋友外出，这里有个好办法让你白吃一顿饭。在桌子上放两个玻璃杯，它们之间的距离不要太远，然后，将一块儿较硬的纸放在两个杯口上面。接着，你就说如果在纸的中间再放一个杯子，你可以使这张纸具有支撑第3个杯子的力量。这是个很好的题，但是在你去餐厅吃饭之前要好好练习一下。

135. 小可爱

快拿起你的彩色铅笔，游戏开始了！

0= 白色　1= 深蓝色　2= 黄色　3= 浅绿色　4= 粉色　5= 棕色

136. 不速之客

3个好朋友正在快乐地野餐。在大树后面藏着一条蛇，但是它并不是唯一的不速之客。还有谁呢，你能找到吗？

137. 老木匠

有一天，老木匠海勒姆·鲍尔皮尼在木场把所有人都给难住了。他拿出来一块不规则的胶合板，然后向工厂工人提出了挑战，看谁能把它切成3块儿并把它们拼成一个正方形。

138. 不规则的地产

西德尼是当地房地产的内行，这次，他又把自己圈在了一个角里。他买了一处不规则的地产，现在他想把它分割成8块儿尺寸、形状相同的建筑用地。那么，你能告诉他应该把分界线布置在地产的哪些地方，以便他把这些精选品展示给可能的买家吗？

139. 不寻常的动物（一）

这个不同寻常的动物身上一共包含了几种动物的特征呢？请从下面的动物名单中把它们找出来：

狮子、长颈鹿、老鼠、猫头鹰、大象、山羊、熊、马、猎豹、鳄鱼、斑马、狐狸、水牛、鱼、猫。

140. 不寻常的动物（二）

这个不同寻常的动物身上一共包含了 6 种动物的特征，你一定能够辨认出来！

141. 不寻常的动物（三）

这个不同寻常的动物身上一共包含了几种动物的特征呢？请从下面的动物名单中把它们找出来：丛林狼、天鹅、巨嘴鸟、羊驼、公鸡、凯门鳄、乌龟、沙丁鱼、野兔、袋鼠、野牛、熊、单峰驼、鹿、海豚。

142. 牙签与正方形（一）

为了娱乐，苏珊今天把费尔韦瑟尔市长带到了思维游戏俱乐部。茶、三明治和牙签的题好像是菜单上的主要项目，可以容纳多人的房间总是在下午的时间开放。所以，你何不拉把椅子坐下，并且给市长一些帮助呢？在这种比赛上，他总能在很短的时间内把答案想出来。

143. 牙签与正方形（二）

144. 风景画

这幅风景画中，出现了12个“100”。其中有的隐藏得很好，睁大眼睛，把它们找出来吧。

145. 雪景画

仔细找找，这幅雪景画中一共有多少个人呢？

146. 左轮手枪

淘金者若尔把一支左轮手枪分成6部分，藏在了这片风景里，你能把它们找出来吗？

147. 潜艇

10 个不同的物品挂在潜艇上，请你把它们用序号标出来。

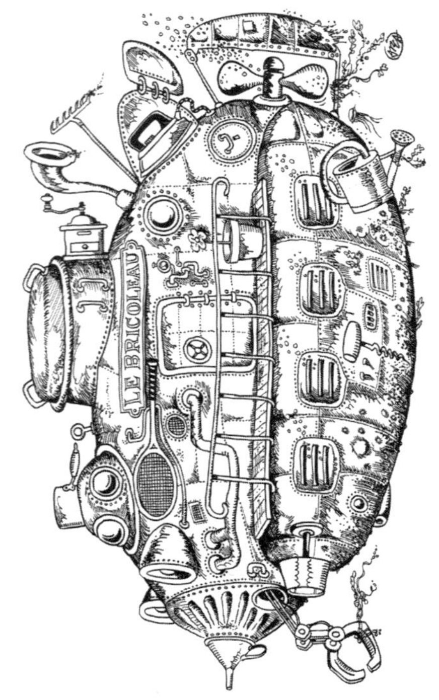

148. 鸟巢

这些鸟都有它们自己独有的鸟巢，请你把鸟巢旁边的数字和与它对应的鸟找出来。

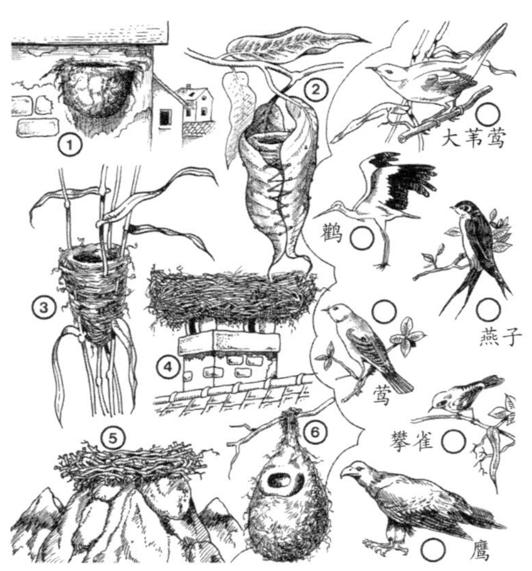

149. 蒸汽小火车

虽然有烟雾，你也可以辨认出这个蒸汽小火车的细节吧？

150. 设计图

艺术家遇到了一大堆麻烦。他画的那个五角星上有 5 条线路和 10 个金字塔，每条路上各有 4 个金字塔，每个金字塔都可以直接通往沙漠。虽然这个设计图也符合法老所要求的 5 条直线路、每条路上各有 4 个金字塔，但是除此之外，他还要求设计图内要有两个金字塔，这样，任何一个从沙漠来的人只有通过外线的一条路才能进入金字塔内。那么，他应该设计什么样的设计图呢？

151. 啤酒搅拌器

沃尔夫冈的豪斯啤酒店里最聪明的服务员是阿达尔伯特孪生兄弟——艾克和迈

克，除了端送啤酒和土豆，他们还用一些思维游戏招待喝酒的客人。下面这个啤酒搅拌器游戏展示的是一个由罗马数字组成的等式。这个等式是错误的，但是如果你只移动其中的一个搅拌器，将它放到另外一个地方，那么这个等式就是对的。请你试试，看能否成功过关。

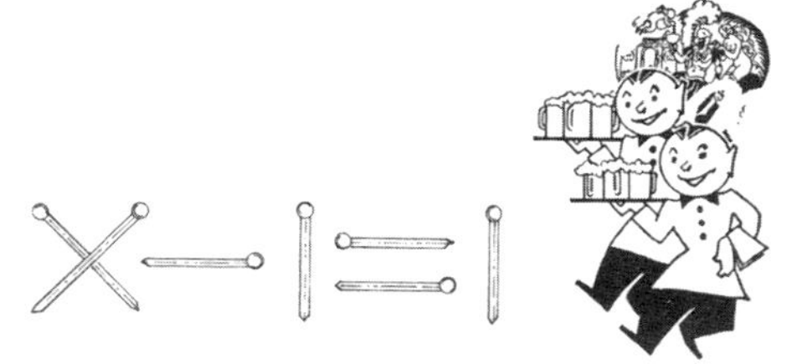

152. 远古的石头

作为消遣，一位远古的祖先在石头上雕刻了5幅图画，其中有一些是他想象出来的，另外一些则完全是复制的背景图画中的事物。那么，哪些是复制的呢？快找出来吧。

153. 萨尔兹堡方块

萨尔兹堡方块思维游戏是要把由20个边长为2厘米的正方形组成的大巧克力板分成9份，这9份巧克力在重新排列之后可以拼成4个大小相同的完整正方形。

154. 月球基地的卫星

图中有8颗卫星围绕着月球基地运行，其中有4颗卫星上的图画完全是描绘的月球基地的某个细节，请把它们找出来吧。

155. 神奇的画

女士们、先生们，约翰是莎士比亚风格的画猿高手也是出色的肖像画家！他的吟游诗人画像很受欢迎。这个神奇的画是约翰一笔画下来的，线条无一重叠。你能做到吗？

156. 眼力测试

这位年轻的士兵刚刚成功地通过了酋长设置的眼力测试，你能不能像他一样，从下面 6 个图片中找出包含图腾内容的几幅呢？

157. 奇怪的装饰品

“罗莎琳德，那边塔顶上的奇怪装饰品究竟是从哪里弄来的呢？”

“怎么了，这个结构由 18 根棍子焊接而成，里面有 9 个三角形。有个关于它的思维游戏，如果去掉其中的 3 根，那么可以剩下 7 个三角形。如果你能完成的话，我就让你在明天格斗的时候带着我的手帕。”

那么，你能不能帮这个年轻人完成呢？

158. 神像的细节

你能辨认出下边的 5 幅图中哪些是神像的细节吗？

159. 杰姬的新家

在这里中，我们的狗——杰姬在向她的朋友炫耀她的新家。我们用 10 根火柴把她家的轮廓拼了出来，她的朋友很喜欢她的新家，只是觉得它应该转一下，这样它就可以面对路这边了。那么，你能否将 2 根火柴移到别的位置使她的家面对路呢？

160. 动物图形的碎片

这里有多少种动物呢，你可以辨认出来吗？把每种动物图形的碎片收集起来并拼接完整，注意，其中有两种是成对的。

161. 动物的腿

把每种动物和它对应的腿连起来。

162. 斯芬克司的思维游戏

回顾历史，我们会找到世界上第一个伟大的思维游戏大师——斯塔姆尤莫斯特二世。他创作了全新的题，名叫“斯芬克司的思维游戏”，并用它来为难他的朝臣。答题人必须将下图中抽象的斯芬克司画像分成形状相同的 4 部分。同时，这 4 部分必须与原图形状相同。

163. 运动的房子

尽管画面上的房子都在运动，但请你保持镇静，仔细观察，在 6 幅小图片中，哪几幅是完全与大图中的场景对应的。

164. 钉子与正方形

年迈的查理 · 克罗斯卡特 · 卡拉威是我们当地木场的地方长官，他早上刮脸的时候遇到了一个麻烦。仓库里男孩子跟他打赌，说他不可能将下图构造中的4根钉子移到别的地方，使原来的5个正方形变成6个。那么，你来试试，看能否把答案想出来。

165. 鱼

图中的每条鱼都有一个名字，下面是它们的名单，你能把它们对号入座吗？

六须鲇鱼：___号；海象：___号；电鳐鲨：___号；海番鸭：___号；槌头双髻鲨：___号；犁头鳐：___号；海马：___号；海梭：___号；鳗螈：___号；锯鳐：___号；箱鲀：___号；海菇：___号；鼠鱼：___号；火枪鱼：___号；飞鱼：___号；翻车鲀：___号。

166. 死胡同

下图中的迷宫也许是19世纪思维游戏当中最著名的一个。这个迷宫是刘易斯 · 卡莱尔为了和兄弟姐妹娱乐而设计的，但是它很容易让人步入歧途。里面的线路进进出出、一会儿上又一会儿下，并有许多死胡同。那么，你能进入迷宫中央吗？

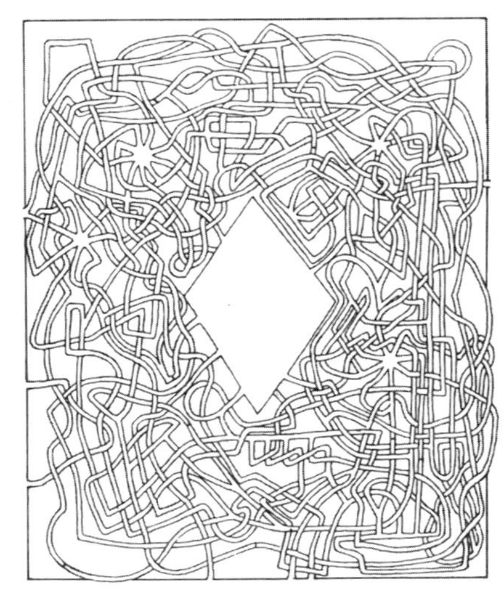

167. 分割农场

一天，有一个勘测员路过马嚼子和玉米咖啡店，在那里他讲述了他刚刚完成的工作。两个农夫买了一块土地，这块儿土地已经分割成了农场，他们让他把买来的这块地分成相等的两部分。深思熟虑之后，这位勘测员想出了答案。但问题是他并没有在离开前把答案告诉任何人。那么，你能告诉咖啡店的人们他是如何做的吗？

168. 纸张游戏

下面这个看似“不可能”的纸张思维游戏只用一张纸就完成了。“内折边”是纸的一部分，它可以向前后移动，但是它并没有被剪掉也没有被粘住。内折边的面积正好与剪掉的两个部分的面积相等。这个纸张思维游戏是如何完成的呢？

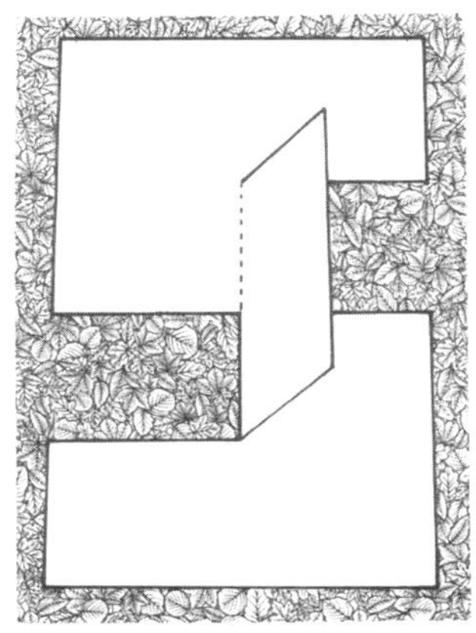

169. 返回陆地

天哪，这位飞行员就这样返回“陆地”了。重新看看他是经过了怎样的路线着陆的！

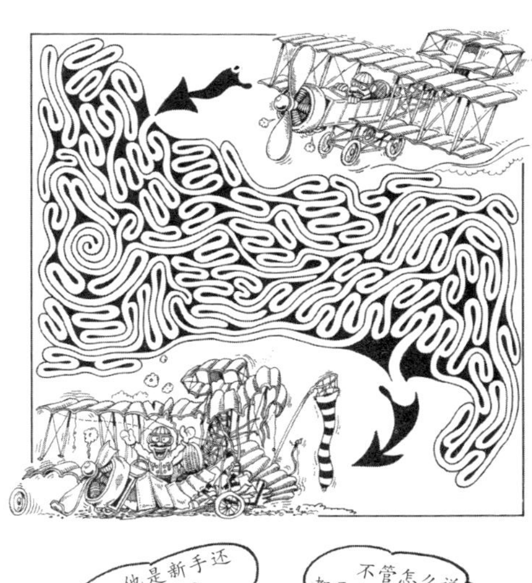

170. 诺罗斯的警犬

诺罗斯老师的小警犬跑了，请你帮助老师找回它吧。

171. 名贵手表

这个小个子的老钟表匠过来考验你对准确性和规律的把握能力。他从自己的名贵手表当中拿出 9 块，他要求你做的是将这些手表排成 10 个组合、每个组合 3 块。你能在 15 分钟之内解决吗？

172. 国际思维游戏竞赛

道廷奇教授去年参加了国际思维游戏竞赛，下图中的他正在寻找解答第77道题的良策。教授断定答案中的直线不会在任何地方相交。为了验证，教授在这里用一笔将图形画了出来。请你试试，但是你既不能使直线相交也不能在画的过程当中把铅笔从纸上抬起。同时，你不可以把纸任意折叠。

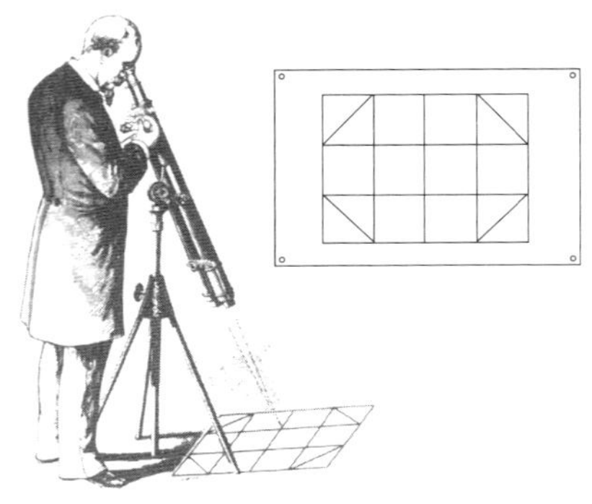

173. 魔术师的兔子

在从最后一个帽子中跑出来之前，魔术师的兔子跑过了很多个地方。你能找出它经过的路线吗？

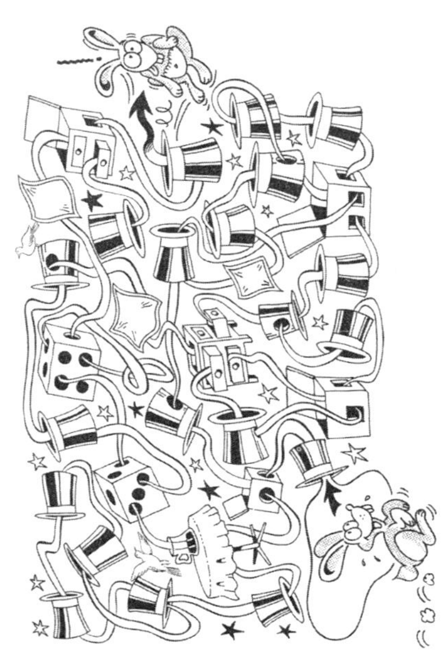

174. 货车上的纽扣

下图是巴顿纽扣店的快递货车，它正在运货的途中。很明显，货车侧面上的纽扣图形可以编成个思维游戏。10个纽扣排成3行、每行有4个纽扣（其中，一行在水平方向、两行在垂直方向）。现在你要将两个纽扣移到新的位置使纽扣排成4行、每行有4个纽扣。看看你能不能在10分钟之内快速解答这个题。

175. 砖墙

有一天，矮胖人邓布迪先生叫来一个泥瓦匠，让他在自己的花园里盖两面砖墙。两面墙的高度以及长度都相等（图中，ab墙的长度和cd墙相等）。泥瓦匠说对cd墙的花费要大一些，因为它位于一座山上，所以需要的建筑材料会多一些。

“胡说八道，”邓布迪先生说，“它才用不了那么多呢，盖这面墙你绝对不会用太多的砖和灰泥！”

那么，你认为他们谁对谁错呢？

176. 小沙丁鱼

快来帮小沙丁鱼从鲸鱼的肚子里逃出来吧。

177. 冰激凌棒

下面的这个思维游戏所需要的就是36根冰激凌棒以及足够的耐心。按照下图的样子将冰激凌棒摆好，这样，里面就有13个小正方形。现在，从中拿走8根冰激凌棒使最后只剩下6个正方形。

178. 投票箱

在新泽西竞选的政客给了我们一个十分有趣的思维游戏。图中有一个投票箱，箱子上画着一个“×”。你的任务就是把这个投票箱用一笔连续画出。当然，线条不可以在任何地方交叉。

179. 罗莎蒙德的凉亭

这个思维游戏虽然不难解决但却足够可以引起你的好奇心。进入迷宫后，请在60秒内到达“罗莎蒙德的凉亭”。

180. 蜡烛、教堂和塔

牧师斯皮尔现在身陷困境，教堂司事吃午饭时跟他打赌，如果将12根蜡烛摆成教堂和塔的样子的话，那么他不能把其中的 5 根蜡烛换到其他位置，使它们变成 3 个大小相同的正方形。

181. 插放栅栏

欢迎读者朋友按照我们分隔果园的要求找出插放栅栏的方法。

182. 自由速记员

行走满天下，羽翼丰满时！这是 20 世纪的一位自由速记员——内尔·库克的座右铭。库克女士随时做好记录任何听写任务的准备，为了磨炼自己的书写技巧，她每天都会进行她自己十分熟练的练习。其中就包括用一笔连续画出下图所示的 4 个完整的圆圈，而且它们不会在任何地方交叉。手法稳健、思维敏锐是解决这个书法思维游戏所必需的条件。

183. 比夫的风筝

欢迎读者朋友来解答比夫的这个获奖思维游戏。

184. 高尔夫球座

纳尔达·尼伯里克是闲暇时刻乡村俱乐部业余组女子冠军，为人十分傲慢。在酒馆时，她被安德鲁·麦克戴维特的一个著名的第19洞赌注给难住了，使她在比赛当中受到了影响。当时，麦克戴维特跟纳尔达赌一套新的铁头球杆，他说她不可能将24个高尔夫球座拼成4个完整的正方形。那么，你能在开球之前帮她击败麦克戴维特吗？

185. 跨栏迷宫

欢迎参加“跨栏迷宫”大赛。为了完成比赛，选手必须找出最短的路线并且跨过偶数数量的跨栏。同时，所跨栏上的数字相加必须是最大值。下图中每个正方形盒子各代表一个跨栏。

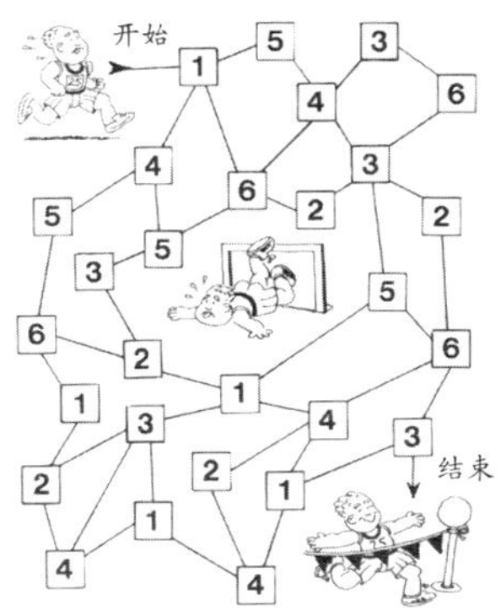

186. 智慧之星

在古埃及，每逢举行娱乐集会，人们总是在修建金字塔的闲暇时刻聚在一起做思维游戏。阿布辛贝神庙的祭司们把智慧之神斯塔姆尤莫斯特的巨大盾牌拿了出来，并把它放在拉美西斯二世雕像的对面。在这个六边形的盾牌上有9颗智慧之星。要想解答这个题，答题者必须在上面画出9条长度相同的直线并使每颗星单独享有自己的长方形。如果谁成功解答了问题，那么他会受到埃及王室的邀请；但是如果失败，那么他将受邀参加鳄鱼赛跑。读者朋友们，你们有没有兴趣参加比试呢？

187. 摆放粮食

磨坊主蒂莫西念过一些书，他总是喜欢为难他的邻居。每到秋天，他都会在自己的磨坊出个思维游戏并承诺给第1个回答出来的农夫免费磨10袋粮食。问题是：如何把4袋粮食放到别的位置使所有的粮食排成5行、每行各有4袋粮食。

188. 国际思维游戏大赛

时间：20 世纪 20 年代；事件：国际思维游戏大赛；地点：后湾区波士顿名流花园内威尼斯风格的宫殿。下图中有 3 名思维游戏鉴赏家，他们在思考大厅中央地板上的题：如何用 6 条直线将 16 个黑圆圈连接起来，而且每个圆圈不能同时出现在两条直线上。

189. 锚

将下表中的一些格子涂黑。同一行或同一列上连续几个涂黑的格子形成一个格子组，每行或每列上有一个或者多个这样的格子组。表格外面的数字表示该行（列）的格子组分别包含的格子数。不同的格子组之间至少由一个空白格子隔开。请问哪些格子应该涂黑？如果你完全做对了，就会出现一幅画。

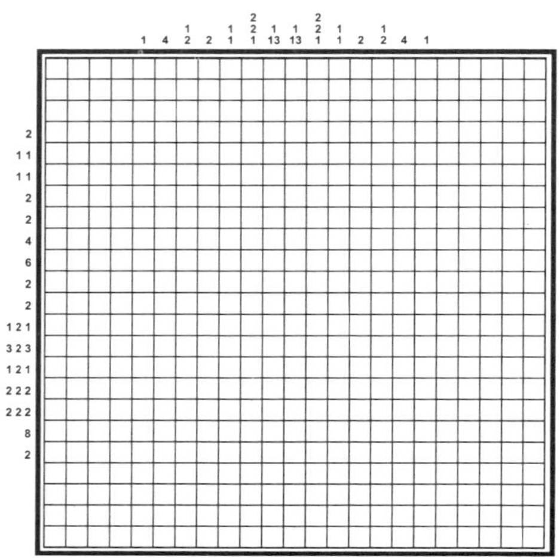

190. 游泳池

下面两幅图有 8 处不同，你能全部找出来吗？

191. 神奇海域

这里两幅图有 8 处不同，你能全部找出来吗？

192. 格子与蝴蝶

将表中的一些格子涂黑。同一行或同一列上连续几个涂黑的格子形成一个格子组，每行或每列上有一个或者多个这样的格子组。表格外面的数字表示该行（列）的格子组分别包含的格子数。不同的格子组之间至少由一个空白格子隔开。请问哪些格子应该涂黑？如果你完全做对了，就会出现一幅画。

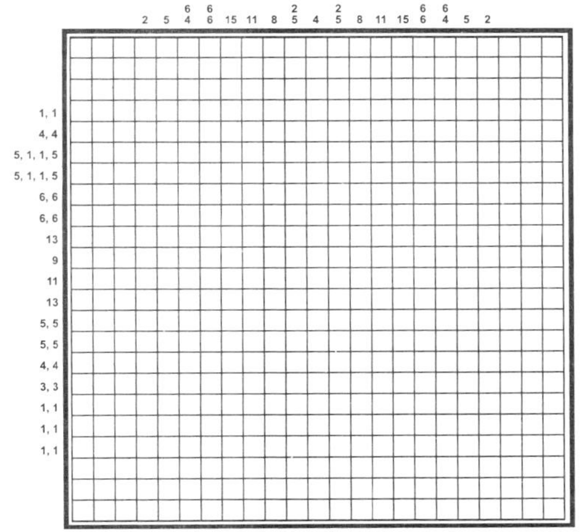

193. 猫

将表中的一些格子涂黑。同一行或同一列上连续几个涂黑的格子形成一个格子组，每行或每列上有一个或者多个这样的格子组。表格外面的数字表示该行（列）的格子组分别包含的格子数。不同的格子组之间至少由一个空白格子隔开。请问哪些格子应该涂黑？如果你完全做对了，就会出现一幅画。

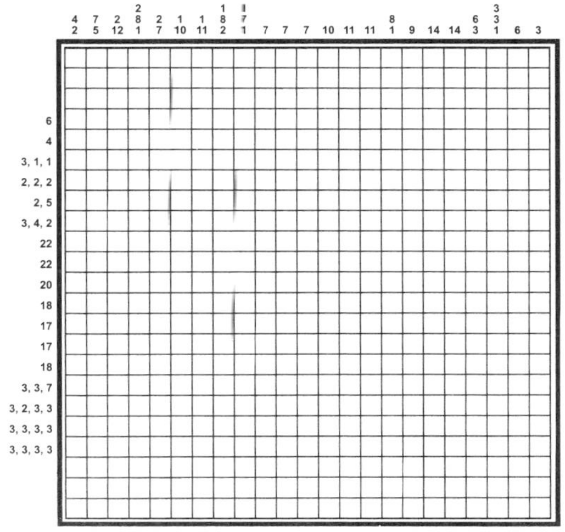

194. 十字箭头

将表中的一些格子涂黑。同一行或同一列上连续几个涂黑的格子形成一个格子组，每行或每列上有一个或者多个这样的格子组。表格外面的数字表示该行（列）的格子组分别包含的格子数。不同的格子组之间至少由一个空白格子隔开。请问哪些格子应该涂黑？如果你完全做对了，就会出现一幅画。

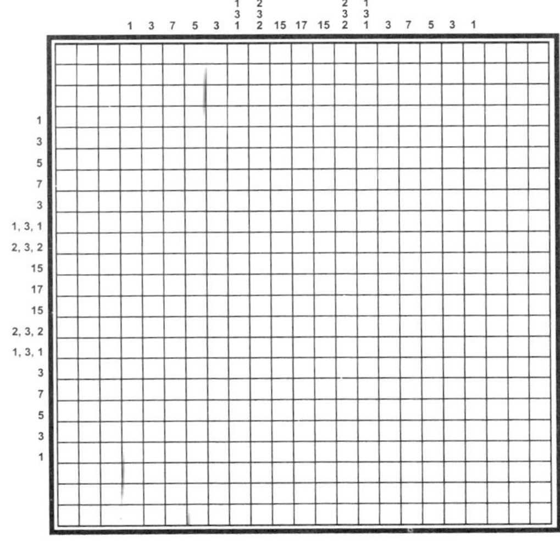

195. 更衣室

画下边这幅图的画家犯了一系列视觉的、概念的和逻辑的错误。你能把这些错误全部找出来吗？

196. 自驾游

下面两幅图有多处不同，你能全部找出来吗？

197. 炸弹

将表中的一些格子涂黑。同一行或同一列上连续几个涂黑的格子形成一个格子组，每行或每列上有一个或者多个这样的格子组。表格外面的数字表示该行（列）的格子组分别包含的格子数。不同的格子组之间至少由一个空白格子隔开。请问哪些格子应该涂黑？如果你完全做对了，就会出现一幅画。

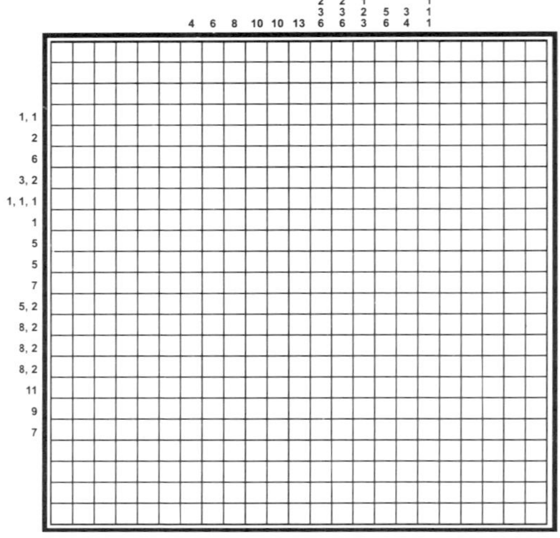

198. 起风了

下面两幅图有多处不同，你能全部找出来吗？

199. 心

将下表中的一些格子涂黑。同一行或同一列上连续几个涂黑的格子形成一个格子组，每行或每列上有一个或者多个这样的格子组。表格外面的数字表示该行（列）的格子组分别包含的格子数。不同的格子组之间至少由一个空白格子隔开。请问哪些格子应该涂黑？如果你完全做对了，就会出现一幅画。

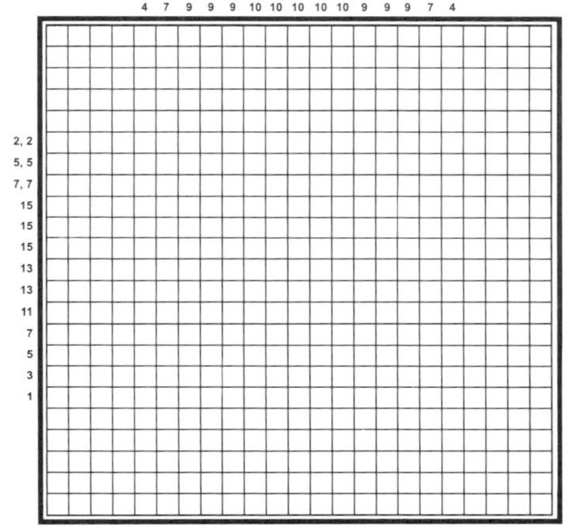

200. 赌桌

画下面这幅图的画家犯了一系列视觉的、概念的和逻辑的错误。你能把这些错误全部找出来吗？

201. 锁

将表中的一些格子涂黑。同一行或同一列上连续几个涂黑的格子形成一个格子组，每行或每列上有一个或者多个这样的格子组。表格外面的数字表示该行（列）的格子组分别包含的格子数。不同的格子组之间至少由一个空白格子隔开。请问哪些格子应该涂黑？如果你完全做对了，就会出现一幅画。

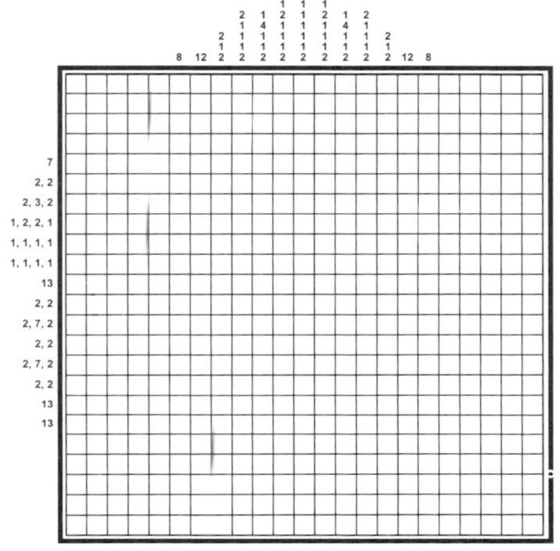

202. 徽章

将表中的一些格子涂黑。同一行或同一列上连续几个涂黑的格子形成一个格子组，每行或每列上有一个或者多个这样的格子组。表格外面的数字表示该行（列）的格子组分别包含的格子数。不同的格子组之间至少由一个空白格子隔开。请问哪些格子应该涂黑？如果你完全做对了，就会出现一幅画。

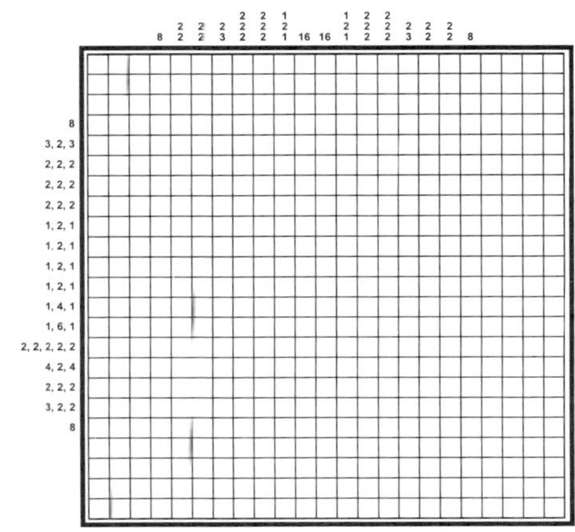

203. 十字路口

画下边这幅图的画家犯了一系列视觉的、概念的和逻辑错误。你能把这些错误全部找出来吗？

204. 试鞋

画下边这幅图的画家犯了一系列视觉的、概念的和逻辑错误。你能把这些错误全部找出来吗？

205. 幼儿园

画下边这幅图的画家犯了一系列视觉的、概念的和逻辑的错误。你能把这些错误全部找出来吗？

206. π

将表中的一些格子涂黑。同一行或同一列上连续几个涂黑的格子形成一个格子组，每行或每列上有一个或者多个这样的格子组。表格外面的数字表示该行（列）的格子组分别包含的格子数。不同的格子组之间至少由一个空白格子隔开。请问哪些格子应该涂黑？如果你完全做对了，就会出现一幅画。

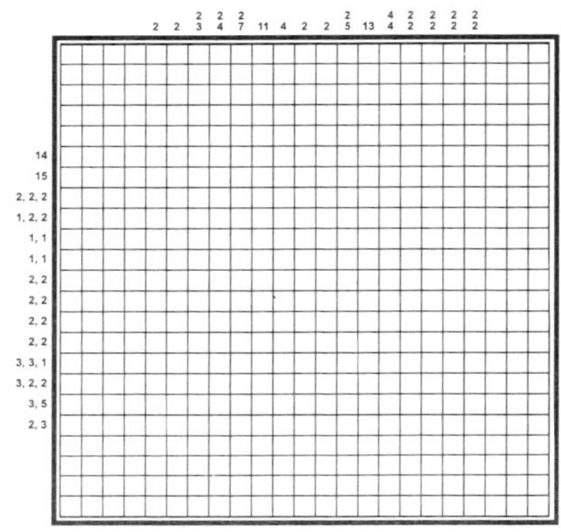

207. 格子与笑脸

将表中的一些格子涂黑。同一行或同一列上连续几个涂黑的格子形成一个格子组，每行或每列上有一个或者多个这样的格子组。表格外面的数字表示该行（列）的格子组分别包含的格子数。不同的格子组之间至少由一个空白格子隔开。请问哪些格子应该涂黑？如果你完全做对了，就会出现一幅画。

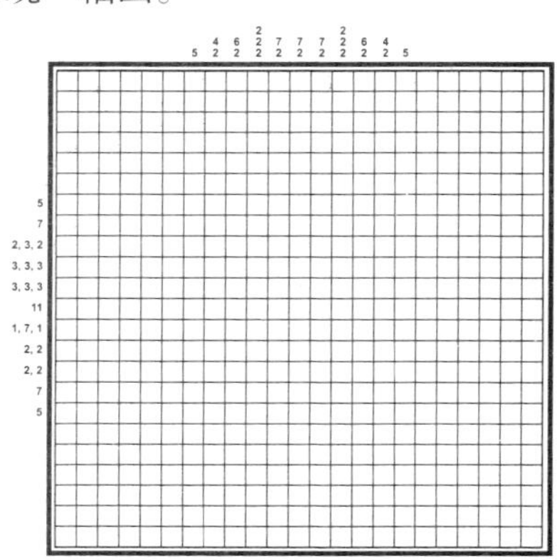

208. 美容院

下面两幅图有 8 处不同，你能全部找出来吗？

209. 快乐滑雪

画下边这幅图的画家犯了一系列视觉的、概念的和逻辑的错误。你能把这些错误全部找出来吗？

210. 黑桃

将表中的一些格子涂黑。同一行或同一列上连续几个涂黑的格子形成一个格子组，每行或每列上有一个或者多个这样的格子组。表格外面的数字表示该行（列）的格子组分别包含的格子数。不同的格子组之间至少由一个空白格子隔开。请问哪些格子应该涂黑？如果你完全做对了，就会出现一幅画。

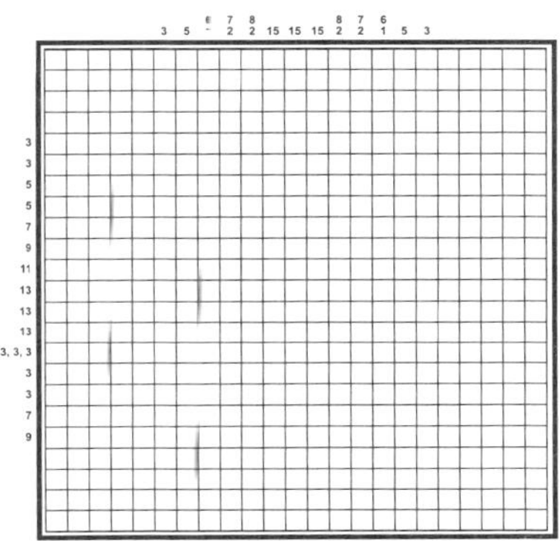

211. 太极

将表中的一些格子涂黑。同一行或同一列上连续几个涂黑的格子形成一个格子组，每行或每列上有一个或者多个这样的格子组。表格外面的数字表示该行（列）的格子组分别包含的格子数。不同的格子组之间至少由一个空白格子隔开。请问哪些格子应该涂黑？如果你完全做对了，就会出现一幅画。

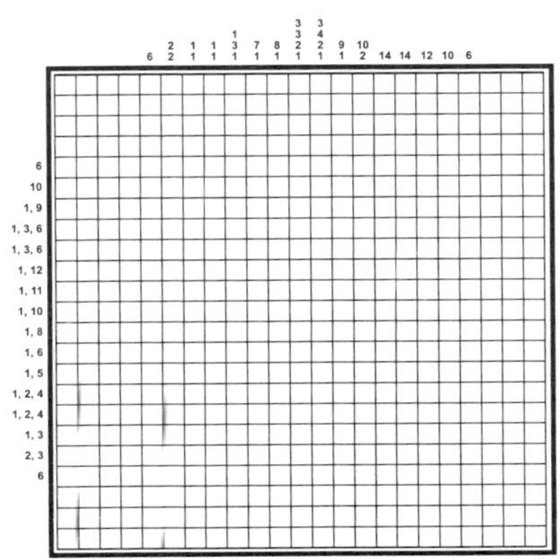

212. 宠物医院

画下面这幅图的画家犯了一系列视觉的、概念的和逻辑的错误。你能把这些错误全部找出来吗?

213. 斗嘴

下面每幅图中都有一处与其他图不同。你能把它们全部找出来吗?

214. 纽扣的替代

这是一道非常有趣的“替代类型”的思维游戏。进行这个游戏时，你只需要准备两个白色的纽扣、两个黑色的纽扣以及图中所示的游戏棋盘。现在，你必须把这些纽扣交换位置，但是只能移动8次。白色的纽扣要移到右边，而黑色的纽扣则移到左边。纽扣可以滑到邻近的空位置内。你也可以把一个纽扣从另一个纽扣上跳过去。但是，跳过去的位置上不能有其他的纽扣。

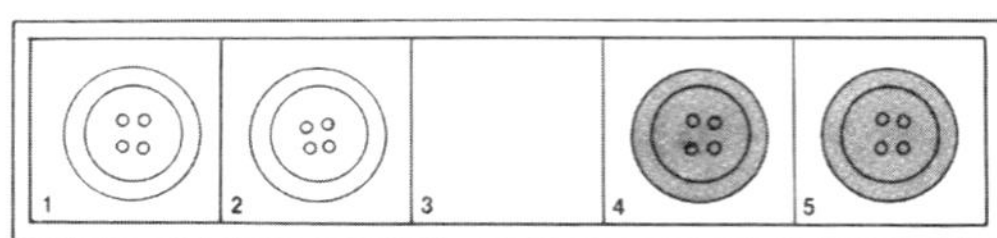

215. 链子

一个人想把6条链子连成一条有29个节的链子。他去问铁匠需要花多少钱。铁匠告诉他打开1个环要花1元，而要把它焊接在一起则要花5角。请问，做这条链子最少要花多少钱?

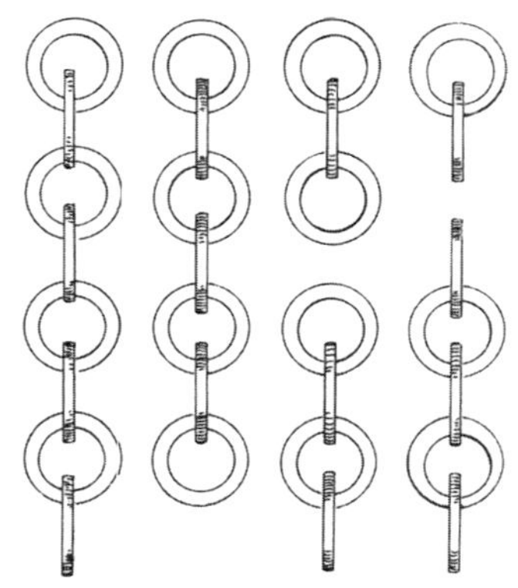

216. 描画图形

你能仅仅利用一根连续的线就把下边的图形整个描画下来吗?将你的铅笔放置于图形的任意一个点，然后描画出整个图形，铅笔不得离开纸面。

注意：这条线既不能自行交叉也不能重复路线中的任何部分。

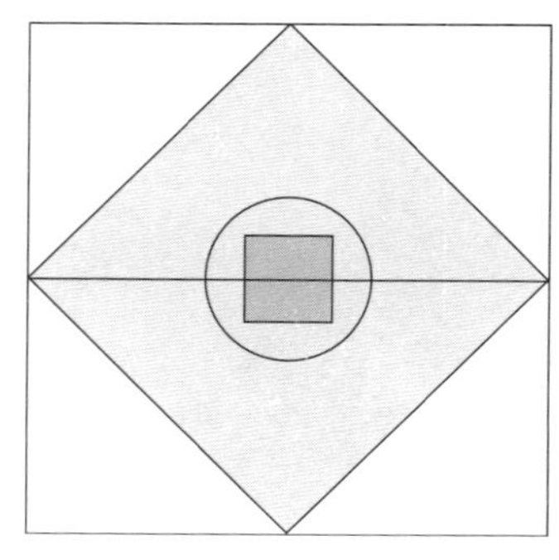

答案

1...

2...

3...

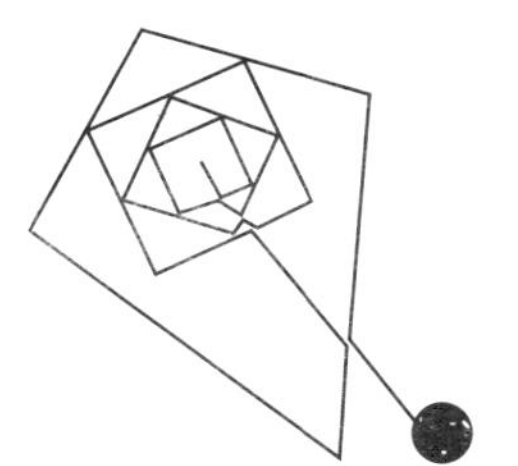

4...

将玻璃杯的“底”向左滑动，紧接着把玻璃杯“右边”的木棒挪到玻璃杯的柄脚的左边（如图所示）。这样，杯子就倒过来了，同时，樱桃也就到了杯子的外边。

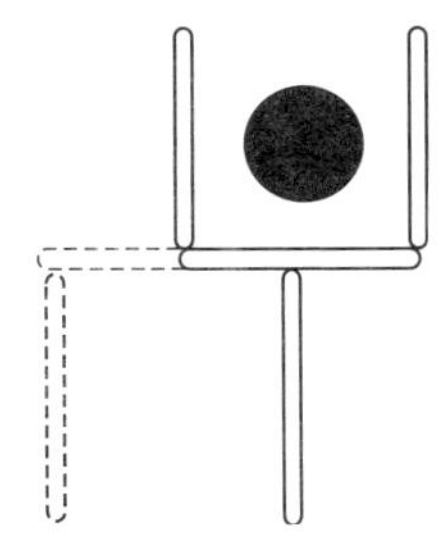

5...

将左图（A）中虚线上的3根牙签放到右图（B）虚线上的位置，然后移动纽扣的位置。

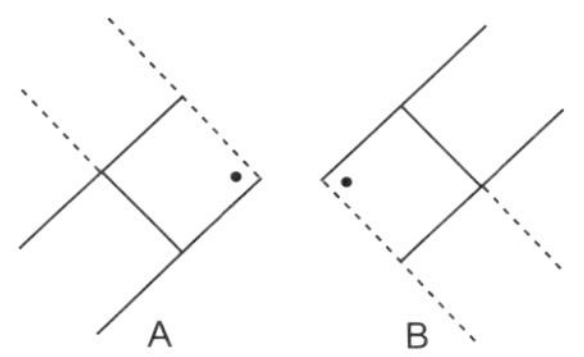

6...

7...

将两枚邮票叠放在一起，放在中间的位置上。这样，在十字架的每条线上就都有4枚邮票。

8...

按照右图的样子放置箭头，你就会“发现”在中间的位置上出现第5个箭头的轮廓。

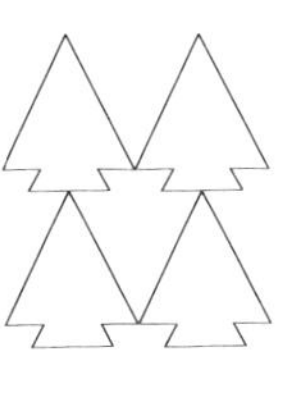

9...

10...

11...

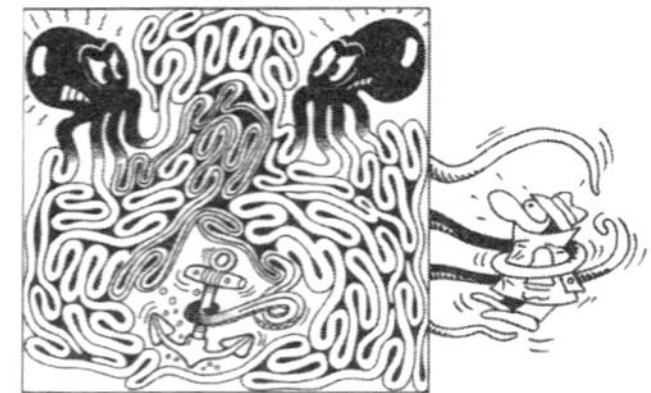

12...

13...

14...

这名警察的巡逻路线如下：

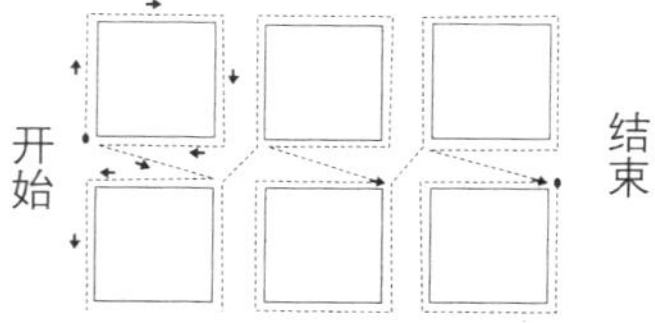

15...

16...

按照右图中的排列方式，你会发现，所有的钉子都会彼此相接触。

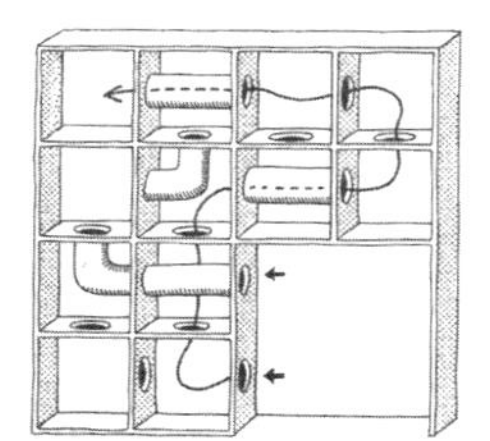

17...

18...

19...

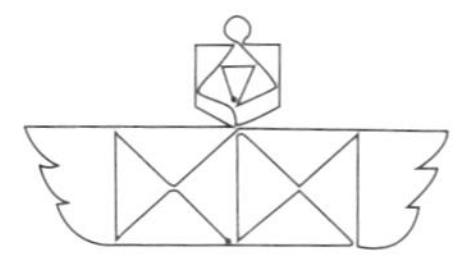

20...

21...

将两个瓶塞纵向切开，然后，把每半个瓶塞插进4个叉子的齿上（如下图所示）。保证叉子与齿的角度小于90度。现在，把这4个叉子放在盘子的四周；同时，叉子要面向盘子的边。这样，叉子就不会乱动。然后，你就可以轻而易举地把盘子稳稳地放在针尖上了。

22...

要解决这种类型的难题实在是很困难。下图中展示了如何把15根火柴摆成8个大小相同的正方形。

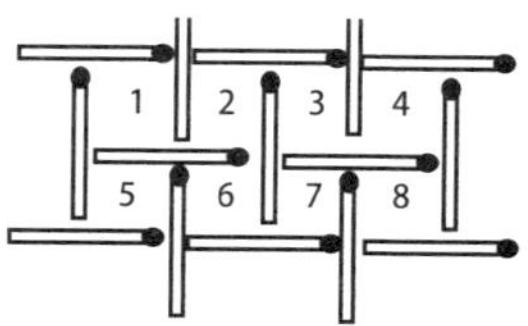

23...

24...

25...

26...

27...

28...

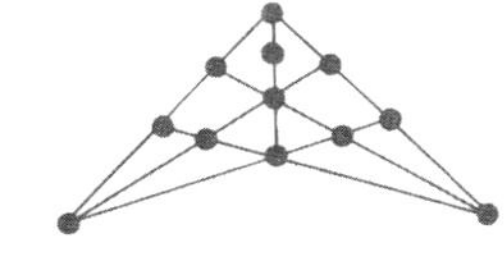

29...

30...

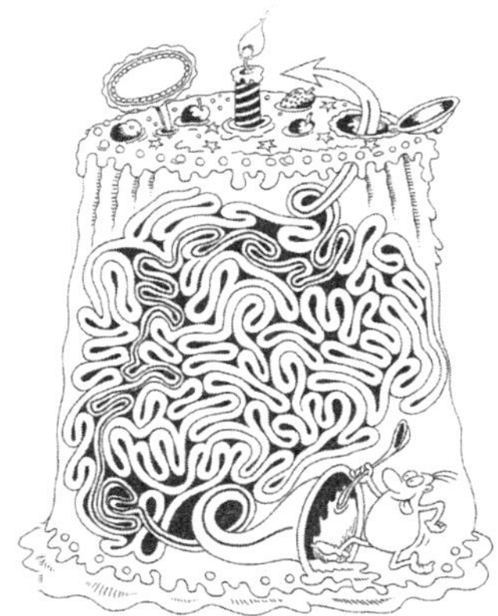

31...

32...

33...

34...

有好几条路线供你选择，其中的一条是：f–b–a–u–t–p–o–n–c–d–e–j–k–l–m–q–r–s–h–g–f。

35...

36...

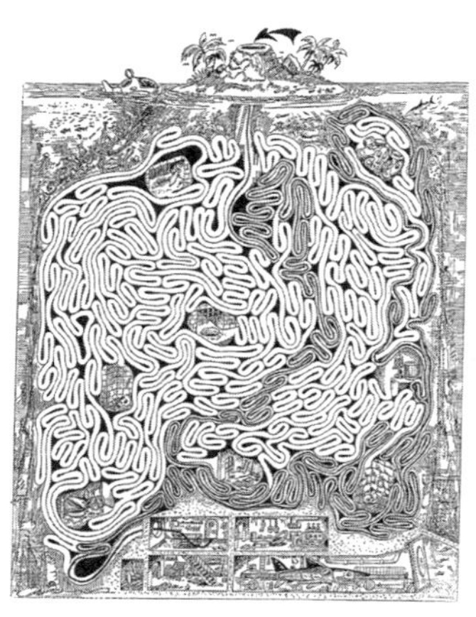

37...

答案如下图所示：

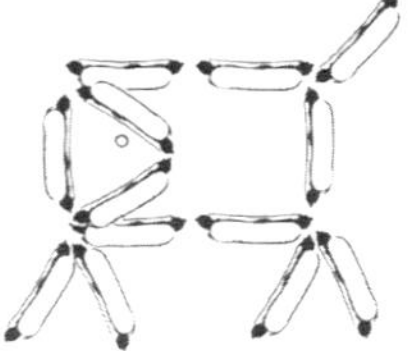

38...

39...

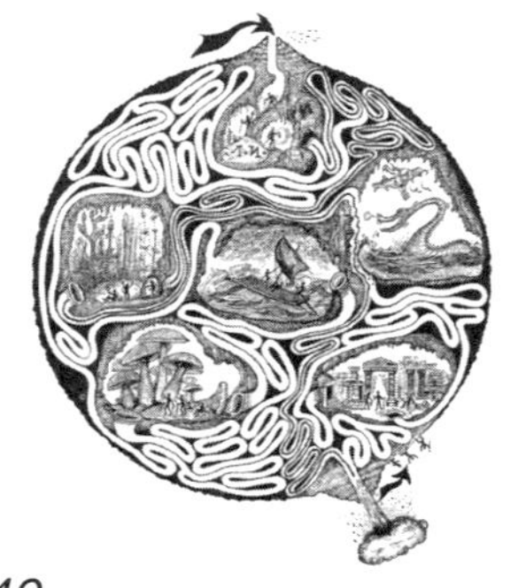

40...

答案如下：

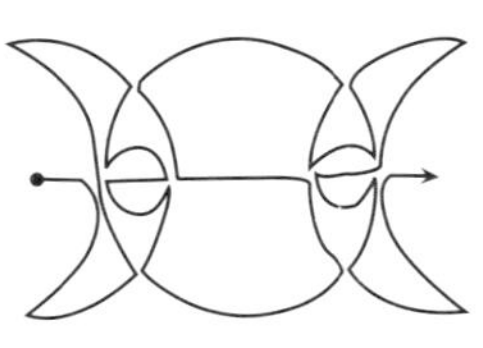

41...

将右图中虚线位置上的短线去掉就可以了。这样，就只剩下4个小三角形和1个大三角形。

42...

43...

44...

答案如下图：

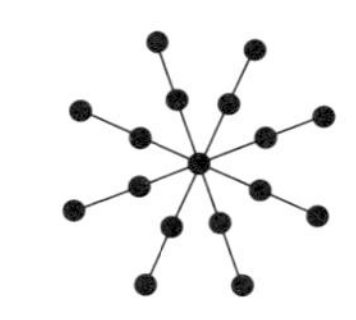

45...

46...

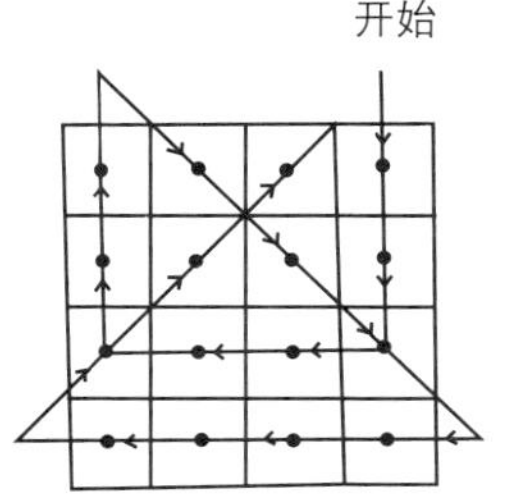

47...

48...

49...

50...

首先，按照图1所示的样子，将纸折叠。然后，再连画3笔。现在，握住笔不动，并按照图2所示的样子将纸打开。接下来，你就可以按题中的要求，即笔不离纸、线不重复，将这个标志画出来了。

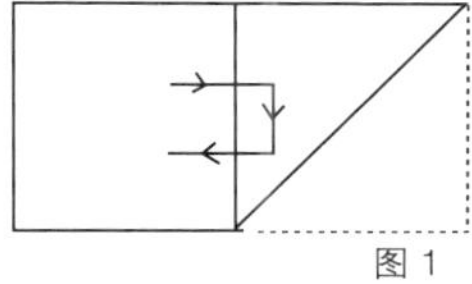

图1

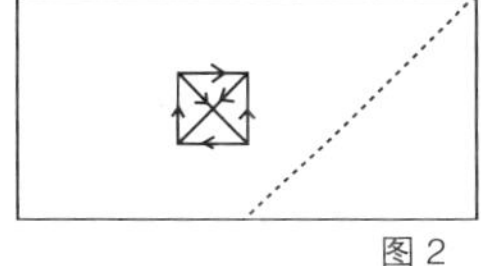

图2

51...

他先沿着图1中的虚线把地毯剪开，然后，再把上半部分的地毯向左下方移动，这样，就正好可以与下半部分的地毯合并在一起（参见图2）。然后，将它们缝合成一个完整的正方形地毯。

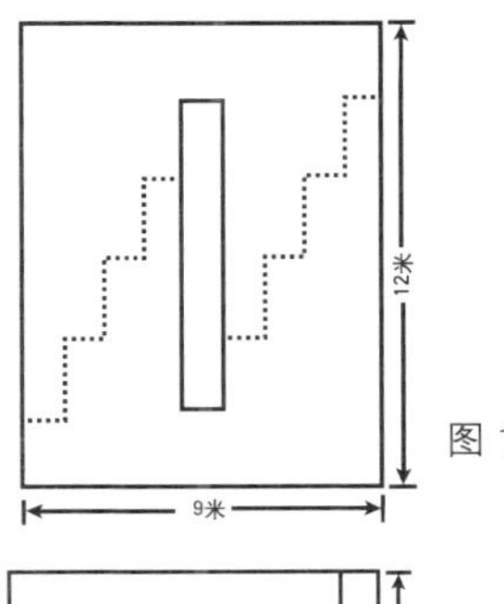

图1

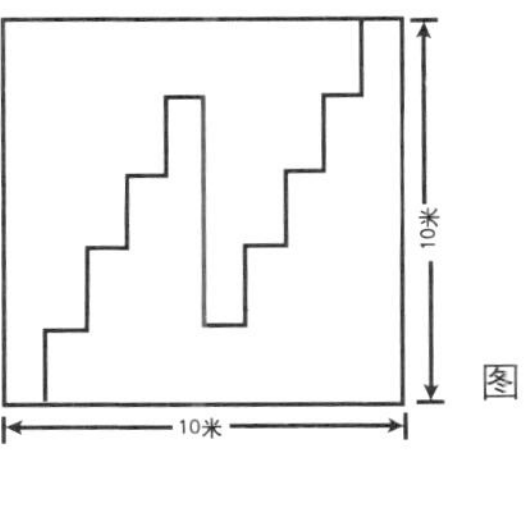

图2

52...

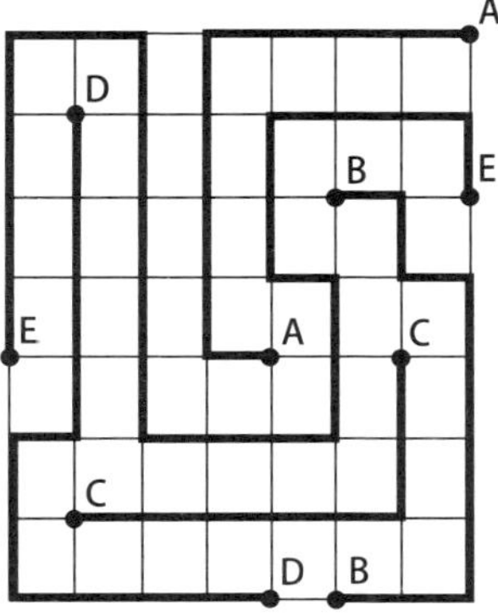

53...

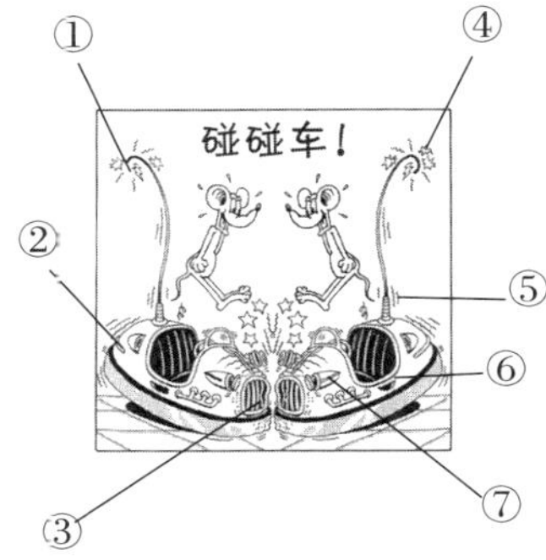

54...

答案如下：

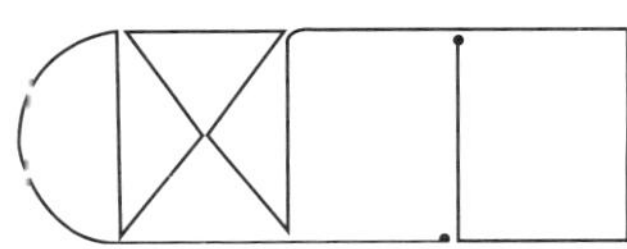

55...

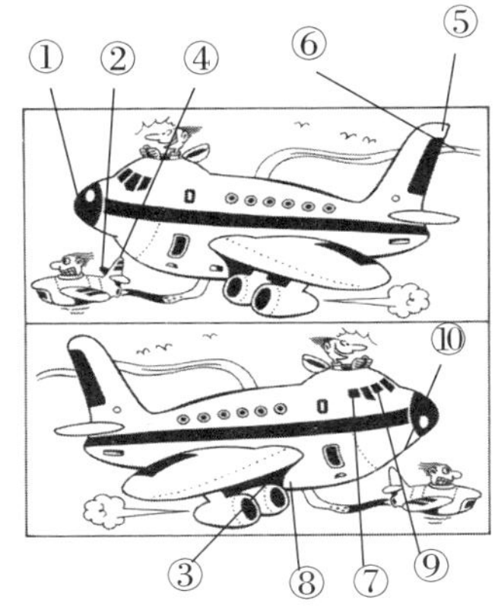

56...

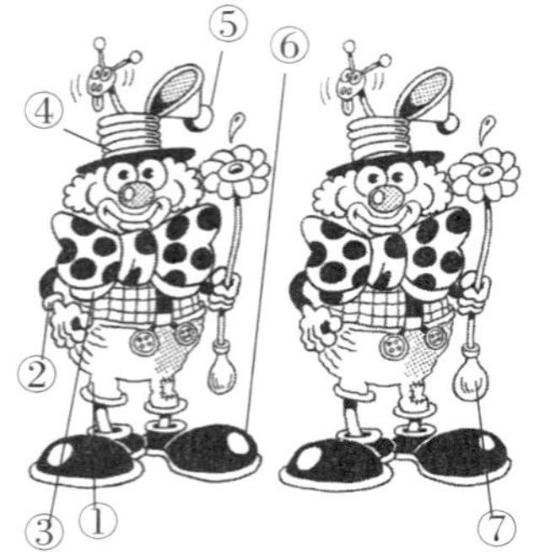

57...

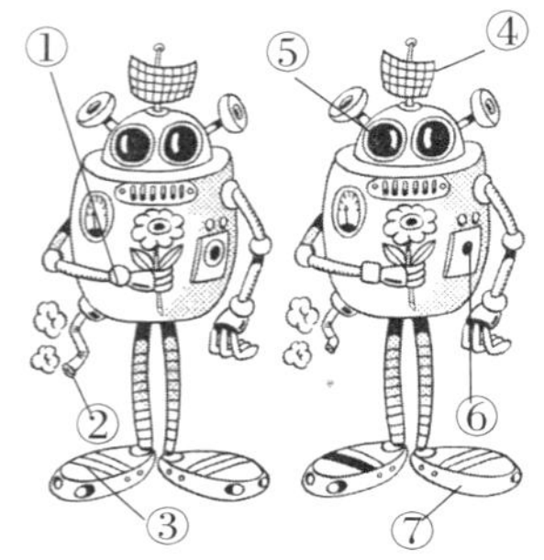

58...

题中的12个黑色圆点可以画出20个长方形。大家可能会漏掉的两个长方形已经在右图中画出。

59...

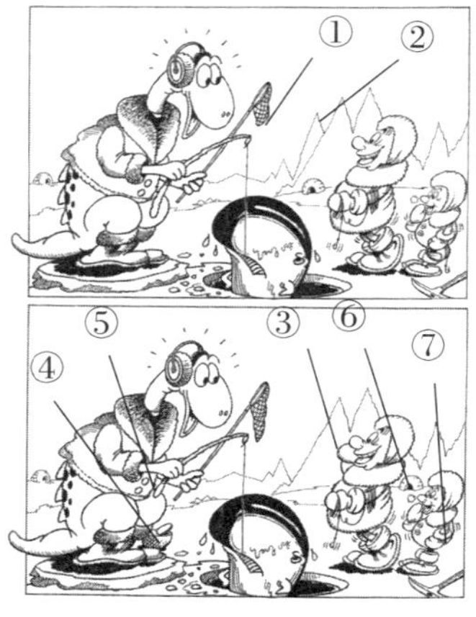

60...

如果将这个网剪成两半，最少需要8步。从A开始，由上向下剪到B。

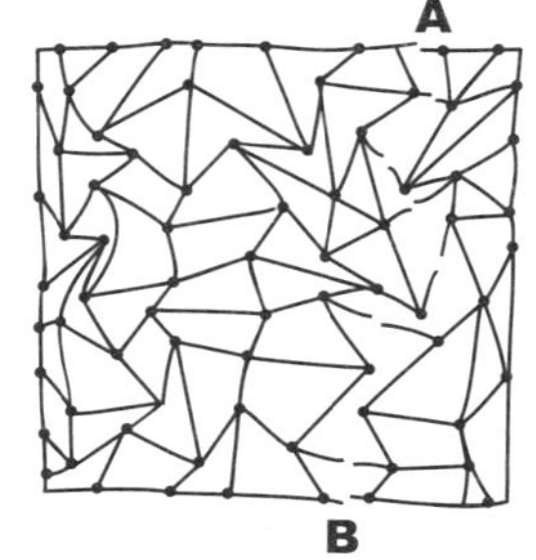

61...

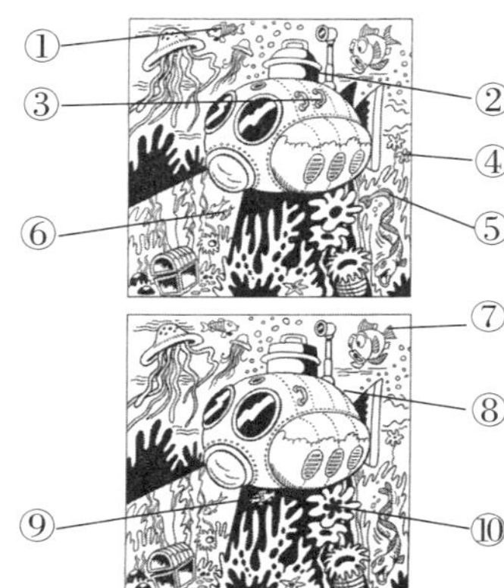

62...

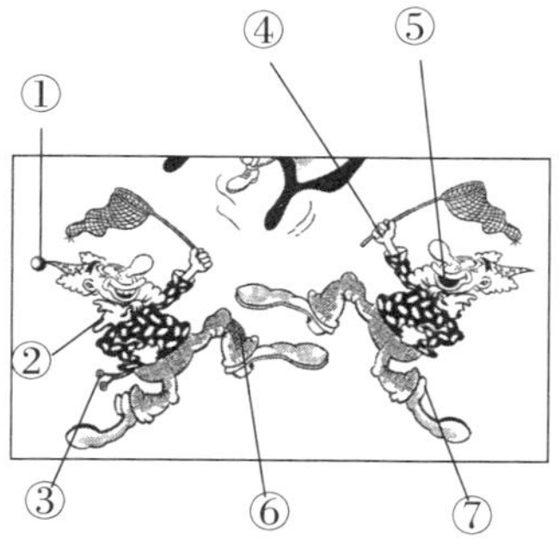

63...

略。

64...

先按照图1的样子切开，然后按照图2所示将它们拼成一个正方形。

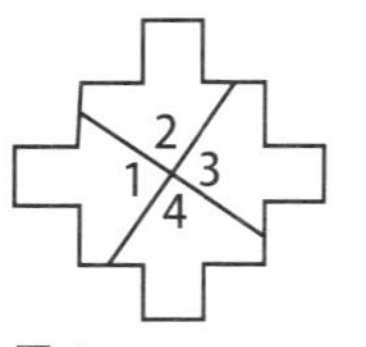

图1　　图2

65...

沿图中的切线可以将铜锣切成5部分。

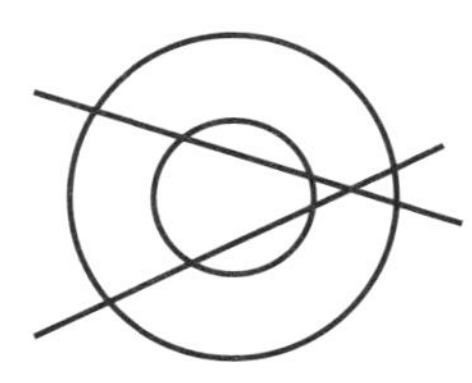

66...

略。

67...

略。

68...

答案如下图所示（图1拿走4根，图2拿走6根，图3拿走8根）：

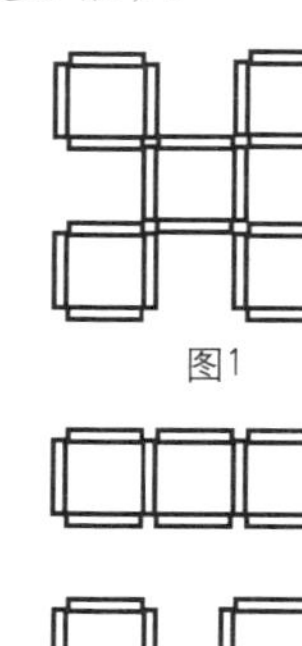

图1

图2

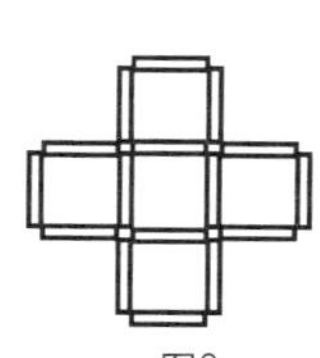

图3

69...

下图是解决方案中的一种：

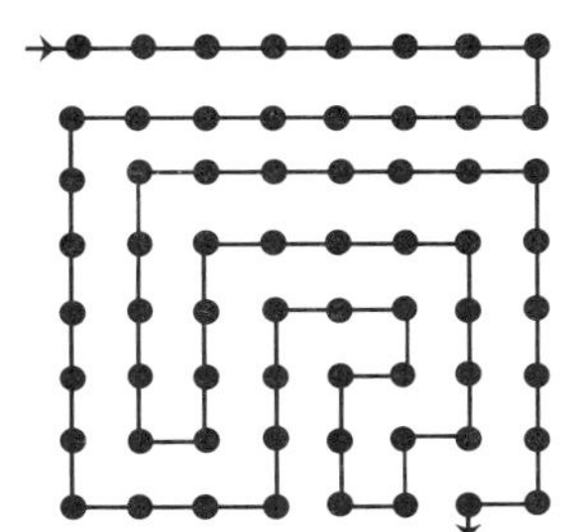

70...

略。

71...

因为固体表面很平，上面并没有洞，所以盒子的面和角的总数要比边多两个。因此，货物箱有9个面（如图所示）。

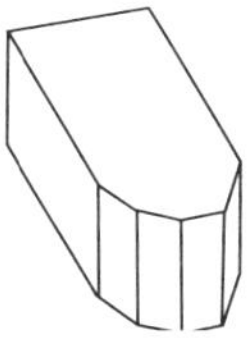

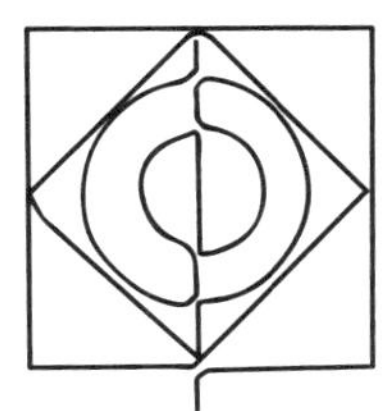

72...

答案如图所示：

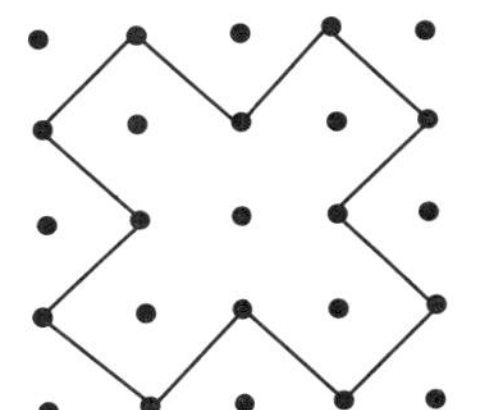

73...

略。

74...

75...

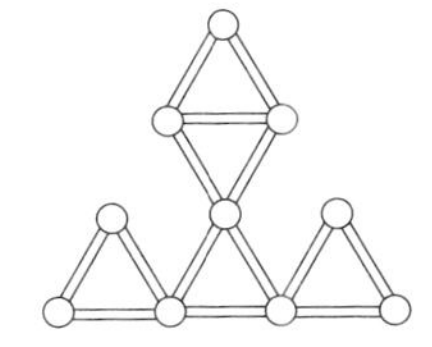

76 ...

略。

77...

和大多数线条思维游戏不同，这幅画不可能用一笔画出来。它需要画12条线才可以完成。这个思维游戏要求你找出最长的那条线。在下图中，从A点开始、在B结束的线条是本题的答案。另外的11条线已经用虚线标出。

78...

略。

79...

答案如图所示：

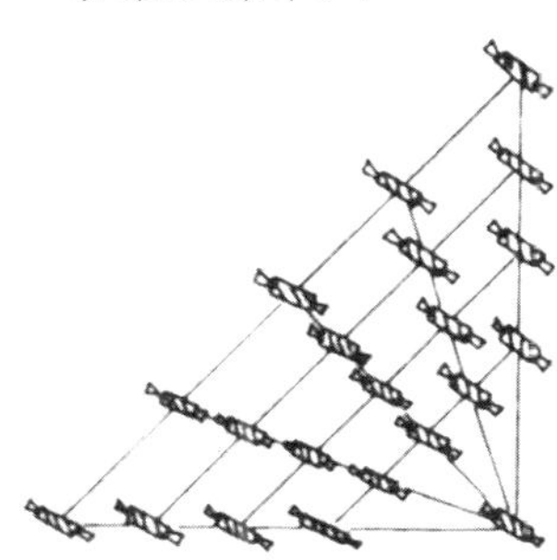

80...

略。

81...

特洛伊木马。

82...

这个题的答案就是快速行动。移动B骨牌使其垂直竖立时正好可以碰到A骨牌的边。将你的食指穿过塔的拱门，然后放在B骨牌的底边并且按紧；之后，"弹起"并迅速击打A骨牌。这样，A骨牌便会从塔上分离，它上面的骨牌随即落在两边竖立的骨牌上，而塔安然无恙。

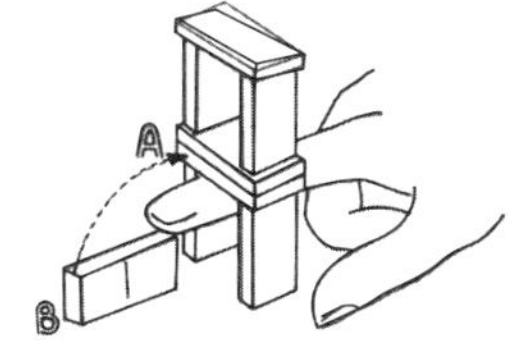

83...

答案如图所示（下图有6个小三角形和2个大三角形）。

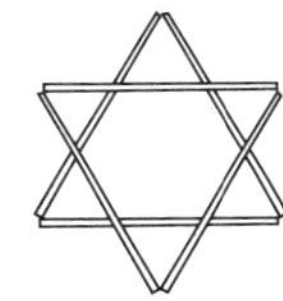

84...

略。

85...

略。

86...

下面是其中的一种方法：

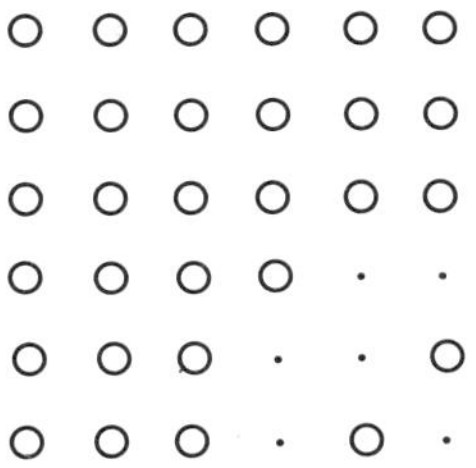

87...

先沿着图1中的虚线切

割，然后，将上面那块儿板向下滑动，使它挪到左边，这样便可得到一块儿实心板（如图 2 所示）。

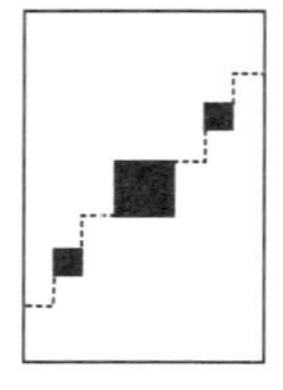
图 1

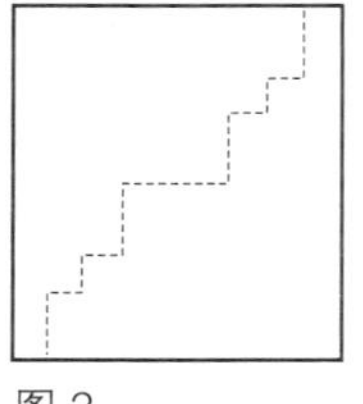
图 2

88...

略。

89...

答案如下图所示：

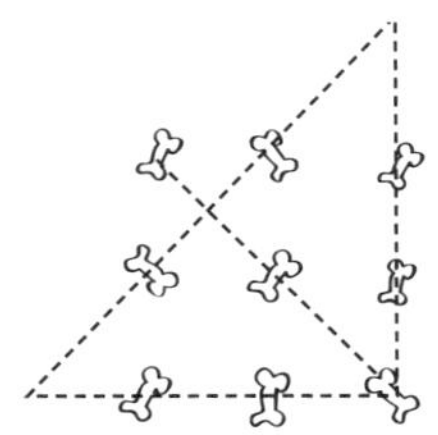

90...

略。

91...

略。

92...

略。

93...

略。

94...

略。

95...

答案如图所示：

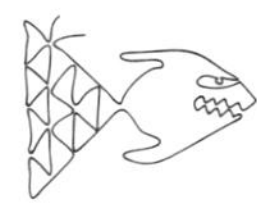

96...

略。

97...

略。

98...

略。

99...

答案如下图：

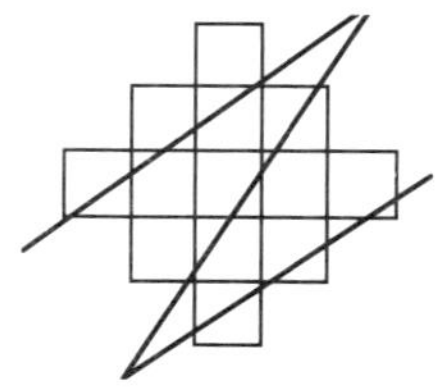

100...

略。

101...

答案如图所示：

102...

略。

103...

答案如下图：

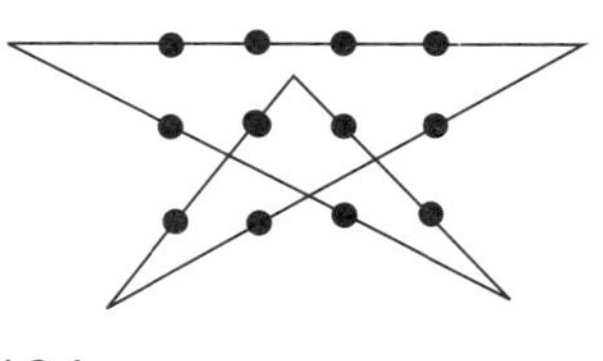

104...

略。

105...

略。

106...

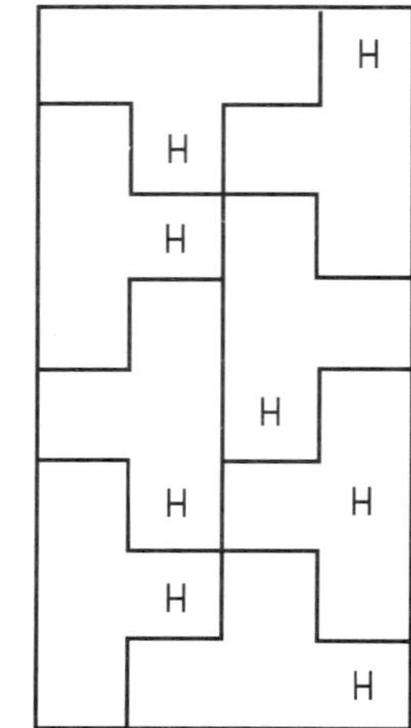

107...

略。

108...

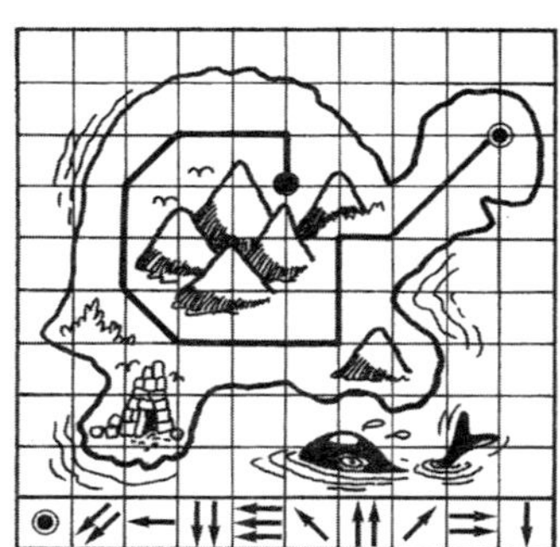

109...

答案如下图：

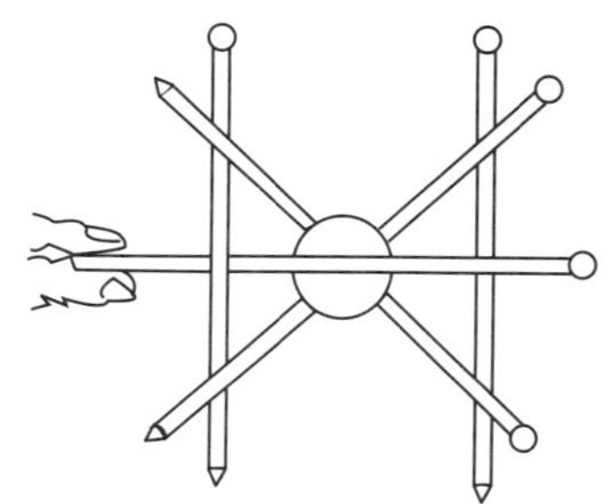

110...

通过观察两个人放置的雪块，我们发现每个雪屋都还需要6块。比赛者保持同样的频率的话，A会首先完成，因为，他拿回1块雪块的时候，B都是空着手去搬，所以B会落后搬1块的时间。

111...

两顶完全相同的帐篷是5号和8号。

112...

这个机器人乐师一共演奏了10种乐器：鼓，小号，萨克斯风，口琴，小提琴，手摇风琴，摇铃，铙钹，响板，小六角手风琴。

113...

这个馅饼可以切成11个大小不同的块（如图所示）。

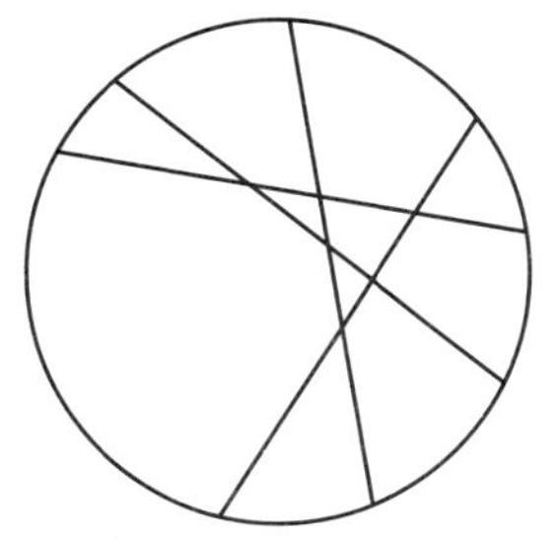

114...

从黑点处开始，顺着箭头指示的方向，每个小方框中一个箭头，依次类推。

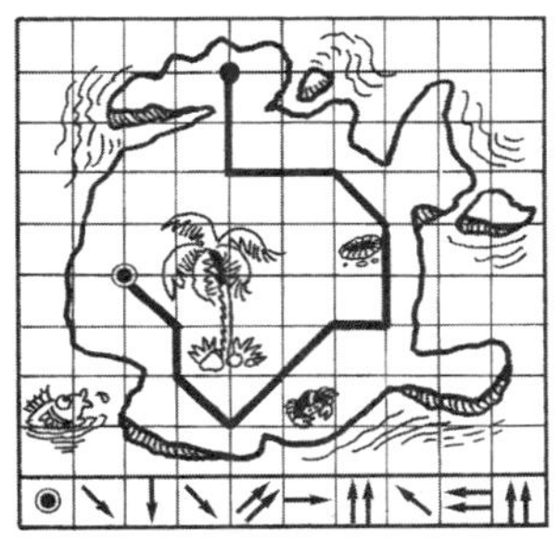

115...

略。

116...

将一个高的直边玻璃杯装满水，然后把这个玻璃杯放在纸板的前面，杯子里的水相当于一个透镜，透过透镜箭头的方向会发生改变。当你透过玻璃杯观看箭头时，你会发现它指向了左边。

117...

略。

118...

从下图的水平方向可以将这个面包切成10份。

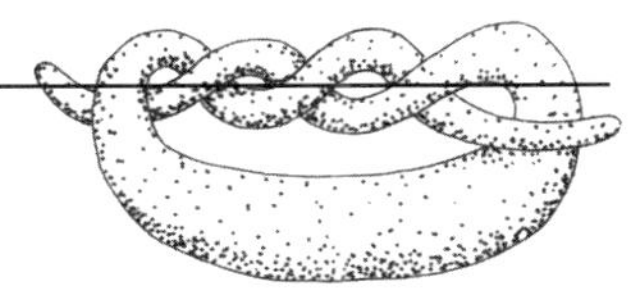

119...

略。

120...

按照下图所示的样子将4张扑克牌放在一起，每张扑克牌的右上角都彼此相互重叠，就能显出16个牌点了。

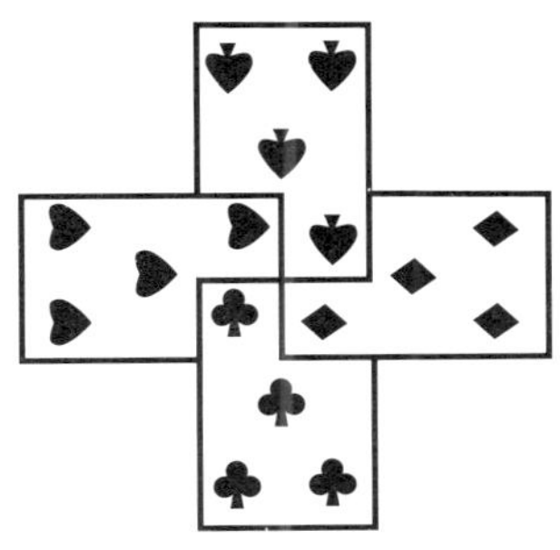

121...

略。

122...

将这4个矩形按照下图中的样子放在一起。它们的四个边可以在中间（即阴影部分）组成1个边长为1厘米的空正方形。

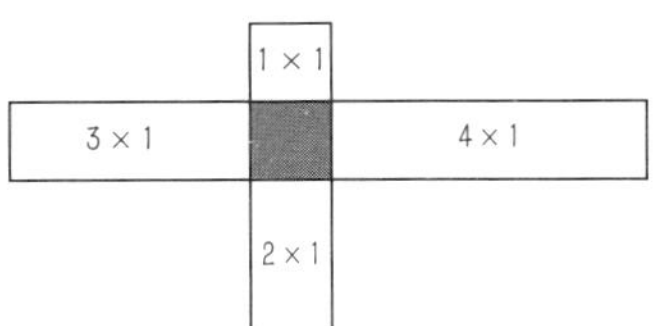

123...

略。

124...

略。

125...

答案如下图：

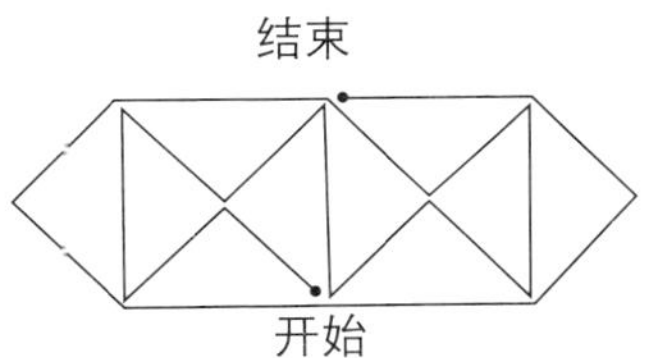

126...

略。

127...

答案如下图：

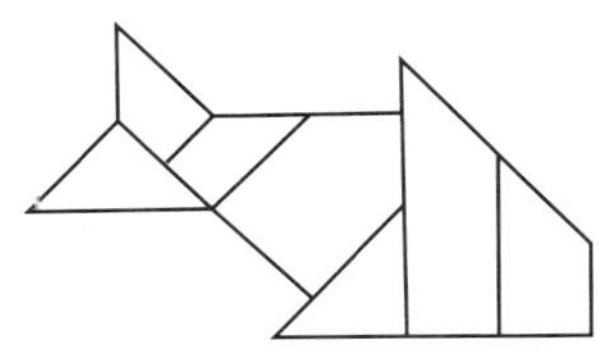

128...

最少可以锯成两块儿，沿着图中的虚线将木板锯成两块儿，然后把锯下来的那块儿木板两端的位置颠倒，并重新放在木板上。这样，那个洞就位于木板的中间。

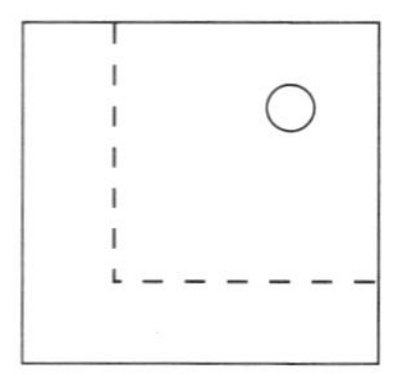

129...

略。

130...

略。

131...

略。

132...

答案如下图所示：

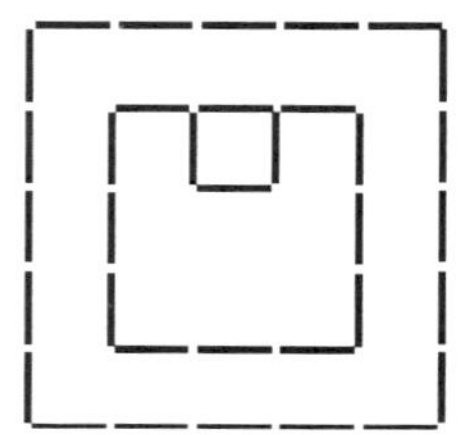

133...

略。

134...

你所要做的就是按照下图所示的样子把纸打成褶，这样问题就解决了。

135...

略。

136...

如图：1. 松鼠；2. 老鼠；3. 猫头鹰；4. 鸟；5. 兔子；6. 蝴蝶。

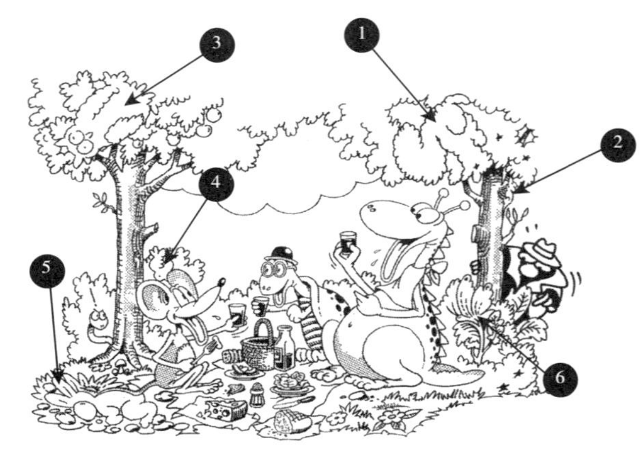

137...

下图展示了胶合板的切法以及3块板的拼法。

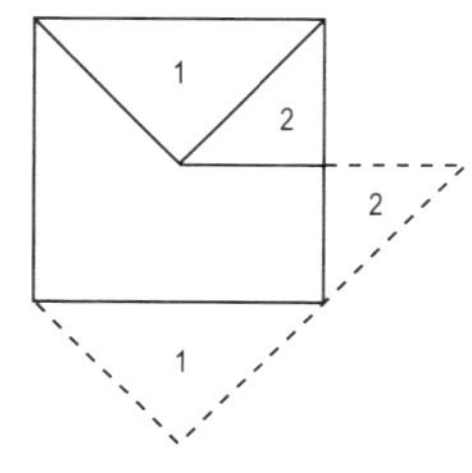

138...

答案如图所示：

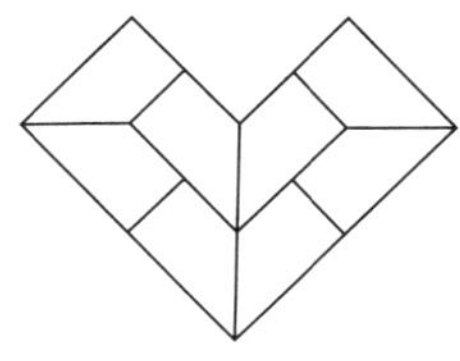

139...

这个不同寻常的动物身上一共包含了下列6种动物的特征：老鼠、鱼、斑马、大象、猎豹、马。

140...

这个不同寻常的动物身上一共包含了6种动物的特征：猫头鹰、大象、蝴蝶、螃蟹、松鼠、鸭子。

141...

这个不同寻常的动物身上一共包含了6种动物的特征：巨嘴鸟、公鸡、乌龟、袋鼠、熊、海豚。

142...

从1个边上的两个角上取走4根牙签，然后从这个边对面的边的中间再取走1根牙签。

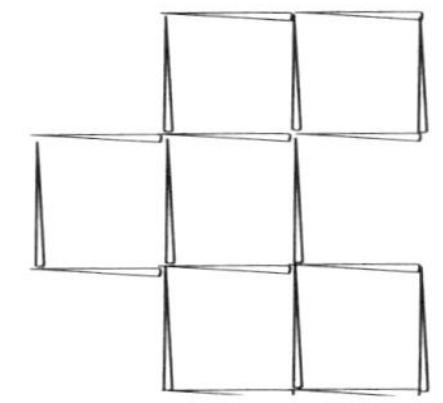

143...

将原图中最右边的3根牙签移到下图中的新位置上，这样，图中就有9个小正方形、4个由4个小正方形组成的中等正方形以及1个由9个小正方形组成的大正方形，一共是14个正方形。

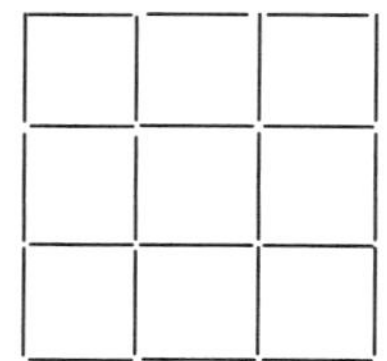

144...

145...

146...

147...

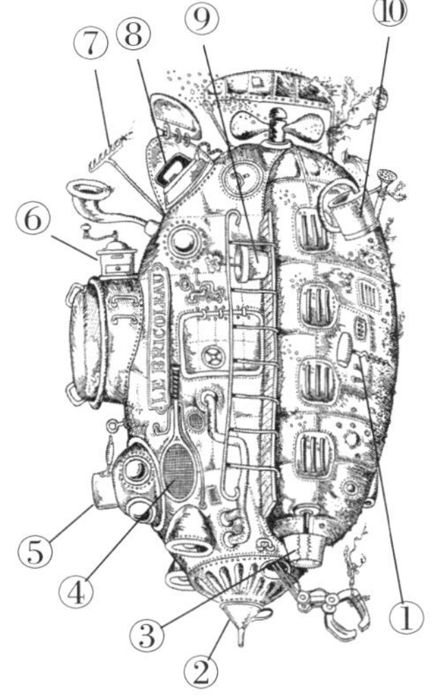

148...

①燕子；②莺；②大苇莺；④鹳；⑤鹰；⑥攀雀。

149...

为蒸汽小火车细节的是图中的2,4,6所标示的部分。

150...

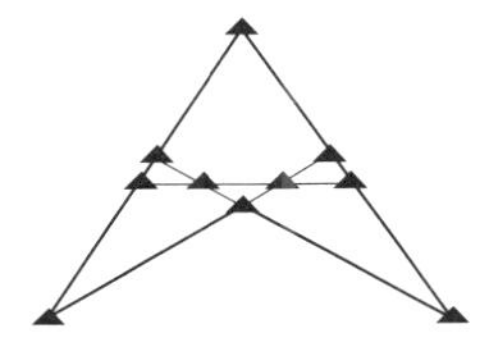

151...

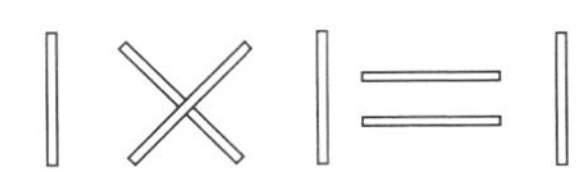

152...

1，2和4。

153...

A份可以单独作为正方形，2个B份拼在一起成为第2个正方形，2个C份可以组成第3个正方形，4个D份可以构成第4个正方形。

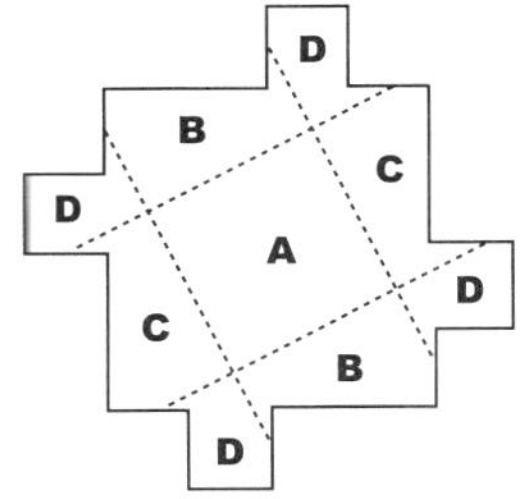

154...

A，D，E，G。

155...

要解决这个题，直线开始和结束的地方必须是直线的3个部分的连接处。在下面的图中，这几个连接处是莎翁右眼的上面、与他衣领和头发相邻的左肩。

156...

3，4和6。

157...

图中虚线所示的3根棍子就是应从图形上拿走的棍子。这之后就剩下3个小三角形、3个中型三角形以及1个包括所有三角形的大三角形。毕竟，这位女士并没有指明这7个三角形必须一样大。

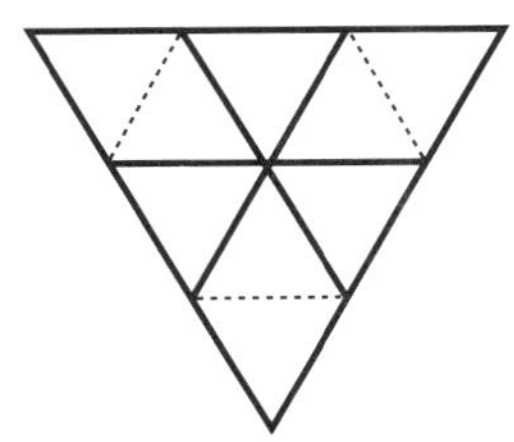

158...

完全一致的细节在2号和5号图上。

159...

图中虚线已经将所要移动的火柴说清楚了。

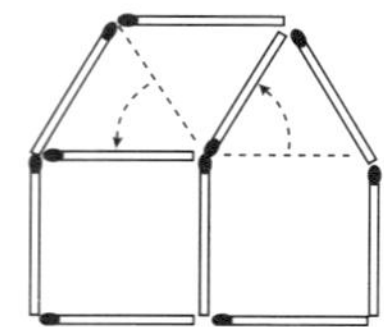

160...

一共有13只动物:1只山羊，1只天鹅，1只鸡，1头犀牛，1只乌龟，1只松鼠，1只青蛙，1头奶牛，1匹骆驼，两头猪和两只狐狸。

161...

1和D，2和G，3和E，4和H，5和C，6和B，7和F，8和A。

162...

答案如下图所示：

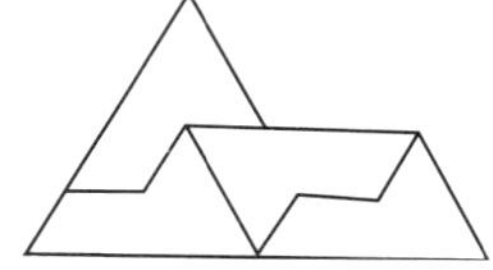

163...

第1，5和6号小插图。

164...

如果将下图中虚线所示的钉子拿走的话，那么将有5个小正方形和1个大正方形，一共是6个。

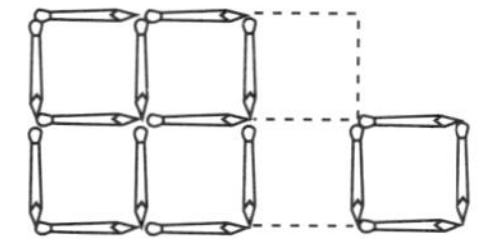

165...

六须鲇鱼：10；海象：8；电鳐鲨：12；海番鸭：5；槌头双髻鲨：4；犁头鳐：11；海马：1；海梭：15；鳗螈：14；锯鳐：2；箱鲀：13；海菇：7；鼠鱼：6；火枪鱼：16；飞鱼：9；翻车鲀：3。

166...

167...

画1条线将点A和点D连接起来，点D是线段CE的中点。这就出现1个三角形ABD，它是以线段AB和线段BD为边的矩形的一半。这样，这块儿土地就被平分成了两部分。

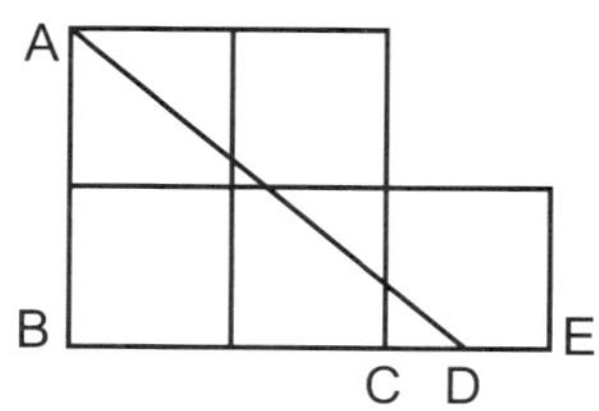

168...

准备一张硬纸，按如图所示的样子将它剪3下，每次剪到纸张的中间部位。将内折边A沿着中间线折起来，使它与BB边垂直。将C边旋转180°。接着，将这张纸放在桌子上面。这时，你会发现这个著名的“看似不可能的纸张”已经完成了。

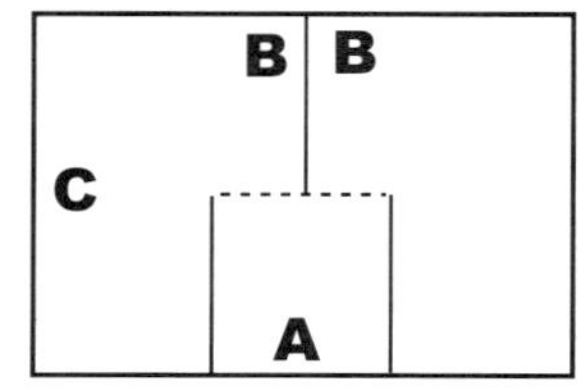

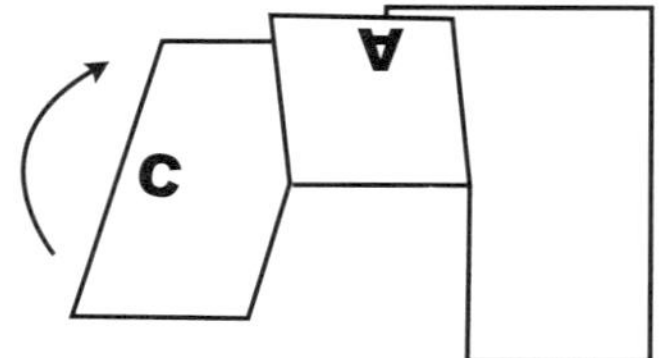

169...

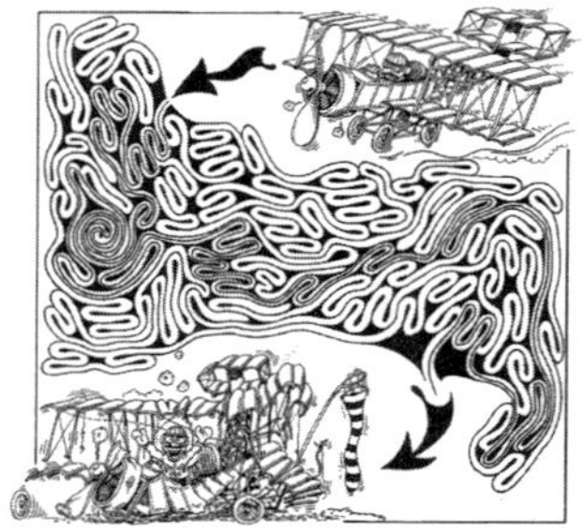

170...

171...

答案如下图所示：

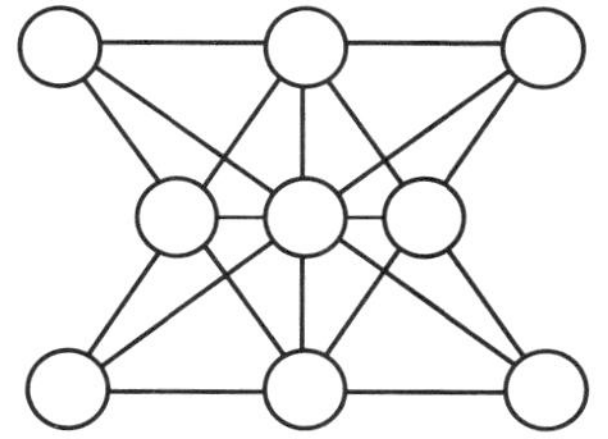

172...

答案如下图所示：

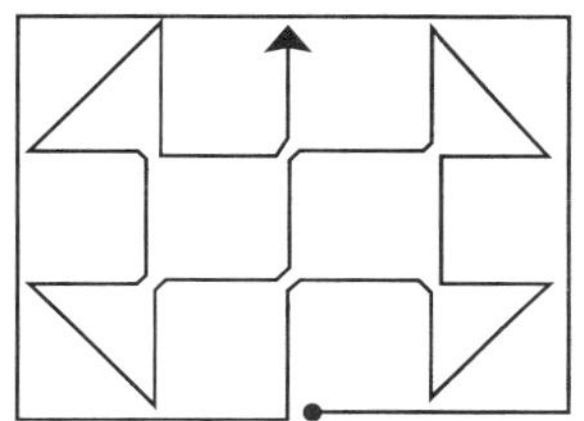

173...

174...

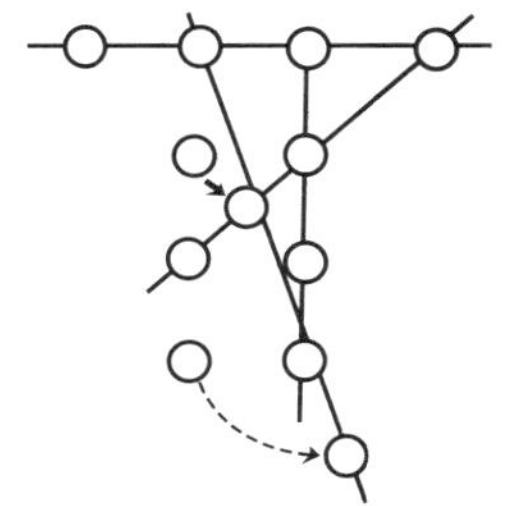

175...

ab 墙和 cd 墙的长度相等。如果沿着虚线 1 将 cd 墙切开并将上面那部分向下移动到虚线 2，那么我们会得到与 ab 墙尺寸、形状相同的砖墙。很明显，两面墙的用料都相等，因此花费也相等。这样，邓布迪先生和泥瓦匠都错了。

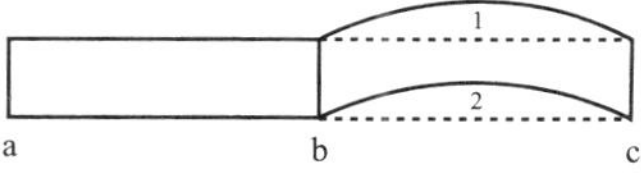

176...

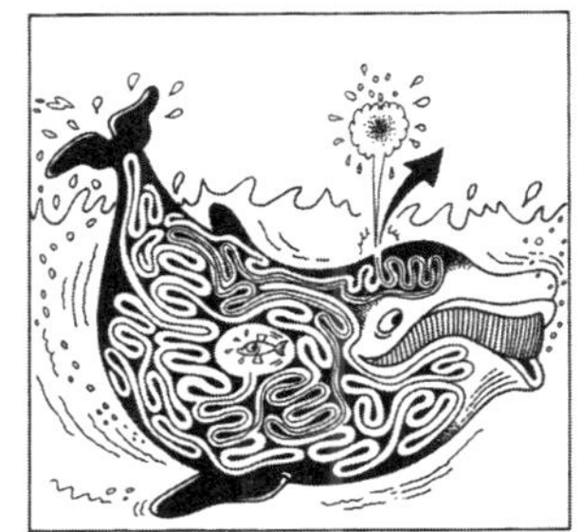

177...

答案如下图：

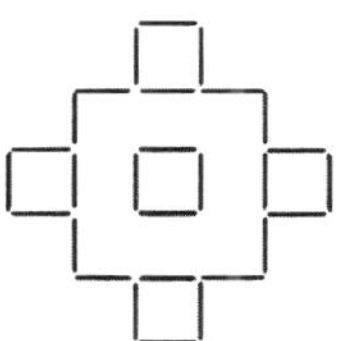

178...

按照图 1 所示将一张纸的顶部和底部的一部分折叠。然后，画出“×”的一边，并将线画到顶部折纸上（如虚线所示）；接着往回画线，返回纸张的中部并将“×”的另一边画出来（如图 2 所示）。随后，继续画线并延伸到底部折纸上，同时，将线延伸到另一侧（如图 3 中虚线所示）。最后，使线条离开折纸，并返回纸张的中部，再围绕“×”画出方框（如图 4 所示）。这时，你就可以用一笔在线条不相互交叉的前提下连续画出一个正方形，其正中央有一个“×”。

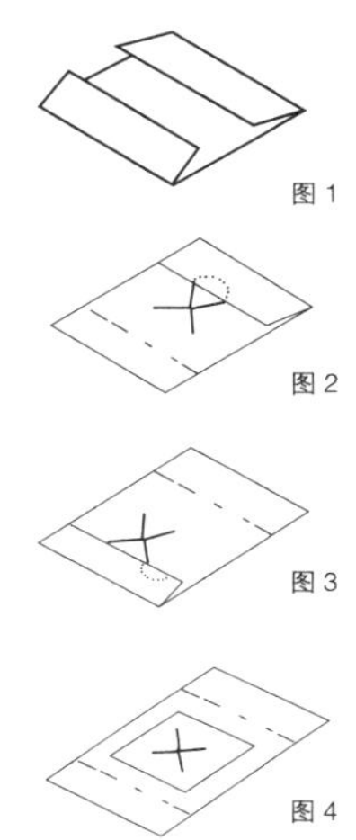

179...

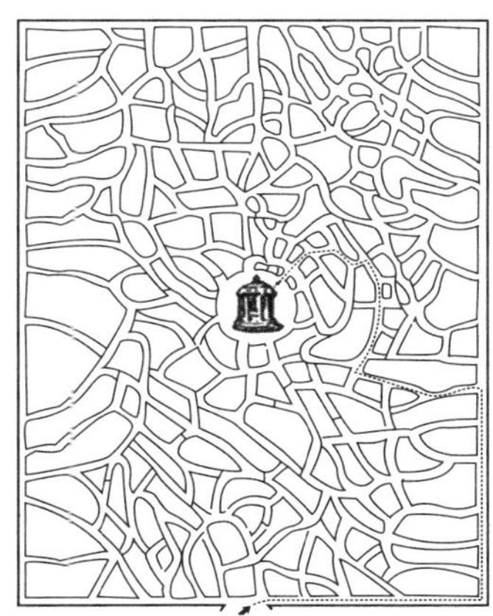

180...

将下图中虚线位置上的蜡烛移动就可以了。

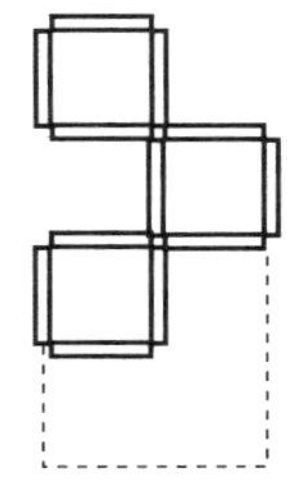

181...

答案如下图所示：

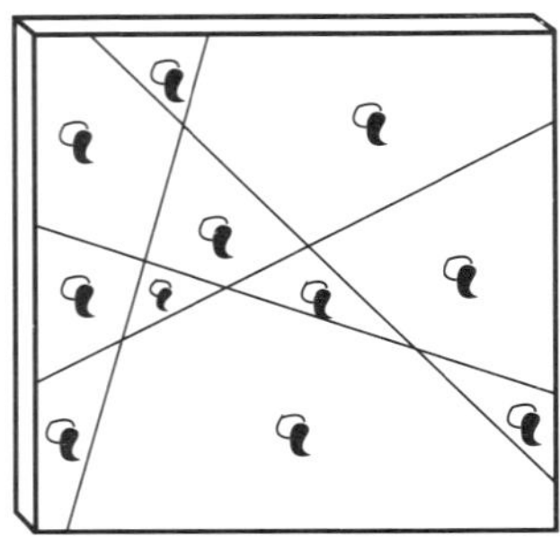

182...

答案如下图：

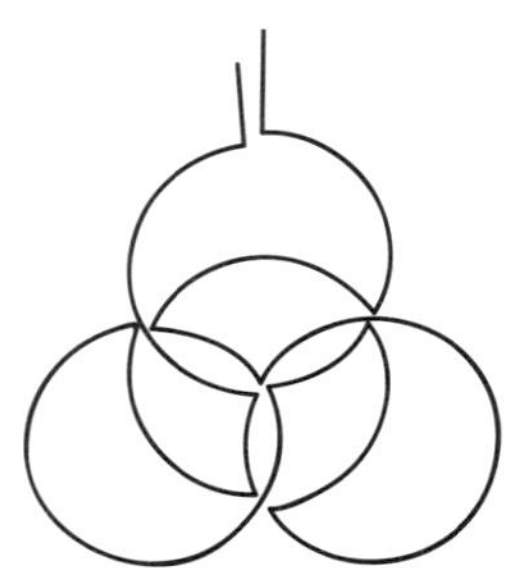

183...

答案如下图：

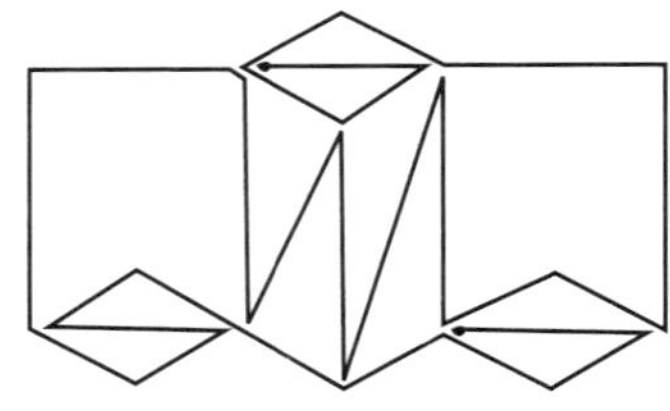

184...

答案如下图：

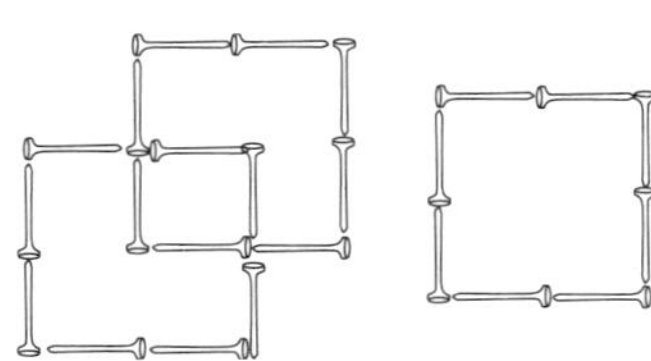

185...

最大值是 36，那条路线就是下图中用虚线标出的路线。

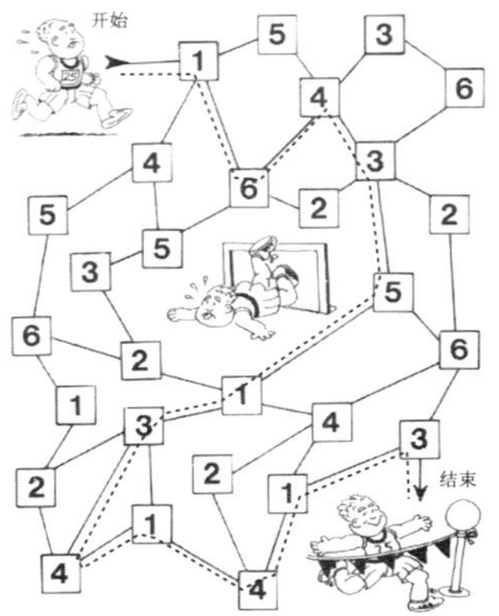

186...

下面的图形展示了所要画的 9 条线的位置。

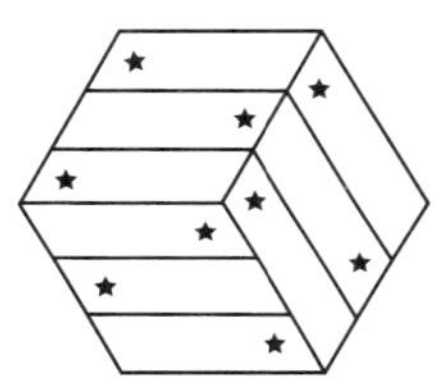

187...

下图是这个题的一种解法。

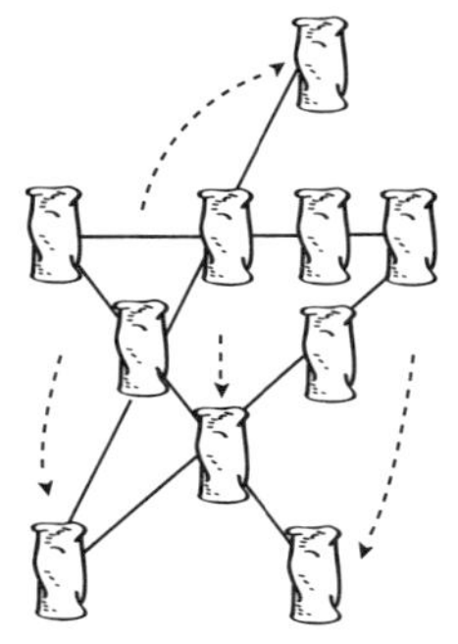

188...

答案如下图所示：

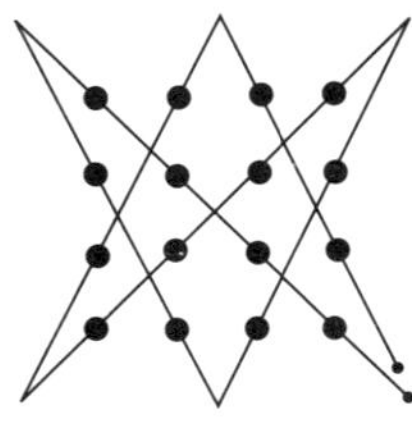

189...

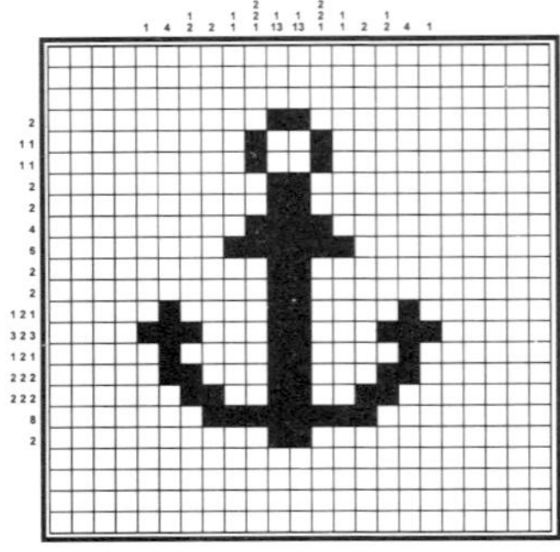

190...

191...

192...

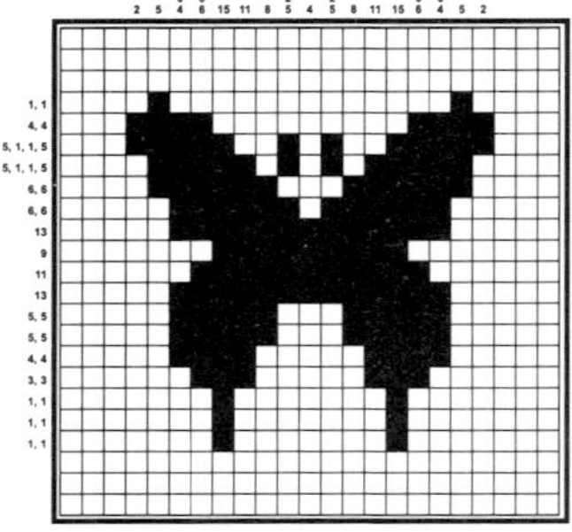

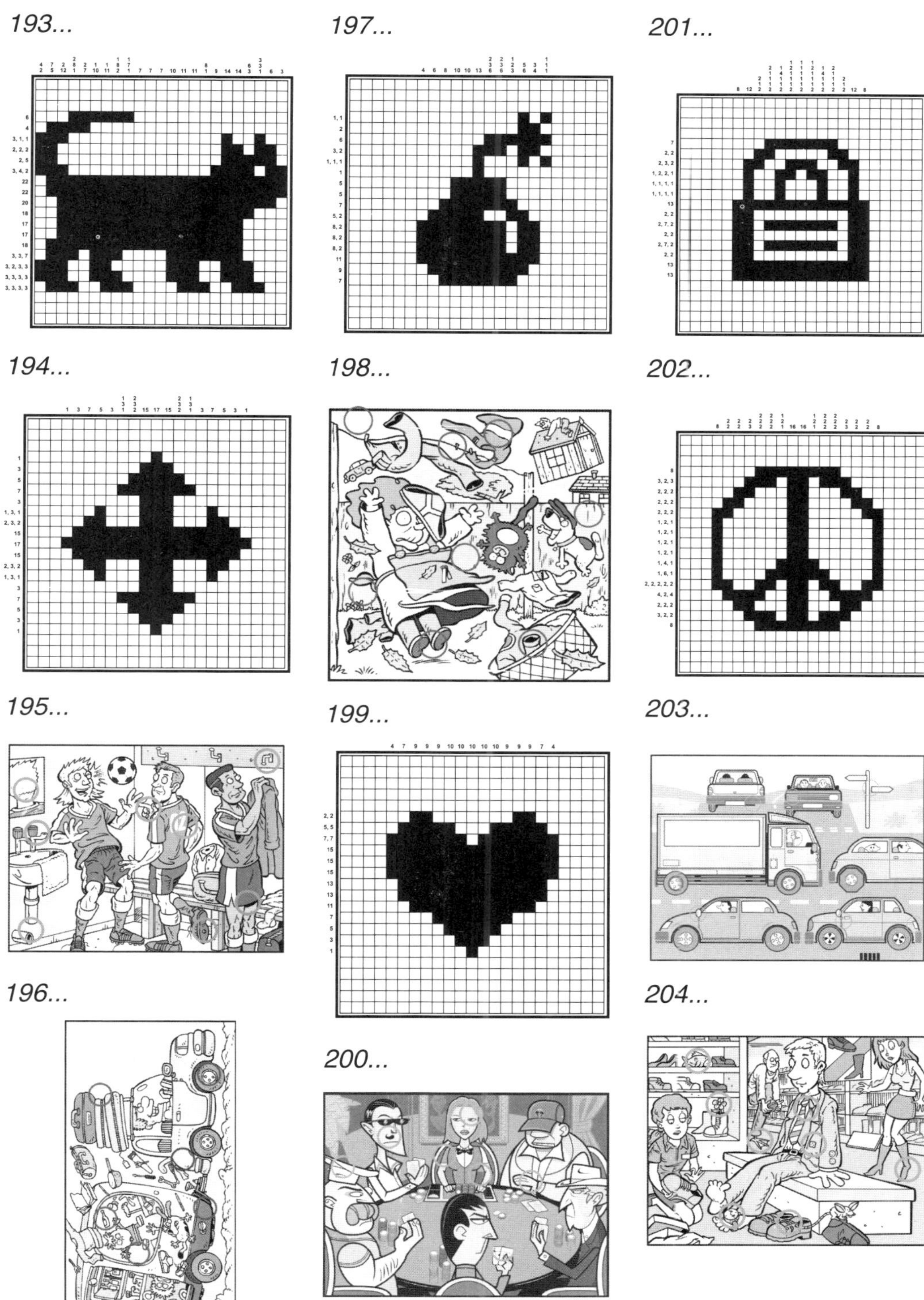
193...
197...
201...
194...
198...
202...
195...
199...
203...
196...
200...
204...

205...

206...

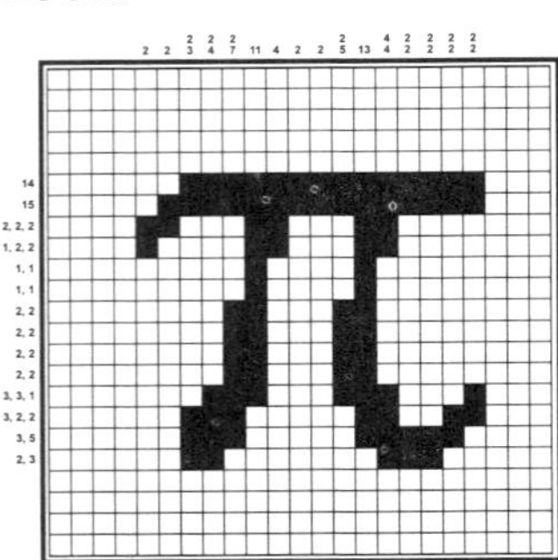

207...

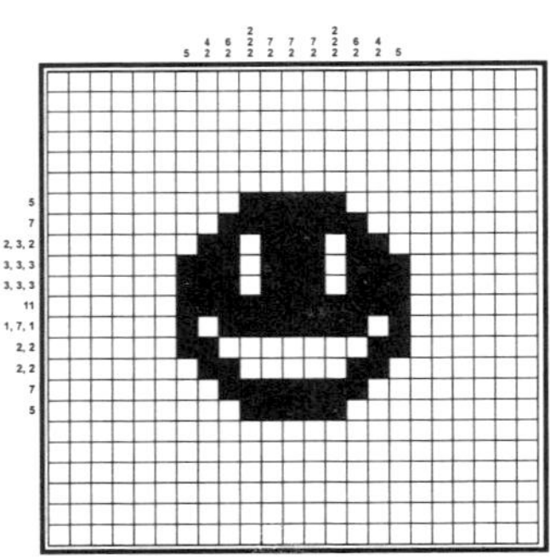

208...

209...

210...

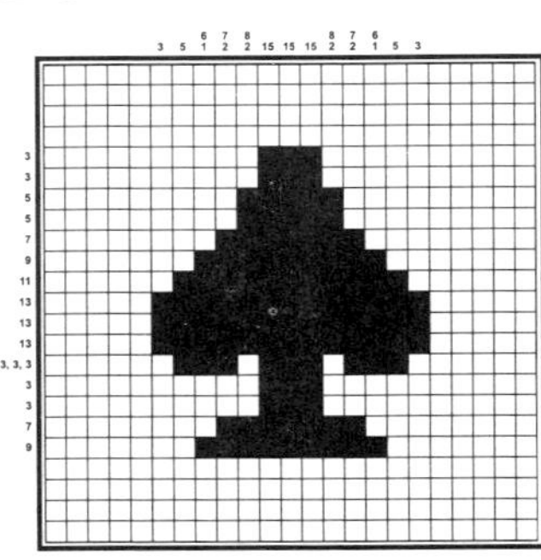

211...

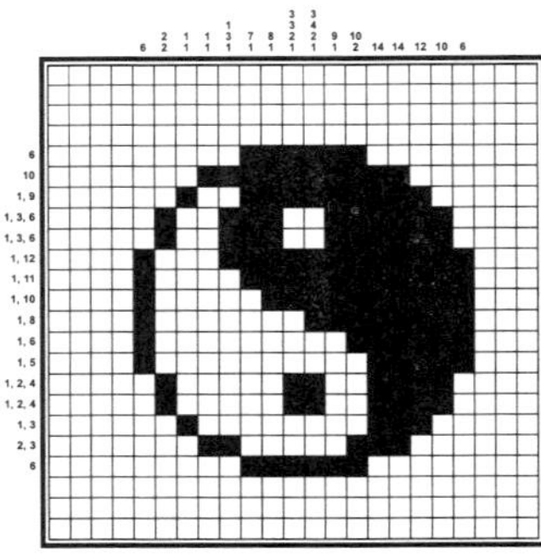

212...

213...

214...

以下是移动的步骤（W表示白色，B表示黑色；以纽扣所在的棋盘位置标识）：（1）W2移 到3；（2）B4移到2；（3）B5移 到4；（4）W3移到5；（5）W1移到3；（6）B2移到1；（7）B4移到2；（8）W3移到4。

215...

把那条带4个环的链子（第2条）上面的4个环都打开，这样会花费4元。接着，利用这4个环把剩余的5条链子连在一起；然后，把这4个环焊接在一起，这会花费2元。所以，1条29个节的链子一共会花费6元。

216...

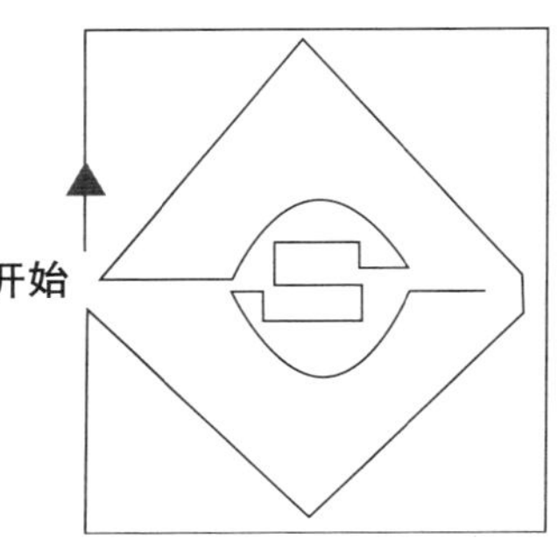

第二章

数字类思维游戏

345 543－345＝?
456 654－456＝?
567 765－567＝?
678 876－678＝?
789 987－789＝?
1234 4321－1234＝?
2345 5432－2345＝?
3456 6543－3456＝?
4567 7654－4567＝?
5678 8765－5678＝?
6789 9876－6789＝?

1. 不连续的数字

这里有一个很好的思维游戏，它可以考验你解答思维游戏的能力。下图的圆圈已经连接起来，它们里面包括从 1 到 8 的数字。你的任务是将这几个数字重新排列使任意一条直线上的两个数字彼此不连续。

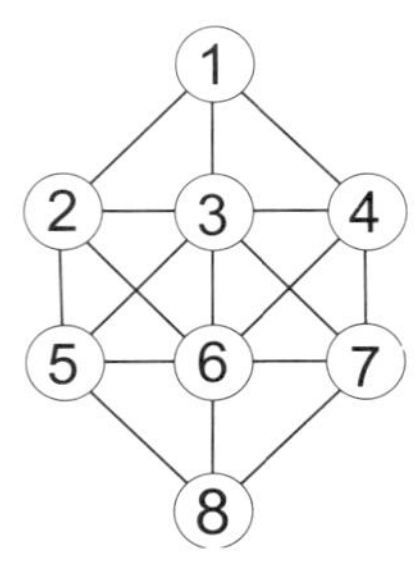

2. 小甜饼

小阿里阿德涅现在很烦。今天早些时候，她收到妈妈亲手做的一包新鲜小甜饼。正当她打开礼物时，她的 4 个朋友就到了，她们提醒阿里阿德涅以前她们带的小甜饼也曾和她分享过，现在也该她反过来回赠她们了。她不情愿地把其中的一半和半个甜饼分给了她的朋友劳拉；然后把剩下的一半甜饼和半个甜饼分给了梅尔瓦；接着，她又把剩下的一半甜饼和半个甜饼分给了罗伦；最后，她把盒子里剩下的一半甜饼和半个甜饼分给了玛戈特。这样，可怜的阿里阿德涅就把盒子里的甜饼都分了出去，她真是伤心极了。

那么，你能否计算出盒子里原来有多少小甜饼吗？顺便说一下，阿里阿德涅绝对没有把盒子里的甜饼切成或者掰成两半。

3. 烟头

尼古丁·奈德是咖啡厅里的饭桶。他看起来十分落魄，甚至连买 1 盒好烟的钱都没有。他只能在著名的快速卷烟机的帮助下自己卷烟抽。至于烟草，他是从抽过的烟头里积攒下来的。他可以把 3 个烟头卷成 1 支烟。他攒了 10 个烟头，可是他却想卷 5 支烟。也许这个听起来好像是不可能的，但是奈德却卷成了。那么，你知道他是怎么做的吗？

4. 谁在前

下面的这个数列包含了从 1 到 10 的所有数字。现在需要把 2 和 3 放在后面合适的位置。哪个数字在前面，2 还是 3？为什么？

8　5　4　9　1　7　6　10　?　?

5. 数字算式题

下面是一个数字算式题，你能完成这个算式吗？

```
  SE.ES
  TE.ES
+ FE.ES
-------
  CA.SH
```

6. 字母和星号

在这道算式题中，数字被字母和星号所取代。同样的字母代表同样的数字，一个星号代表任意数字。请你写出算式。

```
     ABC
   ×BAC
  -----
   ****
    **A
  ***B
 ------
 ******
```

7. 素数算式题

在这道算式题中，每个数字均是素数（2，3，5 或者 7）。这里不提供作为线索的数字和字母，但正确答案只有一个。

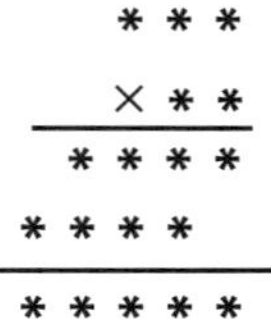

8. 青蛙与井

一口井深 3.5 米，青蛙每天可以向上爬 1 米，当晚上休息时，就会滑落 0.6 米。那么，如果按照这个速度向上爬的话，这只青蛙需要用几天的时间才能从那口井里爬出来呢？

9. 最短的时间

这个故事发生在自行车刚刚出现的时候。一天，有两名年轻的骑车人，贝蒂和纳丁准备骑车到 20 千米外的乡村看望姑妈。当走过 4 千米的时候，贝蒂的自行车出了问题，她不得不把车子用链子拴在树上。由于很着急，她们决定继续尽快向前走。她们有两种选择：要么两人都步行；要么一个人步行，一个人骑车。她们都能以每小时 4 千米的速度步行或者以每小时 8 千米的速度骑车前进。她们决定制订一个计划，即在把步行保持在最短的距离的情况下，利用最短的时间同时到达姑妈家。那么，她们是如何安排步行和骑车的呢？

10. 喇叭

葛鲁丘·马克斯买了一个喇叭作为弟弟哈波的生日礼物。包装好之后，他把它带到邮局邮寄。

“对不起，马克斯先生，”邮局的职员说，“这个包装实在是太长了，邮局规定任何包装都不能超过 1.2 米，而这个包裹却长 1.5 米。”

无奈之下，葛鲁丘把这个喇叭带回商店。店员把喇叭上的橡胶球拆掉了，可是即便如此，这个喇叭仍然长 1.35 米。这时，葛鲁丘想出来一个主意。他让他们用另外一种方法把喇叭重新包装。当他再次到邮局时，喇叭的包装得到了认可，因为现在的包装符合要求。那么，他是怎么做的呢？请记住，这个喇叭既没有被截断也没有弯曲。

11. 偷窃者

在犯罪记录上，没有哪个贼比纳库克拉斯·哈里伯顿更卑鄙。当他到别人家里行窃时，他会毫不犹豫地去偷孩子们的存钱罐。他撬开保险箱偷走了 125 枚硬币，一共有 70 元。其中没有 1 角的硬币。那么，你能否判断出他偷走的是哪些硬币，而每枚硬币的面值又是多少吗？

12. 长角蜥蜴的窝

伯沙撒是我们镇上的自然博物馆从某个地方得到的一只长角蜥蜴，它十分神奇。工作人员特意把它放在爬行动物观赏大厅新建的一个圆形有顶的窝里。刚放下，伯沙撒就马上开始考察它的新领地了。从门口开始，它向北爬行了 4 米到达圆的边缘；然后，它急忙转身向东爬行了 3 米，这时它到达了围栏边。那么，你能根据这些信息计算出它这个窝的直径吗？

13. 免费赠品

让我们来看看你是否有资格在润滑油补给站获得这份免费赠品。你所要做的就是将下图中数学表达式里的字母用数字代替，相同的数字必须代替相同的字母。竞赛的时限是 1 个小时。祝你好运！

			F	D	C
A	B	G	H	C	B
		A	B		
		F	F	C	
		F	E	E	
			F	C	B
			F	C	B

14. 玩具火车

小时候，爸爸给我买了一列玩具火车作为我的生日礼物。除了火车配备的车厢之外，他又花了 20 元买了另外 20 个车厢。乘客车厢每个 4 元，货物车厢每个 0.5 元，煤炭车厢每个 0.25 元。那么，你能否计算出这几种类型的车厢各有几个？

15. 奇数与偶数

彭尼帕克先生给了思罗克莫顿一个很难的题，他只能利用 1，3，5，7，9 这些数字来写成这个数字。很显然，诸如 333，753 或者 717 这些数字都不是偶数。那么，你能否帮助思罗克莫顿走出这个困境呢？

16. 开商店

哈丽和桃瑞斯正在做开商店游戏。哈丽花了 3.1 元从桃瑞斯那里买了 3 罐草莓酱和 4 罐桃酱。那么，你能根据上面说的情况计算出每罐草莓酱和每罐桃酱的价钱吗？

17. 数字之和（一）

这道难题曾经让有的人花费了好几个小时仍不得其解。问题是将 1 到 9 这几个数字排列成 3 行，并使第 2 行的 3 个数字相加的和比第 1 行的 3 个数字之和大 3，而且使第 3 行的 3 个数字之和比第 1 行的 3 个数字之和大 6。那么，请你试试看能否找到答案！

18. 数字之和（二）

把所有列示的数字都放到正方形的 4 条边上，以替换图中的问号，使每条边上的数字之和都相等。

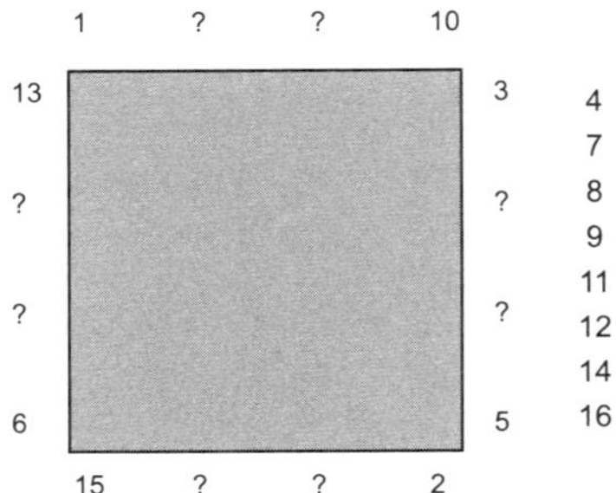

19. 数字之和（三）

下面的哪个选项是最小的？

A. $\frac{\sqrt{10}}{10}$

B. $\frac{1}{10}$

C. $\sqrt{10}$

D. $\frac{1}{\sqrt{10}}$

E. $\frac{1}{10\sqrt{10}}$

20. 熊爸爸的难题

熊爸爸好像被它在佩尔特维利报上看到的一个思维游戏难住了。趁它还没有被烦透，我们来看看这个思维游戏吧：

下面所示的一行数字相加之后正好等于 45。那么，你能否将其中的一个加号改为乘号，使这行数字相加的值变成 100 呢？

$1+2+3+4+5+6+7+8+9=45$。

21. 抢香蕉

现在是动物园的午餐时间，我们在灵长类动物的观看亭所听到的叫声是它们在抢香蕉的声音。管理员每天都会分给这100只灵长类动物100个香蕉。每只大猩猩有3个香蕉，每只猿有两个香蕉，而狐猴因为最小，只有半个香蕉。

你能否根据上面所给出的信息计算出动物园里的大猩猩、猿、狐猴各有多少只？

22. 幻方（一）

这位绅士正在解答一道设有奖项的幻方思维游戏。要解决这道题，需要将所有方格内的X换成数字，并使每列、每行以及两条对角线的数字相加的和都等于34。使用1到16之间的数字；同时，每个数字只能使用一次。

23. 幻方（二）

我们这台著名的游戏计算机好像感染某种病毒了。程序应该使计算机在水平方向、垂直方向以及对角线的数字相加结果为6。可是，却出现了右边的现象。那么，你能重新排列显示屏上的数字使这个幻方显示正确吗？

24. 毕业的年龄

奈德·诺波是廉价小说中虚构的运动英雄，他在学校的运动生涯比历史上其他任何学生都要长。他运动生涯的$\frac{1}{4}$是在从事橄榄球这个运动项目，接下来的$\frac{1}{5}$是作为大学一年级学生，随后的$\frac{1}{3}$是作为大学二年级和三年级学生，而他的最后13年则是作为大学四年级学生。这之后，他终于退役并且毕业，但他却是班里最后一个毕业的学生。那么，当奈德获得毕业证书时，他的年龄是多少呢？

25. 时针和分针的相遇

重达2吨的底特律大钟在费城举办的展览会上大放异彩。这个大钟既可以为13座城市报时，也可以体现季节的变迁，还可以显示太阳周围的行星运行的轨迹。这个大钟同时也引发了下面的疑问：从午夜到正午时分，大钟的时针和分针相遇（重合）了多少次？

26. 克尔特林银行的游戏

克尔特林银行正在举行一年一度的思维游戏竞赛，而设立的一等奖几乎世上难寻。这里有个提示可以帮你获胜。找出最小的一个数，使它与2，3，4，5，6，7，8，9，10相除后得出的余数都是1。

27. 丹佛铸币厂的硬币

当布莱克·巴特第13次袭击丹佛公共马车时，他实在是不走运。唯一的现金是他在一个推销员的旅行包里发现的，这些硬币总计5元。而这5元正好是由丹佛铸币厂铸造的100枚硬币组成。那么，你能判断出各种硬币的面值以及包内各种硬币的个数吗？

28. 巨型鱼

渔夫上岸后肯定会把这个刻骨铭心的故事告诉给他的朋友们。好像他的祈祷真的应验了，那个庞然大物从他身边经过。那条鱼有多大呢？据他猜测，这条巨型鱼的头有 60 米长，它的尾巴是身体长度的一半与头的长度的总和，而它的身体又是整个长度的一半。那么，这个深水动物各部分的长度该如何计算呢？

29. 小费

克拉姆兹·卡拉汉是巴伐利亚花园餐厅里行走最快也是最邋遢的服务员，正是由于他快如飓风的步伐，他总是把客人的衣服弄脏。一天，一位愤慨的客人只给了卡拉汉 1 角钱的小费，并说："你把我的衣服给毁了，我就给你 1 角钱的小费。但是，如果你能够在不接触桌子、盘子以及硬币的情况下把硬币拿走，我就赏你 25 元的小费。"然而，克拉姆兹却没能解决。那么，你呢？

30. 散步

亚特兰大市以数千米的木板路著称。每年夏天威兰·阿姆斯特朗都会推着妈妈在木板路上散步，一直走到钢铁码头才返回。威兰的行车速度保持不变：当逆风而行时，他 4 分钟可以走 1 千米；当顺风而行时，他 3 分钟就可以走 1 千米。根据这些信息，你能计算出他在没有风的时候走 1 千米用多长时间吗？

31. 简单的方法

潘奇在思考这个题时想把它清楚地表达出来。他必须在心里把从 1 到 100 的数字加起来，但是，他尝试了 10 分钟就宣布了放弃，他抱怨说自己总是忘记前面加的那些数字。然而，潘奇却不知道有一个简单的方法可以让他快速解答这个题。那么，你知道这个方法是什么吗？

32. 埃德娜阿姨的存款

埃德娜阿姨总是在家存放大笔钱以备急用。仅有的问题就是她从来不相信纸币，所以她存放的都是硬币。同时，她把自己的存款藏在窃贼最不可能想到的地方——盛汤的碗里。当她数钱时，她发现了一个极巧的事：她的 1500 枚硬币正好是 800 元，硬币分为 1 元硬币、5 角硬币以及 1 角硬币。那么，你能说出这些硬币各有多少个吗？

33. 母鸡下蛋

从它们出现在思维游戏中的次数就可以断定鸡是圈养动物里最聪明的动物。有一天，塞·科恩克利伯又在西洋跳棋比赛中输给了波普·本特利，于是他就问波普下面这个问题：如果 1 只半鸡在 1 天半下了一个半鸡蛋，那么 6 只鸡 6 天下多少个鸡蛋？波普现在研究这个题。那么，你认为这几只鸡会下多少个鸡蛋呢？

34. 午餐托盘

我记得上高中的时候，"大块儿头"马修斯·莫兰在学习之余赚的钱都是通过把其他学生在午餐之后的托盘拿回厨房挣来的。1 个托盘他收 5 分钱，他因一次能拿许多托盘而名噪一时。有一天，他两趟一共拿了 99 个托盘。当我问他每趟拿了多少个托盘时，他回答说："第 1 趟所拿托盘的$\frac{4}{5}$等于第 2 趟托盘的$\frac{3}{5}$。现在，你应该知道了吧！"

35. 立体幻方

将编号从 1 ~ 9 的棋子按一定的方式填入右图中的 9 个小格中，使得每行、每列以及每条对角线上的和都分别相等。

36. 正方形与数字

仔细算一算，空着的小正方形中应该填上哪些数字？

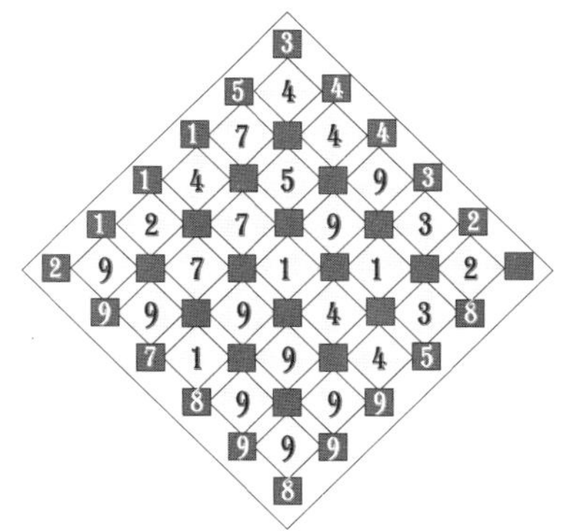

37. 四阶魔方

将这些编号从1～16的棋子填入游戏纸板的16个方格内，使得每行、列以及2条对角线上的和相等，且和（即魔数）为34。

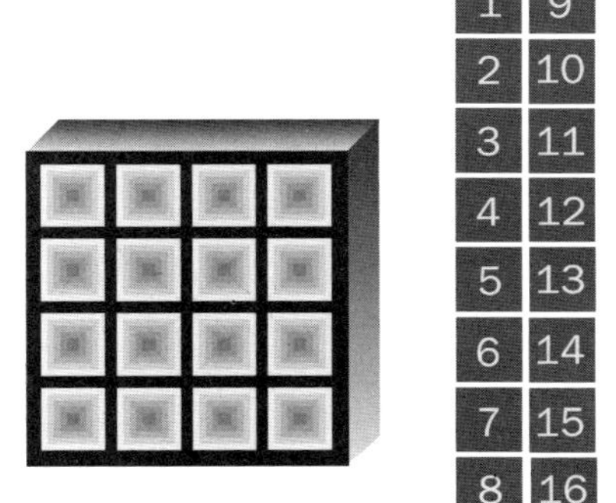

38. 等式（一）

将数字1～9放进数字路线中，使各等式成立。

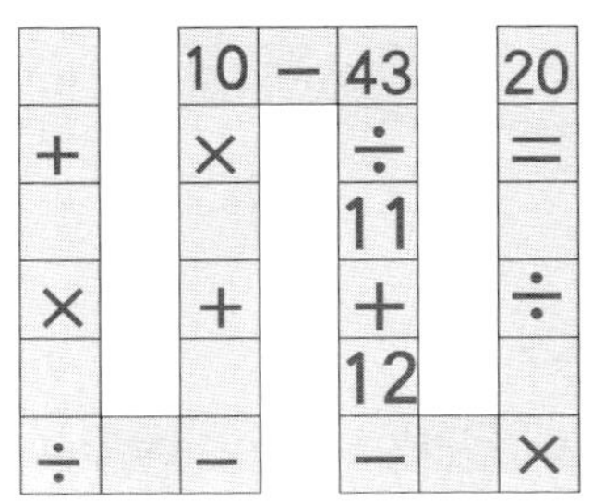

39. 等式（二）

在空格中填入正确的数字，使所有上下、左右方向的运算等式均成立。

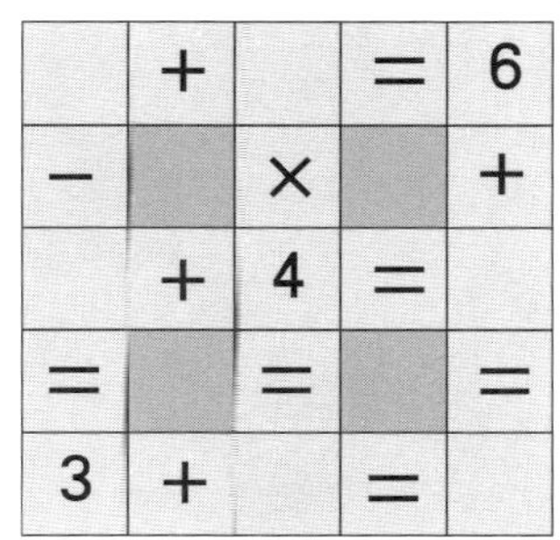

40. 等式（三）

这6个等式中，哪个是不正确的？

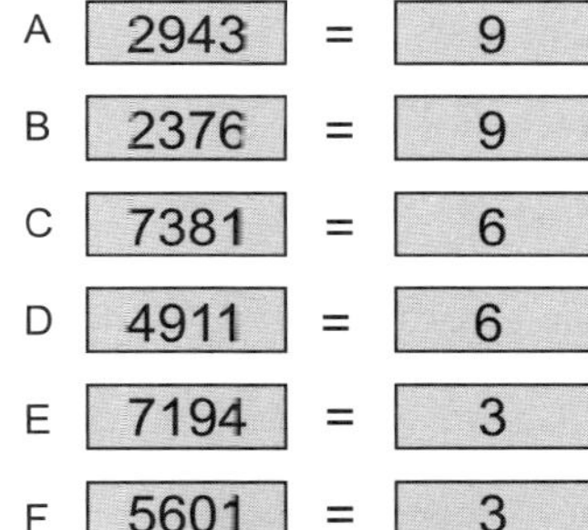

A	2943	=	9
B	2376	=	9
C	7381	=	6
D	4911	=	6
E	7194	=	3
F	5601	=	3

41. 圆圈里的数字

从左上角的圆圈开始顺时针移动，求出标注问号的圆圈里应该填上的数字。

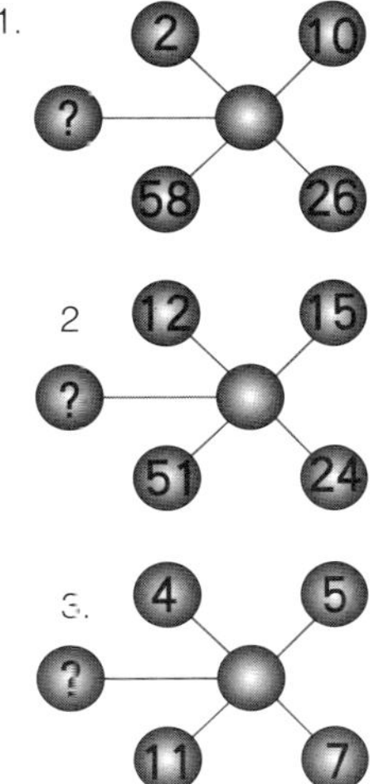

42. 砌砖工

要掉在砌砖工头上的砖有多重？假设它的重量是1千克再加上半块砖的重量。

43. 圆圈之和

你能将数字1～13填入下面图中的灰色圆圈中，使得每组围绕方块的6个圆圈之和相等吗？

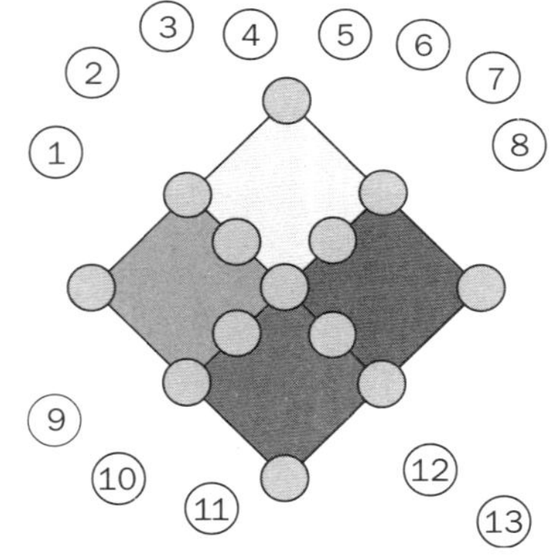

44. 数字方格

用数字1～36填入缺失数字的方格中，使得每行、每列及每条对角线上的6个数之和分别都等于111。

28		3		35	
	18		24		1
7		12		22	
	13		19		29
5		15		25	
	33		6		9

45. 砌墙

有人在砌一堵墙。你能替他完成这项工作，把剩下的7张多米诺骨牌插入相应的位置吗？但是要记住，每行中要包括6组不同的点数，而且这些点数相加的和要与每行右侧的数值相等；每列也要包括3组不同的点数，且这些点数相加的和也要与底部的数值相等。

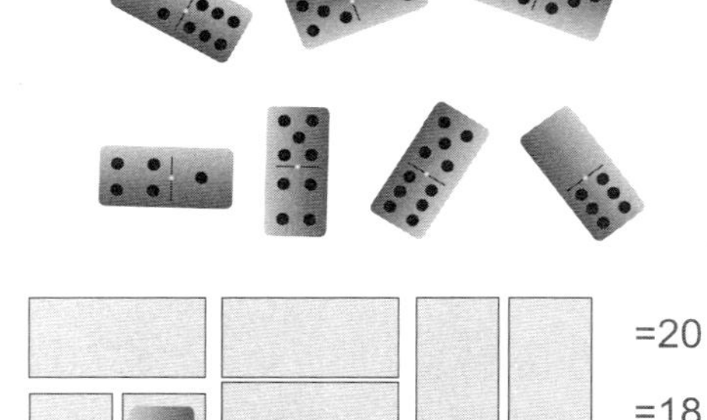

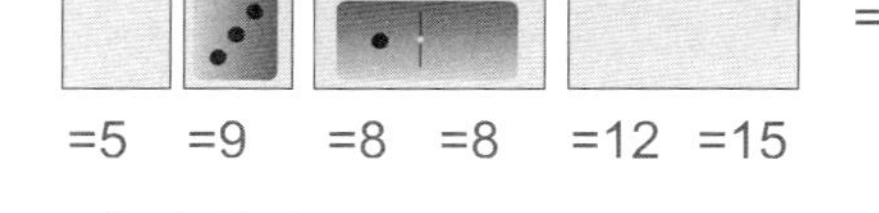

46. 安放数字

在这道谜题中，你必须运用从1～12的数字，每个圆圈中只能放入1个数字，而且所有的数字都要用上。将数字全部安放正确，使得各行4个数字的总和都等于26。

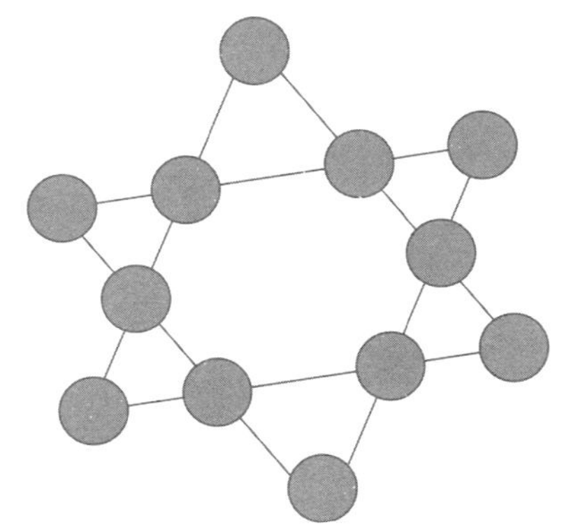

47. 划分表格

将表格分成4个相同的形状，并保证

每部分中的数字之和为 50。

8	8	3	6	5	5
8	4	4	7	7	4
5	5	5	8	3	5
9	8	3	4	7	3
7	5	9	3	5	8
6	4	4	8	3	4

48. 风铃

这个风铃重 144 克（假设绳子和棒子的重量为 0）。

你能计算出每个装饰物的重量吗？

49. 传送带

传送带和滚轴上的货物需要运到 20 个单位距离的地方。如果每个滚轴的周长为 0.8 个单位长度，那么它们需要转多少圈才能将货物运到指定的地点？

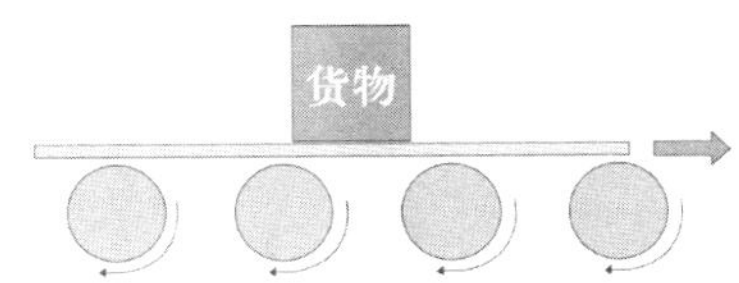

50. 填数（一）

图中标注问号的地方应该填上什么数字？

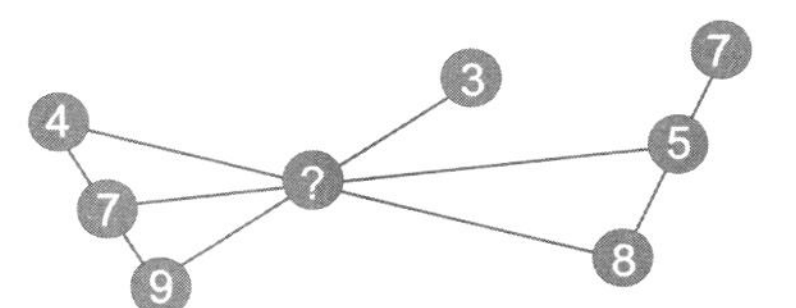

51. 填数（二）

要完成这道题，最后那个正方形中，问号处应该换成什么数字？

3		23	6		7
	41			28	
7		8	2		13
4		19	14		3
	45			47	
17		5	11		?

52. 填数（三）

填出空格内的数字。

6	0	8	3				4	5	5	5				0	3	1	6			
2	9	7	7	2	2	4	3	2	5	2	4	1	8	2	5	8	9			
1	0	5	3				2	7	2	0				3	9	6	6			

53. 填数（四）

你能算出问号处应该填什么数吗？

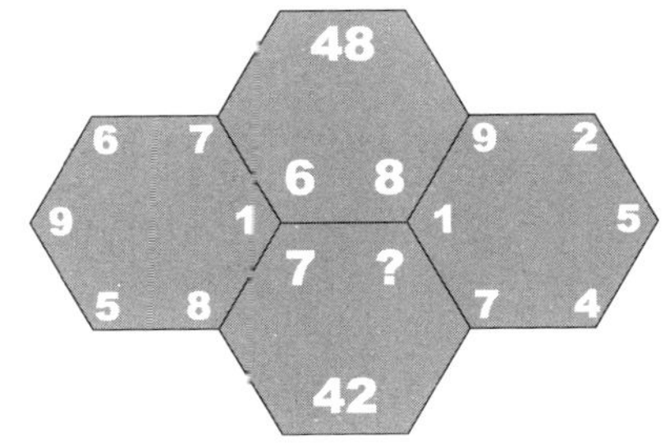

54. 填数（五）

要完成这道题，问号的位置应该换成什么数字？

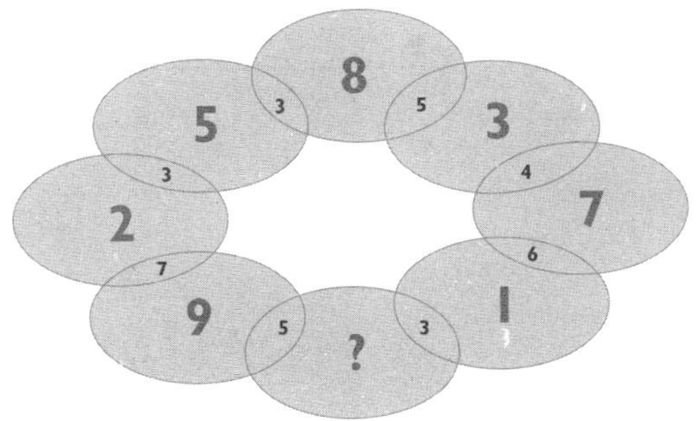

55. 填数（六）

算一算，在问号处填上什么数字可以完成这道题？

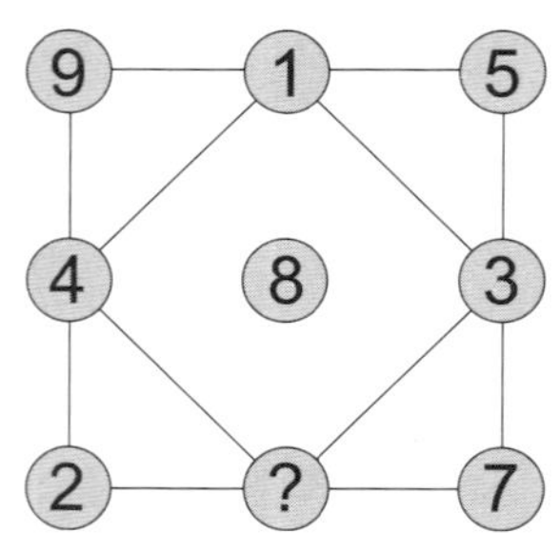

56. 填数（七）

要完成这道题，你认为问号处应该换成什么数字？

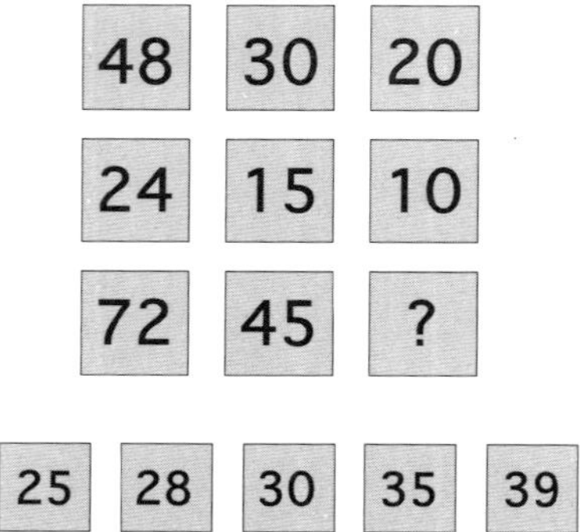

57. 填数（八）

在这些序列中问号处应填哪些数？

A	7	9	16	25	41	?			
B	4	14	34	74	?				
C	2	3	5	5	9	7	14	?	?
D	6	9	15	27	?				
E	11	7	−1	−17	?				
F	8	15	26	43	?				
G	3.5	4	7	14	49	?			

58. 蜂巢

你能否将数字 1 ～ 19 依次填入蜂巢里，并且使每处相连的蜂巢室的直行上数字之和为 38？

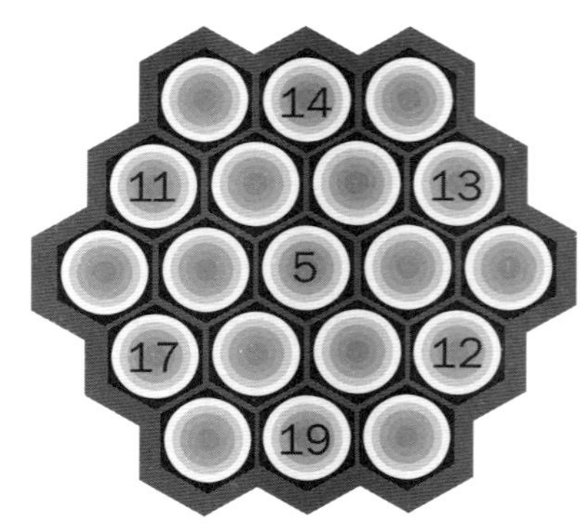

59. 相邻的数字

将数字 1 ～ 8 填入下图的圆圈内，使游戏板上任何相邻的数字都不是连续的？

60. 五角星之和

你能将数字 1 ～ 12（除去 7 和 11）填入五角星上的 10 个圆圈上，并使任何一条直线上的数字之和等于 24 吗？

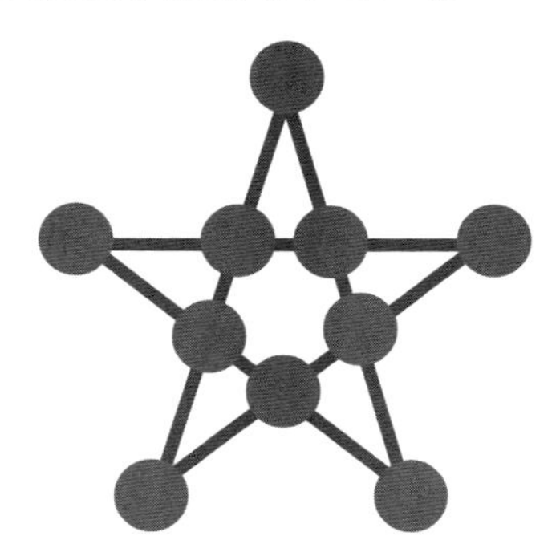

61. 六角星之和

你能将数字 1 ～ 12 填入六角星的圆圈中，使得任何一条直线上的数字之和为 26 吗？

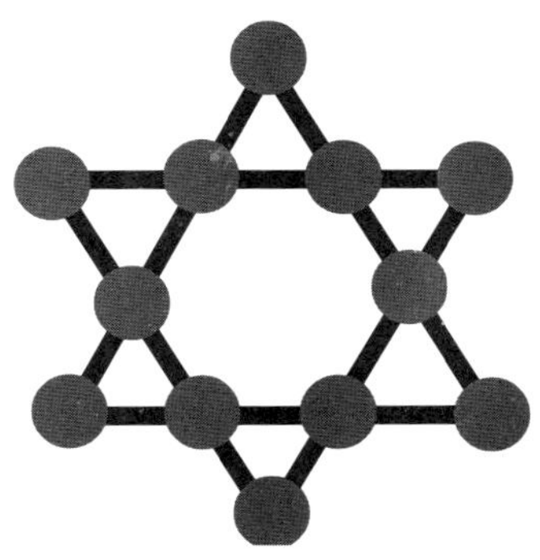

62. 七角星之和

你能将数字 1 ～ 14 填入下图的七角星圆圈内，使得每条直线上数字之和为 30 吗？

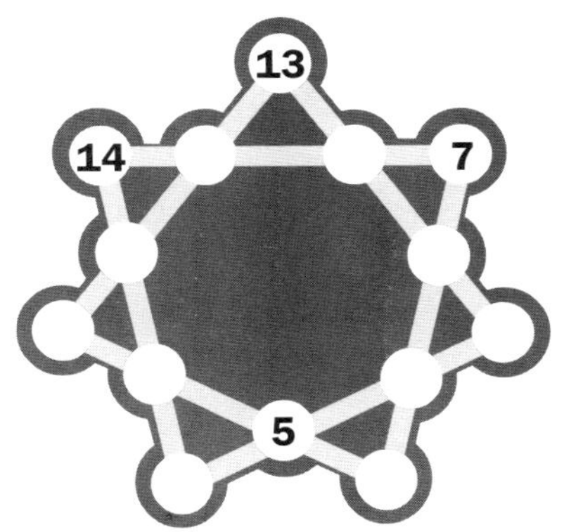

63. 八角星之和

你能将数字 1 ～ 16 填入下边的八角星圆圈内，使得每条直线上数字之和为 34 吗？

64. 三角形组

你能否将数字 1 ～ 12 填入多边形的 12 个三角形中，使得多边形中的 6 行（由 5 个三角形组成的三角形组）中，每行（每组）的和均为 33？

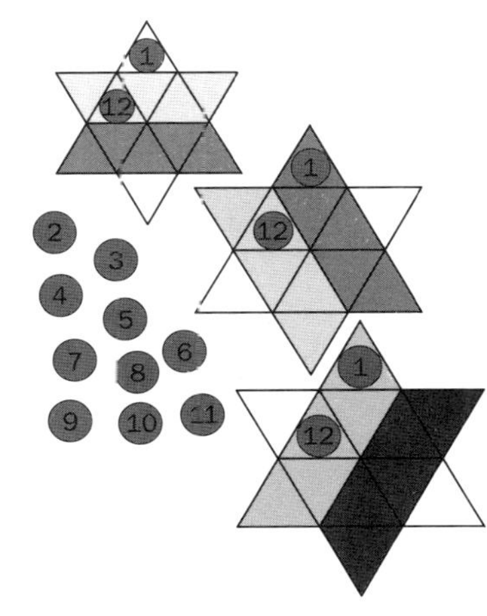

65. 平衡

算一算，问号的地方放几千克的砝码可以使天平平衡？

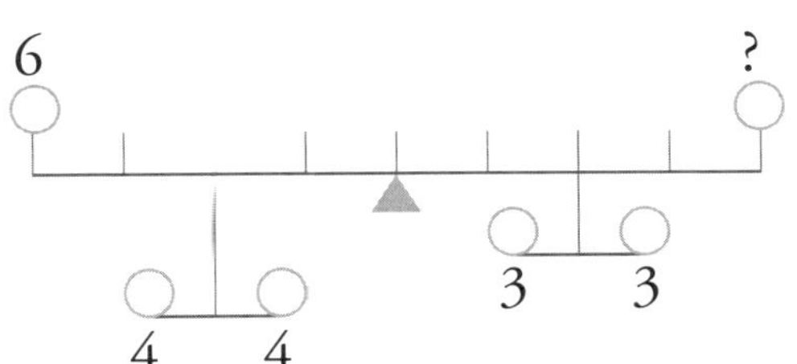

66. 链形图

算一算，这个链形图中缺少什么数字？

67. 标志与数字（一）

格子中的每种标志都代表了某个数字，你能算出问号代表的数字是多少吗？

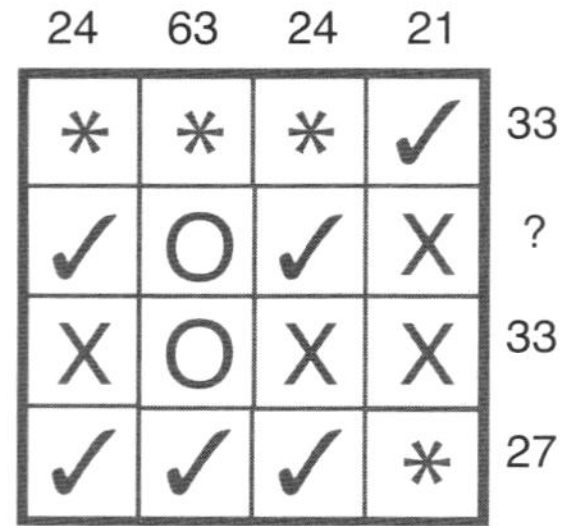

68. 标志与数字（二）

格子中的每种标志都代表了某个数字，你能算出问号代表的数字是多少吗？

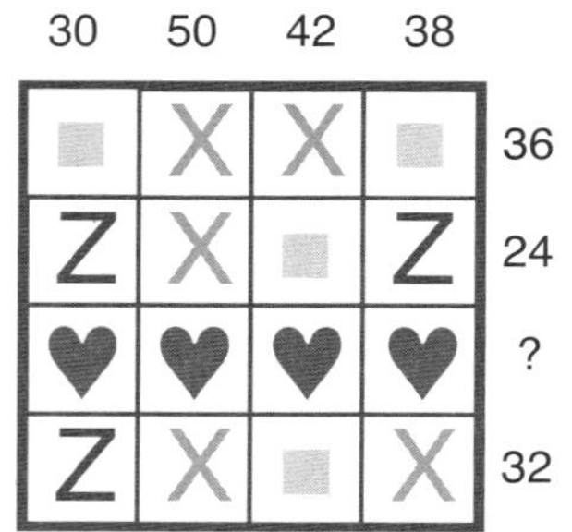

69. 标志与数字（三）

每个标志代表一个不同的数字。你能通过重新放置代表数字的每个标志同样组成这个和吗？

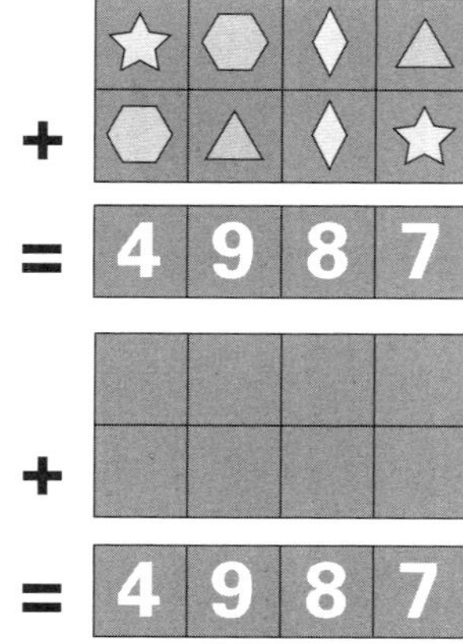

70. 标志与数字（四）

格子中的每种标志都代表了某个数字，你能算出问号代表的数字是多少吗？

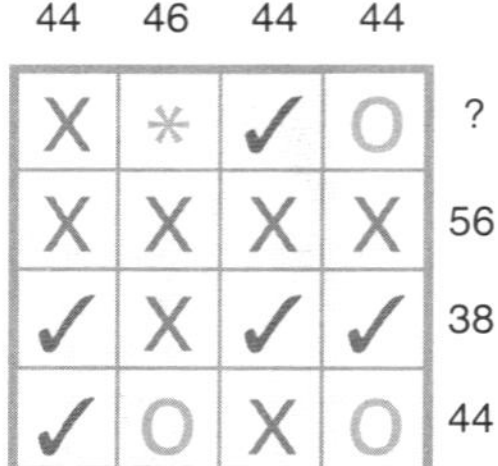

71. 恰当的数（一）

在图中空白处填上恰当的选项。

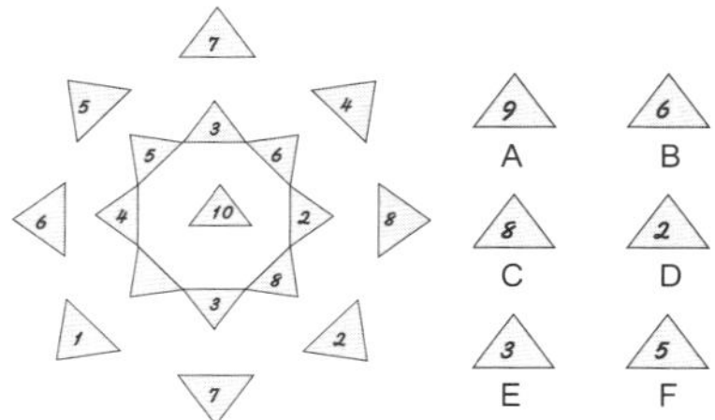

72. 恰当的数（二）

在图中标注问号的地方填上恰当的数字。

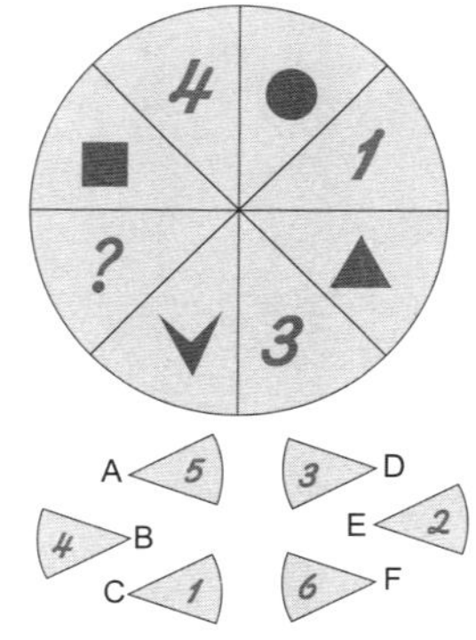

73. 恰当的数（三）

你能解开这道题吗？

74. 墨迹

哎呀！墨迹遮盖了一些数字。此题中，从 1 ～ 9 每个数字各使用了一次。你能重新写出这个加法算式吗？

75. 缺失的数字（一）

最后一个三角形的右底角缺失的数字是多少？

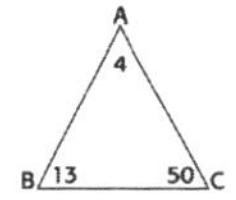

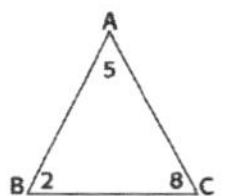

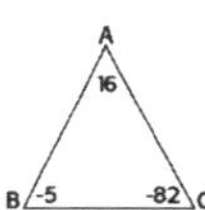

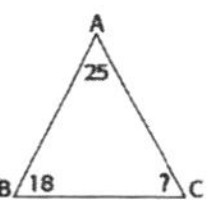

76. 缺失的数字（二）

第 2 行缺失的数字是什么？

15	81	168
23	111	?
5	27	56

77. 缺失的数字（三）

每个格子中的两个数字都有同一个规律，你能找出这个规律并确定缺失的数字是什么吗？

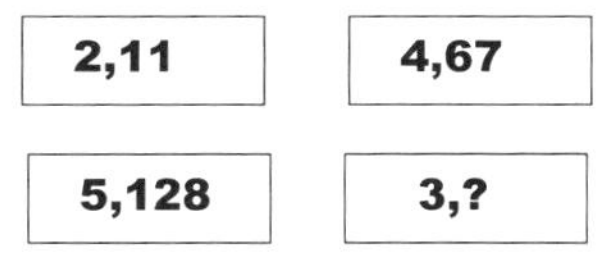

78. 缺失的数字（四）

图中缺失的数字是多少？

6	3	7	11
8	2	9	7
9	2	9	9
7	3	6	?

79. 缺失的数字（五）

你能算出缺失的数字吗？

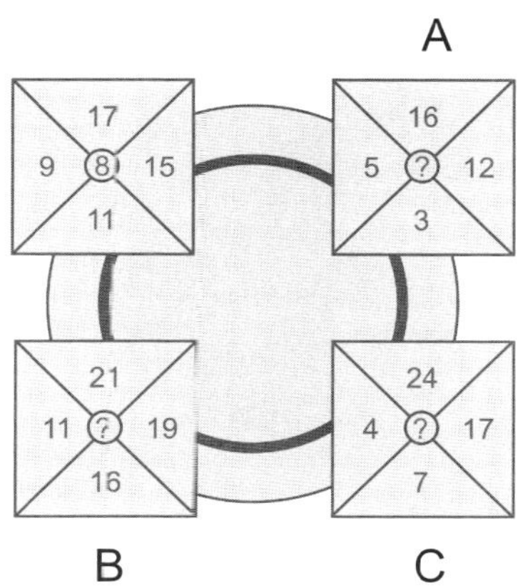

80. 缺失的数字（六）

要完成这道题，问号处应该填上什么数字？

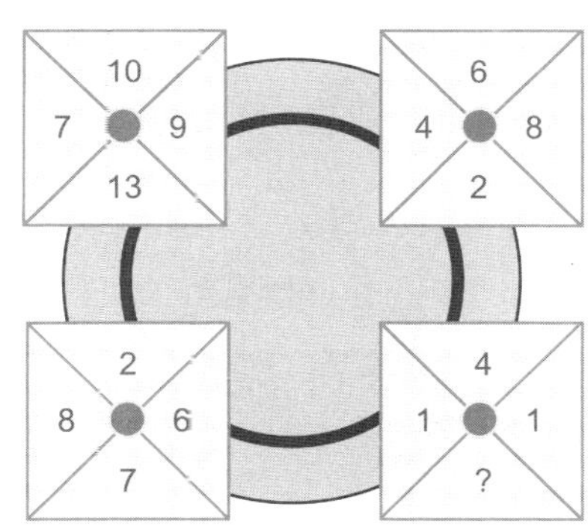

81. 逻辑与数（一）

找出逻辑关系并填充缺少的数字。

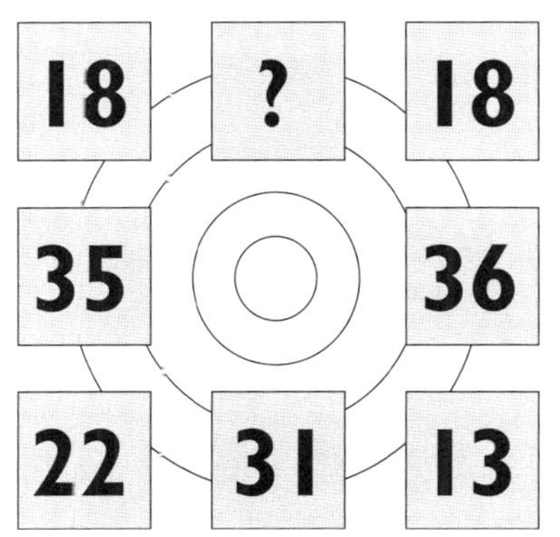

82. 逻辑与数（二）

找出逻辑关系并填充缺少的数字。

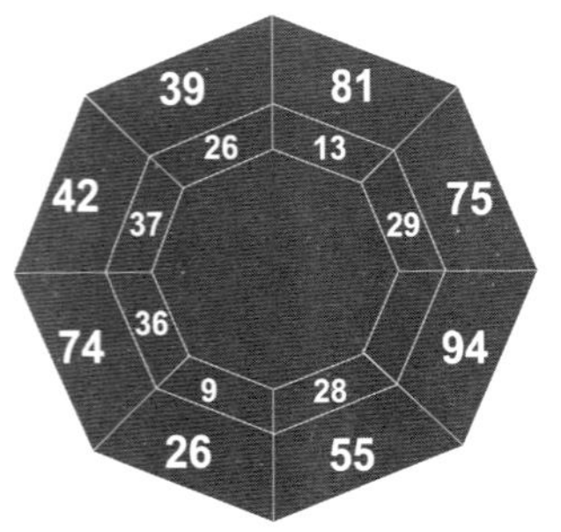

83. 逻辑与数（三）

找出逻辑关系并填充缺少的数字。

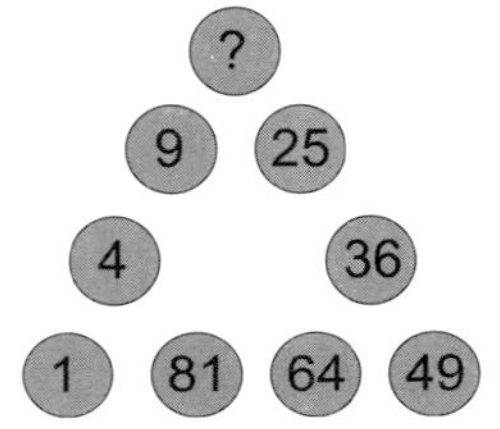

84. 逻辑与数（四）

找出逻辑关系并填充缺少的数字。

2	4	2
16	12	48
8	12	?

85. 特殊的数

想一想，哪个数字是特殊的？

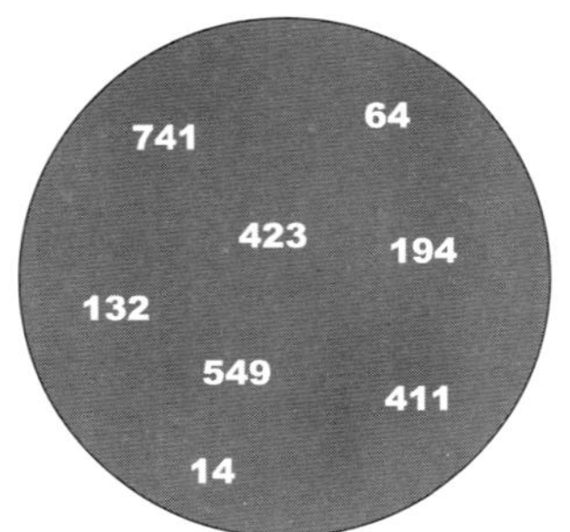

86. 正方形与数

在最后那个正方形中，哪个数字可以替换问号？

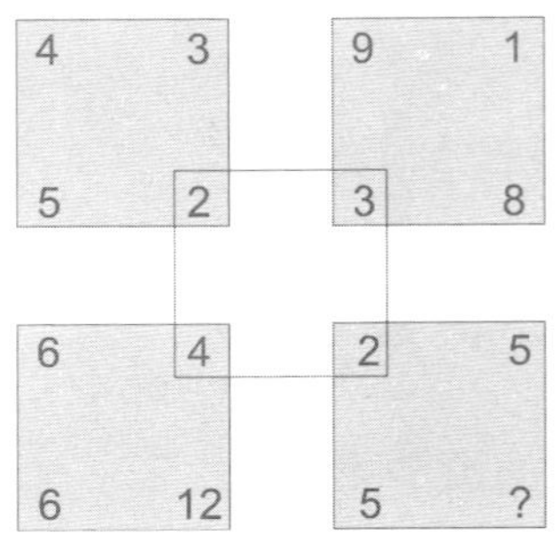

87. 三角形与数（一）

你知道问号处应该填上什么数字吗？

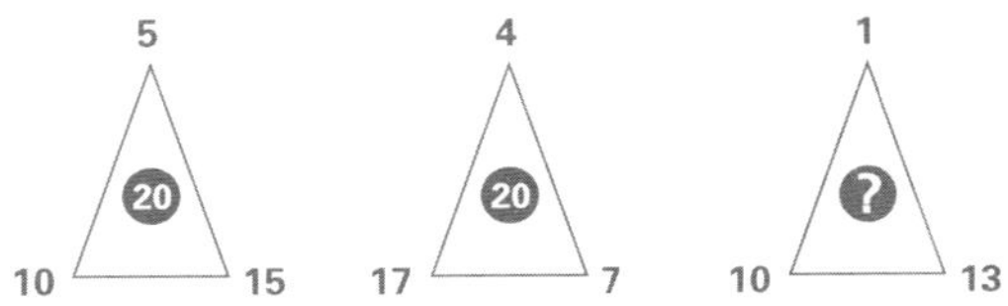

88. 三角形与数（二）

你知道问号处应该填上什么数字吗？

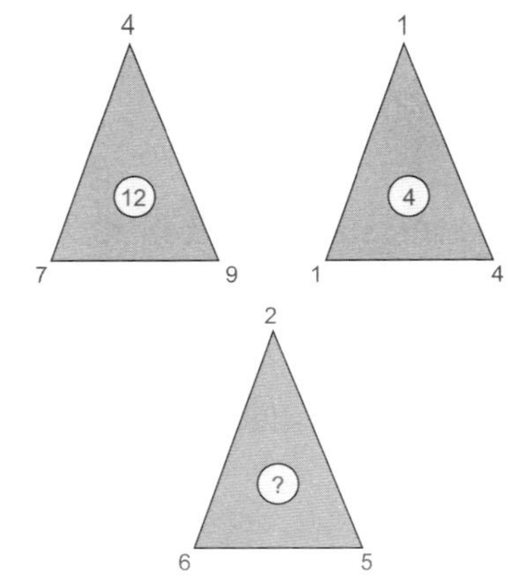

89. 数字盘（一）

问号处应该填上什么数字？

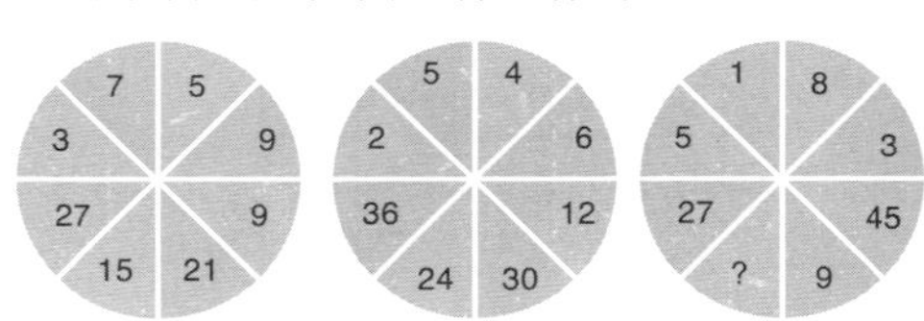

90. 数字盘（二）

问号处应该填上什么数字？

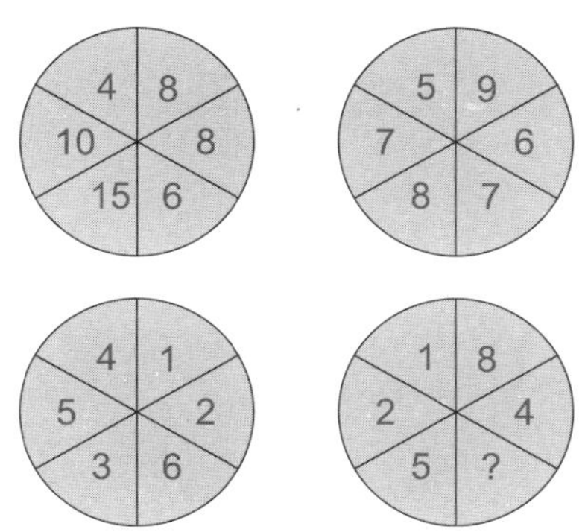

91. 数字盘（三）

问号处应该填上什么数字？

92. 数字盘（四）

如果 A 对应于 B，那么 C 对应于 D,E，F，G 中哪个数字盘？

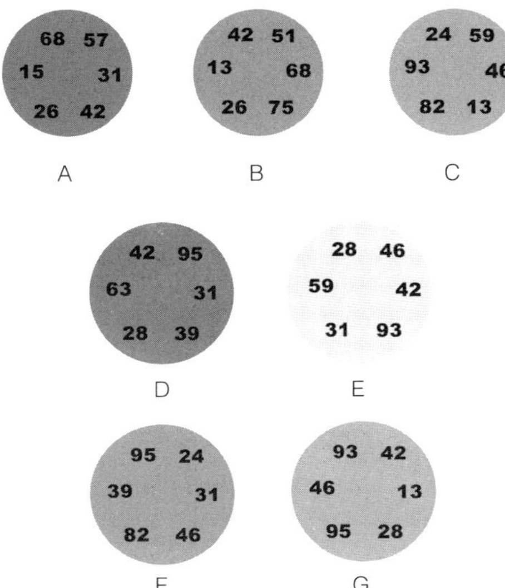

93. 数字盘（五）

问号处应该填上什么数字？

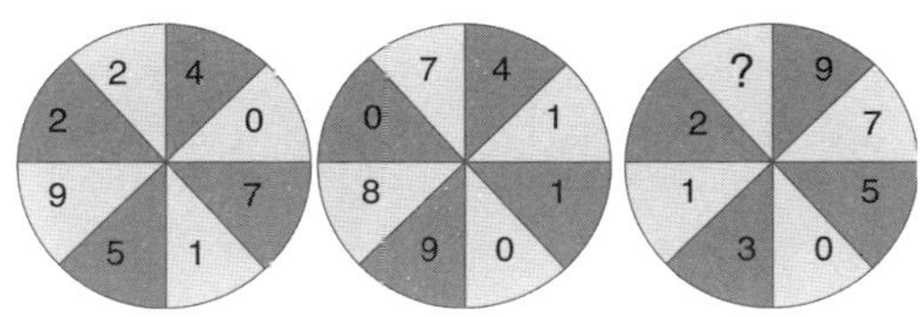

94. 数字盘（六）

问号处应该填上什么数字？

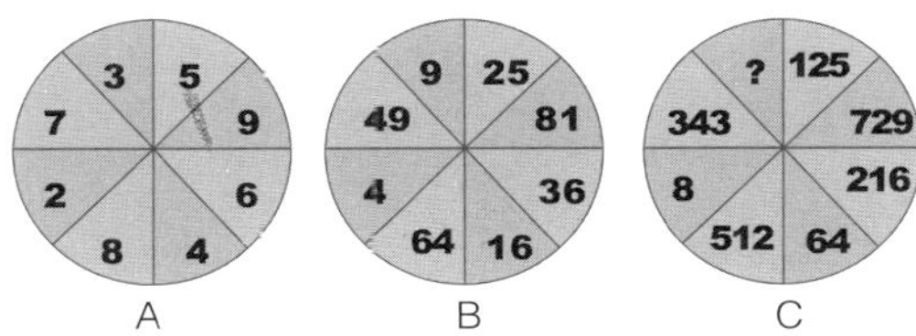

95. 五角星与圆

方框中标注问号的地方应该填上几个小圆？

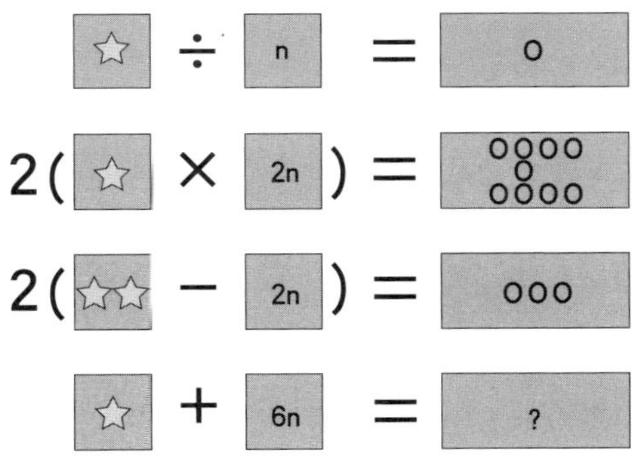

96. 表格与数字

表格 1 的数字按某种规则移动后得到表格 2。请问表格 2 中所缺的数字应该怎样填写？

1

22	15	34
12		14
23	21	19

2

14		12
19		23

97. 五边形与数

动动脑筋，问号处应该填什么数呢？

98. 环形图

你能想出填上什么数字后可以完成这个环形图吗？

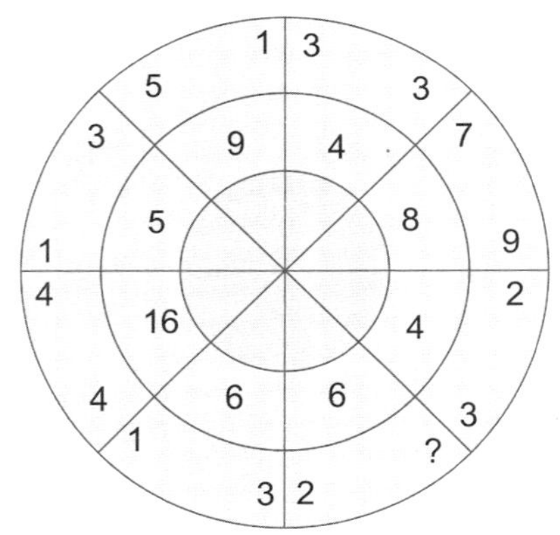

99. 数学符号（一）

问号部分应当分别用什么数学符号替代才能使两个部分的值相同且大于1？你可以在“÷”和“×”之间选择。

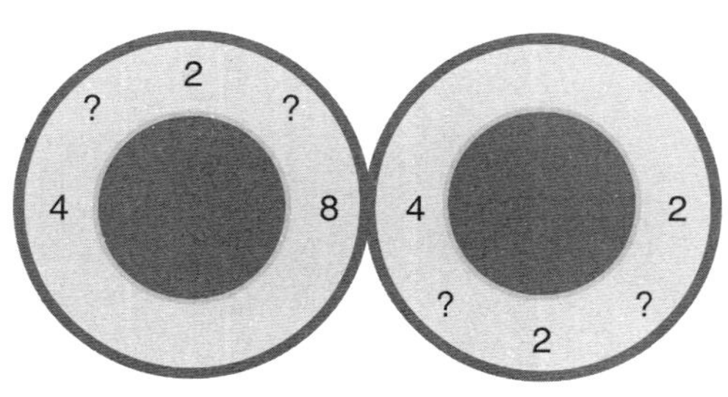

100. 数学符号（二）

你能找出问号部分应当填入的数学符号吗？

101. 数学符号（三）

在问号部分填入“×”或“÷”，使两个图表中所得的值相等。

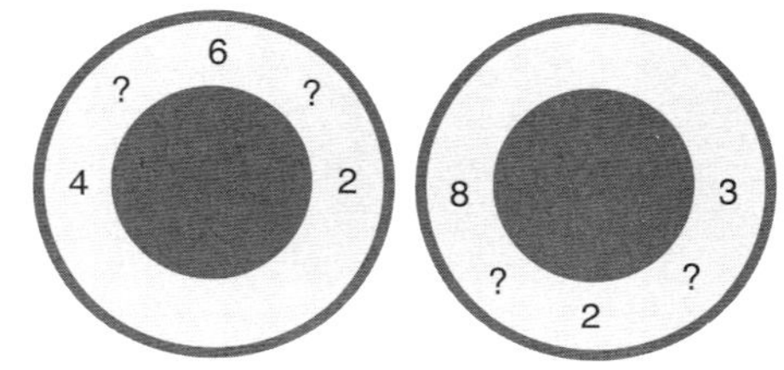

102. 数学符号（四）

四边形中有3个数学符号没有填入。从顶部开始顺时针计算，你能算出问号部分应当填入什么数学符号吗？

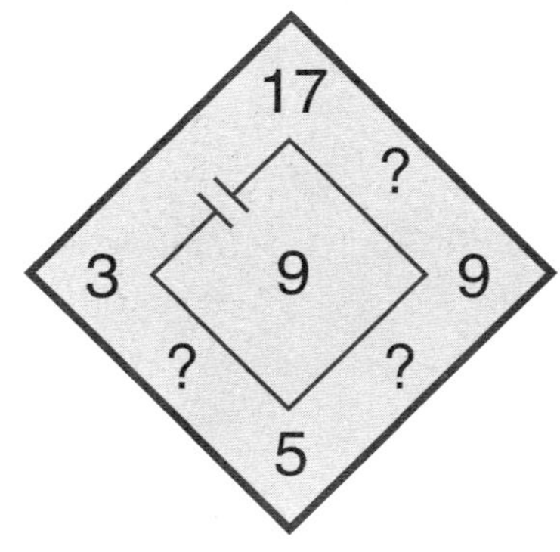

103. 数学符号（五）

四边形中有4个数学符号没有填入。

从顶部开始顺时针计算，你能算出问号部分应当填入什么数学符号吗？

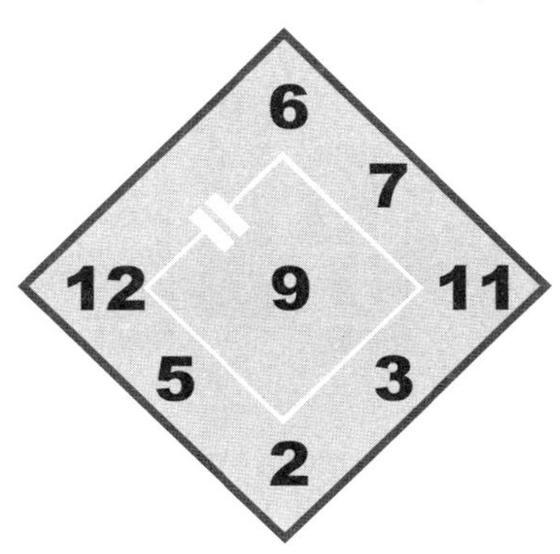

104. 数学符号（六）

四边形中有 4 个数学符号没有填入。从顶部开始顺时针计算，你能算出问号部分应当填入什么数学符号吗？

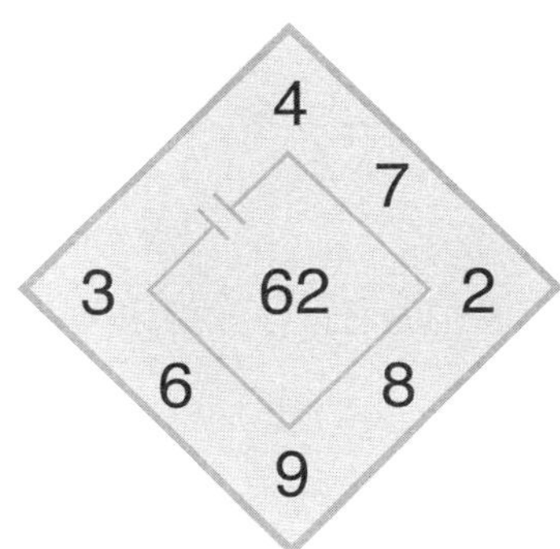

105. 数学符号（七）

四边形中有 4 个数学符号没有填入。从顶部开始顺时针计算，你能算出问号部分应当填入什么数学符号吗？

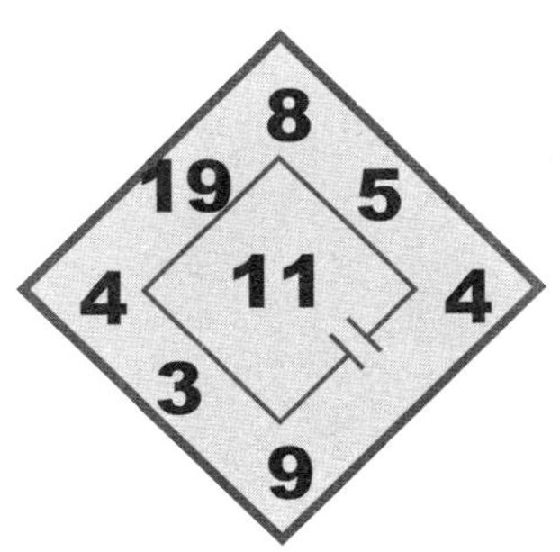

106. 序列图

在问号处填上什么数字，可以完成这组序列图？

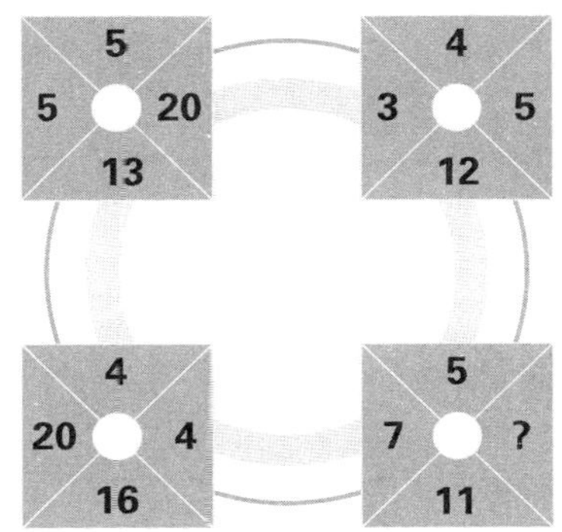

107. 符号与数值（一）

格子中的每种符号各代表一个数值，你能算出问号部分应该填入的数字吗？

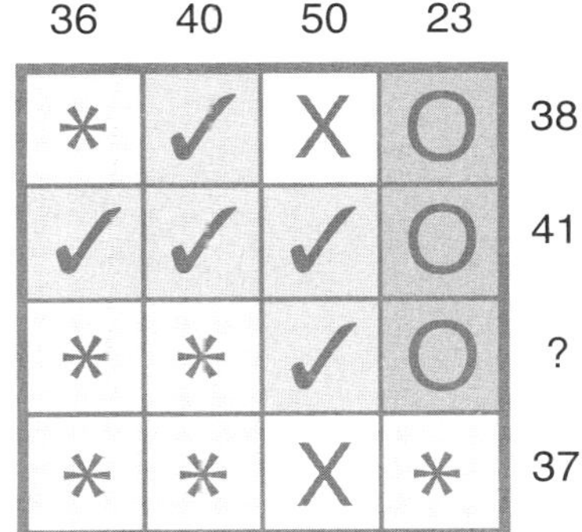

108. 符号与数值（二）

格子中的每种符号各代表一个数值，你能算出问号部分应该填入的数字吗？

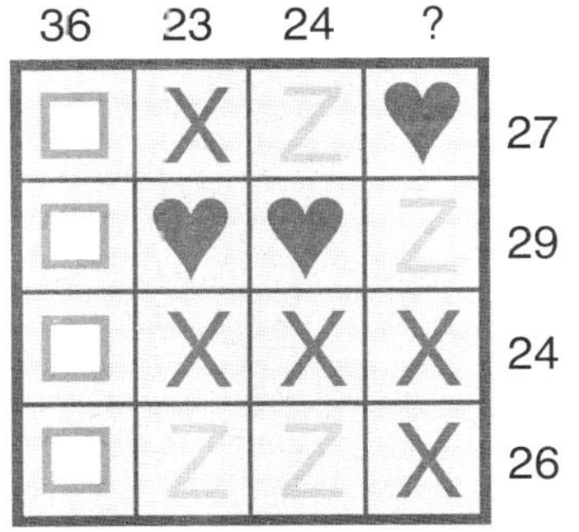

109. 缺少的数字（一）

问号处的数字应是多少？

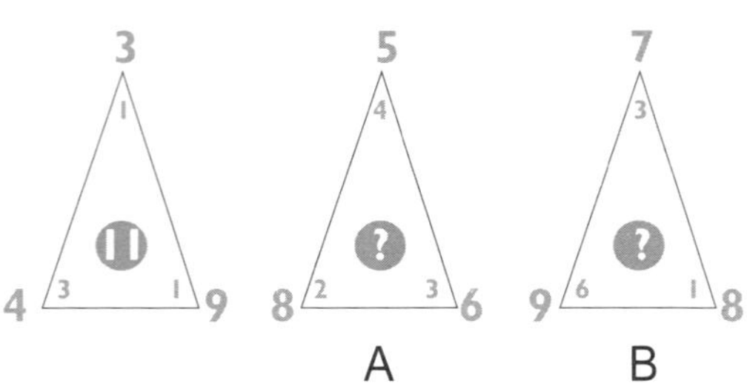

110. 缺少的数字（二）

问号处的数字应是多少？

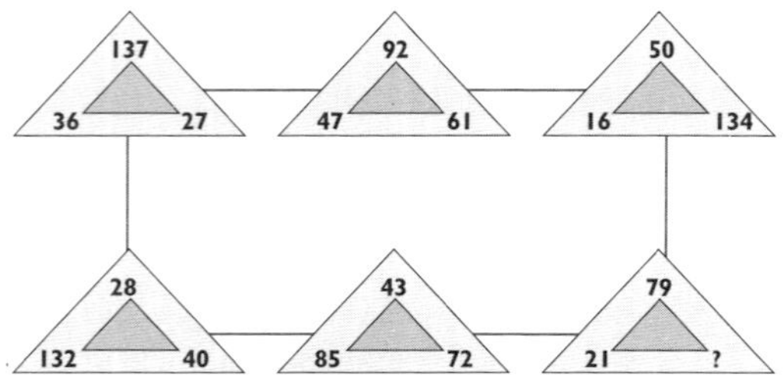

111. 缺少的数字（三）

第 3 个圆中缺少什么数字，你能算出来吗？

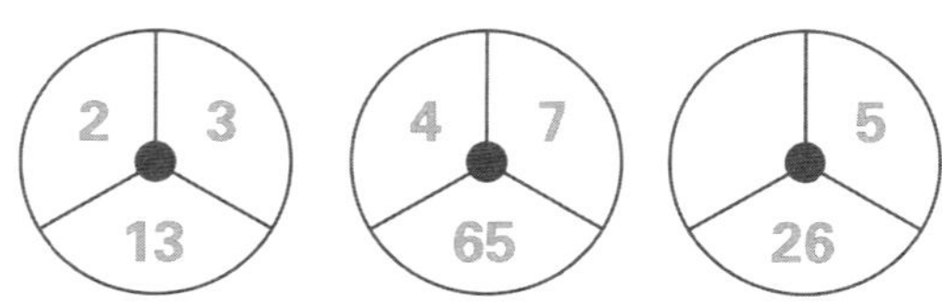

112. 椭圆里的数

应该在最后那个椭圆里填上什么数字？

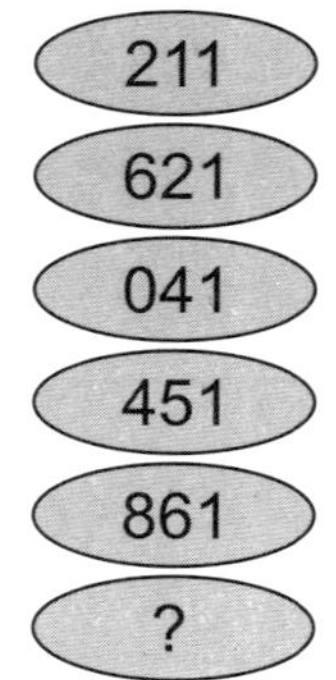

113. 连续数序列

用给出的数字组成连续数序列。你只需使用 10 个数字中的 9 个。

114. 数字链

在问号的位置填上合适的数字就可以完成这道谜题，猜猜看应该是哪个数字？

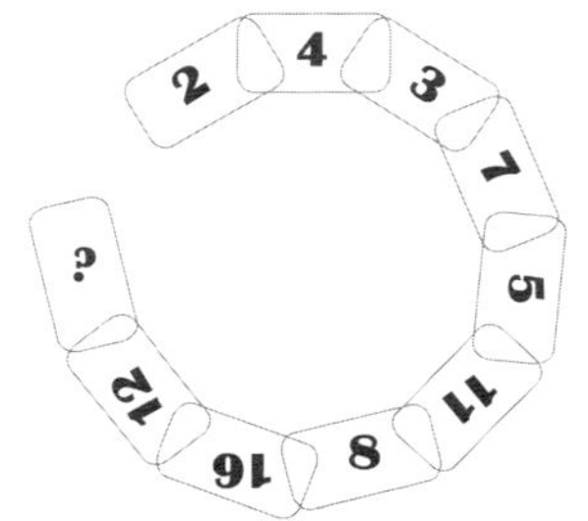

115. 数字塔

要完成这道题，你觉得问号部分应该换成什么数字？

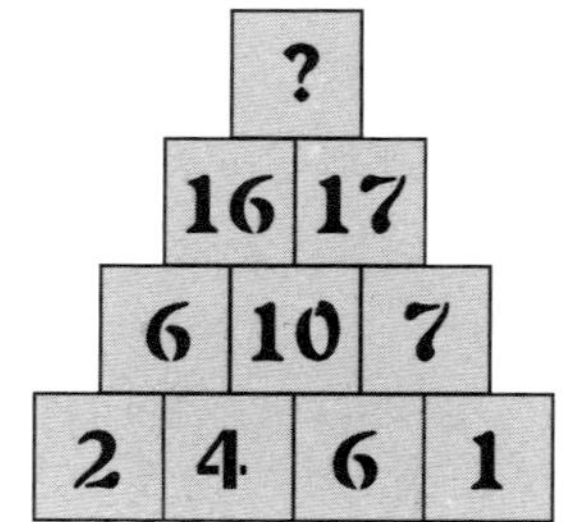

116. 数字替代（一）

什么数字替代问号以后可以完成这道难题？

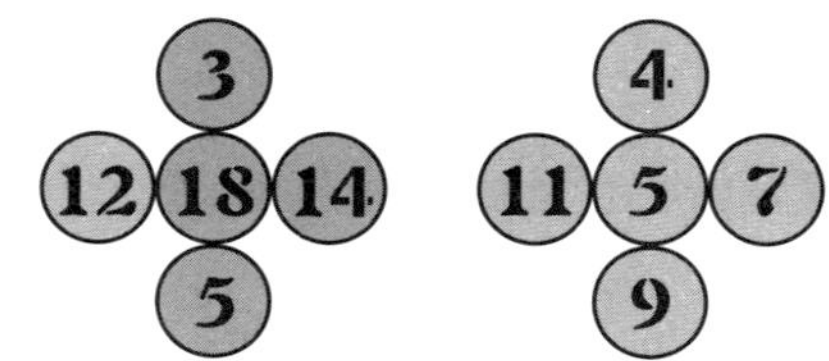

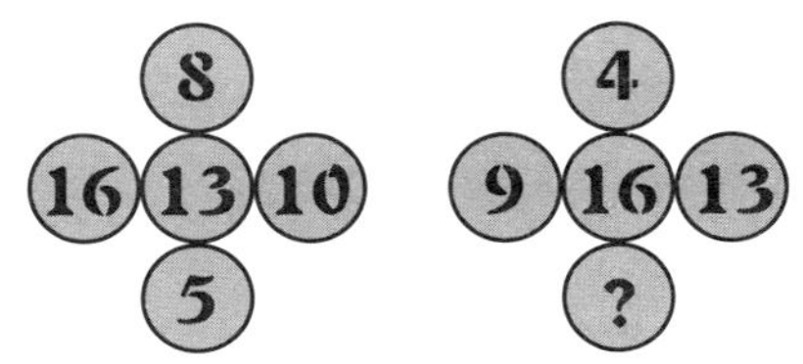

117. 数字替代（二）

什么数字替代问号以后可以完成这道难题？

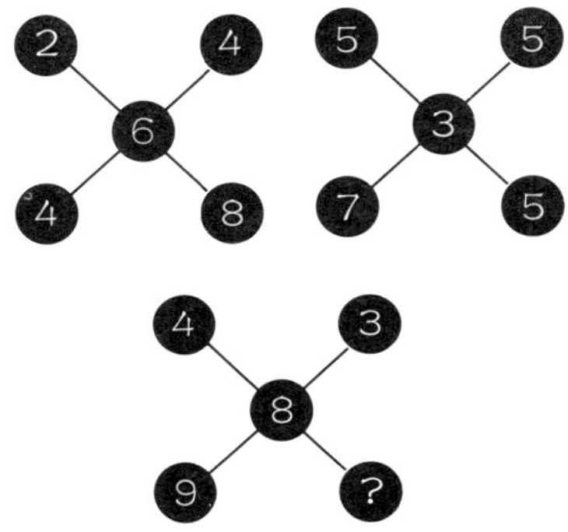

118. 数字和（一）

如果第 1 组 2 个数字之和为 9825，那么第 2 组 2 个数字之和为多少？

6128+9091
8159+1912

119. 数字和（二）

第 3 行的值是多少？

A	E	D	E	E	E	E	= 64
D	B	B	D	A	D	E	= 40
C	B	A	A	C	F	G	= ?
E	F	G	F	B	F	E	= 81
B	A	A	E	E	C	E	= 45
A	C	B	A	G	D	E	= 47
=	=	=	=	=	=	=	
30	37	34	46	49	56	72	

120. 数字和（三）

在如图所示的三角形中放入一个数，使得每横排、纵列及对角线上的数值之和为 203。

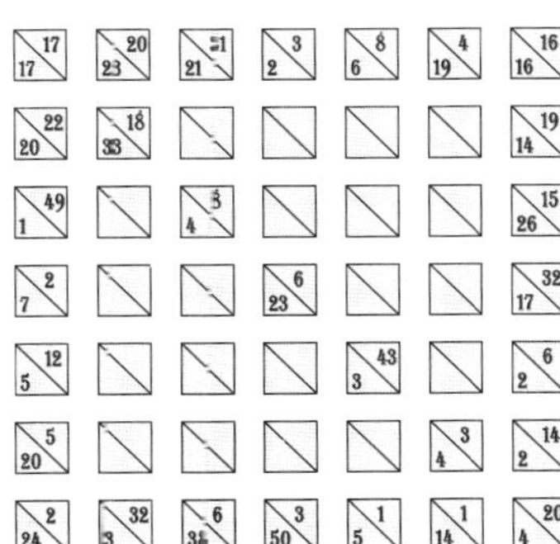

6　8　29　9　27　30　13

7　3　29　14　15　8　3

2　19　11　12　39　0

40　1　7　11　2　9　2

34　13　10　8　12　20

19　36　5　4　5　18　40

121. 希腊人的年纪

据说，曾有位希腊人，孩童时期占据了他生命中 1/4 的时间，青年时期占据了 1/5，在生命中 1/3 的时间里他是成人，而在生命的最后 13 年里，他成了位老绅士。那么他在去世时年纪有多大呢？

122. 图表与数字和

将图表分成 4 个相同的形状，并且每部分所包含的数字之和要等于 134。

5	7	8	15	4	7	5	6
11	6	9	8	16	12	10	10
7	12	10	12	3	11	6	8
6	7	2	5	7	7	15	10
12	15	10	8	5	12	8	7
6	7	11	13	9	6	9	6
9	8	10	6	8	8	1	2
3	6	4	10	10	10	15	15

123. 阿拉伯数字

题 1 ：有多少个两位的阿拉伯数字，它们的十位和个位上的数字不是连续数字？

题 2 ：有多少个两位的阿拉伯数字，它们的十位和个位上的数字不相同？

题 3 ：举个例子，一个有连续数字的三位数，如 234，把它倒过来得到的数字是 432，用它减去原来的数字得到 198。这对于符合同样规律的三位数都成立。

把下面的一组四位数按照同样的程序运算，并制出一个表格，你需要多长时间？

124. 星星与数字

看看这些星星，最后那个星星中缺少什么数字呢？

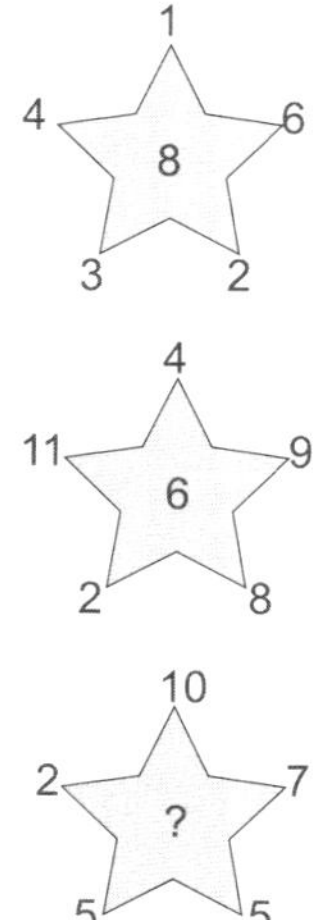

125. 钟面与数字

你能根据规律推算出最后那个钟面上缺失的指针应当指向什么数字吗？

126. 六边形与数字（一）

你能算出最后那个六边形中缺少什么数字吗？

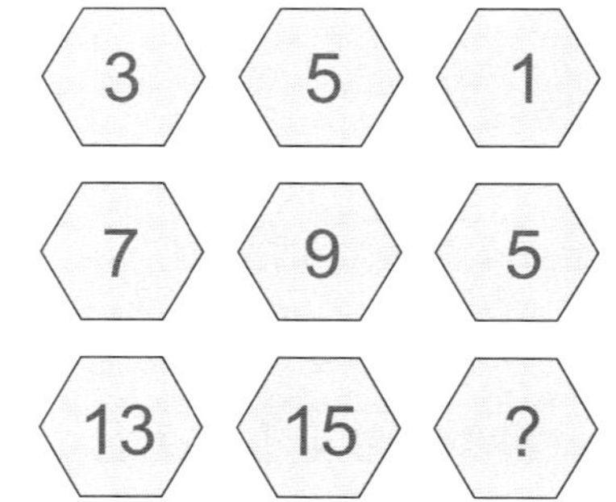

127. 六边形与数字（二）

将数字 1 ～ 9 填入下图的圆圈里，使得与某一个六边形相邻的所有六边形上的数字之和为该六边形上的数字的一个倍数。你能做到吗？

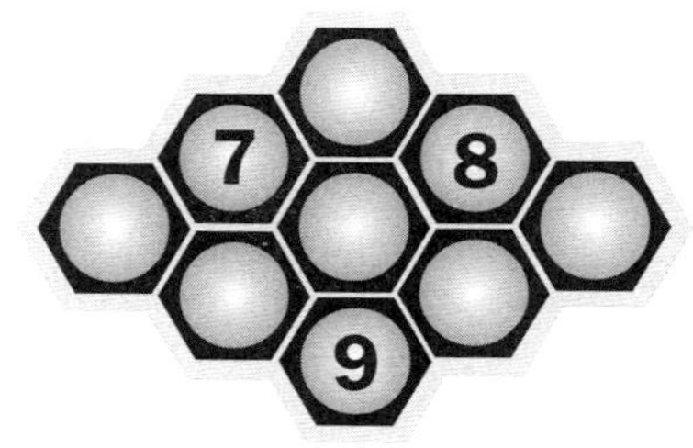

128. 格子中的数字（一）

每个格子中的两个数字之间的关系都是一样的。你知道缺失的数字是多少吗？

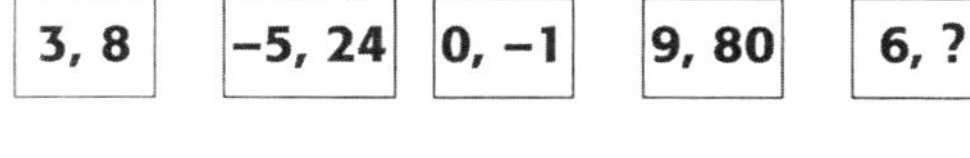

129. 格子中的数字（二）

哪个一位数应该被填在问号的格子中？

6	5	9	2	7
1	4	3	5	?
8	0	2	8	1

130. 格子中的数字（三）

动动脑筋，最后那个格子中需要填上什么数字？

4	1	6	2
16	10	20	6
3	9	11	4

12	8	3	0
7	10	17	6
4	2	17	6

3	8	1	7
13	14	6	13
6	6	3	1

9	11	2	5
9	14	4	8
4	3	4	?

131. 格子中的数字（四）

将所提供的几排数字插入格子中适当的位置，使方格中每横排、纵列和对角线上数字相加的结果为175。例如：将（C）放入位置（a）。

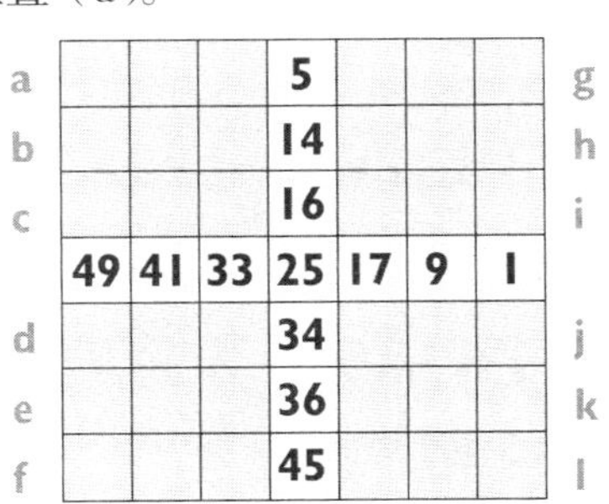

A

46	38	30

B

31	23	15

C

22	21	13

D

37	29	28

E

40	32	24

F

20	12	4

G

11	3	44

H

35	27	19

I

2	43	42

J

6	47	39

K

26	18	10

L

8	7	48

132. 数字填空（一）

你知道问号处应该填上什么数字吗？

2	6	7	2
1	4	3	3
7	1	5	4
2	7	5	?

133. 数字填空（二）

你知道问号处应该填上什么数字吗？

134. 数字填空（三）

想一想，所给题目中缺少什么数字？

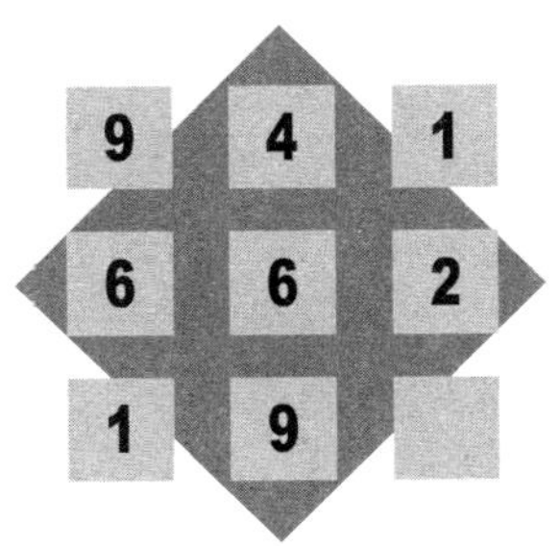

135. 数字填空（四）

你知道问号处应该填上什么数字呢？

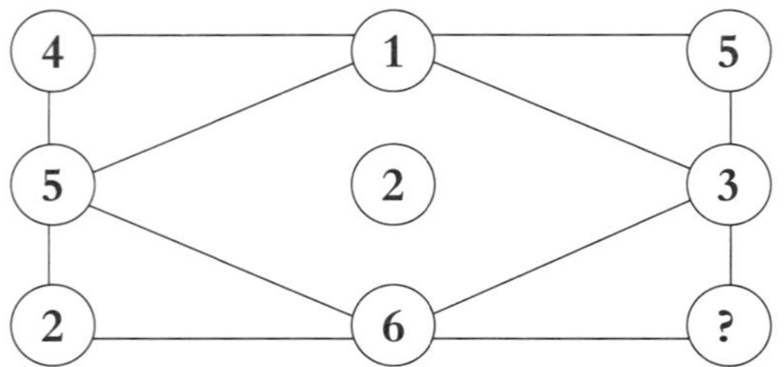

136. 数字填空（五）

你知道问号处应该填上什么数字呢？

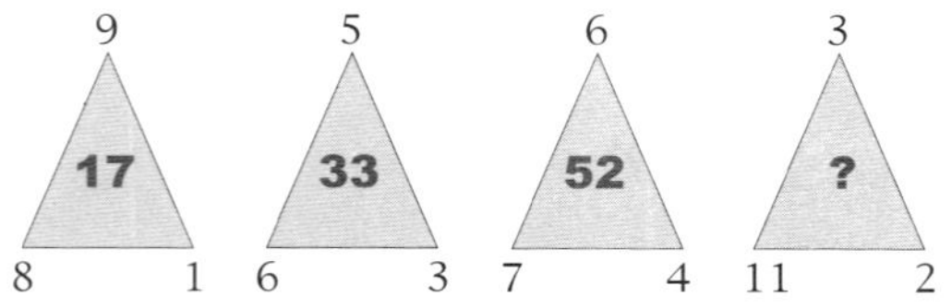

137. 数字填空（六）

你能算出最后那个图形中缺少什么数字吗？

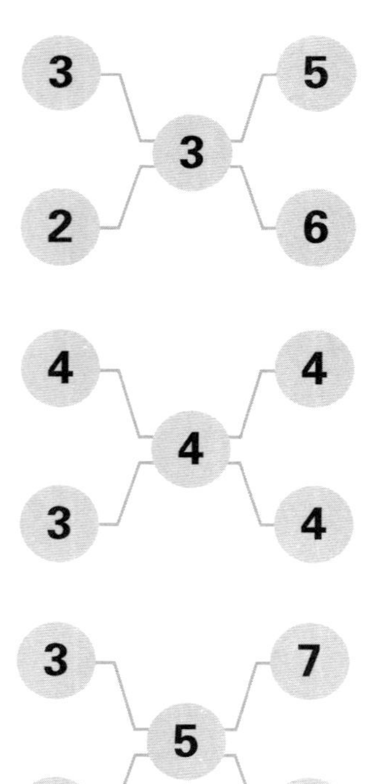

138. 数字填空（七）

你知道问号处应该填上什么数字呢？

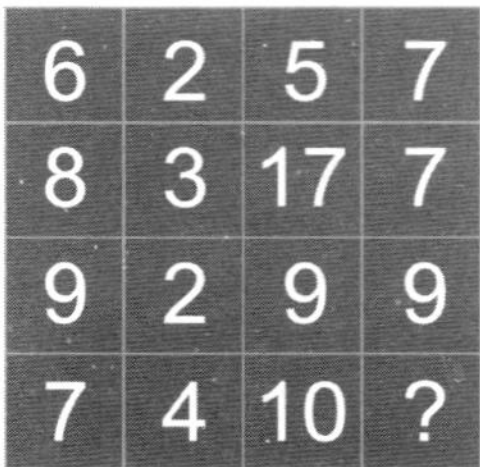

A.24 B.30 C.18

D.12 E.26

139. 数字填空（八）

你知道问号处应该填上什么数字呢？

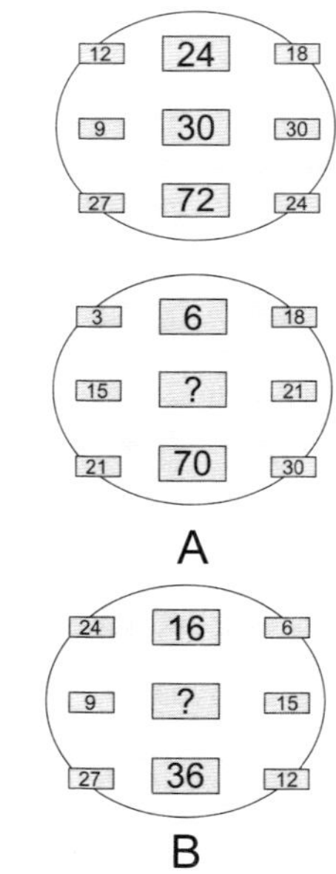

140. 数字填空（九）

你知道问号处应该填上什么数字呢？

38276 ： 47185

23514 ： 14623

76385 ： 85476

28467 ： ?

141. 数字填空（十）

你知道问号处应该填上什么数字呢？

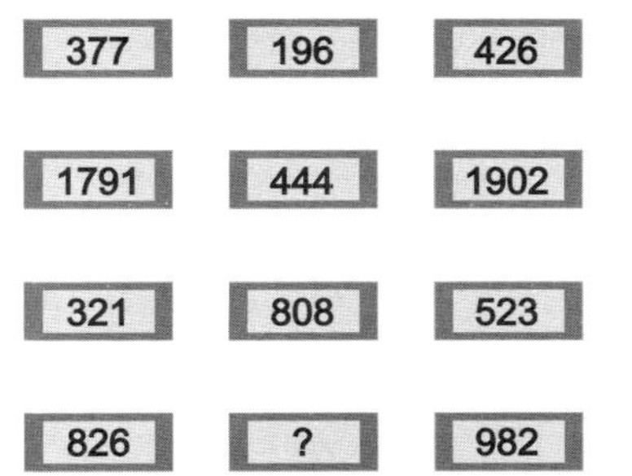

142. 符号的值

如果叶子的值是6，你能计算出其他符号的值吗？

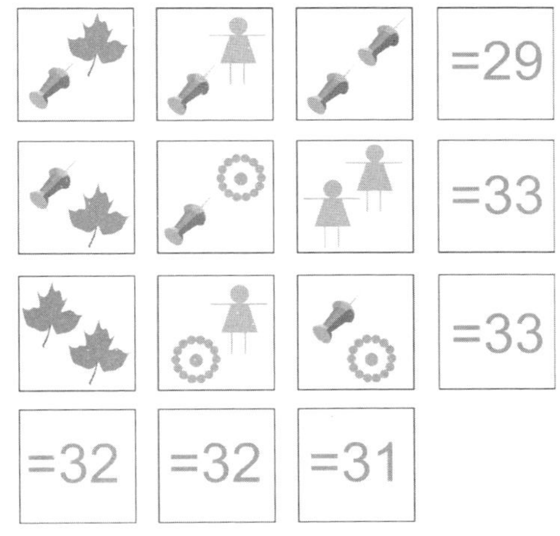

143. 小圆与大圆

利用0～5这6个数字，在每个小圆上各填个数字，使围绕每个大圆的数值加起来都等于10。

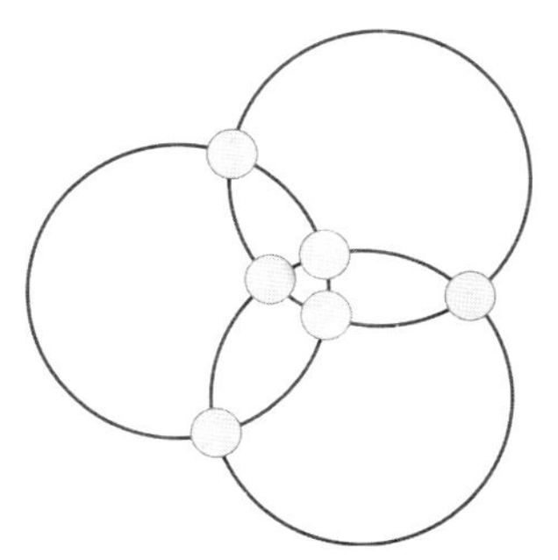

144. 合适的数字（一）

找出规律，为问号部分找出一个合适的数字替代。

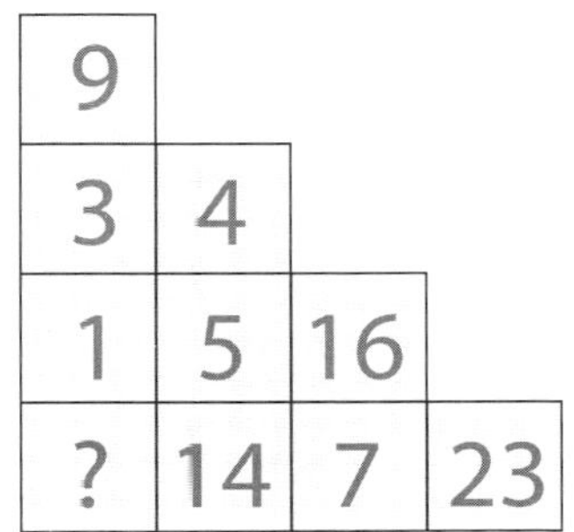

145. 合适的数字（二）

找出规律，为问号部分找出一个合适的数字替代。

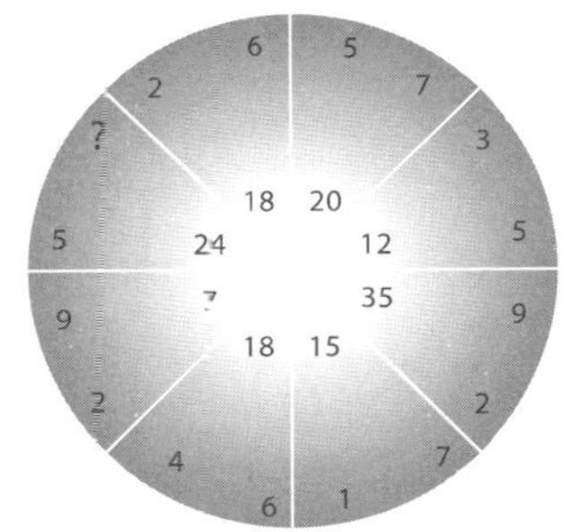

146. 合适的数字（三）

找出规律，为问号部分找出一个合适的数字替代。

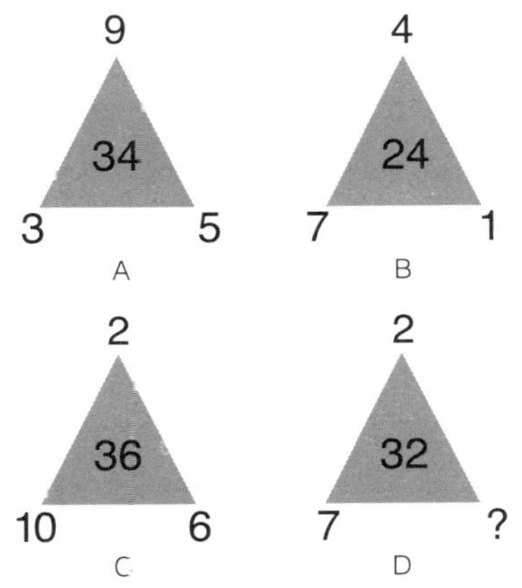

147. 合适的数字（四）

找出规律，为问号部分找出一个合适的数字替代。

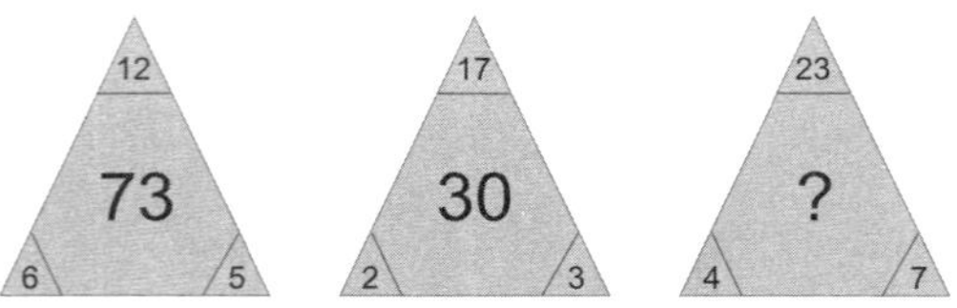

148. 合适的数字（五）

找出规律，为问号部分找出一个合适的数字替代。

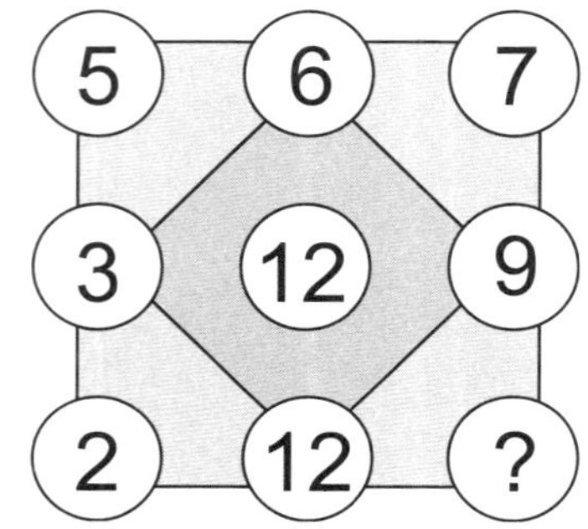

149. 合适的数字（六）

找出规律，为问号部分找出一个合适的数字替代。

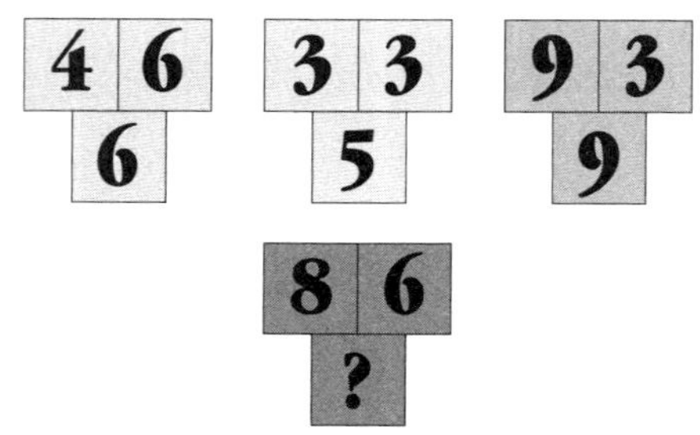

150. 拿掉的数字

想一想，应该拿掉哪一个数字下面这组数列才能成立？

1.2.3.6.7.8.14.15.30

151. 合适的数列

图中标注问号的地方应该填上一列数字，从下列选项中选出合适的填上去。

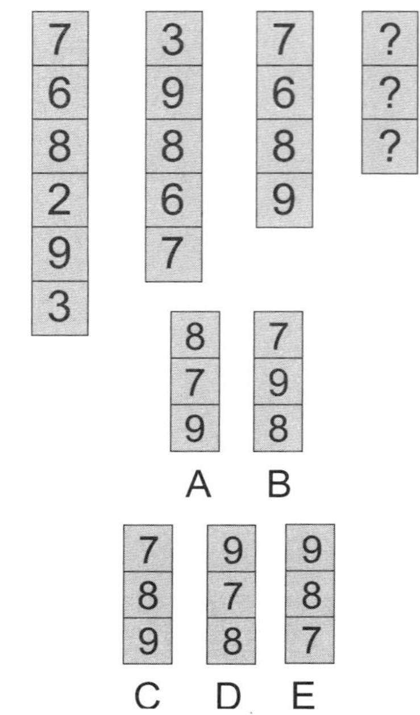

152. 三角形中的数字

你能发现各个三角形中的数字之间的相互关系吗？然后找出问号部分应该填入的数字。

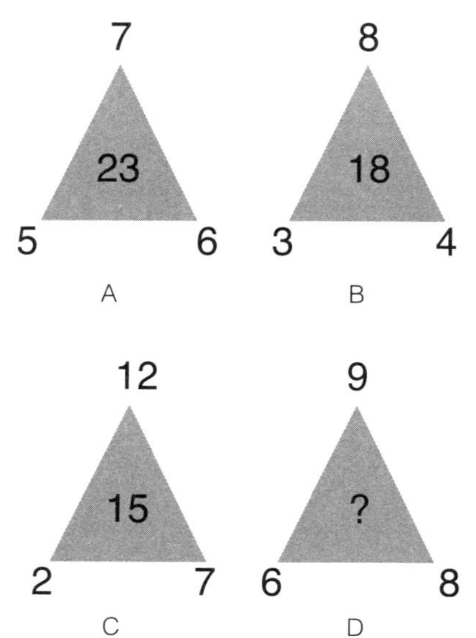

153. 推算数字

你能推算出，在中间的圆中应该填上什么数字吗？

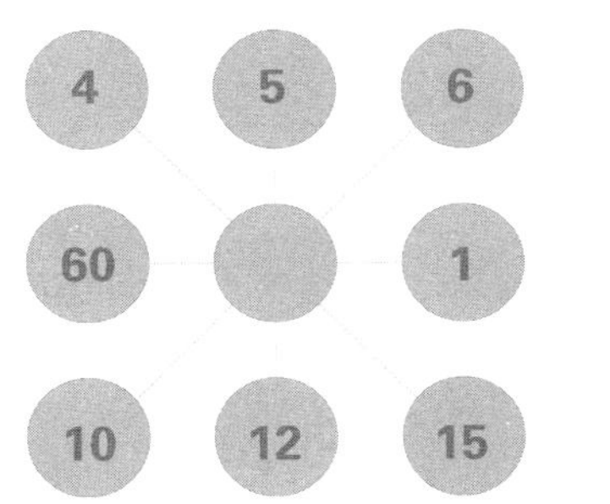

154. 数字星

在最后那个星星上填上合适的数字，就可以解开这道题，算算看是哪个数字？

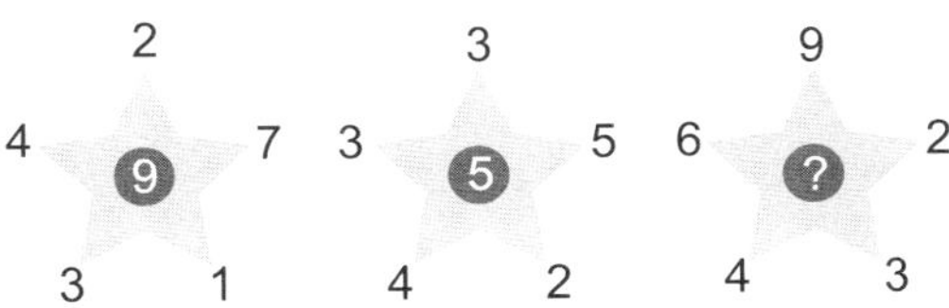

155. 圆中的数字

完成这道题，需要在最后那个圆中填上什么数字？

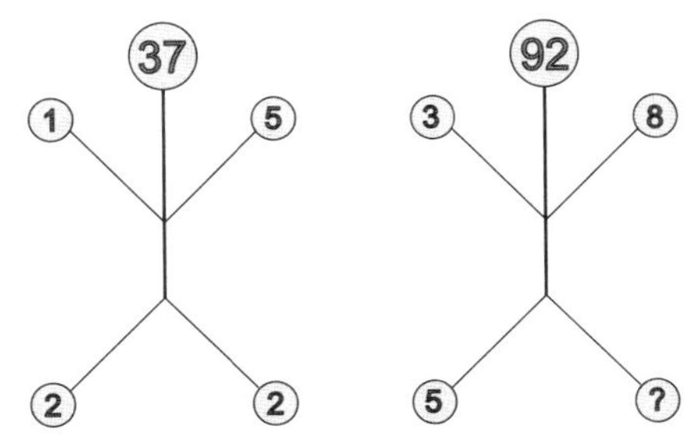

156. 正确的数字（一）

在问号处填上正确的数字。

157. 正确的数字（二）

在问号处填上正确的数字。

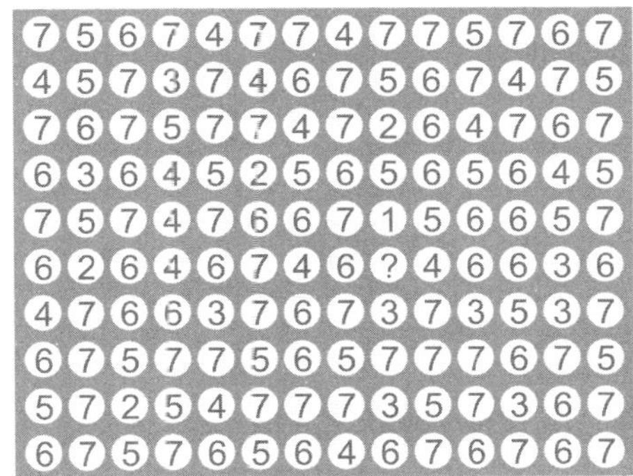

158. 正确的数字（三）

在问号处填上正确的数字。

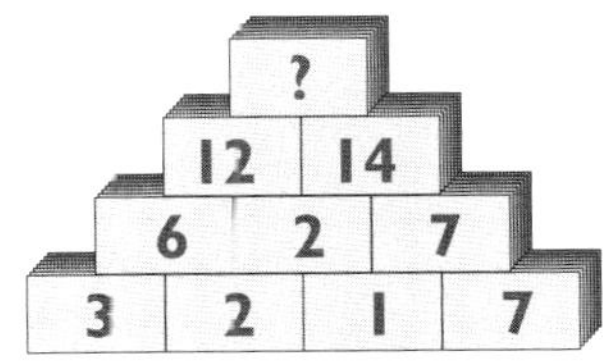

159. 正确的数字（四）

在问号处填上正确的数字。

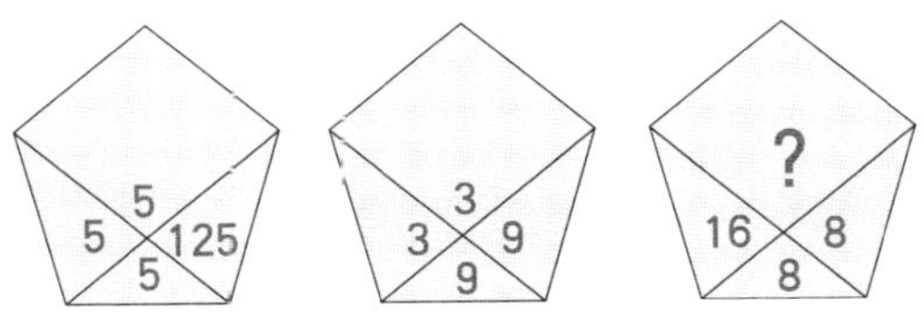

160. 房顶上的数字

你能找出房顶处所缺的数值为多少吗？门窗上的那些数字只能使用一次，并且不能颠倒。

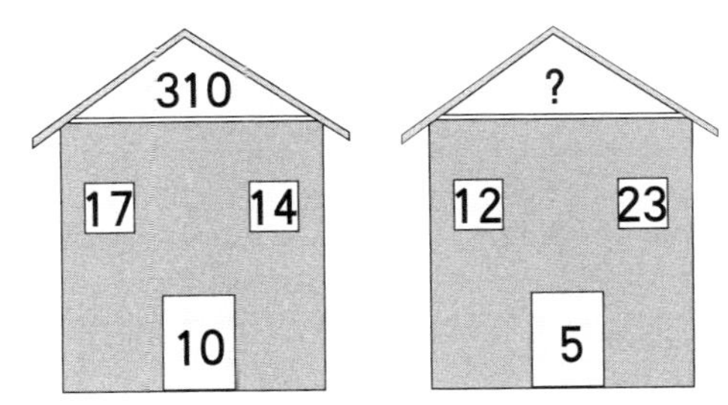

161. 数字的逻辑（一）

你知道问号处应填上什么数字吗。

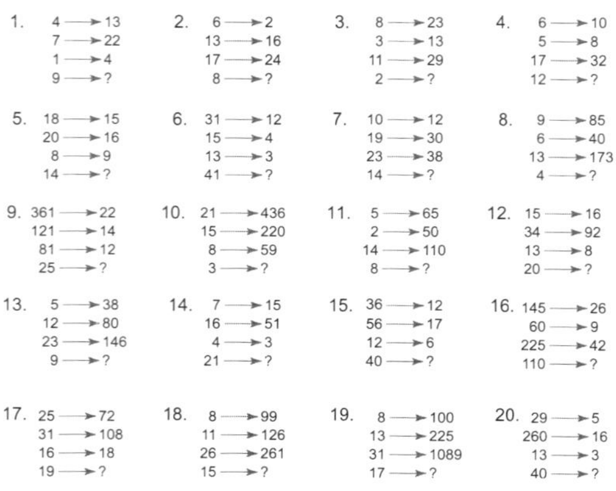

162. 数字的逻辑（二）

你知道问号处应填上什么数字吗。

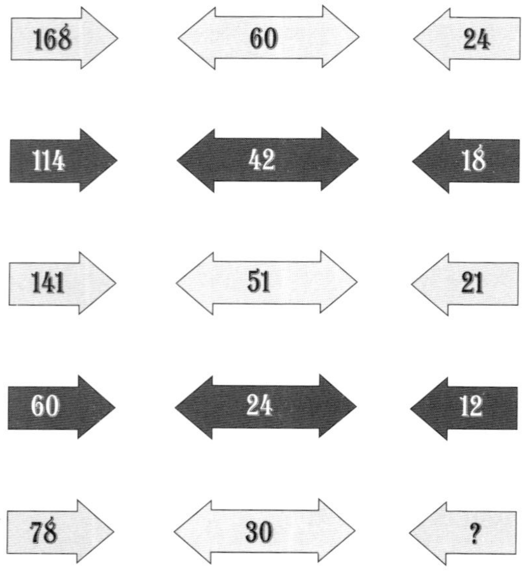

163. 数字的逻辑（三）

你知道问号处应填上什么数字吗。

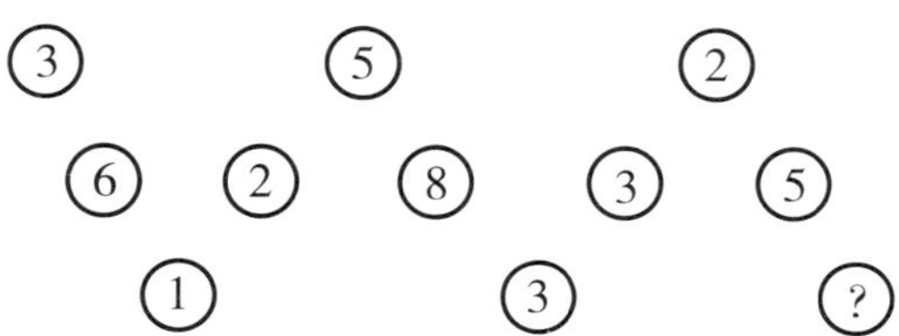

164. 图形和符号的转移

图中外围圆圈里出现的每个图形和符号，都将按照下面的规则转移到中间的圆圈里面——如果某种图形或是符号在外围的圆圈里出现 1 次：转移；出现两次：可能转移；出现 3 次：转移；出现 4 次：不转移。A，B，C，D 和 E 中哪一个应该放入问号处呢？

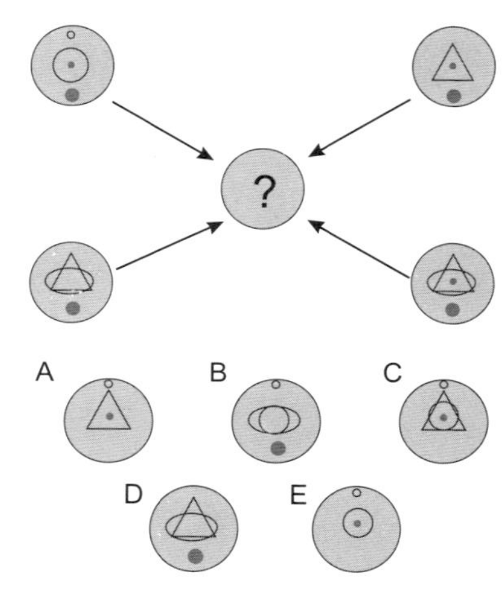

165. 加法运算

图中简单的加法运算有时会让人迷惑！你大声地把这组数字连加起来，答案是什么？给你的朋友试试，看看会不会有五花八门的结果。

$$
\begin{array}{r}
1000 \\
20 \\
30 \\
1000 \\
1030 \\
1000 \\
+ \quad 20 \\
\hline
\end{array}
$$

166. 数的规律（一）

根据规律，找出第 4 个正方形中的问号部分应当填入的数字。

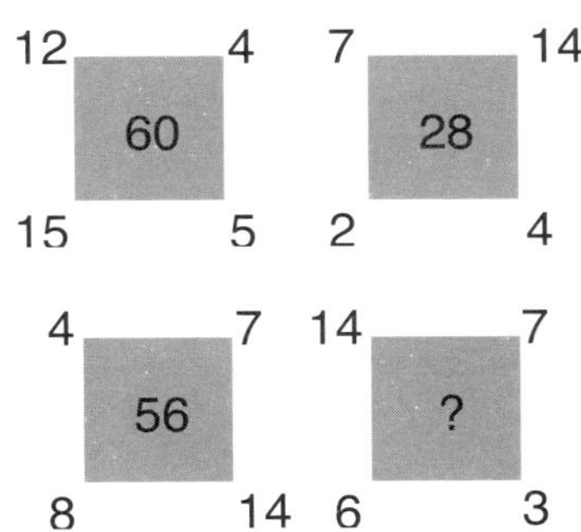

167. 数的规律（二）

算一算，问号处应该是多少？

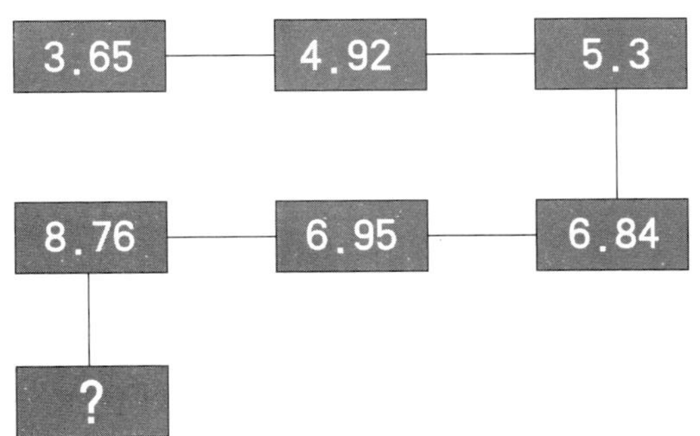

168. 数的规律（三）

下面的 7 个数字共有一个特殊的规律。你知道这个规律是什么吗？

1961　6889　6119　8008
8118　6699　6009

169. 数字与圆

要解开这道题，应该由什么数字代替最后那个圆？

   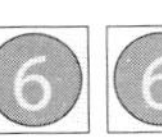 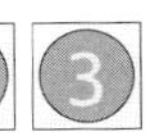  

170. 快速运算

快速说出 240 的 $\frac{2}{3}$ 的 $\frac{1}{2}$ 的 $\frac{1}{2}$ 再除以 $\frac{1}{2}$ 是多少？

171. 数字的关系

下题中，第 2 排的数字是由第 1 排的数字决定的。同样的，第 3 排的数字是由第 2 排的数字决定的。你能确定这种关系，找出缺失的数字？

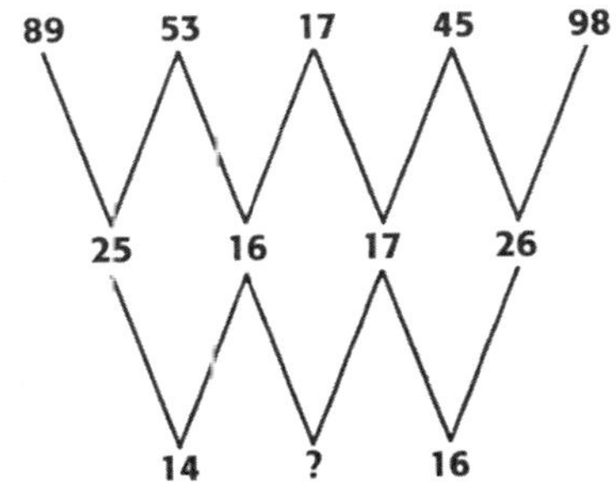

172. 包含“4”的整数

如果让你写出 5 ~ 83 之间的所有整数，你会写出多少个 4？

173. 排列数字

将数字 1 ~ 16 填入 4×4 的方格中，其中：

①各行各列的数字之和等于 34。

②两条对角线的数字之和等于 34。

③两组两行或两列的数字的平方相加相等。

你知道如何排列吗？

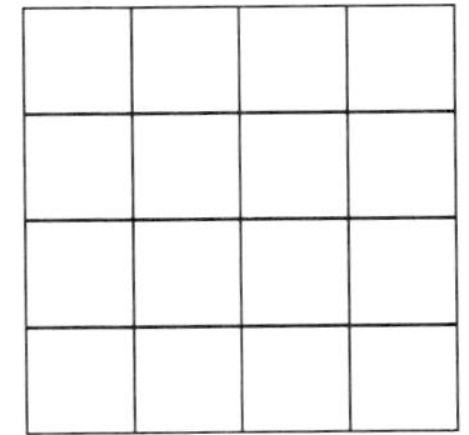

174. 星星中的数字

最后一个星星中的数字是多少？

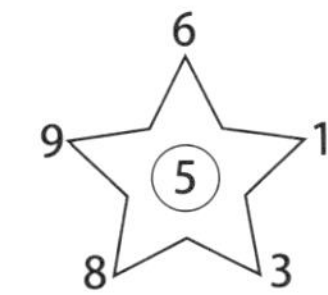

175. 字母的个数

一个 bop（B）有 6 个 murk（M）；一个 farg（F）有 8 个 bop（B）；一个 yump（Y）有 3 个 farg（F）。拿一个 yump（Y）中 murk（M）的数目除以一个 yump 中 bop（B）的数目，结果是多少？

176. 如果……那么

如果 $16_a=20$，$36_a=32$，那么 26_a 等于多少？

177. 关于 1 的等式

不使用铅笔或者计算器，说出这个题的结果。

1 × 1=1

11 × 11=121

111 × 111=12321

1111 × 1111=?

178. 数字的和

图中的矩形中包含 16 个小三角形，将数字 1 ~ 16 分别填入三角形中。要求你填入这样的大三角形 (包含 4 个小三角形) 中的数字之和等于 34。

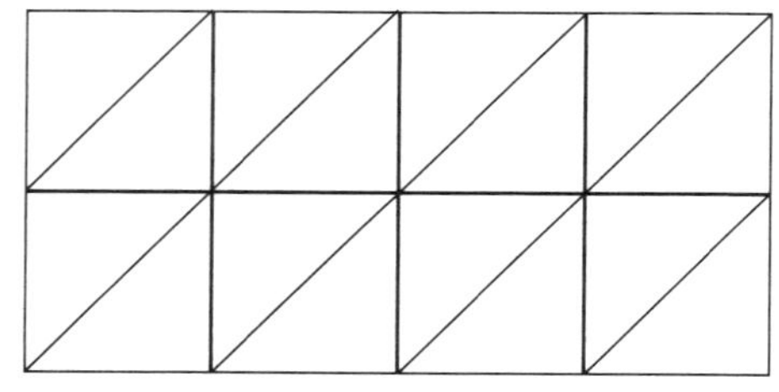

179. 求值（一）

Z 的值是多少？

12　18　26　38　49

X　8　X　X

X　X　X

X　X

Z

180. 求值（二）

在下面的 5 个等式中，F 的值是多少？

A+B=Z ①

Z+P=T ②

T+A=F ③

B+P+F=30 ④

A=8 ⑤

181. 求值（三）

R 和 S 的值是多少？

Q+M=C

C+K=R

R+Q=S

M+K+S=40

Q=8

182. 求值（四）

A，B 和 C 所代表的值是多少？

已知：

A+A+A+B=A+A+B+B+B=C+C

C-A=6

183. 正整数等式

你能找出另外一个同样由正整数组成的等式吗？并且如例中的等式左右的数字连续。

$$3^2+4^2=5^2$$

$$10^2+11^2+12^2=13^2+14^2$$

184. 结果的成立

结果是 12。你能想出为什么吗？

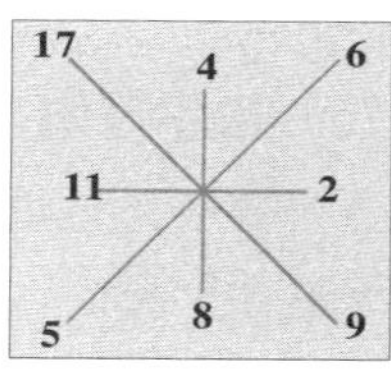

185. 狗饼干

有条小狗长得真快。在它被收养的前 5 天，这条狗就吃掉了 100 块狗饼干。如果它每天比前一天多吃 6 块狗饼干，那么这条小狗第 1 天共吃掉多少块饼干呢？

186. 数字金字塔

金字塔每格中的数字都是下面两格中的数字之和。用哪个数字来替换问号呢？

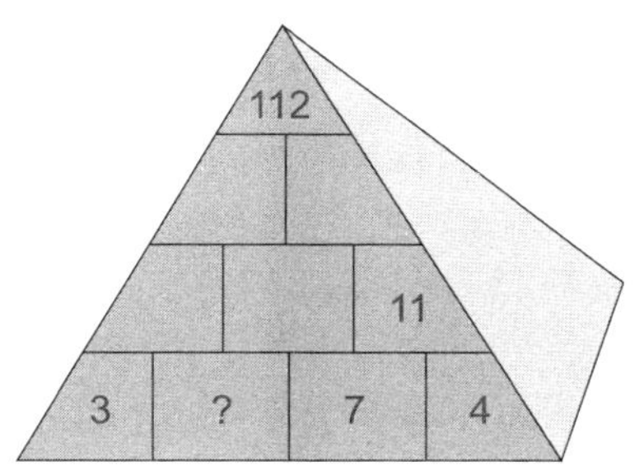

187. 椭圆形与数字

在这两个椭圆里，你能找出哪些数字不同于其他的吗？

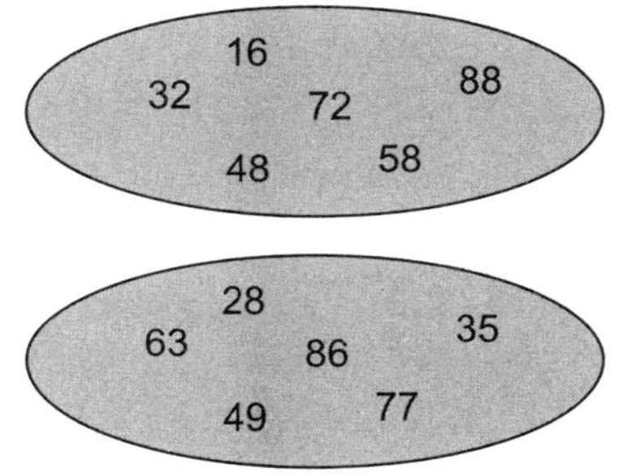

188. 数字三角堆

动动脑筋，什么数字可以替代问号？

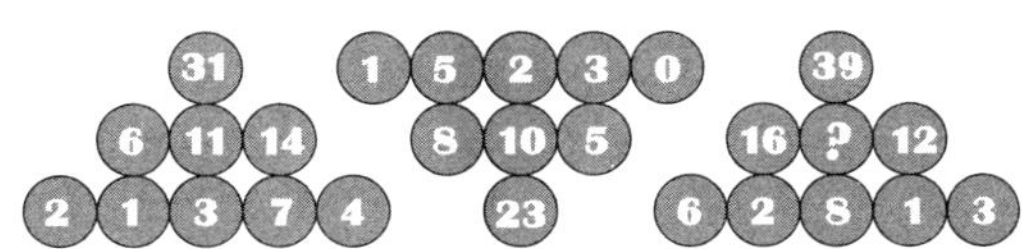

189. 方框中的数字

你能算出第3个方框中的问号部分应当填入什么数字吗？

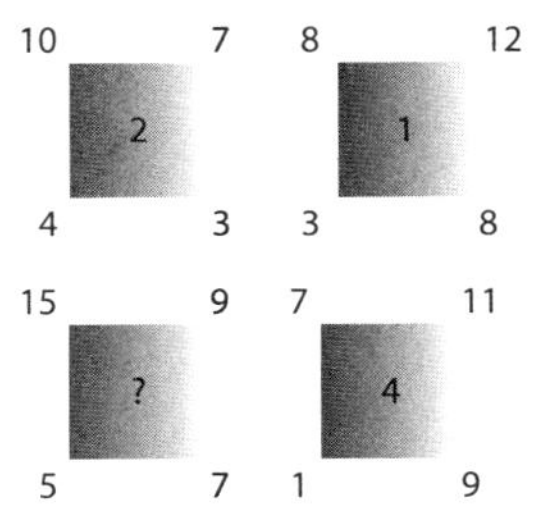

190. 数字的排列

思考一下，问号的地方应该填什么数？

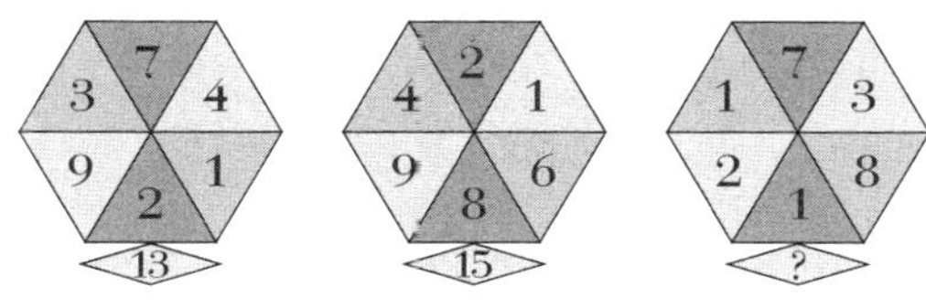

191. 图标的数值

你能算出每种图标代表的数值，并指出问号部分应当填入什么数字吗？

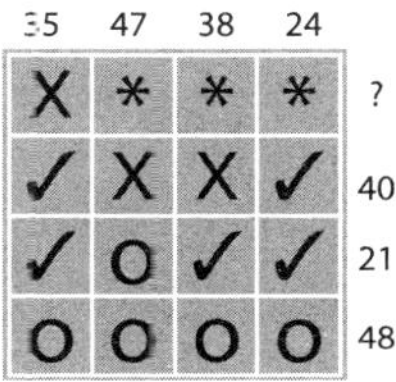

192. 数字组合

插入某组数字组合使得下表中所有横排、竖排和对角线的数字之和都为49。请问该插入的是哪个选项？

12	21	30	-17	-8	1	10
20	29	-11	-9	0	9	11
28	-12				17	19
-13	-4				18	27
-5	-3				26	-14
3	5	14	23	25	-15	-6
4	13	22	31	-16	-7	2

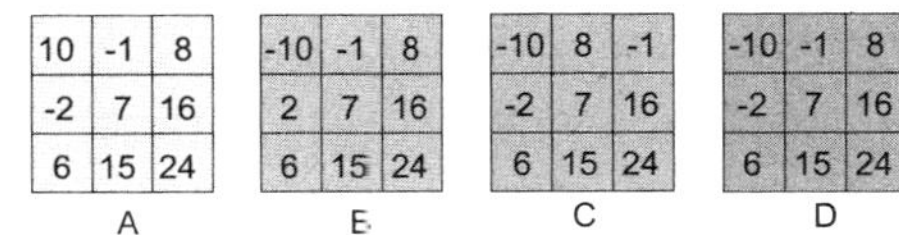

193. 蜂群

蜂群总数的一半的平方根飞去了一丛茉莉花中，8/9的蜂群也紧跟着飞去了；只有两只蜜蜂留下来。

你能说出整个蜂群里一共有多少只蜜蜂吗？

194. 细菌

显微镜的一个切片中有7500个细菌，它们以每小时150个的速率死亡；另外一个切片中有4500个细菌，这些细菌以每小时50个的速率增加。多长时间之后，这两个切片上的细菌数量相等？

195. 拖拉机站

有3家拖拉机站，它们相隔不远。第1家机站借给第2家机站和第3家机站的拖拉机数目恰好与它们各自拥有的拖拉机数目相等。几个月后，第2家机站借给第1家机站和第3家机站的拖拉机数目与它们各自拥有的拖拉机数目相等。又过了一阵，第3家机站借给第1家机站和第2家机站的拖拉机数目与这两家机站各自拥有的拖拉机数目相等。最后，3家机站都有24台拖拉机。那么，原来这些机站各有多少台拖拉机？

196. 两位数

某个两位数，倒着读出这个数的话是原数的4.5倍。这个数是多少？

①它比9大，因为是两位数。

②它比23小，因为23×4.5>100。

③它应该是个偶数，因为在乘以4.5的时候只有偶数所得的积才会是偶数。

④这个数可以被9整除。

197. 最大的和

如图所示，沿着相邻的数字从图形的左上角到右上角可以走出多种路线。把每条路线上的数字分别相加得到多个和，找出这些和中的最大的一个。

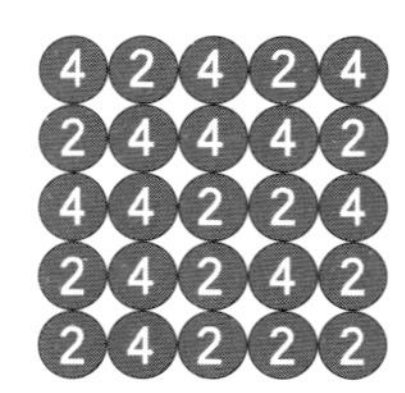

198. 箱子的平衡

这个天平是平衡的。请问问号处箱子（杠杆作用忽略不计）的重量为多少？

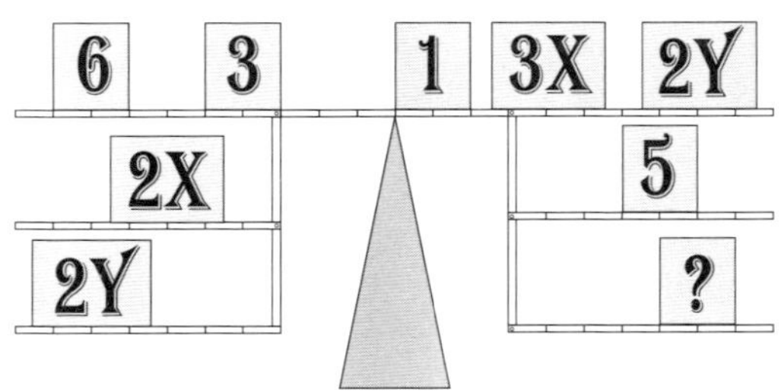

199. 正方形中的数字

让我们看看这道题，最后那个正方形中缺少什么呢？

200. 总值 60

用3条直线将这个正方形分成5部分，使得每部分所包含的总值都等于60。

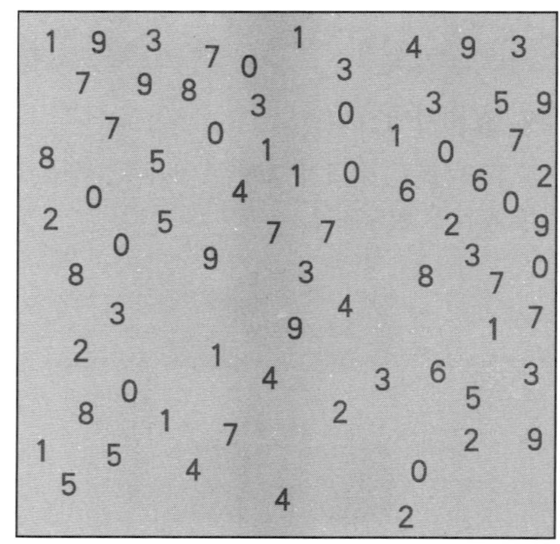

201. 数字路线

从最顶端的数字开始，找出一条向下到达底部数字的路线，每次只能移一步。

1. 你能找出一条路线，使路线上所有数字之和为 130 吗？

2. 你能找出两条分开的路线，使路线上的数字之和为 131 吗？

3. 路线上可能的最大值是多少，你走的是哪条 / 些路线？

4. 路线上可能的最小值是多少，你走的是哪条 / 些路线？

5. 有多少种方式可以使值为 136，你走的是哪条 / 些路线？

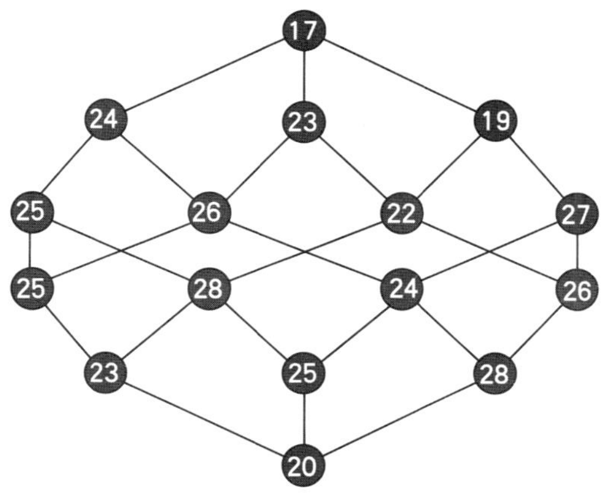

202. 轮形图

你能推算出完成这个轮形图，需要什么数字吗？

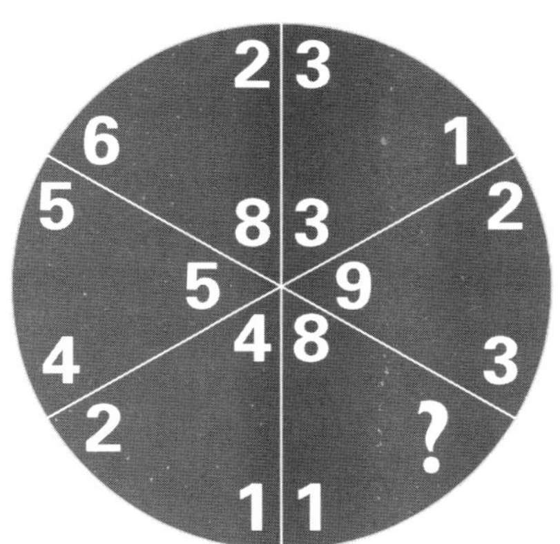

203. 表情与数字

你能算出问号部分应当填入什么数字吗？

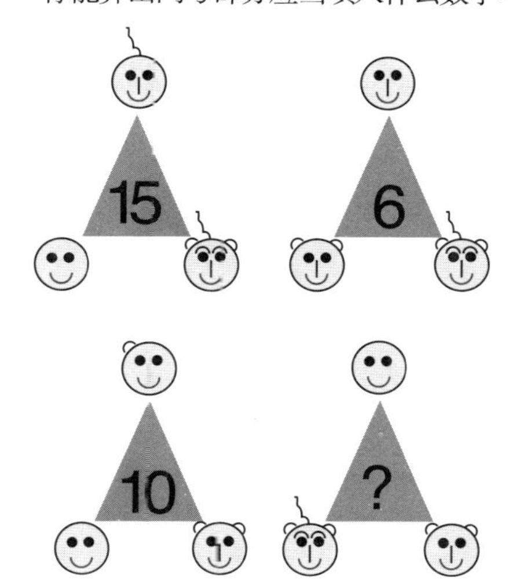

204. 青蛙序列

想一想，最后应该填上什么数字，可以承接这组序列？

205. 三角形与数学公式

4 个三角形之间是通过一个简单的数学公式联系在一起的。你能找出其中不同的一个吗？

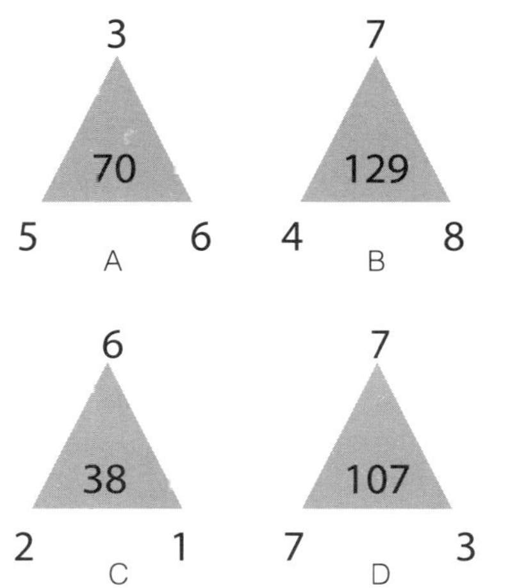

206. 数字方块

观察这 3 组由标有数字的方块组成的图形。你能否通过把每组中的一个（且只能是一个）数字方块与别组进行交换将整个图形重新排列，从而使得每组数字的总和都与其他各组中数字的总和相同呢?

207. 数字球

你能找出与众不同的那个数字球吗?

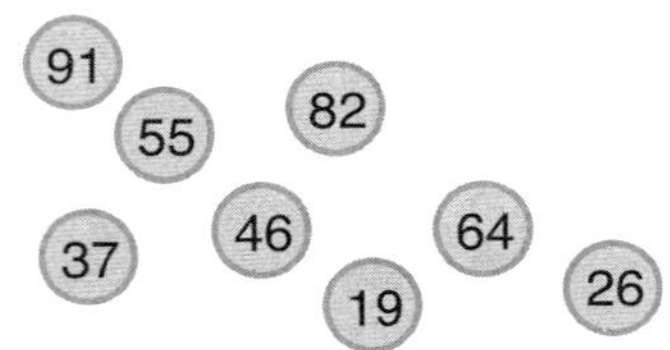

208. 数字序列

观察这几列数字，哪个选项可以继续这个序列?

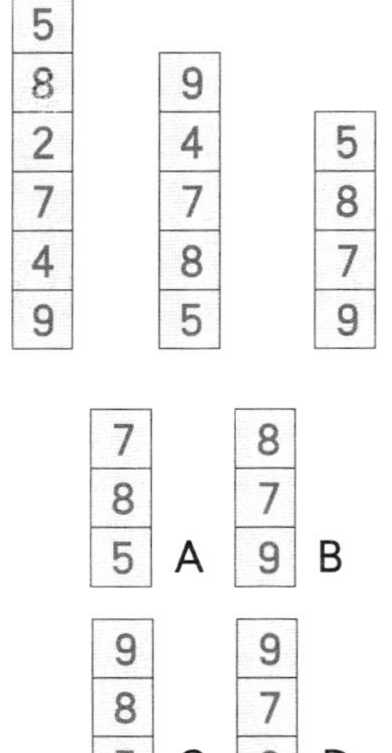

209. 推测数字

推测一下，问号代表的是什么数字呢?

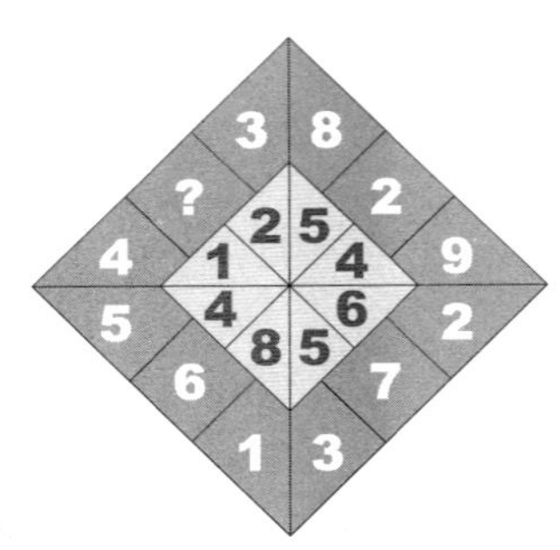

210. 表格的逻辑

运用第一个表格的逻辑，完成第 2 个不完整的表格。

	A	B	C	D	E	F
a	7	9	6	5	3	3
b	4	6	3	7	0	3
c	9	2	4	1	1	4
d	5	8	2	7	2	6

7	7	5	6	1	9
4	9	6	6	0	0
3	5	1	9	0	6
8	9	4	6	?	?

211. 线段的长度

图中，圆圈的中心点是 O，角 AOC 是 90°；AB 与 OD 平行。线段 OC 长 5 厘米，线段 CD 长 1 厘米。你要做的是计算线段 AC 的长度。

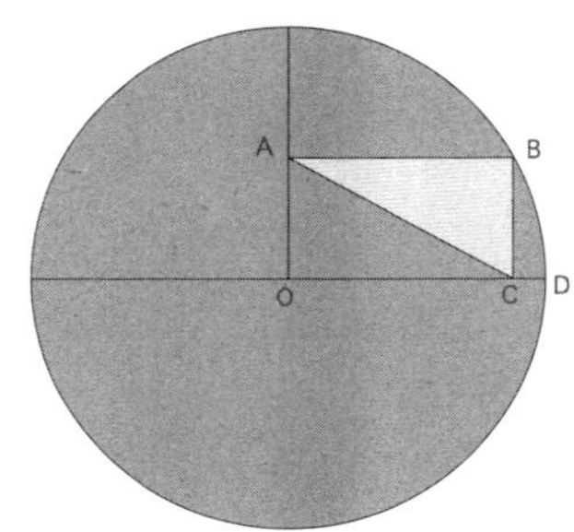

答案

1...

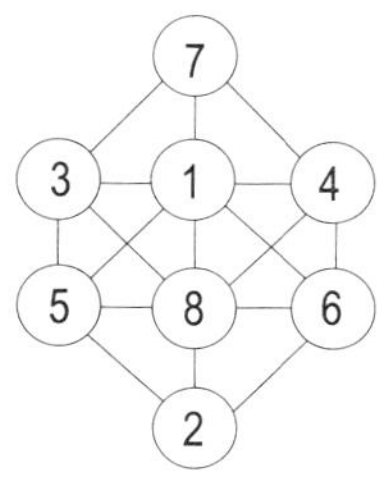

2...

可怜的阿里阿德涅一共有15块儿甜饼。劳拉得到7.5+0.5，即8块儿甜饼，还剩下7块儿；梅尔瓦得到3.5+0.5，即4块儿甜饼，还剩下3块儿；罗伦得到1.5+0.5，即2块儿甜饼，还剩下1块儿；玛戈特得到0.5+0.5，即1块儿甜饼，而阿里阿德涅则1块儿也没有。

3...

奈德可以把10个烟头中的9个卷成3支烟。这时，他只剩下1个烟头。当他满足自己的烟瘾之后，他又有3个新烟头，这样，他就可以卷第4支烟了。把这支烟吸完后，再加上原来第10个烟头，奈德就剩下2个烟头。他转到和自己相邻的桌子，并且问座位上的人是否可以从他们的烟灰缸里借1个烟头，这样，他就可以卷成第5支烟了。当他抽完这最后1支烟之后，他把剩下的烟头还给刚才借他烟头的人。

4...

答案是3，2。这些数字是按照字母表的顺序排列的。

5...

$$\begin{array}{r} 24.42 \\ 54.42 \\ +14.42 \\ \hline 93.26 \end{array}$$

6...

先看A与ABC的乘积。可以推出A是1，2或者3，因为如果A大于3，则乘积会有四位数。A不是1，否则乘积会以C结尾。如果A是3，那么C是1，(1×3=3)，但C不可能是1，否则C×ABC就会是三位数。那么可知A是2。而C不可能是1，所以C是6。现在考虑一下B与ABC的乘积。B等于4或者8，因为，B×6的最后一位数等于B。但如果B是4的话，乘积是三位数（4×246=984）。因此，B是8。所以ABC=286，BAC=826，可以得出：

$$\begin{array}{r} 286 \\ \times 826 \\ \hline 1716 \\ 572 \\ 2288 \\ \hline 236236 \end{array}$$

7...

$$\begin{array}{r} 775 \\ \times 33 \\ \hline 2325 \\ 2325 \\ \hline 25575 \end{array}$$

8...

看起来，青蛙是按照每天0.4米的速度向上爬的。第7天的时候，它将向上爬了2.8米。到了第8天的白天时候，它就会从井里爬出。所以，答案就是8天。

9..

贝蒂骑1个小时的自行车后把自行车放在路边，并继续步行2个小时，行走8千米后到达她的姑妈家；纳丁步行2个小时后到达放自行车的地方，然后骑1个小时的自行车，这样她就能和贝蒂同时在最短的时间到达姑妈家。

10...

葛鲁丘想出来一个十分巧妙的方法。他让商店的包装师找出一个0.9米宽、1.2米长的大盒子。他把喇叭的橡胶球拆掉，然后把喇叭放在盒子的对角线位置上（这个对角线的长度为1.5米）。这样，就符合邮局的标准了。

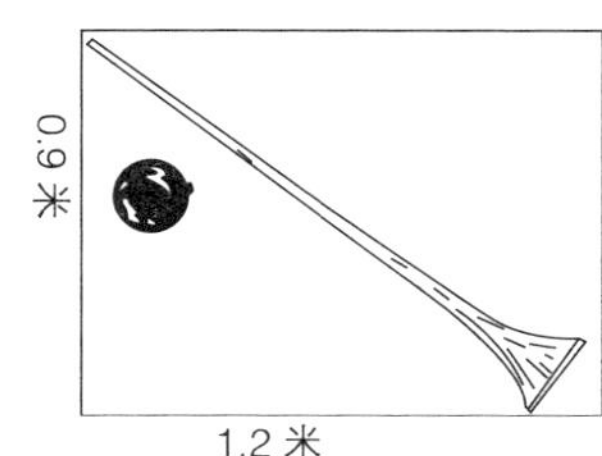

11...

纳库克拉斯偷走了60枚1元硬币、15枚5角硬币以及 50 枚 5 分硬币。

12...

这只蜥蜴爬行的正好是一个直角三角形。如果一个直角三角形的三个点都与一个圆的边相接触，那么，这个直角三角形的斜边就等于这个圆的直径。所以，圆（窝）的直径就是 5 米（即 $4^2+3^2=25$，25 的平方根等于 5）。

13...

答案如下：

$$\begin{array}{r} 147 \\ 25\overline{)3675} \\ 25 \\ \hline 117 \\ 100 \\ \hline 175 \\ 175 \end{array}$$

14...

乘客车厢每个 4 元，买了 3 个（共 12 元）；货物车厢每个 0.5 元，买了 15 个（共 7.5 元）；煤炭车厢每个 0.25 元，买了两个（共 0.5 元）。这些费用加起来就是 12+7.5+0.5=20。

15...

这个问题的答案就是用分数来表示整数，比如 $3\frac{3}{3}$，即等于偶数 4。

16...

其中的一个答案为：草莓酱每罐 0.5 元，而桃酱每罐 0.4 元。3 罐草莓酱花费 1.5 元，而 4 罐桃酱则花费 1.6 元，这样，一共花费了 3.1 元。

17...

这个思维游戏至少有两种解题方法：

2	1	9
4	3	8
6	5	7

3	2	7
6	5	4
9	8	1

18...

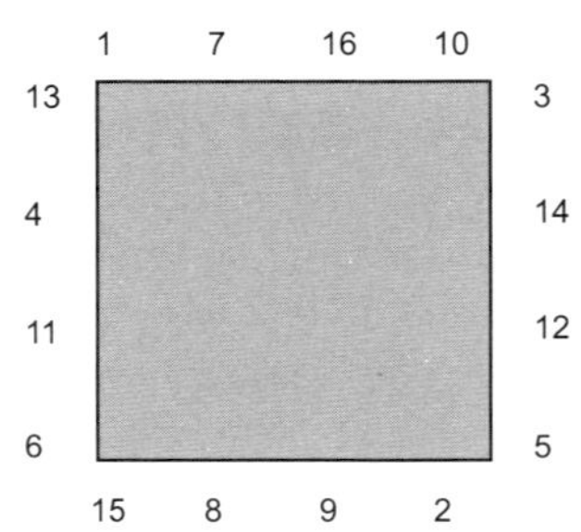

19...

E。

20...

答案如下：

1+2+3+4+5+6+7+8×9=100

21...

动物园里有 5 只大猩猩、25 只猿以及 70 只狐猴。

22...

答案如下图：

16	3	2	13
5	10	11	8
9	6	7	12
4	15	14	1

23...

第 1 行是 2，3，1；中间是 1，2，3；最后一行是 3，1，2。或者，第 1 行是 3，1，2；中间是 1，2，3；最后一行是 2，3，1。

24...

当奈德毕业时，他已经 60 岁了。

25...

答案是 11 次。时针和分针在每个小时里相遇的时间会比前 1 个小时晚大约 5 分钟。从午夜开始计算，两个指针会在以下时间相遇：1:05、2:10、3:16、4:21、5:27、6:32、7:38、8:43、9:49、10:54、12:00。

26...

答案为 2521。

27...

旅行包里有 1 枚 5 角硬币、39 枚 1 角硬币以及 60 枚 1 分硬币。

28...

这条鱼头长 60 米、尾巴长 180 米、身体长 240 米，鱼的总长度为 480 米。

29...

把脸靠近这枚硬币，然后吹。如果用力吹，那么风会把这枚硬币从盘子上吹下来。你所挑选的盘子的边缘坡度要小。

30...

逆风而行时，他每小时可以行 15 千米，顺风而行时，他每小时可以行20千米，两种情况下每小时差了5千米。5千米的一半是2.5千米，所以，风的速度是每小时2.5千米。这样，在没有风的时候，他骑车的速度就可以达到每小时17.5千米，即15千米和20千米之间的数。

31...

将最大和最小的数组成一对（1+100=101；2+99=101；3+98=101），依此类推，这样，会得到50对数字。所以，50×101=5050。

32...

每种面值的硬币各有500枚，它们依次为：

500枚1元硬币=500元；

500枚5角硬币=250元；

500枚1角硬币=50元。

33...

答案是24个鸡蛋。因为1只鸡1天下$\frac{2}{3}$个鸡蛋，所以，6只鸡1天下4个鸡蛋，那么6天就下24个鸡蛋。

34...

马修斯第1趟拿了54个托盘，第2趟拿了45个托盘。54的$\frac{2}{3}$等于36，而36是45的$\frac{4}{5}$。

35...

九宫图中的9个数字相加之和为45。

因为方块中的3行（或列）都分别包括数字1～9当中的一个，将这9个数字相加之和除以3便得到"魔数"——15。

总的来说，任何n阶魔方的"魔数"都可以很容易用这个公式求出：

和为15的三数组合有8种可能性：

9+5+1　9+4+2　8+6+1　8+5+2　8+4+3　7+6+2　7+5+3　6+5+4

方块中心的数字必须出现在这些可能组合中的4组。5是唯一在4组三数组合中都出现的。因此它必然是中心数字。

9只出现于两个三数组合中。因此它必须处在边上的中心，这样我们就得到完整的一行：9+5+1。

3和7也是只出现在两个三数组合中。剩余的4个数字只能有一种填法——这就证明了魔方的独特性（当然、旋转和镜像的情况不算）。

36...

将小正方形上下两个数字相乘，再将正方形左右两个数字相乘，然后用较大的值减去较小的值，其结果就是该正方形内的值。

答案如图所示：

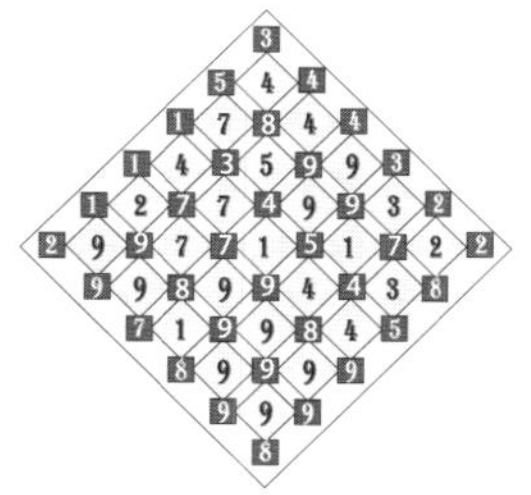

37...

有880种解法。我们在此举一例。

16	5	2	11
3	10	13	8
9	4	7	14
6	15	12	1

38...

7		10	−	43		20
+		×		÷		=
3		9		11		6
×		+		+		÷
2		1		12		8
÷	5	−		−	4	×

39...

4	+	2	=	6
−		×		+
1	+	4	=	5
=		=		=
3	+	8	=	11

40...

C。将数字相加，直到得到一个个位数字。比如，A=9（2+9+4+3=18，1+8=9）。

41...

下列答案中n指前一个数：

1.　122（n+3）×2

2.　132（n−7）×3

3.　19　2n−3

42...

这个问题把你难住了吗？许多人认为答案是1.5千克，实际上应该是2千克。

43...

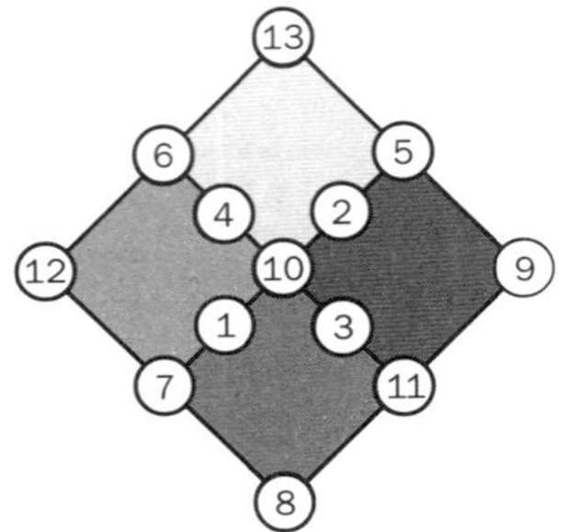

44...

28	4	3	31	35	10
36	18	21	24	11	1
7	23	12	17	22	30
8	13	26	19	16	29
5	20	15	14	25	32
27	33	34	6	2	9

45...

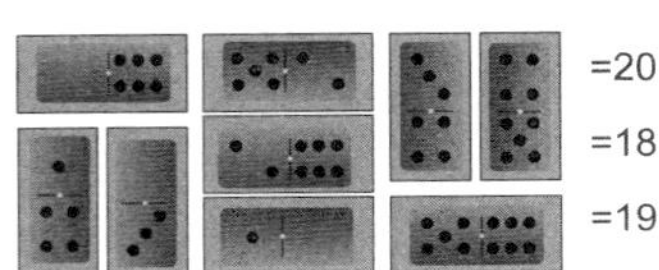

46...

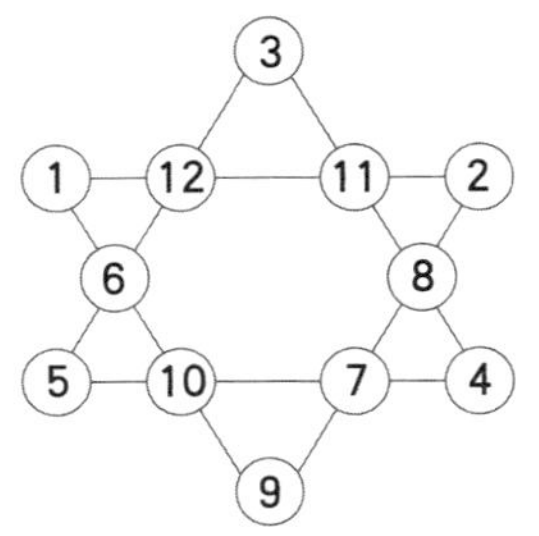

47...

8	8	3	6	5	5
8	4	4	7	7	4
5	5	5	8	3	5
9	8	3	4	7	3
7	5	9	3	5	8
6	4	4	8	3	4

48...

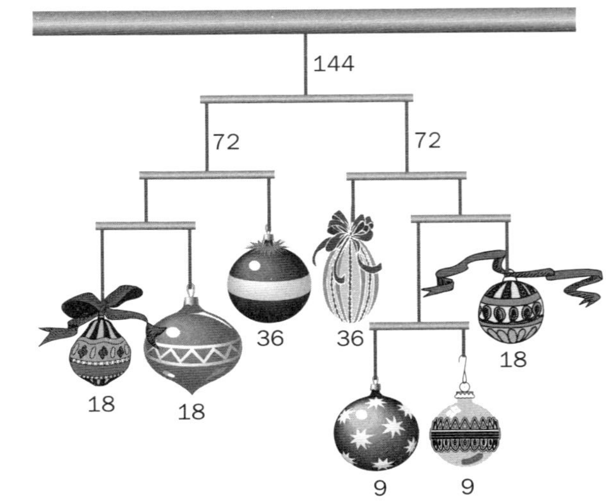

49...

总共要转12圈半。滚轴每走1个单位的距离，传送带就前进两个单位的距离，而滚轴走1个单位的距离要转5/4圈。

50...

8。每条直线上的3个圆中的数字之和为20。

51...

19。把这个图形水平、垂直分成4部分，形成4个3×3的正方形。在每个正方形中，把外面的4个数字相加，所得的和就是中间的数字。

52...

425。计算的规则是：由顶部数字颠倒排列顺序后组成的四位数减去由中间数字组成的四位数，所得结果再被由底部数字组成的四位数减去，这时所得的结果就是3个方格内的数字。

53...

6。

6×7=42。

54...

4。把相邻两个椭圆中间的两个数字相减，所得结果放在两个椭圆交叉的位置上。

55...

6。无论是纵向计算还是横向计算，这些数字相加都等于15。

56...

30。按纵列进行计算，把上面的数字除以2，就是中间的数字，再把中间的数字乘以3，就是下面的数字。

57...

A.66。前两个数字相加的结果就是第3个数字。

B.154。计算的规则是：(n+3)×2。

C.9和20。该行两组数

字排列的规律为：一个满足加 3、加 4、加 5，依此类推；另外一个是每次都加 2。

D.51。计算的规则是：(2n−3)。

E.−49。计算的规则是：(2n−15)。

F.70。数字排列的规律为：$(2n-1^2)$、$(2n-2^2)$，依此类推。

G.343。计算的规则是：(n× 前一个数字)÷2。

58...

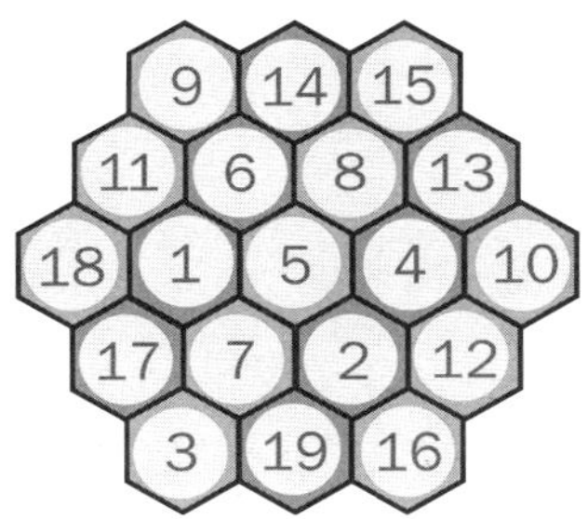

59...

60...

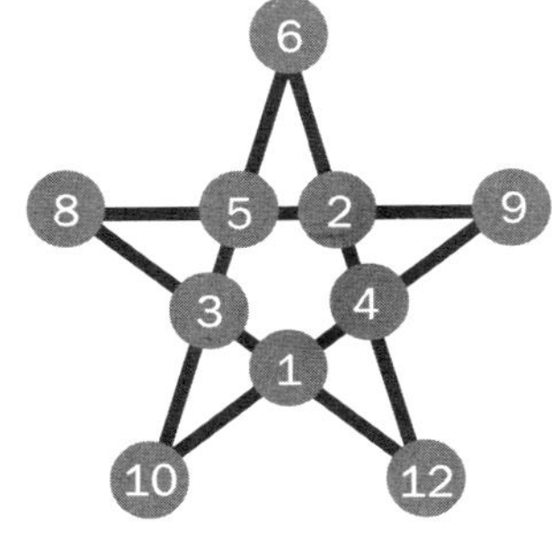

61...

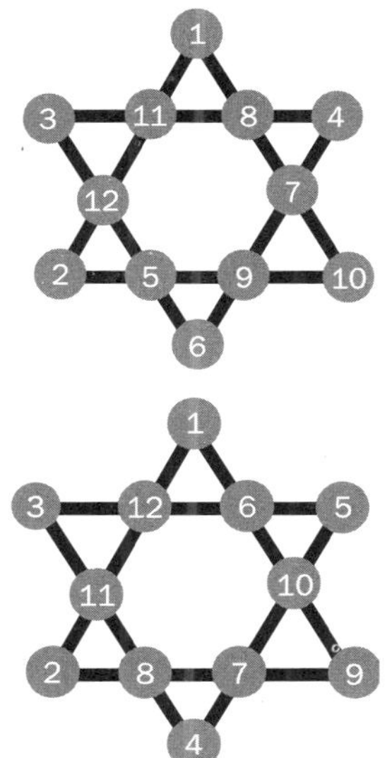

62...

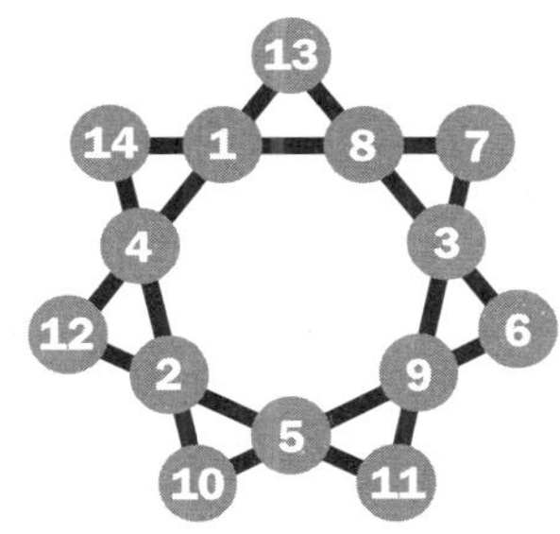

63...

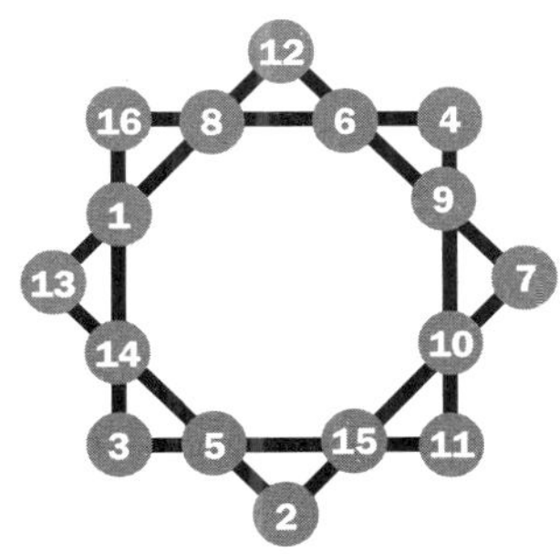

64...

这个问题可不简单。一共有 12!(12 阶乘 =1×2×3×…×11×12=479001600)种方法将数字 1 ~ 12 填入六角形上的三角形中。这里给出其中一种解法：

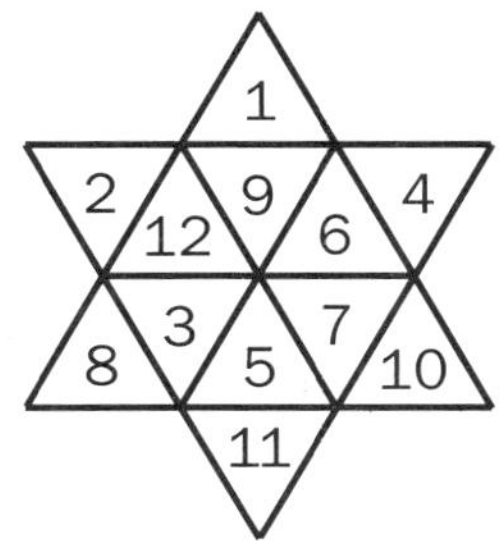

65...

7 千克。

左边	右边
6 千克 ×4=24	7 千克 ×4=28
8 千克 ×2=16	6 千克 ×2=12
40	40

66...

71。把前两个数字加起来，就得到第 3 个数字，在链形图中依次进行。

67...

39。钩 =6，星 =9，叉 =3，圈 =24。

68..

68。方形 =7，X=11，Z=3，心形 =17

69...

☆ = 1　△ = 6

⬡ = 3　◊ = 4

70...

40。星 =7，钩 =8，叉 =14，圈 =11。

71...

A。外环三角形里的数字跟与之相对应的内环三角形里的数字之和等于最中间的三角形里的数字。

72...

B。顺时针读，数字等于前一个图形的边数。

73...

4。将第1条斜线上的3个数字每个都加5，得到的结果为第2条斜线上对应的数字，再将第2条斜线上的数字每个都减4，即得到第3条斜线上的数字。

74...

$$\begin{array}{r} 289 \\ +764 \\ \hline 1053 \end{array}$$

75...

答案是448。每个三角形中，A×B−2=C。

76...

227。在每列中，把第1个数字除以3，得到第3个数字。然后把两个数字相加再加3就得到中间的数字。

77...

30。每个格子里的第2个数字是第1个数字立方加3得来的。所以，缺失的数字是$3^3+3=27+3=30$。

78...

15。

每行第1格的数字×第2格的数字－第3格的数字＝第4格的数字。

6×3−7=11

8×2−9=7

9×2−9=9

7×3−6=15

79...

A=4，B=14，C=20。

中间的数字是上下数字的总和与左右数字总和的差的2倍。

80...

4。把每个正方形中对应位置的数字相加，左边部分数字的和等于20，上面的和等于22，右边部分的和等于24，下面部分的和等于26。

81...

40。将每行、每列拐角的正方格里的数字加在一起，并将答案放在按顺时针方向旋转的下一个中间的正方格里。

82...

9。把外环中的每个数字都看作一个两位数，并把个位数与十位数相乘。再把所得结果加上1，填在对面的内环位置上。

83...

16。从三角形左下角进行计算，围绕这个三角形按顺时针方向行进，这些数字分别是1，2，3，4，5，6，7，8，9的平方数。

84...

24。每横行中：左边的数字×中间的数字÷4=右边的数字。（2×4）÷4=2；（16×12）÷4=48；（8×12）÷4=24。

85...

132。其他的数里面都包含数字4。

86...

2。在每个正方形中，外面三个角上的数字之和除以中间角上的数字，所得结果都是6。

87...

22。中间的数字等于下面两个数字相加，再减去最上面那个数字。

88...

9。在这些三角形中，下面两个角上数字的和减去顶角上的数字，都等于每个三角形中间的数字。

89...

72。将数字盘上半部分中的数字乘以一个特定的数，得到的积放入对应的下半部分的位置。第一个数字盘中乘以的特定数字为3，第2个为6，第3个为9。

90...

1。把下面两个圆中对应位置上的数字相乘，就得到左上角圆中的数字；右上角圆中的数字等于下面两个圆中对应位置上的数字和。

91...

49。相对的两个数字都是彼此的平方；7的平方是49。

92...

F。奇数的个位和十位数字交换位置，其他不变。

93...

3。每个数字盘的数字和为30。

94...

27。第 1 个盘中的数字的平方数放入第 2 个盘中相应的位置，第 1 个盘中的数字的立方数放入第 3 个盘中相应的位置。

95...

6 个。 ★ =3，n=3/2，○ =2。

96...

移动的规则是每个数字都朝顺时针方向移动（n−1）步。比如，数字 12 朝顺时针方向移动 11 步。

	21	
15		34
	22	

97...

14。

(17+11+12)−(14+19)=7

(18+16+15)−(6+5)=38

(19+16+2)−(15+8)=14

98...

7。内环每个部分的数字都等于对面位置上外面的两个数字之和。

99...

上半个：÷，×；下半个：×，×。

100...

5×4÷2+7=17。

101...

上半个：4×6÷2；下半个 :8÷2×3。

102...

−，−，×。

103...

（6+7+11）÷3×2+5−12=9

104...

（4×7÷2+8+9）×6÷3=62。

105...

[（9−3）×4+19−8]÷5+4=11。

106...

8。在每个正方形中，上面的数字与下面的数字相乘，再减去左右两边的数字之和，每次得到的结果都是 40。

107...

33。星 =8，钩 =12，叉 =13，圈 =5。

108...

23。 方形 =9， 叉 =5，Z=6，心 =7。

109...

A=10，B=14。

用外面的数字减去里面的数字，将每个角的差额都加在一起，所得的值正是中间的数字。

110...

100。计算的规则是：每个三角形内的数字之和都等于 200。

111...

1。在每个圆中，先把上面两格中的数字平方，所得结果相加，就是最下面的数字。

112...

281。从上向下进行，这些数字依次是 14 的倍数，从 112 到 182 颠倒数字顺序以后得到的。

113...

229，230，231。

114...

22。这个圆中有两个行进的数列。从第 1 个数字开始，顺时针方向进行，把第 1 个数字加上 1，然后加上 2，3，4，把所得结果填在不相邻的空格中。从第 2 个数字开始，先加上 3，然后 4，5，6，把所得结果填在剩下的不相邻的空格中。

115...

33。从最下面一行数字开始，把相邻两格的数字相加，把所得的和填在它们的正上方。同样方法向上进行。

116...

2。在每个图形中，中间的数字等于左右两边的数字之和减去上下两个数字之和。

117...

6。将最上面 3 个数相乘，所得的两位数结果分别写在下面的两个圆圈中。

118...

8679。将题目所在的页面颠倒，然后把两个数字相加。

119...

47。A=2，B=3，C=5，D=7，E=11，F=13，G=17。

120...

17 \ 17	23 \ 20	21 \ 31	2 \ 3	6 \ 8	19 \ 4	16 \ 16
20 \ 22	33 \ 18	0 \ 11	3 \ 10	13 \ 9	2 \ 29	14 \ 19
1 \ 49	5 \ 5	4 \ 8	19 \ 2	3 \ 27	9 \ 30	26 \ 15
7 \ 2	4 \ 14	8 \ 12	23 \ 6	20 \ 18	11 \ 29	17 \ 32
5 \ 12	12 \ 7	15 \ 13	1 \ 36	3 \ 43	8 \ 40	2 \ 6
20 \ 5	8 \ 19	34 \ 2	6 \ 39	40 \ 7	4 \ 3	2 \ 14
24 \ 2	3 \ 32	38 \ 6	50 \ 3	5 \ 1	14 \ 1	4 \ 20

121...

60 岁。如果将他的整个寿命设为“X”年，那么：

他的孩童时期 =1/4X

他的青年时期 =1/5X

他的成人期 =1/3X

他的老年时期 =13

1/4X+1/5X+1/3X+13=X

X=60

122...

5	7	8	15	4	7	5	6
11	6	9	8	16	12	10	10
7	12	10	12	3	11	6	8
6	7	2	5	7	7	15	10
12	15	10	8	5	12	8	7
6	7	11	13	9	6	9	6
9	8	10	6	8	8	1	2
3	6	4	10	10	10	15	15

123...

题 1：一共有 90 个两位的阿拉伯数字，如下图所示。在它们之中有 8 个有连续的数字，所以答案是 82 个两位数。

10	11	12	13	14	15	16	17	18	19
20	21	22	23	24	25	26	27	28	29
30	31	32	33	34	35	36	37	38	39
40	41	42	43	44	45	46	47	48	49
50	51	52	53	54	55	56	57	58	59
60	61	62	63	64	65	66	67	68	69
70	71	72	73	74	75	76	77	78	79
80	81	82	83	84	85	86	87	88	89
90	91	92	93	94	95	96	97	98	99

题 2：有 9 个两位数包含有相同的数字，所以答案是 81 个两位数。

题 3：也许你可以在 1 分钟之内做完这一长串的计算。对于任何的这类四位数只要算一次就可以了，如图所示：

345	543 − 345 =	198
456	654 − 456 =	198
567	765 − 567 =	198
678	876 − 678 =	198
789	987 − 789 =	198
1234	4321 − 1234 =	3087
2345	5432 − 2345 =	3087
3456	6543 − 3456 =	3087
4567	7654 − 4567 =	3087
5678	8765 − 5678 =	3087
6789	9876 − 6789 =	3087

124...

5。在每个星星中，把星星角上的偶数相加，再把奇数相加，偶数和与奇数和相减就是中间的数字。

125...

8。每个钟的分针和时针所指向的数字和皆为 13。

126...

11。在图中按纵列进行计算，把上面的数字加上 4，就得到中间的数字。把中间的数字加上 6，就是下面的数字。

127...

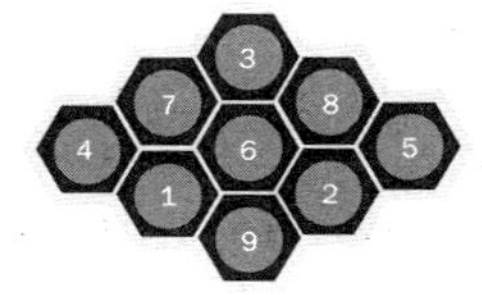

128...

答案是 35。每个格子中的第 2 个数字是第 1 个数字的平方再减 1。

129...

缺失的数字是 4。把第 1 排的数和第 2 排的数加在一起就是第 3 排的数。

$$\begin{array}{r} 65927 \\ +14354 \\ \hline 80281 \end{array}$$

130...

8。在每个图中按纵列进行计算，把上下两个数字相加，对左边的表格来说，所得结果填在它右边表格中间的正方形中；对右边的表格来说，所得结果填在它左边表格中间的正方形中。

131...

22	21	13	5	46	38	30
31	23	15	14	6	47	39
40	32	24	16	8	7	48
49	41	33	25	17	9	1
2	43	42	34	26	18	10
11	3	44	36	35	27	19
20	12	4	45	37	29	28

132...

5。每行前两个数字之和加 1 等于后两个数之和。

133...

5。横向计算，把左边和中间的数字增加 1 倍，然后再加起来，就可以得到右边的数字。

134...

4。每行数字加起来都等于 14。

135...

答案是 2。在每行中，这些数字的和都是 10。

136...

28。（9+8）×1=17

（5+6）×3=33

（6+7）×4=52

（3+11）×2=28

137...

8。在每个图形中，中间的数字等于上面两个数字的乘积减去下面两个数字的乘积。

138...

C。每行第1格的数字×第2格的数字－第3格的数字＝第4格的数字。

（6×2）－5=7

（8×3）－17=7

（9×2）－9=9

（7×4）－10=18

139...

A=35，B=15。

每行小方格中的数字除以3，然后再将它们相乘就得到中间的数字。

140...

17358。所有奇数加1；所有偶数减1。

141...

624。中间方格中的数字是它所在的行其他两个数字差额的4倍。

142...

143...

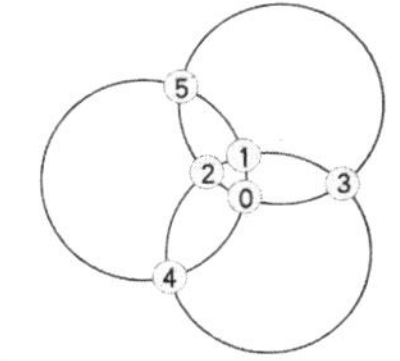

144...

10。每列数字之和均为23。

145...

4。将每格外圈的两个数字相乘，将乘积放入内圈顺时针隔开两格的位置。

146...

7。将每个三角形角上的数字加起来，乘以2，并将最终结果放入三角形中间。

147...

88。左边的数字的平方＋右边的数字的平方＋上边的数字＝中间的数字。

148...

4。按行计算，从中间一行开始，把左右两边的数字相加，结果填在中间的位置上。上下两行也按同样方法进行，但是把所得的和填在对面的中间位置上。

149...

11。分别求出上面两个数字的平均值，第1个平均值加1，就是第1个图形下面的数字；第2个图形加2，第3个加3，下面的图形加4。

150...

8。这组数列的偶数位遵循这样的公式，把前面的数字乘以2，然后再加1，就等于后面的数字，依此类推。

151...

E。每竖行里的数字每次将被颠倒顺序，竖行里最小的数字将被去掉。

152...

21。将每个三角形各个角上的数字相加起来，得出的和放入下一个三角形中间，这样便是将三角形D三个角上的数字和放入三角形A中。

153...

60。把经过中间圆上的直线两端的数字相乘，就可以得到这个答案。

154...

10。在每个星星图形中，如果你把上面3个角上的数字相加，再减去下面两个角上的数字的和，所得结果就是中间的数字。

155...

4。在每个图中，把小人两只手上的数字和脚上的数字都看成是两位数，两数相加，就得到头部的数字。

156...

654。每列的前3个数字相加，最后一列将显示为987654321。

157...

5。这个方框包括：

1个1

1（1×1）

4个2

2的平方（2×2）

9个3

3的平方（3×3）

16个4

4的平方（4×4）

25个5

5的平方（5×5）

36个6

6的平方（6×6）

49个7

7的平方（7×7）

158...

168。每个方框里的数字都是它正下方两个方框中数字的乘积。

159...

4。在第1个五边形里，5×5×125=3125或者5^5；在第2个五边形里，3×9×9=243或者3^5；同样的，16×8×8=1024或者4^5。

160...

175。计算的规则是：（左窗户处的数值＋右窗户处的数值）× 门上的数值。

161...

1. 28 (×3)+1
2. 6 (−5)×2
3. 11 (×2)+7
4. 22 (×2)−2
5. 13 (÷2)+6
6. 17 (−7)÷2
7. 20 (−4)×2
8. 20 原数的平方 +4
9. 8 将原数开方 +3
10. 4 原数的平方 −5
11. 80 (+8)×5
12. 36 (−11)×4
13. 62 (×6)+8
14. 71 (×4)−13
15. 13 (÷4)+3
16. 19 (÷5)−3
17. 36 (−13)×6
18. 162 (+3)×9
19. 361 +2, 再平方
20. 6 −4, 再开方

162...

14。计算的规则是：每行左边的数字与 3 的商再加上 4 等于中间的数字：再将中间的数字重复上面的计算步骤，结果便是该行右边的数字。那么，问号处的数字计算如下：

78÷3=26；
26+4=30；
30÷3=10；
10+4=14。

163...

答案是 0。将第 1 条斜线上的 3 个数字每个都加 2，得到第 2 条斜线上的数字，再将第 2 条斜线上的数字每个都减 3，会得到第 3 条斜线上的数字。

164...

C。

165...

4100。

166...

42。左上角数字乘以右下角数字或者右上角数字乘以左下角数字，都能得到中间的数字。

167...

8.6。有两个序列，分别加上 1.65 和 1.92。如：3.65+1.65=5.3，4.92+1.92=6.84，然后依此类推。

168...

每个数字倒过来读都和原来的一样。

169...

0。从左向右进行，把每两个数字当作一个两位数，这些数字都是 7 的倍数。

170...

答案是 80。

171...

把相邻两个数都拆成个位数相加就变成了下面的数字。例如：

8+9（89）+5+3（53）=25
5+3（53）+1+7（17）=16

所以，缺失的数字应该是 1+6（16）+1+7（17）=15

172...

17 个。别忘了 44 有两个 4。

173...

1	14	15	4
12	7	6	9
8	11	10	5
13	2	3	16

第 1 行：
$1^2+14^2+15^2+4^2=438$
第 4 行：
$13^2+2^2+3^2+16^2=438$

第 2 行：
$12^2+7^2+6^2+9^2=310$
第 3 行：
$8^2+11^2+10^2+5^2=310$

174...

5。在每个星星中，上面 3 个数字的和减去下面 2 个数字的和，所得的结果就是星星中间的数字。

175...

6。由题意知：

6M=B，8B=F，3F=Y。

我们可以计算出 1 个 yump（Y）中 bop（B）的个数 :8×3=24。一个 yump（Y）中 murk（M）的个数是：24×6=144。所以 144÷24=6。

176...

26。20 和 32 的中点是 (20+32)÷2=26。所以 16a 和 36a 的中点 26a 也是 26。

177...

1234321。

178...

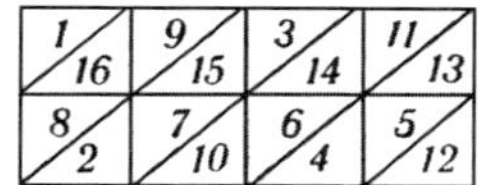

179...

Z=−7。每行的数字都是它上面那行的两个数字之差（后一个减前一个）。

12　18　26　38　49
6　8　12　11
2　4　−1
2　−5
−7

180...

F 的值为 23。

将①代入②得到:A+B+P=T

将⑤代入上式得:8+B+P=T⑥

再将③代入④得到：B+P+T+A=30

将⑤代入上式得：22−B−P=T⑦

将⑥和⑦相加得：30=2T，即T=15⑧

将⑤和⑧代入③得到：F=15+8=23

181...

R 的值为 20。已知 Q+M=C,可以得出Q+M+K=R。因为R+Q=S,所以在等式M+K+S=40 里，用 R+Q 代替S,等式变为：M+K+R+Q=40,或者 M+K+R=32。

重新排列这些等式来解R,可以得到：

8+M+K=R

32−M−K=R

所以 R=20。因为 R+Q=S,所以 20+8=S，即 S=28。

182...

从等式的前两个部分可以看出 A=2B。因为 C−A=6，所以 A=C−6，那么，2B=C−6。

如果用 2B 替代 A，可以得到 7B=2C，即 B= $\frac{2C}{7}$。

由于 B= $\frac{C-6}{2}$

可得，$\frac{C-6}{2}=\frac{2C}{7}$

所以，C=14。

则 A=8，B=4。

183...

以下是两种答案：

$21^2+22^2+23^2+24^2=25^2+26^2+27^2$

$36^2+37^2+38^2+39^2+40^2=41^2+42^2+43^2+44^2$

184...

（17+6+5+9）−（11+2+4+8）=12

185...

8 块饼干。

186...

设丢失的数字为 X，然后一层层填满空格，那么顶部的数字就为 3X+28。我们知道这个数字等于 112，因而 3X=112−28=84，所以 X=28。

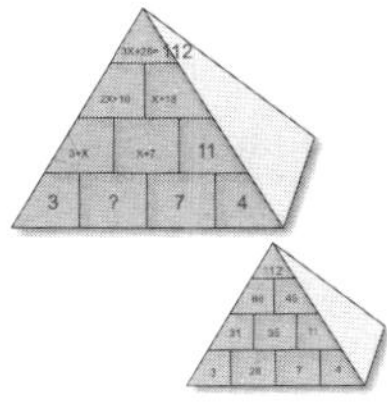

187...

58 和 86。在第 1 个椭圆中，所有的数字都是 8 的倍数。在第 2 个椭圆中，它们都是 7 的倍数。

188...

11。每组由圆圈组成的三角形中，从最长一排开始，把 3 个相邻的数字相加，所得结果填在这些数字的正上方或者正下方中间的位置，从每个三角形的底边向顶角进行计算。

189...

8。左上角数字减去左下角数字，得出第 1 个差。右上角数字中减去右下角数字，得出第 2 个差。将第 1 个差减去第 2 个差，即为正方形中间的数字。

190...

11。将上面的数相加，再除以 2，就是最下面的数。

191...

35。星 =6，钩 =3，叉 =17，圈 =12。

192...

D。

193...

$\sqrt{\frac{x}{2}}+\frac{8}{9}x+2=x$

这里 x= 蜂群中的蜜蜂数

整理式子为:（x−72）（2x−9）=0

很明显 x 不等于 4.5（假设 2x−9=0 得出的结果），所以 x 一定是 72，那么整个蜂群一共有 72 只蜜蜂。

194...

15 个小时。设 X 小时后两个切片上的细菌数量相等，解题过程如下：

7500−150X=4500+50X

200X=3000

X=15

195...

这个问题可以通过逆推法解决：

第 1 家　第 2 家　第 3 家

24 ＋ 24 ＋ 24 = 72

　　↓　　↓

12 ＋ 12 ＋ 48 = 72

　　↓　　↓

6 ＋ 42 ＋ 24 = 72

　　↓　　↓

39 ＋ 21 ＋ 12 = 72

可以得出：第 1 家车站原来有拖拉机 39 台，第 2 家车站有 21 台，第 3 家车站有 12 台。

196...

答案是 18。在 10 ～ 22 之间，只有 18 是 9 的偶数倍数。检验：18 × 4.5=81。

197...

F。

198...

箱子的重量为 3 个单位。

199...

1。把每排数字当成一个三位数，从上到下分别是 17，18，19 的平方数。

200...

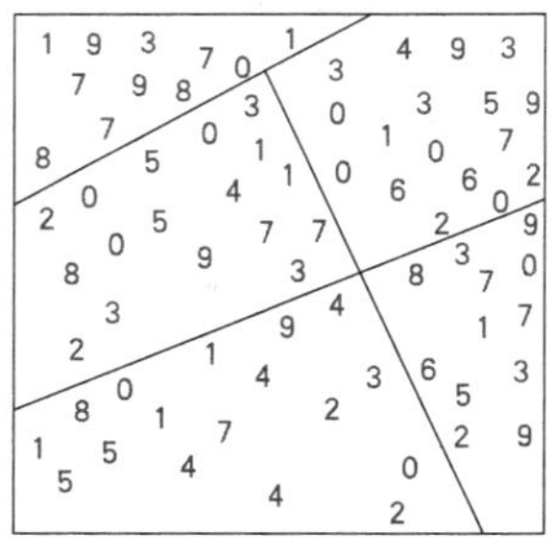

201...

1. 路线为：17−19−22−24−28−20，总值为 130。

2. 路线为：17−19−22−28−25−20，总值为 131；17−23−22−24−25−20，总值为 131。

3. 路线为：17−24−26−28−25−20，最大值是 140。

4. 路线为：17−19−22−24−25−20，最小值是 127。

5. 一共有 2 种方式：17−24−26−24−25−20；17−23−22−26−28−20。

202...

7。把每个部分外边的两个数字相加，再把得到的结果写在对面的中心位置上。

203...

2。表情代表的是数字，根据其内部含有的或者周边增加的元素而计（不包括头本身）。将顶部代表的数字与右下角代表的数字相乘，除以左下角代表的数字，便得到中间的数字。

204...

66。从左向右计算，把前一个数字乘以 2，再减去 2，就得到下一个数字。

205...

C。三角形中间的数字为顶上各数平方数的和。

206...

4	5	2
3	5	5
7	3	6
9	10	8
1	1	3

207...

26。其他各球中，个位上数字与十位上数字相加结果都等于 10。

208...

D。每列都是取掉前一列的最小值，然后将其剩下的数字颠倒排列而成的。

209...

10。菱形周围有8组数字，3个数字一组，它们的和等于15；10+3+2=15，8+2+5=15等。

210...

4，8。计算的规则是：（A×B）−（C×D）=EF。

211...

线段 OD 是圆的半径，它的长度是 6 厘米。ABCO 是个长方形，它与圆的中心以及圆边都相交。因此，线段 OB，即圆的半径的长度为 6 厘米。因为长方形的两个对角线的长度都相等，所以，线段 AC 与线段 OB 的长度相等，即 6 厘米。

第三章

语言类思维游戏

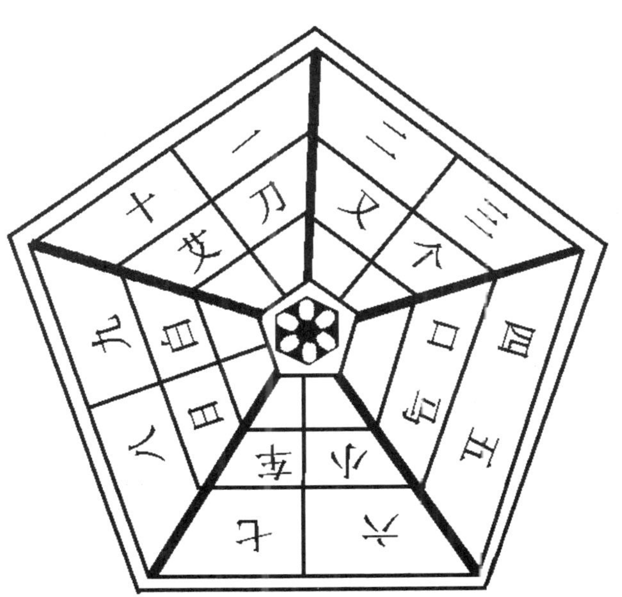

1. 回文词

回文词是指顺着看和反过来看都一样的词语，比如 noon, dad, deed 等，你能否举出 3 个至少由 5 个字母组成的回文单词？

2. 组合单词（一）

你能用单词“twinkle”里的字母组合成多少个包含 4 个字母的单词？

3. 组合单词（二）

使用单词“numbers”里的字母，你可以组合成多少个不同的单词。

4. 拼汉字

想象一下，5 根横排的火柴和 3 根竖排的火柴能拼几个汉字？

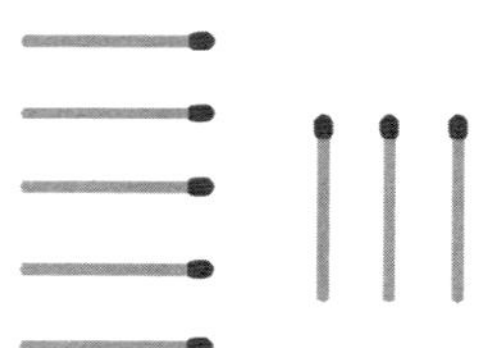

5. 诗词填数

准确地填出下面诗词选句中的第一个字，你会发现它们是一组很有趣的数词。

1._____年好景君须记（苏轼）
2._____月巴陵日日风（陈与义）
3._____月残花落更开（王令）
4._____月清和雨乍晴（司马光）
5._____月榴花照眼明（朱熹）
6._____月天兵征腐恶（毛泽东）
7._____百里驱十五日（毛泽东）
8._____千里路云和月（岳飞）
9._____雏鸣凤乱啾啾（李颀）
10._____万里风鹏正举（李清照）
11._____亩庭中半是苔（刘禹锡）
12._____里莺啼绿映红（杜牧）
13._____紫千红总是春（朱熹）

6. 纵横交错

横向

1. 国际足联的一个奖项，2004 年被小罗纳尔多夺得。2. 我国一个大型电信运营商。3. 清末农民起义军建立的政权。4. 比喻事情极容易做。5.《碧血剑》中的一个人物。6. 形容极多。7. 教学上对物理、化学、数学、生物等学科的总称。8. 法国作家福楼拜的代表作。9. 由政府执行或托管的保险计划，用来向失业者、老人或残疾人提供经济援助。10. 我国一个著名的软件公司。11. 由社会承办的赡养老人的机构。12. 用于称他人的女儿，有尊贵之意。

纵向

一、“WTO”的中文意思。二、严格执行法律，一点不动摇。三、在其中引发并控制裂变材料链式反应的装置。四、对观看球赛有狂热爱好的人。五、古时对男子的尊称。六、皮皮的一篇以婚恋为题材的长篇小说。七、一个生物群落及其系统之中，各种对立因素相互制约而达到相对稳定。八、我国哲学、社会科学研究的最高学术机构和综合研究中心。九、联合国的永久性保护和平机构。十、雅典奥运会女子万米冠军。十一、投资者协助具有专门科技知识而缺乏资金的人创业，并承担失败风险的资金。

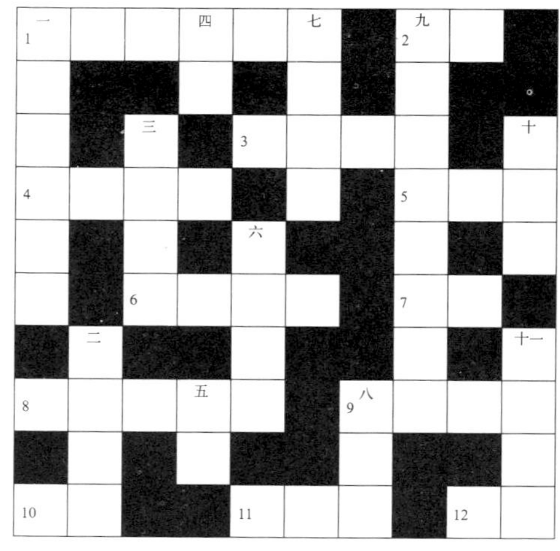

7. 三国演义

有个秀才正翻看《三国演义》时，厨师进来对他说："老爷，不瞒你说，《三国演义》是我天天必读之书。就拿今天来说吧，我炒菜缺了四样作料，全在这书里面，所以我来看看！"秀才听了半信半疑，他只知道《三国演义》里写的是曹操、刘备和孙权，还没听说过写有做菜用的作料呢。厨师说："有，老爷你听着——刘备求计问孔明，徐庶无事进曹营，赵云难勒白龙马，孙权上阵乱点兵。"秀才想了想便猜了出来。那么，你能猜出厨师缺哪4样作料吗？

8. 疑惑的小书童

明朝有一个著名的文学家，叫冯梦龙。有一年夏天，冯梦龙起床后，发现后院的桃花盛开了，正在这时，有一位姓李的朋友来拜会。冯梦龙便开玩笑说："桃李杏春风一家，既然您来了，我们就到后院去，一面喝酒，一面赏看您本家吧！"他们来到后院，冯梦龙忽然想起忘了一样东西，就对书童说："你快去拿一件东西，送到后院来！"书童问："是什么东西呢？"冯梦龙随口就造了一个谜："有面无口，有脚无手，又好吃肉，又好吃酒。"书童愣在那儿，猜不出应该去拿什么。你能帮帮这个书童吗？

9. 成语十字格

请在下图的空格里填上适当的字，使其横竖读起来都是成语。

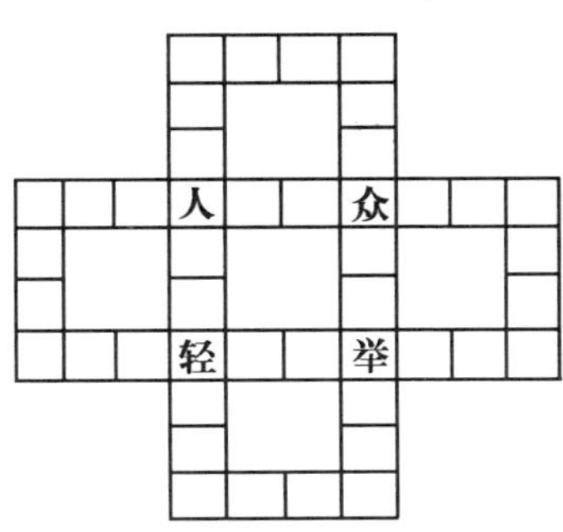

10. 文学想象

七律、11、火箭、万水千山。与这四种提示有关事物或概念是什么？请用两个字来描述。

11. 一笔变新字

汉字结构有趣又奇怪，一笔之差就有不同含义。你能将下面图形中的字填上一笔变成另一个字吗？

12. 识图猜字（一）

请你根据下图画着的内容猜一个字。

13. 识图猜字（二）

下面这4幅画，每幅画可猜一个字，请你猜猜看。

① ______　② ______　③ ______　④ ______

14. 一台彩电

桌子上放着一台彩电。A 说："以这台彩电为道具，谁能连做两个简单的动作，打两个成语？"大家都在静静地思索。忽然，B 走上前来，将彩电开关打开，屏幕上出现了画面，有了声音。没过几秒钟，B 又把电视开关关了。B 的这两个动作并没有引起人们的注意。谁料，A 竟说 B 猜中了谜底。你知道这是哪两个成语吗？

15. 成语猜谜

楚人求剑（打一美术作品类别名）。

16. 几家欢喜几家愁

项羽和刘邦当年争夺天下的时候水火不容，三国时期的刘备和关羽是结义兄弟，如果刘邦听了大笑，刘备听了大哭，这是为什么？请用一个字来回答。

17. 快乐联想

提示一：五行　　提示二：朝代

提示三：撤兵　　提示四：星星

与这 4 种提示有关的事物或概念是什么？

18. 成语接龙

下面的成语，前一个成语的最后一个字，是它后面那个成语的第一个字，这在修辞上叫"顶真"。请在它们之间的空白处填上一个字，使每组成语连接起来。

今是昨（ ）同小（ ）望不可（ ）以其人之道，还治其人之（ ）体力（ ）若无（ ）在人（ ）所欲（ ）富不（ ）至义（ ）心竭（ ）不胜（ ）重道（ ）走高（ ）沙走（ ）破天（ ）天动（ ）利人（ ）睦相（ ）心积虑

醉生梦（ ）去活（ ）去自（ ）花似（ ）树临（ ）调雨（ ）手牵（ ）肠小（ ）听途（ ）长道（ ）兵相（ ）二连（ ）言两（ ）重心（ ）驱直（ ）不敷（ ）其不（ ）气风（ ）扬光（ ）材小（ ）兵如（ ）采飞（ ）眉吐（ ）象万（ ）军万（ ）到成（ ）败垂（ ）千上（ ）古长（ ）红皂（ ）日做（ ）寐以（ ）同存（ ）想天（ ）天辟地

19. 象棋成语

下图是一个象棋棋盘，请你在每格空白棋子上填入一个适当的字，使横竖相邻的 4 个棋子能够组成一个成语。

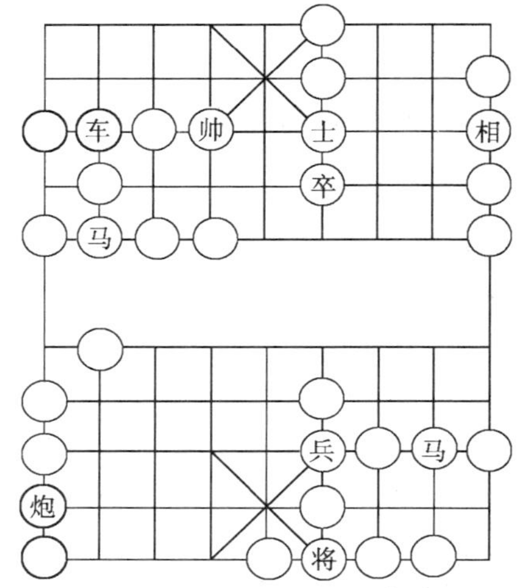

20. 组合猜字

如图数字方格，每个数字都代表一个文字，两格相加，又可以合成一个字，你能依照下面的暗示猜出此文字来吗？

① 1 加 2 等于日落的意思。

② 2 加 3 等于日出的意思。

③ 3 加 4 等于欺侮的意思。

④ 5 加 4 等于瞄准出击的意思。

⑤ 2 加 6 等于光亮的意思。

⑥ 6 加 7 等于丰满的意思。

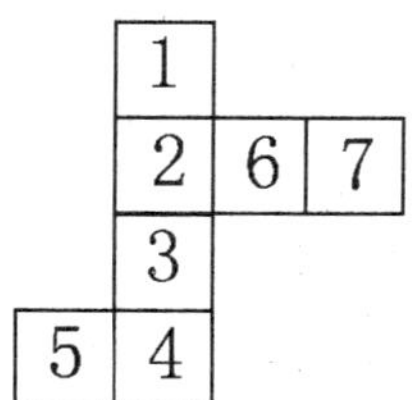

21. 学三部曲

（1）巴金爱情三部曲：

（2）巴金激流三部曲：

（3）高尔基自传体三部曲：

（4）托尔斯泰《苦难历程》三部曲：

（5）茅盾《蚀》三部曲：

（6）郭沫若《漂流》三部曲：

22. 串门

一天，王秀才到朋友家去串门。一进门，他双拳一抱，随即念了一首字谜诗："寺字门前一头牛，二人抬个哑木头，未曾进门先开口，闺宫女子紧盖头。"朋友稍一思忖，就领会了其中的意思，便也以诗相答："言对青山不是青，二人土上在谈心，三人骑头无角牛，草木丛中站一人。"王秀才一听，朋友所说的与自己说的完全吻合。双方哈哈大笑起来。请你猜一猜，这两首字谜诗的谜底是什么？

23. 乌龟信

一位目不识丁的农妇惦记在外做工的丈夫，于是托人捎去一封信。她的丈夫拆开一看，一页全都画着排列整齐的乌龟，最后却是一只竖着的大乌龟。丈夫立刻明白了，收拾起铺盖卷儿，回家去了。

你能从信中看出它的意思来吗？

24. 拜访

齐白石是中国著名画家，有很多学画的人，有的要拜他做老师，有的拿了画来向他请教，也有的学生作品获奖了，来向他表示感谢。

有一天，几个学生拜见老师，他们刚想敲门，却看见门上写着一个"心"字。他们觉得奇怪，只见过门上写"福"字的，写"心"字是什么意思呢？这时有一个学生忽然说："我明白啦！"说着，拉着同伴就离开了。第二天，他们又来到齐白石门前，只看见门上换了一个"木"字，大家高兴极了，马上敲门进去，拜见了齐白石。你知道这是为什么吗？

25. 长联句读

请你给下面一副长联加上标点：

五百里滇池奔来眼底披襟岸帻喜茫茫空阔无边看东骧神骏西翥灵仪北走蜿蜒南翔缟素高人韵士何妨选胜登临趁蟹屿螺洲梳裹就风鬟雾鬓更苹天苇地点缀些翠羽丹霞莫辜负四围香稻万顷晴沙九夏芙蓉三春杨柳

数千年往事注到心头把酒凌虚叹滚滚英雄谁在想汉习楼船唐标铁柱宋挥玉斧元跨革囊伟烈丰功费尽移山心力尽珠帘画栋卷不及暮雨朝云便断碣残碑都付于苍烟落照只赢得几许疏种半江渔火两行秋雁一枕清霜

26. 一封怪信

某人被公派驻外地，半年后他突然接到农村不识字的妻子寄来的一封信。打开一看，上面竟没有字，只有一连串象形文字似的图画。丈夫接到此信，知道妻子一定有事要告诉他，但又不解其意，急得像热锅上的蚂蚁一样。最后他只得把信带在身上，一有空就仔细研究，终于找到了答案。比如A表示他（圈）和他的已怀孕的妻子（同心圆圈），那么下面的5个图又表示什么呢？

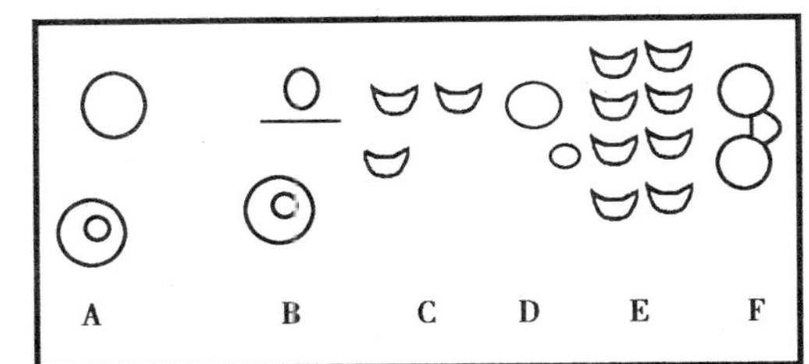

27. 成语与算式

下图为两盏数字灯，用适当的数字巧填空。使它直行为成语，横行为数学等式。

□ + □ − □ + □ + □ − □ + □ = (10)

心 面 令 分 花 街 上 □

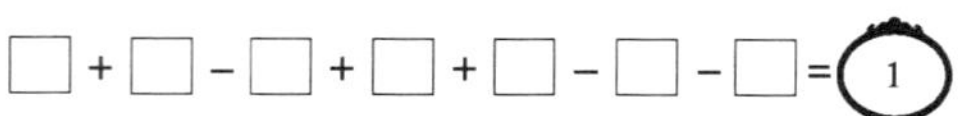

□ + □ − □ + □ + □ − □ − □ = (1)

意 刀 申 裂 门 市 下 □

28. 穿针引线

晚饭后，妈妈在做针线活，爸爸和东东谈论学习情况。爸爸问：“你最近是不是又学了些成语？”东东说：“是的。”爸爸说：“我考考你怎么样？”东东说：“好啊。”爸爸看到妈妈一手拿针，一手拿线，正要穿针引线，就对东东说：“儿子，你能用一句成语把这个动作说出来吗？”你也跟东东一起猜猜吧！

29. 秀才贵姓

从前，一大户人家的老太太过六十大寿，八方宾朋济济一堂。一位秀才进京赶考，路过这里，想求一口饭吃。老太太热情地款待了他。席间，老太太问秀才：“贵人尊姓大名？”秀才回答：“今天不是老太太的生日宴吗？巧得很，我的姓氏与生日宴很有缘。如果把生日宴三个字作为谜面，打一字，谜底即是。”你知道这位秀才姓什么吗？

30. 成语加减

将下面的成语运用加减法使其完整。

1. 成语加法

（ ）龙戏珠＋（ ）鸣惊人＝（ ）令五申
（ ）敲碎打＋（ ）来二去＝（ ）事无成
（ ）生有幸＋（ ）呼百应＝（ ）海升平
（ ）步之才＋（ ）举成名＝（ ）面威风

2. 成语减法

（ ）全十美－（ ）发千钧＝（ ）霄云外
（ ）方呼应－（ ）网打尽＝（ ）零八落
（ ）亲不认－（ ）无所知＝（ ）花八门
（ ）管齐下－（ ）孔之见＝（ ）落千丈

31. “山东”唐诗

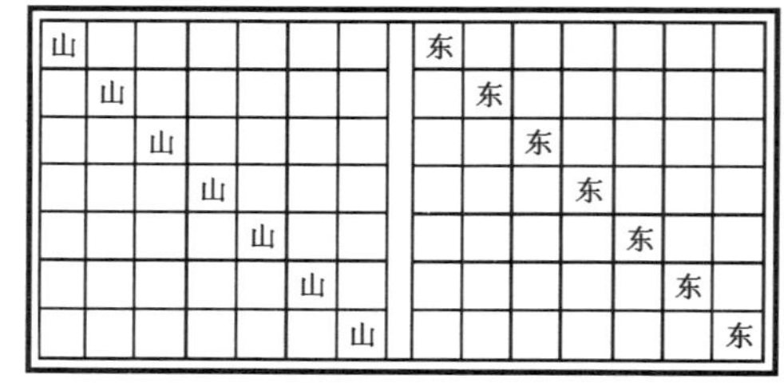

32. 汉字拼凑

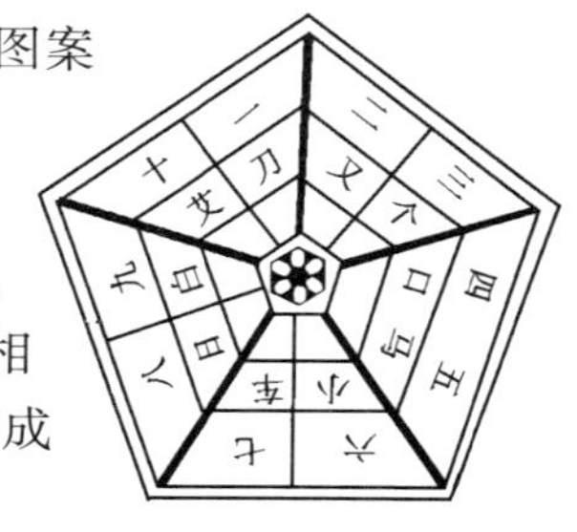

右图五角形图案外围有一至十10个数字，内围有十个汉字，请将数字与汉字相互拼凑起来，拼成30个新汉字。

33. 雪中送炭

有一个姓蔡的县官，和郑板桥是好朋友，他受了郑板桥的影响，很同情老百姓的疾苦，他俩经常一起到民间走访，了解民情。有一年春节，他俩一起到大街上去散步，访贫问苦。忽然，他们看到一户人家的门上有一副奇怪的对联。

只见那对联的上联是“二三四五”，下联是“六七八九”。蔡县官正感到纳闷，转身一看，郑板桥不见了。等了好一会儿，只见郑板桥扛了一袋大米、几包衣服，急匆匆地赶来。他们敲开了门，原来那是一个穷书生，正又冷又饿地在发愁。郑板桥把东西送给了主人，蔡县官问郑板桥：“是谁告诉你他需要衣服和粮食呢？”郑板桥得意地说：

"是对联谜呀！"你知道为什么吗？

34. 真实的谎言

有一次，马克·吐温与一位夫人对坐聊天。马克·吐温对这位夫人说："你真漂亮。"夫人高傲地回答："可惜我实在无法同样地称赞你。"对于夫人的傲慢无礼，马克·吐温毫不介意地笑笑说："没关系，____。"

马克·吐温用一句话就委婉地否定了自己刚才的话。你知道他是怎么说的吗？

35. 老父读信

有位背井离乡在外谋职的书生，逢年过节，便遥寄家书向爹娘报平安。这年，他的信是这样写的："父母大人拜上新年好晦气全无人丁兴旺读书少不得五谷丰登"。爹娘阅后老泪纵横，直咬牙跺脚不该让儿子孤身在外，以致流落到如此下场。遂匆匆派人去千里之外寻儿归乡。儿子好生奇怪，说："我在信中不是已向父母禀告生活平安、万事如意了吗？怎么老父还不放心？"家丁便把老父的信从怀中掏出展开，书生只见老父在自己的信上加了几个标点："父母大人拜上：新年好晦气，全无人丁兴旺。读书少，不得五谷丰登。"书生读罢，恍然大悟，遂重新卷袖挥毫，在原有的信上重又添了标点，让家丁带回。读者朋友，你知道书生是怎样添加标点的吗？

36. 诗词影片名

有些电影片名是从古诗词中择取的。请你为下面诗词填出电影片名。

（1）何当共剪西窗烛，却话____时。

——李商隐《夜雨寄北》

（2）山重水复疑无路，_____又一村。

——陆游《游山西村》

（3）无可奈何花落去，似曾相识___。

——晏殊《浣溪沙》

（4）三十功名尘与土，_______。

——岳飞《满江红》

（5）问君能有几多愁？恰似_____。

——李煜《虞美人》

（6）___其修远兮，吾将上下而求索。

——屈原《离骚》

（7）_____，处处闻啼鸟。

——孟浩然《春晓》

（8）当时明月在，曾照_____。

——晏几道《临江仙》

（9）____路，孤舟几月程。

——贾岛《送耿处士》

（10）岂有豪情似旧时，____两由之。

——鲁迅《悼杨铨》

37. 断肠谜

相传朱淑贞曾以断肠之情巧制《断肠谜》一则，字里行间充满着一片怨恨决绝之情，此谜制得确是巧妙："下楼来，金钱卜落；问苍天，人在何方？恨王孙一直去了；詈冤家言去难留。悔当初吾错失口；有上交，无下交；皂白何须问，分开不用刀；从今莫把仇人靠，千里相思一撇消。"

谜面由10个句子组合，每句各打一字，你知道是什么吗？

38. 巧对对联

有一次，乾隆和纪晓岚对对联，乾隆说出了上联："两碟豆。"纪晓岚对曰："一瓯油。"乾隆皇帝听后，狡黠一笑说："朕说的是'林间两蝶逗'。"纪晓岚聪明过人，早已料到乾隆的对联暗含玄机，于是不慌不忙地应道："____"乾隆听后连夸对得好。请问纪晓岚对的是什么？

39. 是否别字

有一次，张作霖应邀参加一个酒会。席间有个日本名流拿出笔墨请张作霖赏一幅字画，因为他听说张作霖大字不识几个，想当众让其出丑。不料，张作霖胸有成竹，挥笔写了个大大的“虎”字，然后落款“张作霖手黑”。众人见此一阵拍手称好。这时，秘书一看，凑近他，小声提醒说：“大帅，您写的‘墨’字少了一个‘土’，成了‘手黑’了。”张作霖却把眼一瞪，掷笔而起，朗声说了一句话，语惊四座。你知道他说了什么吗？

40. 趣味课程表

下图是张课程表，请在空格填上字，使其成为成语，但不能重复。

1				生	物			
2				化	学			
3				美				术
4				外	语			
5				科	学			
6				哲	学			
7				数	学			
8				物	理			
9				心	理			
10				天	文			
11				音	乐			
12				地	理			
13				生	物			
14				农		科		
15				政	治			
16				体			育	
17				经	济			
18				法			律	
19				语	文			
20	历				史			

41. 屏开雀选

在图中的空白圆圈内填入一个适当的汉字，使其与左右的字都能组成一个新的字。

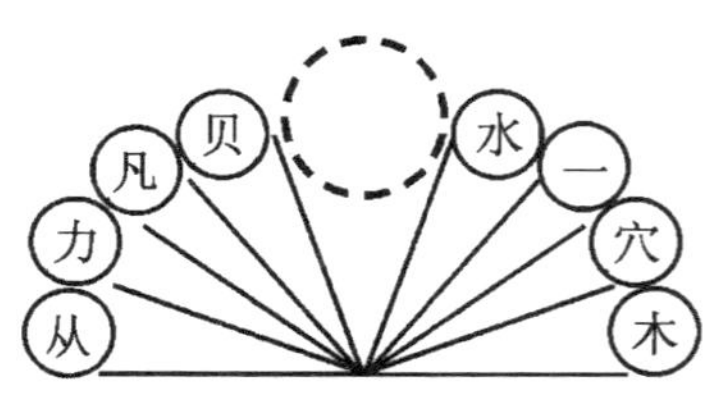

42. 相得益彰

横向：

1. 中国革命伟大的先行者。

2.Taxi 的中文名。

3. 金庸小说《射雕英雄传》中黄蓉的父亲。

4. 中国古代四大名著之一。

5. 秦文君著的描写当代中学生的日常生活的小说。

6. 日本著名漫画家鸟山明的得意作品。

7. 一种涂着蜡质材料供复写的纸。

8. 天文学上的距离单位，约等于 94605 亿千米。

9. 一种内容通俗、词句诙谐的旧体诗。

10. 指时机难得，必需抓紧的成语。

11. 锌跟稀盐酸或稀硫酸反应生成的气体。

12. 韩寒的成名之作。

13. 四川的美称。

14. 中国的第二大岛。

15. “老骥伏枥”的下句。

纵向：

一、一种可以帮助学习英语的机器。

二、四川出版的一本中学生杂志。

三、形容见不到一点光明的成语。

四、安徽省的地方剧种。

五、碳酸钠的俗名。

六、陈寿写的一本史书。

七、诸葛亮北伐时，给皇帝的一份奏章。

八、一种每句有七个字的古诗体例。

九、成语，形容来往车马很多、连续不断的热闹情景。

十、计量海洋上距离的长度单位。

十一、成语，形容妇女服饰华贵富丽，闪耀着珍宝的光色。

十二、《史记》的体裁。

十三、糖尿病人缺少的东西。

43. 环形情诗

电视剧《鹊桥仙》中，苏小妹给新郎秦少游出了3道考题，全部答出方能入洞房。其中有一道题要求将环形的14个字断分成4句七言诗，每句首尾几个字可重叠。你能把苏小妹的诗准确地读出来吗?

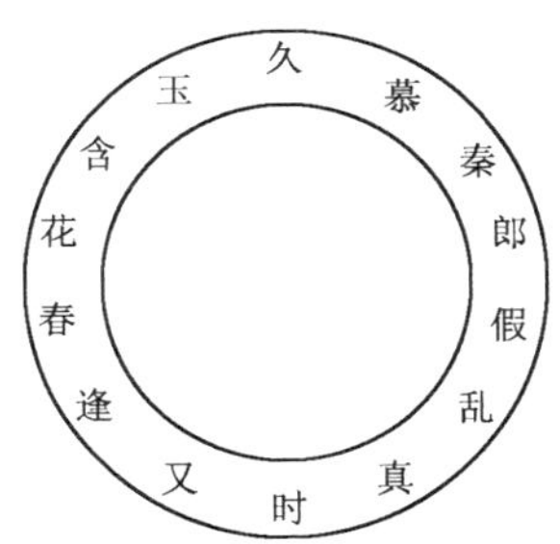

44. 组字透诗意

下面有禾、青、九、十等4个字，请你在中间的空白格内填上一个字，使它分别与这4个字拼成另外4个字，而且使拼成的字又符合下边诗句的寓意。

禾稳扬花菊开月，青天无云不飞雪。

九九艳阳东升起，十足干劲迎晨曦。

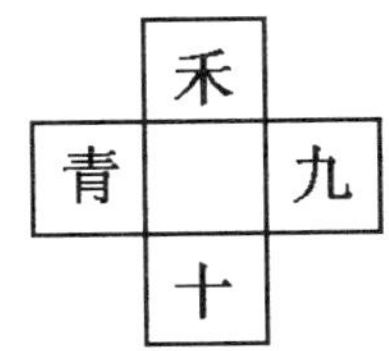

45. 多维提示

用3个字来描述与下列词语有关的事物。广告、荧光粉、维多利亚女王、哨兵。

46. 树木字谜

猜一个字：砍去左边是树，砍去右边是树，砍去中间是树；只有不砍不是树。

（打一字）

47. 几读连环诗

下面是一首连环诗，请你发挥你的想象力，说说能读出几种读法来吗?

48. 什么关系

根据提示，想想与提示有关的事物或概念是什么? 提示：公鸡、帚、灰尘、竹棒

49. 孪生成语

把下图中的方框填满，组成像双胞胎一样的成语。

□波□□，□波□□
□夫□□，□夫□□
□年□□，□年□□
□可□□，□可□□
□事□□，□事□□
□为□□，□为□□
□不□□，□不□□
□则□□，□则□□
□高□□，□高□□
□者□□，□者□□

50. 难解之谜

有一次，在美国洛杉矶举行的中美作家联谊酒会上，美国著名诗人金斯伯格请中国作家蒋子龙猜个谜语，把一只五斤重的鸡装进一个只能装一斤水的瓶子里，用什么方法把它拿出来。蒋子龙立刻答道："　　　。"

金斯伯格哈哈大笑，伸出大拇指说："你是第一个猜出这个谜语的人。"你知道蒋子龙是怎么回答的吗？

51. 文静的姑娘

一位精明的老板为了招揽生意，将一件一寸高的玉雕仕女摆在陈列台上，旁边附有说明："本店愿以谜会友。用这个一寸人作谜面，打一字，猜中者，此玉雕仕女便是赠品。"这一招真灵，店内天天顾客盈门。只是一连几天没有谁能猜中。这一天，老板正拿着"一寸人"向顾客夸耀时，一位文静的姑娘从老板手中抢过玉雕，转身便走。保安人员正要前去阻拦，老板说话了："她猜中了。"

你知道这个谜底是个什么字吗？

52. 水果汉字

以下 5 个盘子中，放着香蕉、梨和苹果。这 3 种水果分别代表一个汉字。请问代表什么汉字时，每个盘子中的水果都能组成一个新字？

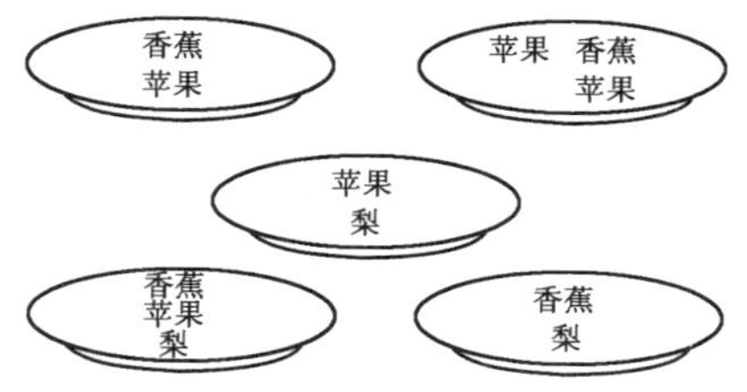

53. 拆字猜谜

以"客"为谜面，用拆字法打三食品名。

54. 运动会

个个参加运动会。（打一字）

55. 张三李四

张三好不容易攒了三百两银子，放哪儿都怕丢。最后，他把银子埋在后院，在上面立了一块板，上面写着"此地无银三百两"。李四把银子偷走，怕张三知道，便在原地又立一块板，上面写着"隔壁李四不曾偷"。结果，张三将李四告上了公堂。这个故事说明了什么呢？请你用一句成语来回答。

56. 添字组字

在括号中填一字，使这个字与括号外面的字分别组成一个字：古（　）巴。

57. 郑板桥劝学

有一天，郑板桥路过一座学堂，听到里面传来嘻嘻哈哈的声音，走过去一看，原来是一群调皮的学生正在课堂上打闹呢。"你们太不像话了，赶快好好读书吧！"郑板桥生气地说。有个学生看他穿着布衣草鞋，还以为是个老农民，就没理会，郑板桥见状说："出一道谜题，猜不对，你们就好好读书！"他看到学堂旁边是厨房，里面有一样东西，就当场吟了一首咏物诗："嘴尖肚大个不高，放在火上受煎熬。量小不能容万物，二三寸水起波涛。"学生们猜了半天，谁都猜不出来，只好老老实实地去读书了。郑板桥咏的是什么东西呢？

58. 字画藏唐诗

下面每一幅图片都是由一句唐诗组成的，分别写出来。

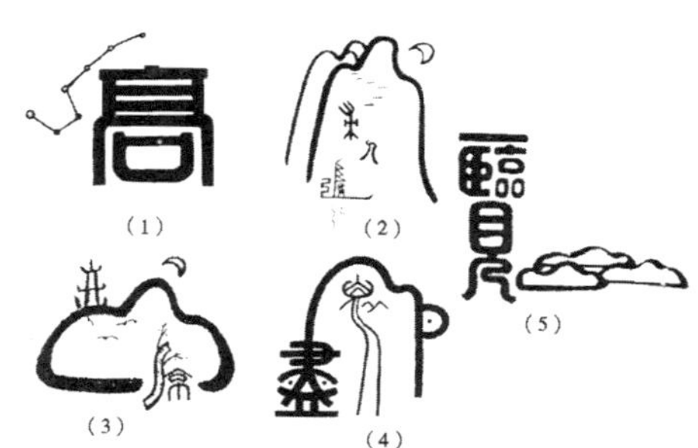

59. 聪明的长生

古时候，有个叫长生的人在一财主家打工。一天，财主想难为他，出了这样一条谜语：“坐也坐，卧也坐，立也坐，走也坐。打一动物。”长生不假思索地对财主说：“我也给你出一条谜语：坐也卧，卧也卧，立也卧，走也卧。打一动物。”财主猜不出来，长生说：“我的谜底能吃你的谜底。”你知道这两个谜底分别是什么吗？

60. 大树不得砍

中国古代有个叫徐孺子的小孩，他聪明好学，能说会道。一天，父亲带他到一个朋友家做客。敲了几下门，不见主人来迎接。徐孺子从门缝朝里一看，只见主人正在院子里挥着斧子砍树呢。徐孺子大声呼喊，主人才听到，忙开门迎接客人。

徐孺子见大树枝繁叶茂，便问：“大伯，这么好的树，为什么要砍呀？”主人说：“院子方方正正像口字，树就是木，口中加木就是困，不吉利！”

徐孺子听了，觉得好笑。为了保住这棵大树，他暗暗想了个主意，忽然说：“大伯，你要砍了这棵树，更加不吉利！”

父亲生气地说：“小孩子，不要胡说！”徐孺子对着主人耳朵劝说了一番。主人听了，连声说：“对，大树不能砍！”你猜徐孺子说了些什么？

61. 数字藏成语

3.5；2+3；333 和 555；9 寸 +1 寸 =1 尺；1256789；12345609。上述数字或数式均暗藏了一个成语，你知道是什么吗？

62. 答非所问

甲：能告诉我你姓啥吗？

乙：没心思。

甲：能告诉我你爱吃啥吗？

乙：青春美丽豆。

甲：能告诉我你爱喝啥吗？

乙：值得一笑。

以上看似所答非所问，实际上乙回答的正是甲所问的问题。你知道乙都回答了什么吗？

63. 心连心

请在圈中填上适当的字，使它们组成相关的 6 条成语（3 个圈内已有 3 个“心”字，要求“心”字在成语中的位置：第一个到第四个至少有一个）。

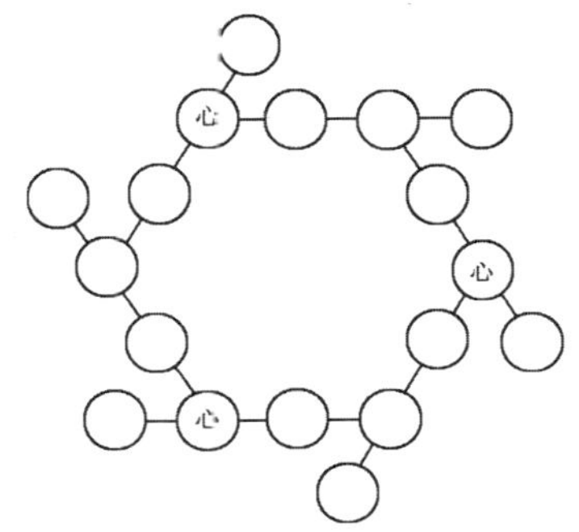

64. 蜻蜓点水

小雅被一幅蜻蜓点水图吸引住了。小杨说：“这幅画其实就是一条字谜。猜一个字。”小雅百思不得其解。你知道谜底是什么吗？

65. 人名变成语

下列表格中有 14 个人名，要求在人名前后的空格里填上适当的字，使之成为成语。

①				关	羽				⑧				马	忠			
②				张	飞				⑨				张	松			
③				马	超				⑩				乐	进			
④				黄	忠				⑪				李	通			
⑤				赵	云				⑫				黄	盖			
⑥				孔	明				⑬				孙	权			
⑦				马	良				⑭				丁	奉			

66. “5”字中的成语

请你把不、开、百、以、花、为、然、

争、齐、道、岸、家、锣、放、貌、鸣 16 个字，填在“5”字形格子里，使横竖读起来都是成语。

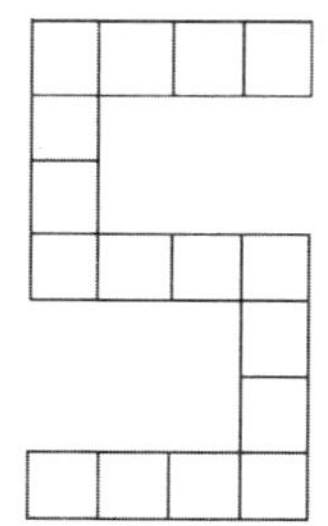

67. 三谜同底

有一次，苏东坡到妹妹家里做客，三位猜谜高手在一起，当然少不了又要猜谜啦！一直到吃午饭的时候，他们还在一个劲地猜呢。苏小妹看到饭桌上有鲤鱼，就出了一个字谜：“我有一物生得巧，半边鳞甲半边毛，半边离水难活命，半边入水命难逃。”苏小妹的丈夫秦少游说：“我也出个字谜：我有一物分两旁，一边好吃一边香，一旁眉山去吃草，一旁岷江把身藏。”苏东坡笑着说：“那我也出个谜吧：我有一物长得奇，半身生双翅，半身长四蹄，长蹄的跑不快，有翅的飞不起。”刚说完，三人你看看我，我看看他，都哈哈大笑起来。他们 3 个人的答案原来是同一个字，你能猜出是哪个字吗？

68. 图片猜成语

仔细观察每一幅图片，猜一个成语。

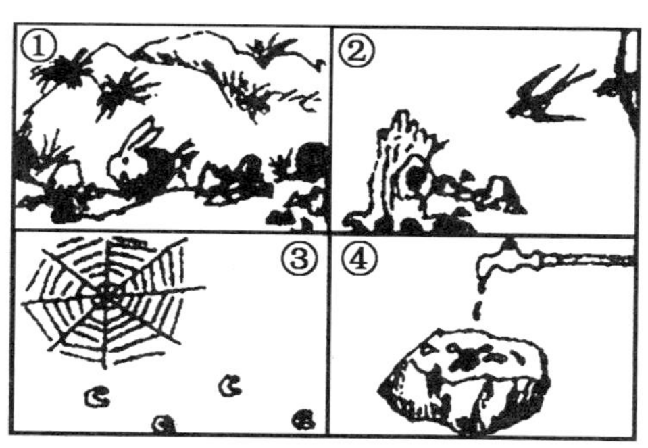

69. 回环成语

在图中填上适当的字，使每则回环组成 8 条成语，要求前句中的最后一字是下句中的第一个字。

发			大			心
意						一
出			人			先

70. 省市组唐诗

图中包含有 4 市 16 省的名称，将空格填充完整，使之成为通顺的唐诗，并将唐诗作者之名答出。

				河	湖				
				北	北				
			河			湖			
			南			南			
		广					浙		
		东					江		
	江							台	
	西							湾	
山									南
西									京
山									北
东									京
	云							天	
	南							津	
		辽					四		
		宁					川		
			新			上			
			疆			海			
				贵	江				
				州	苏				

71. 一环扣一环

请在下图中空格里填上适当的汉字（部首边旁字不宜填入），使上下左右每两个汉字相扣、相连起来，拼成新汉字。你能将它全部填拼成功吗？

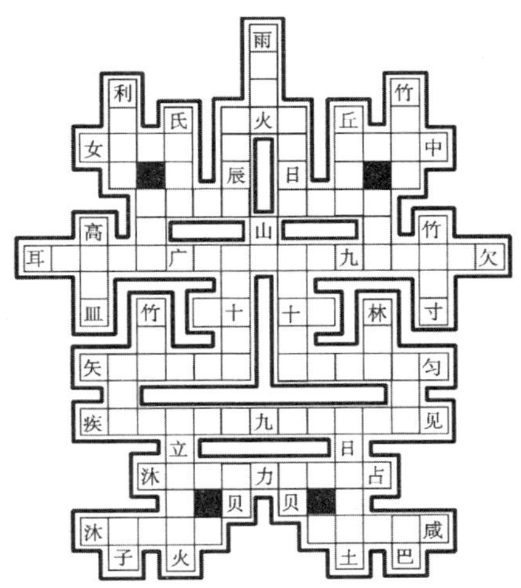

72. 剪读唐诗

将图形中唐朝文学家贯休的《春野作五首》剪为4块形状、面积相同的部分，拼组成诗，该怎么做？

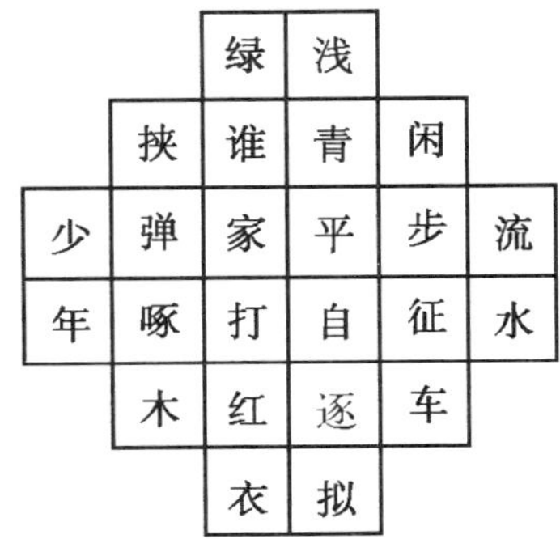

73. 三个举人

古时候，一年春天，三个赴京赶考的举人途中相遇，结伴而行。走累了，大家坐在大树下歇息。四川举人心头一动，拱手笑道："二位才子，你我今日幸会，实为难得，眼下已近中午，大家肚内皆饥，小弟请问二位仁兄：何谓天下第一味？"

浙江举人笑道："这还用问，天下百味，自然是糖醋肉排最佳！"广东举人说："不对不对，蛇肉之香，与众不同，味道更美。"那四川举人笑道："二位仁兄皆未道中。其实，小弟刚才是给二位出了一道谜语呀，其实'天下第一味'本身就是一道菜！"接着他说出一道菜，并解释了一番。

那两个举人一听，拍手叫绝，连说："妙，妙！"你知道这"天下第一味"是什么菜吗？

74. 钟表成语

图中每个钟面上指针所指示的时间都能构成一个成语。请你猜一猜，这是3个什么成语？

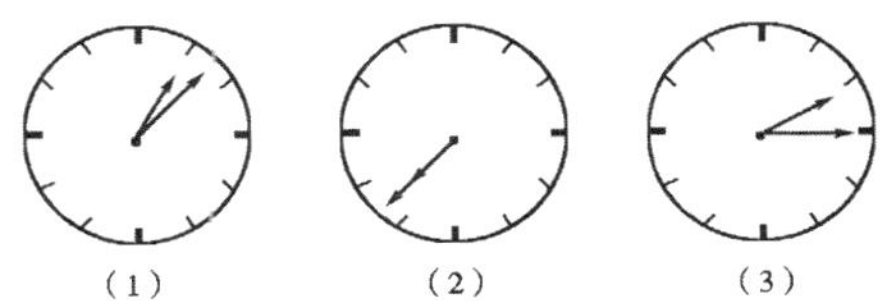

75. 迷宫成语

下图是一座成语迷宫，其中有10条成语首尾相接。请从成语的首字开始，用一条不重复的线把它们串起来。

天	经	天	冲	飞	一	鸣	惊
人	地	义	走	沙	鬼	神	人
不	义	达	石	破	天	共	灾
容	辞	不	道	乐	惊	怒	苦
久	治	长	安	贫	天	心	良
安	国	天	久	地	动	用	天
居	乐	手	勤	工	以	致	涯
事	业	精	于	俭	学	海	无

76. 博杂填字

横向：1. 首都是地拉那的国家。2. 普希金的一部诗体长篇小说。3. 元曲里一词上句，下句是“花无百日红”。4. 演唱《样样好》的歌手。5. 产于美洲的一种名贵补品。6. 希腊神话中狮身人面像的名字。7. 一成语，指骗人的话。8. 江西赣州市一景。9.19 世纪丹麦著名童话作家。10. 一位著名的国际级足球运动员，粤语译音。11. 唐代钱起《省试湘灵鼓瑟》诗中的一名句。12. 前国家乒乓球队的著名女运动员。13. 电视剧《新江山美人》片尾曲。14. 一成语，指不是空有虚名。15. 西藏、新疆之间的一山脉。16. 孟郊《游终南山》里的一诗句。17. 一种花。18. 一种城市地下交通工具。19. 一种破坏力极强的自然现象。20. 意大利一重要港口。21. 形容气势宏大。22. 机动车比赛的一种。23. 琼瑶一部小说。24. 实施高等教育的学校之一。25. 甘肃的一木结构的古迹。26. 北冰洋中的一个海。27. 从事文艺创作有成就者。28. 人迹罕至、偏僻的山林。29. 书画家为人作字画所题对方的名字。30. 张杰唱的一首歌。31. 指晚上出来游玩。32. 林忆莲唱的一首歌。33. 一家或一族世代相传的道德准则和处事方法。34. 通称王母娘娘的神话中女神。35. 第一个统一中国的帝王。36. 以产方竹闻名的安徽一面人工湖。37. 林依轮唱的一首歌。38. 也叫“大西洋中脊”的海底山脉。39. 一部反映第二次国内革命战争时期的长篇小说。40. 苏轼《念奴娇》中的名句，下句是“一樽还酹江月”。41. 北周庾信《寒园即日》诗中的一句，下句是“隐士一床书”。42. 形容漠然无情，不为外界所动。43. 在影片《龙云与蒋介石》饰主角而获奖的演员。44. 圆明园一处古迹。45. 中国一座自治区城市。46. 比喻有所偏执的成语。47. 关于诗歌本体的一种主张。48. 周治平唱的一首歌。49. 白天做梦的略语。

纵向：一、一名到过月球的美国宇航员。二、小说《生命中不能承受之轻》的作家。三、夜来香的别称。四、张也唱的一首歌。五、曾流放圣赫勒拿岛的法国皇帝。六、形容努力争先进再先进的成语。七、以色列前任总理。八、摩托车运动比赛项目之一。九、杭州一处著名旅游景点。十、一种玩物，象征吉祥，多用玉石制作。十一、一种文体。十二、美国一位著名舞台剧演员。十三、东晋一父子书法家名称。十四、孙悦郭峰对唱的一首歌。十五、也门共和国重要城市和港口。十六、片尾曲是《真爱的方式》的电视剧。十七、以陵墓为主的园林。十八、母亲之爱。十九、哈萨克族民间弹拨的一种乐器。二十、别名叫番麻的花。二十一、刘嘉玲唱的一首歌。二十二、也门共和国首都。二十三、香港一名女歌手。二十四、托拉里森作的一首冰岛歌曲。二十五、美国一轿车品牌。二十六、屠梅华唱的一首歌。二十七、广州出版的一杂志。二十八、陕西民歌中一类曲调的总称。二十九、那英唱的一首歌。三十、美国民意抽样调查的最早组织者。三十一、一称太乙山的游览胜地。三十二、除本国文字以外的文字。三十三、居庸关侧畔一景。三十四、杜甫一首诗，头句是“绝代有佳人”。三十五、被称为“现代艺术之父”的法国画家。三十六、形容谦虚好学的成语。三十七、各占一半。三十八、日本国花。三十九、首都是维也纳的国家。四十、《论语》中“不尤人”的上句。四十一、犹言大作家、大专家或众人的意思。四十二、旁观，不介入。四十三、有自己的见解。四十四、研究地球内部热能和应用的科学。四十五、西洋的各种绘画的总称。四十六、与“镜中花”相对应。四十七、也叫黄花苜蓿的两年生草本植物。四十八、一首曾在中国流行过的前南斯拉夫歌曲。四十九、用年、月、日计算时间的方法。五十、河南灵宝市郊外一风景胜地。五十一、常用来形容女人心事难以捉摸。五十二、指美好的事情。五十三、一种名贵滋补品。五十四、指名不副实的成语。五十五、演唱《同桌的你》的歌手。五十六、陕西境内一段褶皱的断块之地。五十七、寓言《乌鸦和狐狸》的作者，法国寓言诗人。五十八、欺负和欺骗生人。五十九、广东一位知名作家。六十、铁道枕木。六十一、善扮各种不同类型人物的电影术语。六十二、山西长治县内一规模较大的道观。六十三、即封建王朝。六十四、路遥一部中篇小说。六十五、纯清洁白。六十六、首都是惠灵顿的国家。六十七、指名师门下人才辈出的成语。六十八、中医用于作强壮、收敛剂的一种石头。六十九、范晓萱唱的一首歌。七十、原名叫歌台的安徽一古代演戏建筑。七十一、红花葱兰的一个别名。七十二、范琳琳唱的一首歌。

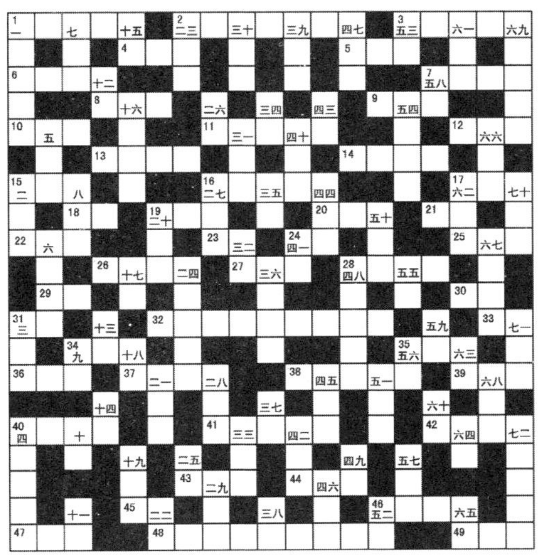

77. 以谜和谜

宋代史学家司马光和文人黄庭坚聊天，随口念了两句诗："荷花露面才相识，梧桐落叶又离别。"他让黄庭坚猜一猜诗里说的是什么。黄庭坚马上挥笔写了一首诗："有户人家没有墙，英雄豪杰内中藏，有人看他像关公，有人说是楚霸王。"司马光一看，连声说好。你能猜出这两则谜语的答案是什么吗？

78. 幽默的夫妻

夫妻俩下班回来，每人买了一样东西。丈夫问："你买的是什么好东西呀？"妻子说："我买的东西，名字是两个字。从左往右念，喝在心里甜；从右往左瞧，会飞不是鸟。"丈夫说："我买的东西，名字也是两个字。从左往右读，喝它营养最丰富；从右往左看，走路特别慢。"

请你猜一猜，他们各买的是什么东西？

79. 成语之最

根据图片中的文字提示，快速写出这一系列的"最"相对应的成语。

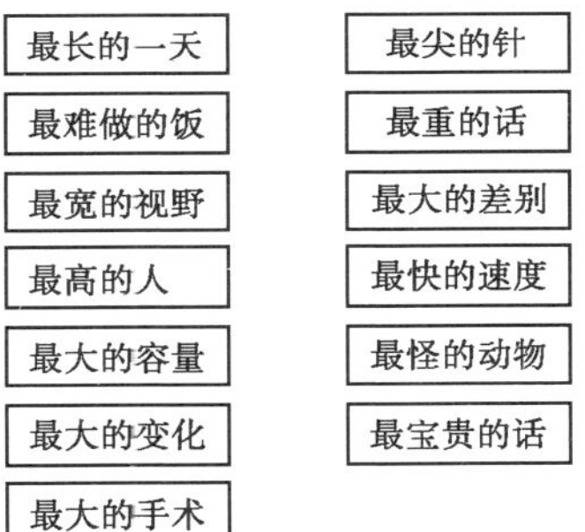

80. 诗句重排

唐代诗人赵嘏写的一首《江楼有感》诗：

独上江楼思悄然，月光如水水如天。
同来玩月人何在？风景依旧似去年。

有人认为这首诗的结尾平平，意境不深。于是他便将此诗作了一番调整，调整后的结尾果然情调韵味大不相同，把怀念友人的那种苍凉心境很好地渲染出来了。请问，此人是如何将原诗重作安排的？

81. 意外收获

某店一个微型山水盆景上，放着一只

玩具虎。要求猜谜者用动作猜两条成语，奖品就是这只玩具虎。一位小朋友想了半天也没猜出来。但又非常想要这只老虎，最后他好奇地拿起玩具虎摆弄了一会儿，然后又将它放回原处。奇怪的是工作人员竟将玩具虎递给了小朋友，说："这孩子猜对了。"你能根据小朋友的动作说出这两条成语吗？

82. 巧拼省名

用23根火柴摆成下面的图案。请你移动其中的4根，将其变成两个汉字，并使它们连起来是中国的一个省名。动动脑筋，怎样移才能成功呢？

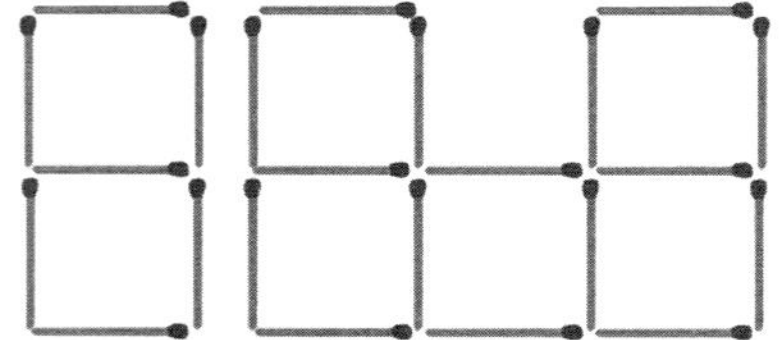

83. 藏头成语

在下面的空格里填上适当的字，使每一竖行组成一个四字成语。填上的字就是谜面，请你猜一地名。

经	衣	碑	落	衣	积	月	感	言	源
地	无	立	归	使	月	如	交	巧	节
义	缝	传	根	者	累	梭	集	语	流

84. 指路

夫妻二人来到一个岔路口前，他们不知道该朝哪个方向走。丈夫去问路边的老人："大爷，去县城怎么走？"老人说："要女的走开。"丈夫让妻子离得远一点，然后说道："大爷，请您告诉我，去县城怎么走？"老大爷还是那句话："要女的走开。"丈夫说："我妻子已经走开了。"老大爷笑了笑说："我已经告诉你了。"丈夫先是一愣，继而明白了老大爷的用意。二人按照老人所指的方向又继续赶路了。你知道他们是朝哪个方向走的吗？

85. 百鹅题诗

清乾隆皇帝得到一幅《百鹅图》，便召集大臣们为图题诗，群臣害怕不合皇帝的意思，都不敢轻易落笔。只有纪晓岚毫无顾忌，挥笔写道：鹅鹅鹅鹅鹅鹅鹅，一鹅一鹅又一鹅。刚写下两句，群臣便窃窃私语，纪晓岚不动声色，继续写下了后两句。乾隆皇帝看了题诗，不禁拍掌，连连说好。你能想出后两句如何表达吗？

86. 画师

山东有个著名的画师，慈禧太后为了修建颐和园时，传旨把他召到京城，要他画一个大屏风，放在仁寿殿里，好为她歌功颂德。画师心里恨死了慈禧，可是又不能违抗，只好答应了。

他把自己关在屋子里，没日没夜地画画。献画的那一天到了，慈禧带了文武百官来看画，只见屏风上画了一个胖小孩，跪在午门前，手里托着一个大寿桃，后面飘着各种国旗，排列着各国军队。官员们都拍马屁说："这是仙童祝寿，万国来朝！"慈禧开始还很得意，突然，她想到了什么，大声骂道："他好大的胆子，竟敢用谐音来骂我！"她马上派人抓画师，但他却早已经逃走了。

请问，这是为什么？

87. 魔法字条

有个名叫弗莱德的美国青年去求职，可当他到达报考地点时，那里已有20位求职者排在自己的前面。

怎样才能引起老板的特别注意而赢得唯一的职位呢？弗莱德沉思良久，终于想出了一个主意，他拿出一张纸，在上面写了几行字，然后请人转交给老板。

老板看了弗莱德的字条，大笑起来。最后，弗莱德凭借出众的创新能力，从众多求职者中脱颖而出，如愿以偿地得到了这份工作。

你知道，弗莱德字条上写的是什么吗？

88. 二王相争

王安石很喜欢出谜语让别人猜。有一次，王安石的好朋友王吉甫来访，王安石随即出了一谜："画时圆，写时方，冬时短，夏时长。"王吉甫稍加思考就知道了答案，但是他没有说出来，而是说："我也出个谜语你猜猜。东海有条鱼，无头亦无尾，去掉脊梁骨，便是你的谜。"王安石听后，微微一笑，原来他俩的谜语是一个答案。你知道答案是什么吗？

89. 拆字对联

林则徐小时候随父亲到闽江边观景，父亲随口吟出一句上联：鸿是江边鸟。林则徐一时对不上来，二人经过一户农户小舍，见一农妇正在喂蚕，顿生灵感，随即对出了下联。你知道他是怎样对的吗？

90. 巧妙反驳

从前，有位母亲对想趁着乱世称雄的儿子这么说："如果你正直的话，就会被大众所背叛；但如果你不正直，就会被神遗弃。反正都没有好下场，你就别强出头了。"这位坚强的儿子不但不放弃，还利用这番话中的盲点说服了他母亲，你知道他是如何反驳的吗？

91. 接头暗语

老罗接到上级指示，去某酒馆与打入敌人内部的地下工作者接头。由于二人不相识，老罗需要手提一样东西做标志。当时，为了保守秘密，上级的指示用的是暗语，非常简单，只有一个"口"字。这个字既代表约会的时间，又规定了老罗手提的东西。老罗严格执行上级规定，顺利地完成了任务。你知道老罗是哪一天去酒馆、手提的是什么东西吗？

92. 唐伯虎填诗

相传，唐伯虎在桥头，见栏杆上有一首填空诗：( ) 看 ( )( ) 色，( ) 听 ( )( ) 声，( ) 去 ( )( ) 在，( ) 来 ( )( ) 惊。便饶有兴趣地玩味起来，并填成一首完整的诗："远看山有色，近听水无声，春去花还在，人来鸟不惊。"众人无不拍手叫好。唐伯虎说："这不仅是一首诗，也是一条谜语，打一物。"你知道这是什么物吗？

93. 神童解缙

明朝时有个人叫解缙，七八岁能吟诗答对，当地老百姓称他为"神童"。一年仲秋，知府大人来到吉水。他亲自召见解缙，面试其聪慧。知府见解缙稚气未脱，便先笑问："小孩儿，你父亲以什么维持生计？"解缙答道："慈父肩挑日月。"知府大人又问："那你母亲呢？"解缙又答："家母手转乾坤。"知府一听，高兴地说："果然名不虚传！"当即命随从赏了解缙五两银子。你能猜出解缙父母的职业吗？

94. 地名填字

横向：

1. 有"孔雀之乡"、"天然动物园"等美称的云南一地名。2. 阿拉伯联合酋长国的首都。3. 巴勒斯坦约旦河西岸一城市名。4. 有"宫殿之岛"、"花环之岛"等美称的一岛国，首都马累。5. 德国南部有"宝石之都"之称的一城市名。6.《倚天屠龙记》中明教教主张无忌出生的地方。7. 南欧三大半岛之一，也叫意大利半岛。8. 非洲国家尼日尔的首都和最大城市。9. 有"沙漠之国"之称的非洲国家，首都的黎波里。

10. 中国的"五岳"中的西岳。11. 有"加勒比的苏黎世"之称的加勒比地区国家，首都拿骚。12. 世界国土面积第二大国家，首都渥太华。13. 位于俄罗斯东欧平原南部的一河流。14. 世界最长的河流。

纵向：

一、有"锡和橡胶王国"之称的东南亚国家，首都吉隆坡。二、有"雪城"之称的美国的行政首都。三、河南省一地名，是中国新兴的煤炭工业基地之一。四、广西壮族自治区的首府。五、伊拉克中部重要城市，距首都巴格达160公里。六、伊拉克的首都。七、欧洲第二大岛，岛国首都雷克雅未克。八、有"无雨城"之称的秘鲁首都。九、亚洲三大半岛之一，也是世界最大的半岛。十、北美洲河流，流域内有世界著名的尼亚加拉瀑布。十一、有"丁香和剑麻之国"之称的东非国家，首都达累斯萨拉姆。十二、意大利著名古城，物理学家伽利略的故乡。十三、皖鄂边界一山名，是当年刘邓大军的根据地。

95. 猜谜招亲

有个丞相的女儿，到了婚嫁的年龄，前来提亲的人，把丞相府的门槛都踏破了。丞相却认为，那些有钱人家的公子全都是没本事的花花公子，女儿怎么能嫁给这种人呢？有一次，丞相听说一个叫孙义的人比较有才华，于是，他马上让人把孙义请来，想进一步考考他。丞相说："我请教您一个字：一字九横六竖，问遍天下不知，有人去问孔子，孔子想了三天。"孙义等丞相说完，马上说出这个字。丞相高兴得合不拢嘴，把孙义留下来重用，又把女儿嫁给了他。你知道这是什么字吗？

96. 棋盘成语

看棋盘，猜两条成语。

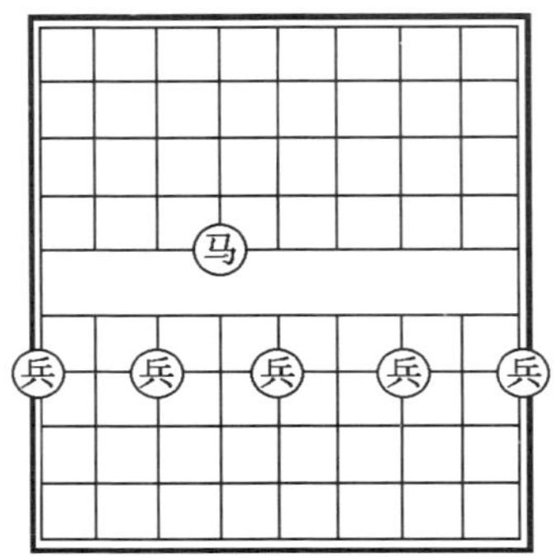

97. 快乐猜想

提示一：数学。提示二：空间。提示三：笛卡儿。提示四：多少。想一想与这4种提示有关的两个字是什么？

98. 城市正名

把错误的城市名改正过来。

1. 哥斯尔摩德　　2. 特姆阿丹斯
3. 宜斯诺布艾斯利　　4. 雅图西
5. 波哥圣大菲　　6. 尔德格贝莱
7. 斯布达佩　　8. 德马里
9. 巴乌托兰　　10. 杉洛矶
11. 本根哥哈　　12. 曼特斯彻
13. 斯尔沃夫堡　　14. 马地危拉
15. 陀布直罗　　16. 堡翰内约斯
17. 热约卢内里　　18. 齐鲁木乌
19. 特尔蒙利　　20. 各加尔达

99. 开国君主

在下列秦、汉、唐、宋、元、明、清7个朝代绘图中，按朝代填写开国君主，看谁能填得又快又准。

100. 虎字成语

请你填一填。

虎			
	虎		
		虎	
			虎
			虎
		虎	
	虎		
虎			

101. 猜一猜

什么字，一滴水？什么字，两滴水？什么字，三滴水？什么字，四滴水？什么字，六滴水？什么字，十滴水？什么字，十一滴水？

102. 成双成对

提示一：春节。提示二：成双成对。提示三：门。提示四：徐渭。猜一猜，与这4种提示有关的事物是什么？请用2个字来描述。

103. 和珅求匾

一次，和珅求纪晓岚为自己新建的庭园大门题写横匾。纪晓岚欣然应允，提笔写了“竹苞”两个苍劲大字。和珅以为纪大学士取的是“竹苞松茂”这一成语来盛赞他园林中青翠欲滴的竹丛美色，得意非常。一天，恰逢乾隆帝莅临，不觉大笑曰：“纪晓岚在捉弄你呢！”和珅不解。乾隆帝解释后，只把和珅气得嗷嗷直叫，忙叫人将匾取下砸碎。你知道纪晓岚是采用了修辞格隐语中的哪一种拆字隐语吗？

104. 更正片名填成语

图表的错误片名中，每部影片名都有一个错字，请更正片名后，根据意思填出一句成语（见下图）。

	错误片名	更正片名	猜填成语
例	陈奂中上城	陈奂生上城	无中生有
(1)	小二白结婚		
(2)	张二嫂改嫁		
(3)	煤店旧主人		
(4)	二十次列卒		
(5)	但愿己长久		
(6)	伪是烦死人		
(7)	激战无实川		
(8)	长虹号起生		
(9)	最聪暗的人		
(10)	英雄坦克病		

105. 书生猜字

某酒店老板喜欢与文人打交道，一天来了一位书生，老板便笑着说：“我出个字谜，你若猜中，今日酒钱分文不取；若猜不中，则加倍收款。”说罢吟道：“唐虞有，尧舜无；商周有，汤武无。”书生一沉吟，拱手笑道：“我将你的谜底也制成一谜，你看对不对：跳者有，走者无；高者有，矮者无。”酒店老板雅兴大发，又出一谜：“善者有，恶者无；智者有，蠢者无。”书生又接着说：“右边有，左边无；凉天有，热天无。”酒店老板拍手叫好，又道：“哭者有，笑者无；活者有，死者无。”书生接着说：“哑巴有，麻子无；和尚有，道士无。”酒店老板哈哈大笑，摆出丰盛酒菜，请书生开怀畅饮。你猜出是个什么字了吗？

106. 寻找作家

在右边的格子中隐藏着18位著名作家的名字。你能找出他们吗？你可以横向、纵向或者斜向地往前、往后排列寻找。

Austen	Chaucer
Chekhov	Dickens
Flaubert	Goethe
Hemingway	Huxley
Ibsen	Kafka
Kipling	Lawrence
Michener	Orwell
Proust	Tolstoy
Twain	Zola

107. 拼单词

下面是一些分散的色块，每个色块都分别有一个顶点将色块钉在白纸上，请你转动这些色块，使它们最终拼成一个英文单词。

108.O 地带

在这个 O 形散射状的图形中你将找到横向、纵向和斜向的 30 个单词，它们都只有 O 作为唯一的元音字母。你把它们全部找出来以后，从左到右，从上到下阅读剩下的字母，你会发现额外的信息。现在开始吧！

109. 单词转换

你能把“CAMP”这个词最终变成“FIRE”吗？根据提示每次改动一个字母。如果卡住，可以从底下开始往上做。

110. 给我 C！给我 D！

这道纵横字谜里的所有单词都以 C 开头，以 D 结尾，但是其他的字母却不见了。根据提示把它们填入相应的空格中。

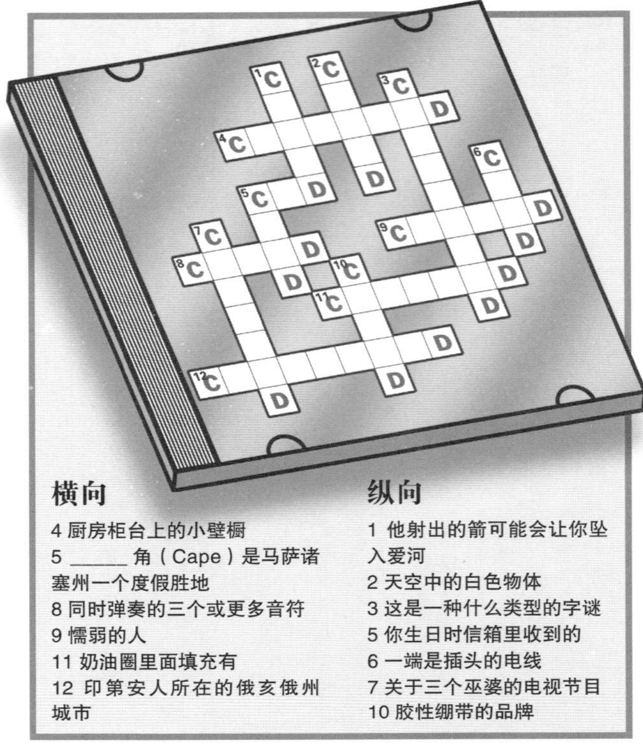

横向

4 厨房柜台上的小壁橱

5 ______ 角（Cape）是马萨诸塞州一个度假胜地

8 同时弹奏的三个或更多音符

9 懦弱的人

11 奶油圈里面填充有

12 印第安人所在的俄亥俄州城市

纵向

1 他射出的箭可能会让你坠入爱河

2 天空中的白色物体

3 这是一种什么类型的字谜

5 你生日时信箱里收到的

6 一端是插头的电线

7 关于三个巫婆的电视节目

10 胶性绷带的品牌

111. 标签分类

今年谁将得到什么礼物？要搞清楚，在每个礼物标签的两行空格上填入相同顺序的相同字母。第 1 行告诉你礼物是给谁的，第 2 行告诉你礼物的名称，它们都在树下放着（并非每件物品都会被用到）。作为开始，有一个标签已经为你填好了。

112. 拆信刀

在这个邮局里，信件总是三封捆成一摞。事实上，这里有 12 件正在进行的事情都可以用 3 个单词的短语来形容，并且这 3 个单词都以同一个字母开头。比如，柜台后面的那个人是“Scarecrow Selling Stamps（稻草人卖邮票）。”你能找出其他 11 个三词短语吗？同一个字母只能作为一个短语的开头。

113. 着魔

你能把“TOAD”这个词最终变成“NEWT”吗？根据提示每次改动一个字母。如果卡住，可以从底下开始往上做。

114. 夏威夷之旅

在这个网格中你将找到横向、纵向和斜向的 20 个单词，它们都跟夏威夷有关。你把它们全部找出来以后，从左到右，从上到下阅读剩下的字母，你会发现一个很酷的事实。祝你好运！

115. 捉苍蝇

哪里来的嗡嗡声？在这道题目中，字母组合 F-L-Y 在列出来的单词中出现了 18 次，它们总是用一只苍蝇的图案代替。比如，“FLYPAPER”这个词在左边纵横格中的表示形式就是“ PAPER”。这些单词按照左右、上下或者斜向的顺序隐藏在纵横格中。你把它们全部找出来以后，从左到右、从上到下阅读剩下的字母，你会得到一条额外的信息。

116. 奇怪的球

你得有准备才能完成这道题目，因为图中的每一个物体都代表一个以“ball”结尾的单词或者短语。比如，一罐漆代表单词 paintball。你能找出多少呢？

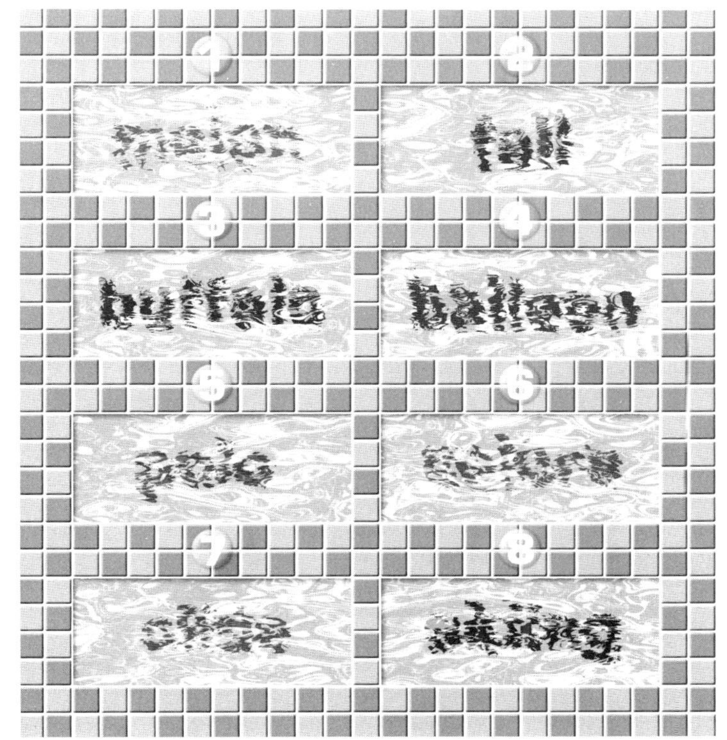

117. 湿透了

左边这6个单词都能加在“water”的后面组成一个新单词或词组，如“waterproof”，但是这些词被放入水中扭曲变形了。你能靠想象把它们擦干，并且拼出每个词吗？

118. 糖果还是捣乱

你能在这个字母格里找出列出来的25种美食吗？不，你不可能找出来。这是因为事实上只有20个隐藏在里面。这些单词可以是从上到下、从下到上、从左到右、从右到左以及斜向排列。当你把全部20个找出来以后，剩下的字母从左到右从上到下阅读会组成一个谜，剩下5个在字母格里没有找到的单词的首字母，将组成这个谜的谜底。

119. 板子游戏

这些冲浪板上面所画图案的英文名称都能放在“board”前面组成一个新单词，比如画有超市收银员（supermarket checker）的冲浪板就能拼出“checkboard”。你能拼出多少个这样的词？

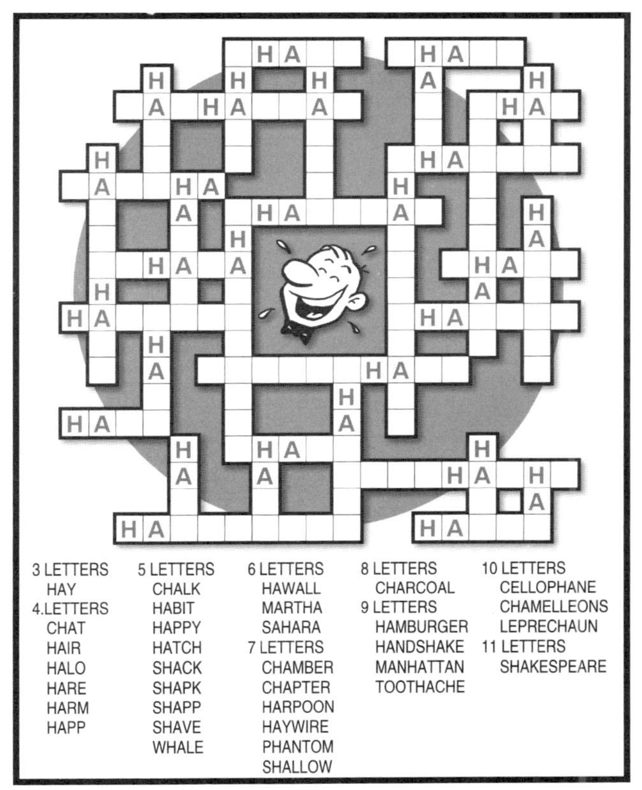

120. 笑声声迹

这里列出来的 34 个单词可以放入左边的纵横格里。所有单词里都有 HA，这些 HA 都已经填入纵横格了，但是其他字母都没填上。根据这些单词的长度，以及它们相互交叉的位置，你能把它们全部放入正确的位置吗？

121. 德国扑克

你要是会打牌的话，你就会发现列出来的这 24 张牌，分别隐藏在右边的纵横格中，可以从左至右、从右至左、从上至下、从下至上以及斜向阅读。你把它们全部找出来以后，按照从左到右从上到下的顺序阅读剩下的字母，你会发现一个强大的事实。

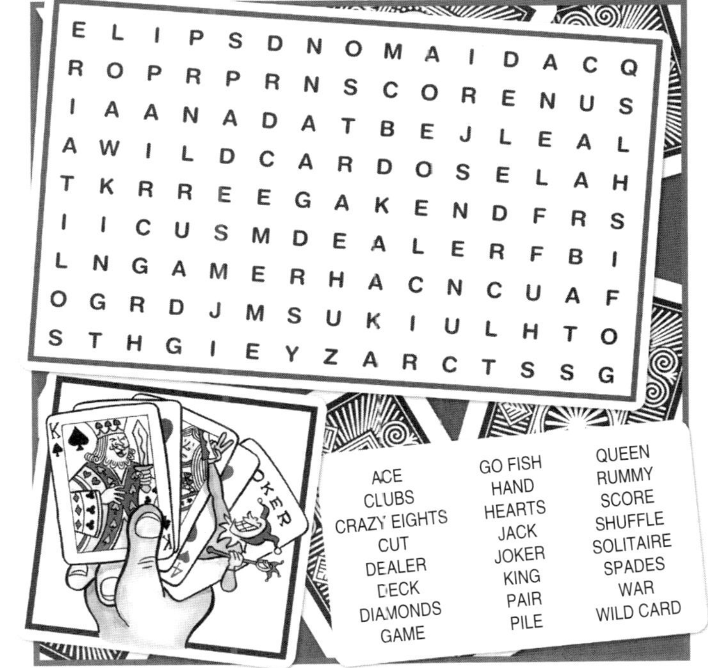

122. 头脑风暴

请把单词填到空格当中，每空一个字母。第一个单词是RAIN（雨），其余的单词排在它后面绕成蜗牛壳的形状。每个单词开始的位置和左侧提示前的数字一致。不过，后一个单词可能会和前一个单词之间有交集。比如说：第二个单词从2号方格开始，它的前3个字母就是AIN。根据前一个单词，你可以猜出后一个单词。

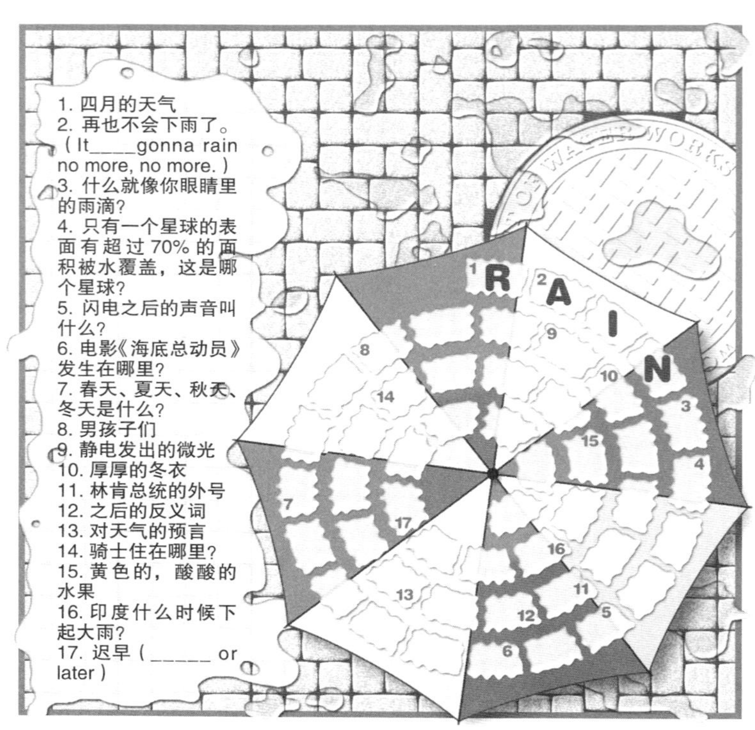

123. 澳洲趣闻

你好啊，欢迎来到澳大利亚！左侧的图形中隐藏着22个和澳大利亚有关的单词（已经在下面的方框中列出）。请你从上、下、左、右或沿着对角线的方向分别把它们找出来。完成任务之后，再把剩下的字母从左到右、从上到下拼起来，你会发现一件有趣的事情！

A
S S Y E B
V Y K E T A O N
T D O W N U N D E R I
M N A E S U P A E G I O S
D M E L B O O M E R A N G A N Y
S E Y A B U S H E E H E N I E K P
A S K C A B T U O H S I P N T A E R
O E I S S U A P P S D L E E L N U I
R T V E U C A L Y P T U S E G O H
T I A I N A M S A T W O M B A T C
N A M U A S Y T R R
A L L E O
I P A O

ABORIGINES	DINGO	KANGAROO	PLATYPUS
AUSSIE	DOWN UNDER	KOALA	RUGBY
BOOMERANG	EMU	MATE	SHEEP
BUSH	EUCALYPTUS	OUTBACK	SYDNEY
CONTINENT	G' DAY	PERTH	TASMANIA
DESERT			WOMBAT

124. 跟 ABC 一样简单

这些场景全都能用分别以 ABC 开头的三个单词所组成的一个短语来描述，比如 Aardvarks Burning Candles（食蚁兽点蜡烛）。你能把这 6 幅场景都描述出来吗？

125. 一字之差

以上的每一幅图片都可以用两个单词来形容，这两个单词只差一个字母。比如说：墙上挂着着霍格华兹学校最有名的巫师——哈利波特的画像，我们可以说 Potter poster（波特的海报）。你能为这些图片想出合适的名字吗？

126. 身体部位

图中的这位科学怪人——弗兰肯斯坦博士还没有找到他需要的“人体部位”啊。实际上这些都藏在他的实验室里！看看黑板上列出的身体部位名称，对照着其中的每一个，在图中找出一件物品——这件物品要么和身体部位名称有关，要么本身包含着可以用身体部位命名的部分。比如说，左边的那张桌子也有“腿”。你还能找出几处呢？

127. 积沙成堆

你能把单词“SAND（沙子）”一步一步地变成“DUNE（沙丘）”吗？根据提示，在每一行填入一个单词。所填入的单词，和前一个单词只有一个字母不同。如果你卡壳了，那就试着从下往上做。

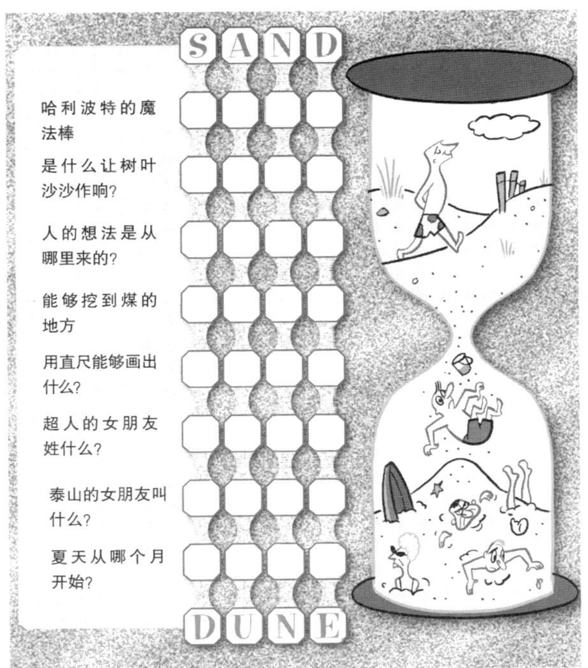

128. 单词配对

仔细观察右面的图片。在字母堆里面藏着12对单词。每对单词只有首字母不同。比如说，_ONKEY和_ONKEY就藏在其中，分别是DONKEY和MONKEY（注意其中没有表示人名的单词）。请你沿着上、下、左、右和对角线的方向分别把它们找出来。完成任务之后，再把剩下的字母从左到右、从上到下拼起来，你会发现一件有趣的事情！

129. 雪世界

这些雪花是由字母组成的，而这些字母又可以拼成和雪有关的单词——它们要么可以和snow组合成词，要么可以组合成短语。比如说，1号雪花包含着字母E、S、O、S和H，答案就是shoes（鞋子）——它可以和snow组成单词snowshoes（雪鞋）。你能找到每个雪花里出现的那个单词吗？

130. 风车转转

左面的每一幅图片都可以用一个含有4个字母的单词来命名。想一想是哪个单词，把它沿着数字标签指定的位置和方向填出来：从外向内，弯成弧形。图中已经给出了一个答案。

131. 滚雪球

你能够把SNOW（雪）一步一步地变成BALL（球）吗？根据提示，每次填入一个单词。相邻的两个单词只有一个字母不同。如果你卡壳了，那就试着从下往上做。

132. 似曾相闻

图下方列出了 25 个单词，坏消息是你在上面的一堆字母中找不出来，而好消息是你能够找到它们的同音词（比如 waist 和 waste）。请你沿着上、下、左、右和对角线的方向分别把它们找出来。完成任务之后，再把剩下的字母从左到右、从上到下拼起来，你会发现一件有趣的事情！

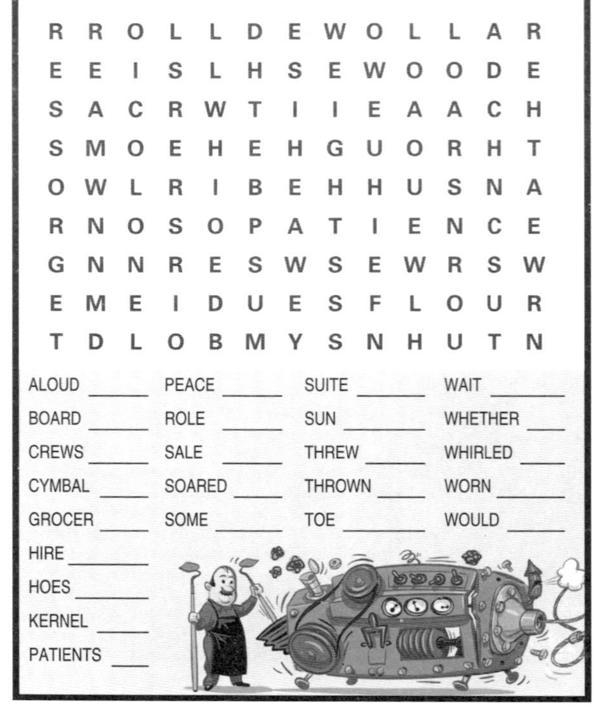

133. 神韵之图

这张图片中有包含 6 组相互押韵的单词。比如说，如果你发现了 boulder（巨石），你也许会找到另外两个单词 shoulder（肩膀）和 folder（文件夹）。这些押韵的单词都有两个音节。你能把这 6 组词都找出来吗？

134. 开锁游戏

请你把图中右下角的21个单词依次填入到空格中去，就像做一个填字游戏那样。不过，你得看好，当单词中出现了L–O–C–K的时候，图中就用一把锁来代替；当单词中出现了K–E–Y的时候，图中就用一把钥匙来代替。根据单词的长度和lock、key出现的位置，你能不能把这个字谜填出来（空格、连字符不占位置）？

135. 安静一点！

听到了吗？左侧的一堆字母里包含着20个吵吵闹闹的单词。请你沿着上、下、左、右和对角线的方向分别把它们找出来。完成任务之后，再把剩下的字母从左到右、从上到下拼起来，你会发现一件有趣的事情！

B T F R E M M A H K C A J H E
O B O L E T E J L U E R W H L
O A G L Z R O O S T E R O L R
M U H E E A D I T H S N I W E
B M O U E F I R E W O R K S D
O C R G N F A H U N D U L O N
X U N D S I R E N M E R T T U
H O A N N C B A B Y S A P L H
G A N E R O C K C O N C E R T

BABY
BOOM BOX
BUGLE
CANNON
CROWD
DRILL
DRUMS
FIREWORKS
FOGHORN
GONG
JACKHAMMER
JET
ROCK CONCERT
ROOSTER
SHOUT
SSIREN
SNEEZE
THUNDER
TRAFFIC
TRAIN

136. 月圆之夜

你能够把单词FULL一步步地变成MOON吗？根据图中的提示，在空格里填入单词。相邻的单词之间，只有一个字母不同。如果你卡壳了，试着从下往上做。

万圣节在哪个季节？

灰姑娘梦寐以求的派对

巴黎圣母院里钟楼怪人敲什么？

蝙蝠侠的招牌装备是什么？

科学怪人弗兰肯斯坦的怪物脖子两边有什么？

海盗船属于什么

城堡周围，充满鳄鱼的壕沟

幽灵的呜咽声

137. 骑士传说

欢迎踏上中世纪的单词寻宝之旅。在这个图形中，隐藏着关于骑士传说的24个单词。请你沿着上、下、左、右和对角线的方向仔细搜寻。在完成任务之后，把剩下的单词从左到右、从上到下拼起来。你将会发现一件很有趣的事情。

138. 字母为 O 和 K 的单词

图中的 13 件物品可以用首字母为 O 和 K 的两个单词来表示。比如说，图中央的那条船，可以称为 Oily Kayak（泛油光的小船）。现在请你把剩下的 12 个词组找出来，可以吗？

139. 各国风情

你知道这些纪念品来自哪个国家吗？想一想，填在标签上。第 1 行写国家的名称，第 2 行是纪念品的名称。第 1 个标签已经填好了。

140. 一唱一和

你能把单词SOLO（独唱）一步一步地变成DUET（二重唱）吗？根据提示，把单词填入空格中。相邻的单词只有一个字母不同。如果你卡壳了，试着从下往上做。

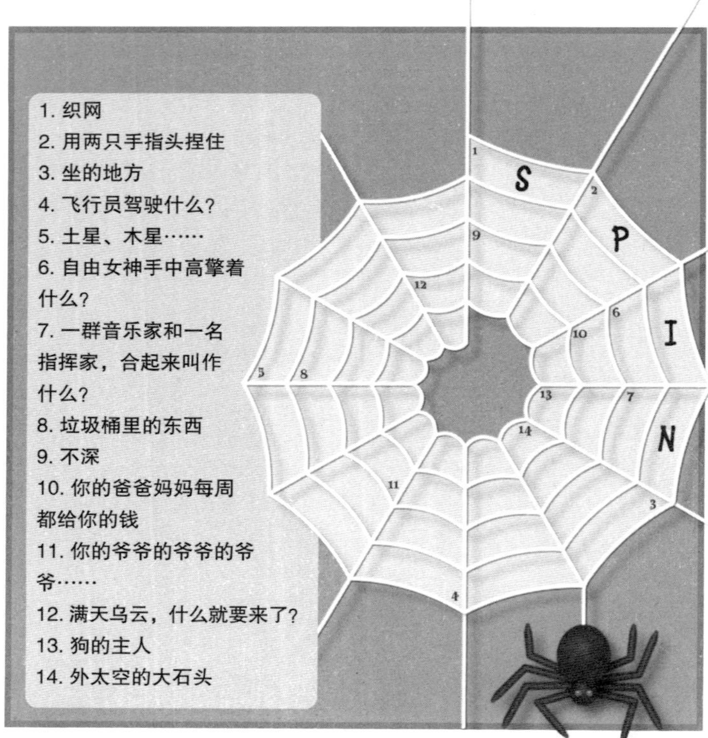

141. 词网恢恢

请把单词填到蜘蛛网里，每空一个字母。第一个单词是SPIN（织网），其余的单词紧随其后排列在网格上。每个单词开始的位置和左侧提示前的数字一致。不过，后一个单词可能会和前一个单词之间有交集。比如说，第二个单词从2号方格开始，它的前三个字母就是PIN。根据前一个单词，你可以猜出后一个单词。

142. 堆雪人咯!

用3个雪球可以堆成一个大雪人，同时，雪球上的6个字母会拼成一个和寒冷天气有关的单词。小雪球——也就是雪人的脑袋上写着一个字母，中间的雪球上写着两个字母，大雪球上写着3个字母。先选取小、中、大3种雪球，堆成雪人，再把雪球上的字母从上到下拼起来，把拼出来的单词写在下面。

143. 神秘埃及

准备好了吗？让我们开始一次埃及考古之旅。图中隐藏着18个和古埃及有关的单词，请你沿着上、下、左、右和对角线的方向分别搜寻。当你把单词都“挖掘”出来的时候，把剩下的字母从左到右、从上到下连起来，你会发现一件有趣的事情。

144. 美味世界

右边的8幅图片中都有一件物品是食物做成的，同时，物品和构成它的食物二者的英文单词是押韵的。比如说，意大利面做成的可爱小狗可以叫作“noodle(面条)poodle(狮子狗)”。你能将这样的单词都找出来吗？

145. 灵异空间

这里的每一个单词都很恐怖，同时它们也很难读，因为一些构成它们的骨头不见了。完整的“骨头字母表”已经在图下方给出了。请你想一想哪些部分不见了？这些恐怖的单词到底是什么呢？

146. 铃声阵阵

请你把图下方的18个单词依次填入到空格中去，就像做一个填字游戏那样。不过，你得看好，当单词中出现了B–E–L–L的时候，图中就用一只铃铛来代替。根据单词的长度和铃铛出现的位置，你能不能把这个字谜填出来呢（空格、连字符不占位置）？

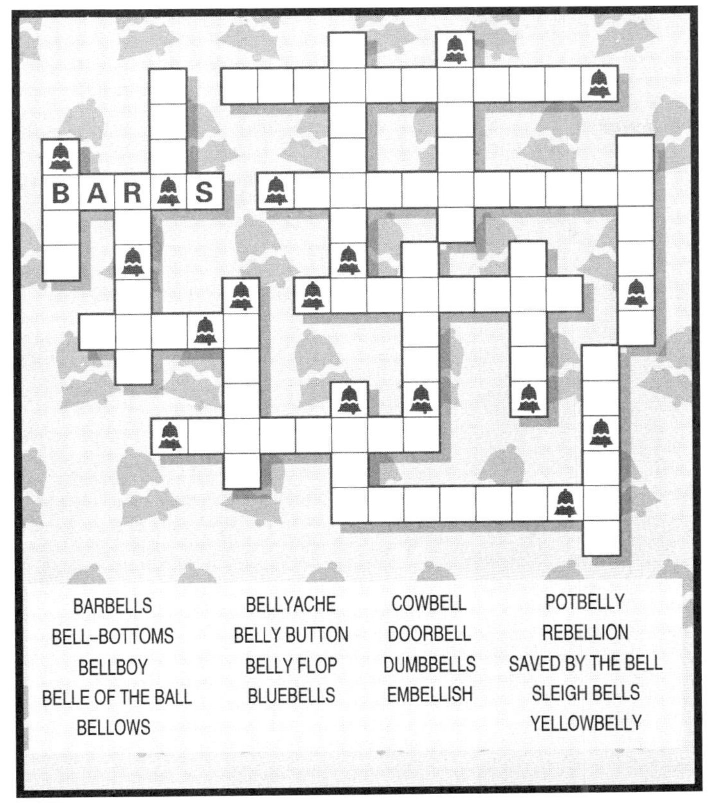

147. 圆盘词趣

右侧的每一张图片四周都有6个圈，请你按照箭头提示的位置与方向把图片对应的单词写出来（每个字母占一个空，相邻的单词之间会共用某几个字母）。

148. 洞穴传说

右侧的图形中隐藏着 22 个和洞穴有关的单词（已经在下面的方框中列出）。请你沿着上、下、左、右和对角线的方向分别把它们找出来。完成任务之后，再把剩下的字母从左到右、从上到下拼起来，你会发现一件有趣的事情！

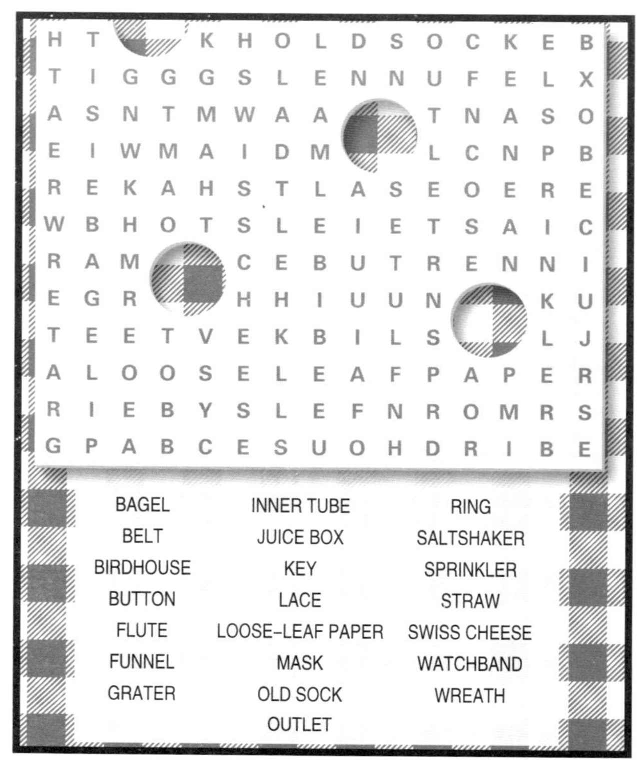

149. 摇滚乐队

你能把单词“ROCK（摇滚乐）”一步一步地变成“BAND（乐队）”吗？根据提示，在每一行填入一个单词。所填入的单词，和前一个单词只有一个字母不同。如果你卡壳了，那就试着从下往上做。

150. 棒球英豪

在右侧的网球场内，隐藏着 20 个和棒球运动有关的单词（已经在下面列出）。请你沿着上、下、左、右和对角线的方向分别把它们找出来。完成任务之后，再把剩下的字母从左到右、从上到下拼起来，你就会得到图中问题的答案了。

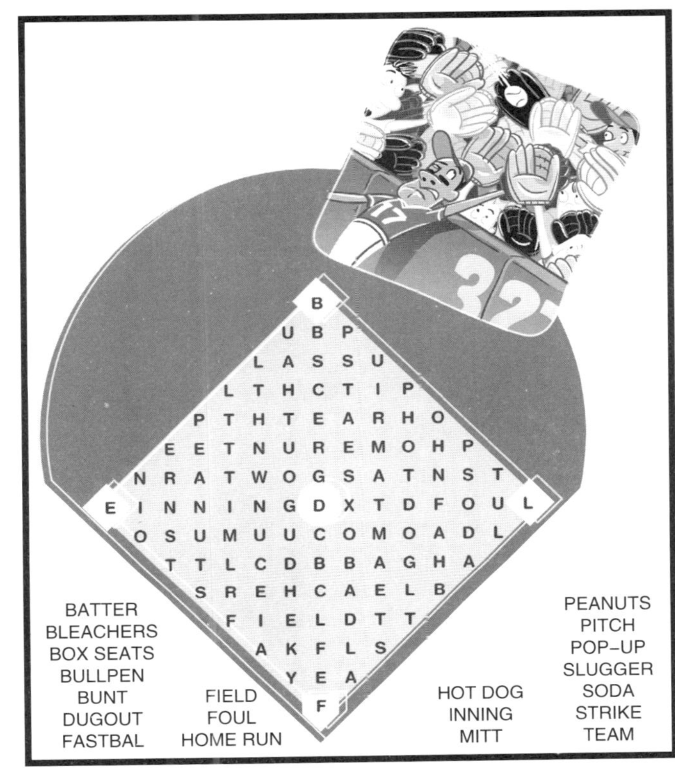

151. 飞流直下

你能把单词“DOWN（向下）”一步一步地变成“HILL（小山）”吗？根据提示，在每一行填入一个单词。所填入的单词，和前一个单词只有一个字母不同。如果你卡壳了，那就试着从下往上做。

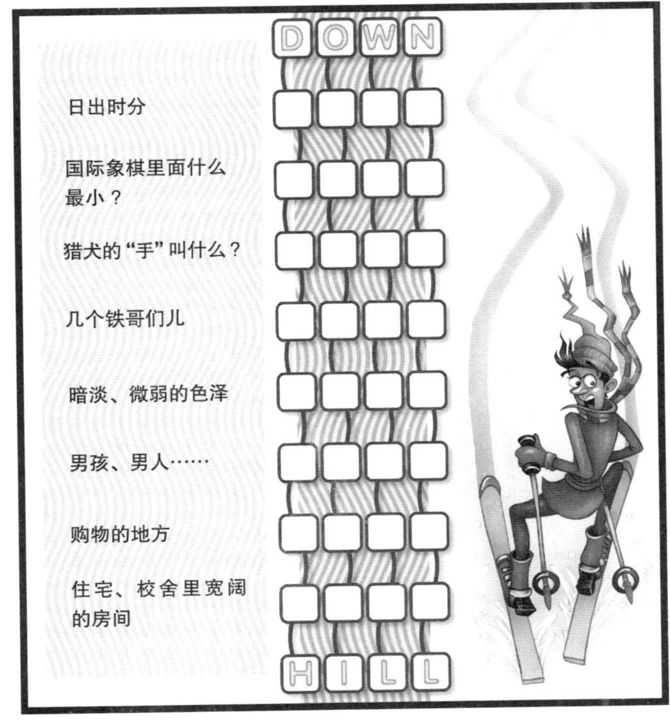

152. 车水马龙

左面的8张图片展示了8种坐着不同乘客的交通工具。这些交通工具和乘客的英文单词互相押韵。比如说，一只脚趾间有蹼的鸟开着一辆18个车轮的大车，可以说成“duck truck”，你能把它们都想出来吗？

153. 单词结对

右侧的字谜游戏给出了一对相关事物中的一个，比如“钥匙和锁”中的“锁”。看着这些图片画的是什么，然后在空格中写出与它相关的那个单词，直到把每个方格都填满为止。

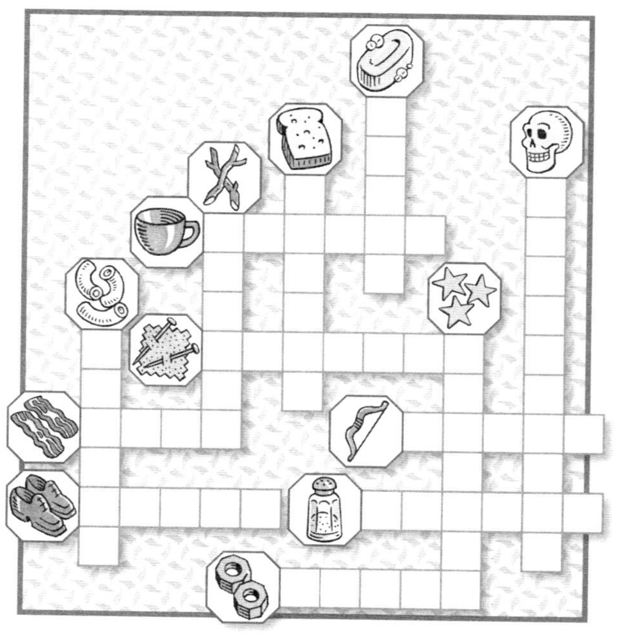

154. 上上下下

这个像大箭头的图形里隐藏着 24 个含有“UP”和“DOWN”的单词。如果单词中出现了“UP”，我们就用一个向上的箭头来替代；而如果单词中出现了“DOWN”，就用一个向下的箭头来替代。请你沿着上、下、左、右和对角线的方向分别把它们找出来。完成任务之后，再把剩下的字母从左到右、从上到下拼起来，你会发现一件有趣的事情！

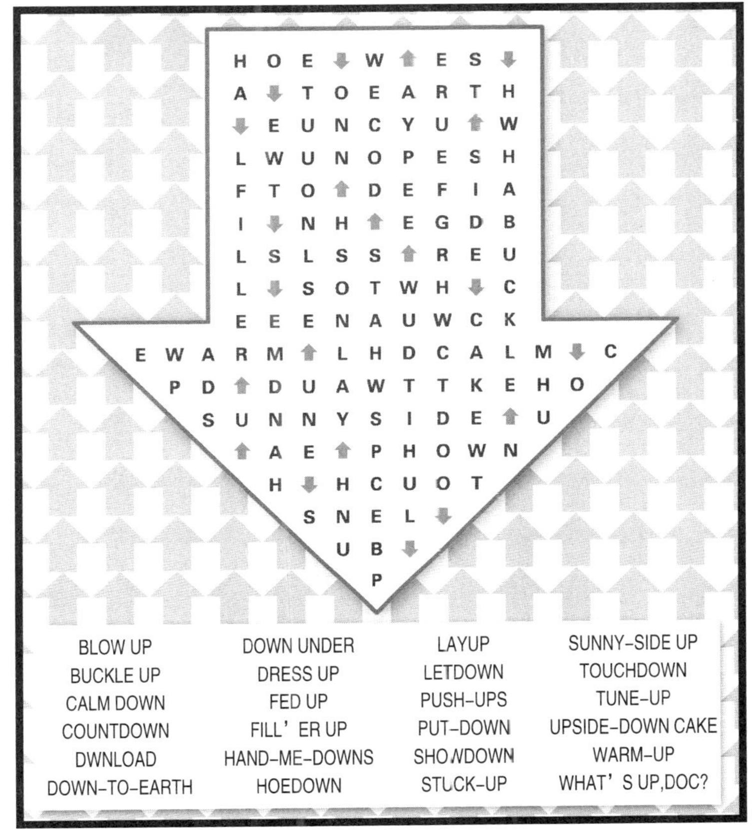

155. 单词对对碰

请你在每一行的空格中填入四周的某个物品所对应的单词。每一行都给出了一个字母，这样你就容易下手一些。等填完了所有的空格，你会发现还有 3 件物品没有用到。只要把阴影部分的字母连起来，你就会发现剩下的物品对应着的单词。

156. 星光灿烂的旗帜

来试试这两个星条旗有关的字谜吧！需要填入的 14 个单词已经列出来了。上面的纵横格中，需要填入和 star（星）有关的单词，而下面的纵横格中，要填入和 strip（条、带）有关的单词。请你仔细思考，把单词填在合适的位置（空格、标点符号不占格）。

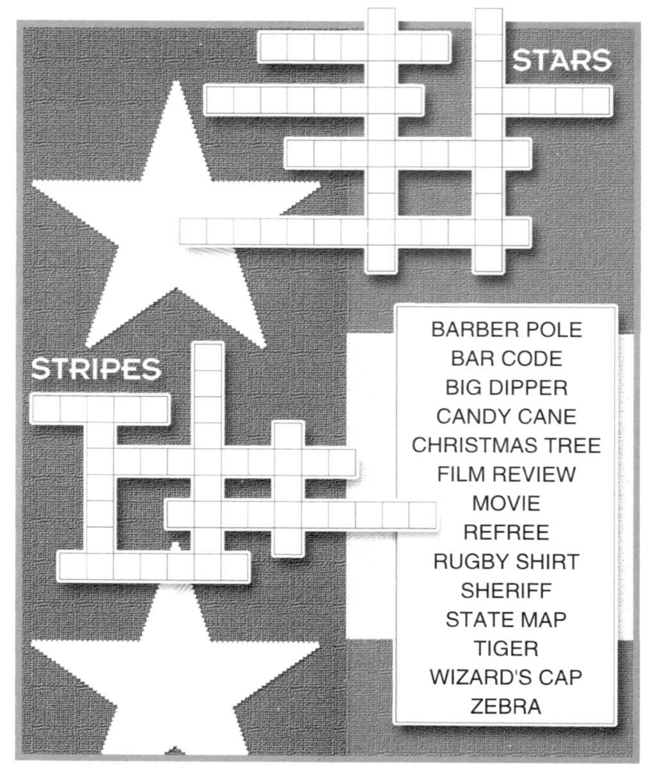

157. 热带雨林

在这片灌木丛中，我们找到了一封神秘的信：信上列出了 18 个和热带雨林有关的单词。这些单词都已经列在下面。请你沿着上、下、左、右和对角线的方向分别把它们找出来。完成任务之后，再把剩下的字母从左到右、从上到下拼起来，你会发现一件有趣的事情！

158. 截然相反

这一次，看图的时候可别忘了“逆向思维”。右面的每一张图片都可以用两个单词来命名，而两个单词之间字母相同、排序相反。比如说，如果某一张图片上画着一堆杂物，最上面是一只壶。那么我们就可以说“top pot”。图下方的横线提示你单词里的字母数量。试试看，你能做出来几个呢？

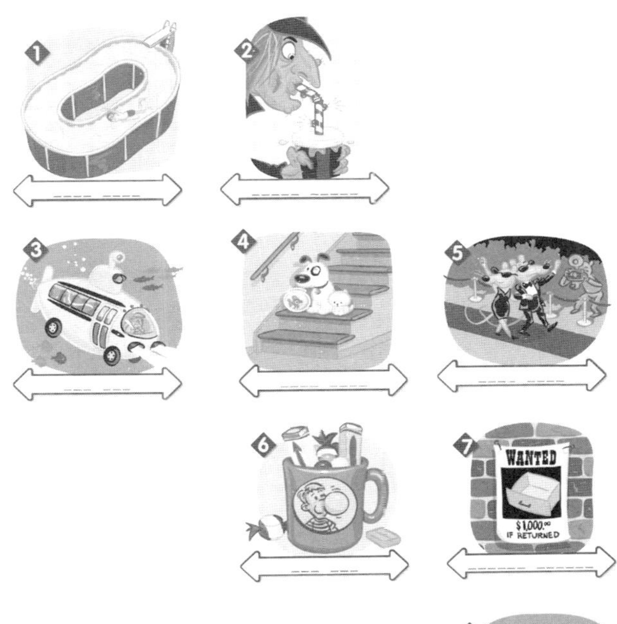

159. 体育天下

在这里列出了10个和体育有关的术语。首先，请你把它们分别属于什么运动填在空格上。然后，你得从在上面的字母中，沿着上、下、左、右和对角线的方向分别把这些体育术语和运动名称找出来。完成任务之后，再把剩下的字母从左到右、从上到下拼起来，你会发现一件有趣的事情！

160. 单词接力

请你把图片对应的单词填到它旁边的空格里，每空一个字母。注意，相邻单词之间会有交集。所以，填出来一个词，另外一个词你也就很容易猜出来了。按照顺时针的方向，把它们都找出来吧！

161. 望远镜

你能把单词“ZOOM（变焦）”一步一步地变成“LENS（透镜）”吗？根据提示，在每一行填入一个单词。所填入的单词，和前一个单词只有一个字母不同。如果你卡壳了，那就试着从下往上做。

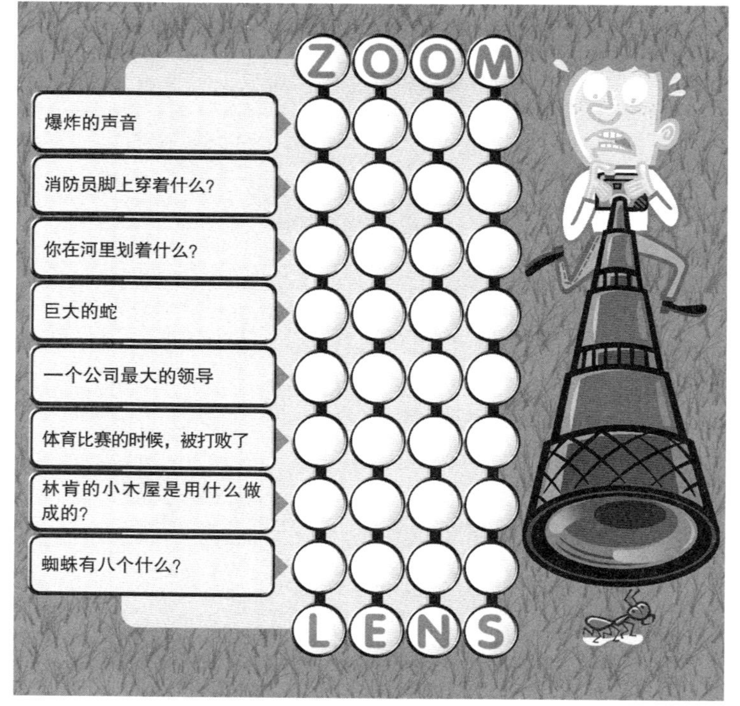

162. 雪山飞狐

图中的每一个句子里都“潜伏”着一只正在冬眠的动物。把相邻的两个甚至三个字母中的某几个单词连起来，你就会发现它们了。比如说，在第一句话里，“of oxygen”里就潜藏着“fox”。试着把它们都找出来吧！

1. We took a tank of oxygen with us on our climb up the sonw-capped mountains.
2. You'd have to be a very foolhardy person to try surviving in the woods all winter.
3. The only thing our snow tires did was grab bits of ice and split them out behind the car.
4. I got terribly cold on our long hike through the snow.
5. Those big dumb earflaps turned out to be the warmest part of my winter clothing.
6. We'll be able to get around snowy roads easily in the rugged new car I bought.
7. I feel kind of bad that I lost Dad's thermos while we were cross-country skiing.
8. When you go out in the snow without a hat, you lose a lot of heat through your head.

163. 无处不在

这个像大家庭一样热闹的片场里隐藏着 13 个可以用 P 和 G 为首字母的短语来表示的事物。比如说，左上角的男士正在猛击“pizza gong（披萨饼做的锣）”。你能把其他 12 个找出来吗？

164. 海上寻宝

在左侧的图片里，隐藏着24个和海盗相关的单词（已经列在了下面）。请你沿着从上、下、左、右和对角线的方向分别把这些单词找出来。完成任务之后，再把剩下的字母从左到右、从上到下拼起来，你会发现一件有趣的事情！

165. 蝙蝠纷飞

请你把右图下方的18个单词依次填入到空格中去，就像做一个填字游戏那样。不过，你得看好，当单词中出现了B-A-T的时候，图中就用一只蝙蝠来代替。根据单词的长度和BAT出现的位置，你能不能把这个字谜填出来呢（空格、连字符不占位置）？

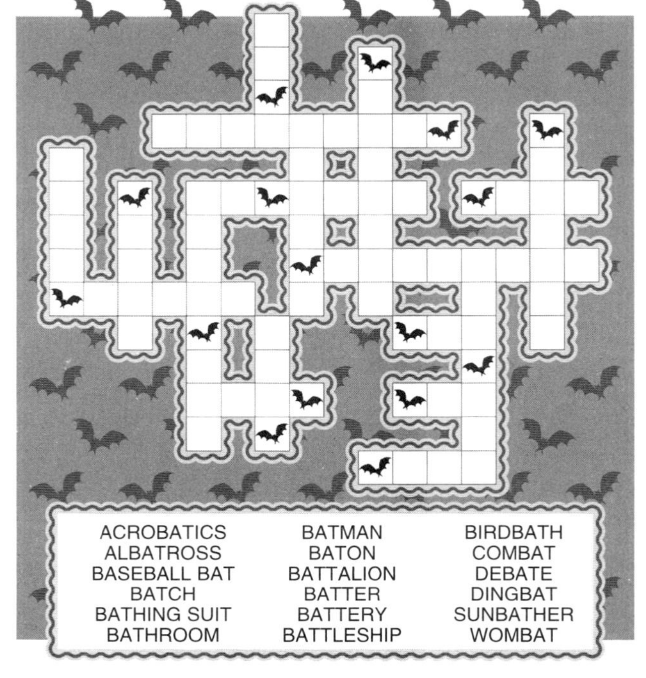

166. 圆盘填词

右侧的每一张图片四周都有6个圈，请你按照箭头提示的位置与方向把与 图片对应的单词写出来（每个字母占一个空）。相邻的单词之间会共用某几个字母。

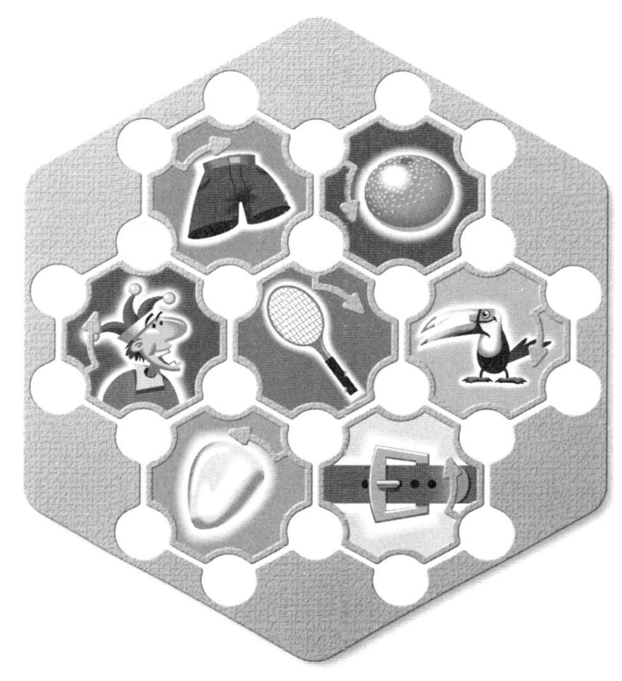

167. 欢乐之家

在左侧这个温馨的小房子里，隐藏着24个和家相关的单词（已经列在了下面）。请你沿着上、下、左、右和对角线的方向分别把这些单词找出来。完成任务之后，再把剩下的字母从左到右、从上到下拼起来，你会发现一件有趣的事情！

168. 节日庆典

快来参加我们的节日庆典！图中列出了 22 个英文单词中包含颜色的事物。比如，树上的那只鸟儿名字叫“BLUE JAY（冠蓝鸦）”。如果你能把它们都找出来，你就大获全胜了！

169. 白色世界

在图片中隐藏着 22 个和白色有关的英文单词，请你沿着上、下、左、右和对角线的方向分别把它们找出来。完成任务之后，再把剩下的字母从左到右、从上到下拼起来，你就会知道图中题目的答案了！

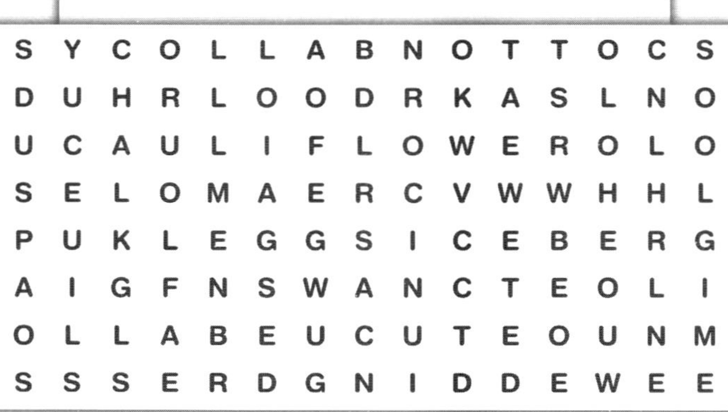

S	Y	C	O	L	L	A	B	N	O	T	T	O	C	S
D	U	H	R	L	O	O	D	R	K	A	S	L	N	O
U	C	A	U	L	I	F	L	O	W	E	R	O	L	O
S	E	L	O	M	A	E	R	C	V	W	W	H	H	L
P	U	K	L	E	G	G	S	I	C	E	B	E	R	G
A	I	G	F	N	S	W	A	N	C	T	E	O	L	I
O	L	L	A	B	E	U	C	U	T	E	O	U	N	M
S	S	S	E	R	D	G	N	I	D	D	E	W	E	E

ANGEL	GLUE
BONE	ICEBERG
CAULIFLOWER	IGLOO
CHALK	PEARL
COTTON BALL	RICE
CREAM	SNOW
CUE BALL	SOAP SUDS
DOVE	SUGAR
EGGS	SWAN
FLOUR	UNICORN
GHOST	WEDDING DRESS

170. 万圣节快乐！

万圣节就要到了，可是总买不到合适的衣服参加化装舞会。图中的这位店主把最受欢迎的戏服挂在了橱窗上，但店里却只有这些服装的替代品。孩子们走进他的商店，却穿上了不想要的服装。孩子们身上穿的服装和广告里的服装的单词互相押韵。请你仔细观察这幅图，这些孩子想要什么服装呢？最后却得到了什么服装？

171. 寻“人”启事

左图中隐藏着 24 个含有“man”的单词。每次当 M–A–N 出现的时候，图中就用一个人形图标来代替。请你沿着上、下、左、右和对角线的方向把列在图下面的单词找出来。完成任务之后，再把剩下的字母从左到右、从上到下拼起来，你会发现一件很有趣的事情！

O	R	A	J		I	L	I	K	T	E	H	E
S	O	O	N	Y	L	Y	S	A	L	E	S	
I				F	R	E	S	H		T	Y	O
T	N	R	W	C	O	U	A	D	I	A	G	D
	E	N	O	O	E	T	L	L	F			I
G	R	N	N	A	T	T	A	H		U	D	P
N	S	E	S	H		E		R	H	A	E	E
I	O	I	B	G	S	D	D	R	T	L	C	R
Y	H	I	N	O	O	M	E	H	T	N	I	
A	E	A	S	L	D	P	R		I	N	I	E
R	H	V	I		U	I	S	I	D	A	B	N
P	E	N		S	H	I	P	L	C	E		T

ALMANAC	MANDOLIN	PENMANSHIP
DEMAND	MANGO	PERMANENT
DOBERMAN	MANHATTAN	PRAYING MANTIS
FRESHMAN	MANIAC	ROMANCE
GERMANY	MAN IN THE MOON	SALAMANDER
HANGMAN	MANNERS	SALESMAN
KILIMANJARO	MANSION	SNOWMAN
MANATEE	MANUAL	SUPERHUMAN

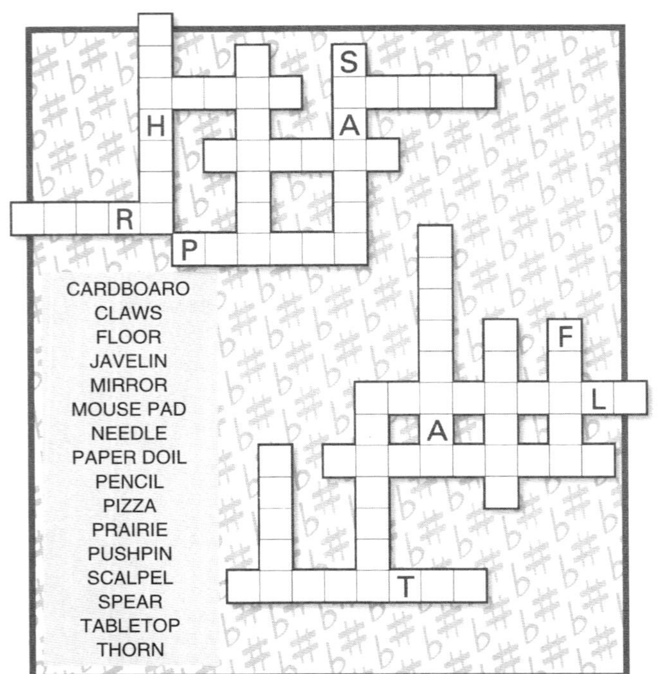

172. 升降调

请你把和 Sharp（锋利的）有关的单词填入到左面的表格中，和 flat（平的）有关的单词，填入到下面的表格中。两个表格都分别给出了 S–H–A–R–P 和 F–L–A–T 几个字母作为提示。仔细思考，用最短的时间把它们做出来吧（单词间的空格不占位置）！

173. 古怪职业

图中的每个人都同时做着两份工作来维持生计。凑巧的是，两份工作的英文单词互相押韵。比如说，第一张图片里面的男士，是 Preacher（传教士）也是 Teacher（教师）。你能把他们的职业都找出来吗？

174. 单词网络

图下方列出的 26 个单词或者短语都可以在图中找到。比如，HANDBAG（手提包）在图中就会显示为两张相邻的图片：一张是 HAND（手），另外一张是 BAG（书包）。请你沿着上、下、左、右和对角线的方向分别把它们都找出来。试试看，都找全吗？

175. 寻找 T － V －

下面即将上场的是……很多很多奇怪的东西，它们都可以用 T 和 V 为首字母的短语来表示。比如说，那只地板上的排球可以叫作：“tan volleyball（棕色的排球）”。你能把其他 12 个 T — V —都找出来吗？

176. 倾盆大雨

你能够把单词“RAIN(下雨)”一步步地变成“CATS”，再一步步地变成“DOGS”吗？根据提示，把单词填入到“雨滴”当中。相邻的两个单词之间，仅有一个字母不同。如果你卡壳了，试着从下往上，或者从中间向两边来做。

177. 寻找失踪的“L”

图左侧列出来的所有单词中的“L”全失踪了！首先，请你把这些单词补充完整；然后，在右侧的字母里面，把这些单词找出来。比如：你得在“BEVERY HIS”里加入三个“L”，然后在右侧找到“BEVERLY HILLS(贝弗丽西斯镇)”。这些单词根据它们缺少L的个数而被分成了三组。完成任务之后，把剩下的字母从左到右、从上到下连起来，你将会发现一件有趣的事情。

答案

1...

madam（女士），level（水平），civic（公民的），radar（雷达），repaper（用纸重新包），deified（神化的），rotator（回转装置）等。

2...

这里是21个4个字母的单词：

twin（双胞胎之一）；wine（酒）；lint（线头）；kiln（炉）；kilt（撩起）；lent（四旬斋）；wink（眨眼）；wilt（枯萎）；like（喜欢）；link（联系）；welt（世界）；kine（电视显像管）；tine（叉）；tile（砖瓦）；lien（扣押权）；newt（蝾螈）；kite（风筝）；line（线）；went（过去——go的过去式）；wile（诡计）；knit（编织）。

3...

这里是15个。

burn（烧）；numb（冻僵）；bun（糕点）；sum（总计）；run（跑）；nub（小块）；sun（太阳）；bum（游荡者）；res（物品）；men（男人的复数形式）；rum（甜酒）；muse（诗魂）；use（使用）；ruse（策略）；user（用户）。

4...

4个。如图：

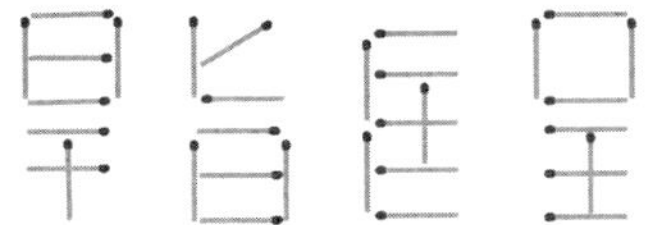

5...

一、二、三、四、五、六、七、八、九、十、百、千、万。

6...

横向：1. 世界足球先生 2. 联通 3. 太平天国 4. 易如反掌 5. 安小慧 6. 堆积如山 7. 理科 8. 包法利夫人 9. 社会保险 10. 金山 11. 养老院 12. 千金

纵向：

一、世界贸易组织 二、执法如山 三、核反应堆 四、球迷 五、夫子 六、比如女人 七、生态平衡 八、社科院 九、联合国安全理事会 十、邢慧娜 十一、风险基金

7...

缺算（蒜）、少言（盐）、无缰（姜）、短将（酱）。

8...

冯梦龙要的是酒桌。

9...

如图：

10...

答案是长征。《长征》是毛泽东写的一首七律。红军长征经过11个省市。“长征”号运载火箭将中国第一颗人造地球卫星送上了轨道。红军长征经过了万水千山。

11...

1. 刁—习	2. 凡—风
3. 尤—龙	4. 勿—匆
5. 立—产	6. 车—轧
7. 开—卉	8. 叶—吐
9. 史—吏	10. 主—庄
11. 禾—杀	12. 灭—灰
13. 头—买	14. 玉—压
15. 去—丢	16. 舌—乱
17. 亚—严	18. 西—酉
19. 利—刹	20. 烂—烊

12...

分。

13...

①朋 ②驯 ③闪 ④鲁

14...

有声有色、不露声色。

15...

水印木刻。

16...

翠。

17...

金。五行指金、木、水、火、土，金是五行之一。金朝（1115～1234年），由女真族完颜阿骨打所建，在中国北部。金是古代金属制的打击乐器，鸣金是撤兵的信号。金星是太阳系九大行星之一。

18...

今是昨（非）同小（可）望不可（即）以其人之道，还治其人之（身）体力（行）若无（事）在人（为）所欲（为）富不（仁）至义（尽）心竭（力）不胜（任）重道（远）走高（飞）沙走（石）破天（惊）天动（地）利人（和）睦相（处）心积虑

醉生梦（死）去活（来）去自（如）花似（玉）树临（风）调雨（顺）手牵（羊）肠小（道）听途（说）长道（短）兵相（接）二连（三）言两（语）重心（长）驱直（入）不敷（出）其不（意）气风（发）扬光（大）材小（用）兵如（神）采飞（扬）眉吐（气）象万（千）军万（马）到成（功）败垂（成）千上（万）古长（青）红皂（白）日做（梦）寐以（求）同存（异）想天（开）天辟地

19...

丢车保帅、车水马龙、一马当先、身先士卒、自相矛盾、如法炮制、调兵遣将、行将就木、兵荒马乱。

20...

如图：

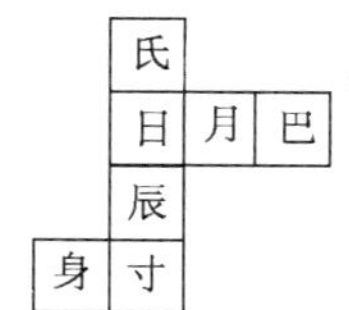

21...

（1）《雾》、《雨》、《电》；（2）《家》、《春》、《秋》；（3）《童年》、《在人间》、《我的大学》；（4）《两姐妹》、《一九一八年》、《阴暗的早晨》；（5）《幻灭》、《动摇》、《追求》；（6）《歧路》、《炼狱》、《十字架》。

22...

王秀才字谜诗的谜底是：“特来问安。”

朋友答字谜诗的谜底是：“请坐奉茶。”

23...

这是谐音“龟”（归）字。归、归……速归（竖龟）。

24...

为什么他们第一次不敲门，第二次才敲门呢？门上写“心”就是“闷”字，表示主人心情不好，不要去打扰；门上写“木”字，表示主人现在闲着，可以接待来客。

25...

五百里滇池，奔来眼底，披襟岸帻，喜茫茫，空阔无边！看：东骧神骏，西翥灵仪，北走蜿蜒，南翔缟素，高人韵士，何妨选胜登临，趁蟹屿螺洲，梳裹就风鬟雾鬓，更苹天苇地，点缀些翠羽丹霞，莫辜负四围香稻，万顷晴沙，九夏芙蓉，三春杨柳。

数千年往事，注到心头，把酒凌虚，叹滚滚，英雄谁在！想：汉习楼船，唐标铁柱，宋挥玉斧，元跨革囊，伟烈丰功，费尽移山心力，尽珠帘画栋，卷不及暮雨朝云，便断碣残碑，都付于苍烟落照，只赢得几许疏钟，半江渔火，两行秋雁，一枕清霜。

26...

B. 表示他们分离了。C. 三个月亮表示他们分离 4 个月了。D. 表示孩子已出生了。E.8 个月亮表示希望丈夫 8 个月后回来。F. 表示全家团聚。

27...

略。

28...

望眼欲穿。

29...

安（谜面的意思是：生了一个“日”是宴字。宴字去掉“日”是“安”）。

30...

1.（2）龙戏珠 +（1）鸣惊人 =（3）令五申

（0）敲碎打 +（1）来二去 =（1）事无成（3）生有幸 +（1）呼百应 =（4）海升平

（7）步之才 +（1）举成名 =（8）面威风

2.（10）全十美 —（1）发千钧 =（9）霄云外

（8）方呼应 —（1）网打尽 =（7）零八落（6）亲不认 —（1）无所知 =（5）花八门

（2）管齐下 —（1）孔之见 =（1）落千丈

31...

山光物态弄春晖　张旭《山行留客》

荆山已去华山来　韩愈《次潼关先寄张十二阁老使君》

峨眉山下水如油　薛涛《乡思》

两岸青山相对出　李白《望天门山》

若非群玉山头见　李白《清平调词三首》

姑苏城外寒山寺　张继《枫桥夜泊》

轻舟已过万重山　李白

《早发白帝城》

东风不与周郎便　杜牧《赤壁》

瀼东瀼西一万家　杜甫《夔州歌》

碧水东流至此回　李白《望天门山》

澶漫山东一百州　杜甫《承闻河北诸道节度入朝欢喜口号》

平明日出东南地　李益《度破讷沙二首》

坑灰未冷山东乱　章碣《焚书坑》

射雕今欲过山东　吴融《金桥感事》

32...

日、旦、亘、旭、旯、旮、早、示、耒、全、驷、目、吾、叱、叭、叶、由、甲、申、田、古、茭、百、自、皂、查、切、分、轨、支。

33...

上联缺“一”，下联少“十”，就是谐音“缺衣少食”，所以郑板桥送来“及时雨”。

34...

夫人，只要像我一样说假话就行了。

35...

父母大人拜上：新年好，晦气全无，人丁兴旺，读书少不得，五谷丰登。

36...

（1）巴山夜雨；（2）柳暗花明；（3）燕归来；（4）八千里路云和月；（5）一江春水向东流；（6）路漫漫；（7）春眠不觉晓；（8）彩云归；（9）万水千山；（10）花开花落。

37...

一二三四五六七八九十。

38...

“万岁，臣对的不错啊，臣讲的是‘水上一鸥游’。”

39...

“我还不知道这‘黑’字下面有个‘土’？这是写给日本人的，不能让他们带走‘土’，这叫作‘寸土不让’！”

40...

1. 痛不欲生、物尽其用 2. 出神入化、学而不厌 3. 十全十美、不学无术 4. 九霄云外、语无伦次 5. 照本宣科、学以致用 6. 既明且哲、学富五车 7. 胸中有数、学贯中西 8. 风云人物、理屈词穷 9. 万众一心、理直气壮 10. 烽火连天、文章盖世 11. 弦外之音、乐不思蜀 12. 顶天立地、理所当然 13. 妙趣横生、物美价廉 14. 贫下中农、开科取士 15. 精兵简政、治病救人 16. 不识大体、封山育林 17. 一本正经、济济一堂 18. 奉公守法、严于律己 19. 甜言蜜语、文经武略 20. 历历在目、史无前例

41...

如图：

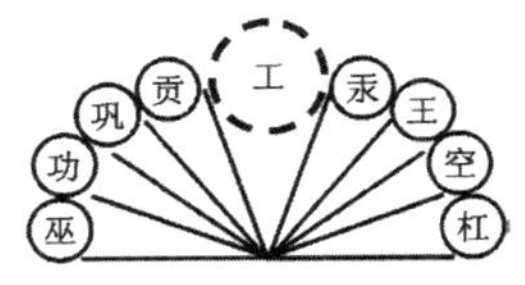

42...

横向：1. 孙中山　2. 出租车　3. 黄药师　4. 水浒传　5. 女生贡梅　6. 七龙珠　7. 复写纸　8. 光年　9. 打油诗　10. 机不可失　11. 氢气　12. 三重门　13. 天府之国　14. 海南岛　15. 志在千里

纵向：一、复读机 二、中学生读写　三、不见天日　四、黄梅戏 五、苏打 六、三国志 七、出师表 八、七言诗 九、车水马龙 十、海里 十一、珠光宝气 十二、纪传体 十三、胰岛素

43...

久慕秦郎假乱真，假乱真时又逢春；时又逢春花含玉，春花含玉久慕秦。

44...

填“日”字，拼成“香、晴、旭、早”四字。

45...

霓虹灯。霓虹灯被广泛用于广告显示和装饰，在广告事业中发挥了重要作用。霓虹灯的玻璃管内壁涂覆光粉，改变荧光粉的成分，即可辐射出不同颜色的光。1879 年，在英国维多利亚女王 60 寿辰的庆典上，霓虹灯第一次作为烘托节日气氛的照明光源使用。《霓虹灯下的哨兵》是新中国的优秀影片。

46...

彬。

47...

一共有 5 种读法：

（1）秋月曲如钩，
如钩上画楼。
画楼帘半卷，
半卷一痕秋。

（2）月曲如钩，
钩上画楼。
楼帘半卷，
卷一痕秋。
（3）月，
曲如钩，
上画楼。
上画楼，
帘半卷。
帘半卷，
一痕秋。
（4）秋，
月曲如钩上画楼。
帘半卷，一痕秋。
（5）秋痕一卷半帘楼，
卷半帘楼画上钩。
楼画上钩如曲月——秋。

48...

鸡毛掸。公鸡的毛可以用来做鸡毛掸。鸡毛掸在有的地区叫鸡毛帚。鸡毛掸是用来掸灰尘的用具。鸡毛掸是把鸡毛扎在竹棒一端制成的。

49...

如图：

50...

“您怎么放进去，我就怎么拿出来，您显然是凭嘴一说就把鸡装进了瓶子，那么我就用嘴再把鸡拿出来。”

51...

夺。

52...

香蕉（立）、苹果（日）、梨（十）

53...

谜底：窝头、火腿、点心。

54...

云。

55...

不打自招

56...

月。分别组成“胡”和“肥”字。

57...

谜底是水壶。

58...

（1）北斗七星高；（2）山月随人归；（3）月出惊山鸟；（4）白日依山尽；（5）一览众山小。

59...

青蛙、蛇。

60...

要是砍了树，院子里只剩下人，不就成了囚吗？囚比困更不吉利。

61...

3.5（不三不四）；2+3（接二连三）；333 和 555（三五成群）；9 寸 +1 寸 =1 尺（得寸进尺）；1256789（丢三落四）；12345609（七零八落）。

62...

田、面疙瘩、可乐。

63..

如图：

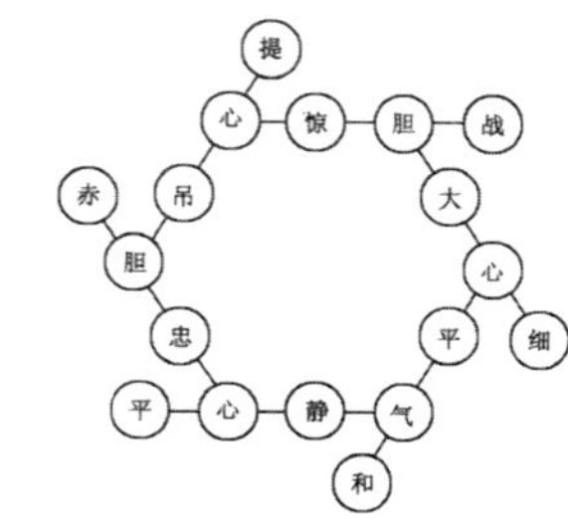

64...

汗（蜻蜓象形“干”，与“氵”组合）。

65..

1. 生死攸关、羽扇纶巾
2. 剑拔弩张、飞黄腾达
3. 千军万马、超凡脱俗
4. 飞苍走黄、忠言逆耳
5. 完璧归赵、云开见日
6. 千疮百孔、明察暗访
7. 招兵买马、良师益友
8. 单枪匹马、忠心赤胆
9. 改弦更张、松柏之茂
10. 及时行乐、进贤任能
11. 投桃报李、通风报信
12. 信口雌黄、盖世无双
13. 不肖子孙、权倾天下
14. 目不识丁、奉公守法

66...

如图：

百	花	齐	放
家			
争			
鸣	锣	开	道
			貌
			岸
不	以	为	然

67...

谜底是“鲜”字。

68...

狡兔三窟；枯木逢春；蛛丝马迹；水滴石穿

69...

大快人心、心口如一、一马当先、先声夺人、人才辈出、出其不意、意气风发、发扬光大

70...

置水写银河 崔国辅《七夕》
戎马关山北 杜甫《登岳阳楼》
未是渡河时 陈子良《七夕看新妇隔巷停车》
君问终南山 王维《答裴迪辋口遇雨忆终南山之作》
脉脉广川流 上官仪《入朝洛堤步月》
渭水东流去 岑参《见渭水思秦川》
三江潮水急 崔颢《长干曲四首》
村西日已斜 孟浩然《寻菊花潭主人不遇》
山中一夜雨 王维《送梓州李使君》
西园引上才 李世民《赐房玄龄》
山中无历日 太上隐者《答人》
东西任老身 司空曙《逢江客问南中故人因以诗寄》
孤云独去闲 李白《独坐敬亭山》
江南季春天 严维《状江南》
身征辽海边 贾岛《寄远》
寒歌宁戚牛 李白《秋浦歌十七首》
园林过新节 韦应物《寒食后北楼作》
先人辟疆园 皇甫冉《题卢十一所居》
自古黄金贵 陆龟蒙《黄金二首》
不敢向松州 薛涛《罚赴边有怀上韦令公二首》
湖里鸳鸯鸟 崔国辅《湖南曲》
北风吹白云 苏颋《汾上惊秋》
五湖风浪涌 崔颢《长干曲》
湖南送君去 崔国辅《湖南曲》
不畏浙江风 姚合《送薛二十三郎中赴婺州》
牢落江湖意 白居易《庾楼新岁》
还见南台月 贾岛《上谷送客游江湖》
茅屋深湾里 杜荀鹤《钓叟》
鱼戏莲叶南 陆龟蒙《江南曲》
犹能扼帝京 皮日休《古函关》
夜战桑乾北 许浑《塞下曲》
关门限二京 李隆基《潼关口号》
渺渺望天涯 钱珝《江行无题一百首》
家住孟津河 王维《杂诗三首》
皆言四海同 李峤《中秋月二首》
宿雨川原霁 司空图《即事九首》
水上秋日鲜 王建《泛水曲》
四海无闲田 李绅《悯农》
江水千万层 孟郊《寒江吟》
苏武节旄尽 杨衡《边思》

71..

72...

如图：

闲步浅青平绿，流水征车自逐。谁家挟弹少年，拟打红衣啄木。

73...

“天下”为“大”，“第一”者为头，“味”也可当菜讲，所以“天下第一味”是指“大头菜”。

74...

（1）一时半刻；（2）七上八下；（3）三长二短。

75...

如图：

天	经	天	冲	飞	一	鸣	惊
人	地	义	走	沙	鬼	神	人
不	义	达	石	破	天	共	灾
容	辞	不	道	乐	惊	怒	害
久	治	长	安	贫	天	心	良
安	国	天	久	地	动	用	天
居	乐	手	勤	工	以	致	涯
事	业	精	于	俭	学	海	无

76..

横向：

1. 阿尔巴尼亚
2. 叶甫盖尼·奥涅金
3. 人无千日好
4. 丁小倩
5. 花旗参
6. 斯芬克斯
7. 欺人之谈
8. 通天岩
9. 安徒生
10. 朗拿度
11. 曲终人不见
12. 葛新爱
13. 爱情电影
14. 名不虚传
15. 昆仑山
16. 南山塞天地
17. 玉兰花

18. 地铁
19. 龙卷风
20. 热那亚
21. 堂皇
22. 拉力赛
23. 窗外
24. 大学
25. 观河楼
26. 格陵兰海
27. 文学家
28. 深山老林
29. 上款
30. 天下
31. 夜游
32. 爱上一个不回家的人
33. 门风
34. 西王母
35. 秦始皇
36. 花亭湖
37. 爱情鸟
38. 大西洋海岭
39. 朝阳花
40. 人生如梦
41. 游仙半壁画
42. 木人石心
43. 奇梦石
44. 观水法
45. 拉萨
46. 好丹非素
47. 情景说
48. 那一场风花雪月的事
49. 白日梦

纵向：

一、阿姆斯特朗
二、昆德拉
三、夜香花
四、人间第一情
五、拿破仑
六、力争上游
七、巴拉克
八、山地赛
九、西湖
十、如意
十一、小说
十二、斯通
十三、二王
十四、圆梦
十五、亚丁
十六、天地情缘
十七、陵园
十八、母爱
十九、冬不拉
二十、龙舌兰
二十一、情冷却
二十二、萨那
二十三、叶倩文
二十四、海滩上的鸟
二十五、道奇
二十六、心曲
二十七、南风窗
二十八、信天游
二十九、梦一场
三十、盖洛普
三十一、终南山
三十二、外文
三十三、仙枕石
三十四、佳人
三十五、塞尚
三十六、学而不厌
三十七、参半
三十八、樱花
三十九、奥地利
四十、不怨天
四十一、大家
四十二、壁上观
四十三、主见
四十四、地热学
四十五、西洋画
四十六、水中月
四十七、金花菜
四十八、深深的海洋
四十九、历法
五十、亚武山
五十一、海底针
五十二、好事
五十三、人参
五十四、徒有虚名
五十五、老狼
五十六、秦岭
五十七、拉封丹
五十八、欺生
五十九、伊始
六十、道木
六十一、千面人
六十二、玉皇观
六十三、皇朝
六十四、人生
六十五、素白
六十六、新西兰
六十七、河汾门下
六十八、阳起石
六十九、好想谈恋爱
七十、花戏楼
七十一、风雨花
七十二、心里有个梦

77...

关羽、项羽，都是羽，在户下边，就是“扇”。

78...

蜂蜜、牛奶。

79...

如图：

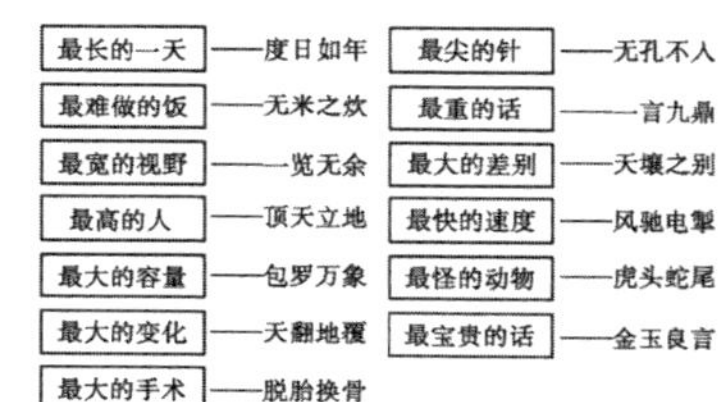

80...

独上江楼思悄然，风景依旧似去年。同来玩月人何在？月光如水水如天。

81...

调虎离山、放虎归山。

82...

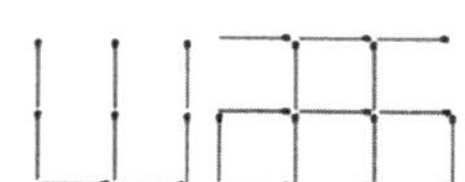

83...

天天树叶绿，日日百花

开。地名：长春。

84...

西（要字去掉“女”）

85...

食尽皇家千钟禄，凤凰何少尔何多？

86...

各国军队列“阵”，托桃寓“脱逃”，合起来就是讽刺慈禧当年“临阵脱逃”，跑到西安。

87...

弗莱德在上面写着：“先生，我排在队伍的第 21 位，在您看到我之前，请千万别忙着做出决定。”

88...

原来谜底就是“日”字。

89...

蚕为天下虫。

90...

儿子说：“如果我正直的话，就不会被神遗弃；如果我不正直，就会被大众所背叛。所以不论如何，我都不会被背叛的。”

91...

周末、点心（周字的末尾是“口”，点字的中心是“口”）。

92...

画。

93...

父亲的职业是挑水；母亲的职业是磨豆腐。

94...

横向：1. 西双版纳 2. 阿布扎比 3. 杰宁 4. 马尔代夫 5. 奥伯斯坦 6. 冰火岛 7. 亚平宁半岛 8. 尼亚美 9. 利比亚 10. 华山 11. 巴哈马 12. 加拿大 13. 顿河 14. 尼罗河

纵向：一、马来西亚 二、华盛顿 三、平顶山 四、南宁 五、纳杰夫 六、巴格达 七、冰岛 八、利马 九、阿拉伯半岛 十、尼亚加拉河 十一、坦桑尼亚 十二、比萨 十三、大别山

95...

谜底是“晶”字。

96...

一马当先、按兵不动。

97...

几何。几何是数学的一个分支。几何研究的是空间问题。笛卡儿创立了解析几何。几何有多少的意思。

98...

1. 斯德哥尔摩 2. 阿姆斯特丹 3. 布宜诺斯艾利斯 4. 西雅图 5. 圣菲波哥大 6. 贝尔格莱德 7. 布达佩斯 8. 马德里 9. 乌兰巴托 10. 洛杉矶 11. 哥本哈根 12. 曼彻斯特 13. 沃尔夫斯堡 14. 危地马拉 15. 直布罗陀 16. 约翰内斯堡 17. 里约热内卢 18. 乌鲁木齐 19. 蒙特利尔 20. 加尔各答

99...

①（秦）嬴政 ②（汉）刘邦 ③（唐）李渊 ④（宋）赵匡胤 ⑤（元）忽必烈 ⑥（明）朱元璋 ⑦（清）努尔哈赤

100...

生龙活虎 虎头蛇尾
龙潭虎穴 为虎作伥
骑虎难下 狼吞虎咽
虎视眈眈 降龙伏虎
虎背熊腰 三人成虎
养虎遗患 龙行虎步
龙吟虎啸 调虎离山
九牛二虎 虎口余生

101...

汆、冰、江、泗、洲、汁、汗。

102...

对联。春节贴对联是一项习俗。对联是对偶的语句，通常成双成对。对联贴在门上。明代的徐渭（字文长）是善于写对联的奇才。

103...

纪晓岚采用的是拆散字形结构的偏旁笔画方式暗示本意。他其实是在骂和珅一家个个是草包。“竹苞——个个草包。”

104...

片名成语（1）《小二黑结婚》，颠倒黑白。（2）《李二嫂改嫁》，张冠李戴。（3）《煤店新主人》，喜新厌旧。（4）《二十次列车》，丢卒保车。（5）《但愿人长久》，舍己为人。（6）《真是烦死人》，去伪存真。（7）《激战无名川》，有名无实。（8）《长虹号起义》，舍生取义。（9）《最聪明的人》，弃暗投明。（10）《英雄坦克手》，手到病除。

105...

口。

106...

如图：

C	W	C	O	A	L	M	K	W	O	E	A	C	K	L	G	O	Z	A	N
L	H	E	M	I	N	G	W	A	Y	N	E	I	Y	L	M	O	X	A	E
L	E	E	C	M	O	X	K	W	A	X	F	E	X	A	N	B	K	O	S
C	F	A	K	K	E	N	Z	A	E	X	L	A	E	B	L	P	E	F	B
A	Y	E	L	H	M	Z	N	O	E	X	I	A	I	F	H	R	K	L	I
M	O	Q	V	T	O	A	T	E	U	I	W	E	H	T	F	O	G	M	O
A	T	K	V	L	A	V	C	H	A	E	M	N	O	L	E	U	A	B	C
F	S	I	A	T	A	M	Q	L	S	D	I	C	K	E	N	S	S	T	A
A	L	S	T	V	E	M	W	M	N	O	E	I	A	C	H	T	A	C	T
F	O	O	X	W	A	B	E	A	L	L	E	I	T	A	W	W	A	C	G
G	T	O	X	A	E	A	K	F	A	K	I	L	A	A	S	T	A	W	N
O	N	F	B	C	H	J	K	W	L	L	T	J	I	I	E	X	G	H	I
E	N	O	L	F	M	G	O	Z	X	A	Y	N	A	E	B	E	C	W	L
R	V	O	L	F	I	G	A	E	Z	I	U	I	E	J	C	C	K	T	P
E	W	U	V	E	C	U	O	P	T	E	G	B	P	N	H	T	S	E	I
C	S	E	W	X	H	L	H	J	A	L	E	C	E	K	L	T	U	Z	K
U	A	T	A	E	E	C	K	U	W	P	Q	R	A	R	A	E	P	A	Z
A	U	S	T	E	N	X	A	T	A	Q	W	A	L	E	T	A	W	V	E
H	A	P	E	X	E	A	B	C	B	A	C	A	E	W	W	E	X	L	E
C	C	W	A	O	R	W	E	L	L	K	M	N	O	P	P	E	L	T	U

107...

如图所示，把图中的每个色块按顺时针方向旋转 180° 就得到下面的单词：

108...

剩下的字母所连成的话：Top-notch job from top to bottom. Now go goof off.（从头到尾都做得很棒，现在偷偷懒吧。）

如图所示：

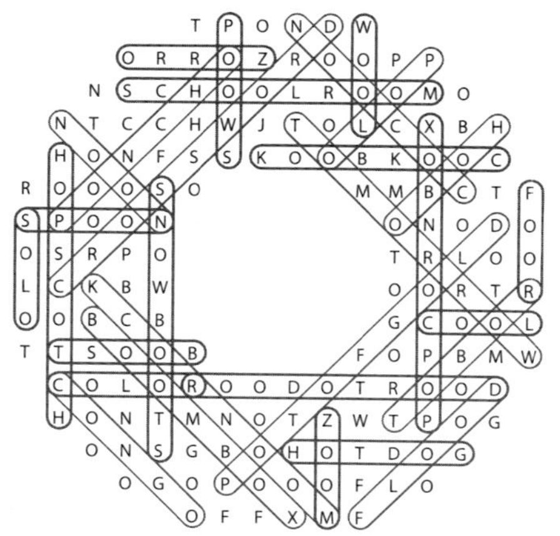

109...

CAMP，DAMP 潮湿，DUMP 垃圾场，LUMP 结块，LIMP 蹒跚，LIME 酸橙，DIME 十美分硬币，DIVE 跳水，FIVE 五，FIRE。

110...

如图所示：

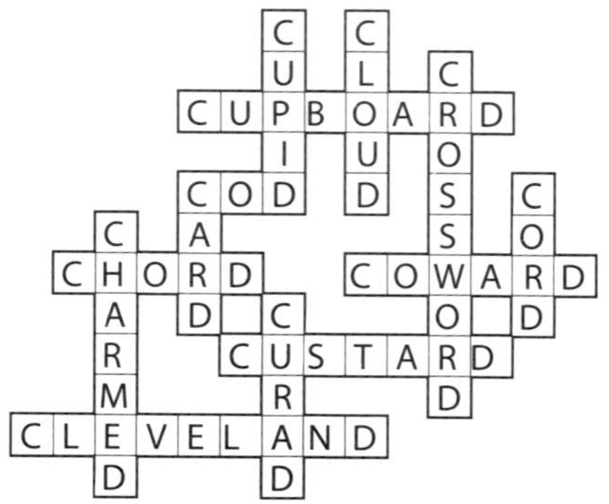

111...

上面一行：Heather 海瑟 /sweater 毛衣，Stephanie 斯蒂芬妮 /telephone 电话，Ryan 莱恩 /crayons 彩色蜡笔。

下面一行：Nicole 尼可 /unicycle 独轮车，Christopher 克里斯托夫 /microscope 显微镜，Alexander 亚历山大 /calendar 日历。

112...

Scarecrow selling stamps 稻草人卖邮票，pirate pulling penguin 海盗拉企鹅，lumber-jack licking lollipop 伐木工舔棒棒糖，doctor dropping donuts 医生的甜甜圈掉地上了，bal-lerina balancing boxes 芭蕾舞女演员平衡盒子，witch weighing watermelon 巫婆称西瓜的重量，judge juggling jars 法官耍罐子，vam-pire vacuuming valentines 吸血鬼用吸尘器吸情人节礼物，mermaid mailing magnet 美人鱼邮寄磁铁，farmer folding flag 农民折叠国旗，elephant eating envelopes 大象吃信封，triplets taping tambourines 三胞胎把小手鼓打包。

113...

TOAD，ROAD 马路，ROAR 咆哮声，REAR 尾部，BEAR 熊，BEAT 击打，NEAT 干净。

114...

剩下的字母所连成的话：Ukulele actually means "leaping flea" in Hawaiian.（在夏威夷语里，尤克里里琴实际上是"跳跃的跳蚤"的意思）

如图所示：

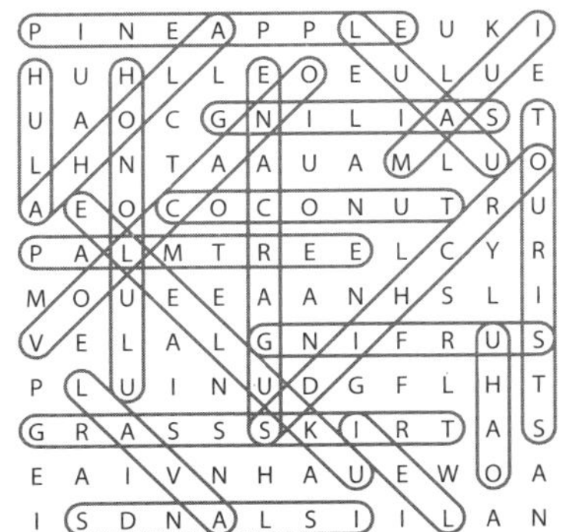

115...

剩下的字母所连成的话：You finished this with flying colors.（你用彩色完成了这道题）。

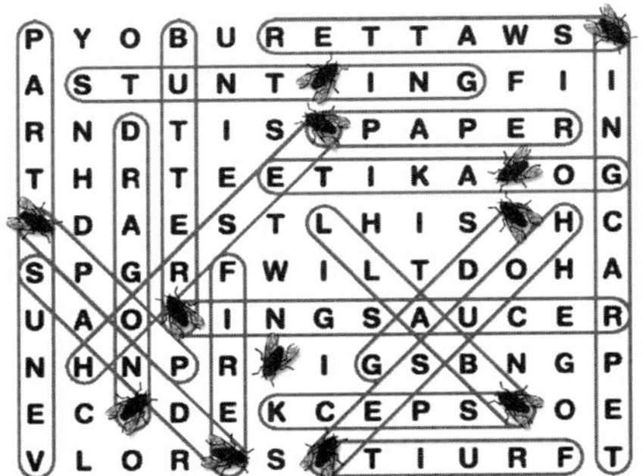

116...

1. gumball 口香糖
2. handball 手球
3. basketball 篮球
4. crystal ball 水晶球
5. football 足球
6. hair ball 毛球
7. meatball 肉团
8. pinball 弹球
9. mothball 卫生球

117...

1. melon 2. fall
3. buffalo 4. balloon
5. polo 6. colors
7. slide 8. skiing

118...

谜题：在万圣节游戏中谁总是透明的冬天？

谜题的答案是：ghost（鬼）。

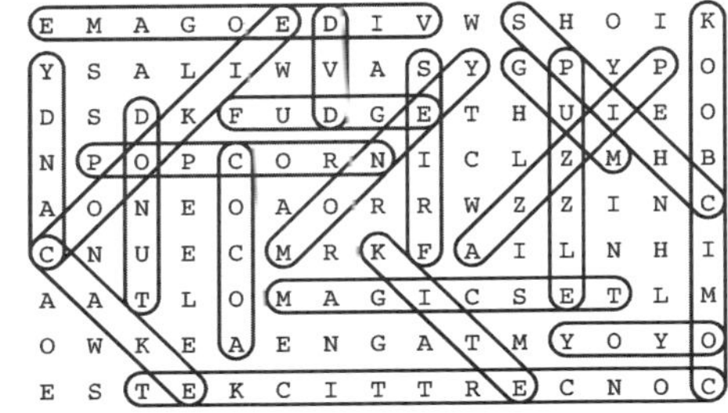

119...

1. keyboard 键盘
2. clipboard 剪贴板
3. backboard 篮板
4. cardboard 硬纸板
5. blackboard 黑板
6. snowboard 滑雪板
7. billboard 广告牌

120...

如图所示：

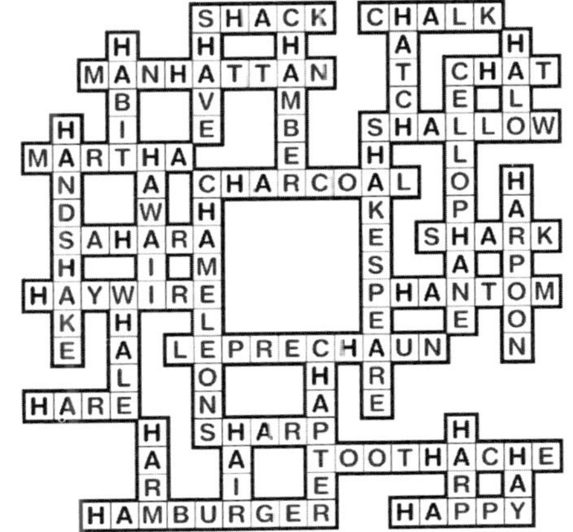

121...

剩下的字母所连成的话：Acorns and bells are German card suits.（橡子和钟在德国扑克中是一对）。

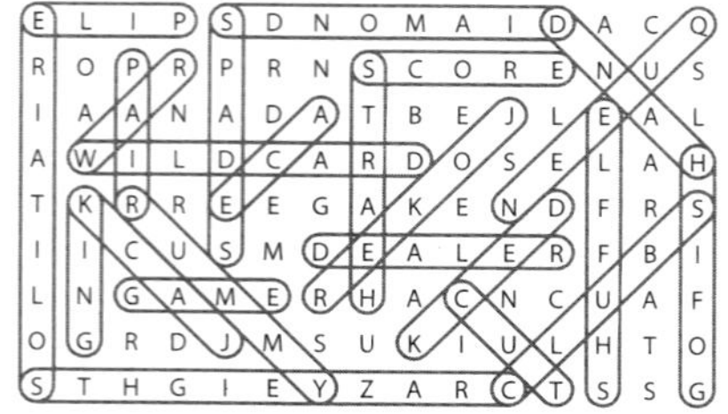

122...

1. rain（下雨）
2. ain't（不是）
3. aear（眼泪）
4. earth（地球）
5. thunder（雷鸣）
6. undersea（海底）
7. season（季节）
8. sons（儿子）
9. spark（火星）
10. parka（派克大衣）
11. Abe（林肯总统的外号）
12. before（在……之前）
13. forecast（预报）
14. castle（城堡）
15. lemon（柠檬）
16. monsoon（印度的雨季）
17. sooner（不久）

123...

剩下字母连成的话：Seven times as many sheep as people live in Australia.（澳大利亚的绵羊数量是人口的 7 倍）

如图所示：

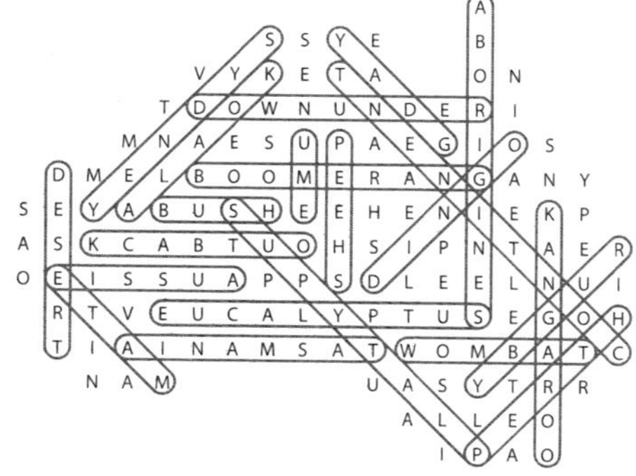

124...

1. Apes Breaking Crayons（猿猴折断蜡笔）。
2. Ants Building Castle（蚂蚁筑城堡）。
3. Alice Buying Cherries（爱丽丝买浆果）。
4. Angels Baking Cookies（天使烤蛋糕）。
5. Adam Balancing Cows（亚当平衡牛）。
6. Astronauts Brushing Cats（宇航员给猫刷毛）。

125...

1. horse（马），house（房屋）
2. plane（飞机），plant（种植）
3. sneaker（运动鞋），speaker（讲话者）
4. stork（鹳鸟），store（商店）
5. leopard（豹纹），leotard（紧身连衣裤）
6. soap（肥皂）,soup（汤）
7. chimp（黑猩猩）,champ（冠军）
8. Roman（罗马的）, woman（女人）

126...

Head：head of lettuce（英语中 lettuce 可以用 head 来修饰）

Eyes：needle parts（针眼）

Ears：ears of a corn（玉米的穗）

Teeth: comb part（梳子的齿）

Neck：bottle part（瓶颈）

Heart：ace of heart（红心 A 牌）

Chest：treasure chest（宝箱）

Arm：axes（武器）

Hands：Clock parts（钟表的指针）

Palms：palm trees（棕榈树）

Legs：table parts（桌子腿）

Foot：ruler（度量单位：英尺）

127...

SAND（沙子）　WAND（魔杖）

WIND（风）　MIND（头脑）

MINE（煤矿）　LINE（直线）

LANE（莱恩）　JANE（简）

JUNE（六月）　DUNE（沙丘）

128...

这些单词是：

CALF（小牛）　DONKEY（毛驴）

HALF（一半）　MONKEY（猴子）

ITEM（条款）　CREASE（起皱）

STEM（茎）　GREASE（油脂）

FAULT（错误）
VAULT（储藏室）
CHIEF（主要的）
THIEF（小偷）
ALONE（单独的）
CLONE（克隆）
DUNCE（蠢材）
OUNCE（盎司）
CHEATER（骗子）
THEATER（戏院）
CRANIUM（头盖骨）
URANIUM（铀）
CARRIAGE（马车）
MARRIAGE（结婚）
JAWBREAKER（难发音的字）
LAWBREAKER（违法者）

如图所示：

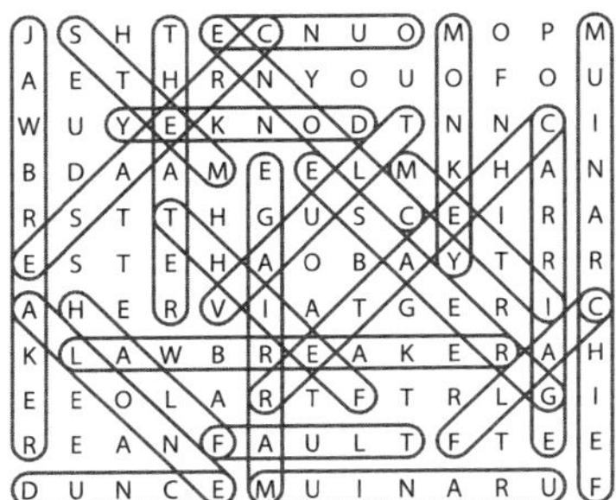

129...

shoes（snowshoes：雪鞋）
cone（snow cone：刨冰卷）
drift（snow drift：雪堆）
white（snow white：白雪公主）
board（snowboard：滑雪板）
ball（snowball：雪球）
storm（snow storm：暴风雪）

130...

如图所示：

131...

SNOW（雪）
SLOW（缓慢）
PLOW（犁）
PLOT（情节）
BLOT（弄脏）
BOOT（靴子）
BOAT（船只）
BEAT（跳动）
BELT（皮带）
BELL（贝尔）
BALL（球）

132...

aloud-allowed（大声地——允许）
board-bored（木板——厌倦）
crews-cruise（工作人员——巡航）
cymbal-symbol（铜钹——符号）
flower-flour（花朵——面粉）
grocer-grosser（食品杂货商——总的）
hire-higher（雇佣——更高）
hoes-hose（锄头——水管）
lernel-colonel（果仁——上校）
patients-patience（病人——耐心）
peace-piece（和平——片、块）
role-roll（角色——滚动）
sale-sail（出售——航行）
soared-sword（腾飞——宝剑）
some-sum（一些——一笔）
suite-sweet（套房——甜蜜）
sun-son（太阳——儿子）
threw-through（扔掉——通过）
thrown-throne（扔掉——宝座）
toe-tow（脚趾——拖拉）
wait-weight（等待——重量）
whether-weather（是否——天气）
whirled-world（旋转——世界）
worn-warn（穿戴——警告）
would-wood（将要——木头）

剩下字母连成的话：Seams ewe mist nun (Seems you missed none 好像你没有落下什么)。

如图所示：

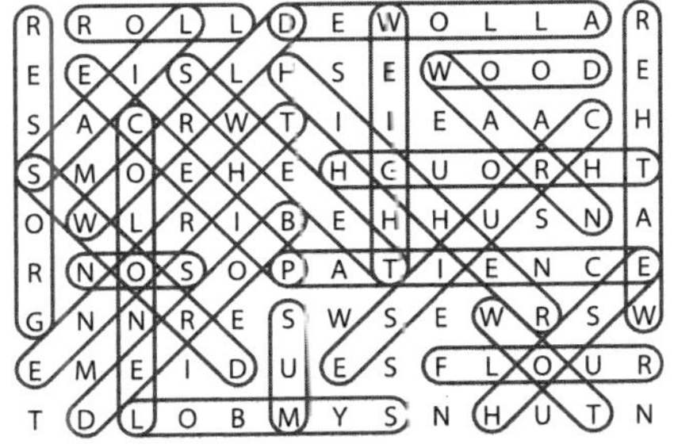

133...

blizzard（暴风雪），lizard（壁虎），

wizard（巫师）

bunny（小兔子），honey（蜂蜜），money（钞票）

candle（蜡烛），handle（箱子的把手），scandal（反感）

coaster（托盘），poster（海报），toaster（烤面包机）

flower（花朵），shower（淋浴器），tower（塔楼）

label（标签），stable（马厩），table（桌子）

134...

如图所示：

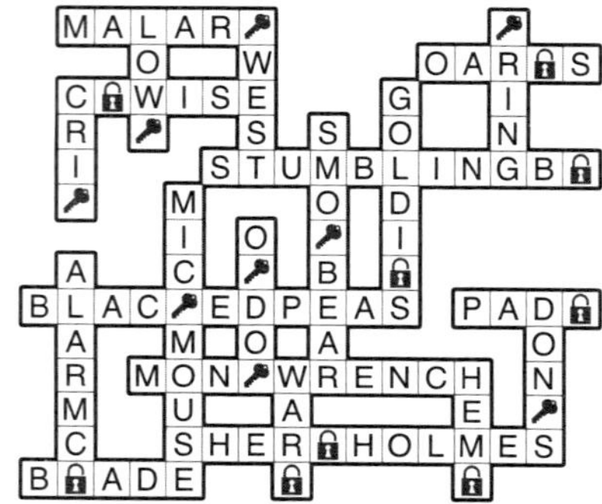

135...

剩余字母连成的话：The blue whale is much louder than a plane.（蓝鲸的声音比飞机的都要大）

如图所示：

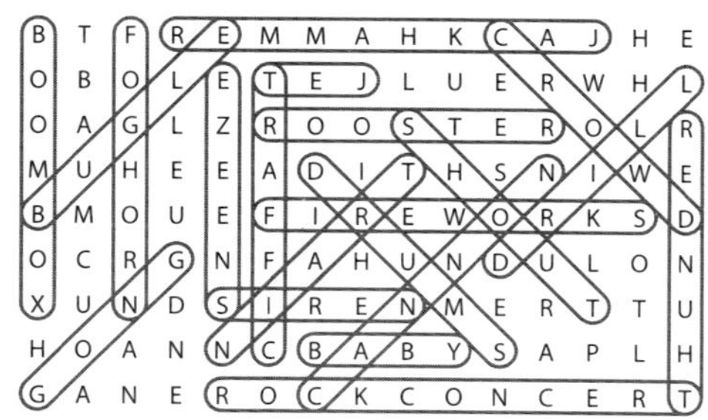

136...

FULL（满的） FALL（秋天）

BALL（舞会） BELL（钟）

BELT（皮带） BOLT（闪电）

BOAT（船只） MOAT（护城河）

MOAN（呻吟声）MOON（月亮）

137...

剩下的字母连成的话：Knight who can't defeat dragons get fired.（打不过巨龙的骑士，就要被炒鱿鱼）

如图所示：

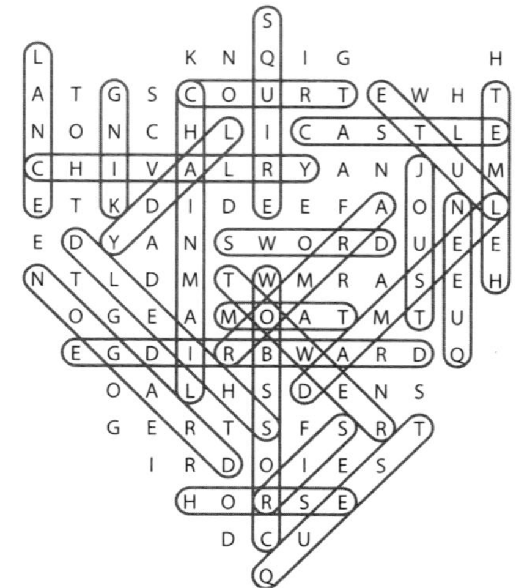

138...

物品为：

oven key（烤箱钥匙）

orange kazoo（橘黄色的玩具笛子）

owl kimono（画着猫头鹰的和服）

origami kilt（纸折的方格裙）

oily kayak（泛油光的小船）

octopus king（章鱼之王）

oval kite（椭圆形的风筝）

olympic kitten（穿着奥运衫的猫）

orbitting kettle（在天上运行的水壶）

ostrich kiss（鸵鸟的亲吻）

old kaleidoscope（老式的万花筒）

139...

第 1 栏：

Italy（意大利）/whistle（哨子）

Canada（加拿大）/sandals（凉鞋）

Norway（挪威）/snowboard（滑雪板）

Hungary（匈牙利）/hourglass（沙漏）

第 2 栏：

Egypt（埃及）/teapot（茶壶）

Sweden（瑞典）/sword（宝刀）

India（印度）/sundial（日晷）

France（法国）/fan（扇子）

140...

SOLO（独唱）　SILO（筒仓）
SILK（丝绸）　SINK（水池）
PINK（粉红）　PICK（拨片）
PUCK（橡胶圆盘，用作冰球）
DUCK（忽地低下头）　DUSK（黄昏）
DUST（灰尘）　DUET（二重唱）

141...

1.spin（织网）　8.trash（垃圾）
2.pinch（捏、掐）　9.shallow（浅的）
3.chair（椅子）　10.allowance（零用钱）
4.airplane（飞机）　11.ancestor（祖先）
5.planet（星球）　12.storm（暴风雪）
6.torches（火炬）　13.master（主人）
7.orchestra（管弦乐队）　14.asteroid（小行星）

142...

Flurry（阵风）　Icicle（冰柱）
Freeze（冻结）　Shovel（铁铲）
Gloves（手套）　Winter（冬天）

143...

剩下的字母连成的话：King Tut's coffin is solid gold.（图坦王法老的棺材是用足金做的）

如图所示：

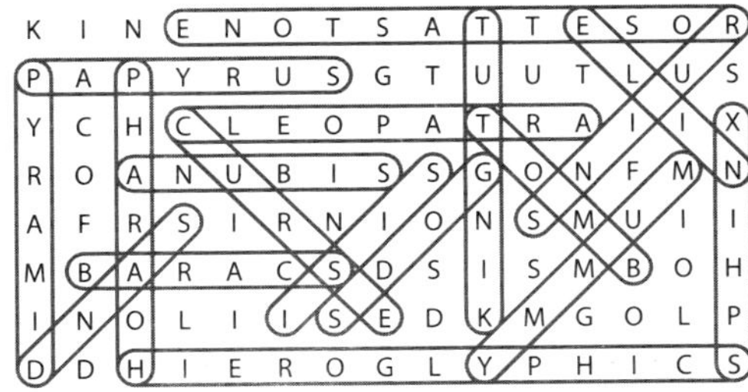

144...

1. pear chair（梨做的椅子）
2. pickle nickel（腌黄瓜做的五分币）
3. cheese skis（奶酪的滑雪板）
4. frank tank（热狗做成的坦克）
5. cake lake（蛋糕湖）
6. corn horn（玉米做成的喇叭）
7. jell-o cello（果冻做成的大提琴）
8. bread bed（面包做成的床）

145...

1. GHOST（幽灵）　4. GOBLIN（恶鬼）
2. WITCH（女巫）　5. SKELETON（骷髅）
3. WEREWOLF（狼人）

146...

如图所示：

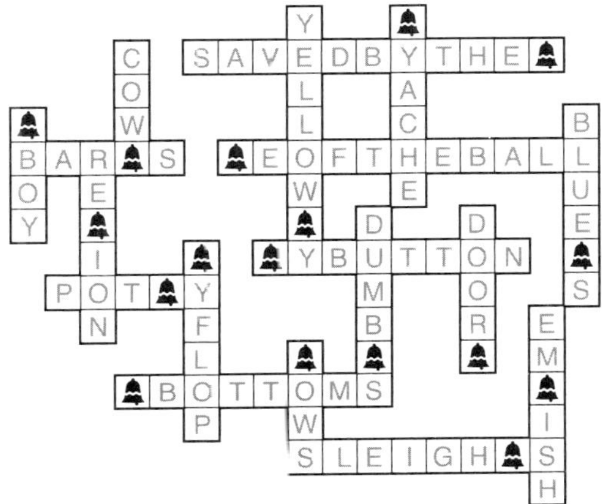

147...

如图所示：

148...

剩下的字母连成的话：The biggest man-made hole is a mine visible from space.（最大的人工洞穴是一座从太空中都能看到的矿洞）

如图所示：

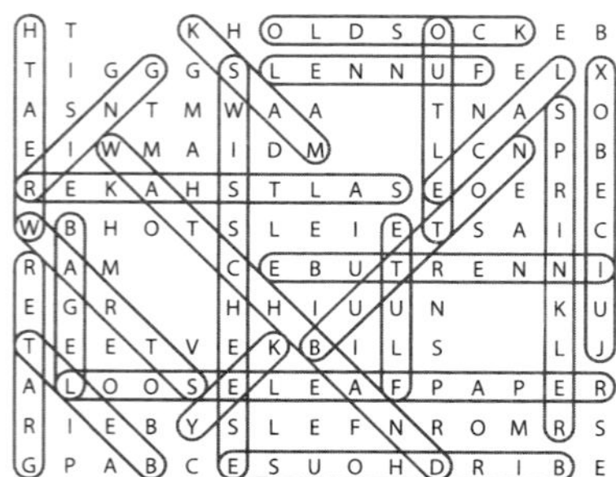

149...

ROCK（摇滚乐）
SOCK（袜子）
SICK（生病）
NICK（Saint Nick 是圣诞老人的又一称呼）
NICE（友好）
NINE（贝多芬有九大交响曲）
LINE（绳）
LANE（球道）
LAND（降落）
BAND（乐队）

150...

剩下的字母连成的话：She wanted to catch a fly.（她想要抓一只苍蝇）

如图所示：

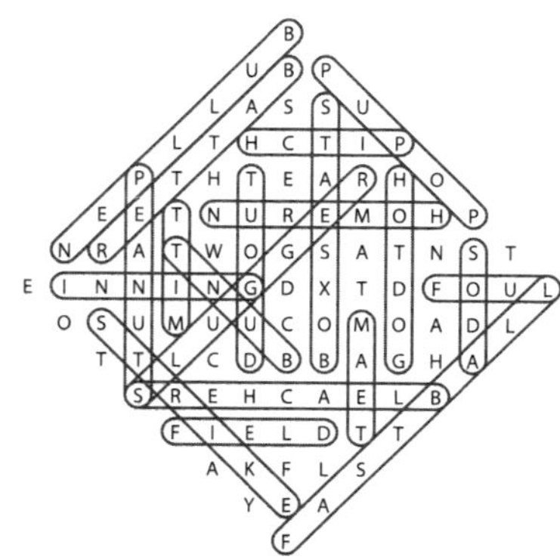

151...

DOWN（向下）
DAWN（黎明）
PAWN（卒）
PAWS（爪子）
PALS（朋友）
PALE（苍白）
MALE（雄性）
MALL（购物中心）
HALL（大厅）
HILL（小山）

152...

chimp blimp（坐着黑猩猩的软式小型飞船）
crab cab（坐着螃蟹的出租车）
actor tractor（坐着演员的拖拉机）
dragon wagon（坐着龙的四轮小车）
bowler stroller（玩儿滚球的人坐在婴儿车上）
shark ark（坐着鲨鱼的方舟）
sheep jeep（坐着绵羊的吉普车）
collie trolley（坐着牧羊犬的手推车）

153...

如图所示：

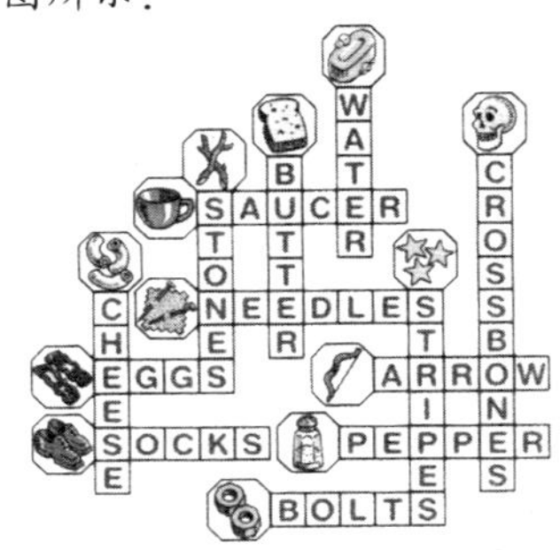

154...

剩下的字母连成的话：We say we hang up when we put the phone down.（把电话放下，这个动作叫作“挂电话”）

如图所示：

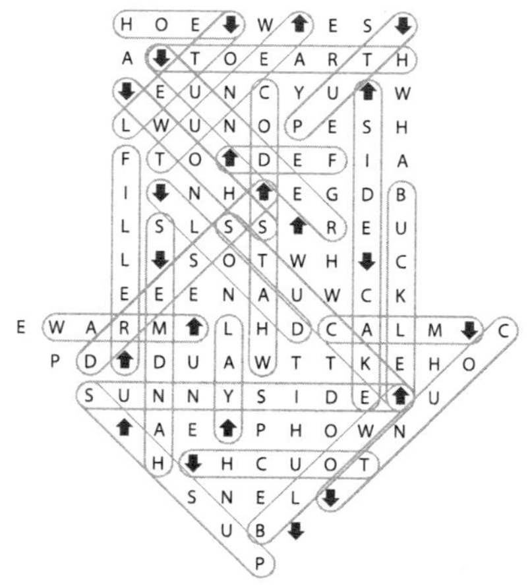

155...

阴影区域的单词内容：wishful thinking（如意算盘）。

剩下的3个单词是：birthday cake, shooting star, and aladdin's lamp——生日蛋糕、流星、阿拉丁神灯（面对它们你都会许愿）。

如图所示：

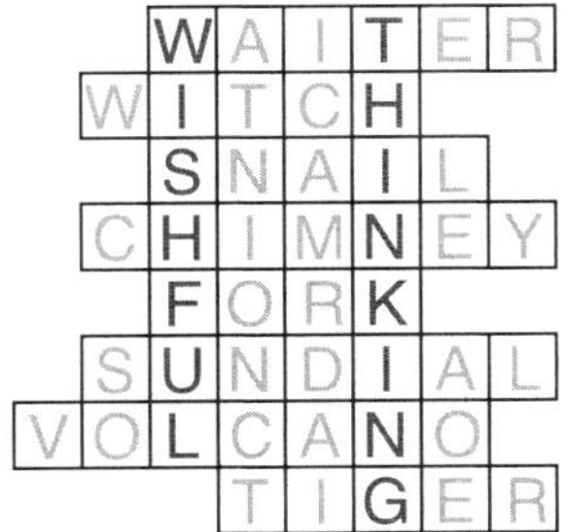

156...

如图所示：

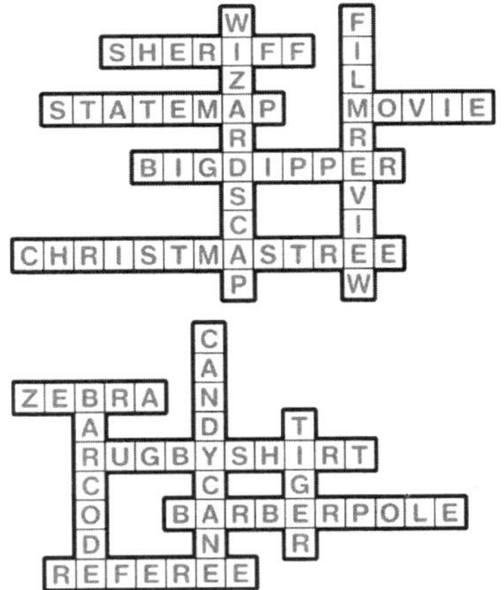

157...

剩下的字母连成的话：Rain forests have half of Earth's species.（热带雨林里含有地球上全部物种的一半）

如图所示：

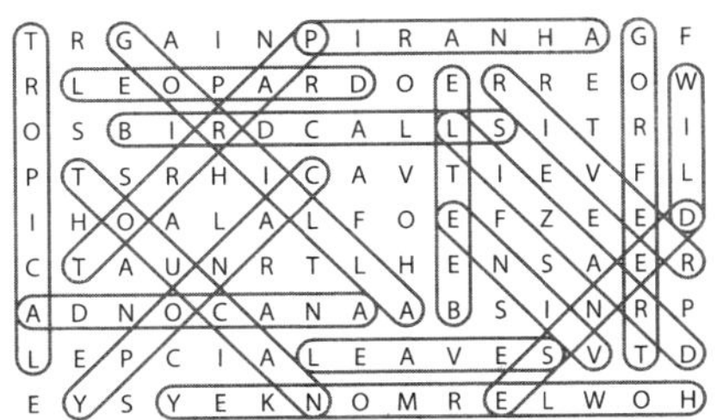

158...

1.POOL（游泳池）LOOP（环状）

2.STRAW（吸管）WARTS（瘊子）

3.BUS（公交车）SUB（潜水艇）

4.STEP（台阶）PETS（宠物）

5.STAR（明星）RATS（老鼠）

6.GUM（口香糖）MUG（大杯）

7.DRAWER（抽屉）REWARD（赏金）

8.STRESSED（紧张的）DESSERT（甜点）

159...

BLITZ（大胜——橄榄球运动术语）

CORNER KICK（角球——足球运动术语）

DUNK（扣球——篮球运动术语）

HEADLOCK（将对手之头紧挟于腋下——摔跤术语）

JAB（猛击——拳击术语）

LOVE（0分——网球运动术语）

PUTT（推杆——高尔夫球运动术语）

SAFE（安全上垒——棒球运动术语）

SLAP SHOT（挑射门——曲棍球术语）

SPARE（补中——保龄球术语）

剩下的字母连成的话：Despite its nickname, a football isn't made of pigskin.（橄榄球并不是用猪皮做成的）

如图所示：

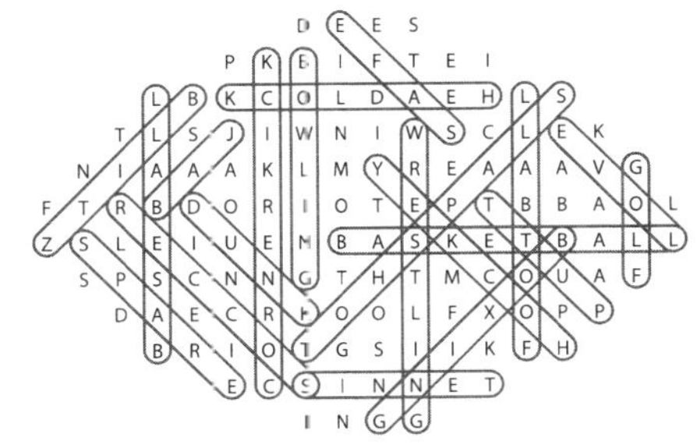

160...

如图所示：

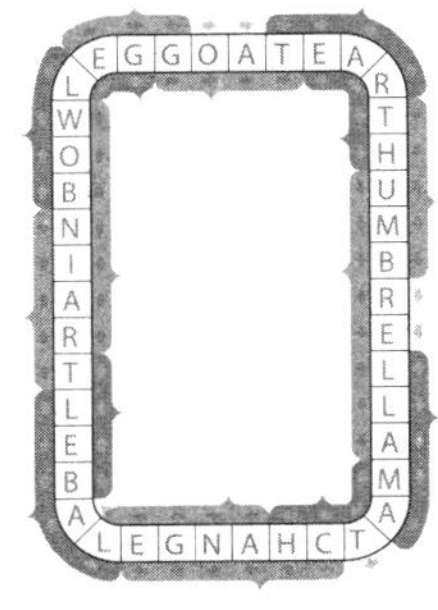

161...

ZOOM（变焦）　BOOM（爆炸声）
BOOT（靴子）　BOAT（船只）
BOAS（蟒蛇）　BOSS（老板）
LOSS（失败）　LOGS（圆木）
LEGS（腿）　LENS（透镜）

162...

Fox (of oxygen)——狐狸
Beaver (be a very)——河豚
Rabbit (grab bits)——兔子
Otter (got terribly)——水獭
Bear (dumb earflaps)——熊
Caribou (car I bought)——北美驯鹿
Elk (feel kind)——麋
Seal (lose a lot)——海豹

163...

物品名称：
PIZZA GONG（披萨饼做的锣）
PUMPKIN GAME（南瓜游戏）
POLICE GORILLA（大猩猩警察）
PET GIRAFFE（宠物长颈鹿）
PAINTED GUITAR（刷过油漆的吉他）
PURPLE GRASSHOPPER（紫色的蚱蜢）
POPSICLE GARDEN（棒冰花园）
PINAPPLE GLASSES（菠萝眼睛）
PEACOCK GOWN（孔雀服）
PRETZEL GLUE（椒盐卷胶水）
PEANUT GLOBE（花生形的地球仪）
PRIZE GOLDFISH（获奖的金鱼）
PENCIL GATE（铅笔大门）

164...

剩下的字母连成的话：Some pirates were women disguised as men.（有些海盗是扮成男人的女人）

如图所示：

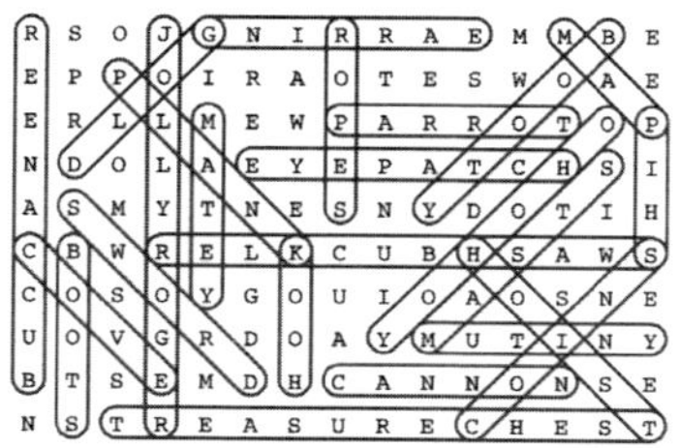

165...

如图所示：

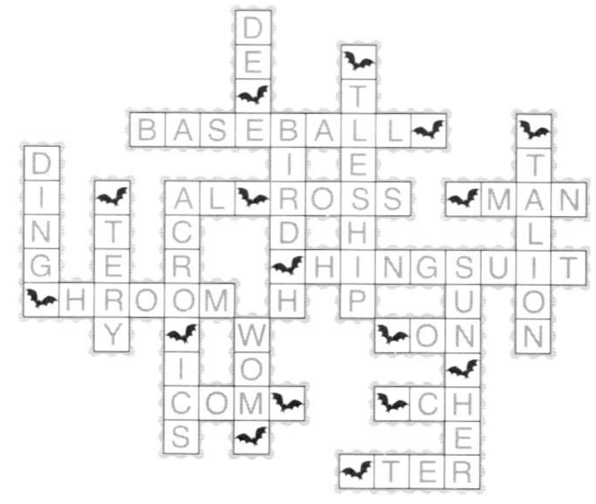

166...

如图所示：

167...

剩下的字母连成的话：The tallest house of cards ever created measured about twenty-five feet.（世界上最高的，用纸牌叠成的房子大概有 25 英尺高）

如图所示：

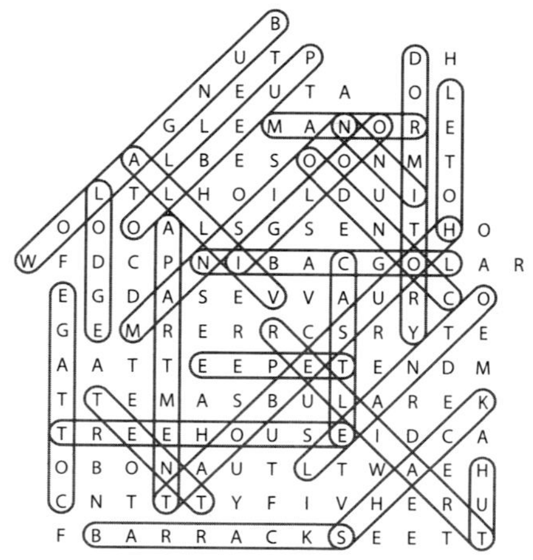

168...

物品如下：

BLUE JAY（冠蓝鸦）

BLACK WINDOW（黑色的窗户）

REDHEAD（红发的人）

BLACK BELT（跆拳道黑带）

GREEN BEANS（青豆）

YELLOW PAGES（电话黄页）

BLUE RIBBON（蓝丝带——象征勋章）

BLUEBERRIES（蓝莓）

ORANGE JUICE（橙汁）

WHITE BREAD（白面包）

RED SOX（红色的短袜）

YELLOW BRICK ROAD（黄砖路）

RED CARPET（红地毯）

GREENHOUSE（温室）

BLUE JEANS（牛仔裤）

BLACKBOARD（黑板）

BLACKSMITH（铁匠）

BLACK EYE（黑眼睛）

YELLOW JACKET（黄色的夹克）

WHITE RABBIT（白色的兔子）

BLUEPRINT（设计图）

WHITE HOUSE（白宫）

169...

图中问题的答案是：You look all white to me.（在我看来，你全是白色的）

如图所示：

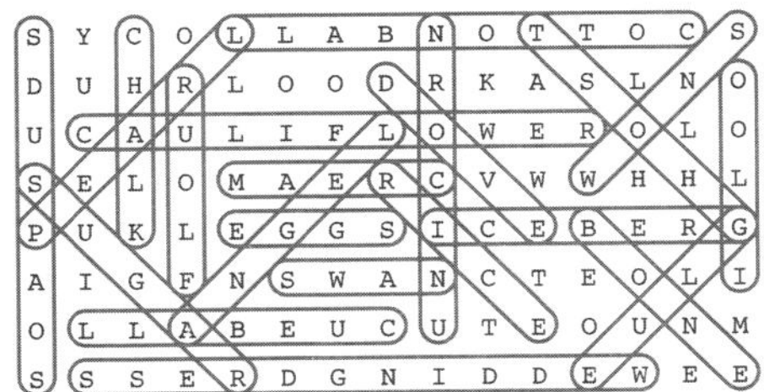

170...

孩子们穿的服装和广告中的服装分别是：

purse−nurse（钱包——护士）

lizard−wizard（蜥蜴——巫师）

crown−clown（王冠——小丑）

gelatin−skeleton（鼠胶——骷髅）

kite−knight（风筝——骑士）

pear−bear（梨子——熊）

switch−witch（女巫——开关）

toast−ghost（吐司面包——幽灵）

171...

剩下的字母连成的话：The only man you did not find here is the Invisible Man.（你唯一没有在这里发现的是隐形人）

如图所示：

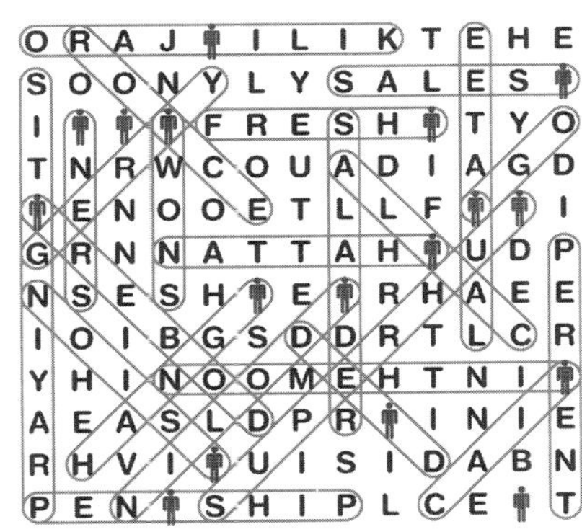

172...

如图所示：

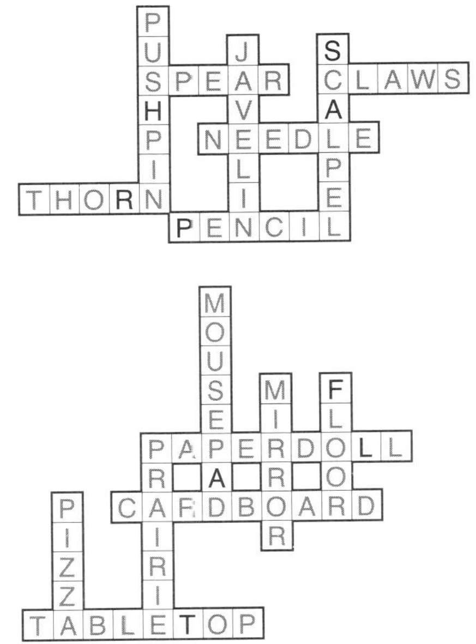

173...

preacher and teacher（传道士和教师）

skater and waiter（滑雪者和服务生）

diver and driver（潜水员和司机）
charmer and farmer（魔术师和农民）
fighter and writer（拳击手和作家）
drummer and plumber（鼓手和管道工）
sailor and tailor（水手和裁缝）
chef and ref（厨师和裁判员）

174...

如图所示：

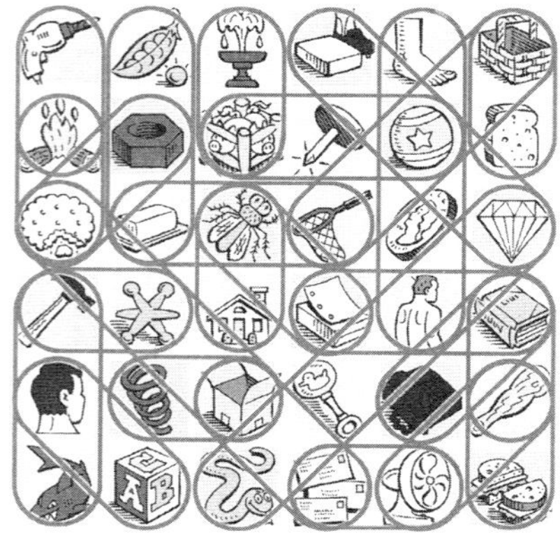

175...

物品如下：
tired ventriloquist（劳累的口技演员）
trophy vault（奖杯储藏室）
taped vase（捆绑的花瓶）
towed van（被拖走的车）
tall viking（高大的北欧海盗）
twisted violin（扭曲的小提琴）
tomato volcano（番茄的火山）
tattooed vampire（文身的吸血鬼）
torn valentine（被撕坏的情人节礼物）
toasted vegetable（烤玉米）
toy vulture（玩具秃鹰）
tiger vest（老虎背心）

176...

RAIN（下雨） PAIN（疼痛）
PAWN（小卒） PAWS（爪子）
PATS（轻拍） CATS（猫）
CUTS（剪切） HUTS（小屋）
HUGS（拥抱） HOGS（像猪般的人）
DOGS（狗）

177...

缺少 2 个 L
Bully（欺负） Cello（大提琴）
Gazelle（瞪羚） Honolulu（檀香山）
Holly（冬青） Lilac（紫丁香）
Lincoln（林肯） Jolly（欢乐的）
Mall（购物中心） Molecule（分子）
Lonely（孤独的） Pull（拉）
缺少 3 个 L
Belly flop（跳水笨动作）
Golf ball（高尔夫球）
Little League（少年棒球队）
Jingle Bell（雪橇的铃）
Lollipop（棒棒糖）
Lullaby（摇篮曲）
缺少 4 个 L
Hillbilly（乡下人） Volleyball（排球）

剩下的字母连成的话：You need an L to sing “Fa la la la”.（会说“L”你才能唱“Fa la la la”）

如图所示：

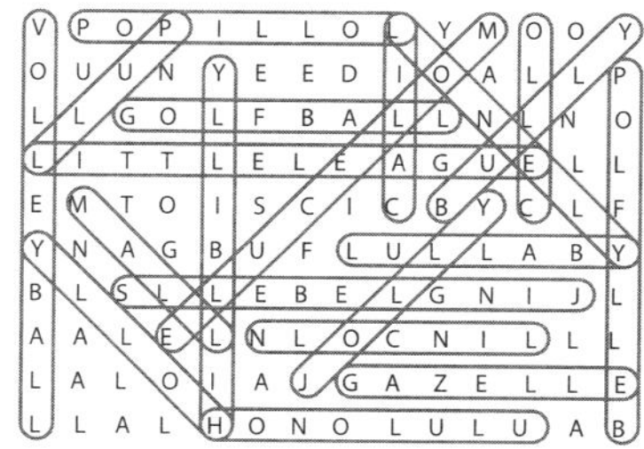

第四章

几何类思维游戏

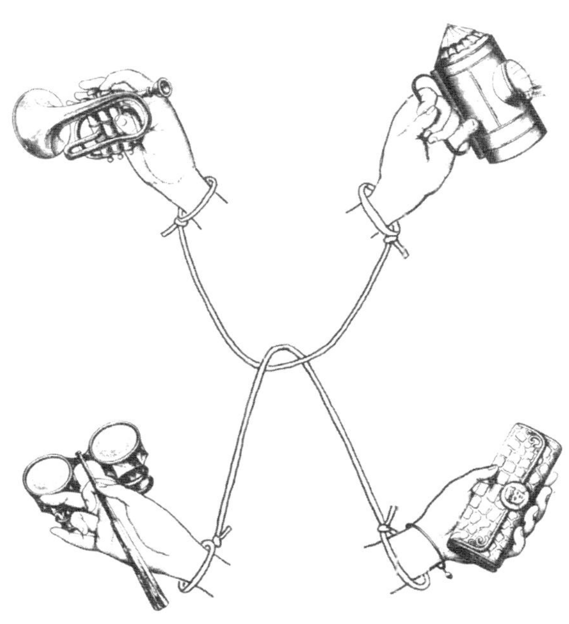

1. 两个玻璃杯

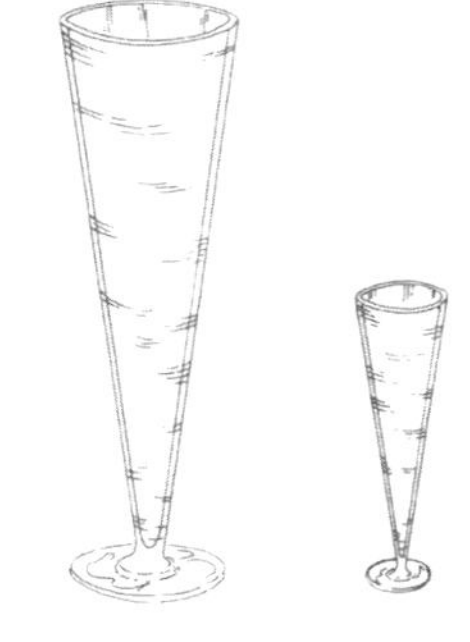

右图中有两个细长玻璃杯。大玻璃杯的杯口直径和杯身高度正好是小玻璃杯的 2 倍。现在要做的就是把小玻璃杯当作量器将大玻璃杯装满水。先把小玻璃杯装满水，然后把水倒进大玻璃杯。那么，我们需要多少次才能把大玻璃杯装满水？

2. 飞跃大理石

一只苍蝇发现一块儿大理石的底座，并想从上面飞过。它准备从图中所示的这个立方体左下角的 A 点出发，然后到达立方体对面的右上角 B 点。这个立方体的每条边都长 60 厘米。那么，你能为这只苍蝇找出一条最短的路线吗？

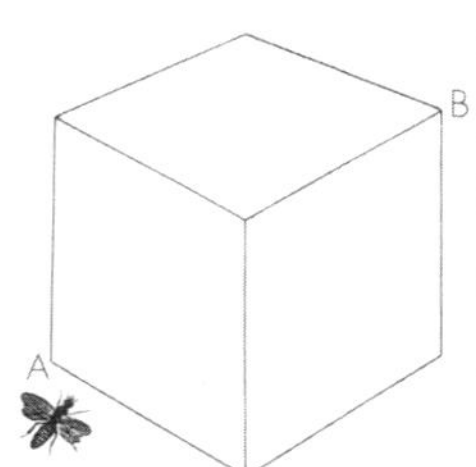

3. “皇后”的路线

下图中的米莉 · 赛克斯是谦逊主教国际象棋俱乐部的女服务员。她正在思考昨晚那个把所有人都难住的思维游戏。把皇后放在正方形棋盘上的一个格里（如图所示），你能否只走 4 步就可以使它经过棋盘左上角的全部 9 个方格呢？在你移动每步棋时，你可以穿过任意多个方格，但是只能朝着一个方向移动。现在，试试看你能否在 5 分钟内把这个难题解答出来。

4. 蜂房

下图中的蜜蜂正在设法将蜂箱中从 1 到 14 这几个数字重新排列。它们要使相邻的两个蜂房内的数字彼此不连续；同时，排列完之后，任意一个数字都不能与可以整除它的数字相邻（数字 1 除外）。

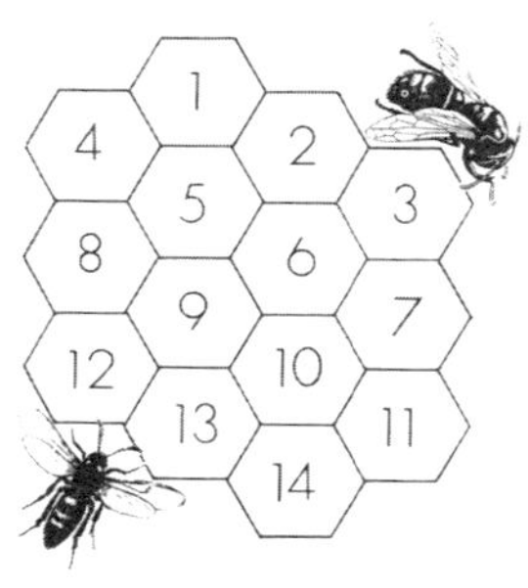

5. 剪三角形

在电视机还没有出现前，晚上当人们围坐在餐桌前闲聊时，思维游戏就成了甜点之后最流行的娱乐方式。这里所说的就是“剪刀手”赛明顿向人们炫耀的三角题。他手里拿着一张等边三角形的纸，然后将它剪成 5 块；他随后把这些小块组成 4 个小的等边三角形（并不是所有的纸块儿在组成三角形时都会用上）。所有 5 个纸块儿都是三角形。你知道他是怎么剪的吗？

6. 切铁皮

时间要回到 1776 年，约克人蒂莫西是波士顿最好的铁匠。每次他做完一件酒杯，都会去路南边的布拉迪·马林·格罗格商店为这家店的老板解决高难度的思维游戏。后面长凳上放着一大块儿铁皮，蒂莫西把它切成5小块儿后组成了一个正方形。那么，你能推断出他是如何做到的吗?

7. 木匠的聚会

杂务工人海勒姆·鲍尔皮尼刚刚参加完木匠学院的聚会回来，而在聚会上他新创作的胶合板思维游戏把每个人都给难住了。他向大家展示了一块由5个大小相同的正方形组成的木板。首先，你要沿直线在木板上切两下，将它分成3块，然后，把这几块儿木板拼在一起组成一个正方形。那么，海勒姆是怎么做到的呢?

8. 柏拉图立方体

9. 棋子的换位

这纯粹是一个“换位置”的题。将3个白色的棋子分别放在1，2，3号位，把3个黑色棋子分别放在10，11，12号位。你只能通过22步将它们的位置互换。每个颜色的棋子轮流沿着直线从一个圆圈移动到另外一个圆圈。任何一个棋子都不可以放在对方棋子下一步可以移动到的圆圈内；每个棋子只能在它所在的圆圈内停留一次。

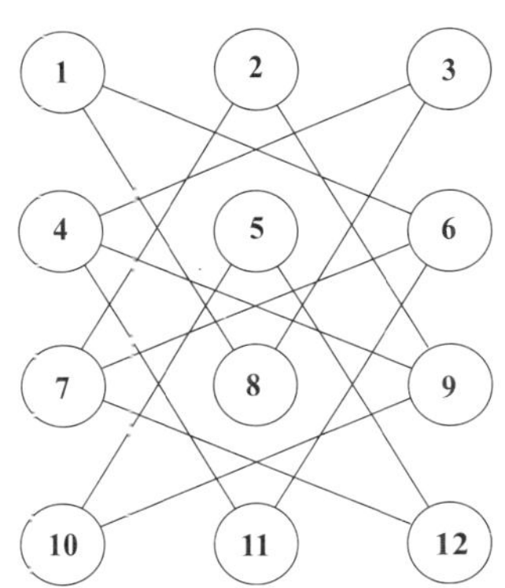

10. 偶数筹码

按照下图的样子画一个有16个方格的棋盘，然后，将10个扑克筹码放在棋盘上的10个方格内。你的任务是将它们分布在最多行列内，并使每行每列的筹码个数为偶数。

11. 死亡三角

我们看到的是杂技团的芬顿·凯奇奥尔，他正在表演自己的拿手好戏——死亡三角，芬顿对这些像剃须刀一样锋利的钢碎片毫无惧色。这些碎片和他在表演中所使用的其他小道具一样都是源自一个著名的思维游戏。如果你把这5个三角形中的任意一个切成两半，那么，就可以把它们拼成一个完整的正方形。那么，你愿不愿意试一试这个游戏呢？

12. 火柴金字塔

这是一个验证移动的思维游戏。做这个游戏时，你需要准备4根火柴。按照下图的样子，将其中的3根火柴摆成一个“金字塔”。接着，把第4根交给你的“受害者”。你来挑战他，看谁能只凭借第4根火柴杆就可以把那3根竖直放置的火柴提起来并且在保持金字塔形状的情况下把它们抬起来拿到屋子的对面并放在另一张桌子上面。

五金器具店的几个好朋友整个下午都在研究这个题。

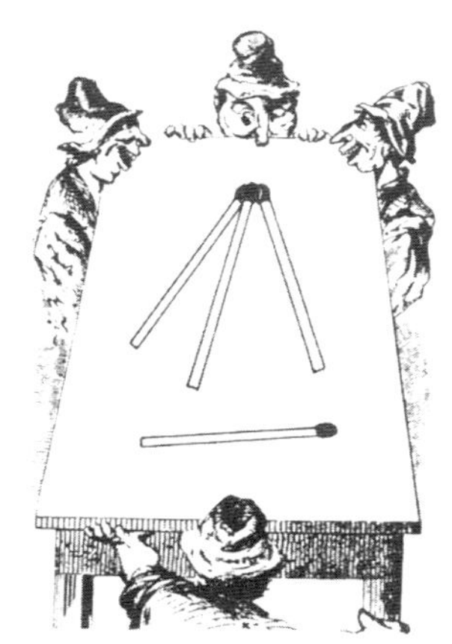

13. 撞球

波齐兹·普兰德加斯特是闲暇时刻台球社团的经理，他总是千方百计地赚取顾客的钱。图中所示的就是他使用的伎俩之

一。他将 8 个撞球排成一条直线，一个花色目标球和一个白色主球交替放置。他打赌说你在 4 步之内不可能使直线上的 4 个白色球移动到左边，使 4 个花色球移动到右边。每次移动时，你必须将任意相邻的两个球移动到直线上的其他位置。那么，让我们看看你能否在波齐兹连续将所有的球都打入袋中之前把这个难题解答出来。

14. 正方形风筝

加尔文·博斯特伯这次真的遇到了麻烦。如果风不能停下来的话，他那个极有“雄心”的风筝真的会把他带到某个神秘之地。这个风筝不仅因为空气动力飞得很高，而且也包含了一道题。风筝的撑木形成了形状各异、彼此相连的正方形。请试试，看你能否正确计算出风筝上大大小小的正方形有多少个。而你只能在 60 秒之内正确地计算出正方形的总数。

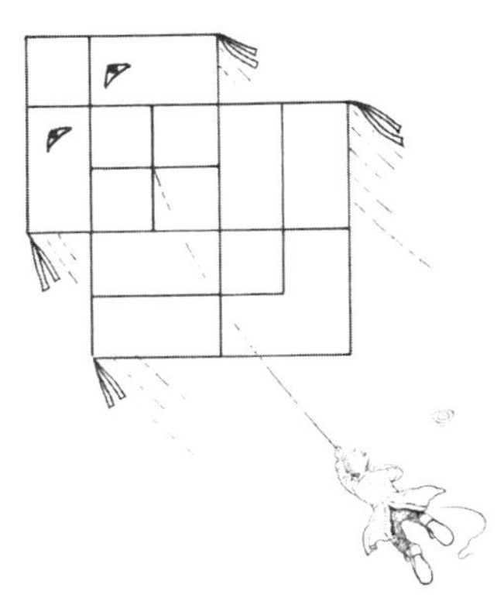

15. 赢取慈善捐献

比利·索尔皮是一位思维游戏天才，此时他正面临一个巨大的挑战。在台上表演时，他经常解答观众提出的题。最近，一家思维游戏俱乐部的老板十分肯定地认为比利不可能在 3 分钟之内把图中的幻方题解答出来；并且他答应如果比利成功的话，他将为比利所热衷的慈善事业捐献 1 万元。在这个题口，比利需要将图中格子内的数字重新排列，使每行、每列中的数字不能重复出现两次；同时，两条对角线上的数字也不能重复出现两次。如果排列正确的话，那么每行、每列中的数字相加的总和为 10。比利真的在 3 分钟之内把这个难题解答出来了。那么，你呢？

16. “巨蛋”游戏

当你下次参加聚会时，就可以用这个“巨蛋”游戏为难你的朋友。挑战在场的所有人，跟他们进行鸡蛋平衡比赛。在桌子上放一个鸡蛋、两把叉子、一个瓶塞和一个拐杖。你事先声明自己可以用两把叉子和一个瓶塞把鸡蛋稳放在拐杖的末端。先让他们来尝试。在清理干净他们遗留的痕迹之后，你再来展示这个过程——但是，你得先下一个适当的赌注。

17. 棋盘与硬币

在下图的棋盘上将3枚5角硬币放在1，2，3号方格内，然后将3枚1角硬币放在5，6，7号方格内，接着再将它们的位置互换。在这个过程中，你可以将硬币移动到与之相邻的空格内或将其从与之相邻的硬币上跳到后面的空格内，你可以沿水平或者垂直方向移动。请设法在15步之内将硬币相互交换位置。

18. 入职测试

珀西瓦尔·彭布罗克丢掉了自己的高薪工作，他想再找一个也不过是小菜一碟。但是，他应聘的金融投资公司却给了他个措手不及。公司给他出了一个能力测试题，而他没有通过！他们给了他4个正方形和8个三角形，他的任务是在5分钟之内把它们拼成正方形。那么，你能通过这个测试吗？

19. 瓢虫表演

接下来桑蒂尼将带来精彩的瓢虫表演，这一有史以来最伟大的表演将展示昆虫如何准确前进的。在3分钟之内，将7只瓢虫排成一行，这样，它们外壳上的字母就会有很多的排列方式。那么，你能判断出共有多少种排列方式吗？

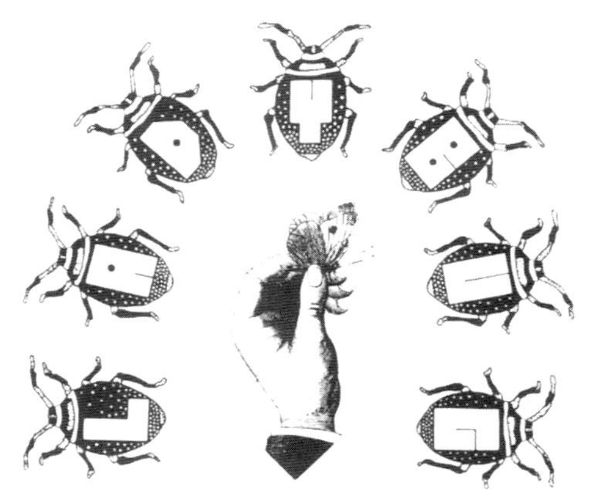

20. 围栅栏

地主查普曼准备在自己房子外边的路上围一个新栅栏。这段路长99米，每对栅栏柱相隔3米，柱子之间有3根横杆。西姆斯拿来33根栅栏柱、99根横杆以及99米长的围栅栏用的铁丝，但他却不能完全围成栅栏。那么，西姆斯错在哪里了呢？

对不起，先生！不够的那部分，我已经让蒂莫西到城里去买了。

西姆斯！时间就是金钱，而你把这两样东西都丢了。如果再这样，你就给我走人！

21. 教堂的十字架

斯皮尔牧师又一次在教堂遇到了麻烦。昨天晚上，狂风暴雨袭来，将教堂尖塔上的十字架刮倒在地，并将它摔成了5块儿。教堂司事温斯洛宣称他知道如何将它们重新拼在一起使十字架重见天日。各部分已经展现在下图之中。那么，你能帮助牧师和教堂司事了解其中的神秘之处吗？

22. 可可豆盒

在这个甜味题当中，你遇到的是一个密封的贝克早餐可可豆盒，里面装满了可可豆。另外，还有一把15厘米长的尺子。那么，你能否在不打开盒子的情况下，测量盒子内部的尺寸并计算出盒子主要对角线的长度呢？

比如这条从底部右侧前角（B）到顶部左侧后角（A）的直线，盒子内有4条这样的直线。盒子侧面、底顶部以及底部的厚度可以忽略不计。通过数学计算你可以得出结果，但是有一个更为简单的方法，即只利用尺子直接测量，我们要找出这个方法。

我们已经将体积因素排除在外，因为它们并不是找出这个方法的关键所在。那么，你能找到这个题的解答方法吗？

23. 修改围栏

沃尔特·斯奈尔特拉普是当地动物园里的公园管理员，他在为一群动物划分界线时遇到了麻烦，可以说都怪狮子不安分守己。斯奈尔特拉普把9只动物混合圈在一个正方形的围栏里。可是，没过多久，狮子开始咬骆驼，而大象却把狮子踩了，这让大家很是不悦。于是，斯奈尔特拉普决定把每只动物分别圈在各自的围栏里。他只在大围栏里建了两个围栏就把所有的动物各自分开了。那么，你知道他是如何修建围栏的吗？

24. 摆放骰子

这个题需要你准备3个骰子。先在桌子上放一个骰子，然后把另外两个骰子夹在拇指和食指之间。接着，与在场的人打赌，说他们不能（按照上图所示的角度）将两个骰子并排放在桌上的那个骰子的顶部。不用说，他们每次都会失败。当他们最终认输时，你可以毫不犹豫地将骰子稳稳当当地放在上面。你如何去做呢？

25. 巧移硬币

许多移动硬币的思维游戏都可以使人愉快，而这就是其中之一。你要用 5 步将图 1 中的 H 变成图 2 中的 O，每步都要使一枚硬币在不打乱其他硬币位置的情况下移动一次。当这枚硬币移动到新位置后，它必须与另外两枚硬币相接触。

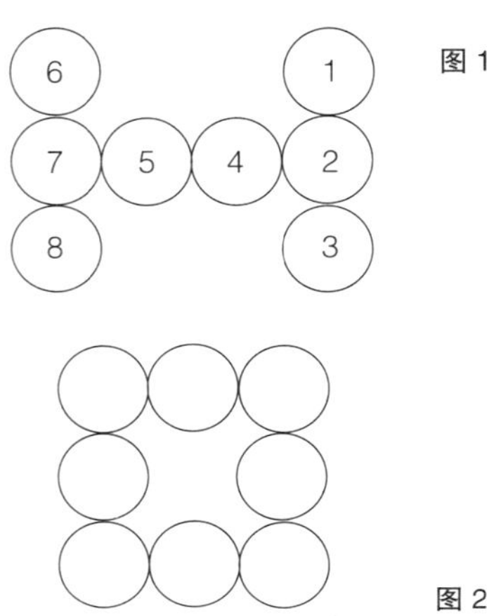

图 1

图 2

26. 多米诺骨牌与棋盘

假如我们有 32 个多米诺骨牌，每个多米诺骨牌可以占棋盘上的两个方格。把所有的多米诺骨牌放在棋盘上，它们会占满所有 64 个方格。现在，将棋盘对角上的两个方格切掉并去掉一个多米诺骨牌。那么，你能否将剩下的 31 个多米诺骨牌放在棋盘剩余的 62 个方格上呢？如果可以的话，请给予证明；如果不可以的话，请解释原因。

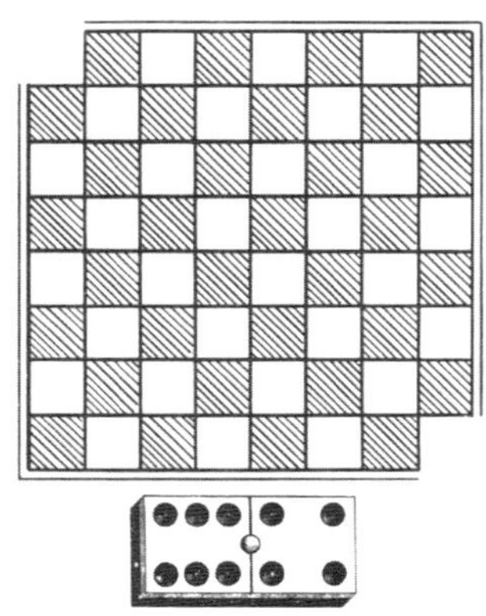

27. 迷惑人的形状

事情发生在 1877 年，雷诺德教授的展示引起了轰动。其中之一就是幻灯片思维游戏，他是借助自己一个著名的发明——实用镜来完成展示的。他正在这里表演这个称作“迷惑人的形状”。下图屏幕中显示的上下两个形状分别是一个实心木块儿的正面图和侧面图。通过对这两幅图的研究，你能推断出这个物体的形状吗？

28. 三角形思考

尼罗河下游的人们经常就金字塔和三角形进行思考。下图中的那个年轻女子正在计算图中所示的三角形的个数，这个图形里有许多形状各异的三角形。你能在 60 秒之内找出多少个三角形。

29. 对角线的角度

教授现在陷入了困境。他忘记了下图中题的答案，离上课只剩下 5 分钟了！线段 BD 和 GD 已经画在虚构的立方体的两个面上。两条线段相交于 D 点。那么，你能帮教授计算出这两条对角线之间的角度吗？

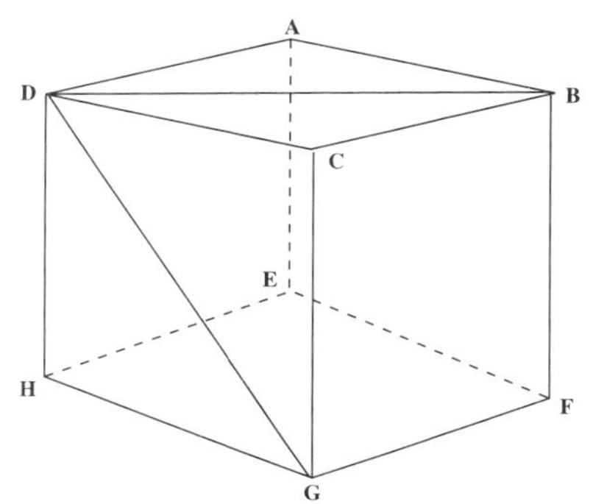

30. 新风筝游戏

这位勇敢的海盗正坐在那里摇晃，他在打发这段萧条时期。这样他就可以完成他的“新风筝游戏”。这个风筝需要你计算出各种不同形状的正方形和三角形的个数。但是你只有一次机会，要争取利用这次机会计算出正确结果。

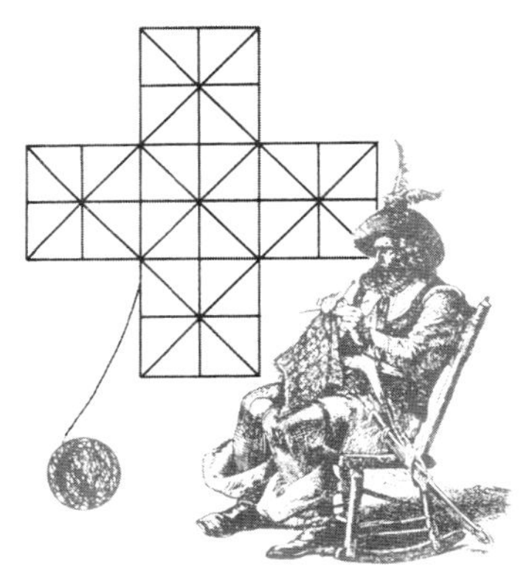

31. 盾牌与硬币

这个思维游戏来自巴比伦。盾牌周围有 12 个黑点，现在的问题是按照规则将 11 枚硬币放在 11 个黑点上。可以从任何一个点开始，接下来数 6 个点并把一枚硬币放在第 6 个点上；总是按顺时针方向进行；从另外一个空点开始，绕圆圈计数，并把另外一枚硬币放在一个空点上。依此类推。直到把所有的硬币都放在不同的点上。计数的时候，将放有硬币的点看作是空点，并且把这个点计算在内。记住，你必须总是从一个空点开始计数。

32. 重排金字塔

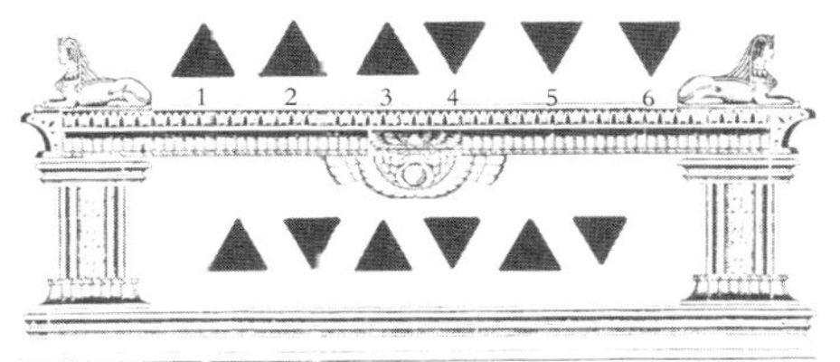

这个古老而珍贵的问题来自尼罗河谷。祭坛上的图示中有 6 个金字塔，问题是把它们重新排列，使它们摆成祭坛下面的样子。排列的规则如下：你只能用 3 步完成；每步都要使金字塔两端的位置颠倒；每个金字塔都必须保持在原位置。

33. 底比斯人的石碑

“皮特里，我们的这个发现会载入史册的。寓言中的底比斯人的石碑终于被挖掘出来了！”

“是啊，霍金斯！值得庆贺。现在我们来把这个题解答出来。根据纸草上的记载，‘只有找出瓦碑上大、小正方形的个数才能达到完美。’”

那么，你能找出多少个正方形呢？

34. 神奇的“Z”

那个埃及的奇迹制造家——乔德·赫拉比正准备表演“神奇的‘Z’”。他在大家的面前把这个图形劈成了3块儿，然后使它们在空中旋转后返回，并拼成了一个完整的正方形。那么，你知道这3块儿如何重组才能拼成一个正方形吗？

35. 直线和正方形

好像沃尔多·奎勒已经把这个著名的直线和正方形游戏解决了。这个题要求用最少的直线画一个图形，这个图形要有100个正方形。在下图的例子里，你会找出20个正方形。

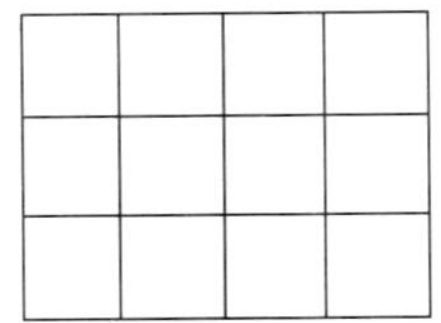

36. 骑车路线

下图中的奥托·凡·斯普洛奇特是位怪才，在自行车的鼎盛时期，奥托是高飞自行车厂的首席工程师。每天早晨，奥托骑车从图中A点出发到B点的自行车厂，奥托喜欢每天从不同的路线走。那么，你能计算出在他家与工厂之间有多少不同的路线吗？他骑车总是先向上，再向右。

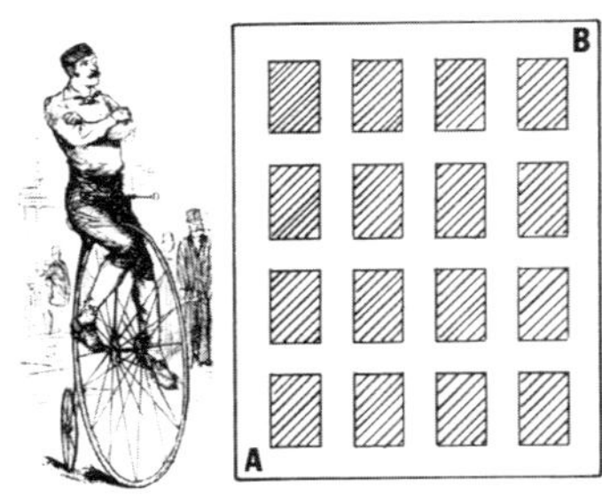

37. 最少的正方形

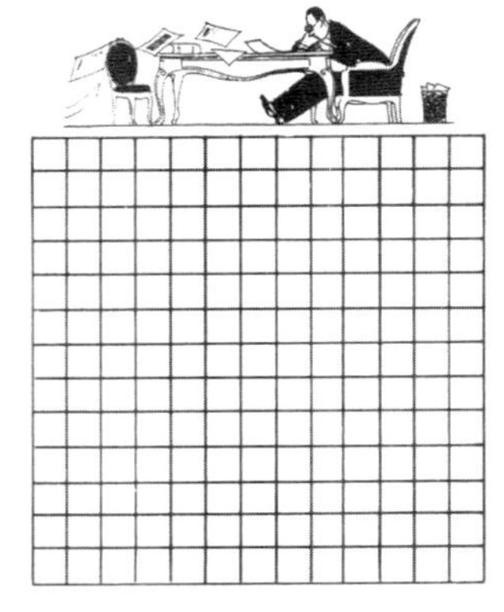

上图中的那位先生正设法找出这幅画可以剪成的最少正方形个数。如果沿着所有直线剪，那么可以剪成169个正方形，

这是最多的正方形。这幅画可以剪成，比如，1 个 6×6 的正方形（即 36 个小正方形）、1 个 4×4 的正方形（即 16 个小正方形），或者 1 个 2×2 的正方形（即 4 个小正方形）。相同尺寸的正方形可以重复出现，但是所有的正方形的尺寸不能都相同。

提示：我们的答案中的不同尺寸正方形的个数少于 20。

38. 赌火柴棍

爱德在海运湾工作，每天他都与老板玩赌火柴棍的游戏，一旦他赢了，就会从老板那里得到报酬。上周，他按下图中的样子摆出了 24 根火柴，与老板赌上了。火柴围成了 9 个正方形，所要做的就是移走其中的 8 根火柴，使其成为 3 个正方形。

39. 数一数

你能找到多少个人？

40. 划分圣诞老人

这个很棒的思维游戏你可以等到下次圣诞派对时再使用。下图的正方形里有两个圣诞老人，把这个正方形打印 12 份，然后交给你的客人。告诉他们这个圣诞老人思维游戏要求把这个正方形切成 4 份，然后把它们重新拼成两个独立的正方形，而且每个正方形里各包含一个完整的圣诞老人。你能解决这个问题吗？

41. 固体

你们有 60 秒的时间来完成这个测试。

42. 硬币正背面

按照图中的样子在桌上放 12 枚硬币，6 枚硬币正面朝上、6 枚硬币背面朝上。注意，在这 4 行硬币当中，每行都同时包括正面硬币和背面硬币。你只能接触其中的 1 枚硬币使水平方向的 4 行硬币全部是正面或者全部是背面。

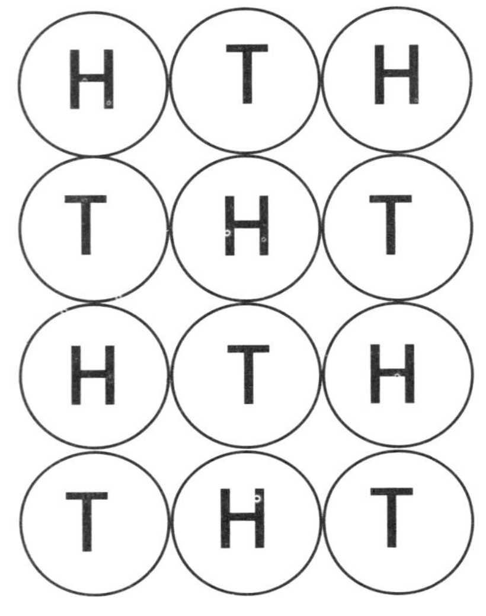

43. 分隔表格

将下面的表格分隔成多个长方形，使得每个长方形里都包含一个数字，而这个数字正好等于该长方形所包含的格子个数。

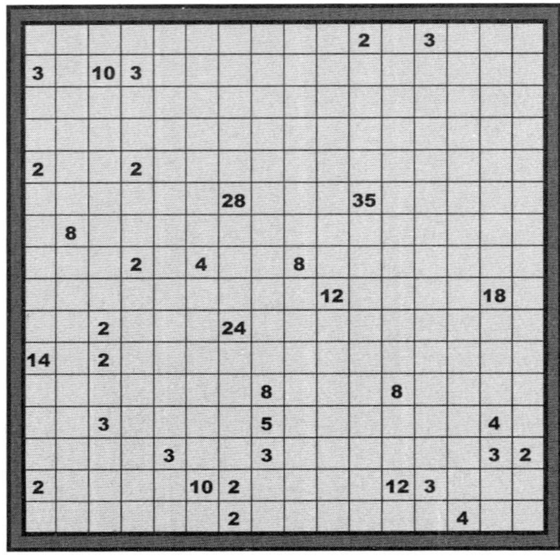

44. 平分财产

已过世的著名农学家法莫尔·布朗曾留下话，他要把他的财产平分给 4 个儿子。他特别声明：他那个种有 12 棵珍贵果树的果园应分成大小、形状相同的 4 份，每份包括 3 棵树。那么，4 个儿子应该如何按照父亲的遗愿用栅栏将果园隔开呢？

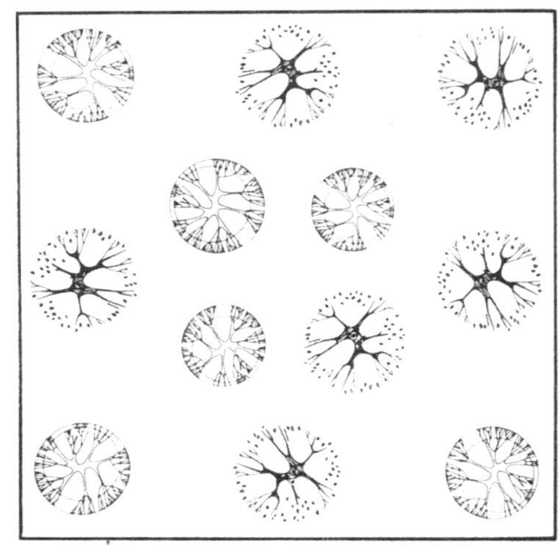

45. 随意的图形

这是个真正的智商测试题。下图中有 6 个随意的图形，它们由圆圈、三角形和正方形构成，这个题要求你判断接下来该是哪 3 个图形。各就各位，预备，开始画！

46. 商店平面图

威尔休斯·威利既是臭名昭著的保险箱窃贼，也是最吝啬的骗子。为了省钱，他买了一叠打折建筑平面图，他不打算让人看出来他将抢劫商店的哪间房子。售货员告诉他整个建筑是个正方形，主室的门朝外，商店平面图被分成了6个正方形房间，4个小房间的门都通向主室，第5个小房间里有一个保险箱。另外，售货员还说他要完成平面图，所要做的就是在下图所示的平面图内的正方形上画4条直线。那么，直线应该怎么画呢？

47. 圈栅栏

地主默多克是附近很有声望的农场主，他极富绅士风度，同时，他也十分古怪。下图中的他正在研究平面图，他准备把他9头良种小母牛重新圈起来，他让手下的农夫必须用栅栏圈出4块儿地，每块儿地里要有奇数数量的母牛。那么，你知道农夫是如何解决这个问题的吗？

48. 风筝架

现在是思维游戏俱乐部的放松时间，沃先生是日本思维游戏的常驻专家，他在展示自己最新的设计。那么，你能击败其他“专家”吗？在风筝架上有多少个不同大小的等边三角形呢？

49. 转移车厢

下图中有8个老式莱昂内尔玩具火车头和车厢，我们用6节铁轨将它们连接起来，这样就给大家献上一个有趣的转移车厢思维游戏。首先，在1号和3号车厢上各放一枚1角硬币，然后，在6号和8号车厢上各放一枚5角硬币。现在要使硬币交换位置，一次只能在铁轨上移动一枚硬币。任意两枚硬币不能同时出现在同一个车厢上，并且你只能用16步解决这个思维游戏。

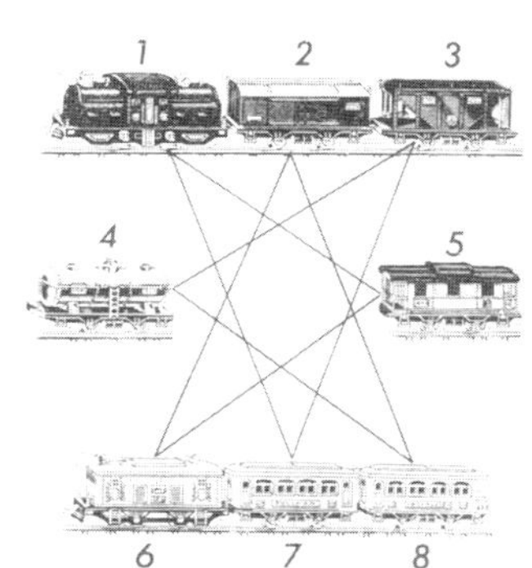

50. 黄金之城五角星

下图中的巫师来自另一个时代，他正准备解答那个著名的“黄金之城五角星”思维游戏。这个题要求将硬币放在任意一个标有数字的圆圈内然后将它沿着其中的一条线跳过下一个圆圈，最后放在接下来的一个空圆圈内；依此类推，直到从1号到9号圆圈内都放有硬币。

51. 裁剪布料

巴顿·伯尔特遇到了麻烦，这家商店的布料商跟他打赌，说他不可能把任意一块儿正方形布剪成几块儿然后再把它们拼成3个小正方形。布料商说巴顿只需要在布料上剪两下就可以完成。然后，把两块儿碎布沿着一个边缝合就可以形成其中的一个正方形。

那么，你能为巴顿想出办法吗？

52. 奶油刀

瓦拉顿·沃姆伍德是格雷教授镀银学院的优秀毕业生，下图中的他正在翻修马·巴斯卡姆的银器。不仅如此，瓦拉顿还是一个聪明的赌客。在凯利的绿洲糕点屋，他把4个奶油刀拼成一个十字然后放在柜台上。

“我敢跟在座的任何人打赌，我只需移动其中的一把奶油刀就可以把它们拼成一个正方形。谁敢跟我打赌？”那么，你知道瓦拉顿是如何做的吗？

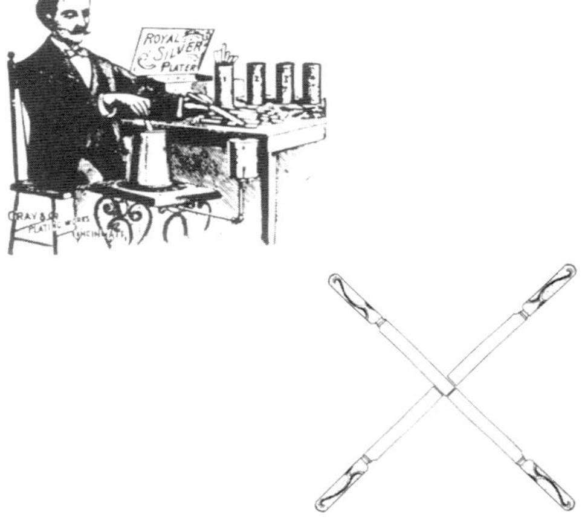

53. 贷款资格

54. 排列棋子

请你也要把时间限制在5分钟内，看看能不能把这道思维游戏解答出来。

杜尔伍德，现在我来试试这个，看我能不能在5分钟内把它解答出来。我把12个棋子排成7行，使每行都有4个棋子。如果我失败了，我们就看今天下午在塞·科恩克利伯农场举行的克莱德谷马拉拖拉机大赛；如果我成功的话，那我们就去公园听音乐会。

55. 直的还是弯曲的

这些竖线条是直的还是弯曲的？

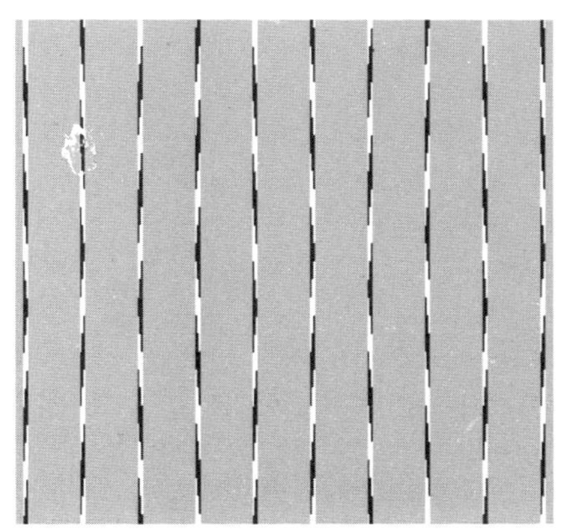

56. 咖啡馆的墙

下边是家咖啡馆的墙壁。你看到的是楔形线还是平行线？

57. 火柴三角形

16根火柴组成了8个相同的三角形。你能拿掉4根火柴，使这些三角形只剩下4个吗？注意，不允许有两个三角形共用一条边的情况出现。

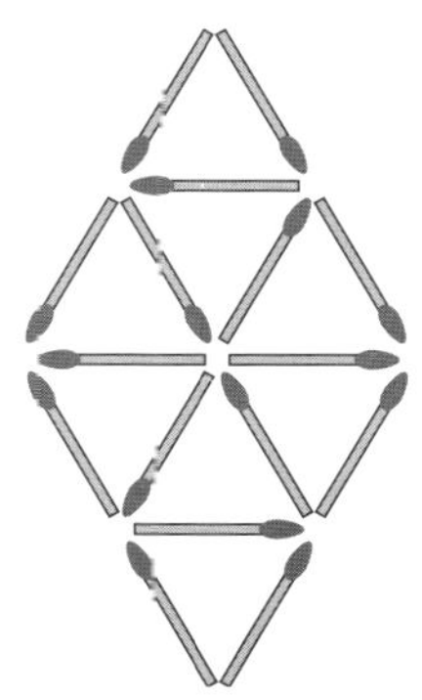

58. 直线与十字形

画两条直线可以把这个十字形分成4部分，重新组成一个正方形。你能做到吗？

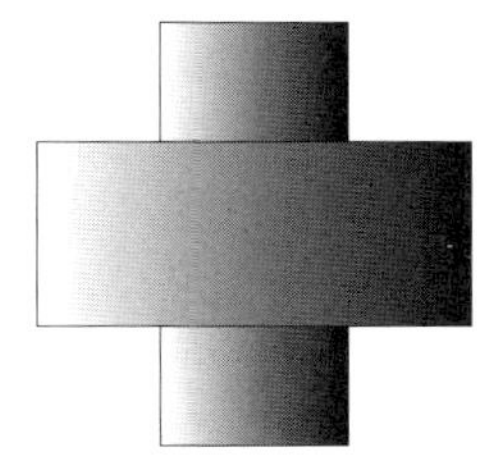

59. 八角形迷宫

从起点到终点，你只能沿箭头所指的方向前进。能够带你穿越这座八角形迷宫的路线一共有多少条呢？

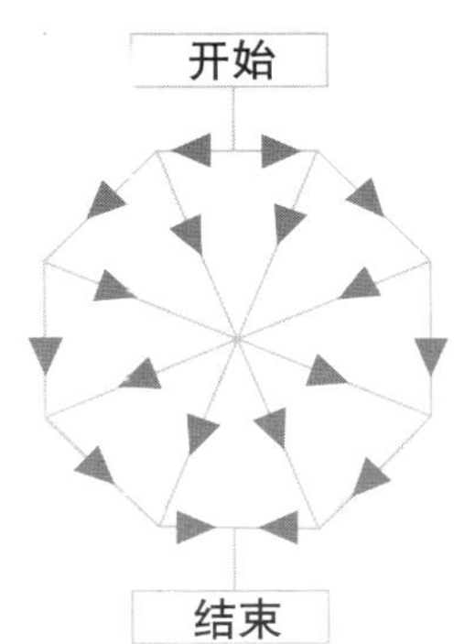

60. 镜子

一个男孩分别从一面平面镜和两面以90°角相接的镜子中观察自己。

男孩的脸在两种镜子中所成的像是一样的吗?

61. 牧场栅栏

农场主给儿子出了一道题目:在下面的一片大的牧场上对称地竖立起8道笔直的栅栏,把它分割成5块小的牧场,使每块牧场都畜养两头牛、3头猪和4只羊。农场主的儿子应该怎样做呢?

62. 两个单词

这个图中有Figure和Ground两个单词,你能看见吗?

63. 完美的六边形

如果将直线部分连接起来的话,能形成一个完美的六边形吗?

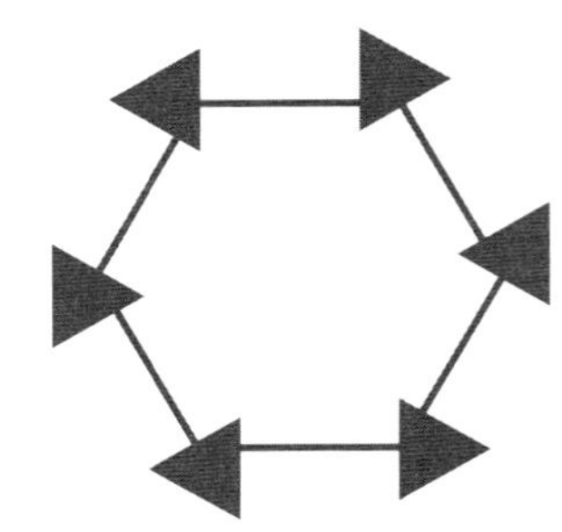

64. 音符

现在来一道关于音乐的题目让你放松一下。下边哪一个音符与其他音符不同呢?

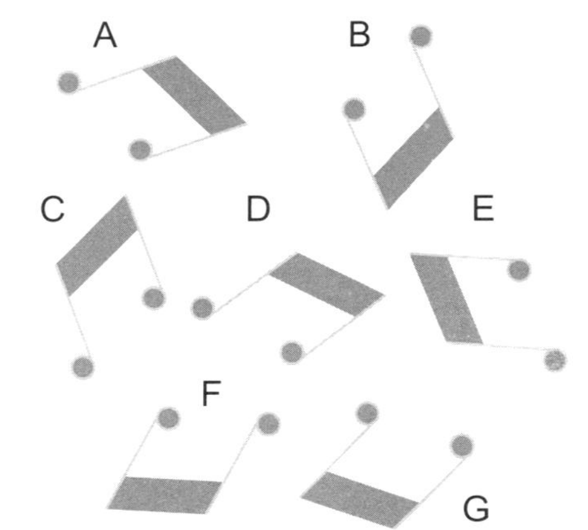

65. 三角形与五角星

你能用下面的6个直角三角形拼出一个五角星吗?

66. 瓷砖（一）

这些瓷砖如果按照正确顺序排列，可以组成一个方形，横向第 1 排的数字等同于纵向第 1 列的数字，依次类推。你能成功地组合吗？

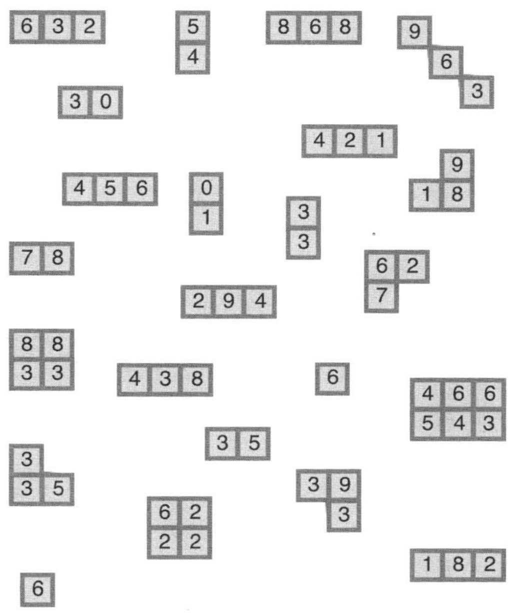

67. 瓷砖（二）

这些瓷砖如果按照正确顺序排列，可以组成一个方形，横向第 1 排的数字等同于纵向第 1 列的数字，依次类推。你能成功的组合吗？

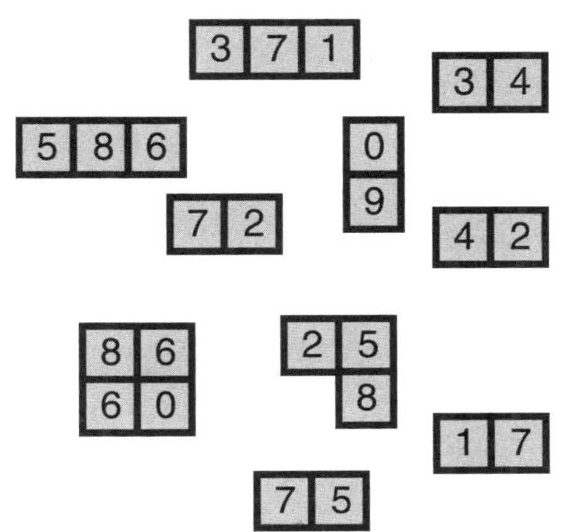

68. 瓷砖（三）

这些瓷砖如果按照正确顺序排列，可以组成一个方形，横向第 1 排的数字等同于纵向第 1 列的数字，依次类推。你能成功地组合吗？

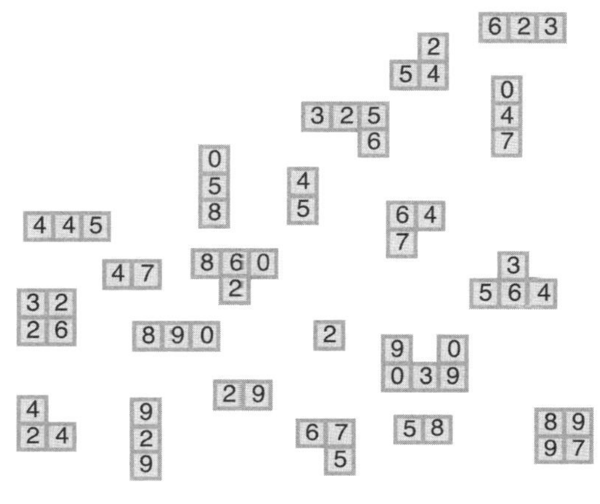

69. 萨拉与内德

你能找到一张女人的脸和一个萨克斯演奏家吗？萨拉是一个女人的名字，内德是吹萨克斯的男人。

70. 梯形

你能把这个梯形剪成更小的形状相同的 4 个梯形吗？

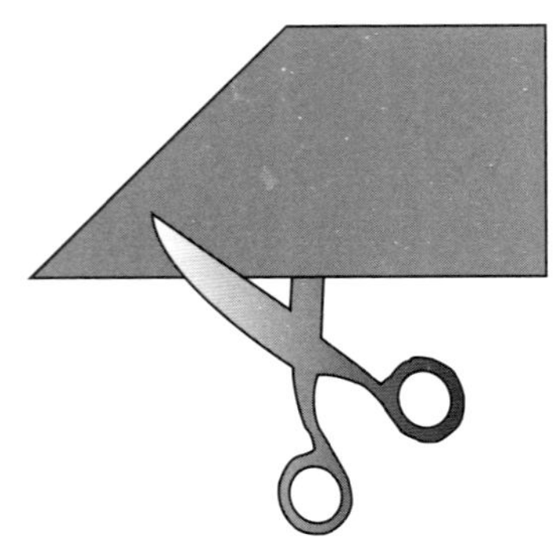

71. 三角形与六角星

你能用这 6 个三角形拼出一个六角星吗（类似旋转的风车）？

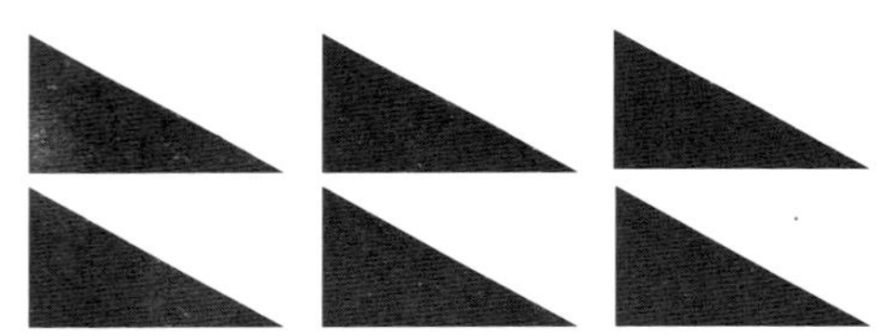

72. 方框与符号

每个方框中都放进这些符号中的一个，使每行、每列和每条对角线包含的符号每种各一个。

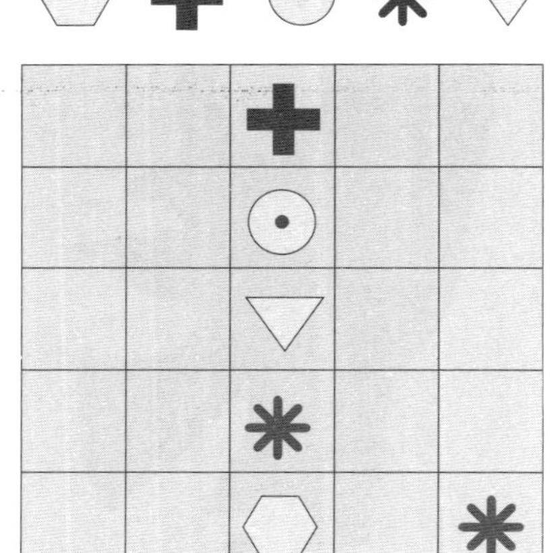

73. 半径

哪条线的曲线半径最大？

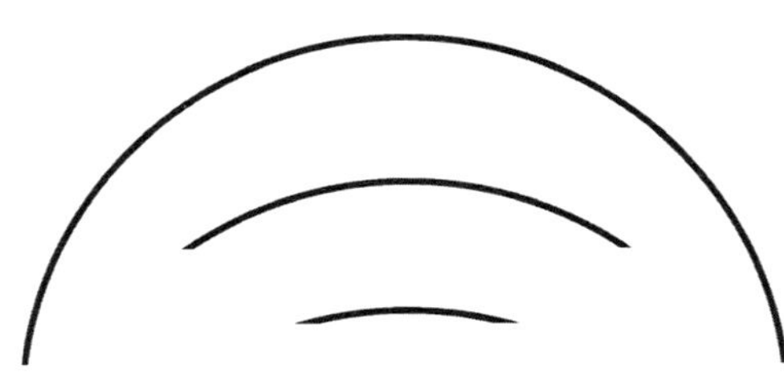

74. 比长短

哪条线段更长？

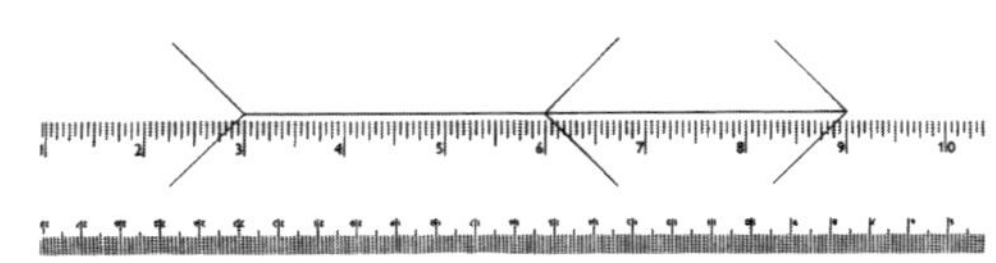

75. 线段 AB 与 BC

线段 AB 长还是线段 BC 长？

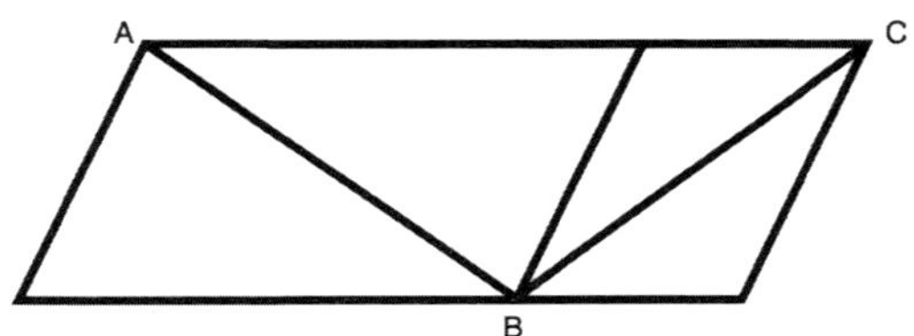

76. 高与宽

帽子的高度是不是比宽度长？

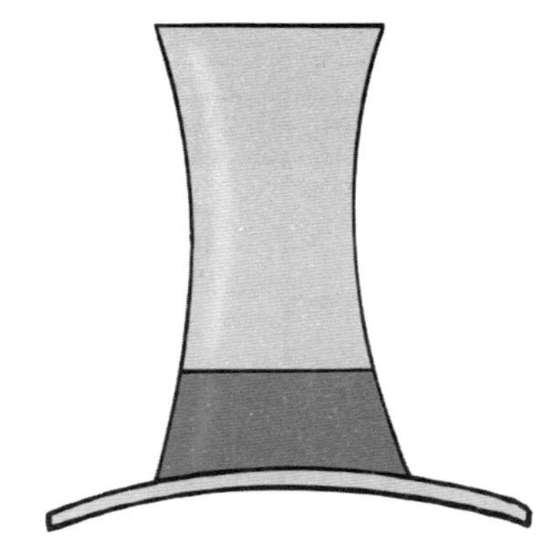

77. 多出来的图片

除了一块图片，所有其他图片如果正

确摆放，它们将组成一个正方形。你能找出这块多出来的图片吗？

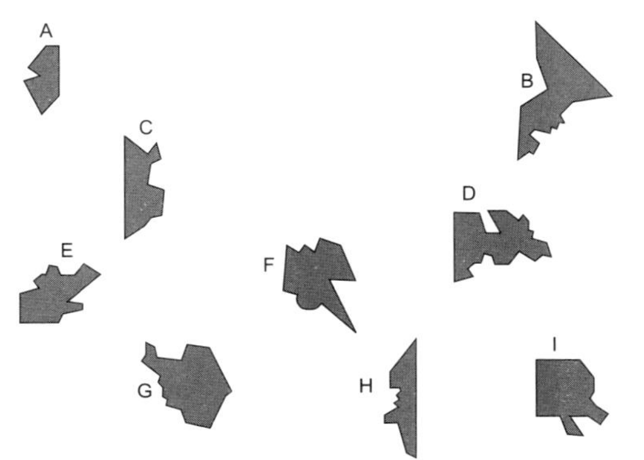

78. 整圆

下图中只有两幅能够恰好拼成一个整圆，是哪两幅呢？

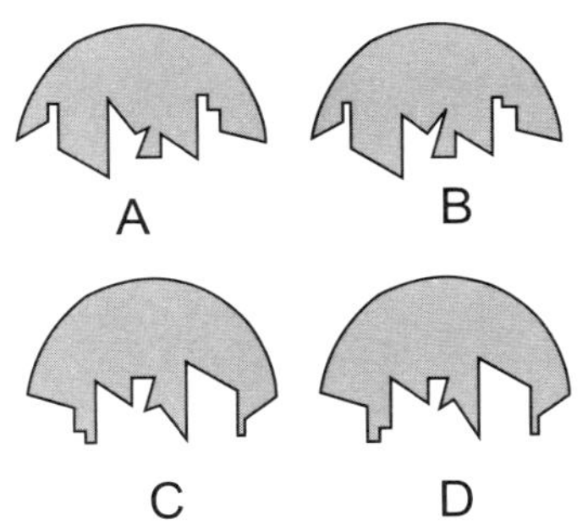

79. 交点

这里有 3 组 3 个相交的圆，分别找出每组圆的 3 条弦的交点，再把这些交点连接起来，看看会组成一个什么样的多边形？

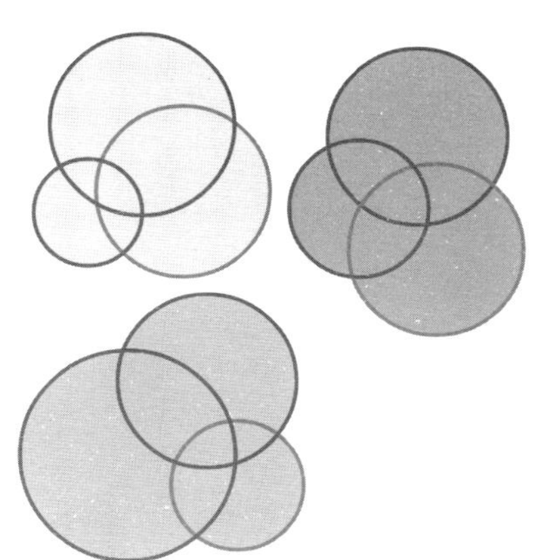

80. 竖直的线段

所有的竖直线段都一样长吗？

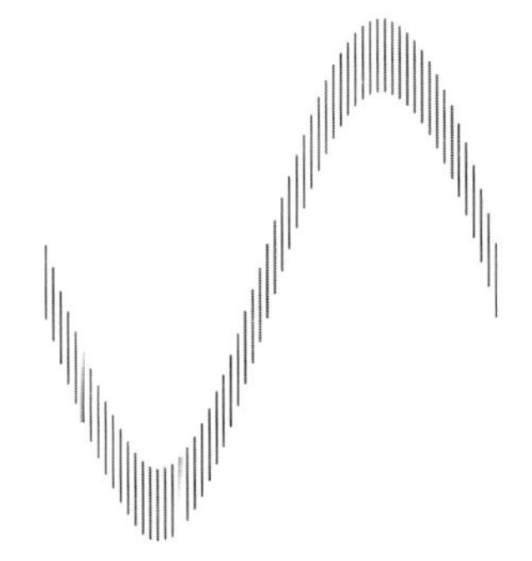

81. 一样大的圆

两个图形中间的圆一样大吗？

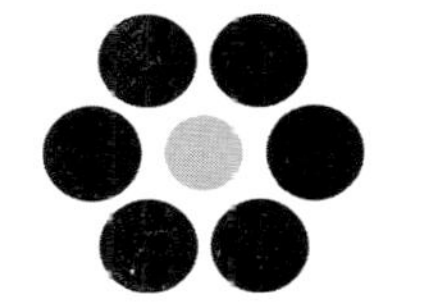
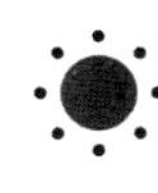

82. 图形顺序

如图所示，各个图形是按一定顺序排列的，按照这一顺序，接下来的一幅图应该是 A，B，C，D，E 中的哪个？

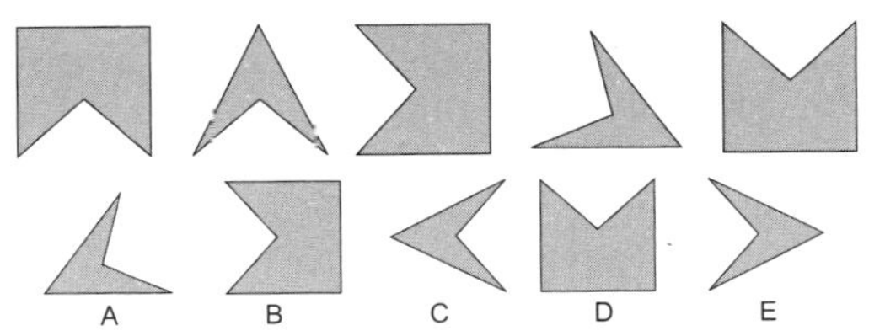

83. 制造正方形

通过将 4 个点进行连接，在下边的图形中你总共能制造出多少个正方形呢？（注意：正方形的角必须位于点上。）

84. 手

把双手放在与眼睛同一水平线的位置上，伸出食指也保持在同一水平线，盯着离手指几厘米远的墙看，你会看到什么？将手逐渐移近自己，发生了什么？

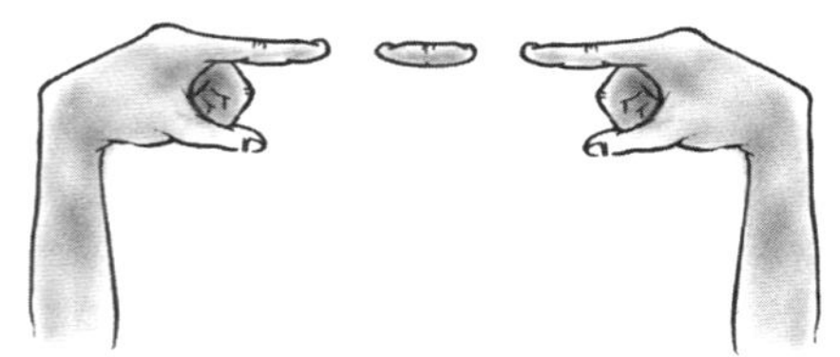

85. 手掌上的圆洞

在眼前举起一个圆筒，看5米外的某物（其中一只眼睛透过圆筒看）。然后把另外一只手举起放于圆筒外的眼睛前。你就能透过手掌上的圆洞看到物体。你能解释其中的原因吗？

86. 升起来的线

你能让这些线离开纸升起来吗？

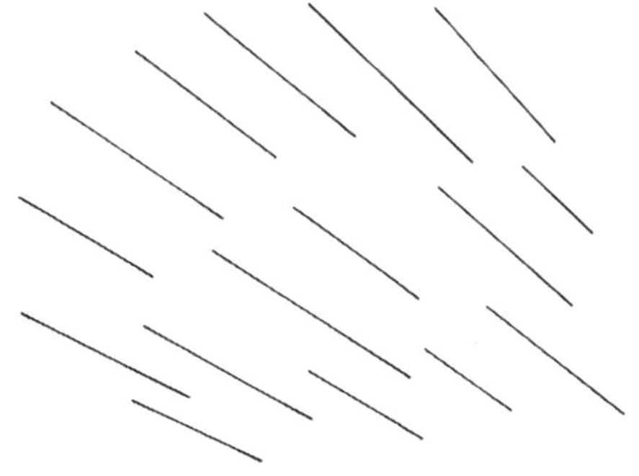

87. 字母立方体（一）

以下立方体中，哪两面上的字母相同？

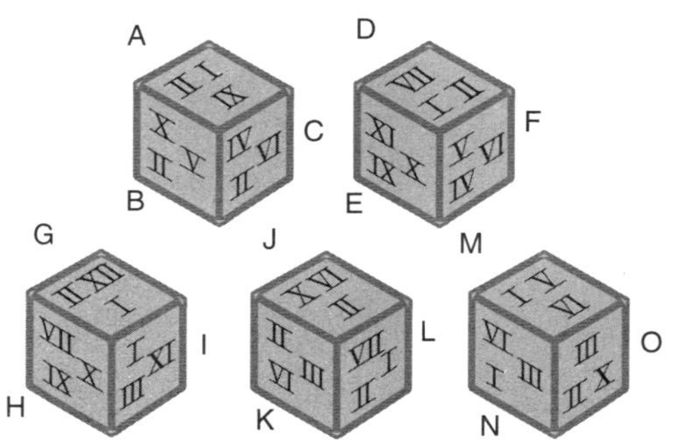

88. 字母立方体（二）

以下立方体中，哪两个面上的字母相同？

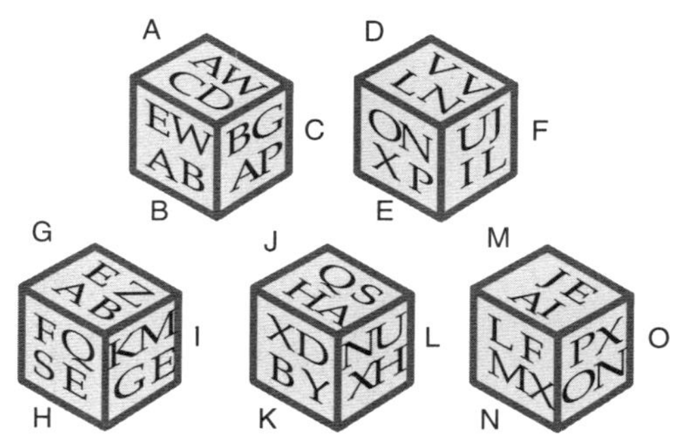

89. 视线的移动

将视线从图上来回移动，你看见了什么？

90. 快速转动

将此图按同一方向快速转动，你会发现中间那个圆有什么变化呢？

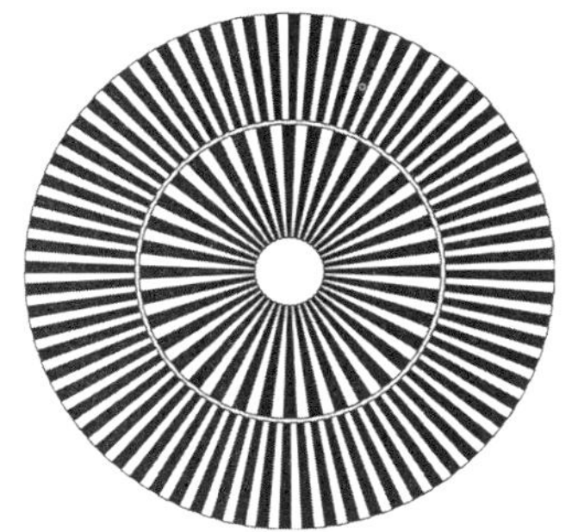

91. 企鹅回家

不横过这些道路，你能让企鹅都回到它们自己的家吗？

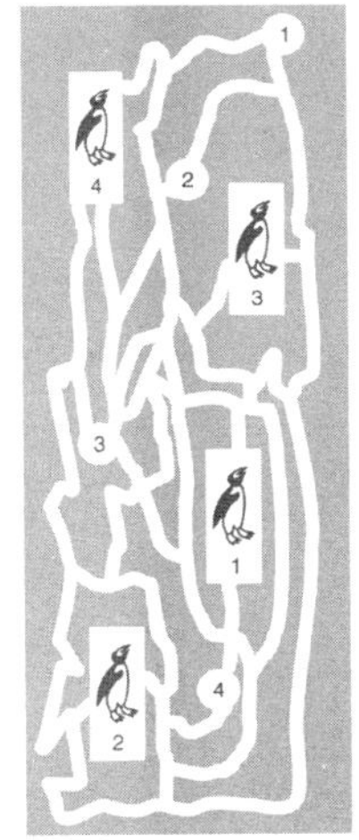

92. 虚与实

将视线在此图上来回移动，或轻轻移动此图，你会发现什么呢？

93. 菱形与立方体

只移动 3 根火柴，将这个图案变成由 3 个菱形组成的一个立方体。

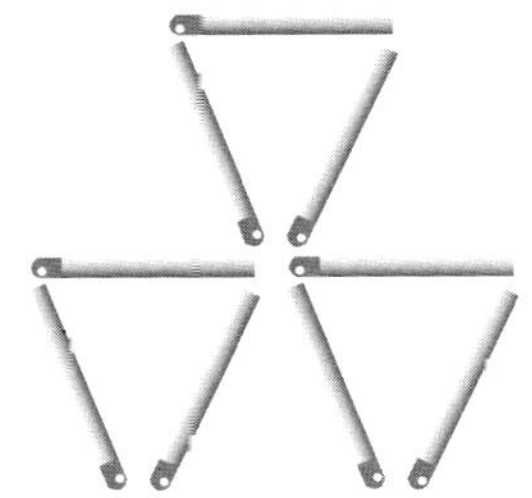

94. 变幻

仔细观察图片，会有什么变化呢？

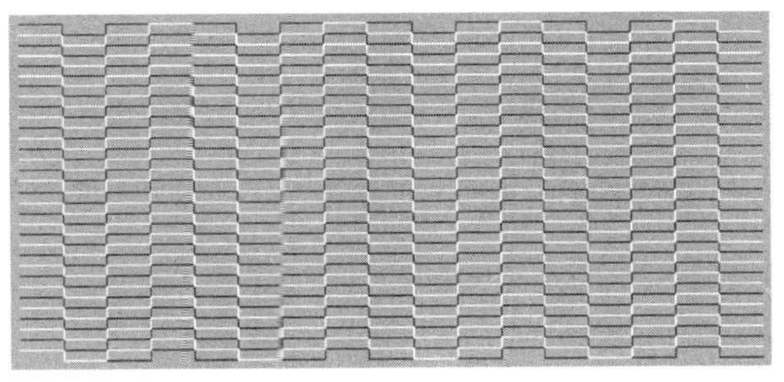

95. 不可能的三叉戟

这是一幅经典的图像——不可能的三叉戟。你能数出几根尖齿？仔细看中间那根齿，发现什么了吗？

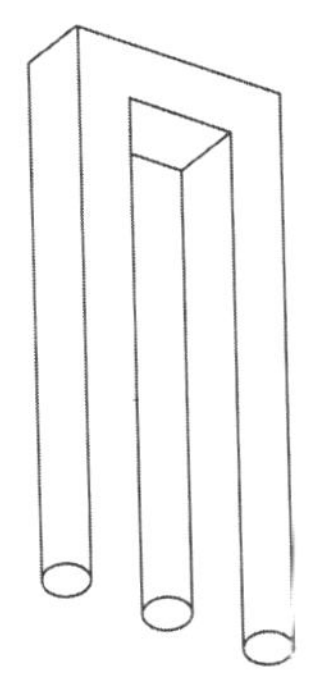

96. 关于小立方体的问题

在把立方分成 27 个小立方体之前，先把它的 6 个面涂成灰色。然后，检测你自己能否回答出以下有关这 27 个小立方体的问题：

（1）这个立方的 3 个面上的灰色小立方体有多少？

（2）这个立方的 2 个面上的灰色小立方体有多少？

（3）这个立方的 1 个面上的灰色小立方体有多少？

（4）这个立方的无色小立方体有多少？

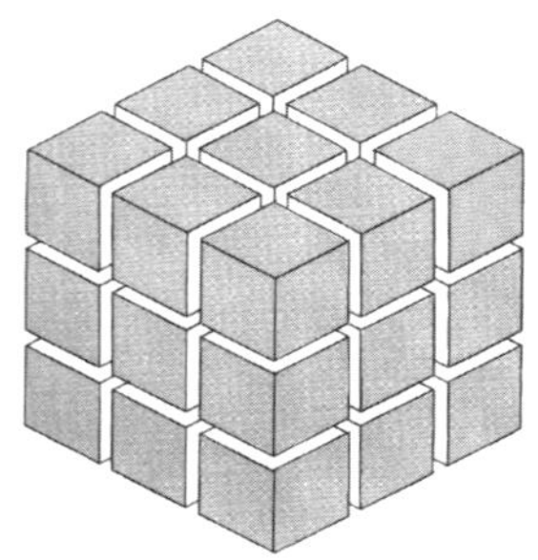

97. 有问题的图

这幅图有问题吗？

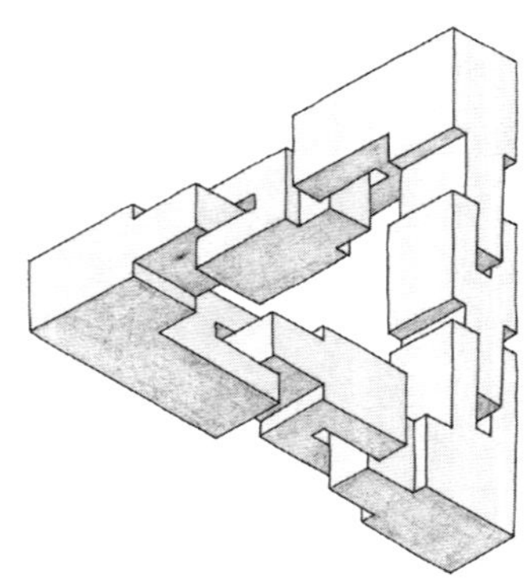

98. 阶梯

这样排列的阶梯在现实中可能存在吗？

99. 折叠立方体（一）

哪个立方体不能由 A 图折成？

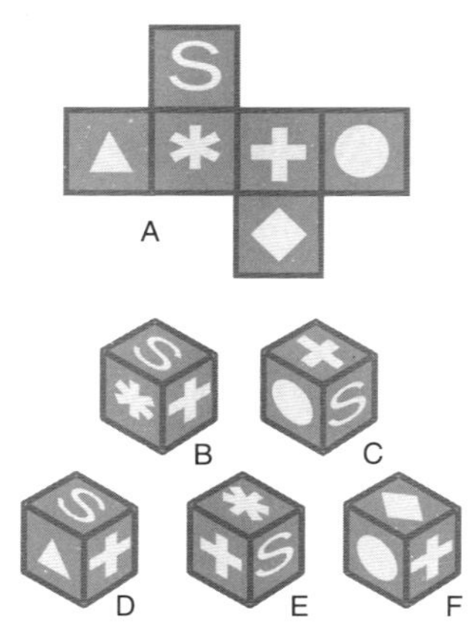

100. 折叠立方体（二）

想想看，把 A 图案折叠成一个立方体，能够折成B，C，D，E，F 中的哪几个图？

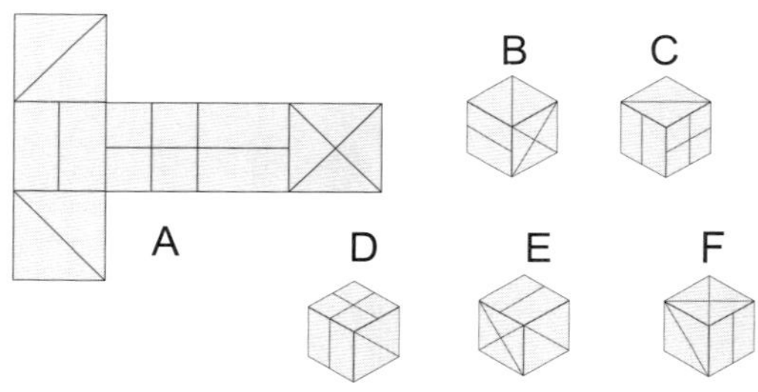

101. 折叠立方体（三）

你能找出哪个立方体是不能由例图折叠而成的吗？

102. 折叠立方体（四）

B，C，D，E，F 中哪张图纸能够折叠成 A 图所示的立方体？

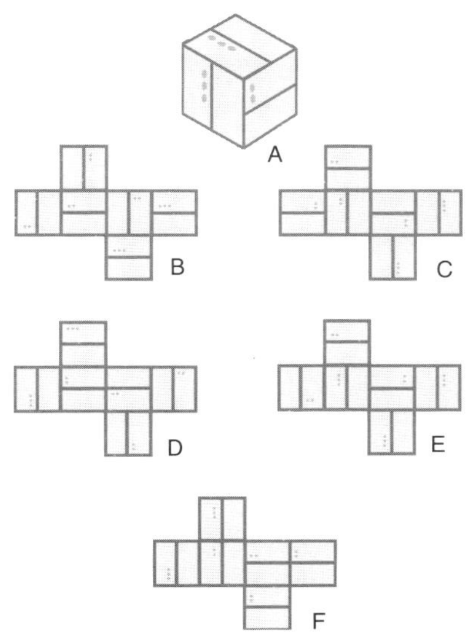

103. 折叠立方体（五）

将这 6 个相连的方格折叠成一个立方体。选项中有两个立方体图案是不可能看到的，是哪两个？

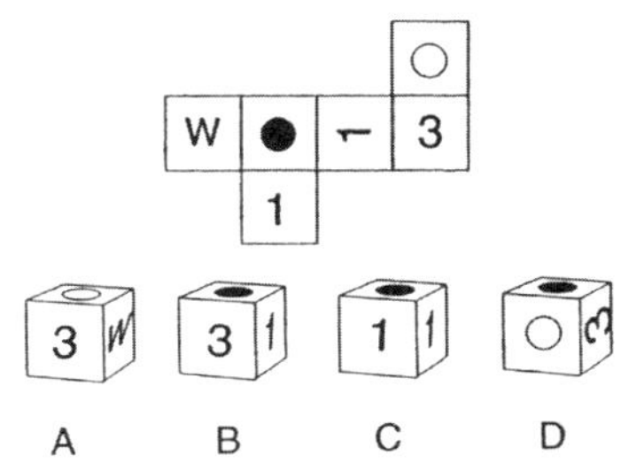

104. 球面

图中有多少个球面是凹陷的？多少是凸起的？将图片旋转 180° 再数数。

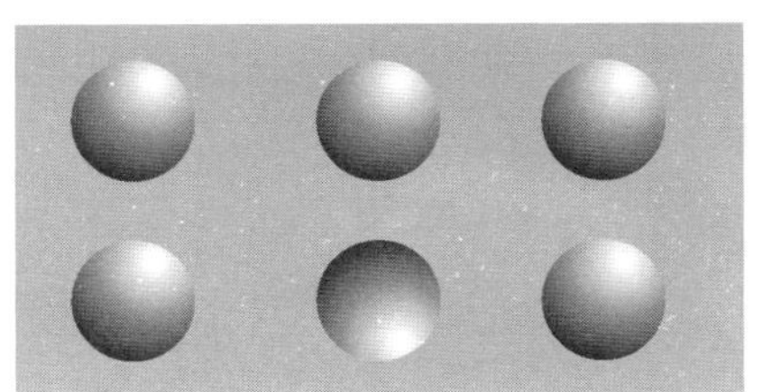

105. 最长的周长

从 A，B，C，D 中找出周长最长的那个图形。

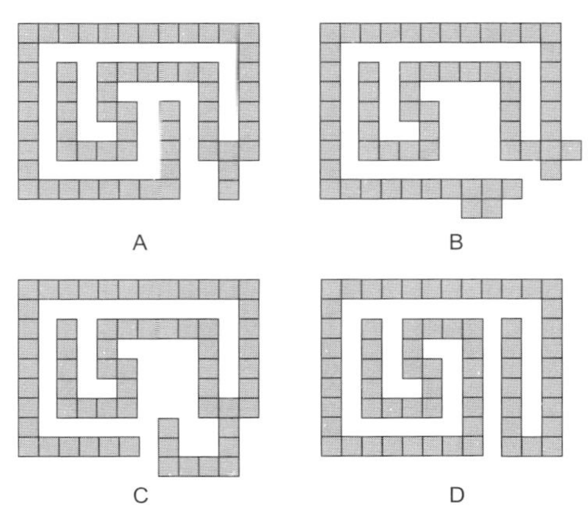

106. 桌面

这两张桌面的大小、形状一样吗？

107. 金鱼

你从鱼缸的上面向下看，所看到的金鱼位置和金鱼在鱼缸里的实际位置是一致的吗？

108. 延伸的房子

线段 AB 与 CD 谁更长？

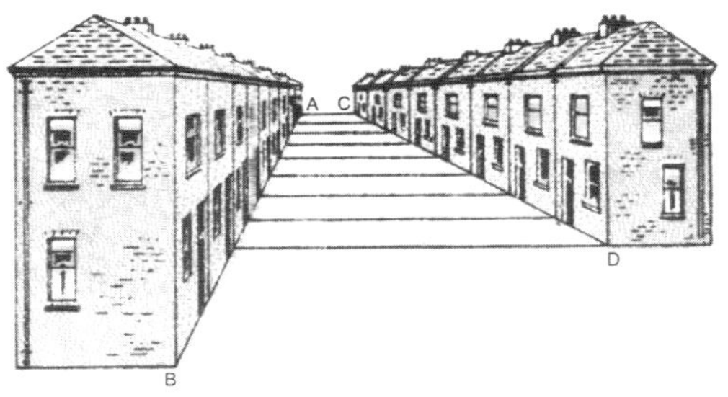

109. 幽灵

后面那个幽灵和前面的那个幽灵相比哪个大?

110. 数字立方体(一)

以下立方体中有两个面的数字是相同的,你能把它们找出来吗?

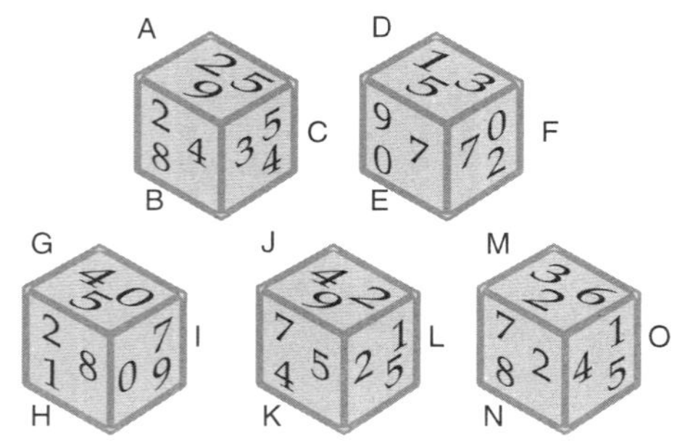

111. 数字立方体(二)

你能在以下立方体中找到含有相同数字的两个面吗?

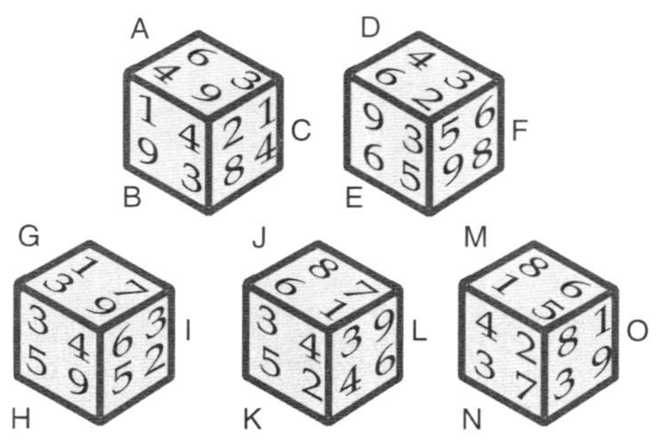

112. 谁更大

除了右下角那个小人之外,这幅图看上去再自然不过了。那么,这个小人与后面的那个人谁大?

113. 横向的线段

图中横向的两条线段哪条更长?

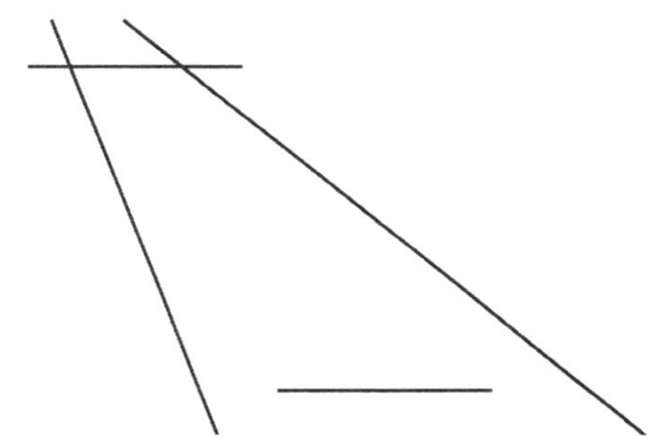

114. 斜着的线

细看立方体侧面的那3条线,哪条线是与竖线垂直的,哪条线是斜着的?

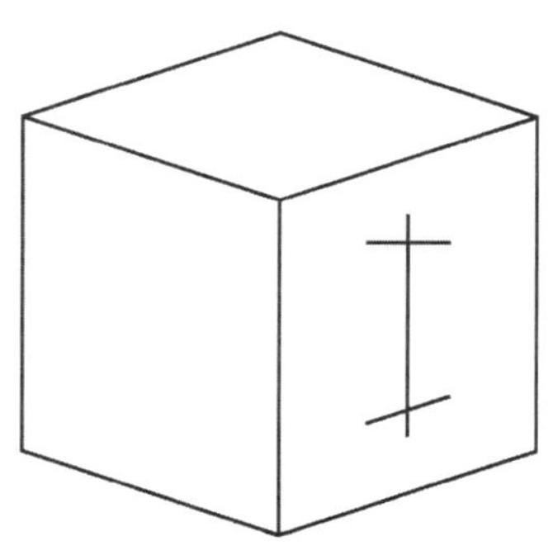

115. 画三角形

画一个三角形根本不成问题，但是，A，B 和 C 必须落在每条边的中间。记住规则了吗？

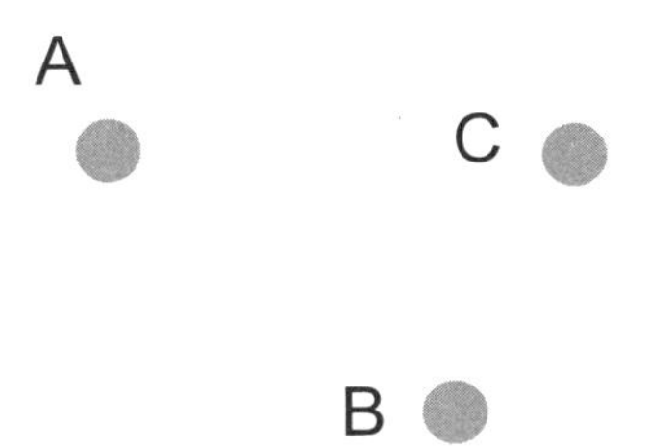

116. 摆放硬币

将 8 枚硬币按图中所示摆放。你能只变更 1 枚硬币的位置，使得每个方向上的每排都有 5 枚硬币吗？

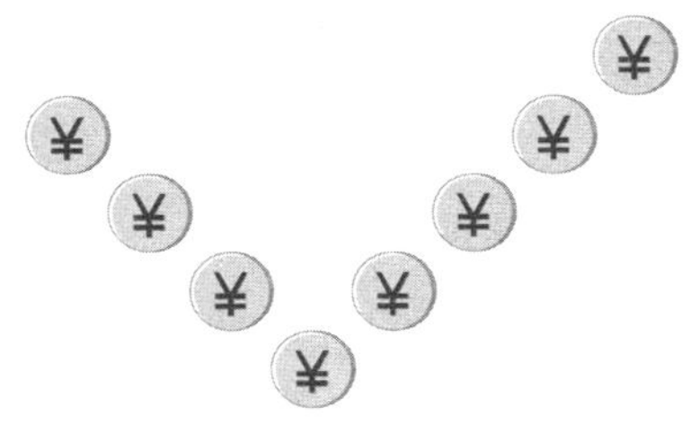

117. 旋转

如果齿轮 A 按照顺时针方向旋转，那么滑轮 E 将按什么方向旋转呢？

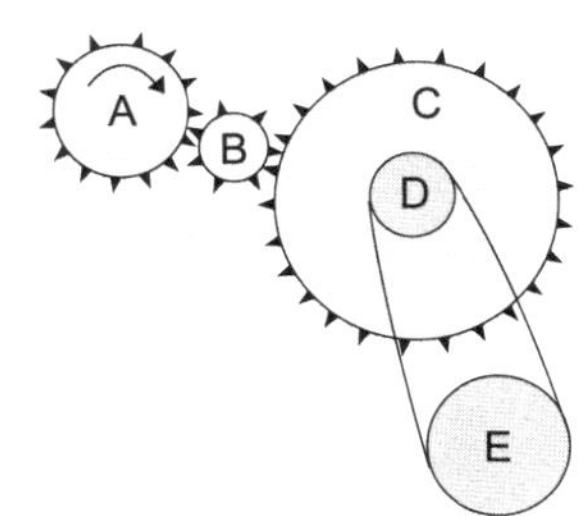

118. 三角形与平行四边形

只移动两根火柴，拼出 4 个三角形和 3 个平行四边形。

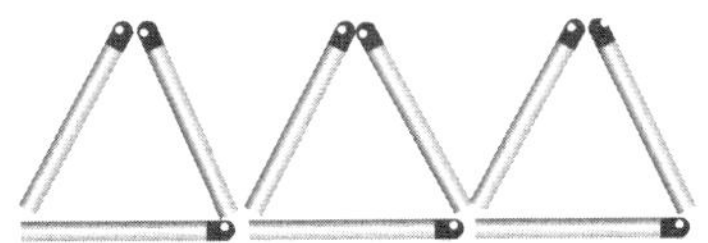

119. 符号立方体（一）

你能在以下立方体中找到含有相同符号的两个面吗？

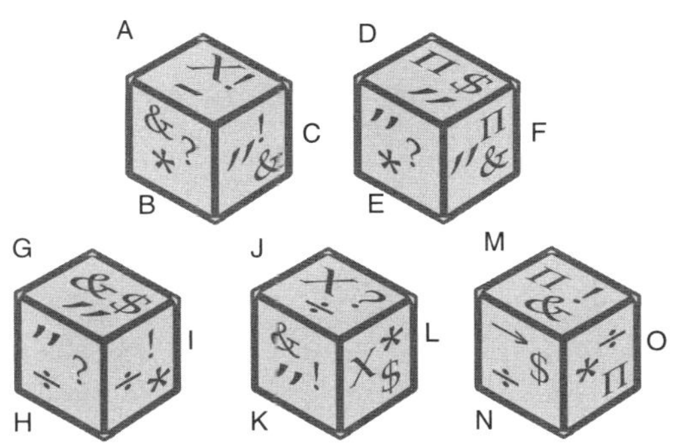

120. 符号立方体（二）

你能在以下立方体中找到含有相同符号的两个面吗？

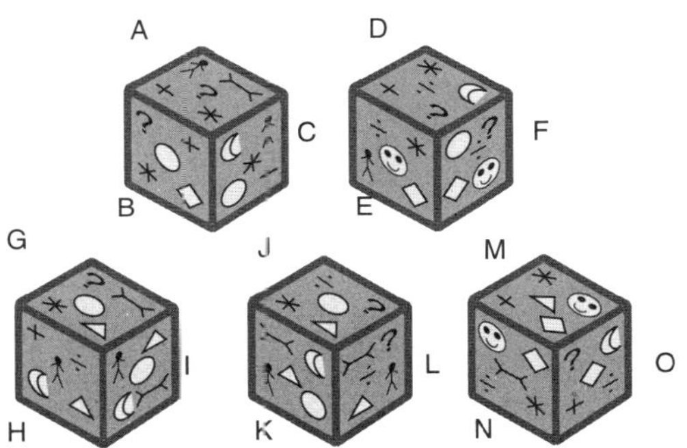

121. 符号立方体（三）

你能在以下立方体中找到含有相同符号的两个面吗？

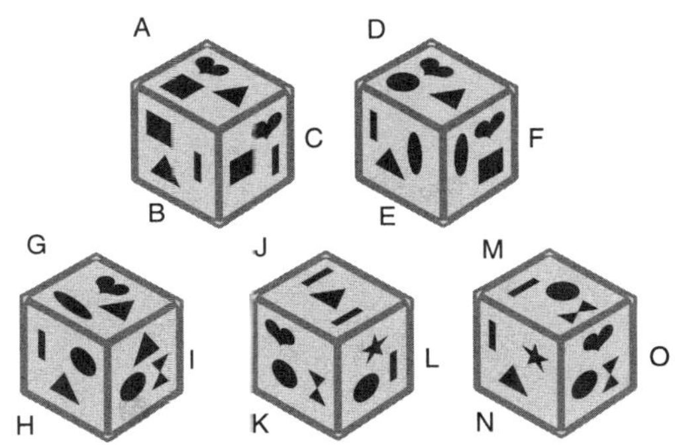

122. 符号立方体（四）

你能在以下立方体中找到含有相同符号的两个面吗？

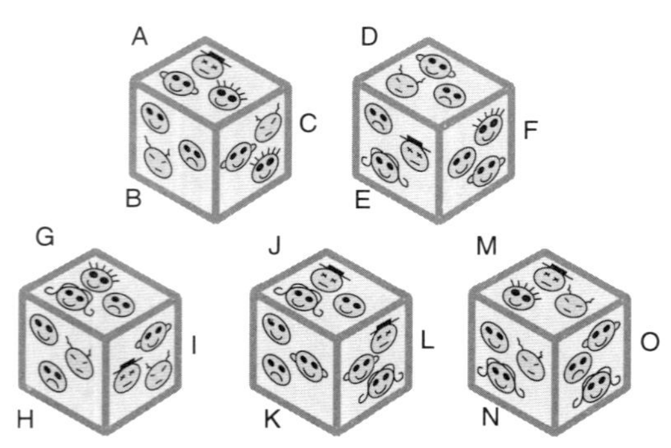

123. 符号立方体（五）

你能在以下立方体中找到含有相同符号的 3 个面吗？

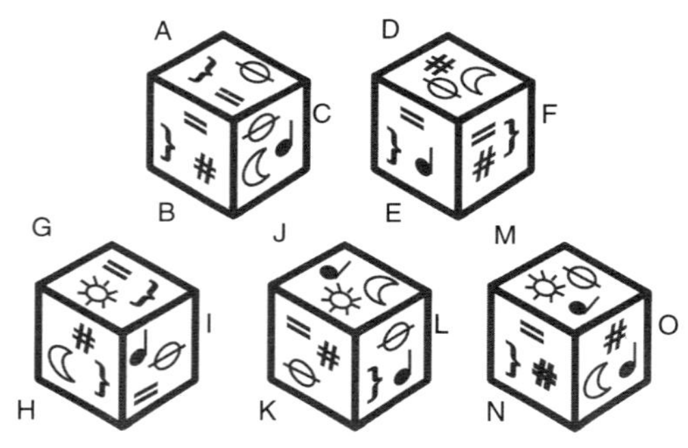

124. 隐藏

这幅图里隐藏着什么？

125. 安装监视器

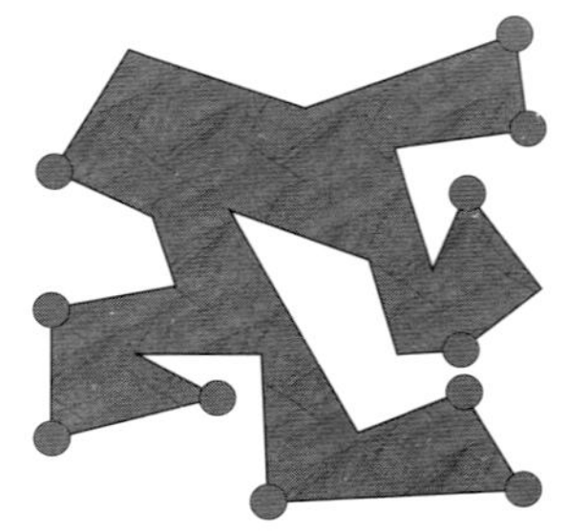

这个形状奇怪的美术馆里一共有 24 堵墙，在美术馆里的任何一个角落都可以安放监视器。在上图中，一共安放了 11 台监视器。

但是，监视器的安装和维护都非常昂贵，因此美术馆希望安放最少的监视器，同时它们的监视范围必须覆盖到美术馆的每个角落。问最少需要安放几台？

126. 捷径

从中央的数字“4”开始，按你喜欢的方向走 4 步，横走、竖走或对角走。到达一个标有数字的方框后，再次按照你喜欢的方向，根据方框内数字所指示的步数走。通过这种方式，你可以找到走出迷宫的路。但是，最后一次移动时，你只能走一步离开迷宫。你的任务就是找到只移动 3 次就可以走出迷宫的捷径。

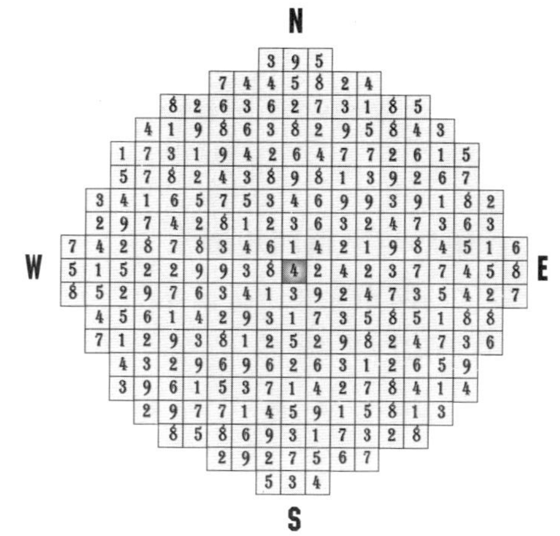

127. 尼斯湖怪兽

这是著名的苏格兰尼斯湖怪兽的照片。你觉得它是怪物吗?

128. 组合正方形

将下图剪成4片，拼成完整的正方形。

129. 男人与女人

图中的一系列头像在逐渐变化，从男人的头变成了跪着的女人。从最左边的男人的头开始，依次观察每个头像，决定在哪个点你的感知发生了质的变化，即开始感觉到了跪着的女人；然后反过来，从跪着的女人开始，看看在哪里发生了质的变化，即看到了男人的头。

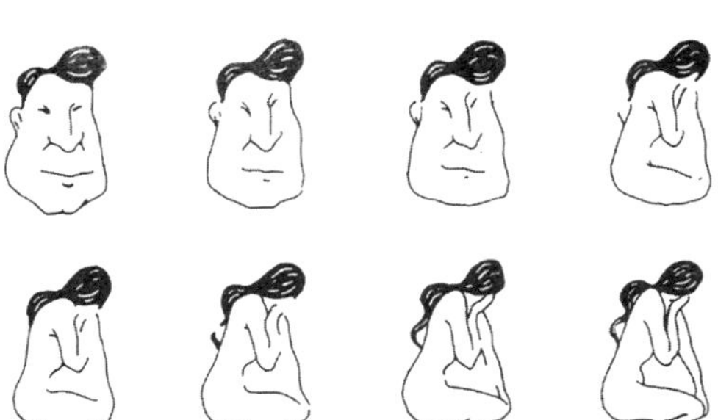

130. 折叠平面图

用可折叠的平面图不能折成哪个立方体?

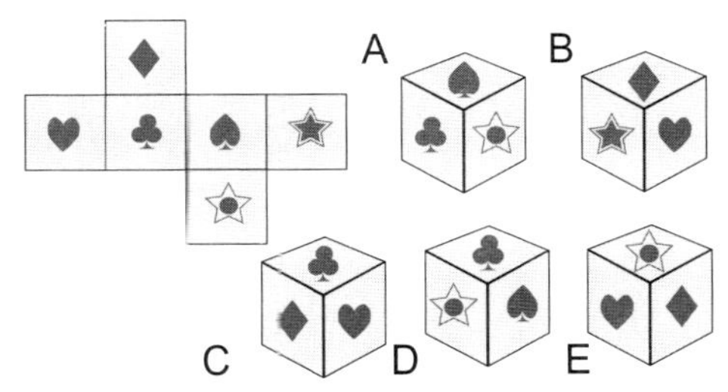

131. 不可比的长方形

在数学上，两个有整数边的长方形，如果它们互相都不能被放进另外一个里面(它们的边是平行的)，那么我们称它们为不可比的长方形。

下面7个长方形互相不可比，而且可以被拼进一个最小的长方形。

你能确定由这7个不可比的长方形拼成的长方形边的比例吗?

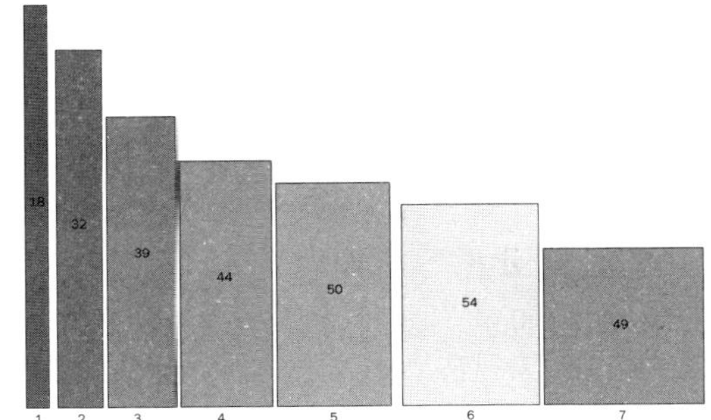

132. 直线与点

只利用6条直线，将下边的16个点全部连接起来。

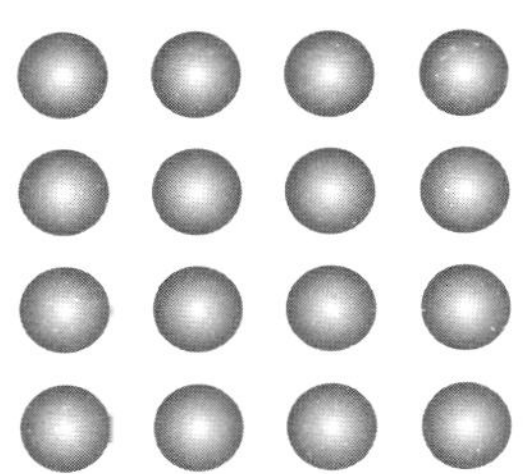

133. 脸

哪张脸看起来快乐一些？

134. 八边形与星形

拿一张纸，在上面描绘出这个八边形。然后想一想怎样将这个图形分成8个相同的三角形，同时这些三角形还必须能组成一个星形。组成的星形要有8个尖，中间还有一个八角形的孔。

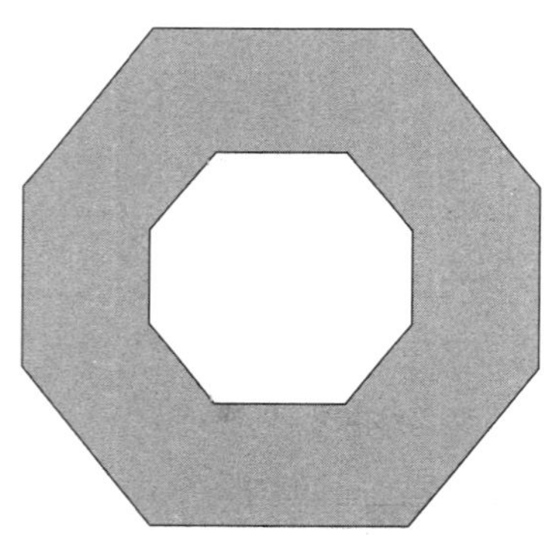

135. 三等分正三角形

如图所示，要把一个正三角形三等分非常简单。

现在的要求是沿直线将三角形剪成几片，使各片拼起来能够正好拼成3个一模一样的形状。且剪刀不能通过该三角形的中心。请问应该怎样剪？

136. 政治家

这两位政治家是谁？仔细看看，确定你是对的吗？

137. 未处理的照片

这是伯德·约翰逊夫人的照片，在这张未经处理的照片中，人头属于哪个身体？

138. 找正方形

你能从这个图形中找出15个正方形吗？

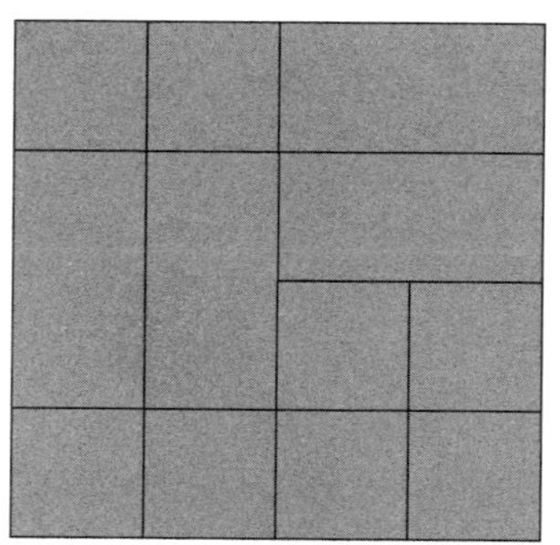

139. 纸条图形

下图分别是由 6 张纸条绕成。问哪幅图与其他的都不同？

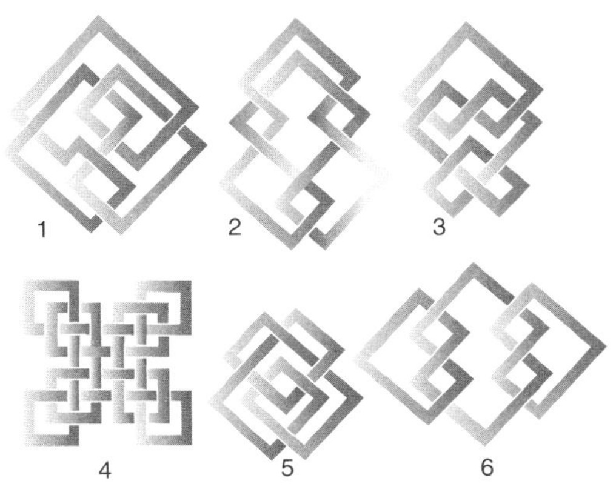

140. 马与人

仔细观察图片，你看到了什么？

141. 相同的直径

这 5 个圆圈有着相同的直径，穿过点 A 画条线将它们分成面积相同的两部分。

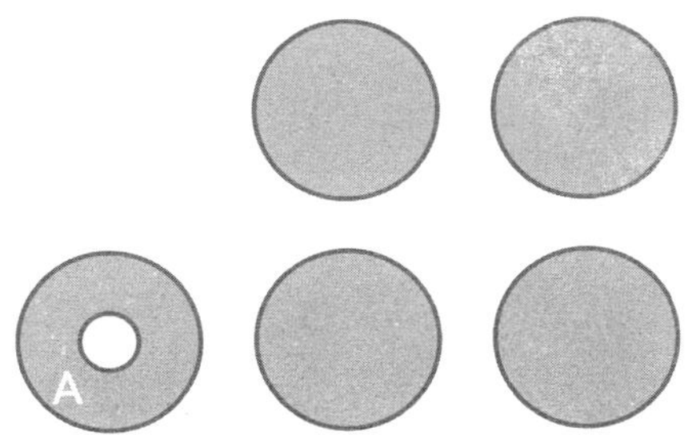

142. 面积相同的围栏

这 3 个围栏的面积相同，请问制作哪个围栏所用的材料最少？

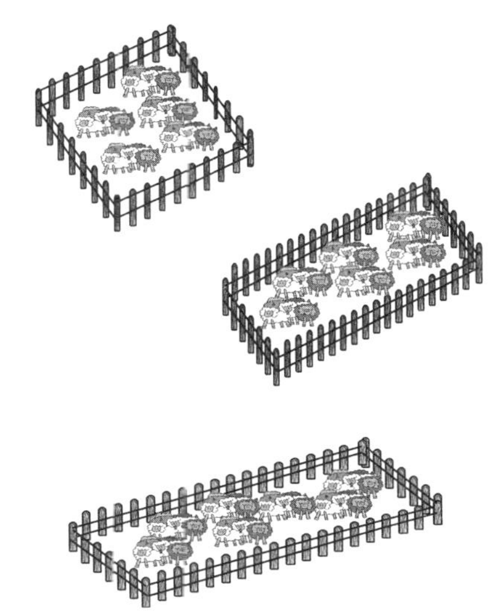

143. 矩形围栏

两个矩形围栏全等，并且有一条边重合，这种情况下怎样才能使制造围栏所用的材料最少呢？

如图所示，3 种围栏中哪种所用材料最少？ 3 幅图都是按照相同的比例尺画的，并且面积都相等。

144. 与众不同

下边哪个符号与众不同?

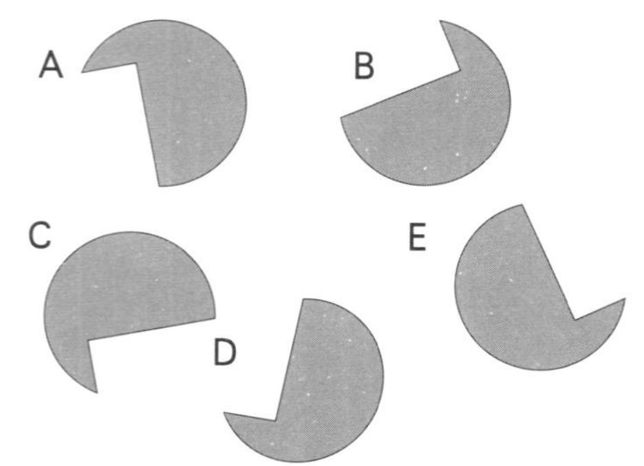

145. 变换心情

他们有的快乐，有的忧郁，你能使他们变换下心情吗?

146. 鸭与兔

这幅图由美国心理学家约瑟芬·简斯特罗于1888年创作。从不同的角度看，你会看到什么呢?

147. 多重小方格肖像

该图像包含了艺术家埃斯彻尔的多重小方格肖像。如果把该图片颠倒一下，你会看到什么呢?

148. 叶轮

想一想，在A，B，C，D选项中，哪个可以放入5中?

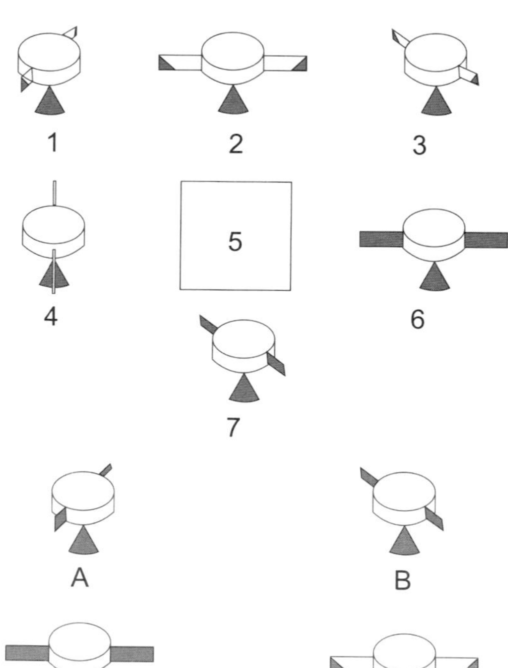

149. 马戏团小丑

你能找到马戏团的小丑吗？

150. 分割星星

图中显示了11颗星的分布位置。你能只利用5条直线将图案进行分割，使得每颗星星都有属于它们自己的空间吗？各部分空间不必相等。

151. 组合三角形（一）

B，C，D，E，F中哪个图可以恰好和A图组成三角形。

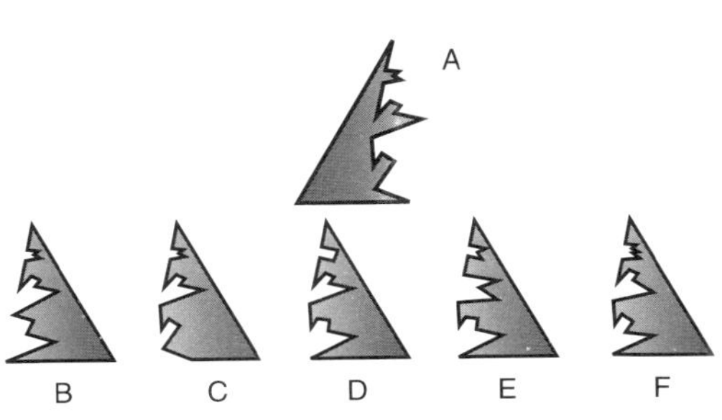

152. 组合三角形（二）

下面5个图形中的3个组合在一起可以组成三角形。它们是哪3个？

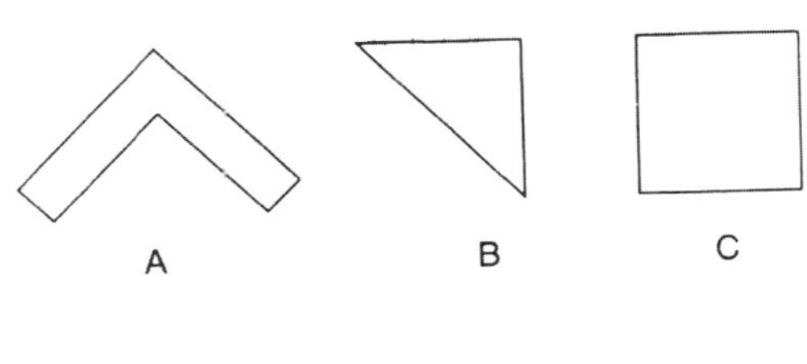

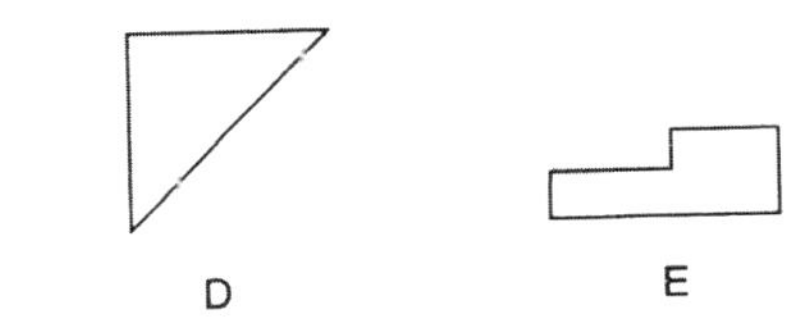

153. 电路

哪个部件能将这个电路连通？

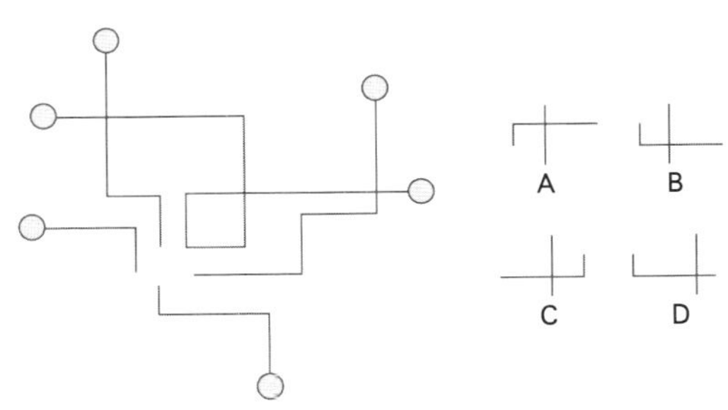

154. 找不同（一）

哪幅图不同于其他4幅？

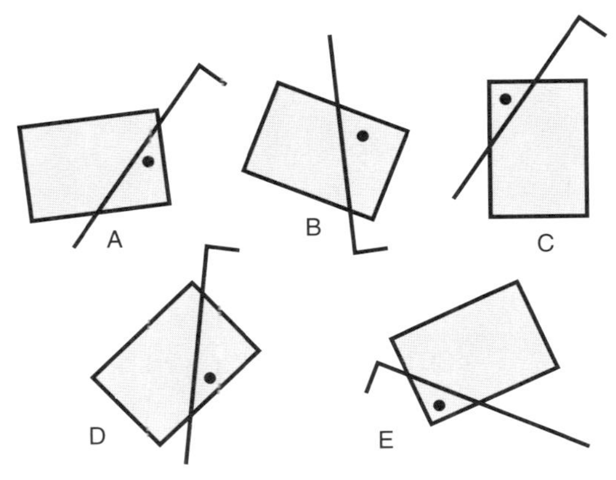

155. 找不同（二）

选项中哪项与其他项都不相同？

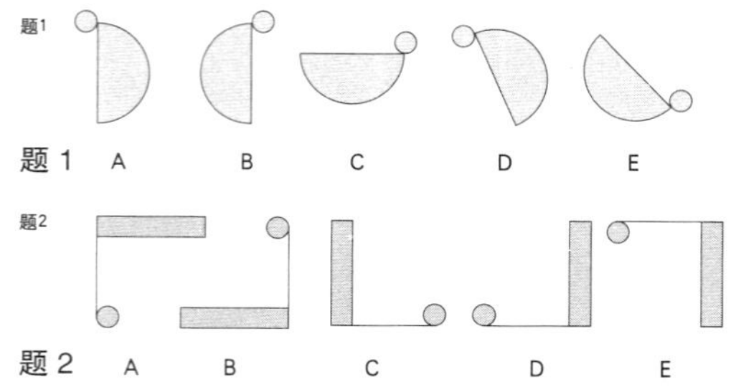

156. 找不同（三）

你能找出下图中与其他不同的一幅吗？

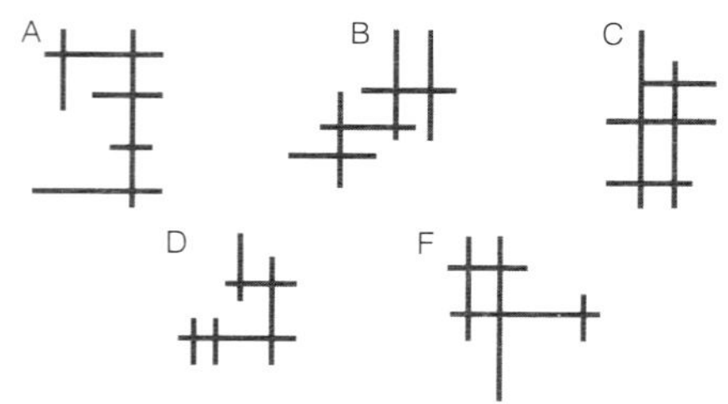

157. 切分立方体（一）

任何立方体的表面积都等于立方体 6 个面单面面积相加的总和。例如，这块立方体干酪每面的边长都是 2 厘米。因此，每面的表面积就等于 2 厘米 ×2 厘米，即 4 平方厘米。由于总共有 6 个面，因此这个立方体的表面积就是 24 平方厘米。

现在，挑战来了。要求你将这个立方体切成若干块，使得切割后的形体的表面积之和等于原来这个 2×2 立方体表面积的两倍，需要几刀就切几刀。

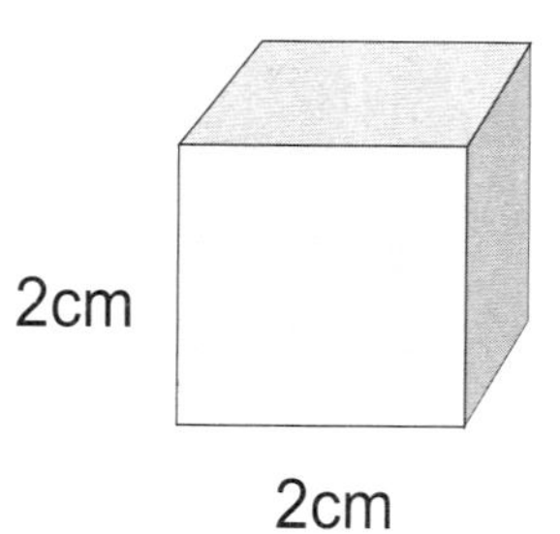

158. 切分立方体（二）

从一个立方体的 3 个面切 3 刀，最多可以分成 8 块。那么，从这个立方体表面切 4 刀的话，这个立方体最多可以分成多少块？

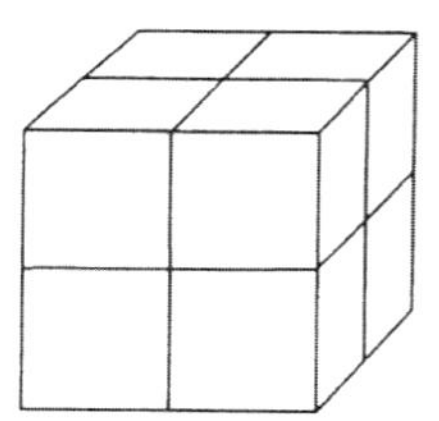

159. 等边三角形

哪个图形能组成等边三角形呢？在纸上复制 3 个该图形，将它们组合成等边三角形。

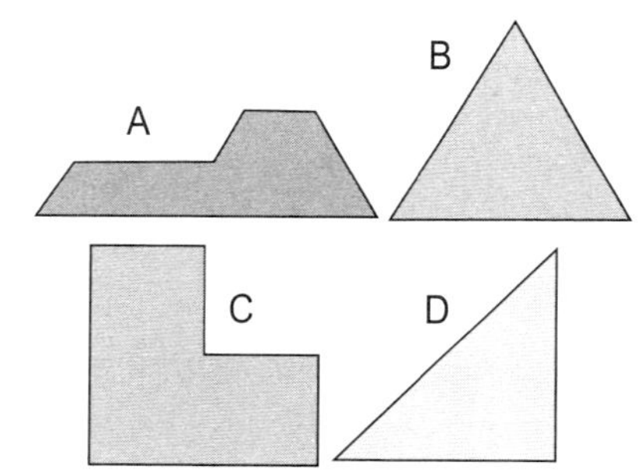

160. 拼图

下边的图形中有 3 个组合在一起正好组成正方形，是哪 3 个？

1. A B C
2. B D E
3. B C D
4. A D E
5. A C D

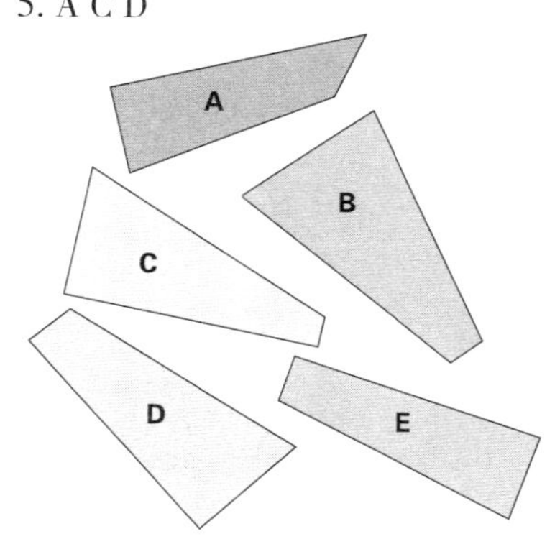

161. 数六边形

图中有多少个六边形？

162. 色子的点数

让色子滚动一面，到方框 2 里面，依此类推，每次滚动一面，依次滚到方框 3，4，5，6 中。想一想，在方框 6 里面色子顶上点的数是几？

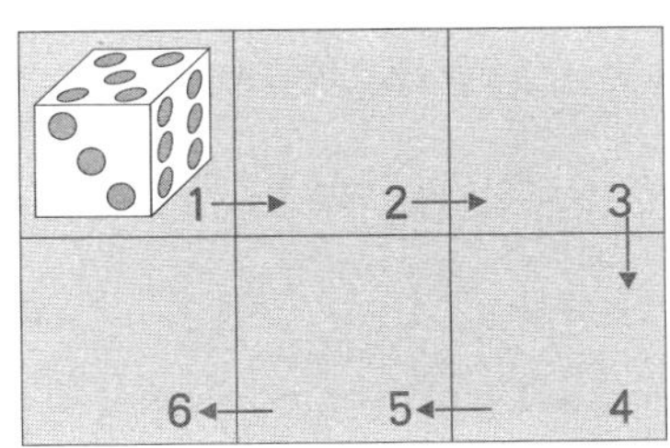

163. 分割图形

在 3 秒内说出哪个图形被分成的份数最多。

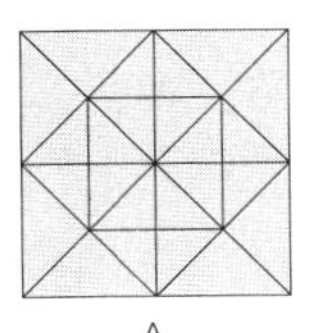
A

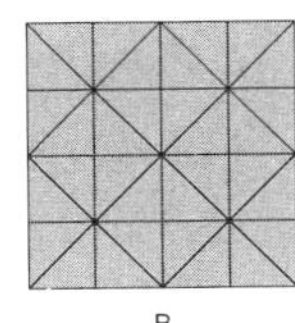
B

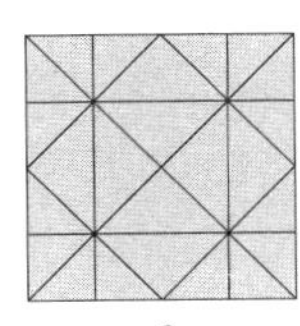
C

164. 不合规律的图

你能把不合规律的图找出来吗？

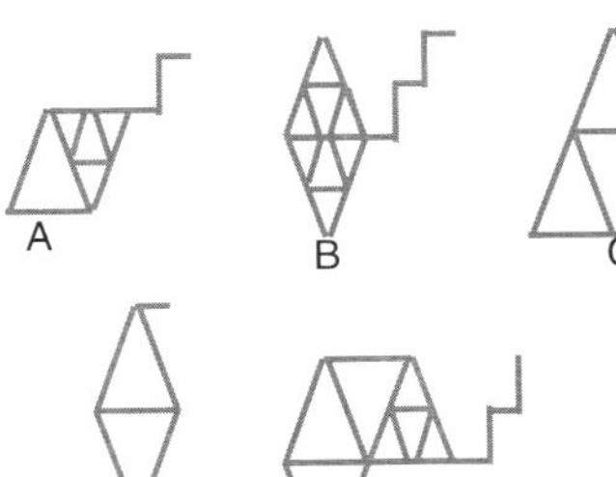

165. 岩石

仔细看这张图片，你看到了什么？

166. 五边形中的三角形

在这个图形中总共有多少个三角形呢？

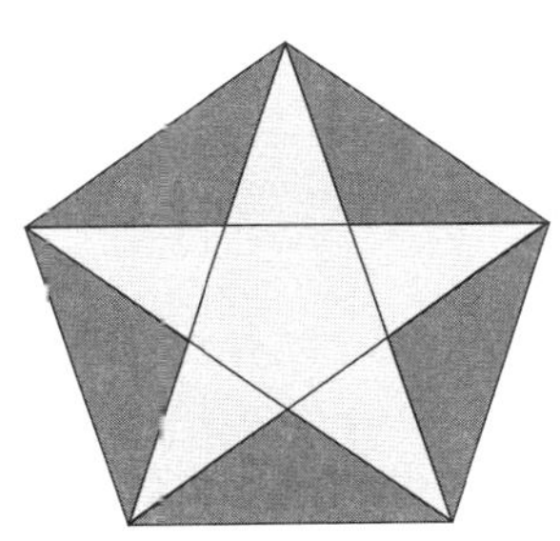

167. 图形的对应（一）

如果图形 1 对应图形 2，那么图形 3 对应哪个？

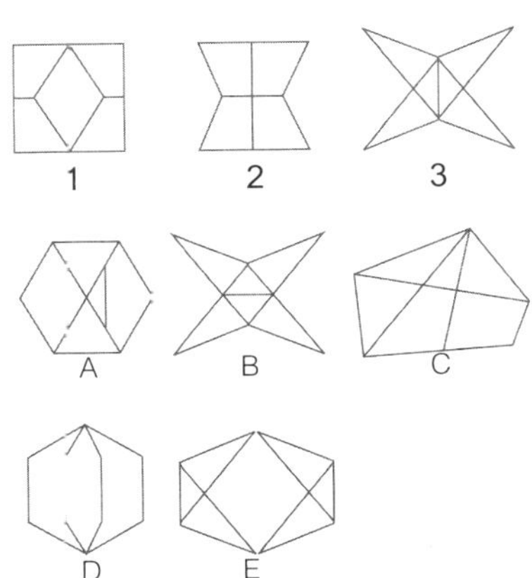

168. 图形的对应（二）

如果 1 对应于 2，那么 3 对应于 A，B，C，D，E 中的哪幅图？

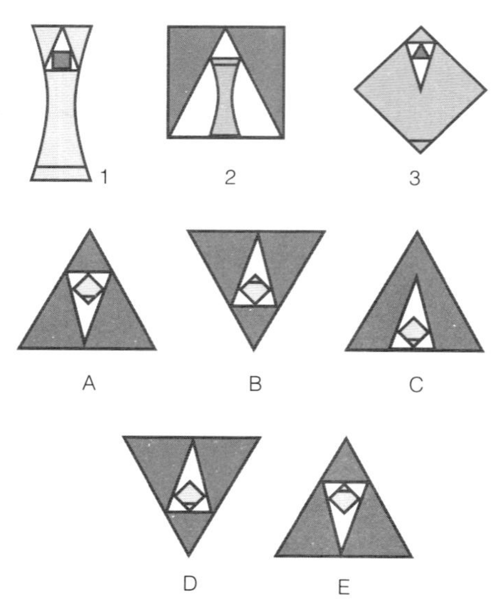

169. 图形的对应（三）

如果 A 对应于 B，那么 C 对应于 D,E，F，G，H 哪个选项？

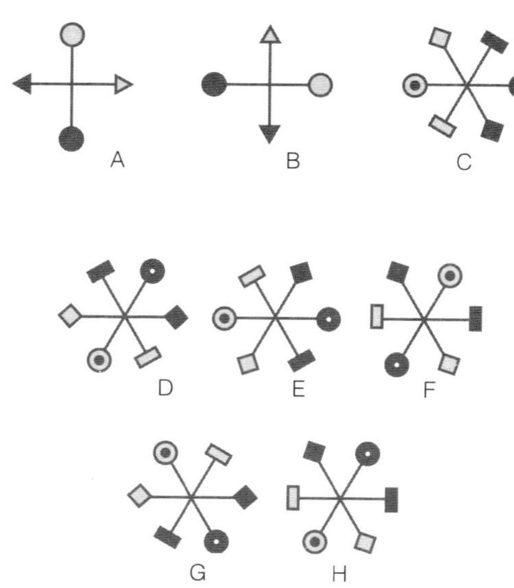

170. 图形的对应（四）

如果 A 对应于 B，那么 C 对应于 D,E，F，G，H 中的哪个图？

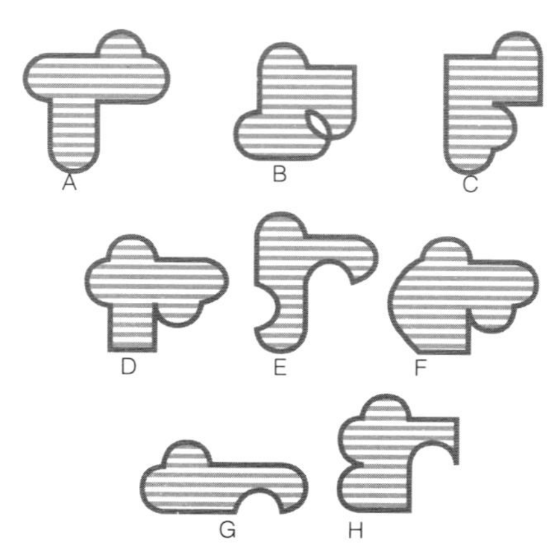

171. 图形的对应（五）

如果图形 1 对应图形 2，那么图形 3 对应哪个？

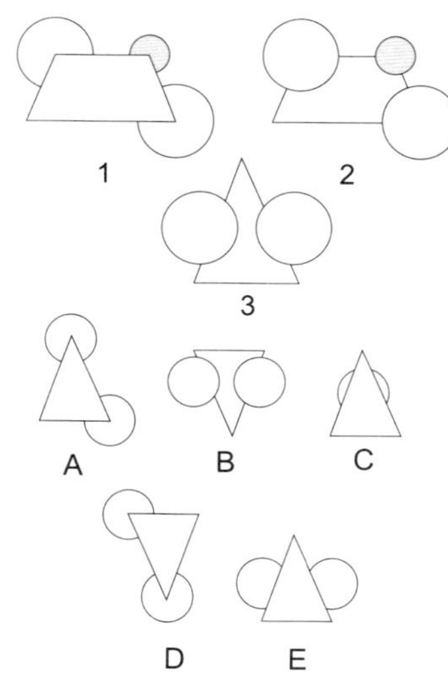

172. 图形的对应（六）

图形 1 对应图形 2，那么图形 3 对应的是哪个？

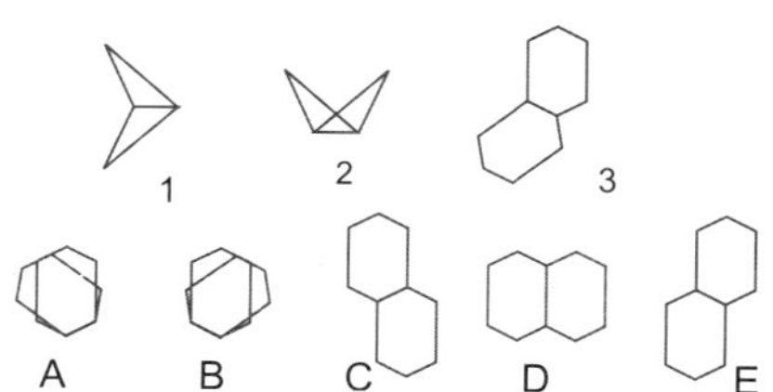

173. 图形的对应（七）

如果 A 对应于 B，那么 C 对应于 D，E，F，G，H 中的哪组图？

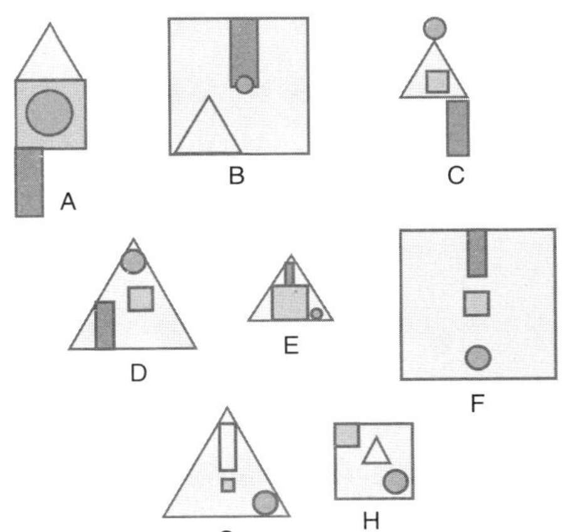

174. 找菱形

在这个图形中，你能找出多少个菱形？

175. 错的图像

这里有一个正方体，从 5 个角度看到的图像如下。其中的一个图像是错的。你知道哪个是错的吗？

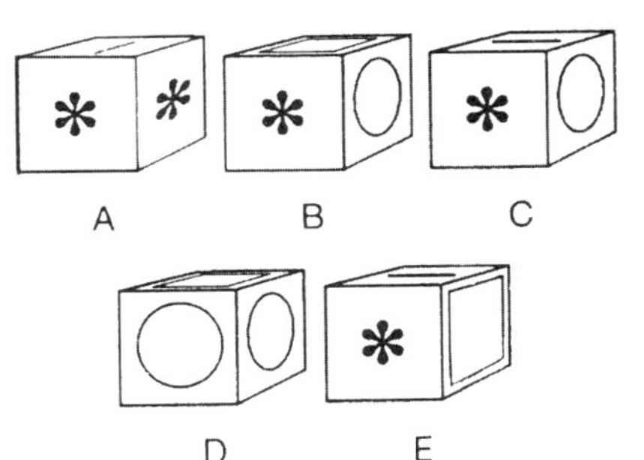

176. 拆开正方体

这里是把正方体拆开的一种方式。除此之外，还有多少种方法来拆开一个正方体？

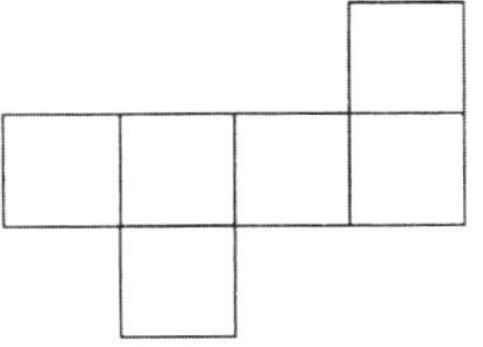

177. 残缺的纸杯

一个斜切的纸杯，其侧面展开图是什么样的呢？

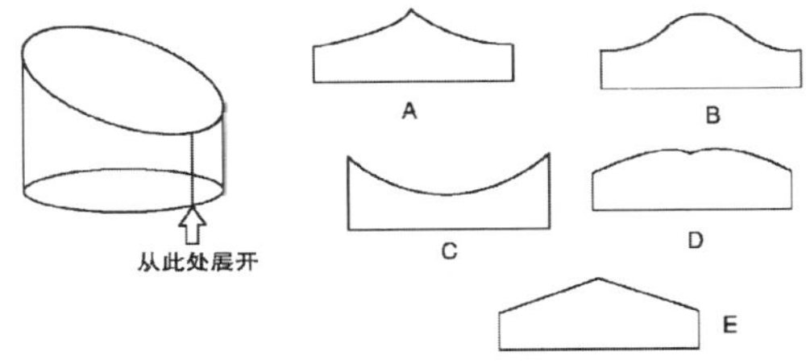

178. 数三角形（一）

图中有多少个三角形？

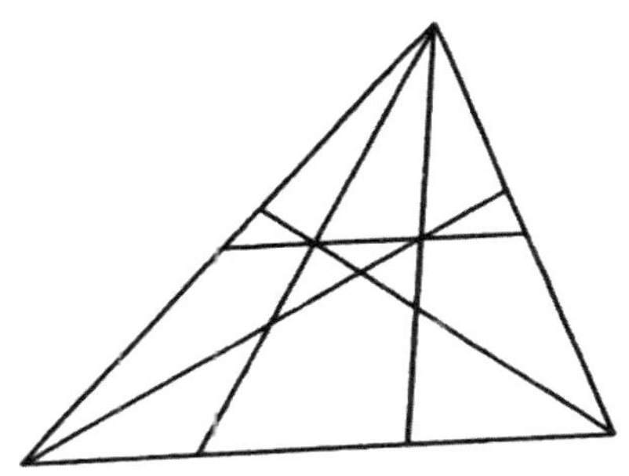

179. 数三角形（二）

图中有多少个三角形？

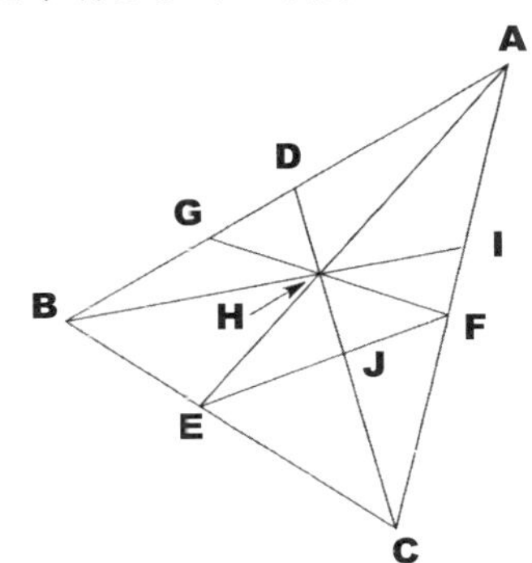

180. 数三角形（三）

图中有多少个三角形？

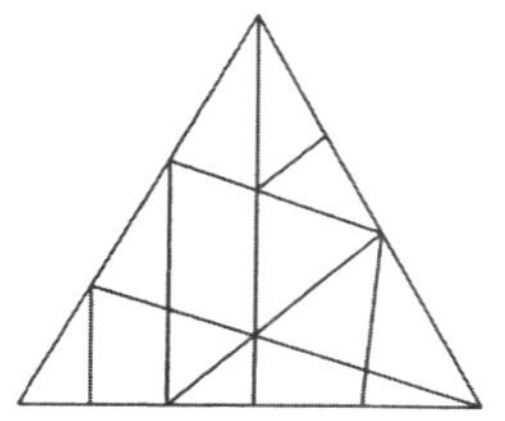

181. 数三角形（四）

图中有多少个三角形？

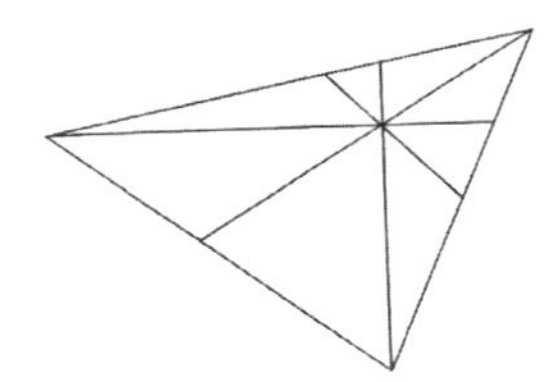

182. 斜道上的球

在一条斜道上有 4 个黑球和 4 个白球，较小的黑球在左侧，较大的白球在右侧。斜道的中间有一个凹槽，它可以容纳 1 个球。斜道的右侧底部有个小洞，恰好可以让黑球通过，而白球过不去。那么，请你把所有的黑球滚出这个小洞吧！（注：不准把球拿起来。）

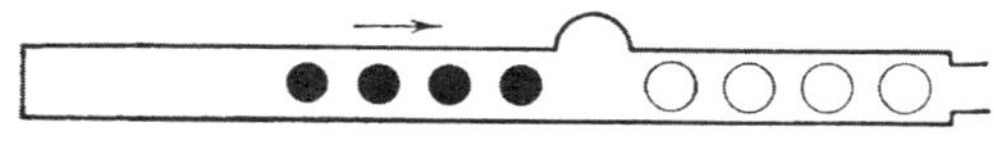

183. 拿走棋子

拿出 16 枚棋子，把它们放到如图所示的方格中。请拿走 6 枚棋子，使剩下的每行和每列的数目都是偶数。

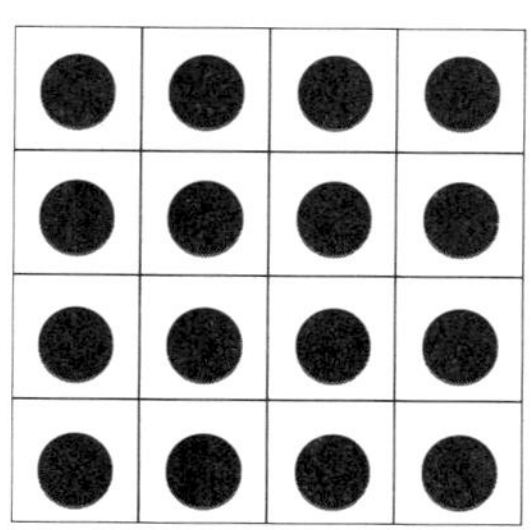

184. 连接点

将 9 个点摆成如图所示的图形。请用 4 条线把 9 个点连接起来，并且不可以重复经过一个点，同时不允许笔离开纸。

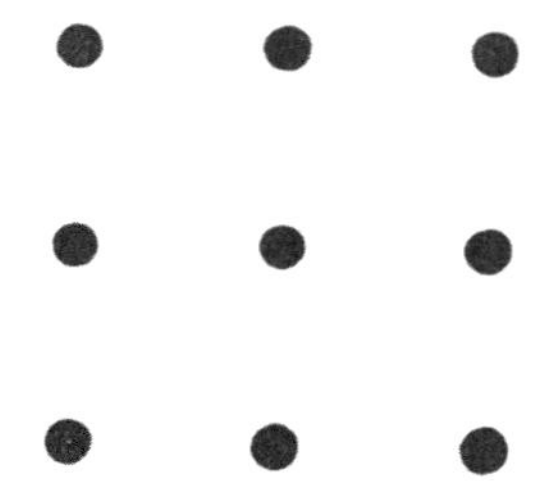

185. 山羊和卷心菜

请用 3 条直线将图中的山羊和卷心菜分开。

186. 不透明立方体

假设 3×3×3 立方厘米的不透明的立方体被分割成 27 个边长为 1 厘米的正方体。请在最短的时间内说出从空间的任意角度所能看到边长为 1 厘米的小正方体的最多数目是多少？

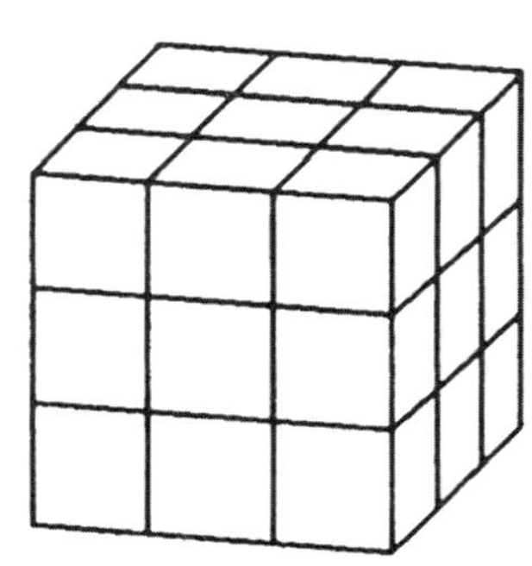

187. 街区

有 16 块街区（如图所示），如果只允许向上走和向右走的话，从 A 点走到 C 点一共有多少条路线呢？

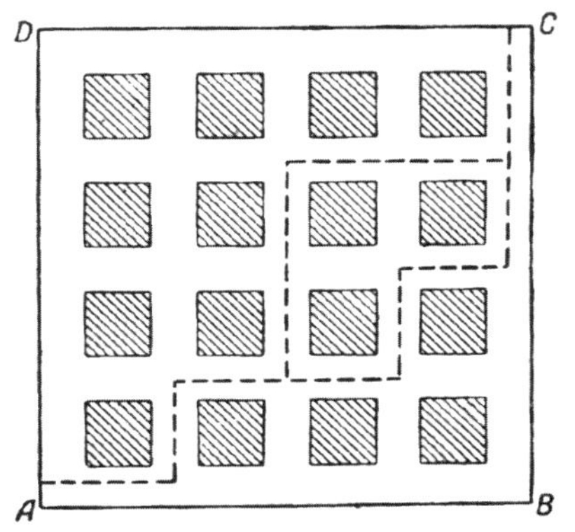

188. 拼棋盘

国际象棋棋手把硬纸板做成的国际象棋棋盘拆成了如图所示的 14 个部分，想找他下象棋的朋友只好在下棋之前把这些部分拼成完整的棋盘。你知道是怎么拼的吗？

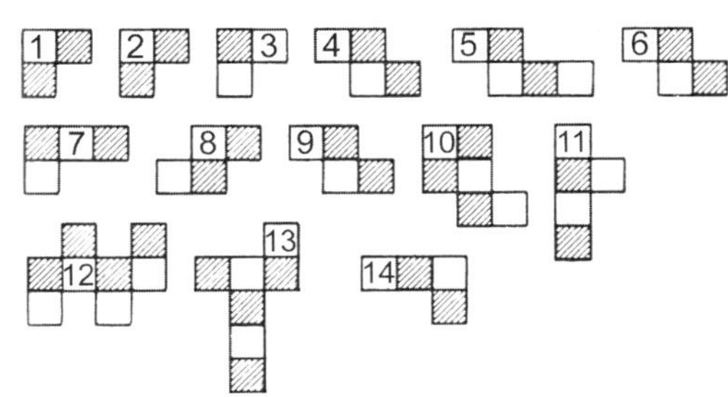

189. 野战地图

一名军官指着一张野战地图对士兵说："两名士兵带着地雷探测器来探测这个地区敌人埋下的地雷并把地雷排掉。他们必须检查图上除了中心方块以外的所有方块，因为中心那个方块代表一个小池塘。他们可以纵向或者横向移动，但是不允许斜向移动。此外，禁止重复经过同一个方块。他们一个人从 B 点出发走到 A 点，另外一个从 A 点出发走到 B 点。你们要在图上画出两人的行进路线，要求两人走过的方块数目相同。"你知道怎么画吗？

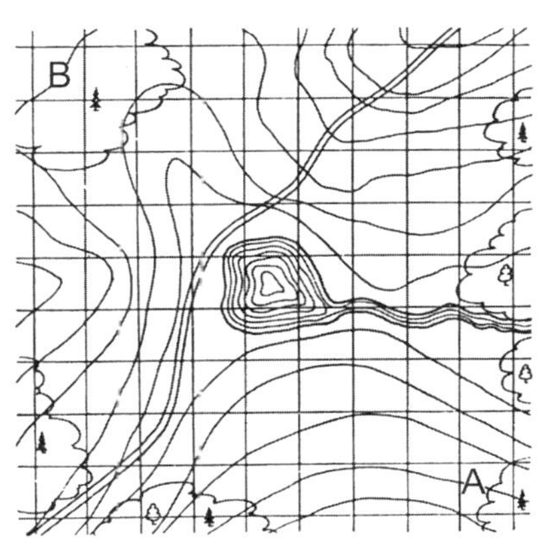

190. 通道

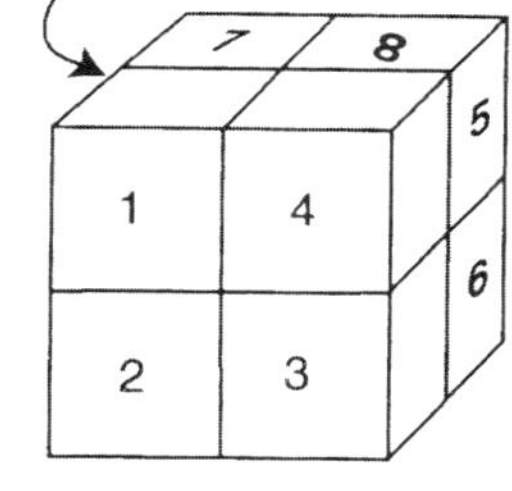

想象你要修筑一条通道穿过一个由 8 个大小一样的小立方体组成的大立方体。通道必须是连续的，并且从立方体暴露在外边的 3 个面进入。通道只能通过 8 个小立方体每个一次，而且不能从超过两个小立方体相接触的地方通过。当通道最终从大立方体中出来时，哪几个小立方体是不可能通过的？

191. 第 6 个面

下面是由几个完全相同的小立方体构造成的物体的 5 个面。它的第 6 个面是什么样子？

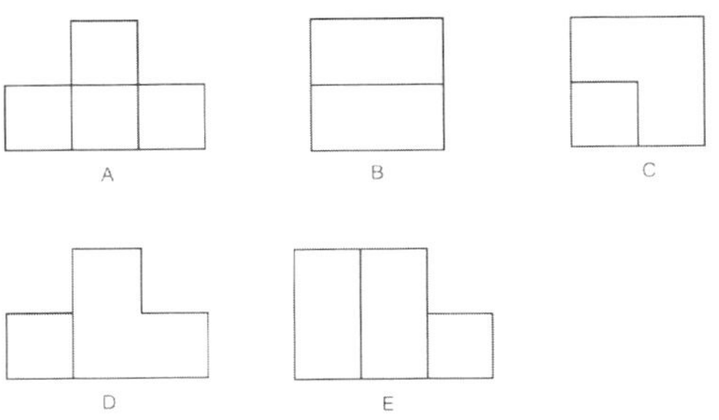

192. 窗户

把 12 根牙签摆成如图所示的窗户形状。你能不能移动 3 根牙签，组成 8 个三角形呢？

193. 单独的立方体

在这个图形中，有多少个单独的立方体？除非你可以看到它们的边界，否则每行每列都是完整的。

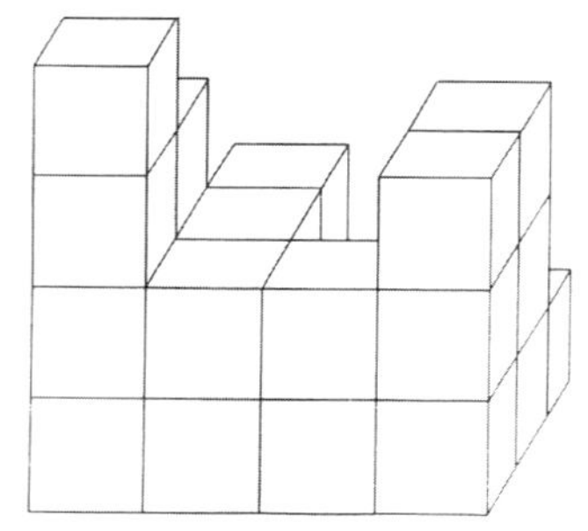

194. 牙签正方形

下图中的是 10 根等长的牙签。你能仅仅移动两根牙签就组合成两个正方形，并且没有多余的牙签剩下吗？

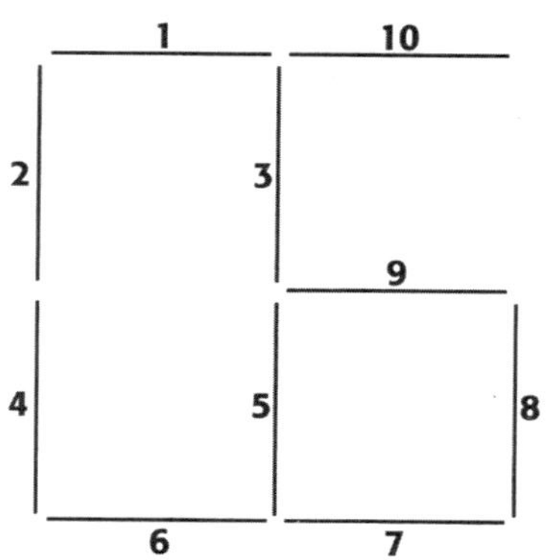

195. 火柴和硬币

有 7 根火柴和 6 枚硬币。如图所示，桌上的火柴被摆放成星形。从任意 1 根火柴沿顺时针方向开始数，数到第 3 根就把 1 枚硬币放到火柴的顶端。接着仍然沿着顺时针方向数，在每次数到没有放过硬币的第 3 根火柴上面放 1 枚硬币。在数的时候不可以跳过顶端已经有硬币的火柴。那么，你能把 6 枚硬币分别放到不同的 6 根火柴的顶端吗？

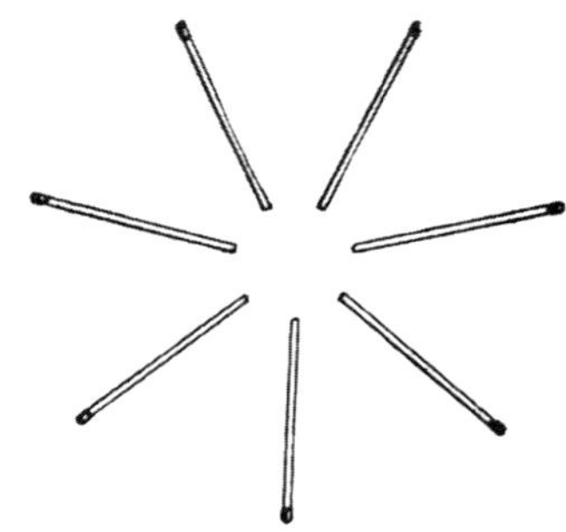

196. 棋子与空位

4 枚白色棋子和 4 枚黑色棋子间隔开摆成一排，这排棋子的左端留下两个空位。每次把相邻的两枚棋子移位，经过 4 次移动，使所有的黑棋在一边，所有的白棋在另一边。并且使整排的右端留下两个空位。

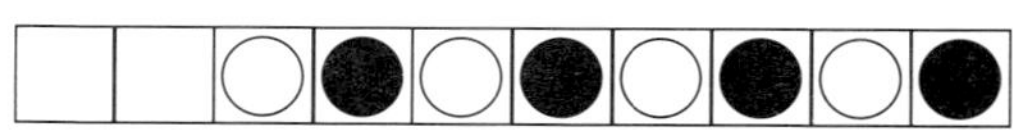

197. 排列贝壳

加里给妹妹罗卡买了一个漂亮的小盒子。罗卡还没到上学的年龄，但是已经能从 1 数到 10 了。她很喜欢这个盒子，因为在盒子的每条边都可以数出 10 枚贝壳。

一天，妈妈在擦拭盒子的时候不小心打碎了 4 枚贝壳。加里重新排列了一下剩余的 32 枚贝壳的摆放位置，然后把贝壳粘好，盒子里每条边上仍然有 10 枚贝壳。几天后，盒子掉到了地板上，又有 6 枚贝壳摔碎了。加里又重新排列了一下剩余贝壳的摆放位置，使罗卡数贝壳的时候仍然在每条边上都能数到10。你知道加里两次是怎么排列贝壳的吗？

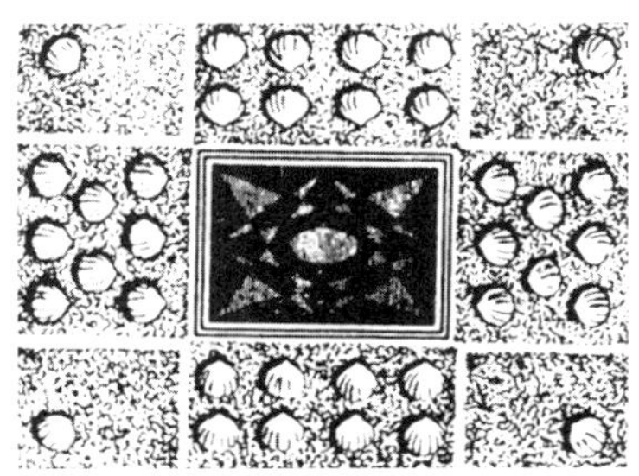

198. 坚守雪垒

一队勇敢的“守军”正在坚守他们的雪垒。如图所示（小方块里的数字代表守军的总人数），指挥官将部队分配了一下：雪垒的4个面上，每个面有11个人把守。守军在防守敌人的第一次、第2次、第3次和第4次袭击时都损失了4名“士兵”，在第5次损失了2名“士兵”。但是每次打退进攻后，雪垒的4个面上仍旧是每个面有11个人把守。这是怎么做到的呢？

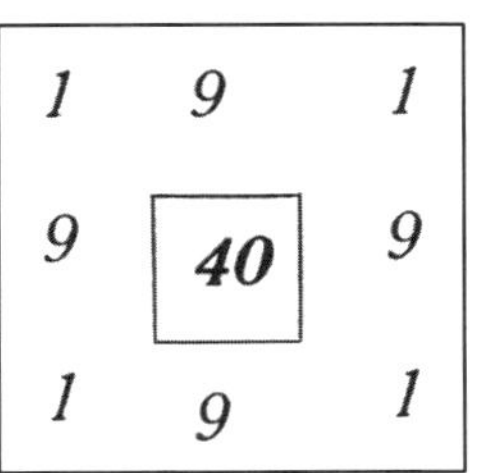

199. 安装霓虹灯

一位舞台技师在为一间电视转播室安装霓虹灯。开始，他在每个角落里各安了3盏，在4面墙中部各安了3盏，如图所示，总共是24盏灯。后来，他又试验用20盏灯和18盏灯的情况。在这几种情况下，每面墙仍然是9盏灯。他是怎么做的呢？

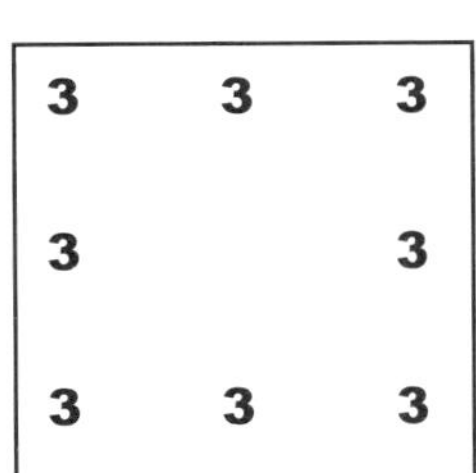

200. 摆花

将12盆花排成6排，每排有4盆花。如何排列呢？

201. 橡树

图中的27棵橡树排成了一颗漂亮的六角星，共9行，每行6棵树。一名林业人员看到后，他反对将3棵橡树单独排列出去，因为橡树喜欢从顶部吸收阳光，并且周围要有绿色植物。请将27棵橡树排成9行，每行6棵，形成对称图形，并且要将所有的橡树分成3丛。

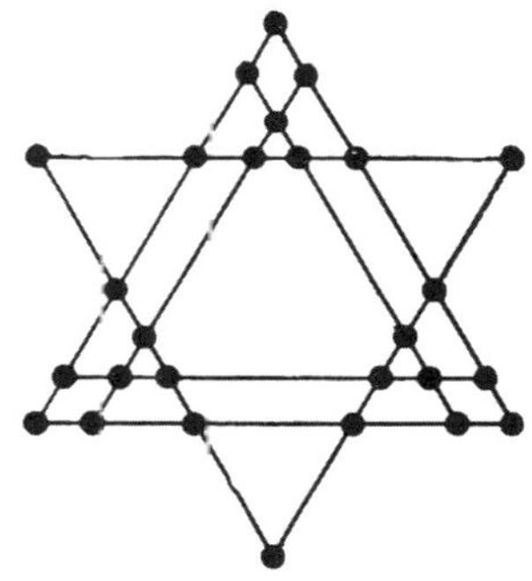

202. 最少的换位

如图所示，25枚棋子放入棋盘中的25个格子里。请通过一对一地交换棋子位置把它们按照数字顺序摆好，棋子1，2，3，4，5在第1排按顺序从左至右；6，7，8，9，10在第2排，依此类推。那么，最少的换位步骤是多少步？

7	24	10	19	3
12	20	8	22	23
2	15	25	18	13
11	21	5	9	16
17	4	14	1	6

203. 最少的纸

最少需要多少张正方形的纸叠在一起才能组合成下面的图形？

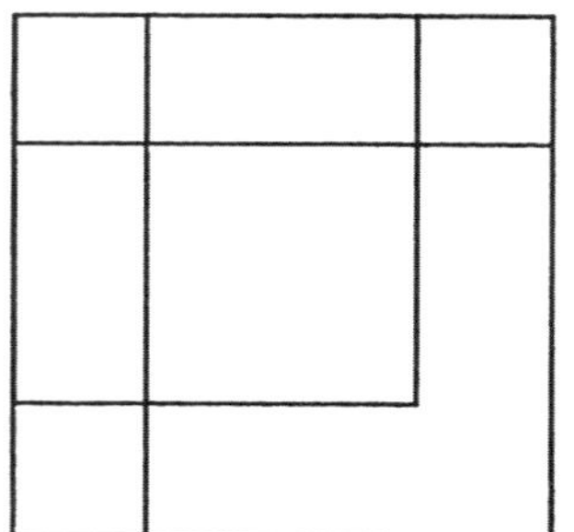

204. 摆放星星

如图所示，图中的白色方块中已经放了1颗星。现在要求你在图中的白色方块中放入7颗星，但是任意2颗星在纵向、横向和斜向上均不处于同一条直线。

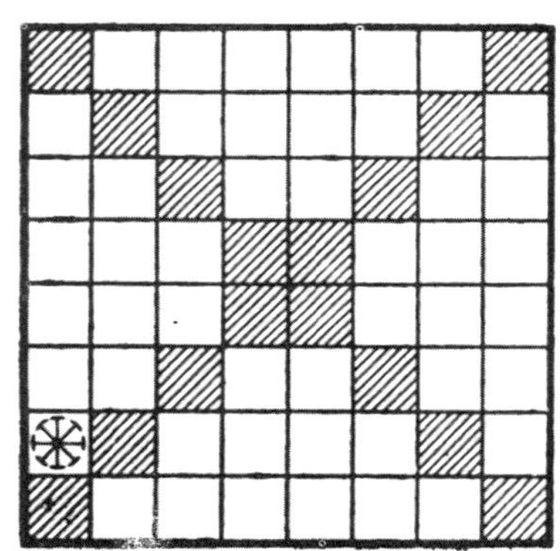

205. 数立方体（一）

下图共有多少个立方体？

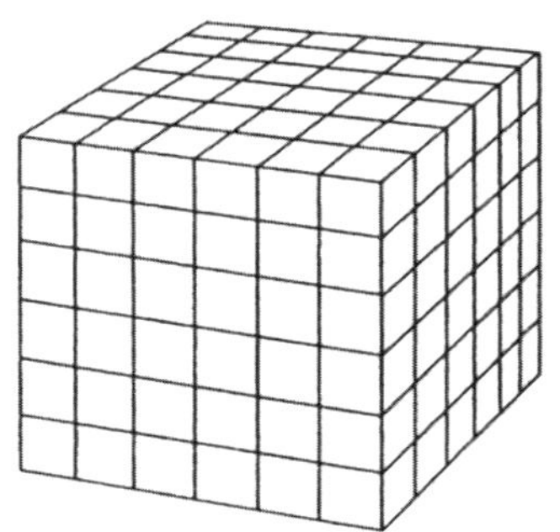

206. 数立方体（二）

下图共有多少个小立方体？

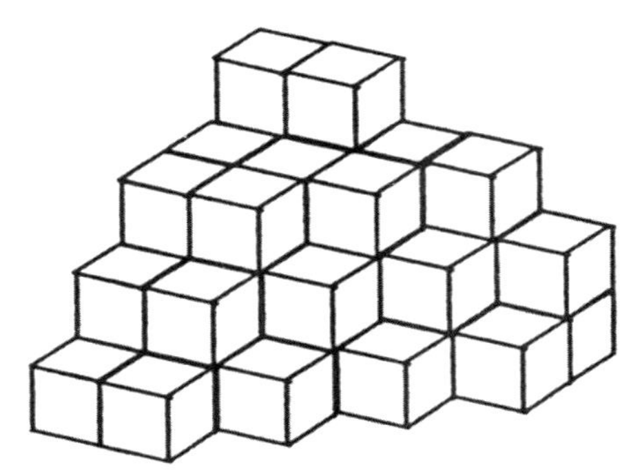

207. 空间类推

这是一个关于空间的类推，答案就在图中。第2个图中的“×”的位置是怎么确定的？

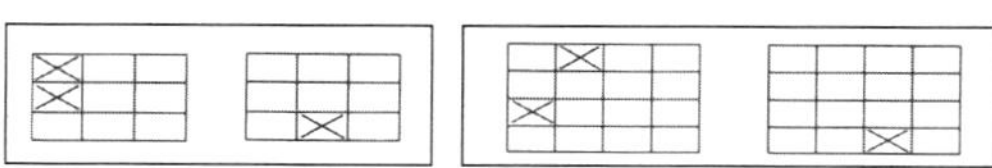

208. 逃生路线（一）

一名囚犯被投入了一处地牢中，地牢里一共有145扇门。在图中共有9扇门(黑条块)门已被锁住，只有恰好走完8扇已打开的门才可以解开门锁。不必穿过所有打开的门，但是必须经过所有的房间以及9扇被锁住的门。如果囚犯重复进入某个房间或者重复经过某个打开的门，那么所有的门都会关上，房间就会变成陷阱。

囚犯（在右下角的方块内）手里有一张地牢的图。思考了很长时间后，他开始出发了。终于，他经过了9扇锁住的门并且成功地从左上角的那扇门逃了出去。请你画出他的逃生路线。

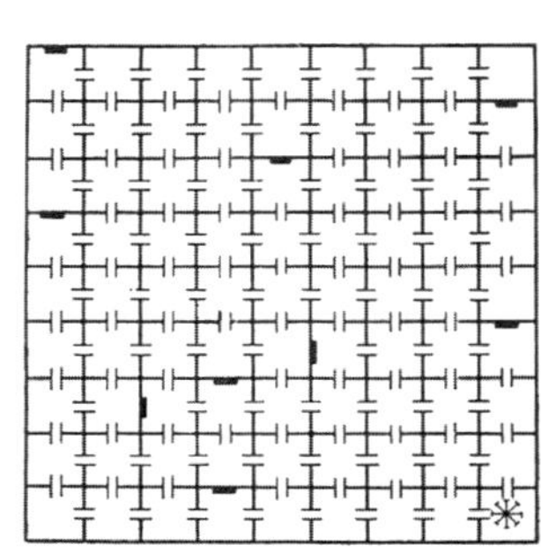

209. 逃生路线（二）

地牢共有 49 间屋子。其中的 7 间屋子（A 到 G）里有被锁住的门（黑色条块表示），门钥匙在相对应的 a 到 g 的房间里，其余的门只朝一个方向打开。囚犯可以随意通过任意一处门，他的最终目标锁定在房间 g 里的钥匙上，得到这把钥匙他就可以顺利地从房间 G 逃跑了。那么，在房间 O 中的囚犯如何逃生呢？

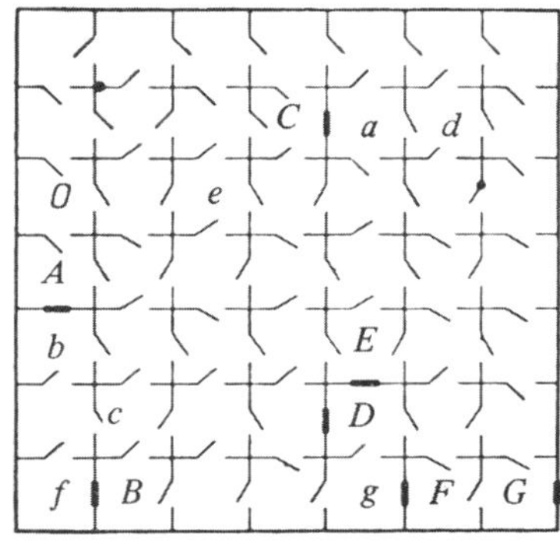

210. 几何图形

下图是一个几何图形。这个图形可以被一条直线分为两部分，这两部分正好可以组合成一个正方形。请通过连接两个数字画出这条直线。

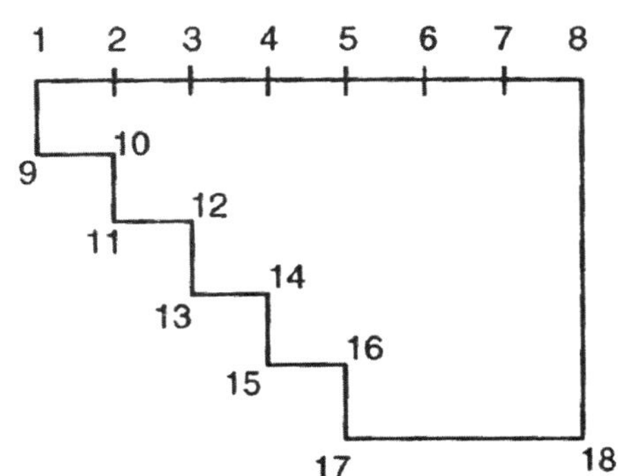

211. 蓝色立方体

把一个边长为 4 厘米的正方体每个面都涂成蓝色，然后把这个正方体切成边长为 1 厘米的小正方体。你知道有多少个小正方体是三面蓝色的吗？

212. 数正方形（一）

下图中有多少个正方形？

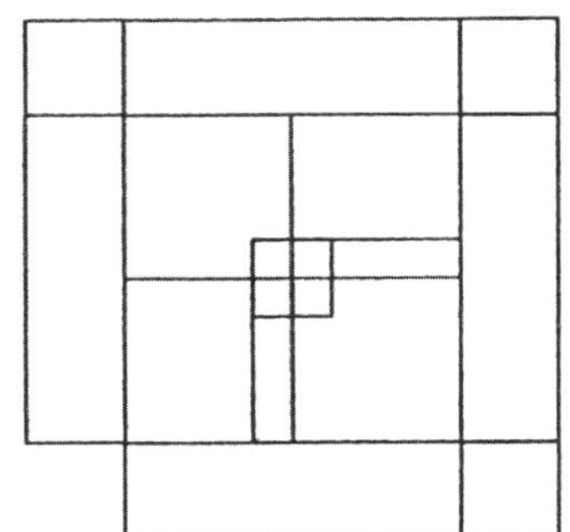

213. 数正方形（二）

下图中有多少个正方形？

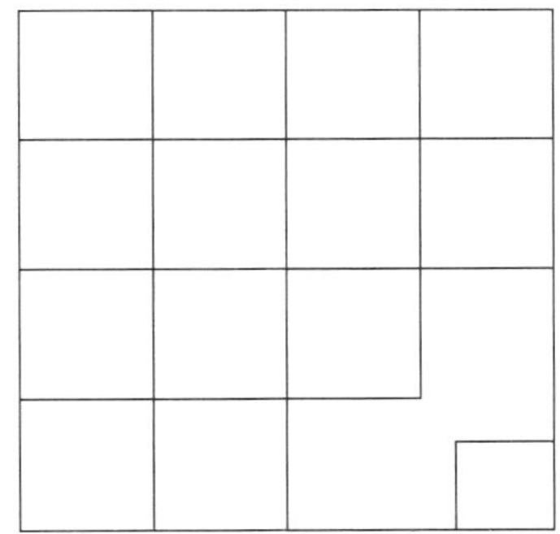

214. 数正方形（三）

下图中共有多少个正方形？

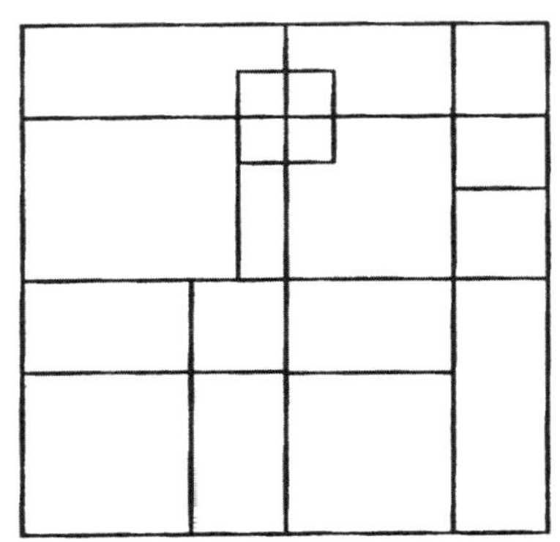

215. 立方体的图案

图 1 是一个立方体的展开图，将 6 个彼此连接的正方形折起即可得到一个立方体。图 2 则是这个立方体在 4 个不同方向所显示的图案，你能将这几个图案准确填入展开的方格中吗？

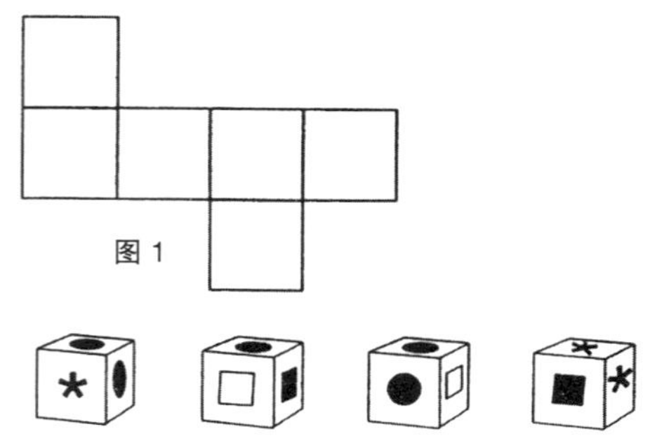

216. 移动牙签

下面的这 5 个正方形是由 16 根牙签组成的。你能否只移动其中的 3 根牙签，使它变成大小相同的 4 个正方形呢？

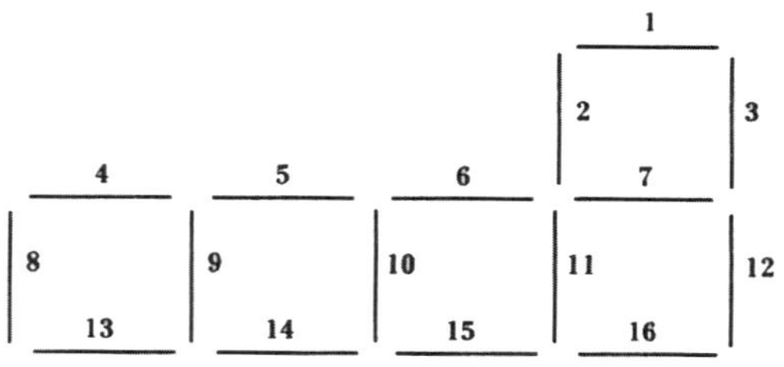

217. 正视图和俯视图

下面是一个物体的正视图和俯视图。你能画出这个物体的立体图吗？

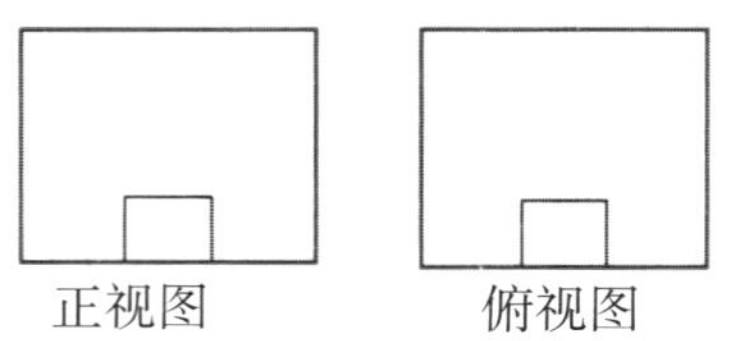

218. 折叠盒子

这个盒子是由下面 4 个选项中的其中一个折叠而成的，是哪个呢？

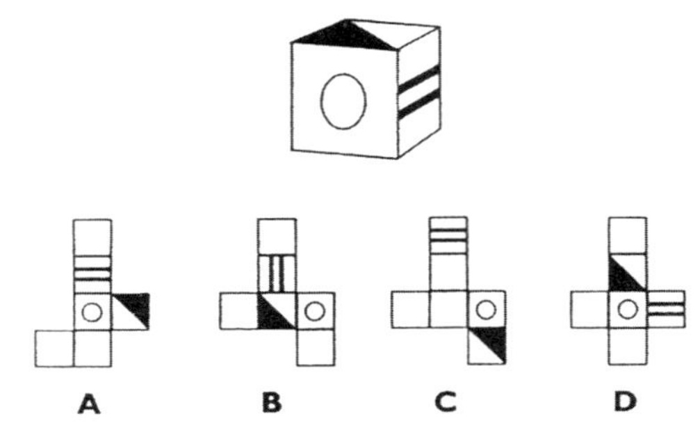

219. 圆圈与背景

看到圆圈了吗？这些圆圈是不是比背景亮一些？

答案

1...

如果用小玻璃杯的话，我们倒8次才能把大玻璃杯装满水。因为大玻璃杯在杯口直径和杯身高度上是小玻璃杯的2倍，所以它的体积就是小玻璃杯的体积乘以8。比如，我们拿1个1厘米×1厘米×1厘米的立方体举例，它的体积为1立方厘米；那么，大玻璃杯的体积为2厘米×2厘米×2厘米，这时它的体积就是8立方厘米。

2...

大多人都认为苍蝇飞行的最短的路线是从A点先到D点，然后沿着边飞到B点。运用勾股定理，线段AD的长度为$60\sqrt{2}$厘米。再加上线段DB的长度（即60厘米，这样，我们得到的总长度为$60+60\sqrt{2}$厘米。如果，我们从立方体的顶部一条边的中点C画出线路AC，它的长度为$30\sqrt{5}$厘米，同时，线段CB的长度也是$30\sqrt{5}$厘米。这样，我们得到的总长度为$30\sqrt{5}+30\sqrt{5}$厘米，很明显这要比第1条路线要短得多。

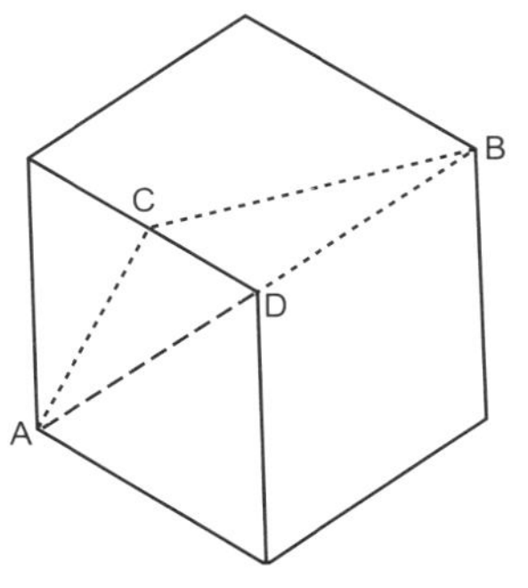

3...

答案如下图所示：

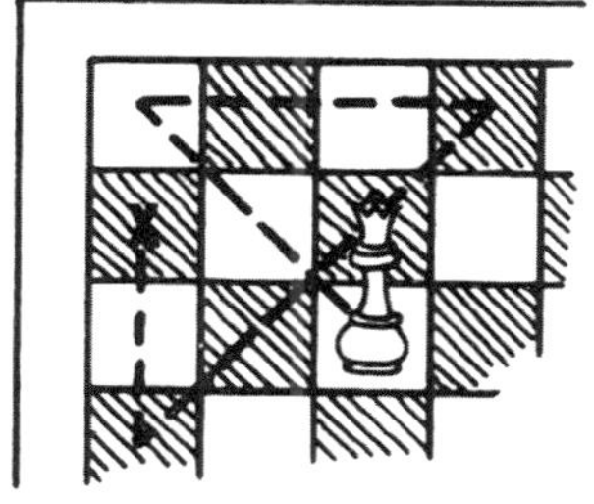

4...

这个题的解法有很多，下面是其中一种：

5...

如图所示：图A所示的是最初的三角形，上面显示了将要被剪成的5个部分。纸片1便是这4个等边三角形中的1个。图B，C，D展示了其余3个三角形是如何利用这些纸片组成的。

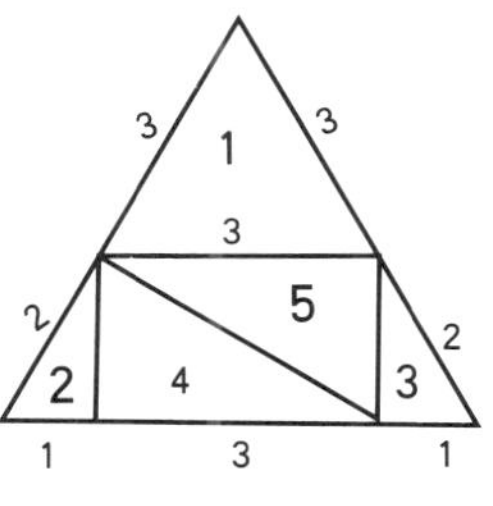

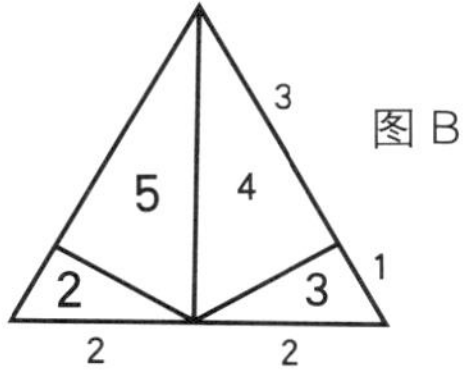

图B

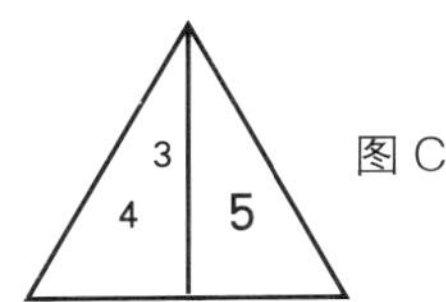

图C

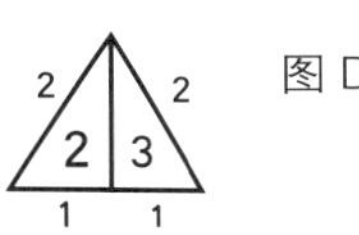

图D

6...

答案如下图所示：

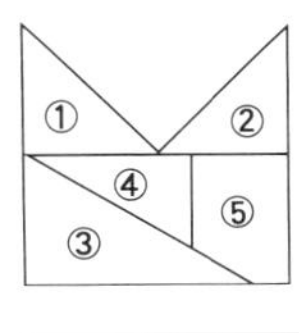

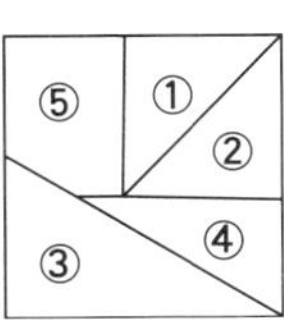

7...

沿图1的虚线切木板，然后按图2中的样子排列。

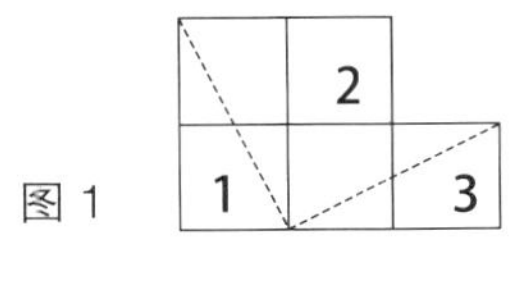

图1

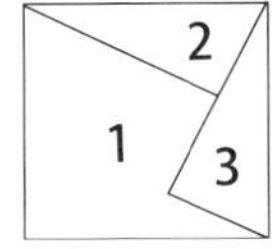

图2

8...

所需要的最少的石块数是128。立方体的每条边上有4个石块（4×4×4=64个石块）。广场的每条边有8个石块（8×8=64）。这样一来，广场边长是立方体边长的2倍的条件就可以满足了。

9...

这22步依次如下：10号到5号、1号 到8号、11号到6号、2号 到9号、12号到7号、3号到4号、5号到12号、8号到3号、6号到1号、9号到10号、7号到6号、4号到9号、12号到7号、3号到4号、1号到8号、10号到5号、6号到1号、9号到10号、7号到2号、4号到11号、8号到3号、5号到12号。

10...

下面是其中的一种答案。

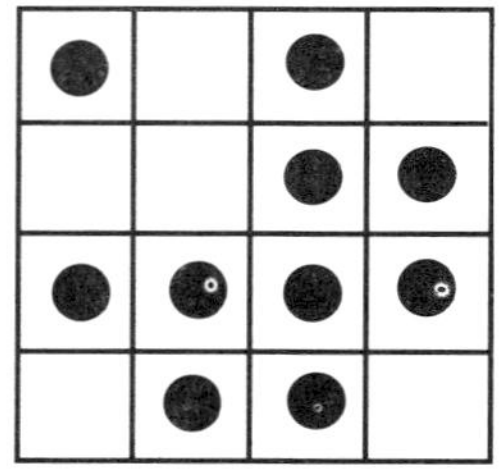

11...

答案如下图所示：

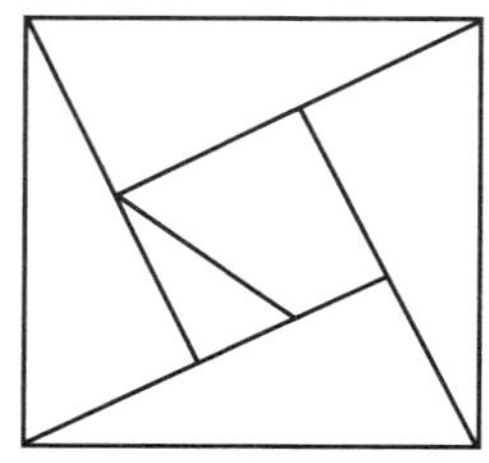

12...

首先，将第4根火柴点着，然后，用它点燃3根按金字塔形状放置的火柴。之后，快速将这4根火柴熄灭。这时，你会发现组成金字塔的3根火柴已经熔合在一起，这样，你就可以用第4根火柴轻而易举地把它们从桌子上抬起来。

13...

答案如下图所示：

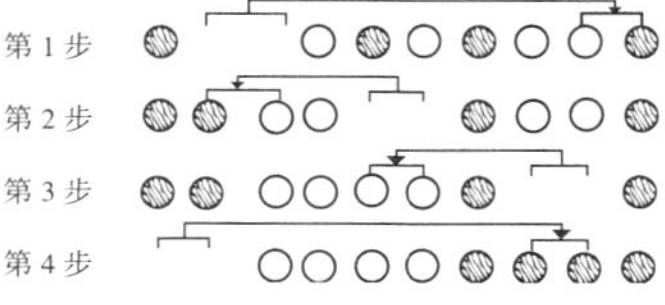

14...

这个风筝上有17个正方形，它们是由4种不同大小的正方形组成的。每种大小的正方形的个数见下图：

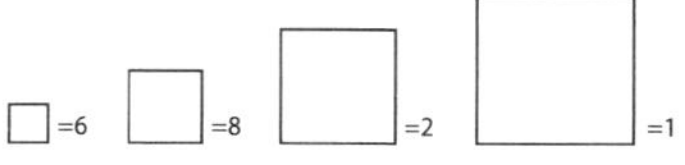

15..

在这个题中，数字的排列方法有很多，下面是其中之一。

4	1	3	0	2
3	0	2	4	1
2	4	1	3	0
1	3	0	2	4
0	2	4	1	3

16...

将两把叉子插在瓶塞上，使它们与瓶塞保持60°（如图所示）。然后，把瓶塞底部挖空，使它能够紧贴在鸡蛋大头那边。现在，把插有叉子的瓶塞放在鸡蛋上面；然后把鸡蛋放在拐杖的末端。稍微调整之后，你就可以把鸡蛋完好地放在上面。

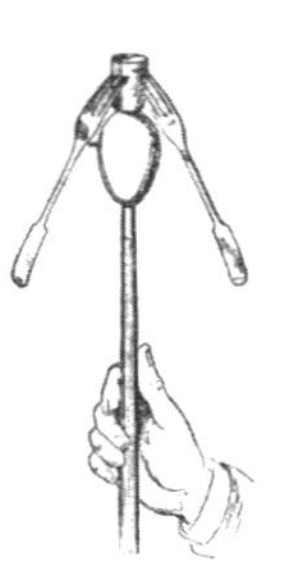

17...

答案为：从1号移到4号、从7号移到1号、从6号移到7号、从5号移到6号、从3号移到5号、从2号移到3号、从1号移到2号、从7号移到1号、从6移到7号、从5号移到6号、从3号移到5号、从2号移到3号、从1号移到2号、从7号移到1号、从4号移到7号。

18...

答案如下图所示：

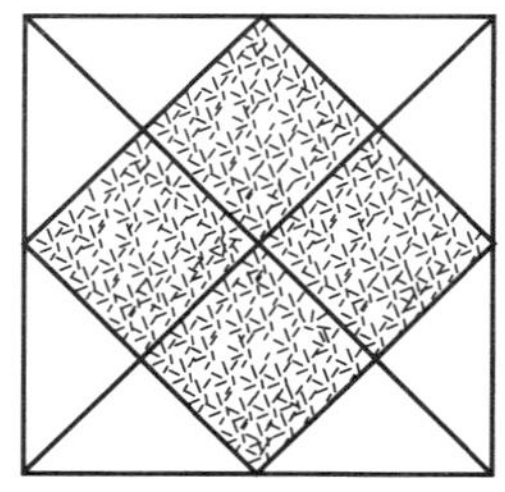

19...

一共有5040种不同的排列方式（即7×6×5×4×3×2×1=5040）。

20...

每3米长的栅栏都是从左边的栅栏柱开始延伸，唯有最后3米长的栅栏是从左边的栅栏柱开始、在右边的栅栏柱结束。因而西姆斯应该买34个栅栏柱，并非33个。

21...

答案如下图所示：

22...

将盒子的一边沿着桌边放置，并在桌子上留出与盒子一样宽的长度（即，a 的长度与 b 的长度相等，如图所示）。现在，拿起尺子，并将它放在桌子角的末端，然后，测量桌角与盒子后面左侧顶角的长度。而这个长度与盒子主对角线的长度相等。

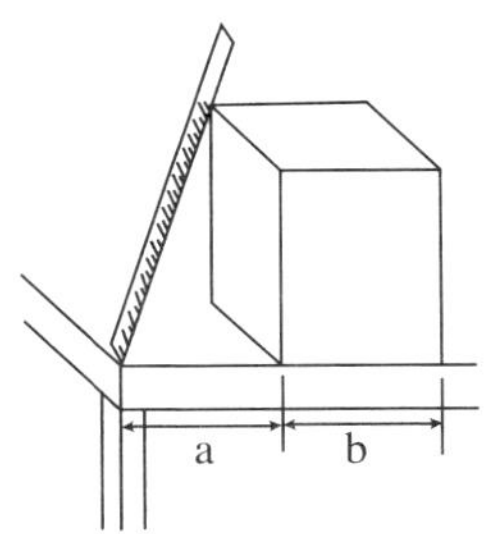

23...

答案如下图：

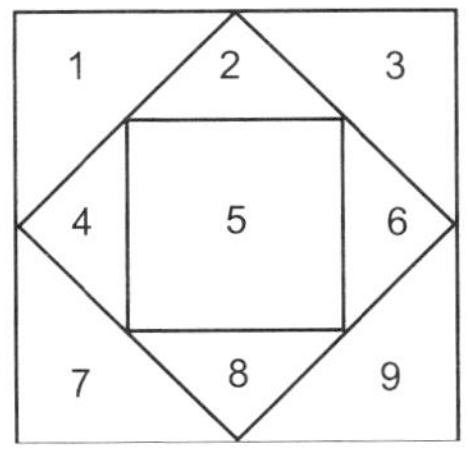

24...

当你拿起骰子之前，偷偷地把你的食指弄湿。接着，让这个手指将一个骰子的一个面沾湿。然后，把第 2 个骰子贴在那个骰子的沾湿面上，用拇指与食指将两个骰子夹住，这样持续夹住两个骰子，接着，把它们放在桌上那个骰子的上面，并把手指松开，两个骰子将粘在一起，并会稳稳地停在下面的骰子之上。

25...

（a−bc）是指 a 硬币从位置 a 移到另一个地方，它在那里可以与另外两个硬币 b 和 c 相接触。移动的步骤为：（1−56）、（3−14）、（4−58）、（5−23）、（2−54）。

26...

答案是不可能将多米诺骨牌放在棋盘上。因为，一个多米诺骨牌占两个方格，白、黑方格各占一个。然而，当我们将棋盘的两个对角上的方格切掉时，这两个方格的颜色是相同的。在这个例子当中，棋盘还剩下 32 个黑色方格和 30 个白色方格。当你把 30 个多米诺骨牌放在棋盘上时，棋盘上所剩下的两个黑色方格并不会相互接触，这样，最后一个多米诺骨牌就无法放在上面。在任何一个棋盘上，相同颜色的两个方格不会并排相连。

27...

这个物体是一个带有凹槽的木制矮圆柱体。

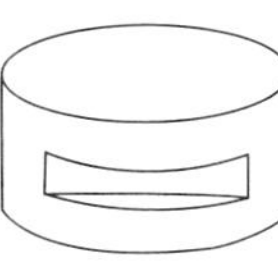

28...

图中有 4 种形状的三角形。最小的三角形有 7 个；大一些的三角形有 3 个；再大一些三角形有 3 个；最大的三角形有 1 个。总共有 14 个三角形。

29...

线段 BD、DG 和 GB 构成一个等边三角形。因此，线段 BD 和 DG 之间的角度是 60°。

30...

在这个风筝上有不同大小的正方形 34 个、三角形 104 个。许多正方形和三角形都与其他正方形和三角形重叠在一起。下面是我们这幅画当中出现的各种尺寸的正方形和三角形。

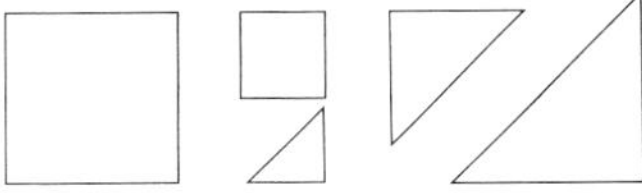

31...

从任何一个点开始，数 6 个点，将一枚硬币放在第 6 个点上。记住你开始计数的那个点——你放第 2 枚硬币的地方。从那个可以数到第 1 个点的点开始计数，将第 3 枚硬币放在可以数到第 2 枚硬币开始的点。依此类推，将剩下的硬币放在各自的点上。

32...

首先，把 2 号、3 号金字塔颠倒放；然后，把 3 号、4 号金字塔颠倒；最后，把 4 号、5 号金字塔颠倒。

33...

正方形的总数为 31。其中，小正方形有 16 个；由 4 个小正方形组成的正方形有 9 个；由 9 个小正方形组成的稍大一些的正方形有 4

个；碑中央的菱形正方形有1个；整个瓦石碑构成1个大正方形。

34...

图1中展示了切割线，图2展示了这3块儿是如何在重组后形成一个正方形的。

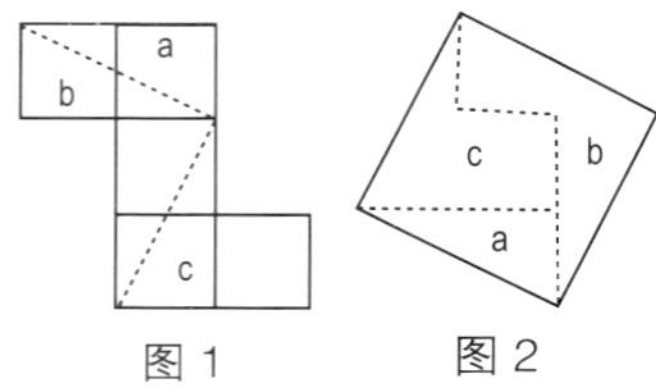

图1　　图2

35...

右图正好有100个正方形，它只用15条直线就画出来了。其中，1个格的小正方形有40个，由4个小正方形组成的正方形有28个，由9个小正方形组成的正方形有18个，由16个小正方形组成的正方形有10个，由25个小正方形组成的正方形有4个。

36...

有70条不同的路线。

37...

答案如下图所示：

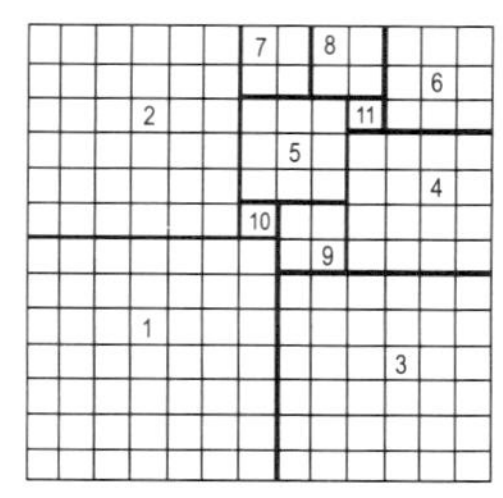

38...

现在图中就有2个大正方形和1个小正方形，一共有3个正方形。

39..

图中有5个脑袋，但是可以数出10个完整的身体。

40...

拿起笔和尺子，将正方形画成25个小正方形（如图1所示）。再将正方形切成4块儿（沿着深色线切），把这4块儿标上号码。如果你按照图2和图3将这4部分重新拼的话，那么，你会拼成两个正方形，而每个正方形都各有一个完整的圣诞老人。

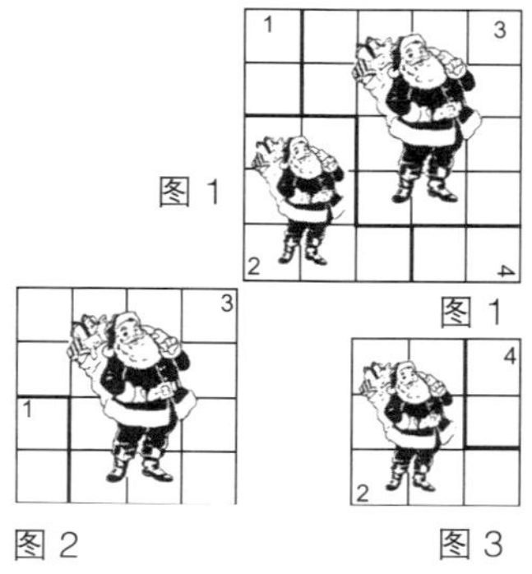

图1
图2　　图3

41...

这6个固体为：（1）球；（2）圆锥体；（3）圆柱体；（4）三棱锥；（5）四棱锥；（6）立方体。

42...

将手指按在顶部中间那枚硬币上，然后向上滑动，再向左滑。接着，将硬币沿着左列硬币向下滑动。最后滑到底部中间硬币的下面。现在将中间那列硬币整体向上推，直到每行再次有3枚硬币。此时，你会发现每行的硬币或者全是正面或者全是背面。在整个移动的过程当中，你的手只接触了1枚硬币。

43...

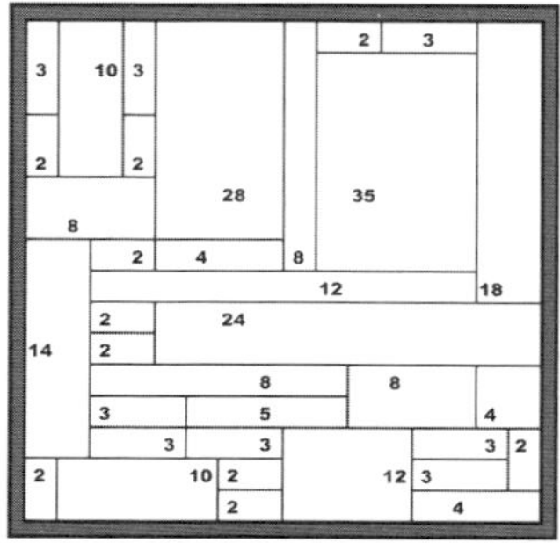

44..

答案如下图所示：

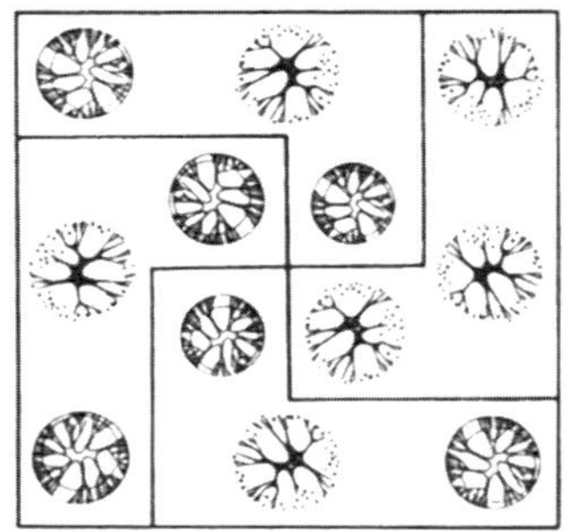

45...

每个图形都代表1个数字。第1个图形里有3个圆圈，我们可以得到数字3；第2个图形里有1个三角形，我们可以得到数字1；其余的图形依次可以得到数字4，1，5，9，即前5位数字。所以，接下来的3个图形应依次是2个嵌套的圆圈、6个嵌套的三角形、5个嵌套的正方形。

46...

答案如下图所示：

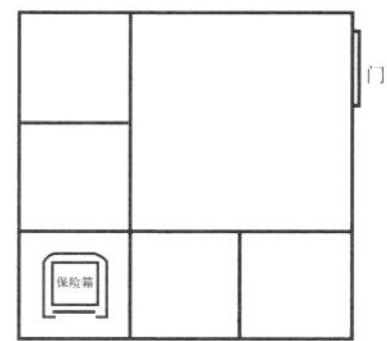

47...

农夫先圈出3块儿地，并在每块儿地里圈3头小母牛；然后，他们再把这3块儿地圈起来，圈出第4块儿地。这样一来，每块儿地都有奇数数量的小母牛。

48...

你将在的风筝里找到31个等边三角形。这些三角形包括：

（1）16个小三角形；

（2）7个由4个小三角形组成的三角形；

（3）3个由9个小三角形组成的三角形；

（4）4个由16个小三角形组成的三角形；

（5）1个外部的大三角形。

49...

16步依次如下：从1号车厢移到5号车厢、从3号车厢移到7号车厢、从7号车厢移到1号车厢、从8号车厢移到4号车厢、从4号车厢移到3号车厢、从3号车厢移到7号车厢、从6号车厢移到2号车厢、从2号车厢移到8号车厢、从8号车厢移到4号车厢、从4号车厢移到3号车厢、从5号车厢移到6号车厢、从6号车厢移到2号车厢、从2号车厢移到8号车厢、从1号车厢移到5号车厢、从5号车厢移到6号车厢、从7号车厢移到1号车厢。

50...

放硬币的第1个位置就是最开始放硬币的圆圈。第2个位置就是跳过介于中间的圆圈后的圆圈：从2号圆圈跳到4号圆圈、从8号圆圈跳到2号圆圈、从5号圆圈跳到8号圆圈、从3号圆圈跳到5号圆圈、从9号圆圈跳到3号圆圈、从7号圆圈跳到9号圆圈、从1号圆圈跳到7号圆圈、从6号圆圈跳到1号圆圈、从10号圆圈跳到6号圆圈。

51...

答案就是沿直线A–A，B–B将布剪开。这两条横向和纵向的直线与正方形相交在4条边的$\frac{1}{3}$点处。将碎片3和4沿着它们的长边缝合便是第3个正方形。这个正方形与正方形2大小一样。

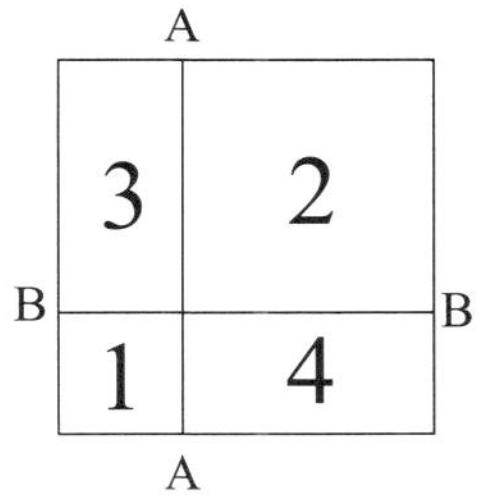

52...

将左边的奶油刀向左边拉，直到底端与两个垂直的奶油刀底端的外侧接触。这时，4把刀的钝头就会拼成个小正方形（如图所示）。

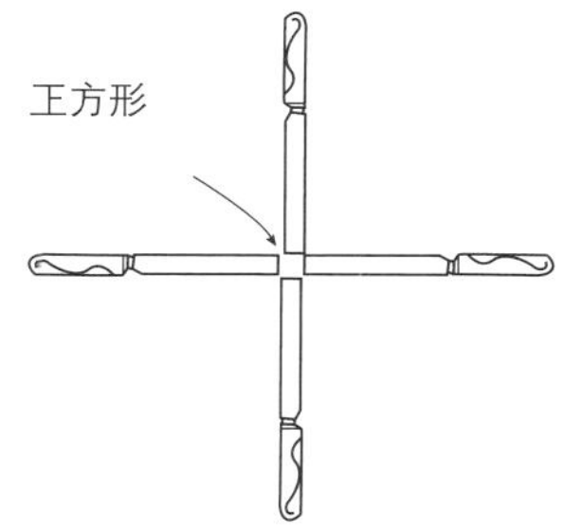

53...

这个题有很多种解法。这里是斯本登勃洛先生提交的答案。

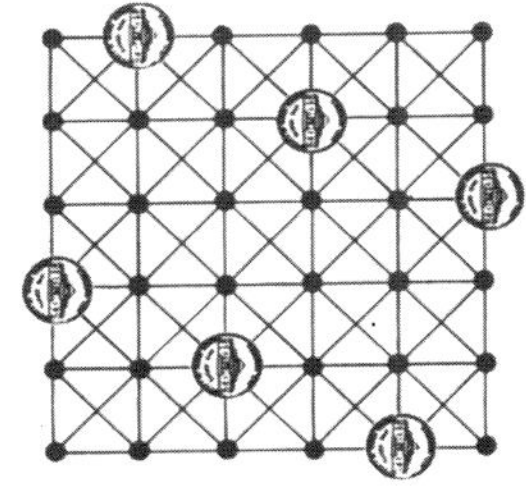

54...

下图展示了如何将12个棋子排成7行——水平方向3行、垂直方向3行和1条对角线（从右上角到左下角），每行各有4个棋子。

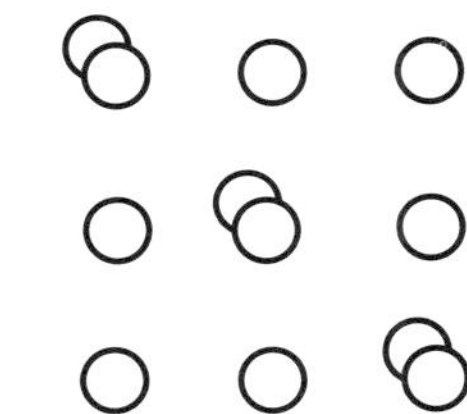

55...

这些线条实际上是笔直而且平行的，然而给人的感觉是弯曲的。

56...

水平线实际是平行的，楔形只是错觉。

57...

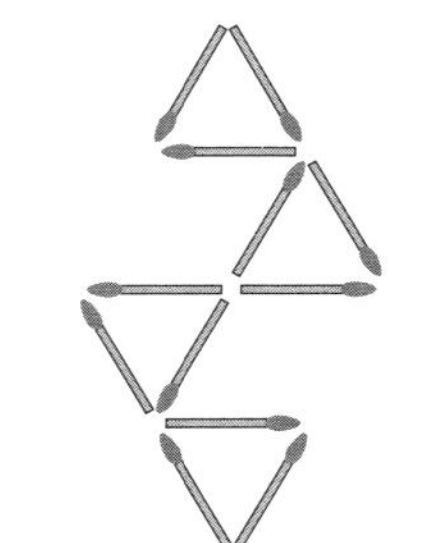

58...

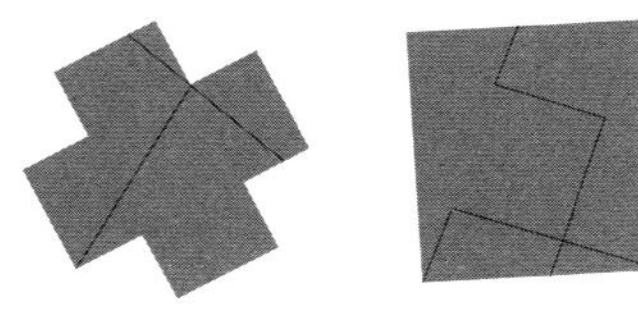

59...

18条路线。不过你无须一一描绘出每条路线。解决这道谜题最简单的方法，就是从起点处开始，然后确定出能够带你到达一处交叉点的路线的数目。到达每个连续交叉点的路线的数目等于与之“相连”的路线的数目的总和。

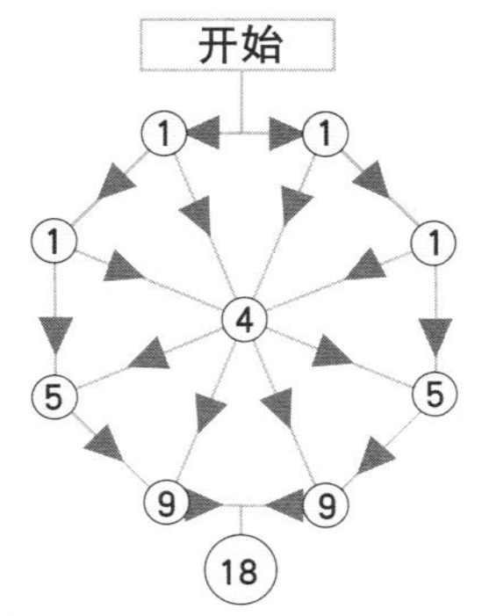

60...

正常情况下，镜子将物体的镜像左右翻转。以正确角度接合的两面镜子则不会这样。

转角镜中右面的镜子显示的没有左右变化，男孩在镜子中看到的自己和日常生活中别人看到的他是一样的。

这种成像结果是由于左手反转以及前后反转同时作用。

61...

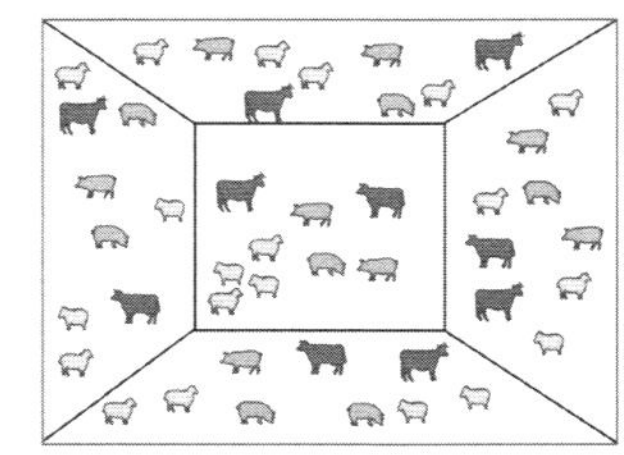

62...

“Figure”外围较暗边缘形成“Ground”。

63...

线条如果连接，会形成一个完美的六边形。它们相连的点被三角形掩蔽。当线条在物体后面消失时，视觉系统会延伸线的长度。就如本例中的情况，每根线条的终点好像都在三角形的中心，这导致定线错误。

64..

选项G是其他音符的镜像，其他所有的音符都可以通过旋转另外的音符而得到。

65...

66...

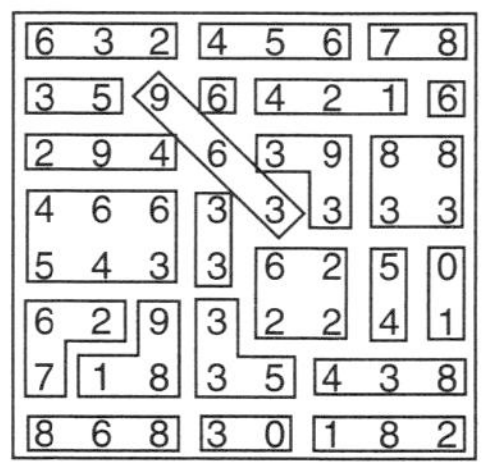

67...

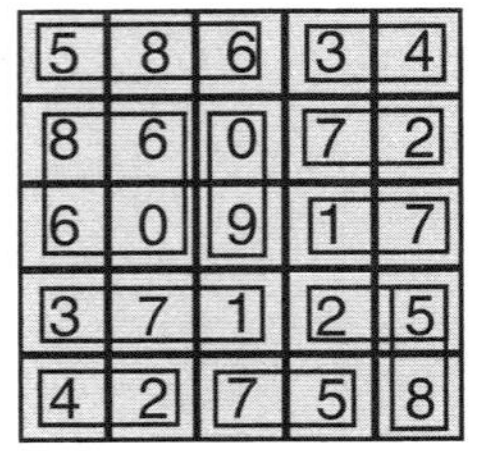

68...

4	4	5	6	7	8	9	0
4	3	2	4	5	6	2	3
5	2	6	2	4	0	0	9
6	4	2	8	9	4	5	2
7	5	4	9	7	7	8	9
8	6	0	4	7	3	2	5
9	2	0	5	8	2	3	6
0	3	9	2	9	5	6	4

69...

黑色的部分呈现的是吹萨克斯的男人，男子旁边的白色及部分黑色构成女人的轮廓。

70...

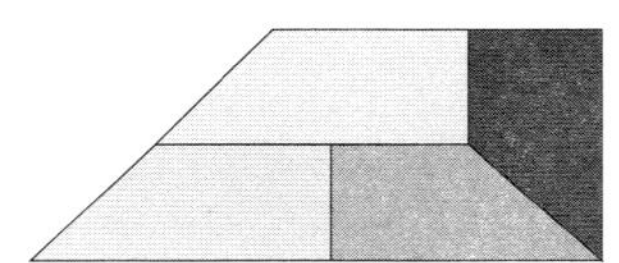

71...

72...

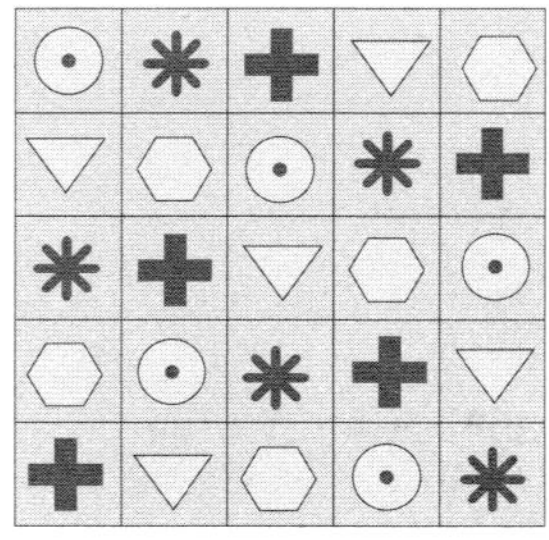

73...

3个圆弧看起来弯曲度差别很大，实际上它们是一样的，只是下面两个比上面那个短一些。

74...

两条线段长短完全一样。当箭头向外时，造成了对线段长度的低估；当箭头向内时，引起对长度的高估。

75...

两条线段一样长。

76...

帽子的高度和宽度是一样的。

77...

F。它是唯一一块带有圆边的图片。

78...

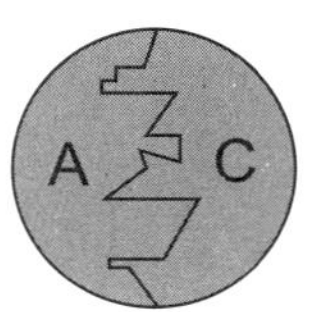

79...

每3个圆的3条公共弦有1个交点，一共有3个这样的交点，这3点连成线组成一个三角形。

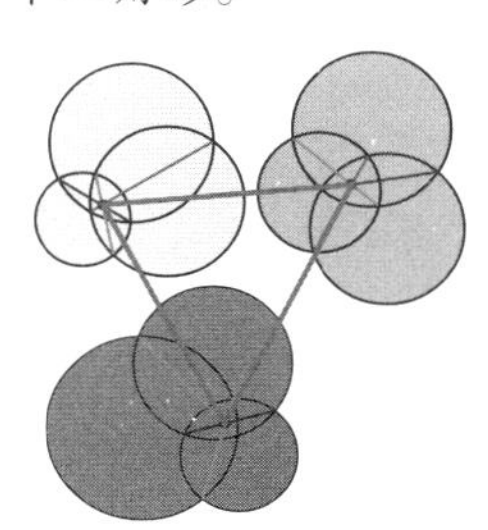

80...

所有的竖线都同样的长度。

81...

两个圆大小一样。当一个物体被比它大的物体所环绕包围时，它看上去要比实际小；而当被比它小的物体所环绕包围时，它看上去要比实际大。

82...

A。

大图形每次顺时针旋转90°，小图形每次顺时针旋转120°。

83...

11个正方形。

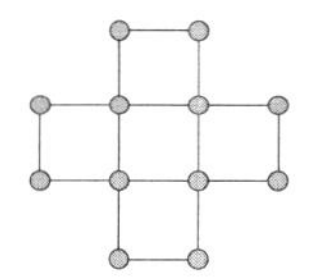

5个小正方形

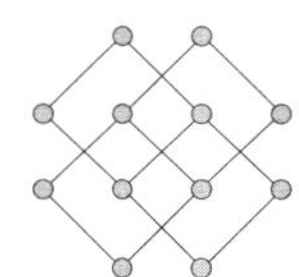

4个中等的正方形

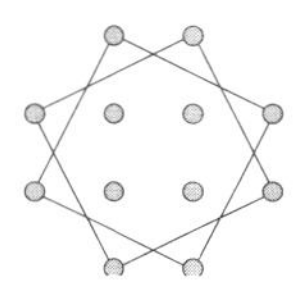

2个大正方形

84...

在你凝视墙壁的过程中，当两眼中的图像自动结合时，前景中的两个手指就会发生交叠。这种交叠图像造成了手指悬浮的错觉。如果将手指逐渐移近自己，悬浮的手指就会消失。

85...

两只眼睛中的图像发生了融合，因而产生了手上的洞的错觉。

86...

倾斜这页纸，用一只眼睛从纸的右下方看。

87...

D和L。

88...

E和O。

89...

这是高对比度线条产生强烈相对运动错觉的一个例子。你会感到一种强烈的立体错觉，一种波浪此起彼伏的感觉。

90...

中间那个圆会像呼啦圈绕着臂部一样慢慢转动。

91...

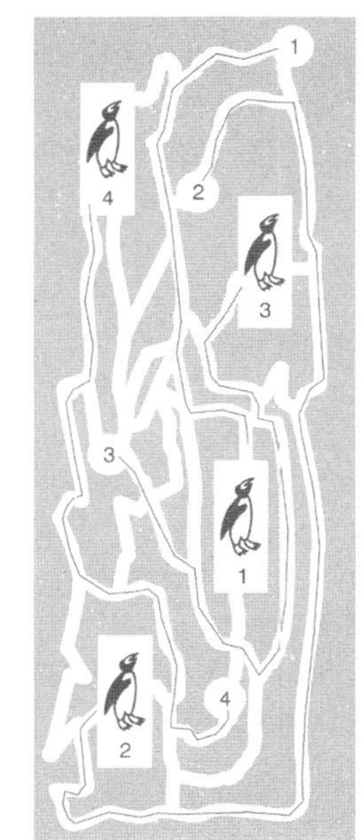

92...

会发现中间一圈忽高忽低起伏不定。

93...

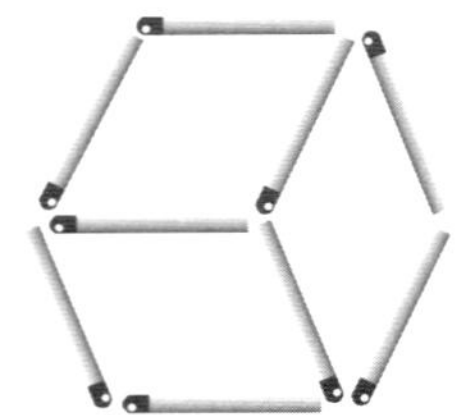

94...

它会出现波动。

95...

要解释这其中的奥秘很简单。首先这个三叉戟没有固定的边沿，这幅图也没侧影不能上色。中间那根尖齿轮廓夹在旁边两根尖齿的轮廓之间，而且看上去比旁边尖齿的轮廓要低一些。这幅图之所以神奇正是因为让你感到它没有完整的轮廓，而事实上却是有的，你还会发现3根尖齿变成了两根。

将右边的图盖住，你会发现左图是完全正常的，即由两根尖齿构成的叉子。然后再盖住左边，你会发现右图是由3条线构成的一幅平面图。

96...

答案如下：

（1）3个面灰色的小立方体数：8个；

（2）2个面灰色的小立方体数：12个；

（3）1个面灰色的小立方体数：6个；

（4）无色的小立方体数只有1个。

97...

看最上面的木板，木板的接嵌方式是不可能的。线条是不可能在3个点处忽然转弯的。

98...

不可能。

99...

D。

100...

C，D和F。

101...

C。

102...

C。

103...

B和D。

104...

旋转图片之后所有形状一起发生改变，凹陷的球凸出，凸起的球凹陷。大脑利用许多线索确定一个二维图形的纵深度，其中一个线索就是阴影。正常情况下灯光来自上方。当图像被倒置之后，大脑会收到来自另一角度的光线指示，这样同样的阴影会对应不一样的形状。

105...

D。哪个图形中彼此接触的面最少，那它的周长就最长。

106...

两张桌面的大小、形状是一样的。桌子边和桌子腿提供的感知提示，会影响你对桌子的形状做出判断。

107...

从鱼身反射出的光线，由水进入空气时，在水面发生了折射，而折射角大于入射角，折射光线进入人眼，人眼逆着折射光线的方向看去，觉得这些光线好像是从它们的反向延长线的交点鱼像发出来，鱼像是鱼的虚像，鱼像的位置比实际的鱼的位置要高。

108..

线段AB与CD一样长。

109...

是一样大的。

110...

E和I。

111...

A和L。

112...

两者在大小上没有区别，只是后景中的人距地平线远一些。

113...

两条线段是一样长的。

114...

下面的线与竖线垂直，上面的线是斜着的。

115...

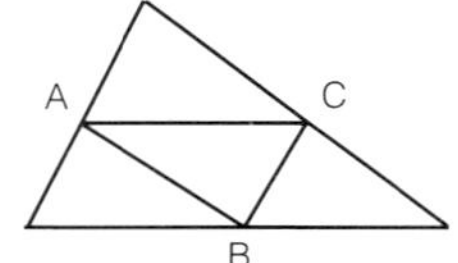

穿过A画一条与BC平行的线，然后穿过B画一条与AC平行的线，最后穿过C画一条和AB平行的线。

116...

将右边第5个硬币放在拐角处的硬币上。

117...

按顺时针方向旋转。

118...

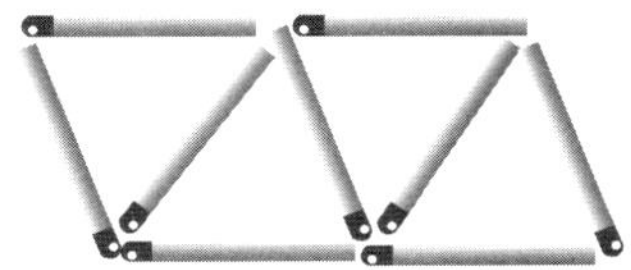

119...

C和K。

120...

I和K。

121...

K和O。

122...

B和H。

123...

B，F和N。

124...

一只达尔马提亚狗。组成图像和背景的元素被有意扭曲，导致一眼很难看出。

125...

有人认为可以用下面的定理来解决这个美术馆的问题。

如图所示，将这个美术馆的平面图分成若干个三角形，每个三角形的顶点分别用3种不同的颜色标注出来，每个三角形所用的3种颜色都相同。最后在出现次数最少的颜色的顶点处安放监视器。

但是这个办法只能帮助我们从理论上知道最多需要放多少台监视器。

按照这一定理一共需要6台监视器，而在实际操作中只需要4台就够了。

126...

往东走到“3”，再往东南走到“3”，最后向南走出迷宫。

127...

错觉通常可以由语境和心理预期二者之间的矛盾造成。恐怕除了在苏格兰的尼斯湖以外，这个漂浮的木头永远不会被误认为是怪物。一位旅游者在海岸边等候的时候排下了这张照片，希望能够提供怪物的证明。毫无疑问，这张图片的标题影响了你的感知。

128...

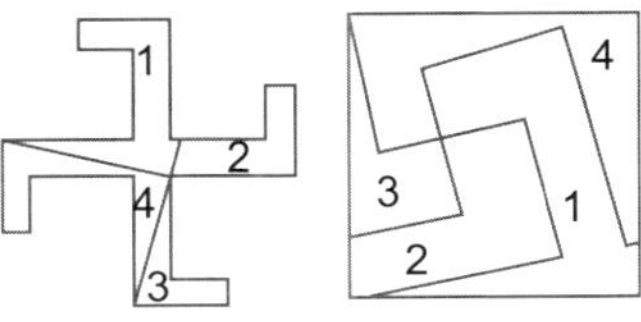

129...

略。

130...

E。

131...

可以用不可比的长方形拼出的最小的长方形的长和宽的比例是22 ∶ 13。

这7个不可比的长方形的总面积是286个单位正方形。由于这个长方形的一边最小是18，而且边长必须是整数，就出现2种可能的比例 :26 ∶ 11和22 ∶ 13。

我们这道题目的答案是第2种，它有更小的周长。

132...

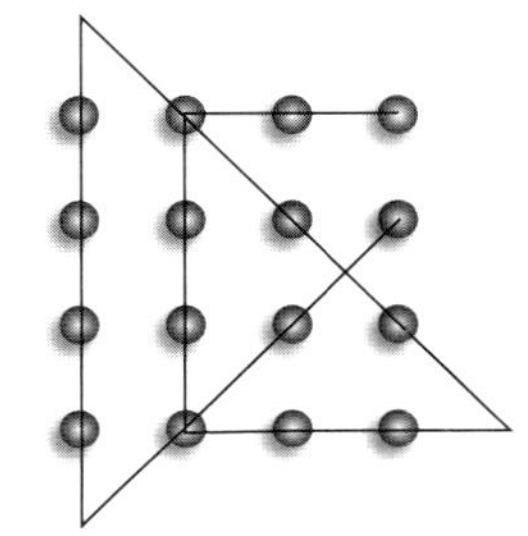

133...

许多人认为右边的脸看起来快乐一些，实际上两张脸是镜像图。

134...

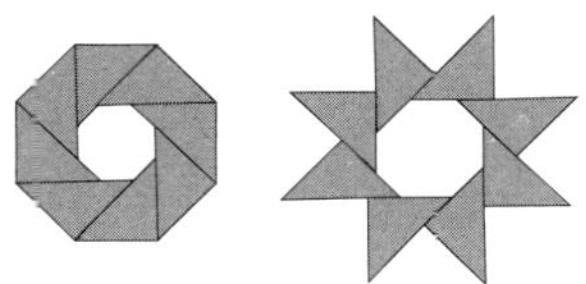

135...

如图所示：

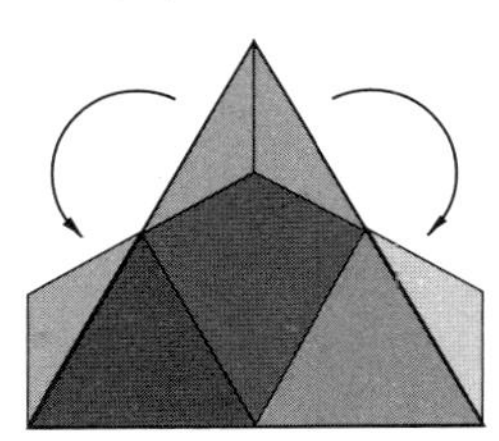

136...

乍一看好像是美国前总统克林顿和副总统戈尔，但是再仔细看看，是两个克林顿！看看这两张脸，它们是完全一样的，只是这两个人的发型和服饰不同。

真正的克林顿位于前面，但是背景图像却是克林顿的面孔和戈尔的头发、黑西服。这说明前后文线索对于形成场景感知非常重要，当我们的视觉系统接触一幅图画的时候，它更关注的是整幅图的意义，而并不特别地注重细节。对于这张图，你最容易想到的是左边的是副总统，戈尔的衣服和发型使其更具迷惑性。

137...

头属于右边的身体。正常情况下，男女之间的感知没有差异。在这个典型的例子中，女人一般从服饰方面寻找线索，比如衣服和帽子的搭配。

138...

这 15 个正方形分别是：
1 个 4×4 的正方形；
2 个 3×3 的正方形；
4 个 2×2 的正方形；
8 个 1×1 的正方形。

139...

4 与其他各项都不同，其他的都只有一个连续的结，而 4 是由两个结组成的。

140...

许多人会认为女骑士是“无头的”，这是由于角度影响了我们的观察。

141...

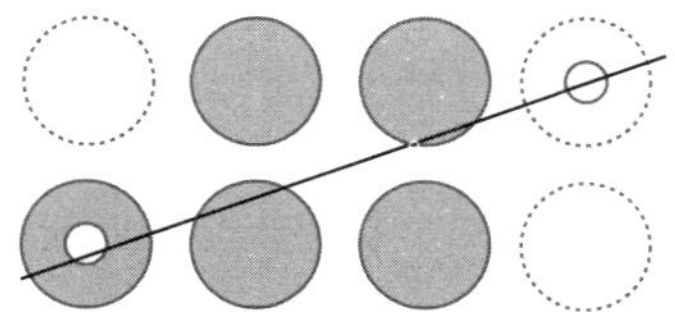

142...

在面积相等的 3 个围栏中正方形围栏所用的材料最少。

143...

关着大象的围栏所用的材料最少。

也就是说，2 个相连的全等图形面积相等时，周长最短的并不是正方形，而是长比宽长 1/3 的长方形。

举个例子，2 个边长为 6 厘米的相连的正方形，面积为 72 平方厘米，而围栏长为 42 厘米。

而 2 个长和宽分别为 6.83 和 5.27 的长方形，面积与上面的正方形是一样的，但是总围栏长只有 41.57 厘米。

144...

D。

145...

将图片颠倒过来，欢乐的会变成忧郁的，忧郁的则会变成快乐的。

146...

将左侧的看作鸭子的嘴，此图即为鸭子；将左侧的看作长耳朵，此图即为兔子。

147...

将图片颠倒过来，看到的还是原来的样子。

148...

A。这个图形按照顺时针方向旋转，每次旋转 45°。与 1，2 和 3 相比，6 和 7 表明叶轮完全处于阴影中。

149...

将图旋转 90° 能看到小丑。

150...

151...

C。

152...

图形 B、C 和 D 可以组成三角形。

153...

B。

154...

B。在该项中，没有形成三角形。

155...

题 1：B。其他 4 项图形相同，只是图形经过旋转后，所处的位置不同。

题 2：D。其他 4 项图形相同，只是图形经过旋转后，所处的位置不同。

156...

B。只有此图中的横向和纵向线条数量相等。

157...

切 3 刀，将立方体的干酪分割为相等的 8 个小立方体。这 8 块立方体的小干酪中每块的边长都是 1 厘米，因此其表面积也就是 6 平方厘米，那么 8 个立方体小干酪块的总表面积就是 48 平方厘米。

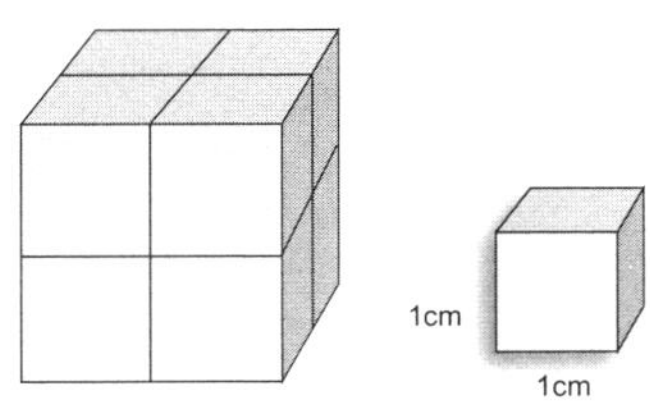

158...

切 4 下最多可以把正方体分成 15 块。

下面的方程式可以帮你计算这个题。设 N= 切的次数，

$\frac{N^3+5N}{6}+1=$ 块数，

当 N=4 时，

$\frac{4^3+5\times4}{6}+1=15$。

159...

A。

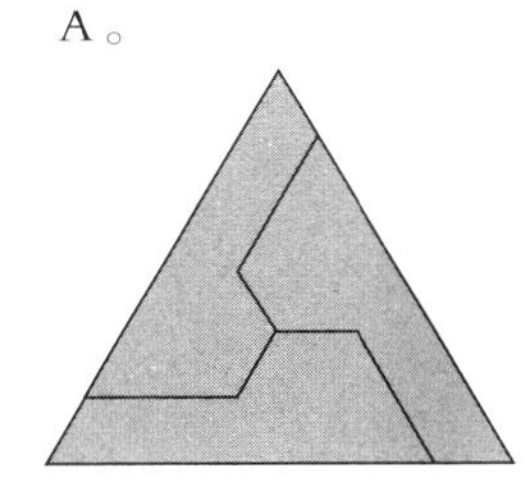

160...

2. B D E。

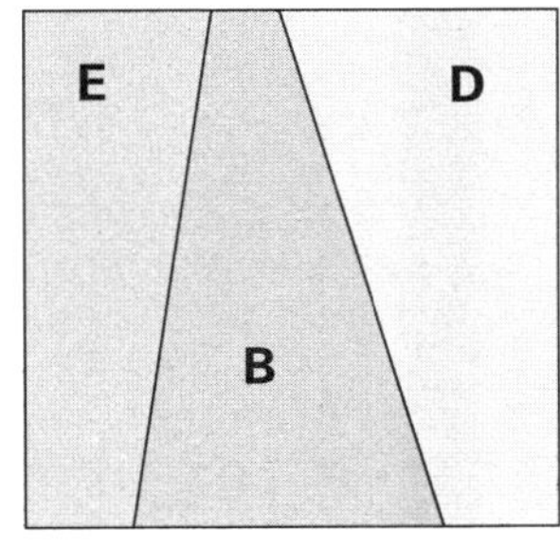

161...

21 个。一共有 15 个小的六边形和 6 个大的六边形。

162...

3。

163...

B。

164...

C 是唯一一个没有横向阶梯线的图形。

165...

这个岩石是一个著名旅游景点——“山中老人”。

166...

35 个。

167...

E。如图所示，图形 A 和图形 B 交换了位置。

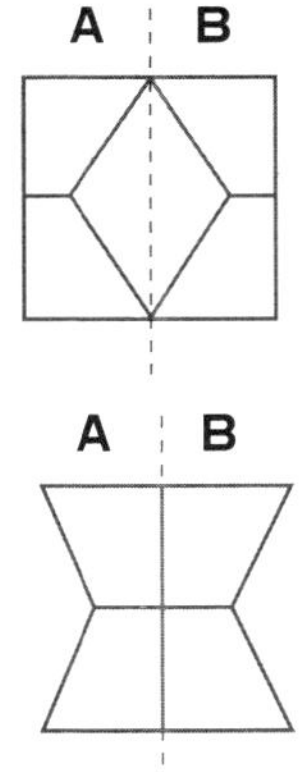

168...

E。最大的图形垂直反向放置，且缩为最小；最小的图形变成最大的，方向不变。

169...

G。

170...

F。曲线部分变成直线，直线部分变成曲线。

171...

E。原先在圆后面的三角形移到圆的前面来，和例子中的变化正好相反。

172...

B。把下面的图形向上翻折，再沿着邻接的边相对上面的图形对称过去。

173...

G。顶部和底部的元素互换位置，中心较小的元素变得更小，在外的两个元素都转移到中心较大元素的内部。

174...

42。有 5 个菱形是由 9 个正方形构成的，有 12 个菱形是由 4 个正方形构成的，还有 25 个菱形是由 1 个正方形构成的。

175...

C 是错的。

176...

除了已经给出的形状，还有 10 种形状是可能的。

177...

B。

178...

共有 42 个三角形。

179...

30 个。分别为△ ABC，△ ABE，△ ABH，△ ABI，△ ACD，△ ACE，△ ACH，△ ADH，△ AEF，△ AFG，△ AFH，△ AGH，△ AHI，△ BCD，△ BCH，△ BCI，△ BDH，△ BEH，△ BGH，△ CEF，△ CEH，△ CEJ，△ CFH，△ CFJ，△ CHI，

△ DGH，△ EFH，△ EHJ，△ FHI，△ FHJ。

180...

总共有 31 个三角形。

181...

共有 23 个三角形。

182...

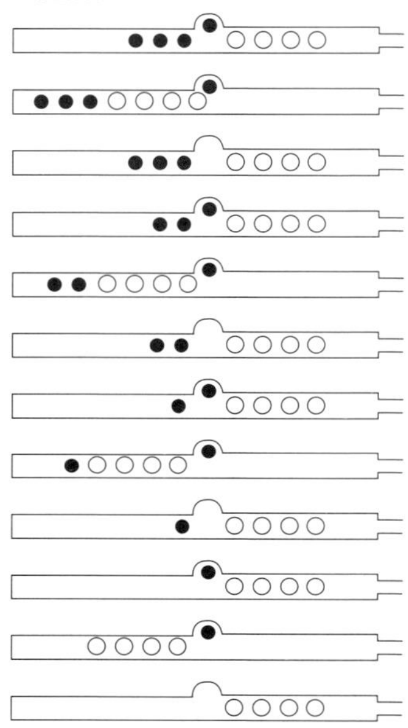

183...

下面是其中的两种方法：

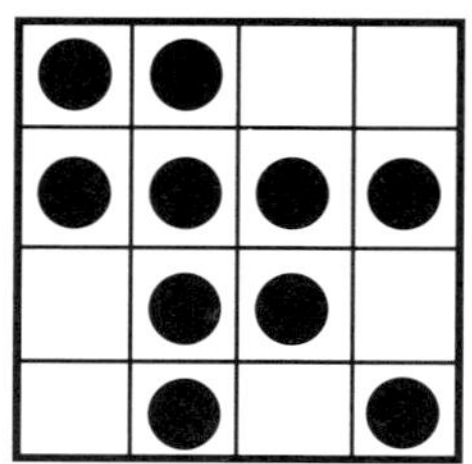

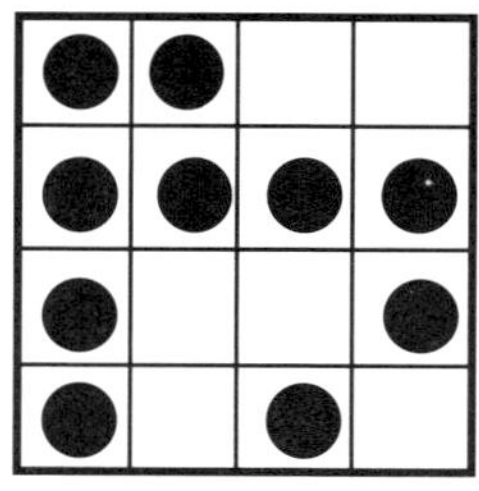

184...

下图是一种解法。

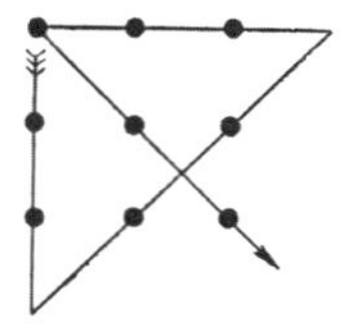

185...

答案如图所示：

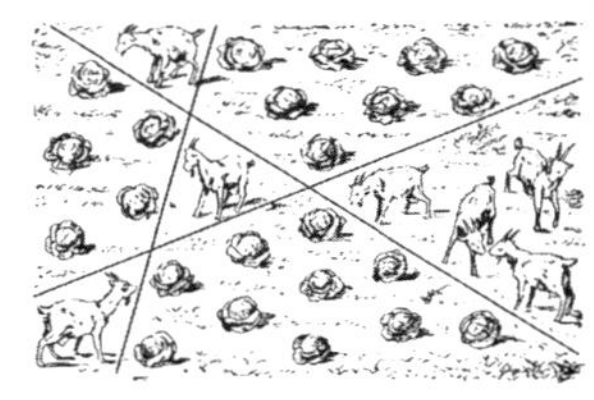

186...

立方体的最多数目是 19。

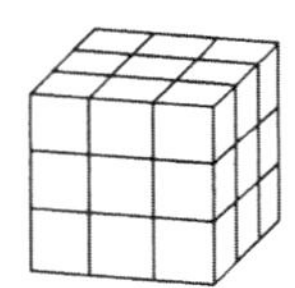

187...

解决这道题的简单方法是从 A 点逐点标记到 C 点，图中标志的是从 1a（即 A 点）到 5e 点（即 C 点）。图中的每个交叉点上线路数字是左边路线和下边路线的数字之和，因为所有的移动方向只是向右或向上。继续逐个点地加下去，最后从 A 点到 C 点一共有 70 条路线。

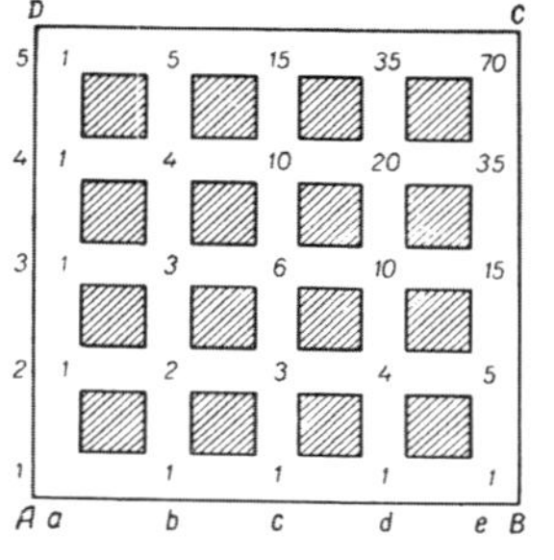

188...

1		4		6			
	5						7
10							
							8
11						13	
			3				2
				12			
			14				9

189...

图中是一种答案：一个士兵的路线用实线表示，另外一个士兵的路线用虚线表示。

190...

无论从方块的哪个面开始，这个通道都不可能通过小立方体 3，5 和 8。

191...

这个物体是由 6 块立方体组成的。下面是它的形状和第 6 个面。

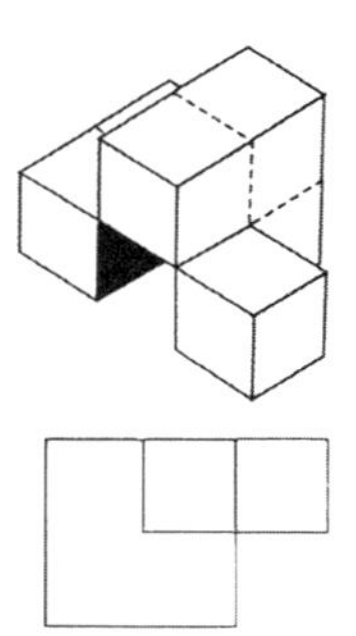

192...

这是一种解决方法。

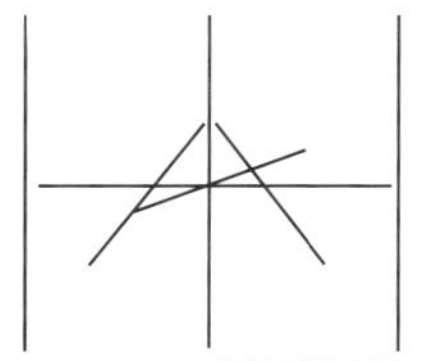

193...

总共有25个单独的立方体。

194...

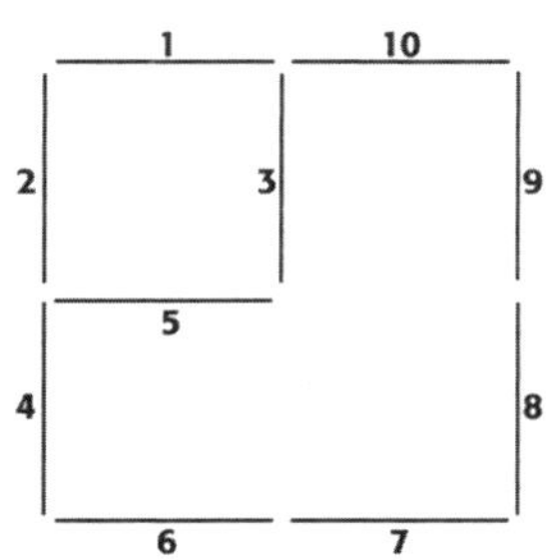

195...

假如你从第5根火柴开始，就会把硬币放在第7根上。那么，要把硬币放到第5根上面，应该从第3根开始。要把硬币放到第3根上面，应该从第1根开始，依此类推。

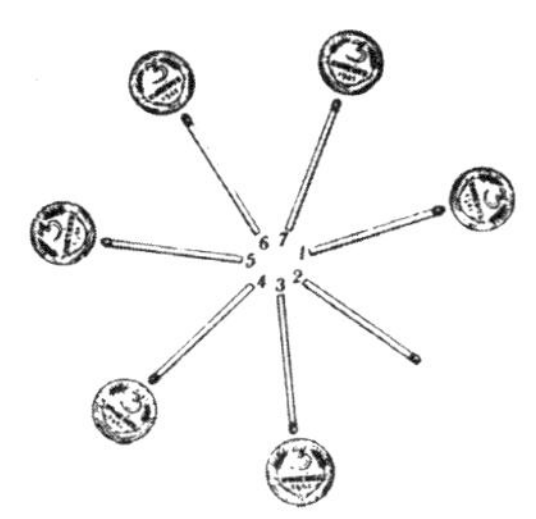

196...

			○	●	○	●	○	●	○	●
①	●	○	○	●	○	●	○			●
②	●	○	○	●			○	○	●	●
③	●			●	○	○	○	○	●	●
④	●	●	●	●	○	○	○	○		

197...

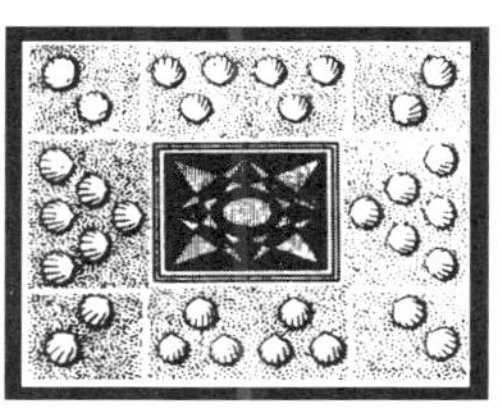

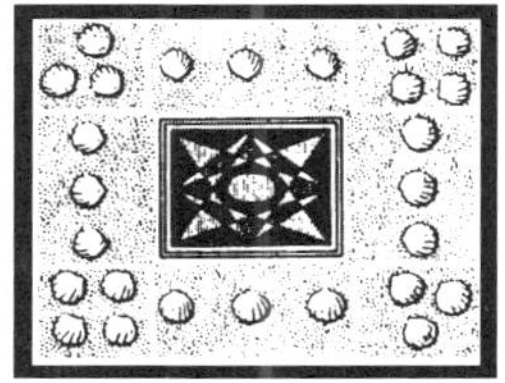

198...

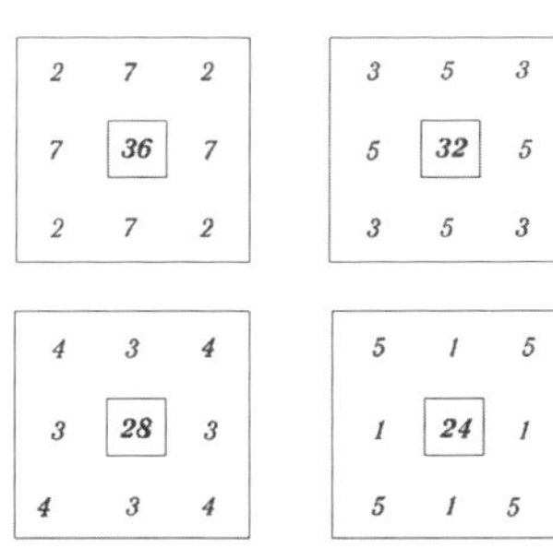

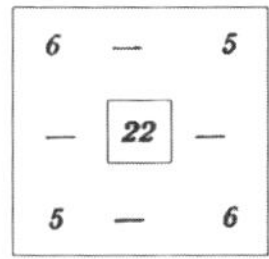

199...

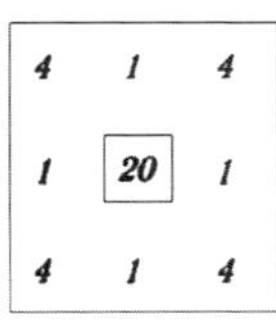

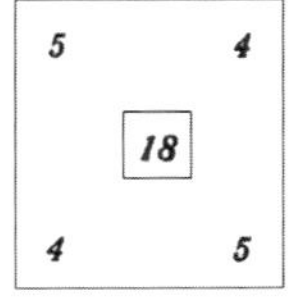

200...

以下是5种方法。

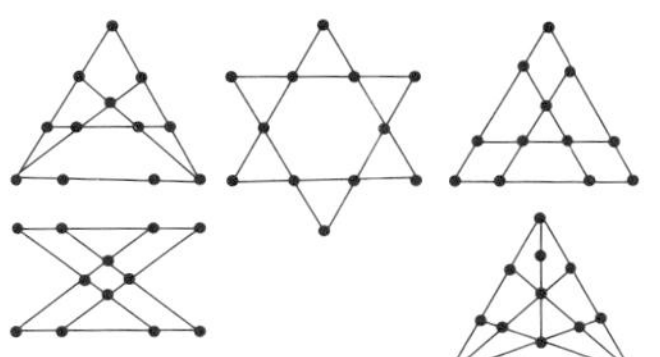

201...

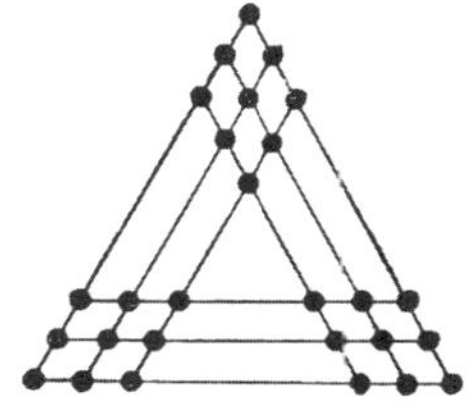

202...

最快的解决方法共19步，交换步骤如下：

1—7；7—20；20—16；16—11；11—2；2—24；3—10；10—23；23—14；14—18；18—5；4—19；19—9；9—22；6—12；12—15；15—13；13—25；17—21。

203...

5张。正方形1是最大的，并形成了整个图形的框架；正方形2放在1的右下方；正方形3放在1的左上方（正方形2和3是一样大的）；正方形4放在3的左上角；正方形5放在最中间。

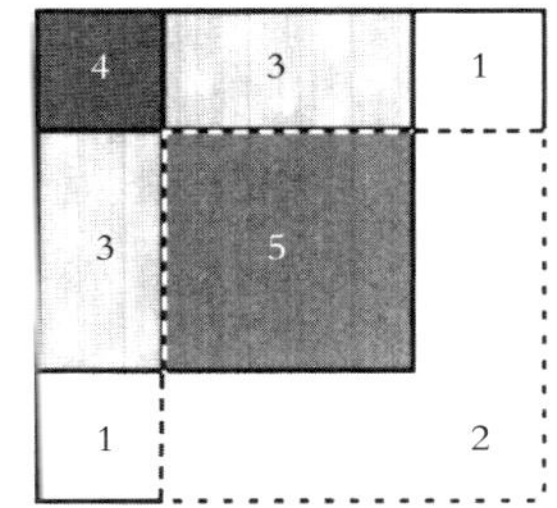

204...

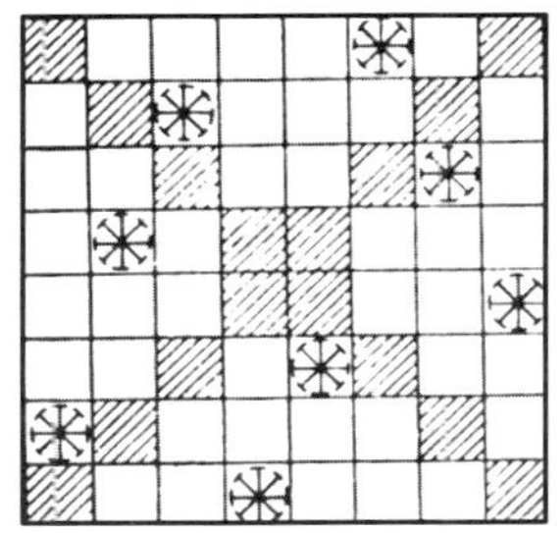

205...

总共有 441 个立方体。

当一堆立方体堆成的物体长、宽和高都一样时（每条边包含的小立方体的数目一样时），我们可以用下面的公式来求这堆立方体存在的立方体的数目：

$C^3+(C-1)^3+(C-2)^3+(C-3)^3+\cdots+(C-C)^3$

所以本题为

$6^3+5^3+4^3+3^3+2^3+1^3$

$=216+125+64+27+8+1=441$。

206...

44。

207...

如图所示，把表格中空白的格子都填上指定的数字。第 1 个格子中带“×”位置的数字之和等于第 2 个格子中带“×”位置的数字（第 1 个格子中的 11+21 和 12+31，分别对应第 2 个格子中的 32 和 43）。

	12	13
	22	23
31		33

11		13	14
21	22	23	24
	32	33	34
41	41		44

208...

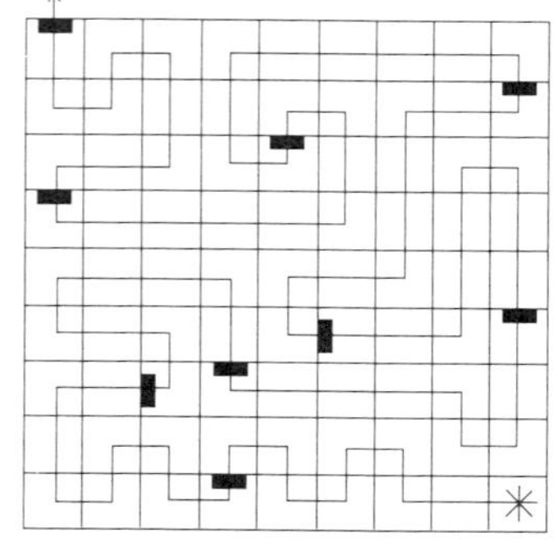

209...

囚犯先得到钥匙 d 和 e，打开了 E 屋和 D 屋的门。然后他得到钥匙 c，并打开 C 屋的门得到钥匙 a，然后打开 A 屋的门，得到钥匙 b。他再次通过 E 屋和 D 屋打开 B 屋的门得到钥匙 f，通过 E 屋走到 F 屋打开门，得到钥匙 g，并从 G 屋逃出地牢。

210...

从 3 到 12 画条线把图形分割开。把较小的这一部分倒过来放置。把较小部分的 1 和 12 同较大部分的 17 和 13 分别对起来。

211...

有 8 个小正方体的三面是蓝色的。它们都是大正方体的 8 个角。

212...

17 个。

213...

24 个。

214...

19 个。

215...

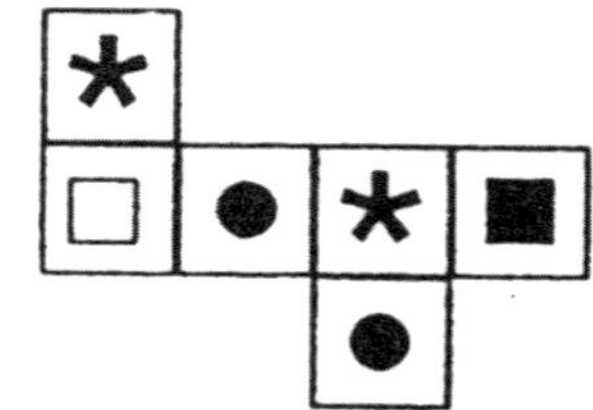

216...

下面是其中的一种解法：

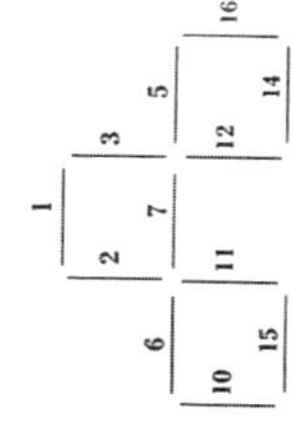

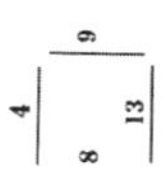

217...

答案如图所示：

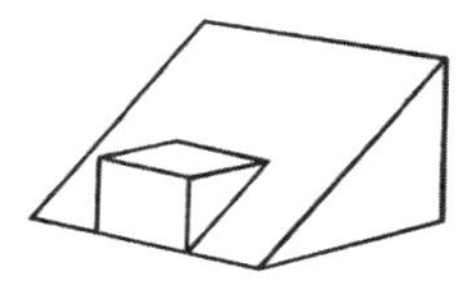

218...

D。

219...

圆圈和背景的亮度是一样的。一系列射线从一个客观上并不存在的圆圈发散出来会造成一种强烈的亮度对比，让人感觉这些圆圈比背景亮。

第五章

逻辑类思维游戏

1. 去镇上

比利·特里劳尼是一名老水手。一天，他带了100元去南特基特，到了晚上带了1500元回到家。

他在水手和船桅服装店为自己买了一条领带，又在宾纳克宠物旅馆为他的鹦鹉买了一些鸟食。然后，他剪了头发。他的工资在每个星期四以支票的形式支付。银行在这个时候只是在周二、周五以及周六营业，理发店每个周六休息，而宾纳克宠物旅馆在周四以及周五不营业。你能否根据上面所说的情况判断出老比利是在星期几去镇上的吗？

2. 女孩的名字

一天，尼德尔瓦勒先生骑自行车外出时碰到了一个老朋友。

“我们都好几年没见了吧。”他说。

“是啊，”他的朋友回答说，“自从上次我们在缅甸见面之后，我就结婚了，我和我的爱人都在仰光工作。你肯定不认识，这是我们的小女儿。”

“好漂亮的孩子，”尼德尔瓦勒先生回答说，“你叫什么名字？”

“谢谢您，先生，我和我妈妈同名。”

“哦，是吗，你和埃莉诺长得真像。这也是我很喜欢的一个名字。”尼德尔瓦勒先生回答说。

那么，尼德尔瓦勒先生是如何知道这个小女孩的名字是埃莉诺的呢？

3. 理发

法国的一个小镇有两个理发师——亨利和皮埃尔。亨利很注重外表，他的理发店总是很整洁，而皮埃尔的发型却总是很难看而且也该刮脸了。亨利经常说他宁愿为两个德国人理发也不愿意给一个美国人理发。你知道这是为什么吗？如果你拜访那个小城，你会去哪家理发店理发呢？

4. 小丑的工作

有3个小丑，约翰、迪克和罗杰，他们每个人在冬季都扮演两个不同的工作。这6个工作分别是：卡车司机、作家、喇叭手、高尔夫球手、计算机技术员和理发师。请根据以下6条线索确定这3个小丑各自的工作。

1. 卡车司机喜欢高尔夫球手的妹妹。
2. 喇叭手和计算机技术员在和约翰骑马。
3. 卡车司机嘲笑喇叭手脚大。
4. 迪克从计算机技术员那里收到一盒巧克力。
5. 高尔夫球手从作家那里买了一辆二手汽车。

6. 罗杰吃比萨饼比迪克和高尔夫球手都要快。

5. 结婚日

这两个人很显然是一对情侣。这位年轻的女士问她的未婚夫星期几结婚。虽然他的话不多，但却说得含糊不清。那么，你能确定他想在星期几结婚吗？

6. 女巫的诅咒

在万圣节前夕，有个喝醉的农民十分倒霉，他被一个恶毒的女巫抓住并被带到破烂的教堂里。“如果你想活命，你只能说一句话！”她咆哮说，“如果你说对了，我会把你榨成油；如果说错了，我会把你喂蝙蝠！”这时，那个农民立刻清醒过来，然后说了一句话，而这句话却让女巫诅咒了他并且把他放了。那么，那个农民说了什么呢？

7. 一对儿

下图中有3个男人，他们是克劳德、贺瑞斯和塞尔温，他们分别与迪尔德丽、爱利卡和伊莫金结了婚，尽管他们未必是按下图中的顺序就座，但他们都喜欢在俱乐部度过节日的夜晚。请你猜猜他们谁跟谁是一对儿。

克劳德的妻子和爱利卡的丈夫是桥牌的搭档，他们的对手是迪尔德丽和伊莫金的丈夫，所有的男人都不是和自己的妻子搭档，贺瑞斯根本就不玩桥牌。

8. 烈酒

在禁酒时期，斯威夫特·奥布莱恩是芝加哥北部最聪明的烈酒走私者。现在我们看到斯威夫特正把班尼最好的20箱烈酒送到他选出的4个客户那里。他是这样分配的：

汉拉迪的酒吧获得的酒比荷兰人的咖啡厅多2箱。

埃德娜的海德威酒吧比萨尔的酒吧少6箱酒。

萨尔的酒吧比汉拉迪的酒吧多 2 箱。

荷兰人的咖啡厅比埃德娜的海德威酒吧多 2 箱。

那么，这几个酒吧各自获得几箱酒呢?

9. 古特洛克斯先生的生日

古特洛克斯先生突然忧虑起来。你能根据他所说的话判断出他的生日是哪天吗?

名声在外有什么好处? 随着时间的流逝，财富又有什么好处呢? 两天前我还是 54 岁，明年我就 57 岁了。这会意味着什么呢?

10. 岔路口

爱丽丝在去参加麦德·哈特举办的茶会途中遇到一个岔口，她不知道该走哪条路。幸好，半斤和八两哥俩在那里帮忙。

“瓦勒斯告诉我，一条路通向麦德·哈特的家，而另外一条路则通向魔兽的洞穴，我可不想去那里。他说你们知道正确的那条路应该怎么走，但同时也提醒我你们当中的一个总是说实话而另外一个总是说谎。他还说我只能问你们一个问题。”然后，爱丽丝提出了她的问题，而不论问他们当中的哪个，她都能得出正确的答案。那么，你知道她问了他们什么问题后找到了正确的路吗?

11. 画中人

下面这位先生很高兴，他对自己的新艺术品非常满意。但是，有一个大问题，这幅画上的人是谁呢? 同时，这位艺术鉴赏家和这幅杰作上的主人公之间是什么关系呢?

达芙妮，你觉得怎么样? 这是我拜托威廉·法卡帮我画的。这幅肖像画不错吧，你知道她是谁吗?

我没有兄弟姐妹，但是这个人的父亲是我父亲的儿子。

12. 马·博斯科姆斯公寓

威廉姆斯先生、巴尼特先生和爱德华兹先生都寄宿在马·博斯科姆斯公寓。他们当中，一个是面包师，一个是出租车司机，还有一个是司炉工，你要把他们一一对应。下面的线索可以给你帮助:

1. 威廉姆斯先生和巴尼特先生每天晚上都下棋。

2. 巴尼特先生和爱德华兹先生一起去打棒球。

3. 出租车司机喜欢收集硬币，司炉工带过兵，而面包师则喜欢集邮。

4. 出租车司机从来没看过棒球比赛。

5. 爱德华兹先生从来没听说过集邮。

13. 钓鱼

加尔文、怀利、埃米特和昆廷寄宿在马·博斯科姆斯公寓。他们一起到莫兰河钓鱼，一共钓了10条鱼。当他们把鱼交给玛让她放在冰箱时，她注意到：

1. 加尔文钓的鱼比昆廷多。

2. 怀利和埃米特两个人钓的鱼与加尔文和昆廷钓的鱼一样多。

3. 加尔文和怀利两个人钓的鱼比埃米特和昆廷两个人钓的鱼少。

那么，你能计算出他们每个人各钓了几条鱼吗？

14. 扑克牌的数值

迈克·米勒、琳达·凯恩和比夫·本宁顿正在思维游戏俱乐部的游戏室里玩。迈克刚刚把扑克牌正面朝下放好，现在他向他们挑战，让他们找出这些扑克牌的数值。欢迎读者朋友一起玩（为了表达清楚，假设读者看到的线索与扑克相一致）。

15. 宠物的主人

根据所给的条件，你能否判断出宠物与主人的关系吗？

16. 吸血鬼

传说很久以前，在罗马尼亚有5个非常凶残的吸血鬼，他们有特殊的偏好。根据下面的信息，请你写出这5个吸血鬼的姓名（1）、头衔（2）、所在的城市（3），以及最喜欢的食物（4）。

1. 统治苏恰瓦的吸血鬼最喜欢吃有钱人，但他不是叫乔治的公爵。

2. 图尔达的伯爵不是杰诺斯也不是弗拉德。最喜欢吃罪犯的吸血鬼不是兰克也不是米哈斯。

3. 扎勒乌的吸血鬼最喜欢吃外国人。

4. 阿尼纳的吸血鬼不是男爵。

5. 米哈斯是侯爵，他不喜欢吃有钱人。

6. 杰诺斯喜欢吃老人，他不是王子。

7. 有一个吸血鬼最喜欢喝女人的血。

8. 有一个吸血鬼在纳波卡。

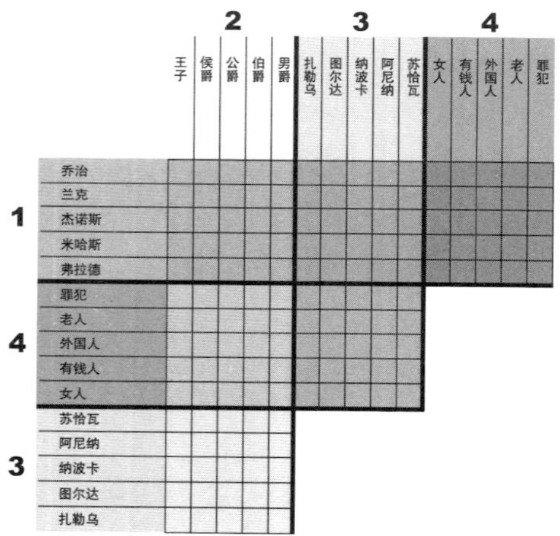

17. 摇滚乐队

5个年轻人准备组建摇滚乐队。通过下面的信息，你能否说出这5个人的名字（1）、乐队的名字（2）、乐队的第1首歌（3）和乐队的音乐风格（4）？

1. 史蒂夫的乐队叫红色莱姆，但是他们录制的不是前卫摇滚风格的《黑匣子》。

2. 内克乐队的歌——《突然》不属于歌德摇滚或另类摇滚风格。

3. 布鲁斯的乐队不叫空旷的礼拜。梅根的乐队也不叫空旷的礼拜，同时她也不是前卫摇滚风格。

5. 贝拉松是一个情绪摇滚风格的乐队名字，但是他们的歌不叫《朱丽叶》。

6. 莱泽开始组建一个独立摇滚风格的乐队。

7. 雷尔的乐队在录制一首名为《毁灭世界》的歌，这首歌的曲风不属于情绪摇滚。

8. 有一个乐队叫倾斜。有一首歌叫《帆布悲剧》。

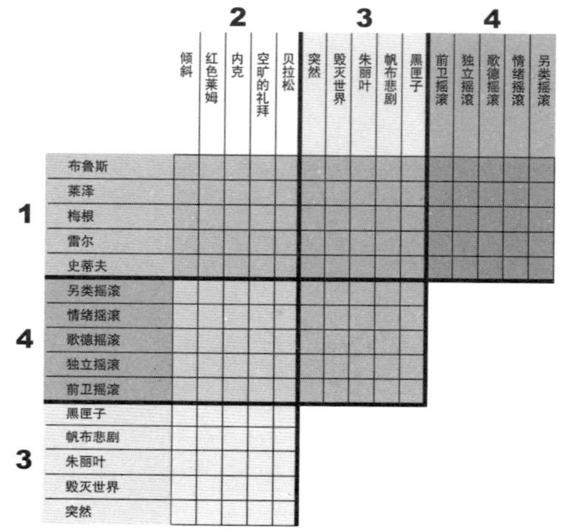

18. 航空公司

5家航空公司的业务范围都是欧洲的大城市，但是不同的价格所包含的服务差距是很大的。根据下面的信息，你能否说出这些航空公司的名称（1）、分别的总部（2）、飞往的城市（3），以及服务的主要问题（4）？

1. Simplejet公司的总部在荷兰或葡萄牙，飞往法兰克福或巴黎。

2. Herta航空公司飞往巴塞罗那或布拉格。

3. 比利时航空公司要么就是食物很贵，要么就是不允许儿童乘坐。

4. 座位很狭窄的航空公司不是BabyAir就是EFD，不是葡萄牙的就是比利时的航空公司。

5. 总是晚点的航空公司不是飞往布拉格就是法兰克福。

6. 飞往伦敦的航空公司不是儿童不能乘坐，就是每两天才飞一次。

7.Connor 航空公司飞往巴塞罗那或法兰克福，它的总部不是在葡萄牙就是在意大利，不是飞机晚点就是食物很贵。

8.EFD 航空公司飞往伦敦或法兰克福，不是座位很狭窄就是飞机晚点。

9. 有一家航空公司的总部在丹麦。

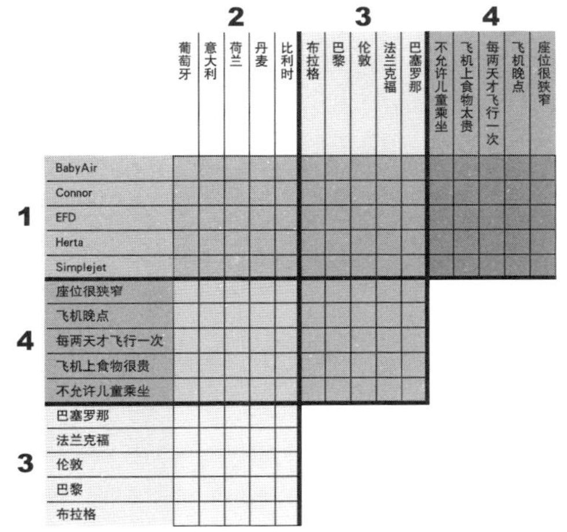

19. 薯条店聚餐

5 个年轻人在一家鱼和薯条店里聚餐。根据下面的信息，你能否说出哪个人（1），吃了什么鱼（2），还吃了其他的什么食品（3），他们各自付了多少钱（4）？

1. 莫顿比点了鲽鱼套餐的男孩付钱付得多。

2. 点了面包的男孩比没有点加拿大鲽鱼，但是点了玛氏巧克力棒的男孩付钱付得少。

3. 要么莱恩点了加拿大鲽鱼，阿里斯德尔点了比萨；要么莫顿点了加拿大鲽鱼，莱恩点了比萨。

4. 尼尔点了一块芝士，他比点北大西洋鳕鱼的男孩多付了 5 元，这个人可能是多戈尔或者莫顿。北大西洋鳕鱼比鳕鱼套餐要贵。

5. 多戈尔或莫顿中有一个人总共付了 55 元，并且点了一个玛氏巧克力棒。

6. 有人点了薯片。

7. 这 5 个人分别所付的钱是 40 元，45 元，50 元，55 元和 60 元。

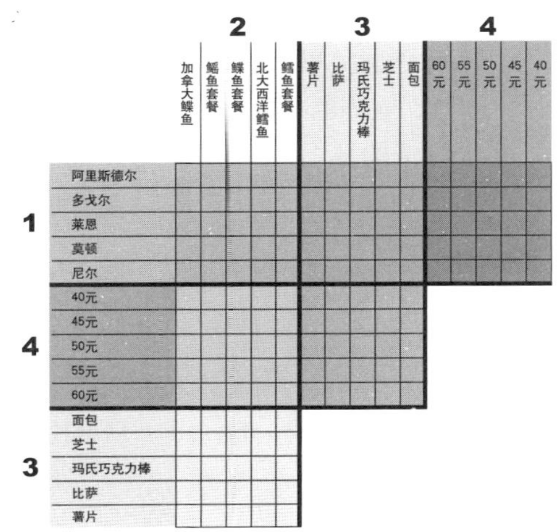

20. 父子关系

根据题目所给的条件，你能否判断出下面的父子关系吗？

21. 飞行训练

某年，有个学校的 5 个男孩被选去进行飞行训练，但是最后没有一个人成为飞行员，因为他们在训练过程中不能顽强地坚持下去。根据下面的信息，你能否说出这几个男孩的名字（1）、他们被派往训练的学校（2）、他们的昵称（3），以及他们没有完成训练任务的原因（4）？

1. 被人叫作水塘的人去了温切斯特大学。他既不是雷奥纳多也不是贾斯汀。

2. 去西鲁斯伯里大学的总是不能瞄准。他不是亚当，亚当的昵称是海雀。

3. 去海洛的那个人不会驾驶。

4. 塞巴斯蒂安被叫作生姜，他的枪法好极了。

5. 詹姆士和塞巴斯蒂安都不会起飞发生错误。

6. 被叫作烤面包的人去的不是伊顿大学。

7. 雷奥纳多在演习时总是表现不好，他的绰号不叫没脑子。

8. 有一个人总是不能准确降落。

9. 有一个人去了拉格比大学。

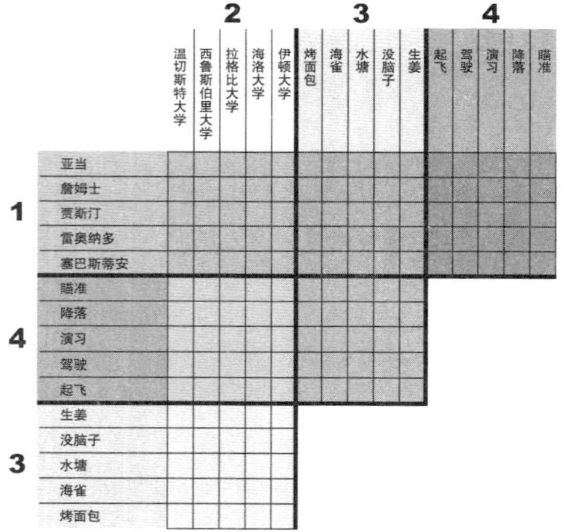

22. 减肥

5个人因为不同的原因开始减肥。根据下面的信息，请你说出这5个人的名字（1）、减肥所选择的运动（2）、所选择的食疗方案（3），以及减肥的原因（4）？

1. 斯坦尼斯勒没有选择游泳。

2. 路德米拉选择了网球，但是并不是为了做报告（为了做报告减肥的那个人选择了低卡路里疗法）。

3. 波瑞斯马上就要结婚了。

4. 选择了跑步的人也选择了低碳疗法，但她不是为了度假或者参加同学聚会。

5. 乐达卡没有选择游泳，她也不是为了做报告而减肥。

6. 选择骑自行车的人是听从了医生的建议开始减肥的，但是她没有选择低脂肪疗法。

7. 若斯蒂米尔选择了减食疗法，但不是为了度假。

8. 有人选择了低GI值疗法。

9. 有人选择了壁球。

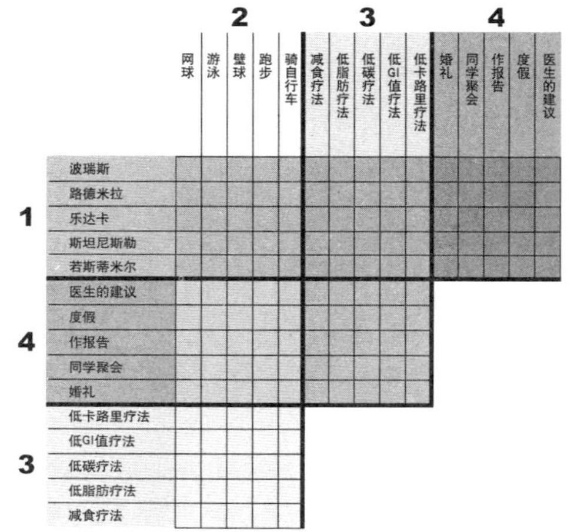

23. 妻子的生日礼物

几个男人为他们的妻子买了生日礼物。根据下面的信息，请你说出这几个男人的名字（1）、他们的妻子分别是谁（2）、他送她的礼物是什么（3）、他们结婚多久了（4）。

1. 蒂瑞斯和贝格特比买项链的那个男人结婚要早。

2. 恩格瑞德将收到一枚戒指。

3. 买耳环的男人已经结婚16年了；这个人不是沃尔克。

4. 米切尔买的是摄像机。

5. 罗兰德已经结婚14年了，但是他的妻子不是安妮特。

6. 卡罗蒂结婚5年了。

7. 贝特不会收到项链，也不会收到内衣，她的丈夫不是米切尔。

8. 其中有一对结婚7年了，有一对结婚3年了。

9. 有一个男人的名字叫库特。

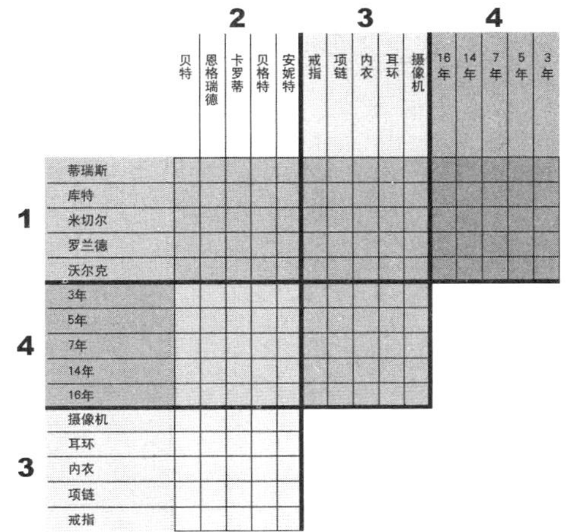

24. 丈夫和妻子

根据题目所给的条件，你能否把丈夫和妻子正确配对？

25. 送货

5个司机将不同的货物送往不同的地点。根据下面的信息，你能否说出这5个司机的名字（1）、运输的货物（2）、运往的城市（3）、用的是哪种车（4）？

1. 床单不是用卡车运输的。

2. 面包车开往巴林群岛。

3. 大卫·海塞尔弗的专辑是用有篷货车运输的，但司机不是扎弗尔也不是勒瑞切尔。

4. 奥玛运输的是DVD，但不是运往利雅得。

5. 运往大马士革的车司机不是布切斯，也不是奥玛。

6. 用救护车运往利雅得的货物，不是面粉（运面粉的车是由艾拉丁开的）。

7. 扎弗尔的车开往开罗，但是车里装的不是棉花。

8. 有一种货物是运往麦地那的。

9. 有一种货物是用小汽车运的。

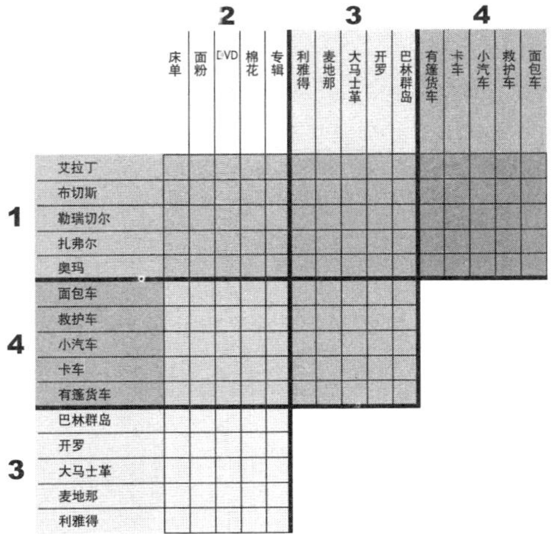

26. 出租车

5个女人在某城市坐出租车。根据下面的信息，请你分别说出她们的名字（1）、她们要去哪里（2）、去干什么（3），以及付了多少钱（4）。

1. 泰娜比坐车去健身的女人付的车钱多。

2. 琳达和泰娜中有一个人去喝咖啡了，并且付的车钱比去见朋友的女人多5元。

3. 去中央公园的女人比去世纪中心车站的女人付的钱少，去车站的女人不是去购物的。

4. 要么是菲琳去苏豪公寓，泰娜去购物；要么是格斯去苏豪公寓，菲琳去购物。

5. 艾妮去了阳光屋，而且她比去喝咖啡的女人多付了 5 元的车钱。

6. 泰娜和琳达中有一个人去观光了，总共付了 45 元的车钱。

7. 有一个女人去自由岛了。

8. 这 5 个女人付的车钱分别是 30 元，35 元，40 元，45 元和 50 元。

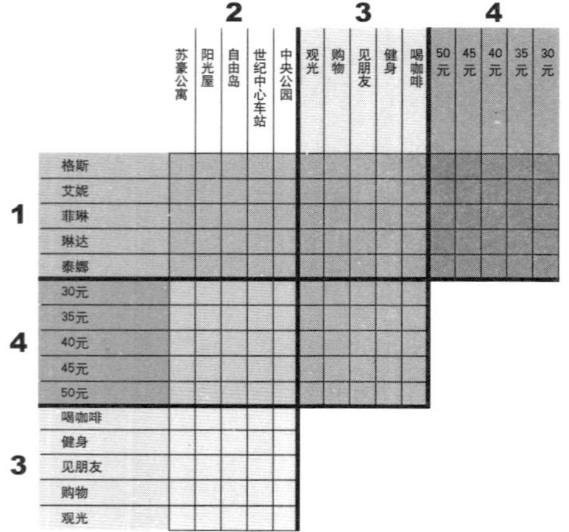

27. 老师与学生

根据题目所给的条件，你能否说出下面的师生关系吗？

28. 度假

5 位女士去国外度假。根据所给的信息，请你说出她们的名字（1）、她们去哪个国家（2）、住在哪里（3），以及去那里是因为那里的什么（4）。

1. 泰莎去毛里求斯或者印度尼西亚，为的是那里的商店或者沙滩。

2. 莫娜是为了当地的森林或者寺庙去度假的。

3. 在柬埔寨度假的女士住的既不是酒店也不是度假村。

4. 别墅是在印度尼西亚或柬埔寨，选择住别墅的不是艾德瑞就是罗梅。

5. 牧人小屋可能是在寺庙或者商店附近。

6. 要么就是酒店，要么就是旅馆有一个游泳池。

7. 杰娜要么去印度尼西亚，要么去泰国；她可能是为了那里的森林，也可能是去那里的商店购物；她可能待在牧人小屋或者度假村。

8. 罗梅可能住在牧人小屋或者别墅里，她去度假是为了那里的游泳池或者商店。

9. 有一位女士去了马来西亚。

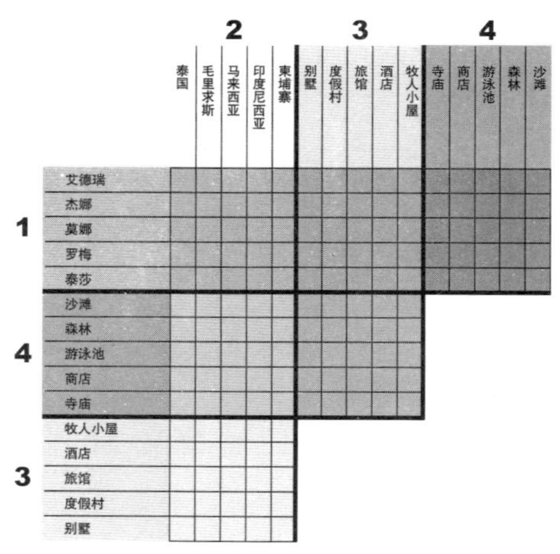

29. 生病的小孩

5 个小孩生病了。根据所给的信息，请你说出他们的名字（1）、他们得的什么病（2）、他们睡衣的颜色（3），以及他们得到了什么作为安慰（4）。

1. 穿红色睡衣的小孩得到了一本书。

2. 得了麻疹的小孩（不是贝利叶也不是弗兰克）得到了一个玩具。

3. 艾丽斯得了腮腺炎。另外一个小孩（穿着绿色睡衣）有朋友来看望。

4. 弗兰克穿着橘色的睡衣，他得的不是扁桃体炎。

5. 里伊得了猩红热，他的睡衣不是绿色的。

6. 得了水痘的小孩没有得到冰激凌。

7. 穿蓝色睡衣的不是罗宾，也不是里伊。

8. 有一个小孩穿着黄色睡衣。

9. 有一个小孩得到了果冻。

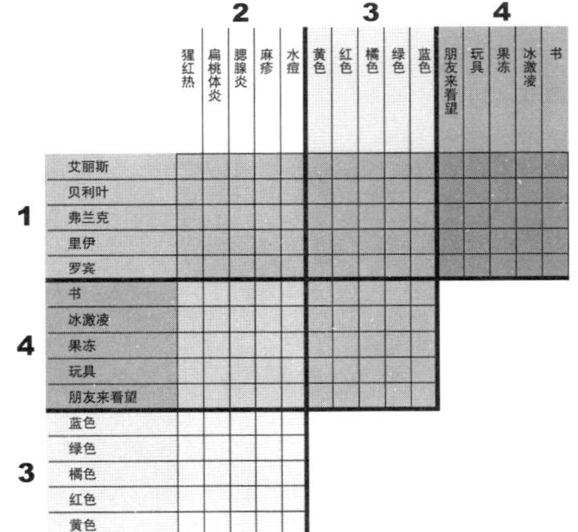

30. 躲雨

一群小孩躲雨进了家糖果店。根据所给的信息，你能否说出她们的名字（1）、她们分别买了什么糖（2）、买了几个（3），以及她们穿着什么颜色的雨衣（4）？

1. 沃里穿着一件黑色雨衣。

2. 穿蓝色雨衣的小孩（不是古恩娜）买了 12 块糖。

3. 何瑞莎比穿黄色雨衣的小孩多买两块糖。

4. 有一个小孩买了 6 个棒棒糖。

5. 买甘草糖的不是沃里，也不是穿黄色或者白色雨衣的小孩。

6. 穿紫色雨衣的小孩买的是巧克力。

7. 比亚妮买了 10 块糖，但不是太妃糖。

8. 有一个小孩买了 4 块糖，另外一个买了 8 个。

9. 有一个小孩叫若哥娜。

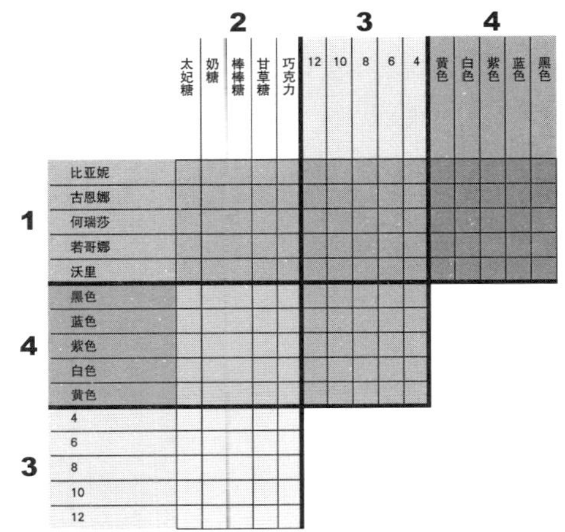

31. 爷孙

根据题目所给的条件，你能否将孙子孙女跟爷爷奶奶正确配对？

32. 编织的女人

5 个女人经常聚在一起编织。根据所给的信息，你能否说出她们的名字（1）、她们分别织的是什么（2）、她们喜欢喝什么（3），以及喜欢吃什么（4）？

1. 丽丝喜欢黄油饼干，但是不喜欢喝汤。

2. 正在织披肩的女人喜欢喝橙汁。

3. 喜欢吃生姜饼干的女人正在织毛衣；她不是凯伊，也不是尼斯萨。

4. 正在织围巾的女人喜欢喝汤。但她不是格瑞特，格瑞特喜欢吃消化饼。

5. 凯伊喜欢喝水，她不喜欢吃朱古力饼干。

6. 喜欢吃果酱饼干的女人正在织的不是袜子。

7. 喜欢喝咖啡的既不是艾达，也不是丽丝。

8. 有一个女人喜欢喝茶。

9. 有一个女人正在织围裙。

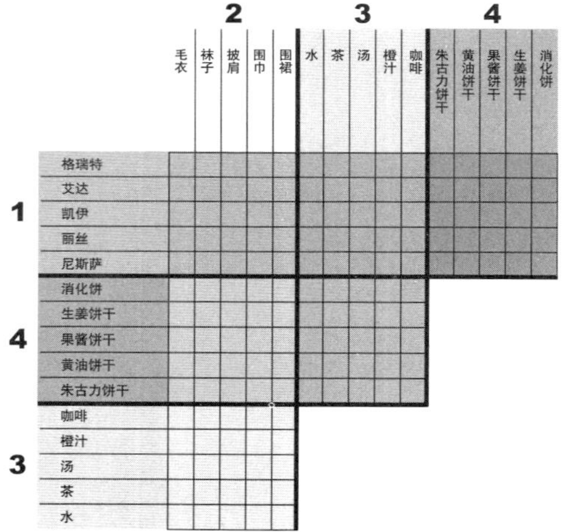

33. 母亲节

就要到母亲节了。根据所给的信息，你能否说出每位母亲（1）将会从她的儿子（4）那里收到什么颜色（3）的什么花（2）？

1. 安特尼特会收到蓝色的花。

2. 乔治准备送给母亲黄色的花，但不是菊花。

3. 塞宾不是蒂第尔的母亲，她收到的花不是红色的。

4. 罗恩特准备给母亲买玫瑰，但既不是粉色也不是白色的。

5. 玛克西是华森特的母亲，她不会收到红色的兰花。

6. 蒂第尔的母亲不是多米尼克。

7. 艾丝泰勒会收到康乃馨，但不是粉色的。

8. 有一位母亲会收到百合花。

9. 有一位母亲的儿子叫巴斯坦。

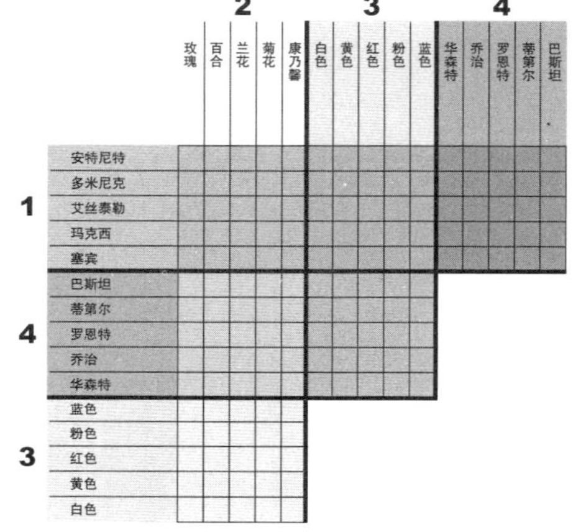

34. 女人们的聚餐

5 个女人一起吃饭。根据所给的信息，你能否说出每个女人（1）吃了什么肉（2）和配餐（3），以及饭后甜点（4）？

1. 黛娜要么吃面条，要么喝汤；甜点要么吃蛋糕，要么吃巧克力。

2. 玛丽要么吃蔬菜，要么吃豆腐。

3. 丽丽和黛娜中有一个人主食会选择鸭肉或者羊肉，甜点选择巧克力。

4. 米琳会点鸡肉或者羊肉，配餐会选米饭或者汤。

5. 苏伊会点牛肉或者羊肉，配餐会点豆腐或者汤，甜点会点咖啡或者蛋糕。

6. 蛋糕会紧跟着汤或者蔬菜上。

7. 点鸭肉的会点咖啡或者冰激凌作为甜点。

8. 点面条的会点荔枝或者冰激凌作为

甜点。

9. 有一个女人点的是猪肉。

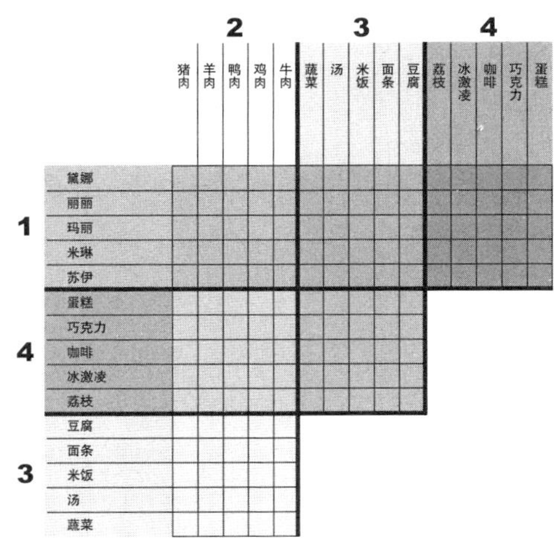

35. 病人和医生

根据题目所给的条件，你能否将病人和医生正确配对？

36. 摄影师

5个摄影师去国外拍摄他们最喜欢的事物。根据所给的信息，请你说出这5个摄影师的名字（1）、他们最喜欢拍摄的对象（2）、他们在哪个城市（3），以及他们到现在为止拍了多少张照片（4）。

1. 麦古米在汉诺威。

2. 在柏林的摄影师（不是尤瑞）拍了18张照片。

3. 艾耶姆最喜欢拍花，他拍的照片比在达姆施塔特的摄影师多一张。

4. 其中有一个人拍了15张教堂的照片。

5. 喜欢拍动物的摄影师不是麦古米，他所在的城市名字不是由两个字组成的。

6. 在慕尼黑的摄影师喜欢拍房屋。

7. 尤凯克拍了17张照片，但不是关于陌生人的。

8. 其中有一个人拍了14张照片，一个人拍了16张。

9. 有一个人在纽伦堡。

10. 有一个摄影师叫阿瑞萨。

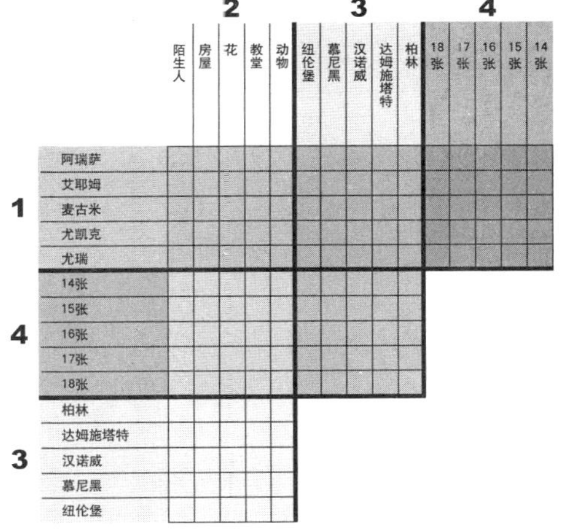

37. 撒克逊人

传说很久以前某国的几个村子是由撒克逊人管理的。根据下面的信息，请你分别说出这几个撒克逊人的名字（1）、他们来自哪里（2）、他们管理哪个村子（3），以及他被称做什么（4）。

1. 西温林的外号是“公正”，他来自艾塞克斯。

2. 奥发被称作“野兽”，他不是来自麦西亚。

3. 来自怀斯的撒克逊人管理着弗瑞弗

德村。他不是奥发，也不是艾伯特。

4. 艾利和西温林的外号都不是“伟大”。

5. 管理查德林顿的撒克逊人被人称作“公正”。

6. 来自苏塞克斯的人不管理卡斯西顿。

7. 有一个人被人称作“革命”。

8. 有一个人管理阿斯恩沃村。

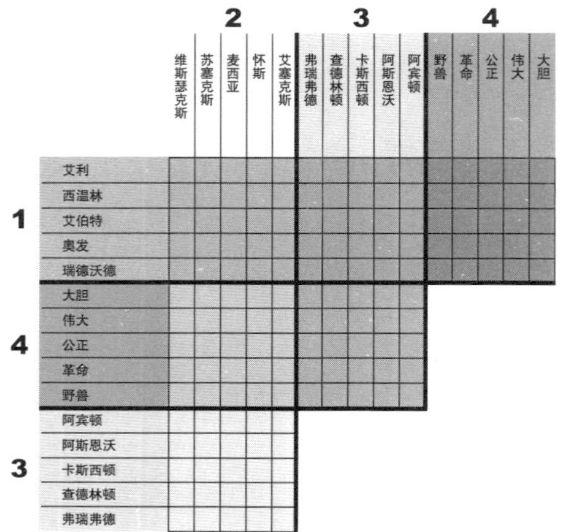

38. 男女朋友

根据题目所给的条件，你能否判断出女孩与男孩的关系？

39. 表达爱意

5个男人打算在满月的时候向各自的恋人献上一首歌来表达爱意。根据下面的信息，请你说出他们的名字（2）、他们恋人的名字（1）、他们是怎么相遇的（3），以及这5个男人分别打算唱什么歌（4）。

1. 塞恩娜不是西欧卫的恋人，她将要听到的也不是《我发誓》这首歌。

2. 安顿尼尔在买黄瓜时遇到了他的恋人。他不准备唱《惊奇》和《忠诚》。

3. 多纳特罗准备给他的恋人唱《永远》这首歌。他们不是在给摩托车加油的时候认识的。

4. 艾丽娜将会听到《呼吸》这首歌。

5. 西欧卫的恋人不是玛若。

6. 里欧的恋人是多娜特。他不是在看足球赛的时候遇见她的——看足球赛的那个女人将听到恋人给她唱《我发誓》。

7. 莫尼卡和男朋友是在买香烟时认识的。她将听到的歌是《惊奇》。

8. 有一对恋人是在葡萄酒酿造厂认识的。

9. 有一个男人名叫弗瑞泽欧。

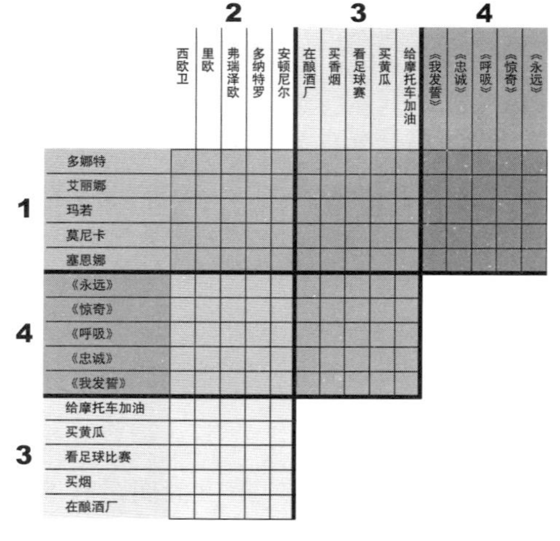

40. 邻居

5个邻居喜欢待在自己家的院子里。根据所给的信息，你能否说出他们的名字（1）、他们家的门牌号（2）、他们家的大门的颜色（3），以及他们各自喜欢在院子里干什么（4）？

1. 大卫家的门牌号比喜欢野餐的人大。

2. 绿色大门房子的门牌号比黄色大门房子的小，黄色大门房子的主人不喜欢打篮球。

3. 要么是沃尔特喜欢打篮球，约翰的房子大门是蓝色的；要么是大卫喜欢打篮球，沃尔特的房子大门是蓝色的。

4. 迈克的房子大门是红色的，他家的门牌号比喜欢看报纸的人（不是别克就是大卫）家的大。他家的门牌号也比喜欢洗车的人家的大。

5. 门牌号是 2305 的人喜欢晒太阳，这个人不是大卫就是别克。

6. 有一座房子的大门是白色的。

7. 所有的门牌号为 2302 到 2306。

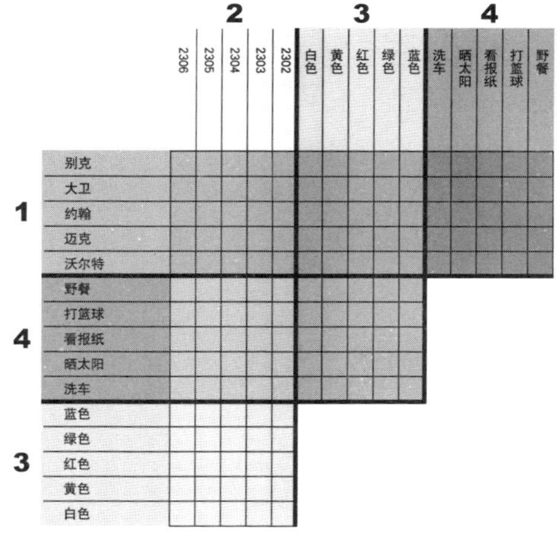

41. 打电话

某天早晨，3 个女人都在同一时段打电话。从以下给出的线索中，你能说出打电话和接电话的人分别是谁吗？

1. 伯妮斯在她母亲接完电话之后打了一个电话。

2. 玛格丽特曾和艾莉森电话聊天。

3. 劳拉是接到电话的一方。

4. 女儿去接电话是在某人打电话给乔伊斯之后。

		主叫			被叫					
		伯妮斯	玛格丽特	波林	艾莉森	乔伊斯	劳拉	女儿	朋友	母亲
	9:20									
	9:22									
	9:25									
	女儿									
	朋友									
	母亲									
被叫	艾莉森									
	乔伊斯									
	劳拉									

42. 警察与小偷

根据题目所给的条件，你能否判断出小偷分别是被哪个警察抓到的吗？

43. 跳棋比赛

跳棋协会这个星期举办了一场激动人心的跳棋比赛。从以下给出的线索中，你能说出 3 个让人有所期待的选手名字、俱乐部及他们最后的排名吗？

1. 跳棋选手泰勒代表红狮队。

2. 在史蒂夫胜出比赛后，紧接着是沃

尔顿胜出。

3. 在第 3 场比赛中胜出的选手姓汉克。

4. 比尔比来自五铃队的选手早胜出比赛。

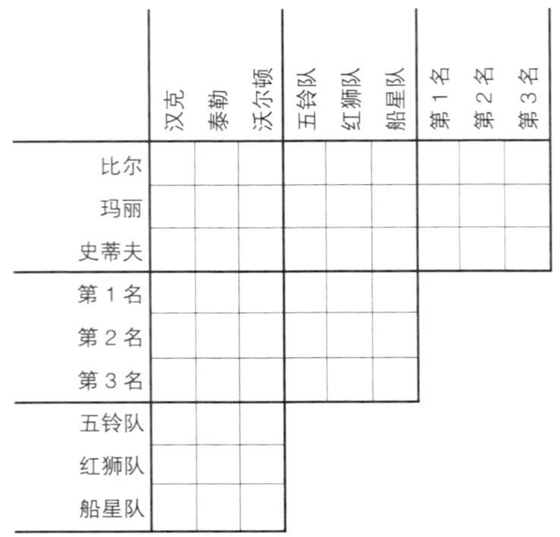

44. 采访

根据所给的条件，你能否判断出记者分别要采访哪个人？

45. 古卷轴

伦敦大都会博物馆在最近的展览中新展出了 4 个古卷轴。从所给出的线索中，你能分别写出这 4 个卷轴中的语言类别、分别属于哪种形式，以及发现它们的考古学家的名字吗？

1. 雀瓦教授发现的卷轴是用古巴比伦文撰写的。

2. 卷轴 D 是用最早的拉丁文字撰写的。

3. 卷轴 A 是一份衣物清单，它不是被布卢斯教授发现的。

4. 迪格博士发现的卷轴 B，不是起源于亚述。

5. 古埃及卷轴是用象形文字撰写的，不是那部带有色情色彩的情书。

6. 夏瓦博士发现的那本小寺庙官员的日记被展出在类似于一个商人账本的卷轴旁。

语言：亚述语，古巴比伦文，拉丁文，埃及语
形式：账本，日记，衣物清单，情书
发现者：布卢斯教授，迪格博士，夏瓦博士，雀瓦教授

46. 战舰（一）

这道题是按照一个古老的战舰游戏设计的，你的任务是找出表格中的船。方格中已填入了几个代表海或某种船的局部的图案，而紧靠行和列边上的数字表示这行或这列被占的方格总数。船和船之间可以水平或垂直停靠，但是任何两艘船或船的某个部分都不可以在水平、垂直和对角方向上相邻或重叠。

1 艘飞行器载体：

2 艘战舰：

3 艘巡洋舰：

4 艘驱逐舰：

										1
										1
										2
										0
										2
										2
										3
										4
										3
										2
3	0	2	0	0	4	0	4	3	4	

47. 战舰（二）

这道题是按照一个古老的战舰游戏设计的，你的任务是找出表格中的船。方格中已填入了几个代表海或某种船的局部的图案，而紧靠行和列边上的数字表示这行或这列被占的方格总数。船和船之间可以水平或垂直停靠，但是任何两艘船或船的某个部分都不可以在水平、垂直和对角方向上相邻或重叠。

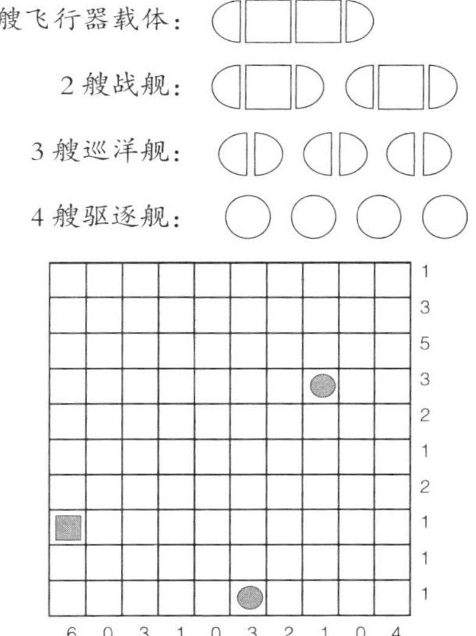

48. 战舰（三）

这道题是按照一个古老的战舰游戏设计的，你的任务是找出表格中的船。方格中已填入了几个代表海或某种船的局部的图案，而紧靠行和列边上的数字表示这行或这列被占的方格总数。船和船之间可以水平或垂直停靠，但是任何两艘船或船的某个部分都不可以在水平、垂直和对角方向上相邻或重叠。

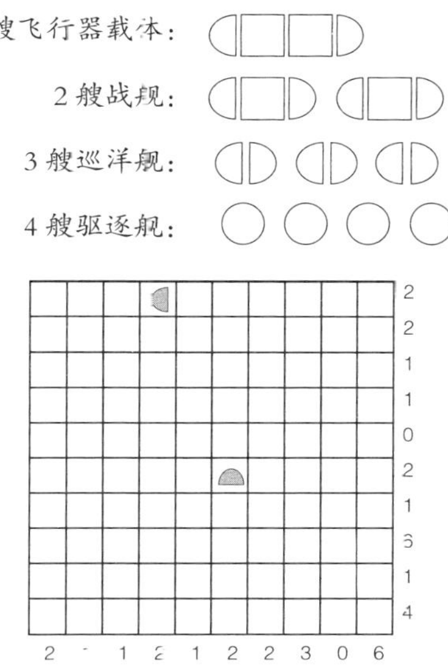

49. 战舰（四）

这道题是按照一个古老的战舰游戏设计的，你的任务是找出表格中的船。方格中已填入了几个代表海或某种船的局部的图案，而紧靠行和列边上的数字表示这行或这列被占的方格总数。船和船之间可以水平或垂直停靠，但是任何两艘船或船的某个部分都不可以在水平、垂直和对角方向上相邻或重叠。

1 艘飞行器载体：

2 艘战舰：

3 艘巡洋舰：

4 艘驱逐舰：

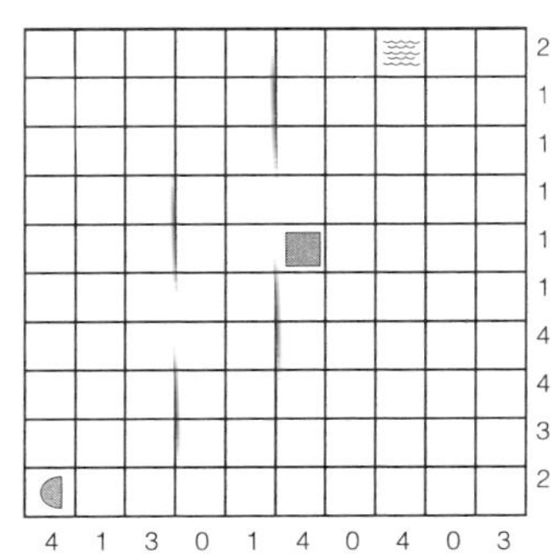

50. 战舰（五）

这道题是按照一个古老的战舰游戏设计的，你的任务是找出表格中的船。方格中已填入了几个代表海或某种船的局部的图案，而紧靠行和列边上的数字表示这行或这列被占的方格总数。船和船之间可以水平或垂直停靠，但是任何两艘船或船的某个部分都不可以在水平、垂直和对角方向上相邻或重叠。

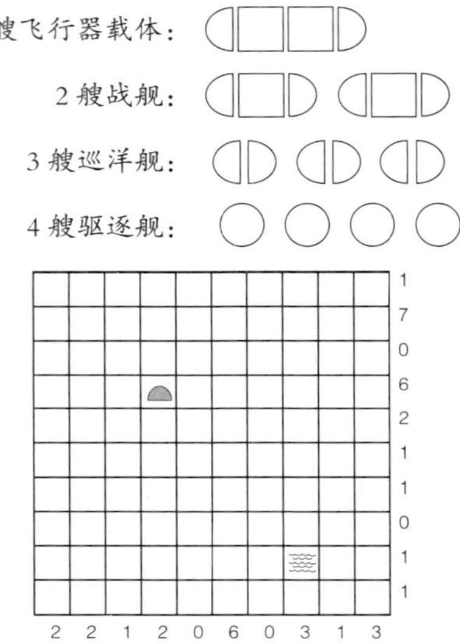

51. 战舰（六）

这道题是按照一个古老的战舰游戏设计的，你的任务是找出表格中的船。方格中已填入了几个代表海或某种船的局部的图案，而紧靠行和列边上的数字表示这行或这列被占的方格总数。船和船之间可以水平或垂直停靠，但是任何两艘船或船的某个部分都不可以在水平、垂直和对角方向上相邻或重叠。

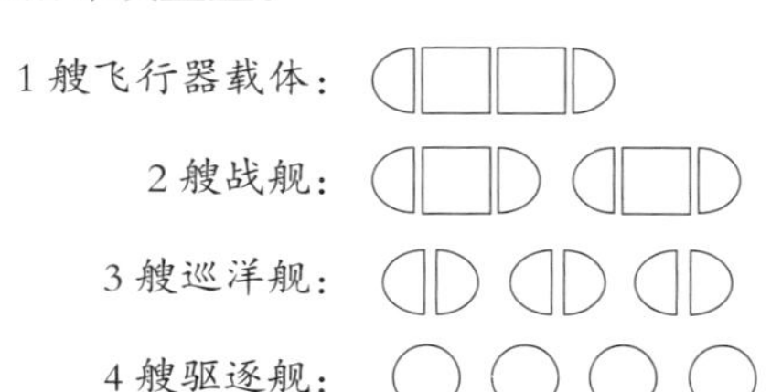

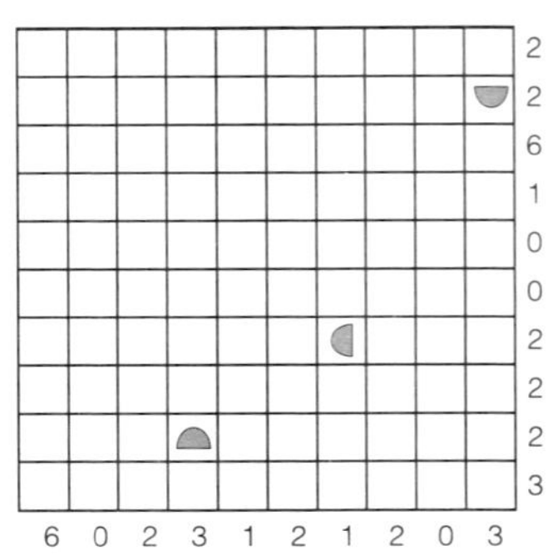

52. 蜂窝图形

由 14 个小六边形组成了一个蜂窝状图形，每个小六边形都包含字母 A 到 N 中的一个，你能把各个字母按以下线索填进各个小六边形中吗？

1. 字母 A 在 F 的右下角，且紧挨着 F，并在 M 的左上方。

2. 六边形 1 中的字母是字母表中前 5 个之一。

3. 字母 H 在 D 的右上方，这两个字母的周围均不包含元音字母。

4.N 和 I 在垂直线上，N 在较高的位置。

5. 六边形 7 中的是字母 K。

6. 六边形 9 中的字母在字母表中的位置要比它上方六边形 4 中的字母前两位。

7. 六边形 14 中的字母是个元音字母，在字母表中，它紧排在六边形 5 的字母的前面。

8.G 和 L 相邻，L 更靠右边。

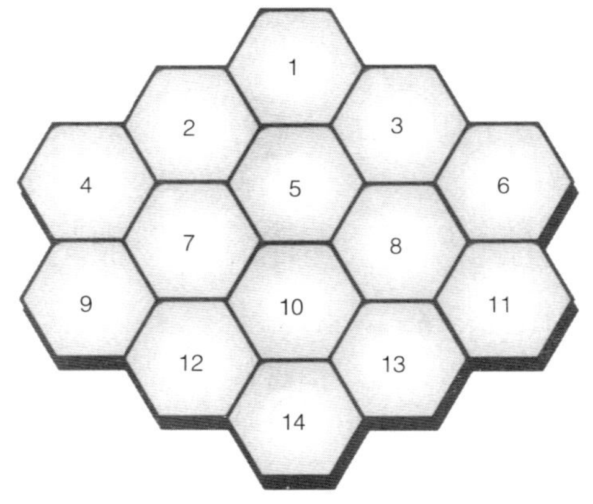

53. 宇航员

“大不列颠”号航天飞机结束了它的火星之旅，要返回地球。飞机上一共有 5 个成员，其中包括一位飞行员和 4 位负责不同实验程序的科学家，他们已经在变速躺椅上做好了返回地球的准备，从以下所给的线索中，你能推断出在各个躺椅上成员的全名和他们的身份吗？

1. 克可机长的名字不是萨姆，坐的是 A 躺椅，他不和其中一位宇航员相邻，这位宇航员不是官员姜根。

2.E 躺椅上的宇航员是巴石，戴尔上校没占着躺椅 B。

3. 尼克·索乐是“大不列颠”号上年纪最大的成员。

4. 在躺椅 D 上的成员是一个研究火星引力实验的物理学家。

5. 多明克教授，船员中的两位女性之一，是一位化学家，但是从别人和她说话的方式你看不出来她是一位女性。

6. 多克是一位生物学家，但如果飞机上有需要时，她也是飞机上的医疗官，她不是机长克尼森，也不在 A 躺椅上。

名：巴石，多克，尼克，萨姆，姜根
姓：戴尔，多明克，克尼森，克可，索乐
身份：宇航员，生物学家，化学家，物理学家，飞行员

54. 寄出的信件

根据所给出的线索，你能说出位置 1 ~ 4 上的女士的姓名和她们要寄出的信件的数目吗？

1. 埃德娜和鲍克丝夫人是离邮筒最近的人；前者寄出的信件数比后者少。

2. 邮筒两边的女士寄出的总信件数一样。

3. 克拉丽斯·弗兰克斯所处位置的编号，比邮筒对面寄出 3 封信的那个女人小。

4. 博比不是斯坦布夫人，她不在 3 号位置。

5. 只有一个女人所处的位置编号和她要寄的信件数是相同的。

名：博比，克拉丽斯，埃德娜，吉马
姓：鲍克丝，弗兰克斯，梅勒，斯坦布
信件数：2，3，4，5

55. 柜台交易

有两位顾客正在一家化学用品商店买东西。从以下所给的线索中，你能正确地说出售货员和顾客的姓名、顾客各自所买的东西以及找零的数目吗？

1. 杰姬参与的买卖中需要找零 17 便士，而沃茨夫人不是。

2. 朱莉娅是由一个叫蒂娜的售货员接待的，但她不是买洗发水的奥利弗夫人。

3. 图中的 2 号售货员不是莱斯利，而莱斯利不姓里德。

4. 阿尔斐小姐卖出的不是阿司匹林。

5. 2 号售货员给 4 号顾客找零 29 便士。

名：杰姬，朱莉娅，莱斯利，蒂娜
姓：阿尔叟，奥利弗，里德，沃茨
商品：洗发水，阿司匹林
找零：17 便士，29 便士

56. 填空（一）

要求每行每列上均有字母 A，B，C，D，E，同时，在粗线条构成的图形里，也要有字母 A，B，C，D，E。你能做到吗？

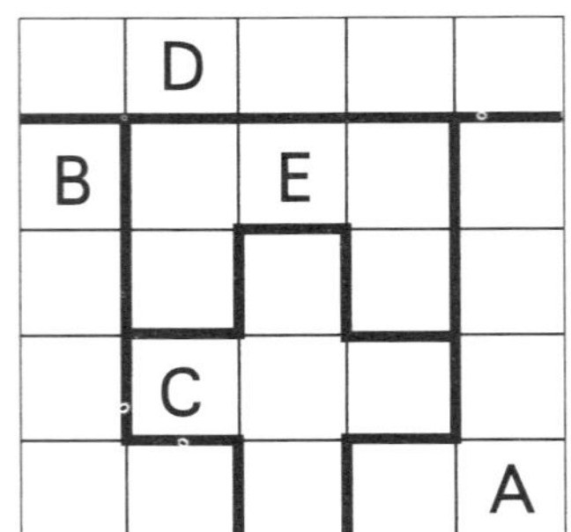

57. 填空（二）

要求每行每列上均有字母 A，B，C，D，E，同时，在粗线条构成的图形里，也要有字母 A，B，C，D，E。你能做到吗？

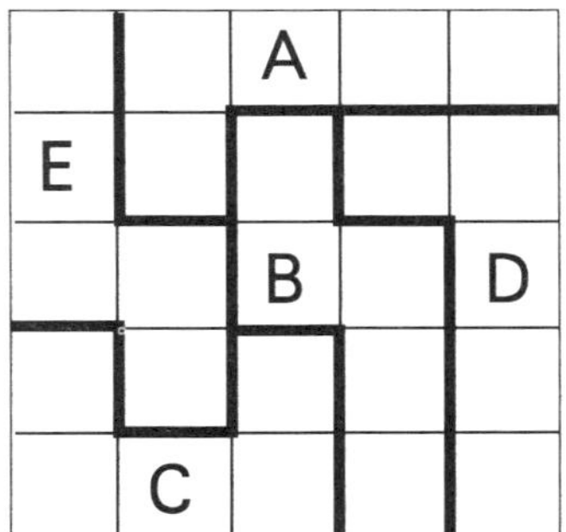

58. 填空（三）

要求每行每列上均有字母 A，B，C，D，E，同时，在粗线条构成的图形里，也要有字母 A，B，C，D，E。你能做到吗？

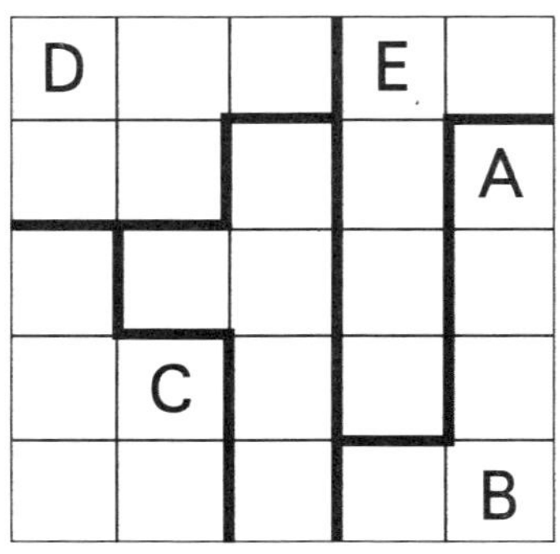

59. 填空（四）

要求每行每列上均有字母 A，B，C，D，E，同时，在粗线条构成的图形里，也要有字母 A，B，C，D，E。你能做到吗？

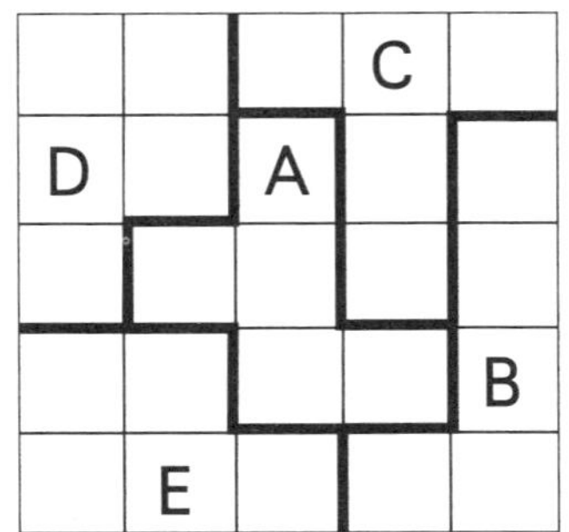

60. 填空（五）

要求每行每列上均有字母 A，B，C，D，E，同时，在粗线条构成的图形里，也要有字母 A，B，C，D，E。你能做到吗？

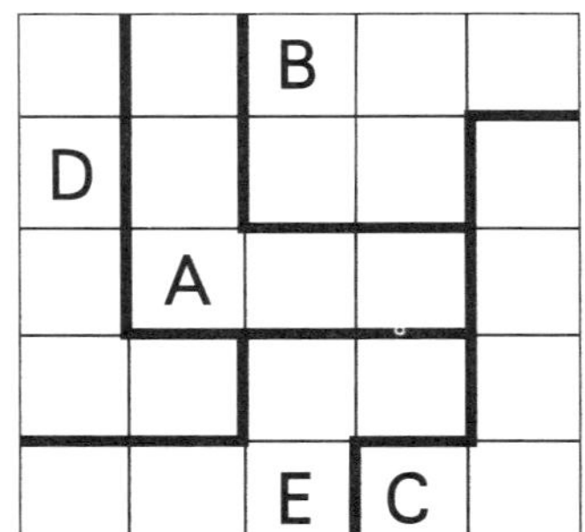

61. 填空（六）

要求每行每列上均有字母 A，B，C，D，E，同时，在粗线条构成的图形里，也要有字母 A，B，C，D，E。你能做到吗？

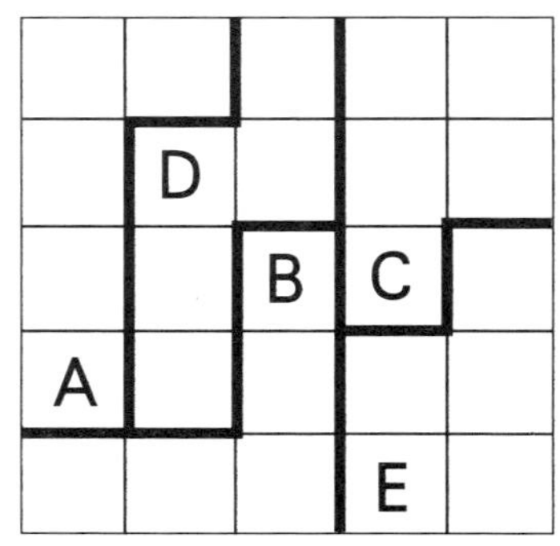

62. 填空（七）

要求每行每列上均有字母 A，B，C，D，E。同时，在粗线条构成的图形里，也要有字母 A，B，C，D，E。你能做到吗？

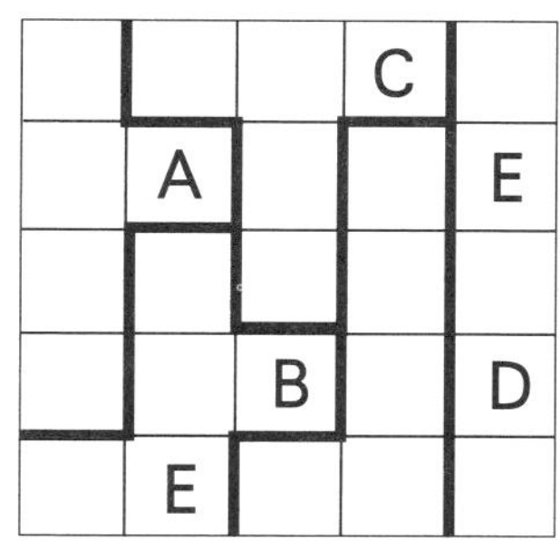

63. 点对点赛马比赛

图中向我们展示了业余赛马骑师的 1 场点对点比赛，其中一场的照片展示在田径运动会的宣传卡片上。从以下所给出的线索中，你能说出每匹马的名字以及各骑师的姓名吗？

1. 第 2 名的马名叫艾塞克斯女孩。

2. 海员赛姆不是第 4 名，它的骑师姓克里福特，但不叫约翰。

3. 蓝色白兰地的骑师，他的姓要比萨利的姓少一个字母。

4. 麦克·阿彻骑的马紧跟在西帕龙的后面，西帕龙不是理查德的马。

马的名字：蓝色白兰地，艾塞克斯女孩，海员赛姆，西帕龙

骑师的名字：埃玛，约翰，麦克，萨利

骑师的姓：阿彻（Archer），克里福特（Clift），匹高特（Piggott），理查德（Richards）

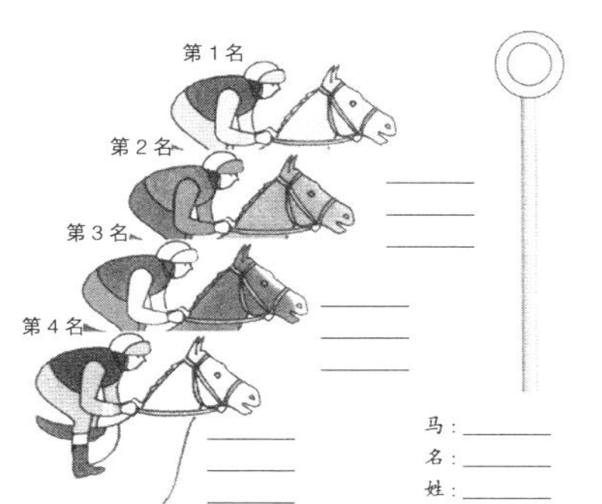

64. 交通方式

昨天，北切斯特的 3 个市民都去了市中心，他们来去都采用了不同的交通方式。从以下所给的线索中，你能说出这 3 个人的全名以及他们来回的交通方式吗？

1. 在市中心遭劫之后被警察带回家的受害者不是巴里·沃斯。

2. 姓扎吉的人不是坐巴士去市中心的。

3. 由于天下雨，范是坐计程车回来的。

4. 喜欢保持身材而步行的家伙是被救护车送回来的，因为他撞到了井栏石上。

5. 乔安妮不是那个骑新折叠自行车的人。

		姓								
		范	扎吉	沃斯	自行车	巴士	步行	救护车	计程车	警车
名	巴里									
	乔安妮									
	罗宾									
	救护车									
	计程车									
	警车									
	自行车									
	巴士									
	步行									

65. 扮演马恩的演员

马恩是 20 世纪最伟大的人物之一，最近，不列颠电视台将上演休·马恩的自传，电视台的新闻办公室公布了分别扮演马恩各个时期的 4 个演员的照片。从以下所给出的线索中，你能说出 4 个演员的名字以及所扮演的时期吗？

1. C 饰演孩童时代的马恩，他不姓曼彻特。

2. 安东尼·李尔王不饰演晚年的马恩，马恩在晚年时期已经成为哲学家。

3. 理查德紧贴在哈姆雷特的左边，哈姆雷特饰演的是那个正谈论他伟大军事理

想的马恩。

4. A 是朱利叶斯。

名：安东尼，约翰，朱利叶斯，理查德
姓：哈姆雷特，李尔王，曼彻特，温特斯
时期：孩童，青少年，士兵，晚年

66. 五月皇后

考古学家最近在一个小村镇里挖掘出了一张关于五月皇后的名单，在 18 世纪早期，五月皇后连续 7 年被推选出来执政。从以下所给的线索中，你能说出 1721 ~ 1727 年分别推选出的五月皇后的全名是什么、她是谁的女儿吗？

1. 萨金特在教区长女儿之后两年、汉丽特之前两年成为五月皇后。

2. 布莱克是在 1723 年 5 月当选的。

3. 安·特伦特是偶数年份当选的五月皇后，她的父亲不是箍桶匠。

4. 安德鲁是在织工的女儿之前当选为五月皇后的，她不是比阿特丽斯。

5. 铁匠卢克·沃顿的女儿也是其中一位五月皇后，在沃里特之后当选，而且不是在 1725 年当选的。

6. 木匠的女儿苏珊娜是在索亚之前当选的五月皇后。

7. 米尔福德，在箍桶匠的女儿当选之后两年成为五月皇后，她的前任是旅馆主人的女儿，旅馆主人的女儿在玛丽当选的两年之后当选。

8. 教区长的女儿紧接在简之后当选为五月皇后。

名：安，比阿特丽斯，汉丽特，简，玛丽，苏珊娜，沃里特
姓：安德鲁，布莱克，米尔福德，萨金特，索亚，特伦特，沃顿
父亲：铁匠，木匠，箍桶匠，旅馆主人，教区长，茅屋匠，织工

67.ABC（一）

按要求填表格。要求每行每列均包含字母 A，B，C 和两个空格。表格外的字母表示箭头所指方向的第 1 或者第 2 个出现的字母，如 B1 代表箭头所指方向出现的第 1 个字母为 B，你能完成要求吗？

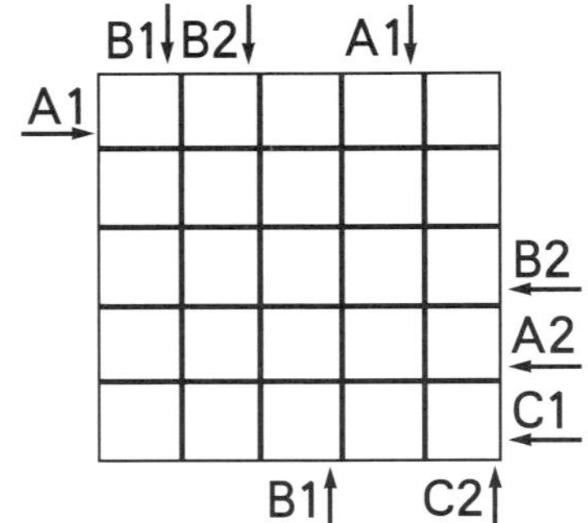

68.ABC（二）

按要求填表格。要求每行每列均包含字母 A，B，C 和两个空格。表格外的字母表示箭头所指方向的第 1 或者第 2 个出现的字母，如 B1 代表箭头所指方向出现的第 1 个字母为 B，你能完成要求吗？

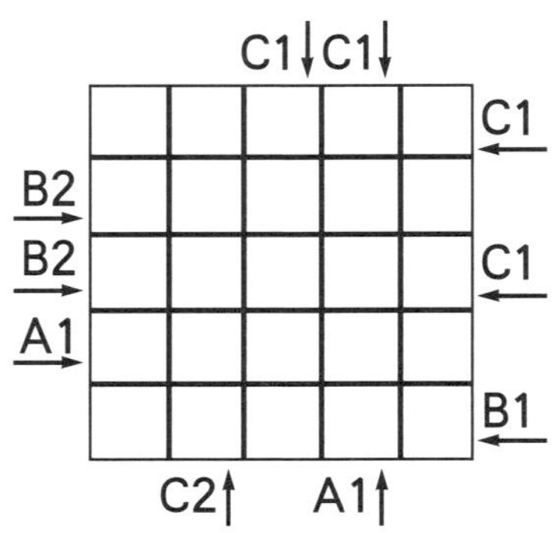

69.ABC（三）

按要求填表格。要求每行每列均包含字母 A，B，C 和两个空格。表格外的字母表示箭头所指方向的第 1 或者第 2 个出现的字母，如 B1 代表箭头所指方向出现的第 1 个字母为 B，你能完成要求吗？

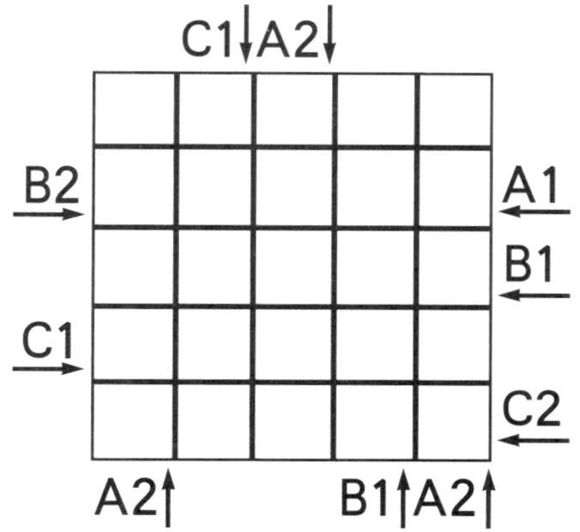

70.ABC（四）

按要求填表格。要求每行每列均包含字母 A，B，C 和两个空格。表格外的字母表示箭头所指方向的第 1 或者第 2 个出现的字母，如 B1 代表箭头所指方向出现的第 1 个字母为 B，你能完成要求吗？

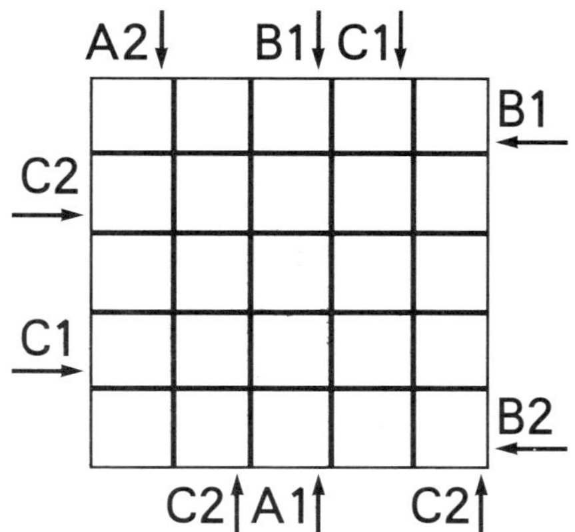

71.ABC（五）

按要求填表格。要求每行每列均包含字母 A，B，C 和两个空格。表格外的字母表示箭头所指方向的第 1 或者第 2 个出现的字母，如 B1 代表箭头所指方向出现的第 1 个字母为 B，你能完成要求吗？

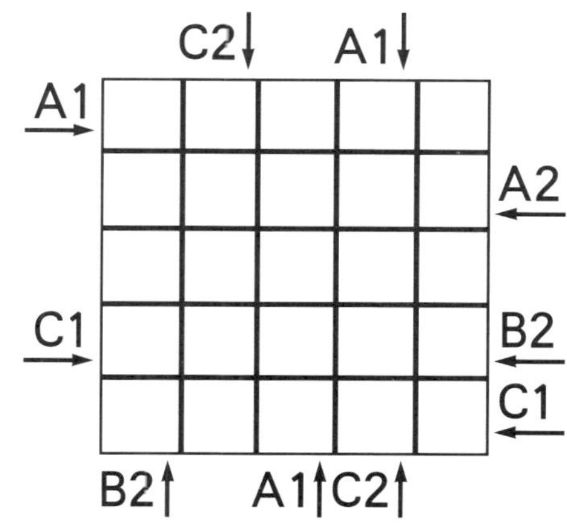

72.ABC（六）

按要求填表格。要求每行每列均包含字母 A，B，C 和两个空格。表格外的字母表示箭头所指方向的第 1 或者第 2 个出现的字母，如 B1 代表箭头所指方向出现的第 1 个字母为 B，你能完成要求吗？

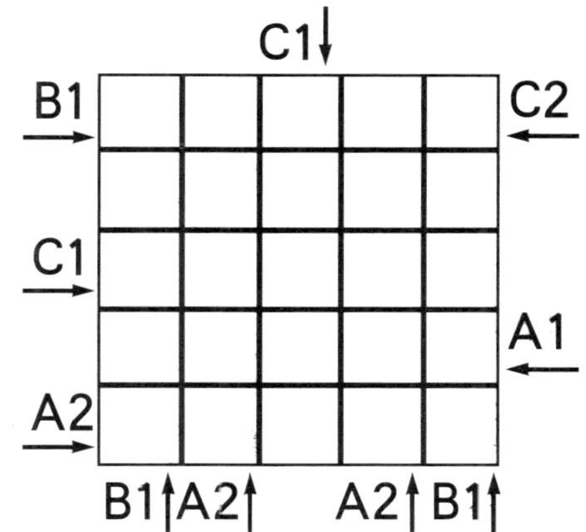

73.ABC（七）

按要求填表格。要求每行每列均包含字母 A，B，C 和两个空格。表格外的字母表示箭头所指方向的第 1 或者第 2 个出现的字母，如 B1 代表箭头所指方向出现的第

1 个字母为 B，你能完成要求吗？

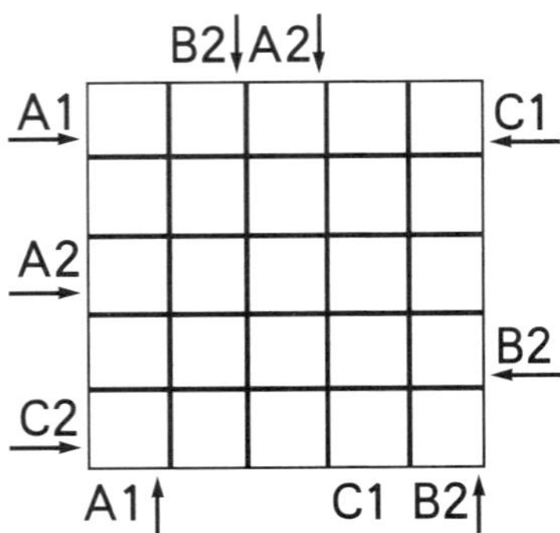

74.ABC（八）

按要求填表格。要求每行每列均包含字母 A，B，C 和两个空格。表格外的字母表示箭头所指方向的第 1 或者第 2 个出现的字母，如 B1 代表箭头所指方向出现的第 1 个字母为 B，你能完成要求吗？

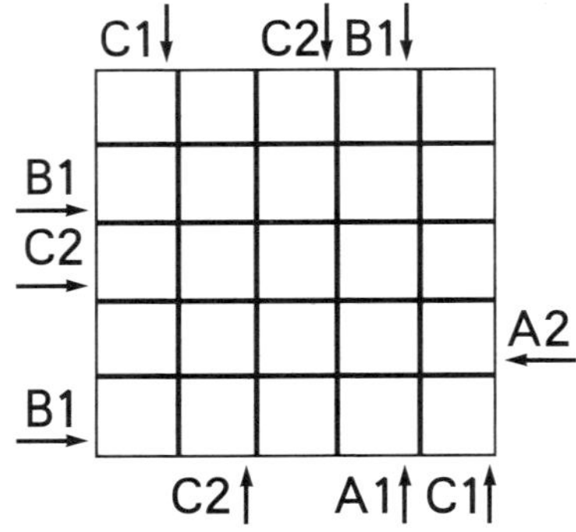

75. 年轻人出行

某一天，同一村庄的 4 个年轻人朝东、南、西、北 4 个方向出行。从以下所给的线索中，你能推断出他们各自走的方向、出行的方式以及出行原因吗？

1. 安布罗斯和那个骑摩托车去上高尔夫课的人走的方向刚好相反。

2. 其中一个年轻人所要去的游泳池在村庄的南面，而另外一个年轻人参加的拍卖会不是在村庄的西面举行。

3. 雷蒙德离开村庄后直接朝东走。

4. 欧内斯特出行的方向是那个坐巴士的年轻人出行方向逆时针转 90° 的方向。

5. 坐出租车出行的西尔威斯特没朝北走。

姓名：安布罗斯，欧内斯特，雷蒙德，西尔威斯特

交通工具：巴士，小汽车，摩托车，出租车

出行原因：拍卖会，看牙医，上高尔夫课，游泳

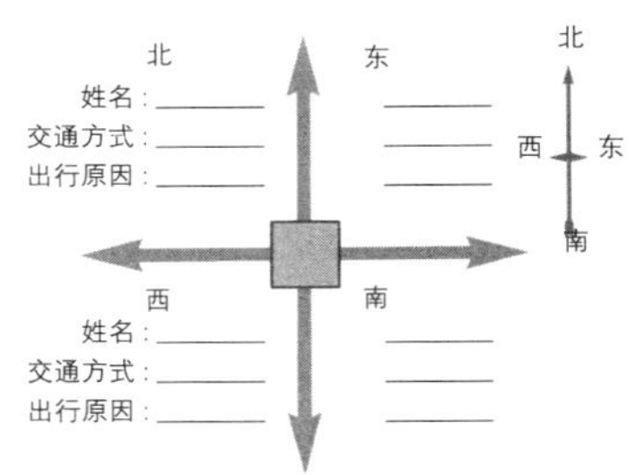

76. 在海滩上

3 位母亲带着各自年幼的儿子在海滩上玩，从以下所给的线索中，你能准确地推断出这 3 位母亲的姓名、她们儿子的名字以及孩子所穿泳衣的颜色吗？

1. 丹尼斯不是蒂米的妈妈，蒂米穿红色泳衣。

2. 莎·卡索在海滩上玩得相当愉快。

3. 曼迪的儿子穿绿色泳衣。

4. 那个叫响的小男孩穿着橙色泳衣。

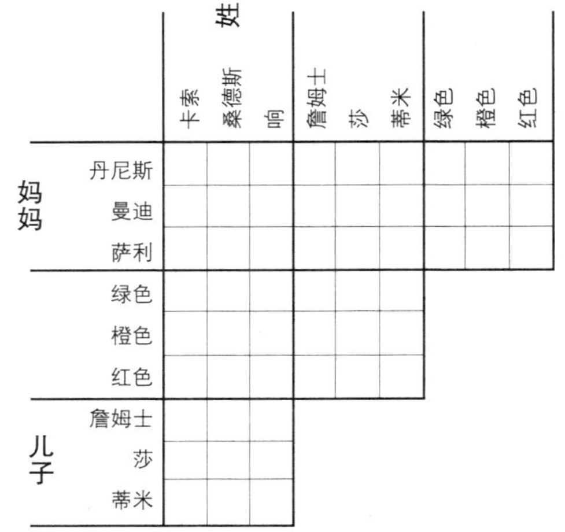

77. 路径逻辑（一）

运用你的逻辑推理能力，推导出符合以下条件的一条路径：从“开始”一直到“结束”，这条路径可以沿水平也可以沿垂直方向。各行各列起始处的数字代表这行或这列所必须经过的格子数（见图例）。

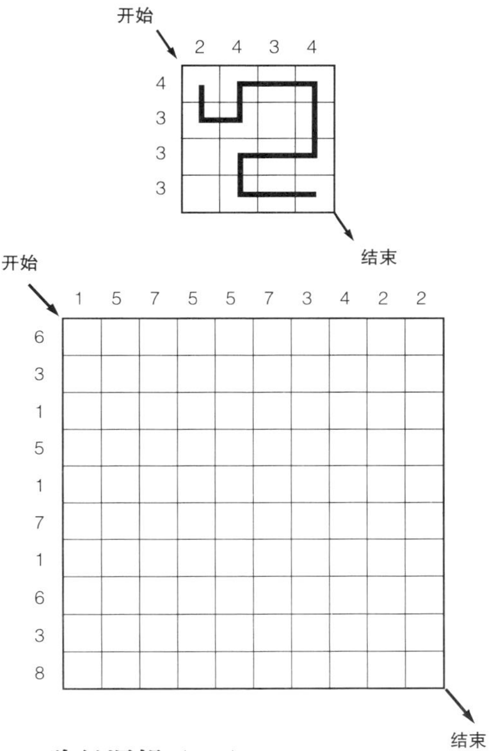

78. 路径逻辑（二）

运用你的逻辑推理能力，推导出符合以下条件的一条路径：从“开始”一直到“结束”，这条路径可以沿水平也可以沿垂直方向。各行各列起始处的数字代表这行或这列所必须经过的格子数（见图例）。

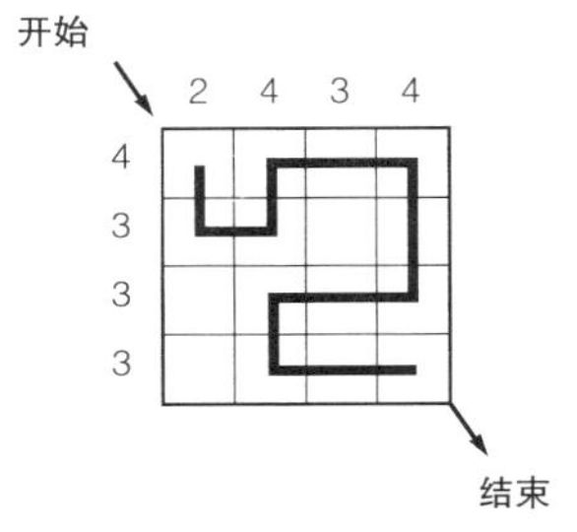

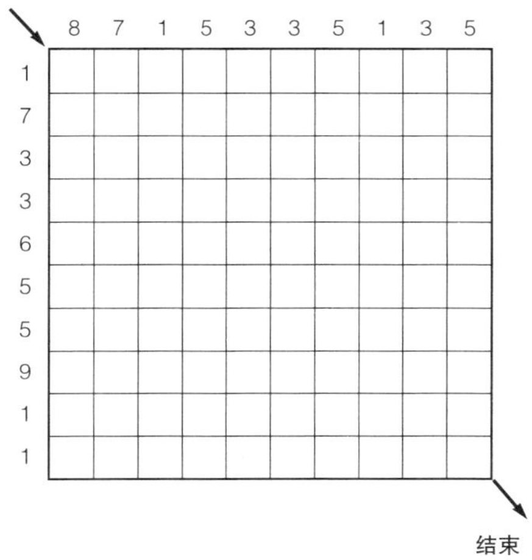

79. 路径逻辑（三）

运用你的逻辑推理能力，推导出符合以下条件的一条路径：从“开始”一直到“结束”，这条路径可以沿水平也可以沿垂直方向。各行各列起始处的数字代表这行或这列所必须经过的格子数（见图例）。

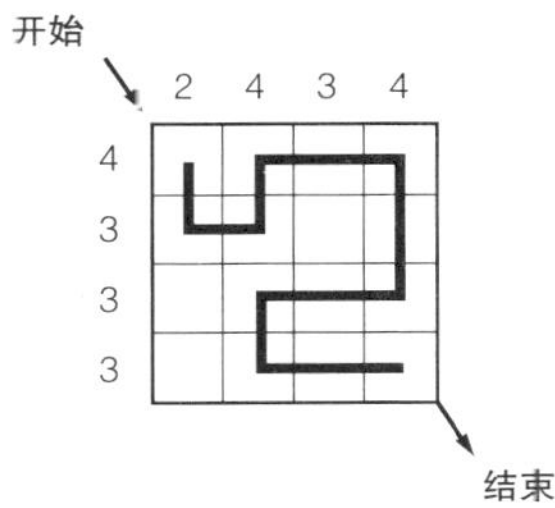

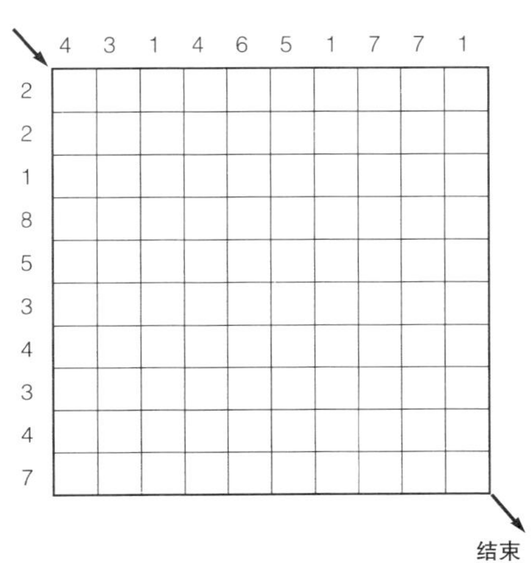

80. 路径逻辑（四）

运用你的逻辑推理能力，推导出符合以下条件的一条路径：从“开始”一直到“结束”，这条路径可以沿水平也可以沿垂直方向。各行各列起始处的数字代表这行或这列所必须经过的格子数(见图例)。

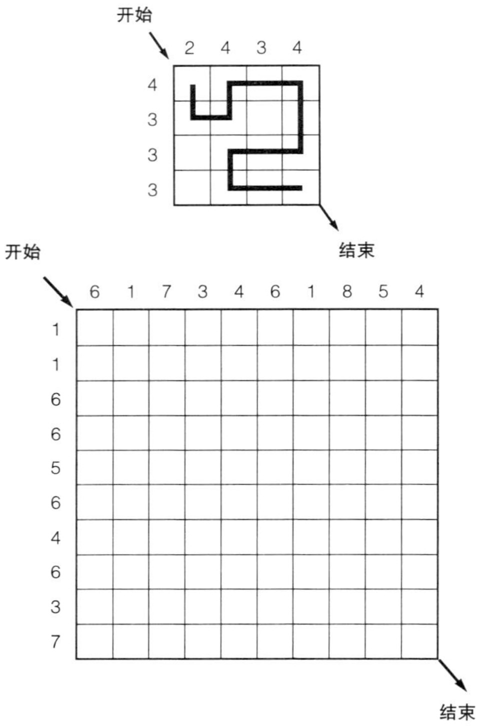

81. 路径逻辑（五）

运用你的逻辑推理能力，推导出符合以下条件的一条路径：从“开始”一直到“结束”，这条路径可以沿水平也可以沿垂直方向。各行各列起始处的数字代表这行或这列所必须经过的格子数(见图例)。

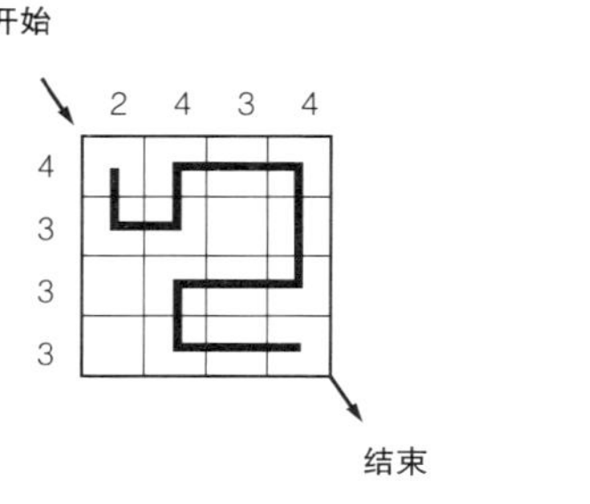

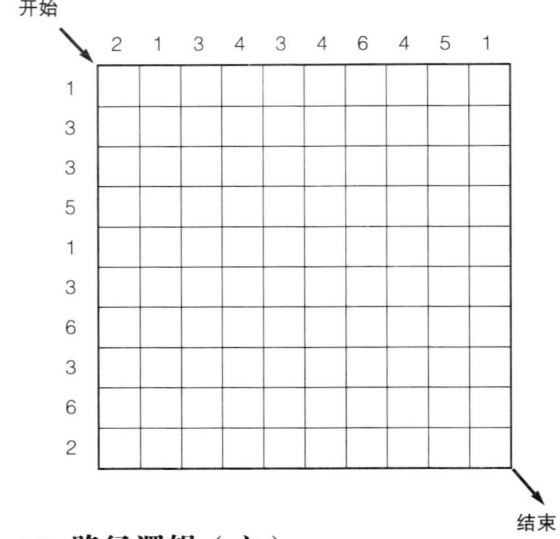

82. 路径逻辑（六）

运用你的逻辑推理能力，推导出符合以下条件的一条路径：从“开始”一直到“结束”，这条路径可以沿水平也可以沿垂直方向。各行各列起始处的数字代表这行或这列所必须经过的格子数(见图例)。

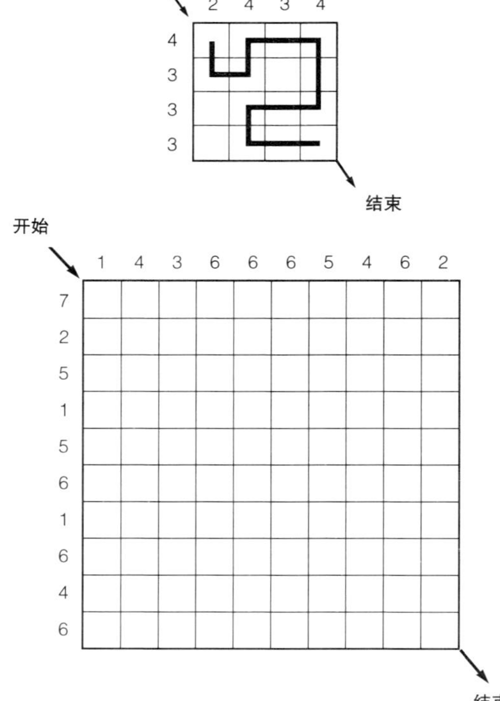

83. 堆积（一）

这里的砖堆并不是孩子们玩耍时随意堆砌的，而是暗示了右边空白砖堆的最终结果，和其他砖堆一样，空白的一堆内有6块砖，每块上标有字母A，B，C，D，E，F中的一个，且各不相同。砖堆下面的数字告诉你两个信息：

1. 每堆内符合以下条件的砖对数：这堆中相邻的砖对在结果中仍相邻且顺序相同。

2. 每堆内符合以下条件的砖对数：这堆中相邻的砖对在结果中仍相邻，但顺序颠倒。

如：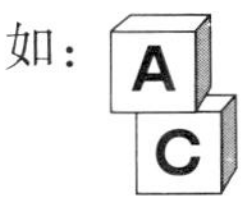

一堆内如有AC，结果堆内包含相同的相邻的两块砖，若A在C上面，就在该堆下面的“正确”栏内标1，相反，如果结果堆内相邻两块砖中C在A上面，就在相应的“颠倒”栏内标1，根据所给信息，你能标出结果堆上面的字母序列吗？

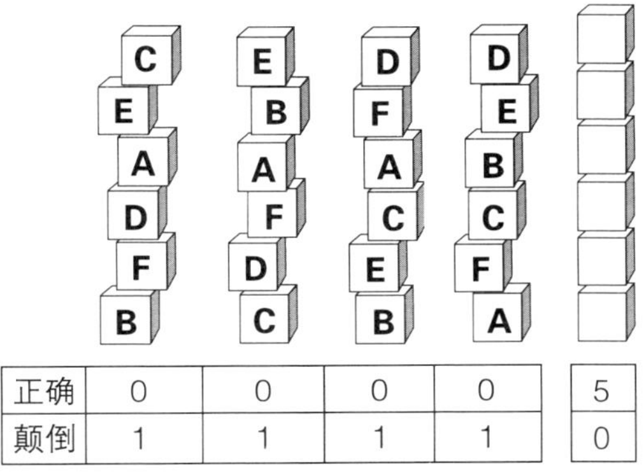

正确	0	0	0	0	5
颠倒	1	1	1	1	0

84. 堆积（二）

这里的砖堆并不是孩子们玩耍时随意堆砌的，而是暗示了右边空白砖堆的最终结果，和其他砖堆一样，空白的一堆内有6块砖，每块上标有字母A，B，C，D，E，F中的一个，且各不相同。砖堆下面的数字告诉你两个信息：

1. 每堆内符合以下条件的砖对数：这堆中相邻的砖对在结果中仍相邻且顺序相同。

2. 每堆为符合以下条件的砖对数：这堆中相邻的砖对在结果中仍相邻，但顺序颠倒。

如：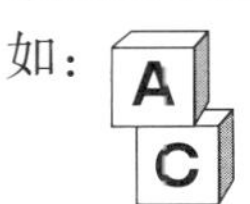

一堆内如有AC，结果堆内包含相同的相邻的两块砖，若A在C上面，就在该堆下面的“正确”栏内标1，相反，如果结果堆内相邻两块砖中C在A上面，就在相应的“颠倒”栏内标1，根据所给信息，你能标出结果堆上面的字母序列吗？

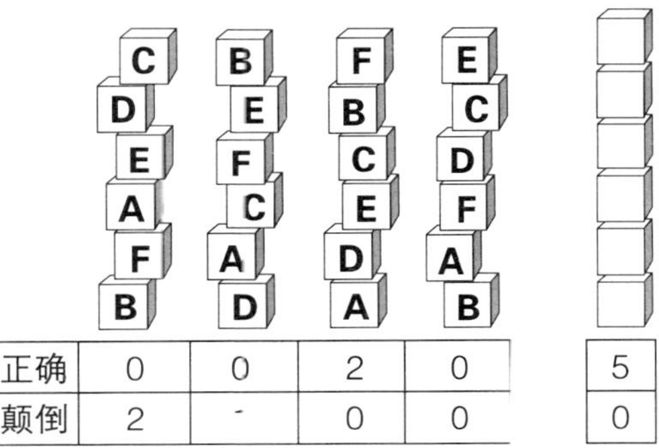

正确	0	0	2	0	5
颠倒	2	-	0	0	0

85. 排行榜

比较一下圣诞节时和赛季末足球联盟的排行榜，发现前8支球队还是原来的那8位，但其中只有1支球队的名次没变。从以下所给的线索中，你能填出圣诞节时和赛季末足球联盟前8位的排行榜吗？

1. 贝林福特队到赛季末下降了两个名次，而罗克韦尔·汤队则上升了3个名次。

2. 匹特威利队在圣诞节的时候是第2名，却以不尽如人意的第7名结束了本赛季。

3. 克林汉姆队在圣诞节的名次紧靠在格兰地威尔之前，但后来两队的名次均有所提升，而克林汉姆队提升的更大一些，加大了两队的差距。

4. 圣诞节时排第5名的那个队在最后的排行榜中不是第4。

5. 米尔登队的球迷为他们队在本赛季获得

第3名的好成绩而欢呼。这样在半赛季排名时，他们队的名次处在了罗克韦尔·汤队之前。

6. 内德流浪者队的名次下降了，而福来什运动队在后半赛季迎来了好运。

7. 圣诞节时第一名的球队在赛季末只得了第5名。

球队：贝林福特队，福来什运动队，格兰地威尔，克林汉姆队，米尔登队，匹特威利队，罗克韦尔·汤队，内德流浪者队

86. 工作服

3位在高街区不同商店工作的女店员都需要穿工作服上班。从以下所给的线索中，你能推断出每个店员所在的商店名称、商店的类型以及她们工作服的颜色吗？

1. 艾米·贝尔在半岛商店工作，它不是一家面包店。

2. 埃德娜·福克斯每天都穿黄色的工作服上班。

3. 斯蒂德商店的女店员都穿蓝色的工作服。

4. 科拉·迪在一家药店工作。

	半岛商店	梅森商店	斯蒂德商店	面包店	药店	零售店	蓝色	粉红色	黄色
艾米·贝尔									
科拉·迪									
埃德娜·福克斯									
蓝色									
粉红色									
黄色									
面包店									
药店									
零售店									

87. 航海

在某个阳光灿烂的夏日午后，4艘游船在某海湾航行，位置如图，从以下所给的线索中，你能说出这4艘船的名字、航海员以及帆的颜色吗？

1. 海鸠在马尔科姆掌舵的船东南面，马尔科姆掌舵的船帆是白色的。

2. 燕鸥在图中处于奇数的位置，它的帆是灰蓝色的。

3. 有灰绿色帆的那艘船不是图中的4号。

4. 维克多的船处于3号位置。

5. 海雀的位置数要比有黄色帆的游船小，但比大卫掌舵的船位置数要大。

6. 埃德蒙的船叫三趾鸥。

船名：海鸠，三趾鸥，海雀，燕鸥
航海员：大卫，埃德蒙，马尔科姆，维克多
帆：灰蓝色，灰绿色，白色，黄色

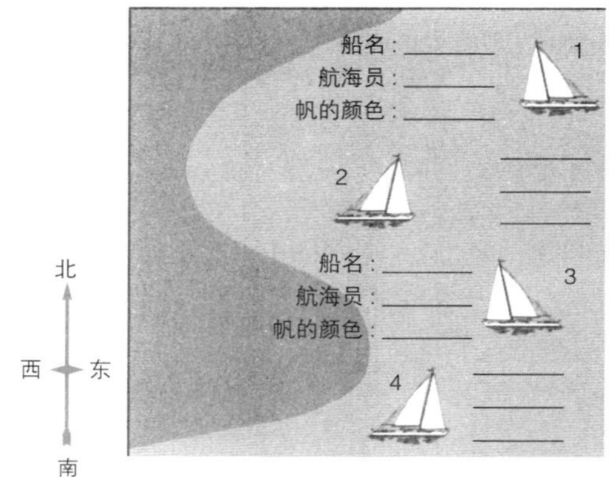

88. 女士出行

上星期六，住在4个村庄的4位女士由于不同的原因，同时朝着离家相反的交叉方向出发。从以下所给的线索中，你能指出这4个村庄的名字、4位女士的名字以及她们各自出行的原因吗？

1. 波利是去见一位朋友。

2. 耐特泊村的居民出去遛狗。

3. 村庄4的名字为克兰菲尔德。

4. 西尔维亚住的村庄靠近参加婚礼的人住的村庄，并在这个村庄的逆时针方向。

5. 丹尼斯去了波利顿村，它位于举行婚礼的利恩村的东面。

村庄：克兰菲尔德村，利恩村，耐特泊村，波

利顿村
名字：丹尼斯，玛克辛，波利，西尔维亚
原因：参加婚礼，遛狗，见朋友，看望母亲

89. 演艺者

阳光灿烂的夏日，4个演艺者在大街上展现他们的才艺。从以下所给的线索中，你能判断出在1～4位置中的演艺者的名字以及他们的职业吗？

1. 沿着大道往东走，在遇到弹着吉他唱歌的人之前你一定先遇到哈利，并且这两个人不在街道的同一边。

2. 泰萨不是1号位置的演艺者，他不姓克罗葳。莎拉·帕吉不是吉他手。

3. 变戏法者在街道中处于偶数的位置。

4. 西帕罗在街边艺术家的西南面。

5. 在2号位置的内森不弹吉他。

名：哈利，内森，莎拉，泰萨
姓：克罗葳，帕吉，罗宾斯，西帕罗
职业：手风琴师，吉他手，变戏法者，街边艺术家

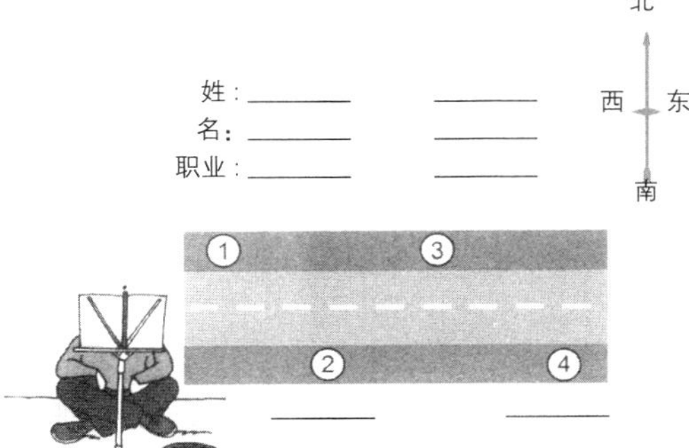

90. 奇特的迷宫

这是一个路径奇特的迷宫，其中迷宫的直道构成了一幅图，当你用粗线条作标记的时候就会特别明显，这个图案看起来像一个小伙子。试试看吧！

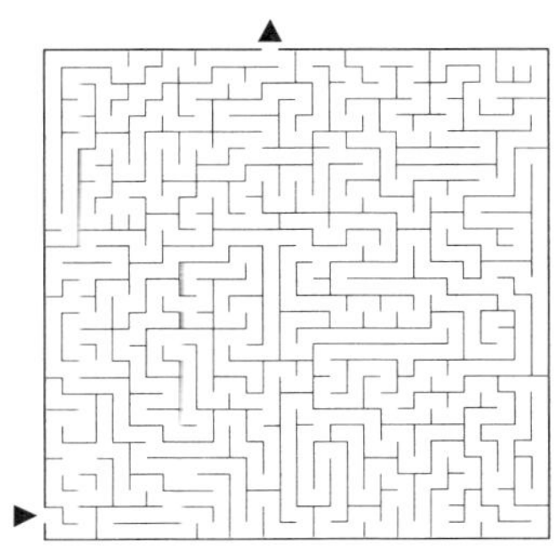

91. 替补选手

乡村板球队正在比赛，有4位替补选手正坐在替补席上整装待发。从以下给出的线索中，你能说出这4位选手的名字、赛号以及每个人在球队中的位置吗？

1. 6号是万能选手，准备下一个出场，他坐的位置紧靠帕迪右侧。

2. 尼克是乡村队的守门员。

3. 旋转投手的位置不是7号。

4. 图中C位置被乔希占了。

5. 选手A将在艾伦之后出场。

6. 坐在长凳B位置的选手是9号。

姓名：艾伦，乔希，尼克，帕迪
赛号：6，7，8，9
位置：万能，快投，旋转投手，守门员

92. 可爱的熊

我妹妹在她梳妆台的镜子上摆放了 4 张照片，这 4 张照片展示的是她去年去动物园时所看到的熊。从以下所给的线索中，你能说出这 4 只熊的名字、种类以及各个动物园的名字吗？

1. 布鲁马的照片来自它生活的天鹅湖动物园。

2.A 照片上的熊叫帕丁顿，它不来自秘鲁。

3. 格林斯顿动物园的灰熊的照片在一张正方形的明信片上。

4. 眼镜熊的照片在鲁珀特的右边，鲁珀特熊不穿裤子。

5. 泰迪的照片紧靠来自布赖特邦动物园那只熊的左边，后者不是东方太阳熊。

熊名：布鲁马，帕丁顿，鲁珀特，泰迪
种类：灰熊，极地熊，眼镜熊，东方太阳熊
动物园：布赖特邦，格林斯顿，诺斯丘斯特，天鹅湖

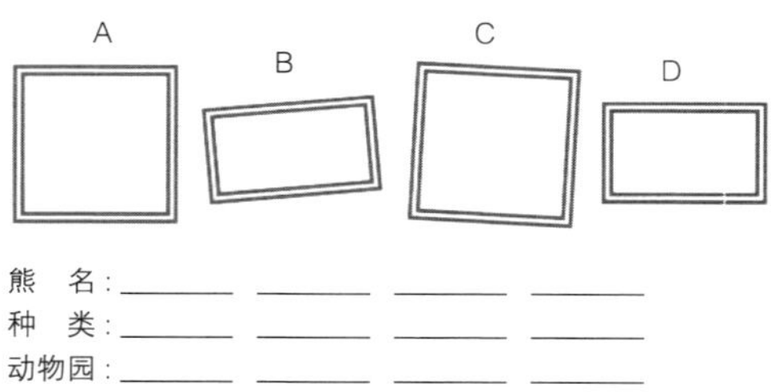

93. 囚室

图中的Ⅰ，Ⅱ，Ⅲ，Ⅳ分别代表了 4 个囚室，你能依据线索说出被囚禁者以及他或她父亲的名字等细节吗？

1. 在房间 I 里的是国王尤里的孩子。

2. 禁闭阿弗兰国王唯一的孩子的房间，是尤里天的郡主所在房子的逆时针方向上的第 1 间，后者的房子在沃而夫王子的对面。

3. 禁闭欧高连统治者孩子的房间，是国王西福利亚的孩子所在房间逆时针方向上的第 1 间。

4. 勇敢的阿姆雷特王子，在美丽的吉尼斯公主所在房间顺时针方向的第 1 个房间，即马兰格丽亚国王的小孩所在房间逆时针方向的下一间。

5. 卡萨得公主在一位优秀王子的对面，前者的父亲统治的不是卡里得罗。卡里得罗也不是国王恩巴的统治地。

被囚禁者：阿姆雷特王子，沃而夫王子，卡萨得公主，吉尼斯公主
国王：阿弗兰，恩巴，西福利亚，尤里
王国：卡里得罗，尤里天，马兰格丽亚，欧高连

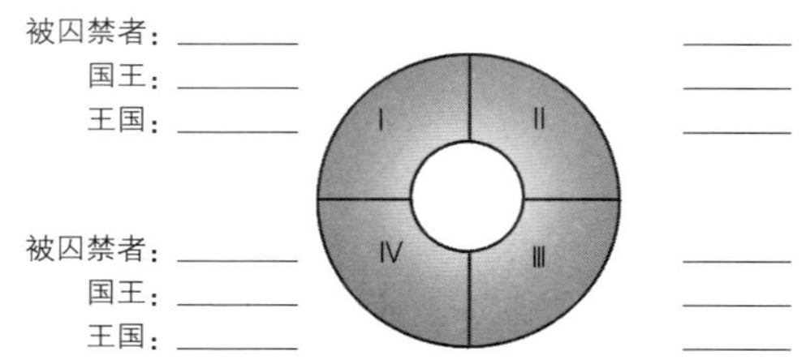

94. 寻找骨牌（一）

一副标准形式的骨牌已经展开，为了清楚起见，它使用数字而非点数来表示。用你尖锐的笔尖和灵活的脑瓜，你能把每个骨牌都画出来吗？这些格子将对你非常有帮助。

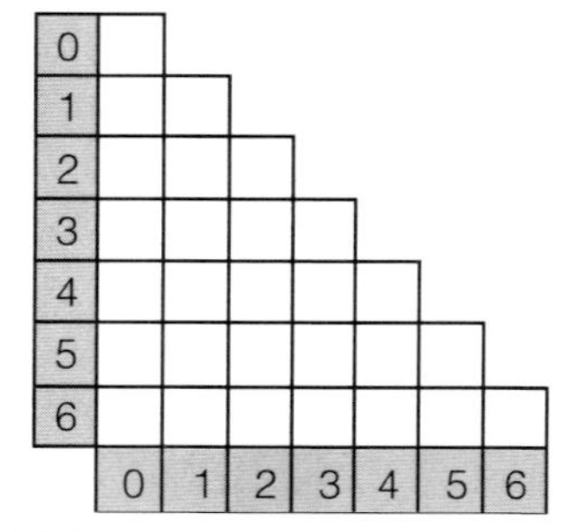

0	3	0	3	6	4	6	2
5	5	0	5	4	5	5	0
6	2	0	4	2	3	4	1
1	2	2	4	4	3	1	3
1	1	0	6	5	3	3	1
1	3	6	6	6	2	2	5
2	1	4	0	4	0	6	5

95. 寻找骨牌（二）

一副标准形式的骨牌已经展开，为了清楚起见，它使用数字而非点数来表示。用你尖锐的笔尖和灵活的脑瓜，你能把每个骨牌都画出来吗？这些格子将对你非常有帮助。

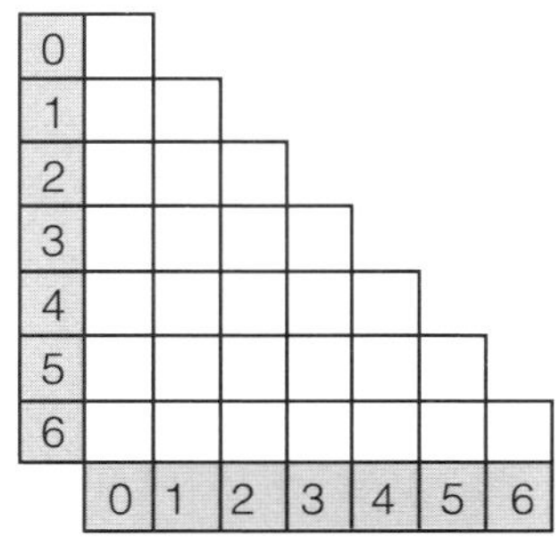

1	4	2	1	1	6	0	2
3	6	2	1	1	6	6	5
4	3	2	5	3	3	3	4
0	1	4	2	4	4	6	1
3	5	0	4	2	5	3	0
1	5	5	6	5	0	0	0
3	2	5	6	0	4	6	2

96. 寻找骨牌（三）

一副标准形式的骨牌已经展开，为了清楚起见，它使用数字而非点数来表示。用你尖锐的笔尖和灵活的脑瓜，你能把每个骨牌都画出来吗？这些格子将对你非常有帮助。

0
1
2
3
4
5
6
0 1 2 3 4 5 6

2	0	6	6	3	6	2	1
1	0	6	3	4	3	3	6
5	1	1	1	3	6	0	0
1	2	5	2	2	5	5	1
2	0	5	2	5	4	5	4
4	6	6	4	0	1	0	4
0	3	3	3	5	2	4	4

97. 寻找骨牌（四）

一副标准形式的骨牌已经展开，为了清楚起见，它使用数字而非点数来表示。用你尖锐的笔尖和灵活的脑瓜，你能把每个骨牌都画出来吗？这些格子将对你非常有帮助。

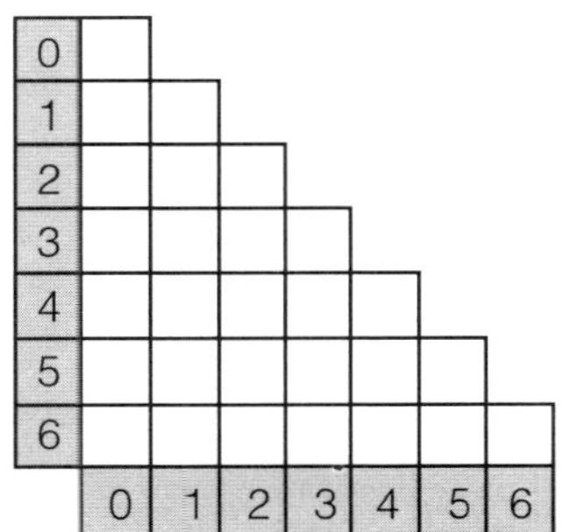

0	2	2	4	4	4	4	4
2	5	2	3	1	1	6	6
6	3	6	3	3	5	3	5
3	0	6	3	5	2	5	6
2	1	6	4	0	5	5	4
2	0	0	0	6	5	1	4
1	0	3	1	1	2	1	0

98. 寻找骨牌（五）

一副标准形式的骨牌已经展开，为了清楚起见，它使用数字而非点数来表示。用你尖锐的笔尖和灵活的脑瓜，你能把每个骨牌都画出来吗？这些格子将对你非常有帮助。

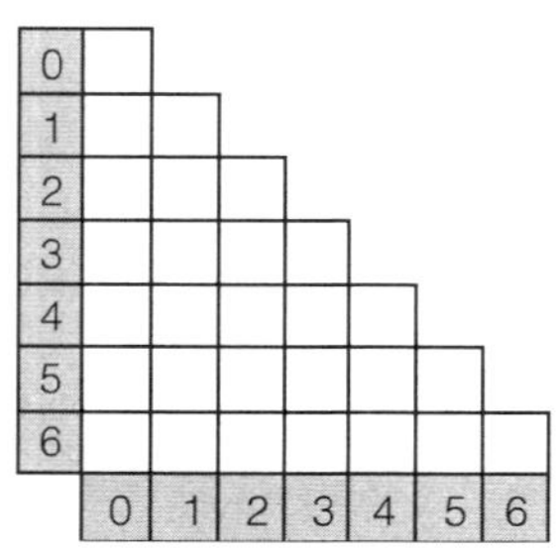

1	3	4	0	2	3	0	0
6	5	5	1	2	3	4	6
4	4	4	2	2	5	5	6
3	1	0	0	3	0	5	6
6	1	1	2	2	5	3	3
1	5	6	0	2	5	6	1
4	0	4	6	2	4	1	3

99. 寻找骨牌（六）

一副标准形式的骨牌已经展开，为了清楚起见，它使用数字而非点数来表示。用你尖锐的笔尖和灵活的脑瓜，你能把每个骨牌都画出来吗？这些格子将对你非常有帮助。

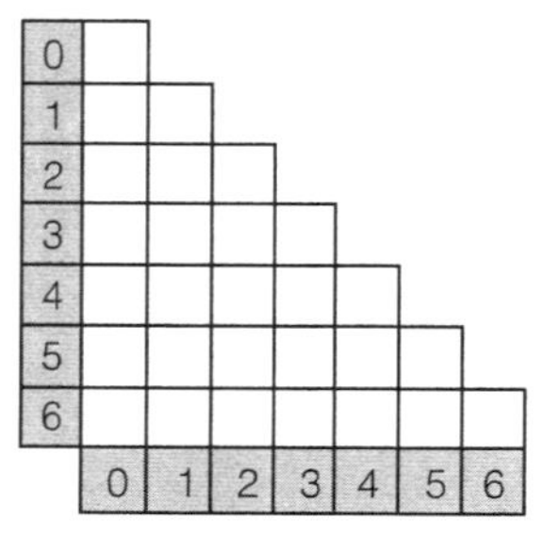

2	5	1	1	1	2	0	6
5	0	6	6	5	3	4	4
2	3	4	5	2	5	4	2
1	1	6	5	2	5	0	4
0	0	4	5	3	3	3	2
6	6	6	3	3	2	1	6
4	1	0	0	0	1	4	3

100. 寻找骨牌（七）

一副标准形式的骨牌已经展开，为了清楚起见，它使用数字而非点数来表示。用你尖锐的笔尖和灵活的脑瓜，你能把每个骨牌都画出来吗？这些格子将对你非常有帮助。

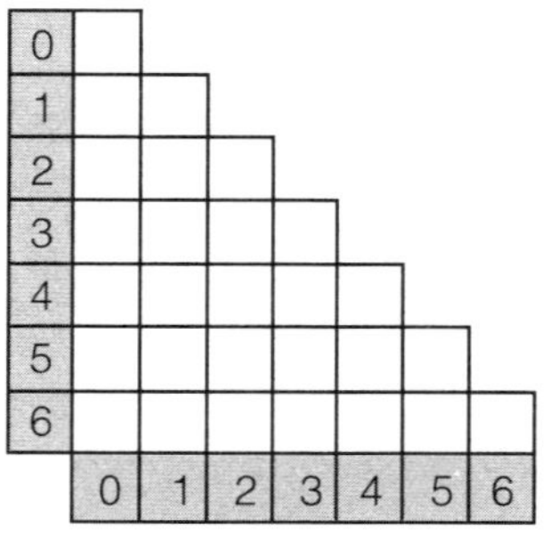

2	3	2	1	6	6	0	5
3	6	6	2	2	4	5	1
3	4	3	2	6	0	1	1
3	5	5	0	1	3	4	5
0	0	0	1	3	1	4	6
4	4	2	5	2	4	0	6
4	6	5	5	0	2	1	3

101. 寻找骨牌（八）

一副标准形式的骨牌已经展开，为了清楚起见，它使用数字而非点数来表示。用你尖锐的笔尖和灵活的脑瓜，你能把每个骨牌都画出来吗？这些格子将对你非常有帮助。

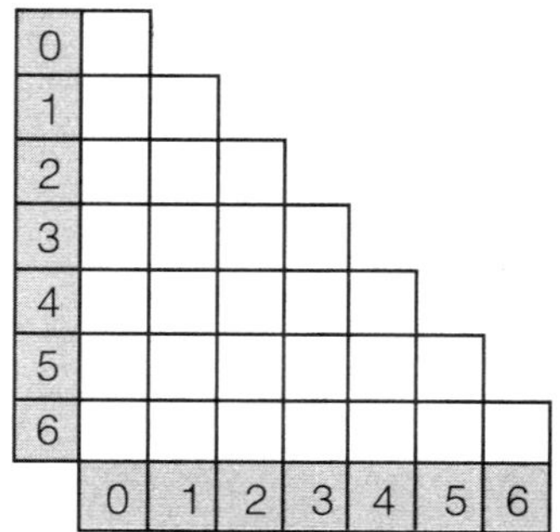

0	5	2	2	5	4	6	5
3	6	2	2	4	4	4	1
3	6	1	2	3	4	6	1
0	1	4	3	0	2	2	1
3	5	3	0	3	1	5	6
6	4	0	3	6	0	4	1
1	6	0	0	2	5	5	5

102. 夏日嘉年华

3个自豪的母亲带着各自的小孩去参加夏日嘉年华服装比赛，并且赢得了前3名的好成绩。从以下所给的线索中，你能将这3位母亲和她们各自的孩子配对，并描述出各小孩的服装以及他们的名次吗？

1. 穿成垃圾桶装束的小孩排名紧跟在丹妮尔的孩子的后面。

2. 杰克的服装获得了第3名。

3. 埃莉诺的服装像一个蘑菇。

4. 梅勒妮是尼古拉的母亲，尼古拉不是第2名。

	埃莉诺	杰克	尼古拉	机器人	垃圾桶	蘑菇	第1名	第2名	第3名
丹妮尔									
梅勒妮谢									
莉									
第1名									
第2名									
第3名									
机器人									
垃圾桶									
蘑菇									

103. 服役

退役士兵汤米·阿托肯的3个孩子都跟随他们的父亲加入了英国军队，并且都成了军官。从以下的线索中，你能说出汤米·阿托肯的3个小孩的出生年份、他们具体在哪种类型的部队服役以及他们现在驻扎的地方吗？

1. 在皇家工程队的阿托肯军官出生于1977年。

2. 皇家炮兵队的大卫·阿托肯要比在奥尔德肖特的兄弟年轻。

3. 詹姆士·阿托肯不在步兵团。

4. 布赖恩驻扎在伦敦的一个步兵团里。

	1976年	1977年	1978年	炮兵队	工程队	步兵团	奥尔德肖特	柯彻斯特	伦敦
布赖恩									
大卫									
詹姆士									
奥尔德肖特									
柯彻斯特									
伦敦									
炮兵队									
工程队									
步兵团									

104. 间谍

第二次世界大战期间，西班牙保持中立，马德里的一个旅馆经常有战争双方的间谍居住，而在那里，西班牙的一个便衣警官也会监视着他们。以下是1942年的某天晚上旅馆第1层的房间房客分布情况，你能说出各个房间被间谍占用的情况以及他们都分别为谁工作吗？

1. 英国M16特务的房间在加西亚先生的正对面，后者的房间号要比罗布斯先生的房间小2。

2.6号房间的德国SD间谍不是罗佩兹。

3. 德国另一家间谍机关阿布威的间谍行动要非常小心，因为房间2，3，6的人都认识他。

4. 毛罗斯先生的房间号要比苏联GRU

间谍的房间大 2。

5. 法国 SDECE 间谍的房间位于鲁宾和美国 OSS 间谍的房间之间，美国 OSS 间谍的房间是三者中房间号最大的。

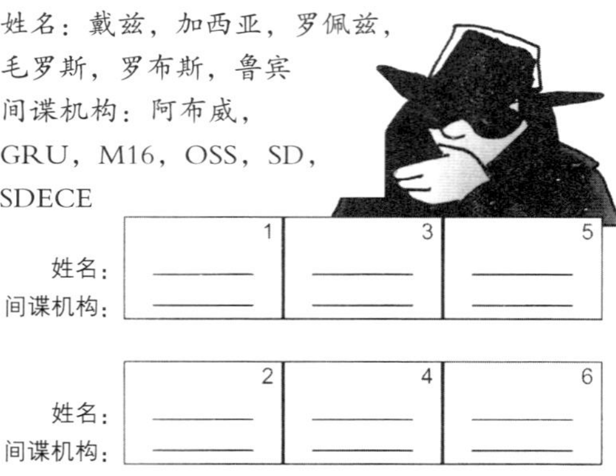

105. 小孩游行

图中展示了吹笛手带领着哈密林镇的小孩游行，原因是他用他的笛声赶走了镇里的所有老鼠，但镇里却拒绝付钱给他。从以下所给的线索中，你能说出 4 个小孩的名字、他们的年龄以及他们父亲的职业吗？

1. 牧羊者的小男孩紧跟在 6 岁的格雷琴的后面。

2. 汉斯要比约翰纳年纪小。

3. 最前面的小男孩后面紧跟的不是屠夫的孩子。

4. 队列中 3 号位置的小孩今年 7 岁。

5. 玛丽亚的父亲是药剂师，她要比 2 号位置的孩子年纪小。

姓名：格雷琴，汉斯，约翰纳，玛丽亚
年龄：5，6，7，8
父亲：药剂师，屠夫，牧羊者，伐木工

106. 工作人员

调查者正在英国海滩上采访 4 个“快乐周末无极限”阵营的工作人员。从以下所给的信息中，你能说出每个被采访者的全名、他们的工作以及他们为哪个阵营服务吗？

1. 某个演艺人员（白天逗小孩子开心的小丑以及晚上为父母们表演的人员）在欧的海阵营工作，他不是菲奥纳和巴克赫斯特，后两人也不在布赖特布朗工作。

2. 护士凯负责节假日工作人员的健康问题，她不姓郝乐微，也没有被海湾阵营雇佣。

3. 在罗克利弗阵营工作的沃尔顿的名字不是保罗，他也不是厨师。

		姓：阿米丽	郝乐微	巴克赫斯特	沃尔顿	厨师	演艺人员	管理者	护士	布赖特布朗	罗克利弗	欧的海	海湾
名	本												
	菲奥纳												
	凯												
	保罗												
	布赖特布朗												
	罗克利弗												
	欧的海												
	海湾												
	厨师												
	演艺人员												
	管理者												
	护士												

107. 货车盗窃团伙

红石西野镇治安长官的办公室墙上挂着 4 张图片，他们是臭名昭著的黑帽子火车盗窃团伙的成员。从以下所给的线索中，你能说出他们各自的姓名和绰号吗？

1. 赫伯特的图片和“男人”麦克隆水平相邻。

2. 图片 A 是雅各布，而图片 C 上的不是西尔维斯特·加夹得。

3. 姓沃尔夫的男人照片和绰号“小马”的照片水平相邻。

4. 在 D 上的丘吉曼的绰号不是“强盗”。

名：赫伯特，雅各布，马修斯，西尔维斯特
姓：丘吉曼，加夹得，麦克隆，沃尔夫
绰号：“强盗”，“男人”，“小马”，“里欧”

A　　WANTED　　WANTED　　B

名：________　　　　________
姓：________　　　　________
绰号：________　　　　________

C　　WANTED　　WANTED　　D

名：________　　　　________
姓：________　　　　________
绰号：________　　　　________

108. 戒指女人

洛蒂·吉姆斯本是一个不起眼的女演员，但是却因和很多有钱男人订过婚，关系破裂后得到他们价值连城的婚戒而扬名，从而成为名副其实的“戒指女人”。从以下所给的线索中，你能说出每个戒指里所用的宝石的类型、戒指的价值以及这些戒指分别是哪个男人给的吗?

1. 洛蒂从企业家雷伊那得到的钻戒就在价值 10000 英镑的戒指旁边。

2. 从电影导演马特·佩恩那得到的戒指要比那个硕大的红宝石戒指便宜。

3. 那个翡翠戒指价值不是 15000 英镑，它不是休·基恩给她的。

4. 戒指 3 花了她前未婚夫 20000 英镑。

宝石：钻石，翡翠，红宝石，蓝宝石
价值（英镑）：10000，15000，20000，25000
未婚夫：艾伦·杜克，休·基恩，马特·佩恩，雷伊·廷代尔

1　　2　　3　　4

宝　石：________　________　________　________
价　值：________　________　________　________
未婚夫：________　________　________　________

109. 剧院座位

一次演出中，某剧院前 3 排中间的 4 个座位都满了，从以下所给的线索中，你能将座位和座位上的人正确对上号吗?

1. 彼特坐在安吉拉的正后面，也是在亨利的左前方。

2. 尼娜在 B 排的 12 号座。

3. 每排 4 个座位上均有 2 男 2 女。

4. 玛克辛和罗伯特在同一排，但要比罗伯特靠右边两个位置。

5. 坐在查尔斯后面的是朱蒂，朱蒂的丈夫文森特坐在她的隔壁右手边上。

6. 托尼、珍妮特、莉迪亚 3 个分别在不同的排，莉迪亚的左边（紧靠）是个男性。

姓名：安吉拉（女），查尔斯（男），亨利（男），珍妮特（女），朱蒂（女），莉迪亚（女），玛克辛（女），尼娜（女），彼特（男），罗伯特（男），托尼（男），罗伯特（男），文森特（男）

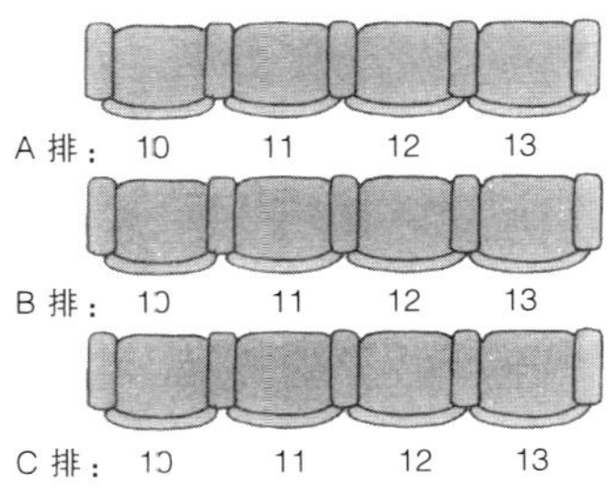

110. 小猪储蓄罐

诺斯家的柜子上摆放着 5 个小猪储蓄罐，他家的 5 个小孩正努力存钱。从以下所给的线索中，你能描述这几个小猪储蓄罐的详细情况——它们的颜色、名字以及各自的主人吗?

提示：先找出那个 12 岁小孩的名字。

1. 蓝色的小猪储蓄罐不属于杰茜卡，它的主人比大卫大 1 岁。大卫拥有自己的小猪储蓄罐，大卫的小猪储蓄罐不是红色的，它的位置在蓝色小猪储蓄罐的右边，但相隔不止一只小猪储蓄罐。

2. 紧靠大卫小猪左边的绿色小猪储蓄罐的主人比大卫大 2 岁。

3. 卡米拉的小猪储蓄罐紧靠红色小猪储蓄罐的左边。卡米拉要比红色小猪储蓄罐的主人年纪大，但她不是 5 个小孩中最大的。

4. 黄色的小猪储蓄罐不是大卫的，它紧靠杰茜卡的小猪储蓄罐左边，它的主人要比图中 B 小猪储蓄罐的主人大 1 岁，但要比大卫小 1 岁。

5. 本比纯白色小猪储蓄罐的主人小 1 岁，但比卡蒂大 1 岁，卡蒂的小猪储蓄罐比本的小猪储蓄罐和白色小猪储蓄罐更靠左。

6. 诺斯先生和夫人一直想让孩子们按年龄大小把他们各自的小猪储蓄罐从左到右排列，但都没有如愿。事实上，如果按他们的方案来看，目前没有一只小猪储蓄罐在它们应该在的位置上。

颜色：蓝，绿，红，白，黄
小孩名字：本，卡米拉，大卫，杰茜卡，卡蒂
小孩年龄：8，9，10，11，12

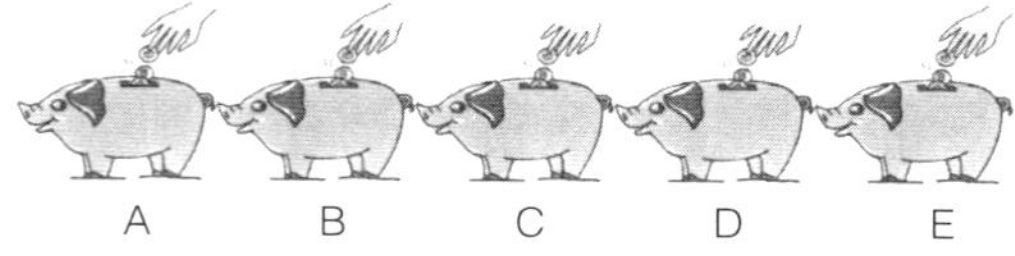

111. 被崇拜的山峰

在安第斯山脉的某个人迹罕至之地，那里的 4 座高峰都被当地居民当作神来崇拜。从以下所给的线索中，你能说出 4 座山峰的名字以及它们之前被当作哪个神来崇拜吗？最后将 4 座山峰按高度排序。

1. 最高那座山峰是座火山，曾经被当作火神崇拜。

2. 格美特被当作庄稼之神崇拜，是 4 座山峰中最矮那座的顺时针方向上的下一座。

3. 山峰 1 被当作森林之神崇拜。

4. 最西面的山峰叫飞弗特尔，而普立特佩尔不是第 2 高的山峰。

5. 最东面那座是第 3 高的山峰。

6. 辛格凯特比被崇拜为河神的山峰更靠北一些。

山峰：飞弗特尔，格美特，普立特佩尔，辛格凯特
峰高次序：最高，第 2，第 3，第 4
神：庄稼之神，火神，森林之神，河神

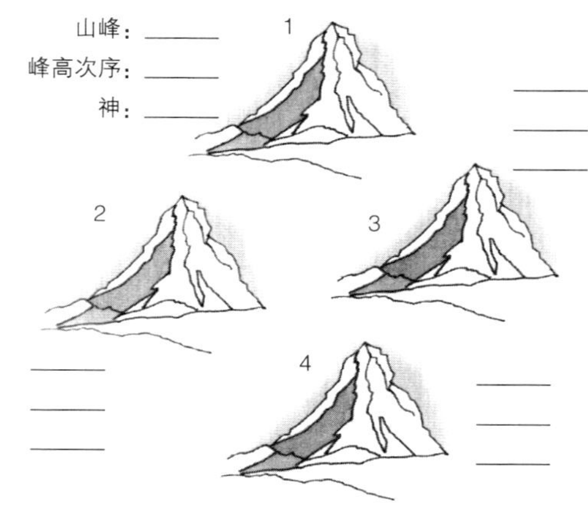

112. 桥牌选手

4 位桥牌选手各坐桌子一方，手中各有不同花色的一副牌。从以下给出的线索中，你能说出这 4 个人的名字以及他们握的是什么花色的牌吗？注意：南北和东西是对家。

1. 理查德的牌颜色和拉夫的牌颜色一样，拉夫坐北边的位置。

2. 玛蒂娜对家握的牌花色是红桃。

3. 坐在西边的女人手握黑桃，她不姓田娜思。

4. 保罗 · 翰德的搭档是以斯帖。

5. 坐在南边的人握的牌花色不是梅花。

名：以斯帖，玛蒂娜，保罗，理查德
姓：翰德，拉夫，田娜思，启克
花色：梅花，钻石，红桃，黑桃

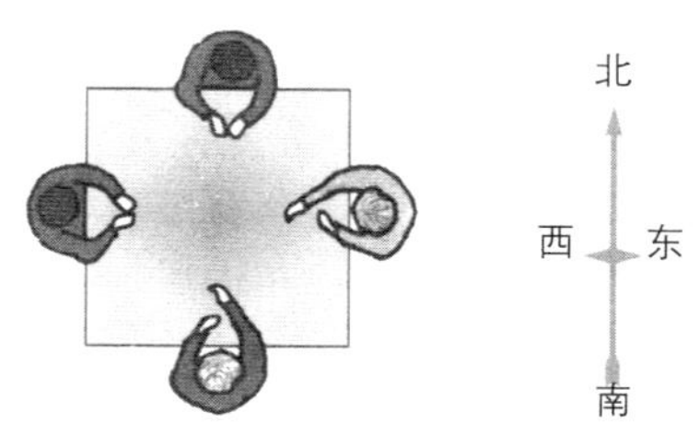

113. 牛奶送错了

送奶工出去度假了，他的亲戚瓦利早上替他去送奶，结果把某街道中的1，3，5，7号人家的牛奶送错了，从以下所给的线索中，你能说出这4户人家分别住的是谁、他们本该收到的和实际收到的牛奶瓶数吗？

1. 那天早上布雷特一家定购了4瓶牛奶。

2. 1号人家收到的要比劳莱斯定购的牛奶瓶数少1瓶，劳莱斯一家那天收到的不是2瓶牛奶。

3. 克孜太太那天早上发现门口放着3瓶牛奶，她和汀斯戴尔家中间隔了1户人家，克孜每天要的牛奶比汀斯戴尔家多。

4. 瓦利在5号人家门口只留了1瓶牛奶。

5. 7号人家应该收到2瓶牛奶。

家庭：布雷特，克孜，汀斯戴尔，劳莱斯
定购：1，2，3，4
收到：1，2，3，4

家庭：________ ________ ________ ________
定购：________ ________ ________ ________
收到：________ ________ ________ ________

114. 游客车

正值度假高峰，政府委员会决定将通往景区的必经之路拓宽。以下的图片说明了6辆游客车被堵在施工场地大概40分钟，从所给的线索中，你能说出每辆游客车的司机名字、车的颜色、游客的国籍以及每辆车所载的游客人数吗？

1. 阿帕克斯的汽车紧跟在载芬兰游客的车之后，后者要比黄色那辆少载2人，黄色那辆车载的人数少于52人，在阿帕克斯汽车后面。

2. 没有载俄罗斯游客的蓝色车辆紧靠在贝尔的车之前，前者比后者要至少多2人。

3. 红色汽车紧跟在载有47名游客的汽车之后，紧靠在载有澳大利亚游客的汽车之前。

4. 墨丘利的汽车在载有日本游客的车之后，而且相隔1辆车，后者亦在橘黄色车的后面，并不紧邻。墨丘利的汽车载的游客比这两者都要多，但要比美国游客乘坐的那辆少。

5. 乳白色汽车紧跟在RVT的汽车之后，后者紧跟在意大利游客乘坐的汽车之后。乳白色汽车载的游客比意大利游客多，但要比RVT少至少2人。

6. 肖的车紧靠在俄罗斯游客乘坐的车之前，而且要比后者多载3人，但它不是游客人数最多的车。

7.F车要比A车多载1人，比E车少载3人，绿色汽车要比D车多不止1人，但要比B车少不止3人。

汽车司机：阿帕克斯，贝尔，克朗，墨丘利，肖，RVT
汽车颜色：蓝，乳白，绿，橘黄，红，黄
游客国籍：澳大利亚，芬兰，意大利，日本，俄罗斯，美国
游客人数：44，45，46，47，49，52

汽车司机：____ ____ ____ ____ ____ ____
汽车颜色：____ ____ ____ ____ ____ ____
游客国籍：____ ____ ____ ____ ____ ____
游客人数：____ ____ ____ ____ ____ ____

115. 出师不利

在最近的乡村板球比赛中，头3号种子选手都发挥得不甚理想，都因某个问题出局，从以下所给的线索中，你能找出得分记录簿中各人的排名、他们出局的原因以及总共得分的场数吗？

1. 犯规的板球手得分的场数比克里斯少。

2. 史蒂夫得分的场数不是 2，他得分要比被判 LBW（板球的一种违规方式）的选手要低。

3. 哈里不是 1 号，因滚球出场，他的得分不是 7。

4.3 号的得分不是 4。

		克里斯	哈里	史蒂夫	滚球	犯规	lbw	得分 2	得分 4	得分 7
位置	1									
	2									
	3									
得分	2									
	4									
	7									
	滚球									
	犯规									
	lbw									

116. 女运动员

5 位年轻的运动员正在伦敦机场等出租车，她们都刚从国外回来。从所给的线索中，你能说出她们的姓名、分别从哪里回来以及都从事什么运动项目吗？

1. 从来没去过东京的凯特·肯德尔紧靠在滑冰者之后，并在刚从洛杉矶飞回来的女士之前。

2. 高尔夫球手紧跟在斯特拉·提兹之后。

3. 射手在图中 3 号位置，羽毛球手紧靠在刚从卡萨布兰卡回来的旅客之前。

4. 台球手在莫娜·洛甫特斯之前，中间隔了不止一个人，刚从东京飞回来的女士排在格丽尼斯·福特之后的某个位置。

5. 黛安娜·埃尔金不是队列中的第一位也不是最后一位。图中 1 号不是刚从罗马回来的，图中 2 号不是从东京回来的。

姓名：黛安娜·埃尔金，格丽尼斯·福特，凯特·肯德尔，莫娜·洛甫特斯，斯特拉·提兹

离开地：布里斯班，卡萨布兰卡，洛杉矶，罗马，东京

运动项目：射击，羽毛球，高尔夫，滑冰，台球

117. 汤姆的舅舅

汤姆是思道布市的市长，他在镇上有 3 个舅舅，3 人在退休之前从事着不同的职业，退休之后都把时间花在各自的爱好上，从以下所给的线索中，你能说出每个舅舅出生的时间、他们曾经的职业以及各自的爱好吗？

1. 伯纳德要比他有不寻常爱好——制作挂毯——的兄弟年纪大。

2. 退休之前从事教师职业的舅舅不是出生于 1913 年，也不爱好诗歌。

3. 以前是工程师的舅舅把大部分的时间花在钓鱼、阅读和书写钓鱼书籍上，他年纪要比安布罗斯小。

	1910 年	1913 年	1916 年	工程师	士兵	教师	诗歌	钓鱼	制作挂毯
安布罗斯									
伯纳德									
克莱门特									
诗歌									
钓鱼									
制作挂毯									
工程师									
士兵									
教师									

118. 巴士停靠站

巴士停靠站已经被图中所示的 1 ~ 7 号双层巴士停满了，其中 1 号靠近入口处。

从所给的线索中，你能说出每个司机的名字和这些车子的车牌号码吗？

1. 324 号巴士要比司机雷停靠的巴士远离入口 2 个位置，并且雷的牌号要比 324 号大。

2. 2 号和 7 号位置的车牌号末位都是奇数，但是首位数字不同。

3. 特里的巴士的车牌号是 361。

4. 图中 3 号位置的巴士不是戴夫驾驶的巴士，它的车牌号要比相邻的两辆巴士小。

5. 5 号位置的巴士车牌号是 340，车牌号为 286 的巴士没有停在图中 6 号位置。

6. 肯停靠的巴士刚好紧靠在车牌号为 253 的巴士左边。

7. 赖斯把双层巴士停在图中 4 号位置。

8. 埃迪把巴士停在罗宾的巴士左边某个位置，但不在它的旁边。

司机：戴夫，埃迪，肯，赖斯，雷，罗宾，特里
巴士车牌：253，279，286，324，340，361，397

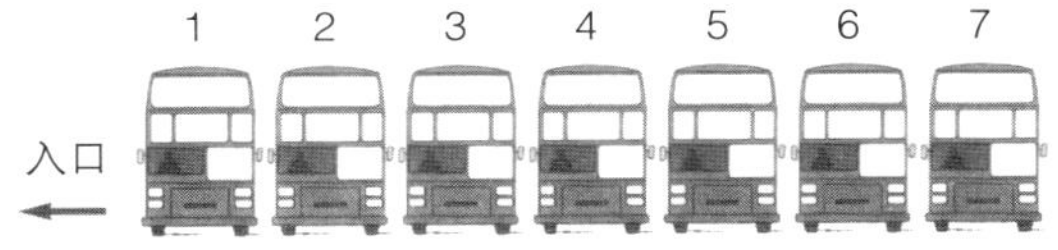

119. 狮子座的人

我们知道有 8 个人都是狮子座的。从所给线索中，你能找出各日期出生的人的全名吗？

1. 查尔斯的生日要比菲什晚 3 天。

2. 某女性的生日是 8 月 4 号。

3. 安格斯的生日在布尔之后，但不是 7 月 31 号。

4. 内奥米的生日要比斯盖尔斯早 1 天，比阿彻晚 1 天，阿彻是男的，但 3 人都不是出生在同一年。

5. 安妮在每年的 8 月 2 号庆祝她的生日。

6. 克雷布是 8 月 1 号生的，但拉姆不是 7 月 30 号生的。

7. 斯图尔特·沃特斯的生日和波利不是同一月，波利的生日在巴兹尔之后，而巴兹尔的生日是个偶数日。

名：安格斯（男），安妮（女），巴兹尔（女），查尔斯（男），内奥米（女），波利（女），斯图尔特（男），威尔玛（女）
姓：阿彻，布尔，克雷布，菲什，基德，拉姆，斯盖尔斯，沃特斯

日期	名	姓
7 月 28 日		
7 月 29 日		
7 月 30 日		
7 月 31 日		
8 月 1 日		
8 月 2 日		
8 月 3 日		
8 月 4 日		

120. 乔的盒子

每次乔做家务要用到东西的时候，他就会去盒子里找。图中架子上立着 4 个不同颜色的盒子，每个盒子里都是一些有用的东西。从以下所给的线索中，你能弄清有关盒子的所有详细细节吗？

1. 不同种类的 43 个钉子不在灰色盒子里。

2. 蓝色的盒子里有 58 样东西。

3. 螺丝钉在绿色的盒子里，绿色盒子一边的盒子里有洗涤器，另一边的盒子里放着数目最多的东西。

4. 地毯缝针在 C 盒子里。

盒子颜色：蓝，灰，绿，红
东西数目：39，43，58，65

A　B　C　D

盒子颜色：____　____　____　____
东西数目：____　____　____　____
东西条目：____　____　____　____

121. 沐浴机器

在大不列颠的鼎盛时期，有素养的女士不像现在这样能在海边游泳，她们只能穿着

及膝的浴袍坐在沐浴用的机器上，让机器把她们缓缓降入水中。下图展示的是4个机器，从所给的线索中，你能说出使用机器的4位女士的名字以及她们所穿浴袍的颜色吗？

1. 贝莎的机器紧挨马歇班克斯小姐的。

2.C机器是兰顿斯罗朴小姐的。

3. 卡斯太尔小姐穿着绿白相间的浴袍。

4. 拉福尼亚的机器位于尤菲米娅·坡斯拜尔的机器和穿黄白相间浴袍小姐的机器之间。

5. 使用B机器的女士穿红白相间的浴袍。

名：贝莎，尤菲米娅，拉福尼亚，维多利亚
姓：卡斯太尔，兰顿斯罗朴，马歇班克斯，坡斯拜尔
浴袍：蓝白相间，绿白相间，黄白相间，红白相间

122. 清仓大拍卖

一次屋内用具的清仓大拍卖中，头3样拍卖物被3个不同的竞标人所获，你能说出拍卖物、竞标人以及他们所给出的价码吗？

1. 第2桩买卖中付出的钱比钟贵。

2. 唐纳德带了咖啡桌开心地回家了。

3. 丽贝卡出了15英镑买了东西，她买的东西紧挨着墙角柜竞标。

	咖啡桌	墙角柜	钟	塞德里克	唐纳德	丽贝卡	10英镑	15英镑	18英镑
1号									
2号									
3号									
10英镑									
15英镑									
18英镑									
塞德里克									
唐纳德									
丽贝卡									

123. 信箱

4位家庭主妇家门口的信箱颜色都不相同，根据下面的线索，你能说出每位主妇的姓名和她所用信箱的颜色吗？

1. 绿色信箱在加玛和杰布的信箱之间。

2. 阿琳选择了黄色信箱，她家的门牌号要比菲什贝恩夫人家的大。

3. 巴伦夫人家的信箱是红色的。

4.232号家的信箱是蓝色的，但是这不是路易丝的家。

名：阿琳，加玛，凯特，路易丝
姓：巴伦，菲什贝恩，弗林特，杰布
信箱：蓝色，绿色，红色，黄色

228 230 232 234

名：______ ______ ______ ______
姓：______ ______ ______ ______
信箱颜色：______ ______ ______ ______

124. 等公车

站台上7个职员正焦急地等待着下一趟公车。根据下面的信息，你能说出每位职员的名字及他们在哪个公司上班吗？

1. 站台上，塞布丽娜站在那位在证券公司上班的职员右边第2个位子上。

2. 格伦在第4个位子，他不在法律顾问公司上班，但他右边那个人在那里上班。

3. 其中一位男性乘客站在第6个位子上。

4. 在纳尔逊的一边是一位女乘客。

5. 雷切尔左边的那位乘客在银行工作。

6. 第3位乘客在家保险公司工作。

7. 站在吉莉安旁边的一个人在家律师事务所工作。

8. 托奎是家投资公司的雇员，马德琳在他的右边。

名字：吉莉安（女），格伦（男），马德琳（女），

纳尔逊（男），雷切尔（女），塞布丽娜（女），托奎（男）
公司：银行，律师事务所，建筑公司，保险公司，投资公司，法律顾问公司，证券公司

125. 不同面值的邮票

下面是4种不同面值的邮票。根据给出的线索，你能找出每张邮票的设计方案（包括它们的面值、边框及面值数字的颜色）吗？

1. 每张邮票中的数字5都不是棕色的。

2. 画有大教堂的那张邮票面值中有个0，它在有棕色边框邮票的右边。

3. 第4张邮票的面值中有个1，而第3张邮票上画的不是海湾。

4. 面值为15的邮票在蓝色邮票的正上方或正下方。

5. 画有山峰的不是第1张邮票，它仅比有红色边框的邮票面值大。

图案：大教堂，海湾，山峰，瀑布
面值：10分，15分，25分，50分
颜色：蓝色，棕色，绿色，红色

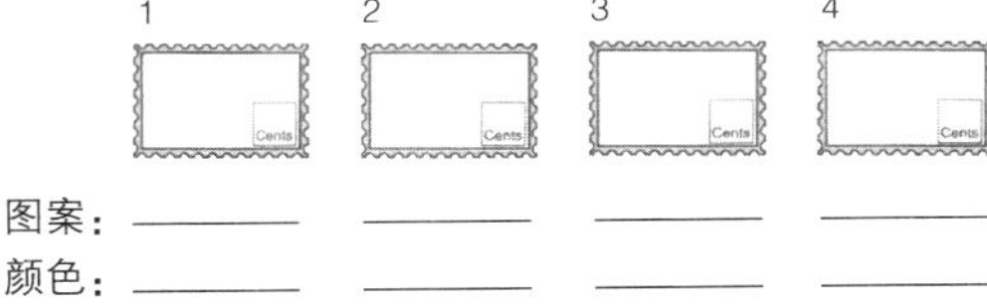

图案：________ ________ ________ ________
颜色：________ ________ ________ ________

126. 购物优惠券

当14岁生日那天，拉姆收到了4个信封，每个信封内都有一张购物优惠券。根据下面的线索，你能猜出每封信的寄信人姓名、优惠券发行方及每张优惠券的面值吗？

1.Ten-X所发行优惠券的面值比旁边C信封里优惠券的面值小，而且不仅仅只是小5。

2. 理查德叔叔寄来的优惠券在B信封内，其面值比HBS发行的优惠券小5。

3. 马丁叔叔寄来的Benedam的优惠券不在D信封内。

4. 最有价值的优惠券是卡罗尔阿姨寄来的，但不是W S Henry发行的优惠券。

5. 丹尼斯叔叔寄来的礼物不是最便宜的。

寄信人：卡罗尔阿姨，丹尼斯叔叔，马丁叔叔，理查德叔叔
代币发行方：Benedam，HBS，Ten-X，W S Henry
代币价值：5，10，15，20

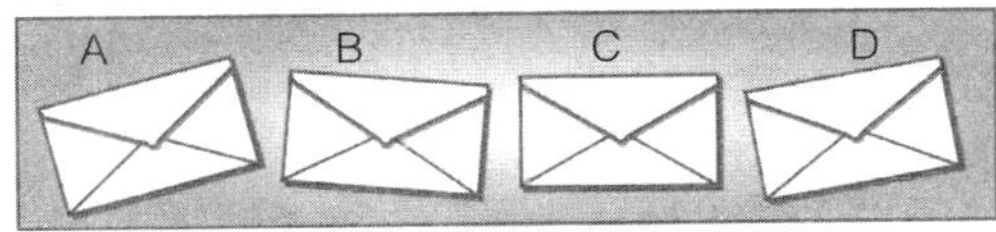

127. 巫婆和猫

中世纪时期的某个小乡村里，4个巫婆分别霸占了村里的4幢别墅。根据下面的线索，你能说出每幢别墅中巫婆的名字、年龄以及巫婆的猫的名字吗？

1. 马乔里住在那个86岁的老巫婆的东面，这个巫婆有只猫叫颇里安娜。

2. 罗赞娜刚过80岁。

3. 凯特的主人住在村里池塘后面的2号别墅里，她总是用诡异、甚至可以说是邪恶的眼神从她密室的窗口向外窥视。

4.3号别墅的主人75岁，她的猫不叫托比。

5. 人们把塔比瑟的那只老猫叫作尼克。

6. 和格里泽尔达住得最近的巫婆已经71岁了。

巫婆：格里泽尔达，马乔里，罗赞娜，塔比瑟
年龄：71，75，80，86
猫：凯特，尼克，颇里安娜，托比

128. 职业女性

图片展示了“有成就和魄力的杰出职业女性”颁奖典礼上的4位获奖者。根据下面

的线索，你能确定每位女性的姓名和获奖时她们的职业吗?

1. 马里恩·帕日斯女士的头发是红色的，对不起，图上没有显示。

2. 图片 3 是迪安夫人，她来自伯明翰，但这对你可能也没有帮助。

3. 图片 4 的救助队军官不是卡罗尔。

4. 消防员埃利斯夫人不是图片 2 中的人物，她喜欢古典音乐，但你也不需要知道这个吧。

5. 萨利站在交警和托马斯夫人中间。

名：卡罗尔，盖尔，马里恩，萨利
姓：迪安，埃利斯，帕日斯，托马斯
职业：消防员，护理人员，救助队军官，交警

129. 染头发

4 位女士在美发沙龙内坐成一排等着染头发。你能说出每位顾客的名字、现在的头发颜色以及各自想染的颜色吗?

1. 莫利左边的女士头发是棕色的。

2. 一位女士想把头发染成白色，另外一位现在的头发是金黄色，霍莉坐在她们两人之间。

3. 坐在 1 号位置上的女士的头发是红的。

4. 颇莉坐在想把头发染成黑色的女士旁边，而多莉坐在偶数位置上。

5. 灰头发的妇女想把她的头发染成赤褐色，她不在 3 号椅子上。

名字：多莉，霍莉，莫利，颇莉

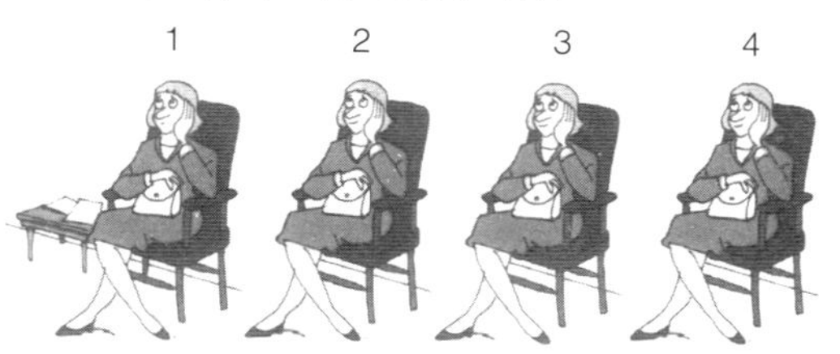

现在的头发颜色：棕色，金黄色，灰色，红色
想染的颜色：赤褐色，黑色，白色，红色

130. 模仿秀

潘尼卡普公司雇用了 3 位女性，让她们按自己的想法来模仿 3 个著名歌星。根据下面的信息，你能说出每位女性的姓名、在潘尼卡普公司的工作部门以及她们将要扮演的角色吗?

1. 帕慈将扮演麦当娜，她不在财务部工作。

2. 海伦·凡尔敦自从离开学校后就一直在潘尼卡普工作。

3. 销售部门的领导将扮演蒂娜·特纳，但她不是坦娜夫人。

4. 将扮演伊迪丝·普杰夫的不是卡罗琳。

		姓								
		凡尔敦	玛丽尔	坦娜	财务部	人事部	销售部	伊迪丝·普杰夫	麦当娜	蒂娜·特纳
名	海伦									
	帕慈									
	卡罗琳									
	伊迪丝·普杰夫									
	麦当娜									
	蒂娜·特纳									
	财务部									
	人事部									
	销售部									

131. 接客人

今天豪华轿车司机卡·艾弗将去伦敦的国王桥火车终点站 3 次，去接几个相当重要的乘客，并把他们带到卡莱尔旅馆。根据下面的信息，你能确定他每次去接客人的时间、站台、所接客人的名字以及他们都是来自哪里吗?

1. 林肯方向驶来的火车的到站站台号比艾弗要接的斯坦尼夫人下车的站台号大。

2. 德拉蒙德夫人所乘的火车将进入9号站台，艾弗上午10:00接站的站台号比下午3:00的小。

3. 来自北安普敦的火车将进入4号站台，但要等到中午。

4. 来自剑桥的乘客将在下午3:00到。

	4号	7号	9号	德拉蒙德夫人	古氏先生	斯坦尼夫人	剑桥	林肯	北安普敦
上午10:00									
中午12:30									
下午3:00									
剑桥									
林肯									
北安普敦									
德拉蒙德夫人									
古氏先生									
斯坦尼夫人									

132. 新生命

4个刚出生的婴儿躺在产科病房内相邻的几张帆布床上。根据下面的信息，你能辨认出每个新生命的姓名以及他们各自的年龄吗？

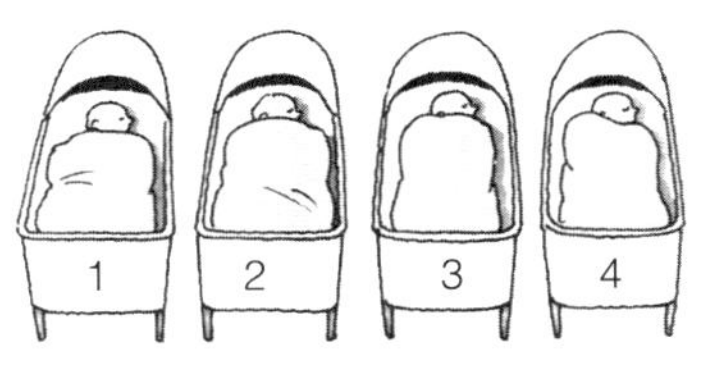

1. 2号床上的丹尼尔比基德早1天出生。

2. 阿曼达·纽康姆博比1号床的婴儿晚出生1天。

3. 托比不是2天前出生的，他也不在3号床上。

4. 博尼夫人的小孩刚刚出生3天。

名：阿曼达，丹尼尔，吉娜，托比
姓：博尼，基德，纽康姆博，沙克林
年龄：1天，2天，3天，4天

133. 罗马遗墓碑

博物馆的展品中有20世纪60年代发现的4个罗马墓碑。根据下面的线索，你能填出图片上每块墓碑的细节，包括墓碑主人的名字、职业以及去世的时间吗？

1. 墓碑C的主人是一位物理学家，卢修斯·厄巴纳斯在他去世之后的12年也去世了。

2. 墓碑A的墓主人不是酒商泰特斯·乔缪尔斯。

3. D是朱尼厄斯·瓦瑞斯的墓碑。

4. 马库斯·费迪尔斯在公元84年去世。

5. 那名职业拳击手在他的最后一场拳击赛中被杀，当时是公元96年。

6. 在公元60年去世的不是古罗马13军团的百人队长。

名字：朱尼厄斯·瓦瑞斯，卢修斯·厄巴纳斯，马库斯·费迪尔斯，泰特斯·乔缪尔斯
职业：百人队长，职业拳击手，物理学家，酒商
去世时间：公元60年，公元72年，公元84年，公元96年

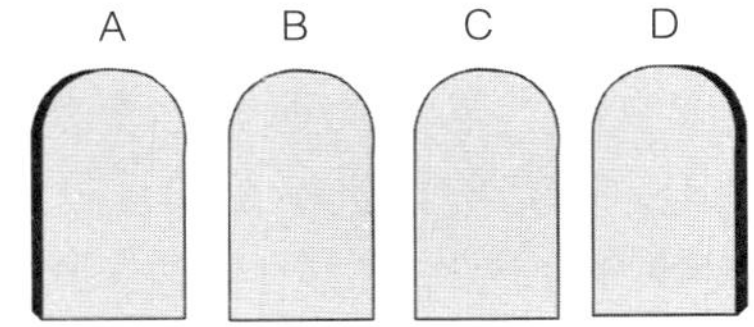

134. 信件

斯托贝瑞正在整理早晨要发送的信件，桌上的4封信都是寄给镇上的居民的。根据下面的信息，你能找出每封信的收信人姓名以及收信人各自的完整地址吗？

1. 寄给本德先生的信挨着收信地址为31号的信，并在它的右边。

2. 4封信中有一封信的地址是特纳芮大街10号。

3. 3号信将会在今天早上稍晚时间寄给雪特小姐，她不住在斯达·德弗街。

4. 梅尔先生的地址号码比1号信封上的收信地址号码大。

5. 收信地址为6号的那封信与寄给格林夫人的那封信之间隔了1封信。

6. 寄到斯坦修恩路那封信的号码比它右边那封信的收信地址号码大。

名字：本德先生，格林夫人，梅尔先生，雪特小姐
地址号码：6，10，31，45
街名：斯达·德弗街，朗恩·雷恩街，斯坦修恩路，特纳芮大街

135. 搭乘出租车

4 名妇女刚刚乘火车从北方到达国王十字站，她们将搭乘 4 辆出租车。根据下面的信息，你能认出 1 到 4 号出租车的司机和乘客的名字以及乘客上车时的站名吗？

1. 詹森所载的那名女乘客乘火车所走的路程比黛安娜长，黛安娜坐的是詹森后面的那辆出租车。

2. 诺埃尔所载的不是在皮特博芮上车。

3. 来自格兰瑟姆的那名妇女坐上了 1 号出租车，开车的司机不是伯尼，伯尼车上的乘客叫帕查。

4. 索菲是在多恩卡斯特上车。

5. 克莱德是 4 号出租车的司机。

司机：伯尼，克莱德，詹森，诺埃尔
乘客：安妮特，黛安娜，帕查，索菲
站名（按距离顺序，由远至近）：约克角，多恩卡斯特，格兰瑟姆，皮特博芮

136. 最快的路程

有 3 个职员对到达某个小餐馆的最快路程起了争议，他们决定通过实验的方法解决这个问题。根据下面的信息，你能找出每个职员所走的两段路以及他们各自所用的时间吗？

1. 选择走斯拜丝巷和哥夫街的那个英国职员比尼克少花了两分钟。

2. 帕特先是沿着佩恩街去小餐馆的。

3. 从维恩广场（第 2 段路）抄近路过去只需要 10 分钟。

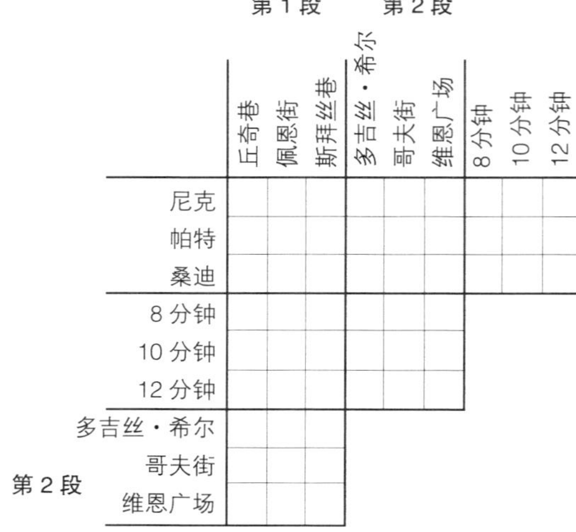

137. 采访

上周末记者艾弗对 3 位国际著名女性进行了采访（这家伙的生活多幸福啊）。你能找出每天他所采访的女性的名字、职业和家乡吗？

1. 艾弗在采访加拿大女星的第 2 天又采访了帕特丝·欧文。

2. 艾弗在星期五采访了一名流行歌手。

3. 艾弗在采访了一位澳大利亚的客人之后采访了畅销小说家阿比·布鲁克。

4. 艾弗在星期天访问的不是女电影演员。

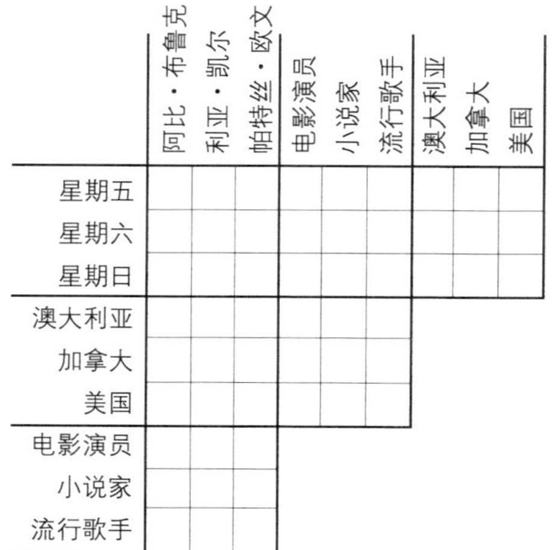

时间	名字	职业	家乡

138. 欢度国庆

在国庆这一天，4个住在法国相邻村庄的居民选择了不同的庆祝方式。根据下面的信息，你能分别说出每个村庄的名字、该村的居民以及他们的庆祝方式吗？

1. 波科勒村举办了圣子埃特鲁米亚展览，该村与克里斯多佛的家乡相邻并在它的东面。

2. 第2个村庄是丝特·多米尼克村。

3. 丹尼斯住在第3个村庄，而村庄1不是以街道舞蹈为庆祝方式。

4. 住在墨维里村的安德烈不是那个花整晚的时间在电视前看庆祝活动的懒汉，这个懒汉也不是住在4号村庄。

5. 以烟花大会为庆祝方式的村庄比马丁的家乡更靠西面。

村庄：波科勒，格鲁丝莫，墨维里，丝特·多米尼克
居民：安德烈，克里斯多佛，丹尼斯，马丁
庆祝活动：街道舞蹈，烟花大会，圣子埃特鲁米亚展览，看电视

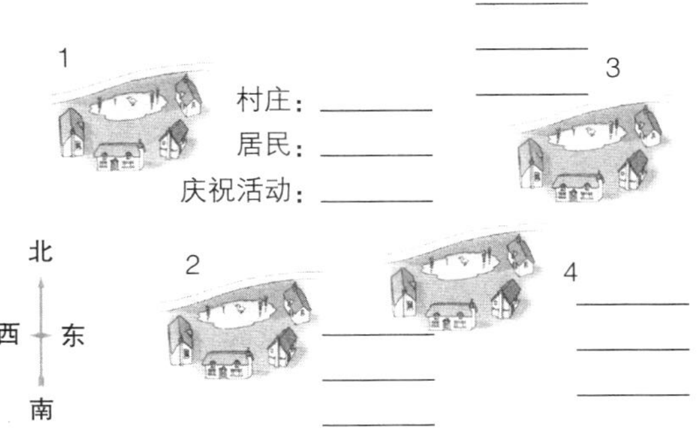

139. “护国军”成员

这是1644年克伦威尔·奥利弗领导的“护国军”中的4名成员，根据下面的线索，你能填出每名成员的姓名、兵种以及各自所穿制服的颜色吗？

1. 伊齐基尔·费希尔所穿制服为灰色，不过上面布满了灰尘和泥浆，他紧挨在鼓手的右边。

2. 一名配枪士兵穿着又破又脏的棕色制服，他和末底改·诺森之间隔着一个士兵。

3.1号士兵是个步兵，他不是法国人，而是英国人。

4.4号士兵是所罗门·特普林。

5. 吉迪安·海力克所穿的上衣不是蓝色。

名字：伊齐基尔·费希尔，吉迪安·海力克，末底改·诺森，所罗门·特普林
兵种：鼓手，炮手，步兵，配枪士兵
制服颜色：蓝色，棕色，灰色，红色

140. 签名售书

伦敦展览中心举办了一个签名售书会，6位作者（分别位于1，3，4，6，7，10号签售点）正在为读者签名。根据下面的线索，你能推断出每名作家的姓名及每个人是签售哪本书吗？

1. 离大卫·爱迪生的书摊最近的是拜伦·布克的书摊，它就在大卫的右边，而其中一位女作家在大卫的左边。

2. 坦尼娅·斯瓦不是在3号摊签售，《乘车向导》一书是在3号摊的右边签售，而《超级适合》的作者曾经是一名运动员，他的签售摊位在3号摊的右边的某个地方。

3. 靠电视节目成名的一位厨师签售《英式烹调术》一书，他紧挨在卡尔·卢瑟的右边，而卡尔又紧挨在拜伦·布克的右边。

4.《城市园艺》一书的签售书摊号码

与曼迪·诺布尔的书摊号码相差2，并且曼迪写的不是《超级适合》。

5.《自己动手做》一书的作者是拜伦·布克。

作者：拜伦·布克（男），大卫·爱迪生（男），卡尔·卢瑟（男），曼迪·诺布尔（女），保罗·帕内尔（男），坦尼娅·斯瓦（女）
著作：《自己动手做》,《英式烹调术》,《乘车向导》,《超级适合》,《业余占星家》,《城市园艺》

141. 纪录片

英国电视台正在录制一部反映鸟类生活的纪录片。根据下面的线索，你能说出车中每个人的全名和他们的身份吗？

1. 瓦内萨·鲁特坐在录音师的斜对面。

2. 坐在D位置的鸟类学专家不姓温。

3. 姓贝瑞的摄像师不叫艾玛，而植物学家不在C位置上。

4. 盖伊不姓福特。

名：艾玛，盖伊，罗伊，瓦内萨
姓：贝瑞，福特，鲁特，温
身份：植物学家，摄像师，鸟类学专家，录音师

A
名：________
姓：________
角色：________

B
____
____
____

C
名：________
姓：________
角色：________

D
____
____
____

142. 黑猩猩

在西非举行的一次动物学会议上，专家们正在就一项饲养稀有黑猩猩的计划进行讨论，下图展示了去年下半年出生的5只小猩猩。根据下面的线索，你能填出每只小猩猩的名字、出生月份及其母亲的名字吗？

1. 1号黑猩猩比5号黑猩猩至少大一个月，它们两个都不叫罗莫娜，也都不是格雷特的后代，而罗莫娜或格雷特的后代都不是在7月出生。

2. 里欧比它右边的格洛里亚小，它们两个都比里欧左边的雌猩猩晚出生，这个雌猩猩的母亲叫克拉雷。

3. 贝拉比左边的黑猩猩晚出生一个月，这只黑猩猩的母亲叫爱瑞克。

4. 马琳比丽贝卡晚一个月生产，丽贝卡的后代紧挨着马琳的后代并在其右边。

名字：贝拉，格洛里亚，里欧，珀西，罗莫娜
出生月份：7，8，9，10，11
母亲：爱瑞克，格雷特，克拉雷，马琳，丽贝卡

1 2 3 4 5

143. 野鸭子

在池塘的周围有4栋别墅，每栋别墅的花园都是1只母鸭子和她的一群小鸭子的领地。根据下面的线索，你能说出图中每个别墅的名字、别墅主人给母鸭子取的名字以及每只母鸭子生了多少只小鸭子吗？

1. 戴西生了7只小鸭子，她把巢筑在与洁丝敏别墅顺时针相邻的那栋别墅里。

2. 沃德拜的别墅在池塘的西面。

3. 迪力生的小鸭子比在罗斯别墅孵养的小鸭子少1只，而后者在逆时针方向上和前者所在的别墅相邻。

4. 多勒生的小鸭子数量最少。

5. 达芙妮所在的别墅和小鸭子数最少的那栋别墅沿逆时针方向是邻居。

别墅：洁丝敏别墅，来乐克别墅，罗斯别墅，沃德拜别墅
鸭子：戴西，达芙妮，迪力，多勒
小鸭子数量：5，6，7，8

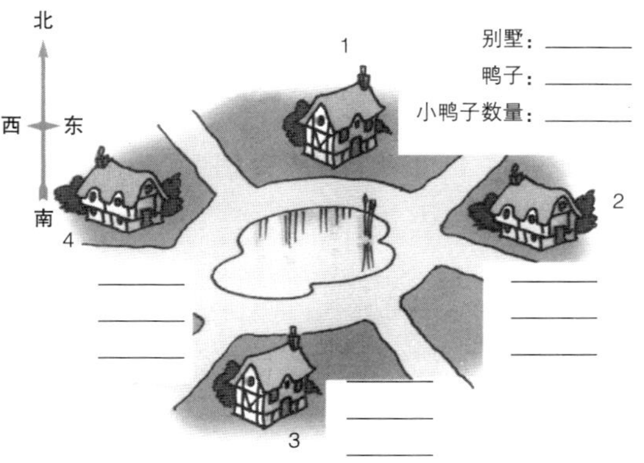

144. 刺绣展览

几位女性刺绣爱好者正在举行她们的作品展，下面4幅作品是其中的一部分。根据所给出的信息，你能说出每幅作品的具体信息（包括作品的主题以及作者的全名）吗？

1.《雪景》在凯维丝夫人作品的斜对面。

2. 伊冯为她的刺绣作品取名为《村舍花园》，而伊冯不姓福瑞木，福瑞木夫人的作品不在2号位置上。

3. 赫尔迈厄尼的作品比《河边》挂的高。

4. 萨利·斯瑞德的作品在《乡村客栈》斜对面，而后者的号码比2小。

5. 以斯帖作品的号码比尼得勒夫人的小。

主题：《河边》，《村舍花园》，《雪景》，《乡村客栈》
名：以斯帖，赫尔迈厄尼，萨利，伊冯
姓：凯维丝，福瑞木，尼得勒，斯瑞德

题目：______ [1] [2] ______
名：______ ______
姓：______ ______

题目：______ [3] [4] ______
名：______ ______
姓：______ ______

145. 机车

在考伦喀斯特铁路展览馆里有3辆曾经服役于大盎格鲁人车站的机车。根据下面的信息，你能说出每辆机车的名字、颜色、各自所属的类型以及制造时间吗？

1. 顾名思义，沃克斯·阿比属于阿比类发动机。

2. 外面被漆成深红色和白色的亚历山大曾被应用于制造机载导弹，而亚历山大不是越野类发动机。

3. 罗德·桑兹不是那辆制造于1942年外表为橄榄绿的机车。

4. 越野类型的机车直到1909年还没有被设计出来。

	类型								
	阿比	商务车	越野车	深红/白色	橄榄绿	猩红/黄色	1909年	1926年	1942年
名字 亚历山大									
罗德·桑兹									
沃克斯·阿比									
1909年									
1926年									
1942年									
深红/白色									
橄榄绿									
猩红/黄色									

146. 移民

去年3个家庭从思托贝瑞远迁到了其他国家，现在他们在那里有声有色地经营着自己的小店。根据下面的信息，你能说出每对夫妻有几个孩子、他们移民到了哪里以及所做的是何种生意吗？

1. 有3个孩子的家庭移民到了澳大利亚，他们没有在那里开旅馆。

2. 移民到新西兰的布里格一家开的不是传统英国风味鱼片店。

3. 开鱼片店那家的孩子比希金夫妇的

孩子少。

4. 基德拜夫妇有 2 个孩子，他们每人照看一个。

	1个	2个	3个	澳大利亚	加拿大	新西兰	鱼片店	农场	旅馆
布里格夫妇									
希金夫妇									
基德拜夫妇									
鱼片店									
农场									
旅馆									
澳大利亚									
加拿大									
新西兰									

147. 破纪录者

这张新闻照片上的是 4 名年轻的女运动员，她们在最近的国家青年运动锦标赛中打破了各自参赛项目的纪录。根据下面的信息，你能认出图片中的 4 个女孩，并说出她们各自打破了什么项目的纪录吗？

1. 凯瑞旁边的两个女孩都是打破了跑步类项目的纪录。

2. 戴尔芬·赫尔站在标枪运动员旁边。

3. 洛伊斯不在 2 号位置。

4.1 号位置的女孩打破了跳远项目的纪录，她不姓福特。

5. 一名姓哈蒂的运动员打破了 400 米项目的纪录，但她不叫瓦内萨。

名：戴尔芬，凯瑞，洛伊斯，瓦内萨

姓：福特，赫尔，哈蒂，斯琼

比赛项目：100 米，400 米，标枪，跳远

148. 回忆往事

在一个明媚的夏日，4 位老绅士坐在班吉斯·格林镇帕劳旅馆外的长凳上，享受着啤酒，回忆着往事。根据下面的信息，你能推断出图中每位老人的名字、年龄以及在那段让他们念念不忘的美好时光中从事什么工作吗？

1. 乔·可比大约做了 50 年的牧场主人，在少女农场上照顾牧群。

2. 现年 74 岁的退休邮递员坐在他的老朋友珀西·奎因的左边。

3. 坐在 C 位置上喝酒的那位是罗恩·斯诺，D 位置上的老人的年龄已经超过 72 岁了。

4. 现年 76 岁的来恩·摩尔在 75 岁后的生活很充实，没有虚度光阴，他不是班吉斯·格林镇上给马钉掌或者照看那些笨拙马匹的老马医。

5. 坐在 B 位置上喝酒的人不是那位过去经常帮助别人维修拖拉机和农场设备的前任机修工。

名字：乔·可比，来恩·摩尔，珀西·奎因，罗恩·斯诺

年龄：72，74，76，78

过去的工作：牧场主人，马医，机修工，邮递员

149. 电影制片厂

在好莱坞电影市场的鼎盛时期，会同时有 4 部电影在 4 个邻近的电影制片厂进行拍摄，这 4 个制片厂同属一家著名的电影公司。根据下面的信息，你能具体描述在每个制片厂拍摄的电影类型、导演以及美丽的女主角的名字吗？

1. 那部言情电影的制片厂位于由海伦·皮奇担任女主角的那部电影的制片厂的东面。

2. 枪战电影的制片厂位于导演沃尔多·特恩汉姆所在的制片厂的北面。

3. 西尔维亚·斯敦汉姆是导演卡尔·卡马拉所拍摄电影的主角。

4. 拉娜·范姆帕在一部警匪片里担任女主角，其制片厂在奥尔弗·楞次导演所在制片厂的斜对面。

5.C 制片厂拍摄的不是喜剧片。

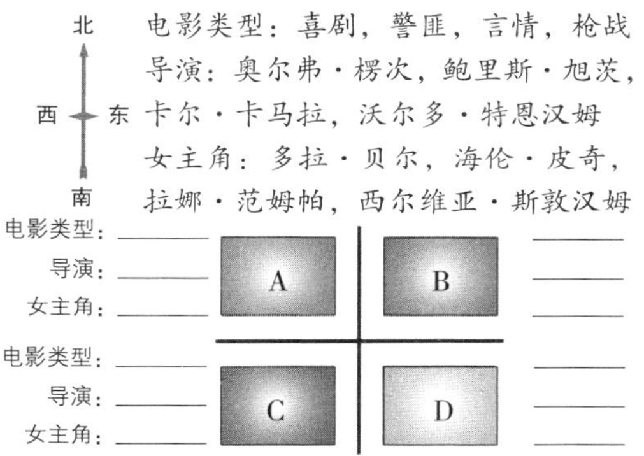

150. 泊船

诺福克的洛特河是著名的波罗兹的一部分，4 个勇敢的海员家庭把他们的船停在了几家不同旅店的停泊处。根据下面的信息，你能填出图表中每个家庭的名字、所拥有的船只名，以及所停泊的旅店名吗？

1. 费希尔的船停泊在挪亚方舟处，斯恩费希的停泊处在挪亚方舟处的左边。

2. 帕切尔号停在狗和鸭码头。

3. C 位置上的旅店叫升起的太阳，停

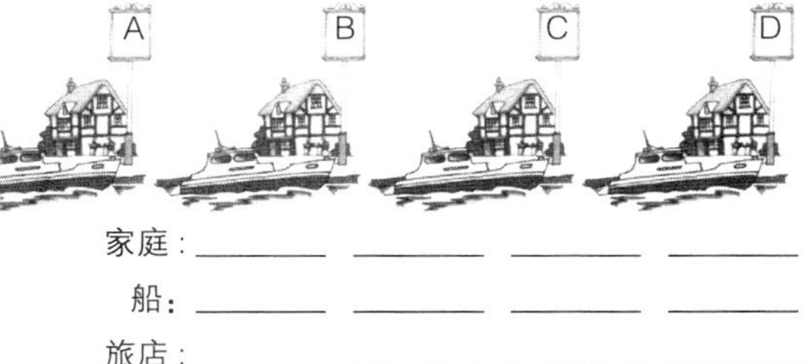

泊在那里的船不属于罗德尼家庭，也不是南尼斯号。

4. 在最右边的船属于凯斯一家。

家庭：德雷克，费希尔，凯斯，罗德尼
船名：罗特斯，南尼斯，帕切尔，斯恩费希
旅店：钓鱼者休息处，狗和鸭，挪亚方舟，升起的太阳

151. 指派任务

乡长老斯布瑞格正在指派任务，4 个老朋友看上去都很认真。根据下面的信息，你能认出 1 ~ 4 号位置的每个人，说出他们想做的事以及每个人穿的衣服是什么面料的吗？

1. 一个人穿着狼皮上衣，艾格挨着他并在他的右边。

2. 埃格正在想怎样面对他自己的岳母耐格，本身他的妻子就很能言善辩。

3. 穿着山羊皮上衣的人在 3 号位置。

4. 奥格穿着小牛皮上衣，他不打算靠粉刷他的窑洞的墙壁打发时间。

5. 穿着绵羊皮外套的那个人打算在假日里把他小圆舟上的漏洞修补一下，坐在他左边的是阿格。

集会成员：艾格，埃格，奥格，阿格
想做的事：钓鱼，修小圆舟，粉刷窑洞的墙壁，拜访岳母
上衣：小牛皮，山羊皮，绵羊皮，狼皮

152. 美好的火车旅行

在乘火车的旅行中，我从特洛斯坦特

出发驶向哈格施姆，途中经过的4条河流各自有一座极富特色的桥。根据下面的线索，你能在地图上填出每座桥的名字、类型及其所跨河流的名字吗？

1. 我们花费了90分钟跨过了托福汉姆桥，之后就来到了波罗特河上的吊桥。

2. 第2条河横穿斯杰普生德桥。

3. 横跨戴斯尔河的那座桥离哈格施姆的距离比大石拱桥离哈格施姆更近。

4. 我们在到达科玛河前，穿过了悬臂式建筑维斯吉格桥（因为它建在维斯吉格）。

5. 大摆桥在地图上的标示是偶数，每当有船只经过时它可以从中间开启。

桥名：埃斯博格，斯杰普生德，托福汉姆，维斯吉格

河名：波罗特，科玛，戴斯尔，斯沃伦

桥的类型：拱桥，悬臂桥，吊桥，摆桥

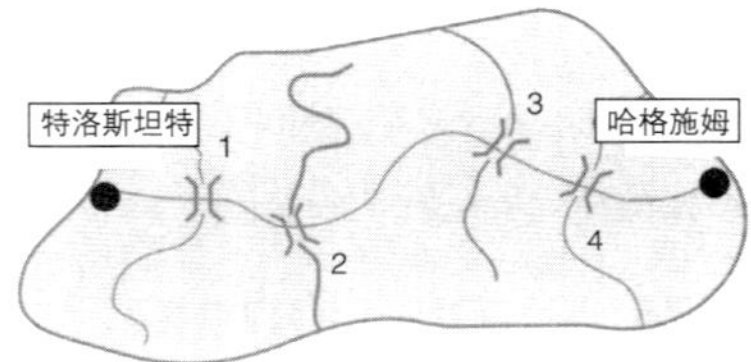

153. 跨栏比赛

下图展示的是一次跨栏比赛中冲刺阶段的前4匹马。根据下面的信息，你能说出每匹马的名字，并具体描述每匹马的主人吗？

1. “跳羚”还没有到达栅栏。

2. 安德鲁领先于赫多尔两个名次。

3. 在图片中，迪克兰·吉姆帕稍稍领先于处于跨栏阶段的“杰克”。

4. 海吉斯是那个正在跳栏的职业赛马师。

5. 加百利所骑的“跳过黑暗”在当时的比赛中稍稍落后于沃特的马。

马：“小瀑布”，“杰克”，“跳过黑暗”，“跳羚”

（主人）名：安德鲁，迪克兰，加百利，吉斯杰姆

（主人）姓：海吉斯，赫多尔，吉姆帕，沃特

154. 洗车

为了赚些外快，比尔和他的两个朋友约定每个人清洗一辆邻居的车。根据下面的信息，你能找出他们各自为谁洗车、车的品牌及颜色吗？

1. 比尔清洗的是一辆红色的车，不是福特车。

2. 派恩先生的车是蓝色的。

3. 在他们所洗的几辆车中有一辆是黄色的普乔特。

4. 罗里清洗了斯蒂尔先生的车。

		车主								
		科顿先生	派恩先生	斯蒂尔先生	福特	普乔特	沃克斯豪	蓝色	红色	黄色
男孩	比尔									
	卢克									
	罗里									
	蓝色									
	红色									
	黄色									
	福特									
	普乔特									
	沃克斯豪									

男孩	车主	品牌	颜色

155. 杰克和吉尔

无论杰克和吉尔去哪里或者做什么，他们都喜欢为自己找些借口，比如为了取一桶水而爬上山。根据下面的信息，你能说出星期一到星期四他们从小屋出发所走的方向、目的地以及去每个地方的原因吗？

1. 在沿 2 号方向前进的第 2 天他们爬了山，说是为了打水。

2. 星期四他们去了草地，对昏昏欲睡的小男孩布鲁也视而不见。

3. 他们说朝 4 号方向前进是去清理茶匙。

4. 他们为星期三的旅行找的借口是去喂猫，那天他们走的不是 1 号方向。

5. 他们为去河边找的借口不是割卷心菜。

日期：星期一，星期二，星期三，星期四
位置：河边，草地，树林，山上
活动：割卷心菜，清理茶匙，喂猫，取水

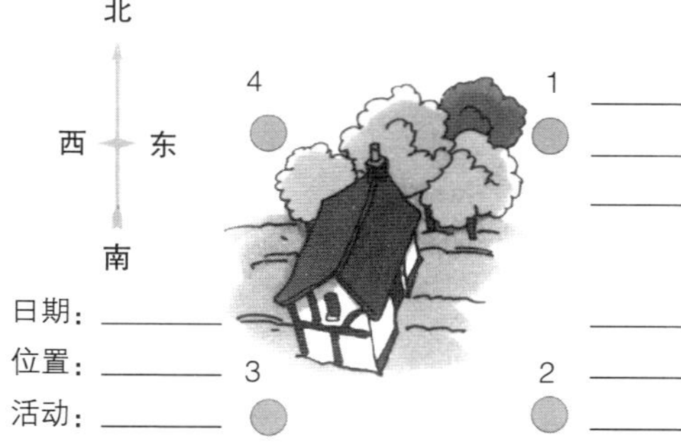

156. 受伤的警察

4 个警察在执行一项制止骚乱暴行的任务，他们试图用警戒线隔离人群。在行动后期每个人的身体都受到了的伤害，那种折磨让他们难以忍受。根据下面的信息，你能分辨出 1 ～ 4 号警官并说出他们所受到的伤害吗？

1. 时刻紧绷的神经使 2 号警官的肩膀都麻木了，这个让他感觉很不舒服。

2. 内卫尔的鼻子痒得厉害，但他不能去抓，因为卡弗的左手紧紧抓着他的右手。

3. 图片上这群势单力薄的警察中，布特比亚瑟更靠左边，艾尔莫特站在格瑞的右面，中间隔了一个位置。

4. 斯图尔特·杜琼和有鸡眼的警官之间隔了一个人。

名：亚瑟，格瑞，内卫尔，斯图尔特
姓：布特，卡弗，艾尔莫特，杜琼
问题：鸡眼，肩膀麻木，发痒的鼻子，肿胀的脚

157. 在购物中心工作

3 位年轻的女性刚刚到新世纪购物中心的几个店面打工。根据下面的线索，你能找出雇佣她们的商店的名字、类型，以及她们各自开始工作的具体时间吗？

1. 和在面包店工作的女孩相比，安·贝尔稍晚一些找到工作，那家面包店不叫罗帕。

2. 艾玛·发不是 8 月份开始在万斯店工作。

3. 卡罗尔·戴不在零售店工作。

4. 其中一个女孩不是从 9 月份开始在赫尔拜的化学药品店工作。

	赫尔拜店	罗帕店	万斯店	面包店	化学药品店	零售店	7月	8月	9月
安·贝尔									
卡罗尔·戴									
艾玛·发									
7月									
8月									
9月									
面包店									
化学药品店									
零售店									

158. 纳尔逊的旗舰

1805 年 10 月 21 日，罗德·纳尔逊在战役中不幸受伤，他在特拉法尔战役中战胜了法国舰队。他的旗舰的名字由 16 个字母组成，根据下面的信息，你能在每个小方框中填出正确的字母吗？

1. 任何两个水平、垂直或对角线方向

上的相邻字母都不同。

2.V 在其中一个 R 下面的第 2 个方框内，并在 C 的左边第 2 个方框内。

3.L 不在 A2 位置，也不在最后 1 行。

4. 其中一个 A 在 D3 位置上，但没有一个 R 在 D4 位置上。

5.A4 和 C2 中的字母相同，紧邻在它们下面的方框内的字母都是元音字母。

6.G 在 I 所在行的上面一行。

7. O 就在 T 上面的那个位置，在 Y 下面一行的某个位置，而 Y 在与 O 不同的一列的顶端。

要填的 16 个字母：A，A，A，C，F，G，I，L，O，R，R，R，T，T，V，Y

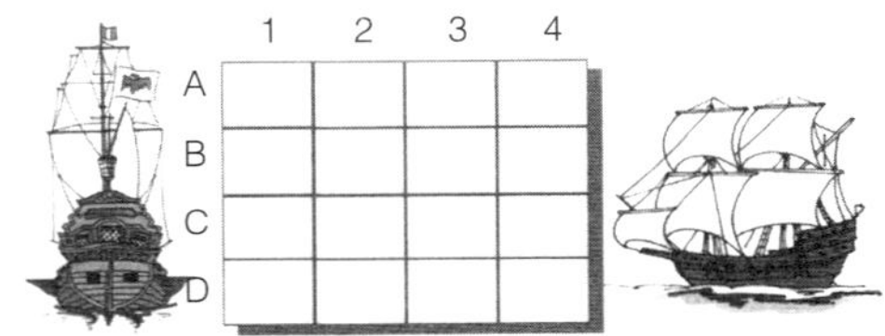

159. 太空船

图中展示了太空船曼诺托 1 号控制舱中的 4 名工作人员的位置。根据下面的线索，你能找出每名成员的名字、军衔以及在曼诺托 1 号中做何种工作吗?

1. 弗朗茨 · 格鲁纳工程师坐在陆军少校的对面。

2.A 位置上的军官是罕克 · 吉米斯，他不是军医。

3. 空军上校在 B 位置上。

4. 萨姆 · 罗伊斯的顺时针方向上是尤瑞 · 赞洛夫。

5. 坐在 C 位置上的宇航员不是海军司令官。

名字：弗朗茨 · 格鲁纳，罕克 · 吉米斯，萨姆 · 罗伊斯，尤瑞 · 赞洛夫

军衔：空军上校，陆军少校，海军司令官，海军上尉

工作：宇航员，工程师，军医，飞行员

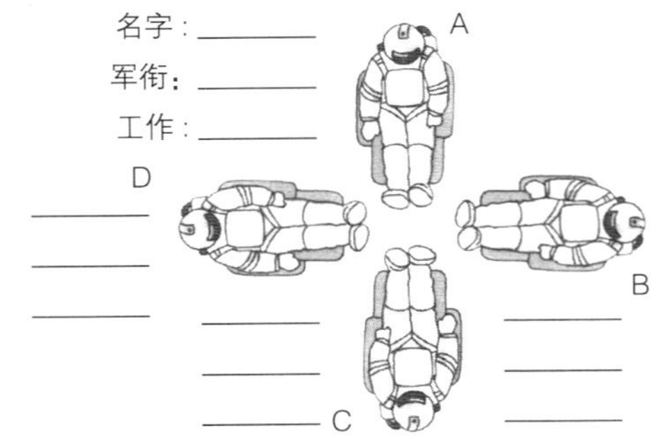

160. 多里卡特 · 龙跑车

龙拥有者俱乐部是为那些拥有多里卡特 · 龙跑车的人创办的，这些车都在 1930 ~ 1955 年之间制造。开始时没有多少位车主加入俱乐部，下图展示的是幸存的 4 辆在 1940 年之前制造的跑车。根据下面的线索，你能说出每辆车的主人、颜色以及制造时间吗?

1.D 号车是辆红色的龙跑车，它的主人不是加里 · 合恩，也不是 1934 年制造的。

2.B 号车在 1938 年由多里卡特工厂制造，当时他们没有生产线。

3. 特德 · 温的车在黄色跑车和 1932 年生产的车之间。

4. 伦 · 凯斯的跑车被漆成深绿色，曾被认为是绿色英国跑车，该车不是 A 号车。

5.C 号车不是蓝色的。

跑车主人：克里斯 · 丹什，加里 · 合恩，伦 · 凯斯，特德 · 温

跑车颜色：蓝色，绿色，红色，黄色

制造时间：1932，1934，1936，1938

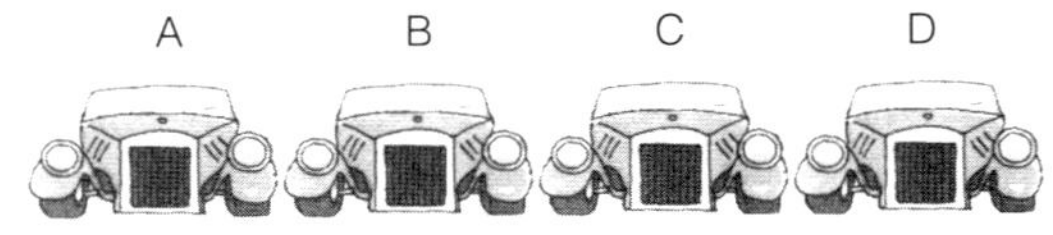

161. 抓巫将军

在 17 世纪中期，“抓巫将军”马太 · 霍普金斯主要负责杀死那些被人们认

为是巫婆或者巫师的人，其中有3个巫婆来自思托贝瑞附近的乡村。根据下面的信息，你能说出每个巫婆的名字、绰号，以及各自的家乡和具有法力的时间吗？

1. 艾丽丝·诺格斯被称为“诺格斯奶奶”是很自然的事情。

2. 马太·霍普金斯在1647年在盖蒙罕姆抓到了一个女巫并把她送到了法院接受审判。

3. “蓝鼻子母亲”不是在1648年被确定为女巫，也不是来自里球格特乡村，一生居住在这个乡村的也不是克莱拉·皮奇。

4.1649年，经抓巫将军证实，“红母鸡”是一个和魔鬼勾结在一起的女巫；从希尔塞德抓到的那名妇女被证实是女巫，随后的第2年伊迪丝·鲁乔也被确认为女巫。

	绰号			家乡					
	“诺格斯奶奶”	“蓝鼻子母亲”	“红母鸡”	盖蒙罕姆	希尔塞德	里球格特	1647年	1648年	1649年
艾丽丝·诺格斯									
克莱拉·皮奇									
伊迪丝·鲁乔									
1647年									
1648年									
1649年									
家乡 盖蒙罕姆									
家乡 希尔塞德									
家乡 里球格特									

162. 别墅的主人

始建于17世纪的别墅风格别具特色。根据下面的线索，你能分别说出1～4号每栋别墅的名字、建造时间，以及现在主人的名字吗？

1. 佛乔别墅现在属于丽贝卡·德雷克，2号房产在该栋别墅之后建造。

2. 巴兹尔·布立维特拥有的别墅沿顺时针方向与狗和鸭建筑相邻，而后者至今仍然是一家酒吧。

3. 詹姆士·皮卡德那栋始建于1685年的别墅不是曼纳小屋。

4. 在最东面的不是建于1708年的瑞克特立建筑。

5. 最晚建造的那所房子不是史密塞斯上校的财产。

房子：狗和鸭建筑，佛乔别墅，曼纳小屋，瑞克特立建筑

时间：1610，1685，1708，1770

主人：巴兹尔·布立维特，史密塞斯上校，詹姆士·皮卡德，丽贝卡·德雷克

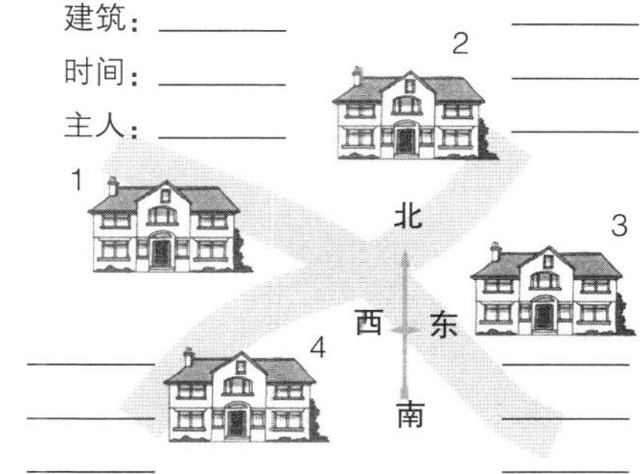

163. 四面神像

英国著名的考古学家琼斯在南美考古时，发现了一尊公元前700年的四面神像。根据下面的线索，你能填出神像上每个面的动物面孔、所代表的神，以及在莱曼尼特克文化中掌管的领域吗？

1. 神像的一面是南美洲的一种水怪，它的名字叫乌卡特克斯赖特。或许你听说过，那是一种大型啮齿动物。

2. 以美洲虎为面孔的神像在叫爱克斯卡克斯特的神像的反面，后者是莱曼尼特克的战神。

3. D面上的神像拥有水蟒的面孔。

4. 神像的A面代表莱曼尼特克的气候神，B面的面孔不代表他们的爱神，这两个神都不叫奥克特拉克斯特。

5. 事业神不叫埃克斯特里卡特尔，与

事业神在顺时针方向上相邻的那尊神像是以一只特别丑陋的蝙蝠为面孔。

面孔：水蟒，蝙蝠，水怪，美洲虎

名字：埃克斯特里卡特尔，爱克斯卡克斯特，奥克特拉克斯特，乌卡特克斯赖特

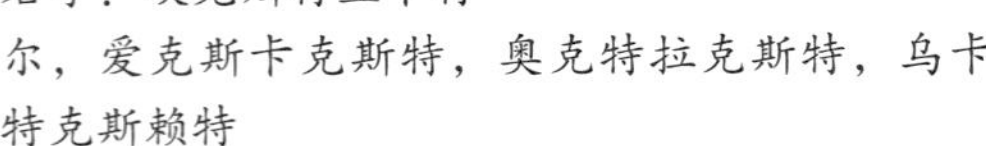

所管领域：事业，爱情，战争，气候

164. 穿过通道

在机动车道上的4辆汽车正要穿过通道。根据以下线索，你能说出1～4号每辆车的驾驶员姓名、车的颜色以及车牌号吗？

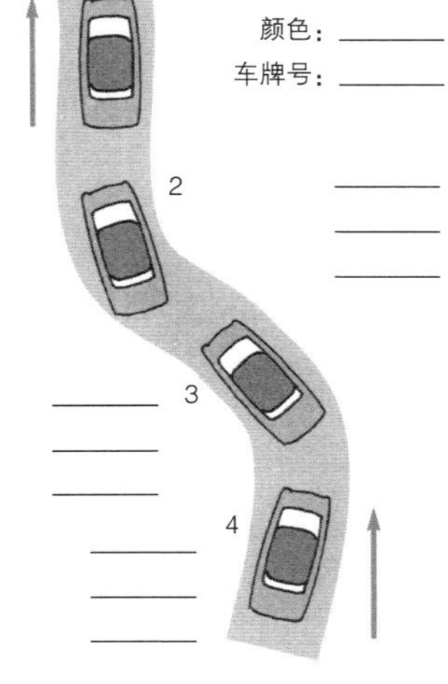

1. 黄车的车牌号是27，它在菲利普所开那辆车的前面。

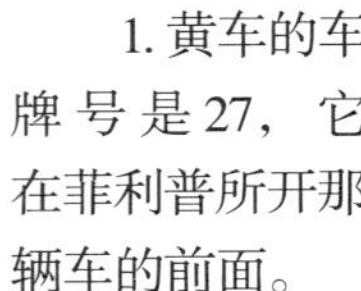

2. 2号位置车的车牌号是15。

3. 曼纽尔的车在38号车的后面某个位置，38号车不在3号位置。

4. 汉斯的车紧跟在绿车后面。

5. 红车紧跟在安东尼奥的车后面。

司机：安东尼奥，汉斯，曼纽尔，菲利普

颜色：蓝色，绿色，红色，黄色

车牌号：9，15，27，38

165. 玩沙子的孩子

在操场的一个角落里有一个沙坑，4位母亲站在沙坑的四周（A，B，C，D），看着自己的孩子在沙坑里（1，2，3，4）玩耍。根据下面的信息，你能分别说出这8个人的名字，并给他们配对吗？

1. 站在C位置上的不是汉纳，她的儿子站在顺时针方向上爱德华的旁边。

2. 卡纳在4号位置上，而他的母亲不在B位置。

3. 詹妮的孩子在3号位置。

4. 丹尼尔是莎拉的儿子，他在逆时针方向上的雷切尔儿子的旁边，而雷切尔站在D位置。

5. 没有一个孩子在沙堆里的位置与各自母亲的位置相对应。

母亲：汉纳，詹妮，雷切尔，莎拉

儿子：卡纳，丹尼尔，爱德华，马库斯

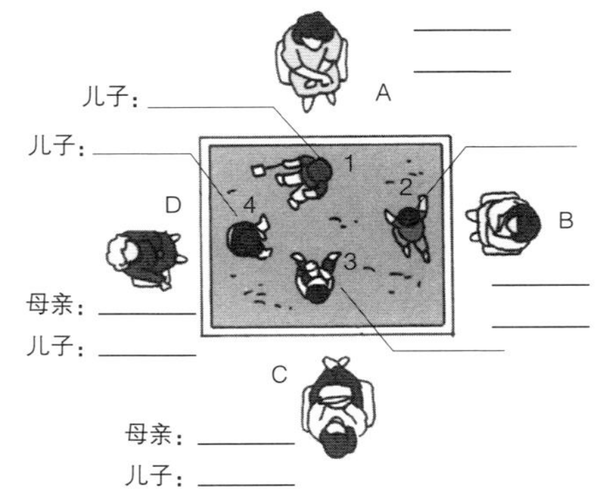

166. 新来的人

泰克斐尔德·圣·安德鲁是萨福克郡上一个有趣的镇，它的居民非常保守——他们始终认为几年前搬来的退休的伦敦人是“新来的人”。从以下给出的线索中，你能推断出这些“新来的人”来自伦敦哪里、在镇里住了多久、现在的家在哪里吗？

1. 住在牧场的沃尔特·杨，不是那个以前在艾林特居住和工作的伦敦人。

2. 以前家在帕丁顿火车站后面的那个人，居住在泰克斐尔德·圣·安德鲁的时间比艾伦·布拉德利的要长。

3. 怀特盖茨村的那个“新来的人”居住时间已经超过8年了。

4. 其中一个“新来的人”已经在罗斯村住了16年了。

	前住址：柏特斯	艾林特	帕丁顿	8年	11年	16年	现住址：牧场	罗斯村	怀特盖茨村
艾伦·布拉德利									
梅维斯·诺顿									
沃尔特·杨									
现住址：牧场									
罗斯村									
怀特盖茨村									
8年									
11年									
16年									

167. 百岁老人

斯多布里的山楂牧场住着3位百岁老人。从以下给出的线索中，你能推断出每位百岁老人的全名、他们搬去山楂牧场前居住的村庄和他们搬家的时间吗？

1. 名叫西尼尔的住户搬到山楂牧场的时间，比曾住在莫博里的那个人迟。

2. 亨利以前是位农场工人，搬来山楂牧场前他一直生活在威逊韦尔。

3. 玛格丽特·格雷经营着一家乡村邮局。

4. 在1995年搬家的人姓艾尔德，但不叫戴西。

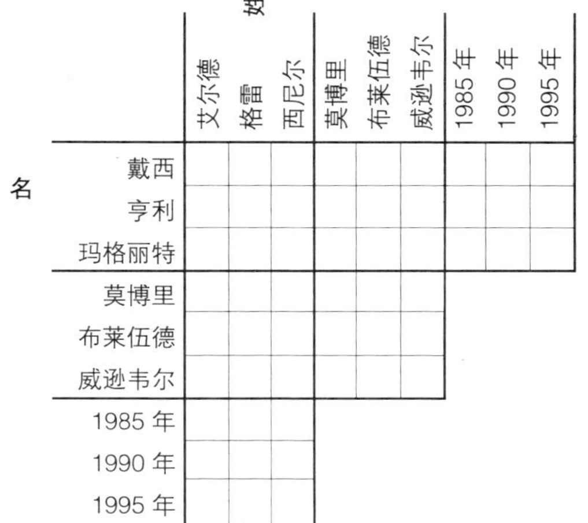

	姓：艾尔德	格雷	西尼尔	莫博里	布莱伍德	威逊韦尔	1985年	1990年	1995年
名：戴西									
亨利									
玛格丽特									
莫博里									
布莱伍德									
威逊韦尔									
1985年									
1990年									
1995年									

168. 退货

百货商店里，有4位不满意的顾客排队等在退货柜台边。从以下给出的线索中，你能将图中每位女士的全名和所要退的货填写出来吗？

1. 希拉·普里斯不是那位排在第3位、并要求退一条牛仔裤的女士。

2. 想退有问题的烤箱的那位女士不是夏普夫人。

3. 马里恩退的是一个一点都不能旋转的旋转式剪草机。

4. 希瑟排在第4位，她不是克拉普夫人。

5. 特威德夫人排在第一位。

名：马里恩，希拉，卡罗尔，希瑟
姓：特威德，普里斯，克拉普，夏普
退货：剪草机，烤箱，牛仔裤，手提箱

169. 叠纸牌

4个小朋友分别用不同颜色的纸牌成功地叠出了纸房子，但每个人叠的层数不同。从以下给出的线索中，你能叫出4个人的名字，并说出他们各自所用的纸牌背景颜色和分别叠了几层吗？

1. 使用绿色纸牌的夏洛特，坐在叠到5层的那个朋友对面。

2. 座位2的那个女孩用纸牌叠到4层高。

3. 安吉拉用的不是黑色的纸牌。

4. 在座位3用蓝色纸牌的女孩，她叠的房子没有用红色纸牌的女孩叠的高。

5. 罗斯是最成功的建筑师，在坍塌之

前，她叠到第 7 层。她不是坐在座位 4。

名字：安吉拉，夏洛特，罗斯，蒂娜
纸牌颜色：黑，蓝，绿，红
层数：4，5，6，7

170. 书报亭

位于巴黎塞纳河左岸的公开市场里有 4 家书亭，4 位顾客正在向各家书亭购买不同种类的书。从以下给出的线索中，你能说出书亭主人的名字、在 1 ~ 4 号书亭购书的顾客的名字以及他们买的是什么书吗?

1. 威廉正在买书的那个书亭在波莱特经营的书亭的西边某个位置。卖字典的书亭的东边。

2. 乔 · 埃尔刚买了诗集，但不是从艾兰恩那里买来的。

3. 小说是在 3 号书亭购得的。

4. 雅克的顾客是阿曼裕。

5. 传记是在玛丽安的书亭购得的，她的书亭在斯尔温买书的那个书亭的西边。

亭主：艾兰恩，雅克，玛丽安，波莱特
顾客：阿曼裕，乔 · 埃尔，斯尔温，威廉
书：传记，字典，小说，诗集

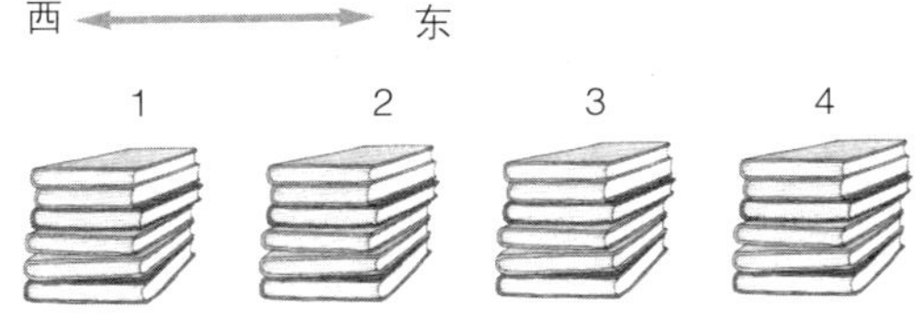

171. 排队买票

4 个人正在售票亭前排队买票。从以下给出的线索中，你能叫出 4 个人的名字，并说出他们各自买的是哪个晚上的票、坐在剧院的哪个位置吗?

1. 要买星期六晚上包厢票的那个人排在珀西瓦尔后面。他看星期六晚上的演出来庆祝 1 个重要的周年纪念。

2. 马克斯紧排在买剧院花楼票的那个人前面，那张剧院花楼的票不是星期四演出的票。

3. 亨利排在队伍的第 3 个位子，在演出的上演日期上，他的票比正厅后排座位的票要早。

4. 威洛比买的是星期五晚上的票。

名字：亨利，马克斯，珀西瓦尔，威洛比
时间：星期三，星期四，星期五，星期六
位置：正厅后排座位，包厢，剧院花楼，正厅前排座位

172. 加薪要求

4 个工会的代表正在开会协议向 W & S 公司提交一份增加工资要求的声明。从以下给出的线索中，你能推断出每个人的名字、所代表的工会，以及代表的成员人数吗?

1. 思德 · 塔克坐在 C 位置，他代表的成员人数不是 4 人。

2. 阿尔夫 · 巴特坐在来自 ABM 的那个代表的对面。ABM 有 6 个成员在 W & S 公司。

3. 有 7 个成员的工会不是 BBT。

4. 坐在 D 位置的人代表的是 BBMU。

5.UMBM 的雷 · 肖所代表的成员人数

没有坐在 B 位置的人代表的多。

代表：阿尔夫·巴特，吉姆·诺克斯，雷·肖，思德·塔克

工会：ABM，BBT，BBMU，UMBM

成员数：3，4，6，7

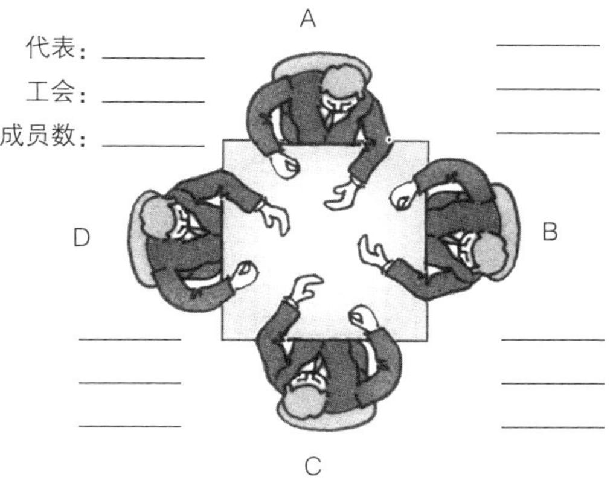

173. 长长的工龄

昨天，如同往常所有的工作日一样，3 位女士在大学食堂的服务台上工作。从以下给出的线索中，你能推断出她们的名字、年龄、工龄和每个人的职责吗？

1. 那位 54 岁的女士工作的时间没有内尔长。

2. 提供主菜的那位女士今年有 56 岁了。

3. 洛蒂已经有 18 年的工作经验，她的工作不是分配饮料。

4. 布里奇特的职责是提供餐后甜点。

	52岁	54岁	56岁	16年	18年	20年	主菜	餐后甜点	饮料
布里奇特									
洛蒂									
内尔									
主菜									
餐后甜点									
饮料									
16 年									
18 年									
20 年									

174. 女孩的小马

3 个女孩各自拥有一匹不同颜色的小马。从以下给出的线索中，你能说出每个女孩的全名和她们各自的马的名字、颜色吗？

1. 贝琳达的褐色小马不叫维纳斯。

2. 姓郝克斯的那个女孩有一匹黑色小马。

3. 灰色小马的名字叫邦妮。

4. 费利西蒂姓威瑟斯。

		姓			马					
		郝克斯	梅诺	威瑟斯	邦妮	潘多拉	维纳斯	黑色	褐色	灰色
名	贝琳达									
	凯蜜乐									
	费利西蒂									
	黑色									
	褐色									
	灰色									
马	邦妮									
	潘多拉									
	维纳斯									

名	姓	马	颜色

175. 照片定输赢

最近一次在爱普斯高特的赛马比赛是根据照片上的差距定输赢的。从以下给出的线索中，你能说出每匹马的排名、它们的骑师和骑师所穿衣服的颜色吗？

1. “矶鹞”马的后面紧跟着卢克·格兰费尔骑的马。卢克·格兰费尔穿着黑蓝两色的衣服。

2. “国王兰赛姆”的骑师是马文·盖尔，他穿的衣服不是粉色和白色。

3. 科纳·欧博里恩的马比杰姬·摩兰恩的马的排名靠前。

4. 穿红色和橘黄色衣服的骑师和他的

马排第 3 名。

5. 裁判研究了拍下的照片，最后由于微小的领先，判定是名叫“布鲁克林”的马赢得了此次比赛。

马：“蓝色闪电”，“布鲁克林”，“国王兰赛姆”，“矶鹞”
骑师：科纳·欧博里恩，杰姬·摩兰恩，卢克·格兰费尔，马文·盖尔
衣服颜色：黑色和蓝色，粉色和白色，红色和橘黄色，黄色和绿色

176. 租车

在出租车公司外面的停车场停着 5 辆顾客预定的车。从以下给出的线索中，你能说出每辆车的品牌、颜色和它的位置数吗？

1. 罗孚停在位置 5。

2. 红色汽车停在福特旁边，福特不是停在位置 4。

3. 菲亚特是黄色，在位置 3 的车是白色的。

4. 中间 3 辆车的生产商名字都不是 5 个字母的。

5. 丰田不是停在位置 2，棕色汽车在丰田的相邻位置，且停在其左面。

颜色：棕色，绿色，红色，白色，黄色
牌子：罗孚（Rover），菲亚特（Fiat），丰田（Toyota），福特（Ford），沃尔沃（Volvo）

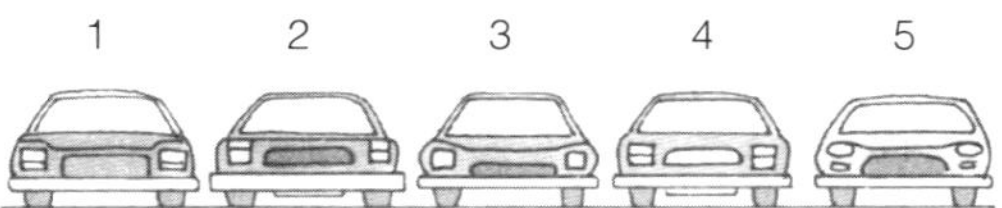

177. 溜冰

4 位年轻的女士来到一个公园的湖上溜冰。从以下给出的线索中，你能确定图中 4 位溜冰者的名字和她们围巾的颜色吗？

1. 伯妮斯·海恩在戴黄色围巾的朋友的右边某处。

2. 叫肖特的溜冰者戴着红色的围巾。

3. 戴着绿色围巾的溜冰者在路易丝左边的某处。

4.1 号溜冰者戴的是蓝色围巾。

5. 杰姬不在 2 号位置，她也不姓劳恩。

名：杰姬，夏洛特，伯妮斯，路易丝
姓：特利尔，劳恩，海恩，肖特
围巾：蓝色，绿色，红色，黄色

1 2 3 4

溜冰者：______ ______ ______ ______
姓名：______ ______ ______ ______
围巾：______ ______ ______ ______

178. 环行线路

一条环行路线连着 4 个村庄，它的起始点即下图中标 1 的地方。开车的 4 位驾驶员分别住在 4 个村庄里。根据给出的线索，你能叫出每个村庄住的驾驶员的名字，并推算出环线上各村之间的距离吗？

1. 格里斯特里村是最北边的村庄，在环线上它与前面或后面的村庄的距离都不是 7 千米。

2. 驾驶员德莫特是提姆布利村的住户。提姆布利村不是最东面的村庄。

3. 6 千米长的那段路程起始在桑德莱比村，阿诺德不住在那里。

4. 环行车在 5 千米长的那段路上是朝往西南的方向开的，起始自罗莉住的村庄。

村庄：提姆布利，格里斯特里，桑德莱比，托维尔

驾驶员：阿诺德，德莫特，吉姆，罗莉

距离：4 千米，5 千米，6 千米，7 千米

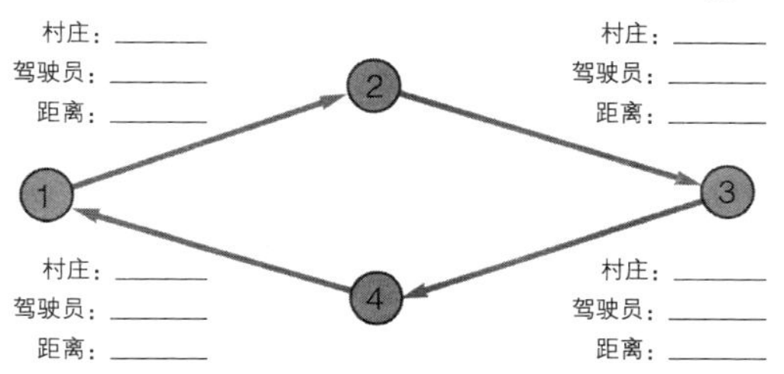

179. 冬日受伤记

去滑雪的 3 个朋友不幸都摔了一跤，导致某个部位骨折。从以下给出的线索中，你能确定他们的名字、所去的旅游胜地和骨折部位吗？

1. 泊尔在法国滑雪。

2. 去澳大利亚的那位女子摔断了一条腿。

3. 斯塔布斯夫人选的度假地点不是瑞士，她也没有把手臂摔断。

4. 索尼亚摔断了她的锁骨，她不姓霍普。

		姓：费尔	斯塔布斯	霍普	澳大利亚	法国	瑞士	手臂	锁骨	腿
名	迪莉娅									
	泊尔									
	索尼亚									
	手臂									
	锁骨									
	腿									
	澳大利亚									
	法国									
	瑞士									

180. 小镇

有 10 个距离很近的小镇，从以下给出的线索中，你能把每个镇名都写出来吗？

1. 亚克斯雷镇在科尔布雷杰镇的北方某处，在布赖圣特恩镇的西南方，而且其在地图上标示的是一个偶数。

2. 波特菲尔得镇在勒索普镇的东北方。

3. 德利威尔镇比欧德马克科特镇位置更偏南。

4. 图上标号 3 的是肯思费尔德镇。

5. 摩德维尔镇在威格比镇的西边。威格比镇在另外一个镇的正北方向。

镇名：布赖圣特恩镇，科尔布雷杰镇，德利威尔镇，肯思费尔德镇，勒索普镇，摩德维尔镇，欧德马克科特镇，波特菲尔得镇，威格比镇，亚克斯雷镇

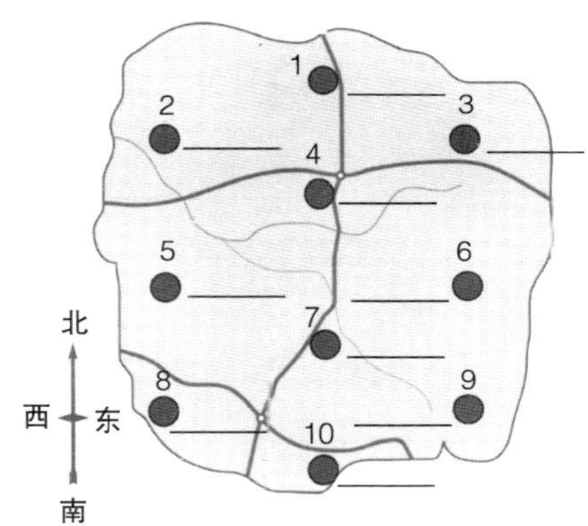

181. 勋章

乔内斯特的宫廷博物馆有一个陈列橱，里面排放着 14 ~ 19 世纪中期的前乔内斯特的国王们保留的 4 个骑士团大勋章。从以下给出的线索中，你能填出 4 个勋章分别代表的 4 个勋爵士团的名字、制造大勋章用的金属材料和它上面的绶带的颜色吗？

1. 勋章 C 上悬挂着绿色的绶带。

2. 大勋章 A 是用纯银制作的。

3. 为 14 世纪乔内斯特王位的继承人命名的赖班恩王子勋爵士团的勋章有一个紫色的绶带。

4. 铁拳勋爵士团的勋章，顾名思义是铁制的大勋章，上面烙印着代表性图案：握紧

的拳头。展示在有蓝色绶带的勋章旁边。

5. 青铜制的勋章紧靠在由纯金制造的勋章的右边，金制勋章不是伊斯特埃尔勋爵士团的代表。

勋爵士团：赖班恩王子，圣爱克赞讷，伊斯特埃尔，铁拳
勋章的材料：青铜，金，铁，银
绶带的颜色：蓝色，绿色，紫色，白色

182. 老照片

爱丽丝经常翻阅她那些老照片，那是她以前去度假时拍的3组照片。从以下给出的线索中，你能推断出照片分别是在哪里拍的、爱丽丝是乘坐什么交通工具、在什么时候去的吗？

1. 长途汽车旅行的月份比1971年那次旅行的月份小。

2. 爱丽丝在科茨沃尔德开着小汽车观光。但不是在8月份去的。

3. 爱丽丝曾去英国的湖泊地区度假，坐的不是火车。时间上则在5月份的假期之后。

	1986年	1971年	1974年	康沃尔	科茨沃尔德	英国的湖泊地区	小汽车	长途汽车	火车
5月份									
6月份									
8月份									
小汽车									
长途汽车									
火车									
康沃尔									
科茨沃尔德									
英国的湖泊地区									

月份	年份	地点	交通工具

183. 特别的自行车

骑行俱乐部的成员制造了一些特别的自行车，它的一辆车上可以骑不多于4个人，它被用来为慈善机构谋利。在某个展示场合，4个人骑在这种自行车上，每个人扮演儿童故事书中的一个角色。从以下给出的线索中，你能说出每个人的全名以及他或她所扮演的角色吗？

1. “托德先生”紧靠在詹妮后面。

2. 扮演“诺德”的不是斯普埃克斯，他在基思的前面某个位置。

3. 骑在2号位置的人扮演“迈德·海特”。

4. 贝尔穿成飞人“贝格尔斯”的样子。

5. 戴夫在自行车的3号位置。

名：戴夫，詹妮，基思，莫尼卡
姓：贝尔，切诺，福克斯，斯普埃克斯
角色：“贝格尔斯”，“迈德·海特”，“托德先生”，“诺德”

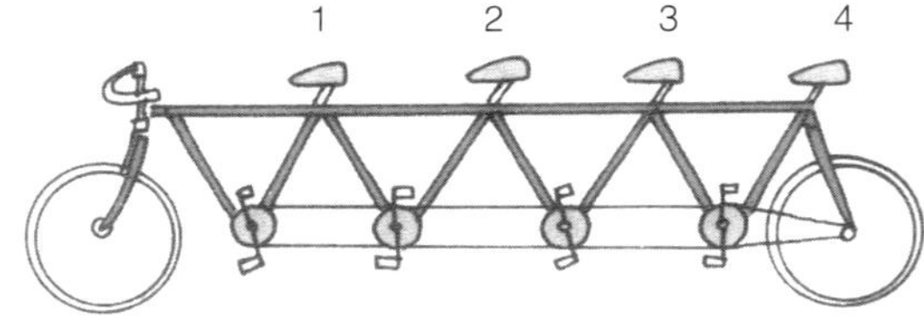

184. 修理店的汽车

汽车修理店停着4辆汽车，其中汽油泵旁边有两辆汽车，另外两辆在使用其他设备。从下面所给的线索中，你能说出司机的名字、每辆车的颜色和品牌吗？

1. 灰色美洲豹比哈森的汽车停得更靠右边。

2. 蒂莫西驾驶的汽车不是蓝色的。

3. 阿尔玛的汽车不是宝马，它也不停在两个汽油泵的前面。丰田汽车停在了汽

油泵的前面，但它不是绿色的。

4. 4 号汽车是深蓝色的，但不是流浪者牌。

司机：阿尔玛，杰拉尔丁，哈森，蒂莫西
颜色：深蓝色，绿色，灰色，浅蓝色
品牌：宝马，美洲豹，流浪者，丰田

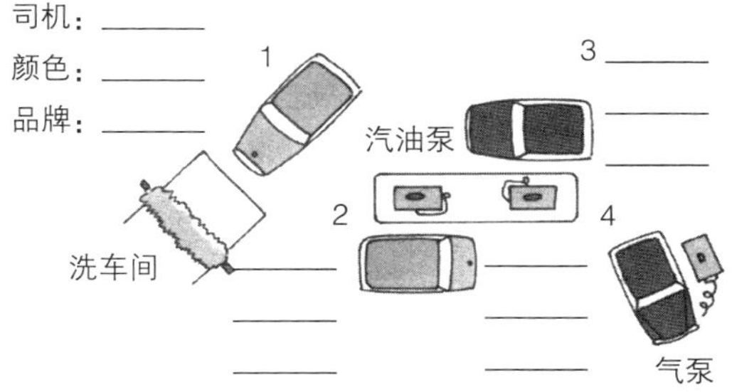

185. 花卉展览

小镇教堂举行了一年一度的花节，其中 4 个成员准备的展览受到好评，她们在图中所示 1 ～ 4 的位置。从以下给出的线索中，你能说出 4 位女士的名字、她们的职业和她们的展览的主打颜色吗？

1. 夏洛特的黄色鲜花展览比由牙科接待员筹备的展览位置更靠东北。

2. 在圣餐桌上的展览不是由小镇的蔬菜水果商设计的。

3. 卢斯的花被放在南耳堂展示。

4. 艾里斯的工作是健康访问员，她展示的基本颜色不是粉红色。

5. 蓝色花展是一位家庭主妇展示的。

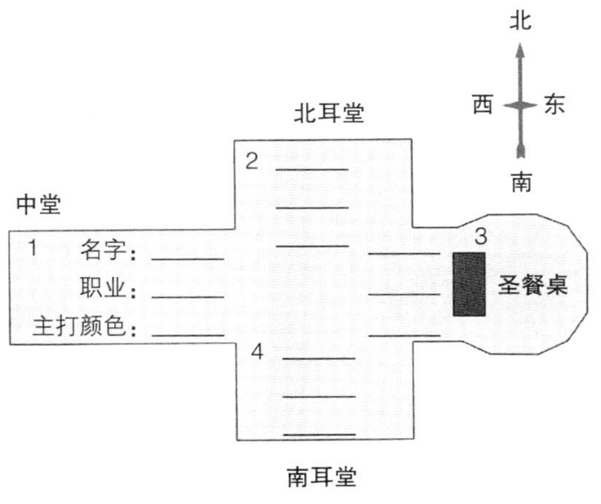

名字：夏洛特，艾里斯，米兰达，卢斯
职业：牙科接待员，蔬菜水果商，健康访问员，家庭主妇
颜色：蓝色，粉红色，白色，黄色

186. 旅游海岛

这是一个小岛，它近来刚刚被开发成旅游中心，它由 4 个主要的市镇组成，分别坐落在沿海岸线编号为 A，B，C，D 的位置上。从所给的线索中，你能说出每个市镇的名称、在那里旅游的是哪个家庭，以及那里所提供的娱乐设施吗？

1. 罗德斯一家人住在国王乡村的一个旅馆中，而游艇港湾镇沿着海岸线顺时针方向的下一站就是国王乡村镇。

2. 莱斯特一家人住在东海岸的一个旅游胜地上，而巴瑞特一家人住在拥有宜人海滩的旅游胜地上。

3. 西海岸的旅游胜地叫作白色沙滩。

4. 卡西诺赌场立于蓝色海湾镇上，但是沃德尔一家人没有在这里旅游。

旅游胜地：蓝色海湾，国王乡村，纳尔逊镇，白色沙滩
家庭：巴瑞特，莱斯特，罗德斯，沃德尔
设施：卡西诺赌场，游艇港湾，宜人海滩，潜水中心

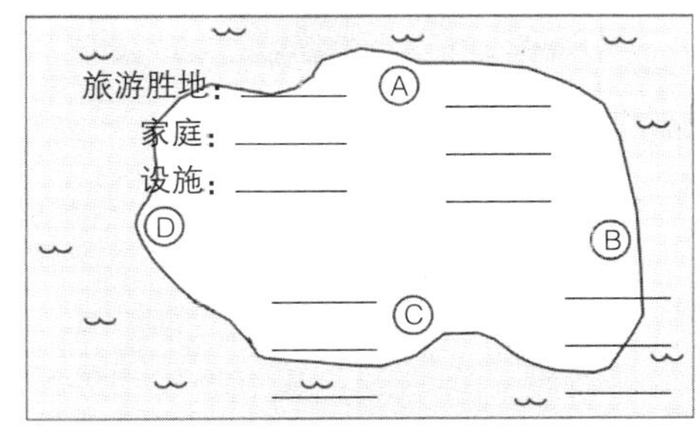

187. 数字与方格游戏

在下页图中，构成矩形的每个方格都包含了一个不同的数字，数字从 1 ～ 21 不等。从所给的线索中，你能在每个方格中填上正确的数字吗？

1. 数字 20 在第 1 行中，7 在它的左边，6 在它的右边。

2. 方格 A4 中的数字比它的邻居 A3 大 2，同时又是它另一个邻居 A5 的 2 倍。

3. C3 中的数字是 2，而数字 3 不在 B 行中。

4. 数字 10 与 15 在同一水平行中，而且 10 在 15 左边第 3 个方格中。

5. 方格 B1 中的数字是方格 A1 中数字的 2 倍，而方格 A1 中的数字是方格 C1 中数字的 2 倍。

6.B3 中的数字比 C6 中的数字少 1，同时 B3 又比 C2 中的数字少 2。

7. 数字 1 所在的方格是在 18 的上面，1 又在 13 的左边。

8. 数字 12 所在纵列的 3 个数字之和是 31，而第 7 纵列的 3 个数字之和大于 25。

9. 数字 21 和 9 都在 C 行内，它们位于相邻的两个方格之内，前者上面方格的数字是个位数，后者上面方格的数字是两位数。

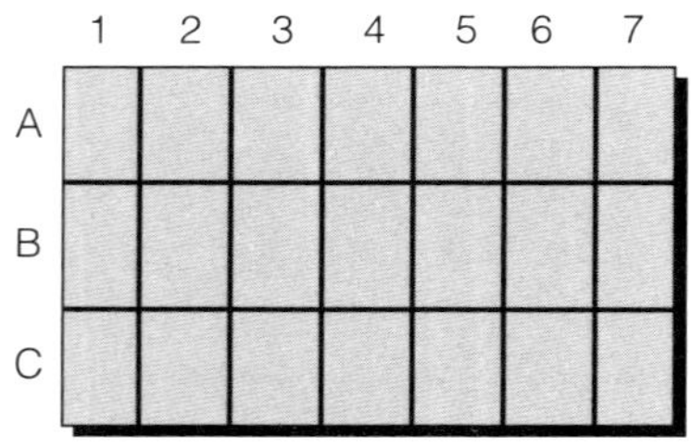

188. 住院

很多英国的居民都很享受英国国民健康保险制度，他们甚至开始叫它“多产的果树林”。此时就有 3 位居民住院，昨晚他们的邻居刚来拜访过。从以下给出的线索中，你能推断出住院者是谁、住在几号病房、来探望的是哪对与之相邻的夫妇及每对夫妇住的房子编号吗？

1. 住在 26 号房子的那对夫妇探望了克劳普先生。

2. 菲尔夫人是 39 号病房的病人。

3. 多赫尔蒂家房子的编号数目比去 53 号病房探望的夫妇家的大。53 号病房住的不是唐纳斯夫人。

4. 萨克森比夫妇探望的是住在 47 号病房的女士。

		39 号病房	47 号病房	53 号病房	夫妇：多赫尔蒂	夫妇：莱德雪姆	夫妇：萨克森比	房子：26 号	房子：65 号	房子：81 号
病人	克劳普先生									
	唐纳斯夫人									
	菲尔夫人									
房子	26 号									
	65 号									
	81 号									
夫妇	多赫尔蒂									
	莱德雪姆									
	萨克森比									

189. 捡到的硬币

某天，3 个少年在不同地点各捡到了一枚硬币。从以下给出的线索中，你能说出每个人的年龄、硬币的面值和捡到它的地点吗？

1. 韦斯利捡到的硬币面值比在公园捡到的那个要大，在公园捡到硬币的人年纪比韦斯利大。

2. 阿曼达捡到了一枚面值为 20 便士的硬币，但不是在停车场捡到的。

3. 6 岁小孩是在人行道上捡到硬币的。

	5 岁	6 岁	7 岁	5 便士	10 便士	20 便士	停车场	公园	人行道
阿曼达									
约瑟夫									
韦斯利									
停车场									
公园									
人行道									
5 便士									
10 便士									
20 便士									

名字	年龄	硬币面值	地点

190. 农场主

在农业展览会上，4 位养羊的农场主被分配到编号为 1 ～ 4 的圈栏，来让他们展示各自的羊群。从以下给出的线索中，你能推断出各农场主分配到的圈栏的编号、农场的名称和得到的名次吗？

1. 来自格兰其牧场的人获得的名次比克罗普获得的名次高一名。克罗普位于 1 号围栏。

2. 第 2 名农场主被分到了 4 号圈栏。它们不是来自布鲁克菲尔得牧场。

3.2 号圈栏的羊来自高原牧场，它们得到的名次比普劳曼得的要高。

4. 在此次比赛中，提艾泽尔是第 3 名的农场主。

农场主：克罗普，普劳曼，提艾泽尔，海吉斯
农场：高原牧场，格兰其牧场，曼普格鲁牧场，布鲁克菲尔得牧场

1　　2　　3　　4

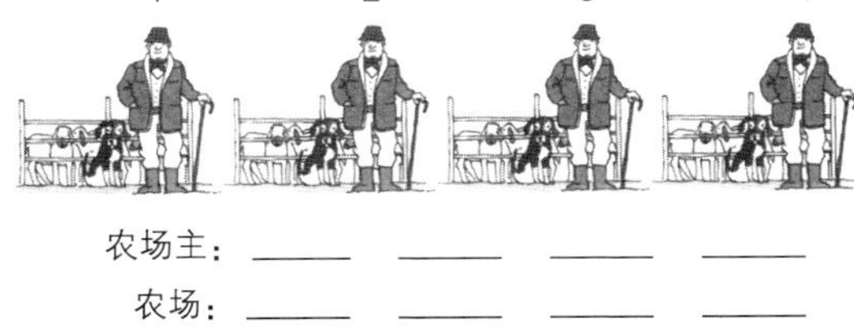

农场主：______　______　______　______
农场：______　______　______　______
名次：______　______　______　______

191. 邮政局

这里是一个繁忙的城市邮政局，分别有 4 位顾客在 4 个服务窗口前办理业务。从下述的线索中，你能说出今天在各个窗口上班的职员的名字、每个顾客的名字以及每位顾客办理的业务吗？

1. 艾莉斯正在提取她的养老金。

2. 某人正在办理公路收费执照，而亨利就站在此人左边第 2 个窗口处。亨利不在亚当的窗口前办理业务。

3. 路易斯在 3 号窗口处工作。

4.4 号窗口前的顾客不是玛格丽特，此处的顾客正在购买一本邮票集锦。

5. 某人正在寄一封挂号信，大卫就在此人的右边一个窗口工作。

职员：亚当，大卫，路易斯，迈根
顾客：艾莉斯，丹尼尔，亨利，玛格丽特
业务：邮票集锦，养老金，挂号信，公路收费执照

1　　2　　3　　4

职员：______　______　______　______
顾客：______　______　______　______
业务：______　______　______　______

192. 迷宫与猴子

这是个令人迷惑的题目，同样它的答案也令人惊讶：如果你使用一支黑线笔描绘出正确的路径，你就可以得到一幅画。在此题中，最后画出的图是一只猴子。为了不走错路，可以使用一个小窍门：一旦你辨认出这条路是死路时，就先用笔封闭这条死路，然后再进行下一步。

193. 运货车与司机

有 4 位司机在一家运输公司工作，如图所示：该公司的停车场通往一条环形马

路，该环形马路又发出4条直行马路。从下面所给的线索中，你能将停车场中标号1～4的运货车与4位司机名字逐一匹配出来吗？并指出那天早晨出发时他们是按照何种顺序离开停车场的，同时推断出每位司机是选择A～D中哪条马路来行驶的吗？

1. 汤米在1号运货车司机启程之后出发。在2号运货车司机亚瑟之前驶离出口，并离开环形马路。

2. 第3个离开停车场的运货车到达环形马路后，它朝着马路C的方向行驶。

3. 当天早上，罗斯是第2个离开停车场的。

4.4号货车行驶的是马路D。

司机：亚瑟，盖瑞，罗斯，汤米

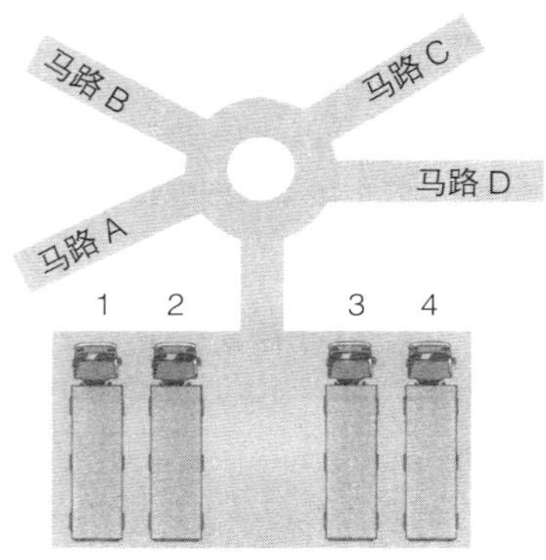

194. 文学评论家

评委们正在对文学奖“震撼人心奖”进行评审工作。从下面所给的线索中，你能指出图中每个位置上坐着的评论家的名字，以及他们最喜欢的小说是哪本吗？

1. 有一位评论家喜欢《木乃伊的诅咒》，他坐在科兰利·斯密斯特顺时针方向的下一位，同时坐在一位女性评论家的对面。

2. 喜欢《无血的屠宰场》的评论家坐在德莫特·谷尔的对面。

3. 评审团成员中有一位最喜欢《恶魔的野餐》，他坐在迪尔德丽·高尔顺时针方向的下一位，同时坐在盖莉·普拉斯姆的对面。

4.《太空的魔王》受到D座的评论家支持。

评论家：科兰利·斯密斯特（男），迪尔德丽·高尔（女），德莫特·谷尔（男），盖莉·普拉斯姆（女）

题目：《无血的屠宰场》，《木乃伊的诅咒》，《恶魔的野餐》，《太空的魔王》

195. 不在家

这周没有牛奶或报纸送到彭姆布雷庭院来，而且每家每户都关着灯，因为6个公寓的居住者都因不同的原因离开了家。从以下给出的线索中，你能确定图中是谁住在哪个公寓里、因什么原因而不在家的吗？

1. 同一楼层相邻的两户户主的性别没有一个是相同的。

2. 在女儿手术后陪着女儿的那个人住在近期要住院的人的左边。

3. 两个楼层之间有很好的隔音效果，但是隔壁房间则不尽如人意。当戴克斯先生的超强音乐打扰到他邻居格蕾小姐时，她还是非常和善的，而她现在去了新西兰。里弗斯夫人右手边的邻居去度假了。

4. 6号楼里住着一位女士。

5. 沃特斯小姐右边的隔壁邻居去商业旅行了，而她跟布洛克先生则隔了个楼层。

6. 伯恩斯先生不在家的理由跟工作没有关联，他也没有跟女儿在一起。格蕾小姐没有参加商业会谈。

居住者：布洛克先生，伯恩斯先生，戴克斯先生，格蕾小姐，里弗斯夫人，沃特斯小姐

原因：住院，在新西兰，谈生意，商业旅行，度假，陪女儿

196. 婚礼

3个兄弟在教堂和他们的新娘举行了婚礼。从以下给出的线索中，你能分别说出3对新人的名字和他们举行婚礼的教堂吗？

1. 在圣三教堂结婚的那对不包括罗德尼或黛安娜，他们两个不是一对儿。

2. 威廉跟贝尔弗莱结婚了。

3. 琼的婚礼在圣约翰教堂举行。

4. 梅格的新婚丈夫不是肖恩，肖恩妻子结婚前不姓希尔斯。

		女名			姓					
		黛安娜	琼	梅格	贝尔弗莱	希尔斯	佩	万圣教堂	圣三教堂	圣约翰教堂
男名	罗德尼									
	肖恩									
	威廉									
	万圣教堂									
	圣三教堂									
	圣约翰教堂									
姓	贝尔弗莱									
	希尔斯									
	佩									

197. 进球明星

鲍勃·克劳斯是一名足球报道员，上星期六他为本地球队的五球杯赛作了报道，他的报道结合了5位进球员的图画。从以下给出的线索中，你能确定每位球员的名字、球衣号码和他进球的时间吗？

1. 8号的左边是文斯，右边是最后进球的人。文斯是紧接在3号后面进球的。A紧接在E的后面进球。E的球衣号码比A大。

2. 艾伦紧接在B后面进球，B的左边是7号。3号紧接在格雷厄姆后面进球。格雷厄姆比3号更靠左边不止一个位置。

3. 大卫比靠在他左右两边的人的球衣号码都大，进球都早。

4. 9号是在第47分进球的。

5. 保罗的球衣号码比在第34分进球的人的号码小，那个人比保罗更靠左边不止一个位置。

球员：艾伦，大卫，格雷厄姆，保罗，文斯

球衣号码：3，6，7，8，9

时间：第21分，第34分，第47分，第65分，第88分

198. 度假岛屿

一个意向调查小组想要调查出公众最喜爱的度假岛屿。从以下给出的线索中，你能写出3个人对5个岛屿的排序吗？注意：他们每个人的排序都不同。

1. 鲍勃把马德拉岛选为自己第2喜欢的岛屿，塞浦路斯岛不是他最喜欢的也不是最不喜欢的。卡拉喜欢塞浦路斯岛更甚于克利特岛。3人中谁都没有把克利特岛排在第3位。

2. 其中一个人的排序中，塞浦路斯岛

排名比马略卡岛前两位。

3. 安吉首选的那个岛屿，鲍勃把它排在第 5 位。

4. 在鲍勃的序列表上名列第 3 的岛屿，被卡拉选为第 2。

5. 克利特岛在安吉的序列表上的排名，跟塞浦路斯岛在鲍勃的序列表上的排名相同。

6. 没有人把罗底斯岛排在第一位。

岛屿：克利特岛，塞浦路斯岛，马德拉岛，马略卡岛，罗底斯岛

199. 项目研究

那什利浦高中二班的学生分别要进行一项研究。从给出的线索中，你能推断出 3 个学生的全名、所选的主题和得到的评分吗？

1. 哈里特不姓布兰得弗德，她的作业得了个 A^-。

2. 选内战主题的女孩得分比海伦 · 罗伯茨高。

3. 克伦威尔是姓埃文斯的那个女孩的研究对象。

		姓：布兰得弗德	姓：埃文斯	姓：罗伯茨	内战	伦敦大火	克伦威尔	A	A^-	B^+
名	艾玛									
名	哈里特									
名	海伦									
	A									
	A^-									
	B^+									
	内战									
	伦敦大火									
	克伦威尔									

名	姓	主题	得分

200. 猜扑克牌

这是一场考验耐心的游戏，图中所示的 9 张扑克牌就是这场游戏的道具。从以下给出的线索中，你能准确地指出这 9 张牌各自的牌值和花色吗？

1. 9 张牌里，只有一种花色出现过 3 次，而在图中的排列，没有哪列或行的花色是完全相同的。

2. 皇后紧靠在“7”的右边，梅花的上面。

3. “8”紧靠在黑桃的下面。

4. 杰克紧靠在一张红桃的左边。

5. 图中中央那张牌是红桃 10。

6. 图中有一排的第 1 张是梅花 5。

7.9 号牌是一张方块。

8. 国王紧靠在“4”的左边，它们的花色不一样。“4”和 3 号牌的花色是一样的。

9.6 号牌和“8”为不同花色。而 2 号牌和“7”为相同的花色。

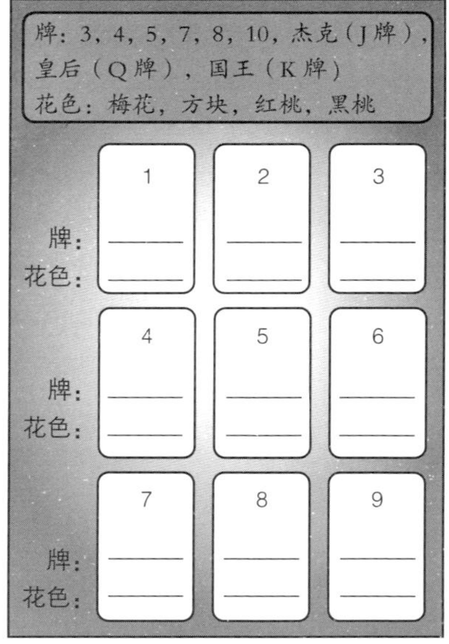

201. 盾形徽章

4 位世袭的贵族拥有如图所示的盾形徽章。从以下给出的线索中，你能说出字母编号为 A，B，C，D 的盾形徽章的所有者及每个徽章上的图案和颜色吗？

1. 莱可汉姆领主的盾形徽章以火鸡图案为特征，用以见证自己某位祖先在对抗异教徒的宗教战争中的英勇行为。这个火鸡图案的徽章排在蓝色徽章的左边。

2. 黄色的盾形徽章在描刻有鹰的徽章的右边。鹰徽章是在代表伯特伦领主徽章的邻旁。

3. 狮子不是曼伦德领主徽章上的图案。

4. 盾形徽章 C 的背景颜色是绿色。

5. 盾形徽章 A 的图纹是莱弗赛奇领主的外衣徽章。

领主：伯特伦领主，莱弗赛奇领主，曼伦德领主，莱可汉姆领主

图案：鹰，狮子，牡鹿，火鸡

颜色：蓝，绿，红，黄

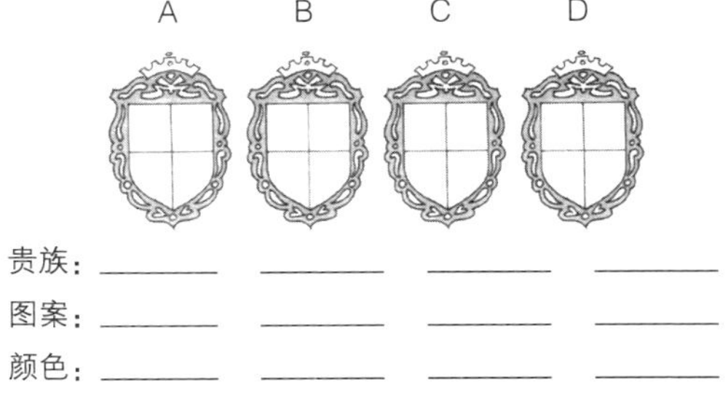

202. 卢多

某个下雨天，4 个小女孩在玩一种叫卢多的游戏。从以下给出的线索中，你能说出 4 个女孩分别在哪个位置上、各自所选的筹码颜色以及最近一次掷的骰子点数吗？

1. 没有人掷出的点数跟她的座位号一样。

2. 掷出 3 点的雷切尔坐在用黄色筹码的女孩的左手边。

3. 桌上的红色筹码是特里萨的。

4. 在 2 号座位的玩家掷出 6 点。

5. 蓝色筹码持有者掷了 4 点。持有者不是安吉拉。

6. 伊冯不是坐在 3 号位置。

名字：安吉拉，雷切尔，特里萨，伊冯

筹码颜色：蓝色，绿色，红色，黄色

骰子点数：1，3，4，6

203. 宠物

4 个毗邻而居的家庭各自拥有一条不同品种的狗。从以下给出的线索中，你能说出编号 17 ~ 23 的房子住户和每家宠物的品种和名字吗？

1. 阿尔萨斯犬住在萨姆的隔壁人家，萨姆是利德家的狗。

2. 17 号的住户的宠物是一只拳师犬。

3. 克勒家有一只吉娃娃狗。

4. 弗雷迪住的房子是 21 号。

5. 19 号的那户人家不姓肯内尔。

6. 马克斯是一只约克夏小猎犬。

家庭：波尼家，可勒家，肯内尔家，利德家

品种：阿尔萨斯犬，拳师犬，吉娃娃狗，约克夏小猎犬

狗名：迪克，弗雷迪，马克斯，萨姆

204. 障碍马术赛

在一年一度的障碍马术赛上，罗希·兰姆斯勃特和她的马再次在比赛中获胜。5年里她已经赢了4次。每次比赛她都骑着不同的马上场。从以下给出的线索中，你能说出她所骑的马的名字、比赛地点和比赛年份吗？

1. 紧接在1998年罗希获胜之后，她骑着“爵士”再次赢得了象征胜利的玫瑰花结。这两场比赛都不是在切尔特娱乐中心举行的。

2. 在切尔特娱乐中心的那次比赛，是在她骑着“小鬼”赢了比赛的两年之后举行的，并且罗希赢得的不是D玫瑰花结。有关“小鬼”的玫瑰花结紧靠在来自切尔特娱乐中心的那次比赛的玫瑰花结的左边。

3. 罗希骑着“花花公子”赢得的玫瑰花结在骑着“斯玛特”赢的玫瑰花结的右边某个位置。

4. 罗希在梅尔弗德公园的那场比赛赢的玫瑰花结紧靠在她最近一次比赛中赢的花结的右边。

5. 罗希在1996年赢的玫瑰花结紧靠在斯特克农场那场比赛中赢得的玫瑰花结的左边。

小型马的名字：“花花公子”，“小鬼”，“爵士”，“斯玛特”
比赛地点：切尔特娱乐中心，梅尔弗德公园，斯特克农场，提伊山
年份：1996，1998，1999，2001

A

B

C

D

205. 加油站购物

4个开车的人同时到加油站加油，并在付油钱的同时都在店里买了东西。从以下给出的线索中，你能叫出每位驾驶员的名字、他或她开的车的品牌和所买的东西吗？

1. 彼得和标致车车主站在同一组加油泵的对面。那个车主买了一袋糖果。

2. 买杂志的那个车主不是萨利，开的也不是沃克斯豪尔车。

3. 伯特在5号泵加油。

4. 买报纸的车主在3号泵加油。

5. 在2号泵加油的女士没有买书，福特车的主人也没买书。开福特车的不是尤妮斯。

驾驶员：伯特，尤妮斯，彼得，萨利
车：福特，标致，丰田，沃克斯豪尔
买的东西：书，杂志，报纸，糖果

驾驶员：________　　________
车：________　　________
买的东西：________　　________

8　5
4　3　2　1
7　6

驾驶员：________　　________
车：________　　________
买的东西：________　　________

206. 发错的订单

克拉伦斯是一家邮递公司的派送员，有一天，他把订单的顺序给弄乱了，订单被送到错误的城市。从以下给出的线索中，你能推断出他把订单送到了哪个错误的城市吗？说出所列书目的作者名字，以及它原来要送到的城市和克拉伦斯派送的错误地址。

1. 每本书相关的名字，包括作者和相关的两个城市名字的首字母都是不同的。

2. 《布达佩斯的秋天》和道森写的书，它们的目的地都不是卡莱尔。被送到切姆

斯弗德的那本书，它的作者不是格雷尼，它原来的目的地也不是布莱顿。

3.《斯多葛学派》一书，既不是克罗瞿的著作，也不是被送到格拉斯哥的那本书。

4.《伊特鲁亚人》的作者名字的首字母在字母表上接在最后被送到威根的那本书作者名字的后面。

作者：艾伦·比格汉姆（Alan Bingham），伊利斯特·克罗瞿（Ernest Crouch），格兰特·道森（Grant Dawson），马丁·格雷尼（Martin Greene）
正确的城市：布莱顿（Brighton），卡莱尔（Carlisle），马特洛克（Matlock），索尔兹伯里（Salisbury）
错误的城市：切姆斯弗德（Chelmsford），格拉斯哥（Glasgow），斯旺西（Swansea），威根（Wigan）

207. 快乐家庭

住得很近的3对夫妇各有不同数目的孩子。从以下给出的线索中，你能将每对丈夫和妻子对应起来，并推断出他们的姓名和他们拥有的孩子数目吗？

1. 比尔和他的妻子拥有的孩子人数比贝尔家少。

2. 艾伦的孩子比朱蒂多。

3. 迪波拉·维克斯不是瑞克的妻子。

4. 梅格是3个孩子的母亲，她不姓皮尔森。

		妻子			姓					
		迪波拉	朱蒂	梅格	贝尔	皮尔森	维克斯	2	3	4
丈夫	艾伦									
	比尔									
	瑞克									
	2									
	3									
	4									
姓	贝尔									
	皮尔森									
	维克斯									

丈夫	妻子	姓	孩子

208. 迟到的出租车

我有位年长的朋友艾丽丝曾经在一个礼拜里预约了3次出租车，但每次车都迟到。从以下给出的线索中，你能推断出她是在哪天预定的、车分别迟到了多少分钟和她要去的目的地吗？

1. 预定在上午9:20的出租车迟到的时间少于15分钟。此次预约是在预定在上午11:15那次之后。

2. 星期四艾丽丝去她的皮肤科医生那里，等车不是等了10分钟。

3. 她去中心公园的时候，出租车迟到了5分钟。

4. 去医院时预约了下午2:40的车，那天不是星期五。

	上午9:20	上午11:15	下午2:40	5分钟	10分钟	15分钟	皮肤科医生	中心公园	医院
星期二									
星期四									
星期五									
皮肤科医生									
中心公园									
医院									
5分钟									
10分钟									
15分钟									

209. 碰碰车

4个年轻的朋友在同一时间坐上了碰碰车，图示的是他们4个在圆形的运动场中央正在掉头的时刻。从以下给出的线索中，你能将1～4号碰碰车上的年轻人全名叫出来并说出碰碰车的颜色吗？

1. 布里格斯坐在蓝色的碰碰车上，他的右手边是刘易斯。

2. 3 号碰碰车的颜色是黄色。它上面坐的是个男孩。

3. 达芙妮·艾伦坐的不是红色的碰碰车。

4. 在 1 号车上的年轻人姓格兰特。

5. 埃莉诺开的是 2 号碰碰车。

名：达芙妮，大卫，埃莉诺，刘易斯
姓：艾伦，布里格斯，格兰特，鲍威尔
颜色：蓝色，绿色，红色，黄色

210. 遮住眼睛

4 个小女孩在生日派对上玩“遮住眼睛”的游戏。从以下给出的线索中，你能推断出 4 个女孩的名字以及她们所戴帽子的颜色吗？

1. 杰西卡在派对上戴着粉红色的帽子。

2. 爱莉尔在戴着黄色帽子的女孩的右边。

3. 戴着绿色礼帽的曼尼斯在莎拉左边的某个地方。

4. 3 号女孩戴着白色帽子，她不姓修斯。

5. 路易丝紧靠在肯特的左边或右边。

名：爱莉尔，杰西卡，路易丝，莎拉
姓：巴塞特，休斯，肯特，曼尼斯
帽子：绿色，粉红色，白色，黄色

211. 授课老师

在一条走廊上相邻的 5 个教室里，有不同人数的学生组成的 5 个班级，分别由 5 位教员授以不同的课程。从以下给出的线索中，你能说出班级、人数、正在上的科目及授课老师吗？

1. 拉丁语课在教室 4 上，上这门课的班级比汉森太太教的班级高两个年级。

2. 正在教室 5 上课的是 2B 班，班级人数不是 29 人。上历史课的教室位于培根先生上课的那个教室的右边。有 30 个学生正专心致志地听培根先生讲课，这个班级比海恩斯先生带的班级高两个年级。

3. 由 28 个学生组成了 5B 班，他们所在的教室在数字上比课程表安排的史宾克斯小姐上英语课的教室大一个数字。

4. 4A 班人数比 1A 班少，4A 班上的是地理课。

5. 3A 班的人数少于 30，给他们上课的不是伯尔先生。

班级：1A，2B，3A，4A，5B
课程：英语，地理，历史，拉丁语，数学
老师：培根先生，伯尔先生，汉森太太，海恩斯先生，史宾克斯小姐
班级人数：26，28，29，30，32

教室 1	教室 2	教室 3	教室 4	教室 5

答案

1...

老比利是星期二去那个港口城镇的。先说第1个地方，即宾纳克宠物旅馆，这个旅馆周四和周五不营业，我们只能排除这两天。然后，可以排除周六，因为那天理发店休息。由于比利回家时带的钱要比去城镇时带的多，所以他兑现了支票。他是周四领工资，但是，接下来的两天都已经被排除了，因此，说他是周二去城镇的是合乎道理的，那时，银行正好营业。同时，理发店和宠物旅馆都营业。

2...

尼德尔瓦勒先生的那个朋友是位女士，而不是男士；她女儿的名字当然就是埃莉诺。

3...

亨利当然愿意为两个德国人理发，因为给两个人理发比给一个人理发多赚一倍的钱！由于亨利注重外表并且小镇上只有两个理发师，他只能让皮埃尔为自己理发。而皮埃尔也需要理发，他只能找亨利，但是，亨利总是太忙而无法为他理发。所以，如果你拜访这个小镇，就只能让皮埃尔为你理发了。

4...

约翰扮演了高尔夫球手和理发师；迪克扮演了喇叭手和作家；罗杰扮演了计算机技术员和卡车司机。

5...

举行婚礼的日子是星期日。我们得把他说的话分成两部分。

在第1部分“那个日子的后天是‘今天’的昨天”，从星期日往前算，就到了星期三，即过了3天。在第2部分“那个日子的前天是‘今天’的明天，这两个‘今天’距离那个日子的天数相等”，从星期日往后算，这样就到了星期四，即距离星期日有3天。所以，这个答案当然就是问题中所提到的日子。

6...

他说的这句话是：“你还是把我喂蝙蝠吧！”如果他说对的话，他会被榨成油；如果他说错的话，他会被喂蝙蝠。但是，找到正确的处罚却是不可能的，所以女巫的计划落败。

7...

迪尔德丽和贺瑞斯是一对儿，伊莫金和克劳德是一对儿，爱利卡和塞尔温是一对儿。

8...

斯威夫特是这样分配酒的：

萨尔的酒吧获得8箱——比汉拉迪的酒吧多2箱；

汉拉迪的酒吧获得6箱——比荷兰人的咖啡厅多2箱；

荷兰人的咖啡厅获得了4箱——比埃德娜的海德威酒吧多2箱；

埃德娜的海德威酒吧获得2箱——比萨尔的酒吧少6箱。

9...

他的生日是12月31日。古特洛克斯先生自言自语的这一天是1月1日。两天前（即12月30日），他是54岁；第2天（即12月31日），他55岁；到新年的年底时，他56岁；那么，明年他就57岁了。

10...

爱丽丝问：“如果我要是昨天问你们‘哪条路通向麦德·哈特家？’的话，你们的答案是什么呢？”

对于这个问题，说实话的那个人仍会说出正确的答案。但是，那个说谎话的人会再次撒谎，但是那天他也在撒谎，所以，他的谎话在抵消后也是正确的道路。

11...

这幅画中的人是买这幅画的先生的儿子。

12...

因为出租车司机从没看过棒球比赛，所以他肯定是威廉姆斯先生。因为爱德华兹先生从来没听说过集邮，所以他肯定不是集邮者。这样，这3个人的职业就是：威廉姆斯先生是出租车司机；爱德华兹先生是司炉工；巴尼特先生是面包师。

13...

他们分别钓了：埃米特4条鱼、加尔文3条鱼、昆廷2条鱼、怀利1条鱼。

14...

这4张正面朝下的扑克牌从左到右依次是红桃K、方块J、黑桃Q、梅花A。

15...

宠物1，埃拉，它是卡罗的宠物；

宠物2，乔治，它是爱丽丝的宠物；

宠物3，贝丝，它是特德的宠物；

宠物4，杰西，它是鲍伯的宠物。

16...

乔治，阿尼纳的公爵，爱吃罪犯；

兰克，图尔达的伯爵，爱吃女人；

杰诺斯，纳波卡的男爵，爱吃老人；

米哈斯，扎勒乌的侯爵，爱吃外国人；

弗拉德，苏恰瓦的王子，爱吃有钱人。

17...

布鲁斯的乐队叫倾斜，他们正在录《黑匣子》，这是一首前卫摇滚风格的歌；

雷尔的乐队叫空旷的礼拜，在录制《毁灭世界》，这是一首歌德摇滚风格的歌；

莱泽的乐队叫内克，在录制《突然》，歌曲的曲风是独立摇滚；

梅根的乐队叫贝拉松，正在录制《帆布悲剧》，这是一首情绪摇滚风格的歌；

史蒂夫的乐队叫红色莱姆，在录制《朱丽叶》，这是一首另类摇滚的歌。

18...

BabyAir是比利时的一家航空公司，飞往伦敦，不允许儿童乘坐；

Connor是意大利的一家航空公司，飞往巴塞罗那，飞机上的食物太贵；

EFD是葡萄牙的一家航空公司，飞往法兰克福，座位太狭窄；

Herta是丹麦的一家航空公司，飞往布拉格，爱晚点；

Simplejet是荷兰的一家航空公司，飞往巴黎，两天才飞一次。

19...

阿里斯德尔点的是鳕鱼套餐，有一个比萨，付了40元；

多戈尔点了一个北大西洋鳕鱼，有一个面包，付了45元；

莱恩点了一个加拿大鲽鱼，并点了薯片，付了60元；

莫顿点了一个鳐鱼套餐，含一个玛氏巧克力棒，总共付了55元；

尼尔点了一个鲽鱼套餐，含一块芝士，付了50元。

20...

小孩1，罗宾，她是詹姆士的女儿；

小孩2，吉米，她是戈登的女儿；

小孩3，阿什利，他是马克的儿子；

小孩4，布莱尔，他是史蒂夫的儿子。

21...

亚当去了伊顿大学，他被叫作海雀，他不能正确起飞；

詹姆士去了温切斯特大学，他被叫作水塘，他不能正确降落；

贾斯汀去了西鲁斯伯里，他被叫作没脑子，他总是瞄不准；

雷奥纳多去了拉格比大学，他被叫作烤面包，他不能通过演习；

塞巴斯蒂安去了海洛大学，他被叫作生姜，他不会驾驶。

22...

波瑞斯选择了跑步和低碳疗法，因为她马上要举行婚礼；

路德米拉选择了打网球和低脂肪疗法，因为她要去度假；

乐达卡选择了骑自行车和低GI值疗法，因为医生建议她减肥；

斯坦尼斯勒选择壁球和低卡路里疗法，因为她要做一个报告；

若斯蒂米尔选择了游泳和减食疗法，因为她要参加同学聚会。

23...

蒂瑞斯和贝格特结婚7年了，他给她买了内衣；

库特和贝特结婚16年了，他给她买了耳环；

米切尔和安妮特结婚3年了，他给她买了摄像机；

罗兰德和恩格瑞德结婚14年了，他给她买了戒指；

沃尔克和卡罗蒂结婚5年了，他给她买了项链。

24...

女士1，洛蕾特，是兰斯的妻子；

女士2，玛琳，是库尔特的妻子；

女士3，莫林，是纳尔逊的妻子；

女士4，梅贝尔，是莫里斯的妻子。

25...

艾拉丁开着卡车将面粉运往大马士革；

布切斯开着有篷货车将大卫·海塞尔弗的专辑运往了麦地那；

勒瑞切尔开着救护车将棉花运往利雅得；

扎弗尔开着小汽车将床单运往开罗；

奥玛开着面包车将DVD运往巴林群岛。

26...

格斯去苏豪公寓见朋友，坐车花了30元；

艾妮去阳光屋健身，坐车花了35元；

菲琳去自由岛购物，坐车花了40元；

琳达去中央公园喝咖啡，坐车花了45元；

泰娜去世纪中心车站观光，坐车花了50元。

27...

学生1，约翰，是格林老师的学生；

学生2，劳埃德，是布罗德老师的学生；

学生3，马特，是肯特老师的学生；

学生4，韦斯，是威廉老师的学生。

28...

艾德瑞去了柬埔寨，住在旅馆，为的是那里的游泳池；

杰娜去了泰国，住在度假村，为的是那里的森林；

莫娜去了马来西亚，住在牧人小屋，为的是那里的寺庙；

罗梅去了印度尼西亚，住在别墅，为的是那里的商店；

泰莎去了毛里求斯，住在酒店，为的是那里的沙滩。

29...

艾丽斯得了腮腺炎，她拿到了一个冰激凌作为安慰，她穿着蓝色睡衣；

贝利叶得了扁桃体炎，有一个朋友来看望他，他穿着绿色睡衣；

弗兰克得了水痘，他得到了一个果冻，他穿着橘色睡衣；

里伊得了猩红热，她得到了一本书，她穿着红色睡衣；

罗宾得了麻疹，他得到了一个玩具，他穿着黄色睡衣。

30...

比亚妮买了10块巧克力，她穿着紫色的雨衣；

古恩娜买了6个棒棒糖，她穿着黄色的雨衣；

何瑞莎买了8块奶糖，她穿着白色的雨衣；

若哥娜买了12块甘草糖，她穿着蓝色的雨衣；

沃里买了4块太妃糖，她穿着黑色的雨衣。

31...

小孩1，R.D.，她是艾达的孙子；

小孩2，J.J.，她是维拉的孙女；

小孩3，T.J.，她是朱利的孙子；

小孩4，O.P.，她是弗农的孙子。

32...

格瑞特在织袜子，她喜欢消化饼和咖啡；

艾达在织毛衣，她喜欢生姜饼干和茶；

凯伊在织围裙，她喜欢果酱饼干和水；

丽丝在织披肩，她喜欢黄油饼干和橙汁；

尼斯萨在织围巾，她喜欢朱古力饼干和汤。

33...

安特尼特将收到罗恩特送的蓝色玫瑰；

多米尼克将收到巴斯坦送的红色兰花；

艾丝泰勒将收到蒂第尔送的白色康乃馨；

玛克西将收到华森特送的粉色菊花；

塞宾将会收到乔治送的黄色百合花。

34...

黛娜吃的是羊肉、汤和巧克力；

丽丽吃的是鸭肉、面条和冰激凌；

玛丽吃的是猪肉、蔬菜和蛋糕；

米琳吃的是鸡肉、米饭和荔枝；

苏伊吃的是牛肉、豆腐和咖啡。

35...

病人1，特雷弗，是米

尔顿医生的病人；

病人 2，罗恩，是卢卡斯医生的病人；

病人 3，布伦顿，是杰罗姆医生的病人；

病人 4，威廉，是莱斯特医生的病人。

36...

阿瑞萨最喜欢拍动物，他在柏林，拍了 18 张照片；

艾耶姆喜欢拍花，他在纽伦堡，拍了 16 张照片；

麦古米喜欢拍陌生人，他在汉诺威，拍了 14 张照片；

尤凯克喜欢拍房屋，他在慕尼黑，拍了 17 张照片；

尤瑞喜欢拍教堂，他在达姆施塔特，拍了 15 张照片。

37...

艾利被称作“革命”，他来自怀斯，管理弗瑞弗德村；

西温林被称作“公正”，他来自艾塞克斯，管理查德林顿村；

艾伯特被称做作“大胆”，他来自麦西亚，管理阿宾顿村；

奥发被称作“野兽”，他来自苏塞克斯，管理阿斯恩沃村；

瑞德沃德被称作“伟大”，他来自维斯瑟克斯，管理卡斯西顿村。

38...

女孩 1，艾米，是内特的女朋友；

女孩 2，妮娅，是埃里克的女朋友；

女孩 3，蕾娜，是罗兹的女朋友；

女孩 4，凯莉，是特德的女朋友。

39...

多娜特和里欧是给摩托车加油时认识的，他准备给她唱《忠诚》；

艾丽娜和安顿尼尔是买黄瓜时认识的，他准备给她唱《呼吸》；

玛若和弗瑞泽欧是看足球赛时认识的，他准备给她唱《我发誓》；

莫尼卡和西欧卫是买香烟的时候认识的，他准备给她唱《惊奇》；

塞恩娜和多纳特罗是在酿酒厂认识的，他准备给她唱《永远》。

40...

别克住在 2303，他家的大门是绿色的，他喜欢在院子里看报纸；

大卫住在 2305，他家的大门是黄色的，他喜欢在院子里晒太阳；

约翰住在 2302，他家的大门是蓝色的，他喜欢在院子里洗车；

迈克住在 2304，他家的大门是红色的，他喜欢在院子里野餐；

沃尔特住在 2306，他家的大门是白色的，他喜欢在院子里打篮球。

41...

劳拉接到了朋友的电话（线索 1，2，3），所以女儿（不是乔伊斯）一定是艾莉森，是玛格丽特打电话给艾莉森的。通过排除法，乔伊斯肯定是其中 1 位女性的母亲，这位女性不可能是伯妮斯（线索 1），得出乔伊斯肯定是波林的母亲，因此伯妮斯是打电话给她的朋友劳拉的人。伯妮斯（线索 1）和玛格丽特（线索 2）都不是在 9：20 打的电话，因此，9：20 时，肯定是波林在打电话。而从线索 1 中知道，伯妮斯是在 9：22 打的电话，剩下只能是玛格丽特在 9：25 打电话。

答案：

9：20，波林打电话给母亲乔伊斯；

9：22，伯妮斯打电话给朋友劳拉；

9：25，玛格丽特打电话给女儿艾莉森。

42...

小偷 1 是安吉洛，他是被鲍勃抓住的；

小偷 2 是米克，他是被特德抓住的；

小偷 3 是巴蒂，他是被大卫抓住的；

小偷 4 是托尼，他是被安迪抓住的。

43...

史蒂夫的姓不是沃尔顿（线索 2），他也不可能姓汉克，汉克是第 3 名（线索 2 和 3），因此他只可能姓泰勒，所以他代表红狮队（线索 1）。他不是第 2 名（线索 2），那么他只能是第 1 名，而沃尔顿是第 2 名。比尔不代表五铃队（线索 4），因此他只可能代表船星队，而玛丽代表五铃队。从线索 4 中知道她肯定是汉克，最后取得第 3 名，得出比尔肯定姓沃尔顿，取得第 2 名。

答案：

比尔·沃尔顿，船星队，第 2 名；

玛丽·汉克，五铃队，第 3 名；

史蒂夫·泰勒，红狮队，第 1 名。

44...

采访对象 1，布拉德，将被杰克采访；

采访对象 2，弗兰克，将被迪克采访；

采访对象 3，艾迪，将被罗杰采访；

采访对象 4，罗基，将被凯特采访。

45...

卷轴 B 是迪格博士发现的（线索 4）。卷轴 A 是衣物清单，不是被布卢斯教授发现的（线索 3），夏瓦博士找到日记（线索 6），因此卷轴 A 肯定是雀瓦教授发现的，它是用古巴比伦字体撰写的（线索 1）。迪格博士发现的卷轴 B 不是用亚述语写的（线索 4），也不是拉丁文（线索 2），卷轴 B 的文字肯定是埃及文。而卷轴 B 不可能是那封情书（线索 5），因此，通过排除法，卷轴 B 只能是账本，而情书只能是布卢斯教授发现的。现在，从线索 6 中知道，夏瓦博士发现的是卷轴 C. 它不是用巴比伦语写的，那么只能是用亚述语写的，而布卢斯教授发现的卷轴 D 是用拉丁文写的情书。

答案：

卷轴 A，古巴比伦文，衣物清单，雀瓦教授；

卷轴 B，埃及语，账本，迪格博士；

卷轴 C，亚述语，日记，夏瓦博士；

卷轴 D，拉丁文，情书，布卢斯教授。

46...

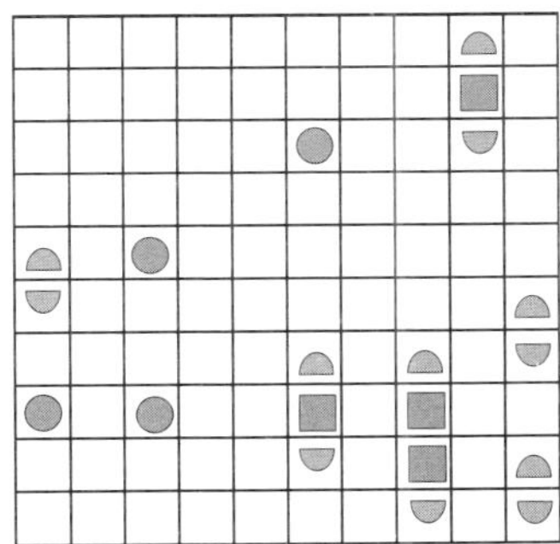

47...

48...

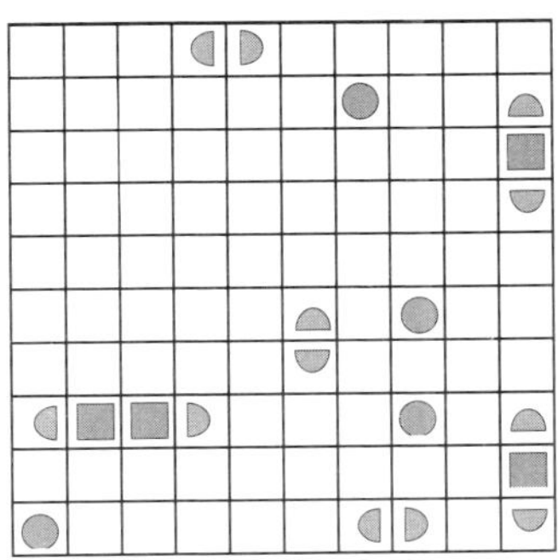

49...

50...

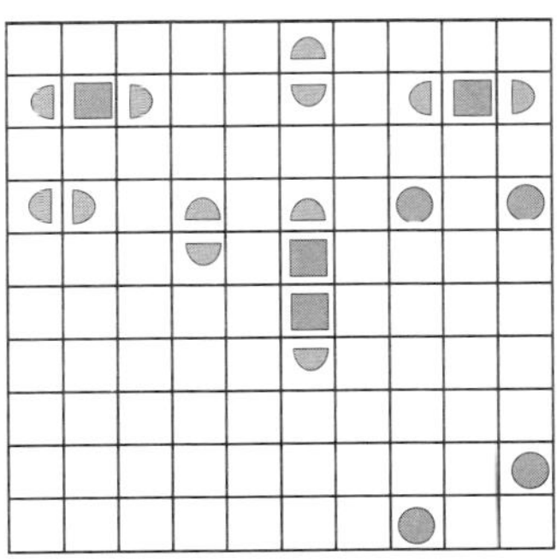

51...

52...

字母 K 在六边形 7（线索 5）中，从线索 1 中知道，A 不 在 1，2，4，6，7，9，10，11，13，14 中，因此 A 只可能在 3，5，8，12 中。M 不可能在 14 中，因其里是个元音（线索 7），A 不可能在 12（线索 1）中，也不可能在 5（线索 7）中，线索 2 又排除了 F 在 1 中的可能性，而 A 也不可能在六边形 3 中（线索 1），所以只能在 8 里。F 在 5 中，M 在 11 里（线索 1）。从线索 7 中知道，14 里的元音一定是 E。线索 3 排除了 H 在 3，4，6，9，10，12，13 中的可能性，而且我们早就知道它不可能在 5，7，8，11，14 中，因此只可能在 1 和 2 里。但是线索 2 排除了 1，因此 H 在 2 中，而D在4中（线索3），线索6可以提示B在9中。现在我们已经知道了A，B，D，E的位置，从线索2中知道1里的肯定是C。从线索4中知道，N只可能在3中，I在13里。现在从线索8中可以推出G在12中，L在10中，剩下J位于六边形6中。

答案：

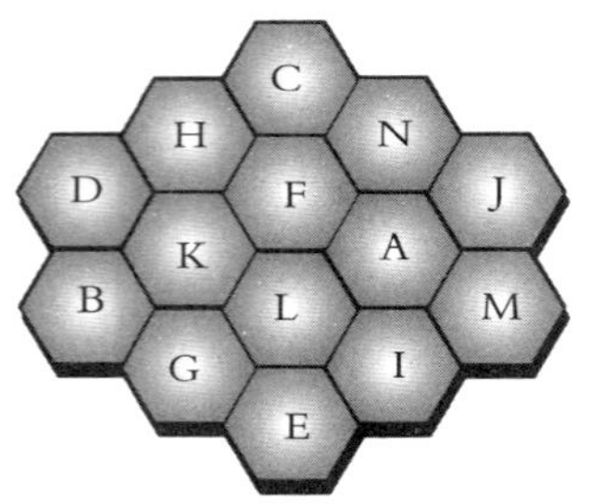

53...

巴石在E躺椅上（线索2），尼克的姓是索乐（线索3）。克可在A躺椅上，他不是萨姆（线索1），线索6告诉我们克可不是多克，那么克可肯定就是姜根而不可能是宇航员（线索1）；躺椅D上的是物理学家（线索4），化学家姓多明克（线索5），生物学家的名字是多克（线索6），因此姜根·克可肯定是飞行员。现在，我们知道了一些姓或名或职业的搭配关系，因此，多克是生物学家，但不是克尼森（线索6），则肯定是戴尔。我们知道她（是的，多克·戴尔是第2位女性，虽然没办法找出来）不在躺椅A，D，E上，线索2能排除躺椅B，因此她必定在躺椅C上。现在我们知道3个躺椅占有者的职业。线索1告诉我们，宇航员不在躺椅B上，那么他只能是E上的巴石。通过排除法，躺椅B被多明克占了，她是化学家。另外，我们把姓和职业与名搭配，可以推得多明克只能是萨姆。通过排除法，尼克·索乐只能是躺椅D上的物理学家，而克尼森是E上的巴石。

答案：

躺椅A，姜根·克可，飞行员；

躺椅B，萨姆·多明克，化学家；

躺椅C，多克·戴尔，生物学家；

躺椅D，尼克·索乐，物理学家；

躺椅E，巴石·克尼森，宇航员。

54...

埃德娜和鲍克丝夫人应为2号或3号（线索1），而克拉丽斯·弗兰克斯肯定不是4号（线索3），只能是1号。寄出3封信件的女人位于图中3或者4的位置（线索3）。线索2告诉我们邮筒两边寄出的信件数量相同，那么它们必将是5封和2封在邮筒一侧，3封和4封在另一侧，所以寄出4封信件的女人必将位于3或者4的位置。但只有1个人的信件数和位置数相同（线索5），结果只可能是4号女人有3封信而3号女人有4封信。从线索5中知道，2号有2封信件要寄，剩下克拉丽斯·弗兰克斯是5封。我们知道埃德娜和鲍克丝夫人位于图中2或者3的位置，因此现在知道埃德娜是2号，有2封信要寄出，而鲍克丝夫人是3号，有4封信，她不是博比（线索4），那么她就是吉马，剩下在4号位置的博比，不是斯坦布夫人（线索4），那么她只可能是梅勒，而斯坦布夫人是埃德娜。

答案：

位置1，克拉丽斯·弗兰克斯，5封；

位置2，埃德娜·斯坦布，2封；

位置3，吉马·鲍克丝，4封；

位置4，博比·梅勒，3封。

55...

朱莉娅是其中1位顾客（线索2）。29便士是2号售货员给4号顾客的找零（线索5），但是2号不是莱斯利（线索3），也不是杰姬，因为后者参与的交易是17便士的找零（线索1），因此2号肯定是蒂娜，4号是朱莉娅（线索2）。而后者不是买了洗发水的奥利弗夫人（线索2），那么奥利弗夫人肯定是3号。朱莉娅一定买了阿司匹林，她是阿尔叟小姐接待的（线索4），而阿尔叟小姐肯定是蒂娜。通过排除法，17便士的找零必定是1号售货员给3号顾客的，因此通过线索1，朱莉娅肯定是沃茨夫人，而剩下的1号售货员肯定是里德夫人，她也不是莱斯利（线索3），所以她只能是杰姬，最后得出莱斯利姓奥利弗。

答案：

1号，杰姬·里德，找零17便士；

2号，蒂娜·阿尔叟，找零29便士；

3号，莱斯利·奥利弗，买洗发水；

4号，朱莉娅·沃茨，买阿司匹林。

56...

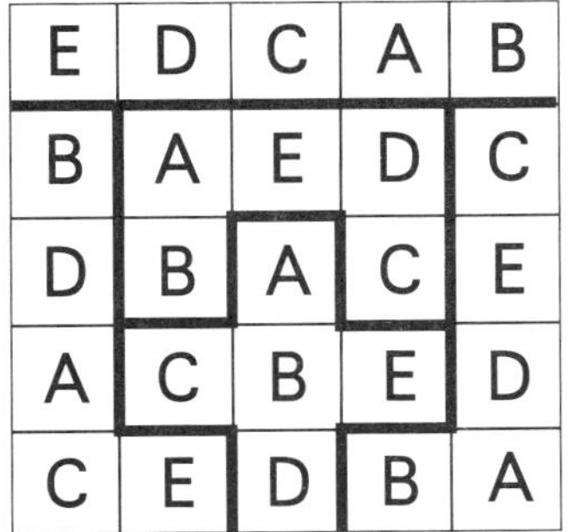

E	D	C	A	B
B	A	E	D	C
D	B	A	C	E
A	C	B	E	D
C	E	D	B	A

57...

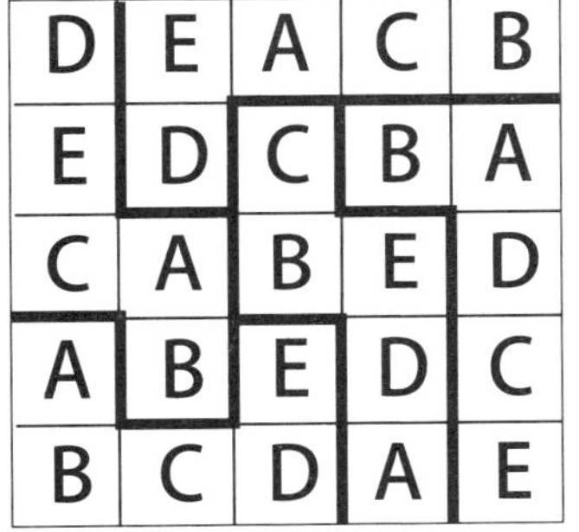

D	E	A	C	B
E	D	C	B	A
C	A	B	E	D
A	B	E	D	C
B	C	D	A	E

58...

D	B	A	E	C
C	E	B	D	A
E	A	C	B	D
B	C	D	A	E
A	D	E	C	B

59...

B	A	E	C	D
D	C	A	B	E
E	B	D	A	C
A	D	C	E	B
C	E	B	D	A

60...

A	E	B	D	C
D	C	A	E	B
C	A	D	B	E
E	B	C	A	D
B	D	E	C	A

61...

E	C	A	B	D
B	D	C	A	E
D	E	B	C	A
A	B	E	D	C
C	A	D	E	B

62...

D	B	E	C	A
C	A	D	B	E
B	D	A	E	C
E	C	B	A	D
A	E	C	D	B

63...

麦克的姓是阿彻（线索4），而克里福特不是约翰，他的马是海员赛姆（线索2），他不可能是萨利（线索3），那么他就是埃玛。艾塞克斯女孩是第2名（线索1），第4名的马不是海员赛姆（线索2），不是西帕龙（线索4），则一定是蓝色白兰地。他的骑师不是理查德，理查德骑的也不是西帕龙（线索3），我们已经知道了海员赛姆的骑师，那么理查德的马一定是艾塞克斯女孩。麦克·阿彻不可能是第1名的马的骑师（线索4），而西帕龙不是第2，他也不在第3名的马（线索4），所以他肯定是第4名马匹的骑师，他的马是蓝色白兰地。因此，从线索4中知道，西帕龙是第3名，通过排除法，海员赛姆是第1名。从线索3中知道，萨利姓匹高特，则她的马一定是第3名的西帕龙。最后，剩下第2名的马就是艾塞克斯女孩，骑师是约翰·理查德。

答案：

第1名，海员赛姆，埃玛·克里福特；

第2名，艾塞克斯女孩，约翰·理查德；

第3名，西帕龙，萨利·匹高特；

第4名，蓝色白兰地，麦克·阿彻。

64...

范是坐计程车回来的（线索3），巴里·沃斯不是坐警车回来的（线索1），则一定是被救护车送回来的，因此他去的时候是步行（线索4）。通过排除法，扎吉是坐警车回来的，他或者她去的时候不是坐巴士去的（线索2），那么只能是骑自行车去的，剩下范是坐巴士去的。因此扎吉不是乔安妮（线索5）的姓，而是罗宾的，剩下乔安妮的姓就是范，后者去的时候坐巴士，回来时坐计程车。

答案：

巴里·沃斯，步行，救护车；

乔安妮·范，巴士，计程车；

罗宾·扎吉，自行车，警车。

65...

朱利叶斯是人物A（线索4），而哈姆雷特紧靠在理查德的右边（线索3），不可能是人物A或者B，他将饰演士兵（线索3），他不可能是人物C，因为人物C扮演孩童时代的马恩（线索1），那么他必将是人物D，理查德是扮演儿童时期的C。我们现在知道3个人的名或者姓，因此安东尼·李尔王（线索2）一定是B。通过排除法，哈姆雷特肯定是约翰。安东尼·李尔王不扮演哲学家（线索2），因此他肯定扮演青少年，而朱利叶斯扮演的是哲学家。最后，通过线索1知道，理查德不是曼彻特，他只能是温特斯，剩下曼彻特就是朱利叶斯，即人物A。

答案：

人物A，朱利叶斯·曼彻特，晚年；

人物B，安东尼·李尔王，青少年；

人物C，理查德·温特斯，孩童；

人物D，约翰·哈姆雷特，士兵。

66...

布莱克在1723年5月当选（线索2），安·特伦特是在偶数年份当选的（线索3）。1721年当选的皇后不姓萨金特（线索1），也不是沃顿，沃顿的父亲是铁匠（线索5），她也不是索亚（线索6），也非米尔福德（线索7），因此只能是安德鲁。从线索4中知道，织工的女儿是在1722年当选的。教区长的女儿不是在1723年之后当选的，但是她也不是在1722年当选的。而布莱克在1723入选，线索1也能排除教区长的女儿在1721年入选。因此，知道教区长的女儿就是布莱克，即1723年的皇后。从线索1中知道，萨金特是1725年当选的，而汉丽特是1727年的皇后。我们已经知道1721年的五月皇后安德鲁的父亲不是织工、教区长和铁匠，也不是箍桶匠（线索7），因为布莱克是在1723年当选的，所以安德鲁的父亲也不是旅馆主人（线索7）和茅屋匠（线索8），通过排除法，他只能是木匠，而安德鲁就是苏珊娜（线索6）。线索6告诉我们索亚是1722年当选的。箍桶匠的姓不是特伦特（线索3），也非米尔福德（线索7），我们知道他也不姓安德鲁、布莱克、索亚、沃顿，因此只可能是萨金特。从线索7中知道，汉丽特的姓不是米尔福德，她的父亲不是旅店主人（线索7），也不是铁匠，所以只能是茅屋匠。线索5告诉我们，铁匠的女儿不是1726年的五月皇后，通过排除法，她应该是在1724年当选的，而沃里特是教区长布莱克的女儿，她在1723年当选（线索5），剩下旅馆主人的女儿是1726年当选的，通过排除法，可以知道她就是安·特伦特。现在从线索7可以知道玛丽就是沃顿，1724年的皇后。织工的女儿不是比阿特丽斯（线索4），则肯定是简，最后剩下比阿特丽斯就姓萨金特，她是箍桶匠的女儿。

答案：

1721年，苏珊娜·安德鲁，木匠；

1722年，简·索亚，织工；

1723年，沃里特·布莱克，教区长；

1724年，玛丽·沃顿，铁匠；

1725年，比阿特丽斯·萨金特，箍桶匠；

1726年，安·特伦特，旅馆主人；

1727年，汉丽特·米尔福德，茅屋匠。

67...

	A	C		B
B			A	C
C	B			A
	C	A	B	
A		B	C	

68...

B	A	C		
	C	B		A
A	B		C	
		A	B	C
C			A	B

69...

B			A	C
	C	B		A
A			C	B
C	B	A		
		C	B	

70...

	A		C	B
B	C		A	
A		B		C
		C	B	A
C	B	A		

71...

A	B	C		
	C		A	B
B	A		C	
C		B		A
		A	B	C

72...

	B	C		A
A			B	C
C	A			B
	C	B	A	
B		A	C	

73...

	A		B	C
		C	A	B
B		A	C	
C	B			A
A	C	B		

74...

C		A		B
	B	C		A
A	C		B	
B	A		C	
		B	A	C

75...

雷蒙德往东走（线索3），从线索1中知道，骑摩托车去上高尔夫课的人不朝西走。去游泳的人朝南走（线索2），拍卖会不在西面举行（线索2），因此朝西走只可能是去看牙医的人。西尔威斯特坐出租车出行（线索5），不朝北走。同时我们知道雷蒙德不朝北走，安布罗斯也不朝北走（线索1和2），那么朝北走的只可能是欧内斯特。从线索4中知道，坐巴士的人朝东走。我们知道雷蒙德不去游泳，也不去看牙医，而他的出行方式说明他不可能去玩高尔夫，因此他必定是去拍卖会。现在通过排除法知道，骑摩托车去上高尔夫课的人肯定是欧内斯特。从线索1中知道，安布罗斯朝南出行去游泳，剩下西尔威斯特坐出租往西走，去看牙医。最后可以得出安布罗斯开小汽车出行。

答案：

北，欧内斯特，摩托车，上高尔夫课；

东，雷蒙德，巴士，拍卖会；

南，安布罗斯，小汽车，游泳；

西，西尔威斯特，出租车，看牙医。

76...

莎的姓是卡索（线索2），蒂米穿红色的泳衣（1），因此，穿橙色泳衣叫响的小男孩肯定是詹姆士。通过排除法，莎的泳衣一定是绿色的，他的母亲是曼迪（线索4）。同样再次通过排除法，蒂米的姓是桑德斯，他的母亲不是丘尼斯（线索3），那么肯定是萨利，最后剩下丹尼斯是詹姆士的母亲。

答案：

丹尼斯·响，詹姆士，橙色；

曼迪·卡索，莎，绿色；

萨利·桑德斯，蒂米，红色。

77...

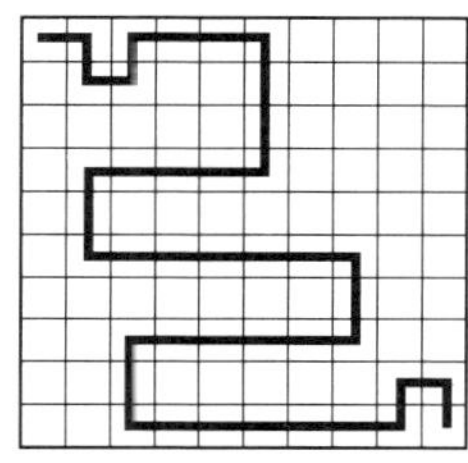

78...

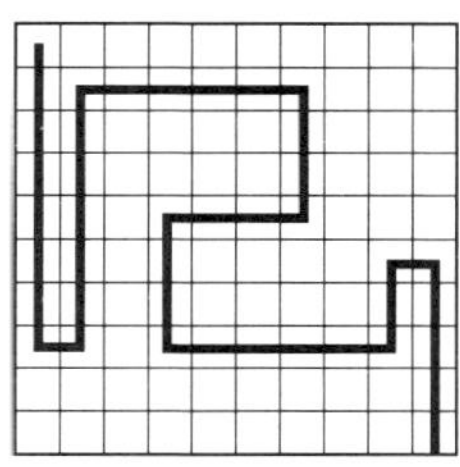

79...

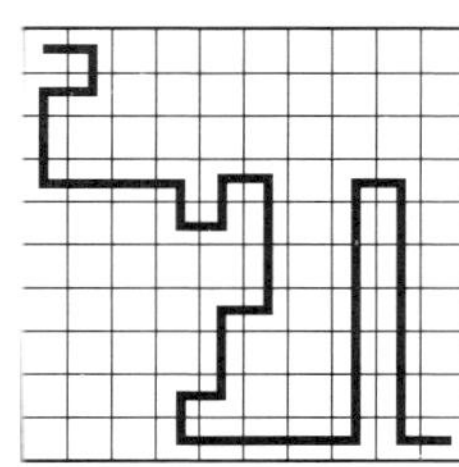

80...

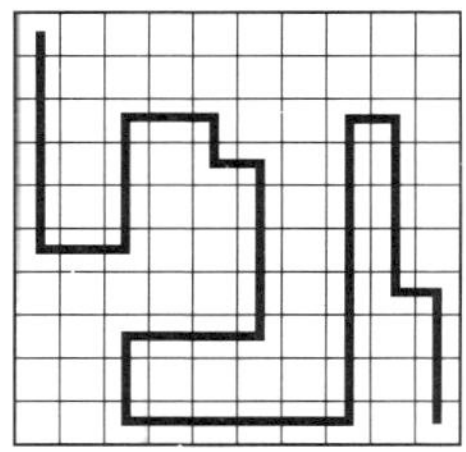

81...

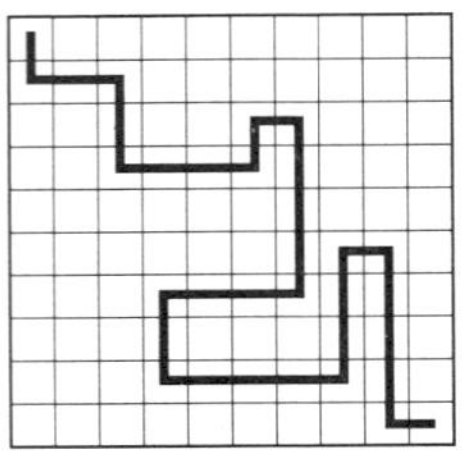

82...

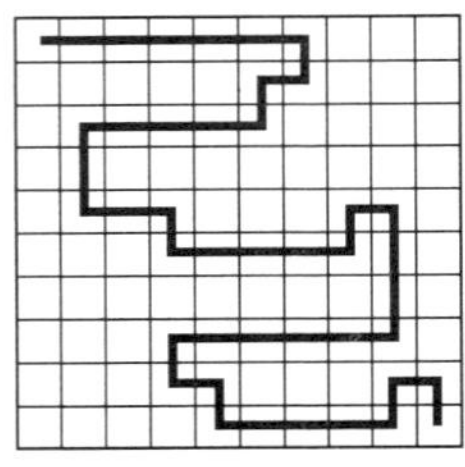

83...

从上到下：C，A，B，F，E，D。

84...

从上到下：A，E，D，B，C，F。

85...

保持相同排名的不是贝林福特队和罗克韦尔·汤队（线索1），从第2跌到第7的是匹特威利队（线索2），而保持相同排名的也不是克林汉姆队和格兰地威尔队（线索3），也非内德流浪者队和福来什运动队（线索6），因此通过排除法，只能是米尔登队，它最后取得了第3名（线索5），而在圣诞节时也是第3名。线索5告诉我们，中场时罗克韦尔·汤队是第4名，而最后取得了第1名（线索1）。贝林福特队到赛季末下降了2个名次（线索1），在圣诞节时它不可能是第7和第8，我们知道它也不可能是第2、第3和第4。既然我们已经知道了圣诞节时第3和第7名的队伍，而贝林福特队不可能从第1和第5开始下降的，那么只能从第6下降到第8（线索1）。从第1下降到第5的队（线索7）不可能是福来什运动队（线索6），克林汉姆队和格兰地威尔（线索3），因为他们的名次都是上升的，那么，只可能是内德流浪者队。现在从线索3中已经可以知道，在圣诞节时，克林汉姆队是第7，格兰地威尔是第8。剩下当时福来什运动队是第5。福来什运动队最后不是第4（线索4），那么肯定是第2名。最后，从线索3中知道，克林汉姆队以第4结束，而格兰地威尔队以第6告终。

答案：

圣诞

1. 内德流浪者队
2. 匹特威利队
3. 米尔登队
4. 罗克韦尔·汤队
5. 福来什运动队
6. 贝林福特队
7. 克林汉姆队
8. 格兰地威尔

赛季末

1. 罗克韦尔·汤队
2. 福来什运动队
3. 米尔登队
4. 克林汉姆队
5. 内德流浪者队
6. 格兰地威尔
7. 匹特威利队
8. 贝林福特队

86...

科拉·迪在药店工作（线索4），而艾米·贝尔不在面包店工作（线索1），所以她肯定在零售店工作，而埃德娜·福克斯则在面包店工作。艾米·贝尔在半岛商店工作（线索1），斯蒂德商店店员穿蓝色工作服（线索2），因此，穿黄色工作服的埃德娜，肯定在梅森商店工作。通过排除法，艾米的工作服肯定是粉红色的，而在斯蒂德商店工作的一定是科拉，她穿蓝色的工作服。

答案：

艾米·贝尔，半岛商店，零售店，粉红色；

科拉·迪，斯蒂德商店，药店，蓝色；

埃德娜·福克斯，梅森商店，面包店，黄色。

87...

图中3号游艇是维克多的（线索4），从线索1中知道，海鸠不可能是游艇4，有灰蓝色船帆的燕鸥也不是游艇4（线索2）。线索5排除了海雀是4号的可能性，因此4号游艇只能是埃德蒙的三趾鸥（线索6）。游艇1不是海鸠也不是海雀（线索1），那么它一定是燕鸥。我们知道燕鸥的主人不是埃德蒙，也不是拥有白色帆游艇的马尔科姆（线索5），那么只能是大卫，而剩下马尔科姆是游艇2的主人。从线索1中知道，游艇3是海鸠，而剩下游艇2是海雀。三趾鸥的帆不是灰绿色的（线索1），那么肯定是黄色的，剩下海鸠是灰绿色的帆。

答案：

游艇1，燕鸥，大卫，灰蓝色；

游艇2，海雀，马尔科姆，白色；

游艇3，海鸠，维克多，

灰绿色；

游艇4，三趾鸥，埃德蒙，黄色。

88...

村庄4的名字为克兰菲尔德（线索3），从线索5中知道，波利顿肯定是村庄2，那么利恩村肯定是村庄1，而剩下村庄3是耐特泊。村庄3的居民是出去遛狗的（线索2），从线索5中知道，这个居民一定是丹尼斯。而婚礼发生在利恩村（线索5），参加婚礼的人住的村庄一定是村庄4，即克兰菲尔德，因此，现在从线索4中可以知道，西尔维亚一定住在村庄2，即波利顿村。现在我们已经知道了村庄2和3的居民，以及村民4出行的目的，那么线索1中提到的去看朋友的波利一定住在利恩村。通过排除法，最后知道玛克辛住在克兰菲尔德，而西尔维亚出行的目的是去看望她的母亲。

答案：

村庄1，利恩村，波利，见朋友；

村庄2，波利顿村，西尔维亚，看母亲；

村庄3，耐特泊村，丹尼斯，遛狗；

村庄4，克兰菲尔德村，玛克辛，参加婚礼。

89...

弹吉他的不是1号（线索1），1号也不是变戏法者（线索3），也非马路艺术家（线索4），因此1号肯定是手风琴师，他不是泰萨，也不是莎拉·帕吉（线索2），而内森是2号（线索5），因此1号只能是哈利。因内森不玩吉他（线索5），线索1可以提示吉他手就是4号。4号不是莎拉·帕吉（线索2），而莎拉·帕吉不是1号和2号，因此只能是3号。因此，她不是变戏法者（线索3），通过排除法，她肯定是街边艺术家，剩下变戏法者就是2号内森。从线索4中知道，他的姓一定是西帕罗，而4号位置肯定是泰萨。从线索2中知道，克罗葳不是泰萨的姓，则一定是哈利的姓，而泰萨的姓只能是罗宾斯。

答案：

1号，哈利·克罗葳，手风琴师；

2号，内森·西帕罗，变戏法者；

3号，莎拉·帕吉，街边艺术家；

4号，泰萨·罗宾斯，吉他手。

90...

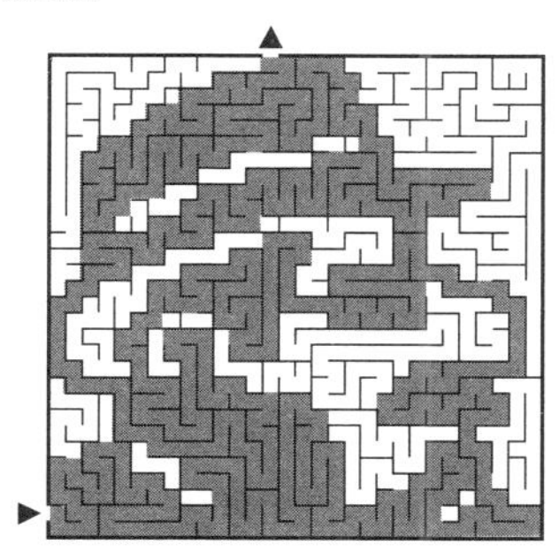

91...

B位置上的是9号选手（线索6）。万能选手6号不可能在A位置上（线索1），而C位置上的选手是乔希（线索4），线索1提示位置D上的不可能是万能选手，那么万能选手一定是C位置上的乔希。现在，从线索1中可以知道，帕迪一定是位置B上的9号选手。我们现在已经知道A不是乔希，也不是帕迪，线索5排除了艾伦，那么他只可能是尼克，他是乡村队的守门员（线索2），最后剩下艾伦在D位置上。现在，从线索5中知道，艾伦一定是7号，尼克则是8号。而艾伦一定不是旋转投手（线索3），那么他一定是快投，剩下旋转投手是帕迪。

答案：

选手A，尼克，8号，守门员；

选手B，帕迪，9号，旋转投手；

选手C，乔希，6号，万能；

选手D，艾伦，7号，快投。

92...

照片A是帕丁顿（线索2），D不是鲁珀特（线索4），也不是泰迪（线索5），因此只能是布鲁马，来自天鹅湖动物园（线索1）。照片B不是格林斯顿的灰熊（线索3），也不是来自天鹅湖的熊。线索5排除了它来自布赖特邦动物园的可能性，因为布赖特邦动物园的熊就在泰迪的右边，因此照片B上的熊一定来自诺斯丘斯特。现在，从线索5中可以知道，泰迪不可能在照片C上，因此，只能是E照片上的来自诺斯丘斯特的熊，而C则是鲁珀特。来自天鹅湖的布鲁马是只眼镜熊（线索4），从线索5中知道，鲁珀特肯定是在布赖特邦动物园，剩下帕丁顿则是来自格林斯顿的灰熊。来自布赖特邦动物园的不是东方太阳熊（线索5），那么肯定是极地熊，最后剩下东方太阳熊肯定是照片B中的来自诺斯丘斯特动物园的泰迪。

答案：

照片A，帕丁顿，灰熊，格林斯顿动物园；

照片B，泰迪，东方太阳熊，诺斯丘斯特动物园；

照片C，鲁珀特，极地熊，布赖特邦动物园；

照片D，布鲁马，眼镜熊，天鹅湖动物园。

93...

卡萨得公主在一位王子的对面（线索5），那么吉尼斯公主一定在另外一位王子的对面，后者不是阿姆雷特王子（线索4），那么一定是沃而夫王子。从线索4中知道，按顺时针方向，他们房间分别是卡萨得公主、吉尼斯公主、阿姆雷特王子、沃而夫王子。从线索2中知道，吉尼斯公主的父亲是尤里天的统治者，而沃而夫王子的父亲则统治马兰格丽亚（线索4）。卡萨得公主的父亲不统治卡里得罗（线索5），那么他一定统治欧高连，通过排除法，阿姆雷特王子的父亲必定统治卡里得罗。从线索2中知道，卡萨得公主的父亲一定是阿弗兰国王，而吉尼斯公主的父亲统治尤里天，后者必定是国王西福利亚（线索3）。卡里得罗的阿姆雷特王子的父亲不是国王恩巴（线索5），那么必定是国王尤里，剩下国王恩巴是沃而夫王子的父亲。最后，从线索1中知道，阿姆雷特王子的房间是I，那么沃而夫王子则是II，卡萨得公主是III，而吉尼斯公主在房间IV中。

答案：

I，阿姆雷特王子，国王尤里，卡里得罗；

II，沃而夫王子，国王恩巴，马兰格丽亚；

III，卡萨得公主，国王阿弗兰，欧高连；

IV，吉尼斯公主，国王西福利亚，尤里天。

94...

0	3	0	3	6	4	6	2
5	5	0	5	4	5	5	0
6	2	0	4	2	3	4	1
1	2	2	4	4	3	1	3
1	1	0	6	5	3	3	1
1	3	6	6	6	2	2	5
2	1	4	0	4	0	6	5

95...

1	4	2	1	1	6	0	2
3	6	2	1	1	6	6	5
4	3	2	5	3	3	3	4
0	1	4	2	4	4	6	1
3	5	0	4	2	5	3	0
1	5	5	6	5	0	0	0
3	2	5	6	0	4	6	2

96...

2	0	6	6	3	6	2	1
1	0	6	3	4	3	3	6
5	1	1	1	3	6	0	0
1	2	5	2	2	5	5	1
2	0	5	2	5	4	5	4
4	6	6	4	0	1	0	4
0	3	3	3	5	2	4	4

97...

0	2	2	4	4	4	4	4
2	5	2	3	1	1	6	6
6	3	6	3	3	5	3	5
3	0	6	3	5	2	5	6
2	1	6	4	0	5	5	4
2	0	0	0	6	5	1	4
1	0	3	1	1	2	1	0

98...

1	3	4	0	2	3	0	0
6	5	5	1	2	3	4	6
4	4	4	2	2	5	5	6
3	1	0	0	3	0	5	6
6	1	1	2	2	5	3	3
1	5	6	0	2	5	6	1
4	0	4	6	2	4	1	3

99...

2	5	1	1	1	2	0	6
5	0	6	6	5	3	4	4
2	3	4	5	2	5	4	2
1	1	6	5	2	5	0	4
0	0	4	5	3	3	3	2
6	6	6	3	3	2	1	6
4	1	0	0	0	1	4	3

100...

2	3	2	1	6	6	0	5
3	6	6	2	2	4	5	1
3	4	3	2	6	0	1	1
3	5	5	0	1	3	4	5
0	0	0	1	3	1	4	6
4	4	2	5	2	4	0	6
4	6	5	5	0	2	1	3

101...

0	5	2	2	5	4	6	5
3	6	2	2	4	4	4	1
3	6	1	2	3	4	6	1
0	1	4	3	0	2	2	1
3	5	3	0	3	1	5	6
6	4	0	3	6	0	4	1
1	6	0	0	2	5	5	5

102...

杰克获得了第3名（线索2），因此他的母亲不可能是丹妮尔（线索1），而梅勒妮是尼古拉的母亲（线索4），那么杰克只能是谢莉的儿子，剩下埃莉诺是丹妮尔的女儿，埃莉诺的服装像个蘑菇（线索3）。尼古拉不是第2名（线索4），我们知道她也不是第3名，因此她肯定是第1名，剩下埃莉诺是第2名，从线索1中知道，排名第3的杰克穿成垃圾桶装束，剩下第1名的尼古拉则穿成机器人的样子。

答案：

丹妮尔，埃莉诺，蘑菇，第2名；

梅勒妮，尼古拉，机器人，第1名；

谢莉，杰克，垃圾桶，第3名。

103...

在皇家工程队的阿托肯军官出生于1977年（线索1），而在皇家炮兵队的大卫·阿托肯，他要比在奥尔德肖特的兄弟年轻（线索2），那么他一定是1978年出生的，而年纪最大的兄弟一定在步兵团，他不是詹姆士（线索3），因此他肯定是在伦敦的布赖恩（线索4）。现在，通过排除法知道，在工程队的一定是詹姆士。从线索2中知道，大卫不在奥尔德肖特，那么他一定在柯彻斯特，而他在皇家工程队的兄弟肯定在奥尔德肖特。

答案：

布赖恩，1976年，步兵团，伦敦；

大卫，1978年，炮兵队，柯彻斯特；

詹姆士，1977年，工程队，奥尔德肖特。

104...

SD间谍在6号房间（线索2），从线索5中知道，OSS间谍一定在5号房间，而SDECE间谍在3号房间，鲁宾在1号房间。2号房间的间谍不可能来自阿布威（线索3），也不来自M16，而间谍加西亚不在1号房间（线索1），那么他肯定是GRU的间谍。从线索4中知道，毛罗斯先生的房间是4号，罗布斯不可能在3号（线索1），也不可能在2号房间，因为加西亚不在4号房间，所以罗布斯也不可能在6号。罗布斯只能在5号房间，而加西亚在3号，M16的间谍则在4号房间（线索1）。6号房间的SD间谍不是罗布斯（线索2），则肯定是戴兹，剩下罗布斯一定是2号房间的GRU间谍，最后通过排除法，1号房间的鲁宾是阿布威的间谍。

答案：

1号房间，鲁宾，阿布威；

2号房间，罗佩兹，GRU；

3号房间，加西亚，SDECE；

4号房间，毛罗斯，M16；

5号房间，罗布斯，OSS；

6号房间，戴兹，SD。

105...

6岁的格雷琴不可能是4号（线索1），而3号今年7岁（线索4），1号是个男孩（线索3），因此，通过排除法，格雷琴肯定是2号。现在从线索1中知道，3号是牧羊者7岁的孩子。玛丽亚的父亲是药剂师（线索5），不可能是1号（线索3），那么只能是4号，从线索5中知道，她今年5岁，剩下1号男孩8岁。所以1号不是汉斯（线索2），则一定是约翰纳，剩下汉斯是牧羊者7岁的的孩子。从线索3中知道，格雷琴的父亲不是屠夫，那么只能是伐木工，最后知道约翰纳是屠夫的儿子。

答案：

1号，约翰纳，8岁，屠夫；

2号，格雷琴，6岁，伐木工；

3号，汉斯，7岁，牧羊者；

4号，玛丽亚，5岁，药剂师。

106...

姓巴克赫斯特的人不在欧的海和布赖特布朗工作（线索1），沃尔顿在罗克利弗工作（线索3），那么姓巴克赫斯特的人一定在海湾工作，但他的名字不是菲奥纳（线索1），菲奥纳也不在欧的海和布赖特布朗工作（线索1），那么她一定在罗克利弗工作，她姓沃尔顿。护士凯不在海湾工作（线索2），在欧的海阵营工作的是个演艺人员（线索1），那么凯一定在布赖特布朗，凯的姓不是郝乐微（线索2），我们知道她不是在海湾工作的巴克赫斯特，那么她只能是阿米丽。厨师不是保罗和菲奥纳·沃尔顿（线索3），那么只能是本。在欧的海阵营工作的演艺人员不是菲奥纳·沃尔顿，那么一定是保罗，而菲奥纳·沃尔顿则是阵营管理者。通过排除法，厨师本姓巴克赫斯特，保罗姓郝乐微。

答案：

本·巴克赫斯特，厨师，海湾；

菲奥纳·沃尔顿，管理者，罗克利弗；

凯·阿米丽，护士，布

赖特布朗；

保罗·郝乐微，演艺人员，欧的海。

107...

图片A指的是雅各布（线索2），图片D指的是丘吉曼（线索4）。赫伯特的图片与“男人”麦克隆水平相邻，前者不可能是图片C上的人，而图片C上的也不是西尔维斯特（线索1），那么图片C上的一定是马修斯。我们知道西尔维斯特不是图片A、C和D上的人，那么肯定就是图片B上的人。通过排除法，赫伯特一定是图片D上的人。从线索1中知道，图片C上的一定是马修斯，他就是“男人”麦克隆。通过排除法知道，雅各布的姓就是沃尔夫。因此，从线索3中可以知道，“小马”就是西尔维斯特·加夹得，他是图片B上的人。D上的赫伯特·丘吉曼不是“强盗”，那么他的绰号一定是“里欧”，而“强盗”就是图片A上雅各布·沃尔夫的绰号。

答案：

图片A，雅各布·沃尔夫，绰号“强盗”；

图片B，西尔维斯特·加夹得，绰号“小马”；

图片C，马修斯·麦克隆，绰号“男人”；

图片D，赫伯特·丘吉曼，绰号“里欧”。

108...

戒指1是马特·佩恩给的（线索2），戒指3价值20000英镑，那么紧靠雷伊给的戒指右边的那个价值10000英镑的戒指一定是戒指4。从线索1中知道，从雷伊那得到的钻戒一定是戒指3，价值20000英镑。戒指1价值不是25000英镑（线索1），那么它肯定值15000英镑。通过排除法知道，戒指2肯定价值25000英镑。而戒指1上的不是翡翠（线索3），也不是红宝石（线索2），那么一定是蓝宝石。红宝石戒指价值不是10000英镑（线索2），那么一定是价值25000英镑的戒指2。剩下价值10000英镑的戒指4是翡翠戒指，它不是休·基恩给的（线索3），那么一定是艾伦·杜克给的，剩下休·基恩给了洛蒂价值25000英镑的红宝石戒指。

答案：

戒指1，蓝宝石，15000英镑，马特·佩恩；

戒指2，红宝石，25000英镑，休·基恩；

戒指3，钻石，20000英镑，雷伊·廷代尔；

戒指4，翡翠，10000英镑，艾伦·杜克。

109...

坐在A排13号位置的（线索6）不可能是彼特和亨利（线索1），也不是罗伯特（线索4）。朱蒂不可能是13号（线索5），那么这条线索也排除了A排13号是查尔斯和文森特的可能。通过排除法，在A排13号的只能是托尼，安吉拉也在A排（线索1），除此之外，A排另外还有1位女性（线索3），她不是尼娜，因尼娜坐在B排的12号座（线索2），也不是珍妮特和莉迪亚（线索7），线索5排除了朱蒂，通过排除法只能是玛克辛在前排座位。她不可能是10或11号（线索4），我们已经知道她不是13号，那么肯定是12号。因此罗伯特是A排10号（线索4），剩下安吉拉是11号。现在从线索1中知道，彼特是B排11号。B排还有1位男性（线索3）。他不是亨利，亨利在C排（线索1），而线索5排除了文森特在B排10号和13号的可能，10号和13号还未知。我们知道托尼和罗伯特在A排，那么通过排除法，在B排的只能是查尔斯，但他不是13号（线索5），因此他肯定是10号。从线索5中知道，朱蒂一定在C排10号，而她丈夫文森特是11号。从线索1和7中知道，亨利是C排的12号，而莉迪亚是那一排的13号，最后剩下B排13号上的是珍妮特。

答案：

A排：10，罗伯特；11，安吉拉；12，玛克辛；13，托尼；

B排：10，查尔斯；11，彼特；12，尼娜；13，珍妮特；

C排：10，朱蒂；11，文森特；12，亨利；13，莉迪亚。

110...

12岁的小孩不可能是大卫（线索1）、卡米拉（线索3）、本和卡蒂（线索5），那么一定是杰茜卡，8岁小孩的小猪储蓄罐不是蓝色的（线索1），也不是绿色（线索2）、黄色（线索4）或者白色（线索5）的，那么一定是红色的。小猪储蓄罐E不是蓝色（线索1）、绿色（线索2）、黄色（线索4）或者红色的（线索6），那么一定是白色的。大卫的小猪储蓄罐不是红色的（线索1），也不是蓝色（线索1）、绿色（线索2）或者黄色的（线索4），那么白色的小猪储蓄罐E就是大卫的。红色小猪储蓄罐的主人8岁，不是卡米拉（线索3），或者本（线索5），那肯定是卡蒂，那么本今年9岁，而白色小猪储蓄罐的主人大卫今年10岁（线索5），通过排除法知道，卡米拉今年11岁。杰茜卡的小猪储蓄罐不是蓝色（线索1），或者黄色的（线索4），那么一定是绿色的小猪储蓄罐D（线索2），而C一定是黄色的（线索4），A不是卡蒂的红色小猪储蓄罐（线索3），那么只能是蓝色的，而红色的只能是小猪储蓄罐B。因此A是卡米拉的（线索3），而通过排除法知道，C是本的小猪储蓄罐。

答案：

位置A，蓝色，卡米拉，11；
位置B，红色，卡蒂，8；
位置C，黄色，本，9；
位置D，绿色，杰茜卡，12；
位置E，白色，大卫，10。

111...

位置3的山是第3高峰（线索5），线索2排除了格美特是位置4的山峰，格美特被称为庄稼之神，而山峰1是森林之神（线索3）。山峰2是飞弗特尔（线索4），通过排除法，格美特是位置3的高峰。通过线索2知道，第4高峰肯定是位置1的山峰。辛格凯特不是位置4的山峰（线索6），通过排除法，它一定是山峰1，剩下山峰4是普立特佩尔。它不是第2高峰（线索4），那么它肯定是最高的。因此它就是被人们当作火神来崇拜的那座（线索1）。最后通过排除法，飞弗特尔是第2高峰，而它是人们心中的河神。

答案：

山峰1，辛格凯特，第4，森林之神；

山峰2，飞弗特尔，第2，河神；

山峰3，格美特，第3，庄稼之神；

山峰4，普立特佩尔，最高，火神。

112...

保罗·翰德是以斯帖的搭档（线索4），因此玛蒂娜的搭档就是理查德，所以后者的花色就是红桃（线索2）。从线索1中知道，拉夫坐北边的位置，手握钻石花色。我们知道保罗·翰德的花色不是钻石和红桃，而在西边位置的人手握黑桃（线索3），那么保罗的一定是梅花，因此他不坐在南边（线索5）。我们知道他不在北边，也不在西边（线索3），那么只能在东边，而以斯帖则在西边，手握黑桃（线索3和4）。通过排除法，理查德不在北边，那么一定在南边，而拉夫在北边的位置上，那么他就是玛蒂娜。以斯帖不姓田娜思（线索3），那一定姓启克，剩下田娜思的名字就是理查德。

答案：

北，玛蒂娜·拉夫，钻石；

东，保罗·翰德，梅花；

南，理查德·田娜思，红桃；

西，以斯帖·启克，黑桃。

113...

瓦利在5号只留了1瓶牛奶（线索4），从线索2中知道，1号收到的是2或者3瓶，而劳来斯本来应该收到的是3或者4瓶（线索2）。那天布雷特一家期望得到4瓶（线索1），劳莱斯本来应该收到3瓶，而1号当天收到了2瓶（线索2）。那么收到了3瓶的克孜太太（线索3）应该住在3号或7号，汀斯戴尔一家也应该住在3号或7号（线索3）。克孜订的不止1瓶（线索3），我们知道她的也不是3或者4瓶，那么肯定是2瓶，因此她住在7号（线索5），汀斯戴尔一家住在3号，从线索3中知道，他们订了1瓶牛奶，通过排除法，那天他们收到的是4瓶牛奶。从线索2中知道，瓦利在劳莱斯家放的不是2瓶，因此他们不住在1号，那么肯定住在5号，那天收到了1瓶。剩下布雷特一家住在1号，本来订了4瓶实际上只收到了2瓶。

答案：

1号，布雷特，定购4瓶，收到2瓶；

3号，汀斯戴尔，定购1瓶，收到4瓶；

5号，劳莱斯，定购3瓶，收到1瓶；

7号，克孜，定购2瓶，收到3瓶。

114...

从线索7中知道，F车不可能载有44，45，47，49和52个旅客，那么它一定载46个人，而从同一条线索中知道，A车载有45个旅客，E车有49个。A不是阿帕克斯开的（线索1），也不是贝尔（线索2）、墨丘利（线索4）和RVT（线索5）开的，因为没有载42个人的车，因此也不可能是肖开的（线索6），那么一定是克朗。A不是黄色的（线索1），因为没有载43人的车（线索2和7），因此也非绿色，也不是红色（线索3）或者乳白色的（线索5），那么A一定是橘黄色的。从线索7中知道，B车载有52个旅客，它不是绿色的，而D不是载47人，那么一定是44人。剩下汽车C载有47人。因此D是红色的，而澳大利亚游客在车E中（线索3）。我们知道B不是绿色的，也不是黄色的（线索1），或者乳白色的（线索5），那么一定是蓝色的，而C是属于贝尔的（线索2）。车F载有46个游客，不是肖的（线索6），也不是RVT（线索5）和阿帕克斯的（线索1），那么一定是墨丘利的。从线索4中知道，红色车内的游客来自日本，现在从线索5中知道，乳白色的车不是E和F，那么肯定是C，蓝色的车是属于RVT的，橘黄色的车载了来自意大利的游客。阿帕克斯的汽车一定是D（线索1），那么乳白色的C车上游客肯定来自芬兰，而黄的那辆就是E。通过排除法，绿色那辆就是F。RVT的蓝色B车载的游客不是来自俄罗斯（线索2），那么一定来自美国，俄罗斯游客在墨丘利的F车中。另外，黄色的E车则是属于肖的。

答案：

A车，克朗，橘黄色，意大利，45人；

B车，RVT，蓝色，美国，52人；

C车，贝尔，乳白色，芬兰，47人；

D车，阿帕克斯，红色，日本，44人；

E车，肖，黄色，澳大利亚，49人；

F车，墨丘利，绿色，俄罗斯，46人。

115...

哈里滚球了（线索3），而史蒂夫不是LBW（线索2），那么他一定是犯规的，剩下克里斯是LBW。得了7分的不是哈里（线索3），也非史蒂夫（线索1），那么一定是克里斯。史蒂夫得分不是2分（线索2），那么一定是4分，而哈里是2分。史蒂夫不是3号（线索4），也非1号（线索2），那他一定是2号。哈里不是1号（线索3），则肯定是3号，剩下1号就是克里斯。

答案：

1号，克里斯，LBW，7分；

2号，史蒂夫，犯规，4分；

3号，哈里，滚球，2分。

116...

人物3的运动项目是射击（线索3），人物5的项目不是滑冰（线索1）、羽毛球（线索3）和台球（线索4），则一定是高尔夫，那么人物4就是斯特拉·提兹（线索2），她的项目不是滑冰（线索1）和台球（线索4），那么一定是羽毛球。人物5刚从卡萨布兰卡回来（线索3），人物1不从罗马回来（线索5），也不是来自洛杉矶（线索1）和东京（线索4），那么一定从布里斯班来。人物2不是来自洛杉矶（线索1），也非东京（线索5），那么一定来自罗马。人物3和4来自洛杉矶或者东京。如果4来自洛杉矶，则从线索1中知道凯特·肯德尔就是人物3，来自东京。但线索1告诉我们，凯特·肯德尔不是来自东京，因此3一定来自洛杉矶，而4来自东京。因此凯特·肯德尔就是人物2。人物1的项目就是滑冰（线索1），人物5不是黛安娜·埃尔金（线索5），也不是格丽尼斯·福特（线索4），则一定是莫娜·洛甫特斯。黛安娜·埃尔金也不是人物1（线索5），那么她肯定是人物3，人物1就是格丽尼斯·福特。人物2凯特·肯德尔的项目是台球。

答案：

1号，格丽尼斯·福特，布里斯班，滑冰；

2号，凯特·肯德尔，罗马，台球；

3号，黛安娜·埃尔金，洛杉矶，射击；

4号，斯特拉·提兹，东京，羽毛球；

5号，莫娜·洛甫特斯，卡萨布兰卡，高尔夫。

117...

1910年出生的舅舅的爱好不是制作挂毯（线索1），他也不是工程师，因为工程师的爱好是钓鱼（线索3），那么他肯定爱好诗歌。而他退休之前不是教师（线索2），那么只能是士兵，剩下前教师的爱好是制作挂毯。从线索1中知道，1916年不是伯纳德出生的年份，而线索3也排除了安布罗斯，那么1916年出生的只能是克莱门特。前教师出生的年份不是1913年（线索2），那么他一定是1916年出生的克莱门特，剩下前工程师是1913年出生的。从线索3中知道，安布罗斯是1910年出生的，他退休前是士兵，剩下前工程师就是伯纳德。

答案：

安布罗斯，1910年，士兵，诗歌；

伯纳德，1913年，工程师，钓鱼；

克莱门特，1916年，教师，制作挂毯。

118...

从线索1知道，雷停靠的巴士牌号要比324号大。7号的车牌不是324（线索2），雷停靠的也不是5号位置的车牌号为340的巴士（线索5）。特里的车号是361，那么雷的就是397。它不在6或者7号位置（线索1）。赖斯把车停靠在4号位置（线索7），5号的车牌是340，这就排除了雷的车是3号的可能性（线索1）。因3号车的车牌号要比邻近的车牌号都大（线索4），雷的车也不可能是2号（线索1），那么雷的车一定在1号位置。从线索1中知道，324一定在3号位置。从线索4中知道，2和4号位置的车牌都是2开头的。因此可以从线索2中知道，7号的车牌是361，是特里停靠的（线索3）。2号位置的车牌不是286（线索2），6号的也不是286（线索5），通过排除法，286一定是4号的车牌，是赖斯停靠的。线索6告诉我们车牌号为253的不在2号位置，那么它一定在6号。因此肯停靠的车在5号位置（线索6）。罗宾的车不在2或者3号（线索8），那么一定是6号。通过排除法，2号位置的车号一定是279。3号位置车的司机不是戴夫（线索4），则一定是埃迪，剩下戴夫是把车号为279的车停在2号位置的司机。

答案：

1号，雷，397；

2号，戴夫，279；

3号，埃迪，324；

4号，赖斯，286；

5号，肯，340；

6号，罗宾，253；

7号，特里，361。

119...

某位女性的生日是8月4号（线索2），她不是内奥米（线索4）或者波利。巴兹尔的生日是个偶数日（线索7），安妮的生日是8月2日（线索5），因此，通过排除法，8月4日一定是威尔玛的生日。我们知道巴兹尔的生日不是2号或者4号，通过线索7知道，她的生日一定是7月28日或者7月30日，因此波利的生日是7月29日或者31日。斯图尔特·沃特斯的生日在8月份（线索7），但是克雷布的生日是8月1日（线索6），我们知道斯图尔特不是2号或者4号，那么一定是3号。出生在7月28号的不是查尔斯（线索1）、安格斯（线索3）、内奥米（线索4）或者波利（线索7），也不是安妮、斯图尔特和威尔玛，那么一定是巴兹尔。这样，从线索7中知道，波利的生日是7月29日。安格斯不是7月31日出生的（线索3），内奥米也不是，因为她的生日是在斯盖尔斯之前的（线索4），通过排除法，7月31日一定是查尔斯的生日。这样，从线索1中知道，巴兹尔姓菲什。因为阿彻是男的（线索4），那么线索4也排除了内奥米的生日是7月30日的可能，那么一定是8月1日，剩下7月30日是安格斯的生日。线索4现在可以告诉我们，安妮姓斯盖尔斯，查尔斯姓阿彻。从线索3中知道，布尔的名字是波利，出生在7月29日。安格斯不是拉姆（线索6），那么一定姓基德，剩下拉姆是威尔玛的姓。

答案：

7月28日，巴兹尔·菲什；

7月29日，波利·布尔；

7月30日，安格斯·基德；

7月31日，查尔斯·阿彻；

8月1日，内奥米·克雷布；

8月2日，安妮·斯盖尔斯；

8月3日，斯图尔特·沃特斯；

8月4日，威尔玛·拉姆。

120...

蓝色的盒子里有58个东西（线索2），绿色盒子有螺丝钉（线索3），43个钉子不在灰色的盒子里（线索1），那么一定在红色的盒子。我们知道绿盒的东西不是43或58个，而线索3也排除了65个，那么在绿盒里一定是39个螺丝钉。通过排除法，灰色盒子的东西肯定是65个，它们不是洗涤器（线索3），那么一定是地毯缝针，灰色盒子就是C盒（线索4），剩下蓝色的盒子有58个洗涤器。绿盒不是D盒（线索3），因它有2个相邻的盒子，那么知道它就是B盒，而有洗涤器的盒子就是A盒（线索3），剩下红色的盒子就是D盒。

答案：

A盒，蓝色，58个洗涤器；

B盒，绿色，39个螺丝钉；

C盒，灰色，65个地毯缝针；

D盒，红色，43个钉子。

121...

B机器是穿红白相间的浴袍的女士用的（线索5），线索4排除了D是尤菲米娅·坡斯拜尔用的，因为兰顿斯罗朴小姐用了机器C（线索2），尤菲米娅的机器可能是A或者B。而拉福尼亚的是B或者C（线索4），因此她也不用机器D。我们知道兰顿斯罗朴用了机器C，那么贝莎不可能是机器D（线索1）。因此，通过排除法，维多利亚肯定用了机器D。所以她的姓不可能是马歇班克斯（线索1），我们知道她的姓也不是坡斯拜尔或者兰顿斯罗朴，那么一定是卡斯太尔，而她的浴袍肯定是绿白相间的（线索3）。因此尤菲米娅不可能用了机器B(线索4)，那么一定是在A上，剩下机器B是马歇班克斯用的。因此，从线索1中可以知道，贝莎就是兰顿斯罗朴小姐，她用了机器C，装束是黄白相间的，通过排除法，尤菲米娅·坡斯拜尔是穿了蓝白相间浴袍的人。

答案：

机器A，尤菲米娅·坡斯拜尔，蓝白相间；

机器B，拉福尼亚·马歇班克斯，红白相间；

机器C，贝莎·兰顿斯罗朴，黄白相间；

机器D，维多利亚·卡斯太尔，绿白相间。

122...

唐纳德买了咖啡桌（线索2），而丽贝卡出了15英镑买了东西，她买的不是墙角柜（线索3），则一定是钟，剩下墙角柜是塞德里克买的。因此，从线索1中知道，2号拍卖物一定价值18英镑。丽贝卡买的不是3号拍卖物（线索3），我们知道，价值15英镑的不是2号，那么一定是1号。从线索3中知道，2号拍卖物一定价值18英镑，它就是墙角柜。通过排除法，3号则是咖啡桌，是唐纳德花了10英镑买的。

答案：

1号，钟，丽贝卡，15英镑；

2号，墙角柜，塞德里克，18英镑；

3号，咖啡桌，唐纳德，10英镑。

123...

绿色信箱不属于228号或234号（线索1），并且232号信箱是蓝色的（线索4），因此绿色信箱一定在230号。阿琳不住在228号（线索2），而且她的黄色的信箱（线索2）一定不是230号和232号，所以一定在234号。现在通过排除法，巴伦夫人的红色信箱（线索3）一定在228号。从线索1中得出，杰布夫人住在232号，而加玛就是住在228号的巴伦夫人。阿琳不是菲什贝恩夫人（线索2），而是弗林特夫人，剩下菲什贝恩夫人住在230号。根据线索4，路易丝不是杰布夫人，而是菲什贝恩夫人，剩下杰布夫人是凯特。

答案：

228号，加玛·巴伦，红色；

230号，路易丝·菲什贝恩，绿色；

232号，凯特·杰布，蓝色；

234号，阿琳·弗林特，黄色。

124...

格伦是4号（线索2），根据线索1，证券公司的雇员不是2号、6号或7号。线索2排除了5号，因为6号是男的（线索3），线索1同样排除了4号。已知3号在保险公司工作（线索6），这样根据线索1，1号在证券公司上班，而在保险公司工作的3号就是塞布丽娜。1号不是纳尔逊（线索4）、雷切尔（线索5），或在投资公司工作的托奎（线索8），也不是格伦或塞布丽娜，线索8排除了马德琳，因此只能是吉莉安。线索7告诉我们2号在家律师所工作，这样根据线索2，5号在法律顾问公司上班。已知托奎不是7号（线索8），而他所在的公司排除了2号和5号，那他就是6号，根据线索8，马德琳是7号。雷切尔不是2号

（线索5），得出他是5号，格伦在银行工作（线索5）。最后通过排除法，纳尔逊是在律师事务所工作的2号，马德琳是建筑公司的职员。

答案：

1号，吉莉安，证券公司；

2号，纳尔逊，律师事务所；

3号，塞布丽娜，保险公司；

4号，格伦，银行；

5号，雷切尔，法律顾问公司；

6号，托奎，投资公司；

7号，马德琳，建筑公司。

125...

数字5都不是棕色的（线索1），那么棕色邮票的面值一定是10分，但不是第4张（线索2），因此在面值中有个1的第4张邮票（线索3）面值一定是15分。这样根据线索4，第2张邮票是蓝色的。由线索2告诉我们，描写大教堂的那张邮票的面值中有个0，但不是第4张，而是第2张，从这个线索中，我们也可以知道第1张就是棕色的10分面值的邮票。根据同一个线索，第2张蓝色邮票的面值是50分。通过排除法，第3张邮票一定是25分面值的。山峰不是第1张10分邮票上的图案（线索5），也不是25分面值邮票上的图案（线索5），因为50分面值的邮票边框是蓝色的。而我们知道它也不是50分面值邮票上的图案，那只能是第4张15分邮票上的图案。这样根据线索5,25分邮票的边框是红色的，剩下15分邮票边框是绿色的。线索3告诉我们第3张邮票描写的不是海湾，那一定是瀑布，剩下海湾是棕色的、10分面值的、第1张邮票上的图案。

答案：

第1张，海湾，10分，棕色；

第2张，大教堂，50分，蓝色；

第3张，瀑布，25分，红色；

第4张，山峰，15分，绿色。

126...

已知马丁叔叔送给拉姆的礼物是Benedam优惠券（线索3）。卡罗尔阿姨的面值为20的优惠券不是W S Henry发行的（线索4），线索1又排除了Ten-X，最后得出它属于HBS公司。从线索2可以知道，B信封内的理查德叔叔所送的礼物面值为15。由于丹尼斯叔叔给娜塔莎的礼物不是面值为5的优惠券（线索5），那么可以知道它的面值是10，面值为5的是马丁叔叔送的由Benedam发行的优惠券。又因为后者不在C信封内（线索1），也不在D信封内（线索3），而是在A信封内。我们现在已经知道A和B信封内的代币价值。根据线索1，面值为10的优惠券不在C信封内，因此C信封内的是卡罗尔阿姨所送的由HBS发行的面值为20的代币。根据线索1也可以知道，Ten-X的优惠券的面值一定为10，并且在D信封内。最后通过排除法，B信封里是理查德叔叔所送的面值为15的W S Henry的优惠券。

答案：

A信封，马丁叔叔，Benedam，面值5；

B信封，理查德叔叔，W S Henry，面值15；

C信封，卡罗尔阿姨，HBS，面值20；

D信封，丹尼斯叔叔，Ten-X，面值10。

127...

颇里安娜的主人已经86岁，并且住在4号别墅（线索1），又知道3号别墅的主人75岁（线索4），凯特的主人住在2号别墅（线索3），那么颇里安娜一定是1号别墅主人的猫。住在1号别墅的不是马乔里（线索1），也不是80岁的罗赞娜（线索2）和拥有尼克的塔比瑟（线索5），那么一定是格里泽尔达。这样可以知道2号别墅的主人71岁（线索6），她的猫是凯特，剩下罗赞娜是80岁，并住在4号别墅里。3号别墅的猫不是托比（线索4），那么一定是尼克。并且75岁的塔比瑟住在3号别墅。通过排除法，凯特的主人是71岁的马乔里，而罗赞娜的猫是托比。

答案：

1号别墅，格里泽尔达，86岁，颇里安娜；

2号别墅，马乔里，71岁，凯特；

3号别墅，塔比瑟，75岁，尼克；

4号别墅，罗赞娜，80岁，托比。

128...

因为图片3中的人是迪

安夫人（线索2），图片4中的那个人穿着救助队军官制服（线索3），所以消防员埃利斯夫人不是图片2中的人物（线索4），而是图片1中的妇女。又因为萨利不在图片1或图片4（线索5）中，所以她不是救助队军官或消防员，也不是交警（线索5），最后得出她是护理人员。她不姓托马斯（线索5）或埃利斯；马里恩姓帕日斯（线索1），得出萨利必定姓迪安，这样就知道她在图片3中。通过排除法，图片2中的女性是交警，这样根据线索3，图片4中穿着救助队军官制服的是托马斯夫人，现在排除法可以得出，红头发的马里恩·帕日斯在图片2中，并且是个交警。最后根据线索3，图片4中的救助队军官托马斯夫人不姓卡罗尔，而是姓盖尔，卡罗尔是图片1中的消防员埃利斯夫人的名。

答案：

图片1，卡罗尔·埃利斯，消防员；

图片2，马里恩·帕日斯，交警；

图片3，萨利·迪安，护理人员；

图片4，盖尔·托马斯，救助队军官。

129...

由于坐在1号位置上的红头发妇女（线索3）不是莫利（线索1）或霍莉（线索2），也不是多莉（线索4），所以她只能是颇莉。根据线索4，2号位置上的妇女想把她的头发染成黑色。已知那位原本灰发并想把头发染成赤褐色（线索5）的女性不在1号或2号位置，也不在3号位置（线索5），那么她肯定在4号。她不可能是霍莉（线索2），而且线索2也说明霍莉的头发不是金黄色的。我们已经知道她的头发不是红色，那么一定是棕色的。红头发的颇莉不可能再把头发染成红色，故她想染的颜色是白色，所以3号位置上的妇女想把她的头发染成红色。现在根据线索3，得到霍莉坐在2号位置，而3号位置上的妇女有一头金发。线索4告诉我们多莉在4号位置，莫利在3号位置。

答案：

1号，颇莉，红色，染成白色；

2号，霍莉，棕色，染成黑色；

3号，莫利，金黄色，染成红色；

4号，多莉，灰色，染成赤褐色。

130...

由于扮演麦当娜的帕慈不在财务部工作（线索1），也不在蒂娜·特纳的扮演者所在的销售部（线索3），所以她一定在人事部。通过排除法，来自财务部的女性将扮演伊迪丝·普杰夫，但她不是卡罗琳（线索4），故必定是海伦·凡尔敦（线索2）。销售部扮演蒂娜·特纳的那位不是坦娜夫人（线索3），因此她姓玛丽尔，通过排除法，可以知道她的名字是卡罗琳。同样通过排除法，得到来自人事部的帕慈就是坦娜夫人的名字。

答案：

卡罗琳·玛丽尔，销售部，扮演蒂娜·特纳；

海伦·凡尔敦，财务部，扮演伊迪丝·普杰夫；

帕慈·坦娜，人事部，扮演麦当娜。

131...

由于下午3:00接的乘客来自剑桥（线索4），并且上午10:00的乘客不是来自北安普敦（线索3），那么他来自林肯，而来自北安普敦的乘客于12:30在4号站台被接到。上午10:00要接的站台号比下午3:00要接的站台号小（线索2），由此可以知道10:00接的客人在7号站台，而下午3:00接的客人德拉蒙德夫人在9号站台（线索2）。来自林肯的乘客将进入7号站台，因此斯坦尼夫人会进入4号站台（线索1），排除法得出古氏先生到7号站台。最后通过排除法，古氏先生来自林肯，斯坦尼夫人来自北安普敦，而德拉蒙德夫人来自剑桥。

答案：

上午10:00，7号站台，古氏先生，林肯；

中午12:30，4号站台，斯坦尼夫人，北安普敦；

下午3:00，9号站台，德拉蒙德夫人，剑桥。

132...

由于小博尼只有3天大（线索4），并且4天前出生的婴儿不是基德（线索1），也不是阿曼达·纽康姆博（线索2），所以他一定姓沙克林。线索1告诉我们，他不是2号小床上的丹尼尔，同时也说明丹尼尔不姓基德。我们知道丹尼尔不姓纽康姆博，因此他姓博尼，年龄只有3天。根据线索1，姓基德的婴儿的年龄是2天，通过排除法，剩下阿曼达·纽康姆博是最晚出生的。根据线索2，1号小床上的婴儿只有2天大，她姓基德，但不叫托比（线索3），由此得出她叫吉娜，剩下托比姓沙克林。后者不在3号小床上（线索3），而是在4号小床上，剩下阿曼达在3号小床上。

答案：

1号，吉娜·基德，2天；

2号，丹尼尔·博尼，3天；

3号，阿曼达·纽康姆博，1天；

4号，托比·沙克林，4天。

133...

刻在墓碑C上的物理学家不是卢修斯·厄巴纳斯（线索1），也不是刻在墓碑D上的朱尼厄斯·瓦瑞斯（线索3）；泰特斯·乔缪尔斯是个酒商（线索2），因此物理学家一定是在公元84年去世的马库斯·费迪尔斯（线索4）。这样根据线索1，卢修斯·厄巴纳斯在公元96年去世，并且推断出他是个职业拳击手（线索5）。现在排除法得出朱尼厄斯·瓦瑞斯是百人队长。他不在公元60年去世（线索6），而是在公元72年，通过排除法，泰特斯·乔缪尔斯是在公元60年去世，但他的名字不是刻在A上（线索2），而是在B上，A是职业拳击手卢修斯·厄巴纳斯的墓碑。

答案：

墓碑A，卢修斯·厄巴纳斯，职业拳击手，公元96年；

墓碑B，泰特斯·乔缪尔斯，酒商，公元60年；

墓碑C，马库斯·费迪尔斯，物理学家，公元84年；

墓碑D，朱尼厄斯·瓦瑞斯，百人队长，公元72年。

134...

3号信是寄给雪特小姐的（线索3）。由于1号信不是寄给梅尔先生的（线索4），也不是给本德先生的（线索1），因此它一定是给格林夫人的。根据线索5，3号信的收件人雪特小姐住在6号，但不可能在斯坦修恩路（线索6），也不是在斯达·德弗街（线索3）。10号在特纳芮大街（线索2），因此雪特小姐的地址是朗恩·雷恩街6号。线索1说明本德先生的信不是4号信，我们知道也不是1号或3号，那么一定是2号信，剩下4号信是寄给梅尔先生的。线索1告诉我们，1号信寄到31号，这样根据线索4，梅尔先生的地址是45号，剩下本德先生的地址是特纳芮大街10号。最后由线索6得知，斯坦修恩路不是4号信上的地址，而是1号信上的地址，剩下斯达·德弗街45号是梅尔先生的完整地址。

答案：

1号信，格林夫人，斯坦修恩路31号；

2号信，本德先生，特纳芮大街10号；

3号信，雪特小姐，朗恩·雷恩街6号；

4号信，梅尔先生，斯达·德弗街45号。

135...

已知索菲在多恩卡斯特上车（线索4）。根据线索1，黛安娜不是从约克角旅行回来，线索1和3又排除了她来自格兰瑟姆的可能，而且搭乘1号出租车的妇女来自格兰瑟姆，所以可以得出黛安娜在皮特博芮上火车。我们现在知道从格兰瑟姆来的乘客不是黛安娜或索菲，也不是伯尼的乘客帕查（线索3），因此她是安妮特。排除法得出帕查从约克角旅行回来。黛安娜的司机不是詹森（线索1），也不是诺埃尔（线索2），那么他就是克莱德，而她搭乘的是4号出租车（线索5）。然后根据线索1，詹森是3号出租车的司机，他的乘客不是伯尼的乘客帕查，而是索菲。最后通过排除法，我们知道安妮特的司机是诺埃尔，伯尼的车是2号车。

答案：

1号，诺埃尔，安妮特，格兰瑟姆；

2号，伯尼，帕查，约克角；

3号，詹森，索菲，多恩卡斯特；

4号，克莱德，黛安娜，皮特博芮。

136...

已知10分钟路程中维恩广场是其中的第2段路（线索3）。根据线索1，通过斯拜丝巷和哥夫街的路程不需要12分钟，因此这条路只需花8分钟，同一个线索得出尼克花了10分钟并经过维恩广场。通过排除法，多吉丝·希尔是12分钟路程中的第2段路，根据线索2，帕特走了12分钟的路程，并经过佩恩街。最后由排除法知道，尼克所走路程的第1段是丘奇巷，桑迪通过斯拜丝巷和哥夫街只花了8分钟到达小餐馆。

答案：

尼克，丘奇巷，维恩广场，10分钟；

帕特，佩恩街，多吉丝·希尔，12分钟；

桑迪，斯拜丝巷，哥夫街，8分钟。

137...

已知星期五拜访的妇女不是帕特丝·欧文（线索1）或小说家阿比·布鲁克（线索3），那么拜访的是利亚·凯尔，并且可以知道她是个流行歌手（线索2）；通过排除法，帕特丝·欧文是个电影演员，她被拜访的时间不是星期天（线索4），而是星期六，剩下小说家阿比·布鲁克是在星期天被采访的。根据线索1，星期五拜访的利亚·凯尔来自加拿大，根据线索3，星期六的被访者帕特丝·欧文来自澳大利亚，最后排除法得出，星期天的被访者小说家阿比·布鲁克来自美国。

答案：

星期五，利亚·凯尔，流行歌手，加拿大；

星期六，帕特丝·欧文，电影演员，澳大利亚；

星期天，阿比·布鲁克，小说家，美国。

138...

第2个村庄是丝特·多米尼克村（线索2）。丹尼斯住在村庄3（线索3），线索1说明波科勒村不是村庄1或村庄4，那么圣子埃特鲁米亚展览（线索1）一定在村庄3开展，丹尼斯观看了这场展览。线索1告诉我们克里斯多佛住在村庄2，安德烈住在墨维里（线索4），通过排除法，马丁所在的村庄是格鲁丝莫村，但它不是村庄1（线索5），而是村庄4，剩下村庄1是墨维里。住在那里的安德烈没有在街道上跳舞（线索3），也没有看电视（线索4），那他一定参加了烟花大会。由线索4得知马丁没有看电视，那她一定在街道上跳舞，剩下克里斯多佛待在家里看电视。

答案：

村庄1，墨维里村，安德烈，烟花大会；

村庄2，丝特·多米尼克村，克里斯多佛，看电视；

村庄3，波科勒村，丹尼斯，圣子埃特鲁米亚展览；

村庄4，格鲁丝莫村，马丁，街道舞蹈。

139...

已知4号士兵是所罗门·特普林（线索4），根据线索1，穿着灰色外衣的伊齐基尔·费希尔一定是2号或3号士兵，鼓手是1号或2号士兵。但1号是个步兵（线索3），因此鼓手是2号，伊齐基尔·费希尔是3号。现在我们已经知道一个士兵的兵种及另一个士兵的上衣颜色，可以推断出穿棕色上衣的配枪士兵（线索2）是4号士兵。然后通过排除法，穿灰色制服的伊齐基尔·费希尔是个炮手，根据线索2，2号鼓手必定是末底改·诺森，剩下1号步兵是吉迪安·海力克。他的上衣不是蓝色的（线索5），那就是红色，而2号鼓手末底改·诺森的制服是蓝色的。

答案：

1号，吉迪安·海力克，步兵，红色；

2号，末底改·诺森，鼓手，蓝色；

3号，伊齐基尔·费希尔，炮手，灰色；

4号，所罗门·特普林，配枪士兵，棕色。

140...

10号书摊上的作者不是大卫·爱迪生（线索1）、坦尼娅·斯瓦（线索2）、卡尔·卢瑟或拜伦·布克（线索3），也不是曼迪·诺布尔（线索4），因此一定是保罗·帕内尔。大卫·爱迪生的书摊在拜伦·布克及女作家的书摊之间（线索1），那他不可能在7号书摊。而拜伦·布克的书摊也不是7号（线索3），由此得出大卫·爱迪生不在6号书摊。3号书摊上的作者不是坦尼娅·斯瓦（线索2），也不是曼迪·诺布尔（线索4），大卫·爱迪生不在4号，那他一定在3号，而4号是拜伦·布克（线索1和3）。我们从线索1中知道，1号摊上是个女作者，她不是坦尼娅·斯瓦（线索2），可以得出她是曼迪·诺布尔。现在根据线索3，卡尔·卢瑟在6号摊，排除法得出坦尼娅·斯瓦在7号摊。根据线索3，坦尼娅·斯瓦的书是《英式烹调术》，而线索4告诉我们，《城市园艺》是3号摊的大卫·爱迪生所写。由线索2可以得出,《乘车向导》是10号摊的保罗·帕内尔所写,《自己动手做》这本书的作者是4号摊的拜伦·布克签售的。曼迪·诺布尔的书不是《超级适合》(线索4),而是《业余占星家》,剩下6号摊上卡尔·卢瑟签售的是《超级适合》。

答案:

1号,曼迪·诺布尔,签售《业余占星家》;

3号,大卫·爱迪生,签售《城市园艺》;

4号,拜伦·布克,签售《自己动手做》;

6号,卡尔·卢瑟,签售《超级适合》;

7号,坦尼娅·斯瓦,签售《英式烹调术》;

10号,保罗·帕内尔,签售《乘车向导》。

141...

因为摄像师姓贝瑞(线索3),坐在D位置的鸟类学专家是个男的(线索2),因此瓦内萨·鲁特(线索1)不是录音师,而是植物学家。她不在C位置上(线索3),又因为她的斜对面是录音师(线索1),所以她不在A位置上(线索2),我们知道她也不在D位置,那么她一定在B位置。这样根据线索1,录音师在C位置,通过排除法,摄像师贝瑞在A位置。坐在D位置的鸟类学专家不姓温(线索2),而姓福特,因此他不叫盖伊(线索4),而叫罗伊(线索2)。现在通过排除法,C位置的录音师姓温。A位置的贝瑞不叫艾玛(线索3),而叫盖伊,剩下C位置的录音师是艾玛·温。

答案:

位置A,盖伊·贝瑞,摄像师;

位置B,瓦内萨·鲁特,植物学家;

位置C,艾玛·温,录音师;

位置D,罗伊·福特,鸟类学专家。

142...

1号黑猩猩不是罗莫娜(线索1)、里欧或格洛里亚(线索2),也不是贝拉(线索3),那它一定是珀西。5号黑猩猩的母亲不是格雷特(线索1)、克拉雷(线索2)、爱瑞克(线索3)或马琳(线索4),而是丽贝卡。由此得出4号黑猩猩的母亲是马琳(线索4)。1号黑猩猩珀西的母亲不是格雷特(线索1)或克拉雷(线索2),那一定是爱瑞克。珀西和格雷特的后代都不是在11月出生(线索1),克拉雷(线索2)或丽贝卡(线索4)的后代也不是,因此在11月生产的是马琳。现在可以知道在10月生产的丽贝卡(线索4)是5号黑猩猩的母亲。根据线索3,贝拉是2号黑猩猩。5号黑猩猩不是罗莫娜(线索1)或里欧(线索2),而是格洛里亚。里欧是4号黑猩猩(线索2),排除法得出罗莫娜是3号。根据线索2,3号罗莫娜是克拉雷的后代,排除法可以知道格雷特是贝拉的母亲。在7月出生的黑猩猩不是罗莫娜(线索1)或贝拉(线索3),那一定是珀西。贝拉在8月出生(线索3),最后通过排除法得出罗莫娜在9月出生。

答案:

1号,珀西,7月,爱瑞克;

2号,贝拉,8月,格雷特;

3号,罗莫娜,9月,克拉雷;

4号,里欧,11月,马琳;

5号,格洛里亚,10月,丽贝卡。

143...

因为沃德拜别墅在4号位置(线索2),那么在1号位置筑巢的不是养了7只小鸭子的戴西(线索1),也不是迪力(线索3),线索4排除了多勒,通过排除法得出是达芙妮。然后根据线索5,5只小鸭子在2号别墅的花园里。我们知道拥有小鸭子数最多的不是戴西、多勒(线索4)或迪力(线索3),而是达芙妮,她拥有8只小鸭子。1号位置小鸭子的数量比2号位置上的多3只,线索3排除了迪力在2号花园里的可能,已知多勒有5只小鸭子,剩下迪力有6只小鸭子。这样根据线索3,罗斯别墅是戴西和她的7只小鸭子的家。我们知道它们不在1号、2号或4号位置,那么一定在3号位置,根据排除法和线索3,迪力在4号沃德拜别墅的花园里抚养她的6只小鸭子。线索1现在告诉我们洁丝敏别墅在2号位置,剩下1号是来乐克别墅。

答案:

1号,来乐克别墅,达芙妮,8只;

2号,洁丝敏别墅,多

勒，5 只；

3 号，罗斯别墅，戴西，7 只；

4 号，沃德拜别墅，迪力，6 只。

144...

2 号作品不可能是凯维丝夫人的（线索 1），也不是福瑞木夫人的（线索 2）。线索 4 告诉我们萨利·斯瑞德的作品在 3 或 4 号位置，这样通过排除法，2 号作品是尼得勒夫人的。然后根据线索 5，以斯帖刺绣了 1 号作品，但不是《雪景》（线索 1）或《河边》（线索 3），伊冯刺绣了《村舍花园》（线索 2），可以得出以斯帖的作品是《乡村客栈》。接着根据线索 4，萨利·斯瑞德制作了 4 号作品。根据线索 3，赫尔迈厄尼就是刺绣 2 号作品的尼得勒夫人。排除法得出 3 号作品是伊冯的《村舍花园》，但她不是福瑞木夫人（线索 2），而是凯维丝夫人，剩下福瑞木夫人是以斯帖。赫尔迈厄尼没有刺绣《河边》（线索 3），因此她的作品一定是《雪景》，剩下《河边》是萨利·斯瑞德的作品。

答案：

1 号，《乡村客栈》，以斯帖·福瑞木；

2 号，《雪景》，赫尔迈厄尼·尼得勒；

3 号，《村舍花园》，伊冯·凯维丝；

4 号，《河边》，萨利·斯瑞德。

145...

由于亚历山大是深红色和白色外表（线索 2）。罗德·桑兹不是橄榄绿色（线索 3），因此它是猩红色和黄色，而橄榄绿的机车是沃克斯·阿比，属于阿比类（线索 1），并在 1942 年制造（线索 3）。亚历山大不是越野类型的发动机（线索 2），因此是商务车类型的，而越野类型的发动机是罗德·桑兹，它不是始于 1909 年（线索 4），而是在 1926 年制造的，1909 年的机车是亚历山大。

答案：

亚历山大，商务车类，深红 / 白色，1909 年；

罗德·桑兹，越野类，猩红 / 黄色，1926 年；

沃克斯·阿比，阿比类，橄榄绿，1942 年。

146...

基德拜夫妇有 2 个孩子（线索 4），因此不只有 1 个孩子的希金夫妇（线索 3）一定有 3 个孩子，并且他们去了澳大利亚（线索 1）。通过排除法，去新西兰的布里格夫妇只有 1 个孩子；排除法又可以得出基德拜夫妇去了加拿大。希金夫妇不是开旅馆（线索 1）或鱼片店（线索 3），因此他们经营的一定是农场。鱼片店不是由布里格夫妇经营的（线索 2），那么一定是基德拜夫妇经营的，布里格夫妇所做的生意是开旅馆。

答案：

布里格夫妇，1 个，新西兰，旅馆；

希金夫妇，3 个，澳大利亚，农场；

基德拜夫妇，2 个，加拿大，鱼片店。

147...

由于凯瑞的运动项目不是 100 米 或 400 米（线索 1），她也不是在跳远比赛中获胜的 1 号女孩（线索 1 和 4），因此通过排除法，她一定破了标枪比赛的纪录。1 号位置上的不是跑步运动员，所以凯瑞不是 2 号女孩（线索 1），同一个线索排除了她是 1 号或 4 号的可能，所以她在 3 号位置。400 米冠军哈蒂不叫瓦内萨（线索 5），我们知道她不叫凯瑞。赫尔的名字是戴尔芬（线索 2），那么哈蒂就是洛伊斯。她不在 2 号位置（线索 3），而她的运动项目排除了 1 号和 3 号位置，因此她一定在照片中的 4 号位置。1 号女孩不是戴尔芬·赫尔（线索 2），而是瓦内萨，戴尔芬是 2 号女孩，排除法得出戴尔芬的运动项目是 100 米。最后根据线索 4，瓦内萨不姓福特，而姓斯琼，剩下凯瑞是福特小姐。

答案：

1 号，瓦内萨·斯琼，跳远；

2 号，戴尔芬·赫尔，100 米；

3 号，凯瑞·福特，标枪；

4 号，洛伊斯·哈蒂，400 米。

148...

来恩·摩尔是 76 岁（线索 4），74 岁的退休邮递员不是珀西·奎因（线索 2），也不是牧场主人乔·可比（线索 1），因此一定是 C 位置上的罗恩·斯诺。这样根据线索 2，珀西·奎因在 D 位置上，他不是 72 岁（线索

3），而是78岁，剩下乔·可比是72岁。来恩·摩尔不是马医（线索4），而是机修工。因此他不在B位置上（线索5），而在A位置上，剩下B位置上的是乔·可比。通过排除法，78岁的珀西·奎因在D位置上，并且是个马医。

答案：

位置A，来恩·摩尔，76岁，机修工；

位置B，乔·可比，72岁，牧场主人；

位置C，罗恩·斯诺，74岁，邮递员；

位置D，珀西·奎因，78岁，马医。

149...

由于言情电影（线索1）、枪战电影（线索2）和喜剧片（线索5）都不在C制片厂上，因此通过排除法，拉娜·范姆帕担任女主角的警匪片（线索4）是在那里拍摄的。然后根据线索4，奥尔弗·楞次在B制片厂担任导演。我们知道他不是和拉娜·范姆帕一起工作，线索1也排除了海伦·皮奇在B制片厂工作的可能。西尔维亚·斯敦汉姆由卡尔·卡马拉导演（线索3），因此奥尔弗导演多拉·贝尔。海伦·皮奇不在D制片厂工作（线索1），而是在A制片厂，剩下卡尔和西尔维亚在D制片厂工作。线索1现在告诉我们，奥尔弗和多拉在拍言情电影，这样根据线索2，枪战电影一定在A制片厂拍摄，喜剧在D制片厂。线索2得出，沃尔多·特恩汉姆在C制片厂导演警匪片，鲍里斯·旭茨在A制片厂导演枪战电影，其中海伦·皮奇是女主角。

答案：

A制片厂，枪战，鲍里斯·旭茨，海伦·皮奇；

B制片厂，言情，奥尔弗·楞次，多拉·贝尔；

C制片厂，警匪，沃尔多·特恩汉姆，拉娜·范姆帕；

D制片厂，喜剧，卡尔·卡马拉，西尔维亚·斯敦汉姆。

150...

由于C位置上的旅店名是升起的太阳（线索3），D位置上的船属于凯斯家庭（线索4），因此根据线索1，停泊在挪亚方舟处的费希尔家庭的船在B位置上，而斯恩费希船在A位置上。我们知道停在狗和鸭码头的帕切尔号（线索2）不在A、B或C位置上，所以它一定属于D位置上的凯斯家庭。现在通过排除法，A位置上的旅店是钓鱼者休息处。罗德尼家庭的船不是停靠在升起的太阳处（线索3），而是在A位置上的钓鱼者休息处，并且是斯恩费希号，剩下停在C位置上的升起的太阳处的船属于德雷克家庭，但不是南尼斯号（线索3），而是罗特斯号，费希尔家庭的船南尼斯停在B位置上的挪亚方舟处。

答案：

位置A，罗德尼，斯恩费希，钓鱼者休息处；

位置B，费希尔，南尼斯，挪亚方舟；

位置C，德雷克，罗特斯，升起的太阳；

位置D，凯斯，帕切尔，狗和鸭客栈。

151...

埃格要去拜访岳母（线索2），穿着绵羊皮外套的男人打算修他的小圆舟（线索5），并且穿着小牛皮上衣的奥格不打算粉刷他的窑洞墙壁（线索4），因此他一定是去钓鱼。由于穿着绵羊皮外套的男人不是阿格（线索5），我们知道他也不是埃格或奥格，那么他是艾格。通过排除法，剩下阿格是准备粉刷窑洞墙壁的男人。穿着绵羊皮外套的艾格不在1号位置（线索1），也不在3号位置，因为3号穿着山羊皮上衣（线索3），而线索1和3排除了他在4号位置的可能，那么他一定在2号位置，1号穿着狼皮上衣（线索1），剩下穿着小牛皮上衣的奥格在4号位置。线索5说明阿格在1号位置，他穿着狼皮上衣，通过排除法，在3号位置上穿着山羊皮上衣的人是埃格，就是那个打算拜访岳母的人。

答案：

1号，阿格，粉刷窑洞墙壁，狼皮；

2号，艾格，修小圆舟，绵羊皮；

3号，埃格，拜访岳母，山羊皮；

4号，奥格，钓鱼，小牛皮。

152...

已知斯杰普生德桥是第2号桥（线索2）。4号桥不是托福汉姆桥（线索1）或悬臂建筑维斯吉格桥（线索 4)，那么一定是埃斯博格桥。第 1 条河不是被吊桥横跨的波罗特（线索 1），也不是戴斯尔河（线索 3）或科玛河（线索 4），因此一定是斯沃伦河。我们现在知道托福汉姆桥和维斯吉格桥是 1 号或 3 号桥，那么波罗特河（线索 1）和科玛河（线索 4）不可能是 3 号河，因此排除法得出第 3 条河是戴斯尔，而它上面的桥不是拱桥（线索 3），也不是摆桥（线索 5）或吊桥，而是悬臂桥维斯吉格。根据线索 4，科玛是被埃斯博格横跨的第 4 条河。通过排除法，第 1 条河斯沃伦被托福汉姆横跨，线索 1 得出，在波罗特河上的吊桥就是 2 号桥斯杰普生德。根据线索 1 和 5，1 号桥托福汉姆是座拱桥，而 4 号桥埃斯博格在科玛河上，并且是座摆桥。

答案：

1 号桥，托福汉姆桥，斯沃伦河，拱桥；

2 号桥，斯杰普生德桥，波罗特河，吊桥；

3 号桥，维斯吉格桥，戴斯尔河，悬臂桥；

4 号桥，埃斯博格桥，科玛河，摆桥。

153...

海吉斯在 2 号位置（线索 4)。由于 4 号马上的选手不是迪克兰（线索 3）或沃特（线索 5)，因此他一定是赫多尔。这样根据线索 2，安德鲁就是骑 2 号马的海吉斯。1 号马不是“跳羚”（线索 1)，不是“杰克”（线索 3)，也不是被加百利骑着的“跳过黑暗”（线索 5)，因此一定是“小瀑布”。我们现在知道安德鲁的马不是“小瀑布”或“跳过黑暗”，也不是“跳羚”（线索 1)，那么就是“杰克”。现在线索 3 说明迪克兰·吉姆帕是骑 1 号马“小瀑布”的选手。通过排除法，沃特骑 3 号马。根据线索 5，4 号马是“跳过黑暗”，剩下沃特骑的是“跳羚”。现在已经知道赫多尔就叫加百利，而沃特是吉斯杰姆的姓。

答案：

1 号，“小瀑布”，迪克兰·吉姆帕；

2 号，“杰克”，安德鲁·海吉斯；

3 号，“跳羚”，吉斯杰姆·沃特；

4 号，“跳过黑暗”，加百利·赫多尔。

154...

由于那辆普乔特是黄色的（线索 3)，比尔清洗的红车不是福特车（线索 1)，因此得出红车是沃克斯豪，而福特车是蓝色的并属于派恩先生（线索 2)。我们现在知道比尔清洗的是沃克斯豪，派恩先生的车是福特，罗里清洗的斯蒂尔先生的车（线索 4）一定是黄色的普乔特。剩下卢克清洗的车是派恩先生的福特，最后排除法得出，比尔清洗的红色的沃克斯豪是科顿先生的。

答案：

比尔，科顿先生，沃克斯豪，红色；

卢克，派恩先生，福特，蓝色；

罗里，斯蒂尔先生，普乔特，黄色。

155...

由于他们计划星期三去喂猫（线索 4)，星期四去草地（线索 2)，所以根据线索 1 可以知道，他们星期二去山上取水，星期一沿 2 号方向前进。他们声称朝 4 号方向前进是去清理茶匙（线索 3)，因此那天不是星期一，也不是星期二或星期三，那么一定是星期四，并且是去草地。剩下星期一他们去割卷心菜，但不是在河边（线索 5)，而是在树林中，剩下河边是他们星期三去喂猫的地方，但不是在 1 号方向（线索 4)，而是在 3 号方向，最后得出他们在星期二沿 1 号方向去爬山。

答案：

1 号方向，星期二，山上，取水；

2 号方向，星期一，树林，割卷心菜；

3 号方向，星期三，河边，喂猫；

4 号方向，星期四，草地，清理茶匙。

156...

由于 2 号警官的肩膀麻木（线索 1)，线索 4 说明斯图尔特·杜琼不是 4 号警官。线索 2 也排除了卡弗在 4 号位置的可能，并且线索 3 排除了布特，因此通过排除法，4 号警官一定是艾尔莫特。这样根据线索 3，格瑞在 2 号位置，并且遭受肩膀麻木的痛苦。1 号警官不是鼻子发痒的内卫尔（线索 2)，也不是亚瑟（线索 3)，而是斯图尔特·杜琼。这样根据线索 4，3 号警官受鸡眼折磨。我们知道他不是格瑞、内卫尔或斯图尔特，那么必定是亚瑟，剩下4号警官是鼻子发痒的内卫尔·艾尔莫特。通过排除法，斯图尔特·杜琼一定受肿胀的脚的折磨。亚瑟就是卡弗（线索2），剩下格瑞就是布特。

答案：

1号，斯图尔特·杜琼，肿胀的脚；

2号，格瑞·布特，肩膀麻木；

3号，亚瑟·卡弗，鸡眼；

4号，内卫尔·艾尔莫特，发痒的鼻子。

157...

由于赫尔拜店是家化学药品店（线索4），面包店不是罗帕店（线索1），因此一定是万斯店，而罗帕店是家零售店。这家店没有雇佣卡罗尔·戴（线索3）或艾玛·发，因为后者在面包店工作（线索2），所以他们雇用的是安·贝尔，而卡罗尔·戴在赫尔拜化学药品店工作，但她的工作不是9月份开始的（线索4），艾玛·发也不是在9月份开始工作（线索1），因此9月份开始工作的一定是安·贝尔。艾玛·发开始工作的时间不是8月份（线索2），而是7月份，而卡罗尔·戴开始工作的时间是8月份。

答案：

安·贝尔，罗帕店，零售店，9月份；

卡罗尔·戴，赫尔拜店，化学药品店，8月份；

艾玛·发，万斯店，面包店，7月份。

158...

根据线索2，V一定在C1，C2，D1或D2中的一个格子内。因为它不是重复的，所以不可能在C2（线索5），而那个线索也排除了包含有一个元音的D2。D3内是个A（线索4），那么线索2排除了V在D1内，排除法得出它在C1内。这样根据线索2，A1内有个R，而C3内是C。线索1和4排除了在D2内的元音（线索5）是A，也不是O（线索7），因此只能是I。根据线索6，G在C排，但G只有一个，不在C2内（线索5），只能在C4内。这样B4内的元音（线索5）不是O（线索7），而是另一个A。线索7排除了O在A或D排的可能，而已经找到位置的字母除掉了B1，B3或C2，以及B4，C1，C3和C4，只剩下B2包含O，而一个T在C2内（线索7）。这样根据线索5，第2个T在A4内。根据线索7，Y在A3内。我们还需找到两个R的位置，但都不在D4内（线索4），线索1也排除了B1和A2，只剩下B3和D1。L不是在D4内，也不是在A2内（线索3），因此在B1内。线索1排除了剩下的A在D4的可能，得出F在D4，而A在A2。

答案：

R	A	Y	T
L	O	R	A
V	T	C	G
R	I	A	F

159...

A位置上的军官是罕克·吉米斯（线索2），坐在C位置上的是宇航员（线索5），因此弗朗茨·格鲁纳工程师（线索1）一定在B或D位置上，而陆军少校也在B或D位置上（线索1）。空军上校在B位置上（线索3），这样根据线索1，他一定是工程师弗朗茨·格鲁纳，而陆军少校在D位置上。我们现在已经知道罕克·吉米斯不是宇航员或工程师，也不是军医，因此他一定是飞行员，剩下坐在D位置上的陆军少校是个军医，根据线索4，他是尤瑞·赞洛夫，C位置上的宇航员是萨姆·罗伊斯，但她不是海军司令官（线索5），而是海军上尉，剩下海军司令官是A位置上的罕克·吉米斯。

答案：

位置A，罕克·吉米斯，海军司令官，飞行员；

位置B，弗朗茨·格鲁纳，空军上校，工程师；

位置C，萨姆·罗伊斯，海军上尉，宇航员；

位置D，尤瑞·赞洛夫，陆军少校，军医。

160...

由于特德·温的车不是黄色的（线索3），也不是红色的D号车（线索1和3）；伦·凯斯的跑车是绿色的（线索4），因此特德·温的车是蓝色，但不是C号车（线索5），根据线索3，一定是B号车，并且于1938年制造（线索2）。红车不是加里·合恩的（线索1），而是属于克里斯·丹什，剩下加里·合恩是黄车的主人。伦·凯斯的车不是A号车（线索4），因此一定是C号车，而加里·合恩的车是A号车。根据线索3，伦·凯斯的车是1932年的模型。1934年的模型不是D号车（线索1），而是加里·合恩的黄车，克里斯·丹什的D号红车始于1936年。

答案：

A号车，加里·合恩，黄色，1934年；

B号车，特德·温，蓝色，1938年；

C号车，伦·凯斯，绿色，1932年；

D号车，克里斯·丹什，红色，1936年。

161...

"红母鸡"在1649年被宣判（线索4），在1648年被认为是女巫的不是"蓝鼻子母亲"（线索3），因此她一定是"诺格斯奶奶"，并且真名是艾丽丝·诺格斯（线索1）。通过排除法，"蓝鼻子母亲"在1647年被宣判为女巫，而她来自盖蒙罕姆（线索2）。那么伊迪丝·鲁乔不是在1648年被宣判（线索4），而是在1649年，她的绰号是"红母鸡"。可以得出艾丽丝·诺格斯住在希尔塞德（线索4）。克莱拉·皮奇不是来自里球格特乡村（线索3），所以必定来自盖蒙罕姆，并且她是在1647年被宣判的"蓝鼻子母亲"；排除法得出伊迪丝·鲁乔住在里球格特。

答案：

克莱拉·皮奇，"蓝鼻子母亲"，盖蒙罕姆，1647年；

艾丽丝·诺格斯，"诺格斯奶奶"，希尔塞德，1648年；

伊迪丝·鲁乔，"红母鸡"，里球格特，1649年。

162...

由于瑞克特立建筑始于1708年（线索4），詹姆士·皮卡德拥有的财产在1685年建造（线索3），丽贝卡·德雷克拥有的佛乔别墅不是始于1770年（线索1），而是1610年。这样线索1就告诉我们2号建筑始于1685年，并且属于詹姆士·皮卡德，但不是曼纳小屋（线索3），我们知道它也不是瑞克特立建筑或佛乔别墅，因此必定是狗和鸭建筑，剩下曼纳小屋是1770年建造的。线索2现在告诉我们，巴兹尔·布立维特是1号建筑的主人。史密塞斯上校不拥有曼纳小屋（线索5），因此他的房子一定是瑞克特立建筑，剩下1号建筑是曼纳小屋，并属于巴兹尔·布立维特。而瑞克特立建筑不是3号房子（线索4），只能是4号，剩下的佛乔别墅在3号位置。

答案：

1号，曼纳小屋，1770年，巴兹尔·布立维特；

2号，狗和鸭建筑，1685年，詹姆士·皮卡德；

3号，佛乔别墅，1610年，丽贝卡·德雷克；

4号，瑞克特立建筑，1708年，史密塞斯上校。

163...

由于D面上的神像拥有水蟒的面孔（线索3），这样根据线索2，战神爱克斯卡克斯特不在B面；而B面神像不是爱神（线索4），A面代表了气候神（线索4），因此B面上的是事业神。可以得出C面神像以蝙蝠为面孔（线索5）。事业神的名字不是埃克斯特里卡特尔（线索5），也不是爱克斯卡克斯特或奥克特拉克斯特（线索4），因此他一定是乌卡特克斯赖特，而B面神像的面孔是水怪（线索1）。通过排除法，A面神像拥有美洲虎的面孔，这样根据线索3，战神爱克斯卡克斯特一定在C面上，剩下以水蟒为面孔的神像在D面，并且他是爱神。奥克特拉克斯特不在A面（线索4），那只能在D面，剩下A面神像是埃克斯特里卡特尔。

答案：

A面，美洲虎，埃克斯特里卡特尔，气候；

B面，水怪，乌卡特克斯赖特，事业；

C面，蝙蝠，爱克斯卡克斯特，战争；

D面，水蟒，奥克特拉克斯特，爱情。

164...

由于最前面一辆车的司机不是菲利普（线索1）和曼纽尔（线索3），并且也不是汉斯（线索4），因此一定是安东尼奥。这样根据线索5，红车在2号位置上，那么它的数字是15（线索2）。第4个位置上的车不是车牌号为27的黄车（线索1），它的车牌号也不是38（线索3），排除法得出它的车牌号是9。我们知道它不是红色或黄色，也不是绿色（线索4），那只能是蓝色。剩下车牌号38的车是绿色的，但绿车不在3号位置（线索3），因此它是领先的安东尼奥的车，剩下3号车是带数字27的黄车。线索4现在告诉我们汉斯是2号红车的司机，线索1说明菲利普是4号蓝车的司机，剩下曼纽尔是3号黄车的司机。

答案：

1号位置，安东尼奥，绿色，38；

2号位置，汉斯，红色，15；

3号位置，曼纽尔，黄色，27；

4号位置，菲利普，蓝色，9。

165...

詹妮的孩子在3号位置上（线索3）。4号位置上的卡纳（线索2）不是D位置上的雷切尔的儿子（线索4和5），丹尼尔是莎拉的儿子（线索4），这样通过排除法，卡纳的母亲是汉纳。然后根据线索1，爱德华是詹妮的孩子，他在3号位置，雷切尔的儿子是马库斯。我们知道汉纳不在D位置上，也不在C位置（线索1）或B位置（线索2），因此她一定在A位置。詹妮不在C位置（线索5），而是在B位置，剩下C位置上的是莎拉。丹尼尔不在2号位置（线索4），那他一定在1号，剩下马库斯在2号位置，这由线索4证实。

答案：

A位置，汉纳；4位置，卡纳；

B位置，詹妮；3位置，爱德华；

C位置，莎拉；1位置，丹尼尔；

D位置，雷切尔；2位置，马库斯。

166...

住了16年的那个居民是在罗斯村（线索4），住龄8年的住户，他家不在怀特盖茨村（线索3），所以一定是在牧场，因此他是沃尔特·杨（线索1）；他不是来自艾林特（线索1），也不可能来自帕丁顿（线索2），所以一定是来自柏特斯。艾伦·布拉德利不是来自帕丁顿（线索2），所以一定是从艾林特来的。剩下梅维斯·诺顿是来自帕丁顿的那个人，他在镇上的罗斯村生活了16年（线索2）。综上可知，艾伦·布拉德利在怀特盖茨村生活了11年。

答案：

艾伦·布拉德利，艾林特，11年，怀特盖茨村；

梅维斯·诺顿，帕丁顿，16年，罗斯村；

沃尔特·杨，柏特斯，8年，牧场。

167...

艾尔德是在1995年搬来的（线索4），所以，由线索1得出，西尼尔是1990年到的，格雷是1985年。格雷名叫玛格丽特（线索3），所以不叫戴西的艾尔德，他的名字是亨利（线索4）。剩下戴西的姓是西尼尔。从线索1知道，玛格丽特·格雷来自莫博里。而由线索2，亨利·艾尔德原住在威逊韦尔。最后，戴西·西尼尔以前的家在布莱伍德。

答案：

戴西·西尼尔，布莱伍德，1990年；

亨利·艾尔德，威逊韦尔，1995年；

玛格丽特·格雷，莫博里，1985年。

168...

排在第3位退牛仔裤的女士不是希拉（线索1），不是退剪草机的马里恩（线索3），也不是排在第4位的希瑟（线索4），所以，她是卡罗尔。现在我们已知其中两位女士的名字；希拉·普里斯（线索1）不是排在第1位，排第1位的是特威德夫人（线索5），所以希拉·普里斯排的是第2位。综上所述，排第1位的特威德夫人是马里恩。现在我们知道了两位女士的姓，希瑟不姓克拉普（线索4），她姓夏普。因此退牛仔裤的卡罗尔是克拉普夫人。从线索2得出，希瑟·夏普排第4位，她退的不是烤箱，是手提箱。退回烤箱的是排在第2位的希拉·普里斯。

答案：

第1位，马里恩·特威德，剪草机；

第2位，希拉·普里斯，烤箱；

第3位，卡罗尔·克拉普，牛仔裤；

第4位，希瑟·夏普，手提箱。

169...

罗斯的房子达到7层高（线索5），所以她不可能是叠出4层高房子的2号女孩（线索2）。线索4排除了她在3号位置用蓝色纸牌的可能，她也不是在4号位置（线索

5)，所以，罗斯坐在1号座位。我们已知夏洛特用的纸牌是绿色的（线索1），她不在位置1或3，因为2号女孩叠出4层楼，所以，夏洛特不可能是在4号位置（线索1），她是在位子2，造出了4层楼的房子。因此，由线索1得出，5层楼的房子是由4号女孩建造的。留下用蓝色纸牌造的6层房子在位置3。综上，根据线索4，罗斯用的是红色的纸牌，剩下由黑色纸牌构成的在位置4的5层房子，它不是由安吉拉建造的（线索3），而是蒂娜做的。安吉拉坐在3号位置，持蓝色纸牌。

答案：

座位1，罗斯，红色，7层楼；

座位2，夏洛特，绿色，4层楼；

座位3，安吉拉，蓝色，6层楼；

座位4，蒂娜，黑色，5层楼。

170...

雅克的顾客叫阿曼裕（线索4）。乔·埃尔买的是诗集（线索2），因传记是玛丽安在出售，且不是由斯尔温购买（线索5），所以必定是威廉买去的。玛丽安的书亭不是1号和4号书亭（线索1）。结合小说是在3号书亭买到的（线索3），所以玛丽安的书亭是3号。因此，从线索1得出字典是由3号书亭出售，而从线索5得出斯尔温一定是在3号书亭买了小说的顾客。余下阿曼裕在1号书亭。排除上面已知的，乔·埃尔一定在4号书亭买书，而4号书亭不是由艾兰恩经营的（线索2），它是波莱特的，剩下艾兰恩在3号书亭卖小说给斯尔温。

答案：

1号，雅克，阿曼裕，字典；

2号，玛丽安，威廉，传记；

3号，艾兰恩，斯尔温，小说；

4号，波莱特，乔·埃尔，诗集。

171...

亨利排在队伍的第3个位子（线索3）。第4个位子排的不是珀西瓦尔（线索1），也不是马克斯（线索2），所以，一是威洛比。威洛比买的是星期五晚上的票（线索4）。星期六晚上定在包厢座位的票不是珀西瓦尔买的（线索1），也不是亨利的（线索3），排除法得知买票的是马克斯。所以，马克斯不可能是排在第1位的（线索1），而是排在第2位，第1位排的是珀西瓦尔。因此据线索2可得，第3位是亨利，买的是剧院花楼的票。但不是星期4的演出（线索2），是星期三的。剩下珀西瓦尔买的是星期四的票，并根据线索3得出，是在正厅后排的座位。所以，威洛比星期五晚上的票是正厅前排的座位。

答案：

位置1，珀西瓦尔，星期四，正厅后排座位；

位置2，马克斯，星期六，包厢；

位置3，亨利，星期三，剧院花楼；

位置4，威洛比，星期五，正厅前排座位。

172...

思德·塔克坐在C位置（线索1），BBMU的人坐在D位置（线索4），所以来自UMBM，不是坐在B位置的雷·肖（线索5），一定是在A位置。现在根据线索2，代表ABM的6位成员的那个人不可能是坐在A或C位置，也排除了坐在D位置的可能，所以他是坐在B位置；同样根据线索2，阿尔夫·巴特一定是在D位置。综上，吉姆·诺克斯坐在B位置，思德·塔克代表BBT坐在C位置。所以BBT代表的不是7位成员（线索3），也不是4位（线索1），我们知道是吉姆·诺克斯代表有6位成员的ABM，所以BBT有3位成员。UMBM的雷·肖代表的人数比ABM的吉姆·诺克斯代表的少（线索5），所以UMBM一定有4位成员，而BBMU的阿尔夫·巴特代表的是7位成员。

答案：

位置A，雷·肖，UMBM，4；

位置B，吉姆·诺克斯，ABM，6；

位置C，思德·塔克，BBT，3；

位置D，阿尔夫·巴特，BBMU，7。

173...

布里奇特的职责是提供餐后甜点（线索4），洛蒂不是提供饮料的（线索3），所以她是提供主菜的，而内尔是提供饮料的。因此，根据线索2，洛蒂是56岁。内尔不可能是54岁（线索1），所以是52岁；布里奇特则是54岁。洛蒂已经为此工作了18年（线索3）。内尔的工作时间一定比16年长（线索1）。所以内尔是20年，布里奇特是16年。

答案：

布里奇特，54岁，16年，餐后甜点；

洛蒂，56岁，18年，主菜；

内尔，52岁，20年，饮料。

174...

灰色小马叫邦妮（线索3），所以不叫维纳斯（线索1），属于贝琳达的那匹褐色小马一定是叫潘多拉。综上得出，黑色小马一定是叫维纳斯，维纳斯的主人姓郝克斯（线索2）。现在我们知道潘多拉的主人叫贝琳达，而维纳斯的主人姓郝克斯，所以费利西蒂·威瑟斯（线索4）必定是灰色小马邦妮的主人。得出凯蜜乐姓郝克斯，贝琳达姓梅诺。

答案：

贝琳达·梅诺，潘多拉，褐色；

凯蜜乐·郝克斯，维纳斯，黑色；

费利西蒂·威瑟斯，邦妮，灰色。

175...

“布鲁克林”是第1名（线索5），身穿红色和橘黄色衣服的骑师是第3名（线索4），由线索1排除了“矾鹬”得第2名和第4名的可能性，所以，它排在第3名。根据线索1得出，卢克·格兰费尔身着黑蓝两色，骑的是排在第4的马。已知“国王兰赛姆”是马文·盖尔骑的那匹马（线索2），排名不是1、3或4，所以是第2名；剩下卢克·格兰费尔骑的马叫“蓝色闪电”。马文穿的不是粉色和白色（线索2），所以应是黄色和绿色。而粉色和白色是穿在胜利的骑师身上。得胜的不是杰姬·摩兰恩（线索3），而是科纳·欧博里恩。杰姬·摩兰恩的马是排在第3名的“矾鹬”。

答案：

第1名，“布鲁克林”。科纳·欧博里恩，粉色和白色；

第2名，“国王兰赛姆”，马文·盖尔，黄色和绿色；

第3名，“矾鹬”，杰姬·摩兰恩，红色和橘黄色；

第4名，“蓝色闪电”，卢克·格兰费尔，黑色和蓝色。

176...

罗孚汽车停在位置5（线索1），所以不在位置2、3、4的沃尔沃汽车（线索4）一定在位置1。在位置3的车是白色的（线索3），因此，在位置5的罗孚汽车的颜色不是黄色，黄色是菲亚特汽车的颜色（线索3），不是棕色（线索5）或红色（线索2），所以一定是绿色。在位置4的车我们已知不可能是罗孚或沃尔沃汽车，根据线索2，它也不是福特，位置3的车是白色的（线索3），而线索5排除了丰田在位置4的可能。所以，位置4停的是黄色的菲亚特。再根据线索5，棕色汽车不在位置1，所以是在位置2。而在位置1的沃尔沃必定是红色的。现在由线索2得出，位置2的棕色车子是福特，由线索5得出在位置3的白色车子是丰田。

答案：

1号，红色沃尔沃；

2号，棕色福特；

3号，白色丰田；

4号，黄色菲亚特；

5号，绿色罗孚。

177...

肖特带着红色的围巾（线索2），伯妮斯·海恩的围巾不是黄色的（线索1），她也不是围着蓝色围巾的1号位置的溜冰者（线索1和4），所以她的围巾是绿色的，已知她不在1号位置，因为1号位置的人带着蓝色围巾，线索1同时也排除了她在2号位置的可能性，从线索3中得出她不可能在4号位置，所以伯妮斯·海恩在3号位置。因此从线索1得出，2号位置的溜冰者必定带着黄色围巾，而由线索3知道，路易丝一定是在4号位置，余下红色围巾由她戴着，所以，她是肖特。杰姬不是2号溜冰者（线索2），她是1号溜冰者，2号是夏洛特。杰姬不姓劳恩（线索5），她姓利特尔，劳恩是夏洛特的姓。

答案：

位置1，杰姬·特利尔，蓝色；

位置2，夏洛特·劳恩，黄色；

位置3，伯妮斯·海恩，绿色；

位置4，路易丝·肖特，红色。

178...

德莫特住在提姆布利

村（线索2）；村庄2是格里斯特里村，经过它的环线朝东方开（线索1）。5千米长朝南开的路程起始自罗莉住的那个村庄（线索4），所以她不可能住在6千米路段的起始地桑德莱比村（线索3），罗莉是住在托维尔村。7千米路段不是起始自格里斯特里村（线索1），同时已知它不可能起始自桑德莱比村或托维尔村，所以它一定是起始自德莫特家所在的提姆布利村。剩下4千米路段的起始自格里斯特里村。阿诺德不住在桑德莱比村（线索2），所以他住在格里斯特里村。而桑德莱比村是吉姆住的村庄。提姆布利不是村庄3（线索1），所以它是村庄4。因此，罗莉的村庄托维尔，自它开始的环线车朝南开（线索4），一定是村庄3，余下桑德莱比是村庄1，作为整个车程的开始点。

答案：

村庄1，桑德莱比村，吉姆，6千米；

村庄2，格里斯特里村，阿诺德，4千米；

村庄3，托维尔村，罗莉，5千米；

村庄4，提姆布利村，德莫特，7千米。

179...

泊尔去了法国（线索1），去澳大利亚旅游的人摔断了1条腿（线索2），所以，摔断了锁骨的索尼亚（线索4）一定是在瑞士受伤的。综上所述，泊尔一定是摔断了她的手臂，去澳大利亚的是迪莉娅。斯塔布斯夫人既不叫索尼亚也不叫泊尔（线索3），所以她叫迪莉娅。索尼亚不是霍普夫人（线索4），所以她是费尔夫人，霍普夫人的名字是泊尔。

答案：

迪莉娅·斯塔布斯，澳大利亚，腿；

泊尔·霍普，法国，手臂；

索尼亚·费尔，瑞士，锁骨。

180...

标号3的镇是肯思费尔得（线索4），所以亚克斯雷不是4号镇（线索1），不是6号镇（因为6号镇没有其他镇在它的东北方向），也不是8号镇（因为根据线索1，它们两者都没有一个镇在它们的偏南方），又因为它在图上是偶数标记的（线索1），所以亚克斯雷镇是2号镇。因此，根据线索1，布赖圣特恩是1号镇。由线索5，威格比不是9号镇，同时我们知道它不是3号镇，又因为它的偏西方有一个镇（线索5），所以威格比一定是6号镇。再结合线索5，摩德维尔一定是5号镇。根据线索1，科尔布雷杰一定是8号镇。已知勒索普不是2号、5号或8号镇，也不可能是4号或7号镇（线索2），再根据线索2，勒索普一定是10号镇，而波特菲尔得是9号镇，最后，由线索3，德利威尔一定是7号镇，欧德马科特是4号镇。

答案：

1号，布赖圣特恩镇；

2号，亚克斯雷镇；

3号，肯思费尔德镇；

4号，欧德马科特镇；

5号，摩德维尔镇；

6号，威格比镇；

7号，德利威尔镇；

8号，科尔布雷杰镇；

9号，波特菲尔得镇；

10号，勒索普镇。

181...

因为勋章C有1个绿色的绶带（线索1），根据线索4，所以铁拳团的铁制勋章不可能是勋章D。勋章A用的是银作材料（线索2），勋章D不是金制的（线索5），所以勋章D应该是青铜制的。根据线索5，勋章C是金制的。综上可得，铁拳团的铁制勋章应该是勋章B。因此，由线索4得出，悬挂蓝色绶带的勋章是勋章A。现在已知3个勋章的团名或绶带颜色，所以赖班恩王子勋爵士团的有着紫色绶带的是青铜制勋章D，因此，白色绶带的勋章是铁拳团的勋章B。最后，由线索5，不是伊斯特埃尔勋爵士团的、带绿色绶带的金制勋章C是圣爱克赞讷勋爵士团的。而伊斯特埃尔勋爵士团的是银制的蓝色绶带的勋章A。

答案：

勋章A，伊斯特埃尔勋爵士团，银，蓝色；

勋章B，铁拳勋爵士团，铁，白色；

勋章C，圣爱克赞讷勋爵士团，金，绿色；

勋章D，赖班恩王子勋爵士团，青铜，紫色。

182...

8月份的那次度假不是坐长途汽车去的（线索1），也不是小汽车（线索2），而是火车。8月份的假期去的不是科茨沃尔德（线索2），也不是英国的湖泊地区（线索3），而是康沃尔。爱丽丝是开小汽车去科茨沃尔德的（线索2），所以长途汽车之旅去的是英国的湖泊地区，但是不是在5月份（线索3），所以是在6月份。综上，5月份的假期是在科茨沃尔德度过的。在英国的湖泊地区的度假不是在1986年（线索3），也不是1971年（线索1），而是1974年。最后，由线索1得出，康沃尔的假期是在1971年，去科茨沃尔德是在1986年。

答案：

5月份，1986年，科茨沃尔德，小汽车；

6月份，1974年，英国的湖泊地区，长途汽车；

8月份，1971年，康沃尔，火车。

183...

戴夫在3号位置（线索5），詹妮不可能是在4号位置（线索1），又因为2号位置骑的人是“迈德·海特”（线索3），线索1排除了1号位置是詹妮的可能，所以，詹妮是在2号位置，扮成“迈德·海特”。根据线索1，在1号位置的戴夫扮演的是“托德先生”。现在，由线索2得出，诺德一定是在1号位置，剩下“贝格尔斯”，即贝尔（线索4），在4号位置。“诺德”不是基思扮演的（线索2），所以他一定是莫尼卡扮的，而基思姓贝尔，扮的是“贝格尔斯”。莫尼卡不姓斯普埃克斯（线索2），也不姓切诺（线索3），所以她姓福克斯。最后，根据线索3，切诺不是扮成“迈德·海特”的詹妮，所以他是戴夫。詹妮姓斯普埃克斯。

答案：

1号，莫尼卡·福克斯，扮的是“诺德”；

2号，詹妮·斯普埃克斯，扮的是“迈德·海特”；

3号，戴夫·切诺，扮的是“托德先生”；

4号，基思·贝尔，扮的是“贝格尔斯”。

184...

4号汽车是深蓝色的（线索4），灰色美洲豹不是1号汽车（线索1），它肯定是2号汽车或3号汽车，而且它肯定是丰田（线索3）。既然4号汽车不是流浪者（线索4），它肯定是宝马。4号汽车不归阿尔玛所有（线索3），同时阿尔玛的汽车也不可能是美洲豹或者丰田，因为这两辆车都在汽油泵旁边（线索3），所以她的汽车肯定是流浪者，同时肯定是1号汽车。从线索1中可以看出，灰色美洲豹是3号汽车，哈森的汽车是2号，而且必定是丰田，它不是绿色的（线索3），所以它肯定是浅蓝色的。剩下阿尔玛的流浪者牌是绿色的。最后，根据线索2中，蒂莫西的汽车肯定是灰色美洲豹，而深蓝色宝马必定是杰拉尔丁的汽车。

答案：

1号，阿尔玛，绿色流浪者；

2号，哈森，浅蓝色丰田；

3号，蒂莫西，灰色美洲豹；

4号，杰拉尔丁，深蓝色宝马。

185...

家庭主妇的花展是蓝色（线索5），主要使用黄花的夏洛特不是牙科接待员（线索1），艾里斯是健康访问员（线索4），所以夏洛特一定是蔬菜水果商，因此她的展出不是在3号展厅（线索2）。线索1排除在1号展厅的可能，而展厅4是卢斯的（线索3），所以夏洛特设计的花展一定是在2号的北耳堂。因此根据线索1得出，牙科接待员最有可能是在1号展厅。所以她不可能是卢斯，已知她也不是夏洛特或艾里斯，她是米兰达。剩下卢斯是家庭主妇。综上可得，艾里斯设计了3号花展，即圣餐桌，它的基本颜色不是粉红色（线索4），所以一定是白色。最后粉红色花展是米兰达设计的。

答案：

1号展厅，米兰达，牙科接待员，粉红色；

2号展厅，夏洛特，蔬菜水果商，黄色；

3号展厅，艾里斯，健康访问员，白色；

4号展厅，卢斯，家庭主妇，蓝色。

186...

蓝色海湾镇拥有卡西诺赌场（线索4），巴瑞特一家人所住的小镇拥有宜人的海滩（线索2）。罗德斯一家人住在国王乡村中，但此处没有游艇港湾（线索1），所以它肯定是潜水中心。我们知道住在蓝色海湾镇上的家庭不是巴瑞特或者罗德斯一家，同时也不可能是沃德尔一家（线索4），所以它必定是莱斯特一家。因此，蓝色海湾镇位于B处（线索2）。D处小镇叫作白色沙滩（线索3）。在游艇港湾镇顺时针方向的下一站就是国王乡村镇（线索1），所以国王乡村镇不可能是C处小镇，它必然是A处小镇，剩下C处是纳尔逊镇。游艇港湾必定在白色沙滩镇上（线索1），所以，用排除法可知，必定是沃德尔一家人住在白色沙滩镇上。那么巴瑞特一家人肯定在纳尔逊镇上，那里有宜人的海滩。

答案：

A镇，国王乡村，罗德斯，潜水中心；

B镇，蓝色海湾，莱斯特，卡西诺赌场；

C镇，纳尔逊镇，巴瑞特，宜人海滩；

D镇，白色沙滩，沃德尔，游艇港湾。

187...

C3中的数字是2（线索3），数字1不可能在C行（线索7）。数字6不可能在A1中（线索1），所以C1不可能是3（线索5）。如果C1是5，那么B1中的数字是20（线索5），但这是不可能的（线索1）。因此，C1中的数字只可能是4。A1中的数字肯定是8，B1中的数字肯定是16（线索5）。数字20在第1行中（线索1），但是我们知道它不可能在A2中，也不可能在紧靠8右边的位置上，也不可能在A7上（线索1），同时它也不可能在A3中。A4中的数字比A3大2（线索1和2），18不可能在A3的方格中（线索7），所以20不可能在A4中（线索2）。线索2排除了20在方格A5中，所以，用排除法可知，20必定在A6中。7在方格A5中，6在方格A7中（线索1）。从线索2可知，方格A4是14，方格A3是12。我们知道数字2在C3中，而B3中的数字肯定是17（线索8），因此C6肯定是18，C2肯定是19（线索6）。那么B6就是数字1，B7就是数字13（线索7）。数字21和数字9分别是C4或者C5中的数字（线索9）。10不可能在C行或A行（线索4），所以只可能在B行中。既然B7是13，B4就不可能是10，所以10肯定在B2中，而15就在B5中（线索4）。从线索9看出，9肯定在C5中，所以21肯定在C4中。B4是个位数（线索9），它不可能是3（线索3），所以它只可能是5。既然第7列的3个数字之和大于25（线索8），数字3就不可能在方格C7中，所以它只可能在A2中，剩下C7中的数字是11。

答案：

8	3	12	14	7	20	6
16	10	17	5	15	1	13
4	19	2	21	9	18	11

188...

菲尔夫人的是39号病房（线索2）。唐纳斯夫人不是住在53号病房（线索3），所以她是住在47号病房，而克劳普先生因此住在53号病房。唐纳斯夫人有1个来自萨克森比家的人拜访（线索4），所以克劳普先生的拜访者来自26号（线索1），那位拜访者不可能是多赫尔蒂（线索3），所以是莱德雪姆。房子是65号的多赫尔蒂（线索3）拜访的是菲尔夫人。最后，81号的萨克森比拜访的是唐纳斯夫人。

答案：

克劳普先生，53号病房，莱德雪姆，26号；

唐纳斯夫人，47号病房，萨克森比，81号；

菲尔夫人，39号病房，多赫尔蒂，65号。

189...

阿曼达发现的是20便士（线索2），根据线索1，韦斯利发现的一定是10便士，所以那个5便士的硬币一定是在公园被发现的。综上可知，它的发现者是约瑟夫。约瑟夫不是5岁（线索1），而6岁的小孩在人行道上发现1个硬币（线索3），所以约瑟夫是7岁。阿曼达不可能是在停车场发现那20便士的（线索2），所以她是在人行道上发现的，因此阿曼达6岁。剩下韦斯利是5岁，他是在停车场发现那10便士硬币的。

答案：

阿曼达，6岁，20便士，人行道；

约瑟夫，7岁，5便士，公园；

韦斯利，5岁，10便士，停车场。

190...

提艾泽尔得第3名（线索4），分到1号羊圈的克罗普（线索1）和普劳曼（线索3）都没有得到第1名。所以是海吉斯得第1名。现已知第1名的得主及另外两位农场主的编号，所以那个分到4号圈、得第2名的人（线索2），一定是普劳曼。综上，克罗普一定是第4名；根据线索3，在2号圈的是来自高原牧场的羊，而农场主是海吉斯这个比赛获胜者。所以不是布鲁克菲尔得牧场的农场主的普劳曼（线索2），他的农场是曼普格鲁牧场。而布鲁克菲尔的牧场是克罗普的。

答案：

圈栏1，克罗普，布鲁克菲尔得牧场，第4名；

圈栏2，海吉斯，高原牧场，第1名；

圈栏3，提艾泽尔，格兰其牧场，第3名；

圈栏4，普劳曼，曼普格鲁牧场，第2名。

191...

因为4号窗口的顾客在购买一本邮票集锦（线索4），3号窗口的顾客在办理公路收费执照（线索2）。路易斯在3号窗口工作（线索3），那么亨利就在1号窗口工作。艾莉斯在2号窗口前提取养老金（线索1）。用排除法可知，亨利必定在寄挂号信。所以，大卫必然在2号窗口工作（线索5）。在亚当的窗口前办理业务的不是亨利（线索2），所以迈根必然在1号窗口处工作，亚当在4号窗口处工作。从亚当那里购买邮票的不是玛格丽特（线索4），他是丹尼尔，剩下在路易斯的窗口前办理公路收费执照的是玛格丽特。

答案：

1号窗口，迈根，亨利，挂号信；

2号窗口，大卫，艾莉斯，养老金；

3号窗口，路易斯，玛格丽特，公路收费执照；

4号窗口，亚当，丹尼尔，邮票集锦。

192...

193...

亚瑟驾驶2号运货车，而汤米驾驶的不是1号运货车（线索1）。因为汤米在亚瑟之前驶离出口（线索1），所以他也不可能驾驶4号运货车，而4号运货车是沿着D号马路行驶的（线索4），所以汤米只可能驾驶3号运货车。驾驶2号货车的亚瑟不是从D号马路离开的，所以汤米不可能是第3个驾驶运货车离开的（线索1）。而第3个离开的运货车是沿着C号马路行驶的（线索2）。罗斯是第2个驾驶运货车离开的（线索3）。既然汤米不是第1个离开的（线索1），那他必定是第4个离开的。1号运货车的司机是第3个离开的，它在C号马路上行驶，所以他不可能是罗斯，只可能是盖瑞。剩下罗斯驾驶着4号运货车在D号马路上行驶。而驾驶2号运货车的亚瑟是第1个离开的。从线索1可知，亚瑟在B号马路上行驶，而汤米在A号马路上行驶。

答案：

1号运货车，盖瑞，马路C，第3；

2号运货车，亚瑟，马路B，第1；

3号运货车，汤米，马路A，第4；

4号运货车，罗斯，马路D，第2。

194...

线索3指出两位女性评论家不可能坐在面对面的位置上，所以喜欢《木乃伊的诅咒》的肯定是一位男性评论家（线索1）。这位男性评论家不可能是科兰利·斯密斯特（线索1），所以他必然是德莫特·谷尔。两名男性评论家也不可能坐在面对面的位置上。喜欢《无血的屠宰场》的是1位女性评论家。喜欢《恶魔的野餐》的是一位男性评论家（线索3），此人就是斯密斯特，他坐在盖莉·普拉斯姆的对面（线索3），所以迪尔德丽·高尔就是那个喜欢《无血的屠宰场》的女性评论家。因此，顺时针的顺序就是：高尔（《无血的屠宰场》），斯密斯特（《恶魔的野餐》），谷尔（《木乃伊的诅咒》）和普拉斯姆（《太空的魔王》）。从线索4看出，普拉斯姆坐在D座上。高尔坐在A座上，斯密斯特坐在B座上，谷尔坐在C座上。

答案：

位置A，迪尔德丽·高尔，《无血的屠宰场》；

位置B，科兰利·斯密斯特，《恶魔的野餐》；

位置C，德莫特·谷尔，《木乃伊的诅咒》；

位置D，盖莉·普拉斯姆，《太空的魔王》。

195...

因为6号楼是一位女士的（线索4），根据线索1，5号楼一定是一位男士，4号一定是位女士。所以剩下的两位男士一定是在1号和3号，最后那位女士则是住在2号。住在6号的女士不可能是里弗斯夫人（线索3）或沃特斯小姐（线索5），所以是格蕾小姐。现在在新西兰的那个人一定是位女士（线索3）。伯恩斯先生没有陪在女儿身边，也没去谈生意或进行商业旅行（线索6），所以他是在住院或度假，他不可能是住在1号的男士（线索2和线索3），他住在3号或5号。住在伯恩斯先生左边的女士（线索1）不可能是沃特斯小姐，因为她在去商业旅行的人的左边（线索5），去商业旅行的人不是伯恩斯先生（线索6），显然也不是格蕾小姐，所以是戴克斯，而这意味着伯恩斯先生是去度假了（线索3）。如果这两个人和格蕾小姐都住在楼上，那么沃特斯小姐和布洛克先生都只能住在楼下了，而这是不可能的（线索5）。所以，伯恩斯先生住在3号，里弗斯夫人住在2号；那个陪着女儿的男士（线索1）则是布洛克先生。因此，里弗斯夫人是在住院（线索2）。楼上的格局是：沃特斯小姐住在4号，戴克斯去商业旅行了，他住在5号，格蕾小姐住在6号，因为她不是去谈生意（线索6），所以她是去新西兰了。谈生意的是沃特斯小姐。

答案：

1号楼，布洛克先生，陪女儿；

2号楼，里弗斯夫人，住院；

3号楼，伯恩斯先生，度假；

4号楼，沃特斯小姐，谈生意；

5号楼，戴克斯先生，商业旅行；

6号楼，格蕾小姐，在新西兰。

196...

琼是在圣约翰教堂结婚的（线索3），所以不在圣三教堂结婚的黛安娜（线索1）一定是在万圣教堂结婚的。因此，梅格的婚礼是在圣三教堂举行的。梅格的丈夫不是肖恩（线索4），也不是罗德尼（线索1），所以是威廉。因此她婚前是贝尔弗莱小姐（线索2）。黛安娜不是跟罗德尼结婚（线索1），她的丈夫是肖恩。罗德尼是跟琼结婚的，所以黛安娜不是希尔斯小姐，而是佩小姐。琼是原希尔斯小姐。

答案：

罗德尼，琼·希尔斯，圣约翰教堂；

肖恩，黛安娜·佩，万圣教堂；

威廉，梅格·贝尔弗莱，圣三教堂。

197...

最后进球的不是文斯（线索1），不是艾伦或格雷厄姆（线索2），也不是大卫（线索3），所以是保罗。E位置的不是文斯（线索1），不是格雷厄姆（线索2），不是保罗（线索5），也不是大卫（线索3），所以是艾伦。因为艾伦没有进第1个球（线索2），A位置的人没有进第1和第2个球（线索1）；线索1同时指出A不是9号。A也没有进第3个球（线索4）和最后1个球。因此A进的是第65分的球；艾伦是9号。B进的是第2个球，而A是7号（线索2）。因为保罗不是A（线索5），所以他不是7号，B不是8号（线索5）；因此B的号码是6，保罗的是3。因为已知最后一球不是在E位置的艾伦踢出的，8号不在D位置（线索1）。所以8号在C位置，D位置的是保罗，是进最后1个球的人。文斯是在B位置的人（线索1）。大卫不在A位置（线索3），所以是在C位置。而格雷厄姆在A位置。综上，大卫踢进的是第21分的球。

答案：

位置A，格雷厄姆，7号，第65分；

位置B，文斯，6号，第34分；

位置C，大卫，8号，第21分；

位置D，保罗，3号，第88分；

位置E，艾伦，9号，第47分。

198...

鲍勃的第2个选择是马德拉岛（线索1），所以马德拉岛不可能是安吉首选的岛（线索3）。线索5结合线索3，排除了安吉把克利特岛或塞浦路斯岛排第1的可能性，同时没有人把罗底斯岛排第1（线索6），所以安吉的第1选择是马略卡岛，同时它也是鲍勃的第5个选择（线索3）。现在已知线索5中的岛排行不在第1、第2、第4，又因为克利特岛不在任何人的第3排名里（线索1），所以，安吉把克利特岛排在第4，而鲍勃的第4是塞浦路斯岛（线索5）。已知鲍勃不可能把罗底斯岛排第1位（线索6），同时我们已经知道了他的另外3个选择，所以他一定是把克利特岛排第1位，罗底斯岛是的3位。卡拉将罗底斯岛排在第2位（线索4）。由于鲍勃把马略卡岛排在最后1位，线索2排除了在安吉或卡拉的列表里塞浦路斯岛是第3位和马略卡岛是最后1位即第5位的可能性。所以，由线索2得出，唯一的可能是在卡拉的列表上，塞浦路斯岛排第1，马略卡岛第3。因此，根据线索1，卡拉把马德拉岛排第4，克利特岛排第5。因为马德拉岛和罗底斯岛分别被鲍勃和卡拉排在第2位，安吉不可能把两者之一排在第2位，所以安吉的第2选择是塞浦路斯岛。同样的，鲍勃把罗底斯岛排在了第3位，安吉就不可能排罗底斯岛在第3位，所以她把罗底斯岛排第5位，马德拉岛排第3位。

答案：

	安吉	鲍勃	卡拉
1	马略卡岛	克利特岛	塞浦路斯岛
2	塞浦路斯岛	马德拉岛	罗底斯岛
3	马德拉岛	罗底斯岛	马略卡岛
4	克利特岛	塞浦路斯岛	马德拉岛
5	罗底斯岛	马略卡岛	克利特岛

199...

哈里特的评分是A⁻（线索1），所以，海伦·罗伯茨不可能得A（线索2），她得的是B⁺。而艾玛是A。布兰得弗德不是哈里特的姓（线索1），所以是艾玛的，因此哈里特姓埃文斯。哈里特的题目是《克伦威尔》（线索3），所以海伦没有选《内战》为题目（线索2），她研究的是《伦敦大火》；艾玛写的是有关内战的文章。

答案：

艾玛·布兰得弗德，内战，A；

哈里特·埃文斯，克伦威尔，A⁻；

海伦·罗伯茨，伦敦大火，B⁺。

200...

皇后不可能是1、4、7或9号牌（线索2）。因为中央的牌是红桃10（线索5），这又排除了皇后是2、5和6号牌的可能性，所以皇后是3号牌。因此，2号牌是“7”，6号牌是梅花（线索2）。再根据线索6，梅花5一定是1号牌。“8”紧靠在黑桃的下面（线索3），这排除了“8”是4或9号牌的可能性，因为已知3和5号牌是红桃，这又排除了“8”是6或8号牌的可能性。又已知“8”不可能是5号牌，所以“8”是7号牌；4号牌是张黑桃。9号牌是张方块（线索7），所以杰克不可能是8号牌，也不可能是6和9号牌（线索4），杰克是4号牌的黑桃，因此5号牌是红桃10（线索4），线索8揭示9号牌是的方块4，因此8号牌是国王。根据线索9，国王不可能是梅花，所以是黑桃（线索8）。同样根据线索8，3号牌是方块皇后。现在我们知道，线索1中，出现3次的牌的花色不可能是方块和黑桃，因为所有的牌是已知的。2号牌和7号牌有相同的花色（线索9），但是我们已知1号牌和6号牌是梅花，而这里不可能有相同花色的4张牌（线索1），所以2号牌和7号牌是红桃，红桃就是有相同花色的3张牌的花色。最后得出6号牌是梅花3。

答案：

1号牌，梅花5；

2号牌，红桃7；

3号牌，方块皇后；

4号牌，黑桃杰克；

5号牌，红桃10；

6号牌，梅花3；

7号牌，红桃8；

8号牌，黑桃国王；

9号牌，方块4。

201...

徽章C是绿色的（线索4），徽章A不是蓝色的（线索1），也不是黄色的（线索2），所以徽章A是红色，因为徽章A的主人是莱弗赛奇领主（线索5），根据线索1，蓝色的徽章不是徽章B。综上所述，它是徽章D，剩下徽章B是黄色的那个。因此，根据线索2，鹰是莱弗赛奇领主的红色徽章上的图案。再根据线索2，徽章B属于伯特伦领主，莱可汉姆领主的有火鸡图案的徽章不是徽章D（线索1），所以它一定是徽章C。留下徽章D是曼伦德领主的。曼伦德领主徽章上的图案不是狮子（线索3），而是牡鹿，狮子是伯特伦领主黄色的徽章上的图案。

答案：

徽章A，莱弗赛奇领主，鹰，红色；

徽章B，伯特伦领主，狮子，黄色；

徽章C，莱可汉姆领主，火鸡，绿色；

徽章D，曼伦德领主，牡鹿，蓝色。

202...

特里萨持有红色筹码（线索3）。掷出3点的雷切尔用的不是黄色的筹码（线索2），而持蓝色筹码者掷了个4点（线索5），所以雷切尔用的是绿色的筹码。使用蓝色筹码的不是安吉拉（线索5），所以是伊冯。安吉拉用的是黄色筹码。掷出4点的伊冯不可能坐在位置4（线索1），坐在位置2的玩家掷了6点（线索4），所以伊冯只能坐在位置1或3，线索6排除了在位置3的可能性，所以伊冯坐在位置1。现在我们知道掷出3点的雷切尔不在1或2号位置，线索1排除了3号位置的可能性，她坐在位置4，而用黄色筹码的安吉拉因此是在位置3（线索2），余下特里萨是在位置2掷出6点的人。最后，掷1点的人是安吉拉。

答案：

1号，伊冯，蓝色，4点；

2号，特里萨，红色，6点；

3号，安吉拉，黄色，1点；

4号，雷切尔，绿色，3点。

203...

萨姆不是阿尔萨斯犬（线索1），萨姆的主人是利德（线索1），它不是吉娃娃狗，那是克勒家的狗（线索3），而马克斯是约克夏小猎犬（线索6），综上所述，萨姆是拳师犬，它住在17号房子（线索2）。因此，根据线索1，阿尔萨斯犬应该住在19号房子，它的主人不叫肯内尔（线索5），也不可能是利德或克勒，所以是叫波尼。因此，马克斯是肯内尔家的。因为弗雷迪的家不是21号房子（线索4），它也不是阿尔萨斯犬，所以它是克勒家的吉娃娃狗。最后，阿尔萨斯犬名叫迪克，肯内尔家住在23号房子。

答案：

17号，利德家，拳师犬，萨姆；

19号，波尼家，阿尔萨斯犬，迪克。；

21号，克勒家，吉娃娃狗，弗雷迪；

23号，肯内尔家，约克夏小猎犬，马克斯。

204...

D玫瑰花结上的马不是“爵士”（线索1），不是“小鬼”（ 线索2）或“斯玛特”（线索3），是“花花公子”。罗希没有骑“花花公子”去切尔特娱乐中心（线索2），也不是骑着“爵士”（线索1）或“小鬼”（线索2），所以是斯玛特。因此，罗希在1998年骑的不可能是“斯玛特”（线索1），不是“爵士”（线索1）或“小鬼”（线索2），所以是“花花公子”，因此，C玫瑰花结上的是“爵士”（线索1）。在切尔特娱乐中心颁的玫瑰花结在“小鬼”赢的玫瑰花结右边（线索2），它不是A玫瑰花结，也不是“爵士”的C玫瑰花结，所以一定是B玫瑰花结，而“小鬼”是A玫瑰花结。A玫瑰花结不是在梅尔弗德公园（线索4）和斯特克农场（线索5）赢的，是在提伊山赢的。因为斯特克农场的玫瑰花结不是B，1996年的不是A（线索5），A也不是2001年的（线索4），A玫瑰花结是1999年的，因此，根据线索2得出，B玫瑰花结是2001年的。最后，1996年的是C，斯特克农场的玫瑰花结是D（线索5），剩下梅尔弗德公园的玫瑰花结是C。

答案：

玫瑰花结A，“小鬼”，提伊山，1999年；

玫瑰花结B，“斯玛特”，切尔特娱乐中心，2001年；

玫瑰花结C，“爵士”，梅尔弗德公园，1996年；

玫瑰花结D，“花花公子”，斯特克农场，1998年。

205...

伯特使用的是5号泵（线索3），一位女士使用的是2号泵（线索5），所以彼得用的是3号或8号泵。因为报纸是在3号泵的开车人买的（线索4），线索1排除了彼得使用8号泵的可能性，所以彼得是买了报纸并在3号泵加油的人。同时根据线索1得出，买糖果的标致车的驾驶员用的是8号泵。在2号泵的女士没有买书（线索5），她买的是杂志，所以不是萨利（线索2），一定是尤妮斯。剩下萨利是开标致车的人，他买了糖果。综上所述，伯特买的是书。尤妮斯的车不是福特车（线索5），也不是沃克斯豪尔车（线索2）和标致车，所以它是丰田车。最后，根据线索5，开福特车的人不是买书的伯特，所以彼得的车是福特，伯特的车是沃克斯豪尔。

答案：

2号泵，尤妮斯，丰田，杂志；

3号泵，彼得，福特，报纸；

5号泵，伯特，沃克斯豪尔，书；

8号泵，萨利，标致，糖果。

206...

格雷尼的书不是被送到格拉斯哥（线索1）、切姆斯弗德（线索2）或威根（线索4），所以是斯旺西。克罗瞿的书不是被送到切姆斯弗德（线索1）或格拉斯哥（线索3），所以是威根；因此，道森的书一定是《伊特鲁亚人》（线索4）。《斯多葛学派》的作者不是克罗瞿（线索3），没有被送到威根或格拉斯哥（3），根据线索1，也不是被送到斯旺西，所以它是被送到了切姆斯弗德。它原来的目的地不是卡莱尔或索尔兹伯里（线索1），它的作者也不是格雷尼。又因为已知格雷尼的书被送到了斯旺西（线索1），所以《斯多葛学派》一书的作者是比格汉姆，因此它的正确的目的地不是布莱顿（线索1），而是马特洛克。《布达佩斯的秋天》的正确的目的地不是布莱顿（线索1），也不是卡莱尔（线索3），而是索尔兹伯里。克拉伦斯没有把它送到斯旺西（线索1），所以它的作者不是格雷尼，而是克罗瞿，综上所述，克拉伦斯错误地把《伊特鲁亚人》一书送到了格拉斯哥。没有打算送到卡莱尔的道森的书原本应该送到布莱顿。《迈阿密上空的月亮》原来是要送到卡莱尔的。

答案：

《布达佩斯的秋天》，克罗瞿，索尔兹伯里，威根；

《迈阿密上空的月亮》，格雷尼，卡莱尔，斯旺西；

《伊特鲁亚人》，道森，布莱顿，格拉斯哥；

《斯多葛学派》，比格汉姆，马特洛克，切姆斯弗德。

207...

迪波拉姓维克斯（线索3），所以不是姓皮尔森的梅格（线索4），一定是贝尔夫人，余下朱蒂是皮尔森的夫人。梅格·贝尔有3个孩子（线索4），所以根据线索1，比尔和他的妻子有2个孩子。朱蒂不可能有4个孩子（线索2），同时已知她也不可能有3个孩子，所以朱蒂有2个孩子，因此她是比尔的妻子。剩下迪波拉有4个孩子，她的丈夫不是瑞克（线索3），而是艾伦。瑞克是贝尔先生，即梅格的丈夫。

答案：

艾伦和迪波拉，维克斯，4个孩子；

比尔和朱蒂，皮尔森，2个孩子；

瑞克和梅格，贝尔，3个孩子。

208...

星期五艾丽丝预约出租车的时间不是下午2：40（线索4），也不是上午11：15（线索1），所以是上午9：20。她去看皮肤科医生是在星期四（线索2），又因为她去医院那天不是星期五（线索4），所以是在星期二去医院的。而星期五她是去中心公园，当时出租车迟到了5分钟（线索3）。迟到10分钟的那辆出租车不是在星期四预约的（线索2），所以是在星期二。星期四那天等出租车等了15分钟。艾丽丝为去医院预定了下午2：40的出租车（线索4）。所以是在上午11：15去皮肤科医生那里的。

答案：

星期二，下午2：40，10分钟，医院；

星期四，上午11：15，15分钟，皮肤科医生；

星期五，上午9：20，5分钟，中心公园。

209...

格兰特坐在1号车上（线索4），埃莉诺在2号车上（线索5）。其中1个男孩在黄色的3号车上（线索2），所以达芙妮·艾伦（线索3）一定是在4号车上。已知黄色的3号车不是格兰特或艾伦在开，而线索1告诉我们布里格斯在蓝色的碰碰车上，所以一定是鲍威尔在开。因此，综上所述，埃莉诺的姓氏是布里格斯，她开的车是蓝色的。根据线索1，刘易斯一定姓格兰特，坐在1号车上。剩下大卫是坐在3号车上的男孩。达芙妮坐的车不是红色的（线索3），所以是绿色的。刘易斯·格兰特则坐在红色的碰碰车上。

答案：

1号车，刘易斯·格兰特，红色；

2号车，埃莉诺·布里格斯，蓝色；

3号车，大卫·鲍威尔，黄色；

4号车，达芙妮·艾伦，绿色。

210...

3号女孩戴着白色的帽子（线索4），4号女孩的帽子不是黄色的（线索2），4号女孩也不可能是叫曼尼斯（线索3），所以她是杰西卡，戴着粉红色的礼帽（线索1）。1号女孩不可能是爱莉尔（线索2）或莎拉（线索3），所以她是路易丝。因此2号女孩姓肯特（5）。已知她的帽子不可能是白色或粉红色，而肯特这个姓排除了绿色，所以是黄色。因而爱莉尔一定是3号女孩（线索2）。综上所述，曼尼斯是1号女孩的姓，所以1号女孩是路易丝。而2号女孩的全名是莎拉·肯特。爱莉尔不姓修斯（线索4），所以她姓巴塞特，剩下4号女孩是杰西卡·修斯。

答案：

1号，路易丝·曼尼斯，绿色；

2号，莎拉·肯特，黄色；

3号，爱莉尔·巴塞特，白色；

4号，杰西卡·修斯，粉红色。

211...

5B班有28个学生（线索4），3A班的学生少于30个（线索6）。根据线索3，培根先生所教的30个学生不是1A班或2B班，所以是上地理学的4A班（线索5）。现在再由线索5得出，1A班有32个学生。而从线索3得知，海恩斯先生是在教室5给2B班上课的（线索2）。已知拉丁语课在教室4上（线索1），且不是培根先生或海恩斯先生教的，而线索1排除了汉森太太教的可能性，史宾克斯小姐教的是英语课（线索4），所以拉丁语学老师是伯尔先生。已知上拉丁语课的班级不是2B或4A班，也不是3A班（线索6），线索1排除了是1A班，所以伯尔先生是在教室4给5B班上拉丁语课的。根据线索1，汉森太太的课是给3A班上的，而史宾克斯小姐的英语课是给1A班上的。从线索3得知，历史课不是在教室1或5，所以一定是教室2。教室1是培根先生给4A班上地理课的教室（线索3）。综上所述得出，教室2的历史课是汉森太太给3A班上的。剩下海恩斯先生给2B班教数学。2B班不是29人（线索2），而是26人，29人的是3A班。

答案：

教室1，4A班，地理，培根先生，30人；

教室2，3A班，历史，汉森太太，29人；

教室3，1A班，英语，史宾克斯小姐，32人；

教室4，5B班，拉丁语，伯尔先生，28人；

教室5，2B班，数学，海恩斯先生，26人。

第六章

推理类思维游戏

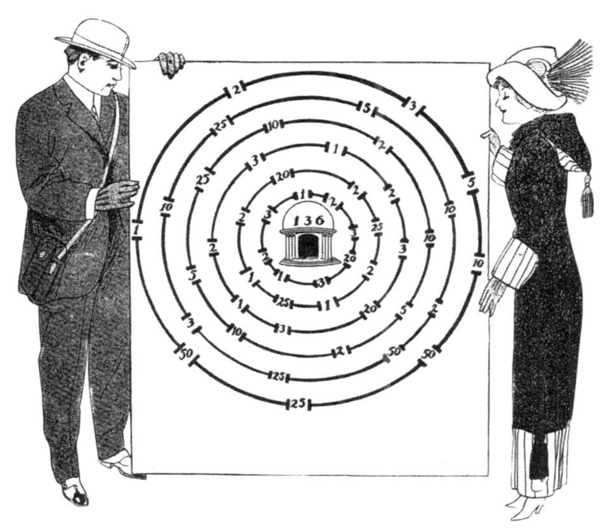

1. 柯南道尔的解释

一天，某男爵的遗孀拜访柯南道尔，向他谈了一件令人难以置信的事：

“5 年前，先夫不幸去世，我为他建造了一座墓。谁知道从那以后，每年冬天，墓石就会移动一些。前天，我请了一位巫师来召唤先夫的灵魂，可是没有任何反应。先生，我是多么希望能与先夫的灵魂对话啊！”

说着，她从手提包里取出一张照片给柯南道尔看。这是男爵的墓地照片。在一块很大的台石上面，放着一块球形的大石头。“由于先夫生前爱玩高尔夫球，所以临终时曾嘱咐要给他造个像高尔夫球那样形状的墓。这张照片就是在墓建成之后拍的。球石正面还雕刻了十字架。现在，这个球石差不多移动了四分之一，十字架也一点一点地被埋在下面，都快看不见了。”

“球石仅仅是在冬天移动吗？”柯南道尔问。

“是的。这个地方的冬季特别冷。每年一到冬天，我就到法国南部的别墅去，春天再回来，并去先夫的墓地扫墓。这时，总是发现球石有些移动。我想，是不是先夫也想与我一起去避寒，要从墓石下面出来？”柯南道尔请夫人带他去墓地看看。

在一堆略微高起的土丘上，墓地朝南而建，四周有高高的铁栅栏围住，闲人不能随便进入。在沉重的四方形台石上面，有一个直径 80 厘米的用大理石做成的球面，为了不使球面滑落，台石上挖了一个浅浅的坑，正好把球嵌在里面。浅坑里积有少量的水，周围长满苔藓。如果球石的移动是有人开玩笑，用杠杆来移动它，那在墓地和苔藓上该留有一道痕迹，可又一点痕迹也没有。如果有人不用杠杆而用手或身子去推球石，那凭一两个人的力气是根本推不动的。

柯南道尔摸了一下浅坑里的积水，沉思了片刻以后说：“夫人，墓石的移动是一种物理现象，与男爵的灵魂没有任何关系。”

你能解释柯南道尔所说的物理现象是怎么一回事吗？

2. 钻石藏在哪儿

夏季的一天，女盗梅姑乔装改扮，混进珠宝拍卖会场，盗出两颗大钻石。一回到家，她马上将钻石放在水中用冰箱做成冰块。因为钻石是无色透明的，所以就算万一有警察来搜查也不易被发现。

第二天，吉川侦探来了。“还是把你偷来的钻石交出来吧。珠宝拍卖现场的闭路电视已将化装后的你偷盗时的情景拍了下来，虽然警察没看出是你化的装，但瞒不过我的眼睛，一看就知道是你。”吉川侦探说。

“如果你怀疑是我干的，就在我家搜好了，直到你满意为止。”梅姑若无其事地说。“今天真热啊，来杯冰镇可乐怎么样？”

梅姑说着从冰箱里拿出冰块，每个杯子放了 4 块，再倒上可乐，递给吉川侦探一杯。将藏有钻石的冰块放到了自己的杯子里，即使冰块化了，钻石露出来，在喝了半杯的可乐下面也是看不出来的。吉川侦探怎么会想到在他眼前喝的可乐中会藏有钻石呢，梅姑暗自盘算着。

“那么，我就不客气了。”吉川侦探接过杯子喝了一口，下意识地看了一眼梅姑的杯子。“对不起，能换一下杯子吗？”“怎么！难道怀疑我往你的杯子里投毒了吗？”“不，不是毒。我想尝尝放了钻石的可乐是什么味道。”吉川侦探一下子从梅姑手里夺过杯子。

冰块还没溶化，那么吉川侦探是怎么看穿梅姑的可乐杯子里藏有钻石的呢？

3. 凶手是自己

一个夏日的夜晚，出租车司机小李开着出租车与女友外出后一夜未归。直到第二天早上，人们才在郊外发现了他的汽车，他和女友相互依偎着坐在后排座位上，却双双命归黄泉了。

接到报案，公安局刑侦队刘队长立即率人前来勘查现场。

出租车停在离高速公路不远的一块地势较低的草地上，发动机还在运转，车上的空调也开着，但门窗紧闭。出租车车身、门窗完好无损，车内外也无搏斗的迹象，两人衣衫整齐，面容安详。因此可以断定，两人之死非外来袭击所致。

那么究竟谁是凶手？凶手又是用什么方法把两人杀死的呢？一连两天，刘队长苦苦思索，却始终不得其解。正当冥思苦想之际，法医的尸检报告送来了。

“凶手原来是司机小李自己！”刘队长看过验尸报告，刘队长心里的一块石头终于落了地。

你可知小李和女友的死因吗？

4. 恐怖枪击事件

一个星期前，B 城的第一大街陆续发生了恐怖的枪击事件。凶手躲在大厦里，用红外线步枪瞄准街上的行人，并且当场打死 3 个无辜的人。凶手在行凶后迅速离开大厦，而附近的大厦实在太多，警方根本不可能对所有大厦的窗口实施监控。

经分析，凶手杀人完全是为了发泄，他还有可能继续作案。为了早日抓住凶手，警察装扮成路人、小贩、大楼管理员等，日夜监控整条大街的数十座大厦。可是，狡猾的凶手一连两个月没有作案，他好像空气一般消失了。大街上的一切又恢复了往日的和谐与美好。

这天中午，突然从银行大厦发出一声沉闷的枪声，正在过街的一位黑衣男士应声倒下。凶手又出现了！

警察在最短的时间里封锁了大厦，但是凶手还是混进了人群。经过调查，警察在十楼发现了弹壳和被丢弃的步枪，可以确定凶手是在十楼开的枪。

嫌犯共有 5 个人：一个是拳击教练，他是个枪械爱好者；一个是银行职员，他曾经是一名小口径步枪项目的射击运动员；第三个人是来银行办理业务的客户，他患有严重的糖尿病；第四个人是银行保安，但他的枪没动过；最后一个人是海员，他说自己是来旅游的。他们五个人都坚持说自己是无辜的。

警长感到非常棘手，如果找不出证据，要逮捕这 5 个人是完全没有道理的；但要放走他们，万一凶手就是他们中的某个人呢？警长低头沉思。忽然，他发现被丢弃的步枪枪柄上有好多蚂蚁爬来爬去。警长立刻明白了什么，大声说：“逮捕他，他就是罪犯！”

这个人是谁呢？

5. 你在说谎

一天晚上，张先生在家看书，突然被人用棒球的球棒从背后袭击身亡。书桌上的一盏台灯亮着，窗户紧闭。

当时报案的是住在对面公寓里的刘某。他向赶到现场的警方所作的说明是这样的："当我从房间向外看时，无意间发现张先生书房的窗子有个影子高举着木棍，我感觉不妙，所以赶紧给你们打电话。"

听后聪明的警察却说："你在说谎！"说罢便将刘某逮捕归案。

为什么警察会断定刘某是在说谎呢？

6. 作案的电话

一天下午，某地一座房子忽然爆炸起火。警察和消防队员赶到了现场，及时扑灭了大火。

经勘察，这场火灾是煤气爆炸引起的，在现场发现一具老人的尸体，他是在卧室中被发现的。经过解剖，他的健康状况良好，但在煤气爆炸前服用过安眠药。

在他卧室中，有煤气管漏气的现象。但使警方调查人员百思不解的是，煤气为什么会爆炸？引起煤气爆炸的火头是从哪里来的？

在爆炸之前，这个地区停电了。不可能因漏电而起火。警方怀疑被害人的外甥有作案可能。理由是被害人有大量的宝石和股票，都存在银行里，他立下遗嘱，全归外甥继承。老人的外甥也许是想早日继承这笔遗产，而老人却很健康，所以才下了毒手。

而在这座房子爆炸前后，他都不在现场，他是在离现场 10 千米远的一家饭店里。服务员还证明，他在饭店里还打过电话，也就是说，老人的外甥不可能是作案者，那么，谁是作案者呢？

警方不得不将几位专家请来破案，其中有电话发明者贝尔。负责破案的警察局长向各位专家介绍完案情，贝尔先生站起来说："肯定是他的外甥利用电话作的案！"这是怎么回事？

7. 纵火者的谎言

基正大街和其他地方一样，有宽敞的柏油马路，各种各样的商店和住房。唯一不同的是，基正大街 001 号到 700 号房屋全是精致的木质房屋。住在 322 号的吉姆先生很满意自己的住所。

这天夜里，吉姆先生被爱犬的狂吠声惊醒。他睁眼一看，只见火苗正从屋子的每个角落蹿出来，滚滚浓烟熏得人睁不开眼。吉姆吓得光着脚丫抱起爱犬，夺门而逃。

大火虽然被扑灭了，但在这场可怕的大火中，有 20 幢房屋被完全烧毁，30 多幢遭到严重破坏。警察调查发现，大火是从吉姆先生的邻居、321 号德雅丽女士家中开始的，由于现场已经完全毁坏，起火的原因无法查明。好不容易逃出来的德雅丽女士，听到丈夫和孩子没能从火海中生还的消息后，悲痛得晕了过去。

过了一会儿，德雅丽女士精神状态好了一点，警察开始询问她起火的原因。

德雅丽说："我们昨晚参加一个朋友的派对，一直到深夜才回家。回来以后，我丈夫和孩子都说很饿，我就去给他们煎牛排。正在牛排快煎好的时候，我忽然听到孩子大哭起来，连忙放下牛排跑到客厅里，原来孩子手掌被玻璃划破了。我丈夫这时也跑了过来，他把孩子带到浴室清洗包扎，而我返回厨房。没想到，我出去的时候忘记关闭煤气灶，火焰顺着油，已经在锅里烧了起来！"

"只是在锅里烧？那很容易扑灭啊。"警察说道。

德雅丽痛苦地捂住脸说道："这时我犯了一个不可饶恕的错误！我当时完全慌了，随便提起一个桶就朝油锅浇过去，谁知道，桶里面也是油！整个厨房一下子就着火了，我甚至来不及通知丈夫和孩子……"

警察停下记录，和吉姆对视了一下，缓缓说道："德雅丽女士，你因为涉嫌纵火被捕！"

警察为什么说德雅丽涉嫌纵火呢？

8. 奇怪的来信

下面这道看上去有点古怪的题目取材于一个真实的故事。一家著名汽车制造公司的老总收到了一封奇怪的来信：

"这是我第四次写信给您，而且如果您不给我回信，我也丝毫不会抱怨，因为我看上去肯定是疯了，不过我向您保证，我所说的一切都是真的。

"我们家多年来一直有一个传统，就是每天晚饭后全家人要投票，选出用哪种冰淇淋作为当晚的甜点。然后，我就开车到附近的商店去买。最近，我从贵公司购买了一辆新型号的汽车，此后怪事就来了。每次只要我去买香草冰淇淋，回来时我的汽车就会发动不起来。而如果我买的冰淇淋是其他口味的，那就万事大吉。不管您是不是认为我很蠢，但我真的想知道，为什么会有这种怪事出现呢？"

汽车公司的老总对这封信的内容深表怀疑，不过他还是让一位工程师过去看看究竟是怎么回事。工程师刚好在晚饭后来到写信人的家里，于是他们两人一起钻进汽车，开车到了商店。那天晚上那个男人买了香草冰淇淋，果然当他们回到汽车上之后，汽车有好几分钟都发动不起来。

工程师又接连来了三个晚上。头一天，他们买了巧克力冰淇淋，汽车发动得很顺利。第二个晚上，他们买了草莓冰淇淋，也没有问题。第三个晚上，他们又买了香草冰淇淋，而汽车再次罢工了。

显然，买香草冰淇淋和汽车发动不起来之间肯定有一种逻辑上的联系。你能想出这是怎么回事吗？

9. 铁路公司诉讼案

从纽约开往洛杉矶的直达特快列车因意外情况不得不在芝加哥郊外滞留。司机长在倒车时刹车太急，以致旅客在车厢里像木桩子那样前仰后翻，从而导致数起对铁路公司的诉讼案。

一位名叫伦斯的旅客在诉讼中要求给予10万美元的赔偿。他声称：急刹车发生在晚上9点，那天气温虽高达36℃，但因在下铺风大凉爽，加之旅途劳累，8点钟左右他就昏昏入睡了。他被突如其来的急刹车从铺位上抛了下来，一头撞在茶几上。因为剧烈的头痛，他不得不在芝加哥下车求医。他还向法庭出示了一张芝加哥医生出具的颅骨骨折的诊断书。

铁路公司保险员米尔对这张诊断书的真实性十分怀疑。他去请教名探理查德。理查德说："放心好了，你们不会遇到麻烦的。"

请问：理查德为什么这样说呢？

10. 火车站谋杀案

亚当斯侦探在火车站熙熙攘攘的人群中，他准备到曼彻斯特去度假。

"对不起，请让一让。"身后有人礼貌地说。亚当斯侦探连忙让到一旁，只见一个身穿黑色长裙的贵妇，推着轮椅走了过来，轮椅上坐着一位老人，他蜷缩在轮椅里，表情十分僵硬。

"有什么需要帮忙的吗？"亚当斯侦探询问道。

"谢谢，我想不用了。"贵妇婉言谢绝，她叹了口气说道，"这是我的父亲，他偏瘫已经有一年多了，现在，我打算带他去曼彻斯特治病。"

亚当斯侦探接着彬彬有礼地说："曼彻斯特吗？正巧我也去那里，要不结伴同行吧，如有什么需要帮忙的地方，我一定尽力效劳。"

贵妇婉言拒绝了亚当斯侦探的好意。她推着轮椅，慢慢消失在人群中。看着她的背影，亚当斯侦探忽然觉得有点不对劲，可到底哪里有问题，却又说不上。转眼开车的时间到了，一列从远处开来的火车此时呼啸着马上就要进站了，亚当斯侦探拿起行李准备上车。

突然，尖利的刹车声响彻车站，刹车片在铁轨上磨起阵阵火花，伴随着旁边乘客的尖叫，刚刚进站的火车以飞快的速度撞上了出现在铁轨上的那辆轮椅车，可怜的老人当场死亡。

亚当斯侦探马上停住要上车的脚步急忙赶过去，见刚才的那位黑衣贵妇正坐在地上哭泣。她嘶哑地号哭，自责地拍打着自己的脸，然后开始对火车司机怒骂。几位乘客试图安慰她，但是她的情绪始终无法平静。警察迅速赶到，一位年轻警员开始向她了解情况。

黑衣贵妇哭诉道："刚才我好端端在等车，送我父亲到曼彻斯特治病。谁知道火车进站的时候，一股强大的气流向我吹过来，把我一下子向外吹，我一时站不稳，跌倒在地上。而我父亲的轮椅顿时失去控制，一下子冲下站台，卡在铁轨上！然后……都是这该死的站台设计，我要告这该死的火车站！"

"女士，很遗憾你说的是假话。"亚当斯侦探在一旁冷冷地说，"不管你是因为遗产还是其他的原因下这样的毒手，你都不能逃脱法律的制裁。警察先生，你应该立刻拘捕她。"你知道亚当斯侦探是怎样知道她在撒谎的吗？

11. 北极探险的险情

一位探险家来到北极探险。他很高兴地发现了一个因纽特人造的房子，就住了进去。晚上很冷，风呼呼地刮着。他生了一堆火，并在上面放了好多木材，然后就舒舒服地进入了梦乡。可是，他再也没有能够醒来。几个星期之后，人们发现了他的尸体。

人们发现，他所住的房子并没有被风吹倒，他也不是被火烧死或者由于缺氧窒息而死的。那么，探险家究竟是怎么死的？

12. 飞机机翼上的炸弹

一天晚上 11 点，一架由墨西哥城起飞的波音 767 大型客机正在飞行途中，这时大多数乘客都睡着了，只有少数乘客还醒着。而这班飞机的一位空姐却注意到坐在 20 排 B 座的身穿黑色西服的秃顶的中年男人显得非常焦虑。他不停地左右张望，又好像在犹豫什么。

空姐悄悄叫来机上的乘警商量，他们越看越觉得可疑：飞机上的温度维持在舒适的 25℃，可是这位乘客还捂着厚厚的毛衣和外套，难道他在隐藏什么东西？出于安全的考虑，乘警走到他面前说道："先生，需要帮忙吗？"

这个男人吃了一惊，结结巴巴地回答道："不，算了，不、不要！"

他的表现更加重了乘警的怀疑，乘警不禁加重了语气："可以请你到机舱后面来一下吗？我们有事情需要你配合。"

那个男人一下子变得脸色惨白，他缓缓站起身，突然，从腰间掏出手枪，叫道："举起手来，转过身去，不要靠近我，滚开，都滚开！"

就在乘警按照持枪者的要求转过身去的时候，坐在 21 排 B 座的一名小伙子，趁持枪者不备，猛然勒住了他的脖子，一只手钳住手枪，乘警迅速将手枪夺了过来。

就在乘警向 21 排那位见义勇为的小伙子道谢的时候，持枪者冷冷地开口说话了："别高兴得太早，这注定是一班飞向地狱的班机，我早就在飞机机翼上绑了气压炸弹，只要飞机从万米高空下降到海拔 2000 米以下，炸弹就会把飞机炸成碎片。"

乘警连忙跑到舷窗边一看，机翼下方果然有两枚黑色的炸弹！怎么办？在万米高空根本无法拆除炸弹，而飞机不可能永远不降落，汽油是会耗尽的！难道只能束手待毙吗？乘警忙将这个坏消息告诉了机长。机长思索了一会儿，果断地调转了航向。

一个小时后，飞机呼啸着降落在机场，全体人员安然无恙，持枪者目瞪口呆，他实在想不通，灵敏的气压炸弹怎么会没有爆炸。聪明的读者，你知道这是怎么回事吗？

13. 寻找赃物

一家博物馆失窃了一批价值连城的艺术珍品。波拿巴探长率领一个小分队，以迅雷不及掩耳之势，抓住了几名重要的罪犯，可是却没有找到那些艺术品。

这时主犯招认，艺术品被农场主福斯用一个大铁箱装起来，然后埋在石磨的下面。警察冲到福斯的农场，福斯的眼睛里闪出一丝惊慌，朝院子里那两个篮球场般大的晒谷场瞟了一眼，随即镇定下来，委屈地说自己从来没有触犯政府法令，对于今天发生的一切，他要请农场主协会的律师提出控告。

警察们把磨房里的石磨移开，在下面挖了个又宽又深的一个坑，直到坑底已见到了生土，也没有见到主犯所说的那个大箱子，眼看再挖下去也没有什么意义了，波拿巴探长便跳进坑底想找到一些线索。他看到坑壁的一层层泥土，中间有一段跟别的不同，就用手捧了一把，见里面还残留有完全新鲜的小麦梗，就猜到一定是福斯嗅到了什么风声，早已把铁箱转移了。

可是铁箱会转移到什么地方去呢？树底下？麦田里？床底下？没有目标怎么找呢？本以为轻而易举的事，现在变成了难题。

波拿巴探长脑子飞快地转动着，他一点一点回忆进村后福斯的一举一动，突然一拍大腿，招呼警察们说："这里不用再挖，跟我到院子里去。"

来到院子里，波拿巴探长叫警察们去打水，把晒谷场分成若干块，一块一块地浇上水，水浇到泥土上，很快往地里渗，大约是好久没有下雨的缘故吧，浇上一块，干一块，场地上只不过因为吸了水分，颜色变得深了一些。

福斯在波拿巴探长的监视下，一声不吭地瞧着警察们做这种看来毫无意义的事。终于，当水浇到福斯刚才站过的那块场地时，探长突然宣布："停！"他指着一块颜色更深的泥地，叫警察往下挖，自己却回头朝福斯瞧去。只见福斯脸色惨白，惊恐万分。

不久，一只铁箱挖出来了，里面正是那批珍贵的艺术品。

请问，探长怎么知道铁箱埋在这里呢？

14. 被热水浸泡的体温计

戈拉是个内科医生，开了一家诊所。他的医术很高，对病人非常热情。曾经有一个病人，得了很难治的怪毛病，别的医院都说治不好了，戈拉医生却接了过来，经过仔细诊断，对症下药，结果病人奇迹般地好了。那个病人是个作家，他写了表扬文章，在报纸上发表，戈拉医生出了名，诊所的生意更加红火了。

坦布斯医生也开了一家诊所，就在戈拉医生诊所的附近。可是，坦布斯只关心赚病人的钱，谁给钱多就给谁好好治，碰到没有多少钱的穷人，就马马虎虎敷衍了事。再加上他的医术也很差，不多久，人们都不来他的诊所了。坦布斯却认为，是戈拉医生抢走了他的生意，就怀恨在心。

有一天晚上，戈拉医生接到电话，说有个小孩发高烧，于是带着体温计、退热药，连忙赶了过去。经过急救，小孩退烧了，他才往回赶，这时已经是半夜了。他来到家门口，正要开门，突然头上被重重地打了一下，戈拉医生顿时倒在地上，当场死亡，凶手就是坦布斯医生。

坦布斯医生知道，警察看到尸体以后，可以根据尸体腐烂的程度，判断死亡的时间。他动了一个脑筋，把尸体拖到浴缸里，用滚烫的热水泡了两个小时，这样，可以把死亡时间推前10个小时，那时他正在诊所上班，没有作案的时间。他又趁着凌晨，悄悄把尸体拖到马路上，造成被汽车撞死的假象，这才回到家。

巡逻警察很快就发现了尸体，经过仔细检查，在死者的口袋里，发现了一件东西，证明死者死亡的时间是伪造的。

你知道这件东西是什么吗？

15. 变软的黄金

一条繁华的大街上并排开着多家金店，人称“金街”。这天晚上，负责守卫安特金店的保安习惯地走进了地下金库，准备查验金库的黄金情况。当他迈进一间装有黄金的库房时，发现有100千克的纯度很高的金块被盗了，他马上打电话报警。

刑警们立即出动，很快就在码头将盗贼和他们的车截住了。

刑警们仔细搜查了汽车的里里外外，轮胎和座椅也都检查过了。可是，搜来搜去，连一克金块也没找到。一无所获的刑警们颇感失望。

“现在可是法制社会，请你们快点。耽误了我的事，小心你们丢了饭碗。哈哈哈……”盗贼见刑警们搜查不出赃物，便大声嘲笑着。

这时亨特侦探赶到了，他看了一眼汽车，说道：“你们是怎么搜查的，黄金不就在你们的眼皮底下吗。”

亨特是如何查到黄金的？

16. 起火的玻璃房

在郊区的农庄里，有一位叫作詹姆雷斯的庄园主，他种植着闻名全国的玫瑰。詹姆雷斯对他的玫瑰爱如珍宝，专门盖了自动调节温度的玻璃房，让玫瑰在最好的环境里成长。

盛夏的一天，詹姆雷斯生怕玫瑰给太阳烤坏了，便拿出冬天储存下来的干草铺到玻璃房里，又在草上放上大量冰块，玻璃房的温控系统也调到最低。看着温度表上的22℃，忙活了一天的詹姆雷斯终于松了口气。

到了傍晚，忽然下起了淅淅沥沥的小雨。雨越下越大，一直下到天亮。詹姆雷斯望着难得的雨水，心里充满了喜悦。这真是及时雨啊！气温一下子下降了好几度，再也不用怕玫瑰晒坏了。他想乘这时候去买点肥料回来，便在中午时分套上马车出去了。

马车刚刚出庄园。他忽然看到庄园里腾起一股黑烟，接着，红色的火苗也蹿了上来，看方位，正是玻璃房所在的地方！他大惊失色，连忙全速赶回去。只见玻璃房的干草已经被点燃，滚滚黑烟将珍贵的玫瑰完全吞没了。等火完全扑灭的时候，玫瑰也烧得差不多了。

“天啊，是谁放了火？”詹姆雷斯大哭起来。

这是多么惨重的损失啊！他连忙给老朋友亨利探长打电话说：“无论如何，请你一定把那个该死的纵火犯找出来！”

探长立刻带领警察赶到现场，可奇怪的是，在现场只有詹姆雷斯自己和两个赶来救火的仆人的脚印，此外连个鞋印都找不到。

“奇怪了，刚刚下过雨，到处是湿漉漉的泥，怎么说也应该留下一些脚印吧。”一个警察说。

探长接着询问在附近劳作的仆人，他们也说起火时玻璃房里没有人。詹姆雷斯悄悄地向探长询问："怎么会这样，难道是幽灵来放火？"探长摇摇头，围着玻璃房绕了一圈。

忽然，探长注意到玻璃房顶部有一圈圆形的凹槽，这些凹槽围绕着房顶边缘排列，非常整齐好看。"这些是透水孔。"詹姆雷斯见探长注意，便在一旁解释道，"是用来让房顶积水流下来的。"

探长沉思了一会儿说道："纵火犯找到了，并不是什么幽灵，而是这些圆形凹槽！"

"为什么？"詹姆雷斯无论如何也想不通，这些圆形凹槽怎么就成了害死玫瑰的凶手呢？

17. 丈夫被谋杀

电话铃声一连响了四次，侦探康纳德·史留斯才意识到自己不是在做梦。他睁开眼，看了看钟，时间是凌晨 3 点 30 分。

"哈罗！"他拿起话筒说道。

"你是史留斯先生吗？"一个女人问道。

"正是。"

"我叫艾丽斯·伯顿。请赶快来，有人杀害了我的丈夫。"史留斯记下了她的住址，把电话挂上。外面寒风刺骨，简直要冻死人，史留斯出门要多穿衣服，自然就比平日多花费了一点时间。他听到门外大风呼呼的声音，于是在脖子上围了两条围巾。

40 分钟以后，他到了伯顿夫人的家。她正在门房里等着他。史留斯一到，她就开了门。在这暖和的房子里，史留斯摘下了围巾、手套、帽子，脱下外套。

伯顿夫人穿着睡衣、拖鞋，连头发也没梳。

"我丈夫在楼上。"她说。

"出了什么事？"史留斯问。

"我和丈夫是在夜里 11 点 45 分睡的。也不知怎么的，我在 3 点 25 分就醒了。听丈夫没有一点声息，才发觉他已经死了，他是被人杀死的。"她说。

"那你后来干了什么？"史留斯问。

"我便下楼来给你打电话。那时我还看见那扇窗户大开着。"她用手指了指那扇还开着的窗户。猛烈的寒风直往里灌，史留斯走过去，关上了窗户。

"你在撒谎，让警察来吧！"史留斯说道，"在他们到达这里之前，你或许乐意把真相告诉我吧？"

史留斯为什么会这样说，他的根据是什么？

18. 衣架上的大衣

在冬天快要结束的时候，某城市的人们特别喜欢在家里聚会。这一天，该市最富有的女人艾玛·惠勒在她家里开了一个聚会，宾客来了很多，一直玩到凌晨。这时，艾玛突然发现价值连城的中国明代花瓶没有了，而花瓶原先就放在入口大厅的桌子上。

警察赶到时，宾客们都聚集到了客厅里，艾玛正站在前面，情绪激动得活像一条愤怒的牧羊犬。警察搜查了整个房间及客人们的汽车，都没有找到花瓶。

“你们得去问一下客人了。”艾玛对探长说，“我想也不会有什么用处。像在这样的聚会里，人们连自己做了些什么都记不住，更别说去注意别人的行动了。”

菲利浦·麦克斯走上前说：“我和朱莉·贝克尔一样，是最早一批到达的客人。我始终没有离开过房间。要是其他人没有注意到我，那是因为有一半时间我都待在卧室里看电视转播的棒球赛。”探长记录下菲利浦的话，然后让他走了。

罗德·史洛威茨第2个接受讯问。“我必须得回家了。”他先道歉说，“要是两点钟我还没喂我的双胞胎孩子吃饭，我妻子会打我的脑袋的。”罗德也声称从未离开过房间。“哦，”他又想起来了，“我曾出去一趟，上了二楼阳台，外面很冷，我一会儿就回屋了。”

朱莉·贝克尔第3个接受讯问。她也声称从未离开过房间，也没有看到什么异常现象。她说：“我一直在跟不同的人说话，还品尝桌子上丰盛的食物。”探长也让她走了。朱莉走进入口大厅，从挂满衣物的衣架上端取下自己的大衣。

“看来要用一整夜时间来找嫌疑人了。”艾玛抱怨说。

探长说：“不用了，我已经看到了一个嫌疑人。她就是朱莉·贝克尔！”

为什么他认为朱莉·贝克尔是嫌疑人呢?

19. 移花接木

晶晶死在卧室里，尸体是被来访的记者朋友发现的。他立刻拨打了110，警察和法医以最快的速度赶到了现场。

大约过了一个小时。“死因和死亡时间出来了吗？”警察问法医。

“是他杀，大概已经死了23个小时了，但现场没有作案的痕迹。”法医回答。

“那就奇怪了。”

警察忽然注意到桌子上的蜡烛在燃着，他顺手打开日光灯，却发现停电了。猛然，他意识到了什么。

“这尸体是从别处移过来的。”

请问，警察是凭什么做出推断的?

20. 博物馆里的盗窃犯

博物馆里，正在举办国际文物展览。世界上最珍贵的文物，如今都集中在这里，而且只展出一周。这可是千载难逢的机会啊！来自世界各地的人们，纷纷来到这里参观，博物馆售票处的窗口前，天天排着长长的队伍。

博物馆越是热闹，博物馆保卫部门越是高度紧张。他们得到情报，有一个文物盗窃集团，正准备在博物馆下手。为了加强保卫工作，警卫们全部取消休假，日夜巡逻放哨。

这一天下午，天正下着大雨，有一个盗窃犯买了门票，走进了博物馆。他似乎对每个展品都很感兴趣，看得非常仔细，待了很长时间，实际上，他是在查看地形。博物馆关门的铃声响了，游客们纷纷离开，盗窃犯却悄悄躲进厕所里，爬到上面的水管上。到了半夜里，他从厕所里出来，摸清了警卫巡逻的规律。他乘警卫两次巡逻之间的空隙，溜到一个展架前，里面放着一个象牙杯子，那可是一件非洲的国宝啊！他用工具打开橱窗的锁，拿走了象牙杯子，换上了一只假的象牙杯子，然后逃回厕所里。

第二天早上，博物馆开门了，参观的人群蜂拥而入。盗窃犯从厕所里出来，混在参观的人群里。过了一会儿，他假装参观完了，跟着人群向门口走去。外面还在下雨，他打开了雨伞，这时候，一个警卫拦住他问："昨天晚上，你躲在博物馆里干什么？"警卫为什么会看出他躲在博物馆里呢？

21. 谁是投毒凶手

一家酒馆里有许多客人在悠闲地喝着香槟。中间的一张桌子上，3 个男子正在谈笑风生。正在这时，酒馆内灯光突然灭了，到处一片黑暗。原来是停电了，酒馆老板急忙叫人点燃了蜡烛。点燃蜡烛后，人们继续喝酒交谈。忽然，中间那张桌子上的一位男子惨叫一声，倒在地上，气绝身亡了。

酒馆里出现如此重大的案件，这可了不得！酒馆老板急忙叫人报了警，并很快维持了秩序，不让人们走动，更不让人离开。

很快，大侦探希尔赶来了。他仔细检查了死者的酒杯，发现酒里有一种烈性的液体毒药。希尔知道，这种毒药一经接触人的食道，可以马上置人于死地。

希尔问酒店老板："今晚停电你们事先知道吗？"

"知道，前两天就在酒店门前贴了通知，我早有准备，所以准备了许多蜡烛。"

"如此看来，凶手是早有预谋的，他知道今晚要停电，便准备了毒药，在停电的瞬间把毒药放进了死者的杯子。死者并不知情，喝了杯中的酒，从而致死。"

希尔问清了案发的时间，又察看了这张桌子与其他桌子的距离，再仔细检查了四周地面，发现地上没有可疑物品，便断定凶手是同桌的人，否则不可能在一瞬间投毒。

于是，希尔要求同桌甲和乙掏出他们所有的物品。甲掏出的物品有：手表、手帕、香烟、火柴、现金；乙掏出的物品有：手表、手帕、口香糖、金笔、日记本和现金。

人们心想，这能看出什么呢？可是，希尔却指着乙说："是你害死了他！"乙听了大喊冤枉，其他人也觉得很奇怪。希尔为什么说是乙杀害了死者呢？

22. 消声器坏了

街上发生了一起车祸，一辆汽车撞伤了一个孩子并且逃跑了。警官梅森根据各种线索，当天晚上就找到了肇事嫌疑人洛克——一个身高 1.9 米的高个子。

洛克说："我今天上午没用过这辆车，是我妻子用的。"洛克的妻子是位娇小玲珑的金发美人，身高不过 1.5 米。她向警察证实了丈夫的话。

梅森说："根据目击者提供的线索，撞人的汽车噪声很大，好像消声器坏了。"

"那咱们就去试一下吧！"洛克把梅森带到车库，打开车门，然后舒舒服服地坐在驾驶座上，发动马达，在街上转了一圈，一点噪声也没有。

梅森微微一笑："别演戏了，这个新消声器是你刚刚换上的。"

梅森是怎么做出这一判断的？

23. 案发时间

一天晚上，一位女作家被发现死在她的住宅中。从现场看，死者生前似乎正在书桌上写作，是被重击头部而死的。书桌上放着一个开着的应急灯，台灯是关着的。

警察问物业管理员是否停过电。管理员说："昨天下午 9 点左右曾停了约一小时电。我想她大概是用应急灯照明写作时被害的，她每天很晚才关灯。"

警察又问："停电前后都有谁来过？"管理员回答："停电前死者的男友来过，停电后他匆忙离开了大厦，我想他一定是凶手。"

"那停电以后还有什么可疑的人出入吗？"警察又问道。管理员想了想说："来电后有一名 30 岁左右的陌生男子从死者住的那层楼下来，但我不知道他有没有进过死者的房间。"警察听到这里已经知道谁是真凶了。

你知道吗？

24. 女儿的致命约会

仙蒂周末晚外出后，一夜没有回家。第二天有人发现她死在住所附近的公园内。

警察到仙蒂家中调查时，仙蒂的母亲哭得死去活来，因为她是家里的独女，而且是家庭的经济支柱。当仙蒂的母亲情绪较为稳定之后，对警察说道："我记起来了，昨天下午 5 点半左右，有一个男子打电话来，他自称是我女儿的男朋友，约她 18 时 30 分，在他公司楼下的公园见面。后来我女儿回来后，我告诉了她，她就换上衣服走了。"

"那人说过自己的姓名吗？"

"没有，他说我女儿会知道他是谁！"说完，她又伤心地哭起来。

警方搜查仙蒂的房间，结果找到一本电话簿，首页写着两个男子的姓名。两个人的职业分别是侦探社职员和电报局职员。

请你判断一下，如果上述两人其中有一个是凶手，会是谁呢？

25. 冒牌的声音

一个初夏的夜晚，在凤凰湖西岸的一间低矮的茅草屋里，突然跑出一个披头散发的女人，她一边惊慌地跑着，一边呼喊救命。当有些好奇者开门探视，看到是刘素英的时候，又都很快关了门。原来，这户人家，男的叫田丰，女的叫刘素英，他们靠耕种二亩良田和纺线织布为生，家里还有一个未满周岁的孩子。田家的日子本来过得还算不错，但是近来不知什么原因，夫妻俩经常大吵大闹。邻里们认为夫妻吵架不足为怪，开始还有人劝说几句，到后来就干脆没有人理睬了。

第二天黎明，一个老汉因为前一天晚上和田丰约好了一早一起进山，便早早地叩响了田家的破竹门。可是屋内没有一丝回声。老汉用手轻轻一推门，门没插，"咯吱"一声开了。他刚一探头，吓得“妈呀”一声，扭头就往回跑。屋里地上躺着3个血肉模糊的人，正是田丰一家。

很快，有人报知了县令，当县令一行数人赶到案发现场时，这里已经围了几层人。县令听那个老汉讲述了刚才他所看到的情景后，便到屋内仔细观察。只见屋内陈设不乱，3具尸体并排横卧在炕上，炕头的一块青砖下压着一张字条，上面写道：

“生不逢时何再生，互往中伤难相命，送汝与儿先离去，我步黄尘报丧钟。”

县令围着3具尸体慢踱着。蓦地，他站住了，弯下腰，伸手拉了拉田丰僵硬的胳膊。一会儿，县令直起腰，略思片刻，然后走出茅屋，对还未散去的众乡民说道：

“田丰杀妻害子后自刎而死，已查证属实。只是这孩子吓昏过去，需要听见母亲的声音才能唤醒。本官宣布，谁能学得刘素英的声音，救活这个孩子，田家的遗产就归他一半……”

话音未落，人群中便走出一个自称叫冷华的年轻妇人，她躬身道：“大人说话可算数？”

县令细细打量了一下冷华，说道：“一言为定，字出千斤。”

于是，冷华上前学起来：“宝贝儿，我的宝贝儿，妈妈回来啦……”可是她叫了半个小时孩子依然“睡”着。

县令问那老汉：“这与昨天晚上刘素英的声音相像吗？”

“像！真像！像极了！”老汉肯定地点了点头。

县令转身对冷华道：“好了，虽然孩子没被救活，但你学的声音却很像，鉴于田家已无后人继承产业，所以田家遗产全部归你所有……”

冷华刚要谢恩，县令抬手止住了她，继续说道：“按当地的习惯，外姓人继承遗产，必须用左手一刀砍断院中最粗的一棵树。我看你身单力薄，不能胜任，就由你指派一个最亲近的人来完成吧！”

听完县令的吩咐，冷华伸脖子往人群中探了探。人们顺着她探视的方向，看见人群外层忽地站起来一个壮实汉子。此人膀大腰圆，原来是冷华的丈夫杨艮。他径直奔到县令面前，接过柴刀，用左手掂了掂，几步跨到院中那棵最粗的红柳树旁，猛地抡起锋利的柴刀劈了下去，只听“咔嚓”一声，刀落树断。这时县令的锐眸中闪出了欣喜的光芒。他干咳了一声，人们立时安静下来。只见他开口说道：“本官对这起人命案已审理完毕，现宣布捉拿案犯杨艮和冷华归案。”

杨艮和冷华“扑通”一声跪在地上，口喊冤枉。

县令瞥了他们一眼，朗声说道：“你们有罪不认，冤在哪里？”

杨艮颤颤地问道：“田丰杀妻害命而死，大人怎说是被我们所害？”

县令笑道：“这是你们自己表演的结果。”说着转向围观的人们，“昨天半夜，有人听见刘素英呼喊救命，可是从死尸干黑的刀口上看，案发是在傍晚时分。这就怪了，难道刘素英被杀后还能到处呼喊救命吗？所以，我想一定是有人冒名顶替，制造了假象，这个冒名者一定是这起命案的杀人凶手。于是，我便决定先从声音上查出冒名者。当查出冷华就是冒名者后，我发现她身体单薄，绝非是直接作案人，一定还有同谋。于是，我便利用在现场观察出的凶手是左手使刀这一特征，以田家的遗产作诱饵让凶犯自投罗网。”

田丰全家被杀一案，县令由刘素英的刀伤血迹，推断出有人冒名顶替。可是，他怎么知道田丰不是自刎而死的呢？

26. 并非自杀

在一所豪华别墅里，警方发现了一具女尸，一个40多岁的女子，身体已经有些变硬，身上穿着一件睡裙，看来是别墅的女主人。在死者的身边有一支没有套上笔套的笔和一封遗书。遗书中说她发现自己身患绝症，觉得心灰意冷，所以服药自杀。遗书最后还写着时间，是三天前的中午。

警察小心地检查了现场的所有东西，没有发现什么特别有价值的线索，认为可能是自杀。这时，警官墨菲也来到了现场。他细细观察了一番后，随手拿起了那支笔。这是一支挥发性很强的油性笔。墨菲随手用那支笔写了几个字，发现写出来的字十分清晰。

墨菲微微一笑："这不是自杀，死者是被人杀死后搬到这里来的，现场是假象。"

他是根据什么线索这样推测的呢？

27. 可疑的咖啡杯

刚刚发生了一起枪击案，枪响后，酒吧里只有哈瑞一个顾客。

他刚刚喝了一口咖啡，就看到3个人从银行里跑出来，穿过马路，跳上了一辆等在路边的汽车。

不一会儿，一个修女和一个司机进了酒吧。

"二位受惊了吧？"善良的哈瑞也没有仔细打量这两个人，就说，"来，我请客，每人喝一杯咖啡。"

两个人谢了他。修女要了一杯咖啡，司机要了一杯啤酒。3个人谈起了刚才的枪声和飞过的子弹，偶尔喝一口杯子里的饮料。这时，街上又响起了警笛声。抢劫银行的罪犯抓住了，被送回银行验证。哈瑞走到前边的大玻璃窗前去看热闹。当他回到柜台边时，那个修女和司机再次感谢他，然后就走了。

哈瑞回到座位上，看着旁边空空的座位和杯子，咖啡杯的杯口处还隐约有些红色，他突然明白了什么，叫起来："噢！这两个家伙是刚才抢银行罪犯的帮手！"说完赶紧报了警。

请问，是什么东西引起了哈瑞的怀疑呢？

28. 金网球俱乐部的一夜

深夜，歹徒们把皇冠大街的路灯全部弄灭，随后撬门钻入金网球俱乐部，把俱乐部里珍贵的奖杯、奖品以及球拍等值钱的东西席卷一空。负责侦破此案的霍克探长正苦于没有任何线索，这时有个抱着毛茸茸的小猎狗的中年男子来找霍克探长，说他目睹了一切。

霍克探长朝他点点头，请他把看到的一切讲一遍。

"情况是这样的。午夜刚过，我的'拿破仑'，"他指指膝上的小狗说，"它呜呜直叫，吵得我不能安睡。我不得不带它出去溜达。当我走到皇冠大街时，前面黑乎乎的。我继续往前走……刚要转到爱神街时，发现一辆卡车停在俱乐部门前——"

“离你多远？”霍克探长打断了他的叙述。

目击者回忆了一下，回答道：“约 100 米，可以肯定，不会近于 100 米的。两个男子把许多东西从俱乐部里往外搬，放在卡车上，装满一车后，连车灯也没有打开，就悄悄开走了。”说着，他从口袋里取出一张纸片，“这是卡车的车牌号，我看见后马上记下的。我想你们会有用处的。”

霍克探长点点头，用一种令人捉摸不透的古怪神色，看看“拿破仑”，又看看目击者，随后转身对副手说：“塞克，今晚这儿有空房间吗？”

“有。”塞克奇怪地瞧了瞧霍克探长。

“那好，你可以把这位先生和他的‘拿破仑’关起来。不要怠慢这条小狗，给它喂点水。不管怎么说，狗是没有错的，而它的主人可是个非同寻常的见证人。”

目击者一听，顿时气愤得跳了起来：“你……这是什么意思？”

霍克探长笑笑说道：“不管你是在瞎编，还是存心把我们引向歧途，你都不是一个诚实的人。”

请问：霍克探长为什么说目击者不是一个诚实的人？

29. 被杀的女乐手

女乐手苏姗躺在一辆红色的小轿车里，身中两弹：第一颗子弹从右大腿穿过，在黑色的紧身裙上留下了一大块血迹；第二颗子弹是致命伤，射穿了她的胸部。车子就停在她的住宅门口，车内还有一把大提琴。

据洛克探长推断，她遇害的时候应该是在晚上 8 点左右，离她在国家音乐厅的演出时间仅差半个小时。

警方分别取得了 3 个人的证词。发现尸体的房东太太说：“苏姗打算出席音乐会但不参加演奏，因为她与邦德——乐队里的一个同事闹翻了。为此，她一个星期没有练琴，那把琴一直搁在车上没动过。”

邦德坚持说他与苏姗已和好，而且她答应参加演出并约定像以往那样 8 点 10 分驾车去接他，然后一起去音乐厅。但他空等了一场。

乐队指挥杰森说，苏姗能在不排练的情况下出色地演奏，因为音乐会的曲目已反复上演过多次。

听完 3 份证词后，洛克探长立即判断出谁在撒谎。你猜到了吗？

30. 停电时的误杀

凯文打开电冰箱的门，拉出一只冰盒。烛光中，梅森探长看到他往白兰地中加冰块的手在发抖。

探长知道这位颇负盛名的小说家为何手会发抖。他们刚从凯文的书房出来，凯文的管家死在里面，脖子断了。

“我以为他是个强盗，”凯文一边喝着冰镇的威士忌，一边说，“自打 4 天前发电机坏了以后，这儿的一切电源都断了。我本来想在这里好好完成一篇小说，因为没电了，所以只好暂时搬到城里去住。大概两小时前，我回来拿几份手稿，就在我放下手电筒去开写字台抽屉时，他跳到我的身后。我现在猜想他也许以为我是个贼．而在黑暗中我以为袭击我的是个歹徒，我就竭尽全力反击。我击中了他，他倒在壁炉边扭断了脖子，然后我就给你打了电话。”

梅森探长说道：“如果你把我找来是想让我相信你编的故事，那么在警察审问你之前，你最好把它重新编一下。”

梅森探长凭什么断定凯文在编故事？

31. 听力差的冒领者

寂静的深夜，一个蒙面大盗抢劫了银行，开枪打死了两名值夜班的出纳员。保安在一晃而过的车灯中发现劫匪的脖子有一块伤疤。

1 小时内，全市各交通要道口，警车呼啸来往。警察用高音喇叭公布悬赏令：“劫匪的脖子上有伤疤，举报者奖励 5 万元！”

时隔不久，一个匿名电话打到警察局：“劫匪已往阳光大厦方向逃走，请你们赶快去追击。”

一阵激烈的枪战后，身材魁梧的匪徒倒在血泊之中。劫匪被击毙的消息很快传开，领 5 万元赏金的人，一下人冒出了很多。他们一个个都称自己是那个匿名报信人，警察局一时真假难辨。局长把甄别真正的报案人的工作交给了足智多谋的神探查理。

很快，警察局的接待室就来了一排领赏人，克里斯丁是最后一个申请者，他极自信地冲着探长笑笑：“虽然我的耳朵听力比较差，但等我复述完，再拿了证据，尊敬的先生就会相信……”

他说在公共汽车的喇叭里听说了缉拿通告后不久，就在后排座发现了一个企图用衣领掩盖自己脖子上的伤疤的男人，于是心中一惊，并开始留意他的一举一动。

那人侧过身子，对通道上的一位红发女郎说：“我等会下车，然后去阳光大厦。”克里斯丁虽然耳朵不太灵便，但他从口型上能判别出那人说些什么，随后那男人递给红发女郎一张字条。

红发女郎看完字条后，马上揉成一团扔在车上，那男的跟女的相继下车，克里斯丁将纸团拾起，发现在上面写着：“两天后，按此地址找我。”

“喏，就是这张。对吗？这 5 万元赏金，你们警方可不能赖啊。”说着，他拿出了一张字条。

查理扫视了一下字条，扑哧一下笑了：“这正是凶手被击毙的现场地址，可惜呀，它是从报纸上抄来的！”

查理是怎样知道事情的真相的呢？

32. 巧过立交桥

罗尔警长快要过 60 岁生日了，可是看上去很年轻，50 岁还不到的样子。这得归功于他的自行车，也许你不相信，这辆自行车陪着他 30 多年了，还是当年巡逻时骑的呢。后来，警察巡逻开上了警车，可是罗尔警长坚持骑自行车，他说：“坐在警车里不锻炼，连路也跑不动了，怎么抓坏人？”

有一天下午，他骑着自行车在街上巡逻，一辆黄色轿车“呼”地从身边冲过，紧接着，身边传来喊叫声：“他偷了我的汽车！”罗尔警长赶紧蹬车去追黄色轿车，可是，自行车的两个轮子，怎么追得上4个轮子的轿车呢？才追了一条马路，他就累得直喘气，眼看轿车越来越远了。

这时候，他看见路边停着一辆集装箱卡车，司机正在卸货，他扔下自行车，跳上卡车，开足马力，继续追赶。

偷车贼还以为把警长甩掉了，心中暗自嘲笑：一辆破自行车，还想追我？哼，没门！忽然，他从后视镜里看见了卡车，司机就是那个老警察！他慌忙加大油门，警长紧追不舍，两辆车在公路上追逐着。

前方有一座立交桥，轿车一下子就从桥底下穿了过去，可是集装箱卡车的高度，恰恰高出立交桥底部2厘米，警长一个急刹车，停在立交桥前，好险啊！

罪犯看到卡车被挡住了，还回头做个怪脸，罗尔警长气得两眼冒火。他毕竟是老警察了，马上冷静下来，看了看轮胎，立刻有了主意。

几分钟以后，集装箱卡车顺利从立交桥底下穿过，罗尔警长终于追上了罪犯。

罗尔警长用什么方法，很快就让卡车通过了立交桥底下呢？

33. 谎言的破绽

在家休息的老罗接到一个电话，对方想在下下星期的星期五拜访他。但老罗说：“那天上午我要开会，下午1点要参加学生的婚礼，接着4点要参加一个朋友的孩子的葬礼，随后是我姐姐的公公60寿辰宴会……所以那天我没时间接待您了。”

老罗的话里有一个地方不可信，请问是什么地方？

34. 梅丽莎在撒谎

这是一个气温超过34℃的炎热夏天，一列火车刚刚到站。女侦探麦琪站在月台，听到背后有人在叫她：“麦琪小姐，你要去旅行吗？”

叫她的人是她正在侦查的一件案子的当事人梅丽莎。

“不，我是来接人的。”麦琪回答。

“真巧，我也是来接人的，已经等了好久了。”梅丽莎说。说着，她从手提包里掏出一块巧克力，掰了一半递给麦琪：“还没吃午饭吧？来点巧克力。”

麦琪接过来放到嘴里。巧克力硬邦邦的。这时，麦琪突然想到什么，厉声对梅丽莎说：“你为什么要撒谎，为什么要骗我说你也是来接人的？”

梅丽莎被她这么一问，脸色也变红了。但她仍想抵赖，反问说：“你凭什么说我撒谎？”

请你判断一下，麦琪凭什么断定梅丽莎在撒谎？

35. 过继

李铁桥是广东某县的知县，一天衙门口来了一位告状的老妇人，当差的衙役便把老妇人带到了堂上。

老妇人哭诉道："大人，我丈夫李福贵去世多年，没有留下儿子。现在我丈夫的哥哥李富友有两个儿子，为了占有我的家业，他想把他的小儿子过继给我，做合法继承人。大人啊，我的这个小侄子一向品行不端，经常用很恶毒的语言谩骂我，我实在不想让他做我的继子，于是，我就自己收养了一个别人家的孩子做继子。这下可惹怒了我丈夫的哥哥，他说什么也不同意让我收养别人家的孩子，并说不收养他的孩子，就让我这位小侄子气死我！大人呀！天下还有这样的哥哥、这样的侄子吗！请大人给我做主啊！"

李铁桥听罢，非常气愤，第二天便在公堂之上开始审理这桩案子。

李铁桥先把李富友叫到堂前，问道："李富友，你想把你儿子过继给你弟弟家，你是怎么考虑的？"

李富友理直气壮地说道："回禀大人，按照现行的法律，我应该过继给我弟弟家一个儿子，好让我弟弟续上香火。"

"你说的有些道理。"李铁桥肯定地说。旋即，他又叫来老妇人，让老妇人说说他不要这个侄子的道理。

老妇人回答道："回禀大人，照理说我应该让这个侄子成为继子，可是，这个孩子浪荡挥霍，来到我家必定会败坏家业。我已年老，怕是靠他不住，不如让我自己选择称心如意的人来继承家产。"

李铁桥大怒："公堂之上只能讲法律，不能徇人情，怎么能任你想怎么样就怎么样呢。"

他的话还没说完，李富友连忙跪下称谢，嘴里直说："大老爷真是办案公正啊！"而告状的老妇人却无奈地直摇头。

接着，李铁桥就让他们在过继状上签字画押，然后把李富友的儿子叫到跟前说："你父亲已经与你断绝关系，从今天起，你婶子就是你的母亲了，你赶快去拜认吧。这样一来名正言顺，免得以后再纠缠。"

李富友的小儿子立刻就向婶子跪下拜道："母亲大人，请受孩儿一拜！"

老妇人眼见着知县如此判案，侄儿又在眼前跪着，边哭边对李铁桥道："大人啊！要立这个不孝之子当我的儿子，这等于要我的命，我还不如死了好！"

听了他的话，知县李铁桥不禁哈哈大笑，笑后很快就断了案。

你知道知县李铁桥是如何断案的吗？

36. 雨中的帐篷

一天中午，突然下了一场大雨。雨停过后，一个人急急忙忙来到了警察局，向警长大山说道："不好了，派尼加油站的服务员被枪杀了。"

大山给他倒了一杯水，然后对他说："别着急，慢慢说。"

"当时我正把车开进派尼加油站，突然我听到了一声枪响，接着我看见有两个人从加油站里跑了出来，跳进了一辆周末旅游车飞快地开走了。我赶紧跑进屋里，一看加油站的一个男服务员已倒在血泊里。"这个人一边哆嗦着一边描述道。

警长大山听罢目击者的讲述，又问了一些旅游车和那两个人的外貌后，便带着几名警员开始搜寻嫌疑人。很快，他们在公路的路障南边找到了一辆被人遗弃的旅游车。

警长大山一看这辆旅游车，离派尼国家公园的正门只有几米远，便猜测罪犯一定是进了公园里。

在公园一处人工湖边，大山向第一个野营者沃伦问起他们来公园的时间。

留着一撮小胡子的沃伦说道："我和我弟弟是昨天晚上过来的。因为为了赶上鲑鱼迁徙的季节，从到这里开始，我们兄弟俩就在钓鱼。"

"你们两个下雨时也在钓鱼吗？"大山又问道。

"是的。"沃伦点点头回答道。

大山辞别了沃伦。又来到了第二对野营者阿尔的帐篷里。

阿尔说道："今天早上，我们支起帐篷，然后就出去了。天开始下雨时，我们找了个小山洞躲了好几个小时，我们什么都没看到。"

大山在听阿尔说话的时候，发现地上湿漉漉的，他不禁眉头一皱，但还是友好地走出了帐篷。

在停车场的一辆旅游车上，大山又找到了第三对野营者乔治和他的女朋友。

乔治说道："我知道我们不应该在这里。我们没有伤害任何人，芝加哥的一个朋友借给了我这辆车，所以驾照上不是我的名字，你们可以打电话到芝加哥去查……"

"不必了！"大山说道，"我已经知道谁在撒谎了！"

大山是如何判断的呢？

37. 警长的反问

警长在旅馆附近的湖边思考问题。

天气很冷，达到了5℃。突然，一个浑身湿透的男子上气不接下气地向他跑来，喊道："先生！快去救救我的朋友吧！我们刚才在湖面上溜冰，冰面突然破裂，结果他掉了下去。我跳下去捞了半天，却什么都没捞着。"

警长赶紧回旅馆找警察帮忙。从旅馆到出事地点有1500米，等他们赶到那里时，只发现在裂洞旁边有一双溜冰鞋。那人解释说："当时我刚把鞋脱掉，他说还要再玩一会儿。"警长说："别再隐瞒了，谈谈你是怎么害死你的朋友的吧！"

这是怎么回事呢？

38. 飞来的小偷

一天，日本的一位富翁在东京城外别墅里举行宴会，别墅里绿树成荫，百鸟齐鸣。客人们一边谈天说地，一边品尝着美味佳肴，一个个显得十分高兴。

这时，一位女宾在去洗手间洗手时，把钻石戒指放在外间靠窗的桌子上，再出来时，发现钻石戒指不见了。

门是关着的，洗手间在3楼，也没有人来过，别墅中的仆人都忠实可靠，何况，失窃之前也没有一个仆人上过楼。再说窗子外面也没有梯子，难道小偷是从天上飞下来的？

大富翁为此事很生气，认为这事又一次丢了他的面子。因为在他的别墅里，已经第三次发生这样的事了，他非要查个水落石出不可，他拿起电话就准备报警。

这时，从宾客中走出一位名叫山田吉木的中年人，他是位动物学家。他听那位女宾讲了事情的经过，又听富翁讲了以前发生的两起失窃案件的经过，胸有成竹地说："先生，你别报警，这件事让我来试试吧！"

山田吉木先生在别墅四周转了转，指着一棵大树上的喜鹊窝说："派个人爬到树上，到喜鹊窝里查查看。"

一位机灵瘦小的仆人很快就爬上大树，他将手伸到喜鹊窝里一摸，大声叫道："金耳环、钻石戒指、项链，都在这儿哪！"

"这是怎么回事？"富翁问道。

山田吉木说出了一番话，富翁方如梦初醒。

你知道山田吉木说了什么话吗？

39. 报案的秘书

国际电子产品博览会即将在东京举办，来参加博览会的，都是世界上著名的企业家。村井探长亲自负责保卫工作，他在机场和宾馆里，派出大批警察，荷枪实弹站岗，还有很多便衣警察，在暗中保护着贵宾。

博览会开幕前的一天晚上，警察局的报警电话响了，村井探长心头一震，最担心的事情还是发生了！美国一家大公司的总经理赶来参加博览会，下午刚住进五星级大宾馆，就在卧室里被人杀害了。

村井探长赶到宾馆，在保安的带领下，来到死者的卧室。那是一间很大的套间，里面的设备和装潢非常豪华，墙壁上挂着昂贵的名画，地上铺着厚厚的土耳其驼毛地毯，很柔软，走在上面，几乎听不见脚步声。总经理倒在地毯上，后脑勺上有一个窟窿，流了很多血。桌子上有一部电话，话筒没有搁在电话机上，就扔在旁边。

这时，有一位年轻的女士走过来，哭着说："我是总经理的秘书，一小时前，我乘飞机到东京，下了飞机以后，马上和总经理通电话，正说着呢，听到话筒里总经理大叫一声，然后听到'扑通'的一声，好像是人倒在地上的声音，再后来，又听到一阵匆忙的脚步声，好像是罪犯逃跑的声音。我知道情况不好，马上打电话报警，然后叫了一辆出租车，刚刚赶到这里。"

村井探长低着头，在房间里来回踱步，他一会儿走过来，一会儿走过去。忽然，他停住脚步，严厉地对女秘书说："你说的都是谎话！"

村井探长为什么说女秘书在撒谎呢？

40. 火炉上的烤肉

比尔和妻子丽莎有一座不大的农场，他们没有孩子，生活过得逍遥惬意。他们除了去城里采购食物或者签订农作物买卖合同，基本上很少外出。

一天，当妻子从城里采购生活必需品回到家时，发现比尔竟然死在了火炉旁边，胸口插了一把匕首。

精神恍惚的妻子立即报警，警察杰里奇过来后查看了现场：一个烤盆里有些无焰的炭块，上面烤着牛肉。托盘、刀叉、作料散放在一旁。杰里奇检查尸体后，确认比尔大约在 1 小时前被杀害。

根据农场的交通和人员居住情况，杰里奇立即展开了追捕，结果在方圆 10 里的范围内只见到一个人。

杰里奇将这个人带到了凶杀现场。那人说自己是个旅行家，肚子饿了正找地方想吃饭呢。他见到火炉上的烤肉，伸手就拿，张嘴就吃。

“先生，慢慢吃。我只问你一个问题，你来过这里吗？”杰里奇一边打量这个人一边问道。

“我没来过这里。我在这里迷路了，不知道在什么地方。哎，警官先生，请等我吃完这块烤肉再跟你详细说。”说着他停顿了一下，从炭火中取出了一块烤肉，大大方方地放进了嘴里。

他的这个小动作被杰里奇看得一清二楚。杰里奇眼前一亮，然后把手铐拿出来说：“先生，你的演技太差了，请跟我到警署去一趟吧！”

杰里奇是如何看出这个人是凶手的呢？

41. 一条大红的龙虾

有一家专门经营龙虾的餐馆，老板是一个非常善良、慷慨的人。

一天，人们突然发现老板在厨房里被人杀死，而且他衣兜里的现金也全被人掏走了。十分悲伤的老板娘马上打电话报了案。

几分钟后，警长矢村带人来到了餐馆。

老板娘一边哭一边对矢村说道：“警长啊，我丈夫可是一个慷慨热心的人啊！每当有流浪汉来我们餐馆时，我丈夫总是给他们东西吃。我丈夫现在惨遭不幸，我认为一定是那个穿黄上衣的人干的，我在 10 分钟之前看见他和我丈夫在厨房说了话，然后就发生了这事。”

老板娘说完话，便领着矢村来到一个身着一件又脏又破的黄上衣的人面前说道：“就是他，你们可别让他跑了。”

矢村警长上下打量一番这个人，估计此人是一个流浪汉，于是便问道：

“老板娘刚才说的话，你都听见了？”

穿黄上衣的人马上辩解道：“尊敬的警长先生，我刚才的确是在这儿了，可我什么都没干。刚才一个戴围裙的人说要给我东西吃，我看见他把一条大红龙虾放在锅里，他还告诉我 20 分钟后来吃呢！所以我就在这儿等着。”

矢村听罢，笑了笑说道：

“你不用狡辩了，你就是凶手！”

矢村警长是如何发现这个人在狡辩的？

42. 迷乱的时间

星期天傍晚，史密斯先生被人谋杀了。目击者告诉警方，他们在傍晚 5 点 06 分时听

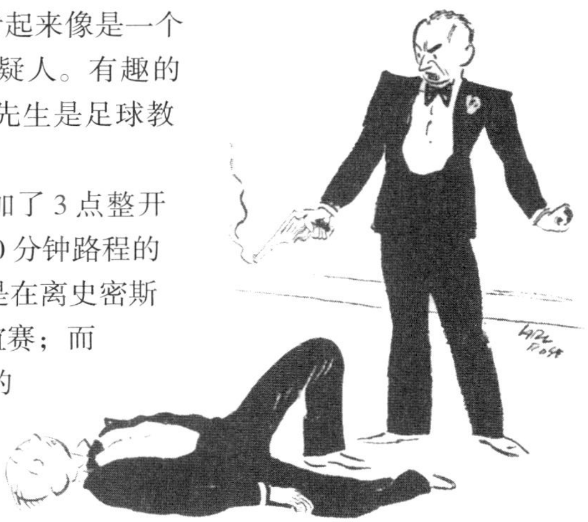

到了 3 声枪响，并且看到了凶手的背影，看起来像是一个中年男人。警方经过调查，确定了 3 个嫌疑人。有趣的是，他们都是球队教练，其中 A 先生和 C 先生是足球教练，而 B 先生是橄榄球教练。

这 3 位教练的球队，星期天下午都参加了 3 点整开始的球赛。A 教练的球队是在离死者住所 10 分钟路程的体育场上争夺“法兰西杯”；B 教练的球队是在离史密斯先生家一个小时路程的球场上进行一场友谊赛；而 C 教练的球队是在离凶杀地点 20 分钟路程的体育场上参加冠军争夺赛。据了解，这 3 位教练在比赛结束之前都一直在赛场上指挥比赛，而且 3 场比赛都没有中断过。

在警察局里，3 位教练回答了警长的询问。当警长问他们各自的比赛结果时，A 教练回答说：“我们和对手踢成了平局，1 比 1，最后不得不进行点球决胜负，还好我们赢了。”B 教练则叹了口气：“我们打输了，比分是 6 比 15。”而 C 教练则满面喜色：“3 比 1，我的球队最后夺得了冠军！”

警长听后，朝其中的一位教练冷冷一笑：“请你留下来，我们再聊聊好吗？”

经过审问，这位被扣留在警察局里的教练，正是枪杀史密斯先生的罪犯。

你知道他是谁吗?

43. 警员与警长

傍晚，一位男士冲向马路中间拦车，原来是他母亲心脏病突然发作。一辆救护车从东向西飞驰而来，那男士拦下了车，可司机却说他们要去接一名生命垂危的病人，没时间救他母亲。这位男士便同司机大吵起来。

这时，一辆去城西堵截 3 名抢劫银行歹徒的警车正好经过，见这里交通堵塞，他们便去疏通。最后，司机只好让车上的两名医生下去，将昏迷的患者抬上担架。

当警长看到患者被头朝外、脚朝里地抬上救护车时，立即下令将他们抓了起来，并从车上的急救箱中搜出整捆的钞票。原来他们就是那 3 名抢劫犯。

事后，警员们问警长：“你怎么知道他们就是歹徒呢？”

警长微笑着说：“这是一个常识性的问题，你们自己去想吧！”

44. 被窃的手提包

沙娜小姐下了飞机，乘车径直来到了市区一家豪华的旅馆。

“小姐，您好！”女招待员殷勤地迎上来，接过了沙娜小姐的手提包。

“谢谢！”沙娜小姐这时才感觉到有些累了。她跟女招待员来到了二楼的一个单人房间。

“小姐，您休息吧，有事尽管吩咐。”女招待员把手提包放在床头柜上，退了出来。

“等等！”沙娜追了出来，“我没有别的事，只是请您明天早上给我送来一杯热牛奶，只要一杯！”

“好的，我记住了。”女招待员微笑着走下楼去。

沙娜小姐回到屋子里，打开了手提包。那里面装着许多精美的首饰。她是代表公司来这里参加国际博览会的。如果这次成功的话，她将得到一笔可观的奖金。她把首饰又依次检查了一遍，发现一路上没有损坏什么，便放心地笑了，接着她去餐厅吃了饭，又洗了澡，便睡下了。

第二天早上，她醒来睁开眼睛一看表，已经快 7 点钟了，便急忙穿好衣服，按电铃叫女招待员送牛奶。然后，她来到了洗漱间。她刷过牙，刚要洗脸，听见房门开了。她以为是女招待员送牛奶来了，便没在意。然而，当她还没用水冲洗净涂抹在脸上的香皂时，就听见外面“扑通”一声。她急忙跑出洗漱间，朝外面一看，吓得惊叫起来。原来，女招待员躺在房门口，失去了知觉，头上有一道殷红的血迹。再往床头柜上一看，更是大吃一惊，那个装有许多贵重首饰的手提包不见了。沙娜愣了片刻，忽然明白过来，猛地冲到门口，大声呼喊：

“来人啊，快来人啊！有人抢东西啦！”

很快，整个旅馆都被惊动了，胖经理和各个楼层的女招待员先后都赶来了。

胖经理让人把受伤的女招待员扶到了床上。她已经醒过来了。随后，胖经理又亲自打电话向警察局报了案。

10 分钟后，警长哈尔根领着两个助手赶到这里。他察看了现场，并没有发现什么，便把沙娜叫到跟前，简单询问了案发的经过。哈尔根那满不在乎的神情似乎在告诉人们，他对这个案子并不感兴趣。最后，他来到了受伤的女招待员身旁。

“请问您好些了吗？”哈尔根关切地问道。

“好些了，只是还有些晕。”女招待员不知是因为受了惊吓，还是因为头部受伤流了点血，此时脸色白得像一张纸。

哈尔根点燃一支香烟，又问道：“小姐，您能把刚才见到的跟我说说吗？”

“可以。”女招待员把身子支起来，半倚在床上说道，“刚才，我按小姐的吩咐端来了一杯热牛奶。可是刚进屋，就从门后蹿出一个男人，照着我的下巴就是一拳。我一下子被打倒在地，以后就什么都不知道了。”

“那个人长什么样你看清了吗？”

“事情来得太突然，我没看清他的脸，只看见他拎着小姐的那个手提包。”

哈尔根点了点头，没再问什么。忽然，他走到床头柜前，端起那杯热牛奶问沙娜小姐：

“小姐，您早上总是要喝热牛奶吗？”

“是的，这是从小养成的习惯，不喝杯热牛奶，全天都会不舒服的。”

“是吗？那您今天为什么不把这杯热牛奶喝了呢？”

“是啊，您不说我都忘了。”

“凉了吧，小姐？我去给您热热。”女招待员殷勤地说。

哈尔根忙用手按住了牛奶杯，用一种嘲讽的口吻说道：“不用了，我看沙娜小姐即使喝不上这杯牛奶，今天也会舒服的。您说是吗？亲爱的女招待！”

“您这是什么意思？”女招待员不无惶惑地问道。

“小姐，别做戏了。这件事您最清楚，快交代出您的同伙吧！”

听了这话，女招待员瘫软在床上。原来，正是她勾结一个盗贼，盗走了沙娜小姐装首饰的手提包。

警长哈尔根怎样发现女招待员就是作案分子的呢?

45. 一片沉寂

警长罗斯的别墅同哈利的寓所相距不远。一天夜里，突然一声枪响。罗斯闻声往外跑，正碰上哈利。哈利喊道:“托尼被枪杀了！”

罗斯边走边听哈利诉说:“托尼是我的客人。刚才我俩正看电视，突然电灯全灭了，我正要起身查看原因，前门开了，闯进一个人来，对着托尼开了两枪，没等我反应过来，那人已无影无踪了。”

进入寓所，罗斯发现房间里很黑，用手电照着托尼，他已死去。到车库里把被人拉开的电闸合上，房间里的灯立刻亮了。

第二天，名探洛克听着警长罗斯复述在现场所见，问道:“开闸后电灯亮了，这时寓所里还有什么响动?”

罗斯说:“一片沉寂。”

洛克说:“够了。哈利涉嫌谋杀成立。”

请问：洛克为什么做出这一判断?

46. 指纹

一天夜间 10 点左右，小岛正要入睡，忽然听见门铃响了起来。他打开门一看，只见一个瘦高个男人正冷冷地盯着他。小岛见来人正是他一再躲避的债权人中村，心里不禁倒吸了一口冷气。

中村一把推开小岛，气呼呼地走进房间，抬眼朝室内环视一周，冷笑一声说:“嘿，好漂亮的公寓呀！这是用我的钱购置的?”接着大声威胁说，“别再躲躲藏藏了，快把钱还给我，不然我只有到法院去控告你！”

“请相信我，钱我明天如数还你，好久不见了，来一杯吧！”小岛一边连连道歉，一边从冰箱里取出一瓶啤酒。他趁中村坐下之际，抡起酒瓶朝中村的脑袋砸去，中村连哼也没哼一声，就应声倒在了地上。

小岛砸死了中村，慌忙把尸体背到停车场，用汽车把尸体运到郊区，扔在了公园里。他返回家后，立即来个彻底大扫除，用手巾擦掉了留在桌子和椅子上的指纹，连门上的把手也擦得干干净净，直到觉得房间里再也不会留下中村的痕迹了，才长长地吐了一口气。

第二天一早，小岛刚起床，就听到一阵“咚咚咚”的敲门声，他打开门一看，竟是山田警长和段五郎侦探。

山田警长脸色严峻地问道:“今天早晨，我们在公园里发现了中村的尸体，在他口袋里的火柴盒后面写着你的地址。昨晚上中村来过你家吗?”

小岛忙说:“昨晚谁也没来过，我已经一年多没有见到他了。”

这时，站在一边的段五郎淡淡一笑，说:“不要说谎了，被害者来过这里的证据，现在还完好地保留着……”

没等段五郎说完，小岛声嘶力竭地叫道："在哪？请拿出证据来！"

"安静点，瞧，在那儿！"小岛顺着段五郎指的地方一看，顿时吓得面如土色。那里确实留下了中村的指纹。

你知道中村的指纹留在什么地方吗？

47. 肯特撒谎了

肯特在圣诞之夜请他新结识的摩西小姐到一家饭店共进晚餐。摩西小姐聪明活泼，美丽动人，肯特十分爱慕。两人聊了一阵，肯特发现摩西小姐对自己不大感兴趣，两人不久就离开了饭店。饭后心情沮丧的他在街上闲逛，遇见了名探罗克。

罗克问他为什么心情沮丧，独自一人在街上闲逛。肯特说了宴请摩西小姐的事。罗克问他在餐桌上同摩西小姐谈了些什么，肯特说："我向她讲了一个我亲历的惊险故事。那是去年圣诞节前一天的早上，我和海军上尉海尔丁一同赶往海军在北极的气象观测站执行一项特别任务。那是一项光荣的任务，许多人想去都争取不到的。但可惜的是，我们在执行任务过程中，遇上了意外情况，海尔丁突然摔倒了，大腿骨折，情况十分严重。我赶紧为他包扎骨折部位。10分钟之后，更可怕的事情发生了，我们脚下的冰层开始松动了，我们开始脱离北极，随着水流向远方的大海漂去。我意识到这时我们已经前途渺茫，随时都有生命危险。特别是当时天气异常寒冷，滴水成冰，如不马上生火取暖，我们都会被冻死的，但是火柴用光了。于是我取出一个放大镜，又撕了几张纸片，放在一个铁盒子上，铁盒子里装了一些其他取暖物。我用放大镜将太阳光聚焦后点燃了纸片，再用点燃了的纸片引燃了其他取暖物。感谢上帝，火燃烧起来了，拯救了我们的生命。更幸运的是，4小时后我们被一艘经过的快艇救了起来。人人都说我临危不惧，危急关头采取了自救措施，是个了不起的英雄。"

罗克听后大笑起来："你说谎的本事太差了，摩西小姐没有对你嗤之以鼻，就已经够礼貌的了。"肯特讲的海上遭遇有什么地方不对吗？

48. 老地质队员遇难

一个初秋的早晨，在森林里一棵大树下的帐篷里，人们发现了失踪的老地质队员的尸体，他好像是在那里被人杀死的。

然而，公安人员得知他是个老地质队员后，只看了一眼现场，就马上下了结论："罪犯是在其他地方作的案，然后又将尸体转移到这里来，伪装成死者在帐篷里被杀的假象。"

此结论的理由何在？

49. 过安检的大毒枭

某大毒枭连闯四国，马上就要将价值不菲的海洛因带进毒品价格最高的X国了。为了顺利通过机场的安检，他把毒品藏在一个新足球内，足球上有好几个世界著名球星的英文签名。他认为这样一个有着世界球星签名的足球，肯定不会有人怀疑里面藏着毒品。

不巧的是，他在机场遇到了一位反毒专家。专家只看了一眼足球，甚至都没有掂一掂足球的分量，就怀疑足球有问题，并请大毒枭到毒品检查站去一趟。

大毒枭又吃惊又着急，大声说："世界球星签名的足球，能有什么问题呀？"

如果你是专家，你是怎么看出足球有问题的呢？

50. 集邮家之死

85岁高龄的集邮家，今晚在他的卧室里为一位朋友的集邮品估了价。朋友去客厅参加舞会了，仆人走进来想请老人家上床休息，却发现他伏在桌子上，因颅骨受到致命打击而死亡，于是立即打电话请来了名探霍金斯。

霍金斯验过尸体，判断死亡时间约在20分钟以前。

仆人说："我进门时，好像听见轻轻的关门声，似乎是从后楼梯口传来的。"

霍金斯仔细察看了桌子上的5件物品：一把镊子、一本邮集、一册集邮编目、一瓶挥发油和一支用于检查邮票水印的滴管。霍金斯走出房间来到楼梯边，俯视下面的客厅，那儿正为集邮家的孙女举行化装舞会。

"谁将是死者遗嘱的受益者？"霍金斯问。

"嗯……有我，还有今天舞会上的所有人。"仆人答道。

霍金斯居高临下，逐一审视那些奇装异服的狂欢者，目光最后落在一个扮作福尔摩斯的年轻人身上。他斜戴着一顶旧式猎帽，叼着个大烟斗，将一个大号放大镜放在眼前，装模作样地审视着身边一位化装成白雪公主的姑娘。

"快去报警！"霍金斯吩咐仆人，"我要拘捕这位'福尔摩斯'先生。"

请你想一想，霍金斯依据什么判断出了凶手？

51. 遗书是伪造的

侦探乔森村的助手石原近几天正为女友遇到的麻烦而心神不定，终于他向乔森村讲了这件事的原委：女友的父亲因交通事故住院，上星期去世了。在葬礼之夜，她的伯父，也就是死者的哥哥，拿着她父亲的遗书，提出要分一半财产给他。遗书是去世的前两天写的。内容是："生前多蒙哥哥的照料，故将我财产的一半馈赠于您，作为报答，唯恐儿子或女儿反对，故立此遗言。"女友的父亲负重伤后就卧床不起。她伯父说这份遗书是她父亲在他一人去探视时写的，没有第三人在场。因为不能坐起来，是仰面躺在床上用普通的圆珠笔写的，所以上面的字简直就像蚯蚓一样七扭八歪的，无法同生前的笔迹相比较，也就无法判断遗书的真伪。

乔森村听了，从写字台上拿起一支圆珠笔来，问道："是这种吗？"

石原说："是的。"

乔森村右手拿着那支圆珠笔，左手拿着纸仰面朝上写了一阵子。突然，向着石原吼了一声："笨蛋！那份遗书纯粹是伪造的。还不快点儿告诉你的女友，好让她放心。"

请问：乔森村连遗书都没看，怎么就知道那份遗书是伪造的呢？

52. 动物园命案

这是个蓝色的、明亮的夜晚。

大侦探罗波正驾着一辆小轿车在郊外的大道上飞驰。在明亮的车前大灯的照耀下，他猛然发觉有个男子正匆匆地穿越公路，只得“嘎”地一下急刹住车。

那男子吓得像定身法似的在他的车前站住了。

罗波跳下车关切地问道：“您没事吧？”

那人喘着粗气说：“我倒没事。可是那边有个人正倒在动物园里，他恐怕已经死了，所以我正急着要去报案。”

“我是侦探罗波，你叫什么名字？”

“查理 · 泰勒。”

“好，查理，你领我去看看尸体。”

在距公路大约 100 米处。一个身穿门卫制服的男子倒在血泊之中。

罗波仔细验看了一下说：“他是背后中弹的，刚死不久。你认识他吗？”

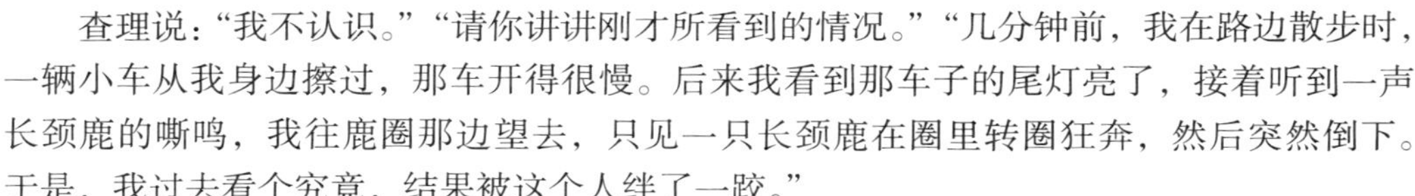

查理说：“我不认识。”“请你讲讲刚才所看到的情况。”“几分钟前，我在路边散步时，一辆小车从我身边擦过，那车开得很慢。后来我看到那车子的尾灯亮了，接着听到一声长颈鹿的嘶鸣，我往鹿圈那边望去，只见一只长颈鹿在圈里转圈狂奔，然后突然倒下。于是，我过去看个究竟，结果被这个人绊了一跤。”

罗波和那人翻过栅栏，跪在受伤的长颈鹿前仔细察看，发现子弹打伤了它的颈部。

查理说：“我想可能是这样，凶手第一枪没打中人，却打伤了长颈鹿，于是又开了一枪，才打死了这人。”

罗波说：“正是这样，不过有一件事你没讲实话：你并不是跑去报警，而是想逃跑！”

“奇怪！我为什么要逃跑呢？”查理莫名其妙地说，“我又不是凶手。”

罗波一边拿出手铐把查理铐起来，一边说：“你是凶手，跟我走吧！”

后来一审查，查理果然是凶手。

可是罗波当时怎么知道他就是凶手呢？

53. 目击证人

乔博士和警长杰克沿着一条小路缓缓地行走。这条小路从迈克尔 · 海德油漆过的后门廊和后院的工具屋之间穿过。

“在这条小路的任何地方，”警长说，“海德都可以看见沙克 · 威尔被杀的情景。他是唯一可能的目击证人，但他却说什么也没有看见。”

“那他对此又作何解释？”“海德声称他一直走到工具房才发现油漆洒了一路。”乔博士于是更加仔细地察看油漆滴在地上的痕迹。从门廊到小路间，滴在路面的油漆呈圆点状，每隔两步一滴；从路中间到工具房，滴下的油漆则呈椭圆点状，间隔为五步一滴。

进到工具房里，乔博士发现门背后挂着一把大锁。“无疑，他怕说出真情后会遭到凶手的报复。”乔博士说，“但他肯定看到了这里所发生的一切。”

请问：乔博士是根据什么做出这样的论断的呢？

54. 谁是新娘

新婚不久的丹麦商人霍克去美国洽谈生意，不料遇上车祸，不幸身亡。

霍克在美国的朋友立即发了份电报，请新娘去美国料理后事。

没几天，新娘到了美国。但令人奇怪的是，来了两个，她俩都说自己是霍克的新娘。

这使霍克的朋友很为难，他没有见过霍克的新娘，只知道新娘是个钢琴教师。无奈，他只得请来私人侦探大维来辨真假。

大维来后询问得知，霍克拥有一大笔财产。按照法律，他的妻子将继承这笔遗产。现在两位新娘中的一位一定是想来骗取这笔遗产的。

两位女士一位满头金发，另一位皮肤浅黑。大维看着她们，沉思片刻说：“两位女士能为我弹一首曲子吗？”浅黑肤色的女士马上弹起了一首世界名曲，她的双手在琴键上灵巧地舞动。大维发现，她左手戴着一枚宝石戒指和一枚钻石婚戒。接着，金发女士也弹了一曲，琴声同样悦耳动听，大维注意到她右手上只有一枚钻石婚戒。

大维听完演奏，走到浅黑肤色的女士身边说：“你不要再冒充新娘了，快回去吧。”这位女士听了，辩解道：“你凭什么说我是冒充的呢？难道我弹得没她好吗？”大维说了一番理由，浅黑肤色的女士没趣地溜走了。

你知道大维说了什么理由吗？

55. 报案破绽

电视播音员清水夜里1点多钟突然向警方报案，说他妻子被杀了。西蒙警长驱车火速赶赴现场。这是一幢新宅，门旁车库前停放着一辆红色越野车。

警长下车走近大门时，那儿突然有条狗汪汪地吼叫起来。那是一条狼狗，被一条长长的铁链拴着。

“太郎，闭嘴！”清水走出门来，那条狗便乖乖地蹲在他的脚下。看来是训练有素。

死者身穿睡衣，倒在厨房的地板上，是头部被打伤致死的。

清水声泪俱下地向警长诉说：“我为一点小事和妻子吵了一架，憋着一肚子气跑了出去，在外面兜了两个小时风，回来一看，妻子被杀了，那时是11点。我出去后大概妻子没关门，肯定是强盗闯进我家，被妻子发现后，于是杀人逃走了。”

“有什么东西被盗了吗？”

“放在柜子里的现金和妻子的宝石不见了。”

“去兜风时带上你的狗了吗？”

“没有，只是我一人去的。”

现场取证工作基本结束了。第二天一大早，警长就命令助手到邻居家了解情况。不一会儿，助手跑回来报告说：“西边的邻居家里有一个老头昨晚几乎看了一夜电视。据他讲，在罪犯作案的时间里没听到什么异常的动静。”

“也没有听到汽车的声音吗？”

“听到过，有过汽车的声音，是晚上 11 点左右听到汽车由车库开出的声音。”

“不错，罪犯就是清水。”

果然，经审讯，清水供认由于同女歌星约会被发觉，和妻子吵了架，怒不可遏地抄起啤酒瓶照着妻子的头部砸去。本来是无意杀死妻子的，但事后又不想去自首，因而伪造了盗窃杀人的假象，并出去兜风，顺便把当作凶器的啤酒瓶扔进河里。

那么，西蒙警长究竟凭什么证据，识破了清水的犯罪行为呢？

56. 犯罪嫌疑人的发型

盛夏的海边别墅群里，住满了来消夏的游客，白沙蓝水的海滨热闹非凡，人们泡在海水里洗海水澡和在海中畅游。然而，却有个幽灵般的贼，半个多月来在别墅和宾馆的客房里连续盗窃游客的贵重物品。

警方经过多方调查访问，渐渐摸清了这个罪犯的体貌特征，于是请画像专家画了罪犯的模拟像四处张贴，提醒游客注意，发现后及时报告警方查缉。很快，一位宾馆服务员向警方报告，该宾馆新入住的一位客人与模拟像上的犯罪嫌疑人极为相像。

侦探们获讯后迅速赶到该宾馆，在服务员指点下敲开了这位客人的房门。这位客人确实长得和模拟像上的犯罪嫌疑人极其相像，唯一的区别是，客人梳的是大背头，而犯罪嫌疑人则是三七开分头。

当侦探拿着模拟像要求客人到警局接受调查时，客人立即指出了分头与大背头的区别，并称自己来海滨休假已经半月有余，有许多大背头的照片可以作证，只是刚换了个宾馆而已。说着，客人拿出许多彩色照片，来证明自己一向是梳理大背头发型的。

侦探们有些疑惑了，会不会只是长得相像而已？这时，宾馆服务员悄悄地向侦探建议，带客人到美容室做个实验，就能搞清问题。

你能猜出这是个什么实验吗？

57. 聪明的谍报员

秘密谍报员马克来到夏威夷度假。这天，他在下榻的宾馆洗澡，足足泡了 20 分钟后，才拔掉澡盆的塞子，看着盆里的水位下降，在排水口处形成旋涡。漂浮在水面上的两根头发在旋涡里好像钟表的两个指针一样，呈顺时针旋转着被吸进下水道里。

从浴室出来，马克边用浴巾擦身，边喝着服务员送来的香槟酒，突然感到一阵头晕，随之就困倦起来。这时他才发觉香槟酒里放了麻醉药，但为时已晚，酒杯掉在地上，他也失去了知觉。不知睡了多长时间，马克猛地清醒过来，发觉自己被换上了睡衣躺在床上。床铺和房间的样子也完全变样了。他从床上跳下地找自己的衣服，也没有找到。

“我这是在哪里呀！”

写字台上放着一张纸，上面写着：“我们的一个工作人员在贵国被捕，想用你来交换。现正在交涉之中，不久就会得到答复。望你耐心等待，不准走出房间。吃的、用的房间内一应俱全。”

马克立刻思索起来。最近，本国情报总部的确秘密逮捕了几个外国间谍。其中能与自己对等交换的只有两个人，一个是加拿大的，另一个是新西兰的。那么，自己现在是在加拿大呢，还是在新西兰？

房间和浴室一样都没有窗户，温度及湿度是空调控制的。他甚至无法分辨白天还是黑夜，就像置身于宇宙飞船的密封室里一样。

饭后，马克走进浴室，泡了好长时间，身体都泡得松软了。他拔掉塞子看着水位下降。他见一根头发在打着旋儿呈逆时针旋转着被吸进下水道。他突然想到了在夏威夷宾馆里洗澡的情景，情不自禁地嘀咕道：“噢，明白了。”

请问：马克明白自己被监禁在什么地方了吗？证据是什么？

58. 二战中的间谍

第二次世界大战期间，英国警方得到一份情报，说一个纳粹间谍将从南美来到伦敦，随身携带了一笔 10 万英镑的巨款，准备发展间谍组织。英国警方对他进行了密切监视，并在他下船几个小时后故意制造了一次车祸，把他送进了医院。

趁此良机，警方仔细地检查了他的衣服和行李，结果、除了一个公文包里面放有几封他在英属圭亚那的朋友写给他的信之外，一无所获。根本就没有巨款的影子！

警方也考虑到这个间谍有可能玩弄其他花招，比方说通过邮局把钱寄给自己，但此时正值战时，邮递业务很不正常，因此这个办法行不通；他也可以将宝石吞在体内，但在医院里进行检查时，X 光机已经排除了这种可能性。

那么，这个间谍如何能够藏起这 10 万英镑呢？

59. 聪明的警官

玛琳是一位漂亮的女明星，她不仅年轻漂亮，而且还是一位双性恋者。她经常带女性伙伴回家欢歌笑语，当然也不乏英俊风流的男人。

一天早上，她的尸体被发现在她的卫生间，尸体还有体温，看来凶手刚离开不久。据邻居反映：“昨晚一直到凌晨，玛琳的家中喧闹的音乐就没有停过，大约是在开大型派对，并且有男有女。”

警官保罗分析道：“那我们应该先确定凶手是男性还是女性，这样也许会更有利于我们抓到凶手。”另一个警官说：“这很好办，看一下卫生间的现场，就很容易知道了。”

这个警官是如何做出判断的？

60. 半夜敲门

维特打开了电视机，播音员正在播报一条消息：“今天 19 点左右，在贝姆霍德花园街，一名 79 岁的老人在遭抢劫后被枪杀。据目击者说，凶手穿绿色西装。请知情者速与警察局联系。”

花园街正好是维特住的这条街，她感到十分害怕。正在这时，阳台上的门口突然出现了一个 35 岁左右的男子，身穿绿色西装，而且衣服上有血。维特吓得脸都白了。

那人进了房间，让维特把手表和金戒指给他。正在这时，突然有人敲门。那人用枪顶着维特的背，命令道：“到门口去，就说你已经睡下了，不能让他进来。”

“谁呀？”维特颤声问道。

“韦尔曼警官。维特小姐，你这儿没事吧？”听到这熟悉的声音，她内心平静了许多。

“是的。”她答道。停了一会儿，她用稍大的声音说，“我哥也在问你好呢，警官！”

“谢谢，晚安。”不一会儿，巡逻车开走了。

“干得不错，太妙了。”那人高兴地大口喝起酒来。突然，从阳台上的门里一下子冲进来许多警察。没等那人反应过来，就给他戴上了手铐。

“好主意，维特小姐。你没事吧？”韦尔曼警官关切地问道。

请问，维特是怎样给韦尔曼警官报信的？

61. 机智脱险

被特工部门视为超级间谍的伊凡诺维奇，为了搜集一份重要情报，巧妙地混入了 A 国举行的一个外交集会。

伊凡诺维奇伪装成一个记者，他背着高级照相机和闪光灯，利用伪造的证件潇洒地步入了会场。

就在他不停地拍照的时候，联邦调查局的一位中年特工大步走到他的眼前。

“记者先生，能看看你的证件吗？”

“当然。请过目。”伊凡诺维奇微微含笑，彬彬有礼地递上“记者证”。

那中年特工仔细看过“记者证”，突然厉声喝问：“好一位冒牌的记者先生，还是亮明你的真实面目吧！”他一面说，一面将手伸进衣袋里取枪。

伊凡诺维奇从对方那灼灼逼人的目光里知道遇上了 A 国特工，自己必须立即逃走。他站的地方离大门十分近，但他立刻又想到，如果自己此刻转身逃跑，对方一旦拔出手枪，自己就会被击中。伊凡诺维奇毕竟是位名副其实的超级间谍，他急中生智，想出了一个迷惑对方、争取时间的巧妙办法，终于脱险，逃之夭夭。

你能猜出他用的是什么办法吗？

62. 巧妙的窃听

珍妮姑娘现在浑身颤抖，眼前的那个女人好像是受通缉的维朗尼卡 · 科特！

这是在湖滨旅馆，珍妮姑娘乘电梯看见一对穿着入时的夫妇时吃了一惊。他俩虽然戴上大号的太阳镜，但那女人的嘴形和步态，让珍妮姑娘想起一部新上映的电影。电影里的那个女人叫维朗妮卡 · 科特，此刻，她正在被通缉，因为她和一次爆炸事件有牵连，在那次事件中有 3 人丧生。

珍妮姑娘走进自己的房间时，看见那对夫妇走进了隔壁房间。

珍妮想："说不定，她并不是维朗尼卡·科特。假如没弄清事情，就请警察来打扰这对正在海滨好好度假的年轻人，真有点不忍心。不过，如果我能弄清楚他们在说什么，那倒可以给我提供一些线索。"

她贴近墙壁，但只能听到一些分辨不清的微弱声音。她把一个玻璃杯反扣在粉红色的墙纸上，结果仍然听不到什么。

她给服务台挂了个电话。

一会儿，科尔医生带着一个黑色的小提包走了进来。珍妮向他解释自己的疑虑和打算。那人耸了耸肩说："可能不行吧。"

珍妮说："这种办法也许行。事关重大，还是试试吧。"

她从科尔的提包里取出一个东西，用它贴着墙壁，想偷听隔壁房间的谈话内容。啊，听清了！

他们果真是科特夫妇，正在商量如何赶一趟飞往阿根廷的班机，以便脱离被逮捕的危险。

于是珍妮马上给警察局挂了电话。

当天晚上，电视新闻的头条消息是：科特夫妇在湖滨旅馆被捉拿归案。

你知道，聪明的珍妮从科尔的提包里拿出的是什么东西吗？

63. 监视的妙方法

警方接到线报，在某偏僻村落，藏匿着大批通缉犯及黑社会头目。为避免打草惊蛇，高级督察查理做出周详而严谨的部署。他乔装成村民，视察现场环境后，发觉村屋坐落在隐蔽的丛林内，四面都有窗及门，方便罪犯逃走。

查理为防行动失败，特派 8 名干练的警探，悄悄地埋伏在对门的丛林内，等待晚上伺机行动，各出口有两人把守。到了深夜时分，通缉犯们正蒙头大睡，查理见机不可失，调动数十人准备突袭行动，却发现 8 名警探中有 4 名失踪了，为怕阻延行动，只好急召警察救援，最后，终于把里面的罪犯拘捕，押上法庭。

事后，查理质询 4 名失踪的探员，为什么竟敢违抗命令，幸好行动成功，不然的话，他们便要受降职的处分。

谁知他们说："我们 8 人抵达现场观察后，觉得现场不需要 8 人驻守，便可把整间屋包围了，所以我们没有遵守你的意见，而擅作调整，希望你原谅！"查理细听他们擅自更改计划的原因后，觉得非常有理，再没有追究此事了。你知道 4 名探员是如何监视那批罪犯的吗？

64. 用驴找鞍

唐朝的时候，河南有个河阳县，因为交通比较方便，所以集市贸易特别兴旺。逢五排十，赶河阳集的人络绎不绝。

这一天，一个客商到河阳来卖东西。天过中午，集市快散了，他的东西也卖光了。便找到一家小饭店，把小毛驴拴在外面，走进店里，很惬意地吃了一顿，饭后又稍停了片刻，就准备上路了。

等他走出饭店一看，他的小毛驴不见了，只有半截被割断的缰绳留在树桩上。

客商着急起来，便四处打听寻找。可一直找到傍晚，也不见驴子的影子。他不得不住下，第二天继续寻找。又找了两天，还是没找到。于是，这位客商便把丢驴的情况报告给了县衙。

河阳县县令名叫张坚，他接到这一案子，立即命令差役把寻驴告示张贴在各主要街口，告诉劫驴的人把驴赶快放出来，并要知情人到县衙告发。告示贴出的头一天，没什么动静。第二天，张坚又叫差役把寻驴告示贴进大街小巷，声言要进行搜查。因为追查的风声越来越紧，私藏客商驴子的人在晚上把驴子悄悄地放出来了。

这天早晨，客商在大街上忽然见到了自己的驴子，心里很高兴，但他找到差役说，还有一个新驴鞍子备在驴身上，现在不见了，准是叫偷驴的人藏起来了。

“驴找到就行了，一个鞍子才值几个钱！”一个差役不耐烦地说。

“驴鞍子是个死东西，不能像驴那样会自己走出来。再说，鞍子那么个小玩意，藏起来，很难找到。”另一个差役说。

两个差役满不在乎的样子，让客商十分不快，他就又来到县衙，希望张坚能帮他再找到驴鞍子。张坚很有把握地告诉他：“既然驴子都找到了，驴鞍子自然就有线索可查了。”果然，第二天，张坚就找到了驴鞍子。你知道张坚是如何找到的吗？

65. 数茄子

明朝时，有一位菜农早晨挑着两只空筐往菜地走去。茄子长大可以上市了，他要摘一挑子到集市上去卖。想到自己精心种植的紫盈盈的茄子要换钱了，心里美滋滋的。

走着走着，他突然看到一个年轻人挑着满满两筐茄子，从他的菜地里走出来，向集市匆匆赶去。

菜农急忙赶到自己的菜地，一看，大个的茄子都被摘走了，有好几棵连茄枝也给劈下来了。他拼命跑着去追赶偷茄子的年轻人。追上后，伸手抓住吊筐的绳子，质问道：“你怎么偷我的茄子？”

那个年轻人却说：“这是我自家的茄子，你怎么说是我偷的？这不是诬赖好人吗？”

“我亲眼看到你从我的菜地里出来，我的茄子没了好多！”菜农气愤地说。

“你看到我，怎么不在你的菜地里抓住我？”那个年轻人用无赖的腔调说。

菜农见年轻人拒不认账，便拉着他来到了县衙。县令李亨是个善于断案的人。他先叫两个人各自说了事情的经过，然后蛮有把握地说：“这茄子是谁的，一看便知。”

他命令衙役把筐里的茄子倒在大堂上，粗粗一看，就指着那个年轻人说：“这茄子分明是你偷的，还敢耍赖！”大堂上几乎所有的人都感到困惑不解。

那个年轻人仍然坚持说：“县老爷，这茄子确实不是偷的，是我自己的。”

县令李亨笑笑说：“如果这茄子真是你自家种出来的，你怎么舍得在茄子刚刚熟的时候，就把小嫩茄子也摘下来去卖？有几个茄子，还是连嫩枝一块劈下来的。可见不是你自家流汗出力种出来的。”

这时，大堂上的人才注意到那堆茄子透出的秘密。年轻人开始露出心虚胆怯的神色，但仍狡辩道：“那是因为天黑，看不清，才把小茄子也捋了下来。”

见年轻人还不认罪，李亨眼珠一转，计上心来，便说道：“你把这堆茄子分成大、中、小三等，数数看各有多少。不许数错！数错了，重打 40 大板。”

年轻人不知道县令是什么用意，便壮着胆子把茄子按要求分开，数清，然后报告给县令：“大人，大茄子 87，中茄子 63，小茄子 24，一共是 174 个。”

李亨马上把一个衙役叫到跟前耳语了一番，衙役便走了出去，不大一会儿，衙役回来又在李亨的耳边嘀咕了一阵，然后，便指出了年轻人就是偷茄子的窃贼。年轻人见证据充分，便乖乖地认了罪。县令李亨是怎样让年轻人认罪的呢？

66. 谁是抢劫杀人犯

×× 市的一个所属县的信用社发生了一起重大抢劫杀人案。两名女营业员被当场杀死，劫去现金 12 万元。案发时间大约在中午 1 点。恰巧这天中午有个职工结婚置办酒席，除那两名遇害的值班员外，其余所有职工中午都被请去赴宴了。中午信用社没有营业，留下的两名值班员把门关上后就在里面看电视。等到下午两点吃完酒宴的职工来上班时，才发现凶案。警察来到现场勘察，发现罪犯非常狡猾，现场没有打斗痕迹，门窗也没有损坏，没有留下任何可以破案的证据。警察怀疑是内部职工作案。但内部其余的职工都去新婚同事那里赴宴了，大家可以互相证明，任何人都没有作案时间。这时信用社主任对警察说，还有一个职工没有去参加婚礼，他叫胡文兵，正在休假，已经 4 天没有上班了。

第二天，警察小陈和小孔敲响了胡家的房门。寒暄落座后，小陈开门见山地对胡文兵说：“你们社里出事了，听说了吗？”

“听说了，我刚下汽车就听说了。”胡文兵说，“我这些天休假，在家待不住，昨天早上去了 ×× 市，晚上就住在三八旅社，今天上午才返回家中。”

“你昨天去 ×× 市，有人和你在一起吗？”小陈抬起头，望着胡文兵的脸问。

“你们怀疑我吗？我这里有车票、住宿费收据，你们看。”胡文兵边说边气呼呼地把车票和住宿费收据掏出来，“昨天早上 6 点我就上了汽车，大约 9 点到了 ×× 市，在 ×× 市市各处逛了一整天，晚上 6 点就住进了旅社。”

小陈看着票据：一张昨天到 ×× 市的车票，一张昨天 ×× 市某旅社的住宿费收据，一张今天 ×× 市返回的汽车票。由于售票员的粗心，所有的车票只写了日期却没有注明班次时间。

小陈笑着说：“你别急，我们也是例行公事！”说完就回到了公安局。

“你看胡文兵有没有可疑的地方？”在公安局里，小陈边看电视边问小孔，电视里正在播报本省新闻：“……昨天早上 ×× 市突发龙卷风和大暴雨，城区和公路多处被洪水淹没，外地进 ×× 市路段积水一米多深，车辆被堵达两个小时，到 10 点才通车……”小孔和小陈眼睛一亮，几乎同时脱口而出：“就是他……”

你知道犯罪嫌疑人是谁吗？

67. 联邦调查局难题

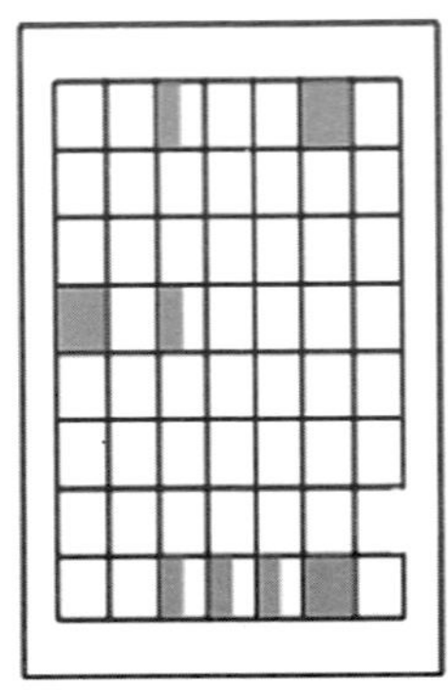

某调查局最近截取到一份恐怖分子发的密函（如右图所示），随即对其进行解密，从古罗马文化联想到古巴比伦文化，再到古埃及的符号，用各种各样的方法和假设都没能解开谜底。一天，一位新来的助手得知此事后，随手拿起这份密函，希望能从中找出一点蛛丝马迹。果然，不到一分钟，新助手就告诉大家：这是一份类似于恶作剧的挑衅书，目的是转移调查局的视线。

你知道这位新来的助手发现了什么秘密吗?

68. 球杆风波

米西尔侦探和波森警官来到了专业高尔夫球手尼尔家巨大的、能容纳6辆车的车库进行案件调查。尼尔个头很高，相貌十分英俊，只可惜在一次躲避别人挥杆时左耳被打裂，而且被打掉的耳朵遗失到水塘里再也没找到。他说自己却因祸得福，在以后的比赛中每当风声吹过他的残耳，他就能更清楚地辨别打长杆的距离和力度，从而使自己一跃成为一名优秀的球手。

波森警官正在询问尼尔关于被窃球杆的事，被窃的球杆是尼尔专门定制的、极其珍贵的一套球杆。米西尔侦探此刻已拿了根备用球杆跑到车库尽头操练球技去了。

“每天打完球回来，我都会洗净球杆然后把它们放到这个架子上。”尼尔说。

波森顺着尼尔手指的方向看到一个漂亮的橡木架子，很明显是用来摆放球杆的，但现在已经是空无一物。

“它们曾是我最喜欢的球杆，”尼尔说道，“也曾是我最好用的球杆。”说到这里，尼尔的眼泪几乎夺眶而出。

尽管米西尔侦探似乎心不在焉，但看到尼尔伤心的样子，他也被深深地打动了。米西尔侦探走到尼尔面前问道：“有没有特别值得怀疑的人呢？”

尼尔回答道：“有。很遗憾他们还是我的侄子。他们从佛伦戴尔来这里看望我，他们就在车库外面，他们的车也停在外面。我想我的球杆肯定就藏在他们的汽车后备厢里。我只是不愿意为此事告发他们而已。他们两个都曾说过想成为职业高尔夫球手。似乎他们认为只要有一副像我那样的好球杆就能成为球星。他们球都还打得可以，但是我常说光靠好球杆可不能保证他们成为职业球手。”

波森警官和米西尔侦探面面相觑，露出了迷惑的表情。

“他们是你的侄子？”米西尔侦探问道。

“对，就在外面。”尼尔指着通往后院的门说道。

3人来到后院，只见两个年轻人正在玩棒球。其中一个个头很矮，还是个光头。他正绷紧身体准备投球。

“好球！”只听“啪”的一声，另一个年轻人用手套牢牢把球接住，大声喝彩道。

看到这里，大家都注意到这个接球手的手套有些与众不同——倒不是因为它很大，看起来尺寸和普通的棒球手套也没有什么区别，而是因为这是只左手手套。看来这里定制的体育用品还真是不少。

“嗯，看起来到底是哪个侄子偷了你的球杆已经很清楚了。”波森警官开始下结论了。

“是哪个？”尼尔连忙问道。

这时，米西尔侦探却说出了不同的意见：“我看两个都不是。”

为什么波森警官认为自己已经知道是谁偷了球杆，米西尔侦探却说“两个都不是”？

69. 花店劫案

神探博士刚赶到辛迪花店门口就看到了心急如焚的店主辛迪。

“博士，我们被抢劫了！”

“别着急，跟我说说是怎么回事。”博士安慰道。

“我的助手罗斯在去银行存款时遇到了劫匪，我还是让她亲自告诉你事情的经过吧。”

辛迪把头转向刚刚进门的一个个头不高，长着黑色头发的女孩说：“罗斯，这位是杰弗里·林恩博士，你把整个过程给他讲一下。”

“现在想起来我还是吓得心惊肉跳，”罗斯说道，“事情来得很突然，而且其实没什么可说的。”

“就从你能想起的事开始说吧。”博士建议。

“我当时拿着钱袋去银行，正当我掏出钥匙准备打开车门时，突然有人从背后钻出来，拿着一把枪顶着我。然后他说‘把钱和车钥匙给我，否则我就开枪’，接着他就抢走钱袋并把我锁进车里，然后马上跑掉了。等我从车里脱身时他早已消失得无影无踪。我看这人和钱恐怕是再也找不回来了。”

博士听了哈哈大笑道：“没错，你说的这个人恐怕真的找不到了，不过我们还是能找到那笔钱的，只要你告诉我它们在哪里。我可不信你那套故事！”

罗斯的故事有什么破绽？

70. 冒牌的英雄

在苏联的彼得格勒流传着这样一个感人的故事。纳粹德国集结了上百万军队，对苏联发起闪电进攻，被誉为“欧洲之窗”的彼得格勒被纳粹 70 万大军包围。希特勒在彼得格勒城下集结了 1000 多辆坦克和 6000 多门火炮，并且切断了彼得格勒和其他城市的联系，企图迅速占领这座历史悠久的名城。英勇的彼得格勒军民开始了长达 900 天的彼得格勒保卫战。在誓死守卫彼得格勒的部队中，有一位名叫星巴克的法国人，他从小在苏联长大，对苏联深厚的感情让他留在战火中和苏联人民共同守卫彼得格勒。

一次，德军一个连进攻苏军守卫下的医院，当时医院里的预备队都被调去支援其他阵地，仅剩下几名士兵、医护人员和伤员。星巴克让士兵和医生迅速带伤员撤离，他自己则独自承担起掩护的重任。德军一个连发起了 3 次攻击，甚至动用了火炮，才攻陷医院。他们无论如何也想不到，掩护医护人员成功撤离、抵抗了一个多小时的，竟然只是一个法国人！而在医院被攻陷后，大多数彼得格勒人都认为星巴克牺牲了。战争胜利后，为了缅怀这位英雄，彼得格勒居民为他建立了一座雕塑，还以他的名义设立了基金，专门帮助退伍的老兵。

在基金成立的庆祝会上，一位退役的将军饱含深情地向人们讲述了星巴克的英雄事迹。就在大家都在怀念英雄时，一个老头站起来说道："其实，我就是星巴克，我没有死！"

会场的气氛一下子沸腾了！原来英雄没有死！主持人马上邀请星巴克上台，为大家讲述自己的传奇经历。

他告诉大家，德军攻占医院的时候他受了重伤，神志不清，当他再次醒来的时候发现自己身在医院里，随后，他作为战俘押送到集中营，在集中营里一直待到战争结束。

接着，星巴克回忆起自己小时候在彼得格勒的幸福时光。彼得格勒是一个美丽而安静的都市，他就出生在这里。他的父亲 1911 年就来这里做生意，开了一家叫作"彼得格勒"的木材店，做木材加工生意。到他出生的时候，商店已经开得很大很大……

忽然，人群中有个年轻人站起来打断了他的话："你不是星巴克，你是个骗子！"

在场的人全都惊呆了：这是个 20 岁不到的小伙子，他怎么可能知道星巴克究竟长什么样呢？难道他有未卜先知的本领？小伙子把自己的理由一讲，大家终于恍然大悟。

你知道是什么让小伙子看出这是个冒牌星巴克的吗？

71. 是巧合还是谋杀

一个岛上有很多椰树，同时也有很多的椰蟹。

一个夏天的午后，沙滩上三三两两的人在海水中嬉戏，享受阳光。一对夫妻沿着海岸散步，看到一个青年男子躺在椰树下，用草帽盖着头部，似乎睡着了。但细心的妻子发现青年男子头部好像有鲜血流出，他们马上报了警。

警察赶到，发现该男子已经死了大约两三个小时，他的太阳穴被打破。尸体旁边有一颗大椰子，椰子上还沾着血迹，椰树下的沙地上还留有大椰蟹爬过的痕迹。

案件似乎很明了：当青年在睡觉时，一只大椰蟹爬上椰树，用自己的大剪刀剪断了椰柄，使椰子掉下来正好砸在睡觉的青年男子头上。又大又重的椰子从十五六米的高处落下来，打在太阳穴上，人一下子就会被砸死。但聪明的警探老王却认为这是一起谋杀案，你知道为什么吗？

72. 神秘的情报

大侦探波罗一向足智多谋，善于解决各种疑难问题。一次，警察从一个打入贩毒集团内部的警员那里，得到一份极重要的情报，据说上面写下了关键人物及要害事件。但警察局上上下下都看不懂这些莫名其妙的记号，而且又不可能向打入对方内部的警员询问。正当一筹莫展之际，大侦探波罗前来警察局看望他的一个朋友，大家急忙向他请教。波罗稍加思索，便知道了这一重要情报的内容。

你能破译出来吗？

73. 神秘的古堡

在印度，一提起塔尔沙漠中那座宏伟而神秘的古堡，人们就不寒而栗。很多年前，凡过路商人和马队夜宿古堡，都一个个送掉了性命，连牲口都不能幸免，到底古堡里的杀人凶手是谁？用的什么凶器？当局调来了全印度最有名气的侦探和警察，但当夜也都死在古堡大厅里。经高明的法医验尸，也很难找到致死的痕迹。警方无奈之下，只好在古堡大门口贴下告示："过往行人一律不准夜间留宿此处。"后来英国著名探险家乔治来到古堡，他一心想探明究竟，探险队员个个荷枪实弹地进入古堡。但不幸的是乔治和他的人马也全部被杀。印度警方继而发出紧急布告：凡能破古堡疑案者，赏金一万卢比。但布告发出后却迟迟无人问津。

几年后的一天，终于来了个白发银须、衣衫褴褛的乞丐，自称彼特利克，他向警方打保票，声称能破此案。警察局局长半信半疑，但又没有别的人前来应征，只得叫来刑侦科长并吩咐道："派人盯着这个送死的老家伙，看他搞什么鬼名堂。"刑侦人员发现那个老头买了一个大铁箱、一只猴子和一副渔网，这使经验丰富的警察局局长百思不得其解。

当天晚上，彼特利克驾着马车奔进那座令人望而生畏的神秘古堡，眼前漆黑一片，堡内死一般寂静。他摸进乔治遇害的大厅，先给猴子注射了麻醉药，并将它放进渔网里。然后自己钻进铁箱，牢牢地抓住渔网的网绳。

请问：老乞丐这样做到底是为什么呢？

74. 游船上的谋杀案

狂风怒号，海浪滔天，台风就像一个喝醉了酒的狂人，在肆意地发着酒疯，把海水搅得天昏地暗。海面上已经看不见任何船只了。渔船都避到港湾里，落下了帆，抛下了锚，等待着台风过去。

这时候，海岸警卫队接到 SOS（save our souls，紧急呼救信号）求救信号：有一艘游船，被困在大海里，随时有沉没的危险！海岸警卫队立刻派出救生快艇，冒着大风大浪，向出事的海域驶去。天漆黑一团，再加上十几米高的海浪，冲撞着快艇。小艇就像一片树叶，一会儿被抛上半空，一会儿又被压到浪底。几小时以后，快艇来到了发出信号的海面上，打开探照灯，四处搜寻着。

忽然，负责观察的水手叫起来："快看！那边有人！"探照灯"刷"地照射过去，在雪亮的光柱下，可以看见有一艘小游船，在海面上漂荡，一个男子在用力挥手，旁边还躺着一个人。救生艇赶快靠过去，经过了无数次的努力，终于把他们救了上来。可是，另一个男子已经死了，他的头上有一个大窟窿。

活着的那个男子满头大汗，他擦了一把汗，喘着气说："我叫保罗，已经 3 天没有喝上淡水了。两天前，我和汤姆驾着小帆船，出海去游玩，我们只顾得高兴，来到了离海岸很远的地方，这时候，船出了故障，无法再行驶了，又遇上了台风。船上没有食品和淡水，我们都又饿又渴。今天，汤姆实在忍不住了。到船舷边舀海水喝，脚下一滑，头撞到铁锚上死了。幸亏你们来了，不然我也没命了！"艇长听了他的话，立刻命令士兵："他就是凶手，马上把他监禁起来！"

艇长为什么会怀疑那个男子是凶手呢？

75. 马戏团的凶案

城里来了一个马戏团，大家都去看他们的表演，其中驯兽师拉特跟老虎的表演最受欢迎，他和女朋友——金发女郎梅丽也很快成了大家都很熟悉的人物了。

这天清晨，马戏团里突然传来一声尖叫，大家闻讯赶去，发现拉特俯卧在干草堆上，后腰上有一大片血迹，一根锐利的冰锥就扎在他的腰上。在他旁边，身着表演服的梅丽正捂着脸低声哭泣。

警察来到了现场。法医检查了拉特的尸体后告诉警官墨菲："死了大约有七八个小时了。也就是说，谋杀发生在半夜。"

墨菲转过身，看了一眼梅丽，说："请节哀。噢，对不起，你袖子上沾的是血迹吗？"

梅丽把她表演服的袖口转过来，只见上面有一道长长的血印。

"咦，"她看了一眼，"这一定是刚才在他身上蹭到的。"

墨菲问道："你知道有谁可能杀他吗？"

"不知道……"她答道，"但也许是赌场里的鲍勃。拉特欠了他一大笔钱。"

于是墨菲找到了鲍勃。鲍勃承认拉特欠了他大约15000美元，可同时发誓说他已有两天没见过拉特了。

墨菲很快就抓住了罪犯。你知道这个罪犯是谁吗？

76. 照片与凶手

花海公寓环境优美，路的两边是高大的梧桐树，池塘边有婀娜的杨柳，屋前屋后到处是鲜艳的花，还有绿毯子一样的大草坪。到了春天，公寓就像淹没在花的海洋里。夏天来了，吃过晚饭以后，小伙子和姑娘们，拿着录音机，来到大草坪上跳舞唱歌；年轻的爸爸妈妈们，带着活蹦乱跳的孩子，到游泳池去游泳戏水；老人们则摇着扇子，来到树荫下，聊着古老的故事。

村井探长就住在这幢公寓里，不过他常常很晚才回家，看不到这番景象。今天，他忙完了工作，已经是11点多了，忽然，报警电话铃响了，有个男子报案，他的妻子被人杀害了！村井探长问他的地址，真是太巧了，他就住在花海公寓302室，是村井的邻居。村井探长记得，男子个子不高，夫妻俩的关系似乎不太好，早上出门的时候，还听到他们在吵架。

他马上带着法医，赶到现场。经过检查，女主人是被勒死的，死亡时间是下午2点钟左右。男主人说："最近我和妻子有些小矛盾，吃过午饭以后，我就一个人到公园里去散心，晚饭也没回来吃。刚才回到家里，发现妻子已经……"他伤心地说着。村井探长问："您下午到公园去，有什么证据吗？"男子拿出一张照片说："我心情不好，就特地在梅花鹿的前面，拍了这张照片。"村井探长一看，男子站在一只雄鹿的旁边，鹿角好像高高的树杈，显得那么威风，更加衬托出男子的矮小。

村井探长看着照片说："你就是凶手，快说实话吧！"

村井探长根据什么说男子是凶手呢？

77. 冰凉的灯泡

一个夏日的傍晚，侦探麦考小姐来到和她约好的朱莉家中吃晚饭。仆人先招呼她在客厅坐下，然后上楼去通报，不到一分钟，二楼突然传来惊叫声，接着，仆人慌张地出现在楼梯口，喊道："不好了，朱莉小姐可能遇害了！"

麦考听罢，立即跑上去与仆人撞开书房的门，书房里没有开灯，月光透过窗户射了进来，书桌上放有一盏吊灯。

仆人对麦考说："我刚才来敲门，没人应答，门从里面反锁着。我从锁孔往里一瞧，灯光下只见小姐趴在桌上一动不动。忽然，房中漆黑一片，我猜一定是凶手关了灯逃跑了。"

麦考用手摸了摸灯泡，发觉灯泡是冰凉的，她迟疑了一下，打开灯，只见朱莉头部被人重击，死在书桌旁。

麦考问仆人："你从锁孔看时，书房的灯泡是亮着的吗？"

仆人回答说："是的。"

"不！你在说谎，凶手就是你！"麦克说着给仆人戴上了手铐。

麦考怎么知道仆人就是凶手呢？

78. 大力士之死

剧场里，正在演出一场杂技节目。下个节目就是大力士铁汉的了，舞台监督让人去找铁汉做准备。正在这时，只见演员程华慌慌张张地跑了上来。

"不好了，铁汉死了！"

"在什么地方？"舞台监督和坐在身边的团长都霍地站了起来。

"在装道具的小仓房里。"

团长对舞台监督说："你先安排下一个节目上场，我去后面看看。"

程华说完领着团长等人朝小仓房跑去。

小仓房里，铁汉直挺挺地躺在地上，两只手紧紧地掐着自己的喉咙，脸上布满了痛苦的神色。

团长吩咐大家不要随便进入现场，并命人立即向警察局报案。

几分钟后，黄警长和几个警察赶到了现场，经过仔细勘察，发现现场除了铁汉的脚印外，还有两个人的脚印。然后，他来到团长跟前问道：

"是谁先发现被害人的？"

"是程华。"

"让他来一趟。"团长很快让人把程华叫来了。

"是你发现铁汉被害的吗？"

"是我发现的。"

"你把刚才见到的情况再详细和我说说可以吗？"

"可以。"程华抹了把额头上的汗水，说道，"刚才，台上有个布景架子活动了，我想到小仓房里拿根绳子把它捆绑一下。可是，我刚走到小仓房的门口，就听见里面有动静。

我从门缝往里一看，吓得几乎叫出声来。我看见铁汉正在使劲掐自己的脖子呢。我便进去使劲掰他的手，可是他力气太大了，怎么也掰不开，我便跑出来喊人。谁知当我把人找来时，他已经死了。”

听完程华的情况介绍，黄警长哈哈大笑起来：“程华，我看你还是把真实情况说出来吧！你的同伙是谁？”他厉声喝问。

黄警长是怎样识破程华的谎言的呢？

79. 新郎之死

清朝的时候，在南方的一个农村里，有一对刚刚结婚的恩爱小夫妻，男的叫李二保，女的叫小凤。7 月的一天，李二保下田干活被雨淋了，一病 3 天，粒米未进，新婚妻子小凤守在他身边心疼得直抹眼泪。

第四天早晨，李二保从床上爬了起来，晃了晃脑袋，感到轻松了许多，他惦记着田里的活儿，便对妻子说：“小凤，煮点稀粥，我吃了好下田。”

小凤劝丈夫再养两天，可李二保说什么也不肯。无奈，小凤端来了粥，又炒了一碟鸡蛋。李二保喝了一口粥，看着鸡蛋皱起眉头：“油太大，吃不下。”

小凤想了想，忽然说：“搅点蜂蜜吧，保证爽胃口！”

她从门前的蜂箱里舀了满满一勺蜂蜜，倒进丈夫的碗里。李二保果然津津有味地吃起来。

吃罢饭，李二保就朝田里走去。可是还没走到田头，他就感到腹部一阵剧痛，摔倒在地上。

小凤闻讯赶去时，李二保已经咽气了。

很快，乡邻们就把案件报告了县衙，并说是小凤害死了自己的丈夫，县令于忠立即赶到现场。县令看见小凤哭得泪人似的，十分悲切，不像是她谋害了丈夫的样子。于是问道：“今天早晨你丈夫吃的是什么？”

“只吃了碗粥。”

“你吃的什么？”“吃的也是粥。”

于忠心想，怪事儿，同吃一样的东西怎会有不同的结果？他又进一步问道：“吃的菜也是一样的吗？”

小凤思忖片刻，忽然说道：“他拌的是蜂蜜，我吃的是鸡蛋。”

蜂蜜？吃蜂蜜怎能置人于死呢？于忠来回踱步思索着。忽然，他望着山坡怔住了。山坡上虽郁郁葱葱，但各色的鲜花已不如前些时那样繁盛了，只有断肠草花、野百合花、醉鱼草花在盛开。于忠似有所悟，立即下令回府，宣布小凤无罪。

于忠为什么认为小凤是无罪的呢？

80. 卖狗人

大侦探布里克森，在街上溜达时遇上了同乡拉平。拉平牵着一条普通的牧羊犬。为了还赌债，拉平想将此狗高价卖给布里克森。

“老兄，我这条狗的名字叫麦克，它可非同一般啊！”拉平接着绘声绘色地往下说，

“在我家的农场旁边，有一条沿着山崖修建的坡度很大的铁路。一天，有块大石头滚到铁轨上，此时远远见一列火车飞快冲来。我想爬上山崖发警告信号，可扭伤了脚摔倒在崖下。在这紧急关头，我的宝贝麦克飞奔回家，拽下我晒在铁丝上的红色秋衣叼着它闪电般冲上山崖。那红色秋衣迎风飘扬，就像一面危险信号旗。司机见了立即刹车，这才避免了一场车翻人亡的恶性事故。怎么样，我的宝贝麦克有智有谋，非同一般吧？”

拉平正欲漫天要价，不料话头被大侦探布里克森打断：“请另找卖主吧，老弟，不过，你倒很会编故事，将来一定是位大作家！”这显然是讽刺之言。

请问，大侦探为何要讽刺卖狗人拉平呢？

81. 一起恶性肇事逃逸事件

一个寒冷的冬夜，某市下了一场雨夹雪。大约就在这段时间里，近郊发生了一起恶性肇事逃逸事件：某人驾车撞了行人后，快速逃离了现场。这个司机在 30 分钟后逃回家中，将车停进了自家车库里。尽管如此，目击者还是记下了他的车牌号码。大约一个小时后，巡警来到了他家，一边检查存放在车库里的汽车，一边询问他在案发时不在现场的证明。

“正如你所见，我的车子昨天就放炮了，今天一次也没开出去。所以，逃跑的罪犯不是我，目击者也一定是记错了车号。”疑犯说。

巡警发现车前箱盖上有几处猫爪印儿，还有猫卧睡过的痕迹。

“你府上养猫了吗？”

“没有，这是邻居家的猫，或是野猫吧，经常钻进我家院子来，在车上跳上跳下地淘气。”

“如果是那样，你刚才所说的就是谎言。你可以若无其事地说谎，可猫和汽车都是老实的。”巡警当场揭穿了他的谎言。

你知道巡警为什么说出这番话来吗？

82. 律师的判断

里特气急败坏地来找律师，诉说一件棘手的事情：

“我家有个花匠叫阿根，3 天前他跑到我的办公室，一边点头哈腰，一边傻笑着公然向我索取 10 万美金，他自称在修剪家父书房外的花园时，拾到一份家父丢弃的遗嘱，上面指定我在新西兰的叔叔为全部财产的唯一继承人。这消息对我来说犹如五雷轰顶。父亲和我在 11 月份的某一天，曾因我未婚妻珍妮的事发生过激烈争吵。父亲反对这门婚事，有可能取消我的继承权。阿根声称他持有这第二份遗嘱。这份遗嘱比他所索取的更有价值。因为这份遗嘱的签署日期是 11 月 30 日夜 1 点。比已生效的遗嘱晚几个小时，所以它将会得到法律的承认。我拒绝了他的敲诈，于是他缠着我讨价还价。先是要 5 万，后来又降到 2 万。律师，这该如何处理呢？”

“我说，你应该一毛不拔。”律师说。

你知道律师为什么这样说吗？

83. 深海命案

在大洋某处海底深 40 米的地方，有一个水生动物研究所，专门研究海豚、鲸的生活习性。研究所里有主任高森和 3 个助手：清江、岛根和江山。那里的水压相当于 5 个大气压。

一天，吃过午饭，3 个助手穿上潜水衣，分头到海洋中去工作。下午 1 点 50 分左右，陆地上的武滕来到研究所拜访，一进门，他惊恐地看到高森满身血迹地躺在地上，已经死去。

警察到现场调查，发现高森是被人枪杀的，作案时间在一点左右。据分析，凶手就是这 3 个助手其中之一。

可是 3 个助手都说自己在 12 点 40 分左右就离开了研究所。

清江说：“我离开后大约游了 15 分钟，来到一艘沉船附近，观察一群海豚。”

岛根说：“我同往常一样，到离这里 10 分钟左右路程的海底火山那里去了。回来时在一点左右，看见清江在沉船旁边。”

江山说：“我离开研究所后，就游上陆地，到地面时大约 12 点 55 分。当时增川小姐在陆地办公室里，我俩一直聊天。”

听了 3 个助手的话，警察说：“你们之中有一个说谎者，他隐瞒了枪杀高森的罪行。”

你能推理出谁是说谎者吗，为什么？

84. 富孀报警

独居市郊的富孀贝蒂夫人向警方报案，说在几小时前她在家中遭到抢劫。苏菲探长随即赶到她的寓所，听她叙述案发经过：“我在天亮前的 4 点多钟回到家里，直接来到这间卧室，打开灯，从镜子里看到落地窗的窗帘上有个黑影，再回头一看，果真有个人站在窗帘后面，他的影子在月光下清楚地映在窗帘上，我吓得转身想跑，却感到后脑重重挨了一击，昏了过去。”

苏菲探长走到落地窗前，看到窗帘已经拉开，窗外树影婆娑，耀眼的太阳悬在前方上空，他不得不抬起一只手遮住刺眼的阳光。突然，他转身对贝蒂夫人说：“根本没人躲在窗帘后面，你还是说实话吧！”

请问：苏菲探长是如何识破贝蒂夫人编造的谎言的？

85. 银店抢劫案

市区的一家银店遭劫。营业员指控欧文是作案者：“银店刚开门，欧文就闯进来了。当时我正背对着门，他用枪抵在我背上，命令我不准转过身来，并叫我把壁橱内的所有银器都递给他。我猜他把银器装进了手提包，他逃出店门时，我看见他提着包。”

警长问：“这么说，你一直是背对着罪犯的，他逃出店门时又背对着你，你怎么知道他就是欧文呢？”营业员说：“我看见了他的影像。我们的银器总是擦得非常亮，在我递给他一个大水果碗时，我见到了他映在碗上的头像。”

在一旁静听的亨利探长说："你别演戏了，你就是罪犯。"

探长为什么断定营业员是罪犯？

86. 第一场雪的失窃案

这是镇上今年冬天第一次下雪，雪下得很大，地上积雪很深，大约有 30 厘米左右。就在当天晚上，镇上那家小银行发生了失窃案，窃贼盗走了银行保险箱里所有的现金。

警察立刻开始调查，发现了一个可疑对象，他是个单身汉，两个星期前刚刚在银行附近租了一间平房。

第二天一早，警长带着两名警察来到了这个人的住处。这间平房外表看上去很简陋，房子的屋檐上还挂着几根长长的冰柱。

这个男子打开门出来之后，警长对他进行了询问："昨天晚上你在哪里？"

"我两天前就到外地去了，今天早晨刚刚回来，还不到一个小时。"

警长看了看他的屋子外面，厉声说道："你在撒谎！"

警长为什么会这么说？

87. 被打翻的鱼缸

探险家沃尔，每到一个地方就会带那个地方的特色鱼回家。他家的客厅里摆放着各种形状的鱼缸，里面养着他从世界各地搜罗回来的鱼，他的家里简直称得上是一个鱼类博物馆了。

一天夜里，沃尔夫妇外出旅行，只留下一个佣人和两个女儿在家，知道了这种情况后，一个卖观赏鱼的家伙偷偷地溜进了沃尔的家。因为他对沃尔家的鱼已经觊觎很久了，所以他一进去首先将室内安装的防盗警报电线割断。

然而，他运气不佳，被起来上厕所的佣人发现，在黑暗中，他们发生了激烈的搏斗，不小心将很大的养热带鱼的鱼缸碰翻掉在地板上摔碎了。就在他将匕首刺进佣人的胸膛之时，他也摔倒在地，慌忙起身爬起来时，突然"啊！"地惨叫一声，全身抽搐当即死亡。

听到打斗声和惨叫声，两个女儿立即拨打电话报警。

警察勘查现场发现，电线被割断了，室内完全是停电状态。鱼缸里的恒温计也停了电，但是盗贼的死因却是触电死亡。

当刑警们迷惑不解之际，接到女儿电话的沃尔也急忙赶了回来，他一看现场，就指着湿漉漉地躺在地上死去的那条长长的奇形怪状的大鱼说："难怪呢，即使没电，盗贼也得被电死。这就叫多行不义必自毙！"你知道这是为什么吗？

88. 古老的壁画

考古学家维尔那教授，正艰难地行走在荒僻的山区里，他的身边，是一个皮肤黝黑的青年。他们背着沉重的器材，拉着旁边的树枝野藤，一步步手脚并用，在陡峭的山崖边小心翼翼地往前摸索。

这天早上，黑皮肤青年找到维尔那教授，神秘地说："昨天傍晚，我的一只羊走丢了，就在山上到处寻找，忽然发现有一个山洞，我就走了进去。借着一点日光，看到洞壁上有很多画，可是看不清楚，洞里阴森森的，可怕极了，我就逃了出来。听说您是研究古代壁画的专家，我可以带您去。"维尔那教授一听，这也许是重大的考古发现啊，就马上答应了。他生怕别人知道以后，把功劳抢了去，就谁也没有告诉，跟着青年出发了。

几天过去了，维尔那教授一直没有回来，黑皮肤青年却来到考古研究所，拿出一张照片说："我在一个山洞里，发现了最古老的壁画，可以卖给你们。"研究所的专家一看，只见照片上是一面山洞的石壁，上面画着古代原始人类的生活场景：几只小鸟停在大树上，大树下面是飞奔的小鹿，有一群矮小的野人，正在追赶一只庞大的恐龙，还有太阳、月亮和星星。专家问："这张照片是哪里来的？"青年说："是一个考古学家拍的，他还说，这是最古老的壁画，很值钱的。"

专家听了，悄悄去报警："我们这里有一个骗子，他还可能谋杀了教授！"警察赶来了，马上对黑皮肤青年进行审问，结果查明了，是黑皮肤青年杀害了教授，还想用教授拍的照片来骗钱。专家为什么会发现黑皮肤青年是个骗子呢？

89."幽灵"的破绽

皇家大旅馆经理贝克斯刚要下班回家，襄理苏顿匆匆走进他的办公室，向他汇报说："刚才接到警方通知，'旅馆幽灵'已经来到本市，可能住进我们的旅馆，让我们提高警惕。"

贝克斯一惊："这个'幽灵'有什么特征？"

苏顿说："据国际刑警组织掌握的材料，他身高在 1.62 米到 1.68 米之间。惯用的伎俩是不付账突然失踪，紧接着旅客发现大量钱财失窃。他还经常化名和化装。"

贝克斯摇摇头说："我们该怎么办？如果窃贼真的住在我们旅馆里的话，你要多加防范。昨天电影明星格兰包了一个大套间，她戴了那么多珠宝，肯定是个目标。大后天早晨还有 8 位阿拉伯酋长来住宿，你派人日夜监视，千万别出差错。"

"是的，我已经采取了措施。"苏顿说，"我们旅馆有 4 个单身旅客，身高都在 1.62 米到 1.68 米之间。第一个是从以色列来的斯坦纳先生，经营水果生意；第二个是从伦敦来的勃兰克先生，行踪有些诡秘；第三个是从科隆来的企业家比尔曼；第四个是从里斯本来的曼纽尔，身份不明。"

"这么说，其中每个人都有可能是'旅馆幽灵'？"

"可能，但您放心，我一定不让窃贼在这儿得手。"

第三天上午，8 位阿拉伯酋长住进了旅馆。苏顿在离前台不远的地方执勤，暗中观察来往旅客。斯坦纳先生从楼上走到大厅，在沙发上坐下，取出放大镜照旧读他从以色列带来的《希伯来日报》。10 点，勃兰克和曼纽尔相继离开了旅馆。10 点 10 分，电影明星格兰小姐发现她的手镯、珠宝都不见了。苏顿顿时紧张起来，一边向警察报案，一边在思考谁是窃贼。

这时，他又把眼光落在斯坦纳身上。斯坦纳好像根本不知发生了什么事，仍正襟危坐，聚精会神地借助放大镜看他的报，从左到右一行一行往下移。突然，苏顿眼睛一亮，把斯坦纳请到了保卫部门。

一审讯，果然是斯坦纳作的案。

请问：苏顿是怎样看出斯坦纳伪装的破绽的？

90. 森林里的杀人案

密密的原始森林里，布兰特沿着巡逻路线，慢慢前进着，他是一名森林警察，他知道，每年到了秋冬季节，森林里变得特别干燥，这时候，最担心的就是发生森林大火。

森林大火可不是闹着玩的，那一棵棵粗大的树木，就好像一支支巨大的蜡烛，猛烈地喷吐着火舌，熊熊的火焰猛烈地燃烧，会把整个天空都烧红了。千年的森林毁掉了，森林里的动物，有的被活活烧死，有的无家可归，多悲惨啊！所以，布兰特睁大了眼睛，透过浓密的枝杈，仔细观察着四周的一切。

忽然，他感到脖子痒痒的，还以为被小虫子叮咬了，伸手一摸，却是几粒松子，还听到松枝发出“哗哗”的声响。他抬头一看，原来是一只可爱的小松鼠，在剥松果吃呢，小松鼠朝他眨眨小眼睛，大尾巴一甩，调皮地往东面跳去。布兰特冲小松鼠眨眨眼睛，吹了一声长长的口哨，就在这时候，他看到东面的小路上，好像有一只高跟鞋。

他赶紧跑了过去，确实是一只红色的高跟鞋，不过，它穿在一个姑娘的脚上，姑娘躺在枯黄的叶子堆里，已经死了！她的裙子上，有一条黏黏的污垢，亮晶晶的，布兰特知道，那是蜒蚰爬过的痕迹。死者的旁边放着一封遗书，上面写着：“我患了不治之症，不愿意再连累家人，就来到这里自杀……”

布兰特刚才还十分愉快的心情，一下子变得很沮丧。他拿起电话，向警察局报案：“这里发生了谋杀案！”

姑娘的遗书上明明写着是自杀，布兰特为什么说她是被谋杀的呢？

91. 他绝不是自杀

探长被人发现在自己办公室内自杀，他所用的是自己的佩枪。到现场调查的探员，在佩枪上发现了探长的指纹。探长平时习惯用右手握枪，自杀时用的也是右手。因此，现场调查的探员推断他是自杀无疑。但探长的好友卡特认为探长性格坚强，不可能自杀。他经过观察、分析后，提出有力证据，证明探长是被人谋杀的。

请细心观察右图，指出卡特提出的证据是什么。

92. 衣柜里的女尸

一位富翁晚年得女，将女儿视为掌上明珠。不幸的是，有一天她被人绑架，数日后，附近一幢别墅的户主发现了尸体。

别墅的户主对警方说："我是做船务生意的，经常外出。我妻子和儿子都在国外，这房子大概有两年没人住了。昨天晚上我返港，早上特意回来取一些衣物，没想到在衣柜里发现了这具女尸。"

警方听完户主的话，将衣柜仔细检查了一遍，发现衣柜里放了不少樟脑丸，于是立即逮捕了别墅户主。

你知道其中的原因吗？

93. 求救信号

一个海滨浴场，阳光明媚，景色宜人，一架游览的小型飞机正在海滨上空飞行着。机上一共有 4 位游客，都是专门来阿姆斯特丹游玩的。飞机沿着海岸慢慢地飞行着，突然那个一上飞机就对风景不怎么感兴趣的穿白色西装的乘客，拿出一把枪打碎了飞机上的通信系统。然后用枪指着飞行员的脑袋命令道："赶快把飞机飞到前面的那个小岛去！"

吓坏了的飞行员名叫吉米，他知道飞机上遇到了劫匪，心中一阵慌乱，手脚也不禁有些不听使唤了，飞机像法国的巡逻兵飞行表演一样，在空中打着摆子玩着花样。

"蠢货，我不会杀你。只要你按我的指示，降落在那个小岛就是了。快让飞机正常飞行。快点，我可不想让我的子弹因为生气打穿你的脑袋。"白西装乘客用枪敲着飞行员吉米的脑袋说。

"好……好的，只要你不杀我，只要你不杀我。"飞行员吉米结巴地说道。

很快飞机就正常飞行了，眼看着就要着陆了，白西装乘客高兴地对吉米说："朋友，你真是好样的，我不杀你，待会在你的腿上留点纪念就可以了。你看，我的朋友来接我了。我可不想在我的朋友面前展现野蛮的一面。"

果然，小岛附近的海面上，露出一个像鲸似的黑影，划开一条白色的波纹，浮上来一艘潜水艇。小岛上站着荷枪实弹的海军陆战队士兵。

"哈哈，蠢货，放下你的枪吧。睁大你的狗眼，看看是谁的朋友来了。"飞行员吉米大笑着说。

"噢。我明白你小子是怎么干的了。原来你刚才是故意装害怕的。"白西装乘客绝望地叫道。飞机一着陆他就被抓了。

你知道飞行员吉米是如何求救的吗？

94. 神秘的电文

一天早晨，正在值班的缉私警察小王截获了一份神秘的电报。上面的内容为："朝，货已办妥，火车站交接。"

小王马上就将电报交给了处长。处长接过电报看了一遍，认定是上次交易未成功的毒品走私残余人员再次进行秘密交易的电文。处长立刻进行了部署，决心要把这伙毒贩子一网打尽。

这时，小王拿着电文，一边看，一边有些犯难地说道："处长，我看我们还是不容易抓到这伙毒贩子，你看，这份电文只有接货地址，没有接货的具体时间，我们的破案无从下手呀！"

听到小王的话，另一位警察也接过话头说道："小王说的对，我们的确无从下手，可我们又得破这个案，我看我们只有把全市可能进行毒品交易的地方全都进行秘密监视，哪里有动静就在哪里行动！"

"你说的话更是不可能，我们有多少警员，再说，这不是大海捞针吗？"一位民警说道。

"你们就不要争了！"一直沉默不语的处长开口说话了，"其实这份电文，已经明明白白地告诉了我们交易的时间。"

很快，根据处长的安排，这伙毒贩子全都成了阶下囚。

你知道处长是如何破译这份电文的吗？

95. 奇怪的钟表并不怪

帆帆的爸爸喜欢收藏一些稀奇古怪的东西。有一次，帆帆进入爸爸的书房，看到桌上的电子时钟显示 12 点 11 分。20 分钟后，他到爸爸的书房去，却看到时钟显示为 11 点 51 分。帆帆觉得很奇怪，40 分钟后他又去看了一次钟，发现它这一次显示的是 12 点 51 分。这段时间没有人去碰这个时钟，爸爸又是用这个钟在看时间，这究竟是怎么回事呢？

96. 哪一间房

一日，警探史蒂夫来到某饭店，准备参加朋友的婚礼．就在抵达该饭店的大厅时，他临时获得一个线报：有一对警方已经通缉多时的夫妻，正投宿在该饭店的三楼。为了避免惊动这对鸳鸯大盗，史蒂夫决定自己捉拿他们。他向饭店的前台工作人员出示了证件，查看了饭店的住宿记录，发现 3 楼有 3 间房间有人住。这 3 间房分别有两男、两女以及一男一女住宿，计算机上显示出的记录是："301——男、男"；"303——女、女"；"305——男、女"。

史蒂夫心想："看来，这对鸳鸯大盗一定是在 305 房间。"于是，他火速冲到三楼，准备一举捉拿他们。

然而，就在史蒂夫要撞破 305 号房门时，饭店经理突然出现了。经理把他拉到一旁，悄声对他说："其实，住宿记录已经被人窜改过了！计算机上的显示和房间里住客的身份是完全不符的。"

史蒂夫想了一会儿，只敲了其中的一个房门，听到里面的一声回答，就完全搞清楚三个房间里的人员情况了。

请问：史蒂夫到底敲了哪一间房门呢？

97. 匿藏赃物的小箱子

夜晚，一个身手矫健的黑影趁门卫换岗的机会，溜进了一家民俗博物馆，盗走了大批的珍宝。

侦探阿密斯接受这个任务后，马不停蹄，迅速地把本市所有的珠宝店和古董店都调查了一遍，但一无所获，没有一点儿线索。

无奈，阿密斯找到了大名鼎鼎的探长斯密特向他请教。

“请问，假如你偷了东西，你会藏到珠宝店或者银行的保险箱里吗？”斯密特探长反问起来。

“哦，我当然不会。”阿密斯答道。

斯密特探长说：“我说你不必费心了，不要到那些珠光宝气的地方去找，应到那些不起眼的地方走走。”

他们说着话来到了城边的贫民区。阿密斯一脸的疑惑：“这里能找到破案的线索吗？”他表现在脸上，但嘴里没有说。这时，有一个瘦弱的青年从身后鬼鬼祟祟地闪了出来。他低声问：“先生，要古董吗？价格很便宜。”

“有一点兴趣。”斯密特探长漫不经心，“带我去看一看。”

只见那个青年犹豫一下，斯密特马上补充了一句：“我是一个古董收藏家，要是我喜欢的话，我会全部买下来的。”

那人听说是个大客户，就不再犹豫，带着他们走过了一个狭小的胡同，来到一个不大的制箱厂。在这里还有一个青年，在他面前堆满了从 1 ~ 100 编上数字的小箱子。

等在这里的青年和带路人交谈了几句，就取出了笔算了起来，他写道：“× × × + 396 = 824。显然，第一个数字应该是 428，他打开 428 号箱子，取出了一只中世纪的精美金表。忽然，他看见了阿密斯腰间鼓着的像是短枪，吓得立刻把金表砸向阿密斯，转身就跑。阿密斯一躲，再去追也没有追上，就马上返回了。

斯密特探长立刻对带路人进行了审讯。

“我什么也不知道。”带路人看着威严的警察，“我是帮工的，拉一个客户给我 100 美元。”

“还有呢？”斯密特探长追问。

“我只知道东西放在 10 个箱子里，他说过这些箱子都有联系而且都是 400 多号的……”

“联系？”斯密特探长琢磨起来。接着，他发现一个有趣的现象：把 428 这个数字的不同数位换一换位置，就是 824，这就是说，其他的数字也有同样地规律！斯密特探长不用 1 分钟就找到了答案。

斯密特探长是怎样找到答案的呢？

98. 鱼是怎么死的

最近，某市附近海域里的鱼突然大量死亡，附近群众反应非常强烈，这引起了市环境部门领导的密切关注。

史密斯和卡尔被上级派来专门调查这件事。

首先，他们走访了在海边居住的村民。村民们向史密斯和卡尔反映，自从半年前，附近建起了原子能发电站，海里的鱼就开始大规模地死亡：“我们虽然不知道是什么原因，但可以肯定的是一定与这座可恶的发电站有关！”一位村民愤愤地说道。因为成千上万的鱼死亡，对于海边靠打鱼为生的村民们来说实在不是一件小事，史密斯和卡尔一刻也不敢怠慢，马上开始了对原子能发电站的调查。

接待他们的是原子能发电站的站长，他骄傲地向史密斯和卡尔介绍道：“现在人们的生活已经越来越依赖原子能发电站了。我们的发电料是铀，二位知道，即使是少量的铀也会产生出大量电能来，而且清洁环保。这可不像用煤炭和石油发电那样，产生大量的浓烟、灰尘和氮化物。要知道，那些氮化物也会施放出放射能，威胁人和动物的生命呢……”

“请问，你们的废弃物都是怎样处理的？”站长还想往下说什么，却被史密斯的话打断了。

“噢，利用原子能发电，废弃物大多有比较强的放射性，我们是不会把它们随意弃置的，而要经过特殊的处理。这可不是开玩笑，不信您来仔细看一看。”说着，他带领史密斯和卡尔把发电站的各个角落都参观了一遍，在确认没有发现问题后，史密斯和卡尔才离开。

“到底是不是这个发电厂的问题呢？”回来的路上，卡尔问史密斯，史密斯没有作声，因为他也不知道问题究竟出在哪里。

两个人无精打采地来到海边，望着海里漂浮着的成片的死鱼陷入了沉思之中。卡尔走到海边，想捞条死鱼察看一下，却发现这里的海水温热，于是卡尔来到一位正在海边补鱼网的老人面前，请教道：“老人家，请问，这里的海水原来就是这么热吗？”

“嗯，我们这儿是南部，即使是冬天，海水也不会特别冷，但是最近这儿的海水似乎是比以前热了一点儿，我们也不知道为什么。”老人家说。

“哦，这下我明白了！”卡尔把自己的想法告诉了史密斯，史密斯也认为卡尔说得有道理。于是第二天，两个人又来到了原子能发电站的站长办公室。

这一次，卡尔开门见山地问道：“我听说利用原子能发电需要很多水，使用过的水虽然没有污染，但是温度很高，对吗，站长？”

“是又怎么了？”

卡尔马上说出了一番话，这让站长不禁开始瑟瑟发抖，最后终于承认了事实。

99. 可靠的证据

有一对兄弟在伦敦经营着一家小珠宝店。忽然有一天，一个堂弟从远方来投靠他们，于是这对兄弟就让堂弟到店里帮忙，顺便照顾他，可是心怀叵测的堂弟却计划把平日与他合不来的弟弟杀死，并准备偷走店中的珠宝后逃走。

他和这对兄弟中的弟弟长得几乎一模一样。一天，他假装哥哥的声音，从外面打电话给弟弟，将弟弟骗出去杀了。然后把尸体投入水井之中，并且把弟弟所穿的衣服藏起来，到了半夜，他偷偷地进入珠宝店，把现款、珠宝及弟弟的旅行支票拿走。第二天是礼拜天，珠宝店公休，他就把头发染成与弟弟一样的金黄色，穿上弟弟的衣服带着他的旅行支票，这样的打扮，几乎就是弟弟。

他首先将珠宝放到挖空的书本中，然后以自己为收件人把书寄出去；接着用弟弟的旅行支票，搭船渡过多佛海峡，并且尽量地引人注意。

最后他再以自己本来的面貌回到伦敦。

星期一哥哥来到珠宝店时，发现现款、珠宝被偷而弟弟失踪，大惊失色，连忙报警。

伦敦警察局的科尔警长奉命调查此事。哥哥对他说，弟弟平时生活虽然不太检点，但是珠宝的产权有一半是弟弟的，所以不可能是弟弟偷走了现款。

科尔警长认同他的说法，现场留下的线索虽然对弟弟不利，可是科尔认为弟弟是无辜的，最大的嫌疑犯是堂弟了。

科尔警长在珠宝店中仔细地搜查，最后发现了可靠的证据。

试问：科尔找到了什么证据呢？

100. 是走错房间了吗

夏威夷是一个美丽的地方，每年来这里度假旅游的人络绎不绝。

多里警长今年也来这里度假，他住在海边一家4层楼的宾馆里。这家宾馆3、4两层全是单人间，他住在404房。

这天，游玩了一天的多里草草吃了晚餐便回到房间，他想洗个热水澡，早点休息。正当他走进浴室准备放水时，听到了两声“笃笃”的敲门声，多里以为是敲别人的房门，没有理会。一会儿一位陌生的小伙子推开房门，悄悄地走了进来。原来多里的房门没有锁好。

小伙子看到多里后有些惊慌，但很快反应了过来，彬彬有礼地说：“对不起！我走错房间了，我住304。”说着他摊开手中的钥匙让多里看，以证明他没有说谎。多里笑了笑说：“没关系，这是常有的事儿。”

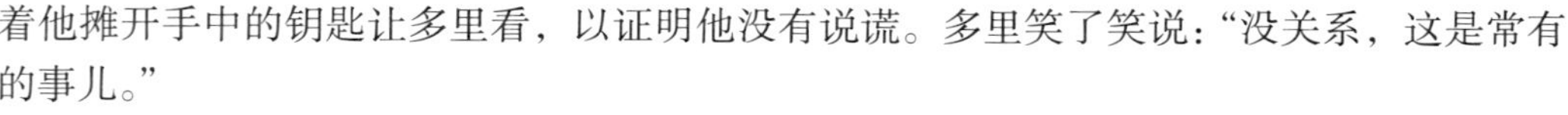

小伙子走后，多里马上给宾馆保安部打电话：“请立即搜查304房的客人，他正在4楼作案。”保安人员迅速赶到4楼，抓到了正在行窃的那个小伙子，并从他身上和房间里搜出了首饰、皮包、证件、大笔现钞和他自己配制的钥匙。

保安人员不解地问多里：“警长先生，您怎么知道他是窃贼？”

你知道这是怎么回事吗？

101. 狡猾的罪犯

警长抓住了一个特别狡猾的盗窃犯，把他交给了监狱长。监狱长将盗窃犯关在了监狱中最安全的牢房中，从未有人从这个牢房逃脱过。牢房是一条笔直长廊最里端的全封闭部分，外面有5道铁门，它们以不同的频率自动重复开启和关闭：第一道门每隔1分45秒自动开启和关闭一次；第二道门每隔1分10秒；第三道门每隔2分55秒；第四道门每隔2分20秒；第五道门每隔35秒自动开启和关闭一次。在某个时刻，5道铁门会同时打开，也只有在这时警卫会出现在第五道铁门外，他将通过长廊查看盗窃犯是否在牢房内。如果盗窃犯离开牢房在长廊里待的时间超过2分半钟，警报器就会报警，警卫会闻讯赶来。

狡猾的盗窃犯能从牢房中逃脱吗？

102. 救命的闹钟

凯乐是名优秀的特工，他也被敌方的情报部门视为眼中钉，曾经遭受到多次暗杀，可他凭着机智勇敢，一次次地躲过了这些危险。这次，S 国情报部门得知凯乐在海边度假，就派出本国最出色的暗杀者列托夫谋杀凯乐。

列托夫没费多少力气就找到了凯乐。跟踪后的第三天，列托夫搬到了凯乐住的酒店，在凯乐房间的对面住了下来，他决定晚上动手。

列托夫在自己的手枪上装好消声器，在傍晚时候，他用万能钥匙打开凯乐的房门，溜进了房间。他看了看表，距离凯乐回来还有大约一个小时的时间，便打开床头灯，搜索房间里的物品。搜索了一会儿，没有发现什么有价值的东西，列托夫把灯关了，静静地等凯乐回来。

15 分钟后，外面传来了凯乐开门的声音。听走路的声音有点立足不稳，像是喝醉了似的。走进走廊的时候，凯乐好像稍微迟疑了一下，接着，列托夫看到一个黑影扑进卧室，他立刻开枪，准确地击中了那个黑影。

正当列托夫以为大功告成的时候，忽然，他又听到一声枪响，然后一阵剧痛让他倒在地上。凯乐打开灯走了过来，微笑着说："对不起，刚才进来的是我的衣服——我一进门就知道有人来过。"

列托夫痛苦地低下头，他大声问道："为什么……为什么你知道有人来过？"

凯乐拿起床头的闹钟晃了晃说道："你很不走运，如果不开灯的话，现在倒下的人就是我了。"你知道凯乐是怎么知道有人来过的吗？

103. 智推车牌号

在一个十字路口，一辆小汽车闯红灯，撞倒了一位过路行人，然后逃跑了。路过的好心人立刻把被撞行人送进了医院。交警闻讯赶来，向路人了解肇事汽车的情况。

一人说，汽车牌号的最后两位数字相同。

另一个人说，牌号的前面两位数字也相同。

第三个人说，那号码是 4 位数，是一个完全平方数。

尽管没有人可以把牌号确切的数字说出来，但聪明的交警很快就根据这些情况，知道了逃跑汽车的牌号。

你知道是多少吗？

104. 翻下悬崖的吉普车

西拉蒙是一名间谍，这一天，他得到一个消息：今天半夜里 1 点钟左右，S 国的情报官，将要驾驶一辆吉普车，带着一份绝密文件，经过 5 号盘山公路。西拉蒙马上决定，在公路上堵截情报官，抢走绝密文件。

夜深了，公路上几乎没有车辆来往。西拉蒙坐在一辆卡车里，关闭了车灯，隐蔽在路边。他看了看夜光手表，已经半夜 1 点钟了。这时候，远处传来汽车马达声，接着，灯光越来越近，他看清楚了，就是那辆吉普车。他立刻打开车灯，发动马达，打算去拦截，谁知道，吉普车"突突突"叫了几声，自己停了下来，情报官跳下车，骂了一句："见鬼了，忘了加油！"

这真是天赐良机啊！西拉蒙一踩油门，卡车冲了过去，又"吱"的一声，在吉普车旁边刹住了。西拉蒙跳下车，拔枪对准情报官。那情报官拿了公文包，撒腿就逃，可是他怎么逃得过子弹呢？西拉蒙“砰砰”两枪，把情报官打死了。

西拉蒙追上去，打开公文包，拿走了绝密文件，然后，把尸体和公文包放进吉普车，又拿出事先准备好的汽油瓶，扔进驾驶室。最后，他把吉普车推下悬崖，“轰”的一声，山谷下面燃起了熊熊大火。

第二天早上，电视新闻里报道：“5 号公路发生车祸，一辆吉普车翻下悬崖起火，车和驾驶员被烧焦……”西拉蒙放心地笑了。可是他听到电视里又在说：“警方根据初步调查，认为这起事故是一个大阴谋……”西拉蒙吓出了一身冷汗，他不明白，警方从哪里发现破绽了呢？

105. 指挥失误

国家情报局接到通知：一辆时速为 60 千米的火车上装满了炸药准备驶向首都。为阻止这一恐怖活动，国家情报局决定派本杰伦在火车必须通过的长为 500 米的隧道出口处，装上定时炸弹。由于火车通过隧道的时间为 30 秒，于是本杰伦把定时装置设置为 30 秒，只要火车一进隧道，就会触发装置计数，30 秒后炸药自动爆炸。但是当火车呼啸而来进入隧道，高强度炸药在铁轨上准时爆炸后，火车仍然在失去铁轨的路面上继续疯狂前行，最后在树林里停了下来，随之引起了一场大火。

消息传到国家情报局后，上司以指挥失误为由处分了本杰伦，你知道他错在哪个地方吗？

106. 卷毛狗梅丽

一天，梅格雷警官在一所住宅的后门看见一个可疑男子。“你等会儿再走。”梅格雷警官见那人形迹可疑便喊了一声。那人听到喊声，愣了一下，停下了脚步。

“你是不是趁这家里没人，想偷东西？”

“您这是哪儿的话，我就是这家的啊。”那个人答道。正说着，一条毛乎乎的卷毛狗从后门里跑了出来，站在那个人身旁。“您瞧，这是我们家的看家狗。这下您知道我不是嫌疑的人了吧？”他一边摸着狗的脑袋一边说。那条狗还充满敌意地冲着梅格雷警官“汪、汪”直叫。

“嘿！梅丽，别叫了！”

听他一喊，狗立刻就不叫了，马上快步跑到电线杆旁边，跷起后腿撒起尿来。

梅格雷警官感到仿佛受了愚弄，迈腿向前走去，可他刚走几步，好像突然想起了什么，又急转回身不由分说地将那个男子逮捕了，嘴里还嘟囔着：“闹了半天，你还是个贼啊。”

那么，梅格雷警官到底是根据什么识破了小偷的诡计呢？

107. 雨后的彩虹

一个炎热的夏天，太阳好像一个大火球，晒得空气都热烘烘的。大街上的人都是脚步匆匆的，人们尽量躲在家里，一边吹着电风扇，一边在责骂着："老天呀，你就发发善心下一场大雨吧，热得受不了啦！"

也许真是老天发了善心，随着一道闪电，只听到"轰隆隆"一声炸响，天上噼里啪啦下起了雷雨。火辣辣的太阳不见了，躲到了乌云后面，豆大的雨点砸在屋顶上、马路上、窗户玻璃上，溅起一朵朵小小的水花，真是好看！过了一会儿，雨停了，空气一下子变得那么凉爽。雨后的天空，出现了一道美丽的彩虹。人们纷纷走出家门，呼吸着新鲜的空气，大街上渐渐热闹起来。

忽然，一家银行的报警器响了，有个蒙面人闯入银行抢劫，银行员工偷偷按响了报警器，抢劫者抢了一点钱，赶紧逃出来，混进了大街上的人群里。警察火速赶到，封锁了现场，并且根据目击者说的外形特征，抓住了 3 个嫌疑犯，高斯警长当场进行了审问。

第一个嫌疑犯说："当时我在银行对面，听到有人抢银行，才过来看热闹的。"第二个嫌疑犯说："雨停了以后，我站在马路边欣赏彩虹，可是阳光太刺眼了，我看到银行隔壁有一家眼镜店，就准备去买墨镜。"第三个嫌疑犯说："我走过银行的时候，外面下起了雷阵雨，只好在里面躲雨，没想到碰上了抢劫案。"高斯警长做完了笔录，让 3 个人都签了名，然后对身边的警员说："这 3 个嫌疑人当中，有一个人在撒谎，暴露了他的罪犯身份，我已经知道谁是真正的罪犯了！"高斯警长说的罪犯是谁呢？

108. 锐眼识画

一天，有人拿来一幅画给一位著名的艺术收藏家看。这是一幅圆桌武士比武的图画，看起来非常古老，有些地方有虫蛀的痕迹。图上画的是四个武士正从自己的剑鞘中拔出剑来准备战斗，其中第一个武士的剑的形状是直的，第二个武士的剑是弯的，第三个武士的剑是波浪形的，第四个武士的剑是螺旋形的。稍稍看了一眼，这位收藏家就立刻断定这幅画是假的。

你知道他是怎么判断的吗？

109. 悬赏启事

罗蒙德医生的一块祖传怀表丢失了。他吩咐司机路里在当地报纸的广告栏里登了一则寻找怀表的启事。这会儿，罗蒙德正拿着报纸仔细看着启事。

启事登在中缝。标题：找到怀表者有赏。全文如下："怀表属祖传遗物，悬赏 250 美元，有消息望告知，登广告者 LMD361 信箱。"

路里正在花园里干活，这时，门铃响了，开门一看，外面站着一位绅士。他恭敬地说道："我叫亨利。我是为那则怀表启事来的。怀表是你的吗？"

罗蒙德想不到这则启事还真管用。他激动地抓住亨利的手说："是的，就是这块表。真是太感谢你了。你是在哪儿捡到的？"

亨利说："这表不是捡到的，是我在车站看见一个小孩在兜售，就用 5 美元买了下来。今天，我从报纸上看了广告，马上就赶来了……"

罗蒙德还没等亨利说完，便和路里将他扭送到了警察局。

试问，亨利在什么地方露出了破绽？

110. 蜘蛛告白

一年冬天，拿破仑的法兰西军队排列整齐，开始向荷兰的重镇出发。荷兰的军队打开了所有的水闸，使法兰西军队前进的道路被滔滔大水淹没，拿破仑立即下令军队向后撤退。正在大家感到焦虑的时候，拿破仑看到了一只蜘蛛正在吐丝，拿破仑果断地命令部队停止撤退，就在原地做饭，操练队伍。两天过去后，漫天的洪水并没席卷而来。后来法兰西军队在拿破仑的带领下，将荷兰的重镇攻破了。

你知道是什么使拿破仑改变了撤退的主意，并取得最后的胜利吗？

111. 冒充的饲养员

星期天，妈妈带聪聪到动物园去玩。聪聪拉着妈妈，一会儿到天鹅湖，看白天鹅玩水；一会儿到猴山，对着猴子扮鬼脸儿；一会儿又到熊猫馆，看大熊猫啃竹笋，玩得可高兴了。

傍晚的时候，动物园就要关门了，聪聪还没有玩够。妈妈说："时间不早了，妈妈也累了，我们回家吧。"聪聪说："你看那头小象多可爱啊，我想和它合个影，带到学校里，让同学们瞧瞧！"妈妈拗不过聪聪，只好答应了。

妈妈把拎包放在身后，蹲下来给聪聪拍照。"咔嚓"一声，照完了，正在这时，一个蒙面人突然蹿出来，抢了妈妈的包就逃。聪聪惊叫起来："妈妈，有人抢包，抓坏人呀！"妈妈和聪聪追上去，可是坏人一眨眼就不见了！

妈妈看见一个警卫走过来，马上向他报案。警卫通过对讲机，通知所有的出口处，立刻停止放人出去，然后派了很多警卫，大家分头进行搜查。

这时候，动物园里只剩下几个游客，其余的都是工作人员，他们正在忙碌着。聪聪拉着妈妈的手，跟在警卫叔叔的后面，一起巡逻检查。聪聪看到有一个清洁工，在熊猫馆里打扫卫生；有一个饲养员，端了一盆牛肉，投给犀牛吃；还有一个驯兽员，在训练猴子翻跟头。聪聪马上拉住警卫，指着其中一个人，悄悄地说："叔叔，那个人是坏人冒充的！"

警卫把他抓了起来，一审问，果然就是抢包的蒙面人。警卫跷起大拇指夸聪聪："你真是小福尔摩斯啊！"在 3 个工作人员当中，哪一个是窃贼冒充的呢？

112. 美术馆失窃案

一家美术馆发生了失窃案，许多艺术珍品被窃。警方经过周密调查，拘捕了 6 个嫌疑犯。下面是他们的供词：

阿伦说："窃贼不是布赖恩，不是戴维，也不是埃迪。"

布赖恩说："窃贼不是阿伦，不是查理，也不是埃迪。"

查理说："窃贼不是布赖恩，不是弗雷德，也不是埃迪。"

戴维说："窃贼不是阿伦，不是弗雷德，也不是查理。"

埃迪说："窃贼不是查理，不是戴维，也不是弗雷德。"

弗雷德说："窃贼不是查理，不是戴维，也不是阿伦。"

警察在侦破了案件之后发现，他们中有4个人撒了一次谎，而所有其他的供词都是真的。

请问：你能不能根据上面这些供词，找出谁是窃贼呢？

113. 金表被盗

一家商厦发生了一起盗窃案，一块珍贵的金表被盗。警察根据现场留下的线索，拘捕了4个嫌疑人。他们的供词如下：

埃迪说："我看见金表是布朗偷的！"

布朗说："不是我！金表是查理偷的。"

查理说："布朗在撒谎，他陷害我。"

戴维说："金表是谁偷去了我不知道，反正我没偷。"

经过调查证实，4个人中只有一个人的供词全部是真话，其余的人都说过谎。

请问：究竟谁是小偷？

114. 庄严的参观

国家遗产协会的成员在上星期的每一天都去了一个有纪念意义的地方，这些地方都有着独特并吸引人的景点，而且他们在每个景点的礼品店买了一样纪念品。根据下面的信息，你能推论出每次参观的具体细节吗？

现在已知线索是：

（1）在星期一的参观中他们买了书签作为纪念品，但购物地点不是保恩斯城堡。同时微型铁路也不是这个城堡的特色。

（2）他们在星期二参观了哈特庄园，星期四参观了儿童农场，这个农场是格兰德住宅的特色。

（3）游玩迷宫后的第三天他们买了一个杯子。

（4）参观了哈福特礼堂后他们买了一支钢笔。

（5）他们买的盘子上没有欧登拜住宅的照片。

（6）披肩是在有服饰展的景点买的。

115. 被毒死的伊凡

奥斯特、布莱尔、左拉和伊凡在一家饭店里围坐在一张三方形桌子旁用餐时，伊凡突然中毒身亡。对于警探的讯问，每人各提供了如下的两条供词：

奥斯特：（1）我坐在布莱尔的旁边。

（2）坐在我右侧的不是布莱尔就是左拉。这个人不可能毒死伊凡。

布莱尔：（3）我坐在左拉的旁边。

（4）不是奥斯特就是左拉坐在伊凡的右侧，这个人不可能毒死伊凡。

左拉：（5）我坐在伊凡的对面。

（6）如果我们当中只有一个人撒了谎，那个人就是毒死伊凡的凶手。

警探同为他们服务的侍者进行了交谈之后，如实地告诉他们：

（7）你们当中只有一个人撒了谎。

（8）你们当中的确有一个人毒死了伊凡。

这 3 人中究竟是谁毒死了伊凡？

116. 哪个男人是凶手

4 个嫌疑人排成一行，警察将让一位目击者从 4 人中辨认出凶手。目击者要寻找的男人，长得不高、不白、不瘦，也不漂亮。在这一排人之中：

（1）4 个男人每人身旁都至少站着一个高个子。

（2）恰有 3 个男人每人身旁至少站着一个皮肤白皙的人。

（3）恰有两个男人每人身旁至少站着一个骨瘦如柴的人。

（4）恰有一个男人身旁至少站着一个长相漂亮的人。

在这 4 个男人中：

（5）第一个皮肤白皙，第二个骨瘦如柴，第三个身高过人，第四个长相漂亮。

（6）没有两个男人具有一个以上的共同特征（即高个儿、白皙、消瘦、漂亮）。

（7）只有一个男人具有两个以上的寻找特征（即不高、不白、不瘦、不漂亮）。此人便是目击者指认的罪犯。

你知道目击者指认的凶手是哪个人吗？

117. 做贼心虚

一天，史密斯被人发现死在自己的家中。

警察经过勘查，断定属于谋杀案，于是波特警官打电话通知史密斯的家人。电话打到史密斯夫人的哥哥约翰家时，约翰接起了电话。波特警官说："约翰，我很遗憾地告诉你，你的妹夫被人谋杀了。"

"史密斯死了？他一定是得罪了什么人。波特警官，史密斯的脾气相当不好，两个月前他与我的大妹夫因为打牌输了 500 美元而发生争吵，上个月又因为金钱问题而与我的二妹夫差点动起手来……"

"约翰，你提供的信息很有价值，我待会将登门问你一些更详细的情况。"放下电话，波特警官对助手说："走，我们去逮捕约翰。"

你知道波特警官凭什么断定约翰是凶手吗？

118. 小镇的烦心事

小镇的居民近来遇到了一大堆的烦心事，不但犯罪率居高不下，而且失业率高涨，更糟糕的是，公交公司的工人由于工资太低，正在罢工。一切似乎都乱了套，而让人们觉得雪上加霜的是，一向乐善好施的布莱克夫人竟然被杀害了！警方在现场拘捕了两个嫌疑人——流浪汉菲利普和银行职员托马斯。

菲利普的供词如下："我正在街上溜达，想找点吃的，突然听到一个妇女在尖叫。我跑过拐角，看到布莱克夫人躺在地上。托马斯正站在她身边。他一看见我，立刻拔腿就跑。于是，我就打电话给警察了。"

托马斯则是这样说的："我正在坐公共汽车，准备去我常去的那家俱乐部找几个朋友玩扑克。刚下车，我就听到拐角处有人发出一声尖叫。我冲过去，看到菲利普正在用刀刺布莱克夫人的身体。我本想抓住他，但他却跑了。于是，我就叫了警察。"

根据供词，警方立刻发现了谁是凶手，并逮捕了他。

你知道凶手是谁吗?

119. 得克萨斯州突击队

1872 年，得克萨斯州突击队抓住了一群隐匿在里约·布兰可郡德克萨斯州的逃犯。下面是其中 5 名突击队员的具体信息。你能从中找出每名突击队员的全名、家乡，以及迫使他们放弃成为一名执法官的原因吗?

现在已知线索是：

（1）特迪·舒尔茨是一个德国移民的儿子。有一名突击队员曾经是逃犯，现在仍然在美国被通缉，特迪和海德警官都不是这个人。

（2）来自圣地亚哥的那个人姓海德，埃尔默·弗累斯在没有工作时总是酗酒。

（3）突击队员马修斯并非来自福特·沃氏，他是个瘾君子。

（4）突击队员多比出生在位于墨西哥边界的拉雷多，奇克不姓弗累斯。

（5）来自休斯敦的那名突击队员在工作中表现很好，但可惜他遇到的囚犯都被他击毙了。

（6）皮特在艾尔·帕索出生长大，乔希不是通缉犯。

120. 饭菜被下毒

有一天，A、B、C、D 4 人一起在饭店里就餐。席间 D 突然跳起来，大叫一声："有人在饭菜中下毒！"刚说完他就倒地毙命。警探当即传讯与他同桌共餐的 3 个人。在警察局里他们 3 人都被录了口供。由于每个被审问的人都说了两句真话，一句假话，使案情扑朔迷离，一时难以水落石出。

A 说："我没有毒死 D。""我是同 C 坐在一起的。""专职的服务员正在为我们上菜。"

B 讲："D 坐在我的对面。""现在我们又有了新的服务员。""服务员没有毒死 D。"

C 说："B 没有犯罪。""是服务员毒死 D 的。""凶手就在我们中间。"

提示：A 在说“专职的服务员正在为我们上菜”之前，说了一次谎话。如果你是警长，能否根据这些口供和提示，判断出 A、B、C 及服务员中谁是凶手吗？

121. 丽莎说谎了

“快起床！”玛丽冲进妹妹安妮的房间，“我们要迟到了！”

安妮嘟哝着爬起来，穿上羽绒服，戴上了厚厚的手套，和玛丽一起出了门。她们约好了附近的几个女孩，一起出来铲雪。这几天这里下了好大的雪，把电线杆都压断了。几分钟前，输电线路才刚刚修好。

她们还没到约好的地方，就看到凯西正朝她们挥手，旁边还有好几个女孩，正在叽叽喳喳地说话。

“丽莎在哪？”玛丽问，“她说好要来的。”

“我不知道。”凯西回答道，“我们一个小时前给她家打电话，但没有人接。”

“算了，不等她了，我们开始干吧。”

几个小时之后，大家都坐在玛丽家的客厅里聊天，这时丽莎进来了。

“你上哪儿去了？”玛丽问。

“我一直在家，你们干吗不给我打电话？”丽莎反问道。

“我们打了，但你没接！”凯西说。

“哦，那一定是我在用吹风机吹头发，没有听到电话铃响。”丽莎解释说。

“得了吧！不愿意来就直说，何必撒谎呢？”凯西说。

凯西为什么认定丽莎在撒谎呢？

122. 管家在撒谎

侦探波洛来到了一个自杀案的现场。死者是百万富翁斯诺先生。从现场情况看，他是在自家的阁楼上，用一根带子和一个小凳子上吊而死的。唯一的目击者是斯诺先生的管家。他说：“那会儿我正在屋外收拾东西，无意中抬起头突然透过阁楼上的小窗户，看见主人正在踢倒凳子。我赶紧打电话报了警。”

波洛立刻知道，管家在撒谎。为什么呢？

123. 一堂自然科学课

某个小村庄的学校里，4 个男孩正坐在长椅 1，2，3，4 的位置上上自然科学课，在这堂课中，每位同学都要把前段时间注意到或做过的事情告诉老师和同学。从以下所给的线索中，你能辨别出这 4 个人并推断出他们各自在这堂课中所说的事件吗？

现在已知线索是：

（1）从你的方向看过去，那个看到翠鸟的男孩就坐在汤米的右边，他们中间没有间隔。

（2）听到今年第一声布谷鸟叫的是一个姓史密斯的小伙子。

（3）从你的方向看过去，比利坐在埃里克左边的某个位置上，其中普劳曼是埃里克的姓。

（4）图中位置 3 上坐着亚瑟同学。

（5）位置 2 的男孩告诉了大家周末他和父亲玩鳟鱼的事，他不姓波特。

（6）他们的名分别是：亚瑟，比利，埃里克，汤米。

（7）他们的姓分别是：诺米，普劳曼，波特，史密斯。

（8）事件：听到布谷鸟叫，看到山楂开花，看到翠鸟，玩鳟鱼。

提示：先找出看到翠鸟的那个人的位置。

124. 胡同里的假案

下午 1 点钟，两个警察听到胡同里有人喊救命。他们赶到了现场后，看到一个女人正坐在地上，揉着脑袋后面的肿块，过了足有一两分钟，她才能说出话来。

她向警察自我介绍道："我叫玛丽·拉姆齐，在一家珠宝店工作，我正要去银行送前一天的单据。我每天做送单据的工作，老板不让我走这条胡同。今天我感到被人跟踪了，我真太傻了，竟然拐进了这条胡同。有脚步声从后面传过来，我还没有来得及转头看，头上就挨了一下，接着我就倒下了。"玛丽继续说，"抢劫犯没有继续打我，他抓起我的包就跑了。我只从后面看到了他，是一个高个子，穿着蓝牛仔裤，上身穿着深色的开襟汗衫。"

根据她的描述，警察开始全市搜查，很快就扣留了两个外貌符合玛丽描述的人。

"是的，我是在跑。"第一个人斯图·洛根愤愤地说。警方的巡逻车在距出事地点两个街区的地方找到了他，他一看见警车就想跑。他说："当时我的午休时间快结束了，不想上班迟到，我才跑了起来，我可不想丢掉这份工作。"斯图就在珠宝店隔壁的熟食店工作。

第二个人奥利·奥斯卡是一个沿街拾破烂的。"我本来不穿这件汗衫，"他一边解下他那件被虫蛀了的开襟汗衫，一边说，"你们把我抓来之前，我刚刚从垃圾堆里拾到这件汗衫。"

"这个钱袋是怎么回事？"警察指着从他身上找到的钱袋问。

"这是我从另一个垃圾堆里拾到的，银行后面的垃圾堆里经常可以找到这种东西。你们没有在我身上找到钱吧！"

听了第二个人的回答后，警察突然脑筋一转，马上开车回到玛丽身边，指着她说道："你在撒谎，我看你就是嫌疑犯！"

警察为什么说玛丽是嫌疑犯呢?

125. 特工间谍

有一条船，载着 12 个特工人员去执行一项秘密任务。这 12 个特工人员是特殊挑选出来的，体重相同，互不相识。为了保持船体的平衡，他们分成 3 组，第一组 A、B、C、D 4 人坐在船头；第二组 E、F、G、H 坐在中间；第三组 I、J、K、L 坐在船尾。一开船，这 12 个特工中的头儿发现情况有异：船体朝前倾斜。他因此准测，这 12 个特工中，有一个是冒名顶替的敌方间谍，他的体重同选择的标准体重不一样。他立即和总部联系，他的推测得到了总部刚截获的情报的证实。但问题在于，总部并不能确定这个混入的间谍是谁。特工头儿对此有丰富的经验。他只做了两次测试，就找出了这个冒名顶替者，还确定了其体重比标准是重还是轻。

请问：特工头儿是如何做的？

126. 仿爱因斯坦题

李、王和赵 3 个人住在一幢公寓的同一层上。一人的房间居中，与其他两人左右相邻。他们每人都养了一只宠物：不是狗就是猫；每人都只喝一种饮料：不是茶就是咖啡；每人都只采用一种抽烟方式：不是烟斗就是雪茄。

注意下面的条件：

李住在抽雪茄者的隔壁；

王住在养狗者隔壁；

赵住在喝茶者的隔壁；

没有一个抽烟斗者喝茶；

至少有一个养猫者抽烟斗；

至少有一个喝咖啡者住在一个养狗者的隔壁；

任何两人的相同嗜好不超过一种。

请问，谁住的房间居中？

127. 被拨弄了的怀表

一天清晨，某商店老板被杀后，一个粗心的警察在死者衣袋里发现了一块高级怀表，然而当时已经停止了运行。无疑，表针所指示的时间是一个非常重要的线索。可是，那警察竟胡乱地把怀表的指针拨弄了几圈。侦探长问他是否记得拨弄前时针所指示的钟点。那个警察报告说："具体时间没有看清楚，但有一点我印象十分深刻，就是在我拨弄表之前，这块表的时针和分针正好重叠在一起，而秒针却停留在表面一个有斑点的地方。"于是，侦探长看了看怀表，发现表面有斑点的地方是 49 秒。他立刻拿出纸和笔计算了一下，很快就确定了案发的确切时间，从而缩小了破案范围。

请问：你知道那块怀表的指针之前究竟停在什么时刻吗？

128. 凶手就是他

日本一名私家女侦探在泰国调查一起黑帮凶杀案时，在她所住的饭店里被枪杀。附近警长带助手赶到现场，只见女侦探倒在窗下，胸部中了两枪，手里紧握着一支口红。

警长撩起她背后的窗帘一看，在玻璃上留着一行用口红写下的数字：809。他又从女侦探的提包中找出一张卷得很紧的小纸条，纸条上写着："已查到 3 名嫌疑犯，其中一人是凶手。这 3 人是：代号 608 的光，代号 906 的岛，代号 806 的刚。"

警长沉思片刻，指着纸条上的一个人说："凶手就是他！"根据警长的推断，警方很快将凶手缉拿归案。

129. 哪只鞋坏了

侦探波洛走进了豪华的“东方快车”的包厢，发现里面已经坐着3个人。一个是英俊的小伙子查尔斯，他背着一支猎枪，说是要去阿尔卑斯山打猎。另外两个都是美丽的姑娘，她们的名字分别是伊丽莎白和罗丝。波洛很快就看出来，两个姑娘都十分喜欢这位年轻人，而他却似乎拿不定主意去追求哪个女孩。

这天夜里，一件不幸的事情突然发生了。当时，车厢里的人都昏昏欲睡。突然，一声枪响，罗丝倒在了车厢的地板上，原来，一颗子弹击中了她。

大家都被惊醒了。波洛反应最快，在别人都还没有来得及弄明白出了什么事之前，他已经一把将罗丝抱了起来，送进了列车的急救室。过了一会儿，他走了出来，对伊丽莎白和查尔斯说：“她没什么大事，只是脚上受了点伤，医生已经给她包扎好了。对了，你们刚才听到什么动静没有？”

伊丽莎白和查尔斯异口同声地说：“没有，我睡着了。”

“还有，她穿的鞋被打坏了，得给她送只鞋去。”

伊丽莎白赶紧回到车厢，找出了一只右脚的鞋，向急救室走去。

波洛喊住了她：“别去了，还是先告诉我你为什么要故意打伤她吧！”

波洛为什么这样说呢？

130. 游击队员送情报

游击队员保武要给队长送情报，他必须经过一座桥，桥的中间有一个岗亭，里面有一名敌人的哨兵负责看守，禁止行人过桥。由于一个人最快也要走7分钟才能过完桥，哨兵便每隔5分钟出来巡视一次，一见有人过桥，就把人赶回去。

你帮保武想想，怎样才能过桥呢？

131. 博尔思岛上的抢劫案

一天，博尔思岛上的法庭开庭审理一起发生在岛上的抢劫案。法庭上的关键人物有3个：被告、原告和被告的辩护律师。

以下断定是可靠的线索：(1)3人中，有一个是骑士，一个是无赖，一个是外来居民，但不知道每个人的对应身份。

(2)如果被告无罪，那么罪犯是被告的律师或者是原告。

(3)罪犯不是无赖。

在法庭上，3个关键人物分别作了以下的陈述——

被告说：“我是无辜的。”

被告的辩护律师说：“我的委托人确实是无辜的。”

原告说：“他们都在撒谎，被告就是罪犯。”

这3个人的陈述确实是再自然不过了。法官经过认真考虑，发觉上述信息还不足以确定谁是罪犯，于是请来了当地有名的大侦探。

了解了全部有关信息后，大侦探决心把此案弄个水落石出，即不但要弄清谁是罪犯，还要弄清谁是骑士，谁是无赖，谁是外来居民。

重新开庭时，大侦探首先问原告："你是这一抢劫案中的罪犯吗？"原告作了回答。大侦探考虑了一会儿，然后问被告："原告是罪犯吗？"被告也作了回答。这时，大侦探对法官说："我已经把事情都弄清楚了。"

想想看：谁是罪犯，谁是骑士、无赖和外来居民？在思考这个案件时，你面临的挑战看来比大侦探更大，因为，你并不知道大侦探向原告和被告提的两个问题的答案，而大侦探知道（"博尔思"岛上的土著居民分为骑士和无赖两部分，骑士只讲真话，无赖只讲假话）。

132. 跳舞的女孩有几个

有一次，米莉和很多人一起到郊外露营。晚上举行了盛大的篝火晚会，许多人手拉着手，围着篝火跳起了舞。米莉也在这个圆圈中跳舞。圆圈里，每个跳舞的人的两边都是两个性别相同的人。有一个细心的人，发现这个圆圈里有 12 个男孩。

现在请问，正在跳舞的女孩有几个？

133. 去往墨西哥的六个枪手

电影导演伊凡构想了一个剧本：关于 6 个枪手南行去墨西哥的一个村庄和强盗作战的故事。以下的地图标记的是枪手中的组织者伯尼招募各枪手的地方，从所给的线索中，你能说出各个城镇的名字以及被伯尼招募的枪手的名字吗？

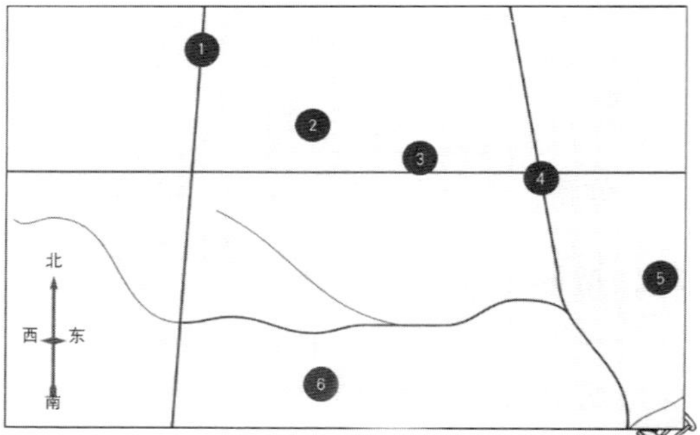

现在已知线索是：

（1）其中一个枪手被伯尼保释出狱后，在位置 3 加入组织，此位置不是一个城市，大家只知道它的一个别名。

（2）伯尼不是在第一站招募墨西哥赌徒胡安·毛利的，后者因被误控谋杀，差点被处以死刑，是伯尼救了他。

（3）凯克特斯市是伯尼南行过程中找到毛利之后的下一站。伯尼招募他的老朋友蒂尼的地方是在马蹄市和他招募前得克萨斯州游民赛姆·贝利那个镇的交界区附近。

（4）伯尼在经过保斯镇之后，在到达赖安加入组织的镇之前经过了梅瑟镇，在保斯镇和梅瑟镇他都没有发现那个神秘的枪手亚利桑那。

（5）里欧·布兰可镇在格林·希腊镇的南边，但不是紧邻的。格林·希腊镇是在前任骑士官受辱后决意加入到伯尼组织的那个城市的南边下一站。

（6）城镇：凯克特斯市，格林·希腊镇，马蹄市，保斯镇，梅瑟镇，里欧·布兰可镇

（7）枪手：亚利桑那，赖安，胡安·毛利，马特·詹姆士，赛姆·贝利，蒂尼

提示：先找出马特·詹姆士加入组织的城镇。

134. 肇事车号

一天早晨，在快速车道上发生一起车祸。一名小学生被一辆超速行驶的汽车撞得在空中翻了半圈，司机肇事后马上加速逃走了。

当交通警察来后，扶起那名小学生，却发现他没有受伤，而且他非常清楚地告诉警察肇事车辆的车号是：8619。

警方立即对这辆车展开调查，要逮捕肇事者，却发现这个号码的汽车确实有不在场的证明，肇事车不是这一辆。

你知道肇事后逃走的汽车车号究竟是多少吗？

135. 小错误很致命

阿尔夫警官开车来到一座公寓前。他要找一个名叫安格莉卡的人。

开门的正是安格莉卡，她将阿尔夫让进屋说：“先生有何贵干？”

“太太，您认识一个叫哈里希的人吗？”

“哈里希？我从未听说过。”

“我刚从拘留所来，他说认识您。”

安格莉卡很镇定地抽了口烟，说道：“我真恨不能将你从窗子里扔出去！”

阿尔夫说：“哈里希从银行抢走了 19 万马克。但我们很快就将他抓获了。我们和他长谈后，他已说出将钱给谁了。”

“我不认识哈里希，对银行抢劫案也不感兴趣！”

“那为什么哈里希会说，他将钱给了你呢？你又将钱藏在什么地方了？”

安格莉卡气得大叫道：“我要说多少遍，我根本就不认识什么路德维希·哈里希！”

阿尔夫笑着说道：“太太，很遗憾，你刚才犯了个小错误。请跟我们走吧。”

你知道安格莉卡犯了什么错误吗？

136. 侦探小说

文森特喜欢侦探小说，他同时是个完美主义者——比如一位作者写了 7 本侦探小说，不将其收集完整，他是不会甘心的。上个星期，文森特已经完整地收集了 5 位侦探小说作者的全部作品。从以下给出的线索中，你能得出这 5 位作者的名字、书中主人公的名字、各自写了几本有关这个侦探的书，以及对应出版社的名字吗？

现在已知线索是：

（1）乔奇·弗赛斯写了 10 本侦探小说。

（2）帕特里克·纳尔逊写的侦探小说本数比那个有关旧金山反犯罪的系列小说少 2 本，小说的主人公不是蒂特蒙中尉。

（3）虚构的埃德加·斯多瑞侦探的经历由地球出版社出版，有关他的书的本数比理查德·奎艾内写的要多。

（4）亚当·贝特雷的作品由王冠出版社出版。

（5）标枪出版社出版了史蒂夫·梭罗本写的侦探故事。

（6）红隼出版社出版的侦探系列小说比有关毕尔格出版社出版的乔布林博士的侦探小说多 2 本。小说里，业余侦探乔布林博士其实是个家庭医生。

（7）现在伦敦工作的尼克·路拜尔是纽约的一个私家侦探，以他为主人公的小说写了 18 本。

（8）克罗维尔检查员是一个侦探故事中的主人公。

137. 绑票者是谁

一个深秋的夜晚，某董事长的儿子被绑票了，绑架犯索要 5 万美元的赎金。那家伙在电话里说："我要旧版的百元纸币 500 张，用普通的包装，在明天上午邮寄，地址是查尔斯顿市伊丽莎白街 2 号，卡洛收。"接到电话后，这个董事长非常害怕。为了不让孩子的生命受到危害，他只好委托私家侦探菲立普进行调查。因为事关小孩的生命，菲立普也不敢轻举妄动。于是，他打扮成一个推销员，来到了绑架犯所说的地址进行调查，结果却发现城名虽然是真的，但是地址和人名却是虚构的。难道绑架犯不想得到赎金吗？这当然是不可能的。忽然，菲立普灵机一动，明白了绑架犯的真实面目。第二天，他就成功地抓获绑架犯，并成功救出了被绑架的小孩。

菲立普明白了什么？

138. 逃犯与真凶

一场混乱的枪战之后，某医生的诊所进来了一个陌生人。他对医生说："我刚才穿过大街时突然听到枪声，只见两个警察在追一个凶手，我也加入了追捕。但是在你诊所后面的那条死巷里遭到那个家伙的伏击，两名警察被打死，我也受伤了。"

医生从他背部取出一粒弹头，并把自己的衬衫给他换上，然后又将他的右臂用绷带吊在胸前。

这时，警长和地方议员跑了进来。议员朝陌生人喊："就是他！"警长拔枪对准了陌生人。陌生人忙说："我是帮你们追捕凶手的。"议员说："你背部中弹，说明你就是凶手！"

在一旁目睹一切的亨利探长对警长说："是谁，一目了然。"

你能说出个中究竟吗？

139. 自杀的餐馆老板

这是普普通通的一天。波洛正在街上闲逛，突然听到一声枪响。他连忙向枪响的地方跑去，发现是附近的一家餐馆。他跑进餐馆，看到餐馆老板血流满面地倒在地上，额头上有一个弹孔，人已经死了。桌子上放着一把手枪，手枪上面有一张便条，是餐馆老板写的，说他对生活失去了信心，所以选择自杀。

警察赶来之后，判断说这很明显是自杀，因为这家餐馆十分不景气，马上就要倒闭了。而且，那张便条上的字也很像餐馆老板的笔迹。

波洛却不这么认为。你知道他的理由是什么吗？

140. 一起文物盗窃案

某博物馆发生了一起盗窃案，丢失了大批 18 世纪中期的文物，其中包括一批纯银的古董。近期，常有人在古玩市场暗中交易这批文物。李侦探乔装成古董收藏家去古玩市场寻找有关线索。他在一家店铺发现了这批古董中的一部分，他就询问店主："嗨！先生，我想看看那件纯银烛台，大约值多少钱？"店主神秘地低声说道："老兄，这可是珍品，是近期博物馆丢失的那批 18 世纪文物中的一部分。"说着，店主拿过来一个闪亮的纯银烛台。

李侦探看了看，微笑着说道："老兄，我可以告你以诈骗罪敛财！"店主听了，大惊失色。李侦探是怎么识破他的？

141. 店员的智慧

一天下午，一家珠宝专卖店里来了一对夫妇。丈夫身穿考究的西服，手上拿着一个不锈钢保温杯，夫人身穿时髦的长风衣，两人看上去都很阔气。

这时，丈夫礼貌地告诉店员，今天是他们的结婚纪念日，所以打算替夫人挑选一些首饰，店员热情地为他们介绍了各种款式和最近优惠的几个品种后，那对夫妻商量了一下，决定先试戴看看。

接着他们出示了贵宾卡，这是极少数顾客才持有的卡，标志着顾客的地位和诚信。于是，店员为他们提供了单独的试戴间，根据他们的要求将珠宝送进去给他们试戴。

这对夫妇在店里待了整整一个下午，几乎试过了一半的珠宝，最后，他们决定购买一套项链和一对手镯。

就在收银员准备为他们结账时，一个店员忽然注意到站在丈夫身后的夫人好像很紧张，捧着不锈钢保温杯的手在微微颤抖。丈夫笑着解释说，夫人神经方面有点病症，大夫嘱咐每隔半小时必须吃一次药，所以才会随身带着杯子。他出示了口袋里的药物，又打开了杯子给店员看，杯子里是满满的一杯咖啡。

夫人向店员微笑着表示歉意，同时喝了一口咖啡，证明这里面确定只是咖啡而已。店员有些迷惑，她总觉得什么地方有点不对劲。可具体又说不出哪里有问题，这对夫妻持有贵宾卡，要对他们进行搜查是不可能的。何况楼上负责接待的店员没有发现珠宝被盗，要求检查更是毫无道理。

这时丈夫取出一片药递给夫人，夫人则接过药片，喝下一口咖啡。接着，丈夫拿出信用卡，准备付钱。这时，店员忽然想到了什么，她毫不犹豫地报了警。

很快，警察在装咖啡的杯子里找到了 4 件珠宝，而这些珠宝都是他们用赝品替换下来的。经过调查，警察发现连贵宾卡都是伪造的。大家都对店员的聪明细致赞不绝口。那么，店员是如何看出破绽的呢？

142. 回到家乡

今年贝尔弗女子大学的演讲日会有 4 个特殊人物到来。她们年幼时就随父母移居外地，在她们新的家乡中事业有成。从以下所给的线索中，你能说出这 4 个人的全名、她们现在的居住地和职业吗？

现在已知线索是：

（1）安娜现在是一个直升机驾驶员，她的工作一般都是为观光者服务的，偶尔也参加一些紧急情况的救助工作。

（2）詹金斯小姐现居新西兰，她 14 岁时随父母移居那里。

（3）罗宾孙小姐的名字不是乔。

（4）其中一个现在是美国迈阿密的 FBI 成员，她不姓坎贝尔。

（5）现居冰岛的佐伊不姓麦哈尼，是一名助产士，麦哈尼是沙特阿拉伯的一家电视台的播音员。

（6）詹金斯的名字不是路易斯。

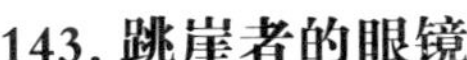

143. 跳崖者的眼镜

警方接到了报案，在海边悬崖下发现一具男尸。

探长桥本立即带上了精干的助手赶赴现场。只见那具男尸趴在悬崖下的碎石上，浑身血迹斑斑，身上穿着一件大衣，一只脚穿着鞋子，另一只脚赤裸着，一副太阳镜架在死者的鼻梁上，旁边的立陡悬崖足有 20 多米高。

闻讯赶来的死者亲属说死者最近做生意失败，但是他是个坚强的人，而且又不是第一次失败，他这样性格的人是不会选择死亡来逃避的。

助手们仔细地勘察了地形，考察了现场，最后的结论都是一致的，认为这是一宗自杀案件。

桥本觉得不像是自杀，但是他一时半会还拿不出确凿的证据来。于是，他开始仔细地观察尸体及其周围的环境。突然，他大叫一声："这不是自杀案，这是谋杀案！尸体是被人搬运过来放在这里的，然后伪装成他是自杀的假象！"

助手和围观的人们议论纷纷，都怔怔地望着他，究竟探长发现了什么？令他如此肯定地说这并非一宗自杀案呢？

144. 树叶上的血迹

一天，一家工厂的电话接线员摔死在工厂的电话室楼下，警长接到报案后，立即带领助手赶到了现场。两人到现场一看，只见二层总机值班室的窗户大开，死者显然是从楼上摔下来的，手中还抓着一条湿抹布。二人来到楼上一查，发现电话总机值班室的暗锁和插销都完好无损。两人又来到楼下，只见越来越多的围观者都在窃窃地议论着，一些人还大声地说死者一定是在上面擦洗窗户时不慎失足掉下来摔死的。

难道死者真的是摔死的吗？警长让助手到群众中去调查，自己则开始仔细地勘查现场。

警长先验查了楼上办公室的门，接着又来到楼下，很快，在一楼外阳台上发现了一片树叶，这引起了他的注意。他轻轻地把树叶拿起，仔细地观察，发现树叶上有一小块红点，他判断这个红点一定是血迹。

这时，助手走了过来，向他说道："与死者熟悉的人向我反映，近几日根本没有发现死者情绪有什么反常现象，所以，我想可以排除自杀的可能性。另外，大家还反映说，死者生前作风正派，群众关系非常好，所以，他杀的可能性也是可以排除的。"

"你的调查和分析都有道理，但是，我告诉你，我现在发现了一个非常重要的证据，我认为可以证明死者是被谋杀的。"说完，警长便把那片带有血迹的树叶拿到助手的面前。他让助手看了一下后，便对助手说道："我们现在分头行动，你去调查死者的家庭情况，我去局里对树叶的血迹和死者的血型进行化验，看看它们是否吻合。"

他们马上就开始了行动。仅仅一天工夫，助手的调查结果就出来了：原来死者与丈夫的关系非常不好，她的丈夫一直在找借口来要求与她离婚，可死者始终不同意，所以，她的丈夫极有作案动机。之后，警长的化验结果也出来了，化验证明，树叶上的血迹与死者血迹完全吻合。两项调查一综合，警长认定，死者的丈夫嫌疑最大，于是，他果断地让助手将死者的丈夫带到了派出所，经过审问，死者丈夫交代了犯罪事实：那天晚上，他乘死者一人值班之时，悄悄地进入电话室，乘妻子不备，将其杀死，然后伪造了因擦玻璃不慎失足落地而死的现场。可他万万也想不到，尽管他竭尽清理了现场，但还是被警长从一片树叶上的血迹发现了证据。

那么警长是如何从树叶上的血迹看出来是谋杀的呢？

145. 受过伤的死者

"死者的右手上个月被打断了，一直不能动弹。我们在他裤子的左兜里面发现了一包香烟，在右兜里面发现了一盒火柴。"

探长听了手下的话说："那他肯定是被杀的。"

你知道这是为什么吗？

146. 之前的职业

有些小说家是根据他们的经验来创作的，比如约翰·李·卡勒，在写间谍小说前他曾做过情报部门的工作人员，而有些人则不是，如汤姆·克兰斯就宣称自己从来没有在情报部门工作过，在这个问题上，汤姆就是属于第2种类型的小说家。从以下给出的线索中，你能推断出每个作家的全名、各自最擅长的小说类型和成为小说家之前的工作是什么吗？

现在已知线索是：

（1）约翰写的历史小说大多设定在俄罗斯战争期间。

（2）姓凯勒的小说家以前是一个餐饮老板。姓福斯特的作者创作了一系列政治小说，内容是一位野心勃勃的首席执行官决计不惜一切代价成为首相。

（3）托马斯·罗宾斯是伦敦人。约翰不姓梅尔沃德，他住在诺瑞奇。

（4）迪莉娅的小说不是有关医学领域的。

（5）波林以前曾经营过属于她自己的书店。那位前消防队员写的不是爱情小说。

（6）政治小说的作者从来没有做过消防队员或尸体防腐者。

147. 警察队

电视台发布了一条消息：很受欢迎的警察系列剧《警察队》中的 5 名明星将在下个月底推出。根据下面的线索，你能找出每位演员所扮演角色的名字、加入该部电视剧的时间以及他们在剧中的角色是以什么理由结束演出的。

现在已知线索是：

（1）吉恩杰·马洛警察是警察队中最爱开玩笑的人，他不是在 1998 年 5 月加盟该部电视剧的拍摄。

（2）道恩·塞尔拜在该部电视剧中的首次露面比那位扮演被银行抢劫犯枪杀的演员早一年，后者不是 5 位中最晚加入该部电视剧的演员。

（3）1999 年 3 月 3 日播放的一段片花中首次出镜的那个角色不是由贝利·佩奇所扮演，他将退出第一部的拍摄，转而参演第二部并在其中扮演一名私家侦探。

（4）约翰·维茨所扮演的粗暴狡猾的检查员名为斯耐克·维姆斯。

（5）莫娜·杨在戏中的角色不是芬警察，该角色最后从斯榻·雷恩警察局调到伦敦另一边的尼克警察局。

（6）扮演乌尔夫警官的演员在 1997 年 10 月加入该部电视剧的拍摄。

（7）1998 年 7 月首次出镜的格兰·泰勒扮演的不是坎普恩警察——因为收取当地一位腐败政员的贿赂而被监禁。

148. 甲的帽子是什么颜色

有 6 顶帽子，其中 3 顶是红色的，2 顶是蓝色的，还有 1 顶是黄色的。甲、乙、丙、丁 4 人闭上眼睛站成一排，甲在最前面，乙其次，丙第三，丁最后。老师给他们每人戴了一顶帽子，他们不知道自己的帽子的颜色，但后面的人可以看到前面人的帽子的颜色。老师先问丁，丁说判断不出自己所戴帽子的颜色。丙听了丁的话，也说不知道自己戴的是什么颜色的帽子。乙想了想，也摇了摇头，不知道头上是顶什么颜色的帽子。听完他们的话，甲笑着说知道自己戴了一顶什么颜色的帽子。

你知道甲戴了什么颜色的帽子吗？

149. 巧点鸳鸯谱

一天，4 名书生各携带妻子前往衙门戏弄乔太守，8 人分别姓赵、钱、孙、李、周、吴、郑、王。一阵惊堂鼓后，乔太守升堂坐定，命衙役带上众人。

8 人上堂，连忙跪拜：“小的们昨夜在一起聚会，喝了一些酒，不知怎的，谁与谁是夫妻也弄不清了，现在特来请老爷明断。”

乔太守说：“天下哪有这等怪事，明明是想刁难我，不过本太守就爱断奇案。”

乔太守让每人报了姓氏，又巡视一遍，看到李、钱两人的装束一样，就问李道：“结婚之前，在这些人中，你常和谁来往？”

李回答：“我常和孙、王在一起玩耍。有时天晚了，我们就睡在王家的一个大炕上。”

乔太守又问赵："你结婚时，这些人中请了谁去做客？"

赵答："请了李做客。"

乔太守又问孙："这些人中有你家的亲戚吗？"

孙答："我家的那个（配偶）是吴家那个的表兄。"

乔太守再问吴："听说去年你们夫妻赴京，当时谁为你们饯行？"

吴答："3 家各有一人，郑，王和李家的那个都来给我们饯行。"

问到这里，乔太守哈哈大笑起来，并说道："我知道了！"接着点起鸳鸯谱来。一次就点对了。

那么，谁与谁是夫妻？乔太守又是怎样判定的？

提示：先判别男、女，后判别夫妻关系。

150. 被绑架的失明富家少女

一个双目失明的富家少女在一个炎热的夏日被绑架了。家人交付了赎金之后，她在 3 天后平安回到家。少女告诉警察，绑架她的好像是一对年轻夫妇，她应该是被关在海边的一间小屋里。她详细地描述了自己的感受："在这间小屋旦能听到海浪的声音，也感觉得到潮水的湿味。我好像被关在小屋的阁楼上，双手被捆着。天气非常闷热，不过到了夜晚还是会有一点风吹进来，让我觉得凉快些。"

警察立刻在海边一带进行了彻底的搜查，找到了两间简易的小屋，它们相距不远，只是一间朝南，一间朝北。巧合的是，它们的主人都是一对年轻夫妇。不过这两间屋里都是空荡荡的，被打扫得干干净净，找不出一点其他痕迹。

如果能够确定少女是被关在哪一间小屋，那么自然就可以确定绑架犯了。可是如何才能确定她被关在哪里呢？警方一筹莫展，最后只能去请教名探波洛。

波洛在问明情况以后，立即做出了判断。

这些情况是：

（1）两间小屋的结构几乎完全相同。只是阁楼的小窗一个朝北，一个朝南；

（2）海岸面向海的方向是南面，北面对着丘陵；

（3）少女被关的两天都是晴天，而且一点风也没有。

那么，你知道少女被关在哪一间小屋里吗？

151. 倒霉的日子

今年夏天，在同一个星期里，5 个家庭决定去英国海边度假。那个星期的天气每天都很"特别"，每一个家庭都在不同的情况下遭遇了不同的坏天气。从以下给出的线索中，你能说出他们各自去的度假胜地和他们是在哪天遭遇什么样的坏天气吗？

现在已知线索是：

（1）达许伍德家遇到坏天气是在萨斯安德遭

遇莫名其妙的毛毛雨之后。

（2）星期二是布赖顿遭受大风袭击的日子。

（3）雷阵雨发生在科尔威海湾的坏天气之前。科尔威海湾不是乌德郝斯家去的那个度假胜地。乌德郝斯家在星期一和星期三享受到美好的晴天。

（4）纳特雷一家有一天差点被暴雨冲走。

（5）布莱克浦在星期四遭遇到坏天气。

（6）普里斯家在斯卡布罗度假，他们经历坏天气是在班尼特家之前。

152. 中断的演出

每年夏天，斯多博雷戏剧爱好者协会（SADS）都会在城镇或其附近的露天场地表演莎士比亚的一部著作。但是到目前为止，还没有一部作品能完整地演完。从以下给出的线索中，你能推算出最近 5 年里每年上演的是哪部莎士比亚剧、在哪里演出、是什么原因使演出中断吗？

现在已知线索是：

（1）因电力方面的失误导致所有的舞台灯光都熄灭而中断表演的那场户外演出之后，SADS 又打算把《裘力斯·凯撒》推出作露天表演。

（2）《暴风雨》是在 1999 年表演的。

（3）命运多舛的《罗密欧与朱丽叶》的户外表演，比 SADS 推出的另一部莎翁著作《哈姆雷特》要早。那部莎翁著作是在贝迩维欧公园上演的，并且只演了一半。

（4）《奥赛罗》的演出因一场突来的浓雾致使演员们互相看不到对方而过早停演。它比 SADS 在国家公园的演出要早。

（5）SADS 在万圣教堂周围的空地上演的户外表演不是在 1998 年。

（6）2000 年特别的千禧年演出因一阵突来的大风吹走了舞台布景而遭到破坏。

（7）因暴雨中断的演出不是在 2001 年举行的，也不是在 2002 年斯多博雷足球爱好者俱乐部的球场举行的。

（8）有一场戏是在小修道院的草地上演的。

153. 谁杀害了医生

一名医生在家里被人杀害，抓到了 4 名嫌疑犯。警方根据目击者的证词得知，在医生死亡那天，只有这 4 个病人单独去过一次医生的家。

在传讯前，出于各种不同的原因，这 4 个病人商定，每人向警方作的供词条条都是谎言。

下面是每个病人所做的两条供词：

A 病人：

（1）我们 4 个人谁也没有杀害医生。

（2）我离开医生家的时候，他还活着。

B 病人：

（3）我是第二个去医生家的。

（4）我到达他家的时候，他已经死了。

C 病人：

（5）我是第三个去医生家的。

（6）我离开他家的时候，他还活着。

D 病人：

（7）凶手不是在我去医生家之后去的。

（8）我到达医生家的时候，他已经死了。

这 4 个病人中谁杀害了医生？

154. 聪明的囚徒

古希腊时期，有一批囚徒即将被处死。当时娱乐方式特别少，国王和贵族们经常以杀人当游戏。因为杀的人太多，所以这次国王想换种方式杀了这批囚犯。

有位大臣建议：让他们任意挑选一种死法，就是让囚徒任意说一句话——如果说的是真话，就绞死；如果说的是假话，就砍头。

国王觉得这个建议实在是太好玩了，便采纳了大臣的建议。结果，这批囚徒不是因为说了真话而被绞死，就是因为说了假话而被砍头；或者是因为说了一句不能马上检验是真是假的话，而被看成是说假话砍了头；或者是因为讲不出话来被当成说真话而被绞死。

国王看到囚徒们一个个被处死，很是开心。

在这批囚犯中有一个很聪明的人名叫门拉，他看到国王这样无聊地拿杀人取乐，心里很是不满。于是就想着能用什么办法来争取生存的权利。等轮到他的时候，他说了一句话，使得国王既不能砍他的头，又不能将他绞死，最后众大臣也没想出办法让他死，就只好释放了他。

155. 电视转播赛

现在，来自某支足球队的 7 位球员进行着一场开心的传球运动。根据下面提供的线索，你能按照正确的顺序推断出参加这场活动的 7 名球员的姓名吗？

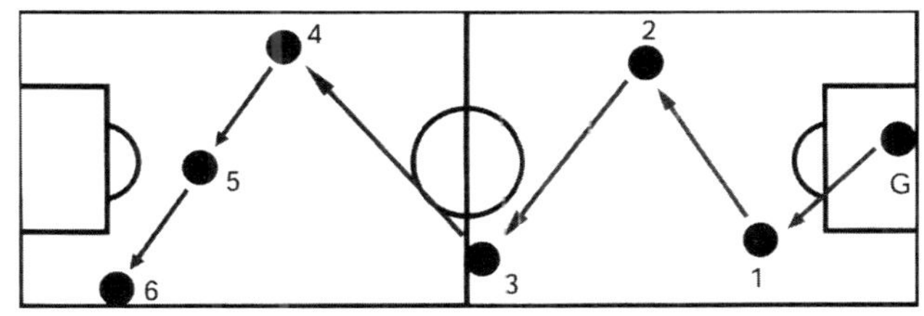

线索：

（1）加里，位于对手所在的半场，接到了奥凯西的传球。

（2）克莱德·约翰逊接到达伦的传球后，又把球传给了马钱特。

（3）史蒂夫位于图中的 2 号位置。

（4）戴维不是守门员，他把球传给了迈克，迈克不和贝内特位于同一个半场。

（5）彼得接到了格伦的传球，但没有把球传给多诺万。

（6）斯旺是位于图中 3 号位置的球员的姓。

名字：克莱德、达伦、戴维、加里、迈克、彼得、史蒂夫

姓氏：贝内特、多诺万、格伦、约翰逊、马钱特、奥凯西、斯旺

解题提示：首先推断这场比赛的守门员的名字。

156. 一瓶新药

警方抓获了一个犯罪团伙，但在实施抓捕过程中，忙中出错，多抓了一个人。本来只有4个犯罪，结果却抓进来5个人。于是这个无辜被抓的人便大喊冤枉，真正的罪犯见有人喊冤枉，也跟着喊冤。警方一下子陷入了被动局面，怎样才能确定哪一个人是无辜的呢？

警方只好求助犯罪心理学专家海尔博士。海尔博士想了一会儿，说："只要利用罪犯的心理，便可以确定哪一个是无辜的。"

他随手将一瓶水倒进药瓶里，对5个人说："这是国际上最新推出的一种药，有一种奇特疗效，犯罪的人一喝下，保证从表情上就能表现出来，现在请你们每个人喝一瓶。"

这个方法确实很管用，很快他就把无辜的人找了出来。

你知道他是怎样分析的吗？

157. 被诬陷的偷瓜贼

有个叫王海生的瓜农，侍弄着十几亩西瓜，他的瓜地在路边，经常有过路的人到这里买瓜吃，王海生为人刁钻，总幻想着能有一天发大财。怎样才能发大财呢？靠种瓜卖钱？那是不可能的。于是，他想起了歪门邪道：遇见过路的和老实人，便想方设法敲诈人家的钱财。

有一天，王海生在路边蹲了一天，也没遇见一个可以敲诈的对象。他垂头丧气地回到了瓜棚。不知过了多久，忽然听见瓜棚外面有人说话：

"妈妈，我渴了，要吃瓜。"是一个小姑娘的声音。

"快走吧，前面不远就到家了。"是一个妇人的声音。

"不嘛！我要吃，我要吃……"

"好孩子，别闹妈妈了，你看地里也没有人，把钱给谁呀？"

"放在地上，把钱放在地上。"

这时，王海生正在瓜棚里偷偷地朝路边望着。他看见妇人犹豫不定的样子，心想，白等了一天，这回一定要敲诈她个狠头儿的，他从瓜棚门缝看见那妇女朝这边走了几步，喊道：

"瓜棚里有人吗？"

王海生没有回答，却依然紧盯着那个妇人。他看见那个妇人从包袱里掏出几个铜钱，蹲下身去，把钱放在一片瓜叶上，然后拧下一个小西瓜。

"住手，原来是你在偷我的瓜呀！走，到官府去！"王海生见时机已到，边喊边蹿出了瓜棚。

妇人看见瓜棚突然蹿出一个男人，吓了一大跳，手拿西瓜愣住了。但很快她便轻声说道："大哥，你别生气，不是因孩子喊渴，我不会这样做的。瞧，我已经把钱给你放在这儿了。"

“就那点钱，也想吃瓜？”王海生瞪了妇人一眼。

“那你要多少钱？”妇人说着又掏出几枚铜币。

“你等着，看看这些瓜值多少钱？”王海生说完，像发了疯似的，弯腰就摘起了西瓜，一会儿，就摘了 20 多个。

妇人不知王海生要干什么，吓得把女儿紧搂在怀里。

“走吧！和我去见官吧！”王海生喘着粗气说道，“你偷了我这么多的瓜，看你得赔我多少钱？”

“你这是敲诈！”妇人气得声音颤抖着说。

王海生哪管这些，把瓜用筐装上，用牲口驮着，逼着妇人领孩子和他一起来到了县衙。

县令升堂问案，王海生活灵活现地讲述了那个妇女如何偷了他二十几个西瓜，自己又如何抓到她的经过。他还说，前些天就已经丢了十多个瓜，一定是这个妇人偷的，要她全部如数赔偿。

听了王海生的诬告，那个妇女很气愤地说：“我女儿口渴，我看见瓜地里没人，便摘了个小西瓜，而且还把钱放在瓜叶上，怎么能说是偷瓜呢？”

“人证俱在，你是赖不了的！瞧，这二十几个西瓜还不都是你偷偷摘下来的吗？怎么说是只拿了一个？”王海生尽管心虚，但嘴上却很硬。

“黑的变不成白的。我只摘了你一个瓜，绝不会错的。”

他们各说各的理，争执了半天也没有结果。

他们谁说的是实话呢？县令也感到这个案子难断。忽然，他想出一个主意。忙问王海生：“这二十几个西瓜都是这个妇人偷的吗？”

“老爷，这是小人亲眼所见，没有半句谎话！”

“你什么时候抓住她的呢？”

“她抱着这些瓜刚要走，就被我发现了，于是，我把她带到了这里。”

县令听后大怒，厉声对王海生喝道：“你这个坏蛋，竟敢诬陷好人，还不从实招来！”

“小人说的句句是实话啊！”王海生还在狡辩着。

“那好吧，本官就叫你当堂表演一番！”县令说完，用了个小小的办法就让王海生低头认罪了。

这个县令用的什么办法迫使王海生认罪的呢？

158. 巧打德国侵略军

第二次世界大战期间，法国的一个小镇驻扎着德国的一支侵略军。一次，指挥官海格姆上校在他的指挥部宴请各界人士。为了安全，颁发的请柬是两张相同的红票连在一起，两张请柬最多可进 3 人。宾客在进第一道岗时撕去一张，另一张进指挥部时交给门卫；如果有事外出，则发给一张特别通行证，凭此证进出第一道岗哨时只要给哨兵看一下，进指挥部时才收掉。

法国抵抗组织设法搞到了两张请柬，他们用这两张请柬巧妙地安排 3 人进入指挥部，另外十几个游击队员通过第一道岗哨，埋伏在指挥部外，结果里应外合，打击了德国驻军。

你知道游击队是怎么安排的吗？

159.《圣经》阅读计划

大约 4 世纪的时候，英国有个名叫亚当斯的惯盗，多年来一直行凶作案，终于被抓，并准备处以极刑。

当时的英国国王是詹姆斯六世，他因钦定《圣经》而闻名。亚当斯抓住了这个机会对狱卒说："听说国王喜欢《圣经》，为表示对国王的忠心，临死前我想读一读《圣经》，请国王允许我把《圣经》读完后再处死我。"

狱卒马上把亚当斯的想法上奏给了国王，国王听了狱卒的上奏后，说："满足他的愿望吧，在他读完《圣经》之前，暂停执行死刑。"得到国王的许可，亚当斯欣喜若狂，他当即写了一份阅读计划交给审判官，并说自己要好好品读《圣经》，直至背下来。审判官顿时醒悟，国王上当了。实际上亚当斯借此取消了自己的死刑。

你知道亚当斯是怎样借机取消自己的死刑的吗？他的阅读计划是什么？

160. 被偷的古书

福伦警长接到一个电话，对方在电话里气喘吁吁地说："报告警长，我是莱蒙德，我的家刚才……被盗窃了，快、快、来……"福伦警长在这个区工作了很久，对居民的情况都了如指掌。

福伦警长记得，莱蒙德是博物馆研究员，原来住在中央大街，那里是名人生活区，都是别墅群。后来，莱蒙德好像遇到了什么麻烦，经济上有些拮据，就把别墅卖了，搬进了附近的公寓楼，住房条件就差远了。不过，莱蒙德没有结婚，一个人住是绰绰有余了。

福伦警长赶到了莱蒙德的家，看到莱蒙德正等在门口。他们一起走进了楼下的客厅，莱蒙德哭丧着脸说："今天我提早回到家，发现门锁被打开了，推门进去，突然一个人冲了出来，他的手里拿了一本书，我想抓住他，可是他挣脱了我，逃到大街上，穿过马路就不见了，我没追上他，只好在门口电话亭打电话报警。"

福伦警长问："您检查过吗？家里还少了什么东西？"

莱蒙德说："我打完电话后，就守在这里保护现场，还没有进过房间呢！"

福伦警长奇怪地问："一本书值得您这么着急吗？"

莱蒙德说："警长先生，这本书可不是平常的书，它是世界仅存的孤本，价值 20 多万哪！我把它锁在楼上书房的书橱里，谁知道小偷太狡猾了，竟然带着工具，拆了书橱的门，偷走了这本最值钱的书！"

福伦警长上了楼，果然发现书橱的门锁被拆了下来，他问："这本古书您买了保险了么？"

莱蒙德有些紧张，说："买了……可是……"

福伦警长笑着说："您别演戏了，书是您自己偷了藏起来，想骗保险费吧？"

福伦警长根据什么判断出莱蒙德在撒谎？

161. 警长的推理

警官鲁道夫拿着一份案件的卷宗走进了警长海德格的办公室，将其恭恭敬敬地放在上司的桌上。

"警长，4 月 14 日夜 12 时，位于海德剧院附近的一家超级商厦被盗去大量贵重物品，罪犯携赃驾车离去。现已捕获了 3 名嫌疑犯在案，请指示！"

海德格警长看了得力助手一眼，翻开了案卷，只见鲁道夫在一张纸上写着：

事实 1：除 a，b，c 3 人外，已确证本案与其他任何人都没有牵连；

事实 2：嫌疑犯 c 假如没有嫌疑犯 a 做帮凶，就不能到那家超级市场作案盗窃；

事实 3：b 不会驾车。请证实 a 是否犯了盗窃罪？

海德格警长看后哈哈大笑，把鲁道夫笑得莫名其妙。然后，海德格三言两语就把助手的疑问给解决了。请问，警长是怎样判案的呢？

162. 溜冰场劫案

神探博士来到了溜冰场，这里播放的音乐简直震耳欲聋，甚至在大厅都让人受不了。在溜冰室内，由于音乐声太大，人们几乎没法听到对方的说话声。

溜冰场的经理布莱德先生走到博士面前，向他示意到旁边一个标有"办公室"字样的房间谈话。当两人走进办公室并关上门后，博士发现屋内的隔音效果非常好，几乎完全听不到外面的音乐声了。

屋内坐着两个人，其中一个正用冰袋捂着自己的脑袋。

"我建这个隔音的办公室就是为了防止外面的音乐声传进来。可现在我们却被抢劫了，我也是刚赶到这里，还是让我的员工弗兰克和乔来给你描述一下当时的情况吧。乔，你先说吧。"经理说。

只见那个用冰袋捂着脑袋的人开始讲述起来："当时我正在数钱，就坐在这个位置，背对着门口，然后就感觉到有人从后面走了进来在我头上重重一击，等我醒过来的时候，发现钱已经不见了。"

"你呢？你知道些什么情况？"博士把头转向另一个叫弗兰克的员工。

"我当时在溜冰室看他们溜冰，听到办公室传来撞击声，然后就回来看是怎么回事，正好看到一个高个子男人从办公室溜了出来，然后就跑掉了。我回到办公室发现乔已经晕了过去，就马上把他弄醒并报了案。"

"是吗？那么请告诉我们你到底把钱藏到哪里了，弗兰克。"博士说道。

为什么博士怀疑弗兰克？

163. 假扮阎王

唐朝时，有一个名叫郝广友的普通农民，在端午节的当天，带着妻子和女儿来到县城观看赛龙舟。因为高兴，郝广友就在镇上喝了点酒，回家后酒劲大发，不禁酣睡不醒。到了晚上，他的妻子突然号啕大哭，邻居们闻声赶来，只见郝广友鼓出两只大眼，已死于非命。大家便连夜禀报给县令狄仁杰。

狄仁杰断案是出了名的。他接到这个案件后，便带着衙役来到了郝广友的家，他先是查看了郝广友的尸体，发现死者既无伤痕也无中毒迹象，便又开始细心地查验死者的住房，查着查着，突然他发现死者家的地窖内有一个秘密通道，连接着邻居孙坤的家。狄仁杰觉得有点蹊跷，便把孙坤传了过来进行盘问。孙坤一见狄仁杰立刻慌了神，马上就招供说自己与郝广友妻子有私情，私密通道就是自己挖的。

狄仁杰见孙坤说出了实情，马上就开始审问郝妻，并将孙坤已承认与郝妻有私情的事实告诉了郝妻，希望郝妻不要执迷不悟。可是，郝妻不但不听狄仁杰的规劝，反而一口咬定那通道是他家原来购置房产时就有的，并在狄仁杰面前大骂孙坤因调戏她不成，竟然害死了她丈夫郝广友。狄仁杰眼见郝妻拒不承认。自己又没有真凭实据来认定郝妻是否也是凶手，便耐心地问郝妻："你丈夫白天还好好的呢，为何晚间便突然死去了呢？"郝妻回答道："这种事命里注定的，你说说，阎王要你三更死，你便活不到五更。"

狄仁杰在郝妻回答自己的问题时，便察言观色，心中初步认定郝妻一定与死者的死有关系。突然他在脑海中想出了一个计策。于是，他让衙役先将郝妻押在狱中，在半夜三更之时，便将郝妻定了罪，破了这桩案子。狄仁杰是如何让郝妻伏法的呢？

164. 仓库被盗之谜

古董商伯德的仓库里放有 10 只装有珍贵古董的箱子。当他天亮查看仓库时，发现少了 1 只箱子，于是立即报了警。他对警长说，仓库的钥匙只有他一人有，而且整天贴身挂在脖子上，不可能有人动过。警长现场查看，发现仓库是个封闭式的小屋，只在屋顶上开了个小天窗，窗上安装着拇指粗的铁栅栏。虽然铁栅栏已少了两根，但上面织满了蜘蛛网，说明不会有人从这里钻进来。

警长大惑不解，找到刑事专家帮忙分析案情。刑事专家问："除了伯德本人，还有谁知道仓库里有古董箱子？"警长说："有个叫卡特的，是伯德的外甥，因为嗜赌，早已被伯德赶出去了。但是蜘蛛网没破，他也钻不进来呀！"刑事专家说："如果确实没有第三人知道仓库内藏有古董箱，那么，这箱古董就是卡特偷的。"后来，侦破的结果证实了他的推断。

请你推理一下，卡特是怎样进入仓库的？

165. 到底是谁

神探博士来到家具店，他的朋友瑞贝卡警官正在商店后面的办公室里和经理交谈。只见经理手拿毛巾，紧紧捂着自己左耳上方后脑勺上的伤口。还有两个人坐在经理后面的小桌两侧，手里各自拿着笔在纸上拼命地写着什么东西。两个人的动作几乎如出一辙，都是低头不语，专心致志，看上去很滑稽，就像是彼此在镜子里的倒影一样。

经过瑞贝卡警官的解释，博士很快就明白了这两个人为什么在写东西了。

"博士，这位是家具店的经理，他说案发时他正在店内照顾生意，背对着后面的办公室，突然有人从后面把他击倒然后进行了抢劫。由于只有他一个人在店里，而且确信别人无法悄悄溜进来，因此他怀疑是自己的两个助理经理中的某个人干的，因为只有他们有可能来过办公室。他们都有钥匙，都可能有机会从后门进来。因此我让他们把案发当时他们在哪里，在干什么都详细地写下来。现在还是你来问问他们吧。”

“瑞贝卡警官，我觉得没必要再问了。看起来你已经侦破了这起案件，我现在就可以告诉你是谁干的了。”博士说道。

博士是如何快速破案的？

166. 价值连城的大钻石被盗

大富翁维特常常向人炫耀他那颗价值连城的大钻石，因此吸引了不少朋友到他家来参观。

为了安全、美观起见，他特意把钻石放在一个很大的窄口玻璃瓶内。玻璃瓶本身重30多千克，普通人想搬走也不是一件容易的事，何况维特又在放钻石的房间周围装上了防盗警报，只要有人移动玻璃瓶，警报系统就会发出叫声。

有一天晚上，维特从外面回来，走进放钻石的房间一看，大吃一惊，玻璃瓶仍在，那颗钻石竟然不翼而飞了！维特急忙报了警。

经警探调查得知，维特外出后，曾有3个人先后进入过这间房子。一个是负责清洁地毯的工人，一个是管家，一个是守卫。这3人之中，谁能够不移动玻璃瓶，而把那颗钻石偷走呢？

167. 银行经理之死

鲁克伯是家大银行的经理，他的时间观念很强，身上总带着一只手表和一只怀表，常常在对时间。

那天，有人在鲁克伯家和他谈话，家里只有他和侄子两人。夜深了，在客人即将告辞时，他把侄子叫上二楼。据他侄子说，是伯父忘了打开窗子，让他把窗子上下各打开1英寸。

然后，客人和他侄子一起离开了。喝了一会儿酒，他侄子向客人借了一把猎枪，两人一同回到鲁克伯家，但门锁着，进不去。他侄子很生气，用手中的枪朝空中打了一枪，大叫道：“伯父，你就在楼梯上摔死算了！”

当晚，他侄子就住在客人家。

第二天发现，鲁克伯果然摔死在楼梯上。楼梯上的地板有不平的痕迹，显然是因此而掉下来摔死的。尸体的右手拿着怀表，那表快了1小时；手表摔坏了，指着12点，正是他侄子叫喊他的时候。难道诅咒能成为现实吗？当然不会。

请问：鲁克伯到底是怎么摔死的呢？

168. 巧留鞋印

詹姆斯、汤姆和理查德3人都是一家公司的门卫。一天，詹姆斯兴高采烈地告诉另外两人，他买彩票中了头奖，奖金高达10万美元。这下子引起了理查德的贪念。他处心积虑，想夺取这笔财富。乘汤姆在值班，理查德潜入詹姆斯家里，把他杀死，窃走了10万美元。

第二天早上，詹姆斯的尸体被发现了，现场留有多个鞋印。根据现场证据显示，警方逮捕了汤姆。因为汤姆的脚有点跛，所以鞋底磨损的情形有些特别，留下的鞋印也与众不同；而这与凶案现场留下的鞋印完全吻合。而且，汤姆的鞋底也沾有现场的泥土。于是，警方逮捕了汤姆，控告他谋杀。

“这双鞋子是我3个月前与理查德一起购买的，我每天都穿着它上班。案发当天，我独自一人在公司值班室睡觉，没有离开半步。所以没有其他证人。”汤姆无奈地说。

“你这双鞋也放在值班室吗？”警察问道。“是的。我每天晚上都把鞋放在值班室里，所以不可能被人偷去。”

那么，理查德究竟用了什么诡计，在现场留下了与汤姆相同的鞋印呢？

169. 火车上的嫌疑犯

“呜——”一辆火车风驰电掣般地行驶在西部的大地上。旅客们有的在睡觉，有的在看报，还有的在下棋，进行着各种各样的活动。

在这列火车的一节车厢里，有10个在全国各地分头作案的嫌疑犯，他们彼此互不认识。每个人分别有一个代号，即：1、2、3、4、5、6、7、8、9、10。按照大头目的指令，他们来到列车酒吧的车厢里秘密集会，按照代号的次序坐好，接受任务。

阿顿探长接到上级的密令，也早早地登上了这趟列车。他来到酒吧车厢里，果然发现有10个人正围在一张圆桌旁，探长眼睛很敏锐，他估计每个人的座号一定就是他们的代号。

很快，就餐的时间到了。嫌疑犯们开始用暗语对话。用餐后，就分成了4组向列车的前方和后方散去，圆桌旁仅剩下两个人坐着不动，继续就餐。这两个人的位置正好是面对面。

这时，菲里德探员走进来，对阿顿探长说：“根据情报提供的特征，这两个面对面坐着的人就是他们行动组的头儿。”

“好，我看时机已到，立即逮捕他们！”阿顿探长下令道。

立刻，两个头儿便被探长给逮捕了。

菲里德探员问：“你们的代号是多少？”

一人闭口不言，瞪着愤恨的目光；另一个人却挑战似的说道：“我只知道4组人中每组座位号数之和，等于我们其中一人的座位号。”

菲里德有些恼怒，阿顿探长却非常开心地说道：“你以为你很聪明吗！我现在已经知道你们的代号了！”

这两人的代号是多少呢？

170. 奇怪的密室杀人案

一天，在伦敦市发生了一起奇怪的密室杀人案。在一间空房里发现了一具少年的尸体，他是被绳子勒死的。这个少年几天前遭绑架，被罪犯勒索了10万美元赎金后下落不明。

少年是在一间存放杂物的储存室内被勒死的。可奇怪的是，门从里面反锁着，而且墙板上有无数个铁制的钉帽。一切都表明，这间房子是纯粹的密室，大概是罪犯为了不让别人发现而故意选择了这个密室的。

那么，这样一来，勒死少年后，罪犯又是从什么地方、怎样离开房间的呢？

负责调查这个案件的刑警很小心地进入这个房间后，用铁锤和拔钉器起开墙上的壁板，很快就发现了罪犯的诡计。

试问：罪犯是怎样逃离这间密室的呢？

171. 被害人溺水死亡

星期天早晨，G 湖水面上漂浮着一具垂钓者的尸体。看上去像是乘租用的小船垂钓时船翻溺水而死的。死亡时间是星期六下午 5 点钟左右。

警方认为这起死亡事件是单纯的意外事故，但亨利侦探调查后认定是他杀案。而凶手竟是死者一个在某大学附属医院任药剂师的朋友，因为他欠死者一大笔债。

可是，罪犯有不在现场的证明。星期六他租用另一条小船在 G 湖和被害人一起钓鱼，下午 3 点钟左右与被害人分手，一个人乘坐 G 车站 15 点 40 分发的电车回到 K 市自己的家里。列车到达 K 市车站是 18 点 30 分。这期间罪犯一直坐在列车上，并有列车员的确切证词，亨利侦探还是揭穿了他巧妙作案的手段。

请你推理一下，罪犯用了什么手段使被害人溺水而死的呢？

172. 同事间的生死较量

艾伦和布伦特是同事，但二人因为升职的事，暗中互相较劲，并相互拆台，但表面上，他们两人很亲热。

一天，艾伦邀请布伦特到家中做客。布伦特来到艾伦家，先和艾伦及艾伦的家人玩了几圈麻将。后来，艾伦端来了水果请布伦特吃。布伦特顺手拿起了一个大苹果，但感觉太大，艾伦说我们一人一半，布伦特同意了。

但刚吃完苹果，布伦特便捂着肚子喊起痛来，不一会儿竟停止了呼吸，这可把艾伦全家吓坏了。警察赶来时，也犯了愁。“因为死因虽然是中了氰化钾毒而死，但布伦特是自己随意拿的苹果，而且艾伦也和他同吃了一个苹果，这怎么也不可能是艾伦害死的。”警察拿着水果刀思索着。但其实正是艾伦下毒杀死了布伦特，你能猜到是怎么回事吗？

173. 伽利略的推理

伽利略有个爱女叫玛丽娅，在离伽利略住处不远的圣·玛塔依修道院当修女。伽利略常去看望女儿。

有一天，玛丽娅给伽利略写了一封信。信中写道：“昨天早晨，修女索菲娅躺在高高的钟楼凉台上死去了。她的右眼被一根很细的约五厘米长的毒针刺破。这根带血的毒针就落在尸体旁边。有人说，她是自己把毒针拨出后死去的。钟楼下面的大门是上了栓的。这大概是索菲娅怕大风把门吹开，在自己进去之后关上的。因此，凶犯绝不可能潜入钟楼。凉台在钟楼的第四层，朝南方向，离地面约有 15 米。下面是条河，离对岸 40 米。

昨晚的风很大，凶犯想从对岸把毒针射来，而且正好射中索菲娅的眼睛，是根本不可能的。院长认为索菲娅的死是自杀。可是，极端虔诚的索菲娅，能违背教规用这样奇特的方法自杀吗？”

伽利略看完信，就去修道院看望女儿。

“就是那钟楼。看见凉台了吗？”在修道院的后院，玛丽娅指着钟楼上的凉台说。

钟楼的台阶毕竟太陡，伽利略上不去，就在下面对凉台的高度和到对岸的距离进行了目测，并断定凶犯不可能从河那边把毒针射过来。

“听人说，她对您的地动说很感兴趣，还偷偷地读了您那本已成为禁书的《天文学对话》。院长要是发现，很可能把她赶出院门。可是她非常好学，又很勇敢。那天晚上，肯定是上钟楼眺望星星和月亮去了。”

“有没有他杀的可能？也就是说有人对她恨之入骨，想置她于死地的可能？”

“索菲娅家里很有钱。她有个同父异母的弟弟。今年春天，她父亲去世了。索菲娅准备把她应分得的遗产，全部捐献给修道院。可是，那个异母兄弟反对她这样做，还威胁说，要是索菲娅敢这样做，就提出诉讼，剥夺她的继承权。事情发生的前一天，她弟弟送来一个小包裹，可能是很重要或者很贵重的东西。

今天，在整理她房间的时候，那个小包裹却不见了。会不会是凶犯为了偷这个小包裹，而把她杀死了？”

伽利略朝着钟楼下流过的河水，喃喃自语道：“如果把那条河的河底疏浚一下，或许能在那里找到一架望远镜。”

第二天早晨，玛丽娅急匆匆地回到自己家中，对伽利略说道：“父亲，找到了。是这个吧？”说着，取出一架约有 47 厘米长的望远镜。“这是看门人潜入河底找到的，准是索菲娅的弟弟送来的，因为以前我从未见到她有过望远镜。可是，这和杀人有什么关系呢？”

伽利略马上告诉了女儿他自己的推理，后来，事实证明，这位伟大的科学家完全正确。

你能猜出伽利略是怎么推理的吗？

174. 沉入水中的棉花

“卖糖炒栗子，又香又甜！”“要买土特产，快到这里来！”在一个旅游景点旁边，有一条小商品街，这里卖什么的都有，老板们拉开了嗓门，大声吆喝着，好像在大合唱。

小商品街上有一家扇子店，方老板今天赚了一大笔钱，他数着一沓沓钞票，笑得合不拢嘴。下午来了一个旅游团，那些蓝眼睛高鼻梁的游客，看到画着《西游记》图案的折扇，被上面的孙悟空逗得哈哈笑。他们一个个抢着买，把几大箱扇子一下子都买完了，方老板直后悔没有多进货，他决定连夜去进货，明天再大赚一笔。

方老板没有料到，他已经活不过今天晚上了。这时候，他听到有人敲门，赶紧一边把钱塞进抽屉，一边问：“是谁啊？”他听到一个熟悉的声音：“是我呀！”他这才放心地去开了门。那人进来以后，和方老板寒暄了几句，突然拿出一团白的东西，捂住了方老板的嘴……

第二天早上，人们发现了方老板的尸体，他的嘴里塞着一大团棉花。王探长调查现场以后，推测是熟人作案，凶手骗开门以后，用蘸过麻醉药的棉花，捂住方老板的嘴鼻，使他昏迷后窒息死亡。

王探长经过进一步调查，知道这里有两家店卖棉花，一家是棉花店，卖做棉衣的棉花；另一家是药店，卖药水棉花。这两家店的老板又都和方老板熟悉，也都有作案的时间。那么，究竟哪个店的老板有犯罪嫌疑呢？王探长看着这团棉花，心里有了主意。

王探长对棉花团做了简单快速的测试，马上推测出了谁是犯罪嫌疑人，请问他用的是什么办法呢？

175. 猴子杀手

艾伦为了杀死合伙做生意的小李，他精心谋划了很久，找到了一个自认为万无一失的办法。他计划在自己家里一间屋子的工作台上固定安装好一支猎枪，枪口对准门口，并驯化一只猴子守候在猎枪扳机处，当有人开门进来时就扣动扳机，给人一种猴子恶作剧杀人的假象。他对猴子进行了长期的训练，当然训练时不用实弹，他假装成要杀的小李充当靶子。经过长期多次强化训练，猴子百分之百地掌握了如何扣动扳机的要领。

这一天，艾伦邀请包括小李在内的众多朋友聚会。他找了适当的借口，让小李去装有猎枪的房间取点东西。小李毫不怀疑地去了房间，但很快又回来了。艾伦大惊失色，心想一定是猴子在偷懒。他气冲冲地走到那个房间，可刚一进去，就听见一声清脆的枪声，艾伦应声倒地而亡。

为什么小李进去而没有被杀死？

176. 漂泊的救生筏上

游览用的小型直升机载着一个乘客在海上飞行时，遇到了空中陷阱，还没来得及发出求救信号就坠到了海里。幸好，靠机翼的浮力，飞机没有马上下沉，所以飞行员和乘客才得到机会吹起救生橡皮筏转移到了上面。

海面上风平浪静。橡皮筏是4人用的，所以两人用绰绰有余。筏上有5罐紧急用的罐头食品，其中两罐是果汁，以此来代替饮用水。

“如果这样漂上两三天，大概会有搜索飞机来救助的，无须担心。”飞行员劝乘客放心。

可是，半个月后，一艘国际货轮发现这个救生筏时，飞行员和乘客都已经死了。飞行员是被人用匕首刺死的，而乘客不知为什么用左手的一个手指抠住鼓起的空气管俯在筏上饿死了。船上还有一把带血的匕首和4个空罐头盒，另一个罐头没动过。

“这两个人是为抢夺最后的一盒罐头而用匕首互相残杀的吧？”

“如果是这样，活着的凶手为什么不吃罐头而被活活饿死呢？”

货轮上的船员们都感到不可思议。

请你推理一下，漂泊的救生筏上到底发生了什么事？

177. 特工情报员遇害

深夜，一个特工情报员在一条可容两辆车行驶的公路上行走。

他准备步行到公路的某个联络点A递交一份秘密情报，深夜的公路静悄悄的。突然，情报员见到前面一辆车，开着亮灯，在路中急速行驶，向着自己冲来，两盏车头灯的强光，耀眼非常。

对方来势汹汹，但情报员十分镇静，他在路中心走着，等到迎面而来的车差不多到达眼前时，才突然向路边一跳，企图避过对方。

但是，只听见一声巨响，已经跳到路边的情报员，突然被车子撞倒，到底是什么原因呢？

178. 赃物藏在何处

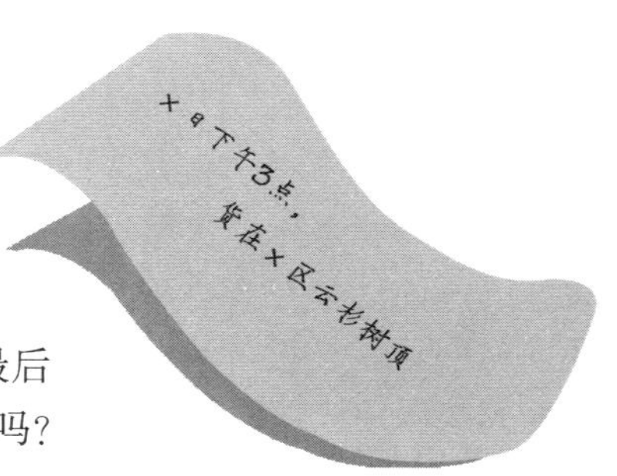

在打击贩毒分子的活动中，警方歼灭了一个犯罪团伙，在罪犯的口袋中，警方搜到一张纸条，上写：“× 日下午 3 点，货在 × 区云杉树顶。”警方迅速赶到现场查看，发现这棵树并不高，而且货物明显不在树顶。于是，他们重新认真推敲那句话的意思，最后终于在正确的位置将货物取出。你知道正确位置是哪里吗？

179. 阳台上的枪杀案

星期天清晨，体操运动员伊里杰夫很早就起床了：他住在体育公寓的 6 楼，有一个很大的阳台，阳台的一角放着训练器械。他来到阳台上，一会儿压压腿，一会儿弯弯腰，一会儿双手倒立，一会儿引体向上……对面阳台上，有个小朋友看得直叫好，可是喝彩声刚落，“砰”的一声枪响，伊里杰夫就倒在阳台上，不动弹了。小朋友吓得蒙住了眼睛，大声喊：“爸爸，爸爸，对面的叔叔被打死啦！”

麦克奎尔探长接到报案，直奔现场。他检查了尸体，发现子弹是从背后射进去、从小腹穿出来的，有一颗弹头嵌在阳台的地板上，和死者的伤口完全吻合。探长挖出弹头，发现这是小口径步枪子弹头，是专门用于射击比赛的。

探长又做了进一步的调查，得知在这幢公寓的二楼，住着一位射击运动员，人称“神枪手”，就对他进行询问。“神枪手”生气地说：“探长先生，你不应该怀疑我，因为我听说子弹是从他后背进去，下腹部出来的，凶手显然是从上面往下射击，我在二楼是没有办法射中他的啊！”

探长问了射击运动员的邻居，证明他早上确实没有出门。

那么凶手究竟是谁呢？

麦克奎尔探长很快就有了答案。

从现场情况分析，你认为麦克奎尔探长会说谁是凶手呢？

180. 子弹会拐弯吗

一位被警方押送的罪犯趁警察去列车长那要求调换座位时，偷偷地跑掉了。他藏在车头靠近机车的位置，正暗自庆幸时，没有想到他已被派来杀人灭口的杀手盯上。

列车在要经过一段坡度很大，且弯度也很大的地段时，列车播音员提醒广大旅客要注意。当列车顺利经过时，这位罪犯却已经被枪杀而死。经警方调查，杀手是在列车车尾处射击的，而罪犯却在车头，世界上还没有射程这么远，而且子弹会拐弯的枪吧？

你知道这是怎么回事吗？

181. 杀人的毒蝎

清朝的时候，某县城里有个叫李原的小商贩。他家里有年迈的老母和漂亮贤惠的妻子。这年夏天，李原出门做生意发了财，高高兴兴地回到了家中。为了犒劳丈夫，妻子秀花杀鸡备酒，全家人围坐在葡萄架下共进晚餐。

酒足饭饱后，秀花看见丈夫连日劳累，眼窝深陷，便心疼地催他早点歇息，谁知李原刚躺下不久，就翻滚着直喊肚子疼，不一会儿便气绝身亡了。

秀花扑在丈夫的身上，哭得死去活来。

当即有人把案子报到县衙。县令带人来到李家检验了尸体，认定李原中毒而死。县令冷冷地询问了晚上吃饭时的情况，便认定是秀花趁丈夫不在家的时候与人私通，等丈夫回来时便投毒害命。于是，秀花被押到了县衙。县令升堂审案。

“你与何人私通？”

“小女乃良家女子，不曾与任何人私通！”

“那你是如何害死李原的呢？”

“我与李原恩恩爱爱，怎么能下此毒手呢？”

“我看不用严刑你是不会招的，来人，大刑侍候！”

于是，秀花被按在大堂上，打得皮开肉绽。

她实在受刑不过，只得含冤喊道：“我招，我招！”

县令松了口气，又问道：“你与何人私通？”

“与李原的堂弟李朋私通。”

“你是如何害死李原的？”

“我在酒中下了砒霜。”

县令又派人把李朋抓来，也严刑逼供，使李朋也被屈打成招。

不久，秀花和李朋便被定了死罪。直到被押到刑场上时，秀花才悔恨万分，想到不仅自己要含冤归赴黄泉，而且还连累了无辜的李朋。就在行刑前，她不顾一切地口呼“冤枉！”然而，她和李朋还是被砍了头。

他们死后，亲朋好友纷纷递状上告，为他们鸣冤叫屈。

有一天，一个清瘦的老头儿来到李原家。

老头儿讨了口水喝，向李原的母亲问道：“你们家的事儿传遍了咱这小小的县城，可有个问题我总没明白，不知当问不当问？”

“请说吧！人都死了，哪还有什么可瞒人的事啊！”

“那天，你们 3 个人一起吃的饭，为什么唯独你儿子死了呢？”

“这事儿我也感到奇怪。儿子死后，我也不想活了。当听人说是媳妇在酒里下毒药后，我就把剩下的半瓶酒喝了，可是却没死！”

老头儿想了想，又问道：“那天你们吃的是什么饭？”

“白米饭！”

“菜呢？”

“有鸡……”老太婆忽然想起来，“对了，是鸡，只有我儿子吃了鸡。”

“为什么？”

“那天正巧是我和媳妇的忌口日，我们只吃了点素菜，整个一只鸡都让我儿子吃了。”

“噢……”老头儿似乎明白了什么，告辞而去。

不一会儿，老头儿换了装再次来到了李家。

原来，他是巡抚寇安。他接到百姓的诉状后，便来到李家微服私访。

“拿上来！”冠安让人端上来一个热气腾腾的大盘子，上面是一只肥嫩的清蒸鸡。

盘子被放到了葡萄架下，立时香气扑鼻，美味四溢。

寇安在一旁静静地坐着，周围的人不知他究竟要干什么？

忽然，葡萄架上飘下了一缕不易被肉眼察觉的细丝，直落到盛鸡的盘子里。寇安这时才站起身来，用筷子撕下一块鸡肉，扔到了地上。李家那条看门狗猛扑上来，把鸡肉吃掉了，不一会儿就倒地毙命了。

“糊涂昏官，误民命矣！”寇安十分痛心而不安地说道。

显然，寇安已经查明秀花是含冤而死的，并知道了李原的死因。

请问：李原究竟是怎么死的？

182. 令人瞠目结舌的真相

1882 年 5 月 4 日早晨，巴西护卫舰“阿拉古阿里”号上的水手像往常一样，用吊桶提上来一桶海水，以便测量水温。忽然发现桶里浮着一只密封的瓶子。船长吩咐打碎它——瓶里掉出一页由《圣经》中撕下的纸。只见上面用英文在空白处不太整齐地写道：“帆船‘西·希罗’号上发生哗变，船长死亡，大副被抛出船舷。发难者强迫我（二副）将船驶向亚马孙河口，航速 3.5 节，请救援！”

船长取出罗意商船协会登记簿一查，知道确有“西·希罗”这样一艘英国船，排水量为 460 吨。它建于 1866 年，归赫耳港管。于是船长命令立即追踪。

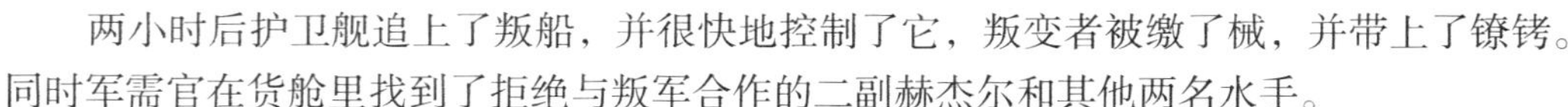

两小时后护卫舰追上了叛船，并很快地控制了它，叛变者被缴了械，并带上了镣铐。同时军需官在货舱里找到了拒绝与叛军合作的二副赫杰尔和其他两名水手。

二副奇怪地问道：“请问你们是怎么得知我船蒙难的？叛变是今天早晨才发生的，我们认为一切都完了……”

“我们是收到了您的求救信才赶来的！”船长回答说。

“求救信？我们之中谁也没有寄过呀！”

船长拿出求救信给二副看。二副说：“这不是我的笔迹，而且叛变者一刻不停地监视着我。”

这一来，船长如坠雾中。结果，当“西·希罗”号全体船员被遣返英国后，在法庭上才揭开了令人瞠目结舌的真相。你知道这是怎么回事吗？

183. 可笑的小偷

明代安吉州有个富户，很讲迷信，给儿子办喜事，新房里 3 天不熄灯烛。

到了第三天，突然有个陌生人从新房的床底下爬出来，蹿出门去，可他刚跑到院子里就被抓住送到官府。在公堂上，这人说自己是个医生，新娘有妇科病，平日都是自己给她治疗，她出嫁以前央求自己跟到婆家去以便时常换药。今天换药时发现病情变化，带来的药不顶用了，忙朝外跑，想去置办些新药。县官当然不信，可问起新娘家中的情况来，此人竟然对答如流，毫无差错。县官派人去问新娘，新娘则说根本没有此事。

第二天，两个轿夫把一顶花轿抬上公堂，轿里坐着个新娘子。县官叫来那人，叫他和新娘对证，只见他走到轿门口，朝新娘瞅了一眼，气愤地喊道："你再三要求我跟随你治病，为什么翻脸不认人！"县官大笑，接着一声断喝："把这个撒谎的贼抓起来！"

原来此人是个小偷，趁客人盈门之际钻到新房藏进床底，打算趁天黑以后偷东西，可是灯火通明不能下手，第三天饿得难受才往外跑。至于新娘家的情况，是他这两夜在床底下听新婚夫妇的私房话听到的。

请你判断一下，县官是怎样识破小偷真面目的呢？

184. 拿走了一颗珍珠

侦探威尔正在互联网上冲浪，这时他的信箱里突然收到了一封紧急求救信。写信的是他的朋友百万富翁福斯特。

"威尔，我需要你的帮助。你知道，我有一个非常名贵的卢米埃尔首饰盒。这是著名的工艺大师卢米埃尔的杰作，在他去世之前，他总共只完成了 4 个这样的首饰盒。很幸运，我得到了其中的一个。我在首饰盒里放的是一串珍珠项圈，上面有整整 100 颗珍珠。我总是把锁首饰盒的金钥匙挂在脖子上。

"昨天我举办了一场宴会，其间把首饰盒拿出来给大家欣赏，因为它本身就是一件珍宝。然后，有人想看看这个小小的首饰盒里面放的项圈。于是我拿出钥匙准备开盒子。令我惊讶的是，首饰盒上的金锁居然被弄坏了，好像有人想强行打开它一样！我的金钥匙不管用了，所以我只能把金锁撬开。项圈还在盒子里面，我松了一口气。不过你知道，我是个疑心很重的人，所以我又数了数项圈上面的珍珠。奇怪的是，只有 99 颗！我数了两遍，都是这样。那个窃贼一定是设法打开了首饰盒，同时还弄坏了那把很值钱的金锁，可是却只拿走了一颗珍珠，然后又把它锁上了。你说奇怪不奇怪？威尔，请帮帮我。我该怎么做呢？"

威尔读完了信，上网查了查关于卢米埃尔首饰盒的信息，并在一张纸上记下了 3 个名字。然后，他开车去了福斯特的别墅，向福斯特要了一份参加宴会的客人名单，与他自己的名单对了对。上面有一个名字是相同的。

威尔对福斯特说："我认为这个人就是窃贼！"

威尔是怎么知道的？他手上的那份名单是什么？窃贼为什么只拿走了一颗珍珠？

185. 宰相的女儿巧破案

有一个古印度王子叫杜尔达马那。有一天，他约了 3 个朋友一起去外地游玩。

这 3 个青年分别是婆罗门的儿子、木匠的儿子和商人的儿子。

他们 4 个人来到了海边，正好赶上海上起了大风浪，4 个人眼见有一艘渔船正在风浪中起起伏伏，很是危险，便下海救起了这艘渔船。为了答谢他们，渔船的主人便送给他们每人一颗珍珠。

4 个人得到了珍珠，十分高兴，便放心地交给商人的儿子保管，然后一起回家。

商人的儿子走着走着，突然起了歹念，偷偷地把 4 颗珍珠缝在了大腿内侧的裤子里。

第二天大家赶路时，商人的儿子有意落在后面。过了好久他突然叫道："强盗！"前面 3 个朋友立即往回跑，问："发生了什么事？"商人的儿子说："我落在后面多时。刚才我到路边小便时，两个强盗抢走了 4 颗珍珠！"3 个朋友不相信，说："你这个骗子，一定是玩了花样！"他们一路上争论不休，终于到了爱拉瓦古城。

爱拉瓦古城宰相名叫布西沙拉。布西沙拉是一位著名侦探，任何疑难案件，只要诉讼双方说出事情经过，他就能找到公正的解决办法。

3 个受骗的旅伴就向布西沙拉宰相告状。布西沙拉沉思良久，下令士兵搜查这 4 个人，结果一无所获。宰相第一次碰到这么棘手的案子。他束手无策，吩咐把 4 个人安置好后就回家了。

宰相有个小女儿，叫贾雅什丽，生得非常漂亮。她看到父亲心事重重，就问出了什么事。父亲告诉了她。小女儿听了，说："父亲，不要难过，我有办法解决。你明天审问他们时，叫他们每人走进一个房间，以后的事由我来解决。"

父亲半信半疑，说："女儿，连我也难以解决的事，你能解决？"女儿说："父亲，别那么说。各人有各人的特长。有的事我知道，您不一定知道。父亲，您不必担心，您把这几个外国人交给我，我一定会探出他们的内心秘密，帮您破这个案！"

果然，如贾雅什丽所说，很快她就破了案。

贾雅什丽是如何破案的呢？

186. 手枪队护送宝马

一位欧洲富人不惜重金从亚洲买了一匹日行千里的宝马。为了把马安全运送到家，他专门请了一支手枪队护送这匹马。手枪队和马被安置在火车的同一节车厢上，可是在开往欧洲的路上时，马却被盗了。

据说这支大约 10 人的手枪队一直和马寸步不离，也不是手枪队监守自盗，这究竟是怎么回事呢？

187. 离奇的犯罪手法

一个法国大怪盗，名叫鲁彭。他身体轻巧，又会变身术，容貌声音可随机应变。后来，他当了侦探。一次，一个罪犯进行犯罪活动，鲁彭为破案，就给罪犯家里打了个电话。尽管当时罪犯还未能离开现场，接电话的却是罪犯本人。这可把鲁彭弄糊涂了，他当时想了很久也不知罪犯使用了什么手段，伪造了"不在现场的假象"。

后来他一下子就猜出了罪犯使用的是什么手法。你能猜出来吗？

188. 婚礼灾难

文森和苏菲在海港的教堂里举行了结婚仪式，然后顺路去码头，准备启程到国外度蜜月。这是闪电般的结婚，所以仪式上只有神父一个人在场，连旅行护照也是苏菲的旧姓，将就着用了。

码头上停泊着国际观光客轮，马上就要起航了。两人一上舷梯，两名身穿制服的二等水手正等在那里，微笑着接待了苏菲。丈夫文森似乎乘过几次这艘观光船，对船内的情况相当熟。他分开混杂的乘客，领着苏菲来到一间写着“B13 号”的客舱。两人终于安顿下来。

“苏菲，要是有什么贵重物品，还是寄存在司务长那儿安全。”

“拿着这 2 万美元，这是我的全部财产。”苏菲把这笔巨款交给丈夫，请他送到司务长那里保存。

可是，左等右等也不见丈夫回来。汽笛响了，船已驶出码头。苏菲到甲板上寻找丈夫，可怎么也找不见。她想也许是走岔了，就又返回来，却在船内迷了路，怎么也找不到 B13 号客舱。她不知所措，只好向路过的侍者打听。

“B13 号室？没有这间不吉利号码的客舱呀。”侍者脸上显出诧异的神色答道。

“可我丈夫的确是以文森夫妇的名字预定的 B13 号客舱啊。我们刚刚把行李放在了那间客舱。”苏菲说。

她请侍者帮她查一下乘客登记簿，但房间预约手续是用苏菲的旧姓办的，是“B16 号”，而且，不知什么时候，有人已把她一个人的行李搬到了那间客舱。登记簿上并没有文森的名字。

更使苏菲吃惊的是，司务长说，没有人向他寄存过 2 万美元。

“我的丈夫到底跑到哪儿去了……”苏菲感到事情很不好。

正在这时，有两个有些眼熟的二等水手路过这里，他们就是上船时在舷梯上笑脸迎接过她的船员。苏菲想，大概他们会记得自己丈夫的事，就向他们询问。但船员的回答使苏菲更绝望。

“您是快开船时最后上船的乘客，所以我们印象很深。当时没别的乘客，我发誓只有您一个乘客。”船员回答说，看上去不像是在说谎。苏菲开始怀疑是否自己脑子出现了问题。

苏菲一直等到晚上，也不见丈夫的踪影。他竟然神不知鬼不觉地消失了。一夜没合眼的苏菲，第二天早晨被一个什么人用电话叫到甲板上，差一点被推到海里去。

你知道苏菲的丈夫文森到底是怎么失踪的吗？

189. 一宗爆炸案

一天，市区内发生了一宗爆炸事件。一位外出归来的音乐家回到住所不久，屋里突然发生爆炸，音乐家当场被炸死。

侦探勘查现场时发现，窗户玻璃碎片里还掺杂着一些薄薄的玻璃碎片，分析可能是乐谱架旁边桌上一个装着火药的玻璃杯发生了爆炸。奇怪的是室内并没有火源，也找不到定时引爆装置的碎片。如果不是定时炸弹，为什么定时引爆得那么准确呢？真不可思议！

就在这时，侦探获得了一个线索：发生爆炸前，音乐家正在用小号练习吹奏高音曲调。

侦探从这个小小的线索中，立即识破了罪犯的手段。

你知道罪犯是如何引爆炸药的吗？

190. 女窃贼逃走了

女窃贼成田久子越狱逃跑了，女看守辛吉慌慌张张地向她的上司银次警长报告了这一惊人的消息。银次警长赶到 104 号女监一看，牢门敞开着，打开的铁锁掉落在水泥地上，锁上还插着一把用旧铁片锉成的钥匙。显然，女窃贼成田久子就是用这把钥匙打开铁锁逃跑的。

银次警长记得很清楚，昨天他把成田久子送入女监时，曾经指令女看守辛吉脱去成田久子的衣服进行了认真的检查。事后辛吉向他报告说，她就连成田久子的内衣都仔细地检查过了，没有发现任何夹带之物。再说，女窃贼事先并不知道将她关押在女监 104 号，她不可能事先准备好这间牢房的钥匙。那么，这把铁片锉成的钥匙是哪里来的呢？

“在你值班期间，有人和成田久子接触过吗？”银次警长厉声问女看守辛吉。

“没有……啊不，有过的，但他并未和成田久子直接碰面呀！”辛吉结结巴巴地说。

“那人是谁，他来干什么？”

“啊，是这样的。”辛吉回忆说，“昨晚，长寿庵的和尚伸助来找我，说成田久子是庵里的女施主，曾经出钱维修过长寿庵。现在犯罪了，他送碗面条来给她充饥。我把面条捞起来细细地检查了一番，没有发现碗里有其他东西，就亲自送给成田久子吃了，空碗也是我拿回来交还给伸助的。伸助根本没有和成田久子见面，他也不可能给她钥匙。可是……等我上完厕所回来，只几分钟光景，该死的女窃贼就打开铁锁逃跑了。”辛吉显得非常难过。

“这是你的疏忽。”银次警长严肃地说，“你对那碗面条检查不严格。就是那个好色的伸助和尚，在你的眼皮底下把仿制的牢房钥匙送给了他的情妇成田久子，让她打开牢房的门逃跑了，你难道还不明白吗？”

“我……”辛吉并没有明白银次警长的意思。

请问：伸助和尚是怎样把仿制的牢房钥匙送给成田久子的？

答案

1...

这个地方冬天非常冷。由于下雨落雪，使坑里积了水，到夜晚就结成冰。白天，这坑里南面的冰因受太阳的照射，又融化成水，而北面由于没有太阳照射，仍结着冰。这样，北面的水结成冰，而南面的冰又融化成水，沉重的球面便渐渐地出现倾斜，从而非常缓慢地向南移动。其正面的十字架，必然也会渐渐地被隐埋起来。这种物理现象，就是男爵的墓石之所以移动的原因。

2...

普通的冰块应该浮在水面上，冰块里藏有钻石肯定要沉入杯底，因为它的密度比水大。吉川侦探看到梅姑杯子里只有两块冰块浮在水面上，另外两块则沉到了杯底，推测里面一定藏有钻石。

3...

汽油燃烧后的产物是有毒气体一氧化碳。由于小李在发动机运转并开启空调的情况下使门窗紧闭，发动机排出的一氧化碳在车内越积越多，死神也随之悄悄地降临到了他和女友的头上了。

4...

糖尿病患者是凶手。由于紧张，他大量出汗，枪柄上留下了好多汗水，而糖尿病人的汗水里含有大量糖分，所以吸引了蚂蚁的到来。

5...

影子不可能在窗口。刘某说“窗口有个影子高举着木棍”，这就是谎言。因为桌上台灯的位置是在被害人与窗口之间，不可能把站在被害人背后的凶手的影子照在窗子上。

6...

嫌疑犯可以先在老人的电话机上安放一个能使电话线短路的装置。然后，他让老人吃下安眠药，等老人入睡以后，他就打开煤气灶的开关，让煤气跑出来，他则去了那家饭店。

当他估计老人房间里已充满煤气时，就在饭店里打电话到老人家。这时电话机中有电流通过，却遇到电话线短路，就溅出火花，引起煤气爆炸。

7...

水比油要重，因此如果油着火的时候用水去浇，反而达不到灭火的效果，而在着火的时候迅速倒上一桶油，正在着火的油会因为缺氧而停止燃烧。德雅丽说倒上油导致整个厨房都着火显然是在说谎，她很有可能就是纵火犯。

8...

之所以会发生这种怪事，是因为那个男人的汽车出现了汽封现象：有一部分汽油被汽化了，阻碍了油箱里燃料的正常运行。只有在冷却足够长时间后，发动机才会恢复正常。当那个男人开车去商店时，由于香草冰淇淋是商店里最受欢迎的冰淇淋，所以被摆在最外面的位置，一下子就能拿到，这时汽车就因为没有足够的冷却时间而发动不起来了。而其他的冰淇淋则在商店里面，需要花更多时间去挑选和付账，从而使得汽车刚好可以顺利发动。

9...

因为兜风的铺位是与列车前进方向一致的，列车在倒车的情况下急刹车，该铺位的乘客只会被墙板挡住而不会被惯性抛出。

10...

火车进站的时候，由于车速很快，所以会在火车周围形成强大的低气压，但是这样的气压不会将人向后吹倒，反而会把穿宽大衣服的人吸过去。因此，贵妇显然在说谎。而且她送父亲到曼彻斯特治病，竟然没有携带任何行李，这更让人怀疑她早有预谋，治病只是个幌子而已。

11...

他是被冻死的。因纽特人造房子都是用冰块垒墙的。他把火烧得太旺，结果把冰墙熔化了。

12...

既然气压炸弹会在海拔

2000 米以下爆炸，那么只需选择海拔 2000 米以上的高原着陆就可以了。比如墨西哥城，海拔高达 2300 米，飞机选择在那里降落是安全的，而不需要采用另外的防护措施。

13...

当波拿巴探长发现福斯已经转移了赃物时，立即想起他当初曾惊慌地朝晒谷场投去一瞥，那里肯定是他转移铁箱的地方，在那里埋铁箱比磨房更为安全，谁也不会注意到人来人往的地方。可是晒谷场这么大，要全部挖掘实在是太难了。

干的泥土地，渗水一定很快。但是如果下面有只铁箱，渗水的速度就会比其他地方慢，它上边的泥土积了水，颜色肯定与其他地方不同，这就是波拿巴探长很快找到赃物正确地点的方法。

14...

戈拉医生出诊的时候，口袋里带着体温计，体温计经过热水浸泡，水银柱升到 40℃，但不会再降下来，可是马路上的气温很低，说明尸体有可疑的地方。

15...

由于纯黄金很软，又具有黏性，所以能随意加工成各种形状，甚至可以加工成 0.0001 毫米薄的金箔。利用这种特征，还可以将金块加工成壁纸一样厚度，装饰到墙壁上，以便隐藏。

盗贼就是利用了这点，用黄金制作车身，再涂上涂料，所以刑警们就不会注意到了。

16...

玻璃凹槽在盛满了水的时候，就变成了一面凸透镜。太阳光通过这一排凸透镜聚焦到干草上，便引起了大火。

17...

伯顿夫人的话是有很大的破绽的：

因为史留斯一进伯顿夫人的家，觉得很暖和，以致脱下外套，摘掉帽子、手套和围巾，而那天室外很冷，寒风呼啸。如果按伯顿夫人的说法，那扇窗打开了至少已有 45 分钟，那么房间里的温度应该是很低的。这一点足以说明那扇窗刚打开不久。所以，史留斯先生不相信伯顿夫人的话。

18...

朱莉·贝克尔说自己是第一批来到的客人，她也声称从未出去过。但当她出去取大衣时，探长发现她的大衣却在衣架的顶端，而如果真是第一批客人，她的大衣应该在衣架的最里端。

事实是，当入口大厅没有人在时，朱莉悄悄穿上了大衣，偷走花瓶，跑到外面把花瓶藏到了一个空的树洞里。当发现花瓶不见时，朱莉已经回到房间了。

19...

警察看到蜡烛后产生了怀疑，再加上停电，蜡烛一直没有熄灭。假如晶晶是在自己屋里被杀，过了 23 个小时，蜡烛早就燃尽了，一定是有人夜里把尸体弄来，走时忘了吹灭蜡烛。

20...

外面正下着雨，其他人的雨伞都是湿的，而盗窃犯的雨伞却是干的，说明他不是当天从外面进来的。

21...

凶手一定要用什么东西把毒液带来，而此时盛毒的容器还没有被扔掉。因此只要查看一下同桌的另两个人所带的物品，便可知道谁是凶手了，只有乙的金笔可以装毒液。原来，凶手为了隐藏，把毒液藏在了金笔的软囊中，趁着停电，把毒液注入了受害者的杯中。

22...

洛克的身高和他妻子相差悬殊。如果上午是他妻子开的车，那么她一定会调整驾驶座的位置，以适合自己的身高。可是，洛克却能够舒舒服服地坐在驾驶座上，这证明最后一个开车的不是他妻子。

23...

后来出现的那个男子是凶手。在停电期间，没有人会关上台灯的开关，因为为了确定电力恢复的时间。现在台灯关着，而应急灯开着，显然是被人故意布置成死者在停电期间被杀的假象，但弄巧成拙，露出了破绽。

24...

凶手应该是电报局的职员。因为仙蒂的母亲曾说，那男子约她女儿昨晚 18 时 30 分，在他公司楼下的公园见面。只有电报局的职员，才会习惯用这种时间表示法，一般人只会说6点半在某地见面。

25...

县令在多年断案中总结出一条经验。即：自刎而死的人，执刀的手应软，死后一二日内手肘可弯曲。可是，检验田丰尸体，其左右手都僵直而不能弯曲，极不合逻辑，由此便断定田丰是别人杀死的。

26...

一支挥发性强的油性笔如果没有套上笔套放了三天，里面的墨水早就已经干了，是不可能写出字来的，但这支笔仍可以流畅书写，证明它放在这里的时间不长。因此，自杀还是他杀也就一目了然了。

27...

杯口的红色，也就是唇印，一般修女是不会涂口红的。

28...

人的视力不可能在黑乎乎的夜晚，看清100米以外卡车上的车牌号码。霍克探长一下子就抓住了这一破绽，识破了这个人的谎言。

29...

洛克探长断定苏姗并不像邦德说的那样打算参加演出，因为一个大提琴手不可能穿紧身的裙子演出。

30...

如果停了4天电，那么冰箱里的冰块早就化成水了。

31...

听力不好，能从别人的口型上辨别出其谈话内容，但是却绝不能从广播里的声音中辨别出广播的内容。

32...

罗尔警长马上打开轮胎的气门，放掉了些气，让轮胎瘪一点儿，卡车就降低了高度，能穿过立交桥了。

33...

谎言再圆满也会有疏漏，通过严密推理，人们可以看穿诸多骗局。老罗的谎言也不例外，且不说一个人的一天不可能安排得这么满满当当，况且下下星期五是两星期后的事。通常人们是不会提前那么多天就预订好葬礼日期的（除了国葬一类的大型葬礼以外）。

34...

巧克力在28℃以上就会变软，而当时气温高达34℃，梅丽莎的巧克力却是硬邦邦的，这说明她刚从有空调的地方出来，不是等了好久来接人的。

35...

知县李铁桥将那个孩子断给老妇人是欲擒故纵，他知道如此不公的判决，老妇人一定不服，甚至觉得冤屈。果然如他所料，老妇人听到不公的判决后便说了“不孝之子……”那句话。于是李铁桥马上便问道：“你说这个儿子对你不孝，你能列举事实吗？”老妇人立刻便说出了很多件侄儿不孝之事。李铁桥于是当众对其父李富友说道：“父母控告儿不孝，儿子犯了十恶大罪应当处死。”李富友闻听儿子要被处死，连连求情。李铁桥便说道：“现在只有一个办法，就是不让他做婶子的儿子，就可以不以不孝重罪来处死。”李富友只得照办，老妇人便顺利地不要这个儿子了。

36...

阿尔在撒谎。阿尔说他们早上就支起了帐篷，可当时还没下雨，帐篷里的地面却是湿的，显然帐篷是雨后支起的。说明他就是凶手。

37...

当时气温是5℃，任何一个人从1500米外的湖边跑到旅馆最快也要5分钟，那个人衣服上的水早该结冰了。可见他是在害死朋友后，回到旅馆附近在身上洒了一些水，妄图蒙混过关。

38...

山田吉木说：“有些鸟儿，如喜鹊、松鸡等，它们喜欢闪闪发光的东西，有时候会把这些东西衔回窝里，我根据这点才怀疑是喜鹊干的。”

39...

卧室里铺了厚厚的土耳其驼毛地毯，村井探长走路的时候，听不出脚步声，可是女秘书却说，从话筒里听到凶手的脚步声，说明她是在撒谎。

40...

这个人既然说自己迷了路，没有来过这里，却能够知道碳块已经凉到把手伸进去不会烫伤的程度，这不是自己犯了逻辑错误吗！显然他就是凶手。

41...

龙虾只有煮熟了以后才会变成红色，老板怎么会把已经煮熟的龙虾再煮一次呢，显然这个人在说谎。

42...

一场橄榄球赛需要90分钟，还不包括比赛时的中间休息时间，再加上60分钟的路程时间，所以B教练在下午5点20分之前是不可能到达史密斯先生家的。而足球比赛全场比赛时间是90分钟，即使加上中间休息15分钟，这两位教练也完全有可能在案发之前到达史密斯先生家。

我们再继续分析下去：A教练的球队参加的是锦标赛，当他们与对手踢成平局时，还得进行30分钟的加时赛，最后再进行点球决胜负。即使忽略点球比赛时间，至少也要进行135分钟的比赛，再加上10分钟的路程时间，他肯定不可能在下午5点05分前到达史密斯家。

所以，只有C教练才有可能杀死史密斯先生，因为比赛时间90分钟，中间休息15分钟和路程20分钟，这样，他可以在下午5点05分，即在枪响之前一分钟到达史密斯先生的家。

43...

医生将病人抬上救护车时，必须是先进头，后进身体。歹徒做的正好相反，所以被警长识破了。

44...

如果女招待员端着热牛奶进屋时下巴让人打了一拳，那杯牛奶早就洒了。可是哈尔根看见那杯里的牛奶还是满满的，这不合常理，便断定女招待员一定说了谎，由此破了案。

45...

如果确如哈利所说是在看电视时突然停电，同时发生了谋杀案，那么当电闸合上后，电灯亮了，电视也应有节目，寓所里不会是“一片沉寂”。

46...

指纹留在了门铃上。

47...

在圣诞节前一天，肯特是无法利用太阳光在北极圈内生火的。因为从当年10月到大约第二年3月期间，北极圈里是没有阳光的。

48...

公安人员看帐篷支在一棵大树下，就断定此地不是案发第一现场。因为被害人是有经验的老地质队员，他不可能在野外将帐篷支在大树下，如果天气骤变，会有遭雷击的危险。

49...

世界球星中有英国人、德国人、巴西人、意大利人，怎么会如此凑巧，只用英文签名呢？理由只有一个，就是大毒枭只懂英文，他弄虚作假。

50...

霍金斯意识到杀人凶器正是从集邮家桌上不翼而飞的放大镜，而放大镜是检视集邮品必不可少的工具。

51...

如果仰面朝上用圆珠笔写字的话，在信笺上写不了几行字，圆珠笔就不出油墨了。

52...

那个人说他听到长颈鹿的嘶鸣后才被尸体绊了一跤。但是，实际上所有的长颈鹿都是哑巴，它们根本不会发出嘶鸣。他如果不是凶手，就不会编造假话。

53...

地上的油漆痕迹告诉乔博士，海德走到路中间时，看到了凶杀情景，于是他跑进工具间将自己反锁在里面。工具屋里的挂锁和半路至工具屋的油漆痕迹变成椭圆形，并且间隔拉大都是证明。

54...

结婚戒指戴在左手是美国的风格，戴在右手是丹麦的风俗。大维让她俩弹琴，一是看她们的琴技；二是为看清她俩如何戴结婚戒指的。

55...

狗不叫就是证据。如果真的有强盗潜入，受过严格训练的狼狗就会大声吼叫。然而，西边邻居家老头只听到了汽车的声音，这说明凶手是狼狗熟悉的人，也就是狗的主人清水。

56...

服务员的建议是：把该人带到美容院剃成光头，三七开式的分界线就会明显地暴露出来。因为盛夏在海滨住了半月以上，分界处的头皮和面部一样会受到日光的强烈照射，头发剃光后，光头上就会出现一条深色的分界线。

57...

马克被监禁在新西兰。因为在北半球的夏威夷宾馆里，拔下澡盆的塞子，水是呈顺时针方向旋转流进下水道的。而在这个禁闭室，水是呈逆时针方向流下去的。所以，马克弄清了当地是位于南半球的新西兰。

58...

警方忽略了那几封信上的邮票。因为这些邮票都是稀有邮票，每枚价值都在数千英镑以上。

59...

根据马桶的坐垫来判断。由于男性不用坐垫来小便，如果坐垫被翻在上面，那么极有可能是玛琳的男性情人下的毒手。

60...

韦尔曼警官是维特的朋友之一，所以他知道，维特没有哥哥。当维特得知门外是韦尔曼警官时，便故意说她哥哥也问他好，他就明白是怎么回事了。

61...

伊凡诺维奇用闪光灯向A国中年特工的眼睛闪了一下，使对方暂时失明，趁此瞬间迅速逃离会场。

62...

珍妮从科尔的提包里拿出的是听诊器，因为科尔是医生，自然随身带着听诊器。正是由于借助了听诊器，珍妮才听清了隔壁房间的谈话内容。

63...

原来那4人站在4个屋角，一人可远远监视两个出口，到疲倦时，由另4人顶替。故当查理进行突袭行动的时候，4名警探已躲藏起来休息，故不能参与行动，到双方对抗时才醒来，拘捕了通缉犯及黑社会头目。

64...

张坚叫两个差役去专门看管驴子，并告诉差役不得给驴子喂料，经过一天一宿之后，驴子被饿得直叫，第二天傍晚，张坚命令差役将驴子放开，随它任意走动，几个差役跟在驴子的后面。驴子又饿又渴，便径直跑到这几天饲养它的那一家去。差役跟着进去，一搜查，便找到了驴鞍子。

65...

当年轻人查完茄子数后，李亨便叫衙役到菜农的地里去数摘掉茄子后留下的蒂把，结果，摘掉茄子留下的蒂把与年轻人数的茄子数正相符。证明是年轻人偷了菜农的茄子。

66...

犯罪嫌疑人就是胡文兵。他说9点到了××市，实际上由于暴雨，公路被淹没，车辆被堵，他根本到不了××市。即使到了××市，由于突发龙卷风和大暴雨，他也不可能去各处游玩，可见他说的是假话。他是在作案后再乘车去××市的。

67...

这位新助手将密函水平端起来，闭上一只眼睛，斜看着图形，就会发现有“HELLO！”的字样。

68...

波森警官注意到两个侄子中有一个是左撇子，因此无法使用一般高尔夫球手使用的球杆。而米西尔侦探还发现另一个侄子个头太矮，也不可能使用专门为大高个儿尼尔定制的球杆。

69...

她说自己被锁进车内。这是在撒谎，因为车门永远都是可以从里面打开的。

70...

一个优秀的侦探必须拥有全面的知识，包括历史知识。在1911年的时候，俄国还在沙皇统治下，当时的彼得格勒叫作圣彼得堡，星巴克的父亲不可能在那个时候就开一家名为“彼得格勒”的木材店。

71...

这是伪装的现场。因为椰蟹是生长在海岛上的一种陆生寄居蟹。它有一种习性：白天钻进海岸的洞穴内，几乎不出来；晚上才出来活动。既然青年的死是在白天午后，因此绝不会是椰蟹剪掉椰子砸死的。

72...

把这些记号倒过来，即可用英文读出："西克柯是老板，他出售石油。"（Shigeo is boss he sells oi1）

73...

午夜，只见一团黑影从古堡顶部飞下来，向猴子猛扑过去，只听苏醒过来的猴子一声惨叫，彼特利克迅速收紧了渔网，古堡内又静了下来，彼特利克在铁箱里安安稳稳地睡了一觉。次日早晨，他从古堡里胜利走出，被欢呼的人群团团围住。他指着渔网说："凶手就在里面，它就是这种奇特的红蝙蝠，长着像钢针一样锋利的嘴，夜间出来觅食，乘人畜不备，瞬间能将尖嘴插入人和动物的大脑，吮吸脑汁，可立即致人死命。由于红蝙蝠具有这种杀人绝招，所以难以在死者尸体上找到伤处。

当局正要论功行赏，老人拿出了证件。原来这位"乞丐"正是英国剑桥大学著名生物学教授汤恩·维尔特。他观察古堡研究红蝙蝠已经二十多年，这才一举破获神秘古堡的百年疑案。

74...

3天没有喝水的人，是不可能满头大汗的，说明那个男子在撒谎。实际上是他为了独吞淡水，把汤姆杀害了。

75...

罪犯就是梅丽。她自称血迹是"刚才在他身上蹭到的"，可那时拉特已死了七八个小时，他的血已经干了，不可能蹭到她的袖子上。

76...

梅花鹿的角在夏天的时候还没有长大，只有到了秋天或者冬天，才能长得像树杈一样。男子杀害了妻子，用以前的照片欺骗探长，以造成下午不在现场的假象。

77...

证据就是那只冰凉的灯泡。因为仆人说从锁孔中窥看时电灯突然关闭，而她们两人破门而入不超过两分钟，加上夏季气温较高，灯泡应该还是热的才对。

78...

不管一个人的力气有多大，也不能把自己掐死。因为，当一个人把自己掐昏后，手就会自然地松开了，用不了多久，他还会缓过气来的。

79...

于忠发现山坡上正在开放的断肠草花、野百合花、醉鱼草花都是些花粉有毒的花草。他由此联想到，很可能因为这个时候放蜂，无毒花源短缺，蜜蜂饥不择食，便采集了有毒的花粉，所以酿出的蜜也就有毒了。

80...

因为所有的狗都是色盲，所以，牧羊犬麦克不可能知道信号旗或秋衣是红色的。

81...

凶手作案后快速开车回家，这样发动机就会产生很大的热量，猫喜欢在暖和的地方睡觉，车前箱盖上便是最好的选择。由此可以断定凶手所谓的"我的车子昨天就放炮了，今天一次也没开出去"是谎言。

82...

阿根是伪造遗嘱进行讹诈。遗嘱不可能签署于11月30日夜1点，因为11月只有30天。

83...

江山是说谎者，也是枪杀高森的凶手。因为研究所在水下40米的地方，大约有5个大气压，要想从这样的深度游向地面，必须在中途休息好几次，使身体逐渐适应压力的改变。15分钟是游不回地面的。

84...

在落地窗前，探长看到早晨的太阳悬在窗前上空，因而得知落地窗面朝东方，贝蒂夫人在天亮前4点钟，看到落地窗后面有个人影，这是不可能的。

85...

依据在银碗中见到的影像，营业员不可能认定罪犯是谁，因为碗中反射出来的影像是个倒影。

86...

警长是从屋檐上挂着的冰柱推断出来的。昨天夜里才下雪，第二天早上屋檐上就有了冰柱，说明夜里有人在屋里使用过电暖炉之类的东西取暖，导致屋内屋外温差很大，所以屋檐上结了冰柱。这个人既然是单身，所以昨天夜里他一定在家。他说两天前就出门到外地去，完全是在撒谎。

87...

在黑暗中，当佣人与盗贼搏斗时，将大鱼缸碰翻掉在地板上摔碎。电鳗便爬到地板上，而且碰到了盗贼的身体使其触电死亡。

电鳗属于硬骨类电鳗科的淡水鱼。生存于亚马孙河及奥里诺科河流域，长成后，身长可达 2 米。尾部两侧各有两处发电器官。电压可高达 650 ～ 850 伏。如果碰到它会受到强电流的打击。连猛兽也会被电死，更何况是人呢?

88...

恐龙绝迹几百万年以后，才有人类出现，壁画上却有原始人追杀恐龙的画面，教授看了应该知道壁画是假的，不可能说这是最古老的壁画，暴露了青年在撒谎。

89...

斯坦纳在看《希伯来日报》。希伯来文和阿拉伯文一样，是从右向左书写的，而他的放大镜却是从左到右一行一行地往下移，从而露出其伪装的破绽。

90...

姑娘裙子上蜒蚰爬过的痕迹，引起了他的注意。蜒蚰生活在很潮湿的地方，而森林里很干燥，不可能会有蜒蚰，说明姑娘被杀害后，在潮湿的地方放了一段时间后，才被凶手转移到这里来，伪造成自杀的假象。

91...

探长右手持枪，而伤口却在左侧太阳穴。

92...

樟脑丸易挥发，但衣柜里还有没有挥发完的樟脑丸，而户主却说屋里已经有两年没人住了，显然是在撒谎。

93...

飞行员吉米假装害怕，借着手忙脚乱的假象在空中按照三角形的路线飞行，如果飞三角形，就是航空求救信号。基地雷达就会发现，并马上派出救生机紧急前往进行搜索。当飞机在飞行中通信系统出现故障时，就采用这种飞行方法求助。

94...

处长告诉大家，“朝”不是某个人的名字，而是表示日期。这在中国古代汉语里是常见的。如果把“朝”字拆开则是“十月十日，”又有早晨之意，所以处长判断，接货时间应为“10 月 10 日早晨”。

95...

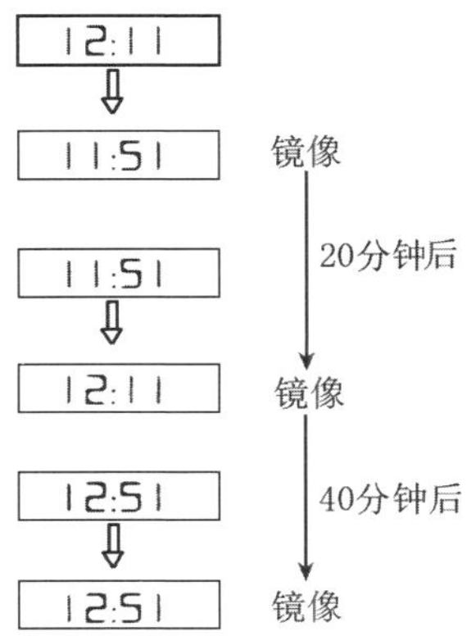

这是一个镜像电子时钟，需要通过镜子映照才能看到真实的时间。事实上，数字都是反过来的，即 12 点 11 分　是 11 点 51 分、11 点 51 分　是 12 点 11 分、12 点 51 分正好也是 12 点 51 分。

96...

史蒂夫敲了 305 房间，因为经理说计算机标示和房间的住客身份完全不符合，表示 305 房间里一定是两女或者两男；如果敲了 305 房间，听出了声音是男或女，就可知道 305 房间里是两男或两女。

假设 305 房间里是两男，则原本的 301 房间里一定是两女，而 303 房间里则是一男一女。

而另一种可能性是，305 房间里是两女，则原本的 303 房间里一定是两男，301 房间里则为一男一女。

97...

斯密特探长根据带路人提供的每个箱子都有联系，而且都是 400 多号的情况，发现了其中的内在规律：两数之和的十位上的数字与第一个加数的十位上的数字相同，这就要求个位上的数字相加一定要向十位进 1，1 与第二个加数 396 十位上的 9 相加得整数 10 向百位进 1，所以两数之和的百位上的数字一定是 8，而它的十位上的数字从 0 ～ 9 都符合条件，因此，藏有赃物的另外 9 个箱子的号码是：408、418、438、448、458、468、478、488 和 498。

98...

卡尔说道:“所有的生物都依靠氧气生存,鱼也不例外,只不过它们利用的是海水中含有的氧气气泡罢了。如果水温升高,水中的气泡就会上升到水面而破裂消失,氧气大量减少,鱼自然就会大量地死亡了。所以,我认为你的发电站用过的热水没有冷却,就直接排放到海里,直接导致了鱼的死亡。”

99...

堂弟的指纹。人们的外貌可以相似,但指纹绝不会雷同。

100...

小伙子敲门露了馅儿。因为3、4两层全是单人间,任何一个房客走进自己房间时,都不会先敲房门的。

101...

设35秒为一个时间单位。5道门两次开启的时间分别是3、2、5、4、1个时间单位,所以5道门同时开启的时间间隔是60个时间单位,即1、2、3、4和5的最小公倍数。盗窃犯穿过5道门的时间最多只允许有4个时间单位(2分20秒),否则会惊动警报器。只有在一种情况下盗窃犯才有可能逃脱,就是从第一道门开启算起,按顺序每两道相邻的门之间开启的间隔是1个时间单位。在警卫相邻两次出现的时间间隔内,即0和60个时间单位之间,5道门按顺序间隔1个时间单位连续开启的情况只在第33、34、35、36、37个时间单位内会出现,它们分别是3、2、5、4和1的倍数。所以,盗窃犯只要在警卫离开的第33个时间单位后穿过第一道门,以后每个时间单位穿过一道门,就能在第37个时间单位时逃脱。

102...

闹钟一般都在指针上涂有荧火粉,方便晚上醒来的时候察看时间。如果长期不用的话,荧光会非常暗淡,甚至看不到,而刚刚被台灯光线照射过的荧光则非常明亮,所以凯乐一进门,看到荧光很明亮,就知道有人来过了。

103...

设肇事汽车的牌号是x,这个x的前两位数字是a,后两位数字是b,则:

x=1100a+11b=11(100a+b)(1)

由于x是个完全平方数,因此x中必含有因数121,也就是说(100a+b)能被11整除。可以将(100a+b)变形得:

100a+b=99a+(a+b)(2)

因此(a+b)也是11的倍数。

又因为b是从0到9的整数,a是从1到9的整数,所以1≤a+b≤18

结合(a+b)是11的倍数,所以a+b=11。

将a+b=11代入(2)式,再将结果代入(1)式中得:

x=11(99a+11)=121(9a+1)

为了使x是完全平方数,上式中的(9a+1)也必须是完全平方数。

又因为x是完全平方数,它的末尾数字b只可能是0、1、4、5、6、9,而由于a+b=11,a≤9,所以b≤2。由此可以推出,b只能是4、5、6、9,相应的a只能是7、6、5、2。当a是2、5、6时,(9a+1)的值分别是19、46、55,都是不完全平方数。当a=7时,9a+1=63+1=64=82,是完全平方数。

所以车牌号是7744。

104...

烧毁的吉普车上,油箱的指针正指在零的位置,表明吉普车在推下谷底之前,油箱里已经没有油了,不可能引起大火,暴露了翻车是人为制造的假象。

105...

本杰伦的失误在于没有考虑到火车本身的长度。30秒是火车头进入隧道到驶出隧道的时间,但是车身还在隧道中,火车实际完全驶出隧道的时间会超过30秒。所以,炸药爆炸的时候只炸断了铁轨,对火车本身并没有造成太大影响。

106...

梅格雷警官看到那条狗跷起后腿撒尿,便立刻识破了那个男子的谎言。

因为只有公狗才跷起后腿撒尿,而母狗撒尿时是不跷腿的,然而,那个男子却用“梅丽”这种女性的称谓叫那条公狗。如果他真是这家的主人，是不会不知道自己家所养的狗的性别的。所以，他就不会用女性称谓去喊公狗。

由于这条狗长得毛乎乎的，小偷从外表上根本看不出它的性别，便随口胡乱用了女性的名字叫它。

107...

是第二个，因为彩虹的位置总是和太阳相反的，看彩虹的时候，是不可能看到太阳的。

108...

中古时期的绘画都是基于现实的，这幅画中第三个武士的剑根本拔不出鞘来，所以是伪造的。

109...

因为司机路里并没有把罗蒙德医生的住址写进启事中，启事里只有邮政信箱的号码。如果亨利光看启事的话，他是不可能知道当事人的住址的。

110...

蜘蛛吐丝是寒潮来临的信号，这时，法兰西的军队就不用害怕荷兰的水闸放水了，因为水都结成冰了。

111...

饲养员是窃贼冒充的，因为犀牛是食草动物，不吃牛肉。

112...

窃贼是查理。因为只有查理被 4 个人提到过，由于所有供词中只有 4 个是假的，因此窃贼就是查理。

113...

戴维是小偷。我们可以发现，埃迪的供词和布朗的供词的前一半完全对立，布朗的供词的后一半和查理的供词完全对立，因此，这 4 句话中必定有两句是真的。由于最多只有一个人的供词是真的，所以布朗的话一定是半真半假，而戴维的供词就肯定是假的，因此，他就是小偷。

114...

因为在星期四参观的儿童农场在两处住宅中一处内（线索 2），并且披肩是在有服装展的景点买的（线索 6），因此哈福特礼堂的景点一定是迷宫，他们在那里买了钢笔（线索 4）。星期一他们买了书签（线索 1），因此那天参观的一定不是举办了服装展或者是有迷宫的景点，也不是有微型铁路的景点（线索 1）。儿童农场是星期四参观的一部分，因此星期一参观的一定是古老汽车展。哈特庄园是在星期二参观的（线索 2）。那里的主要景点不是迷宫（线索 3），因此杯子不是在星期四买的（线索 3），也就不是在儿童农场买的，而是在有微型铁路的建筑里买的。那天不是星期一或星期二（线索 3），星期一的参观包括古老汽车展，杯子不可能在星期三买的。儿童农场是星期四的参观部分，那么得出杯子是在星期五买的。因此星期三他们在哈福特礼堂买钢笔并参观迷宫（线索 3），剩下星期二的参观地点是哈特庄园，他们在那里买了披肩并参观了服装展。通过排除法，他们在儿童农场买了盘子，那是一套住宅，但不是欧登拜住宅（线索 5），而是格兰德雷住宅。书签不是在保恩斯城堡里买的（线索 1），那么它是星期一参观欧登拜住宅的纪念品，剩下保恩斯城堡拥有微型铁路，他们在那里买了杯子留作纪念。

因此得出答案：

星期一，欧登拜住宅，书签，古老汽车展。

星期二，哈特庄园，披肩，服装展。

星期三，哈福特礼堂，钢笔，迷宫。

星期四，格兰德雷住宅，盘子，儿童农场。

星期五，保恩斯城堡，杯子，微型铁路。

115...

4 人在饭店的坐法如图所示：

奥斯特

布莱尔  伊凡

左拉

因此，说谎的是左拉，他杀了伊凡。

116...

目击者指认第一个男人是凶手。

根据已知条件分析得出完整的特征分布必定是下列情况之一：

A（1）

白皙	消瘦	高个	漂亮
	高个		
	白皙		

A（2）

白皙	消瘦	高个	漂亮
	高个		消瘦
	白皙		

A（3）

白皙	消瘦	高个	漂亮
	高个		高个
	白皙		

B（1）

白皙	消瘦	高个	漂亮
	高个		白皙
	白皙		

B（2）

白皙	消瘦	高个	漂亮
	高个	白皙	白皙

B（3）

白皙	消瘦	高个	漂亮
	高个	白皙	白皙
			消瘦

根据条件（7），可排除A（1）、A（2）、A（3）和B（2）和B（3）。

117...

约翰有3个妹夫，但他却能准确地说出死者的名字是史密斯，显而易见他是凶手。

118...

凶手是托马斯。公交公司的工人正在罢工，他不可能坐公共汽车去俱乐部。

119...

多比来自拉雷多（线索4），马修斯不是来自圣地亚哥（线索2）或福特·沃氏（线索3），并且他的缺点是吸毒（线索3），也不是不留活口的那名突击队员（线索5），因此他一定来自艾尔·帕索，并且他的名字是皮特（线索6）。来自圣地亚哥的人不姓多比（线索4），那么就姓海德。我们知道他不是吸毒的人，不是酒鬼或不能引进囚犯的那个人，也不是通缉犯（线索1），因此他一定是个赌徒。特迪·舒尔茨不是赌徒或通缉犯（线索1），所以他是那个击毙囚犯的人，并且来自休斯敦。通过排除法，弗累斯来自福特·沃氏。乔希不是通缉犯（线索6），而是赌徒海德。最后，由于奇克不姓弗累斯（线索4），而是来自拉雷多的多比，所以排除法得出，他就是那个通缉犯。剩下酒鬼埃尔默是来自福特·沃氏的弗累斯。

因此得出答案：

奇克·多比，拉雷多，通缉犯。

埃尔默·弗累斯，福特·沃氏，酒鬼。

乔希·海德，圣地亚哥，赌徒。

皮特·马修斯，艾尔·帕索，吸毒。

特迪·舒尔茨，休斯敦，击毙囚犯。

120...

C是凶手。

推理：根据提示，因A讲“专职的服务员正在为我们上菜”之前说了一次谎，可以判断“专职的服务员正在为我们上菜”这句话是真话。那么，B的口供中“现在我们又有了新的服务员”是假话，由此断定：另外两句是真话，服务员就不是凶手了。再看C的口供中“是服务员毒死D的”是假话，而“B没有犯罪”，“凶手就在我们中间”是真话，因此B也不是凶手。再回过头来看A的口供，因B说“D坐在我的对面”是真话，所以“我是同C坐在一起的”是假话，“我没有毒死D”是真话，综上所述，A、B与服务员都不是凶手，那么谁是凶手就昭然若揭了。

121...

丽莎不可能用吹风机吹头发，因为当时停电了。还记得输电线路是什么时候修好的吗?

122...

管家抬起头是不可能看见主人踢倒小凳子的。要是能够透过窗玻璃看到地板上的小凳子，那间阁楼的小窗户就低得太离谱了。

123...

亚瑟在图中位置3（线索4），从线索1中知道，看到翠鸟的不是位置1也不是位置4的人。位置2的那个小伙子在玩鳟鱼（线索5），因此，通过排除法，只能是位置3号的亚瑟看到了翠鸟。另从线索1中知道，汤米在2号位置，且是玩鳟鱼的人。通过线索3知道，比利肯定在1号位置，而埃里克在位置4。我们现在已经知道3个位置上人的姓或者所做的事，那么，听到布谷鸟叫的史密斯（线索2）肯定是1号的比利。剩下埃里克只能是看到山楂开花的人。最后，从线索5中知道，汤米不是波特，那么他必定是诺米，剩下波特是看到翠鸟的亚瑟。

因此得出答案：

位置1，比利·史密斯，听到布谷鸟叫。

位置2，汤米·诺米，玩鳟鱼。

位置3，亚瑟·波特，看到翠鸟。

位置4，埃里克·普劳曼，看到山楂开花。

124...

玛丽说她只从后面看到了抢劫的人，却明确说出嫌疑人穿着开襟汗衫。这种汗衫的扣子是在前面的，从后面看是无法判断出来的，显然玛丽在撒谎。

125...

间谍显然在前排A、B、C、D或后排I、J、K、L 8人中，否则，船体不会前倾。

第一次测试：

分别交换前排A、B、C 3人和中排E、F、G 3人的位置，再交换前排D和后排L的位置，然后观察船体的倾斜情况。

船体的倾斜有且只有以下3种情况：

（1）船体由朝前倾斜变为朝后倾斜。这说明间谍在D和L两人中。

（2）船体由朝前倾斜变为保持平衡。这说明间谍在A、B、C 3人中。

（3）船体继续朝前倾斜。这说明间谍在I、J、K 3人中。

第二次测试：

分3种情况：

（1）如果间谍在D和L两人中，则不妨令D和中排的H交换位置。这时如果船体保持朝后倾斜，说明间谍是L，他的体重比标准较轻；如果船体变为平衡，说明间谍是D，他的体重比标准较重；如果船体变为朝前倾斜，说明间谍是L，他的体重较重。

（2）如果间谍在A、B、C 3人中，则不妨令B和前排的E交换位置，C和后排的I交换位置。这时如果船体继续保持平衡，说明间谍是A；如果船体变为朝前倾斜，说明间谍是B，如果朝后倾斜，说明间谍是C。因为A、B、C 3人原来都在前排。因此，3人中任何一人如果是间谍，其体重一定较重。

（3）如果间谍在I、J、K 3人中，则不妨令J和中排的A交换位置，K和前排的E交换位置。如果船体保持朝前倾斜，说明I是间谍；如果船体变为平衡，说明J是间谍；如果船体变为朝后倾斜，说明间谍是K。因为I、J和K 3人原来都在后排。因此，3人中任何一人如果是间谍，其体重一定较轻。

126...

这道题可先判定哪些嗜好组合可以符合这3人的情况，然后判定哪一个组合与住在中间的人相符合。根据题中的条件，每个人的嗜好组合必是下列的组合之一。

1...咖啡，狗，雪茄
2...咖啡，猫，烟斗
3...茶，狗，烟斗
4...茶，猫，雪茄
5...咖啡，狗，烟斗
6...咖啡，猫，雪茄
7...茶，狗，雪茄
8...茶，猫，烟斗

根据“没有一个抽烟斗者喝茶”可以排除上面的3、8；

根据“至少有一个养猫者抽烟斗”，2是某个人的嗜好组合；

根据“任何两人的相同嗜好不超过一种”，5与6可以排除；4和7不可能分别是某两人的嗜好组合；因此，1 必定是某人的嗜好组合。

根据这一条件，还可以排除 7，于是余下的 4 必定是某人的嗜好组合。

再根据“李住在抽雪茄者的隔壁；王住在养狗者隔壁；赵住在喝茶者的隔壁”这 3 个条件，住房居中的人符合下列情况之一：

A... 抽烟斗而又养狗；

B... 抽烟斗而又喝茶；

C... 养狗而又喝茶。

既然这 3 人的嗜好组合分别是 1、2、4，那么住房居中者的嗜好组合必定是 1 或 4，如下所示：

2—1—42—4—1

再根据“至少有一个喝咖啡者住在一个养狗者的隔壁”，4 不可能是住房居中者的组合，最后根据“赵住在喝茶者的隔壁”，所以判定赵的住房居中。

127...

怀表指针停在 4 时 21 分 49 秒。

我们可以观察到，在 12 个小时内，时针与分针有 11 次重合的机会。时针的速度又是分针的十二分之一。因此，继上一次重合之后，每隔 1 小时 5 分 27 又 8/11 秒，时针和分针才能再度重合一次。

耐心地计算，午夜零点以后两针重合的时间应该是：（1）1 时 5 分 27 又 3/11 秒，（2）2 时 10 分 54 又 6/11 秒，（3）3 时 16 分 21 又 9/11 秒，（4）4 时 21 分 49 又 1/11 秒。因此，怀表指针停的位置不外乎以上 4 种情况，而那个粗心的警察看到秒针停在有斑点的地方正好是 49 秒处，因此之前怀表指针停在 4 时 21 分 49 秒。

128...

凶手是代号 608 的光，因为女侦探当时是背着手写下的 608，数字排列发生了变化，正反顺序也颠倒过来，608 就是 809。

129...

很简单，波洛并没有指明罗丝的哪只脚受了伤，伊丽莎白却已经知道她伤了右脚，证明她看到罗丝被打伤，可她却撒谎说睡着了。原来，她是为了除去情敌，才故意用猎枪打伤罗丝的。

130...

保武在哨兵刚进岗亭时就开始走，走了 4 分钟时就已经过了岗亭，然后转身慢慢往回走（来时方向），当哨兵出来见到他时就命令他往回走（要去的方向），这样他就可以过桥了。

131...

令 A 表示被告，B 表示被告的辩护律师，C 表示原告。

先分析大侦探到达前我们已能得出哪些结论。

首先，A 不可能是无赖。因为如果他是无赖的话，他说的就是假话，因而事实上他是罪犯，这和罪犯不是无赖的条件矛盾。因此，A 是骑士或外来居民。

可能性 1：A 是骑士。这样他说的话就是真的，因而他事实上是无辜的。这样 B 说的话也是真的，因此 B 是外来居民，C 是无赖。由条件可知，罪犯不是无赖，所以 B 是罪犯。

可能性 2：A 是外来居民但不是罪犯。这样 B 的话同样是真的，因此，B 是骑士，C 是无赖。同样因为罪犯不是无赖，所以 B 是罪犯。

可能性 3：A 是外来居民而且是罪犯。这样，C 的话是真的，因此 C 是骑士，B 是无赖。

我们可以把上述结论归纳成下表：

	可能性 1	可能性 2	可能性 3
A（被告）	无罪的骑士	无罪的外来居民	有罪的外来居民
B（被告律师）	有罪的外来居民	有罪的骑士	无罪的无赖
C（原告）	无罪的无赖	无罪的无赖	无罪的骑士

骑士再分析大侦探到达后的情况。

当大侦探问原告他是否犯罪的时候，事

实上他已知道原告是无罪的(见上表),他提这个问题的目的是要弄清原告是骑士或无赖。如果原告真实地回答"不",则大侦探立即可以确定上表中"可能性3"是真实情况,因而无须再提问题,即可确定谁是罪犯及3个人的身份。但事实上大侦探又提了第二个问题,这说明原告肯定是无赖,他的回答是"是"。这样就排除了可能性3,只剩下可能性1和可能性2。这时我们已能知道被告律师是罪犯,被告是无罪的,但仍不能区分两人谁是骑士谁是外来居民。这时大侦探问被告原告是否有罪,显然,骑士的回答一定是"不",而外来居民的回答则可能是"不",也可能是"是"。因此,如果大侦探得到的回答是"不",他仍然没法分清两人的身份,但现在他分清了,因此,他得到的答案肯定是"是",因而,被告是外来居民,被告律师是骑士同时也是罪犯。

总之,可能性2是真实情况:被告是外来居民,原告是无赖,被告律师是骑士并且是罪犯。

132...

根据题意,与米莉相邻的人既可以是两个女孩,也可以是两个男孩。如果与她相邻的人是两个女孩的话,那么米莉也必定是她们的邻居。既然这两个女孩的邻居之一是米莉,是个女孩,那她们另一个邻居也必然是个女孩。这样的话,整个圆圈就都是女孩了。所以,与米莉相邻的两个人一定是男孩,这两个男孩又都与米莉和另一个女孩相邻。所以,圆圈就是在这个交替的模式下继续的,所以女孩的人数与男孩的人数应该是相同的,也是12个。

133...

胡安·毛利被招募的地点不是位置3(线索1)、1(线索2)或者6(线索3)。他是在凯克特斯市的北边一站被招募的(线索3),后者不是图中3号位置(线索1),那么他被招募地一定不是2,只能是4号或者5号位置,因此凯克特斯市是图中5或者6号位置。马特·詹姆士是在某个市被招募的(线索5),从同一条线索中知道,格林·希腊镇不是6号,6号是最后一站,那么马特·詹姆士不可能在5或6号加入,必定是在马蹄市镇。位置1不是里欧·布兰可镇和格林·希腊镇(线索5),赖安不是在3加入的(线索1),因此位置1也不是保斯镇和梅瑟镇(线索4),那么一定是马蹄镇,从线索中知道,格林·希腊镇就是2号。现在知道位置3不是里欧·布兰可镇(线索5)或者梅瑟镇(线索4),则一定是保斯镇,而从线索4中知道,梅瑟镇一定在4号位置,而赖安是在5号位置加入的。因此胡安·毛利是在4号位置加入的,而凯克特斯市则是位置5(线索3)。通过排除法,6号位置就是里欧·布兰可镇。现在知道,3号保斯镇招募的不是赛姆·贝利(线索1)或者亚利桑那(线索4),那么一定是蒂尼。因他是在赛姆·贝利加入后的更往南位置加入的(线索3),后者不是在6号位置加入的,那么一定是在2号,最后,里欧·布兰可镇一定在图中6号位置,即亚利桑那加入的地点。

因此得出答案:

位置1,马蹄市,马特·詹姆士。

位置2,格林·希腊镇,赛姆·贝利。

位置3,保斯镇,蒂尼

位置4,梅瑟镇,胡安·毛利。

位置5,凯克特斯市,赖安。

位置6,里欧·布兰可镇,亚利桑那。

134...

肇事车号是6198,因为被撞的小学生在飞起来翻了半圈时看到的车号是倒着的。

135...

安格莉卡一再声称她不认识哈里希,但她却知道哈里希的全名是路德维希·哈里希,很显然,她是认识此人的。

136...

与尼克·路拜尔相关的侦探小说有18本(线索7),标枪出版社出版了16本书(线索5),乔奇·弗赛斯写了10本书(线索1),由线索3得出,地球出版社出版的有关埃德加·斯多瑞的系列小说不可能是10或12本,所以是14本,有关埃德加·斯多瑞的写了12本(线索3)。现在我们已知两个著者写的本数和两家出版社出版的本数。由上得出，亚当·贝特雷写的由王冠出版社出版的（线索4）是18本系列的小说，主人公是尼克·路拜尔。而根据线索2，帕特里克·纳尔逊写的不是16本，所以是14本。余下史蒂夫·梭罗本是16本系列侦探小说的作者。由线索6得出，红隼出版社出版本数不是10本，所以应是理查德·奎艾内写的12本。而那10本是由毕尔格出版社出版的，所以主人公一定是乔布林博士（线索6）。根据线索2，有关旧金山的不是蒂特蒙中尉的侦探一定是史蒂夫·梭罗本的16本小说的主人公。所以，史蒂夫·梭罗本塑造的侦探必定是克罗维尔检查员。而蒂特蒙中尉则是红隼出版社出版的理查德·奎艾内写的12本书的主人公。

因此得出答案：

亚当·贝特雷，尼克·路拜尔，18本书，王冠出版社。

乔奇·弗赛斯，乔布林博士，10本书，毕尔格出版社。

帕特里克·纳尔逊，埃德加·斯多瑞，14本书，地球出版社。

理查德·奎艾内，蒂特蒙中尉，12本书，红隼出版社。

史蒂夫·梭罗本，克罗维尔检查员，16本书，标枪出版社。

137...

问题出在地址上。既然大地址是真的，小地址是假的，而绑架犯不可能不想得到赎金，那么说明这个绑架犯必然是十分熟悉当地邮寄地址的人，最大的怀疑对象自然就落在了赎金寄达地点邮局的邮差身上，因为除了他以外，没有人能够收到，而且也不会引起怀疑。虽然办理邮包业务的负责人也有可能拿到赎金，但问题是无法确定某董事长在哪一个邮局投寄赎金，所以能够收到的人只有收件当地的邮差。因此，绑架犯的真实身份就是当地的邮差。

138...

议员是真正的凶手。他进诊所时，陌生人已经换上了干净的衣服，并且吊着手臂，他不应该知道陌生人是背部中弹。

139...

如果餐馆老板开枪自杀，他不可能有时间把枪和便条放在桌子上。而且，要是便条是他预先写好的话，它应该在手枪的下面而不是上面。

140...

如果这个纯银的烛台确实是18世纪的文物，那么它不应该是“闪亮的”，而应该生了锈。

141...

找到自相矛盾的地方，是逻辑推理的重要步骤。丈夫说夫人患病，每隔半小时必须吃一次药，为了证明，两人还在店员面前表演了一次吃药过程。

可是，两人在店里已经待了整整一下午，如果半小时需要吃一次药的话，至少吃了五六次药，可咖啡杯还是满满的，这说明下面一定有东西。

142...

詹金斯小姐现居新西兰（线索2），现居美国的小姐是FBI成员（线索4），那么由于电视台播音员麦哈尼小姐不在冰岛（线索5），则其一定住在沙特阿拉伯。坎贝尔不是美国FBI成员（线索4），那么FBI成员一定是罗宾孙小姐，剩下坎贝尔的名字就是佐伊。而罗宾孙小姐的名字不是乔（线索3），她现在是FBI成员，她不是飞行员安娜（线索1），那么她的名字一定是路易斯。而麦哈尼是电视台播音员，她的名字也不是安娜，那么她就是乔，飞行员安娜就是现居新西兰的詹金斯小姐（线索2）。最后通过排除法，佐伊·坎贝尔就是现居冰岛的助产士。

因此得出答案：

安娜·詹金斯，新西兰，飞行员。

乔·麦哈尼，沙特阿拉伯，电视台播音员。

路易斯·罗宾孙，美国，FBI成员。

佐伊·坎贝尔，冰岛，助产士。

143...

探长凭着仔细入微的观察，发现尸体的鼻梁上架着一副太阳镜。假如是自杀的话，由悬崖上跳下来的时候，眼镜应该会摔掉，不可能还端端正正地架在鼻梁上，这极不合逻辑。

144...

一楼外窗台上树叶上的血迹，说明死者在掉到地面上以前已经负伤或死亡，是在从二楼下坠的过程中，血滴洒下的，因此是他杀。如果是不慎失足坠到地面上以后出血的，那么血迹就不会落到上面的窗台上了。

145...

一个右手不能动弹的人是不会把东西放在右边的兜里面的，除非是有人给他放进去的。

146...

福斯特写的是历史小说（线索2），她或他不是餐饮老板（线索2），也不是尸体防腐者或消防队员（线索6），所以一定是书店老板，名叫波林（线索5）。医学小说不是出自迪莉娅之手（线索4），也不是出自写爱情小说的约翰之手（线索1），所以必定是由托马斯·罗宾斯写的（线索3）。综上所述，迪莉娅写的是爱情小说。约翰不姓梅尔沃德（线索3），所以，约翰姓凯勒，他以前是一位餐饮老板（线索2），剩下迪莉娅一定姓梅尔沃德。现在已知其中两种书所对应的两种以前的职业，不写爱情小说的前消防队员（线索5），一定是医学小说的作者，即托马斯·罗宾斯。最后得出迪莉娅以前从事的职业是尸体防腐者。

因此得出答案：

迪莉娅·梅尔沃德，爱情小说，尸体防腐者。

约翰·凯勒，历史小说，餐饮老板。

波林·福斯特，政治小说，书店老板。

托马斯·罗宾斯，医学小说，消防队员。

147...

已知格兰·泰勒在1998年7月加入（线索7）。1999年3月加入并扮演要辞职角色的演员不是贝利·佩奇（线索3），也不是扮演要被调走的莫娜·杨（线索5）。根据线索2，他不是道恩·塞尔拜，由此得出他是扮演检查员维姆斯的约翰·维茨（线索4）。我们知道扮演被枪杀的演员不在1999年3月加入，而线索2排除了1999年8月，根据同一个线索，他（她）一定是在1998年加入，而道恩·塞尔拜在1997年10月加入。然后根据线索6，道恩扮演的是乌尔夫。而我们知道她不是被调走或枪杀或辞职，坎普恩警察被监禁（线索7），因此斯格特·乌尔夫将退休。我们现在已经知道3个角色离开的原因，而1998年7月加入的格兰·泰勒扮演的角色没有被监禁（线索7），那么她一定被枪杀。排除法得出，贝利·佩奇扮演了被监禁的坎普恩警察。莫娜·杨的角色不是芬警察（线索5），而是马洛警察。因此她不是在1998年5月加入（线索1），而是在1999年8月，剩下贝利·佩奇的加入时间是1998年5月。最后排除法得出，芬警察就是格兰·泰勒扮演的被枪杀的角色。

因此得出答案：

贝利·佩奇，坎普恩警察，1998年5月，被监禁。

道恩·塞尔拜，乌尔夫警官，1997年10月，退休。

格兰·泰勒，芬警察，1998年7月，被枪杀。

约翰·维茨，维姆斯检查员，1999年3月，辞职。

莫娜·杨，马洛警察，1999年8月，被调走。

148...

甲、乙、丙3人戴的帽子的颜色有下面6种可能：红红红、红红蓝、红红黄、红蓝黄、红蓝蓝、蓝蓝黄。站在最后的丁说不出自己戴了什么颜色的帽子，说明前面3人肯定不是蓝蓝黄，否则他可以推出自己戴的是红帽子。丙前面两人戴的帽子的颜色可能是：红蓝、红黄、红红、蓝黄、蓝蓝。但他也说不出自己戴的帽子的颜色，所以前面两人不可能是蓝蓝、蓝黄。因为如果是蓝蓝、蓝黄，丙就能推出自己戴的是红色的帽子。根据上面的推理，甲、乙的帽子的颜色只能是红蓝、红黄、红红，如果甲的帽子的颜色是蓝或黄，乙一定能推出自己的帽子是红色的。因为乙没有推出自己的帽子的颜色，所以甲的帽子一定是红色的。

149...

吴与钱是夫妻；郑与孙是夫妻；赵与王是夫妻；周与李是夫妻。乔太守是这样判定的：

首先确定性别。先采用联言推理把钱、李、孙、王联系在一起，再采用假言推理断定她们是女的。推理的依据是：

（1）李与钱的装束一样。

（2）李、孙、王住在一起。

（3）孙的“那个是吴家那个的表兄（男的）”。

孙的爱人既然是男的，

那么孙就是女的。既然孙是女的，那么根据（1）、（2），钱、李、王也是女的。

其次确定夫妻关系。主要采用选言推理。

（1）先确定吴的妻子是谁？

A. 吴氏夫妻赴京，王、李家的那个去饯行。因此，王和李不是吴的妻子。

B. 孙的“那个是吴家那个的表兄”，因此，孙也不是吴的妻子。

C. 排除王、李、孙，钱只能是吴的妻子。

（2）郑的妻子又是谁？

A.确定钱后还有孙、李、王。

B. 吴氏夫妻赴京，饯行的是郑，王和李家的那个。既然三家各有一人，那么王和李不是郑的妻子。

C. 排除王和李，只能孙是郑的妻子。

（3）赵的妻子又是谁？

A. 只剩下李、王二人。

B. 赵结婚时，李做客，因而不是李。

C. 赵的妻子是王。

（4）最后剩下李，只能是周的妻子。

150...

少女被关在窗户朝北，即面对丘陵的那间屋子里。这从少女所说的“夜晚还是会有一点风吹进来”这句话可以得到证实。在海岸上，一到夜晚，陆地上的气温要比海面的温度容易冷却，这种凉的空气就从丘陵向海上流动，所以从朝北的小窗口吹来阵阵清风。反之，白天由于陆地很快变热，风就改从海上吹来，而在早晚气温相同的时候，海岸上就处于无风状态了。

151...

星期四是布莱克浦遭遇坏天气的日子（线索5），大风发生在星期二（线索2）。根据线索1，在萨斯安德发生的莫名其妙的毛毛雨不可能是在星期五，所以，是在星期一或星期三。因此，不可能是乌德郝斯家遭此坏天气（线索3），线索1排除了达许伍德家的可能性。线索4则排除了纳特雷家，因为他们遭受的是暴雨，而普里斯家待在斯卡布罗（线索6），所以，综上所述，是待在萨斯安德的班尼特家碰上了莫名其妙的毛毛雨。毛毛雨不是在星期一下的（线索6），所以，是在星期三下的。根据线索1，在布莱克浦，达许伍德家在星期四碰上糟糕的天气。现在我们已经得出3个家庭所去的度假地点，所以，乌德郝斯家不是待在科尔威海湾（线索3），一定是在布赖顿。纳特雷家则在科尔威海湾。他们经历的暴雨不是发生在星期一（线索3），也不是星期二、星期三和星期四，只能是星期五。根据线索3得出，布莱克浦在星期四经历的雷阵雨。乌德郝斯家的坏日子不是星期一（线索3），那是普里斯家的，那天在斯卡布罗持续下着雨。剩下星期二是乌德郝斯家在布赖顿吹到大风。

因此得出答案：

班尼特，萨斯安德，星期三，莫名其妙的毛毛雨。

达许伍德，布莱克浦，星期四，雷阵雨。

纳特雷，科尔威海湾，星期五，暴雨。

普里斯，斯卡布罗，星期一，持续地下雨。

乌德郝斯，布赖顿，星期二，大风。

152...

2002年的表演在足球场上演（线索7）。1998的演出不在贝迩维欧公园（线索3），不在国家公园（线索4），也不在教堂周围的空地（线索5），所以，是在小修道院的草地上演的。因为《暴风雨》是在1999年上演的（线索2），线索4排除了国家公园是2000年演出地点的可能性，而2000年的演出是被一场大风破坏掉的（线索6），所以线索4也排除了国家公园是2001年演出地点可能性，因此它是1999年《暴风雨》的演出地点。所以，因雾中断的《奥赛罗》是在1998年小修道院的草地上演的（线索4）。2002年，在足球场的演出不是被雷暴雨打断的（线索7），同时我们知道也不是受了大风或雾的影响；线索1将熄灯的可能性排除在外，所以，2002年的演出是因大雨中断的。我们已经知道1998年和1999年的演出分别是《奥赛罗》和《暴风雨》，从线索3得知，2000年的表演不是在贝迩维欧公园；所以贝迩维欧公园是2001年的演出地点，剩下2000年的演出地点是教堂周围的空地。由线索3得出，2000年的演出一定是《罗密欧与朱丽叶》。2001年在贝迩维欧公园的表演不是被暴雨打断的（线索7），所以它是因熄灯停演的，而1999年的演出才是因暴雨中断的。现在，由线索1可知，2002年因冰雹中断的演出一定是《裘力斯·凯撒》，剩下2001年因灯光熄灭停演的是《哈姆雷特》。

因此得出答案：

1998年，《奥赛罗》，小修道院的草地，浓雾。

1999年，《暴风雨》，国家公园，暴雨。

2000年，《罗密欧与朱丽叶》，教堂周围的空地，大风。

2001年，《哈姆雷特》，贝迩维欧公园，灯光熄灭。

2002年，《裘力斯·凯撒》，足球场，冰雹。

153...

4个人的话显示，A、C离开时医生已死，B、D到达时医生还活着，所以B、D应该比A、C先去的医生家。由B不是第二个，C不是第三个可以知道4个人的顺序是B、D、A、C，而从D的第一句话知道他不是凶手，所以凶手是C。

154...

门拉说："我要砍头。"

这使国王很为难，如果真的把他的头砍了，而说真话就应该被绞死。如果把他绞死，那么他说的"我要砍头"便成了假话，而说假话是要被砍头的。绞死或者砍头，都没有办法执行国王原来的游戏规则，结果只能将他释放了。

155...

首先开始这场比赛的守门员不可能是加里（线索1）、克莱德·约翰逊（线索2）、迈克、戴维（线索4）或彼得（线索5）。史蒂夫位于2号位置（线索3），因此运用排除法可知，守门员一定是达伦。根据线索2和3，1号位置的球员是克莱德·约翰逊，2号位置的球员是史蒂夫·马钱特。斯旺位于3号位置（线索6），他的名字不可能是迈克，因为迈克接到了戴维的传球（线索4），也不可能是彼得，因为彼得接到了格伦的传球（线索5），也不可能是加里（线索1）。我们知道他不是克莱德、达伦或史蒂夫，因此运用排除法可知，他的名字一定是戴维。根据线索4，迈克位于4号位置，贝内特的名字是达伦，他是守门员。位于6号位置的是最后一个球员，他不可能是奥凯西（线索1）、格伦（线索5），那他一定是多诺万。根据线索5，彼得不可能位于5号位置，那么一定位于6号位置，他的姓是多诺万。格伦位于5号位置（线索5），运用排除法可知，他的名字是加里。现在根据排除法和线索1可知，迈克位于4号位置，他的姓是奥凯西。

总结如下：

守门员：达伦·贝内特；1号：克莱德·约翰逊；2号：史蒂夫·马钱特；3号：戴维·斯旺；4号：迈克·奥凯西；5号：加里·格伦；6号：彼得·多诺万。

156...

这只不过是一种普通的心理测试。海尔博士利用了犯人的心理，真正的罪犯不会真把药服下去，而没有犯罪的人却很坦然地把药喝了。

157...

县令让王海生把那二十多个西瓜抱起来，可是他费了九牛二虎之力，也只抱起来八九个。而后县令又对他说："你堂堂男子汉才抱起这么几个，难道她一个女人家能抱起二十多个？"在事实面前，王海生只得认了罪。

158...

先安排甲、乙、丙3人持两张请柬进入指挥部：

甲先借口有事外出，领取一张特别通行证；

接着，乙用甲拿出的特别通行证进第一道岗，进指挥部时用请柬的一张红票，然后也借口有事外出，领取一张特别通行证，这时乙的手中就有一张请柬的一半红票和两张特别通行证；

丙也用乙的方法获取一张特别通行证。

凭这三张特别通行证，游击队员们每批通过第一道岗哨3人，出1人，就可将八几名队员都安全通过第一道岗，埋伏起来。最后，甲乙丙3人再进入指挥部，交回三张特别通行证。

159...

亚当斯对审判官说："我得慢慢地品味，每天一行左右。"审判官问："那不是需要几百年吗？"亚当斯说：

“国王陛下许可我读完《圣经》再被处死，并没有讲什么时候读完啊！”

160...

莱蒙德没有上过楼，怎么会知道小偷是拆了书橱的门偷走书的呢？实际上是他拆了书橱门，造成古书被偷的假象，以骗取保险金。

161...

如果b是清白的，则根据事实1，a和b是有罪的；如果b是有罪的，则他必须有个帮凶，因为他不会驾车；再次证实a和c有罪。因而，第一种可能是a和c有罪；第二种可能是c清白，a有罪；第三种可能就是c有罪，则根据事实2，a同样有罪。结论a犯了盗窃罪。

162...

弗兰克说他在吵闹的溜冰室听到了完全隔音的办公室里的声音，可见他在撒谎。

163...

当夜三更的时候，在狱中的郝妻突然被两个蓬头小鬼将一条铁链子套住她的脖子，将她押到一个阴森森的大殿，殿两旁凶神恶煞张牙舞爪，牛头马面如狼似虎。大殿正中端坐着阎王。郝妻见到如此的场面，霎时吓得脸都变了色。

在幽暗地烛光下，从殿后走出了一个年轻鬼魂，突鼓着两眼对着郝妻叫道：“你这贱人，还我命来！”郝妻一见，那人竟是自己的丈夫郝广友。这时，阎王开口问道：“郝广友，你有何冤屈可如实禀告。”郝广友马上呈上了一份状纸，说道：“我的冤屈全写在状纸上，请大王审阅。”阎王看完状纸，对着郝妻大声喝道：“大胆泼妇，与人私通，谋害亲夫，还不从实招来！”

郝妻已经吓得不能自已，连忙从实招供是自己与孙坤私通之后，在端午节那天趁丈夫酒醉熟睡之际，用钢针害死了丈夫的犯罪事实。

阎王命令道：“立即画押！”郝妻便画了押，待画完押之后，大殿上忽然灯火通明，堂上坐的阎王，原来是狄仁杰假扮的。原来狄仁杰见郝妻相信因果报应和阴间阎王的迷信之说，便巧妙地利用了这些破了案。

164...

卡特拆下仓库天窗的两根铁栅栏后，从那里潜入盗走了箱子，然后在窗口上放了几只大蜘蛛。蜘蛛有足够的时间在凌晨织上网，因此即使铁栅栏缺了两根，仓库仍好像处于密封状态。

165...

经理的伤是在头的左后侧，因此凶手很可能是个左撇子。根据镜像效应，正在写字的两个人中一定有一个是左撇子，而另一个用右手写字的则是无罪的。

166...

清洁工人。他利用吸尘器吸出了钻石。

167...

罪犯就是鲁克伯的侄子。表从高处掉下来，不是停，就是变慢了，不可能变快。这是他侄子上楼开窗时故意拨快的。他又有意朝天放枪并大声诅咒，知道伯父只要被吵醒必定要下楼来对表，事先在地毯上弄了皱褶，让他绊倒，从楼梯上摔下来跌死。

168...

原来，在3个月前当汤姆买鞋的时候，理查德也买了另一双完全相同的鞋子。他乘汤姆不备，每隔一天就把这双鞋子换给汤姆穿。由于汤姆是两双鞋子轮流穿的，所以鞋子的磨损情形完全一样。案发当日，理查德穿着其中一双鞋子到詹姆斯家谋杀了詹姆斯，又故意在院子里留下鞋印。第二天，他再把这双鞋子与汤姆的鞋子对换，然后把换出的鞋子丢弃，以毁灭证据。

169...

这两个人的代号分别是5和10。4组嫌疑犯的代号分别是：1和9；2和8；3和7；4和6。

170...

存放杂物的储存室的壁板墙，全是从里侧用钉子钉上去的。其中两三张壁板是用强力胶粘上去的。罪犯把这几张壁板取下来，走出房间后再把壁板涂上强力胶，粘到原来的位置上去。壁板上仍留有旧铁钉帽儿，所以，从外面冷眼一看，这个房间的四周墙壁似乎全用铁钉钉着，给人以完全封闭的错觉。

171...

凶手给被害人服用了麻

醉剂，并在船上做了手脚使船缓慢进水。这样在1个多小时后被害人药效尚未完全解除时船沉入水，致使被害人在半清醒的状态下溺死。

172...

艾伦很狡猾，他把氯化钾涂在水果刀的一面来切苹果，把沾有氯化钾的那半个苹果给了布伦特，而自己吃的是没有沾到氯化钾的另外半个苹果。

173...

伽利略推测索菲娅的弟弟事先在这个望远镜的筒里装有毒针。

那天晚上，索菲娅在玛丽娅和其他人入睡之后，悄悄登上钟楼的凉台，想用这个望远镜观察星星——这可是一架精心制造的望远镜。在眼睛贴近望远镜之后，为了对准焦点，使用人就要调节筒内的螺丝。这时，弹簧就会把毒针射出，直刺眼睛。

索菲娅受伤后，猛地一惊，望远镜便从手里滑落而掉进河里。她忍住剧痛把毒针从眼里拔了出来——因为她是在看了那本被禁的书《天文学对话》后，为了弄清楚地动说而进行天体观测的。这决不能让院长知道，不能呼喊。她也许是想拔出毒针，自己来治好眼伤，但毒性很快扩散，无法解救了。

174...

王探长把棉花放在水里，一般的棉花上面有油脂，会漂浮在水面上，而医药用的棉花经过脱脂加工，会大量吸收水，沉到水底下去。他看到棉花沉到水里，就知道犯罪嫌疑人就是药店老板。

175...

因为艾伦平时装扮成小李，而且平时装的不是实弹。但他忽视了猴子再聪明也不会分辨出真正要杀的人。当小李走进房间时，猴子感到陌生，所以没有扣动扳机。而当再熟悉不过的主人艾伦走进房间时，猴子因条件反射扣动了扳机，而这次装的是实弹。艾伦设计杀别人的计划却把自己的命搭上了。

176...

乘客用匕首刺死飞行员时，刀尖刺破了橡皮筏的空气管。如果不立即采取补救措施，里面的压缩空气就会跑掉，船就会很快沉没，所以凶手用手指拼死抠住这个洞以防止漏气。这样，他就动不得半步，也就无法拿到有食品的罐头了。即便手指松开，迅速拿过罐头，也没有时间把罐头打开，因为这一时间橡皮筏的空气会跑得一干二净。或者是船沉了，或者是饿死，二者必居其一。

177...

那是两辆车并排在公路上行走，只不过两辆车都亮着一盏灯。对方早就预料到情报员会向旁边闪避，所以安排了这个万无一失的假局。在灯的照耀下，情报员看不到真相，果然中计。

178...

货物埋藏在下午3点时云杉树顶在地面的投影处。

179...

凶手就是射击运动员，他趁伊里杰夫练习倒立的时候，从二楼阳台往上射击。

180...

杀手听到广播时得到启示，于是他躲在车尾，利用列车行进中转弯形成的弧度，抓住时机开枪射击罪犯。

181...

寇安命人把葡萄架拆毁，在架子上捉住了一只4寸多长的毒蝎。原来，那日李原一家在葡萄架下吃饭，鸡香味引落下来一缕细丝——毒蝎的唾液，李原因此中毒身亡。

182...

原来，巴西护卫舰从海洋里打捞上来的并非是求救信，而是广告书。在“西·希罗”叛乱事件发生前16年，有个叫约翰·帕尔明格托恩的人出了一部名为《西·希罗》(《海上英雄》)的小说。后来由于在广告宣传上下了功夫，该书销路极好。宣传的方式之一就是作者在小说出版之前，往海里扔了5000只封装着摘自《圣经》的著名片断和书稿中求援呼吁内容的瓶子。偏偏有那么一只瓶子会被巴西护卫舰捞起，内容又偏偏与叛乱事件相符，以至奇迹般地成了罹难船的救命符。这是作者在16年前始料不及的。

183...

轿里的新娘是另一名女子假扮的。小偷根本不认识新娘，却煞有介事地和假新娘对起证来。

184...

窃贼要的不是珍珠，而是那个首饰盒！这个窃贼其实是卢米埃尔首饰盒的另一个收藏者。他自己的首饰盒上的锁坏了，所以他计划将自己的首饰盒跟福斯特的首饰盒掉包。为了不让福斯特先生起疑心，他仿造了一个珍珠项圈（不幸的是，仿造的项圈只有 99 颗珍珠），然后在宴会中趁人不备，换走了福斯特的首饰盒。

威尔侦探手上的名单就是卢米埃尔首饰盒收藏者的名单。当他发现这份名单上的一个名字同样出现在福斯特的客人名单中时，他认为这个人就是窃贼。

185...

贾雅什丽让人把这 4 个人分别安置在 4 个房间里。然后，贾雅什丽把自己打扮得漂漂亮亮的，她先来到王子的房间里，说："王子，我对你一见钟情。我想嫁给你。只要你先给我父亲一份定金，我就是你的了。"王子回答："你很美，我也对你一见钟情。不过我现在身无分文。待案子解决，我回国后给你送来。"贾雅什丽断定王子确实没有偷珍珠，就去见婆罗门的儿子。婆罗门的儿子一见姑娘就爱上了她。姑娘向他要彩礼，他回答说："我父亲要钱有钱，要土地有土地。我回到家以后，一定给你送来。"姑娘看出他也确实没有偷珍珠。于是，她去见木匠的儿子。木匠的儿子说："我身边一个钱也没有。不过这桩官司了结后我马上回家取钱。"

贾雅什丽又去见商人的儿子。商人的儿子一见这般美貌的姑娘，灵魂早已出了躯壳。他迫不及待地从大腿内侧的裤子里取出了 4 颗珍珠，作为彩礼要娶贾雅什丽。贾雅什丽马上把 4 颗珍珠交给了父亲，并指出商人的儿子就是私吞珍珠的贪污犯。

186...

盗贼把整个车厢都盗走了，他们把马和手枪队一块劫持了。

187...

罪犯不可能分身，却可以间接地与鲁彭通电话。问题还是出在罪犯家里，能够做到让罪犯知道电话的条件就是罪犯家有两台电话。鲁彭挂电话时，罪犯的妻子会立即使用另一台电话呼叫罪犯。随后，他妻子就把这两部电话的受话器和送话器相对着靠在一起。

188...

苏菲的丈夫文森是个骗子，他是该观光客轮的一等水手。为了骗取苏菲的 2 万美元，他使用假名，隐瞒船员身份，同她闪电般地结了婚。在码头上，他同苏菲一起上舷梯时，穿的是便服，以便不暴露身份。二等水手以为上岸的一等水手回来了，怎么也不会想到他是苏菲的新郎。所以在苏菲向他们询问时，说了那样一番话。文森还在船舱的门上贴上了假号码。第二天早晨，打电话把苏菲叫到甲板上并企图杀害她的也是他。

189...

罪犯趁被害人外出时，悄悄地溜进屋里，在火药里掺上氨溶液和碘的混合物。氨溶液里加入了碘，在潮湿的状态时是安全无害的。但是只要变得干燥，高音量的震动就会使其爆炸。

190...

伸助和尚用胶布把仿制的牢房钥匙贴在碗底。因为碗里装着面条，女看守辛吉不可能将碗底翻过来检查，成田久子吃着情人送来的面条，当然会想到伸助和尚可能是来帮她越狱的。她会仔细地摸索碗底，偷偷地将钥匙取下来。

第七章

发散类思维游戏

1. 推算字母

你能推算出圆圈内外字母间的逻辑关系，并确定最后一个圆圈内缺失的字母是什么吗？

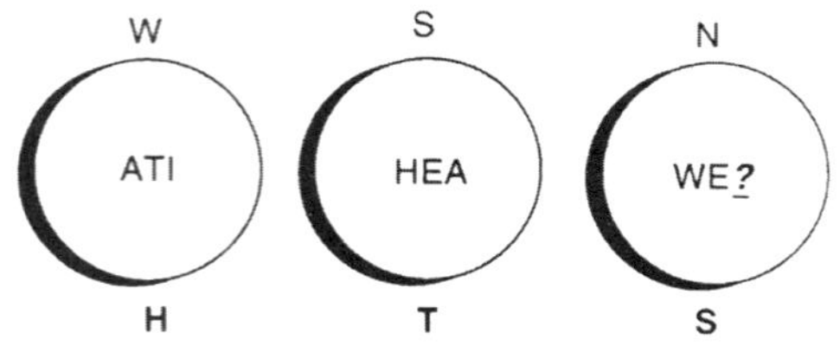

2. 挂钟

有一天，杰克忘记上发条，挂钟停了。之后他去拜访一位朋友，朋友的表时间准确，杰克待了一阵就回家了。然后他把挂钟的时间调对了。

杰克身上没有表，他是怎么把挂钟的时间调对的呢？

3. 上升还是下降

如果最下面的齿轮按逆时针方向旋转，那么最上方的旗子是会上升还是会下降呢？

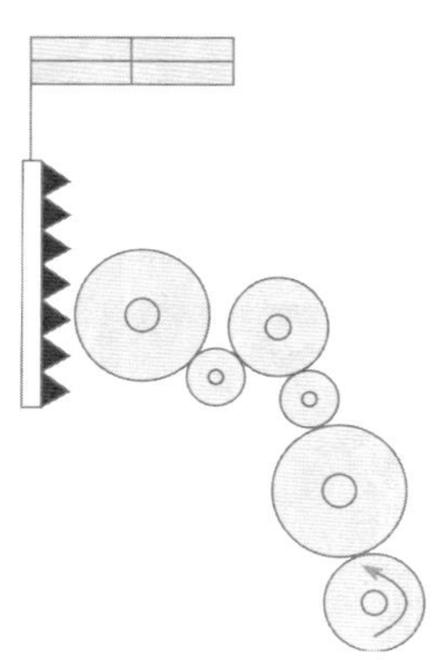

4. 发牌顺序

从一副扑克牌中取出一套同一花色的从A到10的牌。把A朝下放到桌子上，把2放到手中那一摞牌的最下面，接着把3朝下放到桌子上，把4放到手中那一摞牌的最下面，依此类推，直到所有10张牌都放到桌子上。自然，桌子上面的牌不是以数字顺序排列的。如果按照上面的摆放方法，想要在桌子上排出的顺序变成从A到10，10在上，A在下，那么，发牌顺序应该是怎样的？

5. 金丝雀和画眉

夏令营结束了，孩子们决定放飞夏令营期间捉到的20只鸟。老师建议说："把所有的鸟笼摆成一排。从左向右数，每数到5的有鸟的笼子，就把笼子打开。数到最后那只笼子再从头开始数，你们可以把最后剩下的两只鸟带回家。"

许多孩子并不关心哪两种鸟被带回家，只有尼亚和阿里特别留意一只金丝雀和一只画眉。于是，他们在帮着安排鸟笼子的时候做了些手脚。那么，应该把装有金丝雀和画眉的笼子放到什么位置呢？

6. 天平与链子

如图所示，天平右端的盘里装了一条链子，这条链子绕过一个滑轮被固定在天平左端的盘子上。

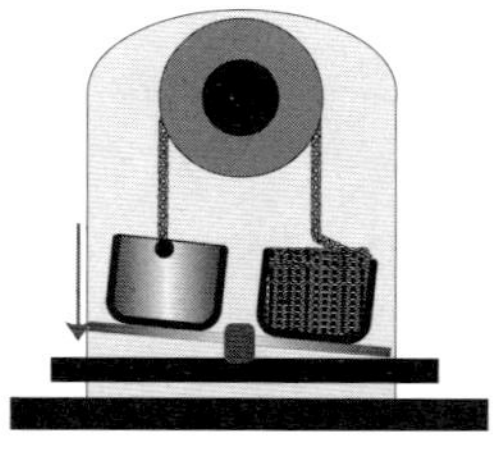

如果现在把天平左端翘起的空盘往下压，会出现什么情况？

7. 修整皮毛

一位毛皮修整师要把一块不等边三角形形状的补丁补到一块毛皮破了的窟窿上面。之后，他意识到一个严重的错误。补丁是补到了窟窿上，但是带毛的那面朝向了毛皮里面。毛皮修整师想了一会儿，把这块三角形的补丁分割成3份，把这3个部分全部翻转后，仍然保持原来的不等边三角形的形状。他是怎么做的呢？

8. 萨米的姐姐

萨米有 2 个姐姐，但是萨米的姐姐却没有兄弟。这是为什么？

9. K 和 Q

从一副牌里抽出的 4 张 K 和 4 张 Q。将这 8 张牌放一堆，Q 正面向下放在 K 的上边。把这堆牌拿起，把第 1 张牌（Q）正面向上放在桌子上。然后拿起第 2 张牌把它正面向下放到手里牌的底部。把第 3 张牌正面向上放在桌子上。第 4 张牌正面向下放在手里牌的底部。依此类推，直到所有的牌都是正面朝上。这个时候这 8 张牌的顺序是什么？

10. 面具

在下边所有面具中找出一个带有生气表情的面具，看看你多久能够找出来。

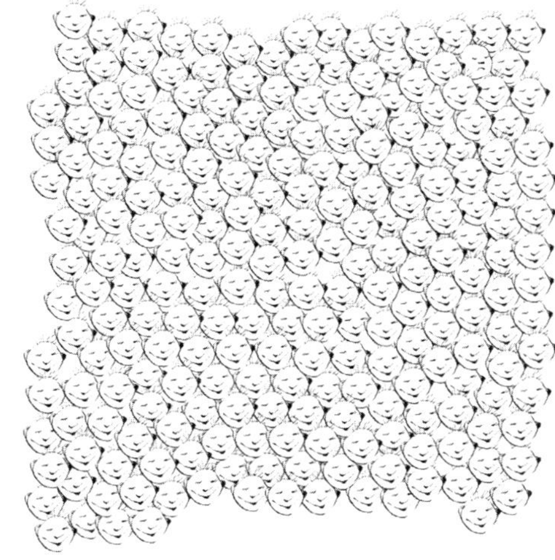

11. 正面朝上

你能将右边正方形分割成的 6 个图形碎片重新拼成一个长方形吗？

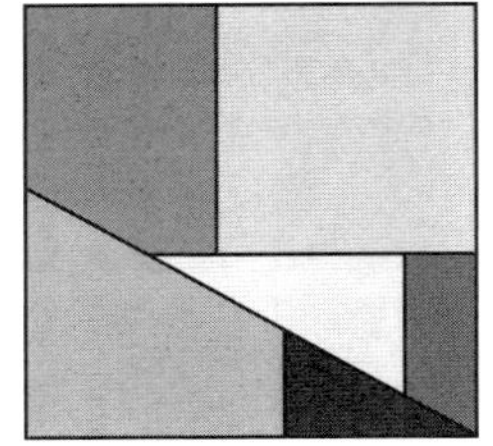

12. 点数和

图中并排放着 3 粒色子，有 7 面是可见的，那么其他 11 面的点数和是多少呢？

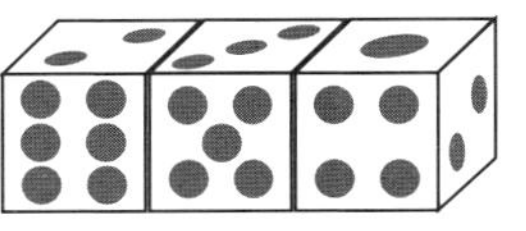

13. 数字狭条

你能不能把这个图案分成 85 条由 4 个不同数字组成的狭条，使得每个狭条上的数字和都等于 34？

用数字 1 ~ 16 组成和为 34 的四数组合共有 86 种。下边的网格图中只出现了 85 条。你能把缺失的那条找出来吗？

1	4	14	15	1	3	5	12	14	14	4	7	11	12	3	13	2
12	13	4	5	6	10	16	3	5	7	2	16	9	7	6	8	10
11	8	1	14	12	16	5	2	11	9	1	7	12	14	10	3	7
10	9	13	2	15	5	6	16	7	4	2	9	11	12	15	10	15
13	6	3	15	8	9	2	3	2	6	3	3	7	8	16	4	1
7	11	7	4	16	8	6	3	5	7	6	13	16	1	4	7	6
8	9	9	2	5	12	15	9	13	10	11	12	1	3	8	10	11
6	8	15	16	6	10	2	14	14	11	14	1	10	9	14	13	16
2	8	11	13	4	11	7	1	15	4	2	1	3	2	6	11	15
6	7	9	12	9	15	3	14	2	6	7	5	9	5	7	9	13
3	7	11	13	10	1	16	10	7	9	11	13	10	1	3	14	16
3	7	10	14	11	2	8	10	14	15	14	15	12	5	8	9	12
3	4	14	2	5	6	10	13	4	3	4	7	2	6	12	14	5
8	13	6	7	2	3	13	16	5	6	11	8	13	9	11	1	8
11	9	10	12	3	5	11	15	11	12	6	9	14	6	13	1	10
12	8	4	13	1	2	15	16	14	13	13	10	5	6	9	14	11
4	16	12	2	12	4	8	1	14	3	13	4	5	5	6	8	15
3	4	11	16	5	12	1	16	4	15	12	3	7	2	4	13	15
12	11	1	10	1	8	10	9	10	5	4	15	8	5	7	10	12
16	3	9	6	16	10	15	8	6	11	5	12	14	4	5	9	16

14. 不同的图形（一）

这些图形中哪一个与众不同？

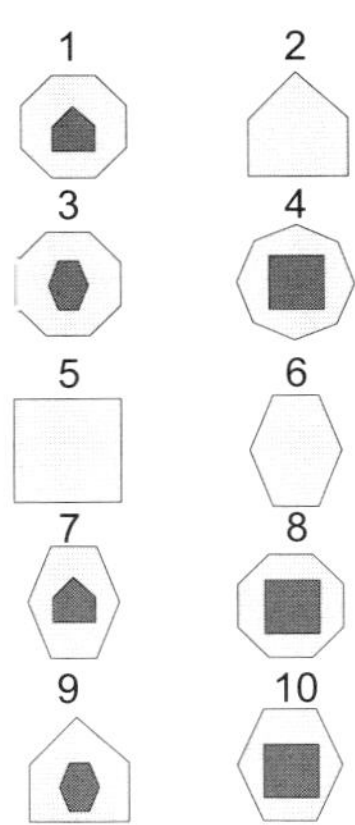

15. 不同的图形（二）

这些图形中哪一个与众不同?

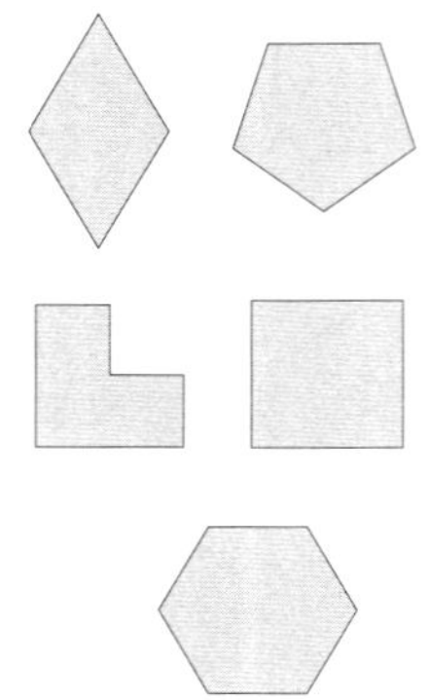

16. 不同的图形（三）

这些图形中哪一个与众不同?

17. 不同的图形（四）

这些图形中哪一个与众不同?

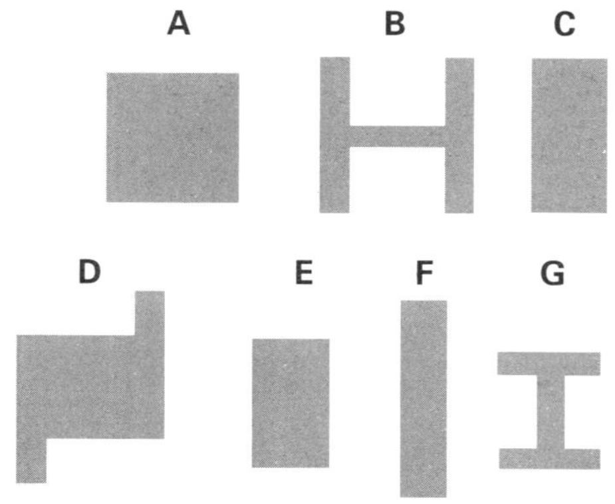

18. 不同的图形（五）

这些图形中哪一个与众不同?

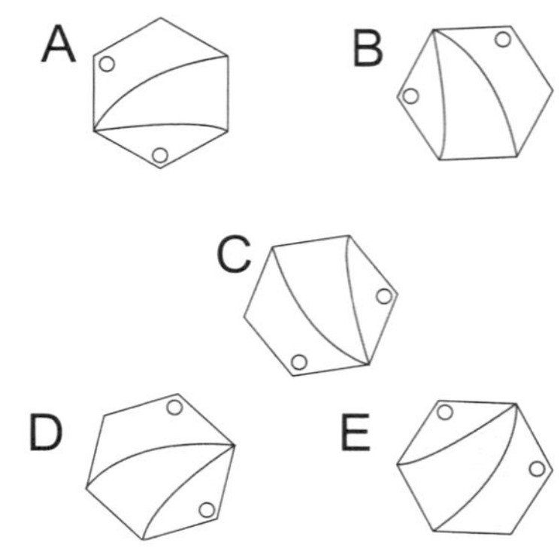

19. 不同的图形（六）

这些图形中哪一个与众不同?

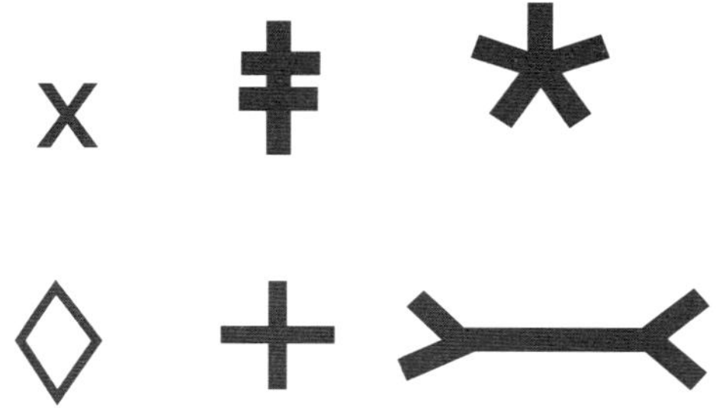

20. 赫尔曼栅格

看到交叉处的灰点了吗？仔细看它并不存在。你能解释这个原因吗?

21. 正方形十字

图中一共有多少个正方形?

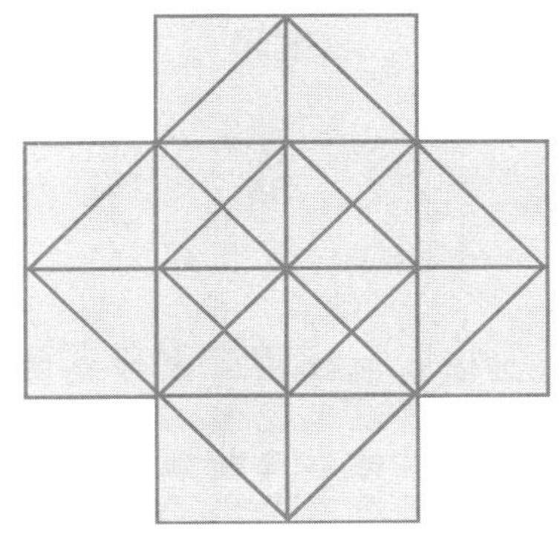

22. 图形的规律（一）

下列图形是按照一定规律排列的，按照这一规律，接下来应该填入方框中的是A，B，C，D 中的哪一项?

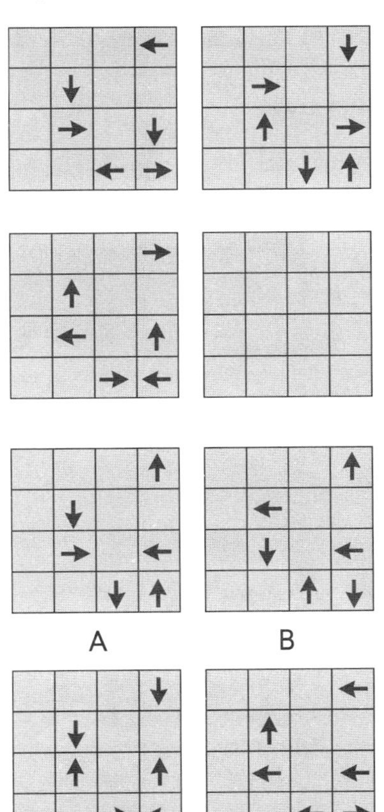

23. 图形的规律（二）

下一个图形是什么呢?

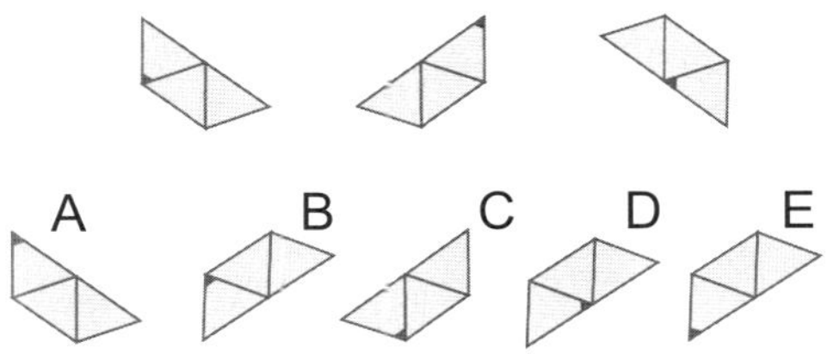

24. 闪烁栅格

在这幅闪烁栅格的变化中，当转动眼球观察图片时，会有什么变化? 如果你注视圆心，又会有什么变化呢?

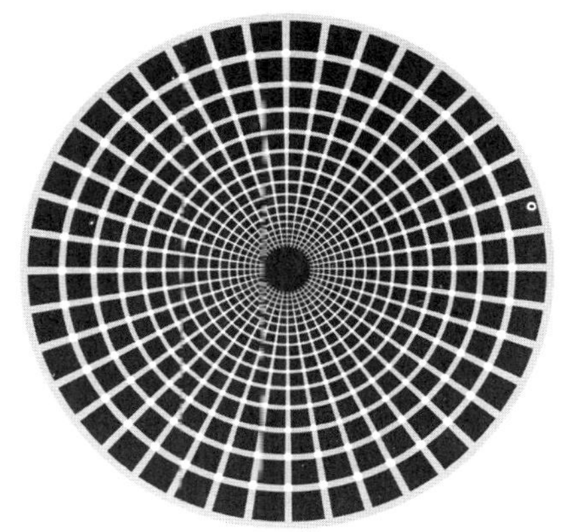

25. 箭头的逻辑

从格栅的左上角开始，每个箭头都是按照一定的逻辑顺序排列的。那么，空格处的箭头应朝哪个方向，同时，这个排列顺序是什么?

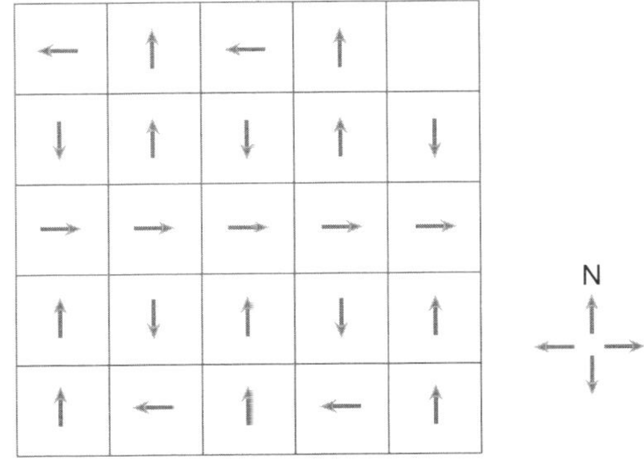

26. 交叉点

转动眼球，联结处会闪烁，闪烁的位置也不断改变。如果凝视任何交叉点，那个点就不再闪烁。你能解释这个原因吗？

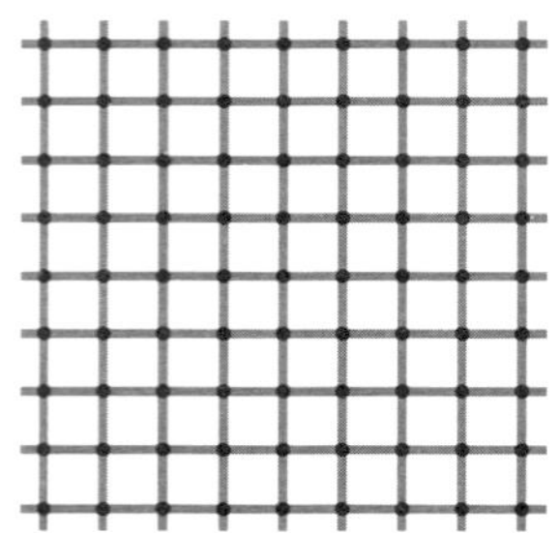

27. 八阶魔方

本杰明·富兰克林的八阶魔方诞生于1750年，包含了从1～64的所有数字，并以每行、每列的和为260的方式进行排列。

你能填出缺失的数字吗？

52		4		20		36	
14	3	62	51	46	35	30	19
53		5		21		37	
11	6	59	54	43	38	27	22
55		7		23		39	
9	8	57	56	41	40	25	24
50		2		18		34	
16	1	64	49	48	33	32	17

28. 错觉的变形

扫视图片，每个圆圈中会出现小黑点。你能看到吗？

29. 玫瑰丛的篱笆

老园丁林肯去世的时候，留给每个孙子19个玫瑰花丛。这些孙子，Agnes(A)、Billy(B)、Catriona(C) 和 Derek(D) 彼此憎恨，因此准备如图所示在各自的玫瑰丛外围上篱笆。那么，谁的篱笆周长将是最长的呢？

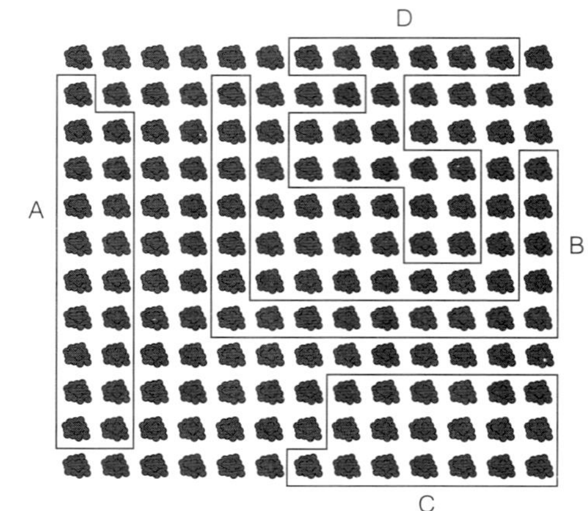

30. 忽明忽暗

环顾这张图片，小圆圈看起来好像忽明忽暗。你能感觉到吗？

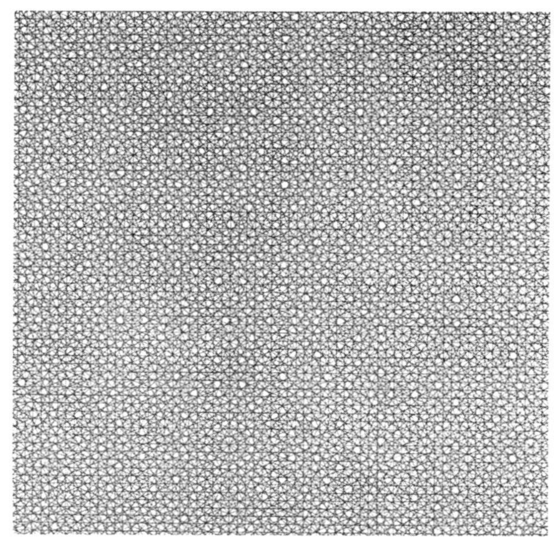

31. 水池

水池的边上有个铅球，这个铅球有可能直接掉到水池里，也有可能掉到水池中的汽船里。

问掉到水池里和掉到汽船里哪种情况下水池的水面会上升得更高一些？

32. 一片漆黑

想象这3个房间的墙上（包括地板和房顶）都铺满了镜子。房间里一片漆黑。

某个人在最上面的房间里划了一根火柴。那么，右边房间里抽烟斗的人能看到火柴燃烧的映像吗？

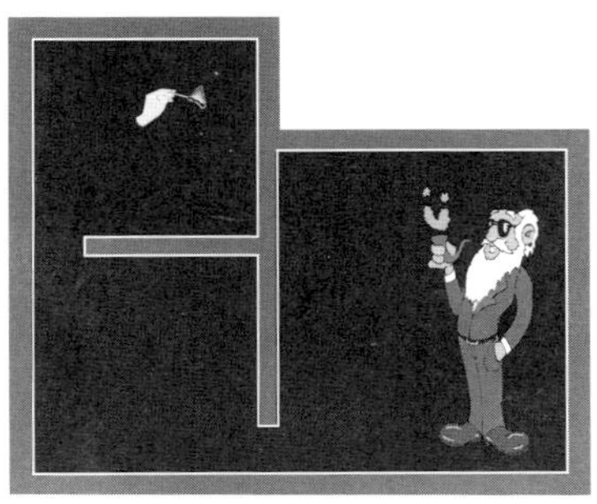

33. 博彩游戏

在一种博彩游戏中，买彩票者需要在1～54这些数字中间选出6个数字，这6个数字的顺序不重要。

请问有多少种选择？

34. 同心圆与螺旋

图中由一系列线条组成的是同心圆还是螺旋？

35. 交叉与同心圆

这些圆圈是相互交叉的还是同心圆？

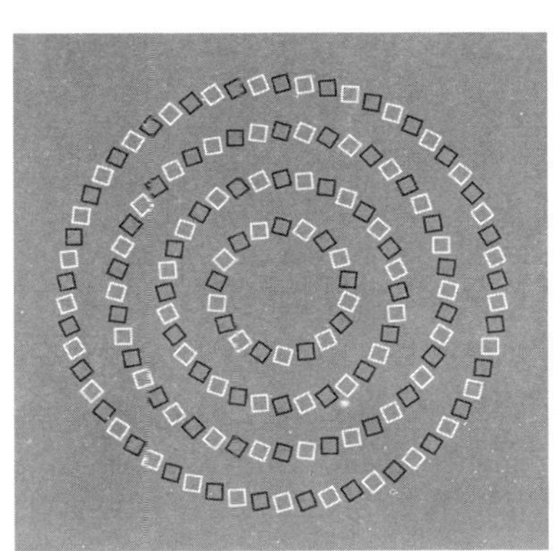

36. 平行或弯曲

这些由正方形组成的条形是平行的还是弯曲的？

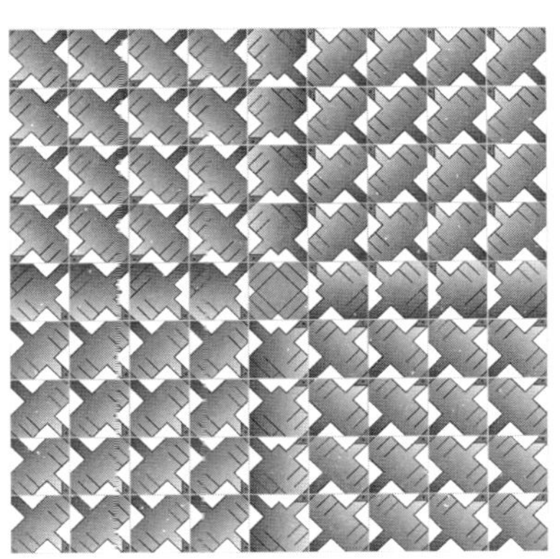

37. 缺失的图形

猜猜看，缺掉的图形是哪一块呢？

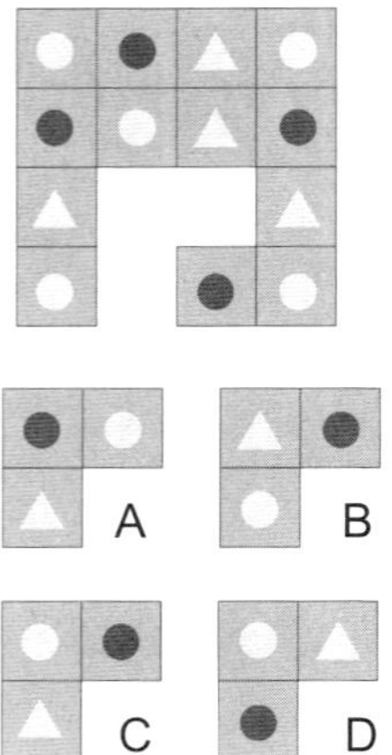

38. 星星

下面哪一颗星星应该放在问号处？

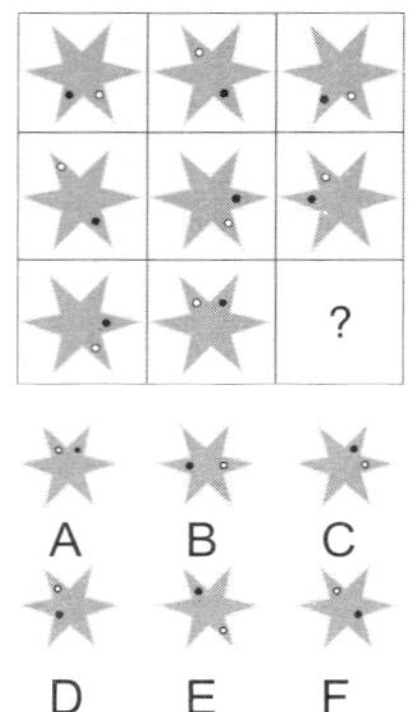

39. 凸面镜

男孩看左边的凸面镜发现自己是上下颠倒的。然后将镜子翻转 90° ，即右边的凸面镜。这时候男孩看到的自己是什么样子的呢？

40. 对应的项

哪个选项和图中 D1 相对应？

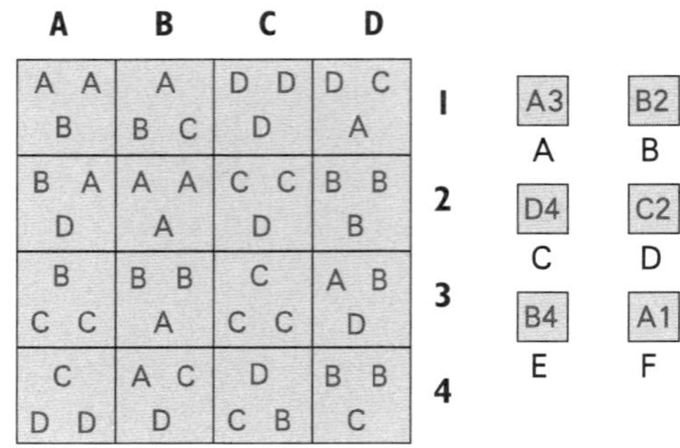

41. 通话

图中的两个小孩之间离得很远，而且他们中间还隔着一堵厚厚的墙。他们试着通过两根长长的管子来通话，如图所示。请问在哪种情况下他们能够通过管子听到对方讲话？

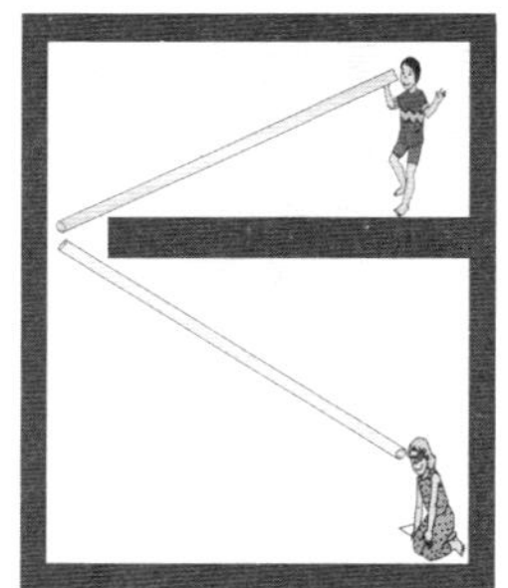

42. 游动的鱼

凝视这幅图中的鱼，它们向哪个方向游呢？

43. 合适的图形（一）

哪一个图形可以放入问号处？

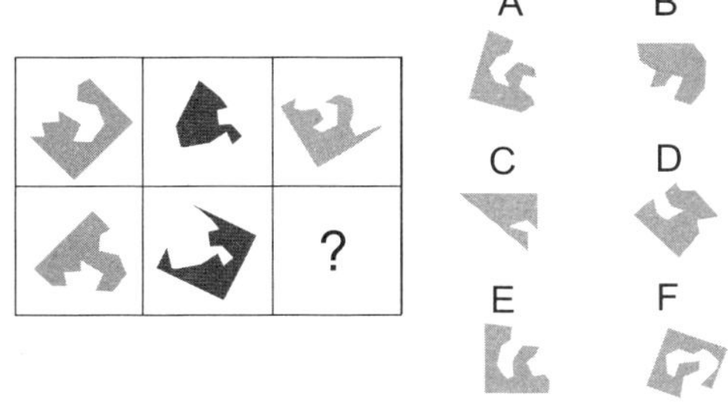

44. 合适的图形（二）

哪一个图形可以放入问号处？

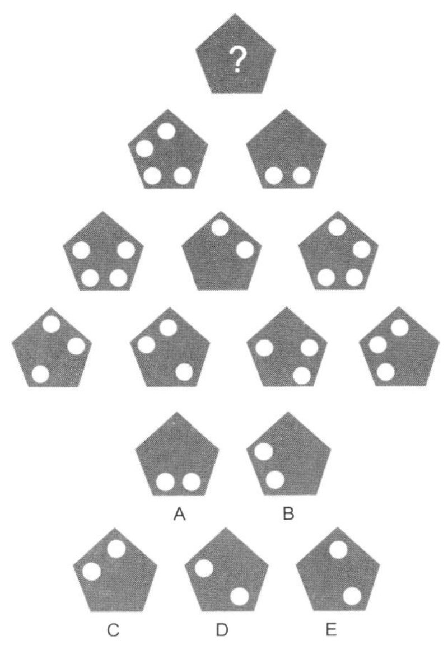

45. 合适的图形（三）

哪一个图形可以放入问号处？

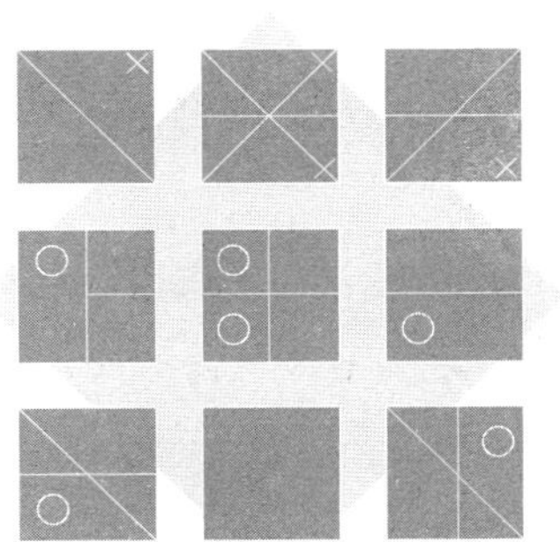

46. 合适的图形（四）

哪一个图形可以放入问号处？

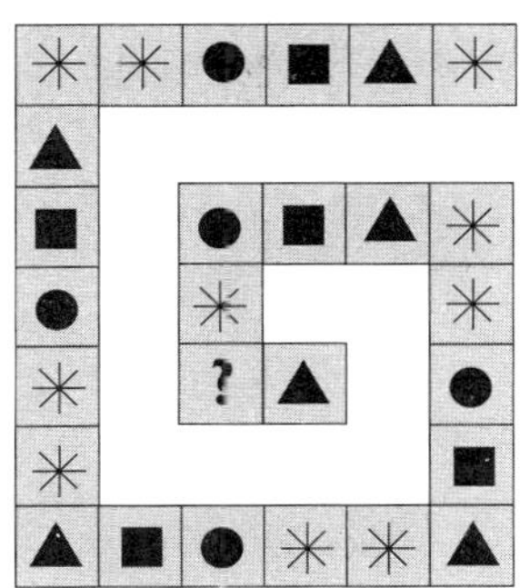

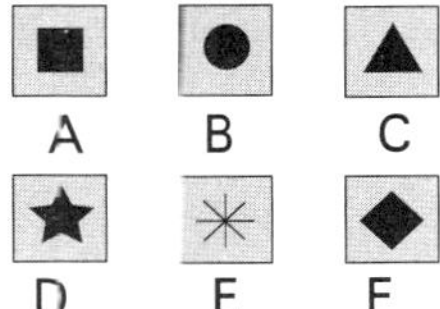

47. 正确的符号

请在空格中画出正确的符号。

48. 间谍的密码

每个地方的间谍需要两个密码数字来与指挥部联系。缺少的密码数字是多少？

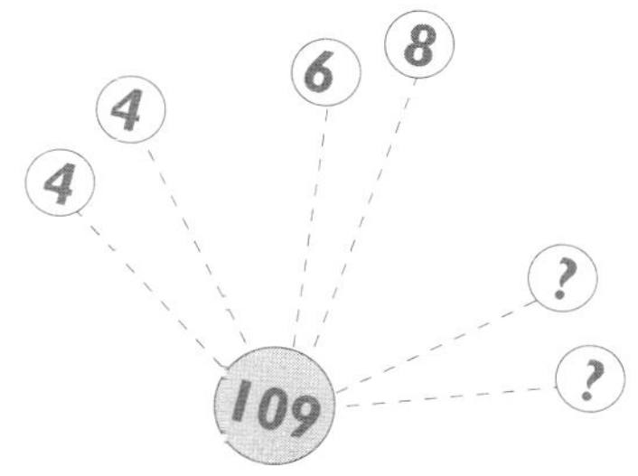

49. 不同的数字

你能找出这组数字中不同的数字吗?

50. 猜图

猜一猜，6 号的图应该是什么样子的?

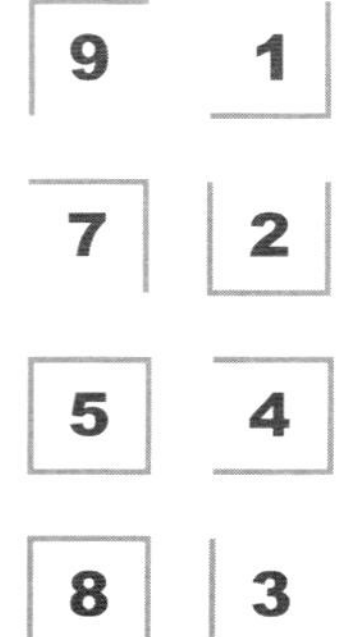

51. 保持平衡（一）

根据规律，找出可以使第 3 个天平保持平衡的图形。

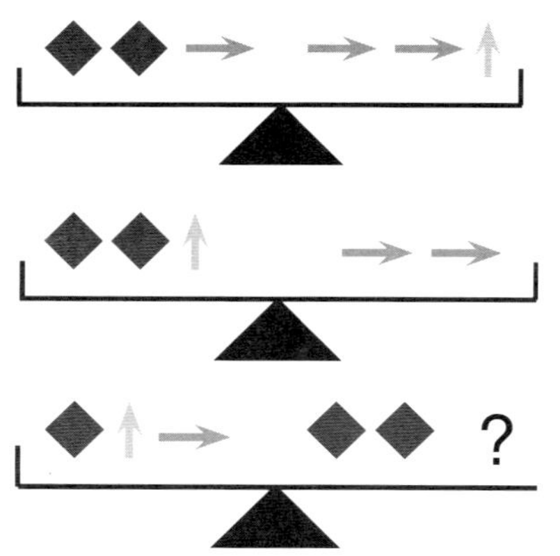

52. 保持平衡（二）

根据规律，找出可以使第 3 个天平保持平衡的图形。

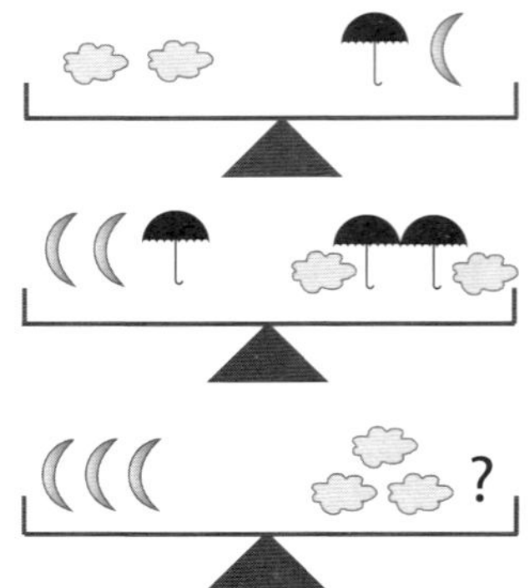

53. 时间（一）

最后那块手表应该显示几点?

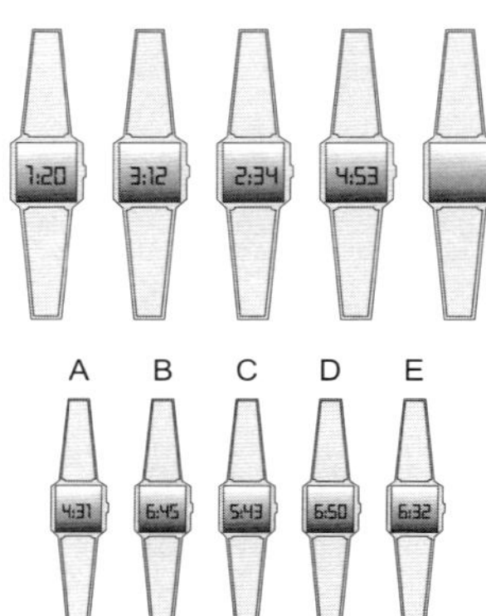

54. 时间（二）

根据规律，找出第 4 个钟上应该显示的时间。

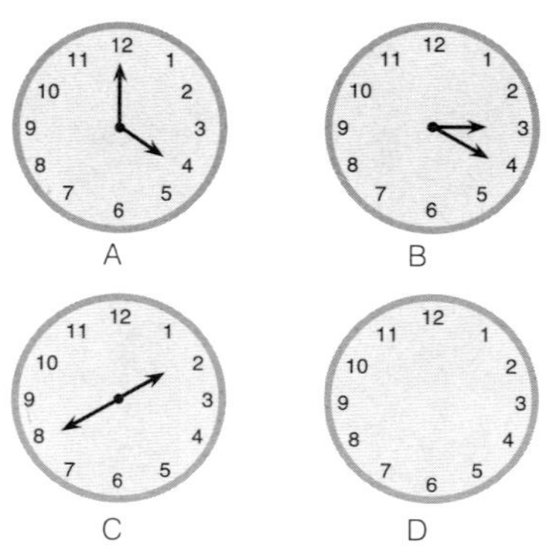

55. 时间（三）

根据规律，找出第 4 个钟上应该显示的时间。

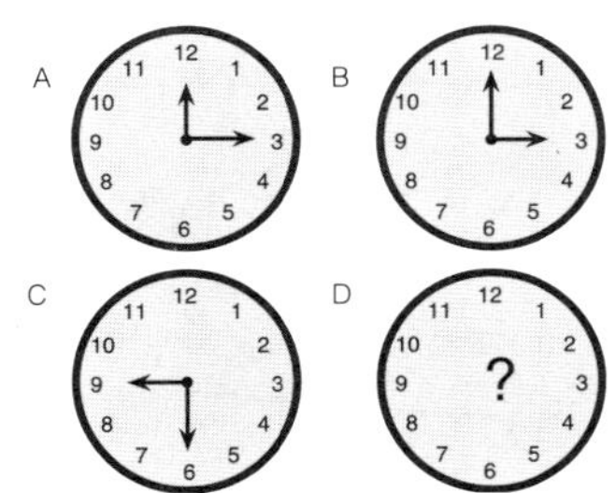

56. 时间（四）

根据规律，找出第 4 个钟上应该显示的时间。

57. 时间（五）

最后那块手表应该显示几点？

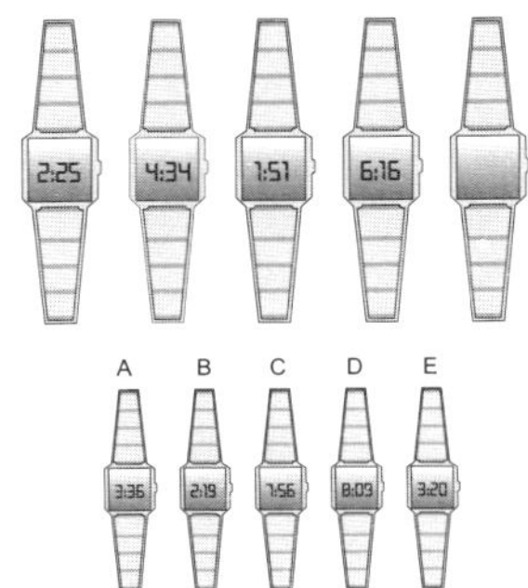

58. 时间（六）

最后那块手表应该显示几点？

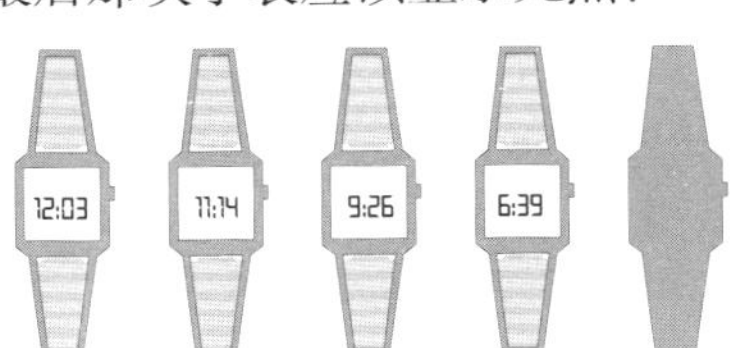

59. 时间（七）

问号处的钟表应该显示什么时间？

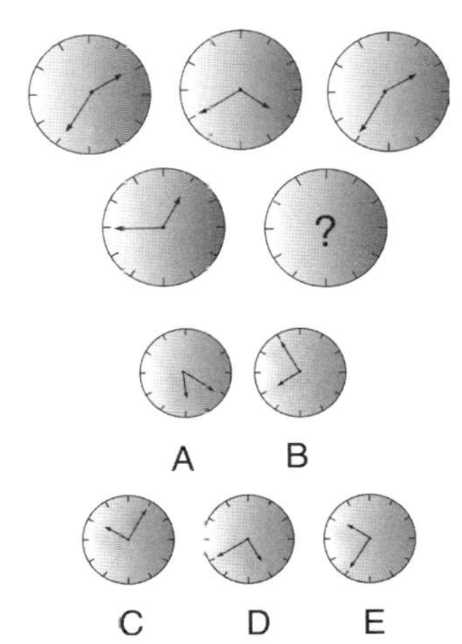

60. 时间（八）

问号处的钟表应该显示什么时间？

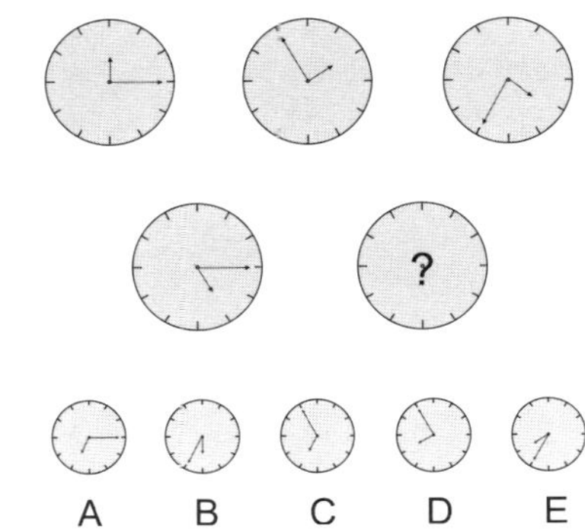

61. 时间（九）

找出第 1 排中的时间排列规律，并从第 2 排中挑出正确的选项填补第 1 排的空白钟面。

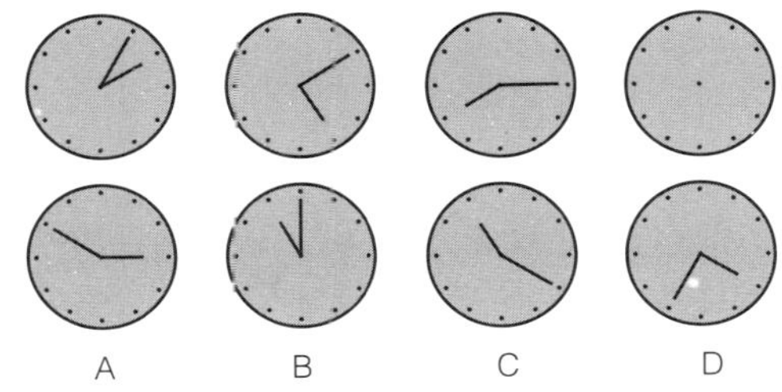

62. 时间（十）

找出第 1 排中的时间排列规律，并从第 2 排中挑出正确的选项填补第 1 排的空白钟面。

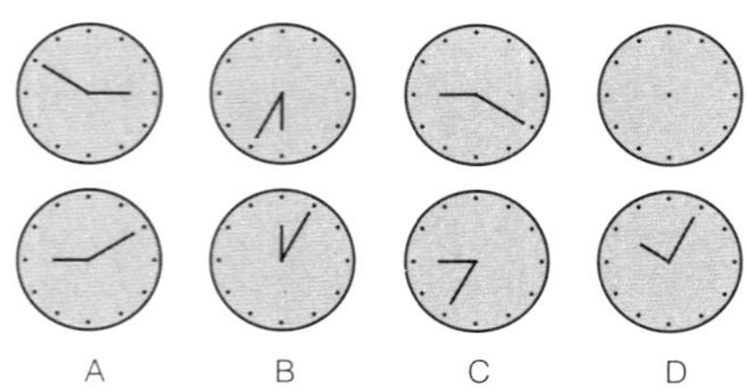

63. 滑动链接

在滑动链接谜题中，你需要从纵向或者横向连接相邻的圆点，形成一个独立的没有交叉或分支的环。每个数字代表围绕它的线段的数量，没有标数字的点可以被任意几条线段围绕。

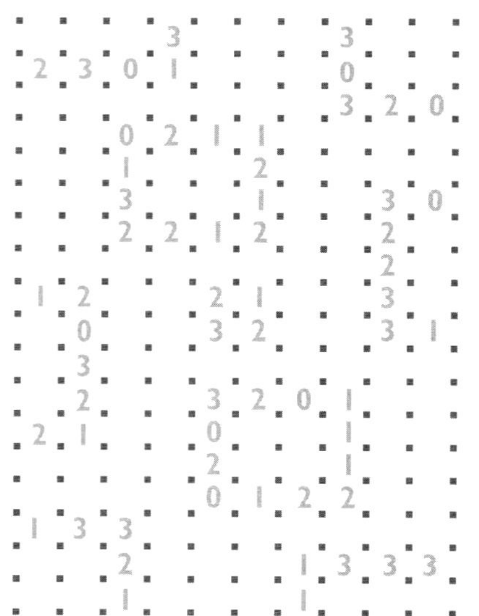

64. 棋子与游戏板

将 8 个棋子连续放入游戏板的 8 个圆中，但必须遵守下面的简单规则：

每个棋子必须放入空着的圆中，从那里沿着与圆相连的直线滑动到相邻的另外一个空位上，那里就是它的定居点，不再移动，直到游戏结束。

无论你从哪里开始，要完成这个游戏都会有一个简单的策略。你能想出来吗？

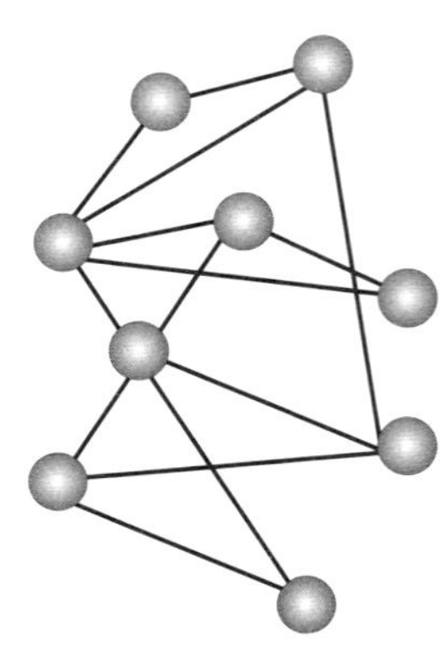

65. 到电影院的路线

现在让我们抛开那些谜题休息一下，看场电影吧。下面的地图显示的是从你家（H 点）到电影院（M 点）的各种路线。如果你只能向北、东或东北方向行进，那么从你家到电影院有多少种可能的路线呢？

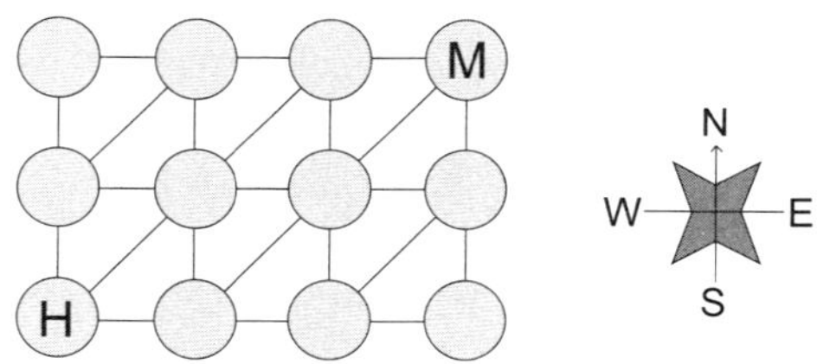

66. 对应关系

如果 1 对应于 2，那么 3 对应于 A，B，C，D 哪个选项？

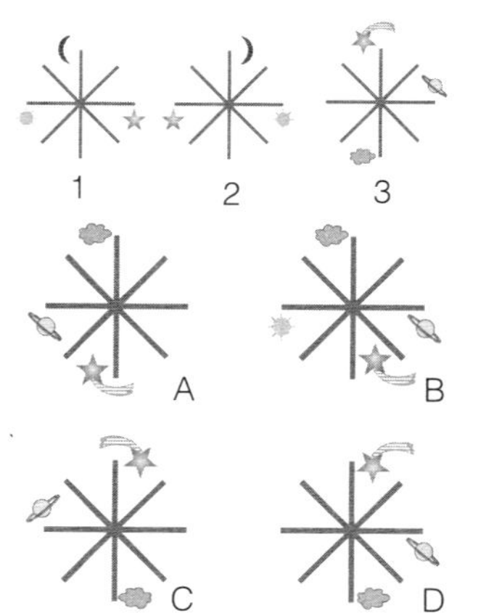

67. 不同的表情

以下表情中，哪一个是不同的？

68. 点数

猜一猜，问号处多米诺骨牌的点数应为几？

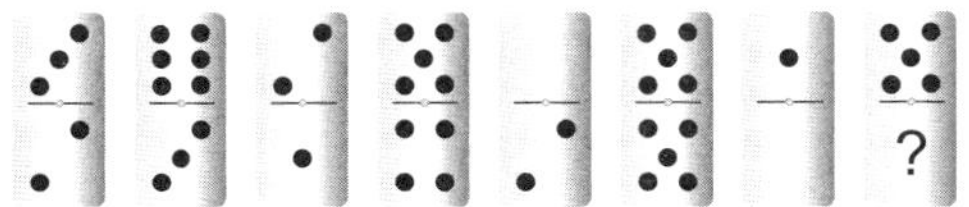

69. 图形选择

图中空白处应该填入选项中的哪个图形？

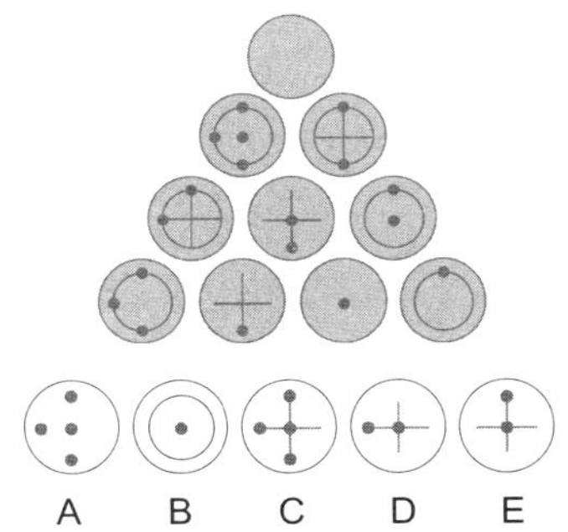

70. 火柴人（一）

根据 A ～ F 这几个火柴人的排列规律，接下来应该排列的是 G，H，I 中的哪个？

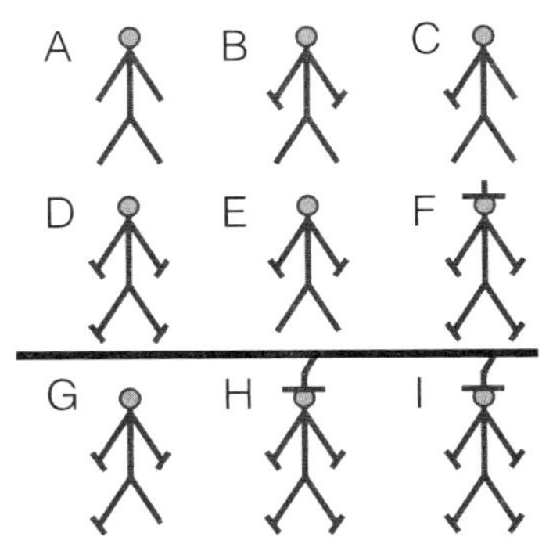

71. 火柴人（二）

你能发现哪个火柴人与众不同吗？

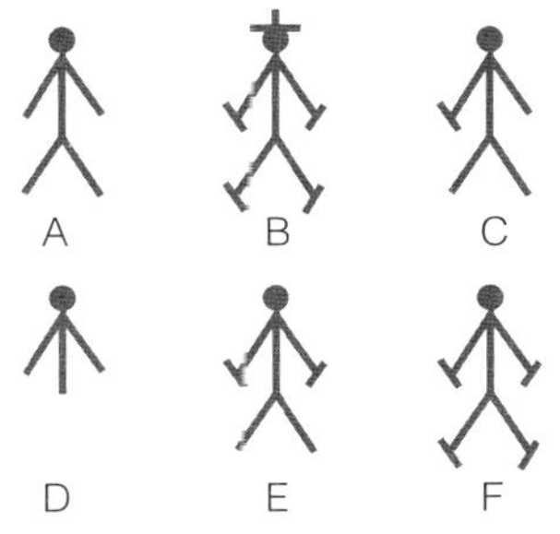

72. 缺少的方块

找一找，缺少的是哪个方块呢？

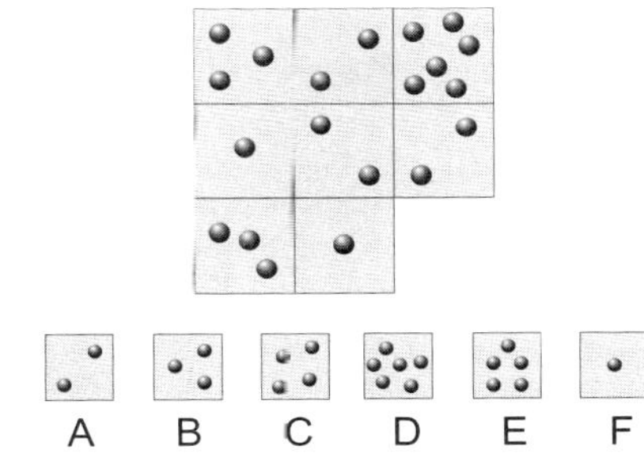

73. 最近的地点

我有 10 个朋友住在同一条街上，如图所示。现在我想在这条街上找出某个地点，使这一点到 10 个朋友家的距离最近。请问这个点应该在哪里呢？

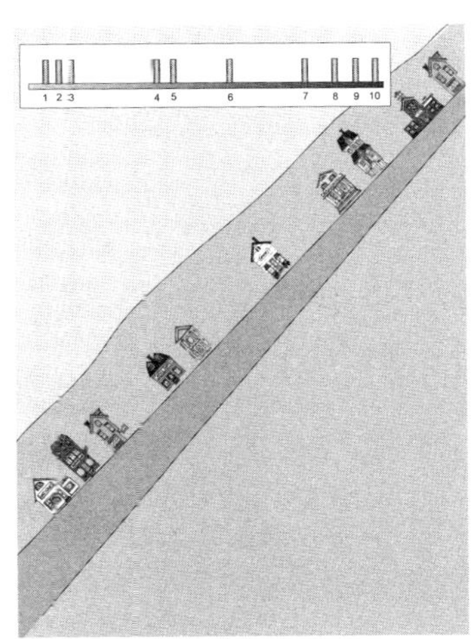

74. 不同的三角形

哪个三角形与众不同？

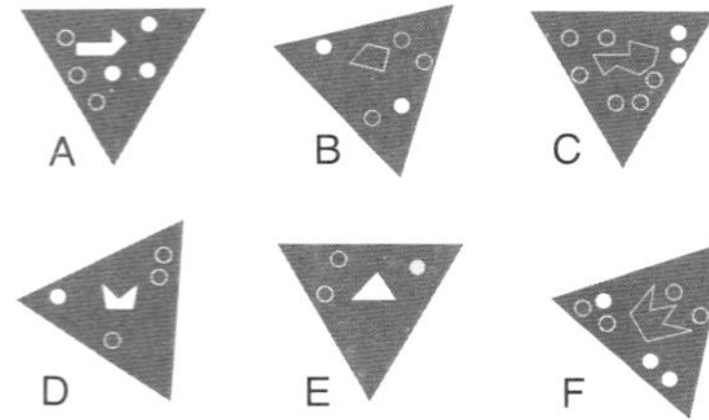

75. 完成序列（一）

你能完成这个序列吗？

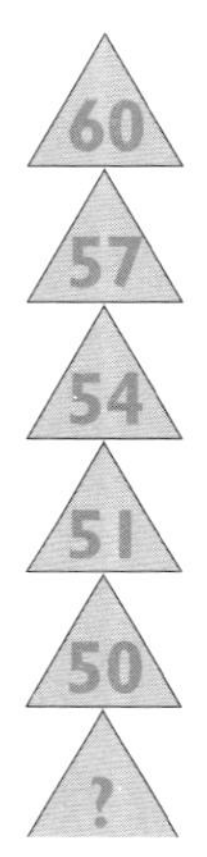

76. 完成序列（二）

你能完成这个序列吗？

77. 寻找路线

从顶部的数字 2 出发，得出一个算式，使算式最后的得数仍然是 2，不可以连续经过同一排的两个数字或运算符号，也不可以两次经过同一条路线。

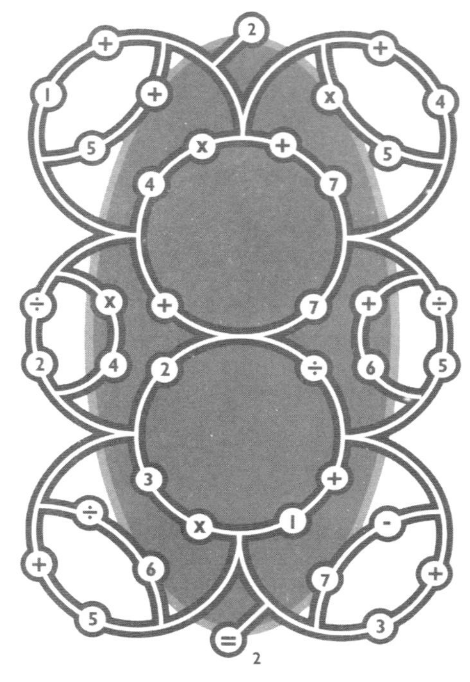

78. 方块的变化

如果环顾图片或者轻轻移动图片，随机分布的方块会发生什么变化呢？

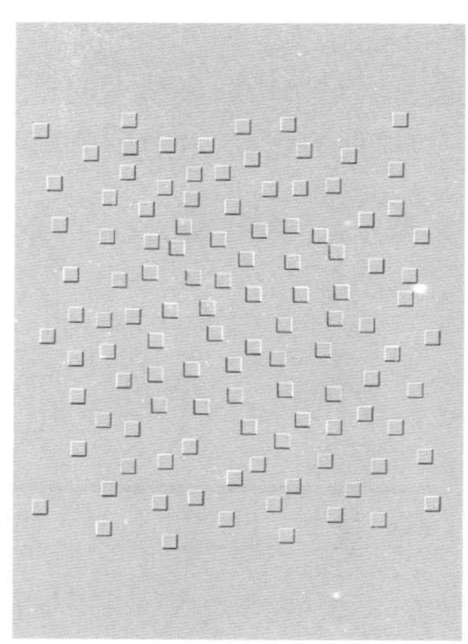

79. 图片的变化

头部前后移动观察图片，它会有什么变化呢？

80. 字母的逻辑（一）

你能找出这个排列方式中所利用的逻辑关系吗？如果你能够找得出，利用同样的逻辑关系确定出问号处应该是哪个字母。

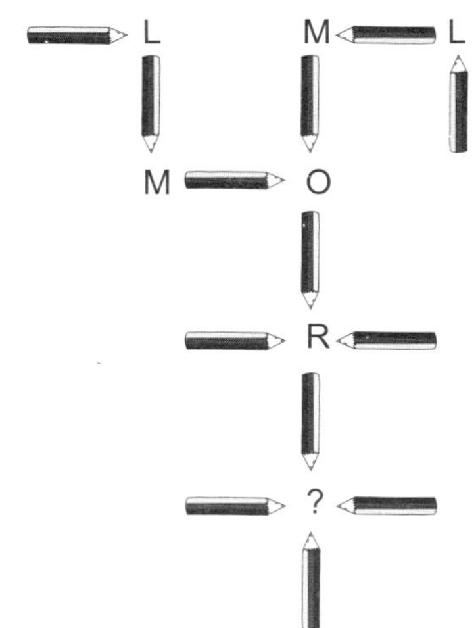

81. 字母的逻辑（二）

接下来的字母应是哪个呢？

82. 动物瓷砖

问号处应是A，B，C，D中的哪一块瓷砖？

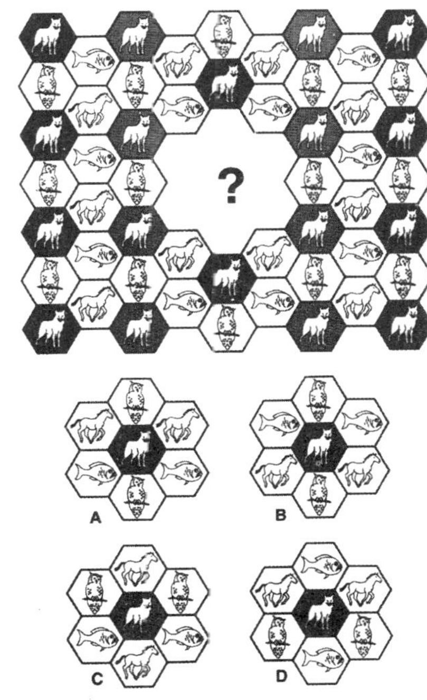

83. 水平线

仔细观察图片，水平线会有什么变化呢？

84. 图形的逻辑（一）

在图中标注问号的地方填上恰当的选项。

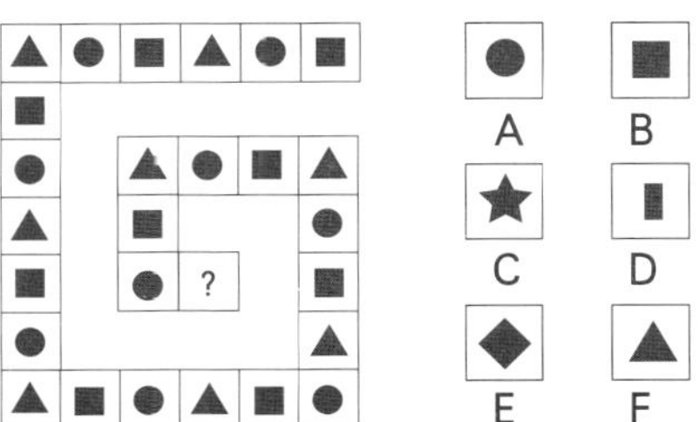

85. 图形的逻辑（二）

找一找，缺的图形是哪块？

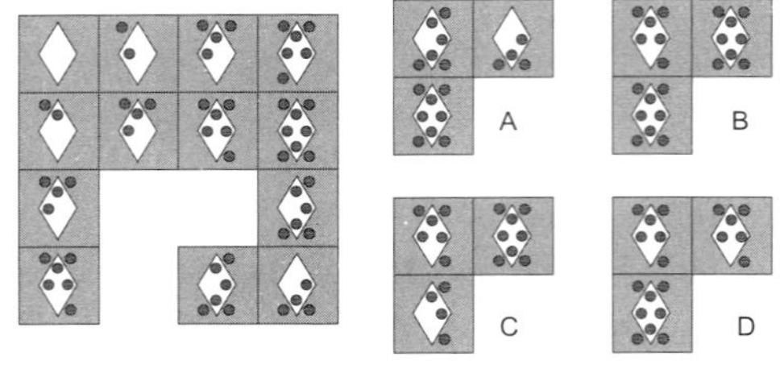

86. 图形的逻辑（三）

这一组图是按照一定的逻辑规律排列的，那么空缺的图形是什么呢？

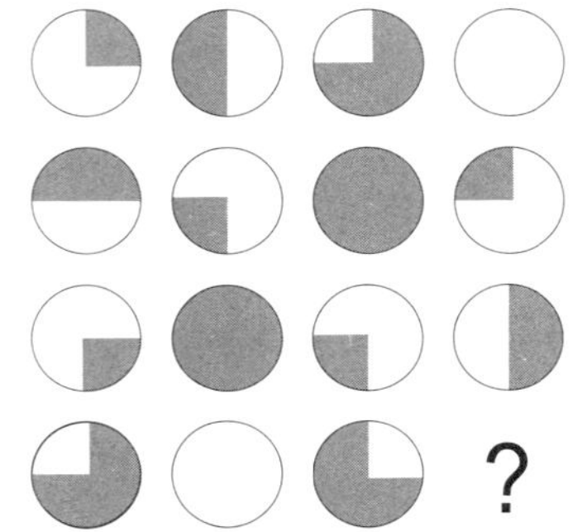

87. 图形的逻辑（四）

接下来应该是哪个图形？

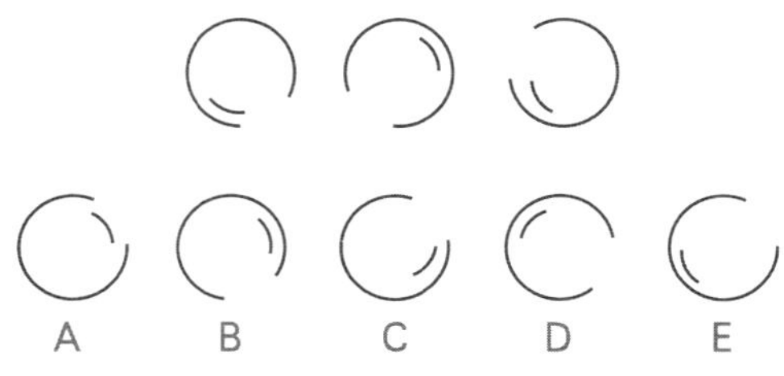

88. 图形的逻辑（五）

猜一猜，下一个图是什么？

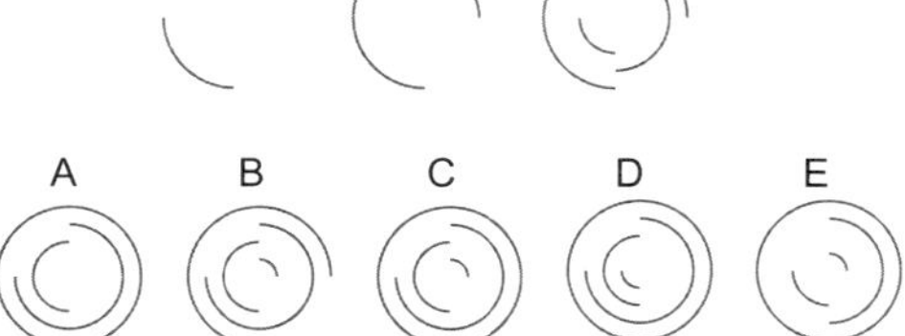

89. 图形的逻辑（六）

A，B，C，D，E 选项中哪个可以放在空白处？

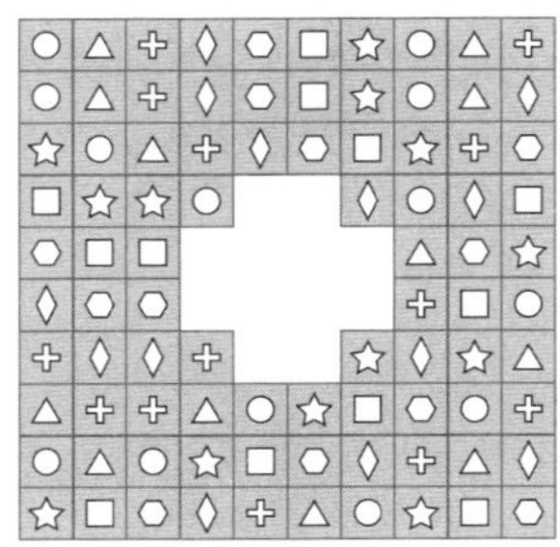

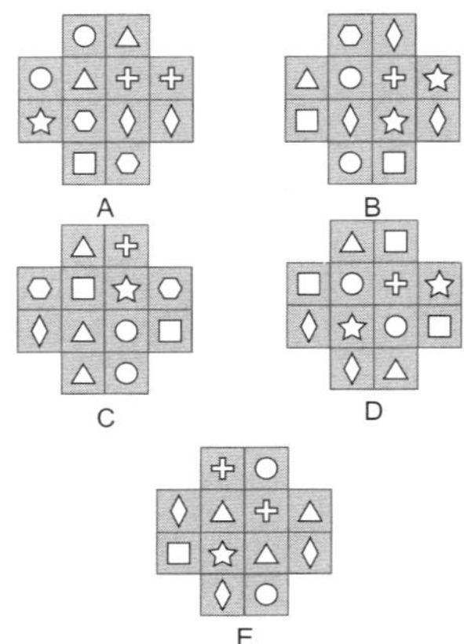

90. 图形的逻辑（七）

图中空白部分应该填入哪个选项？

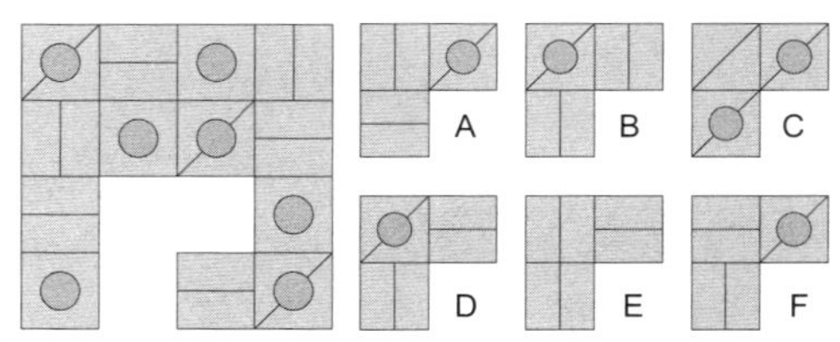

91. 图形的逻辑（八）

找出下列图组中图 H 的图案。

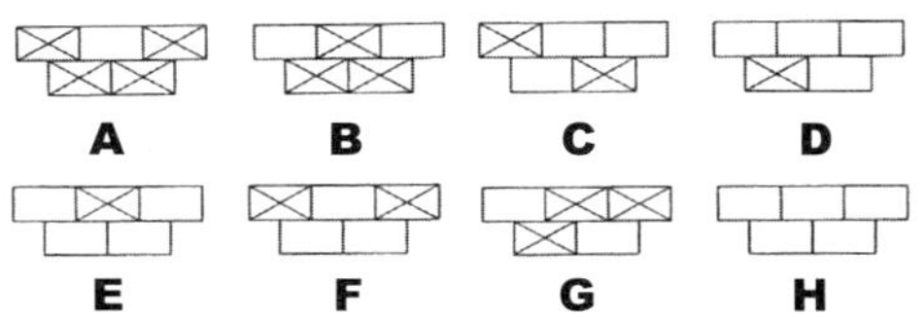

92. 图形的逻辑（九）

下面的图形中存在某种逻辑顺序，你知道接下来出现的图形是什么样的吗？

93. 不同的组合

哪项与其他项都不同？

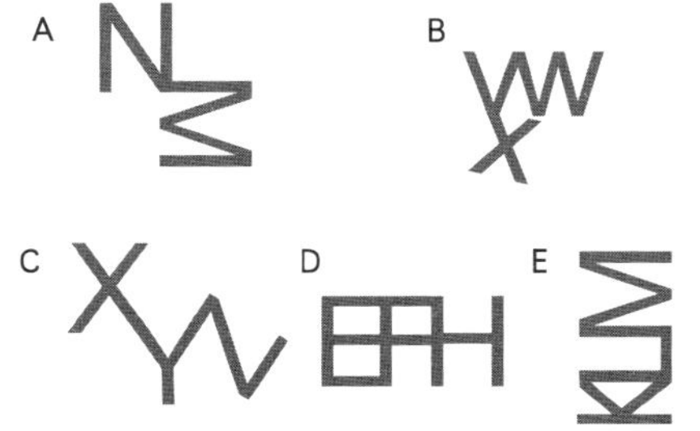

94. 小钉板

在 3 × 3 的小钉板上连成四边形，至少有 16 种连法，你能画出来吗？

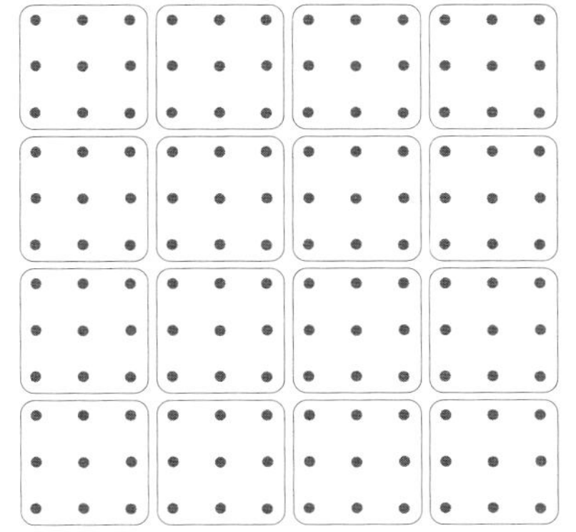

95. 最小的正方形

可以放入 5 个等边三角形（边长为一个单位长度）的最小正方形的边长是多少？

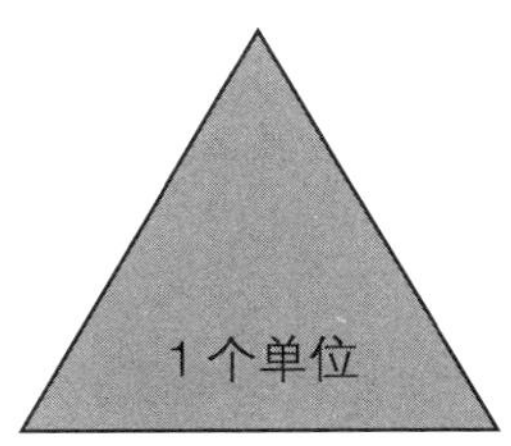

96. 曲线连接

你能够把 1 ~ 18 用曲线从头到尾连接起来吗？曲线之间不能相交。

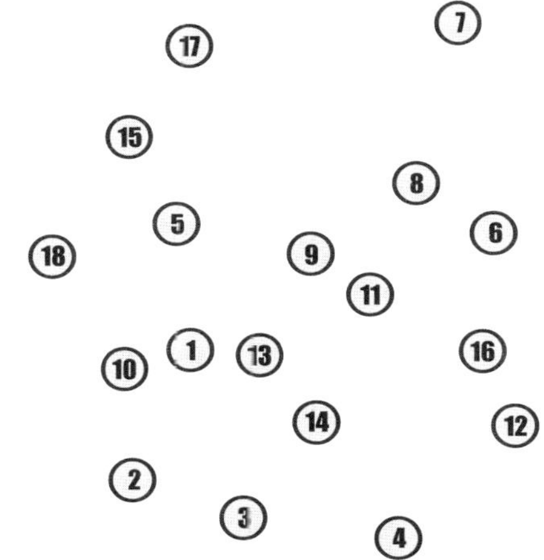

97. 瓢虫的空间

一共有 19 个不同大小的瓢虫，其中 17 个已经被分别放入了下面的图形中，每个瓢虫均在不同的空间里。

现在要求你改变一下图形的摆放方式，使整个图中多出两个空间，从而能够把 19 个瓢虫全部都放进去，并且每个瓢虫都在不同的空间里。

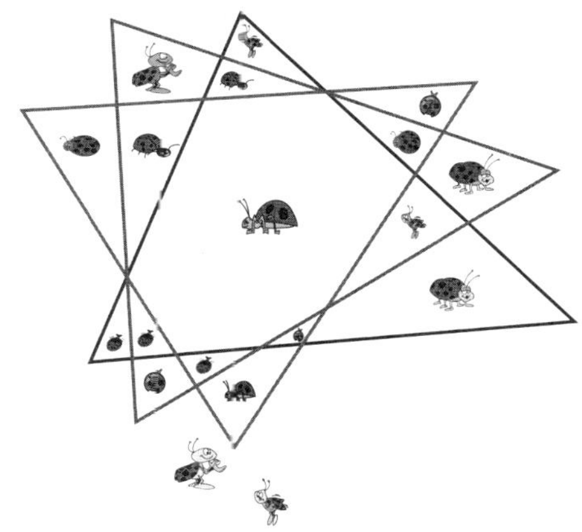

98. 降序或升序

你能在游戏板上的 9 个竖栏中放置 1 ~ 9 这 9 个数字，使它们形成 3 个数字的降列排序或升列排序吗?

注意：排列中包含或者不包含相邻的数字均可，如图所示的排列中，连续 3 个的升序排列符合规则，但是连续 4 个降序排列就是错的。

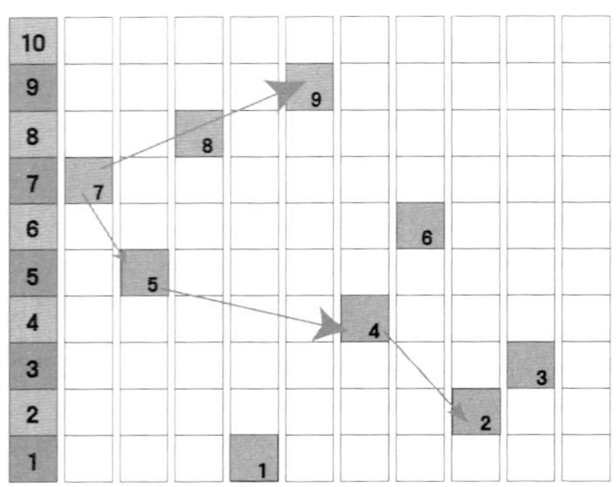

99. 螺帽

当你按顺时针方向旋拧一枚螺帽的时候，螺帽就会逐渐进入螺母内里的纹路之中。而当你逆时针旋转螺帽的时候，螺母和螺帽就会分开。

假设你有两枚纹路相互排成一线的螺钉。如果将两枚螺钉都按顺时针方向旋转，那它们是会拧到一起、分开又或是在二者之间继续保持一样的距离呢?

还有些其他问题值得思考。在许多大城市里，在诸如地铁车站内等地方安装的灯泡十分独特。这些灯泡并非是按照顺时针方向被旋入灯泡接口，而是需要按逆时针方向拧转。那么这种与大多数其他灯泡不同的设计究竟有何特殊意义呢?

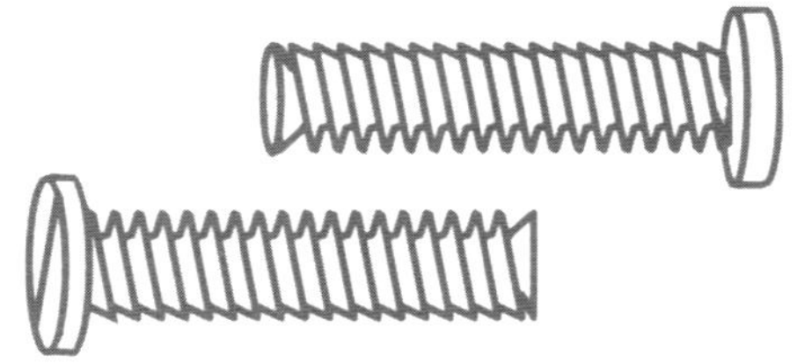

100. 曲线与数值

将一定的数值绘成曲线，形成了曲线 1 和曲线 2, 如果把曲线 1 和曲线 2 所代表的数值加在一起，那么 4 个选项中哪一个将会是图表组合之后所形成的样子呢?

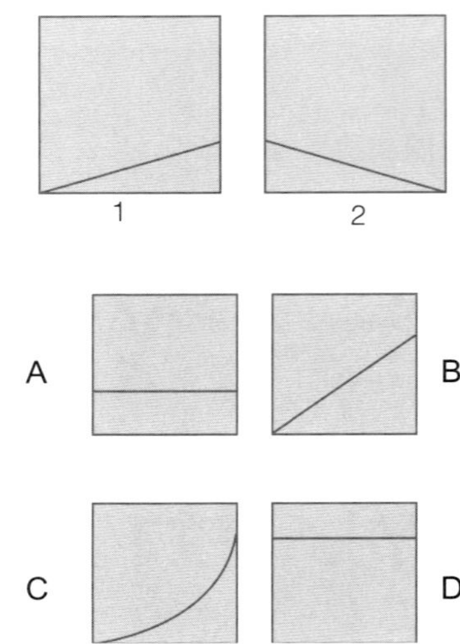

101. 纸条上的数字

准备 7 张纸条，写下数字 1 ~ 7，按照如图所示排列。现在，将其中的 6 张每张剪一下，重新排列时，还是 7 行 7 列，且每行、每列和每条对角线上的数字总和为同一个数。很难哦!

1	2	3	4	5	6	7
1	2	3	4	5	6	7
1	2	3	4	5	6	7
1	2	3	4	5	6	7
1	2	3	4	5	6	7
1	2	3	4	5	6	7
1	2	3	4	5	6	7

102. 爆炸装置（一）

要解除这个爆炸装置，你必须按正确的顺序按键，一直按到“按键”这个钮。

每个键你只能按一次，标着“U”字母的代表向上，“D”代表向下，“L”表示向左，“R”表示向右。键上所标明的数字是你需要迈的步数。

请问你第一个按的应该是哪个键？

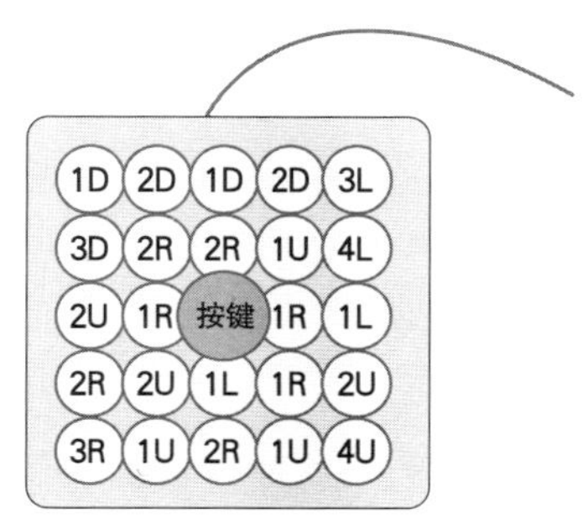

103. 爆炸装置（二）

要解除这个爆炸装置，你得按照正确的顺序依次按键，直到按下“按键”这个键。键上注有 U 的表示向上，D 表示向下，L 表示向左，R 表示向右。而每次该走几步键上也都作了指示。注意每个键只能按一次。请问首先应该按哪个键？

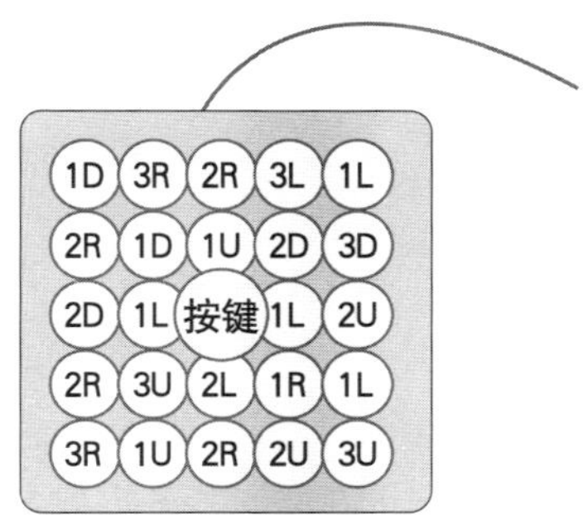

104. 不同的路线

某些城市比如曼哈顿、纽约都会在两条主路——A 路和 B 路之间建起居民区，如下图方格所示。请问有多少种不同的路线可以到达 B 处？

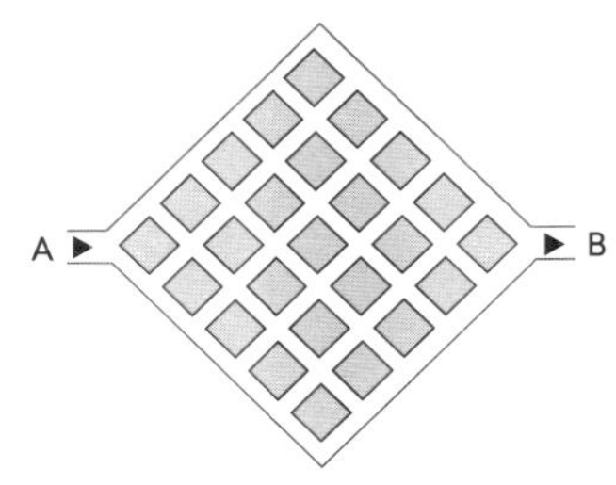

105. 标有数字的路线

不要使用指示物，只用眼睛看，标有数字的路线中，哪一条能够到达标有字母的目的地？

106. 杂技演员

右下角的小丑正在拉绳子。对于挂在绳子上的 7 个杂技演员来说，会发生什么事？他们当中哪些会上升，哪些会下降？

107. 特工的密码

每个地面上的特工都需要一个数字密

码才能与指挥中心联系。请问图中所缺的两位数密码是多少?

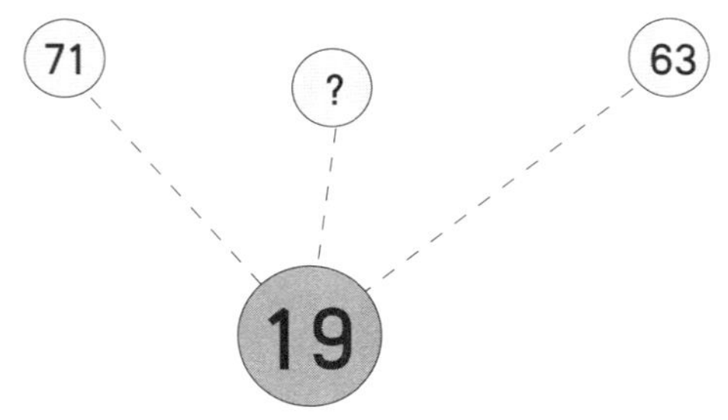

108. 一笔画(一)

如果有的话,在下边的图形中,哪个不需要横穿或者重复其他线条,一笔就能在纸上画出来。

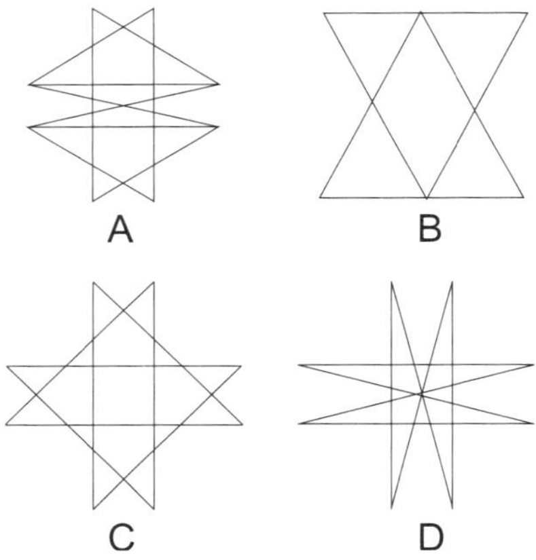

109. 一笔画(二)

下面的图形是笔不离开纸面一笔画下来的,并且线条不能重复画。你能做到吗?

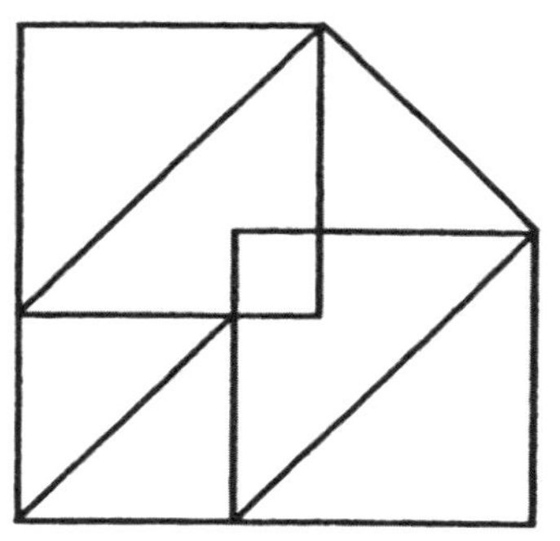

110. 裂缝

下图显示的是块泥地,泥地上有很多裂缝,你能够说出这众多裂缝中哪条是最先出现的吗?

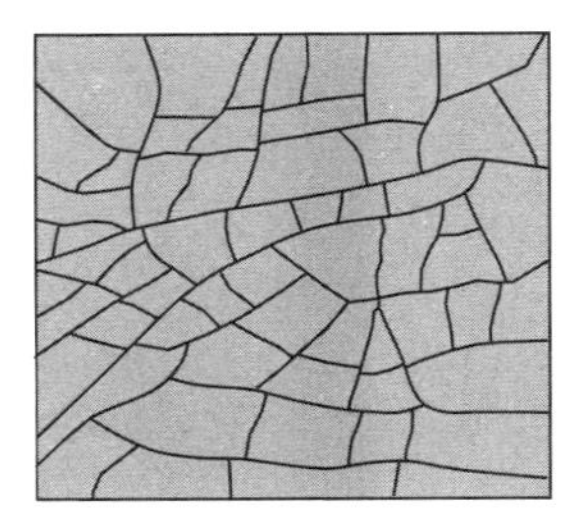

111. 圆形与数字

最后那个圆形的下方应该为几?

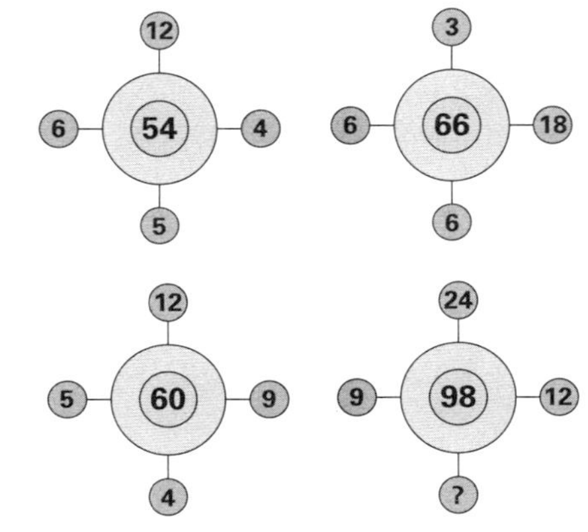

112. 直觉

3 个全等的正方形被剪成了 13 块,如图所示。请问你能不能仅凭直觉就迅速地把这 13 个三角形重新拼成 3 个正方形?

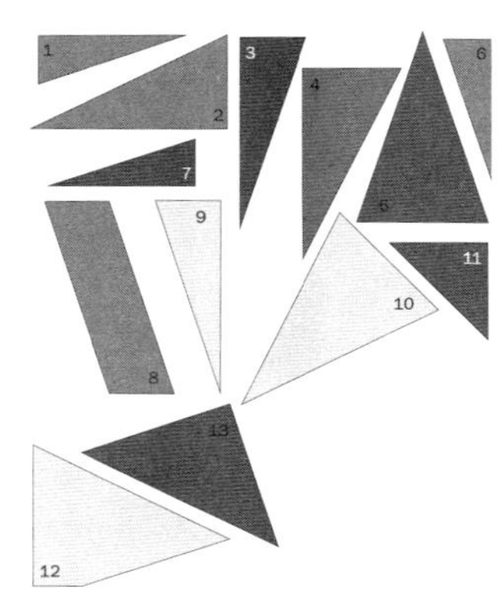

113. 排列的规律（一）

从 A，B，C，D，E 中找出符合第 1 排图排列规律的选项。

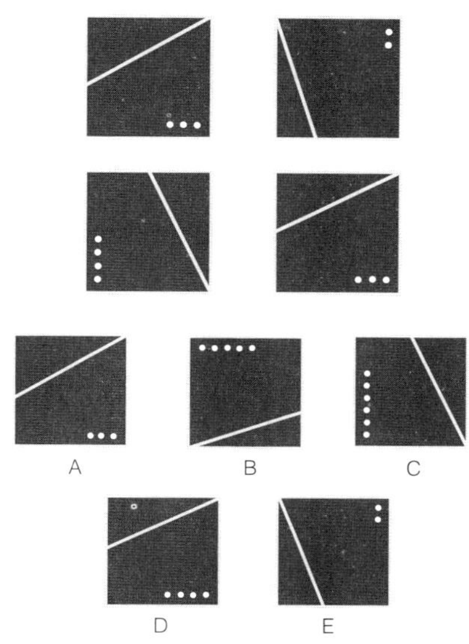

114. 排列的规律（二）

格子中的图标是按照一定的规律排列的。当你发现其中的规律时，你就能够将空白部分正确地补充完整了。

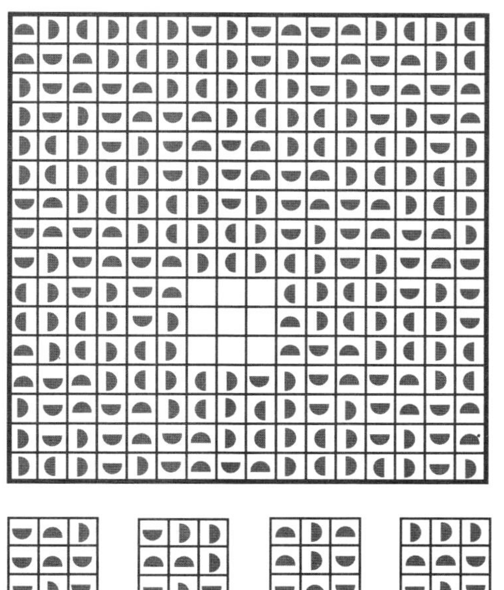

115. 排列的规律（三）

A，B，C，D，E 中哪项符合第 1 行图形接下来的排列规律？

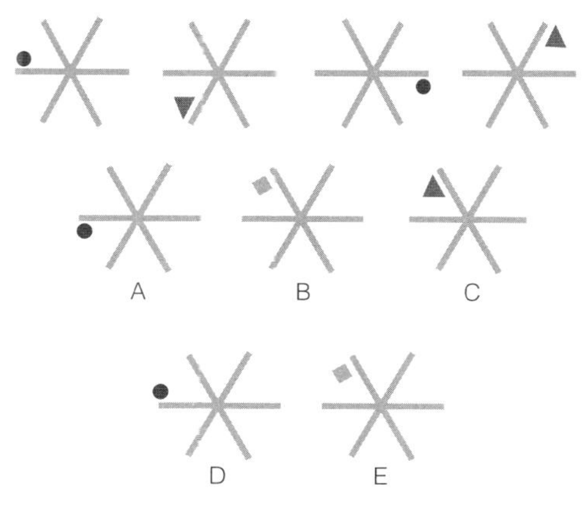

116. 圆圈的个数

空白处的圆圈个数应该是选项中的哪个？

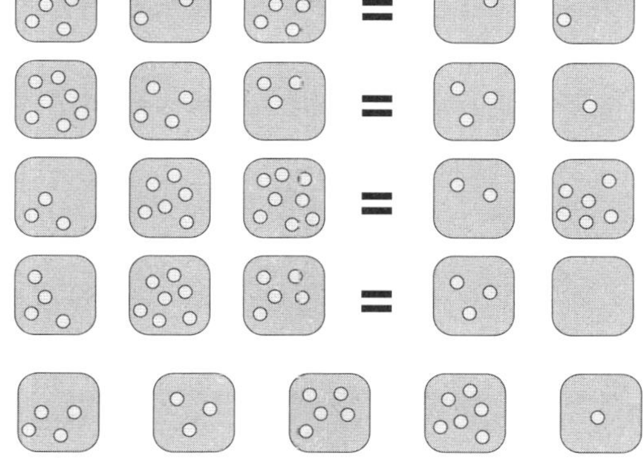

117. 数字格

在右边的每个格子里填上数字 1 ~ 9，使得每一横行、每一竖行，以及每个 3×3 的小方框中这 9 个数字分别出现一次。

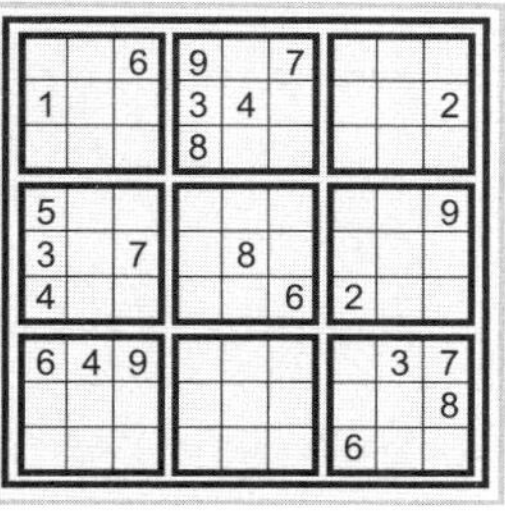

118. 完整的正方形

B，C，D，E，F选项中哪个可以与A组成一个完整的正方形？

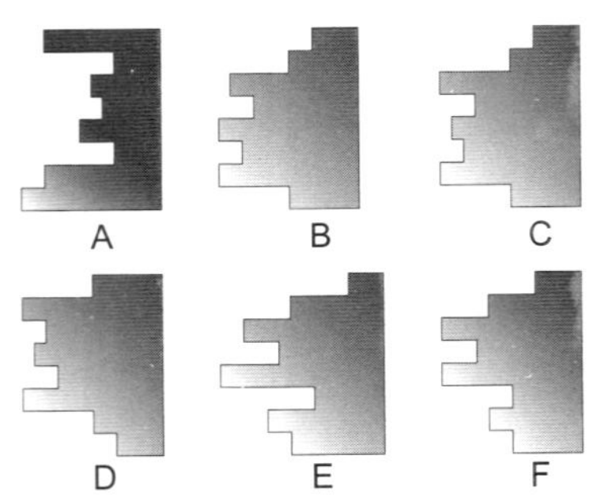

119. 吹泡泡

按照这个顺序，接下来的图形是什么？

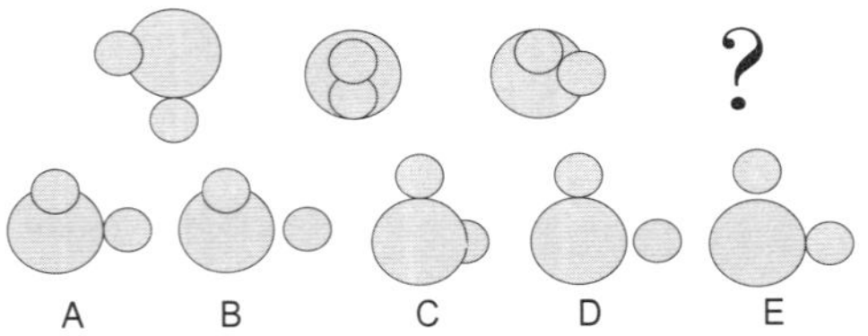

120. 天平上的圆形

每个图形代表一个值。天平1和天平2已达到平衡。那么，天平3上需要多少个圆形才能达到平衡呢？

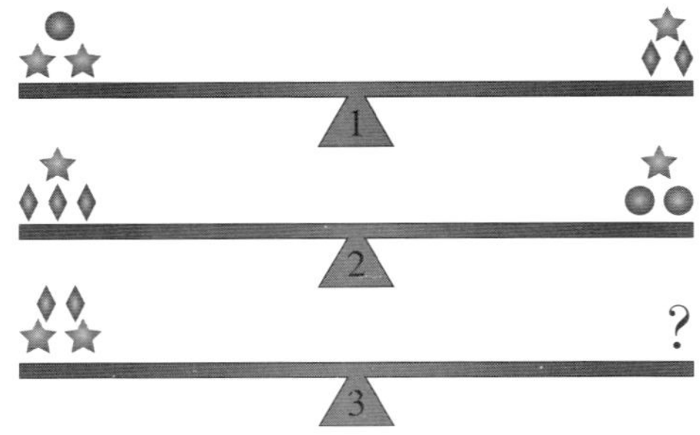

121. 图形的值

该序列最后那个图形的值为多少？

122. 适当的点数

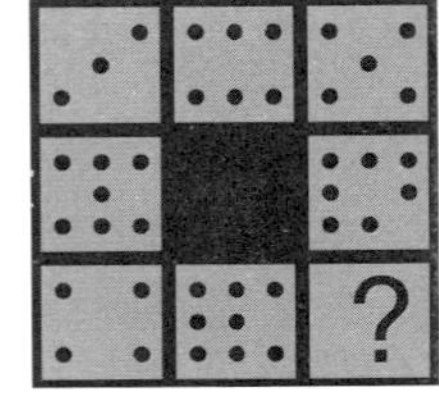

你能找出右图中点数的排列规律，并且在缺失部分填上适当的点数吗？

123. 运送土豆

每辆拖拉机的工作时间如图所标。拖拉机下显示的数字是其所运送的土豆的吨数。明显的是，其中存在着一定的规律，那么你能推算出拖拉机A所运送的土豆的吨数吗？

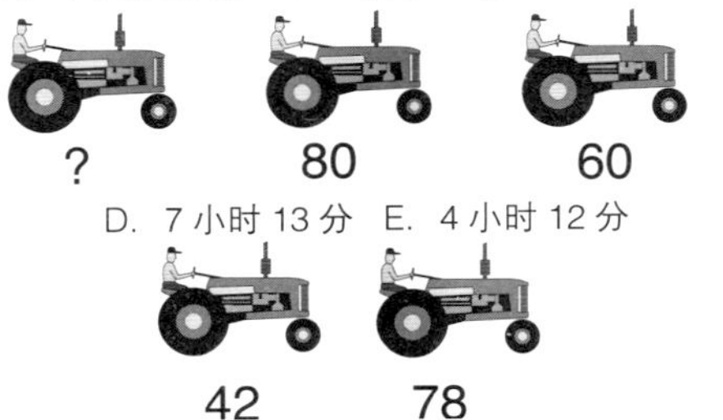

124. 数字分拆

高德弗里·哈代和锡里尼哇沙·拉玛奴江共同研究了数字分拆问题，即将正整数n分拆成几个正整数一共有多少种方法？

比如，数字5就有7种不同的分拆方法，如下图所示。

现在请问你：数字6和10分别有多少种分拆方法？

5	=	5								
5	=	4	+	1						
5	=	3	+	2						
5	=	3	+	1	+	1				
5	=	2	+	2	+	1				
5	=	2	+	1	+	1	+	1		
5	=	1	+	1	+	1	+	1	+	1

125. 苹果园

这里是苹果园的示意图（每个点代表一棵苹果树）。园丁从带星号的方格出发，必须一一走完所有的方格，不管方格上是否有点。并且不允许返回已经走过的方格，不可以斜向行走，也不可以踏入带有阴影的方格（阴影方格代表建筑物）。园丁路线的终点就是他出发的那个带星号的方格。你能找到园丁的路线吗？

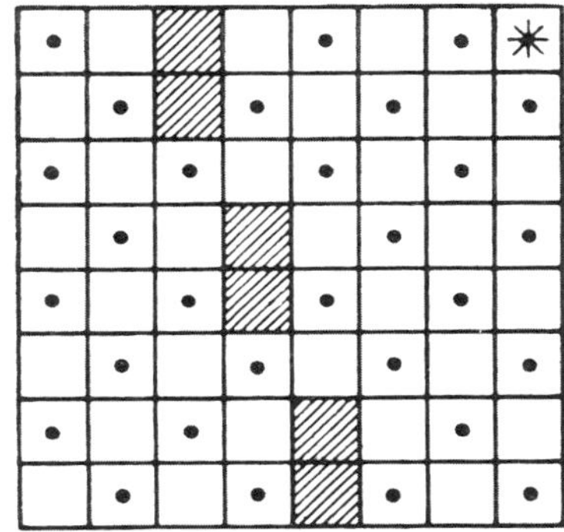

126. 图形和词

请确定图形和词的关系，并找出这两个答案。

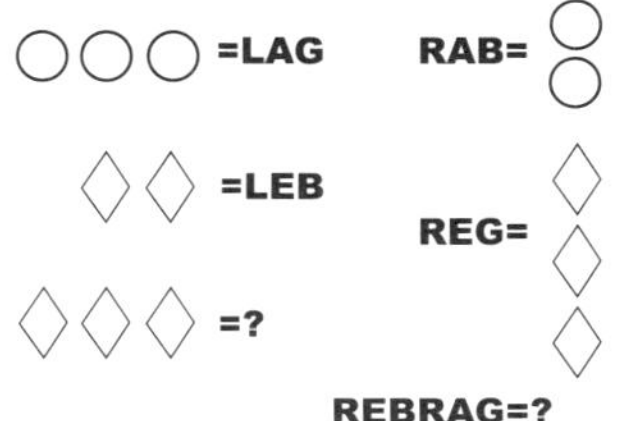

127. 移动纸片

8张纸片上分别写着数字1，2，3，4，5，7，8，9，把它们按下图所示摆成两列。现在请你移动两张纸片，使两列数字之和相等。

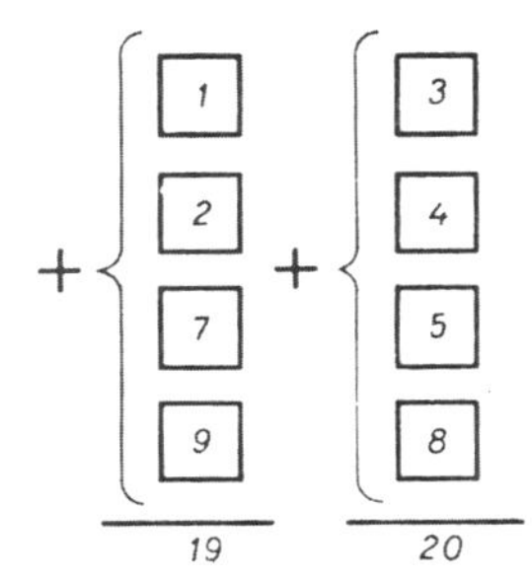

128. 六位数的和

下面有组六位数，请你快速算出它们的和。怎么算简单些？

328645
491221
816304
117586
671355
508779
183696
882414

129. 字母与数字（一）

下面是关于字母A，B，C和D，还有数字1，2，3和4之间关系的陈述。在这些已知条件的帮助下，看看你能不能理清它们之间的关系，确定哪个字母代表哪个数字。

如果A是1，那么B一定不是3。

如果B不是1，那么D一定是4。

如果B是1，那么C一定是4。

如果C是3，那么D一定不是2。

如果C不是2，那么D就是2。

如果D是3，那么A一定不是4。

130. 字母与数字（二）

字母“E”后面缺失的数字是多少？

P7　H4　O6　N6　E?

131. 字母与数字（三）

在下面的算式中，如果你可以确定一个字母等于9，那么另外一个就等于5；同时还有一个字母一定等于4。已知，E=4，V=7。请完成算式。

```
  A FIVE
+A FOUR
--------
 IF NINE
```

132. 字母与数字（四）

这里给你一个算式：每个字母代表一个数字，并且单词的首字母不能是0。请完成下面的算式。

```
   THREE
   THREE
   THREE
+ ELEVEN
--------
  TWENTY
```

133. 替换数字

在这个加法算式中，要求用5个0来替换其中任意的5个数字，使最后的和为1111。应该怎么办呢？

```
  111
  333
  555
  777
+ 999
-----
```

134. 加号与乘号

一个等式中的两个2之间的加号可以换成乘号而不改变结果：

$2+2=2\times 2$

带3个数字的等式也很简单：

$1+2+3=1\times 2\times 3$

那么，请你找出带4个数字和5个数字的等式。

135. 袋子里的球

有3个一样大的袋子，每个都装有1个黑球和1个白球。分别从3个袋子中取出1个球。取出的球中正好有两个白球的概率有多大？

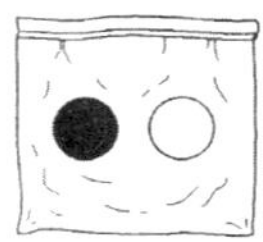
袋子 1

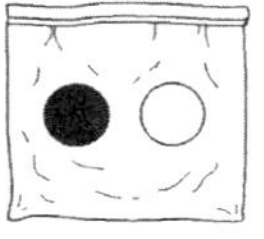
袋子 2

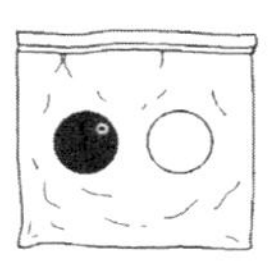
袋子 3

136. 字母串

字母串里的每个字母都代表一个数字。你需要层层推理才能解决。

```
A B C D
      E
      F
      G H I J
```

A+B+C+D=D+E+F+G=G+H+I+J=17

已知 A=4，J=0。找出其他字母的数值。这里从0到9的数字只能使用一次。

137. 火柴分对

10根火柴排成一排。每次取一根火柴越过两根火柴，把它交叉地放到第3根火柴上，最终将这10根火柴分成5对。

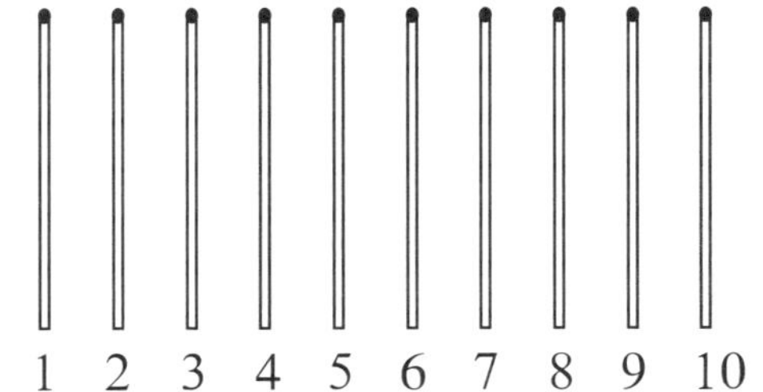

138. 重新组合单词

下面3个单词的所有字母可以重新组合成两个单词，但是这两个单词也是3个单词！你能解决这个题吗？

the red rows

139. 锐角

右图是从一点出发的6个箭头。任意从中选择两个箭头，你可以组成多少个锐角？（提示：∠ACB 是个锐角。）

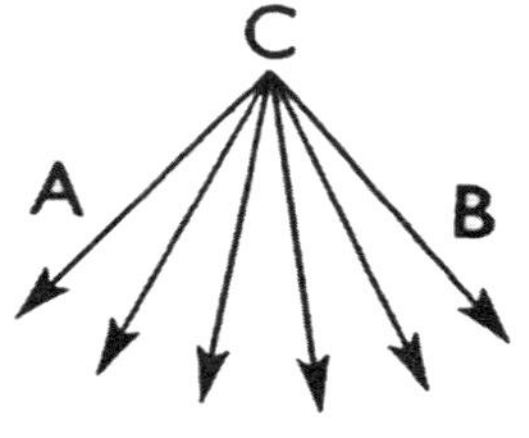

140. 不同类的单词

下列的5个单词中，有一个和其余4个不是一类，把它找出来并陈述理由。

Pail（桶）

Skillet（煮锅）

Knife（匕首）

Suitcase（手提箱）

Doorbell（门铃）

141. 正确的起点

仔细观察下面的图形，如果你找到正确的起点，依次顺时针读或逆时针读你就可以得到一个单词。请问：所缺的那个字母是什么？所得的单词又是什么？

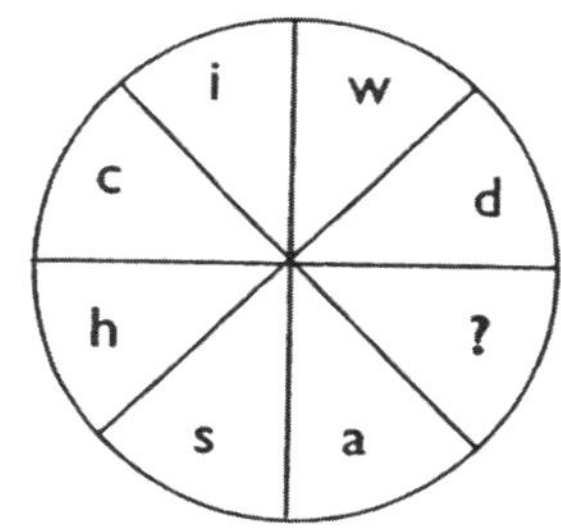

142. 隐含的短语（一）

找出下面图中隐含的短语或句子。

143. 隐含的短语（二）

找出下面图中隐含的短语或者句子。

144. 隐含的短语（三）

找出下面图中隐含的短语或句子。

145. 新的单词（一）

在每个单词的前面加一个常用的4个字母的单词可以形成4个新的单词。请问：这个4个字母的单词是什么？

Shelf

Worm

Mobile

Mark

146. 新的单词（二）

在下面的3个单词后面添加什么单词可以把这些单词都组合成新的单词呢？

MOON

SHOE

MONKEY

147. 新的单词（三）

在每个单词的前面加一个常用的4个字母的单词可以形成4个新的单词。请问：这个4个字母的单词是什么？

LINE

PHONE

WATERS

148. 字母组合

将4组字母a，b，c，d各放入4×4的方格中，使每行、每列以及每条对角线上的字母均不相同。

149. 骑士的路线

尼琴想用骑士从棋盘左下角（a1 点）出发，不重复地走完棋盘上的所有方块，最后到达棋盘的右上角（h8 点）。他能成功吗？

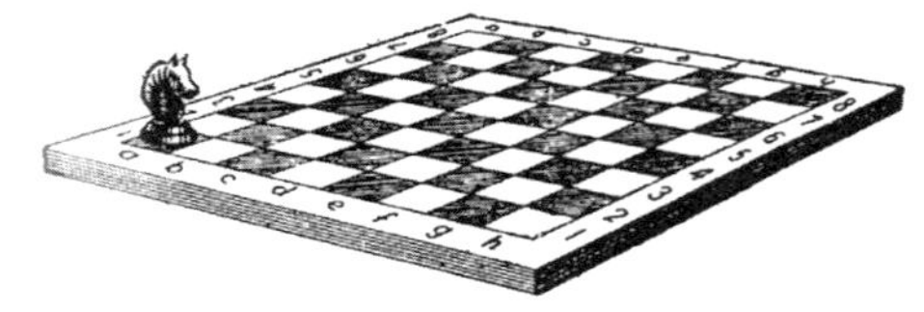

150. 数字和密码

下面是数字和相应密码的对应表。你能确定它们之间的关系并找出最后一行的数字是什么吗？

数字	密码
589	**521**
724	**386**
1346	**9764**
?	**485**

151. 三角形的边

一个三角形的 3 条边分别是 X，Y 和 Z。下面的哪个陈述是正确的？

① X–Y 总是等于 2。

② Y–X 总是比 Z 小。

③ Z–X 总是比 Y 大。

④ X+Y 总是比 Z+Y 大。

⑤上述没有正确的陈述。

152. 圆盘中的数字

这个圆盘中缺失的数字是多少？

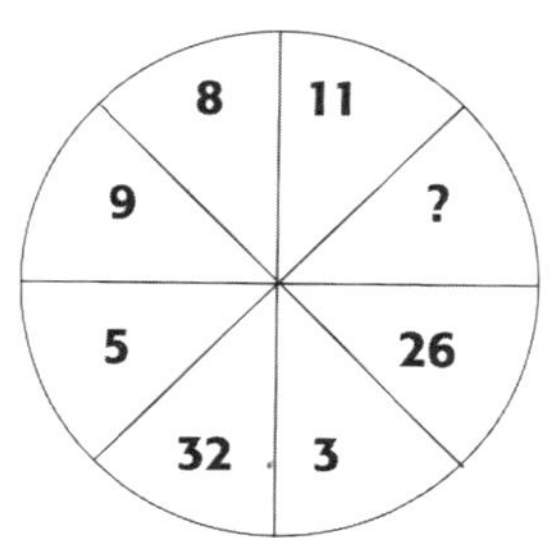

153. 转轮

如图所示，转轮 A，B，C，D 由皮带相连接。假如轮 A 开始如箭头所示沿顺时针旋转，那么，是不是所有的 4 个轮子都能转动？如果都转动的话，其他 3 个轮子的转动方向是什么？

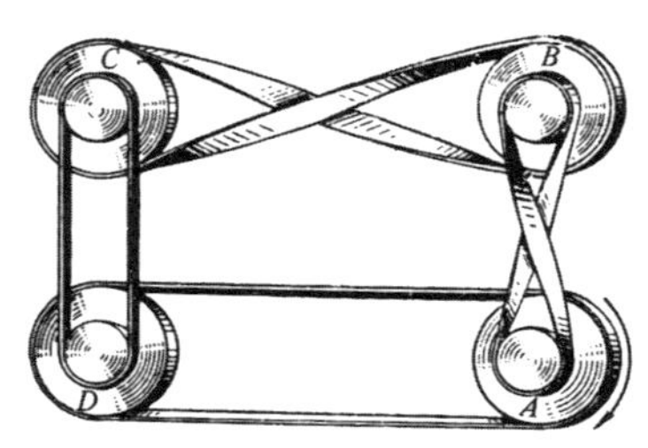

154. 完成算式

下面是道数字算式题。已知 V=2, N=8，请列出此算式。

```
  F I V E
    O N E
    O N E
+   O N E
---------
  E I G H T
```

155. 长方形的叠加

将 3 个相同的长方形（长宽比例为 2:1）叠加在一起，边线最多将会出现多少个交叉？（提示：根据一个交叉必须由两条线组成，长方形的角不算在内。下图是示例，并不是最大交叉数。）

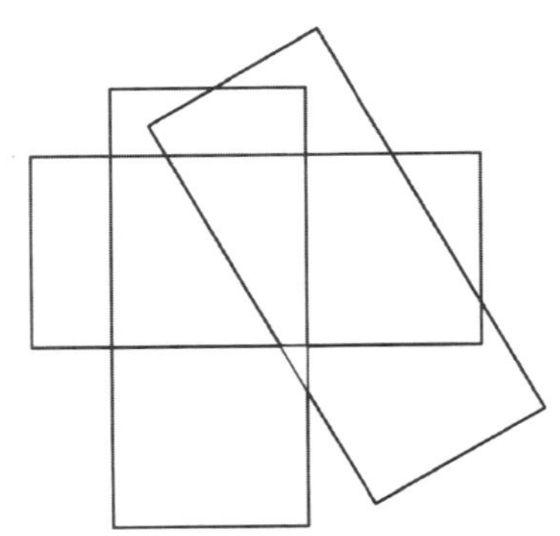

156. 单词链

下图是单词链的开头，每次去掉单词中的一个字母而不打乱顺序，使其组成一个新词。完成下图：

S T R A I N

157. 图案与字母

根据图案与字母之间的关系来寻找答案。

○○○ = DAGY　　◇◇ = DEBY　　◎ = DABI

8 = CABY　　◈ = CEGI　　8 =

DEBICAGY =

158. 拳击手

有两个拳击手，小个的是业余选手，也是大个子职业拳击手的儿子，但是这个职业拳击手却不是业余选手的父亲，请问：职业选手是谁？

159. 省略的数字

假如把省略的数字全算上，下面这个数列有多少个数字？

0　3　6　9　12　15　18 … 960

160. 等分正方形

这是把一个 16 格的正方形分成两等份的 4 个示意图，请找出除了这 4 种方法之外的另外两种等分法。（注：对角切割和只变换角度的方法不计在内。）

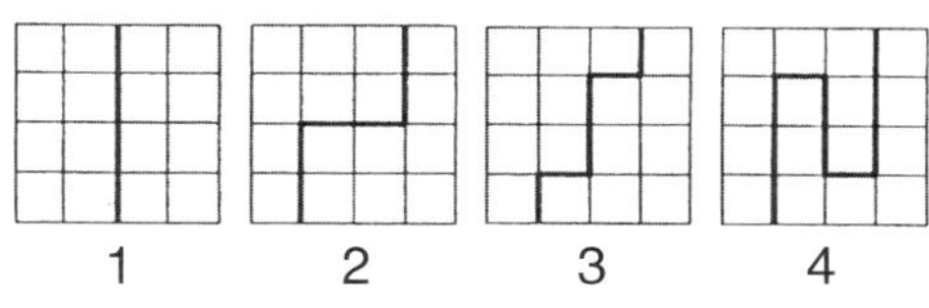

161. 盒子中的数字

在下面的这个题中，每个盒子中的第 1 个数字和第 2 个数字有一种特定的关系。4 个格子中的数字的关系都是一样的。那么，你能告诉我第 4 个格子中缺失的数字是什么吗？

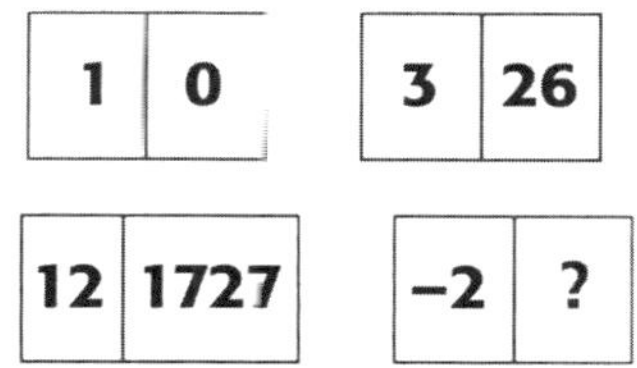

162. 图与数

你能确定下面的图画的规律吗？这些决定数和的圆圈、方块、分割线是什么关系？第 6 个图中的数字应该是多少？

$\frac{○○○}{□□}$ = 2　　$\frac{○○}{□□□}$ = –2

$\frac{○○○□□}{}$ = 10　　$\frac{□□}{○○○}$ = –2

$\frac{}{□○}$ = –4　　$\frac{}{○□○□}$ = ?

163. 分割、组合正方形

你能不能将这 3 个正方形分割成最少的图形碎片重新组成一个更大的正方形？

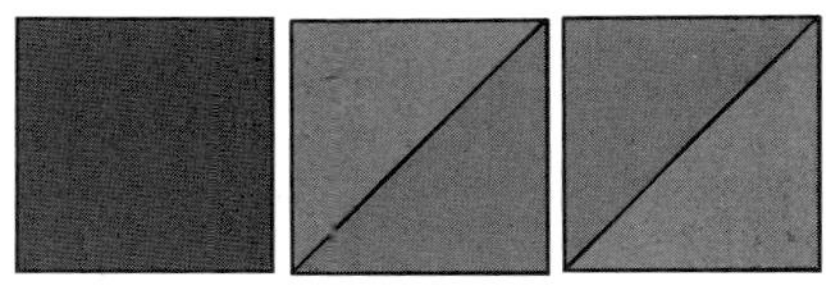

164. 最重的西瓜

7 个大西瓜的重量（以整千克计算）是依次递增的，平均重量是 7 千克。最重的西瓜有多少千克？

165. 清理仓库

试试这个日本清理仓库的游戏。在这个游戏中，作为一个“索克板”（日语音译，仓管员），你要把所有的“板条箱”都从出口转移出去。

规则如下：

1. 可以横向或纵向推动一个板条箱；2. 不可以同时推动两个板条箱；3. 不可以往回拉动板条箱。X 处为起始点。

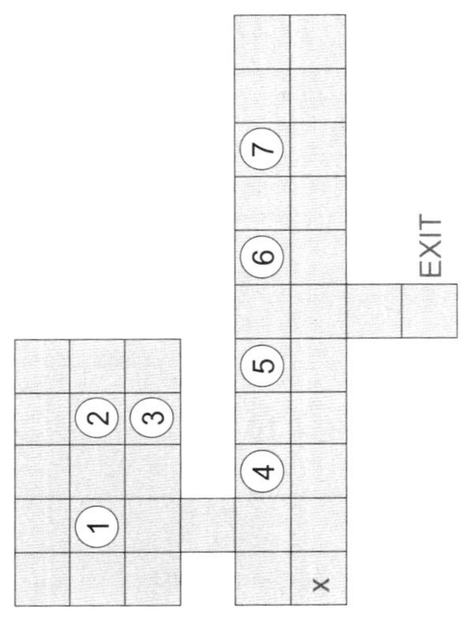

166. T

请把这下面的图片拼成一个完整的大写字母 T。

167. 天平的平衡（一）

图 1：天平是平衡的。天平左端是一个装满水的容器，而右端是一个重物。

图 2：重物从天平的右端被移到左端，而且该重物完全浸入容器中的水里面。

很明显现在左端要比右端重。

请问：为了继续保持天平的平衡，现在天平的右端应该放上多重的物体？

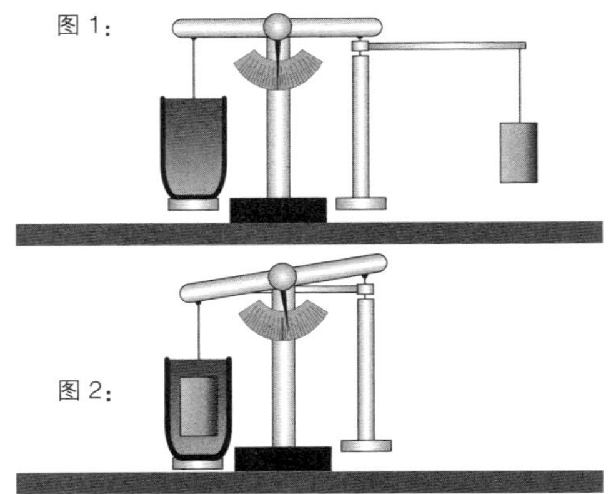

168. 天平的平衡（二）

找出规律，判断应当在第 2 个天平中放入几个太阳才能使其保持平衡。

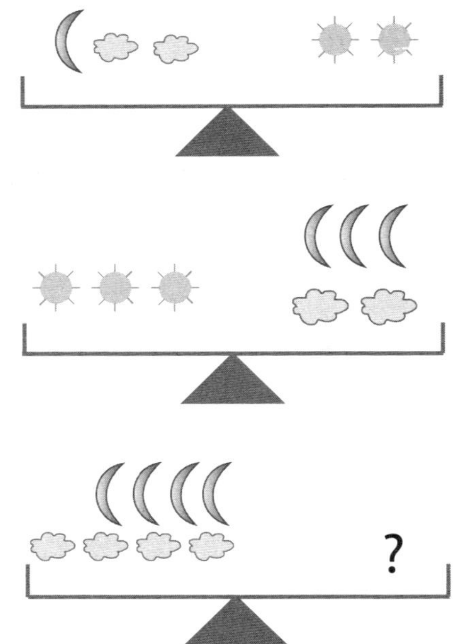

169. 天平的平衡（三）

图中每个标志都代表了一个数值。你认为在最后那个天平上应当再加入什么标志才能使其保持平衡？

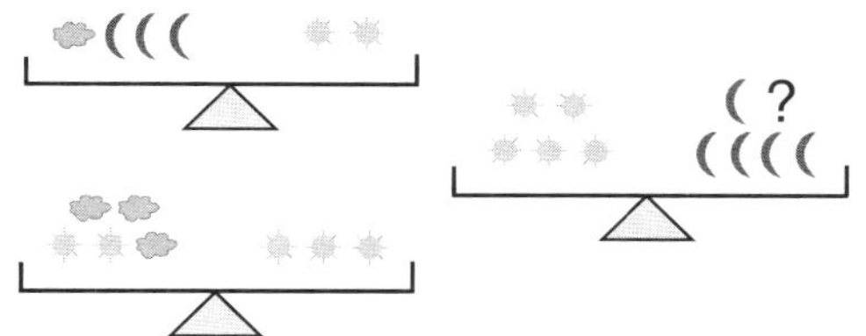

170. 天平的平衡（四）

你认为在最后那个天平上应当再加入什么图形才能使其保持平衡？

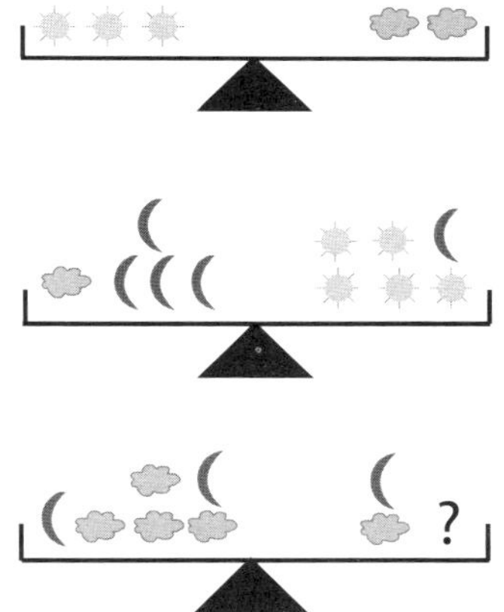

171. 天平的平衡（五）

你能找出最后那个天平中应当加入什么图标才能使其保持平衡吗？

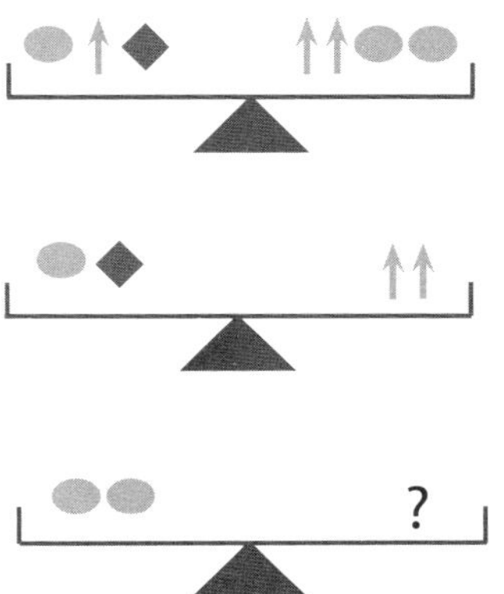

172. 删数字

找出同一横行或竖行上两个加起来等于 13 的数字删去（如图所示），最后剩下 4 个数。请问是哪些数？

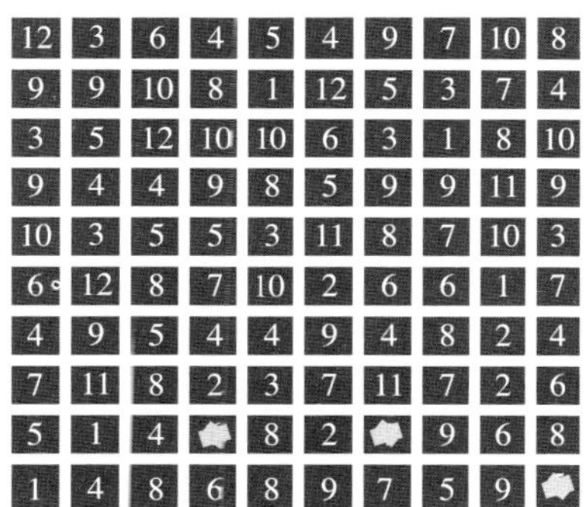

173. 隐藏之物

在每行或每列的旁边有一些数字，它会告诉你在这一行或列中将有几个黑色的方格。

举个例子，2，3，5 这几个数字就是告诉你，从左到右（或从上到下）将依次出现一组两格的黑色方格，然后有一组 3 格的，最后还有一组 5 格的。

虽然在每组黑色方格的前后可能（或不可能）出现白色方格，但在同一行（或同一列）内，每组黑格与其他组之间最少夹有一个白格。你能看出这道题里所隐藏着的东西吗？

	1	2	3	4	5	6	7	8	9	10	11	12	13	14	15
列提示	9	2 5	1 1 1	1 1 3	1 6	1 1 1	1 1 1	1 1	1 3 1	1 2 1	2 1 3	1 1 2 3	3 3 1	1 2 5	2 9

行	行提示
1	1 1
2	5
3	1
4	15
5	2 2
6	1 1
7	1 5 1 1 1
8	1 1 1 1 1
9	1 1 2 2 1
10	1 1 3 1
11	2 1 1 2
12	15
13	1 1 1 1
14	1 1 1 1
15	1 1

答案

1...

缺失的字母是 R。这个句子拼出来就是“What is the answer（答案是什么）”。

2...

杰克在离开家之前给挂钟上过发条。当他回来时，挂钟走过的时间等于他去朋友家的时间加上返回来的时间以及在朋友家停留的时间。因为杰克到达朋友家和离开的时候都看过时间。用他离开家的总时间减去在朋友家停留的时间，然后除以 2，就得到了他在回家路上所花费的时间。把这个时间加到他离开朋友家时的时间上，就是他回家后的正确时间了。

3...

旗子会上升。

4...

顺序应该是：

A，6，2，10，3，7，4，9，5，8。

5...

从左至右数起的第 7 个笼子和第 14 个笼子。

6...

链条会开始向空盘的这一端滑动，直到左端的“臂”要比右端更长。

7...

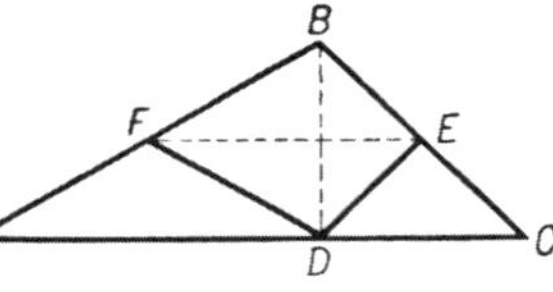

设△ ABC 是那块需要翻转的补丁。毛皮修整师沿着 DE 和 DF 来剪开它（E 和 F 是 BC 和 AB 的中点），并且把剪开后形成的 3 块毛皮都翻转过去。这三块毛皮是围绕着垂直轴的 2 个三角形和围绕着 EF 的四边形。当他把这三块重新缝在一起的时候，三角形 ABC 的补丁在另一面仍旧保留原状。

8...

因为萨米是个女孩子。

9...

顺序是：Q，Q，K，K，Q，K，Q，K。

10...

那个生气的面具在第 2 行右边倒数第 2 个。

人的感知系统总是能够很容易察觉异常的事物，而完全不需要系统的查找。这个原理被用于飞机、汽车等系统里，从而使它们的显示器能够随时随地地探测出任何异常的变化。

11...

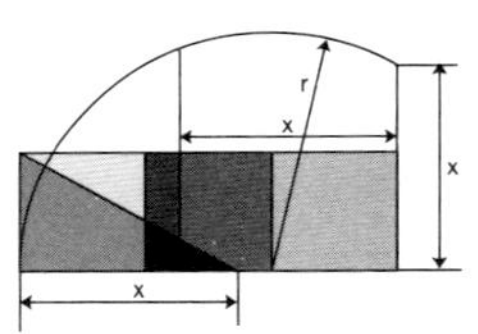

12...

40。每个色子都有 21 个点。我们能看见 23 个点，所以还有 63−23=40 个点是看不见的。

13...

缺失的是：

4	7	8	15

1	4	14	15	1	3	5	12	14	14	4	7	11	12	3	13	2
12	13	4	5	6	10	16	3	5	7	2	16	9	7	6	8	10
11	8	1	14	12	16	5	2	11	9	1	7	12	14	10	3	7
10	9	13	2	15	5	6	16	7	4	2	9	11	12	15	10	15
13	6	3	15	8	9	2	3	2	6	3	3	7	8	16	4	1
7	11	7	4	16	8	6	8	5	7	6	13	16	1	4	7	6
8	9	9	2	5	12	15	9	13	10	11	12	1	13	8	10	11
6	8	15	16	6	10	2	14	14	11	14	1	10	9	14	13	16
2	8	11	13	4	11	7	1	15	4	2	1	3	2	6	11	15
6	7	9	12	9	15	3	14	2	6	7	5	9	5	7	9	13
3	7	11	13	10	1	16	10	7	9	11	13	10	1	3	14	16
3	7	10	14	11	2	8	10	14	15	14	15	12	5	8	9	12
3	4	14	2	5	6	10	13	4	3	4	7	2	6	12	14	5
8	13	6	7	2	3	13	16	5	6	11	8	13	9	11	1	8
11	9	10	12	3	5	11	15	11	12	6	9	14	6	13	1	10
12	8	4	13	1	2	15	16	14	13	13	10	5	6	9	14	11
4	16	12	2	12	4	8	1	14	3	13	4	5	5	6	8	15
3	4	11	16	5	12	1	16	4	15	12	3	7	2	4	13	15
12	11	1	10	1	8	10	9	10	5	4	15	8	5	7	10	12
16	3	9	6	16	10	15	8	6	11	5	12	14	4	5	9	16

14...

9。它是唯一一个里面图形的边数比外面图形边数多的图例。

15...

五边形的边数为奇数，其他图形都有偶数条边。

16...

E。

17...

D。其他的图形都是对称图形。

18...

D。其他图形都是同一个图形旋转后的样子。

19...

四边形。因为它是个闭合的图形。

20...

在赫尔曼栅格中，交叉处的四边都是亮的，而白条只有两侧是亮的，所以注视交叉处的视网膜区域比注视白条的区域受到了更多的侧抑制，这样交叉处显得比其他区域暗一些，在交叉处就能看到灰点。

21...

27 个。

22...

B。每个小方框里的箭头每次逆时针旋转 90°　。

23...

D。没有点的三角形保持在原来的位置，有点的三角形顺时针旋转，落到不动的两个三角形最近的一条边上。

24...

当转动眼球观察图片时，虚幻的黑点在白点中间产生或消失；注视圆心时，白点就会消失。美国视觉科学家迈克尔·莱文和詹森·麦卡纳尼于 2002 年发现了这个闪烁栅格的奇异变化。

25...

空格中的箭头应该朝西。排列的顺序是：西、南、东、北。在第 1 列，此顺序由上而下排列；第 2 列，由下而上排列；第 3 列，再次由上而下排列，往后依此类推。

26...

在这个例子中，视觉系统对中心和背景的反应时间可能存在微小的差异。对中心的反应更快、持续时间更短，这引起了交叉点闪烁。环顾图片时，视觉系统对白色交叉点做出反应，发出强烈的白色信号，但是如果凝视任何交叉点，随即信号就会变弱，背景的侧抑制发生了，视觉系统感知到的就是交叉点变暗了。

27...

八阶魔方具有许多“神秘”的特性，而且超出魔方定义的一般要求。

比如说每行、每列的一半相加之和等于魔数的一半等。

52	61	4	13	20	29	36	45
14	3	62	51	46	35	30	19
53	60	5	12	21	28	37	44
11	6	59	54	43	38	27	22
55	58	7	10	23	26	39	42
9	8	57	56	41	40	25	24
50	63	2	15	18	31	34	47
16	1	64	49	48	33	32	17

28...

日本视觉科学家和艺术家秋吉北冈于 2002 年创作了这个闪烁栅格错觉的变形。

29...

B。Billy 那块地的篱笆最长。

30...

在这幅图中，存在许多可能存在的圆。当眼睛扫过这幅图，你的视觉系统不断寻求最佳解释；但另一方面又有新的解释不断产生。

31...

如果球直接掉进水池里，它排出的水量等于它本身的体积。

如果球落到船上，那么它排除的水量等于它自身的重量（阿基米德定律）。由于铅球的密度比水的密度大，因此落到船上所排出的水的体积要更大。

32...

可以，如下图，抽烟斗的人能看到经过镜墙反射出来的火柴光。

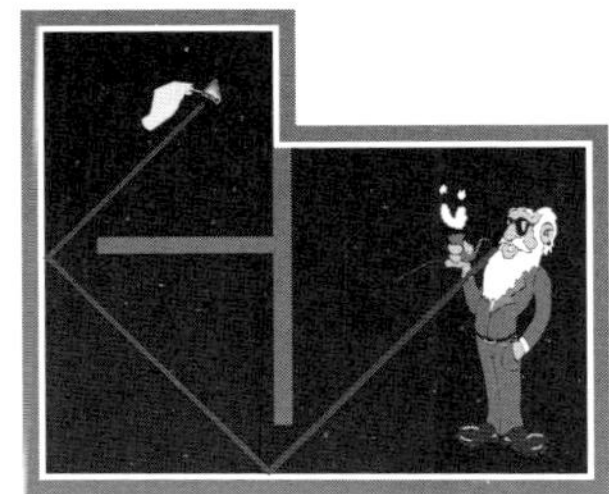

33...

$$C_n^k=\frac{n!}{k!(n-k)!}=\frac{54!}{6!(54-6)!}=$$

$$\frac{54\times 53\times 52\times\cdots\times 3\times 2\times 1}{(6\times5\times4\times3\times2\times1)\times(48\times47\times46\times\cdots3\times2\times1)}$$

$$=25827165$$

34...

该图由一系列同心圆组成。

35...

同心圆。

36...

这些条形是平行的。

37...

C。从左上角的方块开始沿第 1 行进行，再沿第 2 行回来，依此类推，图形按照白圈、黑圈、三角的顺序循环排列。

38...

E。从左上角的方框开始，按照逆时针方向以螺旋形向中心移动。白色圆圈在两个相对应的尖角之间交替，同时，黑色圆圈按逆时针方向每次移动一步。

39...

男孩看到的自己是右边凸起的。

40...

E。

41...

声音的传播跟光一样，也遵循反射定律。

当两根管子跟墙所成的角度分别相等时，两个孩子能够听到对方讲话。声波反射到墙面上，然后再通过墙反射到管子上。

42...

它们有的向左游，有的向右游。

43...

A。下面每个方框中的图形与其上面的图形加在一起可以形成一个正方形。

44...

C。每个五边形里的图形是由它下面的两个五边形里的图形叠加而成的，而当两个五边形里有相同的符号时，这一符号将被去掉。

45...

横向进行，把左右两边的图形添加在一起，就可以得到中间的图形。缺失部分如图所示。

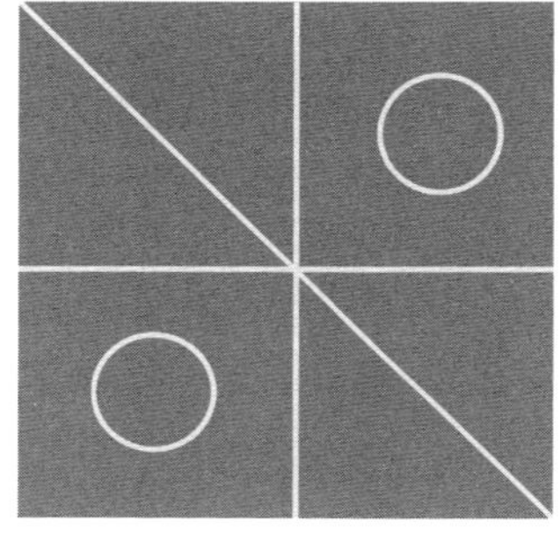

46...

E。

47...

从左向右横向进行，把前两个图形叠加在一起，就可以得到第 3 个图形。

48...

5 和 9。4×4=16，6×8=48，5×9=45，将 3 个结果相加，就等于 109。

49...

15。其他数字都是质数。

50...

51...

放入 1 个四边形。4 个四边形 =3 个向右箭头 =6 个向上箭头。

52...

1 朵云。数值分别为：云 =3，伞 =2，月亮 =4。

53...

B。从左向右进行，把每块表上的数字加上 1，再把这些数字的最前一位移至最后一位。

54...

1：00。分针朝前走 20 分，时针朝后走 1 个小时。

55...

6：45。分针分别朝后走 15、30、45 分，时针分别朝前走 3、6、9 个小时。

56...

6：20。分针每次向前走 20 分，时针每次向后走 2 个小时。

57...

A。在每块手表中，有

两个显示时间的数字是相同的。

58...

2 ∶ 53。从左向右，小时数依次减少 1，2，3，4；分针数依次增加 11，12，13，14。

59...

D。时针都位于每个钟表的右半边，分针都位于左半边。

60...

C。将钟表每次向前移动 100 分钟。

61...

C。分针朝前走 5 分钟，时针朝前走 3 个小时。

62...

B。分针朝后走 15 分，时针朝前走 3 个小时。

63...

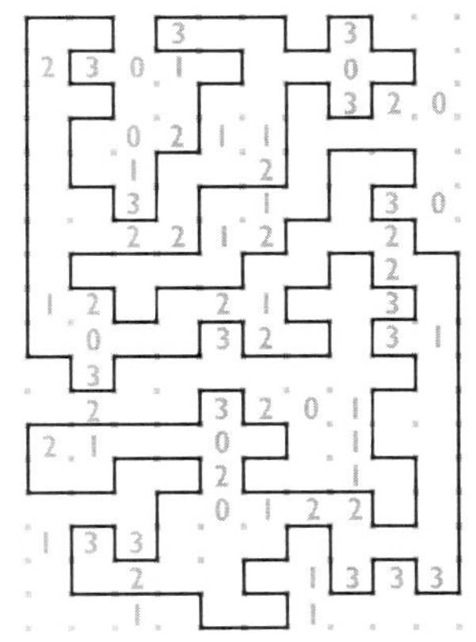

64...

简单的策略就是：要放置这 8 个棋子，就要记住每次你放 1 个棋子，它的最终位置应该是上一个的开始位置。如此考虑的话，就总会有一条路。

很现实的办法就是把 8 个棋子先摆上去，然后逆向思维。

65...

一边描画一边计算还得同时牢记所走的每一步——这肯定会让你疯掉的。要想选择简单的方法，那就只需要写下连接每个圆圈的可能的路线。到运下一个圆圈的路线的数字和与之相连接的路线的总和是相等的。

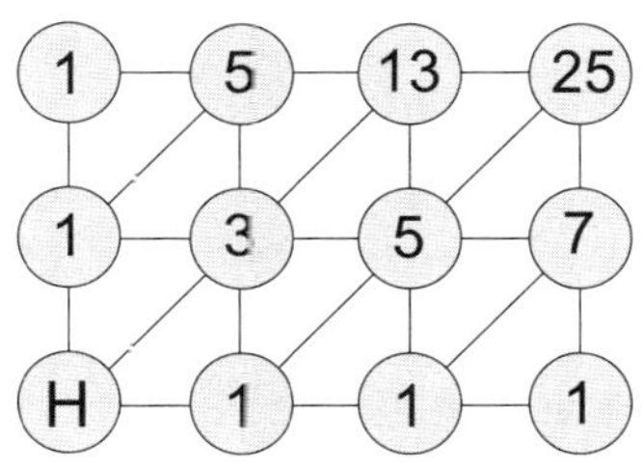

66...

C。C 图中各个图标都刚好是 3 图中各个图标直线对称图。

67...

E 图中没有曲线。

68...

6。从左边开始向右移动，把每两个多米诺骨牌作为一组。每组牌中两张牌上圆点数量的差依次是 4，6，8，10。

69...

D。每个圆圈里的图形是由它下面的两个圆圈里的图形叠加而成的，而当这两个圆圈里有相同的符号或线段时，这一符号或线段将被去掉。

70...

G。在火柴人上加入 2 条线，拿走 1 条；加上 3 条线，拿走 2 条；加上 4 条线，拿走 3 条。

71...

C。包括头在内，该项火柴人的组成部分数量为奇数，其余都为偶数。

72...

B。横排前面两个方框中的圆圈数相乘得到第 3 个框中的圆圈数，竖排相除。

73...

如图所示，对于房子总数为偶数的情况，

到所有的房子距离最近的点应该在最中间的两栋房子的中心。

而对于房子总数为奇数的情况，到所有房子距离最近的点应该是最中间的那栋房子。

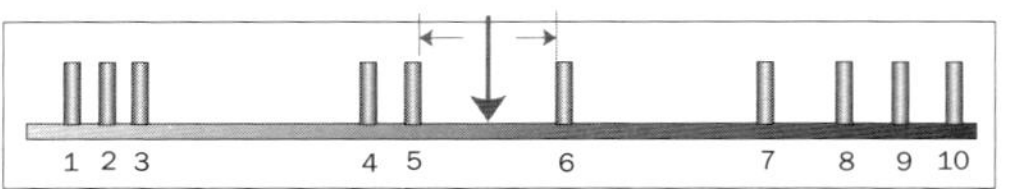

74...

B。每个三角形中圆圈的数量与围绕着的多边形边数相同。

75...

48。这6个数字都可以用于飞镖记分。60（20的3倍），57（19的3倍），54（18的3倍），51（17的3倍），50（靶心）及48（16的3倍）。

76...

1535。这是一个24小时钟表显示的时间，每步向前走75分钟。

77...

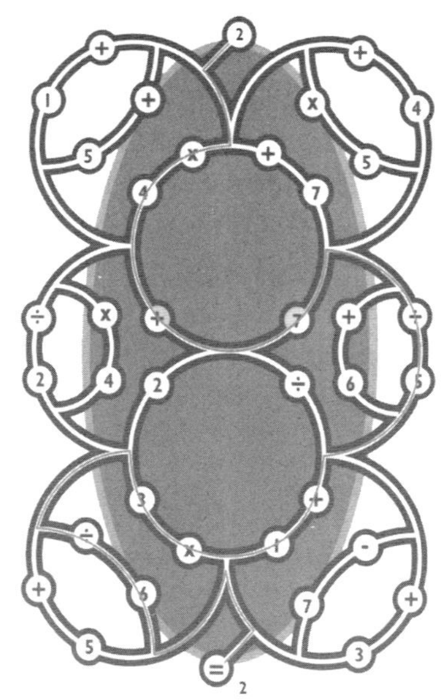

78...

随机分布的方块似乎向反方向移动，同时深度也会发生分离。

79...

它会逐渐旋转起来。其中，斑点清晰的边缘是一个关键因素。

80...

V。这种排列是根据字母表中字母的顺序而排定的。“拐弯之处”的字母是由指向字母的铅笔数引出的。

看一下字母L（哪个都可以）。字母L前进到了字母M。但是，字母M却并没有前进到字母N，这是因为有两支指向O的铅笔，于是字母M就跳了2步，前进到字母O。运用同样的原理，字母O前进了3步到了字母R，字母R则前进了4步到了字母V。

81...

B。

因为它们都是由3条线构成。

82...

B。

83...

水平线会移动。

84...

F。

85...

B。横排和竖排上，每格在菱形内外分别增加一个圆点，内外各填满4个点之后再减少圆点。

86...

在每行中，从左边的圆圈开始，沿着顺时针方向增加1/4，即得到下一个图形，圆圈的颜色互相颠倒。

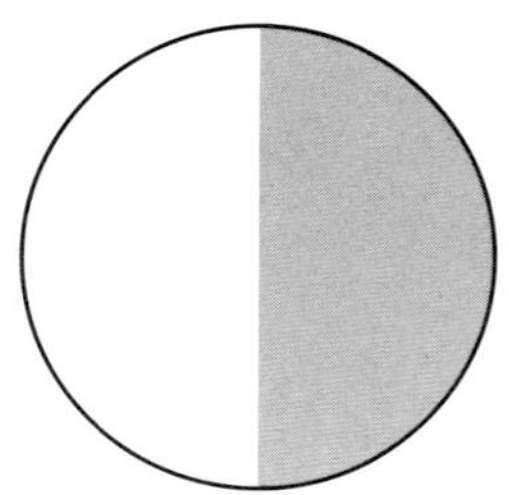

87...

A。大弧每次顺时针旋转90°，小弧每次顺时针旋转180°。

88...

C。弧线每次增多 1/4 圆弧，并在前面弧线结束的地方开始一条新的 1/4 圆弧。

89...

C。从左上角开始并按照顺时针方向、以螺旋形向中心移动。7 个不同的符号每次按照相同的顺序重复。

90...

B。每行和每列中都包含这 4 个符号。

91...

相互补的图为：A–E，B–F，C–G，D–H。由图 D 可得图 H 为：

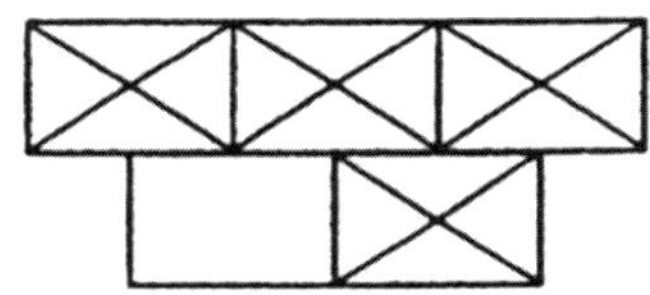

92...

这些图形都是数字 1 到 4 进行旋转后的镜像。下一个出现的标记将是以同样的方式更改的数字 5。如下所示：

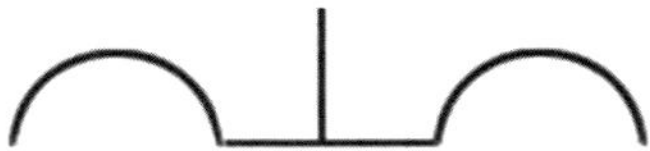

93...

D。D 里面包含 E，F，H 这 3 个字母。而其他项里面的字母在字母表中的顺序都是相连的。

94...

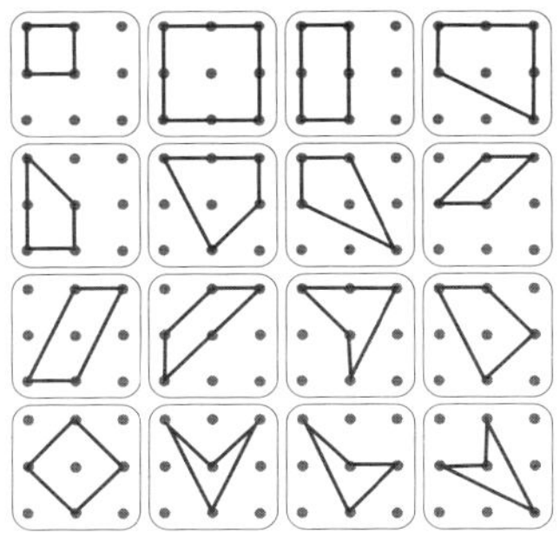

95...

1.803 个单位。

96...

答案如图所示。原题中选的是 18 个点，其实用任意多少个点都可以做到把它们从头到尾相连，且连线不相交。

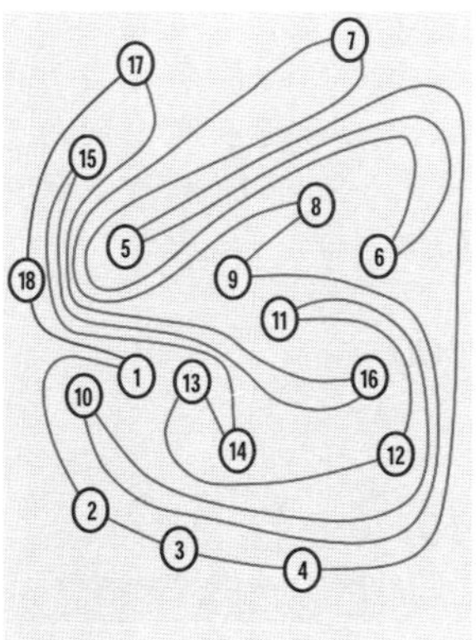

97...

如图，19 个瓢虫分别在不同的空间内。

一般情况下，3 个三角形相交，最多只能形成 19 个独立的空间。

这一点很容易证明。两个三角形相交，最多能够形成 7 个独立的空间，而第 3 个三角形的每条边最多能够与 4 条直线相交，因此它能够与前两个三角形再形成 12 个新的空间，所以加起来就是 19 个空间。

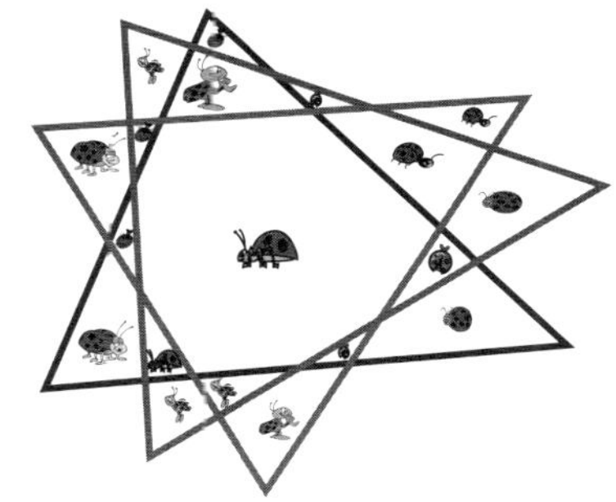

98...

10										
9						9				
8							8			
7								7		
6				6						
5					5					
4						4				
3	3									
2		2								
1			1							

99...

当你按顺时针方向旋转每根螺钉时，螺钉会拧到一起。

市政建设所使用的灯泡卡口螺纹方向与通常的灯泡相反，目的是令这些灯泡无法拧入普通家庭中的灯泡卡座内，从而降低灯泡被偷盗的概率。

100...

A。

101...

1	2	3	4	5	6	7
3	4	5	6	7	1	2
5	6	7	1	2	3	4
7	1	2	3	4	5	6
2	3	4	5	6	7	1
4	5	6	7	1	2	3
6	7	1	2	3	4	5

102...

第 5 行、第 3 列的 2R。

103...

第 2 行第 2 列的 1D。

104...

一共有 252 种路线。下图中的数字表示所有可能的路线经过该数字所在交叉点的累积次数。

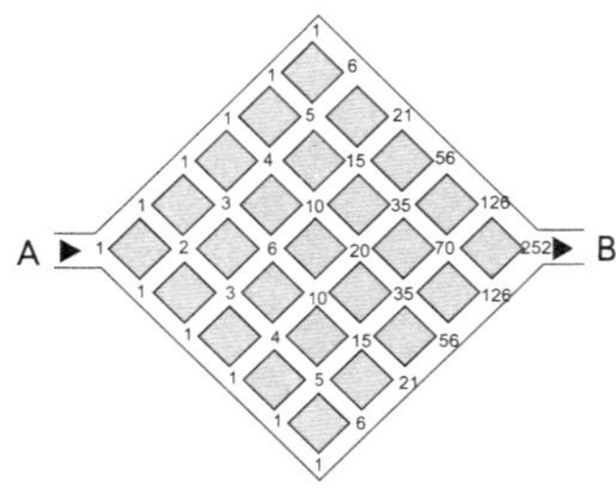

105...

3-C。线路 1 到达 2 的位置，线路 2 到达 1 的位置。

106...

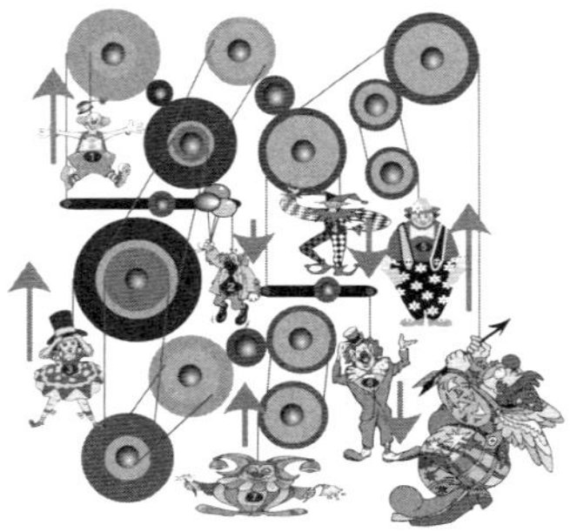

107...

11 或 20。将 3 个圆圈内各数位上的数字相加的结果再相加，总数是 19。

108...

B。

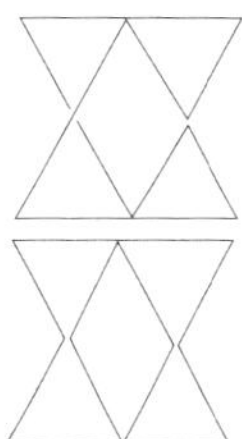

109...

这是一种方法：

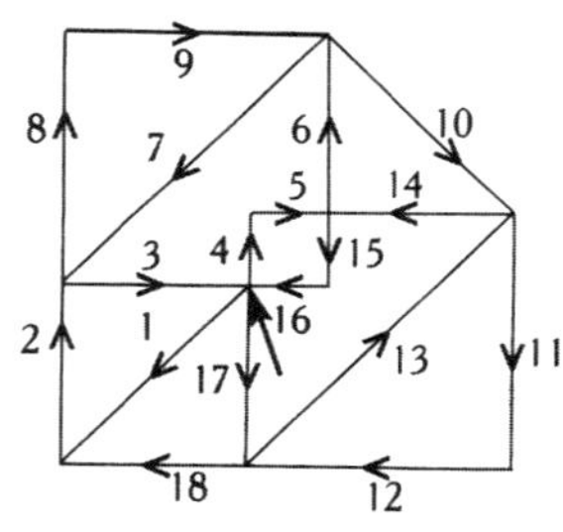

110...

最先出现的裂缝是图中间横向的那条，从正方形左边的中间向右延伸到右边离右上角 1/3 的地方。

通常要判断两个裂缝中哪个更早出现并不难：更早出现的裂缝会完全穿过这两个裂缝的交点。

111...

4。角上的数字总和乘以 2 等于中间的数字。

112...

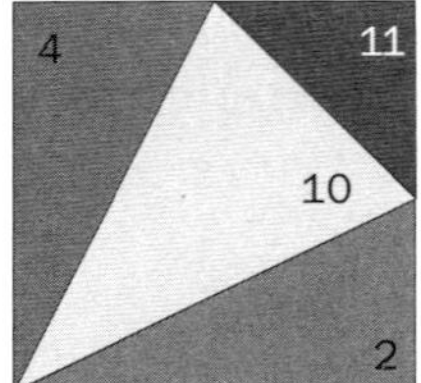

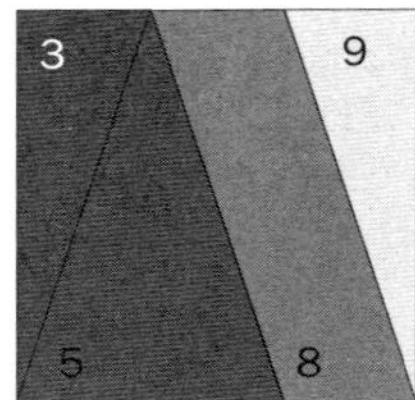

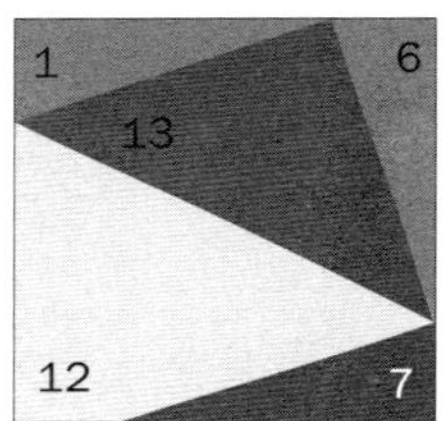

113...

B。规律为：减一点，加两点；每增加或减少一点，盒子按照逆时针方向旋转 90°。

114...

A。

115...

D。圆圈和三角形交替变换位置。

116...

答案是 B。将各行前两个数值相乘，再加上第 3 个数值，其结果就是等号后两位数的数值。

那么，最后一行的表达式为 4×7+5=33。

117...

2	5	6	9	1	7	3	8	4
1	7	8	3	4	5	9	6	2
9	3	4	8	6	2	7	1	5
5	6	2	7	3	1	8	4	9
3	9	7	2	8	4	1	5	6
4	8	1	5	9	6	2	7	3
6	4	9	1	2	8	5	3	7
7	1	3	6	5	9	4	2	8
8	2	5	4	7	3	6	9	1

118...

C。

119...

D。小圆圈在各阶段依次由左至右、由下至上移动。

120...

2个。

121...

456。第1个图形代表的值是789；第2个图形代表的值是456；第3个图形代表的是123。

122...

缺失部分应当有两个点。将每行或每列顶端的正方形中的数字相加，将和放入相反行或列的中间格中。

123...

84。将A的小时数乘以B的分钟数，得到C的吨数；然后将B的小时数乘以C的分钟数，得到D的吨数……E的小时数乘以A的分钟数，得到B的吨数。

124...

数字6有11种分拆法，数字10则有42种分拆法。随着数字增大，分拆的方法数迅速增加。

n=50时，有204226种；

n=100时，有190569292种。

125...

如图所示是其中的1种路线。

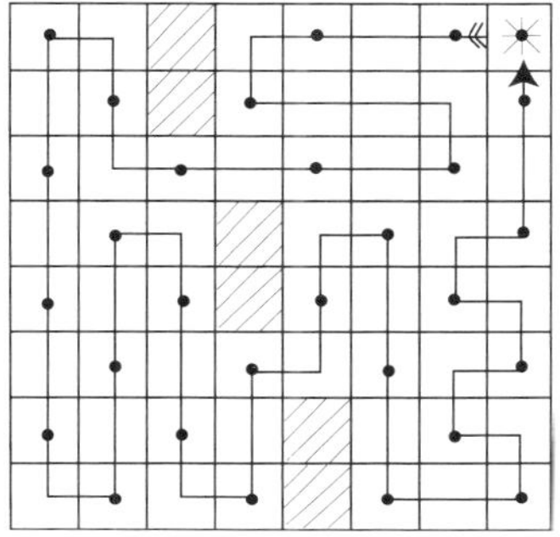

126...

◇◇◇=LEG　REBRAG=◇◇○○○

127...

把9上下颠倒过来当作6，再把它与8交换位置，这样两边算式的和都得18。

128...

第1行和第5行中，个位数相加等于10，其余各位相加均得9，2个数之和等于1000000。第2行和第6行、第3行和第7行、第4行和第8行相加均得1000000。所有数相加得4000000。

129...

画个表格，将字母A，B，C，D列一边，1，2，3，4列一边。答案为：

A=3；B=1；C=4；D=2。

130...

缺失的数字是3。这里的数字和手机键盘上的数字是一一对应的。

131...

$$\begin{array}{r} 62174 \\ +62980 \\ \hline 125154 \end{array}$$

132...

$$\begin{array}{r} 73544 \\ 73544 \\ 73544 \\ +494046 \\ \hline 714678 \end{array}$$

133...

$$\begin{array}{r} 111 \\ 333 \\ 500 \\ 077 \\ +090 \\ \hline 1111 \end{array}$$

134...

4个数字的唯一解法：

1+1+2+4=1×1×2×4

5个数字的3种解法：

1+1+1+2+5=1×1×1×2×5

1+1+1+3+3=1×1×1×3×3

1+1+2+2+2=1×1×2×2×2

135...

以下是各种可能性：

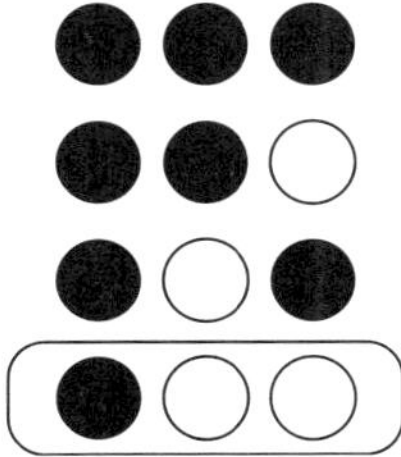

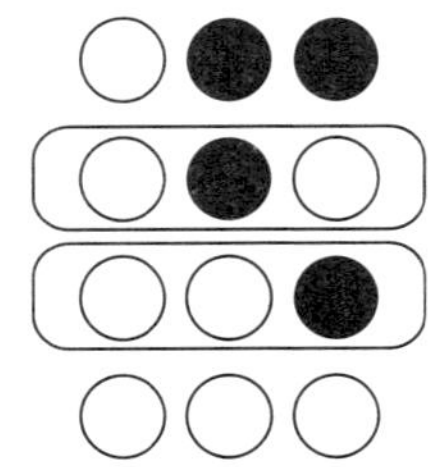

因此，取出的球中正好有两个白球的概率为$\frac{3}{8}$。

136...

下面就是字母串的外观。

4265
8
3
1790

用到的数字之和为51（17×3=51），从1～9的数字之和是45，差为51−45=6。因为D和G都计算了两次，所以D+G=6，E+F=11。因为A=4，所以D和G必须是1和5。数字7不可能是E或者F。因为如果其中一个是7的话，另外一个就要是4。这是不可能的。同样，B，C或者D也不能是7。因为4+7=11，这就要求上边一排剩下的两个字母之和等于6，而这也是不可能的。因此7和0是属于下排的。这就是说下排剩下的2个数字之和为10，因为G+H+I+J=17。这两个数字中的一个只能是1或者5。如果是5的话，就需要2个5，这是不可能的。因此D=5，G=1。所以，I=9。这个时候，数字串是这样的：

4BC5
E
F
1790

E+F必须=11。则可能的组合为：

2+9，3+8，4+7，5+6。

唯一可以能的组合是3+8。所以，B=2；C=6；D=5；E=8；F=3；G=1；H=7；I=9。

137...

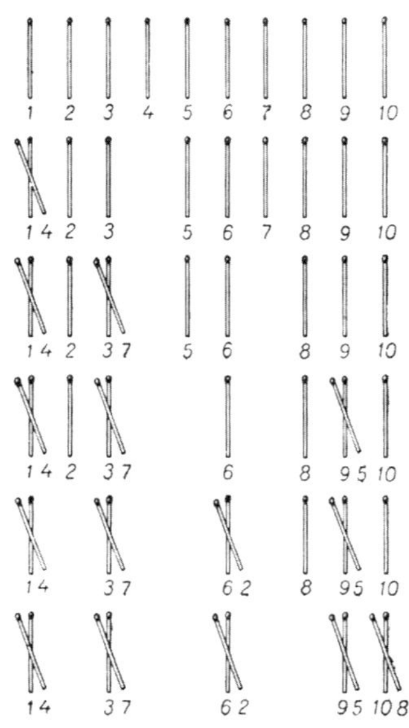

138...

答案是“three words”（3个单词）。

139...

可以形成15个锐角。

140...

答案为Doorbell（门铃）。别的东西都有把手。

141...

所缺的字母是n，得到的单词是sandwich（三明治）。

142...

“No time on the clock”（表上没有时间了）。

143...

Be on time（准时）。

144...

隐藏的是“Nobel Prize”（诺贝尔奖）。图示为no bell prize，与nobel prize谐音。

145...

答案是Book（书）。所组成的4个新单词为：Bookshelf书架），Bookworm（书虫，）Bookmobile（流动图书馆），Bookmark（书签）。

146...

这个单词是Shine（使发光，出众）。组成的新单词为：Moonshine（月光），Shoeshine（鞋油），Monkeyshine（恶作剧）。

147...

添加Head（头，顶端，最前头）。Headline（标题）；Headphone（戴在头上的收话器）；Headwaters（河源）。

148...

其中的两种解法：

a	c	d	b
d	b	a	c
b	d	c	a
c	a	b	d

a	d	c	b
b	c	d	a
d	a	b	c
c	b	a	d

149...

不能。骑士从黑格开始跳，下一步只能跳到白格上，同理，从白格开始跳，下一步只能跳到黑格上。棋盘上共64个方格，从a1（黑格）开始跳的话，经过1，3，5…61，63步之后，骑士最后应该跳入白格中。而h8是黑格。

150...

最后一个数是625。用10减去数字里的每位数上的数字得到破解后的数字。

151...

陈述②是正确的。

152...

缺失的数字是14或者是2。拿起任意一块，并观察和它相对的那块。你会发现较大的数字是较小数字的3倍减1。

153...

都能转动。C轮和D轮沿顺时针旋转，B轮沿逆时针旋转。

154...

```
  9021
   581
   581
  +581
 ------
 10764
```

155...

最多会出现24个交叉。如下图所示：

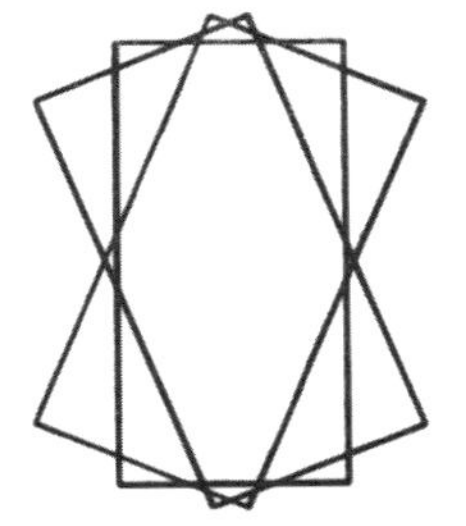

156...

这是其中一种方法：

S T R A I N（拉紧，努力）
T R A I N（训练，修剪）
R A I N（雨）
R A N（跑，运转）
A N（一个，一种）
A（每一，任何）

157...

① CAGI

② 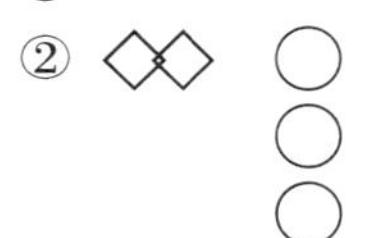

字母与图形的对应关系如下：D= 水平的；C= 垂直的；A= ○；E= ◇；G=3；B=2；Y= 分开；I= 连接。

158...

是业余选手的妈妈。

159...

321个。960除以3再加上1（数列第1个数）。

160...

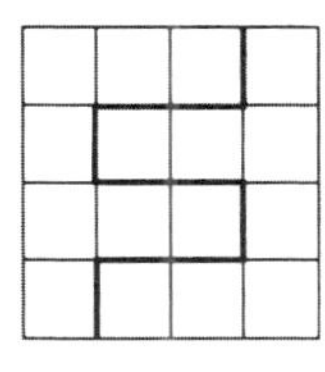

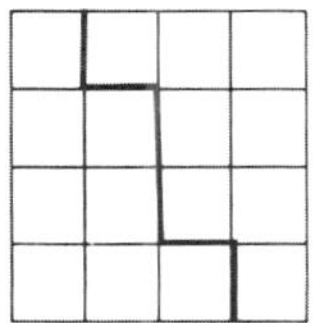

161...

答案是–9。每个格子里的后一个数字都是前一个数字的立方再减1。

162...

答案是–8。直线上方的每个图形，无论是圆圈还是方块，每个都加2。直线下方的每个图形，无论是圆圈还是方块，每个都减2。圆圈和方块谁先谁后没有区别。

163...

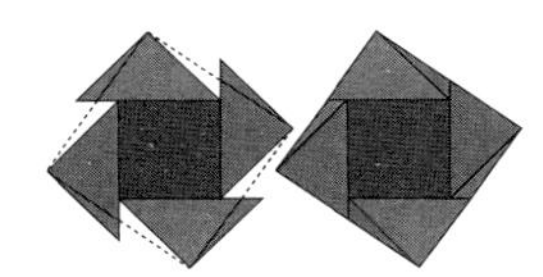

164...

? ? ? 7 ? ? ?
1 3 5 7 9 11 13

最重的西瓜是13千克。

165...

这里以“3R4”表示“把3号板条箱往右推4格”。同理，“L”表示向左，“U”表示向上，“D”表示向下。

首先，1R1，然后4L1和U3。现在我们需要通过7R1、6R1和5L1来腾出一些空间。先4D4然后R4，4号板条箱就移出去了。用同样的方法移出3号、1号和2号板条箱。5L2，U3，D4，然后L4，5号就被推出去了。6号和7号也用同样的方法推出去。

166...

167...

浸在水里的物体的浮力等于它所排出的水的重量。

你可能想说结果应该是在天平右端原来的重物基础上再加上与左端容器里重物承受的浮力相等的重量，然而真的是这么简单吗?

根据牛顿定律，作用力与反作用力相等。那么容器里的水对重物的浮力就等于重物对水的反作用力。

因此，天平右端的重量减少时，天平左端的重量相应增加。

所以要达到平衡，天平右端需要加上 2W 的重量，W 等于重物在左端容器里排出的水的重量。

168...

5 个太阳。月亮 =2；云 =3，太阳 =4。

169...

4 个月亮。太阳 =9，月亮 =5，云 =3。

170...

3 朵云和 1 个月亮。太阳 =6，月亮 =7，云 =9。

171...

1 个箭头。椭圆 =1，箭头 =2，菱形 =3。

172...

1，7，8 和 9。

173...

图中显示的是一台电视机。

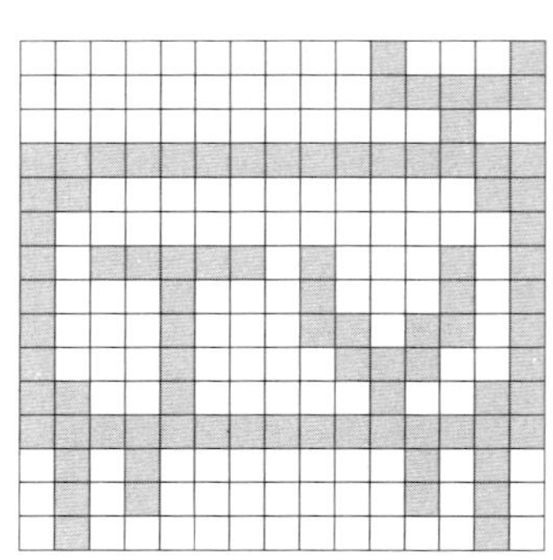

第八章

创新类思维游戏

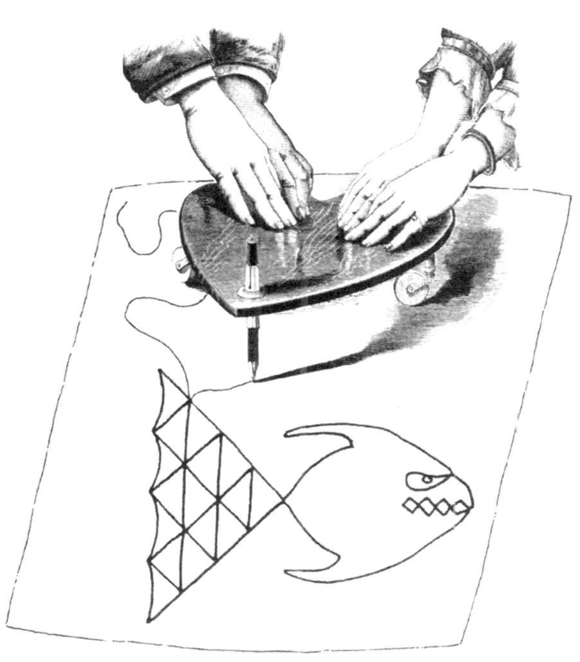

1. 麦秆与汽水瓶

这里有一个考验你技术的难题。你必须把一个空的汽水瓶从桌子上拎起来，但是你只能用一只手和一个麦秆。做游戏时，要遵守以下两个规则：不能把麦秆系成结；麦秆不能和瓶子外的任何部分接触。

2. 鱼缸

下图中的鱼缸已经注满了水。如果不用测量杯或者测量棒，你能否把水从鱼缸中倒出并使水平面正好处于鱼缸的正中间呢？这个办法比你想得要简单！

注意：这个游戏也可以用一个玻璃杯来进行，这样溅出来的水会比较少。

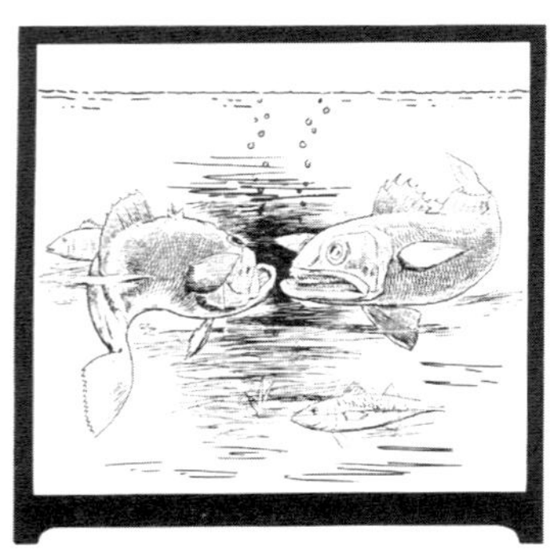

3. 厚重的书

你可以用这个思维游戏为难你的朋友们。把一根绳子在一本厚重的书（约 1000 ~ 1500 克）上系一圈，然后将绳子的一端固定在门把手上，并使书悬挂在距地面 30 厘米的地方。你抓住书下面的绳子，然后对你的朋友们说，你可以随意把书上面或者下面的绳子拽断。这时，他们一定会大吃一惊的。那么，你知道这个神奇的变戏法是如何实现的吗？

4. 硬币与五角星

这里有一个很有意思的思维游戏等着你来做。将除 8 号硬币之外的 9 枚硬币放在五角星的各个位置上。游戏的目的就是除 1 枚硬币外把其他硬币从五角星上拿下来。拿硬币时，必须用另外一枚硬币沿着线从它的上面跳过去，这个硬币跳过去的地方必须是没有硬币的地方（这种移动硬币的方法与跳棋的跳法相同）。

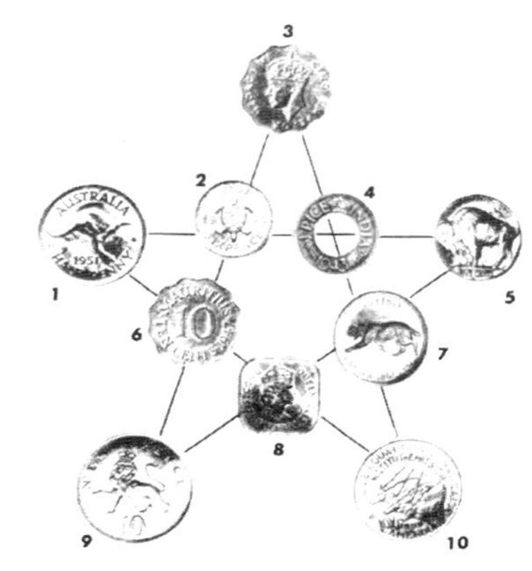

5. 套在手腕上的绳子

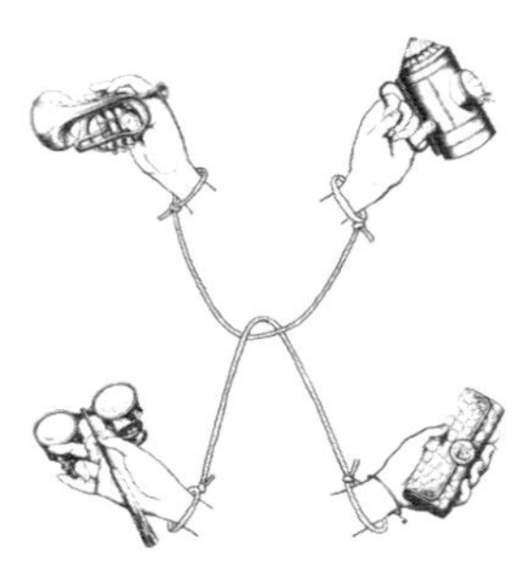

要和一个朋友一起做这个游戏。将绳子的两端松散地分别系在两个手腕上。当然，你的朋友也是这样，同时，套在你的那根绳子上。这样，两根绳子就连接在一起（如图所示）。

现在，你要和朋友分开，但是不能把结解开，不能割断绳子，也不能把手从绳圈内脱出。

注意：图中所示的物品都是 20 世纪初发明的。请特别注意右上方的闪光灯和左下方的观剧镜。

6. 糖与茶杯

这个有关糖的思维游戏会让你的朋友遇到一些小麻烦。在桌子上放6块糖以及3个茶杯。做游戏者需要做的是将这6块儿糖按下面的方式放入茶杯中：每个茶杯内的糖块儿必须是奇数，而且这6块儿糖都必须用上，但是不能有任何损坏。

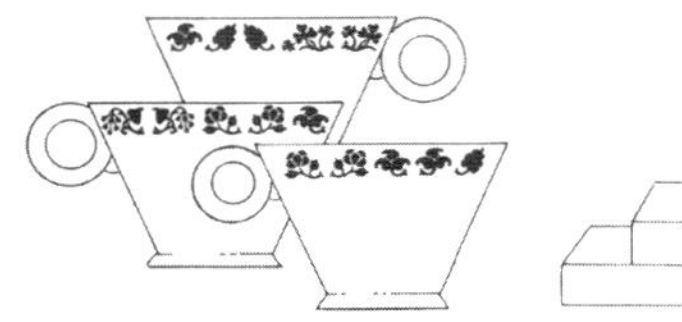
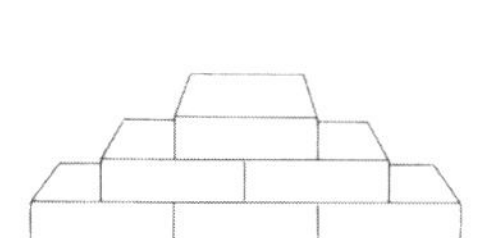

7. 杯垫

按照图中的样子在桌子上放6个圆形的饮料杯垫。这几个杯垫必须相互紧挨。现在，你必须把它们重新排列，形成一个“完整的圆”，但是你只能移动其中的3个杯垫，并且每个杯垫只能移动一次。

8. 圆圈的中心点

给你一支铅笔以及一张比这个圆圈大的正方形纸板，让你找出这个圆圈的中心点。如何操作呢？这个做起来要比看起来简单！你有5分钟的时间寻找解决方法。

9. 渡河

3个爱吃醋的丈夫在和他们的妻子旅游时发现渡河的船只能容纳2个人。因为，每个丈夫都极力反对自己的妻子和其他2个男性成员中的任何一个人乘船渡河，除非自己也在场；同时，他们也不同意自己的妻子单独和其他男人站在河对岸。

那么，应该如何安排呢？记住，尽管船只能搭乘2个人，但是，其中的1个人必须把船划回来供其他人使用。

10. 箭头与数字

在下面的方框中填上数字1 ~ 7，使得每横行和每竖行中这7个数字分别出现一次。方框中箭头符号尖端所对的数字要小于另一端的数字。

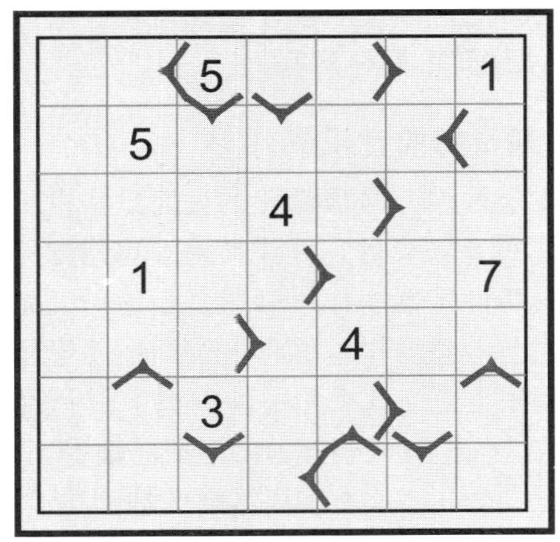

11. 扑克牌与日历

一副扑克牌至少在6个方面与日历有着惊人的相似之处。你能说出几处相似之处呢？

12. 哪张先落地

一次，在造纸厂的舞会上，场面很狂热。图中的沃尔多·彭尼帕克举臂齐肩然后同时扔下两张纸。那么，哪张纸先落地呢？很多人站在他的旁边观看。你为什么断定纸张a比纸张b先落地呢？当然，每张纸上都不可以附加其他东西。

13. 漂浮的瓶塞

一般情况下，瓶塞是不会停留在杯内水的中央，相反，它会慢慢漂到玻璃杯的一侧，并且停在那里。然而，却有一个简单的方法可以使瓶塞停留在玻璃杯的中央（使水旋转不算答案）。

14. 最奇特的音乐节目

令人称奇的福隆特纳克斯是本世纪最奇特的音乐节目。贝莎和莱因霍尔德所演奏的两件乐器叫作贝莎风。当他们开始演奏之前，莱因霍尔德将一个旧的手提箱放在桌子上，使这个箱子伸出桌子边大约$\frac{1}{3}$。接着，他便投入到经典的混成曲演奏当中。过了一会儿，这个手提箱突然翻倒在地上，演出随即结束，这让大家很吃惊。手提箱里并没有任何钟表装置，那么，你知道他们的演出时间是如何控制的吗？

15. 字母A和Z

各位思维游戏爱好者们，现在我们来解决一个很难的题。这个正方形格子每边都有6个小方格，其中，有4个A字母以及4个Z字母。现在，要将这个格子剪切成4块儿，每块儿的大小和形状都必须一样，同时，每块都得包括1个A字母以及1个Z字母。剪的时候，一定要沿着方格线。

A					
		Z	Z		
		Z	Z		
		A	A	A	

16. 遗嘱

这份遗嘱是几个世纪之前的易斯特维奇伯爵留下的，内容十分生动。那么，你能从中推断出他给后人留下了什么东西吗？

致我挚爱的家人，他们为此已经等待了很长时间，
现将以下东西留给后人：
一个人对什么爱得胜过自己的生命，
而恨得却胜过死亡或者致命的斗争。
这个东西可以满足人的欲望，
它是穷人所有的，却是富人所求的，
它是守财奴所想花费的，却是挥霍者所保留的，
然而，所有人都要把它带进自己的坟墓。

17. 胶卷

爷爷汤森年轻时曾买过一个新款的柯达相机作为自己的圣诞礼物。这个相机配有彩虹光圈和快门，里面的胶卷容量也很大。当他把所有的亲戚都叫过来时，他发现如果给每个人照4张照片的话，他需要两卷胶卷，因为他所需照的相片数比一卷胶卷多4张；然而，如果给每个人照3张照片的话，胶卷将会剩下12张。那么，爷爷需要为多少亲戚照相呢？一卷胶卷可以照出多少张照片呢？

18. 献给杰姬

我把这个有创意的纸张思维游戏献给我的爱犬——杰姬。图1展示了组合图。它是由3块儿硬纸组成的。你的任务是判断出它们是如何组装起来的，但是前提是不能撕开或者损坏纸片。注意：小狗是由小纸环牢固地连接在大纸环上的；小纸环上的口太小，小狗是不可能串进去的。组成这个题的3部分纸片分别显示在图2、图3和图4。请试试，你能否找到解决的办法。

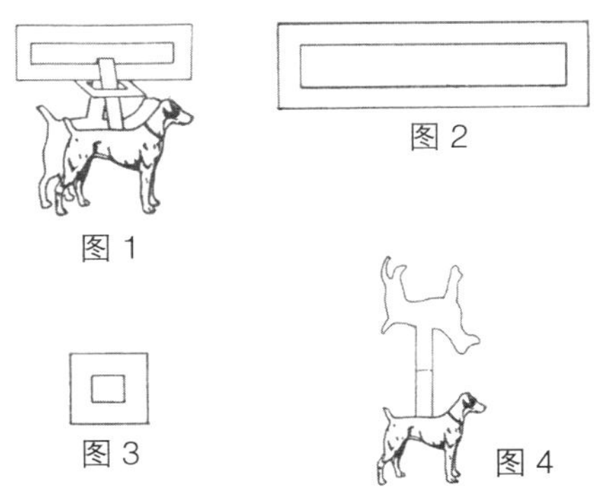
图1　图2　图3　图4

19. 咒语金字塔

在神秘的东方，我们的巫师朋友为我们带来了著名的咒语金字塔思维游戏题。如果从金字塔的顶部开始，即从顶部的"A"到底部的那行字母，你能算出拼写abracadabra的可能途径数吗？在你走下金字塔这11层的过程中，你可以向左或者向右分叉并从分叉点的字母下面的两个字母中再任选一个然后继续。

20. 花式台球

下面我们看到的是库申斯·哈利布尔顿即将打进制胜一球，他随后获得了1903年曼哈顿花式台球锦标赛的冠军。5轮之后，他用球杆打进了100个球。而每轮他都要比前一轮多打进6个球。那么，你能否计算出他5轮中的各轮进球数吗？

21. 思维游戏盒子

世纪之交时，哈姆雷在伦敦的商店销售各种各样的思维游戏盒子。下图中的盒子里有白、绿、红 3 种不同颜色的罐子。绿色罐子的容量比红色罐子多 3 升，而白色罐子的容量则比绿色罐子多 4 升。现在的问题是用这 3 个罐子来准确量出 2 升的水。那么，你如何只倒 9 次就可以把水量出来呢？

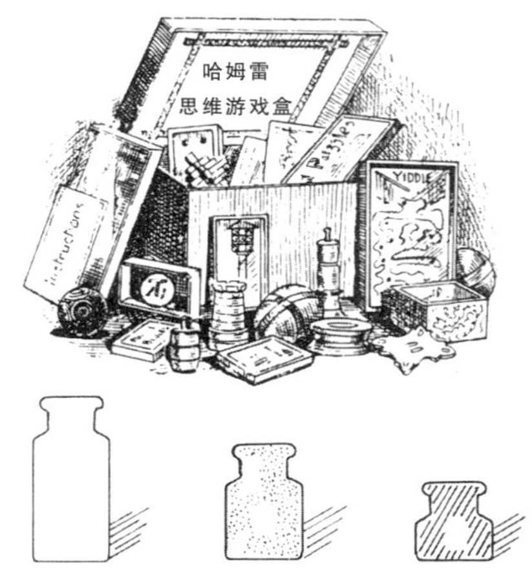

22. 派波尔教授的幻灯片

下图是派波尔教授于 1896 年在伦敦的埃及礼堂展示的著名的幻灯片思维游戏。在这个题当中，3 张纸牌并排放置，正面朝下。下面给出了线索：有一张牌是 2，它在 K 牌的右边；一张方块牌位于一张黑桃牌的左边；一张 A 牌位于一张红桃牌的左边；红桃牌位于黑桃牌的左边。那么，你可以把每张牌都猜出来吗？

23. 圣诞装饰物

圣诞老人为你准备了一个了不起的圣诞节思维游戏。他先把装饰物固定在一条 3 米长的绳子的一端，然后将另一端系在一束槲寄生树枝的上面。

“我会给你两份圣诞礼物，”他说，“如果你可以将绳子从中间剪断使装饰物不会摔落在地。记住：一旦你剪断绳子，你就不能触摸绳子或者装饰物。”

那么，读者朋友，你会怎么剪呢？

24. 魔术师的硬币

当你尝试这个游戏时，也许你会认为只有求助某种魔术才能把它解决。这里放了 5 枚魔术师使用的硬币，我们要使它们彼此相接触。如果你手头没有这种硬币，你也可以使用 1 角硬币。我们这只爱为难人的小兔子认为解决这个题最多用 10 分钟。

25. 备用轮胎

前不久思维游戏俱乐部出发到当地的海滩进行一日游旅行。途中我们的车爆胎了，于是，司机用千斤顶把汽车托起，取下坏的轮胎，准备换上备用轮胎。当他正要在车轮上安装备用轮胎时，他把轮毂盖踢到地上，由于用力过猛，它飞出路边掉入了悬崖，5 个螺母也在这个轮毂盖上，而没有它们，轮胎就无法固定在车轮上。

“这样吧，”他说，“我得到我们刚才经过的城镇找几个螺母的替代品。”

“小家伙，来不及了，”贝莎阿姨说，“你这么……做就可以了！”

那么，你知道贝莎阿姨想出什么办法应对这个旅行中的不幸事件吗？

26. 漂浮的钢针

洛伦佐叔叔是一个十分喜欢餐后娱乐的人。虽然与威灵顿不是同一级别，但是他偶尔也有好的表现。他毫不夸张地说他可以让一根钢针漂浮在水上。那么，你能否想出这是怎么实现的？

27. 托尼的猴子

托尼很不幸，他的身体不听使唤了，但是他却还能长时间的站立。下图的人们绞尽脑汁不但无法使他停止唠叨，也无法使他离开去另寻他处。

现在他的“观众”已经屈服了，那么，你能否为那只拿着小罐的猴子找出最短的路线，使他从每个窗户处收到钱呢？这只猴子必须从上图的位置出发，并且最后停在主人的肩膀上。

28. 越减越多

威灵顿·曼尼拜格斯带着一袋子的赌金又回到镇上，这次他打算把当地贵族的钱统统赢光。这天晚上，我们在咖啡店围坐在一起，这时，威灵顿在桌子上放了一张纸和一支铅笔，然后说：“我敢跟任何一个人打 100 元的赌，从 4 去掉 4 之后将得到 8，而我要证明你们都可以做得到。”

我们都知道，这里肯定有蹊跷，但是埃尔莫·沃姆伍德最终在桌子上放了 1 元，说：“曼尼拜格斯，我要看看你能不能把它拿走。我的钱会说，‘你无法证明’。”

毫无疑问，威灵顿把钱拿走了，并向大家展示了从 4 去掉 4 之后得出 8，而我们的确也可以做得到。那么，他是怎么做的呢？

29. 移动硬币（一）

桌上有两枚1元硬币、一枚1角硬币，1角硬币在两枚1元硬币的中间。你的任务是用一枚1元硬币取代中间那枚1角硬币的位置，但是在移动硬币时要按照以下规则进行：可以移动第1枚1元硬币，但是不能碰到它；可以接触那枚1角硬币，但是不能移动它；至于最后那枚1元硬币，你既可以接触它也可以移动它。想一想，你能不能解答这个题呢？

30. 移动硬币（二）

将6枚大小相同的硬币按照左图所示放置。最多移动4次把它们摆成新的形状（右图）。每次移动时，必须将1枚硬币移动到可以触碰2枚以上硬币的位置上，并且期间不能使其他硬币移动。

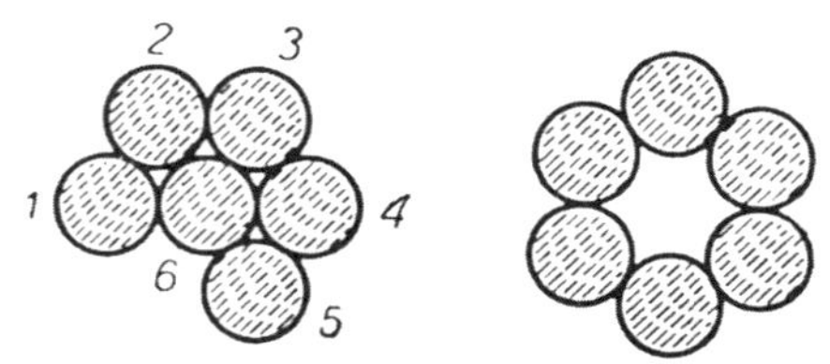

31. 移动硬币（三）

罗索姆·乔治虽然努力解题但仍无法得到答案，我们来帮帮他吧。将两枚1分硬币放在1号和2号位置，然后把两枚1角硬币放在8号和10号位置。我们只能通过18步把这4枚硬币交换位置。在移动硬币时，要遵循下面的规则：你一次可以将一枚硬币移动到任意一条直线上的任何一个带数字的圆圈之内；相同的硬币不能在某条直线上移动两次；不允许1分硬币和1角硬币同时停止在同一条直线上。你有15分钟的时间来解答这个题。

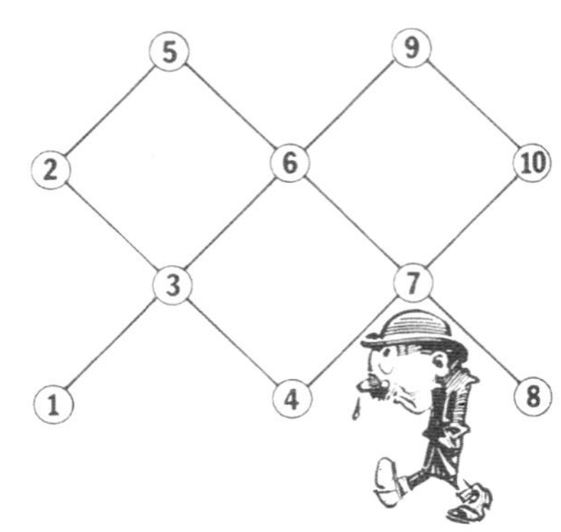

32. 印度绳索戏法

下图中的这位大师让大家完成他的“印度绳索戏法”。在平台上有一根普通的绳子，把这根绳子的两端分别放在两只手上，然后在绳子中间系一个结。但是，你在系结时不能使绳子的两端从手上松开。

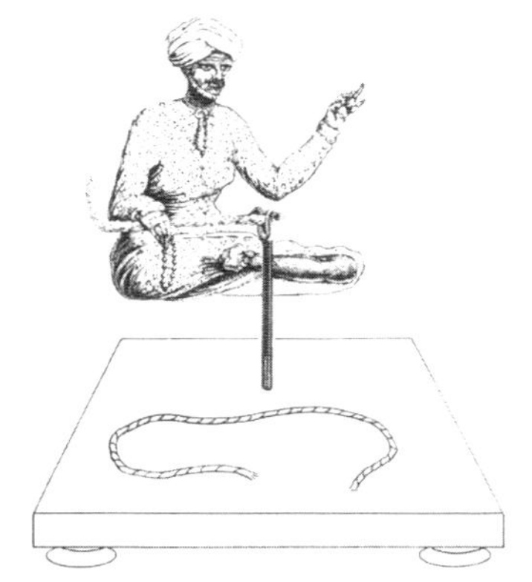

33. 盐与胡椒粉

赫伯特的这个游戏总是令朋友很吃惊。他先在桌子上放一些盐，然后在盐上撒一些胡椒粉。接着，他让客人把胡椒粉从盐里分离出去，但是不能接触盐或胡椒粉。尽管这个听起来好像是不可能的，但是聪明的赫伯特很快就把胡椒粉分离了出来。那么，你能发现其中的奥妙吗？

34. 翻转硬币

现在有 9 枚硬币，总共有 7 元。正面的硬币（H）有 2 元 5 角，而反面的硬币（T）有 4 元 5 角。这个题是要求你翻转一枚价值 1 元的硬币，使正面的硬币为 3 元。

35. 瓶子里的钥匙

这是以前的一份充满魅力的魔术杂志的封面，封面上有一个十分迷人的古老思维游戏。在一根绳子的一端系一个钥匙，然后使绳子的另一端从瓶塞钻的洞内穿过并系好。接着，把钥匙放到瓶子里，并且把瓶颈上的瓶塞固定。如果你愿意接受挑战的话，你就得把钥匙从绳子上取下来，但是你不能接触瓶塞、绳子、瓶子或者瓶子所在的桌子。

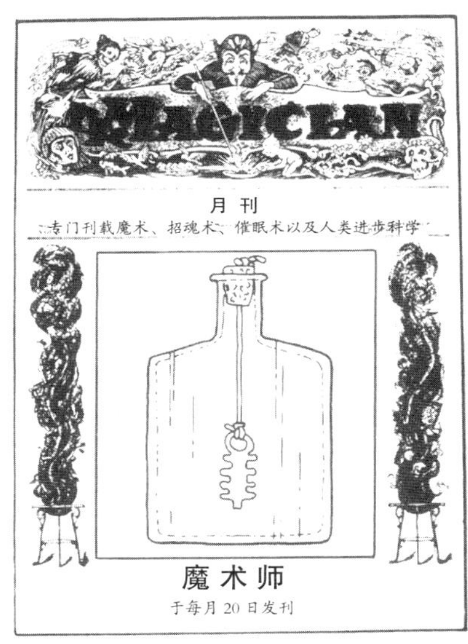

36. 共同点

下图中的 8 个单词有什么共同点呢？

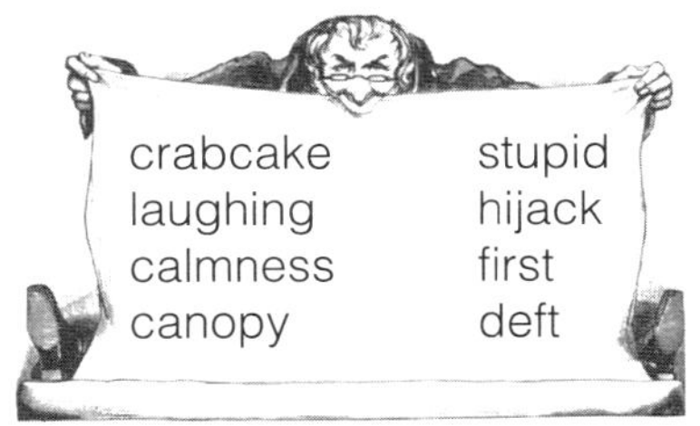

37. 硬币与扑克牌

把一张扑克牌水平放在你的右手拇指上，然后，把一枚硬币（1 元硬币或者 5 角硬币）放在牌上，使它们保持平衡。接下来，不接触硬币把这张扑克牌拿走。如果你一次就可以完成，那么你将得到热烈的掌声。

38. 螺钉

在伯灵顿螺钉和螺母厂，如果哪个学徒不能回答这个著名的螺钉思维游戏，那么他就不能成为一个合格的铸造工人！每个学徒都必须拿两个相似的大螺钉，然后把它们放在一起，使螺纹相啮合，步骤如下：学徒必须按图中所指的方向将螺钉 A 沿着螺钉 B 移动。在这个过程当中，两个螺钉要抓紧，这样它们才不会旋转。现在要回答的问题就是：两个螺钉头究竟是越离越紧、越离越远还是彼此之间距离保持不变？

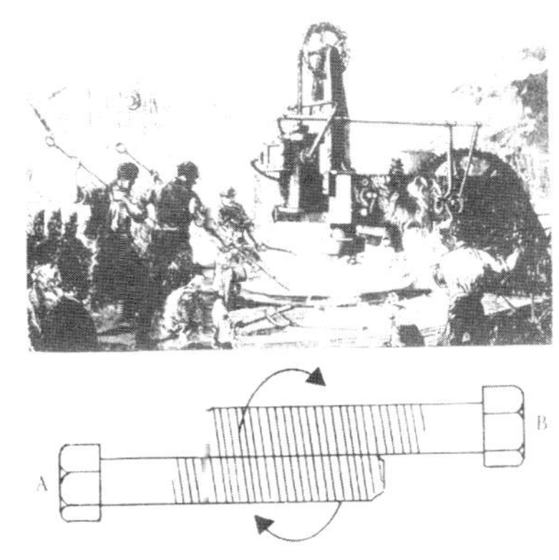

39. 把书吹翻

第 1 个学者："亨利·德朗普斯所著的《自然力奇术解密》的未删节版本上说如果你吸足气就完全可以把很重的物体吹倒。他举了魔术师派尼蒂的例子：这位魔术师在一本字典的顶部放了一大本书，然后只用了几口气就把两本书都吹翻了。"

第 2 个学者："他肯定不只是用气吹的，也许他还用了托盘呢！"

那么，你能帮这两位学者找出这个秘密的奥妙所在吗？

40. 分苹果

有了足够的时间和她的霍洛威阅读书架，就没有哪个题能把莫德·马里恩贝丽难倒。那么，你认为呢？

农夫塞·科恩克利伯买了1筐苹果放在厨房里，他的6个儿子排成行。筐里有6个苹果，可当他把苹果平分给他们之后，筐里还剩下1个苹果，他既没有切苹果也没有把苹果弄碎。那么，这是怎么回事呢？

真是不简单啊！怎么这么难应付！我会尽快把它解答出来！

41. 摆脱困境

当施工人员将下图中的3座房子盖好之后，他们遇到了十分麻烦的建筑法规。现在要将水、煤气和地下电线通到每座房子，但是施工人员被告知任何一条线路都不能从其他线路的下面、中间以及上面穿过。其中一个施工人员想了一个星期才想出来可以把任务完成的办法。那么，他是如何摆脱城市建设中的困境的呢？

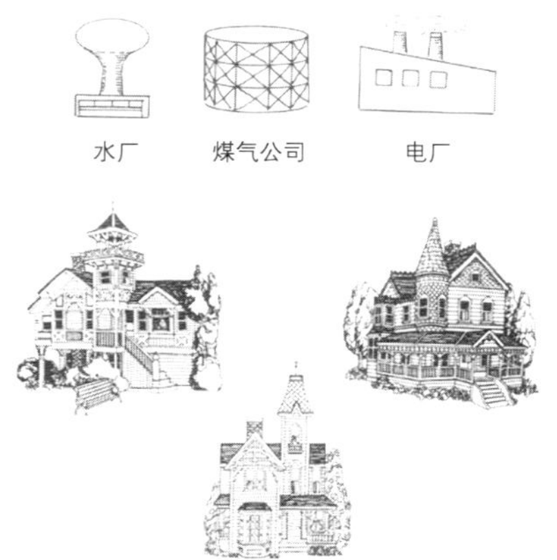

42. 置换游戏

下面是我们所喜欢的置换思维游戏中的一个。首先，在2，3，4这3个盒子的黑色圆点上各放一枚5角硬币，在5，6，7这3个盒子的白色圆点上各一枚1角硬币。然后用7步把它们的位置互换，把硬币从一个盒子沿着连接盒子的深色线移到另外一个盒子里，每枚硬币都必须移到一个空盒子里。

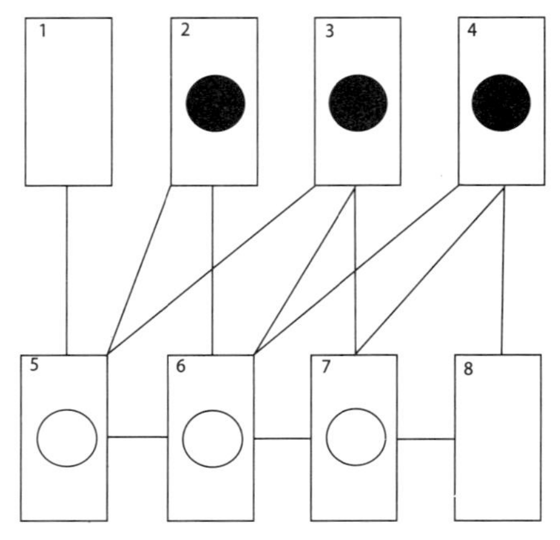

43. 连线碑

读者朋友们，你们也可以尝试做一下这个测试，只要将字母a到g这7个字母来代替图中的符号就可以了。

皮特里，你猜我有什么预感？我告诉你我预感到如果我们从这里挖的话，我们将找到连线碑！

是啊，如果我没有记错的话，这个尚未出土的连线碑是要将上面的7个象形文字符号放在恰当的格子内，每个符号要重复7遍。同时，每个符号在每行、每列以及两个对角线都只能出现一次。

44. 惊人的巧合

读者朋友，你能解释这个巧事吗？

	丘吉尔	罗斯福	斯大林	希特勒	墨索里尼
出生年份	1874 年	1882 年	1879 年	1889 年	1883 年
1944 年时的年龄	70 岁	62 岁	65 岁	55 岁	61 岁
就职年份	1940 年	1933 年	1924 年	1933 年	1922 年
截至 1944 年的掌权时间	4 年	11 年	20 年	11 年	22 年
总计	3888	3888	3888	3888	3888

45. 围着玫瑰丛绕圈子

上图是火车纸牌作弊老手——“牌王”爱丽丝·艾夫斯，她把一个来自东方的花花公子的钱赢光了。当这个受骗者对老输钱感到厌倦时，爱丽丝又跟他打了一个机会均等的赌：她拿出 13 张扑克并把它们摆成一个圆圈放在桌上，然后说她可以在“围着玫瑰丛绕圈子”游戏中击败他。在游戏时，每个人轮流从圆圈中按顺序拿走一张或者两张扑克牌，谁拿到最后一张扑克牌谁就获胜。那么，爱丽丝在这个所谓机会均等的游戏中采取了什么制胜策略呢？

46. 符号序列

哪个符号可以将这个序列继续下去？

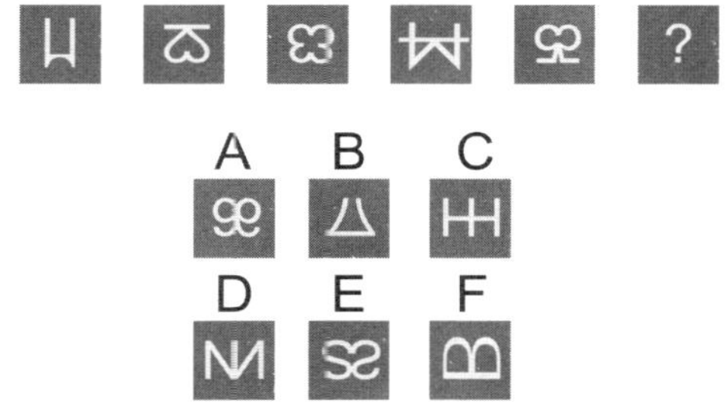

47. 石雕组

你能否根据下面的对话所给出的信息判断出石雕组一共有多少人吗？

48. 烹饪决赛

艾伯特是一个很有名的男管家，从未引起争论的他这次又成功了。他连续两年因设计烹饪决赛的思维游戏而获得尊重。他的问题是：“如果你只有两个沙漏——一个 11 分钟的、一个 7 分钟的，那么你如何把鸡蛋煮 15 分钟呢？”他因此得到长时间的热烈掌声并获得了一瓶香槟酒。读者朋友欢迎你们加入这个宴会，并把这个题解答出来。

49. 父亲的遗愿

这几个 49 岁的人是如何完成他们父亲的遗愿的呢？

爸爸说如果他有什么不测，我们就可以平分他的黄金产权！

那个简单。产权所在地就是一块儿正方形的地！

等等！爸爸还说每块儿地必须与其他 3 块儿地分别接壤！

还得记住，爸爸说土地必须是真正的边界接壤，土地在角落处的接壤是不算数的。

50. 图形的关系（一）

如果 对应 ，那么 对应：

A B C D E

51. 图形的关系（二）

如果 1 对应于 2，那么 3 对对于 A，B，C，D，E 中的哪幅图？

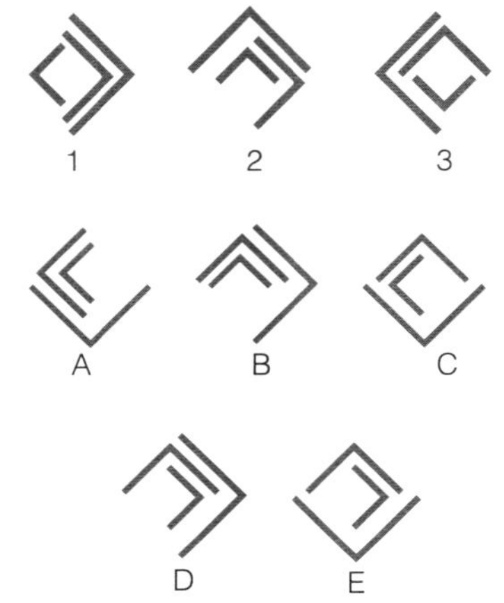

52. 图形的关系（三）

图形 1 对应图形 2，那么图形 3 对应的是哪个？

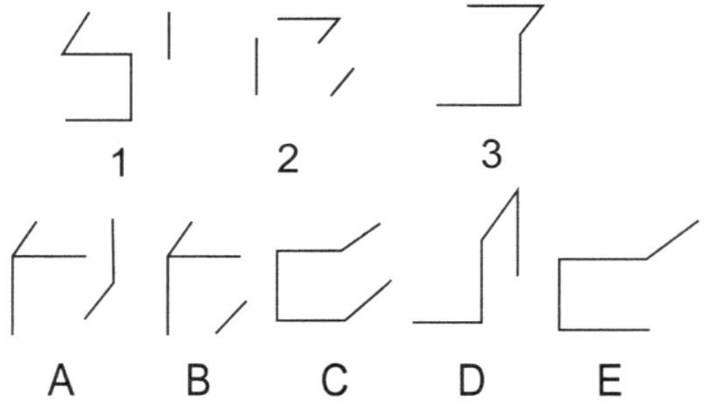

53. 猜字母

猜一猜，哪个字母可以完成这道谜题？

54. 数列

如果数列 1 对应数列 2，那么数列 3 对应的是哪个？

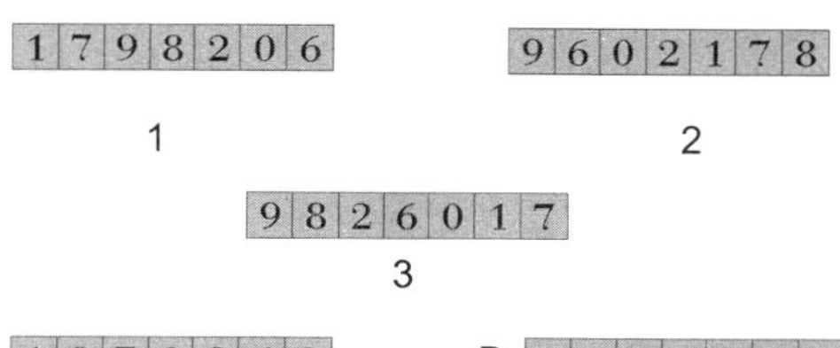

A 1870962　　B 0218796

C 7216098　　D 6871920

55. 猜数字（一）

猜猜看，问号处应该填上什么数字？

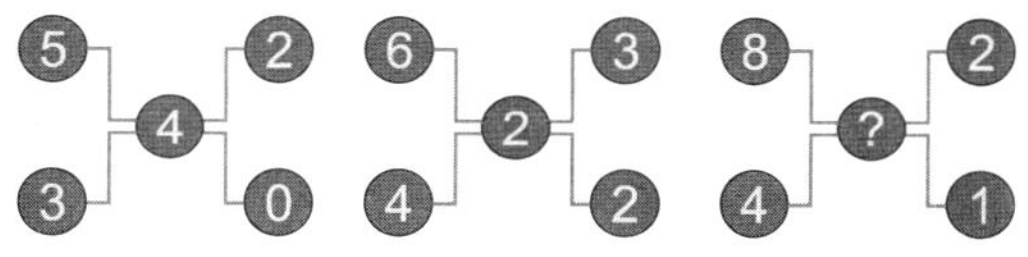

56. 猜数字（二）

猜猜看，问号处应该填上什么数字？

2	6	7	2
4	4	3	6
7	2	6	4
2	7	5	?

57. 排列方法

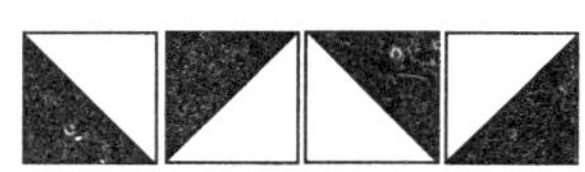

已知图形是一个被对角线分成两个三角形的正方形，这两个三角形分别为黑色和白色，而且这个正方形可以通过旋转得到 4 种不同的图案，如上图所示。

现在把 3 个这样的正方形排成一行，请问一共有多少种排列方法？

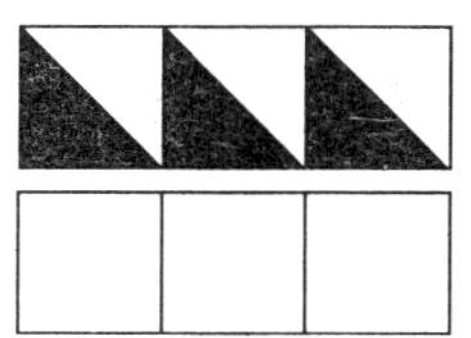

58. 算一算

仔细算一算，哪些数字可以完成这道谜题？

7	3	4	6	1	9
1	1	0	9	0	7
5	2	4	2	3	2
9	9	5	0	0	1
6	7	8	2	9	7
1	5	4	8	?	?

59. 面积减半

这是一个 4×3 的图形，用 12 根火柴确定了一个三角形，这个三角形占用了一半的面积。试一试，只移动 4 根火柴，能不能把现在的面积减少一半。

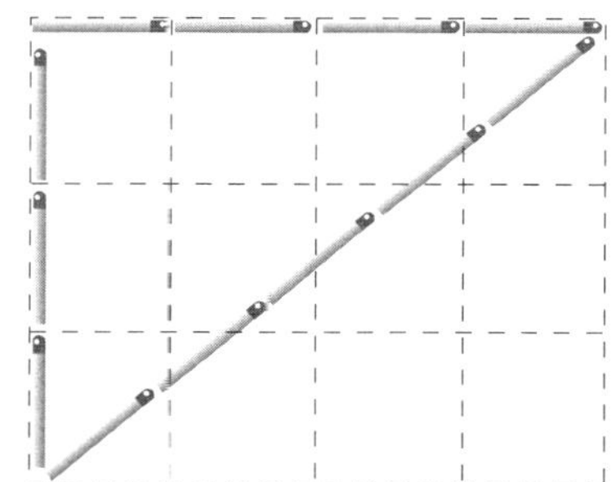

60. “解放”棍子

木棍摆成如下图案，按怎样的顺序将它们拿开才能最终“解放”第 12 根棍子？记住：每根木棍被拿掉时上面不能压着别的木棍。

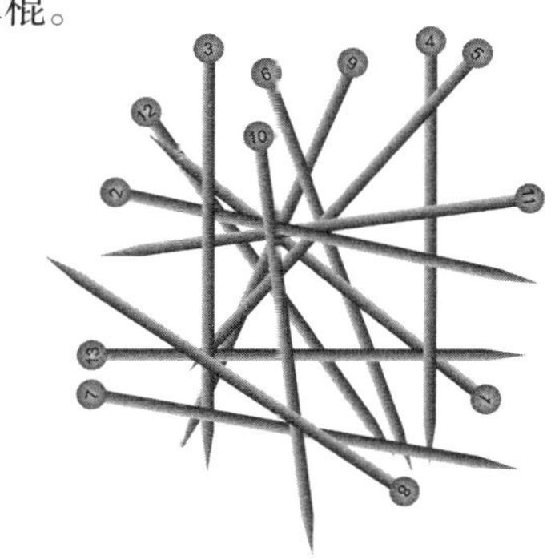

61. 拇指结

拇指结一共只有 3 个相交之处，是最简单的结（如图 1 所示），也是其他很多种复杂的结的基础。

在我们的题目中，拇指结的末端在绳子上再次绕了两下（如图 2 所示）。请问：现在拉一下绳子的末端，这个结会被打开吗？

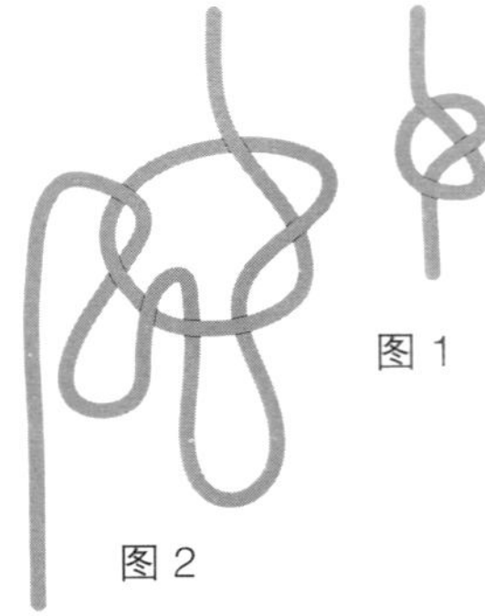

62. 划分符号（一）

画 3 条直线将下图分成 6 个部分，每部分都包含每种符号各两个。

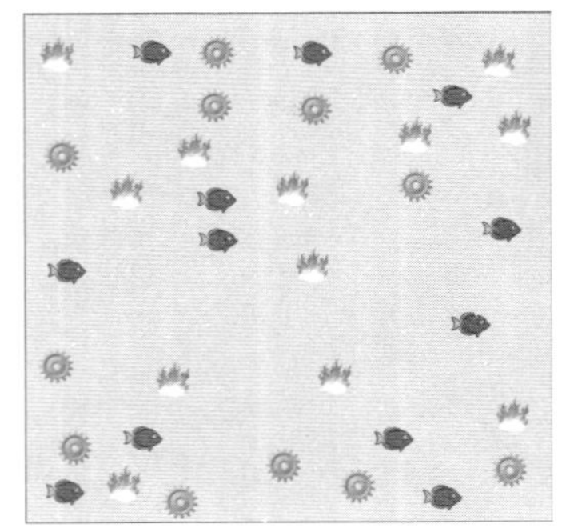

63. 划分符号（二）

画 3 条直线将下图分成 6 个部分，每部分都包含每种符号各两个。

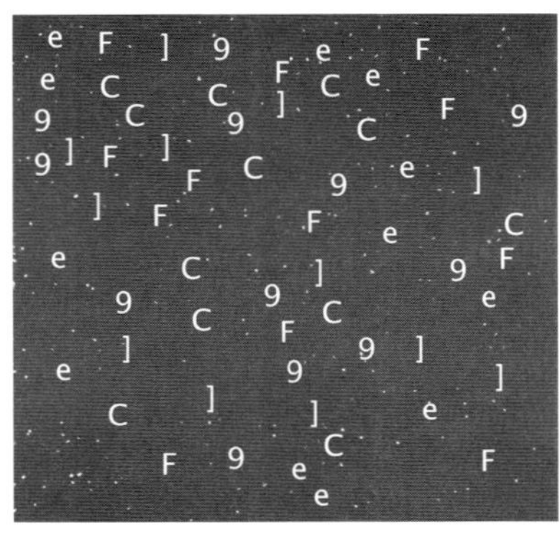

64. 落入球袋

台球击中了球台边的缓冲橡皮垫，即图中箭头所标示的点位。如果这枚台球仍有动力继续滚动，那么最后它将落入哪个球袋呢？

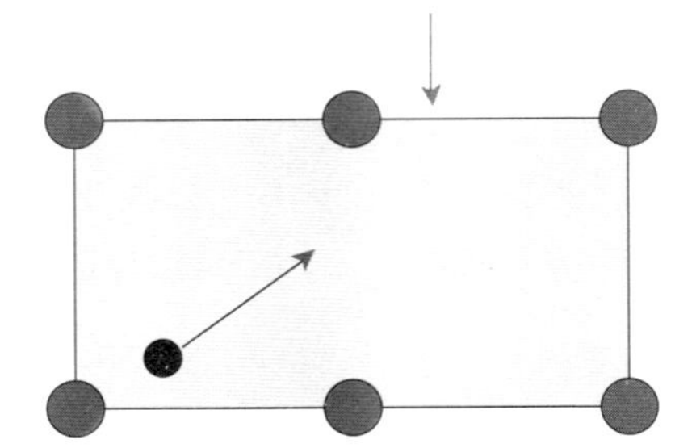

65. 丛林任务

这次，你要到丛林里执行任务。当你路过一条河时，你必须小心翼翼地踩着这些石头才能到达河对面，如踩错了石头你就会跌进河里，要知道河里到处都是鳄鱼。

从 A 开始，每排里只能踩一个石头，你会选择踩哪些石头呢？

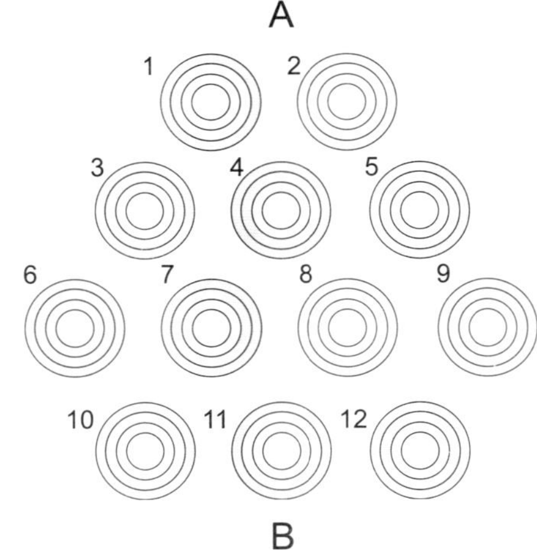

66. 银行密码

一位男士在银行新开了一个账户，他需要为这个账户设定一组密码。按照银行的规定，密码一共有 5 位，前 3 位由字母组成，后 2 位由数字组成。

问：按照下面的条件，密码的设定分别有多少种可能性？

1. 可以使用所有的字母和所有的数字。

2. 字母和数字都不能重复。

3. 密码的开头字母必须是T，其他条件同条件2。

67. 剪正方形

如果剪掉正方形角上1/4的部分，你能在剩下的部分剪出4个大小形状完全相同的图形吗？

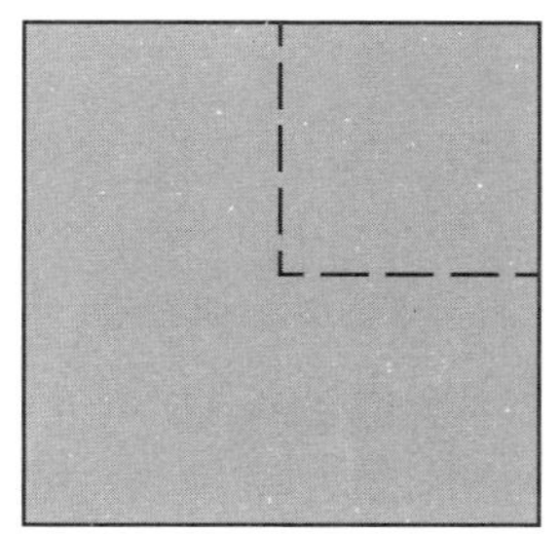

68. 绳子与管道

一条管道坐落于一段奇特的绳圈的中央。假设从开放的两端拉动这条绳子，那么这条绳子究竟是会和管道彻底分离，还是会和管道连在一起呢？

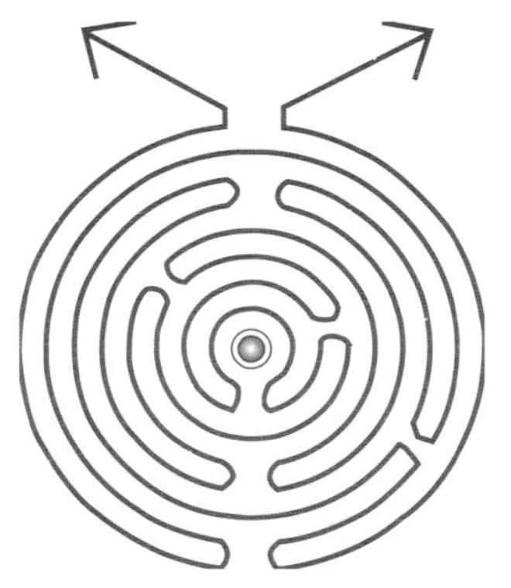

69. 饥饿的蛇

这些饥饿的蛇正在互相吞食着对方。由于它们采用了这种怪异的进餐方式，它们所组成的圆环正在逐渐缩小。如果它们仍旧继续吞食对方的话，最后这个由蛇构成的圆环会出现什么情况呢？

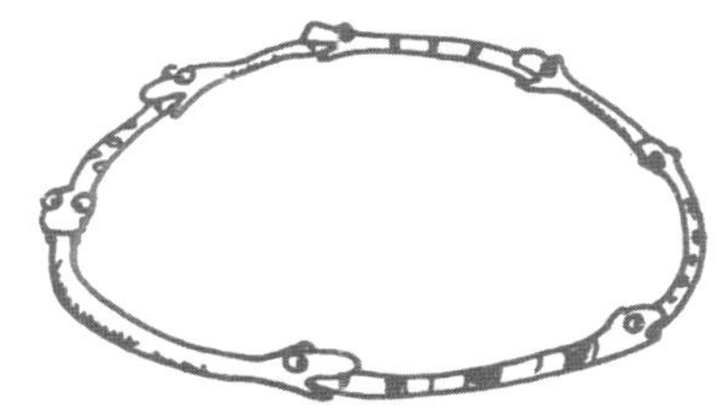

70. 驱动带

这组轮子通过驱动带连在一起。如果左上角的轮子顺时针方向旋转，所有的轮子都能自由转动吗？

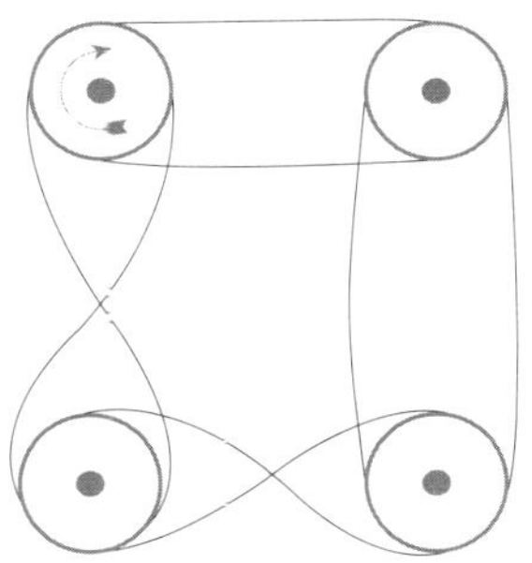

71. 笑脸

找出规律，从A，B，C选项中找出符合规律的那个。

72. 移走火柴

你能不能移走 6 根火柴使得最后只剩下 3 个正方形呢？

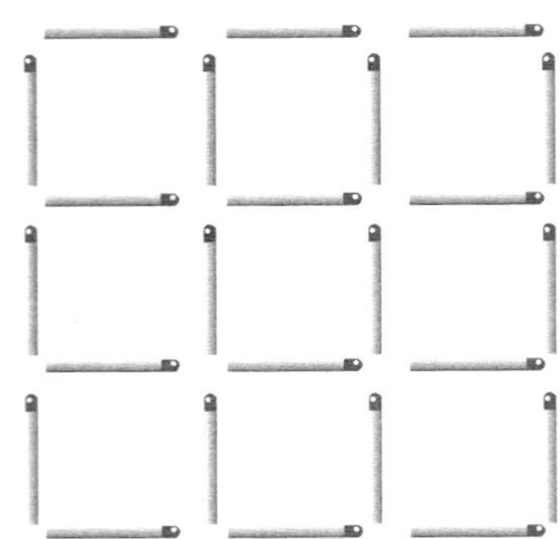

73. 侧面像

你看到的是老太太的侧面像，还是少妇的侧面像？

74. 矩阵

你能沿着这些线条把这个矩阵分成 4 个部分，每部分里都必须包含一个三角形和一个五角星吗？每部分的形状和尺寸都必须相同，但三角形和五角星的位置可以不同。

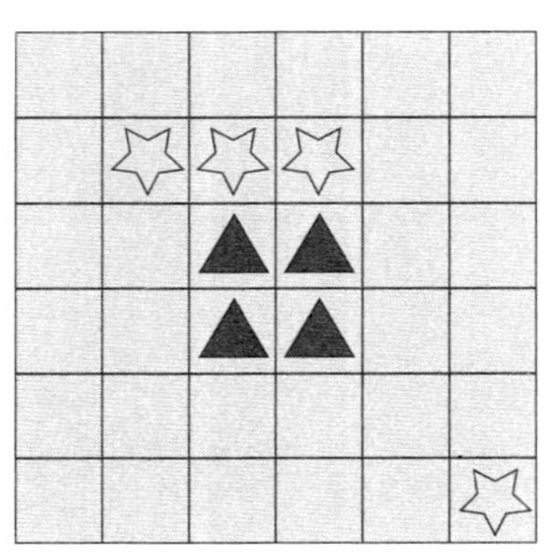

75. 嘴唇

你看到嘴唇了吗？

76. 大厦的编号

街道上的大厦从 1 开始按顺序编号，直到街尾，然后从对面街上的大厦开始往回继续编号，到编号为 1 的大厦对面结束。每栋大厦都与对面的大厦恰好相对。

若编号为 121 的大厦在编号为 294 的大厦对面，这条街两边共有多少栋大厦？

77. 火柴等式

如你所见，由火柴拼出的每行内容都是个错误的等式。现在你所面临的挑战就是在每行里只挪动一根火柴，使得原来错误的等式变成正确的。

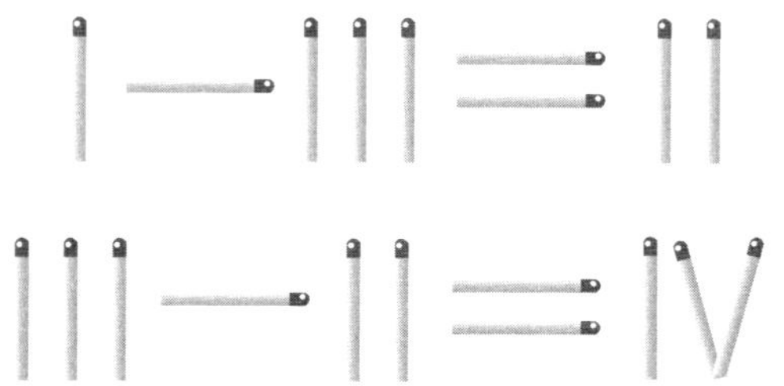

78. 隐藏的小狗

你能看到小狗隐藏在哪吗？

79. 切分巧克力

要把这块巧克力分成64块相同的部分，你最少需要切几次？

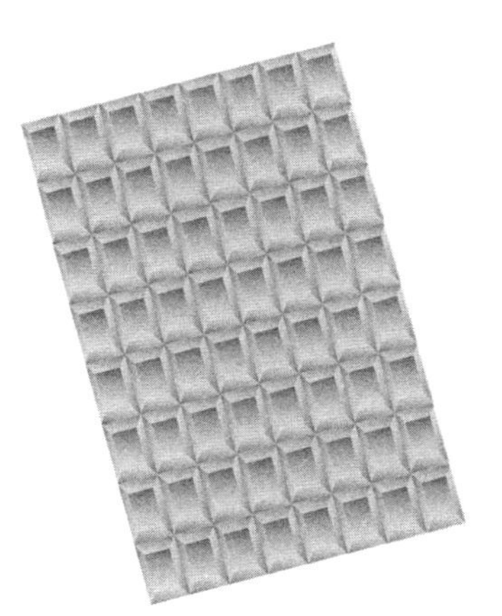

80. 不中断的链条

你要做的就是把这些图片组成一个正方形，且链条不允许中断。

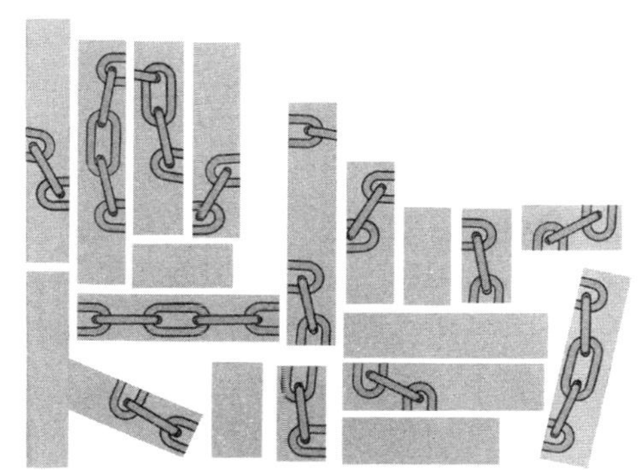

81. 绳子上的结（一）

如图，一条绳子的两个不同方向上分别有两个结。

请问这两个结能够相互抵消吗？还有，你能否将这两个结互换位置？

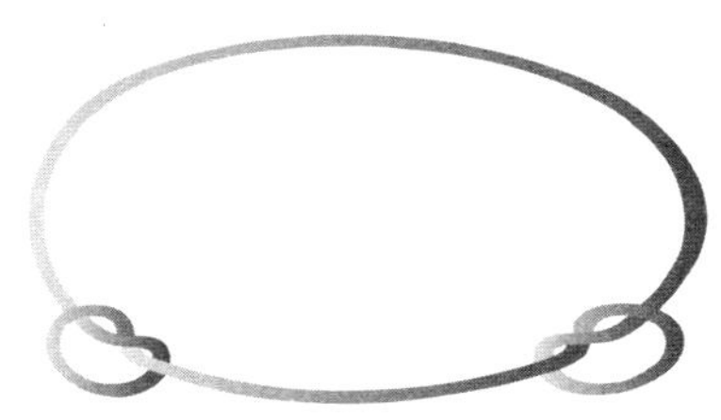

82. 绳子上的结（二）

如果这两只狗向着相反的方向拉这根绳子，绳子将会被拉直。

问拉直后的绳子上面有没有结，如果有的话，有几个？

83.9 升罐（一）

最开始的时候，9 升罐是满的 5，4 和 2 升罐都是空的。

游戏目的是将红酒平均分成 3 份（这将使最小的罐留空）。

因为这些罐都没有标明计量刻度，倒酒只能以如下方式进行：使一个罐完全留空或者完全注满。如果我们将红酒从一个罐倒入两个较小的罐中，或者从两个罐倒入第 3 个罐，这两种方式的每种都算做两次倒酒。

达到目的的最少倒酒次数是多少？

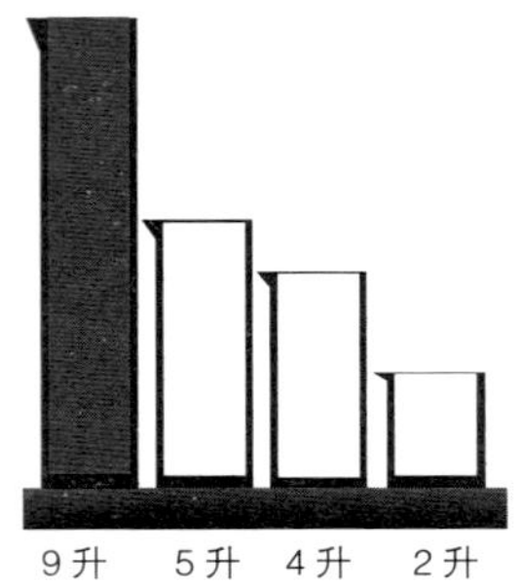

84.9 升罐（二）

最开始的时候，9 升罐是满的，7，4 和 2 升罐都是空的。

游戏目的是将红酒平均分成 3 份（这将使最小的罐留空）。

因为这些罐都没有标明计量刻度，倒酒只能以如下方式进行：使一个罐完全留空或者完全注满。如果我们将红酒从一个罐倒入两个较小的罐中，或者从两个罐倒入第 3 个罐，这两种方式的每种都算做两次倒酒。

达到目的的最少倒酒次数是多少？

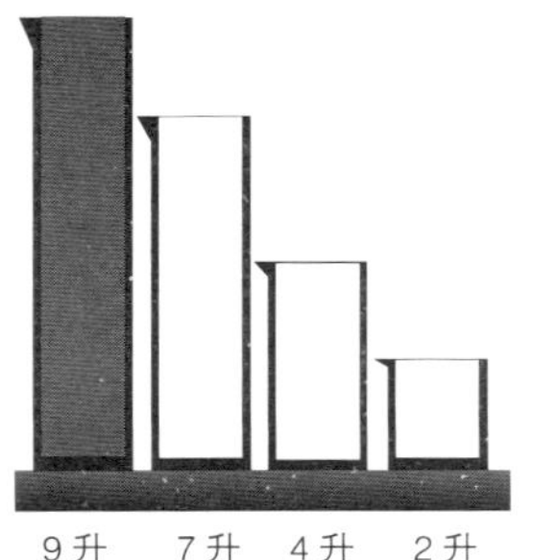

85. 分重物

给如图所示的单位为千克的重物分组，把它们分成 3 组，使它们的总重量尽可能相等。

如果是 3 个 2 千克重的物体和 2 个 3 千克重的物体，答案就简单了。但是有 9 个物体，问题就麻烦了。你可以完成吗？

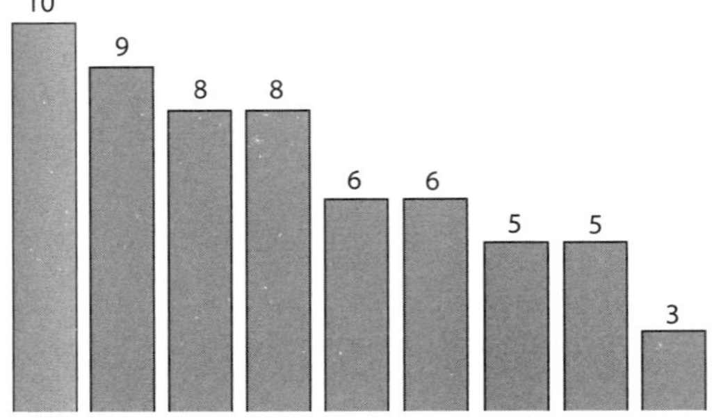

86. 吉他弦

如图所示，一根吉他弦两端分别固定在 1 和 7 两处，从 1 ~ 7 每两点之间的距离相等。

在 4，5，6 处分别放上 3 个折叠的小纸片。

用手捏住琴弦的 3 处，然后拨动 2 处。纸片会有什么反应？

87. 六边形与球

每个六边形底部 3 个球对应的数之和减去六边形顶端的 3 个球所对应的数之和，

等于六边形中间相对应的这个数。请填出空白处对应的数字。

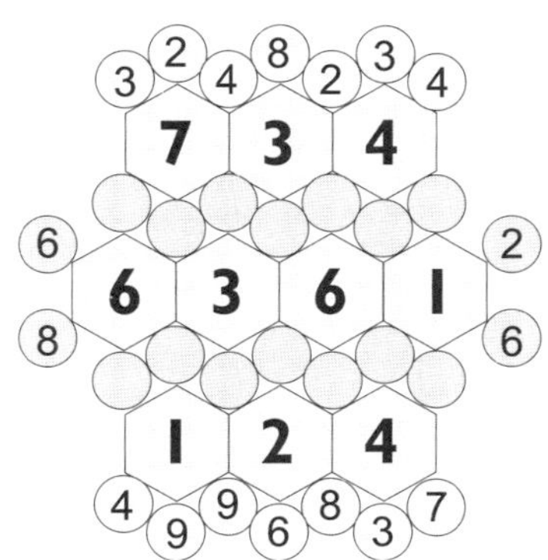

88. 肖像

认出这个肖像了吗?

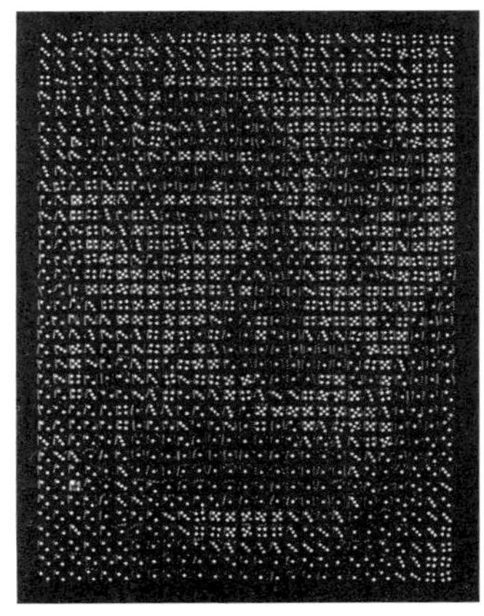

89. 护挡框架

唉，游乐场关门了。过山车的列车部分已经被卖掉了，现在剩下的只是这一段轨道和护挡框架了。要想把它们移走，必须将下边的图形分成相同的两部分。你能做得到吗?

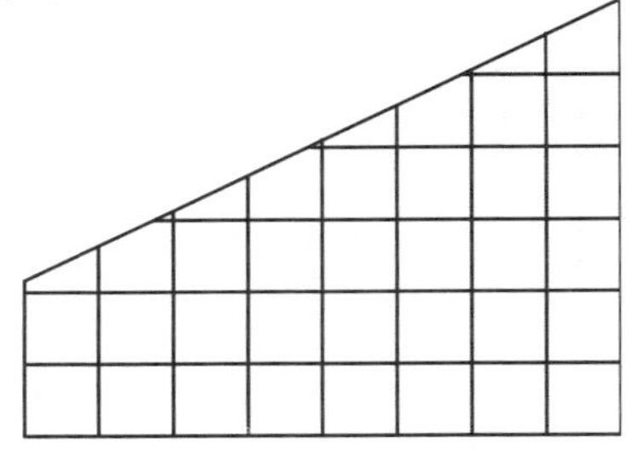

90. 排列不规则的正方形

下图是若干个全等正方形不规则地排列在白色的桌面上，但是在这些正方形上面铺了一张有镂空图案的白色桌布，把很多正方形都部分地覆盖住了。

请问你能数出桌子上正方形的个数吗?

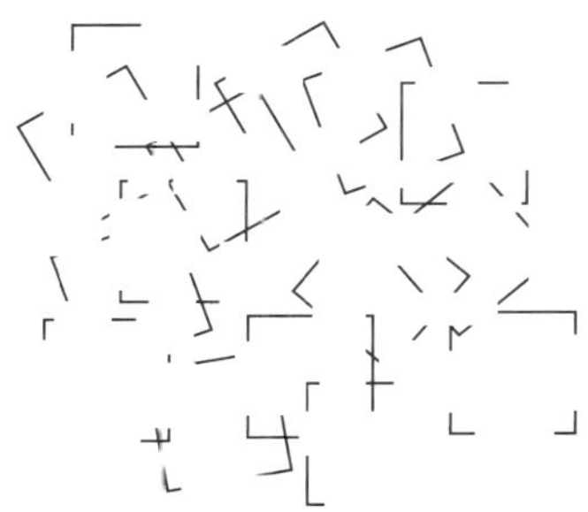

91. 水滴

将一滴水染上红色，然后滴入一碗水中。当它落入水中之后，你还能再看到这个水滴吗?

92. 称量假币

一共有8个金币，其中一个是假币。其余的7个重量都相等，只有假币比其他的都要轻。

请问用天平最少几步能够把假币找出来?称重量的时候只能使用这8个金币，不能使用其他砝码。

93. 折叠正方形纸（一）

将一张正方形的纸进行折叠，然后如图所示，在完成折叠的最后一个步骤之后，用剪刀剪下所折成图形的一角。如果将纸张打开，所得到的正方形将会与哪个选项相类似呢？

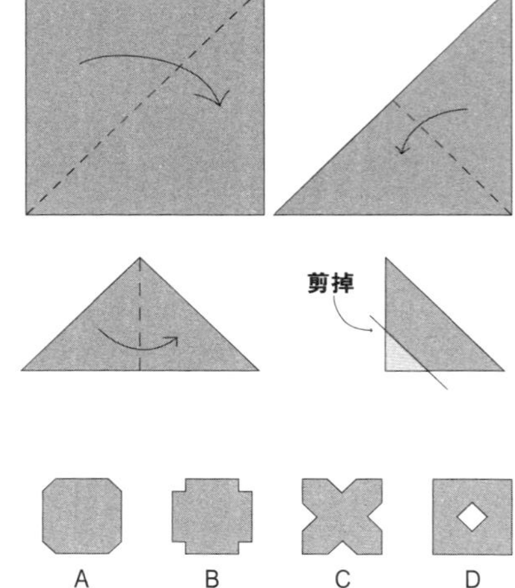

94. 折叠正方形纸（二）

观察下面这张纸的折叠步骤，最后一个步骤是要在折好的纸上穿透打孔。现在打开这张纸，哪个图案才是与之相像的呢？

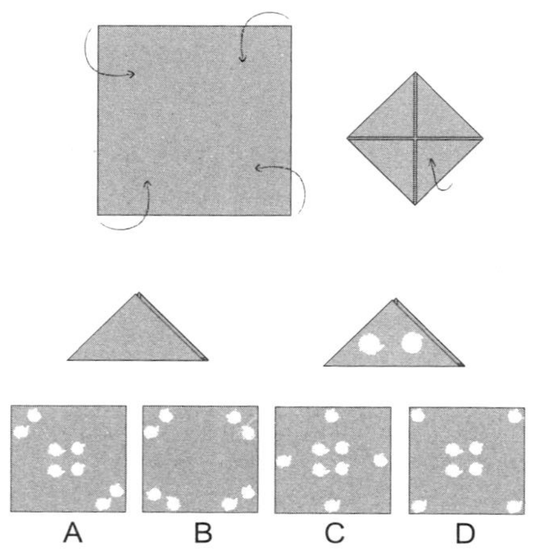

95. 燃烧的蜡烛

把一根点燃的蜡烛放在一个装有水的容器里，再在蜡烛上面罩上一个玻璃瓶。

你能预测一下，这个实验最终会出现什么结果吗？

96. 砖

如果下面这个建筑四面都很完整，那么它总共用了多少块砖呢？

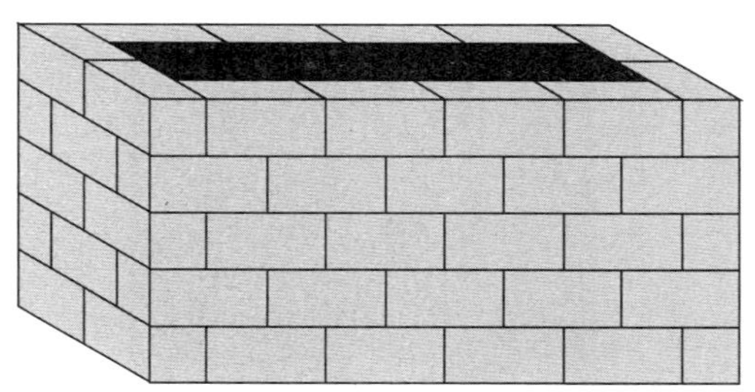

97. 箭轮

这 9 个箭轮中哪个是与众不同的呢？

98. 填字母（一）

找一找，哪个选项可以完成这道难题？

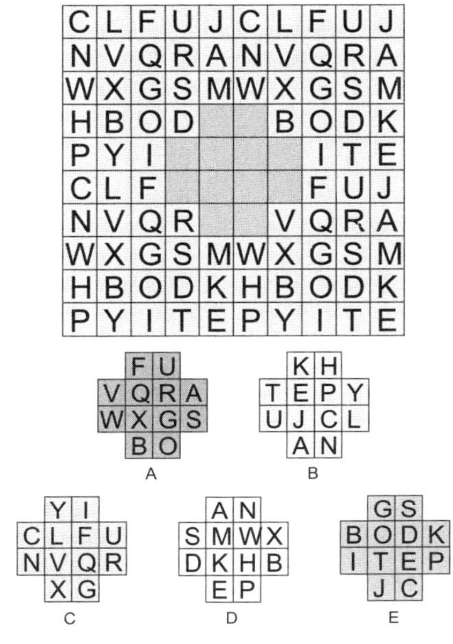

99. 填字母（二）

下图中的问号部分应该填入什么字母？

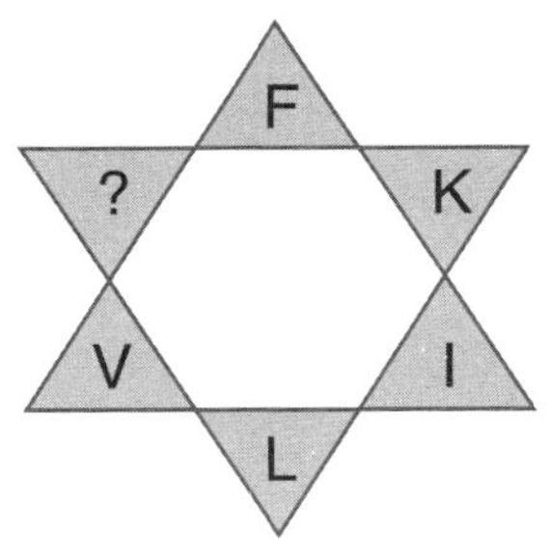

100. 不同的脸

仔细看看，哪幅图与众不同呢？

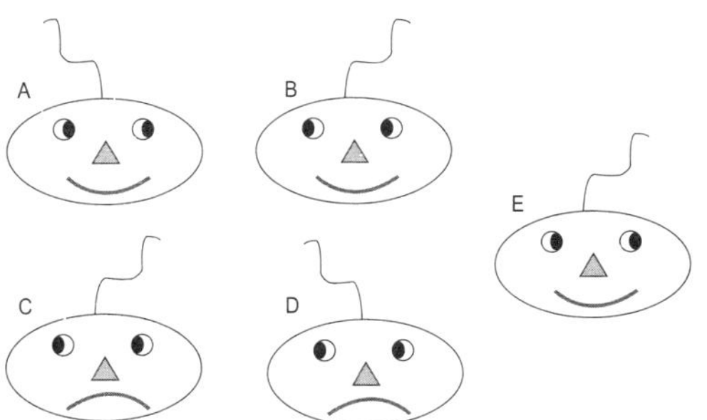

101. 乌拉尔山石

尼拉从乌拉尔山上带回 2 块近似于宝石的乌拉尔山石，并把它们凿成了 2 朵花，花的叶、茎秆和花瓣可以分开。这些可以分开的部分能够拼成一个圆盘。

用一张纸或者硬纸板，按照图中所示画出 2 朵花，然后剪下叶、茎秆和花瓣，你是否能把它们拼在一起，形成一个圆。

102. 墙壁纸

已经给出墙壁纸的形状，在可供选择的墙壁纸中，哪两幅适合挂在它的两边？

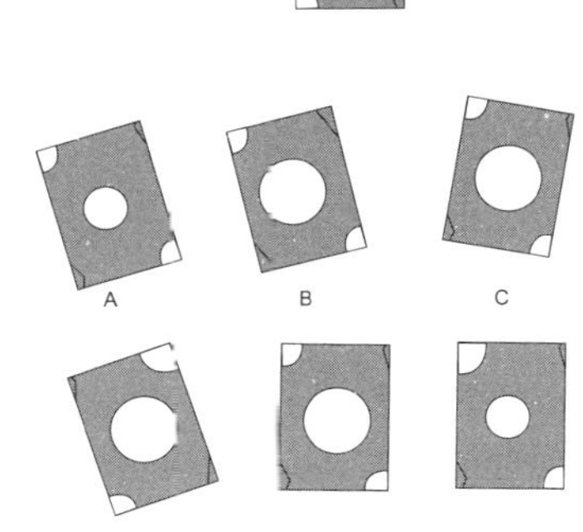

103. 摆放棋子（一）

把 6 枚棋子摆成一列（如图所示），在这列棋子的左边留下 4 个棋子的位置。现在移动棋子，使所有的白色棋子排列到这一列的左侧，黑色棋子紧随其后。一次只能拿两个相邻的棋子，然后将它们摆放到空位上。解决这个问题只需要 3 步。你知道如何完成吗？

104. 摆放棋子（二）

如图所示，将 10 枚棋子在桌上摆成两排，每排 5 枚。移动一排棋子中的 3 枚，再移动另外一排中的一枚（在不移动其他棋子以及不叠放的情况下），使这 10 枚棋子形成 5 条线，每条线上有 4 枚棋子。答案不止一种，动动脑筋，看你能想出几种答案。

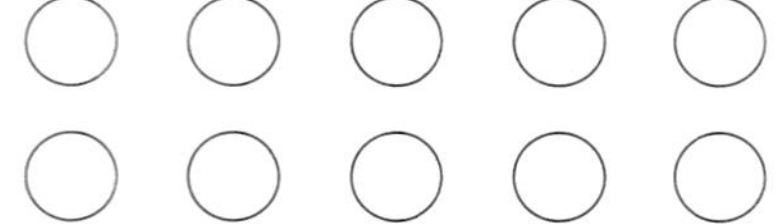

105. 移动火柴

有 3 堆火柴，第 1 堆 11 根，第 2 堆 7 根，第 3 堆 6 根。你要做的是移动火柴，使第一堆火柴里面留下 8 根。要保证每次将火柴添加到任一堆的数目与该堆火柴的数目相等。例如，如果这堆有 6 根火柴棍，那么你只能拿 6 根火柴棍加上去。只准移动 3 次。

106. 最初的顺序

想象你有一副纸牌里的 4 个 K 和 3 个 Q。请排列 7 张牌，使之以 K,Q, K,Q,K,Q,K 的顺序排列。开始时，7 张牌必须都是正面朝下。依次移动这 7 张牌，把它们放到桌面上。从第 2 张牌开始，每隔 1 张把牌正面朝上放在桌子上以达到想要的交替次序。

记住，第 1 张牌放到正面朝下的那堆牌的最下面，第 2 张牌正面朝上放在桌上，第 3 张牌正面朝下放到第 1 张牌下面，第 4 张牌正面朝上放在第 2 张牌上边，依此类推，直到所有的 7 张牌全部都正面朝上放在桌子上。请问：7 张牌最初的顺序是怎样的？

107. 接链条

小手艺匠要把 5 小段链条连接成一条长链条。他可以解开 3 号链环（第 1 次操作），把它连接到 4 号链环上（第 2 次操作），然后解开 6 号链环，把它连接到 7 号链环上，依此类推。这样的话，他要完成这个任务需要 8 次操作，但他想只用 6 次操作就完成这个任务。他应该怎么做呢？

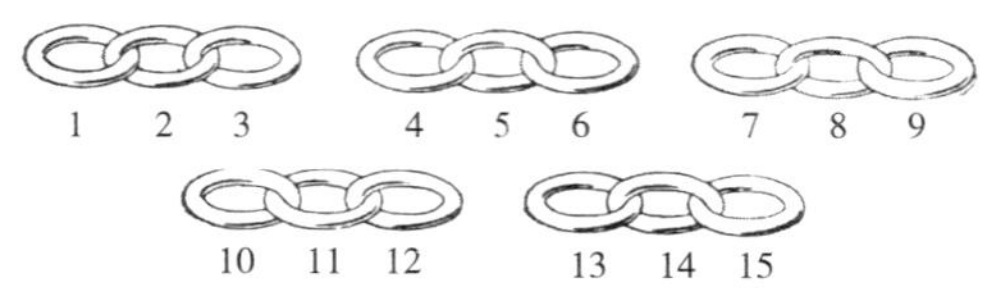

108. 装饰发电站

一些刚毕业的大学生建成了一家小水力发电站。为了迎接水电站的开业，他们用旗子在发电站的四周进行装饰，一共有 12 面旗子。

起初，他们给每面墙上挂 4 面旗子（如图所示），但是后来他们发现每面墙上可以有 5 面旗，甚至可以有 6 面旗。那么，怎么挂呢？

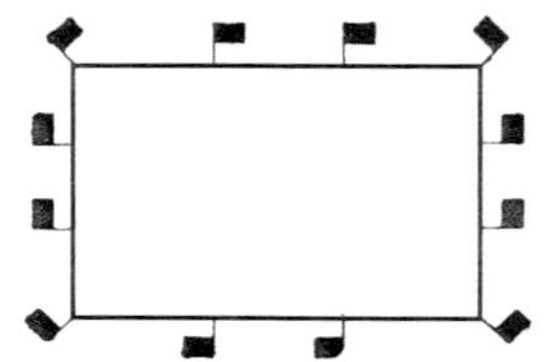

109. 连续图形

你能不能确定下面这 4 个连续图形中所包含的逻辑规律，之后的图形会是什么样子的呢？

X	O	
O		O
X		

O	X	O
X		
O		

X	O	X
O		
	O	

O	X	
		X
O		O

110. 图形类推（一）

下面的 4 个选项中，哪个是正确的类推结果？

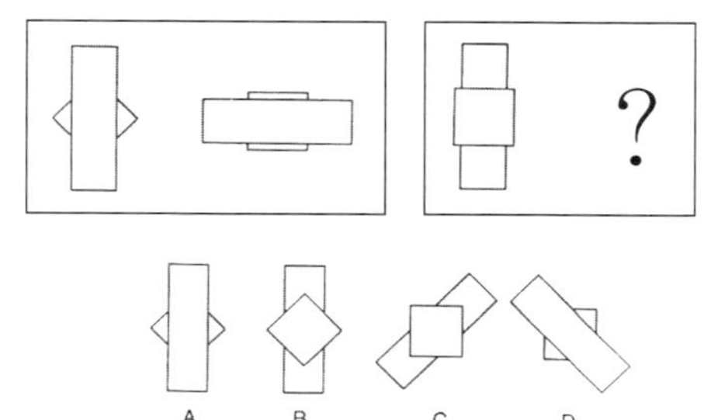

111. 图形类推（二）

请完成这个类推。

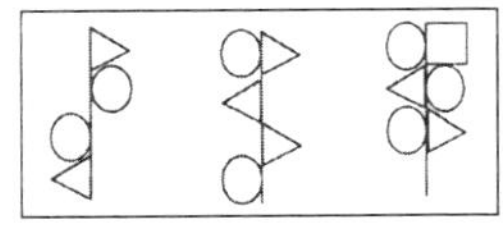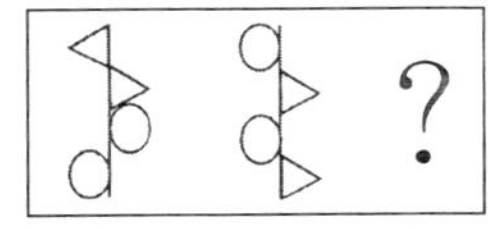

112. 图形类推（三）

下面的哪个图形和其他图形的类型不同？（提示：不考虑图形对称。）

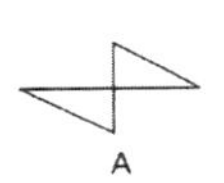

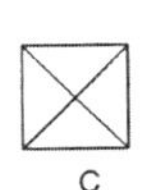

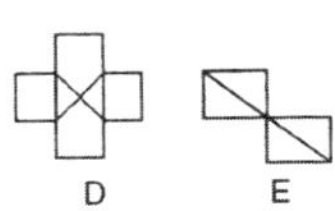

113. 图形类推（四）

下面的4个选项中，哪个是正确的类推结果？

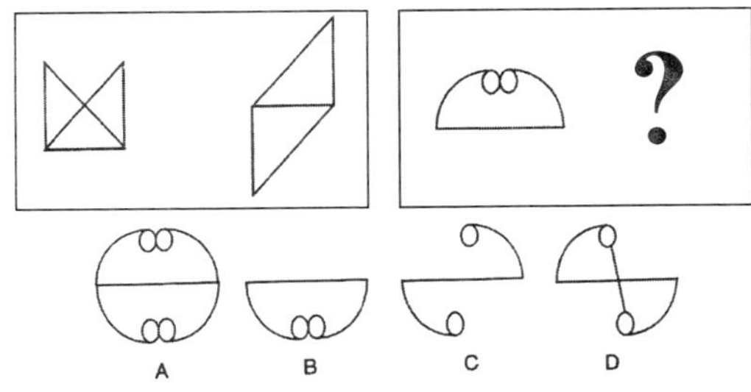

114. 图形类推（五）

下面的5个选项中，哪个是正确的类推结果？

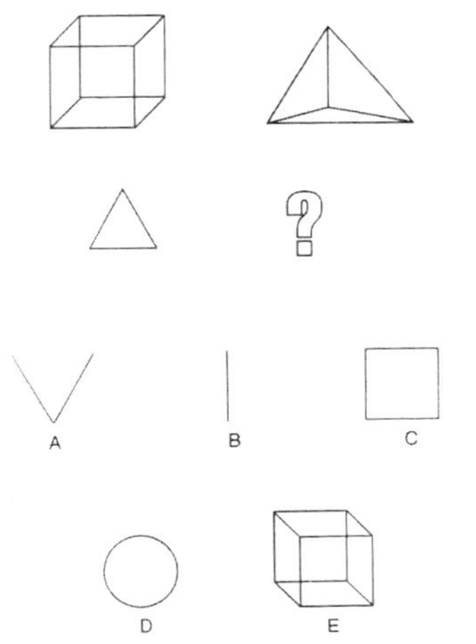

115. 半圆与数字（一）

第3个图中缺失的数字是多少？

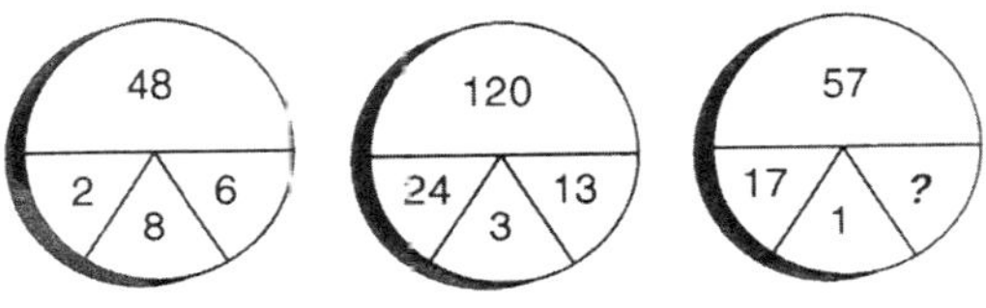

116. 半圆与数字（二）

找出下面的规律，填上最后一个图中所缺的数字。

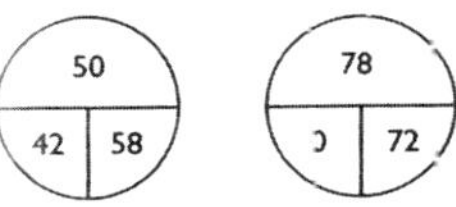

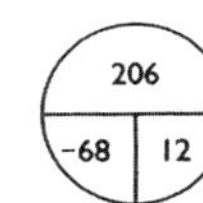

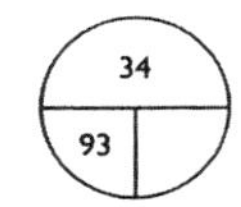

117. 箱子的对应

总共有5个箱子。箱子C嵌入箱子A中，箱子D嵌入箱子B或者箱子C中。并且，箱子A不是最大的。

如图所示，我们可以看到箱子1是最大的，越往上箱子越小。箱子5是最小的。箱子A和箱子E对应箱子的数字之和等于箱子D和箱子C对应箱子的数字之和。那么，你知道箱子A，B，C，D，E和箱子1，2，3，4，5之间的对应关系吗？

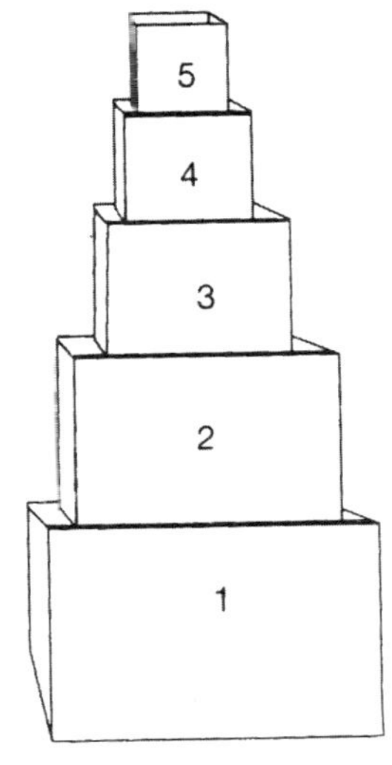

118. 倒转三角形

将 3 枚硬币排成如下图所示的形状。

现在，如果你想移动最少的硬币使得顶点向上的三角形变成顶点向下的三角形，那么你可以把硬币 1 移动到硬币 2 和硬币 3 的下方。

对下图来说，你最少需要移动多少枚硬币才能把这个顶点向上的三角形变成顶点向下的三角形？

你能找到一个通用的规律或者算式来计算你最少需要移动多少枚硬币才可以把一个边长为 N 枚硬币的三角形倒过来吗？

119. 三角形与硬币

在规定区域的三角形内，使用一枚硬币跳过另外一枚硬币。每跳过一枚硬币，就把被跳过的硬币拿掉。最终，三角形内只剩下一枚硬币。游戏使用 14 枚硬币，并把最中间的那个位置空着。

下面展示的是正确行动的前 6 步。当然，如果你想自己尝试，可以选择不看它们。

第 1 步：从 12 到 5。

第 2 步：从 10 到 8。

第 3 步：从 14 到 12。

第 4 步：从 3 到 10。

第 5 步：从 2 到 9。

第 6 步：从 7 到 2。

总共有 13 步。剩下的 7 步见答案。

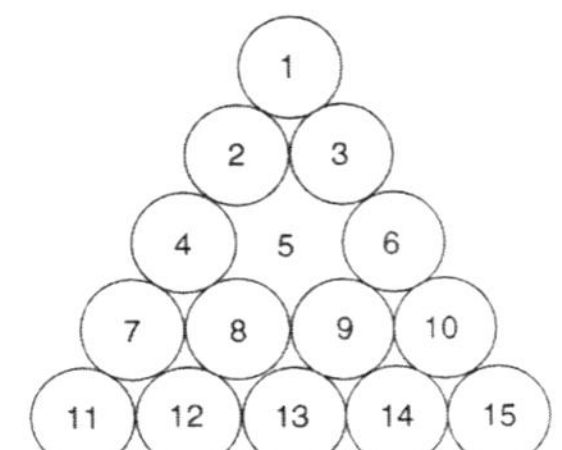

120. 彼得的梦

彼得做了个奇怪的梦。梦中，一位守门员的身体越来越小，最后变成了一个乒乓球。而足球却迅速膨胀，变成了一个巨大的铁球。铁球疯狂地到处乱滚，想把那个拼命飞奔的乒乓球压碎。请问：在不离开地面的情况下，乒乓球能够逃生吗？

121. 不同类的图形（一）

下面哪个图形和别的不是同一类的？为什么？

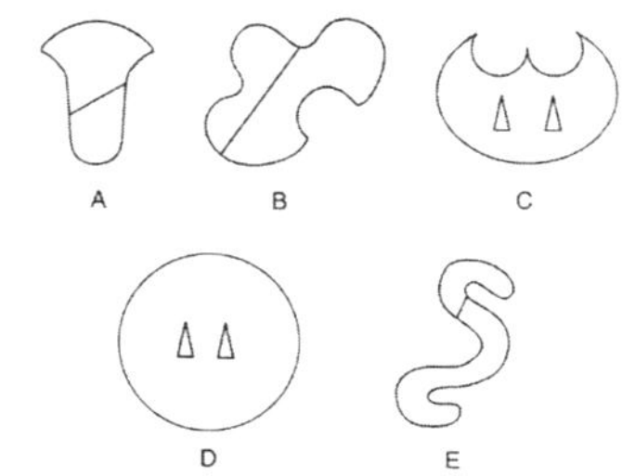

122. 不同类的图形（二）

下面哪个图形和别的不是同一类的？为什么？

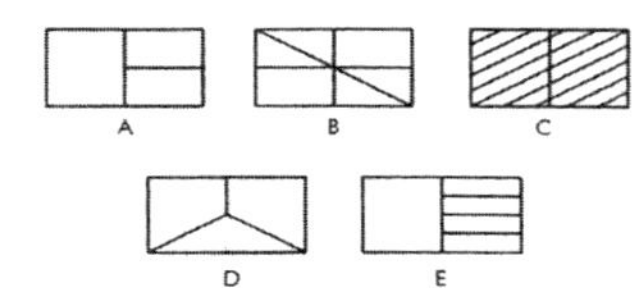

123. 不同类的图形（三）

下面哪个图形和别的不是同一类的？为什么？

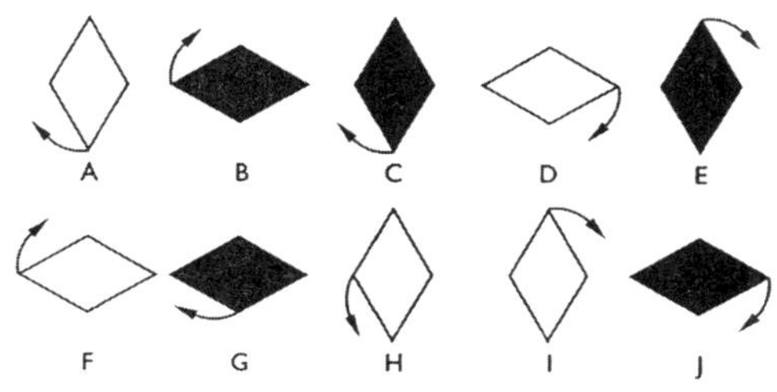

124. 不同类的图形（四）

下面哪个图形和别的不是同一类的？为什么？

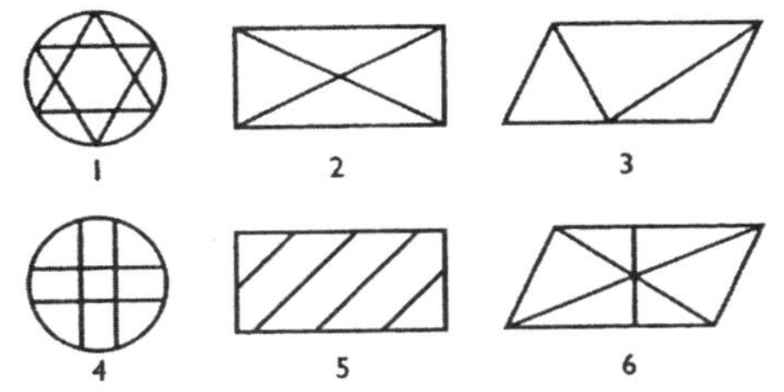

125. 正方形纸

左图是由 3 张尺寸不同的正方形纸一张叠一张组成的。如果要组合成右图，至少要多少张正方形的纸？

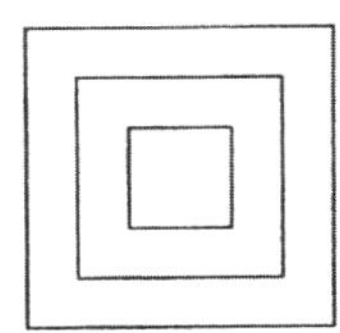

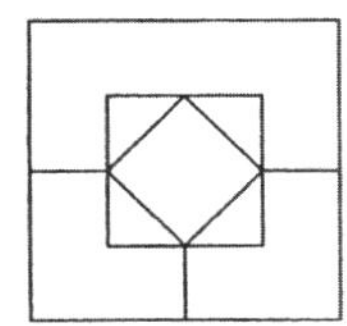

126. 字母 R

这是个古老的谜题的变化体。字母 R 属于哪边呢？

AB D **OPQ**

C EFGHIJKLMN

127. 完成句子（一）

根据所缺单词的词首字母（大写），完成下面的句子。

There are 100 Y in a C.

128. 完成句子（二）

根据所缺单词的词首字母（大写），完成下面的句子。

There are 180 D in a T.

129. 完成句子（三）

根据所缺单词的词首字母（大写），完成下面的句子。

There are 206 B in the H B.

130. 完成句子（四）

根据所缺单词的词首字母（大写），完成下面的句子。

There are 50 S on the U S F.

131. 完成句子（五）

根据所缺单词的词首字母（大写），完成下面的句子。

There are 360 D in a S.

132. 首字母

下面的 4 个单词的首字母组合其实包含一个众所周知的规律。你能找出后面的两个字母吗？

DN

DJ

FM

AM

? ?

133. 最后的数字

以下的数字中，最后一个应该是多少？

84　12　2　$\frac{2}{5}$　$\frac{1}{10}$　?

134. 奇怪的文字

在一个岛上，那里的文字看起非常奇怪。下面是这个岛上一个月份的拼写方式，这个月和我们的哪个月份对应呢？

135. 数字归类

数字 9 和数字 10 是属于线上的部分还是线下的部分呢？

线上：1　2　6

线下：3　4　5　7　8

136. 字母 T

在下面的题中字母 T 的值是多少？

A+B=H

H+P=T

T+A=F

B+P+F=30

A=2

137. 变化的图形

请找出相应的变化后图形。

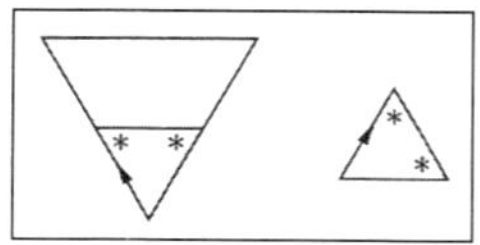

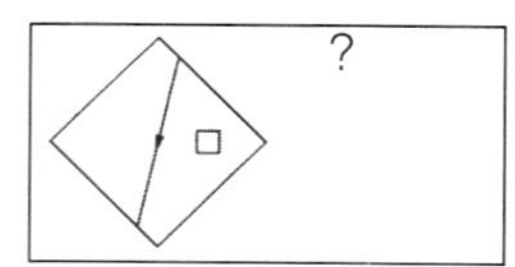

138. 加法题

最少需要做怎样的改变才能使下面的加法题之和变成 245？

$$
\begin{array}{r}
89 \\
16 \\
+98 \\
\hline
\end{array}
$$

139. 异样的图形

下面的图形中有一个是不属于同一类的，请找出来。

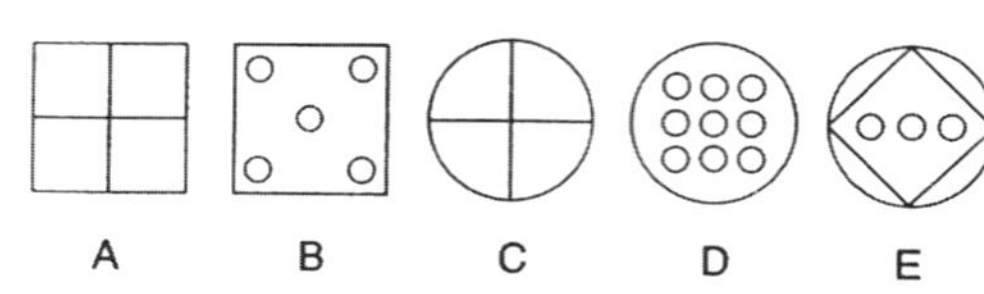

140. 数字对应

找到与左列的罗马数字相对应的阿拉伯数字。

$\overline{V}$	100
$\overline{M}$	500
$\overline{C}$	1 000
C	5 000
$\overline{L}$	10 000
$\overline{X}$	50 000
$\overline{D}$	100 000
D	500 000
M	1 000 000

141. 数字与字母（一）

完成下面的这个算式。用数字代替字母，已知 M=6，N=3。

$$
\begin{array}{r}
\text{SPEND} \\
-\text{MORE} \\
\hline
\text{MONEY}
\end{array}
$$

142. 数字与字母（二）

在这幅图中，每个数字代表一个字母。如果 A 只能和 B，C 和 D 相连，C 只能与 A，E 相连，那么 F 应该放在哪里？

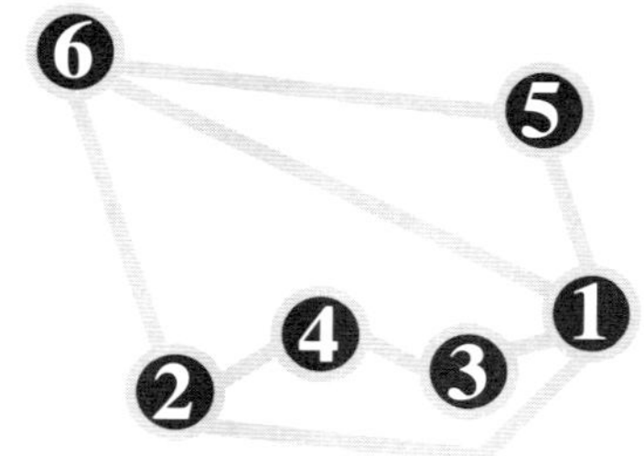

143. 改变字母（一）

一行改变一个字母，通过 3 次改变把第一个单词变成最后一个单词。

144. 改变字母（二）

一行改变一个字母，通过 3 次改变把第一个单词变成最后一个单词。

145. 改变字母（三）

一行改变一个字母，通过 3 次改变把第一个单词变成最后一个单词。

146. 圆圈金字塔

下图是一个由黑圈和白圈组成的金字塔，上层圆圈的颜色是由下层圆圈的颜色所决定的。请完成金字塔上面的 3 层。

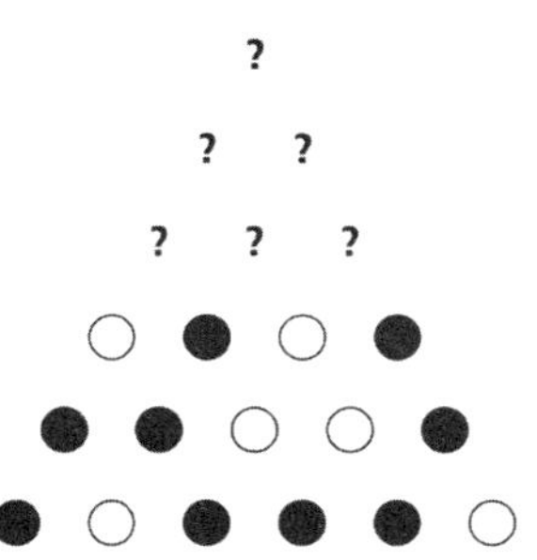

147. 移动象棋

如图所示，将 8 枚象棋叠起来。用最少的步骤将 1，3，5，7 号棋子从中心位置移动到奇数圆圈 A 中，将 2，4，6，8 号棋子移动到偶数圆圈 B 中。移动时，不允许将数字序号大的棋子放在数字序号小的棋子上，不允许将奇数棋子放在偶数棋子上，也不允许将偶数棋子放到奇数棋子上。（提示：C，D，E 处 3 个圆圈可以当作中转战。）

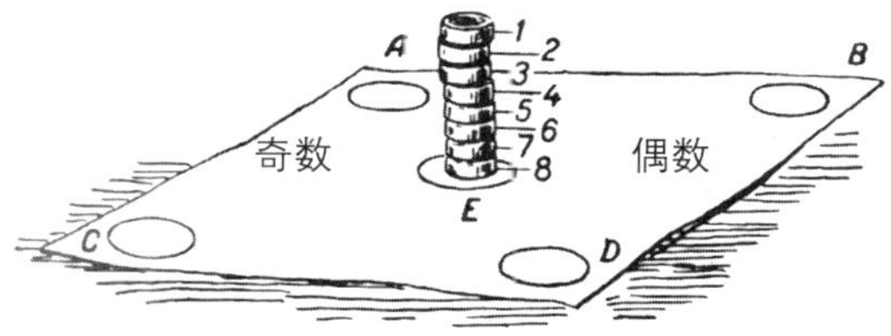

148. 中国盒

用 4 个盒子一盒套一盒做成一个中国盒。里面的 3 个盒子里各放 4 块糖，外面的大盒子里放 9 块糖。把这个盒子作为生日礼物送给你的朋友，并且告诉他（她）必须使每个盒子里的糖果变成偶数对再加 1 颗之后才可以吃糖。你知道答案吗？

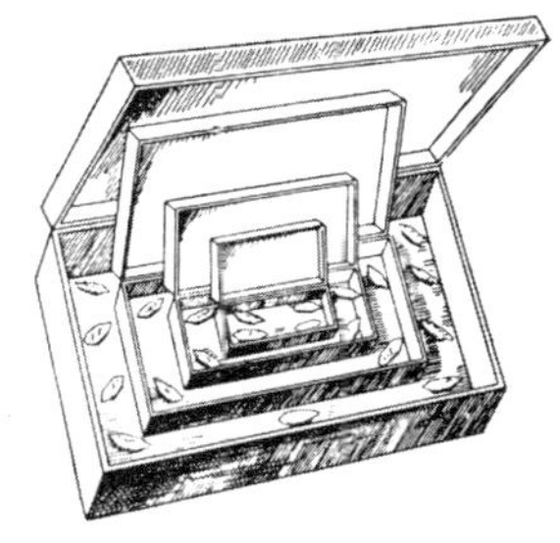

149. 数列差

下面是 1 ~ 15 共 15 个数字组成的 5 组数列，每组有 3 个数字：

$\left.\begin{matrix}1\\8\\15\end{matrix}\right\}d=7\quad \left.\begin{matrix}4\\9\\14\end{matrix}\right\}d=5\quad \left.\begin{matrix}2\\6\\10\end{matrix}\right\}d=4\quad \left.\begin{matrix}3\\5\\7\end{matrix}\right\}d=2\quad \left.\begin{matrix}11\\12\\13\end{matrix}\right\}d=1$

现在，第 1 组保持不变动，再做出 4 组新的数列，使后 4 组的数列差仍为 5,4,2,1。

150. 不相连的数字

重新排列这些数字，避免连续数字彼此相连（包括横向、纵向或者对角线方向）。

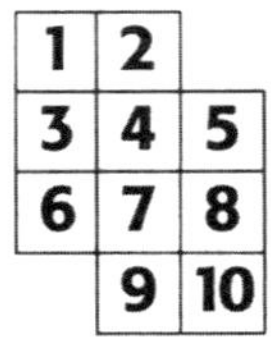

151. 滑行路线（一）

一块滑冰场由 64 朵花型方块组成，一个女孩从图外面的黑点处的指示箭头进入花型滑冰场（与箭头的长度无关）。她沿着 14 条直线滑过所有的花（有些花重复），最后回到了出发点。请你把她滑行的路线画出来。

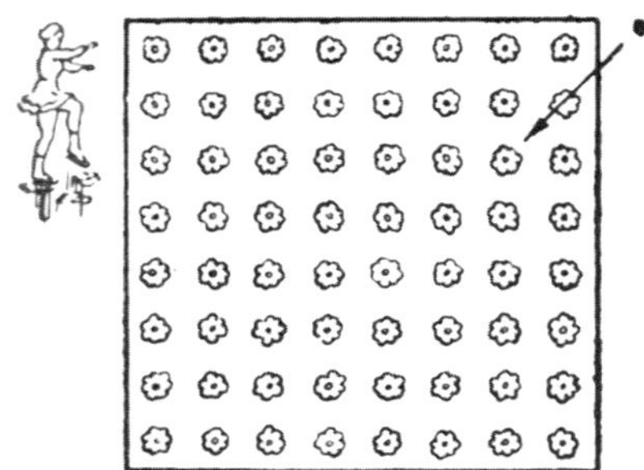

152. 滑行路线（二）

一个男孩为了考验自己的滑冰技巧，滑完所有的白色方块共走了 17 条直线（有些方块重复，但最多只在某处方块上重复了 4 次），没有经过任何黑色方块。请你画出他的滑行路线，起点是黑点，终点在右下角。

153. 正整数

假设所有的正整数都按照顺序列在下图中。那么数字 100 会是在哪个字母下面？

A	B	C	D	E	F	G
1	2	3	4	5	6	7
8	9	10	11	12	13	14
15	16	17	—	—	—	—

154. 火柴正方形（一）

图中 8 根火柴摆成了 14 个正方形。请拿走两根火柴，剩下 3 个正方形。

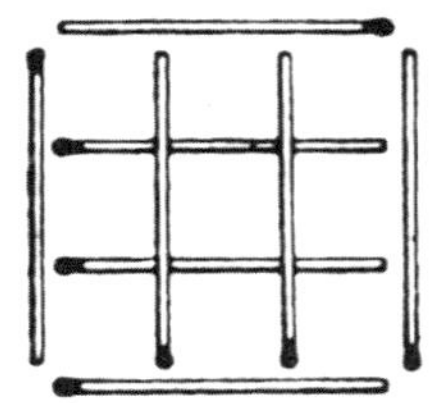

155. 火柴正方形（二）

图中是由 11 根火柴摆出的房屋正面结构图。请你移动两根火柴得到 11 个正方形。

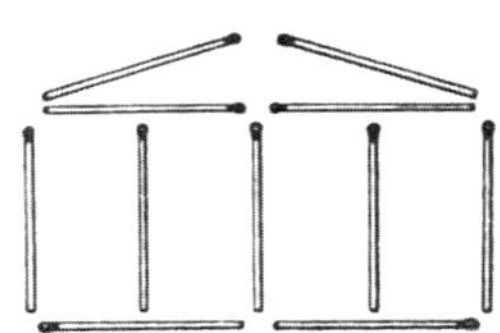

156. 火柴正方形（三）

下面是 9 根长度相同的火柴。请重新排列火柴使之组成 3 个大小相同的正方形。

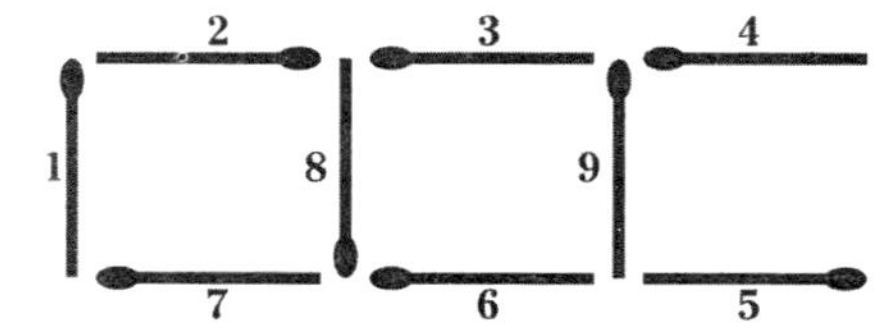

157. 火柴正方形（四）

用 24 根长度相等的火柴可以摆出多少个大小相同的正方形？（注：不可以折断火柴。）

158. 火柴正方形（五）

如图所示，用 12 根火柴摆出下面的图形。请移动 3 根火柴，形成 3 个面积相同的正方形。

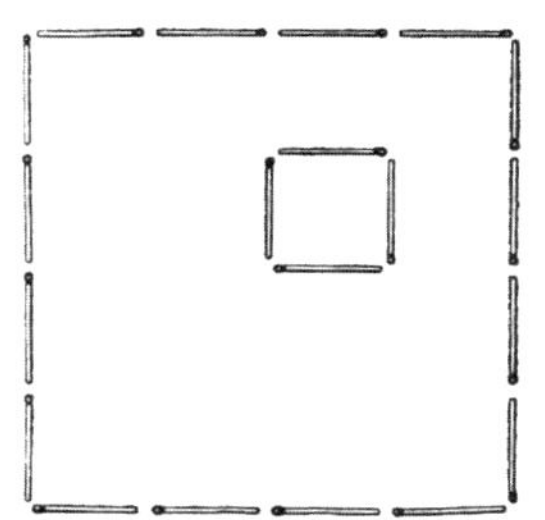

159. 火柴正方形（六）

如图所示，用 12 根火柴摆出下面的图形。请移动 4 根火柴，形成 10 个正方形，面积可以不等。

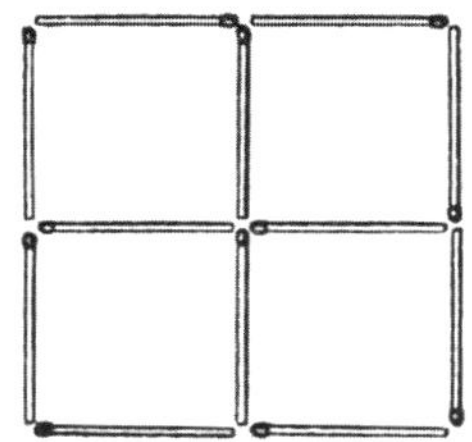

160. 火柴正方形（七）

用 24 根火柴摆出如图所示的图形。请拿走 4 根火柴，形成 4 个面积较小的和一个面积较大的正方形。

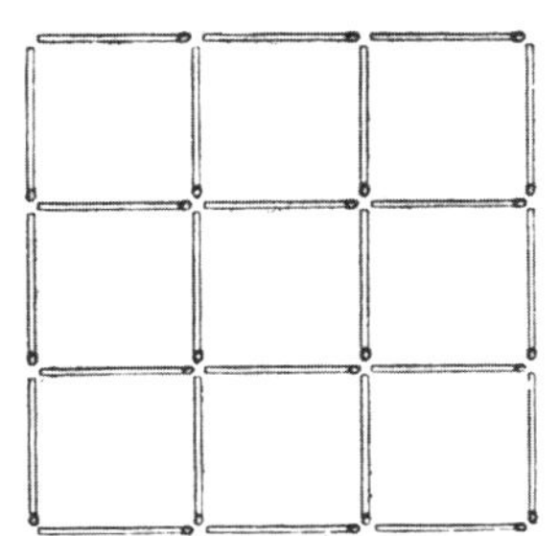

161. 火柴正方形（八）

用 18 根火柴拼成 3 个正方形，大小可以不同。

162. 火柴正方形（九）

你至少需要拿走多少根火柴才能使图中没有任何正方形存在？

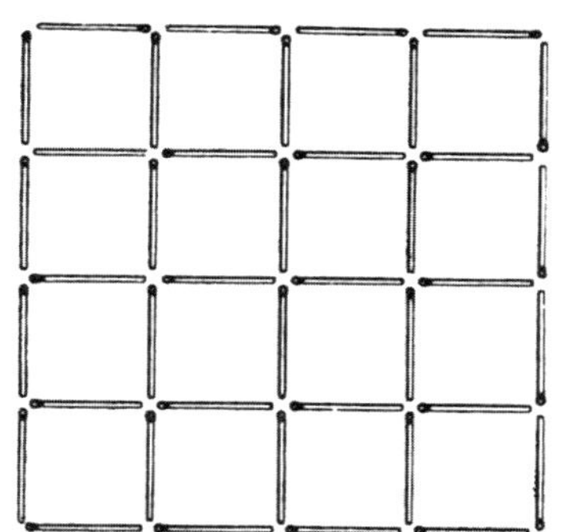

163. 杰克在说什么

杰克说："老鹰 (eagle)、大象 (elephant) 和梭子鱼 (walleye) 各有两个。老虎 (tiger)、驼鹿 (moose)、熊 (bear)、海龟 (turtle) 和蛇 (snake) 各有一个。但是人类 (human) 和大猩猩 (gorilla) 一个都没有。"杰克在说什么？

164. 图的关系

根据前两个图的关系确定最后一个图的形状。

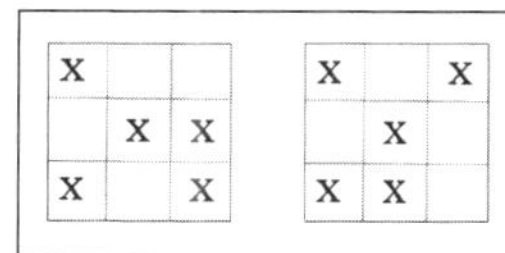

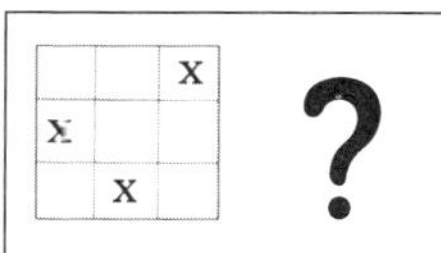

165. 碟片

下面是堆在一个栓子上的 6 个碟片，使用最少的移动次数，把这些碟片一个一个转移到另一个栓子上。完成后的碟片必须还保持同样的顺序，大碟片不允许放在小碟片上边。总共需要多少步来完成呢？

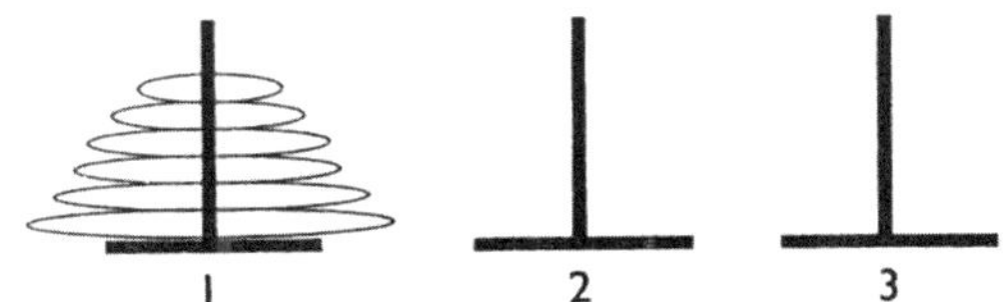

166. 护城河

图中的城堡外面环绕着一条护城河。请用两根火柴在护城河上面铺成桥。

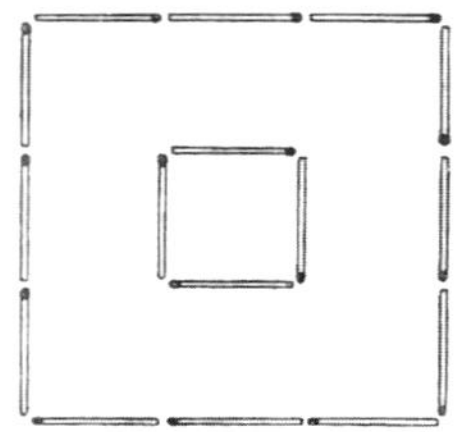

167. 箭与四边形

如图所示，16 根火柴摆出了箭的形状。请移动 7 根火柴形成 5 个大小相同的四边形。

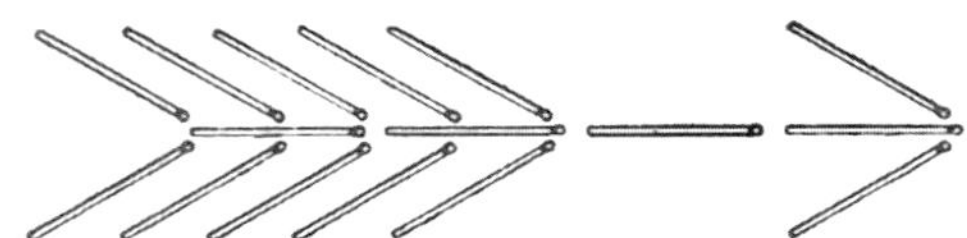

168. 正方形花园

用 4 根火柴摆出一间房子（小正方形），外面用 16 根火柴摆成一个正方形花园。请用 10 根火柴将花园分成 5 部分，并且每个部分的大小和形状均相同。

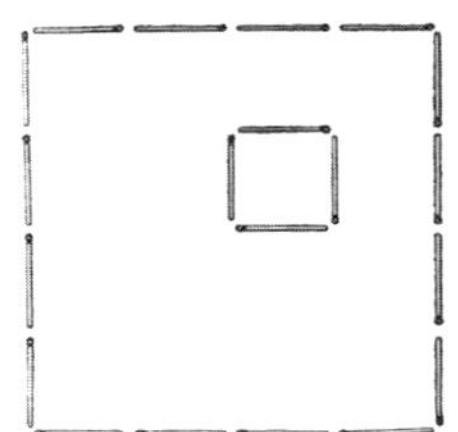

169. 等分梯形

将左图上面的等边三角形拿走，剩下一个梯形（右图）。请把这个梯形分成 4 个全等的四边形。

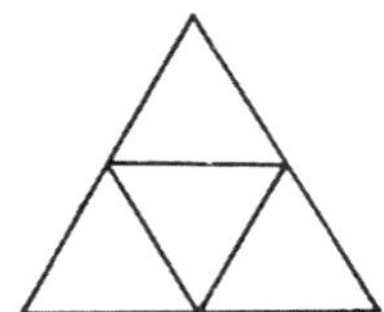

170. 全等图形

将下图分割成 6 个全等的图形。

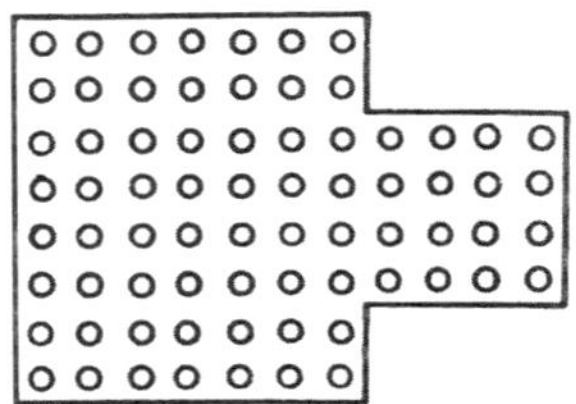

171. 蛋糕上的玫瑰

用 3 条直线将蛋糕分成 7 块，使每块蛋糕上均有 1 朵玫瑰。

172. 等分零件

下图是某个设备零件的草图。请给出合理的建议，把这个零件分成 4 个相等的小块，使每个小块均包含着两个大头钉（黑圆点）和一个孔（小正方形）。

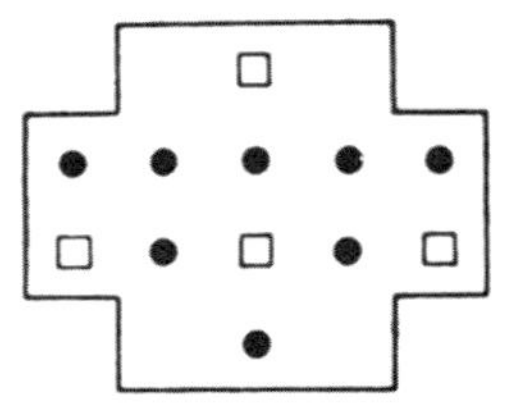

173. 等分熔丝盘

一块熔丝盘上有 4 个方孔和 40 个圆孔。请将它分成 4 块相等的小盘，并且每块盘里有一个方孔和 10 个圆孔。

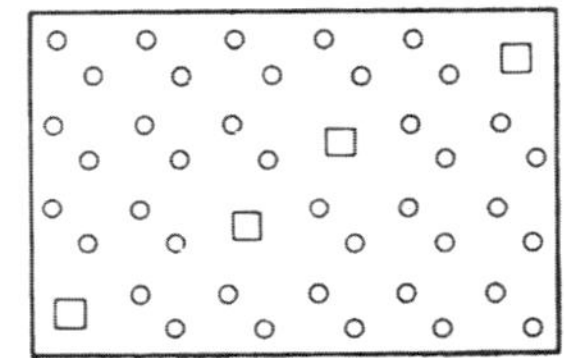

174. 国际象棋棋盘

如何一点儿不浪费地把这块木板做成国际象棋的棋盘呢？

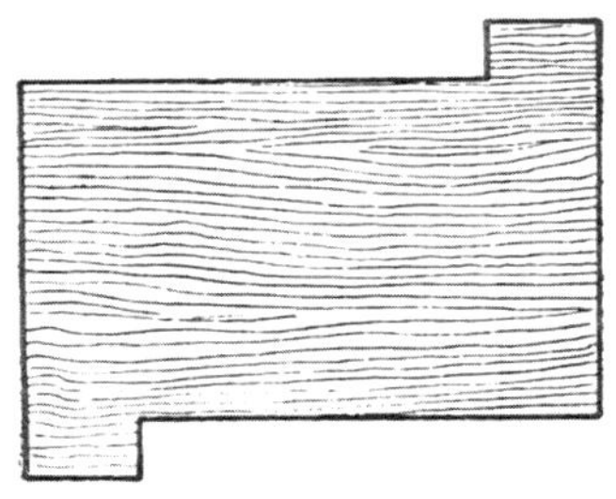

175. 巧拼正方形（一）

将下图 ABCDE 切成两部分，用这两部分拼成一个正方形。

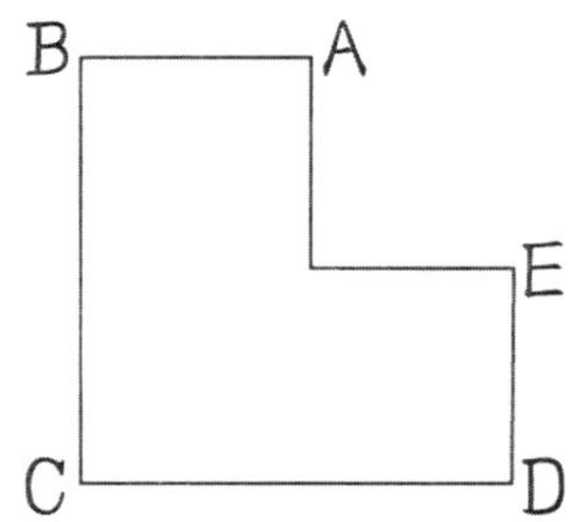

176. 巧拼正方形（二）

你能将下图分成 3 个部分，最后拼成一个正方形吗？

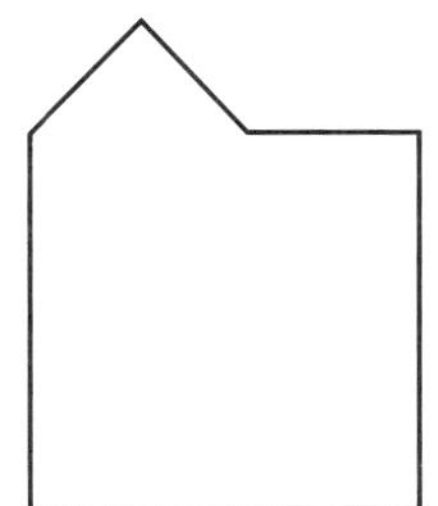

177. 分割马蹄形

如何用两条直线把马蹄形分割成 6 个部分？

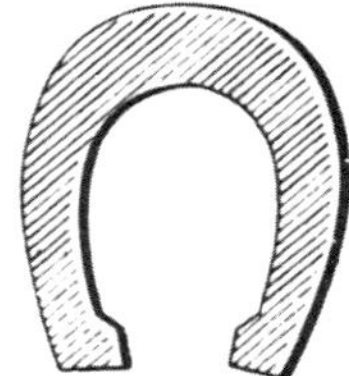

178. 罐子与正方形

用两条直线把图中的罐子分成 3 个部分，用这 3 个部分拼成一个正方形。

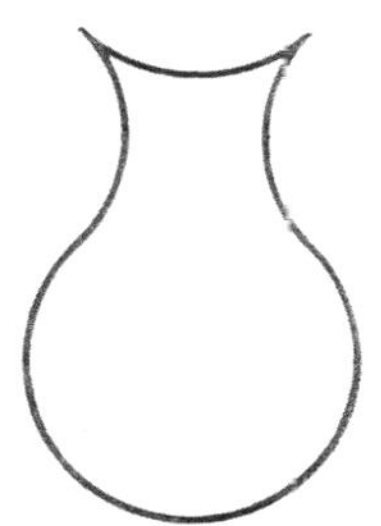

179. 摆正方形

你能摆放 4 个一样的正方形，最后拼成 5 个一模一样的正方形吗？

180. 安置帐篷

下面的方格代表一片林地。其中一些格子里面是草，其他的里面是树（已标出）。在长草的一些格子里放上帐篷，使得每棵树在垂直或水平方向有一个帐篷与它相邻，而一个帐篷可以与多棵树相邻。所有的帐篷之间不能在垂直、水平，或者斜向上相邻。方格外面的数字分别表示该行或者该列帐篷的总数。请问这些帐篷分布在哪些格子里？

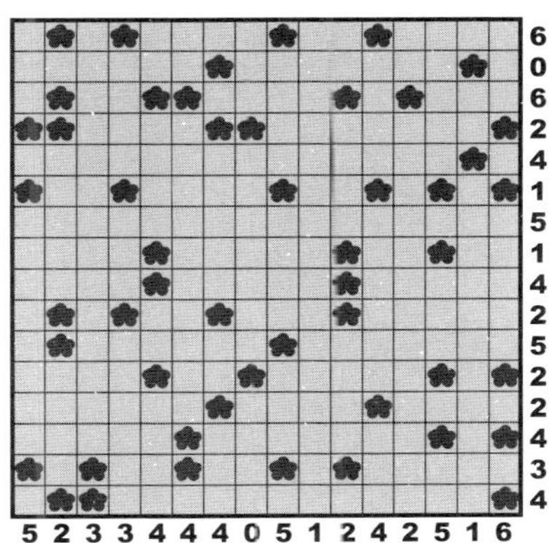

181. 共有特性

这些大写字母所共有的特性是什么？

A H I M O T U V W X Y

182. 修整地毯（一）

有人从一条贵重的地毯上剪走了两小块三角形地毯（阴影部分）。

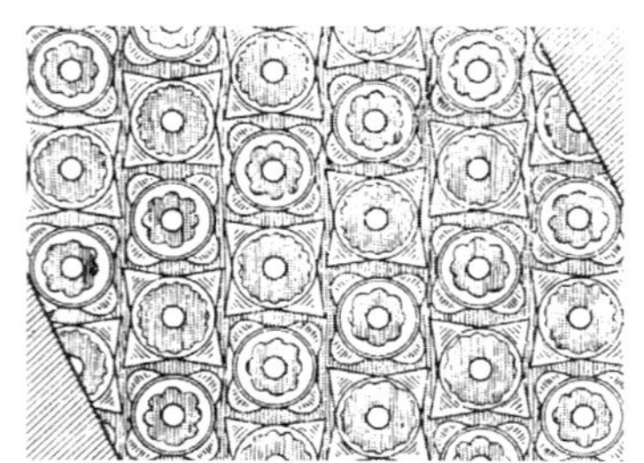

一位裁缝决定将这块地毯重新修整一下，使现有地毯的面积和图案不变。他用几条直线将这块地毯分割成两部分，重新拼接出了一个正方形。而且地毯的图案没有任何改变。他是怎么做的呢？

183. 修整地毯（二）

里亚在做实验的时候不小心把一罐化学溶液打翻到地毯上。后来把受损的部分剪掉以后，地毯上出现了一个 1×8 分米的矩形大洞。

里亚决定修补地毯。她把受损的地毯剪成两部分，然后缝到一起形成了正方形。她是怎么剪的呢？

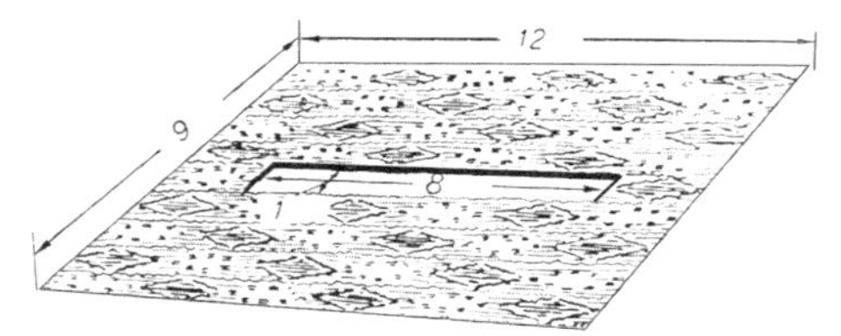

184. 分割棋盘

一个国际象棋棋盘有 64 个小方格。看看你能不能把棋盘分割成一块如图 A 和 10 块如图 B 形状的棋盘。

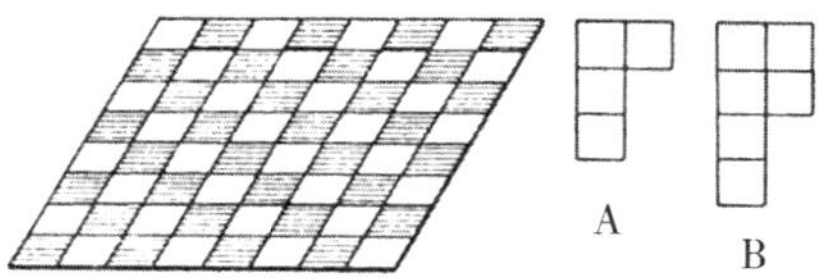

185. 圆形桌面

一位木匠想把 2 块椭圆形的木板锯开，并在不扔掉任何两块的情况下组成圆形桌面。他应该怎么锯呢？

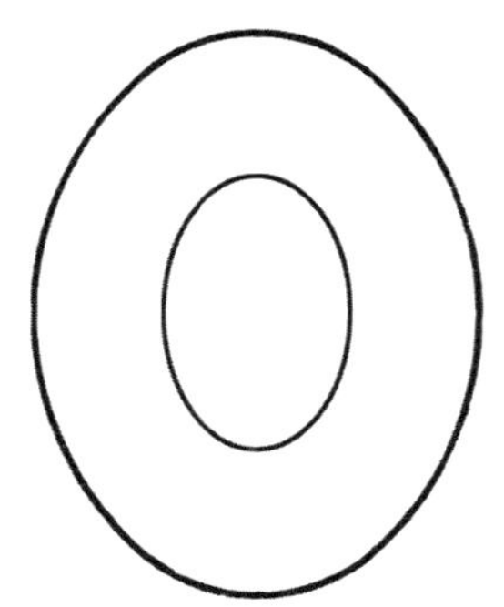

186. 棋盘与骑士

将图中的国际象棋棋盘分成 4 个部分，每个部分的格子数相等，并且使每个部分包含一个骑士。

187. 切割圆

用 6 条直线切割 1 个圆，把这个圆分成尽可能多的部分。

188. 分割正六边形

如何将一个正六边形分割成 6 块，最终拼成一个等边三角形呢？

189. 调整算式

若要使下面这个式子的结果为 173，最快的是作何调整？

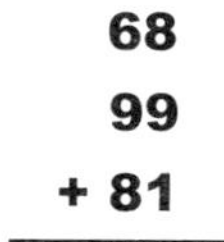

答案

1...

将麦秆从一端约3厘米的地方轻轻地折起来，使麦秆呈现“V”形。然后，把这一端插入瓶内，慢慢调整麦秆直到把它楔牢（如图所示）。这样，你便可以把瓶子从桌子上提起来了。

2...

把鱼缸从一边抬起，这样水就会从另一边溢出。当水平面正好处于鱼缸的一个上角到鱼缸的一个下角的对角线时，鱼缸内的水正好处于鱼缸的中间位置。

3...

如果想要拽断书下面的绳子，你可以把绳子向下猛拉。由于书的惯性，在拉力尚未传到书上面的绳子时，下面的绳子就已经拉断了。如果想要拽断这本书的上面的绳子，你可以慢慢地拉绳子，这时拉力发挥作用，再加上书的重量，书上面的绳子就会断掉。

4...

移动的顺序是：（1）5号跳到8号，拿掉7号；（2）2号跳到5号，拿掉4号；（3）9号跳到2号，拿掉6号；（4）10号跳到6号，拿掉8号；（5）1号跳到4号，拿掉2号；（6）3号跳到7号，拿掉4号；（7）5号跳到8号，拿掉7号；（8）6号跳到10号，拿掉8号。

5...

将自己手腕上的一个绳圈从朋友的一个手腕的绳圈上穿过，然后从他的那只手上掠过去，之后再从他的那个绳圈上撤回来。这样，两根绳子就分开了。

6...

这是个讲究“搭配”的思维游戏。在第1个杯子里放1个糖块儿，在第2个杯子里放2个糖块儿，在第3个杯子里放3个糖块儿，然后把第1个杯子放到第2个杯子里。这样就能保证每个杯子里的糖块儿都是“奇数”。

7...

图A到图C向我们展示了如何将这些杯垫重新排列形成个“完整的圆”的过程。

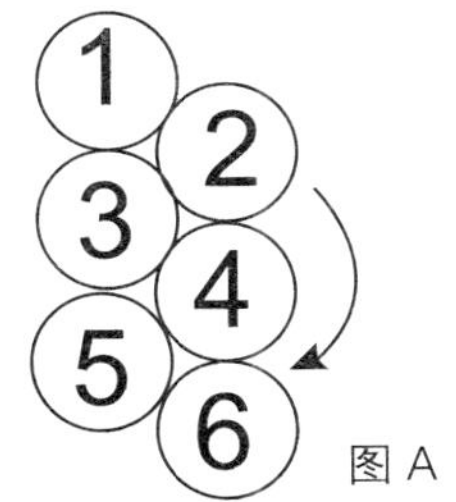

图A

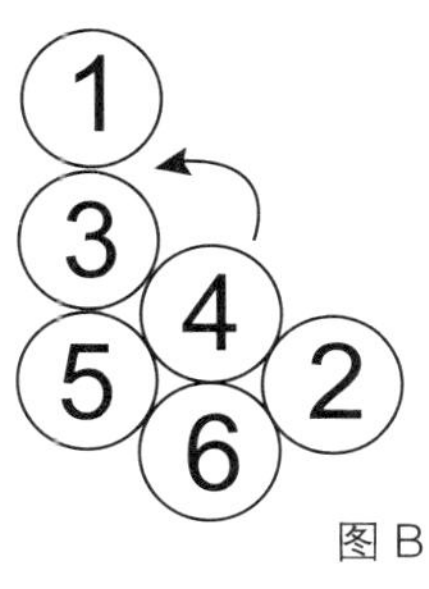

图B

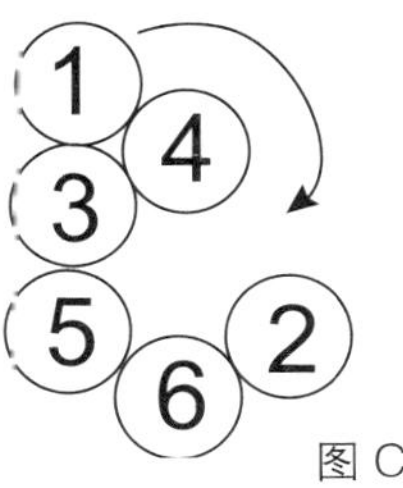

图C

8...

把这个正方形纸板的任意一个角的顶点放在这个圆圈内边的任意一点。在A点和B点（即正方形与圆圈相交的两个点）做两个标记（参见图1）。把纸板当直尺，将A，B两点连接。然后，用正方形的这个角的顶点放在这个圆圈内边的另外一点，并重复刚才的步骤，在另外的两个交点，即C、D两点做标记（参见图2）。将C，D两点连接。这样，这个圆圈的中心点就是线段AB与线段CD的交点（参见图3）。

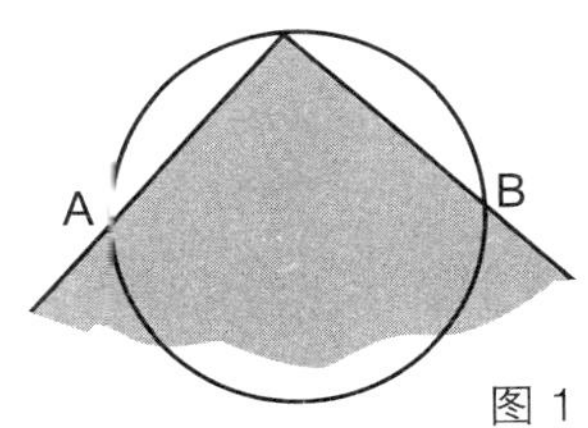

图1

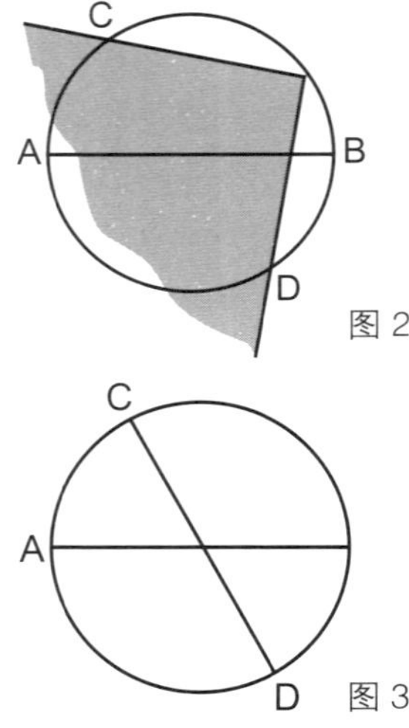

图2

图3

9...

3个丈夫用A，B，C来表示，他们妻子分别是a，b，c。他们可以按照下面的方法渡河：

（1）a和b先渡河，然后b把船划回来。

（2）b和c渡河，然后c把船划回来。

（3）c下船并和她的丈夫留下来，然后A和B渡河；A下船，B和b一起把船划回来。

（4）B和C渡河，把b和c留在出发点。

（5）a把船划回来，然后让b和她一起渡河。

（6）a下船，然后b把船划回来。

（7）接着，b和c渡河，这样所有人都成功抵达对岸！

10...

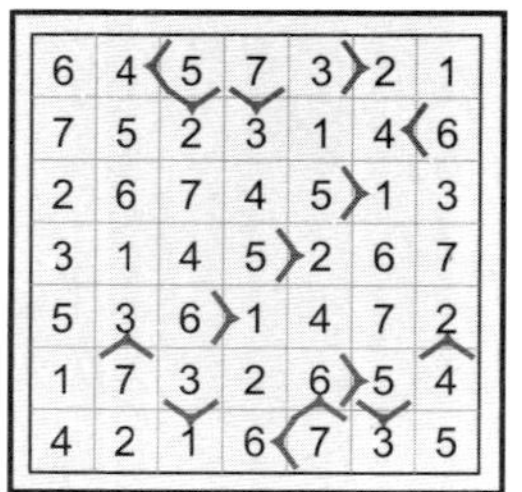

11...

（1）常用的扑克牌有52张（除两张王牌），而一年则有52周；（2）每种花色的扑克牌都有13张，而每个季节都有13周；（3）扑克牌有4种花色，而一年有四季；（4）一副扑克牌有12张肖像画（J，Q，K的总数），而一年则有12个月；（5）红色的扑克牌代表白天，而黑色的扑克牌则代表黑夜；（6）如果你把所有的数值都相加，其中J等于11，Q等于12，K等于13，总数等于364。再加上一张王牌或两张王牌（每张当作1看），就得到一年的天数。

12...

将纸张a揉成球，当同时松手时，揉成球的纸会直接落地，而纸张b则会缓缓落地。

13...

将水缓缓倒入玻璃杯，直到水平面几乎超出杯口。如果你小心操作的话，液体的表面张力会使水稍稍凸起。这样，瓶塞便会向上“漂”直到杯子的中央并停留在那里。

14...

在演出开始之前，先在手提箱内放两样东西。在伸出桌子的那边放一大块儿铁，而在另一边放一大块儿冰，冰块的重量再加上手提箱这边的重量便可以抵消铁块的重量。但是，当冰块融化的时候，水就会均匀地分布在手提箱里，这样，铁块的重量足以使手提箱从桌子上掉下来。这也可以称得上是一种计时装置。

15...

答案如图所示：

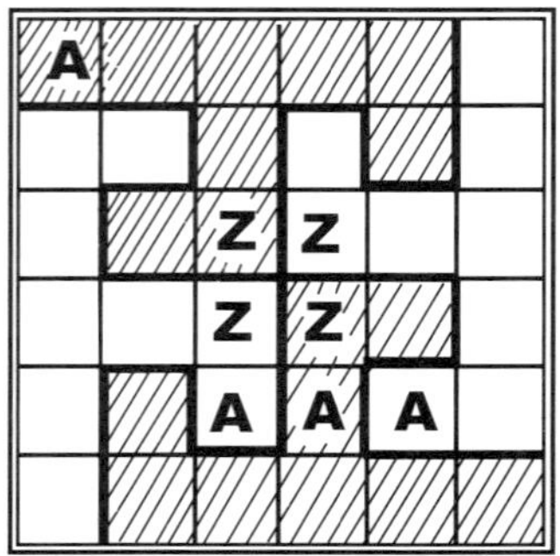

16...

他留给后人的是：一无所有。

17...

爷爷一共邀请了16个亲戚，一卷胶卷可以照出60张照片。

18...

如下图，将图1中的大纸环折叠，然后把小纸环塞入。现在，将小狗挂在纸环上（如图1所示）。然后，把小纸环再滑回末端，并套在小狗上。展开大纸环，这样，便完成了（如图2所示）。提示：当你折叠大纸环时，只需将纸弯曲，不要把它弄皱。只有这样，你再展开纸环时就看不出它被折叠的痕迹了。

图1

图2

19...

从顶部A开始，下面有两条路可以选择。而从两个B分别向下一行移动，那么，可以有4种选择到达第3行。也就是说，每到下一行可以选择的移动方法是所在行的2倍。从顶部A向下共有10层。所以，如果按照1×2来算，然后将所得结果乘以2，接着再乘以2，这样重复10次，你便得到所有可能的移动方法，即1024种。用数学表达式表示就是2^{10}，或者是2×2×2×2×2×2×2×2×2×2。

20...

他这5轮中，每轮分别打进了8，14，20，26，32个球。

21...

以下是解决这个题的9个步骤：（1）将绿色罐子注满水；（2）将绿色罐子内的水倒入红色罐子；（3）把红色罐子内的水倒回水池；（4）将绿色罐子内剩下的水倒入白色罐子内；（5）将绿色罐子注满水；（6）将绿色罐子内的水倒入红色罐子；（7）将绿色罐子内剩下的水倒入白色罐子内；（8）将绿色罐子注满水；（9）将绿色罐子内的水倒入白色罐子内。这时，绿色罐子内就剩下2升的水。

22...

3张扑克牌（从左到右）为：方块A、红桃K以及黑桃2。

23...

在剪绳子之前，先在绳子中间打一个环儿并系牢，然后拿起剪刀将绳环儿剪断。绳子剪为两段，而装饰物却安然无恙。

24...

首先使两枚硬币在桌上相接触，然后，再把两枚硬币放在它们上面，使4枚硬币相接触。最后，将第5枚硬币竖立放置（如图所示）。这样，所有5枚硬币都彼此接触。

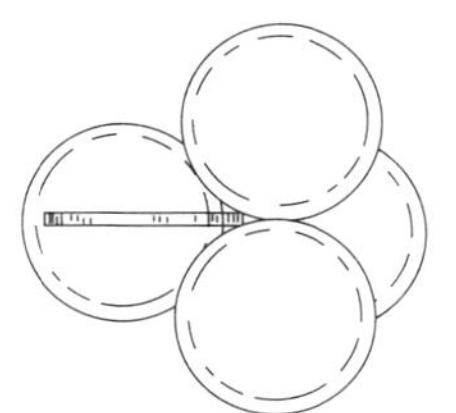

25...

贝莎阿姨建议他从其他3个轮胎上各拆下一个螺母，然后把它们安装在第4个轮胎上。慢慢地把车开到一个城镇，在那里就可以再买5个螺母。

26...

将一个宽口玻璃杯倒满水，剪一块儿比缝纫针稍宽的软纸，把这根针轻轻地放在纸的中间，然后把这张有针的软纸放入水中。过一会儿，软纸会因吸满水而沉入杯底，此时这根针将因为水面张力的扶持而漂浮在水面上。

27...

猴子应该按照下面的顺序走遍所有的窗户：10，11，12，8，4，3，7，6，2，1，5，9。这个线路在底部和中部的窗户之间的空间内只经过了两次。

28...

他把一张纸的4个角撕掉了，这样，在纸上留下了8个角。这就轻而易举地向大家证明了4去掉4得到8（如下图所示）。

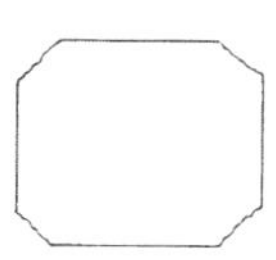

29...

用左手食指紧紧按住中间的硬币（即那枚可以接触但是不可以移动的硬币），用右手将那枚1元硬币（即那枚既可以接触又可以移动的硬币）向右边移动，使它与1角硬币保持几厘米的距离。然后，用这枚1元硬币迅速撞击1角硬币。虽然1角硬币不会动，但是这种力会使1角硬币左边的那枚1元硬币移动两三厘米，而它们之间的空间足够放下右边的那枚1元硬币。这样，问题就解决了！

30...

将1号硬币移到与2号和3号相邻的位置，再将2号移到与5号和6号相邻的位置，将6号移到1号和3号相邻的位置，最后将1号移到与2号和6号相邻的位置。

31...

移动的步骤如下：从2号到3号、从8号到5号、从10号到7号、从3号到9号、从5号到2号、从7号到4号、从9号到6号、从4号到10号、从6号到8号、从1号到6号、从2号到4号、从6号到5号、从4号到3号、从10号到9号、从5号到7号、从3号到2号、从9号到1号、从7号到10号。

32...

答案的奥秘所在就是你要在拿绳子之前先将胳膊交叉。当你把绳子两端分别拿在手中时，再展开两个胳膊；这时，绳子中间就出现了结点。

33...

如果你有浓密的头发，那么它会有助于你解决这个题。拿出你的梳子在头上梳几下，然后把梳子往下放，并使梳子齿放在胡椒粉的上方。这样，胡椒粉就会从盐里分离并吸附在带电的梳子上，原因在于你在梳头时使梳子产生了静电。

34...

将任意一枚“背面”1元硬币翻过来，然后把它放在一枚“正面”5角硬币上，保证这枚5角硬币完全被那枚1元硬币遮住。这样，如果你从桌上看的话，你会发现正面的硬币有3元。

35...

这个题只有在阳光充足的日子里才能解决，因为绳子要受阳光的影响。要把钥匙从绳子上取下来，只需要一个放大镜，并使太阳光透过瓶子聚在绳结上，时间不长，绳结就会烧断，这样，钥匙将落到瓶底。

36...

这8个单词的共同之处就是它们每个词当中都包含连续的3个字母。

37...

任何一个不知情的人都会将扑克牌慢慢地抽出，这无疑会失败。正确的方法是用左手向扑克牌的一个角猛弹，如果运用得当的话，扑克牌将旋转着快速飞出去，而硬币仍会安然地停留在你的右手拇指上。

38...

不管朝哪个方向旋转，两个螺钉头总是保持相同的距离。

39...

拿一个结实的纸袋子放在桌子上，使开口的那边悬在桌边。接着，把这两本书放在袋子的另一边。现在，你要做的就只是往袋子口里吹气，但是袋子要贴紧嘴巴，保证不漏气。只要使劲吹两下，书肯定会倾斜并翻倒。

40...

塞从筐里拿出苹果，然后分给前5个儿子每人1个苹果。这时，筐里只剩下1个苹果。塞接着把筐子连同苹果一起给了第6个儿子。正如题中所说的，塞把6个苹果平分给了他的儿子，这时筐里只剩下1个苹果。

41...

要解决这个难题，施工人员必须先安装其中的一条水管道，该管道应该从水厂出来然后经过1号房子的下面到达3号房子。这条管道完成之后，其余的就容易解决了。

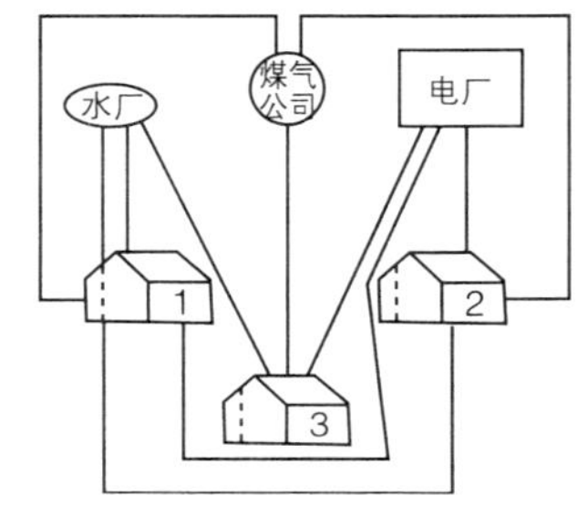

42...

按照下面的步骤移动就可以获胜：2号移到1号、6号移到2号、4号移到6号、7号移到4号、3号移到7号、5号移到3号、1号移到5号。

43...

答案如下图所示：

a	b	c	d	e	f	g
d	e	f	g	a	b	c
g	a	b	c	d	e	f
c	d	e	f	g	a	b
f	g	a	b	c	d	e
b	c	d	e	f	g	a
e	f	g	a	b	c	d

44...

问题中的年份是1944年。如果把任何一个出生在1944年之前的人的出生年份加上他此时的年龄，那么这个结果都是1944。同时，如果我们把5位政治人物的就职年份加上截至1944年时的掌权时间，那么这个结果又是而且只能是1944。所以，将这两个结果相加的话，结果就是题中给出的3888。

45...

如果那个知道奥妙的玩家第2个走，那么他（她）就会获胜。这个秘密就是：如果受骗者先拿走一张扑克牌，那么骗子就拿走两张扑克牌；如果受骗者先拿走两张扑克牌，那么骗子就拿走一张扑克牌；无论哪种情况，当骗子拿牌之后，那个圆圈必定被分成两个半圆，各自包括5张扑克牌。接下来，骗子从对方相反的半圆中拿走与之相同数量的扑克牌，这样，他就总能拿到最后一张牌并在打赌中获胜。

如果骗子先拿一张扑克牌，那么，要等待可以将扑克牌分成各含相同数量的扑克牌的两个部分的机会。当然，如果对家也知道其中的奥妙，那么骗子就不一定能赢了。

46...

A。前5个符号是数字1～5颠倒后的映像。符号A是数字6颠倒后的映像。

47...

这个石雕组一共有3个石匠。如果3个人用3个月将日历雕刻完，那么，1个人要用9个月才能完成，而9个人则用1个月就可以完成。

48...

当水沸腾后，艾伯特将鸡蛋放进去，并把两个沙漏都倒放过来。当7分钟的沙漏中的沙子漏光时，他把它再倒放过来；这时，11分钟的沙漏还剩下4分钟，当里面的沙子漏光时，7分钟的沙漏底部正好有4分钟的沙子。艾伯特再把7分钟的沙漏倒放，这样，等到沙子再漏光时，时间正好是15分钟，然后他把鸡蛋从水里拿出来。

49...

答案如下图所示：

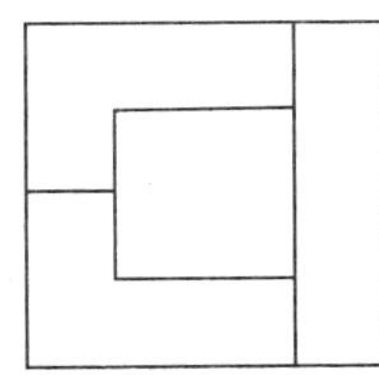

50...

D。先将第1个图形分为两等份，然后在中间插入同样大小的图形，最后再将它倒置。

51...

C。最小部分顺时针旋转90°。中间部分保持不动，最大部分逆时针旋转90°。

52...

A。

53...

U。从左边开始，沿着这条曲线向右进行，这些字母按照字母表顺序排列，每次前移1位、2位、3位，然后是4位，以此顺序重复进行。

54...

B。

55...

4。在每个图形中，左边2个数字的和除以右边2个数字的和，就得到中间的数字。

56...

答案为5。每行前2个数字之和加1等于后2个数字之和。

57...

一共有64种排列方法，如下图所示。

58...

8，1。如果你把每行数字都当作是3个独立的两位数，中间的这个两位数等于左右两边两位数的平均值。

59...

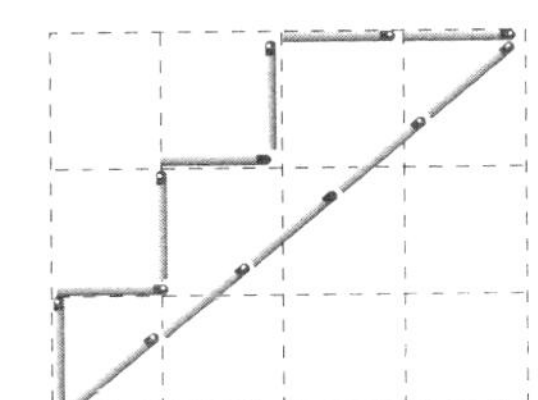

60...

8—10—7—3—2—11—5—4—13—1—6—9—12

61...

这个结会被打开。

绳子需要绕3下才会形成新的结。

62...

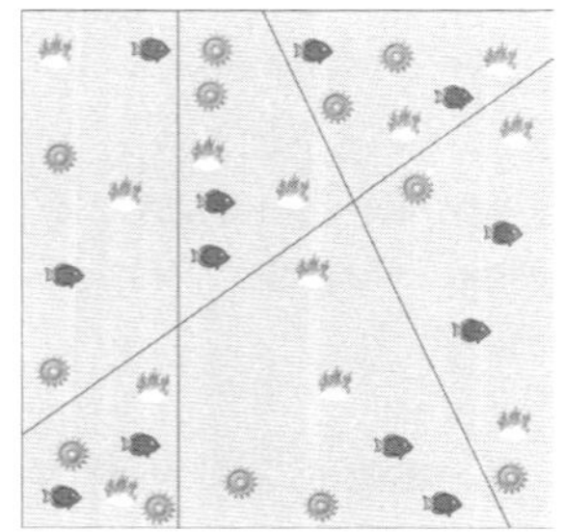

63...

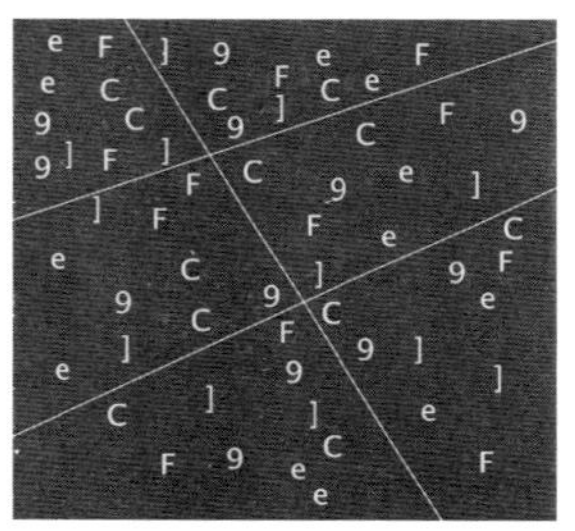

64...

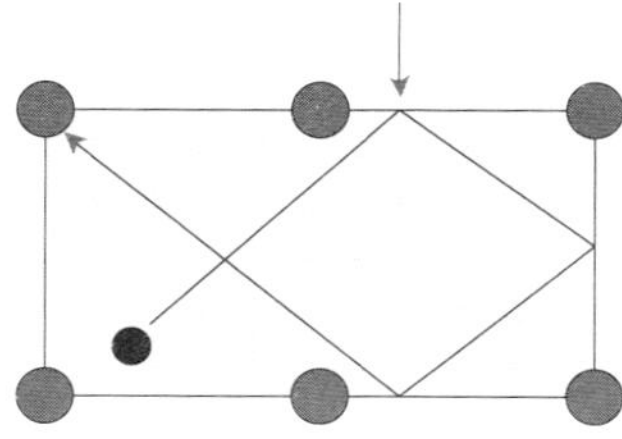

65...

踩踏石头的顺序是2–5–6–12，环在这些石头上的图案呈现出逐渐向中间靠拢的趋势。

66...

1. 每个字母有26种可能，每个数字有10种可能，那么密码的可能性有：

1.P=26×26×26×10×10=26^3×10^2=1757600种

2.P=26×25×24×10×9=1404000种

3.P=1×25×24×10×9=54000种

67...

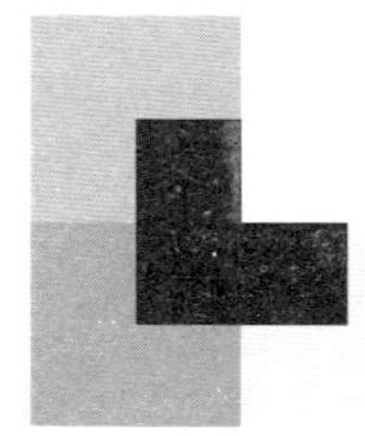

68...

绳子将与管道脱离。

69...

这些蛇会逐渐相互填满对方的肚子，而且不会再继续吞食任何东西。因此这个圆环也就会停止缩小。

70...

是的。左下角的轮子将按逆时针方向转动，而其他的轮子都将按顺时针方向旋转。

71...

A。在脸上增加一个新的元素，然后增加一根头发和一个新的元素，然后增加一根头发，然后增加一根头发和一个新的元素，按照这个规律重复下去。

72...

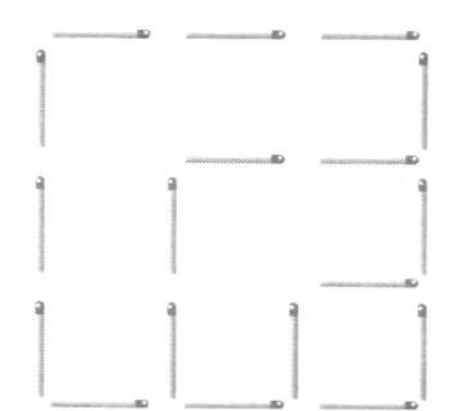

73...

两种解释都有可能。这个经典错觉表明视觉系统如何基于你期望的内容来聚集特点。如果你看到一个特点比如眼睛像少妇，那么鼻子、下巴的特点也会聚集起来，呈现出少妇的特质。

74...

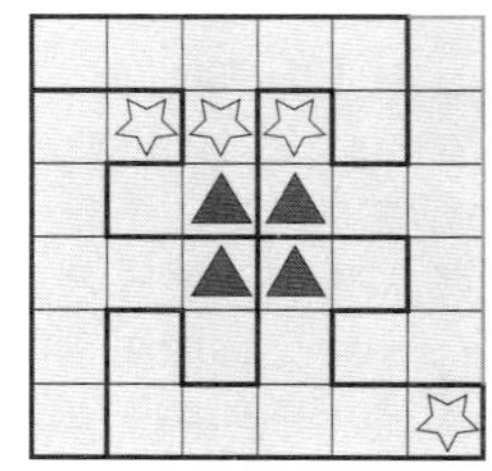

75...

嘴唇在保姆的背后，西班牙超现实主义者萨尔瓦多·达利对于两可图像非常着迷，将这幅画命名为“保姆背后神秘的嘴唇”。该画绘制于1941年。

76...

在第121号大厦和编号开始处之间一共有120栋大厦。相应地就有120栋编号高于294的大厦。因此，街两旁建筑共有294+120=414栋。

77...

78...

你可以同时看到一个岛屿和两只狗。

79...

如图所示切 6 次。

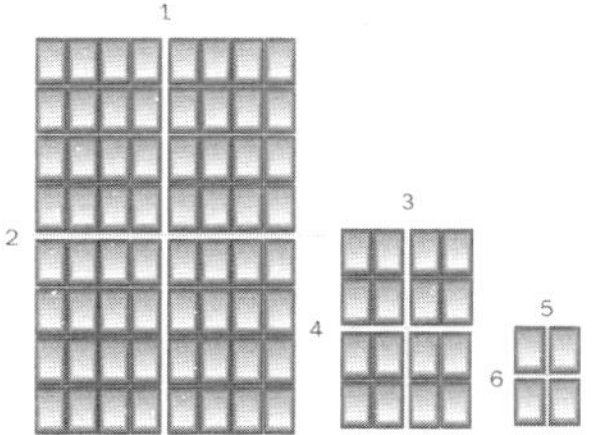

80...

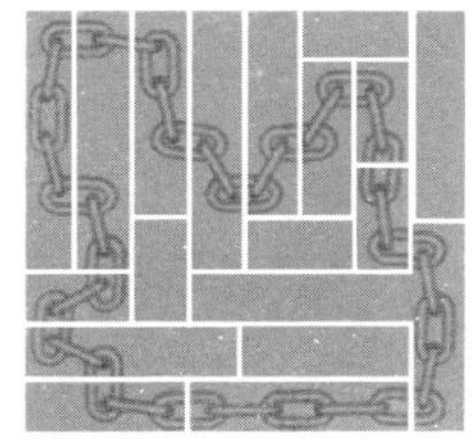

81...

这两个结不能互相抵消，但是可以挪动位置，使两个结位置互换。

82...

如图所示，绳子拉开之后有两个结。

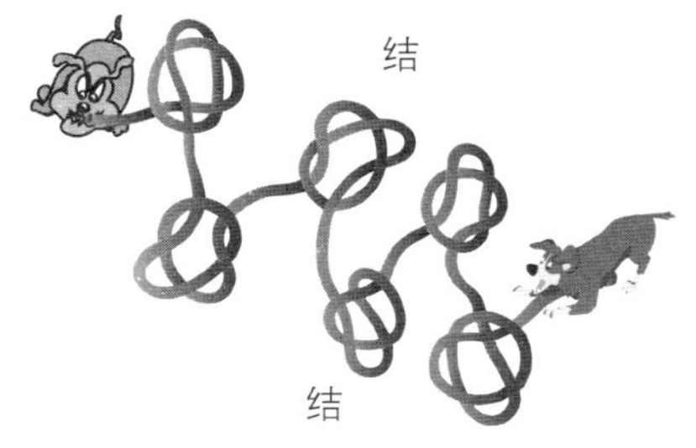

83...

倒 6 次即可解决问题，有 4 种不同方法，其中 1 种解法如下图所示。

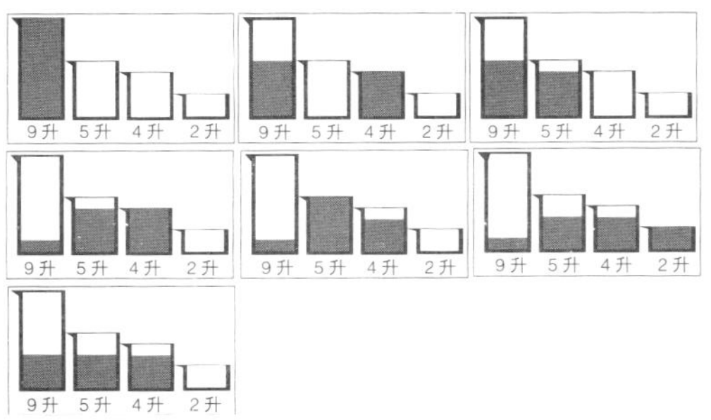

84...

倒 8 次即可解决问题。其中 1 种解法如下图所示。

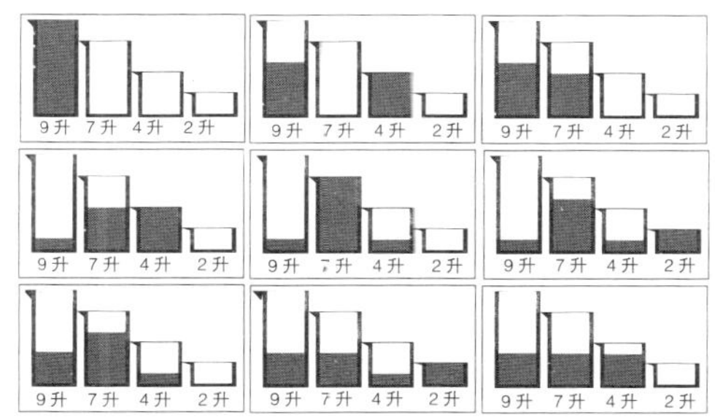

85...

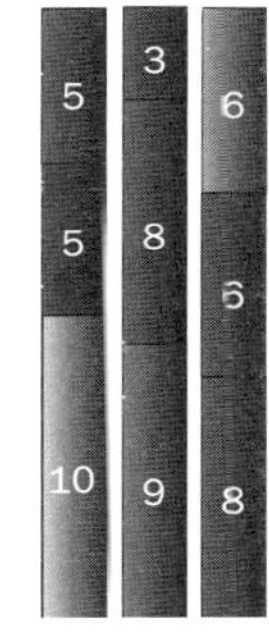

86...

如图所示，琴弦开始振动，4 和 6 处的纸片会掉下来。

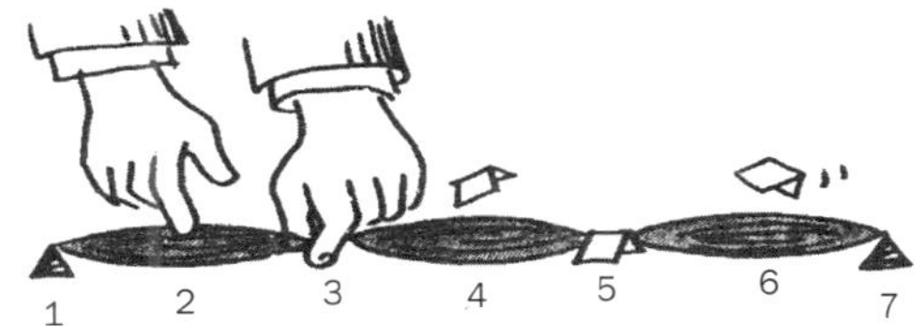

87...

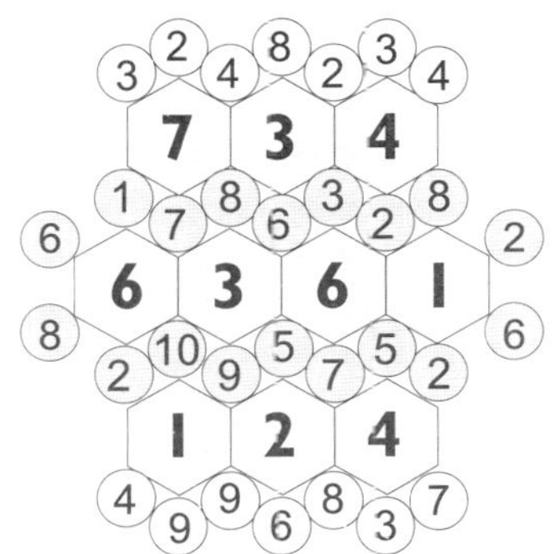

88...

爱因斯坦。

89...

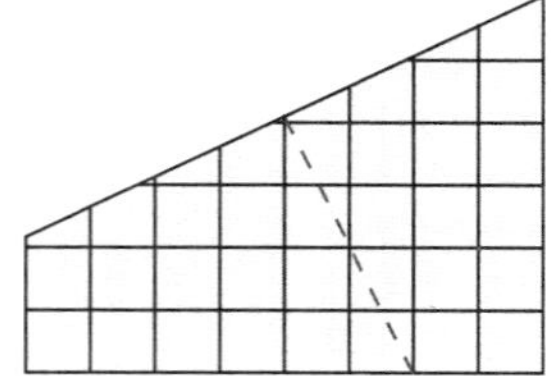

90...

如图所示，一共有15个正方形。

91...

事实上，在水滴落入水中150毫秒之后，你会再次看到水滴从碗中升起来，这一过程用一台超高速相机可以拍摄得到。

92...

把8个金币分成两个部分，一部分6个金币，一部分两个。

不管假币在哪一部分，我们只用两步就可以把它找出来：

先将第1部分的金币一边3个分别放在天平的左右两边。如果天平是平衡的，那么假币一定在剩下的两个中。

再将剩下的两个金币分别放在天平的两端，翘起的那一端的金币较轻，这个就是假币。

如果第1步分别将3个金币放在天平的两端，天平是不平衡的，那么假币在翘起的那端。

再取这3个金币中的任意两个分别放在天平的两端，如果天平不平衡，那么轻的那一端放的就是假币。

如果天平仍然是平衡的，那么剩下的那个就是假币。

93...

C。

94...

D。

95...

燃烧需要氧气，没有氧气就不能燃烧。当蜡烛燃烧用完玻璃瓶中的氧气时，蜡烛就会熄灭，这时玻璃瓶里的水位会上升，以填充被用尽的氧气的空间。

96...

60块砖。你不需要将所有的砖块清点一遍，只需要数出最上面那层砖块的数量（12块）并将其与层数（5层）相乘，这样你就可以得出砖块的总数60块了。

97...

除了最底行中间的那个之外，其他都是同一箭轮经旋转或反射所得。

98...

B。把大正方形分成4个部分，每个部分的字母都按相同的形式排列。

99...

R。每个字母代表其在字母表中的序列数，乘以2所得的积填入相对的三角形中。

I（9）×2=18（R）。

100...

B。其他图都是向左看的皱眉，向右看的微笑。

101...

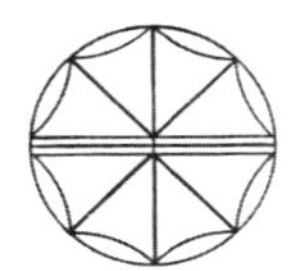

102...

C和E。

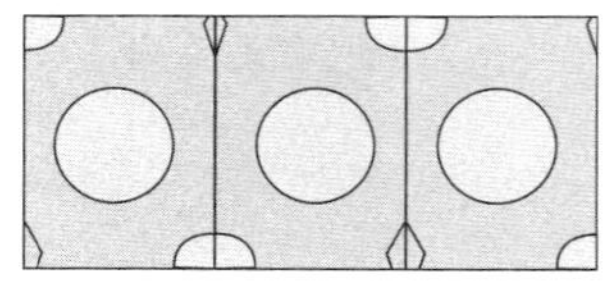

103...

将棋子从左至右标上号码。如果预留的空间在左边，那么把2号棋子和3号棋子移到左边（图中的移动步骤①）。在2号棋子和3号棋子的原位放入5号棋子和6号棋子（移动步骤②）。然后把6号棋子和4号棋子移到左侧（移动步骤③）。

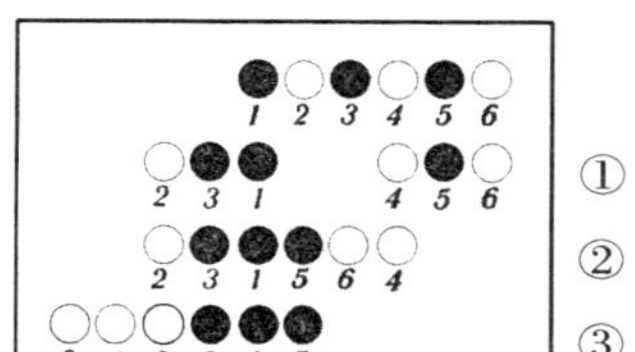

104...

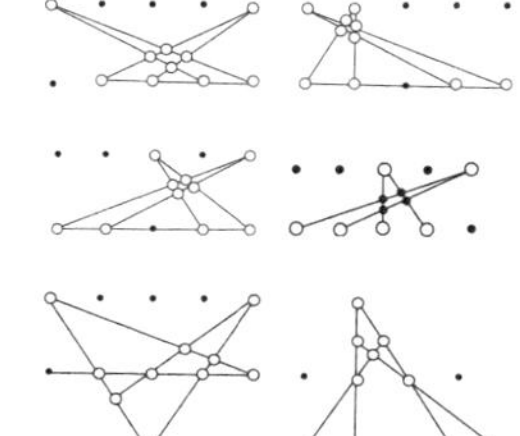

105...

移动的顺序为：第 1 堆到第 2 堆，第 2 堆到第 3 堆，第 3 堆到第 1 堆，如下表所示。

堆号	原有火柴数	第 1 次移动	第 2 次移动	第 3 次移动
第 1 堆	11	11−7=4	4	4+4=8
第 2 堆	7	7+7=14	14−6=8	8
第 3 堆	6	6	6+6=12	12−4=8

106...

牌的顺序是 Q，K，Q，Q，K，K，K。

107...

他打开一条链子上的 3 个环（3 次操作），再用这 3 个环把剩下的 4 个链子连接起来，这样一共是 6 次操作。

108...

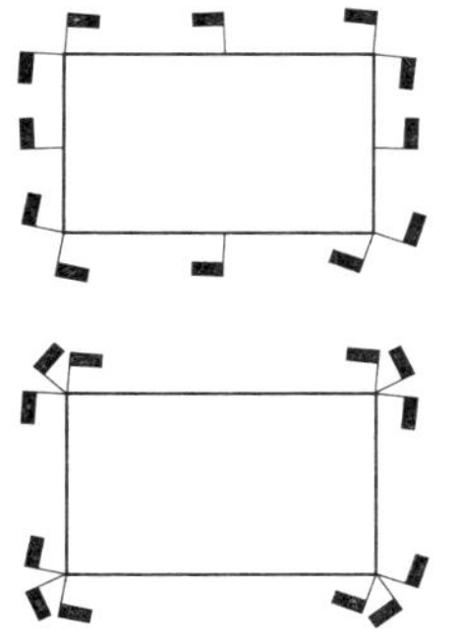

109...

每个 × 都是在外围的格子中顺时针移动，每个○则是逆时针移动。

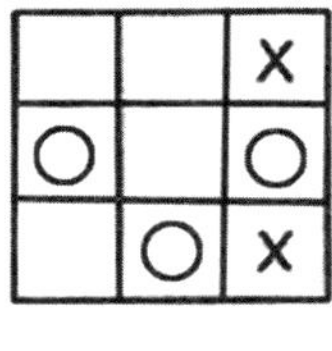

110...

把这个图形看成是一个不透明的正方形放在一个不透明的长方形上。按上一个图形的旋转方法，下边的长方形要旋转 45°，方向不限；上边的正方形需要旋转 90°，方向不限。所以，答案是 C。

111...

把前两个图形重叠放置，我们会发现如果在线条的同侧有两个三角重合的话，在第 3 幅图中它就变成一个正方形；如果在线条同侧有一个三角形和一个圆形位置重叠，则在第 3 幅图中两个图形都消失；如果三角形和圆形关于线条对称，则两个图形在第 3 幅图中保持它们在原始图中的位置。最后的结果是：

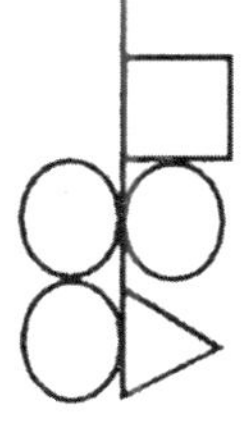

112...

答案是 C。其他图形都可以用一条不折回的线条画成。

113...

把第 1 个图形看作 2 个透明的三角形共用一个基座。让左边的三角形以基座为轴翻转 180°，这样就可以得到第 2 个图形。同理，让左边连着圆圈的线条以基座为轴翻转 180°，就会得到答案 C。

114...

1 个正方体有 6 个面；1 个三棱锥有 4 个面；1 个三角形有 3 条边。因此对照 6 : 4（3 : 2）的比例，只有答案 A 符合条件。

115...

直径下方的 3 个数字之和等于上方数字的 $\frac{1}{3}$。所以答案是 1。

116...

答案是 23。整个圆里数字的和都是 150。

117...

既然箱子 C 不是最小的，那么，在箱子 A，B，C，D 中，箱子 D 是最小的。所以箱子 D 的数字不是 4 就是 5。箱子 C 对应的可能的数字是 2，3 或者 4（不是最大的，也不是最小的）。箱子 C 和箱子 D 的数字之和最少是 6，但是不大于 7。1 ~ 5 之间任意 2 个数字之和最大的可能是 7。因为箱子 A 比箱子 C 或者箱子 D 大，所以它可能是数字 2 或者 3，但它不是最大的。既然箱子 A 对应的数字不是 2 就是 3，并且它对应的数字加上箱子 E 对应的数字一定比 6 大，那么箱子 E 对应的数字不是 4 就是 5。

由此可得：

箱子 A=2 或者 3；

箱子 C=2 或者 3；

箱子 D=4 或者 5；

箱子 E=4 或者 5。

由于箱子 A 比箱子 C 大，所以，箱子 A=2；箱子 C=3；箱子 D=4；箱子 E=5；箱子 B=1。

118...

第 1 步：把 3 放到 4 的

外边。

第 2 步：把 2 放到 6 的外边。

第 3 步：把 1 放到 12 和 13 下面的中间。

第 4 步：把 15 放到 13 和 14 下面的中间。

第 5 步：把 11 当作顶点放在最下边。

总的来说，如果 N 为三角形的边长（用硬币数来表示），使得三角形倒转所要移动硬币的最小数目可以用这个算式来求出：

$$\frac{N(N+1)}{6}$$

如果有余数，则四舍五入，取最相近的整数。

例如 N=5，5×6÷6=5

则把一个边长为 5 枚硬币长度的三角形倒转过来至少需要移动 5 枚硬币。

119...

第 7 步：从 1 到 4。
第 8 步：从 15 到 6。
第 9 步：从 6 到 13。
第 10 步：从 12 到 14。
第 11 步：从 4 到 13。
第 12 步：从 14 到 12。
第 13 步：从 11 到 13。

120...

如果乒乓球跑到墙根，那么铁球就不会压碎它了。

121...

答案是 D。其余的 4 个图形都包含凹面和凸面，图形 D 只包含凸面。

122...

图形 D 是唯一一个没有被直线平分的图形。

123...

图形 H 是唯一一个逆时针指向的。

124...

图形 4 是唯一一个不包含三角形的。

125...

5 张。

126...

字母 R 在线的上方。因为在线的上方的字母都是有封闭空间的。

127...

这个句子是：There are 100 years in a century（1 个世纪有 100 年）。

128...

答案是"There are 180 degrees in a triangle"（三角形的内角和是 180 度）。

129...

There are 206 bones in the human body（人体共有 206 块骨骼）。

130...

答案是"There are 50 stars on the United States flag"（美国的国旗上有 50 颗星）。

131...

句子是：There are 360 degrees in a square（正方形的内角和是 360 度）。

132...

答案是 JJ（June 和 July 的首字母）。这些字母是从 October（10 月）November（11 月）开始的每 2 个月单词的首字母。

133...

所缺的数字是$\frac{1}{30}$。规律如下：$12=\frac{1}{7}\times 84$，$2=\frac{1}{6}\times 12$，$\frac{2}{5}=\frac{1}{5}\times 2$，$\frac{1}{10}=\frac{1}{4}\times\frac{2}{5}$，依据规律，所缺的数字为：$\frac{1}{30}=\frac{1}{3}\times\frac{1}{10}$。

134...

如下图在中间画条直线，就会看到答案了。答案是 June（6 月）。

135...

数字 9 在直线下边，数字 10 在直线上边。因为数字 1，2，6 和 10 的英文单词都是 3 个字母；别的都是 4 个或者更多。

136...

T=15。因为 A=2，所以我们可以把 A=2 代入 4 个等式，可以得到：

2+B=H
H+P=T
T+2=F
B+P+F=30

消去别的字母，可以得到 T=15。

137...

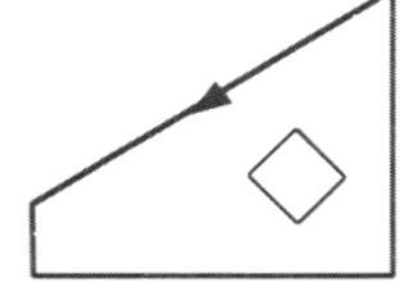

138...

一个数字都不用改变，把整个算式倒过来就可以得到245。

$$\begin{array}{r} 86 \\ 91 \\ +68 \\ \hline 245 \end{array}$$

139...

图E是与其他不同的一项。其他4个旋转90°后可以和原图重合。

140...

C=100
D=500
M=1 000
$\overline{\text{V}}$ =5 000
$\overline{\text{X}}$ =10 000
$\overline{\text{L}}$ =50 000
$\overline{\text{C}}$ =100 000
$\overline{\text{D}}$ =500 000
$\overline{\text{M}}$ =1 000 000

141...

$$\begin{array}{r} 70839 \\ -\ 6458 \\ \hline 64381 \end{array}$$

142...

F应该在5的位置上。1=B或D，2=A，3=E，4=C，5=F，6=B或D。

143...

这里是一种答案。
BIKE（自行车）
BITE（咬）
MITE（细微的）
MATE（伙伴）
MATH（数学）

144...

这里是一种答案。
PART（部分）
WART（缺点）
WANT（想要）
WANE（衰落）
WINE（酒）

145...

这是其中一种方法：
MEAL（膳食）
MEAT（肉）
MOAT（护城河）
BOAT（船）
BOOT（靴子）

146...

从下往上会发现，如果下方的两个球不是同一个颜色，那么中上方的球是黑色的；如果下方的两个球是同一个颜色，那么中上方的球是白色的。金字塔的上面3层如下图所示：

147...

1−A；2−B；3−C；4−D；2−D；5−B；3−B；1−B；6−C；7−A；1−A；6−E；3−C；1−C；5−A；1−B；3−A；1−A；6−C；8−B；6−B；2−E或C；4−B；2−B。

148...

从外面的大盒子里拿出1块糖，放到里面最小的盒子里就可以了。这样，最小的盒子里就有了5块糖（两对加1块）。将这5块糖算进第2个小盒子的糖果数目中，第2个小盒子中的糖果数现在是5+4=9块（4对加1块）。第3个小盒子中现在有了9+4=13块糖果（6对加1块）。最外面的大盒子中有13+8=21块（10对加1块）。

149...

$\left.\begin{array}{r}1\\8\\15\end{array}\right\}$ d=7　$\left.\begin{array}{r}2\\7\\12\end{array}\right\}$ d=5　$\left.\begin{array}{r}6\\10\\14\end{array}\right\}$ d=4

$\left.\begin{array}{r}9\\11\\13\end{array}\right\}$ d=2　$\left.\begin{array}{r}3\\4\\5\end{array}\right\}$ d=1

150...

这里是3种方法。你还能找到别的方法吗？

2	10	
5	8	6
3	1	4
	9	7

3	9	
5	7	4
1	10	2
	6	8

8	10	
6	1	3
4	9	5
	7	2

151...

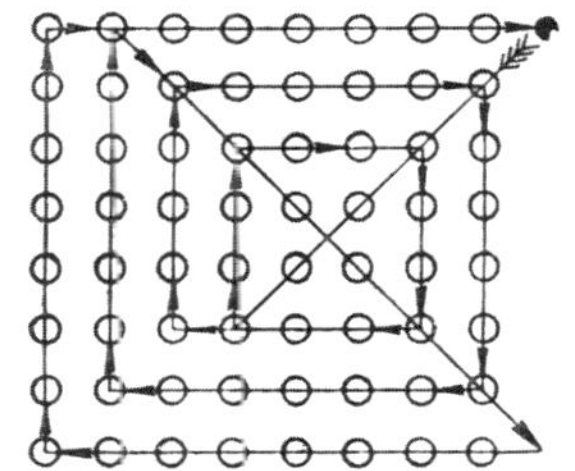

152...

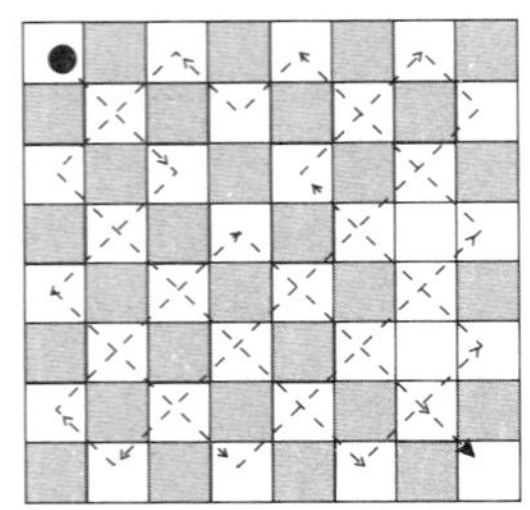

153...

它将出现在B的下面。把这个数除以7，看看余数是多少。如果余数是1，那么这个数属于A那一列；如果是2，那么这个数属于B那一列。依此类推，100除以7的余数是2，那么100属于B那一列。

154...

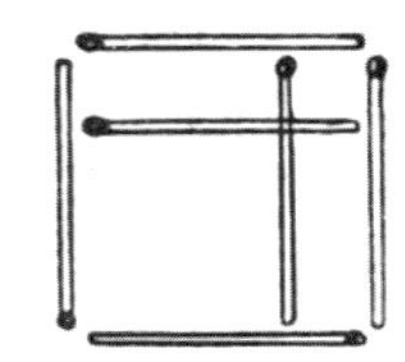

155...

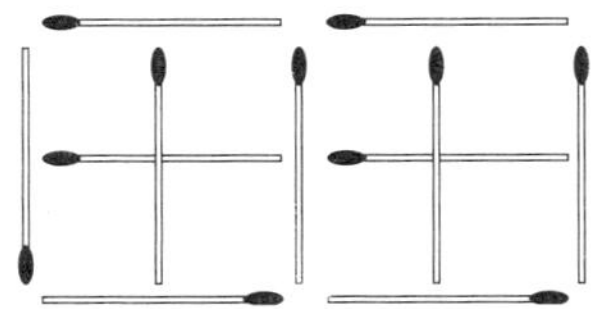

156...

一种可能的答案：如图形成两个正方形以及一个灰色的正方形，灰色正方形是将火柴4和火柴5放在原来的正方形中央之后得到的。

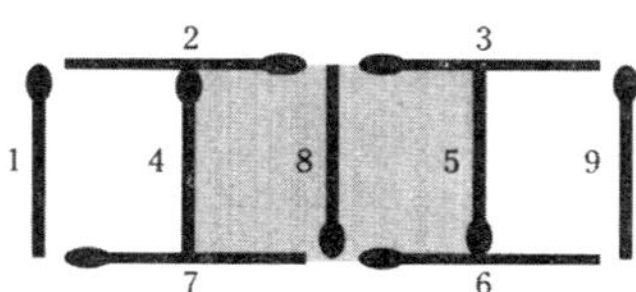

157...

如图所示是几种答案：

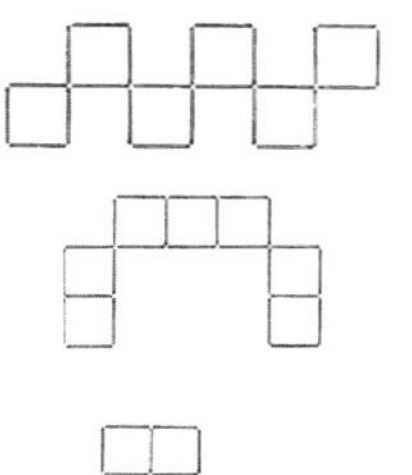

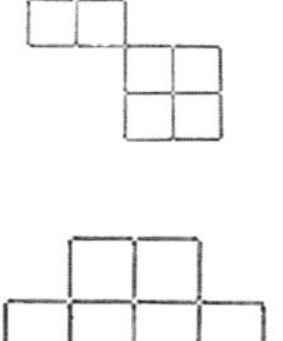

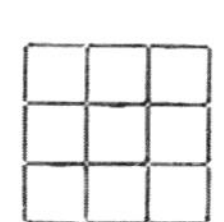

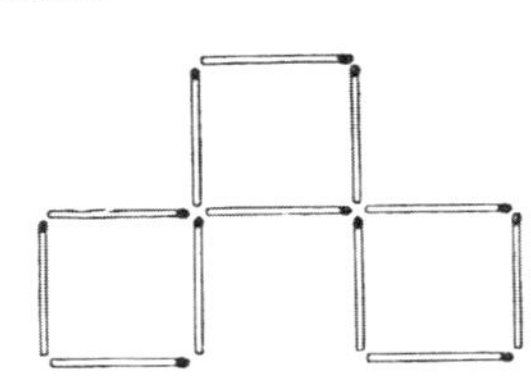

158...

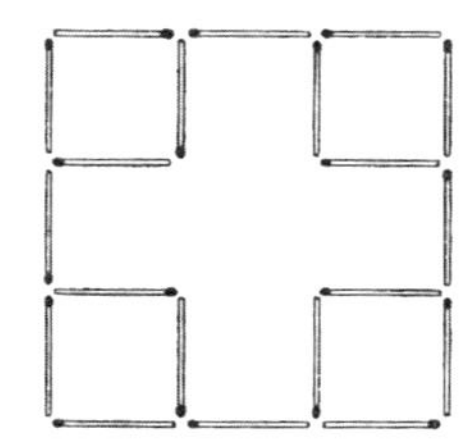

159...

160...

161...

以下是几种答案：

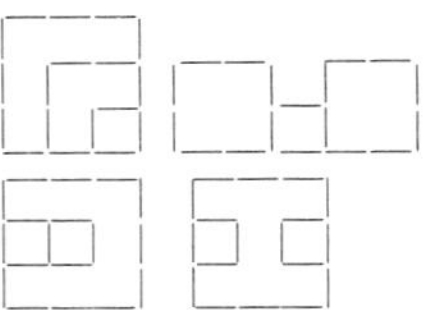

162...

至少需要拿走9根火柴。最终结果如下图所示：

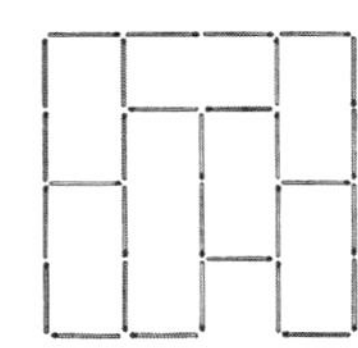

163...

杰克说的是字母“e”。

164...

把图形向右旋转90°就可以得到第2个图形。

	X	
X		
		X

165...

总共要走63步。设碟片的数目等于n，那么总共要移动的次数就是2^n-1。

由题得：$2^6-1=63$。

166...

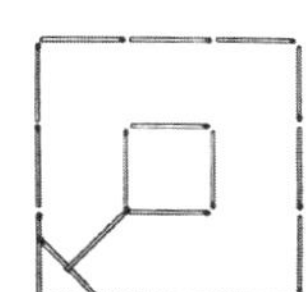

167...

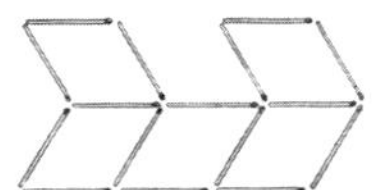

168...

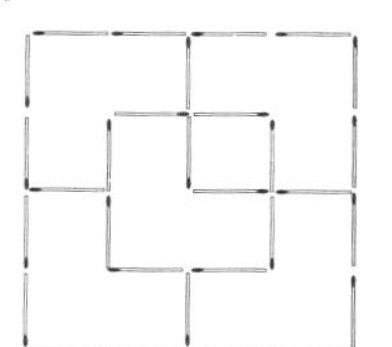

169...

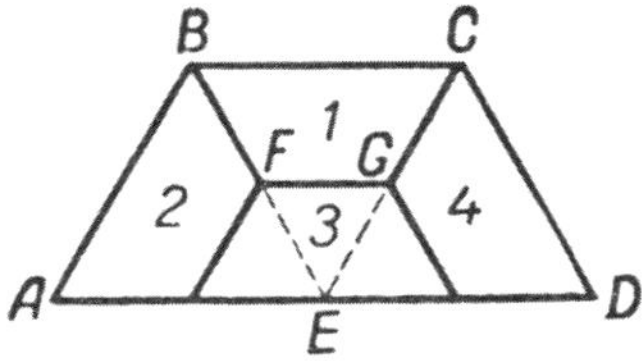

170...

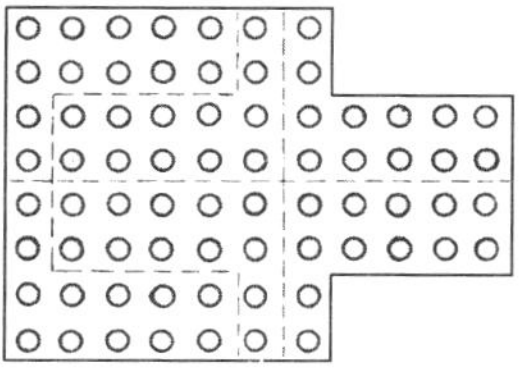

171...

172...

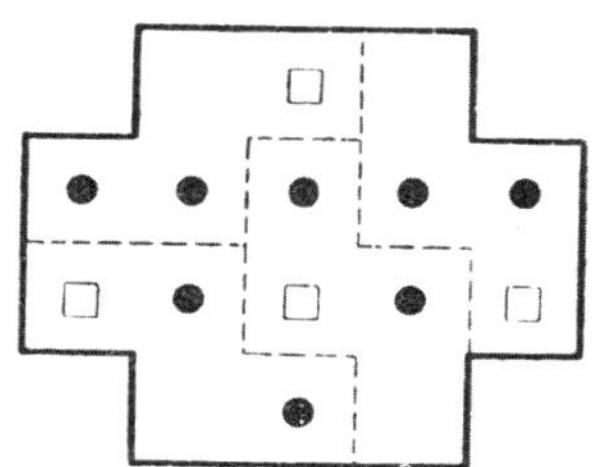

173...

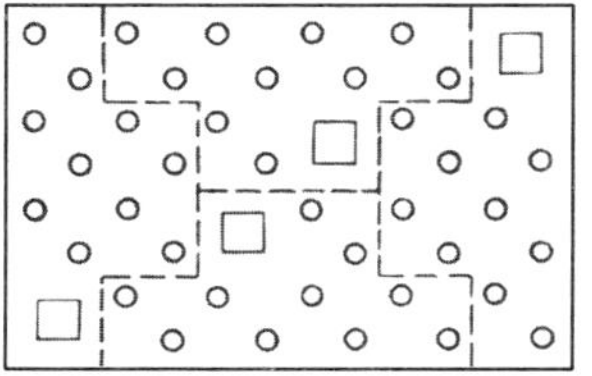

174...

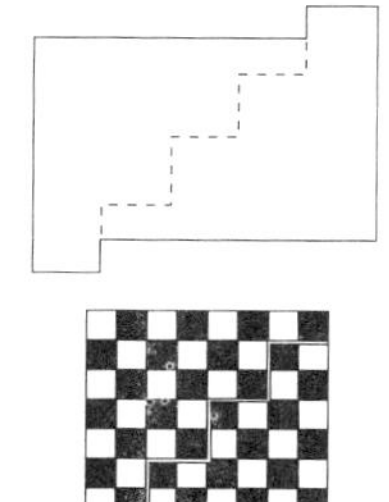

175...

沿着 abcde 切割，图形 bcd 是各个正方形的中心。然后如图 2 拼接。

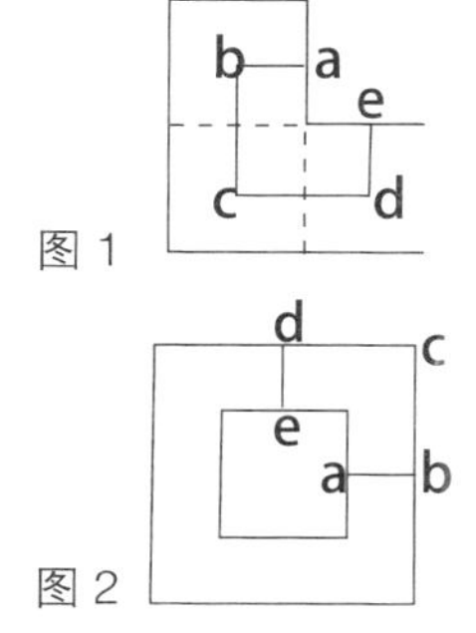

176...

答案如下图所示，阴影部分为剪下来拼成正方形的部分。

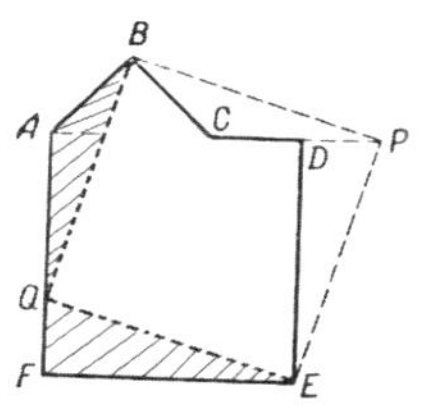

177...

直线必须在马蹄形上相交。

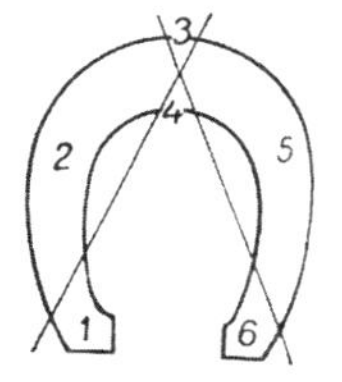

178...

答案如图所示。其中阴影部分为切割下来拼成正方形的部分。

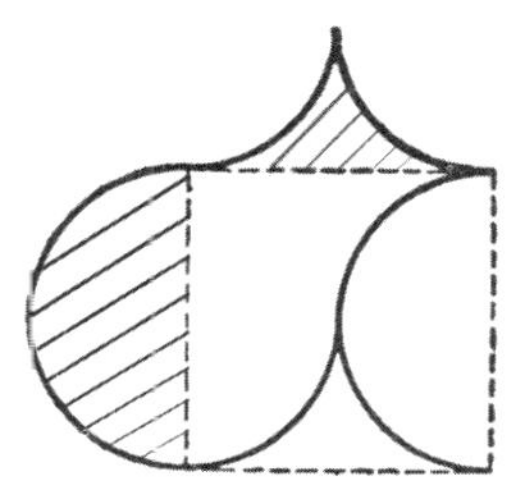

179...

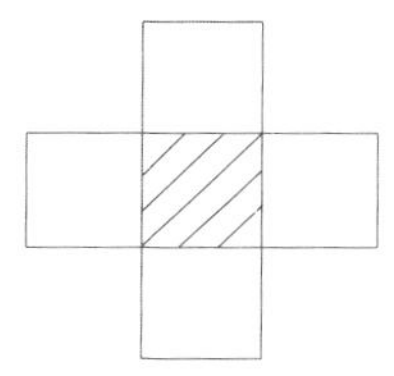

180...

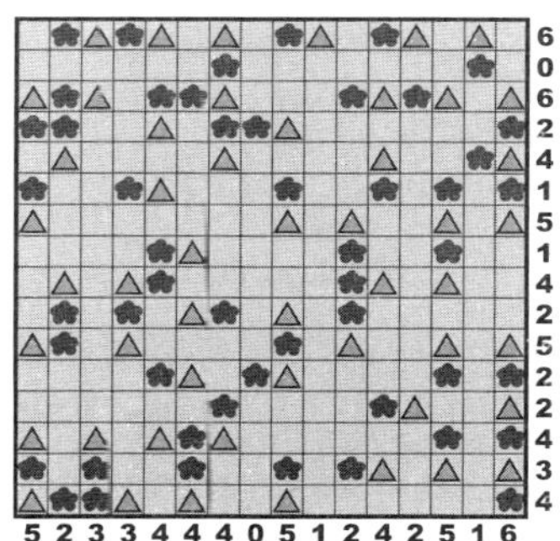

181...

如果你从一面镜子中看这些字母，它们和原先在纸上看没有变化。

182...

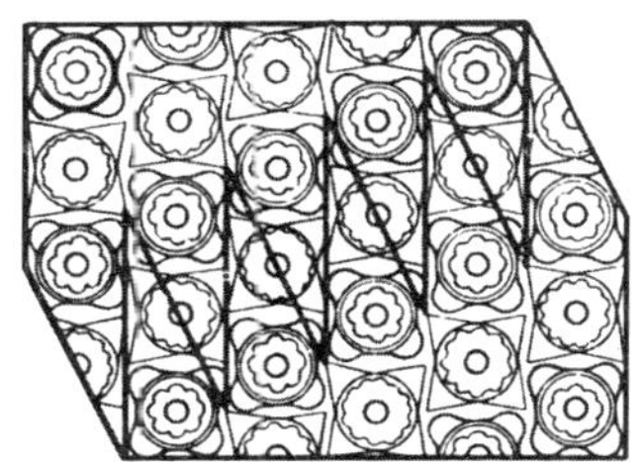

183...

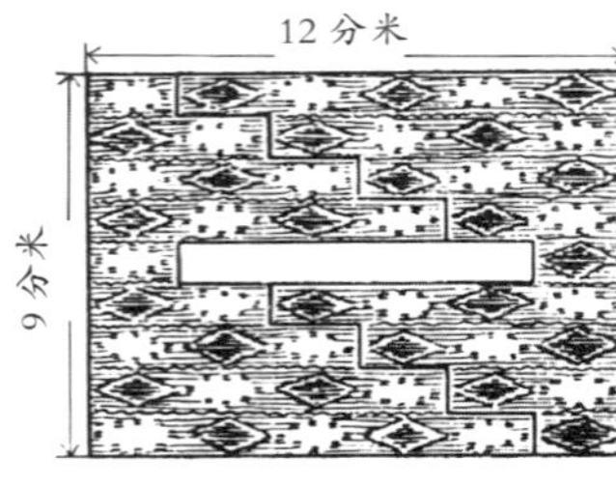

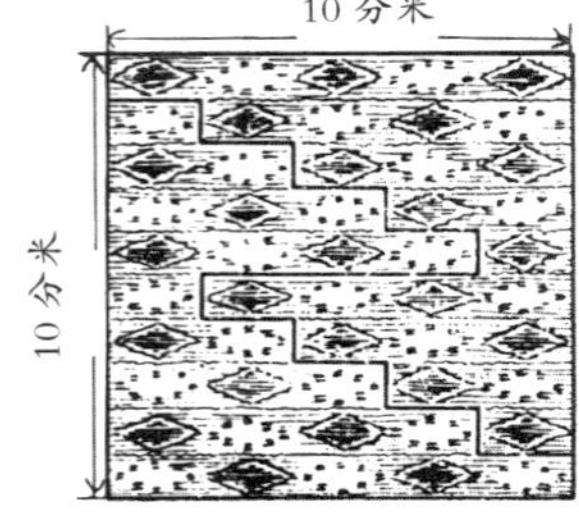

184...

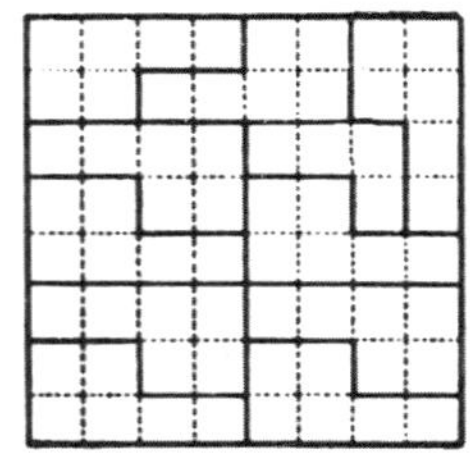

185...

木匠应该沿着 BA，CA，B_1A_1 和 C_1A_1 来锯这 2 个椭圆形。

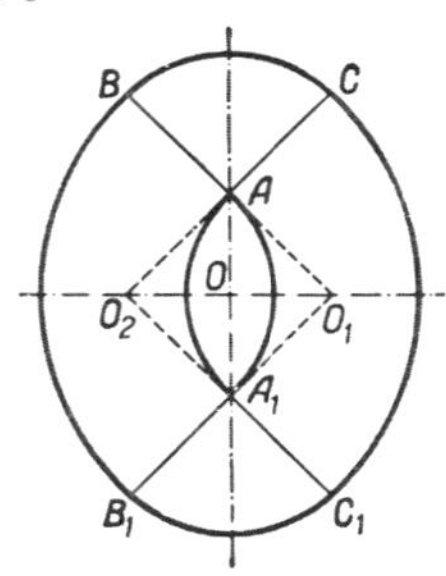

然后把得到的 8 个部分粘在一起，就会形成如图所示的圆形桌面。

186...

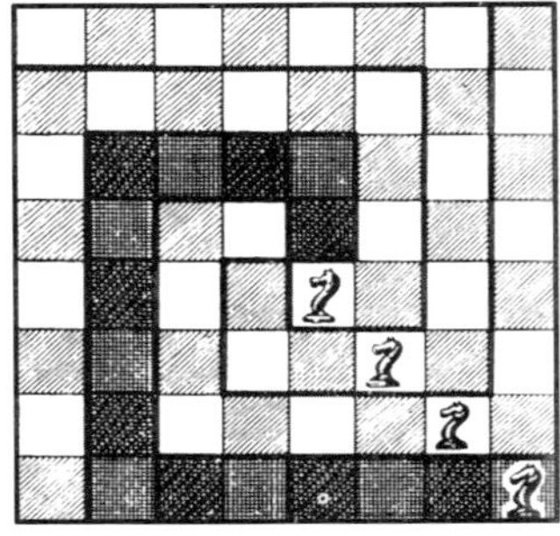

187...

若要求得最大的数目，每条直线应该与其他各条线都相交，且任意交点上只有两条直线。

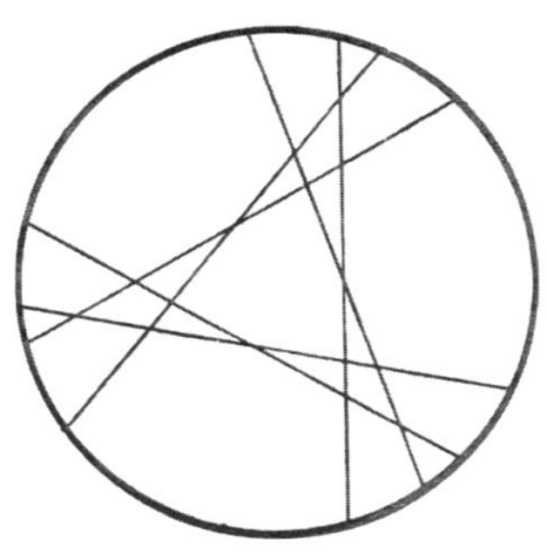

188...

在图 A 中画出 CA、EL，它们分别垂直于 AF，LM 等于 EL。连接 EM，用 EM 构建出 1 个等边△EMN，画出 KN 的延长线，与 CD 相交与 P 点。如果画图无误的话，CP 会等于 CK。

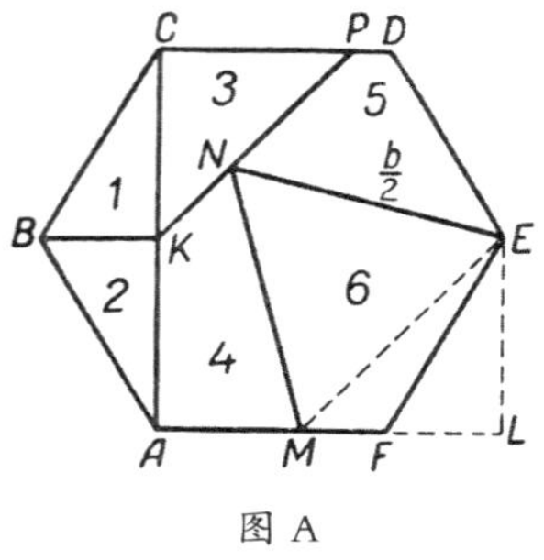

图 A

沿着图 A 中的实线把它切割成 6 个部分，然后拼成图 B 中的等边三角形。

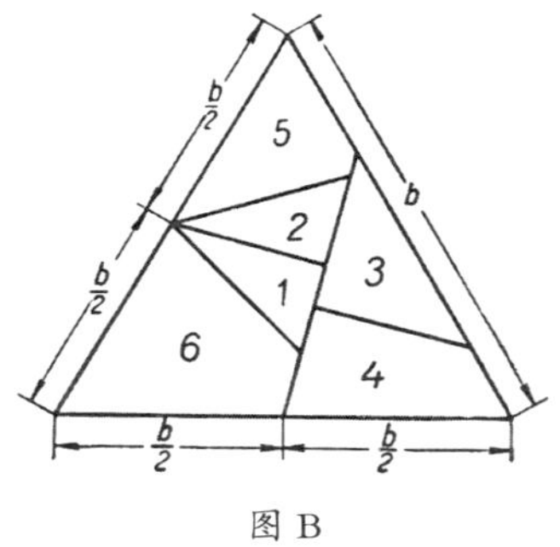

图 B

189...

无须改变数字，只要将等式上下颠倒一下就可以了。

$$\begin{array}{r}18\\66\\+89\\\hline 173\end{array}$$

第九章

综合类思维游戏

1. 贪婪的书蛀虫

“贪婪的书蛀虫”游戏很早就有了，而且非常有意思。书架上有套思维游戏书，共3册。每册书的封面和封底各厚0.2厘米；不算封面和封底，每册书厚2厘米。现在，假如书虫从第1册的第1页开始沿直线吃，那么，到第3册的最后1页需要走多远？

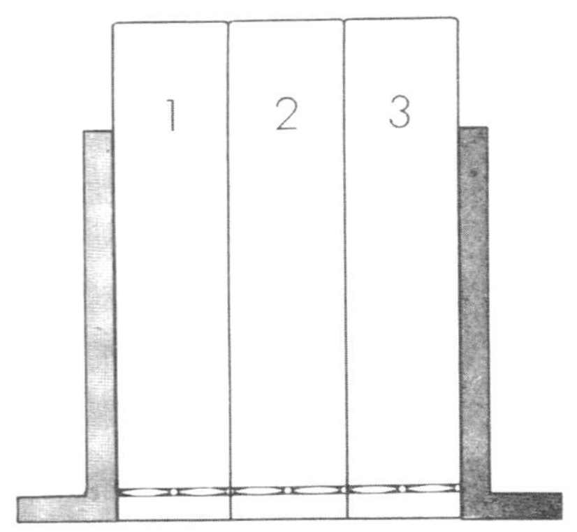

2. 钱包

有一天，威拉德·古特罗克斯先生急匆匆地跑进警察局，大喊自己的钱包被盗了。

“现在要镇静，古特罗克斯先生，”安德森警察说，“有人刚刚交还了一个钱包，也许是你丢的，你能把里面的东西描述一下吗？”

“好的，”威拉德回答说，“里面有一张菲尔兹的照片以及电话卡。哦，对了，还有320元，共8张钞票，而且没有10元的钞票。”

“完全吻合，古特罗克斯先生。给，这是你的钱包。”

那么，你知道他钱包里有哪8张钞票相加之后正好是320元吗？

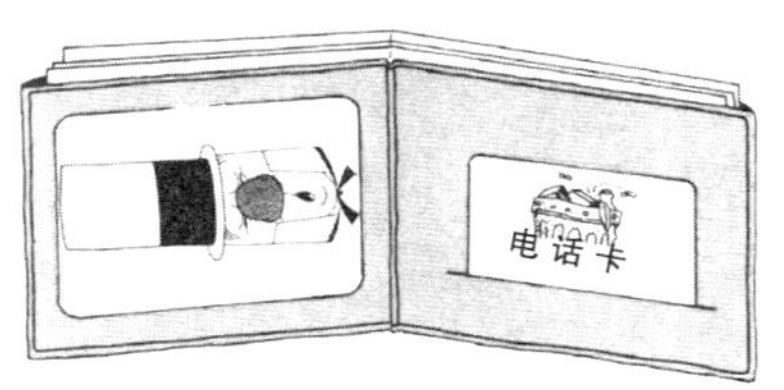

3. 射箭

费尔图克曾就道古老的射箭难题向罗宾汉挑战。他把6支箭射在靶子上，这样他的总分就刚好达到100分。看样子，费尔图克好像知道答案而且可以摘得奖牌了。

4. 狮子和鸵鸟

有个管理员决定计算一下公园里的狮子和鸵鸟的数量。出于某种原因，他是通过计算这些动物的头和腿的数目来统计动物的数量的。最后，他算出一共有35个头和78条腿。那么，你知道公园里分别有多少狮子和鸵鸟吗？

5. 两副扑克牌

这个游戏来自于澳大利亚，取两副扑克牌，一副扑克牌的背面是蓝色，另一副是红色。然后，从扑克牌里挑选出 4 张，两张面朝上而另外两张面朝下（如下图所示）。现在，问题是：桌子上的每张蓝色底面的扑克牌在其另一边都有一张 K 吗？

要解决这个难题，你可以将两张扑克牌翻过来。那么，你会翻哪两张扑克牌呢？

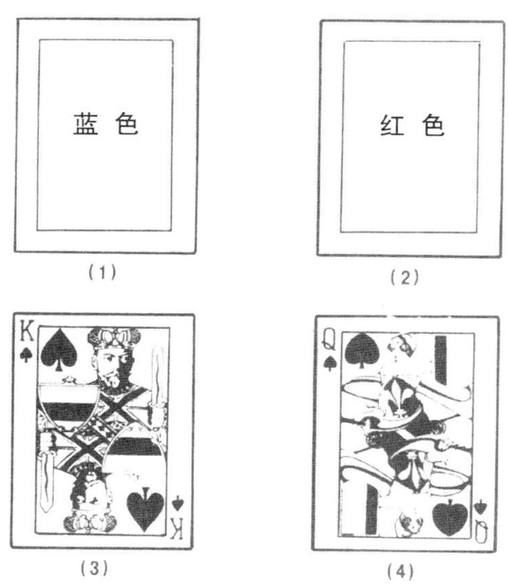

6. 古玩

有一天，古董商加尔文·克莱克特伯尔买了一个铸铁的喷水龙头：上面是一支鳄鱼，嘴里吞着一条鱼。他为这件绝妙的艺术品支付了 90% 的“账面”价值。第 2 天，一个收藏家看见后，说愿意支付高出他 25% 的费用将其买下。加尔文毫不犹豫地答应了，这样，他就从这笔交易中赚了 105 元。那么，你能推算出这件诱人的古玩的账面价值是多少吗？

7. 农民的建议

两位喜爱运动的绅士决定进行一场赛马比赛，双方规定谁的马车先到终点谁将输掉比赛，而第 2 个到达终点的才是获胜者。他们抽打自己的马向前跑，当跑出 1000 米的时候，马已经通身是汗了。在离终点不远处，他们两人都开始减速，然后在距终点只剩 100 米的地方停下来。想到先前打的赌，两人纷纷下车去跟一个在地里观看比赛的农民商量这件事。当这个农民听完他们的故事之后，就给他们提了个建议。而他们听完之后就跳进马车里开始在路上加速行驶，好像每个人都在争着第 1 个到达终点。

那个农民给他们提的建议绝不可能改变他们打过的赌，那么，你能猜出这个建议是什么吗？

8. 数独

在下面的空白格子里填上 1 ~ 9 这 9 个数字，使得横向或纵向上没有被深色格子截断的一条空白格子里的数字之和等于它左边的数字（横向）或上面的数字（纵向）。在同一条没有被截断的格子里每个数字只能使用一次。应该怎样填呢？

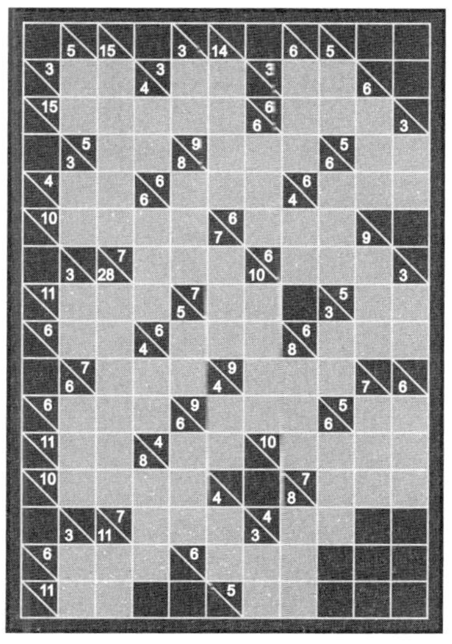

9. 降价

啊，达芙妮，今天我终于把那辆破车卖掉了。原来我标价 1100 元，可没有人感兴趣，于是我把价钱降到880元，还是没有人感兴趣，我又把价钱下调到704元。最后，出于绝望，我再一次降价。今天一早，奥维尔·威尼萨普把它买走了。那么，你能猜出他花了多少钱吗？

10. 木板游戏

当一位魔术师在装书的箱子里翻找时遇到了一个很麻烦的思维游戏，他手里拿的木板就是这个思维游戏。要解决这个思维游戏，你必须把全部圆点用1至9这几个数字代替，这样，其实就形成了一道数学题。上面没有数字0，同时，每个数字都只能使用一次。请你试一试，看能否在半个小时之内得出答案。

11. 吹泡泡派对

爷爷以前经常说他年轻时最快乐的一件事就是参加吹泡泡派对。派对上，每个人都发一个管，谁吹的泡泡最大或者谁一次吹出来的泡泡最多谁就可以获得奖品。当我问爷爷一次最多吹出来多少个泡泡时，他是这么回答的：

“我要把这个数字放在一个思维游戏里！

“如果在那个数字的基础上加上那个数，然后再加上那个数的一半，接着再加上7，我就吹出来32个泡泡。”

那么，你能根据他所说的提示计算出他究竟一次吹出来多少个泡泡吗？

12. 摆放多米诺骨牌

下面的方框中放了一整套多米诺骨牌，即从（0，0）到（9，9）的数字组合。这些骨牌可以横放，也可以竖放。每个小格子里的数字指代一张骨牌上的其中一个数（一张多米诺骨牌上有两个数）。这些多米诺骨牌分别是怎样摆放的？

4	4	8	7	7	6	8	8	5	2	4
2	8	5	7	4	9	5	0	4	2	3
7	2	1	3	6	7	4	1	4	9	7
5	4	8	9	2	5	0	8	0	1	4
8	3	5	5	3	9	6	6	8	9	6
2	1	5	4	0	7	1	3	8	7	8
7	3	0	2	9	6	9	0	4	6	5
2	0	0	0	2	2	9	1	3	3	2
0	1	3	6	0	3	9	6	5	1	6
9	8	7	7	1	3	1	9	6	1	5

13. 转盘

狂欢小丑英勒斯说得很对。这个老板是个非常迷信的人，他总是把1到11这几个数字写在转盘上并使每条线上的3个数字相加后等于18。那么，你能把这些数字正确填写吗？

14. 气球

小格温多林看上去对哥哥的这一很有创意的照看方式并不感到高兴。然而，标有数字的气球却使我们想起一个古老的思维游戏。那么，你能否将这些气球重新排列使十字线上的5个气球的数字相加之后的和都等于27呢？

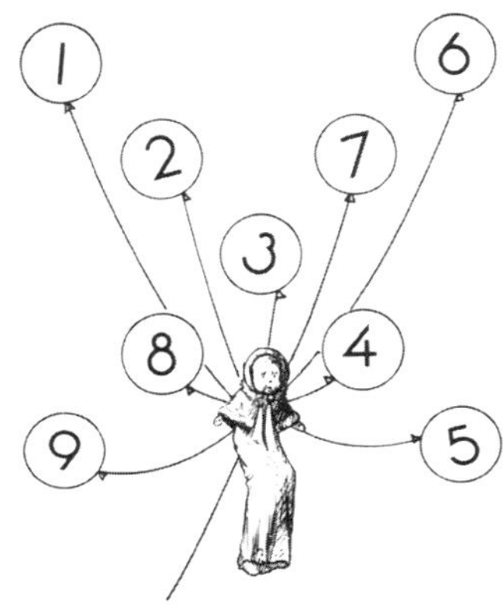

15. 多米诺骨牌的点数

这是为数不多的多米诺骨牌思维游戏中的一个，而且你完全可以把它做出来。下图是4个空白的多米诺骨牌。你要做的就是按照规则将18个点放在多米诺骨牌上：4个多米诺骨牌的上半部分的点的总个数等于下半部分的个数。同时，第1个多米诺骨牌上的点数要等于最后一个牌的2倍。另外两个中的一个只有一个点，而另外一个则有两个点（上下两部分各有一个）。有3个多米诺骨牌的上半部分的点数相同，有两个多米诺骨牌的下半部分的点数相同。

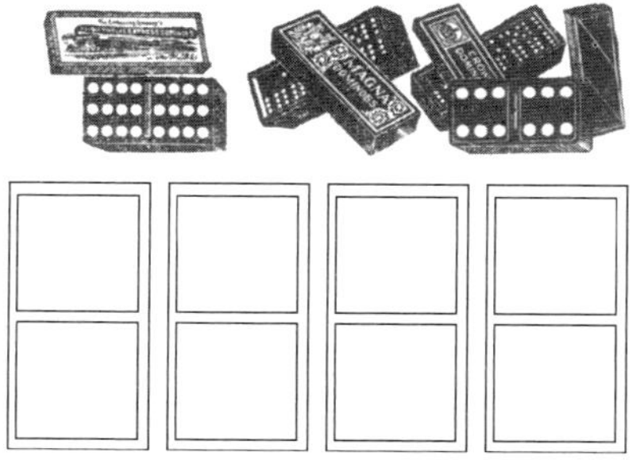

16. 思考帽

沃里克·博斯特伯教授是博斯特伯电子思考帽的发明者，现在退休的他接受了枫树林中学计算机俱乐部的挑战。他带上自己这顶著名的思考帽，试图在身后的这些强大计算机之前把这道题解答出来。那么，你能计算出上面的数字串中第4个数是什么吗？

5	11	23	?	95	191

17. 艾玛和苏琦的年龄

20世纪20年代迪丝姐妹艾玛和苏琦曾经风光好莱坞，工作室拒绝泄露她们的年龄，而其中的一位滑稽的广告人员利用这个题来嘲弄那些娱乐记者。

"如果把她们的年龄加在一起，一共是44岁。艾玛的年龄曾经是苏琦的3倍，而艾玛现在的年龄是当艾玛还是苏琦到了3倍于艾玛那个年龄一半的那个年龄时苏琦年龄的2倍。根据这个你们应该可以推算出这两位女士的年龄了。"

18. 雕像交易

20年前，当加尔文·克莱克特伯尔刚开始经营他的古董店时，他总是很骄傲地把这两尊小雕像摆放在橱窗的前面。就在上个星期，它们还放在那里。而在两天之内，他先把第1个雕像以198元卖掉，赚了10%，然后又把第2个雕像以198元卖掉，这次赔了 10%。那么，加尔文在这两个雕像交易中是赚了还是赔了？

19. 面布袋

当塞·科恩克利伯核对自己的补给品时，他在面布袋上发现了一些有趣的东西。面布袋每 3 个放在一层，共有 9 个布袋，上面分别标有从 1 到 9 这几个数字。在第 1 层和第 3 层，都是一个布袋与另外两个布袋分开放；而中间那层的 3 个布袋则被放在一起。如果他将单个布袋的数字（7）乘以与之相邻的两个布袋的数字（28），得到 196，也就是中间 3 个布袋上的数字。然而，如果他将第 3 层的两个数字相乘，则得到 170。

塞于是想出来一道题：你能否尽可能少的移动布袋，使得上、下两层上的每对布袋上的数字与各自单个布袋上的数字相乘的结果都等于中间 3 个布袋上的数字呢？

20. 垫圈与螺钉

本上周日去了托特勒尔零件铺，在那里他玩了一会儿祖父的天平，这个天平是祖父 1903 年在一个古城带回来的。玩了一会儿，本发现：

（1）3 个螺母加上一个螺钉等于 12 个垫圈的重量。

（2）一个螺钉等于一个螺母加上 8 个垫圈的重量。

本根据这些信息，想出来一道题：多少个垫圈等于一个螺钉的重量？

21. 马奇的年龄

你能帮助罗杰猜出马奇的真实年龄吗？

22. 重新排列数字

这纯粹是一道数字题。有人向你挑战要将图表中的 17 个数字重新排列，使排列之后的每条直线上的数字相加之和都等于 55。

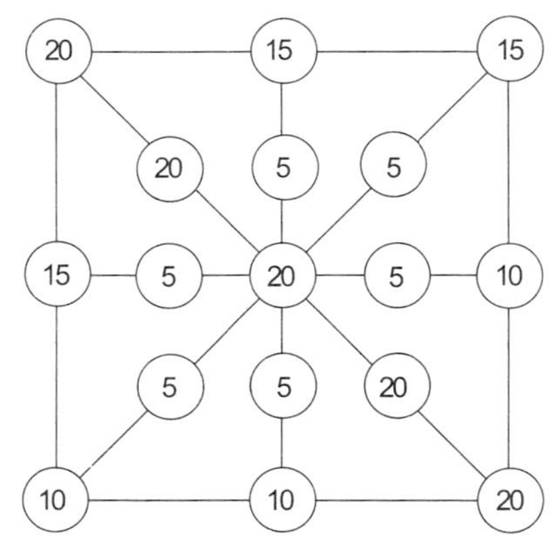

23. 返航

巨轮出现在蒸汽运用的鼎盛时期，而纽约港便成了它们的停泊地。一天，有 3

艘轮船驶出纽约湾海峡并驶向英国的朴茨茅斯。第1艘轮船12天后从朴茨茅斯返回，第2艘轮船用了16天完成了航行，而第3艘轮船用了20天才回到纽约港。因为轮船在港内的恢复时间是12个小时，所以轮船抵港的日期就是它们返航的日期。那么，需要多少天这3艘轮船才能再次同一天驶出纽约港，同时，在这期间每艘轮船将会航行多少次？

24. 赔率

贝特萨罗特教授是赛马爱好者，现在他正在研究下一场的赛马比赛，他把比赛的胜者限定在3匹马：斯威·贝利，赔率4：1；杨特·萨拉，赔率3：1；桑德·胡弗斯，赔率2：1。教授想计算出应该给每匹马下注多少钱，这样不论哪匹马获胜他都可以赢13元。

比如，如果给每匹马下注5元，当斯威·贝利获胜时，他可以在它身上赢20元，而在另外两匹马身上输10元。请你试试，看能否在比赛开始之前解决教授的这个难题。

25. 卖小鸡

艾米和贝茜是邻居，她们每天都去集市上卖小鸡。贝茜每天卖30只，两只卖1元，回家时她可以卖15元；艾米每天也卖30只，3只卖1元，一共可以卖10元。有天，艾米生病了，于是她请贝茜帮她卖小鸡。贝茜带了60只小鸡去了集市，并以5只2元的价钱卖。当她回家时，她一共卖了24元。因此，这个要比两人分别卖所赚的钱少了1元。那么，为什么会少1元呢？是贝茜拿走了吗？

26. 高尔夫专家

桑迪·班克尔是闲时乡村俱乐部的高尔夫专家，那天他在高尔夫球场的表现不稳定，前6洞的成绩看起来就像在过山车，起伏很大。有趣的是，他的相邻两洞的成绩呈现出一定的规律性。那么，你能计算出桑迪第7洞的成绩吗？

洞	1	2	3	4	5	6	7	8	9	TOTAL
草皮断片	4	5	5	6	3	4	5			
桑迪·班克尔	12	9	3	6	3	1				

27. 多米诺骨牌的顺序

一套包括（0，0）到（7，7）所有数字组合的多米诺骨牌竖放在下面的格子中，每张骨牌上的上部分的数要大于下部分的数。格子上面的数是这一列的所有骨牌上部分的数，格子下面的数是这一列的所有骨牌下部分的数。格子左边的数是与之相对应横行的骨牌上的数。所有给出的数都是打乱了顺序，按照数字从大到小的顺序重新排列的。原来多米诺骨牌的顺序是怎样的？

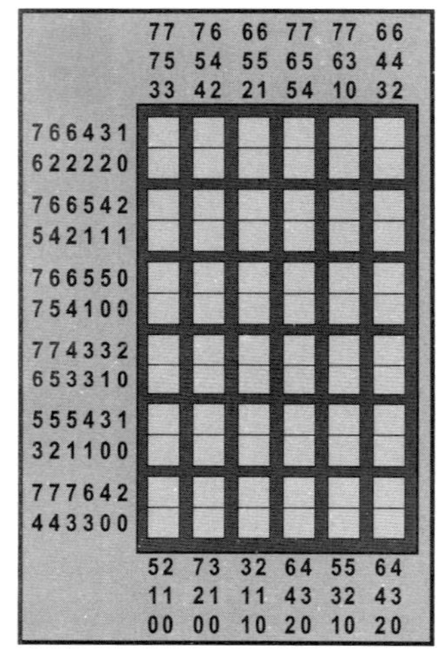

28. 恒星轨道

威拉德·斯达芬德在观看自己最新的发现。他发现太阳系中的6个恒星是在3个重叠的轨道上旋转的，他在它们会聚在一点产生超新星之前很快给它们起了名字。威拉德把这几个恒星从1到6标上号，这样就组成一个恒星思维游戏。那么，你能重新给这几个恒星标号，使每个轨道上的4个恒星相加的和是14吗？

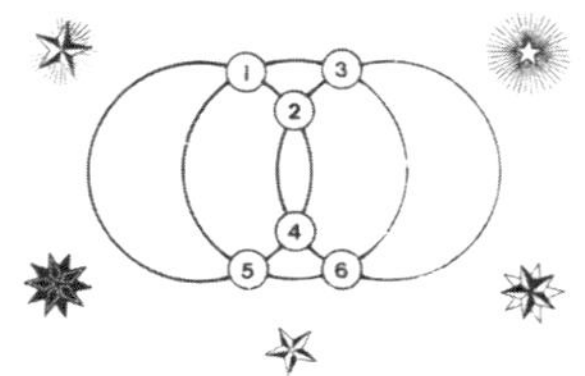

29. 交叉的圆圈

在解答这个题之前，你也许会发现自己在“看圆圈”。这里有7个相互交叉的圆圈，也就有14个有限区域。现在，请你把图中的字母用数字代替，这样在图中就只剩下从1到14的数字。同时，要使每个圆圈内的数字相加的和等于21。

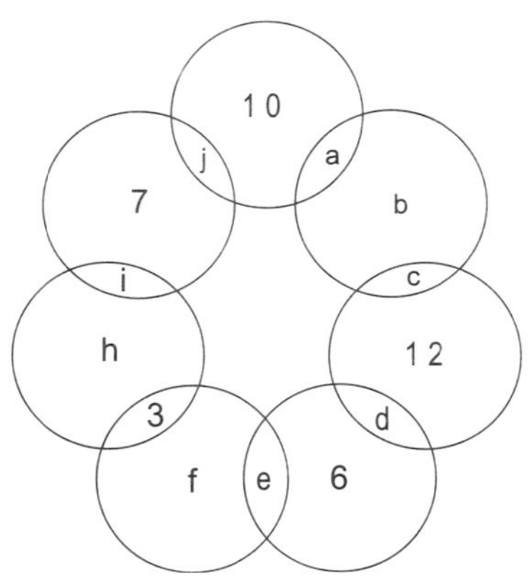

30. 标志牌

“波普，你说得不对！那个标志牌才是思维游戏呢！你的任务就是把它解答出来，即把标志牌上所有的相同字母用相同的数字来代替。如果正确完成的话，那么你会得出一个正确的数学表达式。你试试，看能不能在我们到达海滩之前把它解答出来！”

31. 代课老师的难题（一）

普里西拉·孙珊女士今天是我们的代课老师，可得当心啊。

“同学们，我上次站在这里已是好几个星期之前了，这样吧，我给大家出一道题。大家需要把黑板上的这 8 个数字分成两组，每组各有 4 个数字，将每组的 4 个数字排列组合成两个数并相加，而两组相加后的结果必须一致。谁能把这个题解答出来呢？”

32. 代课老师的难题（二）

那位优秀的代课老师——普里西拉·孙珊女士今天给我们上数学课。大家注意听啊！

“你们的老师——特雷西先生告诉我你们需要在解答幻方上面多加练习。现在，我把 9 到 16 这几个数放在这个正方形的边的周围，同时，各边上的 3 个数字相加的结果都是 36。你们的任务是将其中的 8 个数字重新排列，使各边上 3 个数字相加的结果都等于 37。”

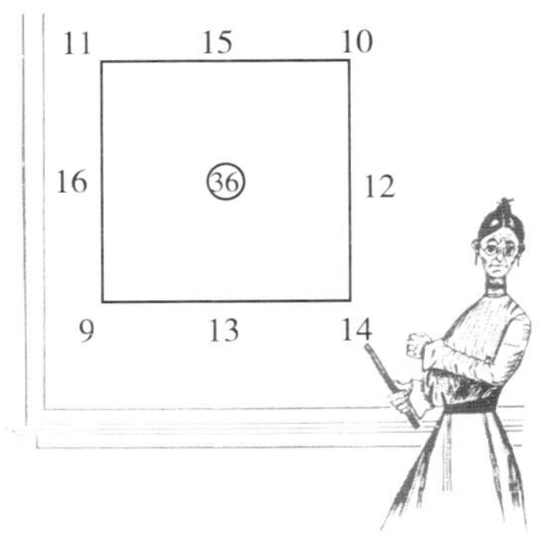

33. 代课老师的难题（三）

虽然流感季节来临，但是优秀的代课老师普里西拉·孙珊女士却毫不退缩。

“同学们，我看了昨天的测试结果，你们需要在如何使用符号上进行练习。下面的数学表达式是不正确的，你们只有把 1 个加号改为乘号， 4 个加号改为减号才能使它前后成立。因为这是最后阶段，所以即便下课铃响也要继续安心把它解答出来。”

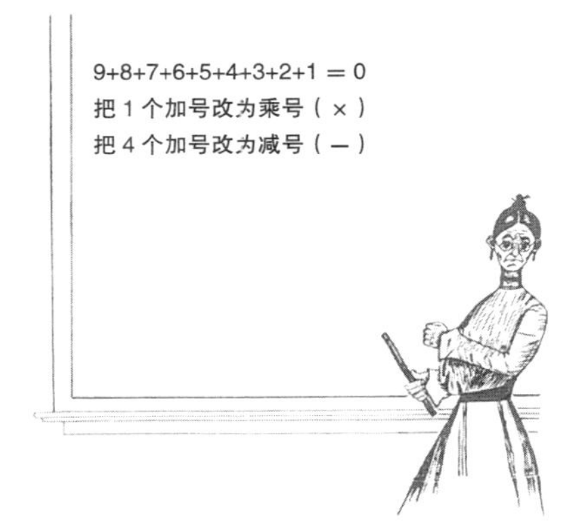

34. 代课老师的难题（四）

普里西拉·孙珊女士就是那位出色的代课教师，她又来检测你们的数学才能了。

“同学们，现在注意了！如果你在等式左边的某些数字中间添加两个减号和一个加号，就可以得出一个正确的数学表达式，并且可以使结果等于 100。你们要在这堂课结束之前把符号放在正确的位置。”

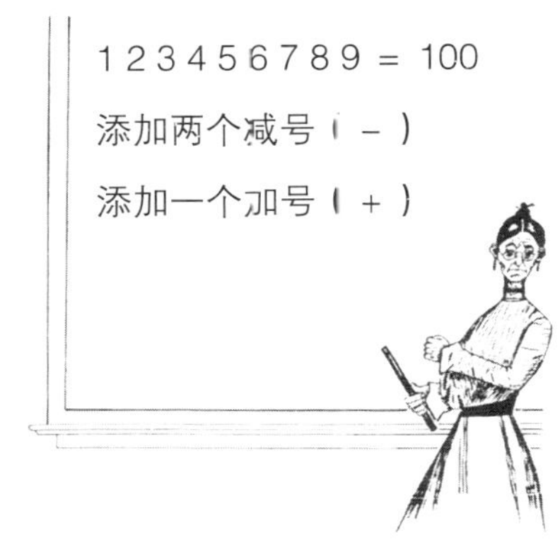

35. 硬币计数器

这里是安装在一个银行的克赖顿硬币计数器。特莱梅尼先生正在用一袋子硬币检测它，这个袋子里装了 50 枚硬币，且面值分别为 1 元、5 角、1 角、5 分。经计算后，这些硬币总共 20 元。那么，袋子里每种硬币各有多少枚呢？

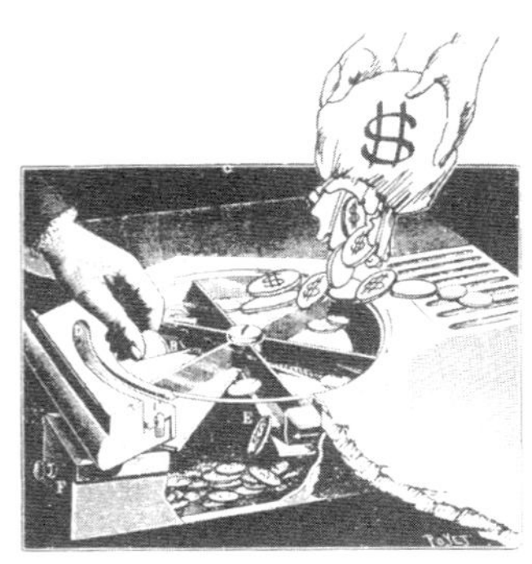

36. 单轮脚踏车赛

著名的佛塔纳兄弟是单轮脚踏车赛的冠军，他们总是在 4 个长为$\frac{1}{3}$千米的圆形轨道上进行赛前练习。兄弟 4 人从中午开始每人沿着一个轨道进行骑车练习，他们各自的速度分别为每小时 6 千米、9 千米、12 千米以及 15 千米。直到他们第 4 次在圆圈中央相遇时才停下来。那么，他们需要骑多长时间呢？

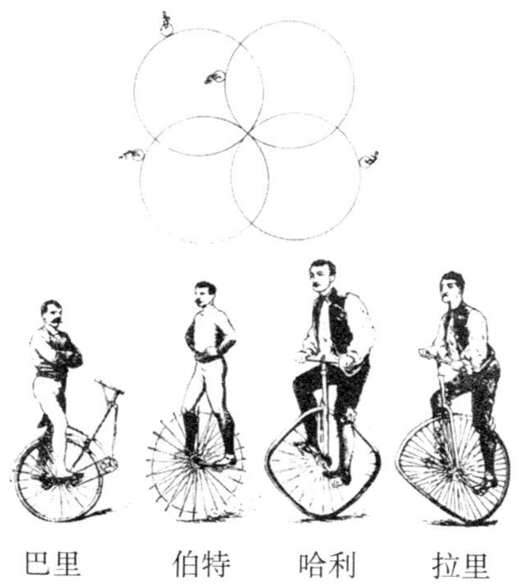

37. 夏娃的信

亚当从别人那里收到一封信。可是，我们发现这封关于夏娃的信却给我们留下一个很大的难题。那么，你能用相同的数字代替相同的字母最后得出一个正确的数学表达式吗？

$\frac{EVE}{DID}$ = .TALKTALKTALKTALKTALKTALK ...

38. 年度思维游戏大赛

如果你能答出来，那么，你也是英雄。

埃尔利达，那个太简单了。我需要做的只是将数字 1，2，3，4，5，6，7，8，9 按照某种方式排列，使它们相加之后的总数为 99999。这做起来简直就是小菜一碟。

39. 阴影

将下表中的一些圆圈涂成阴影，使得任意横行或者任意竖行中，同一个数字只能出现一次。所有涂成阴影的圆圈之间不能在垂直或水平方向上相邻，并且不能将没有涂成阴影的圆圈分成几组——也就是说，没有涂成阴影的圆圈必须横向或纵向相连成一个分支状。应该将哪些圆圈涂成阴影？

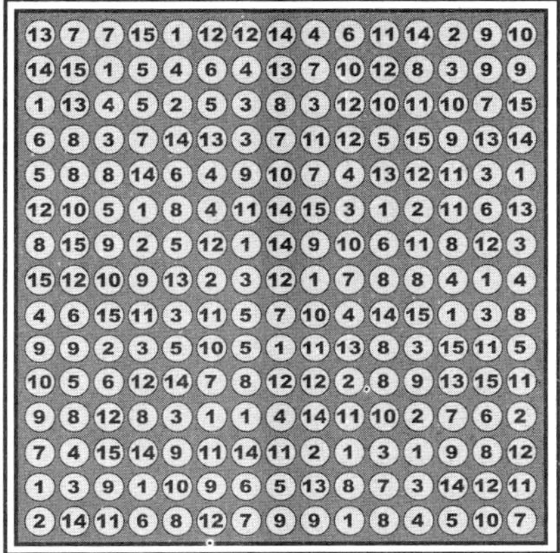

13	7	7	15	1	12	12	14	4	6	11	14	2	9	10
14	15	1	5	4	6	4	13	7	10	12	8	3	9	9
1	13	4	5	2	5	3	8	3	12	10	11	10	7	15
6	8	3	7	14	13	3	7	11	12	5	15	9	13	14
5	8	8	14	6	4	9	10	7	4	13	12	11	3	1
12	10	5	1	8	4	11	14	15	3	1	2	11	6	13
8	15	9	2	5	12	1	14	9	10	6	11	8	12	3
15	12	10	9	13	2	3	12	1	7	8	8	4	1	4
4	6	15	11	3	11	5	7	10	4	14	15	1	3	8
9	9	2	3	5	10	5	1	11	13	8	3	15	11	5
10	5	6	12	14	7	8	12	12	2	8	9	13	15	11
9	8	12	8	3	1	1	4	14	11	10	2	7	6	2
7	4	15	14	9	11	14	11	2	1	3	1	9	8	12
1	3	9	1	10	9	6	5	13	8	7	3	14	12	11
2	14	11	6	8	12	7	9	9	1	8	4	5	10	7

40. 序列数

西德尼很迷恋思维游戏，因为会学到许多东西。请你试试，看能否在他从糖果商店回来之前把这个题解答出来。

41. 泰迪玩具熊店

下图中的3个女人在最近的教堂节日期间共同投资经营一家泰迪玩具熊店。在开业的当天上午，她们先将相同数量的玩具以10元出售；下午的时候，她们更改了玩具熊的数量，但仍以10元出售。有趣的是，一天结束的时候，她们虽然卖了不同数量的玩具熊，但是赚的钱数却相同。那么，你能知道这是怎么回事吗？

42. 机器人思维游戏

世界上的许多超现实的梦想都源自这个机器人思维游戏。下图中的机器人的不同部位已经用从1到12这几个数字标注。由于某种奇怪的原因，它无法离开这个超自然的行星，除非它身上的数字可以以7种不同的方式重新排列，并使各行各列相加的结果都是26。其中包括水平的两行数字、垂直的两行数字、4个中间的数字、胳膊上的4个数字以及脖子和腿上的4个数字。

43. 奖状

解决这个题只需将下图中奖状里的 4 个 5 重新排列，使排列后的总数值为 56。

44. 西尔威斯特的调查

从表面上看，可以说西尔威斯特的调查结果越来越让人担心了。我们先不说芥末账目的出入。火山芥末公司委托他们调查有多少人喜欢辛辣的芥末、有多少人喜欢清淡的芥末。下面是他们呈交的报告：

接受调查的人数 ....300 人
喜欢辛辣芥末的人数 ....234 人
喜欢清淡芥末的人数 ....213 人
既喜欢辛辣芥末又喜欢清淡芥末的人数 ....144 人
从来不使用芥末的人数 ....0 人

当火山芥末公司认真研究这份报告之后，公司十分生气并立刻解除与西尔威斯特调查公司的合作关系，原因是总数计算不正确。那么，你能找出报告中的错误吗？

45. 大象身上的思维游戏

喜爱思维游戏的印度王子正在去往阿格拉的路上，那里将举行思维游戏大会。这头皇家大象身上的布的上面印有一道题，而它就是由印度王子设计的。这个题需要你找出图画里大小正方形（最大的正方形边长为 8 厘米）的个数。在队伍出发前，你有 5 分钟的时间把这个题解答出来。

46. 燃气式浴缸

威拉德·沃兹沃斯教授居住在马·巴斯卡姆的公寓里。二楼浴室有一个维多利亚燃气式浴缸，而他观察到了一些有关它的事情：如果打开凉水的水龙头，浴缸放满水需要 6 分 40 秒；如果打开热水的水龙头，放满水需要 8 分钟；如果拔掉塞子，放完水需要 13 分 20 秒。

现在，威拉德的题是：如果拔掉塞子，并同时打开热水和凉水的水龙头，那么，将浴缸放满水需要多长时间呢？

47. 磨面

对于安格斯的讨价还价，你不能怪他。然而，他的确遇到了麻烦。如果在伊恩扣除 10% 之后要正好带回 100 千克的玉米面，他应该带来多少玉米呢？

假设磨面的过程当中没有浪费。

48. 数字模式

要解决这个思维游戏，完全依靠的是你在金字塔方面的能力。三角形中的数字遵循某种模式排列，如果你能够发现这种模式，那么，你就可以找出三角形中 5 个问号所代表的数字。你要在沙漏中的沙子全部落在下面之前找出答案。

49. 任意三位数

曼特尔·维扎德又一次看透了你的心思。他是这样做的：让一个人写下任意一个三位数，每位上的数字可以不一样。然后，让出题者把数字颠倒，并且用大的数减去小的数。最后，让出题者告诉他这个结果的末位数。在下面的例子中，这个末位数字是 8。根据这些信息，他就可以猜出完整的结果。在查看答案之前，请你试试，看能否明白维扎德的计算方法。

50. 砝码

图中的海·哈特是纽约唐人街著名的老茶商，他正站在那里想如何用一个简易秤将 20 千克的茶分放在 10 个 2 千克的袋子里。他在店里只找到两个砝码，一个是 5 千克，另外一个是 9 千克。他知道称 9 次就可以完成，但是他却忘记怎么称了。那么，你能否在顾客光临之前帮助海·哈特把这个难题解决呢？

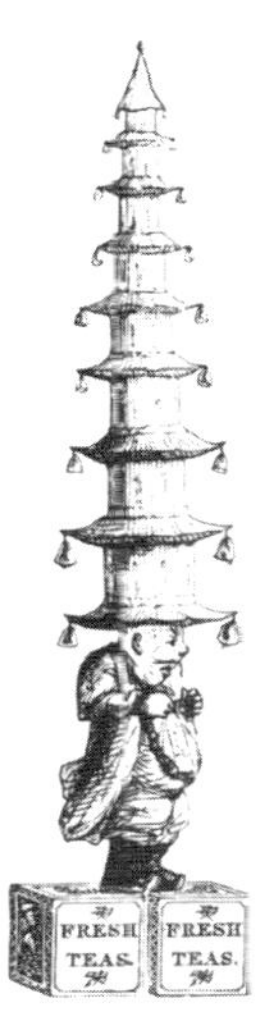

51. 神秘的正方形

让我们抽时间来解决另外一个有趣而又神秘的正方形思维游戏吧。你所要做的就是将下图中正方形里的数字重新排列，使每个水平方向、垂直方向以及对角线上的数字相加的结果为 33。我希望你用大约 5 分钟的时间把答案推测出来。

52. 附加题

大家对苏珊女士在数学课上出的这个附加题好像都算出了答案。如果你对这种题型不熟悉的话，我会告诉你：你必须用 0 到 9 这几个数字代替图中数学表达式中的 10 个不同字母，最后的结果必须是一个正确的加法算式（要把相同的字母替换成相同的数字）。

53. 姑妈家的晚餐

年轻的奥斯汀 · 泰特科勒每个星期天都会去姑妈家和姑妈共进晚餐（17：00）。奥斯汀住在利佛格罗夫，而他的姑妈住在市中心。教堂的茶叙时间（12：00）一过奥斯汀就马上动身出发。很久以前他就知道如果按每小时 15 千米的速度骑车，那么他会在晚餐开始前一个小时到。但是，如果以每小时 10 千米的速度骑，那么他会迟到一个小时。

如果奥斯汀想在晚餐时间正好到的话，他应该骑多快呢？他家和姑妈家相距多远呢？

54. 葛鲁丘的难题

葛鲁丘看上去没心情加入我们的俱乐部，我想知道他是否可以解决下面那个入口的题。他所要做的就是计算出最后那个数字是什么！

任何一家想要接受我的思维游戏俱乐部都是我不会加入的俱乐部！

4	5	6	7	8	9
61	52	63	24	46	?

55. 碑铭

斯皮尔牧师在去做晚祷的路上碰到了下图中的墓碑，而碑铭中的某些东西让他很烦恼。他思考了一会儿发现里面有个错误。那么，你能找出牧师发现的那个错误吗?

56. 扑克与正方形

可以用一种新方法构建一个有趣的正方形。在一副扑克当中抽出10张牌，要求从A到10，A可以看作1；然后，把它们拼成一个正方形，而且要使正方形的每条边上的数字相加都等于18。如果按下图的样子把牌放好，那么，顶部和底部的各3张牌相加等于18，两列的各4张牌相加等于18。

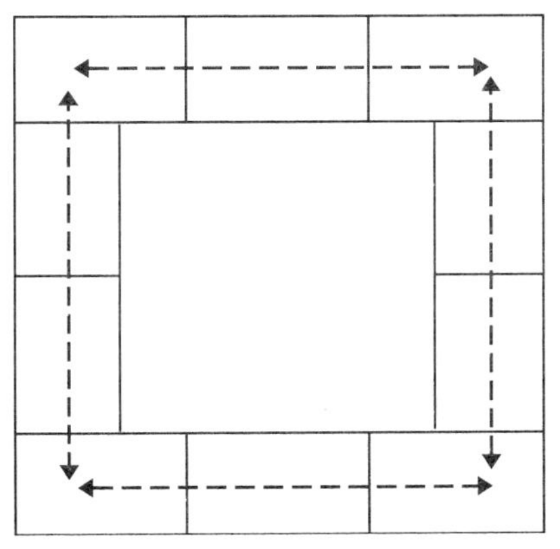

57. 阴影的面积

这是一个很巧妙的几何题。下图中有两个正方形，小正方形的边长为3厘米，大正方形的边长为4厘米，大正方形的左上角正好位于小正方形的中心点X，大正方形绕X点旋转直到它的顶边与线段ac相交于b点。那么，你能根据以上的提示信息计算出阴影部分的面积吗?

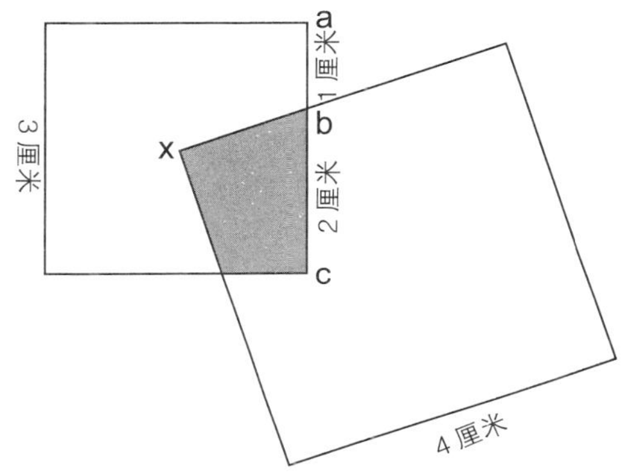

58. 数字竞赛

很久以前，有个先生叫霍华德·迪斯丁，他是一个乐器制作商。下图中的他正在击鼓召唤大家来参加一个数字竞赛。在今年的乐器集会上，为了增加大家的兴趣，他把题印在了鼓膜上。那么，你知道数字串里的下一个数字是什么吗?

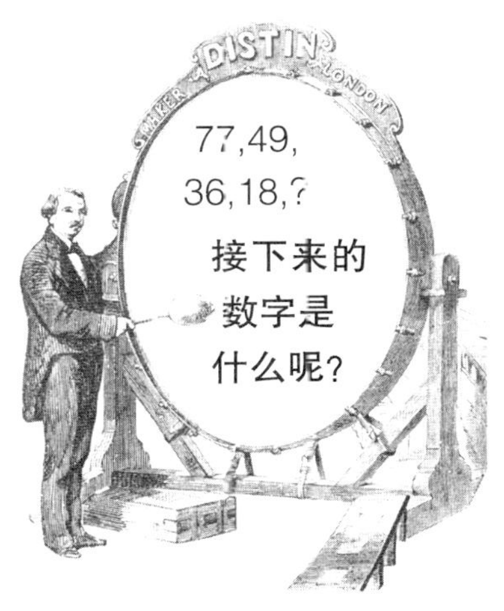

59. 蜘蛛与苍蝇

你不能被这个问题难倒。下图的玻璃圆柱体高4厘米，周长为6厘米。圆柱体外面有一只蜘蛛，距离圆柱底部1厘米；里面有一只苍蝇，距离圆柱顶部1厘米。蜘蛛看到苍蝇后，找出了最近的路线，然后猛扑向苍蝇。那么，蜘蛛的行走路线是什么？同时，它走的路程有几厘米呢？

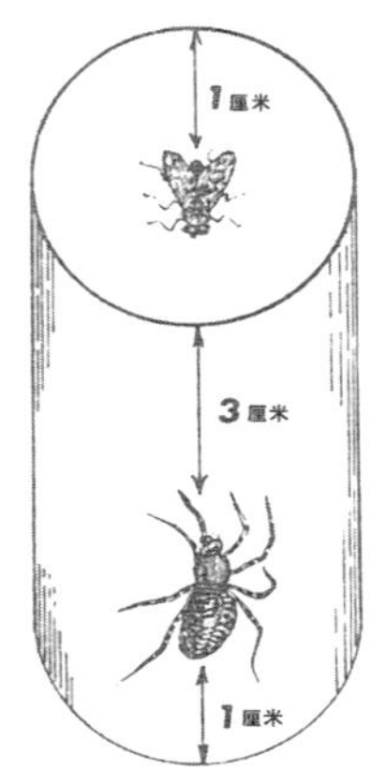

60. 给父亲的信

“请多寄些钱过来。”这个大学生已经把钱花完了，他在向家要——而他的请求只有当他的父亲解读之后才能得到回复。信中的每个字母代表一个数位上的数字——数字是从0到9，其中的一些数字被重复使用。那么，这个大学生想要多少钱呢？

61. 蜘蛛网

有一个雕像存放在格力姆斯力城堡的阴暗凹室里。凹室的部分入口被一张巨大的蜘蛛网挡住了，拱状的网的弧正好是圆周长的$\frac{1}{4}$，长20厘米。那么，你能根据这些情况计算出蜘蛛网遮盖部分的面积是多少平方厘米吗？

62. 火柴的游戏

很多年以前，抽烟是社交上的常事，每个人都随身带着火柴并知道至少6个有关火柴的游戏。下图中的12根火柴拼成了一个正方形。这个正方形的面积是9个平方单位，而这个单位的长度就是火柴的长度。那么，你能否将这12根火柴重新排列，使它们的面积为4个平方单位呢？当然，所有的火柴都不能重叠在一起。

63. 保险库

戴佛尔·邓肯在一艘失事的船里检查时，找到了一个保险库，而就在那一天，他赚了大钱。他先提出来 4 袋钱，里面各有 60 枚、30 枚、20 枚和 15 枚金币。当他数完剩下两个袋子里的钱时，他发现这 6 个袋子硬币的个数形成一个特殊的递进关系。那么，你能否计算出第 5 袋和第 6 袋里的硬币个数呢？

64. 城堡里的思维游戏

在城堡里长大的孩子不仅会格斗和打仗，他们也会做相当数量的思维游戏。这里我们看到的是令人尊敬的兄长正在让这些孩子解答一个数字替换题。在这个乘法算式里，有些数字已经被星号所代替。那么，请你试试，看能否把这个算式还原。

65. 机械玩具

有一天，加尔文·克莱克特伯尔碰到了一些铁制的机械玩具收藏品，他因此大花了一笔。其中，包括自动倾卸卡车、蒸汽挖土机以及农用拖拉机，我们把他的发现编成了一个题。他买了下面 4 堆玩具：

第 1 堆有 1 辆拖拉机、3 辆挖土机以及 7 辆卡车，花了 140 元。

第 2 堆有 1 辆拖拉机、4 辆挖土机以及 10 辆卡车，花了 170 元。

第 3 堆有 10 辆拖拉机、15 辆挖土机以及 25 辆卡车。

第 4 堆有 1 辆拖拉机、1 辆挖土机以及 1 辆卡车。

请计算出加尔文为第 3 堆和第 4 堆玩具花了多少钱。

66. 盒子的重量

你想听听哈肯布什先生回来时巴斯卡姆还记着哪些吗？同时，你能否计算出每个盒子的重量呢？

好的，先生！等哈肯布什先生一回来我就转告他。盒子 1 和 2 的总重量是 12 千克，盒子 2 和 3 的重量是 $13\frac{1}{2}$ 千克，盒子 3 和 4 的总重量是 $11\frac{1}{2}$ 千克，盒子 4 和 5 的总重量是 8 千克，同时，盒子 1，3，5 的总重量是 16 千克。您让他计算出每个盒子的重量，然后再打电话告诉您。别担心，先生！我已经把它们全部详细记在脑子里了！

67. 纪念胜利

我们战胜了无敌舰队，这是一场伟大的胜利，请大家原谅我的措辞，这场胜利使我们成为欧洲的老大，为了纪念它，我以我的名义创作了下面的这个题：找出由同一个数字组成的两个数，这两个数不论相加还是相乘，结果都相同。

68. 杂耍大师

这里我们看到的是查理·秦，他是一位著名的杂耍大师，他此刻正在解决由某位观众提出的一个加法题。查理必须将下图中5个三位数中的6个数位上的数字删去并使删除后的数相加的结果等于1111（当一个数位上的数字被删去后，这个数位的数字用零代替）。查理可以在30秒内把问题解决。那么，你呢?

69. 南瓜先生的难题

对那些在万圣节前夕迷信的人来说，这是一个很好的思维游戏。南瓜先生给你13个3，让你把这些数排列成一个等式并使结果等于100。

70. 圣诞动员会

随着神圣一天的日益临近，参加圣诞老人讨论会的动物助手也开展了圣诞前的动员会。现在我们看到的是他们正在解答一个很难的数学题。要解决它，你必须用从1到9这9个数字替换数学表达式中的字母，同时，必须使最后得出的减法算式表达正确，相同的数字要替换相同的字母。

71. 新式计算机

哦，亨利教授，我当然希望您的新式计算机能帮我一把。我的学生认为我无能，因为他们觉得我无法解答他们认为是很简单的题。他们向我提出了挑战，让我找出最小的那个数：如果被2，3，4，5或者6除，余数总是1；如果被7除，那么就不会有余数。您能帮帮我吗？

当然了，我亲爱的朋友！我只需要把你这个问题的参数输进去，瞧，我们的答案打印出来了！现在有结果了！这个数字就是……

72. 喝啤酒

很显然，这是发生在巴伐利亚的婚姻生活片段。但是，下面的对话中又出现一个有趣的问题。假如奥托没有跟他在一起，那么布伦希尔德自己喝光1桶啤酒要用多长时间呢？

哦，布伦希尔德，生活是多么令人愉快啊！你想想，在我遇到你之前，我喝光1桶啤酒要用20天！

我知道，奥托。而自从和我在一起之后，我们两个只用14天就能把1桶啤酒喝光。生活真是很美好！

73. 古老的难题

法雷现在已经智穷力竭了，他解决不了这个古老的难题：将1至9按顺序写下来，将一个减号和3个加号插在某些数位之间，使数学表达式的结果等于70。

123456789

74. 三明治

卡米拉，那些三明治还没有做好吗？现在做了几个？最后一个四人组正在打第18个果岭。作为锦标赛的东道主，我的声誉要保不住了！

诺伯特，你要有耐心。你要是一开始帮我做芦笋三明治的话，1个小时之前我就做完了。你要是想知道我要做多少个三明治的话，我可以给你一个提示。如果用三明治的总数除以2，3，4，5或者6，你会发现所有的余数都一样；但是，如果除以11的话，将不会有余数。你要找出符合以上条件的那个最小值。现在他们来了，开始把菠菜倒进去。

75. 下注

在 1903 年的夏天，赌客们正忙着为下轮比赛的马匹下注。在第 6 站比赛里，这 6 匹马在长 200 米的赛道上赛跑，最后的结果显示在上图的揭示牌上。一位十分喜爱马匹思维游戏的改良者发现一个有趣的题：如果将上面各栏中的数字改变位置，那么就可以使每行、每列中从 1 到 6 这 6 个数字只出现一次，从而形成一个数字幻方。你能在 10 分钟内解决问题吗？

亚特兰大市——第 6 站比赛

马匹	第 1 站	第 2 站	第 3 站	第 4 站	第 5 站	第 6 站
八号	6	2	3	5	4	1
干草燃烧炉	3	6	1	4	5	2
慢速启动	5	1	6	2	4	3
不走运	5	6	1	2	3	4
凹背	4	1	3	6	2	5
倒数第一	2	5	3	1	4	6

76. 千禧年幻方

第 2 个千禧年时人们用一个特殊的“千禧年幻方”思维游戏庆祝了一下。建立的这个幻方里的数字无论在水平方向、垂直方向还是对角线上相加的结果都是 2000。现在，我们已经为你填出了其中的 4 个数字，而剩下的 12 个范围在 492 到 503 之间的数要由你来填。你能解答这道题吗？

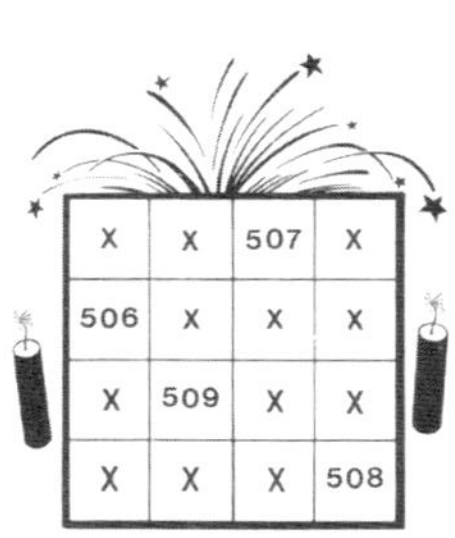

X	X	507	X
506	X	X	X
X	509	X	X
X	X	X	508

77. 孩子的年龄

以前过圣诞节是多么美好！妈妈和孩子们围在圣诞树周围，爸爸在他喜爱的椅子上打盹，而对其中的 3 个孩子来说，这一天不同寻常，因为圣诞节是他们的生日。我们来看看你能否判断出他们的年龄。今天巴顿的年龄是温德尔和苏珊年龄相加的总和。去年圣诞节时，温德尔的年龄是苏珊的两倍。如果从现在算，那么两年后，巴顿的年龄将是苏珊的两倍。

那么，你能在火鸡和菜肴摆在桌子上之前猜出他们的年龄吗？

78. 毕达哥拉斯之星

19 世纪初的表演者当然也有五花八门的表演。但是，他那个极瘦的助手看起来却对他的能力表示怀疑。下图的毕达哥拉斯之星思维游戏要求玩家把圆圈中的数字重新排列，使五角星内任意一条线上的 4 个数字相加的结果等于 24。那么，你准备怎么排列呢？

79. 蚱蜢与青蛙的比赛

比赛路线从起跑线到老橡树长 14 米，所以，整个比赛路线的总长度就是 28 米。蚱蜢一下能跳 3 米，而青蛙一下只能跳 2 米。蚱蜢每跳 3 次，青蛙可以跳 5 次，它们谁会首先越过终点线获胜呢？

80. 长袜里的玩具

现在，大家可以发现我们今年为孩子们准备了两种尺寸的长袜。一种是“我很棒”，另外一种是“我非常棒”！哦，我的天哪！我注意到一个思维游戏。那只大的长袜里的玩具数和小的长袜里一样，都是由相同的数字组成的。同时，两个数的差是两个数相加的和的$\frac{1}{11}$。

那么，每只长袜里各有多少个玩具呢？

81. 奇数相加

诺贝尔沃尔佛教授人如其名（他的名字意思为火箭发射器），5 分钟后，伊克曼这对孪生兄弟将“升空”，教授会用独一无二的方法表达对笨蛋的不悦。汉斯和费德尔的惊慌失措都因下面的问题而起：将一个五位数的奇数重新排列，使其数位上数字相加的结果等于 20，相同的奇数可以重新使用。你也有 5 分钟的时间解答这个问题。

82. 点菜

欢迎参加新泽西州布卢姆菲尔德镇的美味晚宴。哈里特经济餐馆点菜时所使用的语言十分有趣，我们把这些字母编成了思维游戏。你在解答这个题时，要将所有的字母用数字来替换，相同的字母用相同的数字替换。而替换之后，你会将她所点的东西变成一个正确的数学表达式。

83. 护身符

这是有名的赌徒威灵顿·曼尼拜格斯的护身符。但不幸的是印刷工把数字排在错误的位置，以至于它失灵了。如果要恢复它的威力，你必须把 1 至 9 这 9 个数字重新排列，使每个边上的 4 个数字相加的结果等于 17（三角形角上的数字同时算在相邻的两个边上）。

84. 高尔夫球交易

特拉斯丁·奈德·阿姆斯特朗是奈德精彩体育世界的老板。有一天，他与一个看起来很可疑的人完成了当天的第一笔交易。顾客花 12 元买了一筐高尔夫球，他支付了 20 元，奈德没有零钱，于是去隔壁的面包店换钱，然后把东西交给顾客并找给他 8 元。10 分钟后，面包师进来抱怨说那 20 元是假的，然后奈德从柜台拿出 20 元还给他。现在，奈德想的是他到底在第一笔交易当中损失了多少钱。记住，这筐高尔夫球的利润是 100%。

85. 哈比的帽子

以斯拉·沃尔顿是湍流船队的船长，哈比·贝克维尔正搭乘他的船前往自己的新业务地区。船刚刚离开码头，哈比就睡着了。当船航行了 1 千米时，哈比的帽子被吹到了水里，并开始向下游漂去，而船却继续向上游前进。当哈比醒来发现自己的帽子不见时，已过了 5 分钟，他马上让以斯拉调转船头往下游走。他们最终找到了帽子，而帽子那时则刚刚到达他们原来出发的地方。无论上游还是下游，船航行的速度保持不变。那么，你能根据这些信息计算出河流的漂流速度吗？

86. 墨尔本教授的思考

墨尔本教授正在思考一个古老的思维游戏，这个题是他的一个学生带到课堂上的。这个题是这样说的：将 12 个数字放在下图的 12 个圆圈内，要求是外圈的数字相加的结果必须是内圈数字相加结果的两倍，而内圈的 4 个数字必须是连续的数字。

87. 结账

每到星期五的中午，大家都会在撒玛利亚极品俱乐部聚餐，每次到了结账的时候，本森哥俩总是借口因为公事离开。弗雷德里克让鸡汤浇了一身的那天，他们剩下的这几个人平摊了 80 元的账。他们在场的人每次都是平分花销，为了弥补本森哥俩的账，他们每个人必须多支付 2 元。那么，你知道原来有多少人在聚餐吗？

88. 数学题

89. 伪钞

私人侦探——“帽子”哈利·哈伯森又被称为伞人，他曾经在 19 世纪 90 年代破获纽约最大的一个造假集团。从他帽子的剖面图可以看出这是个伞状的装置，既可以遮光也可以保证他的安全。当记者问他在房子里发现了多少伪钞时，他回答：

“为了清算，我们把造假太太印制的全部伪钞堆放在桌上。我们发现 5 元的伪钞数量是 1 元伪钞的 10 倍，而 50 元的伪钞数量是 10 元伪钞的 2 倍，一共有伪钞 1500 元。那么，现在，请你根据上面的信息做出判断，各种面值的伪钞分别有多少？”

90. 餐费

读者朋友也要在 15 秒内计算出结果。

91. 港口

下图是著名的查普曼滚轮船，它建于1895年。这艘船通过转动两边的巨大滚轮在水中行驶，而滚轮则都是由电气机车在轨道上运行提供动力的。船在服役的第一年往返于亚马孙河上的两个港口，从A港口顺流而下，它的行驶速度可以达到20千米/小时，到达B港口后，等旅客上船并装载邮件，它开始返回上游的A港口。返航时，它的行驶速度只能达到15千米/小时，就是说相同的距离船要多走5个小时。那么，你能计算出A港口距离B港口有多远吗？

92. 水下答题人

这是娱乐节目历史上最奇特的表演。尼莫教授和水下答题人米兰达环游过北美洲和欧洲，他们还解答了那里的观众提出的每个思维游戏。米兰达面对的只有问题，她别无选择，要么快速找到答案，要么面临溺水而亡的危险。那么你能帮她算出拜罗斯夫人现在的年龄吗？

93. 小于20的数

迈克和他的朋友们正在思维游戏俱乐部的图书馆里研究一个问题。我们也来试试，看能不能给他们帮上忙。

94. 乘法式

95. 牲畜

苏巴克说："埃比尼泽，我用6头猪换你1匹马。这样，你的牲畜就是我的2倍。"

押沙龙说："等等，苏巴克，我用14只绵羊换你1匹马。这样，你的牲畜就是我的3倍。"

埃比尼泽说："我有个更好的主意，押沙龙，我用4头母牛换你1匹马。这样，你的牲畜就是我的6倍。"

听完这3个马匹交易者所说的话，你应该有足够的信息计算出他们各自有多少牲畜了。

96. 弗朗昆教授的困惑

弗朗昆教授的学生都知道只要他们用粉笔在他研究室窗户外的墙上写一个有趣的问题，教授就会陷入其中并因此忘记自己的课。这会儿他正思考如何将5个4和1个加号重新排列使它们相加的结果等于55。如果你想出来的话，请不要告诉教授，因为他的学生会让告密者难堪的。

97. 线轴

那是1902年的圣诞节，巴塞洛缪家的孩子们把家按照富兰克林杂货店的样子布置好了。既有做游戏用的钱，也有出售的商品，他们的头顶上还有送款机。内维尔负责找零钱，而巴斯卡姆在接待他的妹妹弗勒莱特。那个时候，8元钱可以买很多东西。那么，你知道她在下面的交易中每种线轴各买了多少吗？

98. 安德鲁叔叔的抽屉

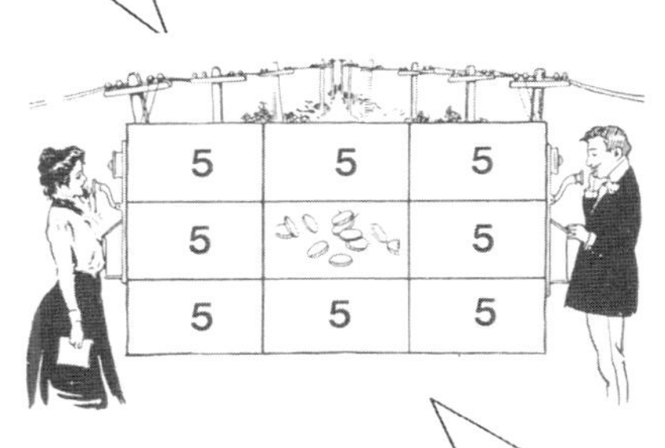

99. 法拉比奥手表

要解决这个令人头疼的法拉比奥手表比赛，你要做的就是将六边形手表面上从1到12这几个数字重新排列，使每个边上的3个数字相加的结果等于22。如果解答出来的人不止一个，那么法拉比奥兄弟将会宣布“结束营业大减价”。

100. 家庭关系

爷爷汤森曾经讲过这个故事。好像是在他的一次生日宴会上，当时有10位家庭成员，此外还有许多客人。其中，有1个祖父和1个外祖父、1个祖母和1个外祖母、3个父亲和3个母亲、3个儿子和3个女儿、1个婆婆和1个岳母、1个公公和1个岳父、1个女婿、1个儿媳、2个兄弟、2个姐妹。

那么，你能判断出参加祖父生日宴会的家庭成员的家庭关系吗?

101. 催眠士

追求时尚的催眠士弗朗茨·安东·梅斯梅尔准备在圣诞前夜招待他的贵族朋友。下图中他的实验对象正在解答他的思维游戏。这个题要求幻方上的数字在每个方向上，即水平、垂直以及对角线的相加结果都等于79。而读者朋友需要补充剩下的12个数字，这些数字要从11到29中选择。但是，每个数字只能出现一次。

		26	
25			
	28		
			27

102. 铁圈枪游戏

铁圈枪游戏以前曾经是最棒的娱乐方式之一，同时，这个游戏也花不了多少钱。奈德·索尔索特又赢了一场比赛，对手是她的妹妹和威姆威尔勒家的男孩子们。奈德将25个铁圈打进靶槽里，且每个靶槽均有得分，一共得到500分。共有4个靶槽，每个槽内的分值分别为10，20，50，100。那么，你能算出奈德在每个靶槽内打进的铁圈数吗?

103. 诗人船长

弗朗昆教授的一个学生将一个装着写有下面语句的便条的瓶子交给了他。他向这个博学的人挑战要解读著名的航海船长在这个便条上所写的这首诗中包含了什么:

“我现在指挥着这艘巨轮，船上装载着从世界各地运来的珍贵货物，这些东西我从来没有卖过；风也助我一臂之力，不管是港口还是海港，我最大的愿望就是能在上面自由奔跑。”

那么，你知道这位诗人船长是谁吗？

104. 分遗产

我们现在所处的位置就是新牛津街上的布兰德魔宫，这个宫殿在维多利亚时期是个大型商场，这里也是著名的思维游戏大师霍夫曼教授经常到访的地方。我们和他约定下午1点在这里见面。那么，我们进去吧。

“你好，霍夫曼教授。我们来得很准时。您今天有没有新的思维游戏跟我们分享呢？”

“那是当然的！先坐下，那么，就试试这个3份遗产的思维游戏吧。一位绅士临死前留下遗嘱，要将自己的遗产分给自己的3个仆人。会客室的那个仆人跟随主人的时间是女佣人的3倍，而厨师跟随主人的时间又是会客室那个仆人的2倍。遗产是按照跟随主人的时间来分配的。总共分出了7000元。那么，每个人各分得了多少遗产呢？”

105. 两个酒桶

这个思维游戏为老巴克斯所独创。你若想参加他的派对，你就必须计算出这两个酒桶中各有多少酒。这两个酒桶分别贴有字母A和B，而A桶的酒比B桶的酒多。

首先，将A桶中的酒倒入B桶，倒入的酒与B桶的酒相等。然后，将B桶中的酒倒回A桶，倒入的酒与A桶中现有的酒相等。最后，再将A桶中的酒倒回B桶，倒入的酒与B桶中现有的酒相等。

这个时候，两个桶内都有48升的葡萄酒。那么，两个酒桶原来各有多少葡萄酒呢？

106. 保险箱的密码

在世纪之初，那个放在大厅内的存有贵重物品的保险箱被采取了严密的保护措施。这个保险箱的主人是泰门尼·奥谢，他虽然十分富有，可记性却不怎么好。他这辈子总是记不住自己保险箱上的由3个号码（每个号码有两位数），组成的密码。但是，他却可以利用贴在保险箱上的线索提醒自己：

“第1个号码乘以3所得结果中的数字都是1；第2个号码乘以6所得结果中的数字都是2；第3个号码乘以9所得结果中的数字都是3。”如果保险箱窃贼上过学的话，他们很可能会将这些线索转变成现金。那么，你能将这几个号码依次呈现吗？

107. 水与酒

珀西·波因德克斯特先生是著名的饭后思维游戏专家，他正设法解答一道古老的水与酒的题，但他现在已经不知所措了。这个题是这样的：有两个玻璃杯，里面装着相同数量的液体。一个装有水，另外一个装有酒。首先，从水杯中盛一匙的水倒入酒杯。然后，搅拌均匀。接着，再盛一匙的酒水混合物倒入水杯。那么，水杯里的酒比酒杯里的水多还是少？

108. 圣诞老人的握手

圣诞老人学校又迎来了毕业典礼。今年，8名圣诞老人已经做好准备到城市商场履行职责。当他们离开之前，每个圣诞老人都要彼此握手。那么，他们会握手多少次呢？

109. 掉进黄鼠洞的球

哈里特在闲暇时刻乡村俱乐部的网球场上发现了一个黄鼠洞，她的网球掉在里面，这个洞太深了，她够不到。而且由于洞到了中间就拐弯了，所以即便用木棍也无法把球拿出来。但是她并没有气馁，很快就想出来一个好办法，并在2分钟之内把球拿了出来。那么，她是如何没有把球场挖开就拿到球的呢？

110. 逃离城堡

很多年以前，格力姆斯力城堡的高塔顶内关押着 3 个人：一个老国王、他的儿子以及女儿，他们的体重分别是 97.5 千克、52.5 千克以及 45 千克。他们与地面唯一的交流工具就是一根绳子，绳子绕在滑轮上，绳子两端各系着一个篮子。一个篮子落地时，另外一个篮子刚好到他们窗户的对面。如果一个篮子比另外一个篮子重，那么很自然，重的那个篮子就会下降；但是，如果两边的重量差超过 7.5 千克，那么它在下降时就会很危险，因为速度太快的话，哪个犯人都无法控制，他们只能在这个塔里找到一颗重量为 37.5 千克的炮弹。如果他们想逃走，那么，他们应该怎么做呢？

111. 苏莱曼黄金绳索

在一次出征时，好奇的古德温爵士遇到了寓言中的苏莱曼黄金绳索。这两根绳子相距 0.5 米，且一端已经固定在他所占领的城堡大厅的拱顶上，它们距离地面 0.8 米。由于时间紧迫而且没有梯子，所以古德温爵士无法利用梯子把它们剪下来，于是他只能用手拽着绳子仗着胆子往上爬，然后用匕首尽可能将两根绳子多切掉一些。但是，天花板离地面很高，任何人摔下来都会致命。那么，古德温爵士是如何将城堡中的这两根黄金绳子带走的呢？

112. 律师的计划

泰赫俱乐部每年都会举办猎装早餐聚会，下面这个故事在这期间曾被人们议论纷纷：

当地主特拉洛尼去世时，他在遗嘱上把自己最好的马按下面的方式留给了他的 3 个儿子：大儿子约翰获得一半的马，詹姆士获得$\frac{1}{3}$的马，威廉获得马厩里$\frac{1}{9}$的马。然而，在他过世之后，马厩里却有 17 匹马，而这个数字不能被 2，3 和 9 整除。于是，兄弟三人向一位聪明的律师请教，他制订了一个计划，而这个计划既遵从了地主的意愿，也使 3 个人都得到了满足。那么，这个计划是什么呢？

113. 伪造的金币

一年一度的思维游戏俱乐部淘汰赛曾经选用过这个题。

桌子上有 10 顶帽子，它们标有 1 到 10 这几个数字，每顶帽子里都有 10 枚金币，虽然看起来很逼真，但它们中的一个帽子里面的金币都是伪造的，真正的金币每个重 10 克。为了帮助比赛者，组委会提供了以克为单位的秤。但是，比赛者只能使用一次。然而，他们可以利用这次机会将他们所希望称的金币的数量放在秤上。那么，你能否根据这些情况判断出哪个帽子里装了伪造的金币呢？

114. 冷酷的扑克牌

“这副扑克牌的确冷酷无情，而你也没有胜算，我想你此刻心情很不好。但是，这个赌你用不着去怀疑，就看你手头的钱能不能多起来！”

一个好的赌注很难找，但是如果对方从来没见过下面这个赌的话，那么它就是必打的赌。把一副扑克分成两堆，确保其中一堆扑克全是红色，另外一堆扑克全是黑色。然后，把这两堆扑克放在一起，彻底进行洗牌，最后把整副扑克牌放好。接下来，你宣布说你将一次从顶部拿走两张牌，并打赌：如果这两张扑克牌的颜色相同，你会输两元；如果这两张扑克的颜色不一样，那么，你会赢 1 元。

如果打这个赌，那么，这副扑克在每次玩完之后你至少会赚多少钱呢？

115. 卡兰德手表

克兰西三兄弟是纽约市古老的熨斗大楼里最出色的清洁工，为了对他们的准时表示感谢，业主们送给他们每人一块卡兰德手表。但是，麻烦也随之而来。布莱恩那块表很准时，巴里那块表每天都慢 1 分钟，而帕特里克的表则每天都快 1 分钟。如果兄弟三人在收到手表的那天中午同时把手表调到准确时间并且此后不再调整手表的话，那么这 3 块手表需要过多少天才能再次在中午显示正确时间呢？

116. 斯芬克司墓碑

霍金斯和皮特里这两位刚毅的考古学家又挖掘出一个古代文物。我们来听听他们说了什么：

“皮特里，我们终于发现了举世闻名的‘斯芬克司思维游戏’墓碑，它都有 3500 年的历史了！”

“我们？什么意思，”皮特里语无伦次地说，“别把我也扯进去！我不相信造金字塔的思维游戏大师会把它写下来！”

这个墓碑当然是假的，但是这个思维游戏的确很好。看看你能不能把它解答出来。

“什么东西早上有 4 条腿，下午有 2 条腿，晚上有 3 条腿？”

117. 队列

5 个人排成一行，5 个人中有男孩也有女孩，但是男孩和女孩各自的人数不确定，问有多少种排列方法可以使每个女孩旁边至少有 1 个女孩？

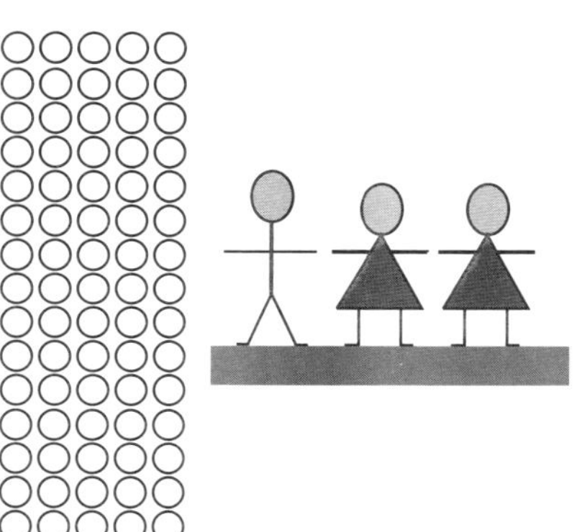

118. 保龄球队

保龄球队一共有 6 个队员，队长需要从这 6 个人中选出 4 个人来打比赛，并且还要决定他们 4 个人的出场顺序。

请问有多少种排列方法？

119. 猫与老鼠

下边的游戏界面上放了 3 只猫和 2 只老鼠，每只猫都看不见老鼠，同样老鼠也都看不见猫（猫和老鼠都只能看见横向、纵向和斜向直线上的物体）。

现在要求再放一只猫和两只老鼠在该游戏界面上，并且使上面的条件仍然成立，你可以做到吗？不能改变游戏界面上原有的猫和老鼠的位置。

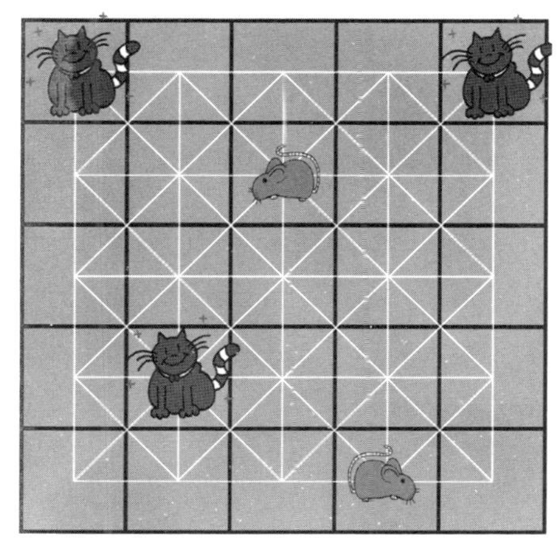

120. 罗杰爵士的长袜

虽然罗杰爵士过分讲究衣饰，但他曾被称作是出色的剑客。虽然他的击剑决斗生涯充满波折，但他总会为决斗好好打扮一番。有天早晨，当他再次为决斗装扮自己时，他要找 1 双长袜。他知道衣柜底下的抽屉里有 10 双白色长袜和 10 双灰色长袜。但是，由于衣柜顶上只有 1 根蜡烛，光线太暗，以至于他无法辨认哪个是白色哪个是灰色。那么，你认为他最少要从抽屉里拿出几只袜子便可以在外边光亮处搭配成 1 双袜子呢？

121. 数字游戏板

如图所示，把数字 1 ~ 4、1 ~ 9、1 ~ 16、1 ~ 25 分别放进 4 个游戏板中，使每个圆中的数字都大于其右侧与正下方相邻的数字，你能做到吗？

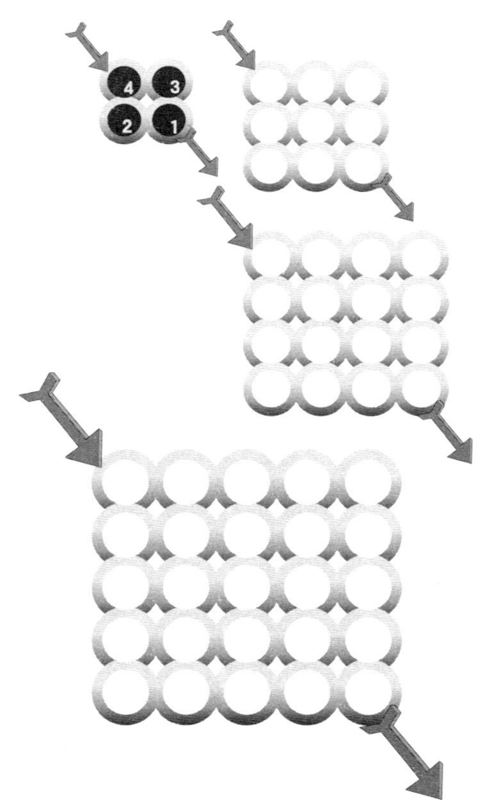

122. 完美的十字架

用直线连接这些小球中的 12 个，形成一个完美的十字架，要求有 5 个小球在十字架里面，8 个在外面。

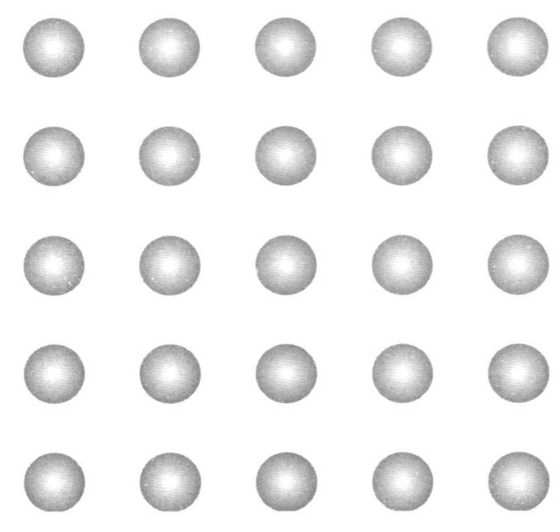

123. 夫妻圆桌

有 3 对夫妻围坐在圆桌边，他们的座位顺序需满足下面的条件：

1. 男人必须和女人坐在一起；

2. 每个男人都不能跟自己的妻子坐在一起。

请问满足上面条件的座位方法一共有多少种？

124. 洪水警告

根据安装在漂浮物上的这组齿轮，你能推断出洪水警告正确吗？

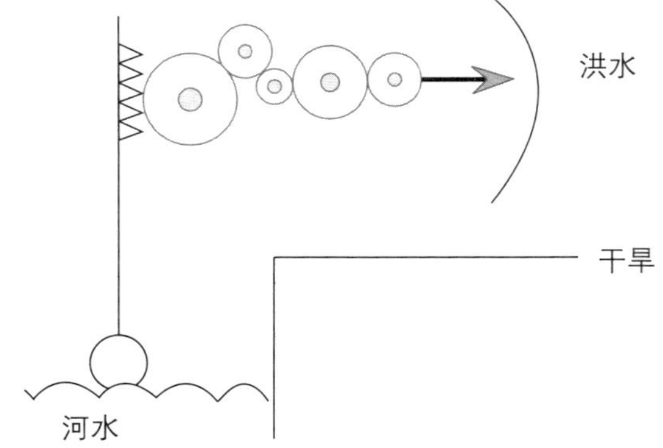

125. 年利润

下图是 4 家公司的年利润表。根据图中的信息，找出从 2001 年到 2005 年哪家公司的总利润最高？

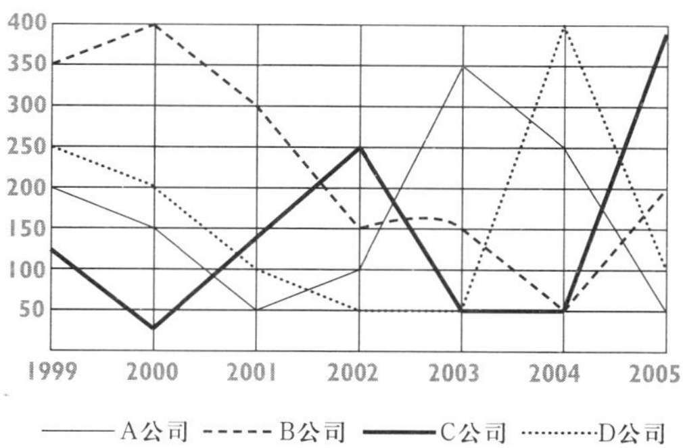

126. 合力

这 4 个力是作用在同一个点上的。力的大小以千克为单位。

你可以算出它们合力的大小吗？

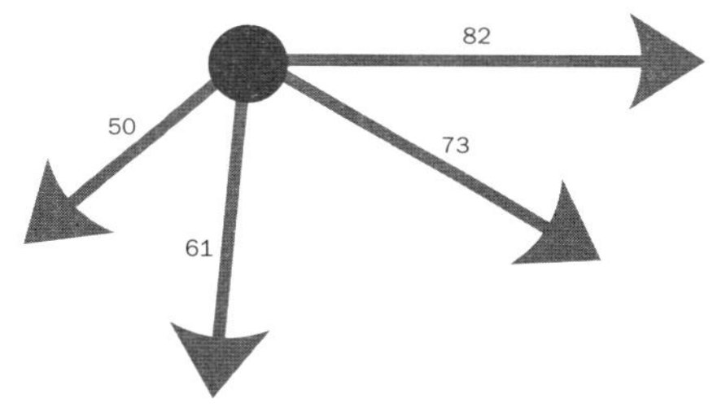

127. 称盒子

你有 3 个形状相同、重量不同的盒子。用一架天平称它们的重量，你需要称几次就可以把它们由轻到重排列？

128. 填点数

6 个选项中哪个可以完成这个问题？

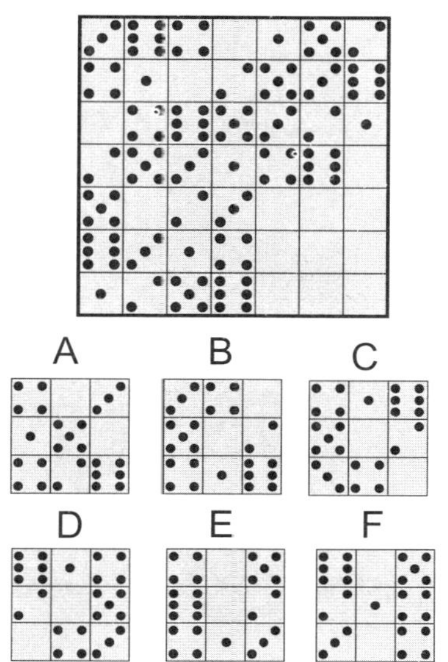

129. 三角形的面积

图中正方形的边长为 6 个长度单位，已知三角形覆盖了正方形 1/2 的面积，正方形覆盖了三角形 3/4 的面积。请问三角形的面积是多少？

130. 左撇子与右撇子

一个班级里的学生有左撇子、右撇子，还有既不是左撇子也不是右撇子的学生。在这道题目里，我们把那些既不是左撇子也不是右撇子的学生看作既是左撇子又是右撇子。

班上 1/7 的左撇子同时也是右撇子，而 1/9 的右撇子同时也是左撇子。

问班上是不是有一半以上的人都是右撇子？

131. 炮弹

如果这 3 门大炮在同一时间开火。最上方的大炮沿着地平线在同一高度平行发射，左下方的大炮与地平线成 45° 角发射，右下方的大炮与地平线成 90° 角发射。

哪个炮弹最先接触到地面？剩下的将以什么顺序降落？

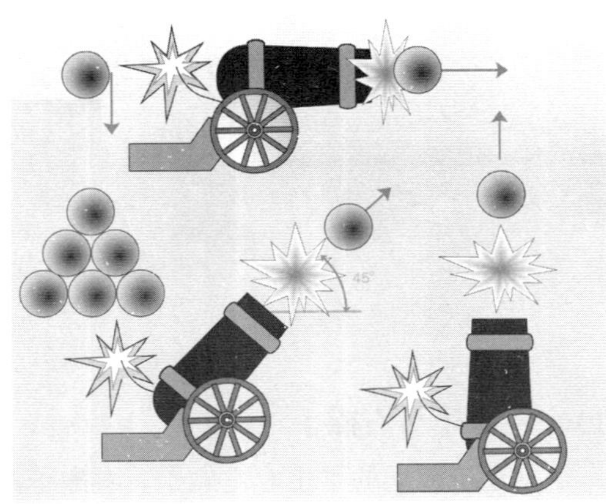

132. 北极到南极

如果你从北极打一个洞一直通到南极，然后让一个很重的球从这个洞里落下去，会发生什么（忽视摩擦力和空气阻力）？

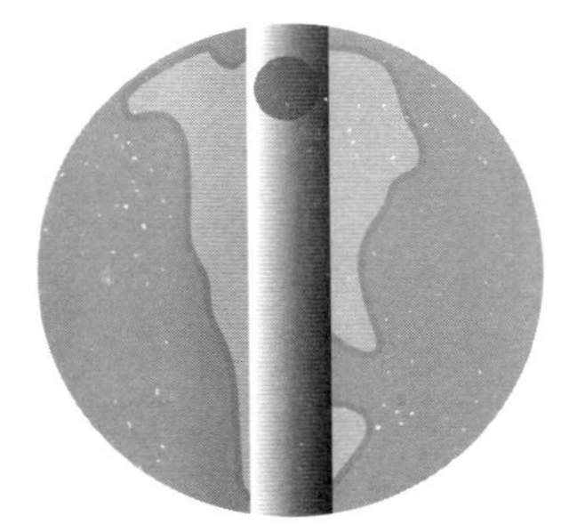

133. 图形的排列

按照某种排列顺序，问号处的图形是什么？

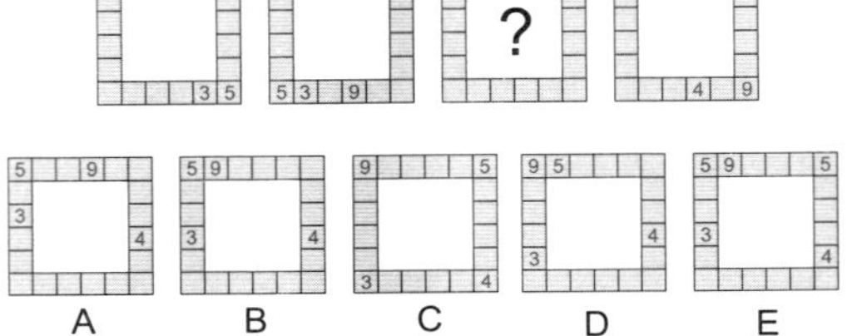

134. 例外

除了一幅图以外，其余图片都是按照一定的逻辑排列的。你能找出哪幅图是例外吗？

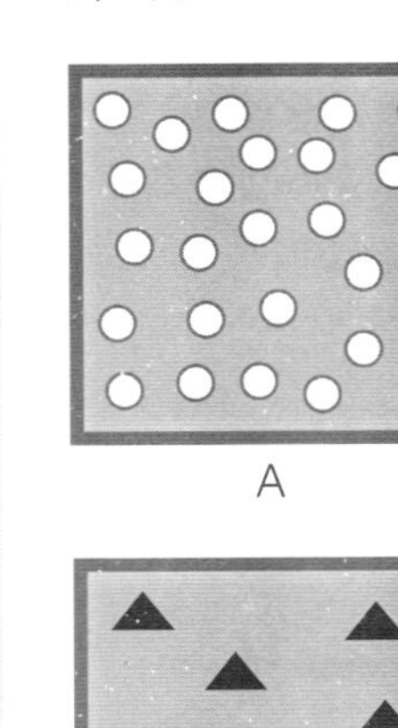

A

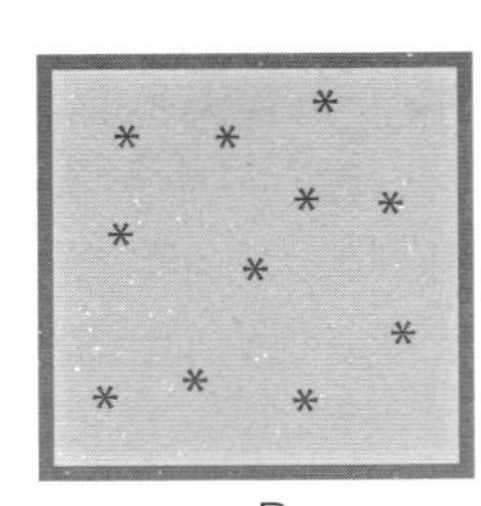

B

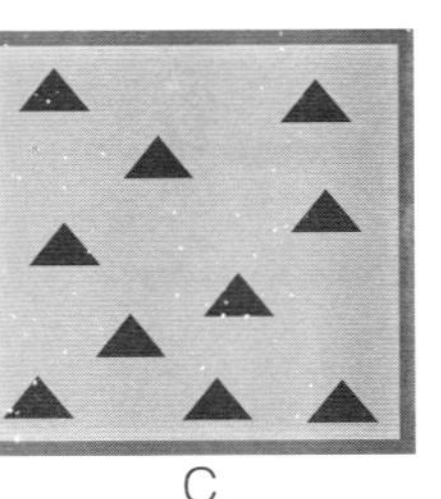

C

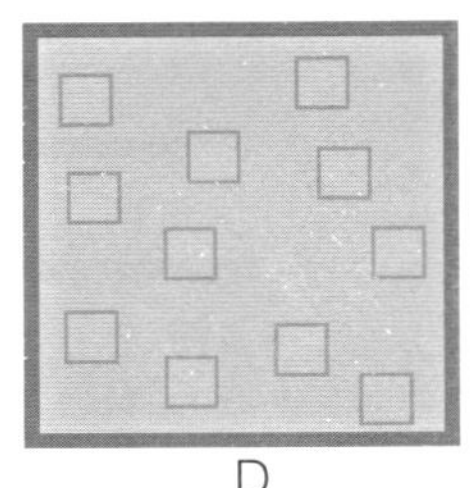

D

135. 完成图形

你能找出最后那个三角形中问号部分应当填入的图形吗？

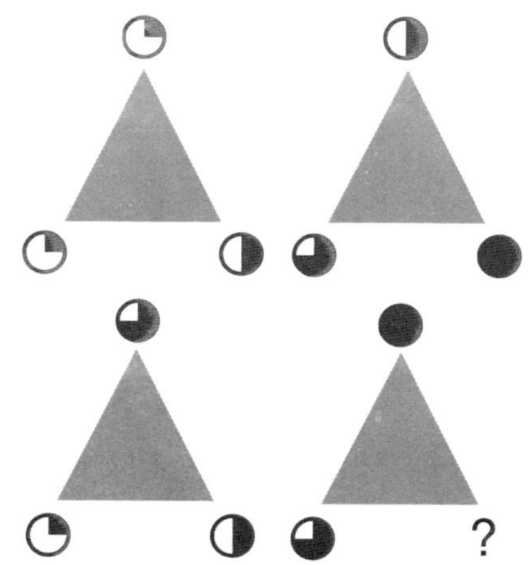

136. 字母迷宫

从顶端的入口进入迷宫，然后按顺序走遍从 A 到 F。每走到一个字母时，你所经过的数字相加必须正好等于 10（不可以相减）。从离开字母 F 到走出迷宫时，所经过的数字的和也要等于 10。

137. 折叠数字图

将这幅图复印或者临摹下来，沿着虚线折叠，要求数字按正确顺序排列（即 1，2，3，4，5，6，7，8），一个压着一个，“1”排最前，“8”排最后。数字朝上、朝下或在纸的下面都可以。

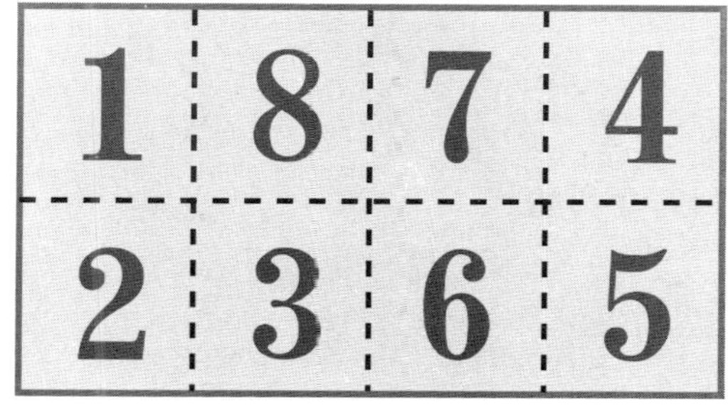

138. 透镜

如下图所示，平行的太阳光分别通过 4 个不同的透镜射到一张白纸上。

请问哪个透镜下的白纸会着火？哪个透镜下面的火着得更厉害？

139. 前进方向

火车正沿着 AB 方向前行。一位乘客在火车车厢的一侧沿着 AC 方向往前走。以地面为参照物，这位乘客正沿着哪个方向往前走呢：1，2，3 还是 4？

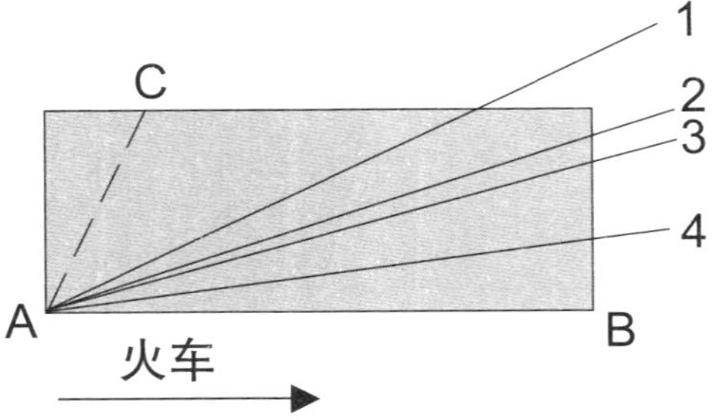

140. 字母替代

猜一猜，哪个字母替代问号以后可以完成这道题？

13	INC	2
6	QRG	7
4	DOM	8
7	SUI	7
8	AD?	2

141. 白色小圆

方框中标注问号的地方应该填上几个白色小圆？

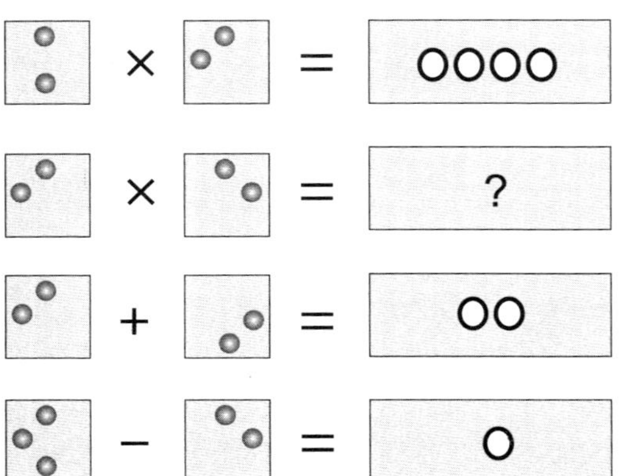

142. 适合的图

找找看，哪个图适合填到空白部分？

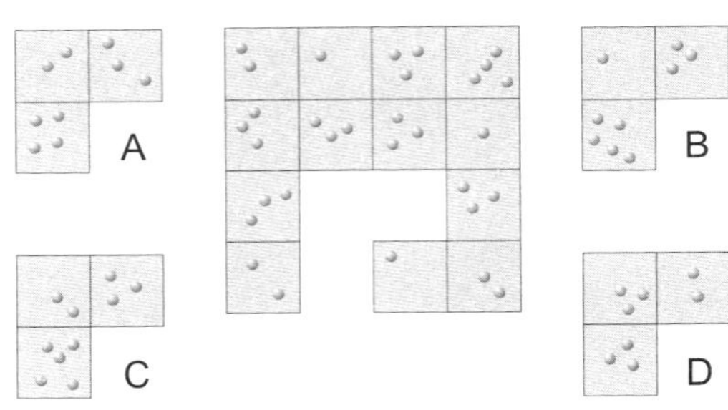

143. 图形谜题

A，B，C，D 选项中，哪个可以完成这道谜题？

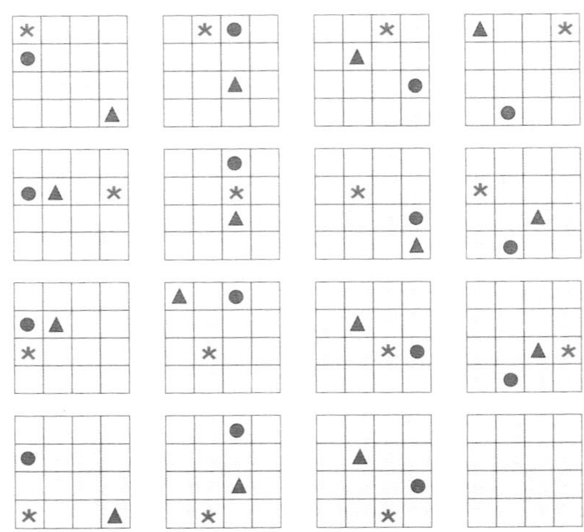

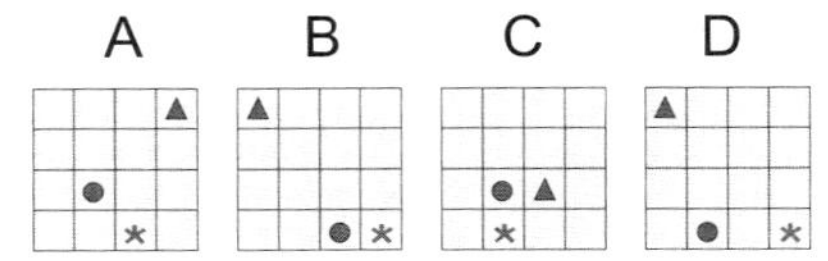

144. 接线

每个小方格的边长为 1 厘米，两个相邻小方格中心点的距离等于 3 厘米。每当电线改变方向时，必须在小方格的角上绕一圈，而这道工序需要耗费 2 厘米的电线。不准沿对角线进行连接。假设 B 点与最近的小方格中心点连接时要耗用 2 厘米电线，你能不能算出始于 B 点，通过所有 64 个小方格的中心点，最后接到A点的电线的最短接线长度。

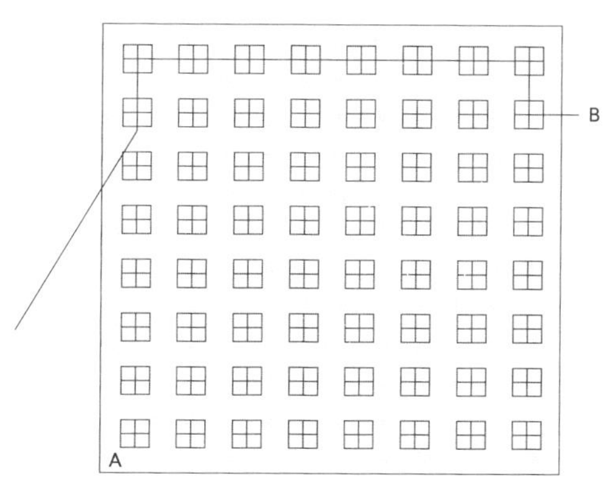

145. 城镇

在如图所示的地图中，A，B，C，D，E，F分别代表6个城镇。C在A的南边、E的东南边，B在F的西南边、E的西北边。

1. 图中标注1处的是哪个城镇？
2. 哪个城镇位于最西边？
3. 哪个城镇位于A的西南边？
4. 哪个城镇位于D的北边？
5. 图中标注6处的是哪个城镇？

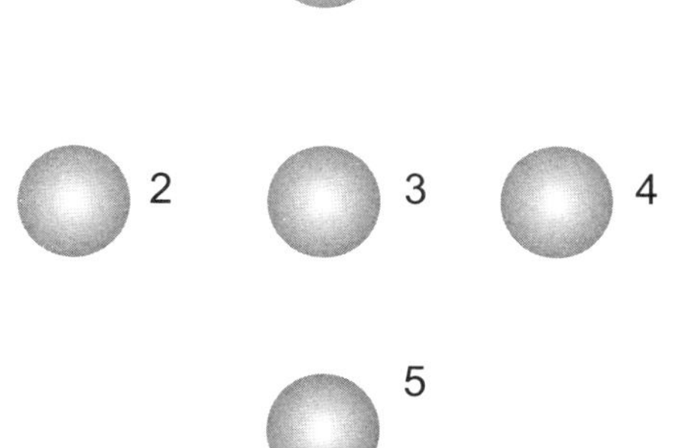

146. 不同的选项

找找看，所给的选项中哪个不同于其他？

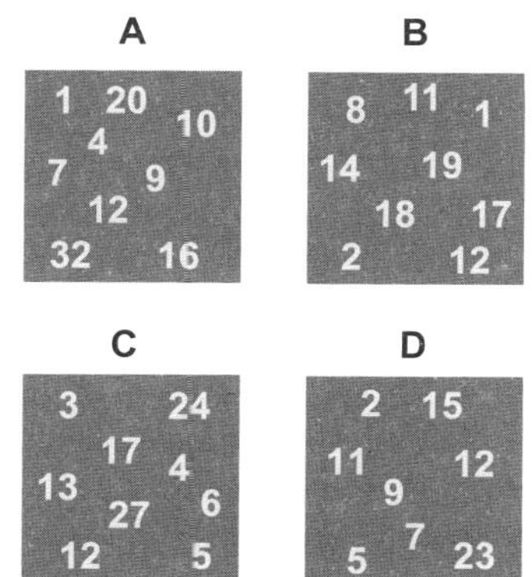

147. 三角形的内角和

请问你能不能用折纸的方式来证明欧几里德平面里的三角形内角和等于180°？

有没有这样的平面，在该平面上的三角形的内角和大于或是小于180°？

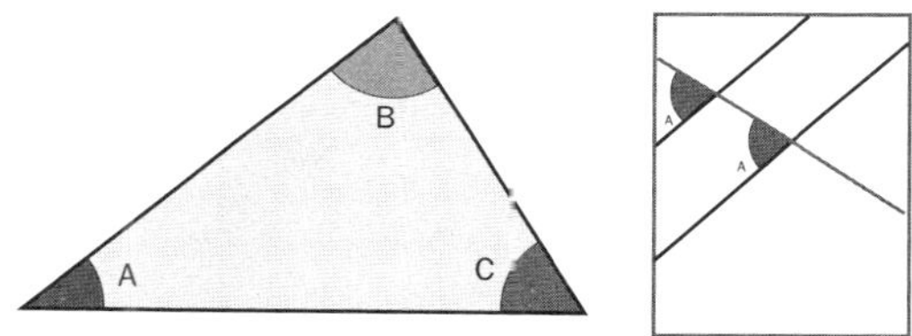

148. 奶牛喝什么

你可以和你的朋友试试。方法如下：让你的朋友不断大声重复地说“白色”，至少10次。然后你突然问：“奶牛喝什么？”看看他回答的是什么。

149. 五角星与圆圈

五角星等于格子所代表的值，圆圈等于格子所代表值的两倍。表A和表B的值已经给出，请问表C的值为多少？

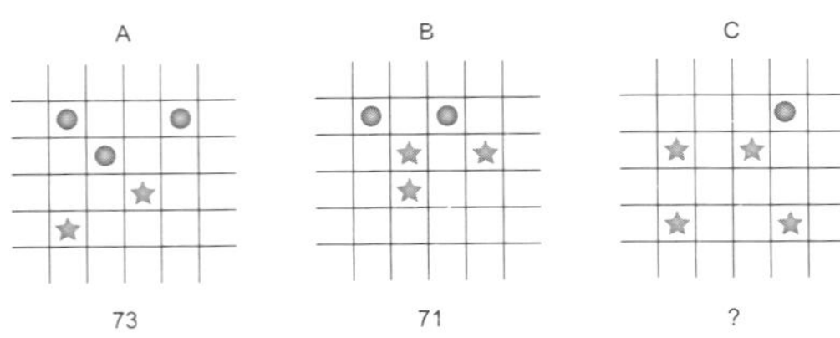

150. 方格序列

A，B，C，D，E，F哪个选项可以完成这个序列？

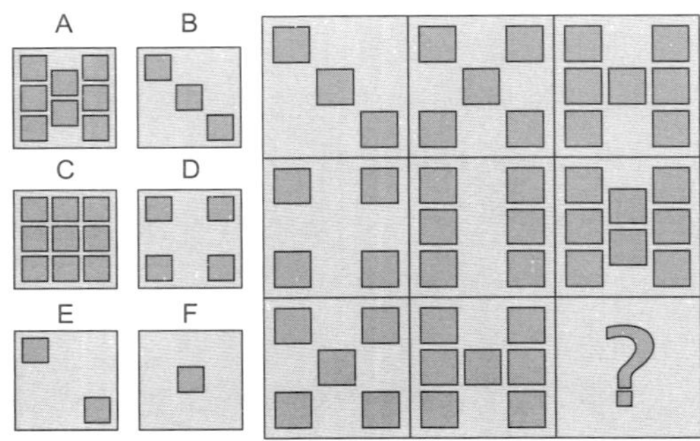

151. 天平平衡

要使天平C平衡，右边需要放什么图形？应该放几个呢？

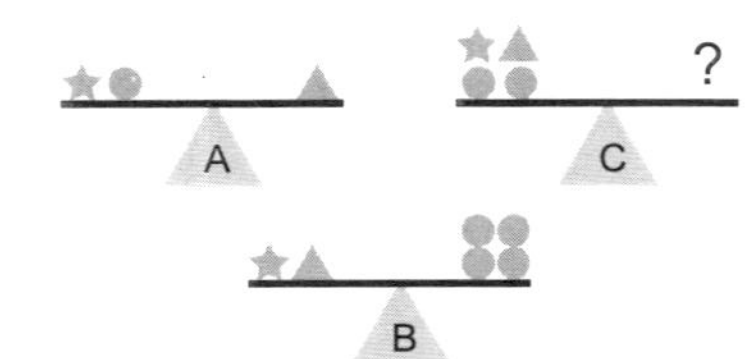

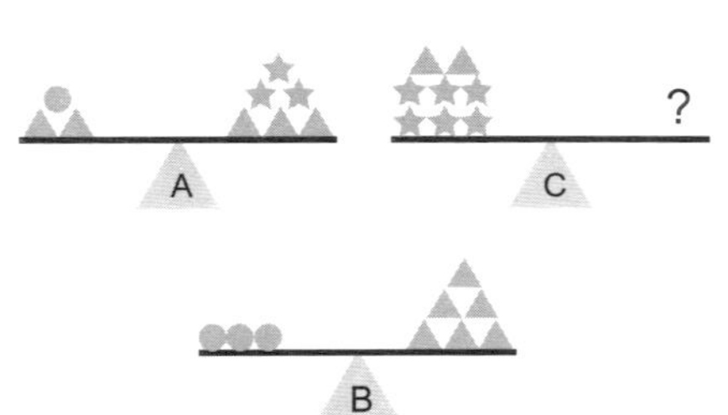

152. 角的度数

这个立方体有两面已经画出了对角线。请问对角线AB和AC之间的角的度数。

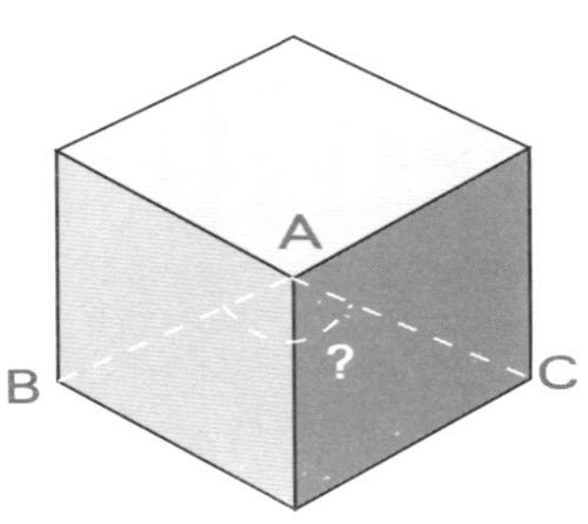

153. 组合规律

你能找出数字与图形之间的组合规律吗？然后指出问号部分应当填入的数字。

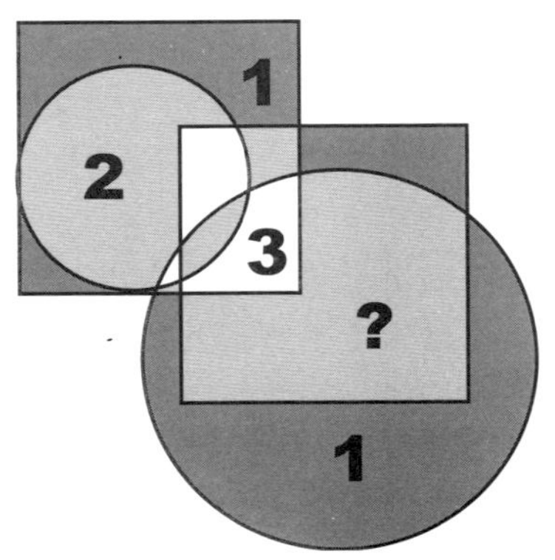

154. 行星钟

这个钟是为某个行星设计的，它每16个小时自转一次。每个小时为64分钟，每分钟为64秒。现在钟上所显示的时间为差15分钟到8点。请问指针下次最快相遇的时间是什么时候？

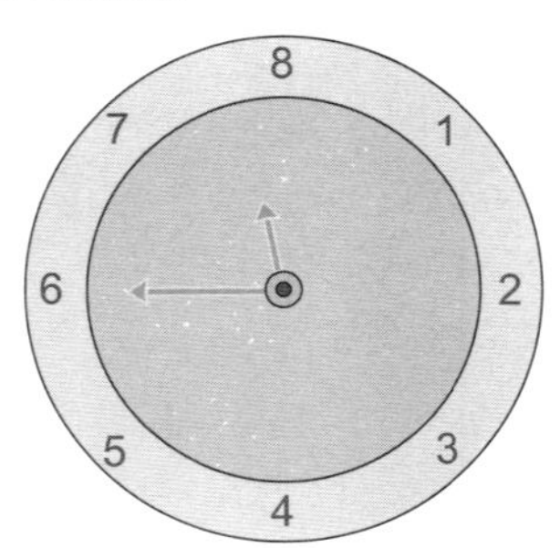

155. 填补圆

想一想，A，B，C，D 哪项可以用来填补圆中的问号部分？

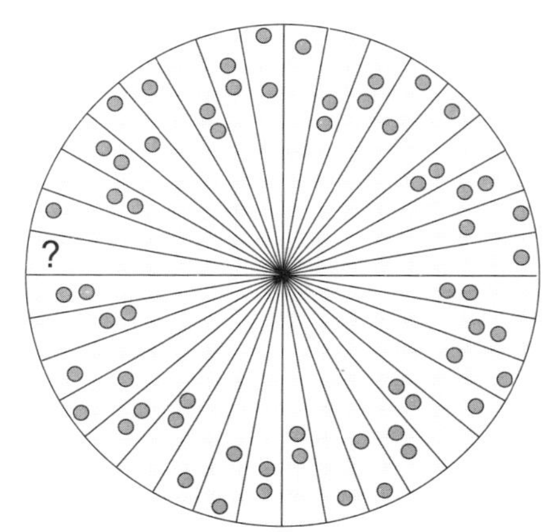

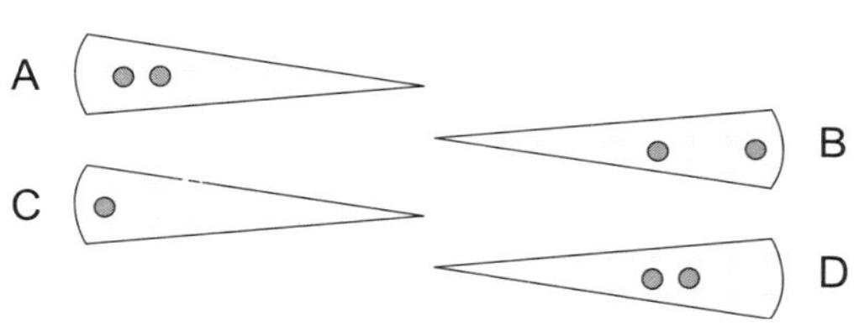

156. 内接三角形的面积

在边长为 1 的正方形的内接三角形中，面积最小的是多少？面积最大的呢？

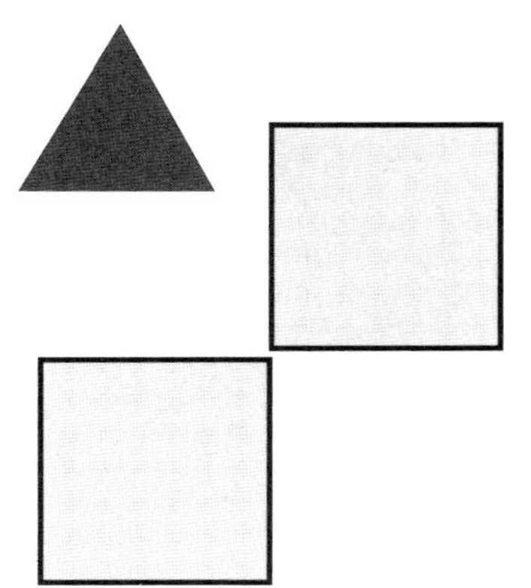

157. 喝咖啡的路程

有 7 个好朋友住在 7 个不同的地方（以圆点为标志）。他们准备聚在一起喝咖啡，为了最大限度地减少各自的行走路程，他们应该在哪个地方见面呢？

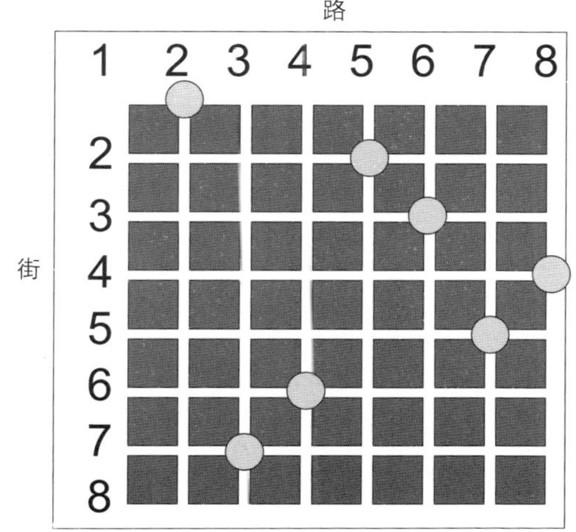

158. 内接正方形

在等腰直角三角形的内接正方形中，面积最大的是多少？最大面积的内接正方形在该等腰直角三角形中的摆放位置有几种？

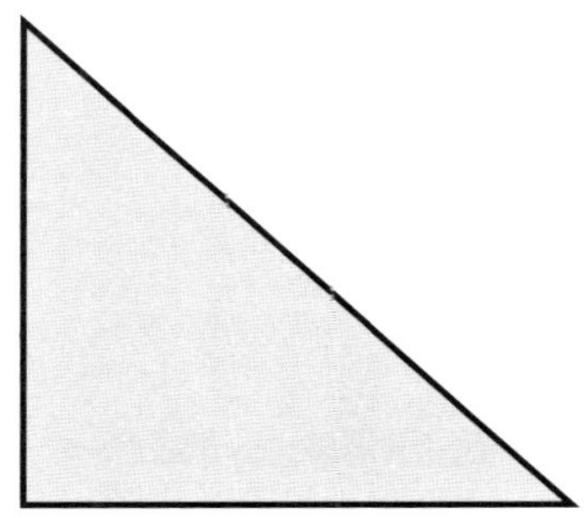

159. 内接长方形的面积

在所给出的三角形中，最大的内接长方形面积是多少？

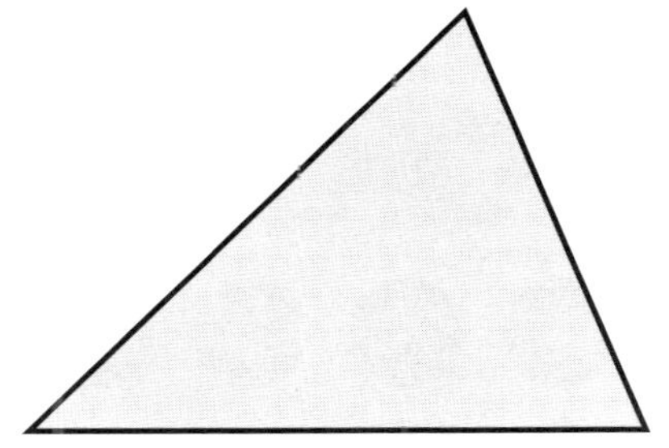

160. 砝码的重量

如图所示的天平系统是平衡的。那么，问号处的砝码重量是多少（忽略杠杆作用）？

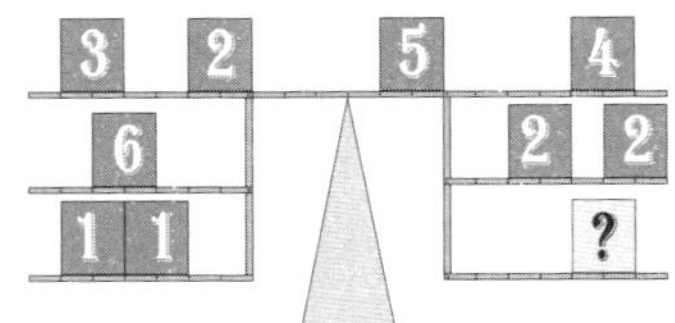

161. 组合木板

现在有许多不同长度（毫米）的厚木板，如图所示，我们的目的是选择一些木板并把它们组合成一根连续长度尽可能接近某一个特定长度的木板——在这道题目里为 3154 毫米，如果可能，不要砍断任何木板。你能得到的最好结果是多少？

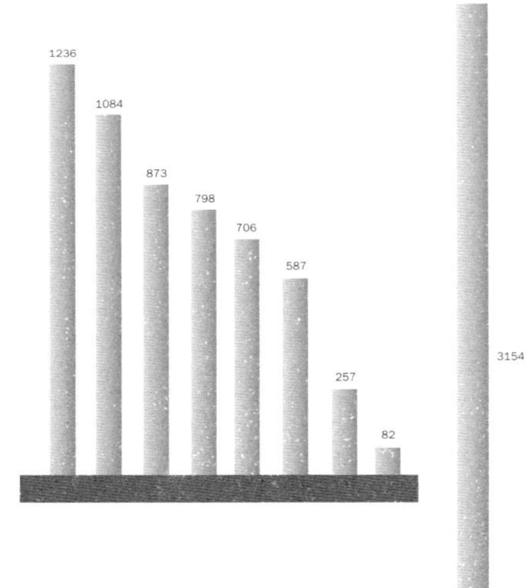

162. 时钟（一）

A，B，C，D 中哪项符合第 1 行接下来的排列规律？

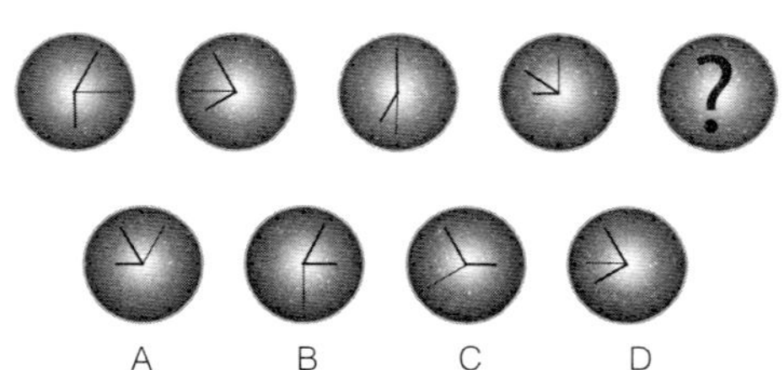

163. 时钟（二）

根据规律，第 4 个钟面上应当显示什么时间？

164. 线条和图形的移动（一）

下图四周圆圈里的每个线条和图形都按以下规则移动到中间的圆圈里——如果某个线条或图形在周围的圆圈里出现了 1 次：移动；2 次：可能移动；3 次：移动；4 次：不移动。A，B，C，D 或 E，哪个圆圈应该放在问号处呢？

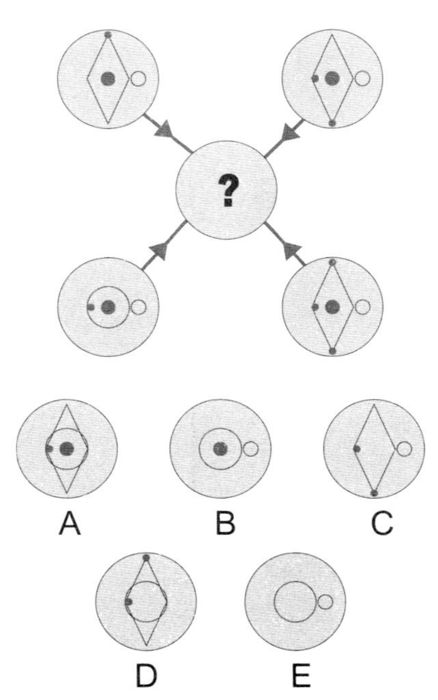

165. 线条和图形的移动（二）

下图四周圆圈里的每个线条和图形都按以下规则移动到中间的圆圈里——如果某个线条或图形在周围的圆圈里出现了1次：移动；2次：可能移动；3次：移动；4次：不移动。A，B，C，D或E，哪个圆圈应该放在问号处？

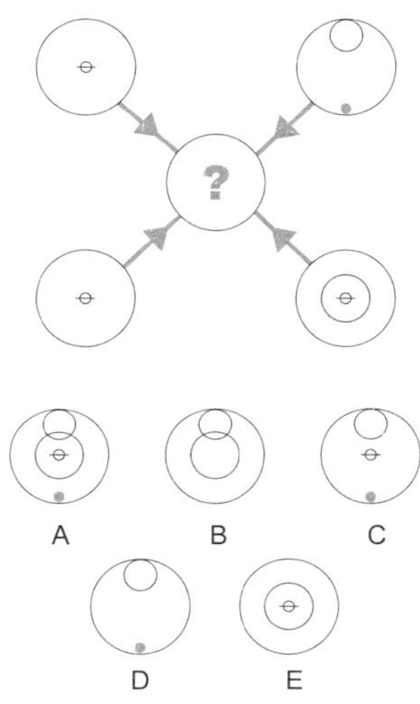

166. 等边三角形围栏

用这9块木板做成一个等边三角形的围栏，它们的长度用米表示。（9块木板都必须用上）

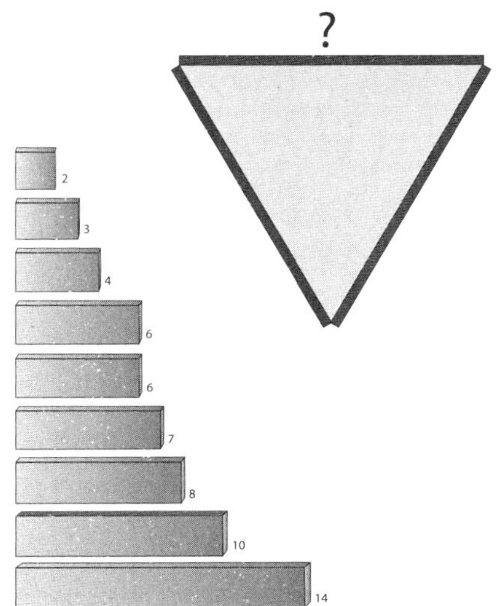

167. 重物

右边这个盒子里应放入多重的物品才能保持平衡？注意：衡量所划分的部分是相等的，每个盒子的重量是从盒子下方的中点开始计算的。

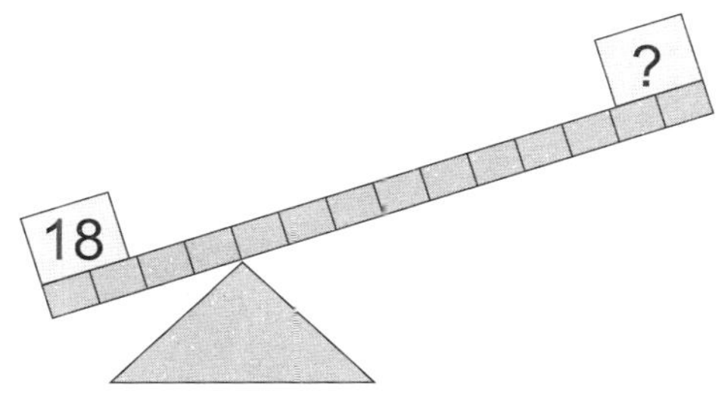

168. 花园的小道

有一位女士，她的花园小道有2米宽，道路一边都有篱笆。小道呈回形，直至花园的中心。有一天，这位女士步行丈量小道到花园中心的长度，并忽略篱笆的宽度，假设她一直走在小道的中间，请问她走了多远？

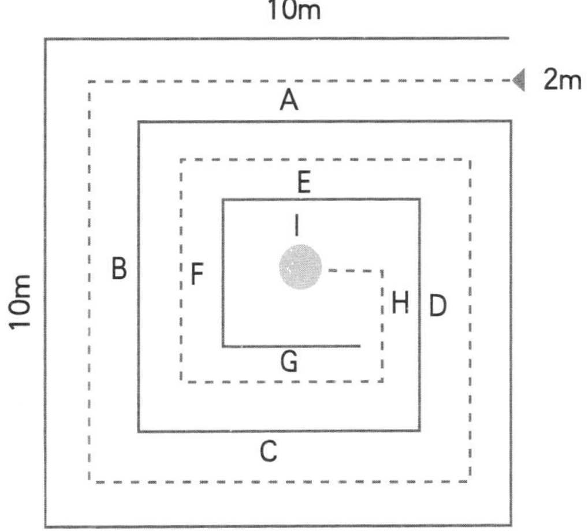

169. 瓢虫与花朵

3只分别为红色、绿色和蓝色的瓢虫，住在某个有5朵花的花园里。

如果每朵花的颜色都不一样（也就是说，有“标签”），那么瓢虫落在花朵上的方式有多少种？如果有必要的话瓢虫们可以分享花朵。

170. 烧瓶

下面 6 个烧瓶的容积分别为 7，9，19，20，21 和 22 个单位容积。现在化学家要把蓝色和红色的两种液体分别倒满其中 5 个烧瓶，留下 1 个空的烧瓶，同时使这些烧瓶中蓝色液体的总量是红色液体的总量的 2 倍（两种液体不能混合）。

请问：按照上面的条件，哪几个烧瓶应该倒满红色的液体，哪几个应该倒满蓝色的液体，哪个烧瓶应该是空的？

171. 隐藏的陷阱

①一辆公共汽车在中午时分从莫斯科开往图拉。一个小时以后，一个人骑自行车离开图拉前往莫斯科，骑自行车的速度比公共汽车慢。当公共汽车与自行车相遇时，谁到莫斯科的距离更远一些？

② 6 点钟的时候，时钟敲了 6 次。我看了看自己的表，发现钟敲响的第一次和最后一次之间共用时 30 秒。那么在凌晨时钟敲响 12 次的时段里，第一次钟响和最后一次钟响的间隔是多长呢？

③ 3 只燕子从同一点向外飞。它们会聚到天上的同一架飞机上吗？

现在去看答案吧，看看你是否掉到题中隐藏的陷阱中了。

172. 行星的轨道

一个行星仪的每条轨道上有 5 颗行星，5 条半径上各有 5 颗行星。在行星仪中，圆圈中应填入 1 ~ 25 的数字。圆圈里的数字和为 65，应分别满足：

①在行星仪的每条半径上。

②在行星仪的每条轨道上。

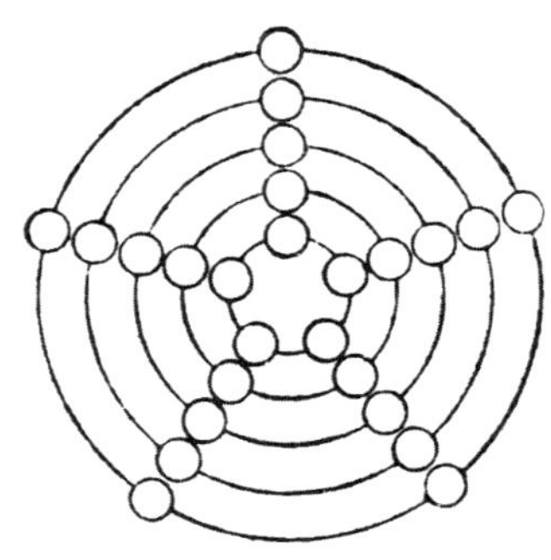

173. 硬币的面值

把一枚面值为偶数的硬币递给你的朋友（比如，一枚 2 分硬币），再给他一枚面值为奇数的硬币（比如，一枚 5 分硬币）。让他每只手握一枚。让他将右手里的硬币的面值乘以 3，左手里的硬币面值乘以 2，然后把得到的 2 个数加起来。如果得到的和为偶数，那么面值为偶数的硬币在他右手中；如果是奇数，那么面值为偶数的硬币在他的左手中。请解释一下原因。

174. 库克拉

假设一种叫作“库克拉”的 1 枚硬币和 7 枚金币或者 13 枚银币在价值上相等。如果你想把 40 枚库克拉兑换成金币和银币，但是银行暂时只有 161 枚金币。除了这 161 枚金币外，你还应该得到多少个银币？

175. 绿球和红球

一个包中装有 7 个绿球和 3 个红球。不看包，每次都把取出的球放回去，从中间连续取出 3 个绿球的概率是多少？每次取出的球不放回去，从中间连续取出 3 个绿球的概率是多少？

176. 火柴花园

这里有一个由 20 根火柴摆成的花园，花园中心有一口井 (小正方形)。请用 18 根火柴将花园分成 6 个部分，并且形状与面积均相同。

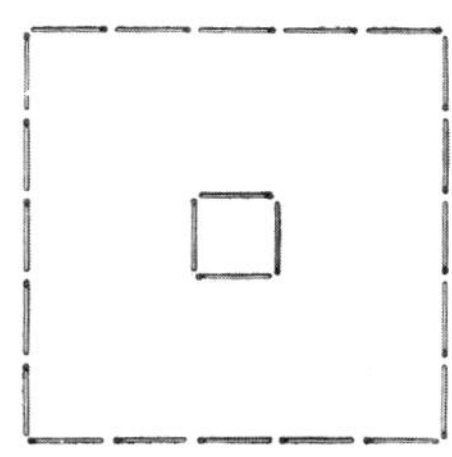

177. 多边形铜块

在加工厂里，毛坯是不能直接进行加工的，首先要送到画线工人那里画线和打孔。

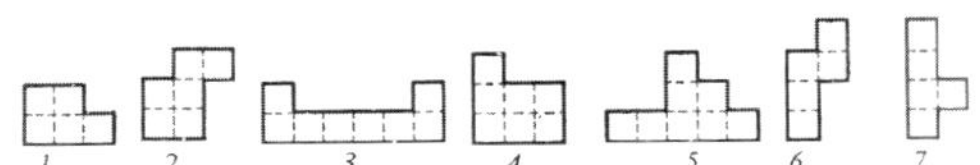

一家加工厂里需要大量的 7 种形状的多边形铜块，如图所示。画线工人注意到如果用某种形状的铜块 6 块就可以拼出一个矩形。是上图哪种形状的铜块？画线工人还发现下图中的 6 种形状可以被分割成形状相同上图的几部分。请把分隔线画出来。

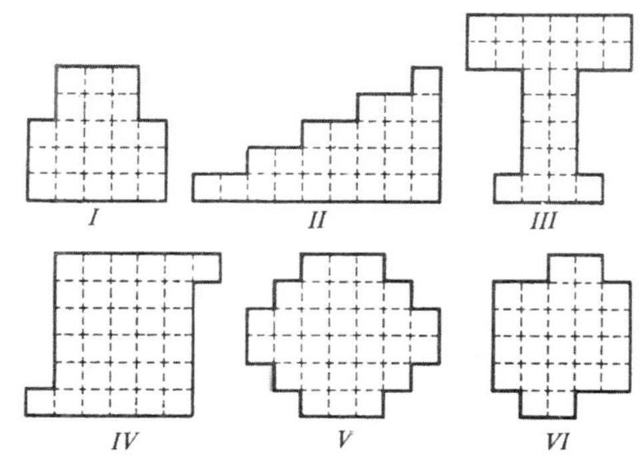

178. 分隔正方形

图中的大正方形里包含标记着数字 1 ~ 4 的小正方形，这些标有数字的小正方形的边上曾经画有可将大正方形分隔开的分隔线，大正方形被分隔开的 4 个部分面积相同，有人把分隔线擦掉了。现在你能不能把分隔线再画出来呢？已知分隔后的每个部分都包含有带 1，2，3，4 这些数字的小正方形。

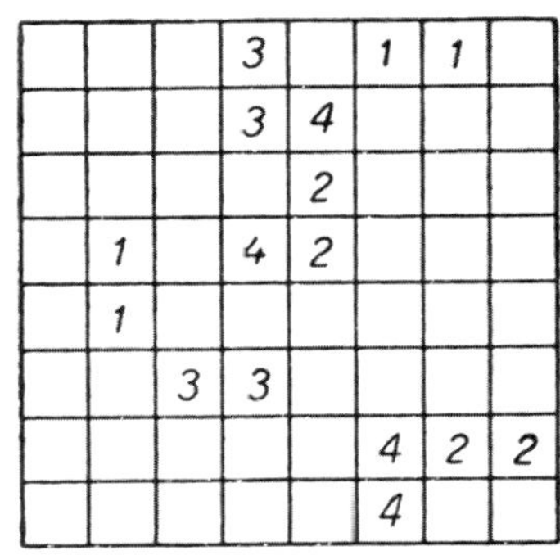

179.13 进制

想象一下，如果我们现在采用了一种新的 13 进制的数字系统，而不是 10 进制的。看看你能不能用自己的方法把这种数字系统下的前 13 个数字写出来。

180. 雷达屏幕

下图中的圆表示的是雷达屏幕。从雷达站发出的电磁波（屏幕中的数字 0）再由目标站反射出来（比如，一艘船），这就是屏幕中电磁波上的尖峰信号。指示器上有距离标注，这样我们就可以读出尖峰信号所代表的目标与电磁波发射站之间的距离。左侧的屏幕显示的是 A 点海岸雷达站的数据，右侧的屏幕显示的是 B 点的数据。那么，应该如何用指示器上的 75 和 90 来定位目标呢？

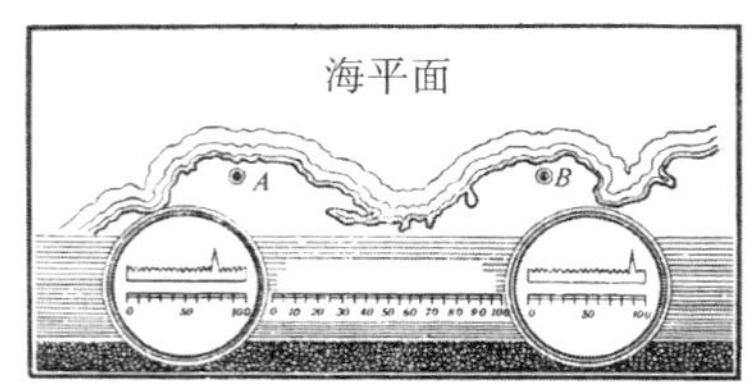

英里刻度计

181. 不闭合图形

请按如下要求在每个格子里画一条对角线：图中数字指的是相交于此的对角线的数量；这些对角线相互不可以构成任意大小的闭合图形。

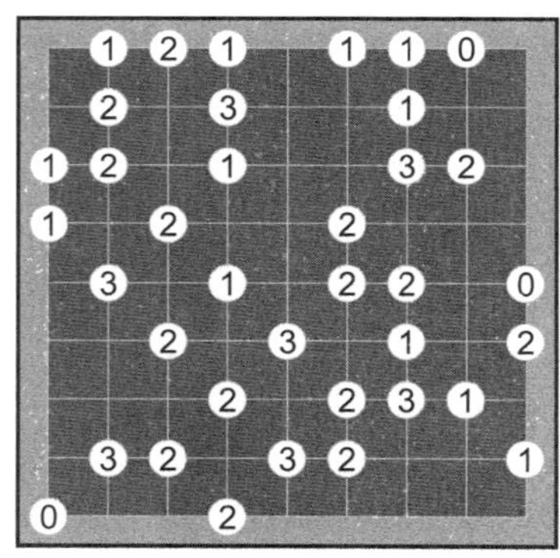

182. 铅弹

一队建渠人需要某种尺寸的铅板一块，但是铅已经用完了。他们决定将一些铅弹熔化后铸成铅板。但是他们首先得测量铅弹的体积。有人建议测量一个铅弹的球体数据，然后用球体积公式来计算，最后再乘以铅弹的数目。但这种方法太费时间，而且铅弹的大小各不相同。有人说给所有的铅弹称重，然后除以铅的比重，但是没有人记得铅的比重是多少。有人说将铅弹倒入容量为 5 升的罐子中，但是铅弹不能被压缩整合成一整块放入罐子中。你有什么好办法吗？

183. 隐藏的面

3 个骰子垒成如图所示的样子，有人瞥了一眼最上面的数字，就答出了隐藏的 5 个面的点数和等于 17。这 5 个面是下面两个骰子的上下两个面以及最上面那个骰子的底面。你知道他是怎么算出来的吗？

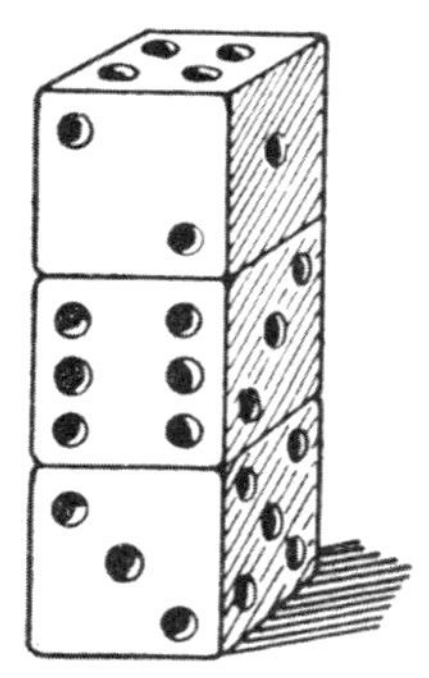

184. 骰子上的数

背向你的朋友，请他掷 3 个骰子，然后把 3 个骰子摆成一排，这样 3 个骰子朝上的面组成了一个三位数。例如，图中的 3 个骰子组成的三位数是 254。然后将底面上的 3 个数字也加入到这个数字中作为后三位数（则例子中是 254523），然后让他把这个数除以 111，并把结果告诉你。之后，你能告诉他骰子上面的三位数是多少吗？

185. 懒人与魔鬼

有个懒人遇到了一个魔鬼。魔鬼说："我给你一份好差事。看到那座桥了吗？你每过一次桥我就让你的钱翻1倍。但你必须在每过一次桥后给我24元钱。"懒人同意了。他过了桥，果然他的钱翻了1倍。他把24元钱给了魔鬼，然后再次过桥。他的钱再次翻倍，他又给了魔鬼24元钱。在第一次过桥后，他的钱又增加了1倍，但是他只剩下24元钱了。他把钱给了魔鬼，魔鬼笑了笑，消失得无影无踪。请问：这个懒人身上原来有多少钱？

186. 角的度数

下图中线段AB和线段CD平行，∠Y=50°，∠Z=140°，请问：∠X是多少度？

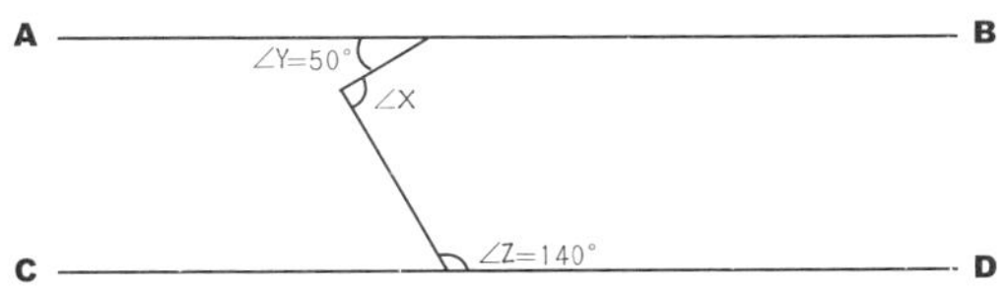

187. 科隆香水

下图是一个塞有塞子的未装满的科隆香水瓶，你如何计算出瓶中液体所占瓶子的百分比（瓶塞所占空间面积不计）。你能使用的只有一把尺子，同时，你不能将瓶塞从瓶子上拿走。你有5分钟的时间计算出结果。

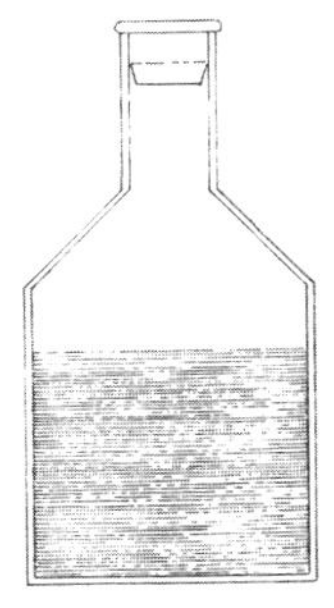

188. 三兄弟的年龄

三兄弟共得到24个苹果，每人得到的苹果数均等于3年前他们各自的年龄。最小的弟弟建议说："我把我的苹果留下一半，剩下的平均分给两位哥哥。而二哥也要像我一样，把你手中的苹果留下一半，另一半平均分给我和大哥。最后大哥也要这样分。"两位哥哥都同意了。结果每人分到了8个苹果。那么，三兄弟的年龄分别是多少？

189. 采蘑菇

玛露西亚、柯里、瓦尼亚、安德和佩提亚5个人一起去采蘑菇。只有玛露西亚在认真地采蘑菇，剩下的4个男孩躺在草地上聊天。到了该回去的时候，玛露西亚采了45个蘑菇，男孩们的手里1个也没有。于是，玛露西亚把自己的蘑菇分给每个男孩一些，自己什么也没留下。

回去的路上，柯里找到了两个蘑菇，安德找到了与自己手中数目相等的蘑菇。瓦尼亚丢了两个蘑菇，佩提亚丢了一半的蘑菇。到家后，他们查了一下蘑菇的数量，发现每个男孩手中的蘑菇数相等。那么，玛露西亚分给几个男孩各多少个蘑菇呢？

190. 四位数

会计尼卡让4个孩子每人随便想一个四位数。"把数字的第一位数挪到最后一位上，然后把这个数与原数相加。如，1234+2341=3575。你们都把相加后的结果告诉我。"

柯里亚："8612。"

波里亚："4322。"

托里亚："9867。"

奥里亚："13859。"

"除了托里亚以外，你们都算错了。"会计说道。

那么，会计是怎么知道的呢？

191. 计算硬币

在你背过身去的时候，甲想了个数字

n，然后从一堆硬币中拿走了 4n 枚。接着，乙拿走了 7n 枚硬币，丙拿走了 13n 枚硬币。丙又把手中的硬币分给甲和乙，数量跟他们手中的硬币数量相等。接下来乙把手中的硬币分给甲和丙，数量跟他们手中的硬币数量相等。最后甲也照此办。问其中一个人现在手中拿多少硬币。把这个数除以 2，就可得出甲开始拿了多少枚；把甲拿的数字除以 4 再乘以 7，就知道乙开始拿了多少枚；把乙的数除以 7，再乘以 13，就知道丙开始拿了多少枚。请你解释一下算法。

192. 漆立方体

假如涂满一个小立方体的各个表面需要 2 升的油漆，那么涂满下面这个物体的表面需要多少升油漆（包括图画背面的表面）？

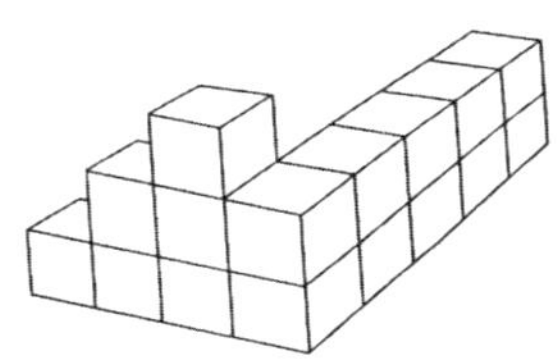

193. 射击（一）

慈善盛宴正在举行，巴尼·布朗德巴斯想在长廊上进行的射击比赛中赢得奖品。射击 3 次需要支付 10 元；如果击倒的 3 只鸟上的数字相加正好等于 50，那么，你将赢得 1 只喂饱了的短吻鳄。但是，巴尼却把钱输光了。那么，你有没有兴趣试试呢？

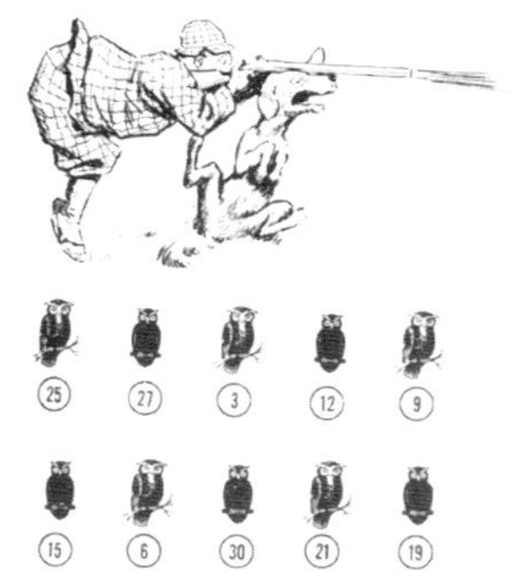

194. 射击（二）

安德沙、波莱雅和迪亚每人射了 6 枪，每人射中 71 环。安德沙的前两枪共射了 22 环，迪亚的第 1 枪只射了 3 环。那么，谁射中靶心了呢？

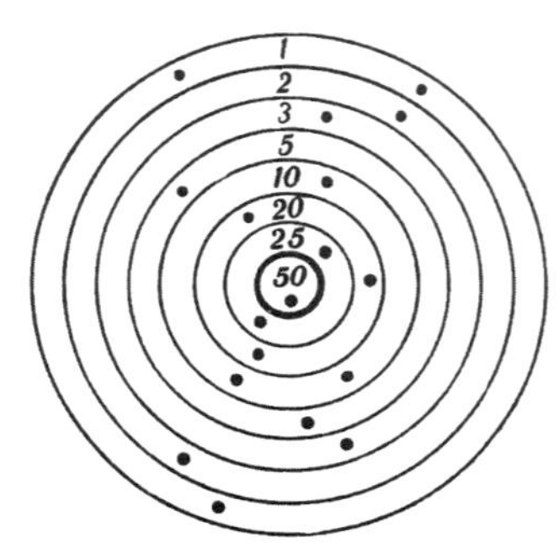

195. 五金店

下图中的 4 个人是老本宁顿五金新店的户主。上周他们搬进了他们在弗莱尔·布莱尔庄园购买的房屋里。这个庄园由 9 个单元组成，它们十分漂亮；站在这里，鱼鹰湖可以尽收眼底。户主们到五金店购买施工人员忘记在每个单元都应该安装的东西。每个价值 1 元，而 8 也只花 1 元；16 要花 2 元；如果顾客需要 150, 则一共要花 3 元；如果订购 300，顾客也只需支付 3 元。最后，顾客一共花了 4 元，并买到各自想要的东西开开心心地离开了。

那么，这几个顾客买了什么东西呢？

答案

1...

书虫一共走了 2.8 厘米。书虫如果要从第 1 册的第 1 页开始向右侧的第 3 册推进的话，第 1 件事情就是先从第 1 册的封面开始破坏，之后是第 2 册的封底，接着是 2 厘米厚的书，然后是第 2 册的封面，最后是第 3 册的封底（即思维游戏的终点线）。期间，一共经过 4 个封页以及一册书的厚度，享用了 2.8 厘米的美味。

2...

钱包里有两张 50 元的钞票、两张 100 元的钞票、4 张 5 元的钞票。

3...

6 支箭的分数刚好达到 100 分，那么他射中的靶环依次为：16，16，17，17，17，17。

4...

公园里有 4 头狮子、31 只鸵鸟。以下是解题的方法：因为他算出有 35 个头，所以，最少有 70 条腿。但是，他算出一共有 78 条腿，也就是比最少的数多了 8 条腿，因此，多出的 8 条腿必定是狮子的。8 除以 2 便是四条腿的动物的数量。这样，狮子的数量是 4。

5...

我们当然要掀开 1 号扑克牌，因为它的底面是蓝色。我们可以不顾红色底面的扑克牌，这样，我们把 2 号扑克牌略过。3 号扑克牌是 K，它的底面是蓝色或者红色都无关紧要，这样它也可以略过。最后，我们要把 4 号扑克牌翻过来。如果 1 号扑克牌是 K，并且 4 号扑克牌的底面是红色，那么这个答案就是“肯定的”；如果 1 号扑克牌不是 K 或者 4 号扑克牌的底面是蓝色，那么这个答案就是“否定的”。

6...

90% 的账面价值与 125% 的账面价值之间差了 35%。而 35% 相当于 105 元，所以 1% 就是 3 元。因此，原账面价值就等于 300 元。

7...

那个农民建议每个选手驾驶对方的马车。因为他们打的赌是“第 1 个到达终点的将输掉比赛”。

8...

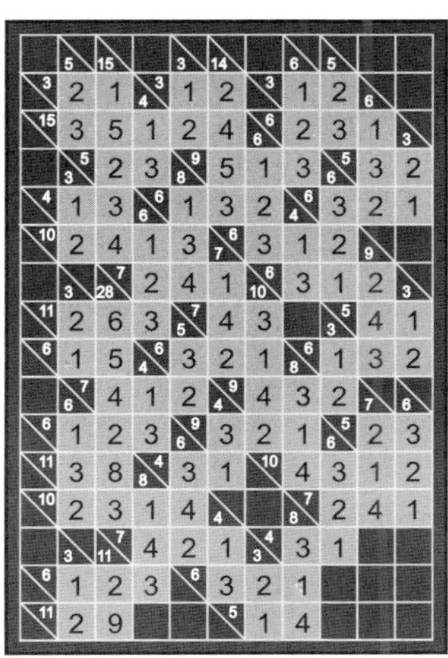

9...

车主每次都在前一次的基础上降价 20%，所以，最后的售价是 563.20 元。

10...

答案如下：

$$\begin{array}{r} 17 \\ \times\ 4 \\ \hline 68 \\ +25 \\ \hline 93 \end{array}$$

11...

证明如下：

10+10+5+7=32。

答案就是 10 个泡泡。

12...

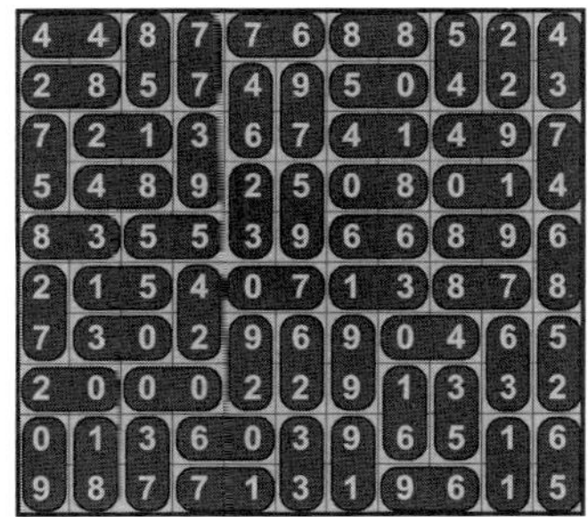

13...

答案如图所示：

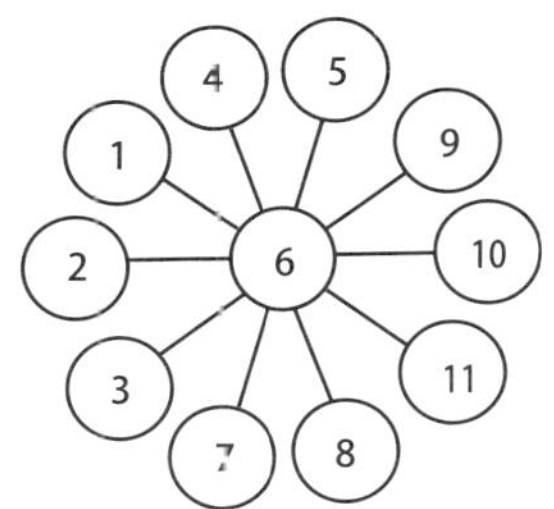

14...

你可以用好几种方法排列这些数字。下面是其中的一种方法：一条线上的数字为3，6，9，7，2，另外一条线的数字为5，4，9，8，1。当然，两条线中都有数字9。

15...

答案如图所示：

16...

这个题的关键在于了解每个数字都是前一个数字的2倍再加1。所以，5的2倍再加1等于11，11的2倍再加1等于23，23的2倍再加1等于47，这样，就得出答案了。

17...

艾玛是27.5岁，苏琦是16.5岁。要算出这个答案，你必须得从后往前算。当苏琦5.5岁时，艾玛是16.5岁，即艾玛的年龄是苏琦的3倍；当苏琦到了3倍于艾玛的这个年龄时，她就49.5岁了；当艾玛还是这个年龄的一半时，即24.75岁，苏琦的年龄就是13.75岁；而艾玛现在年龄的正好是苏琦那时年龄的2倍，即27.5岁。

18...

加尔文赔了4元钱。他在第1个雕像交易中赚了18元（198元除以11就是10%的利润）。然而，在第2个雕像交易中他却赔了22元（198元除以9就是10%的损失）。这样，赔的22元减去赚的18元就是损失的钱。

19...

在第1层，将布袋（7）和（2）交换，这样就得到单个布袋数字（2）和两位数字（78），两个数相乘结果为156。接着，把第3行的单个布袋（5）与中间那行的布袋（9）交换，这样，中间那行数字就是156。然后，将布袋（9）与第3行两位数中的布袋（4）交换，这样，布袋（4）移到右边成为单个布袋。这时，第3行的数字为（39）和（4），相乘的结果为156。总共移动了5步就把这个题完成了。

20...

9个垫圈等于1个螺钉的重量。

21...

马奇现在30岁，她的妹妹维罗妮卡10岁。

22...

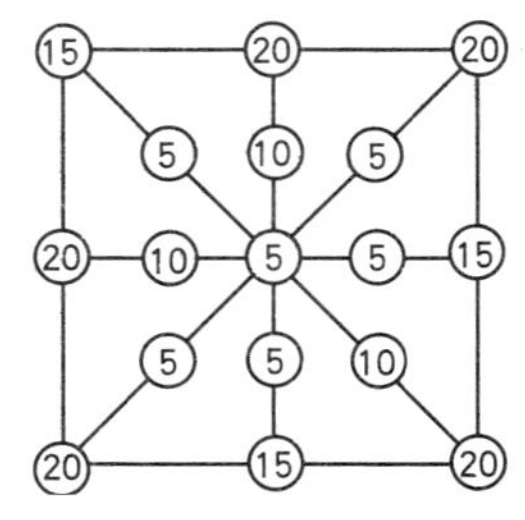

23...

这3艘轮船下次同一天驶出纽约港需要等到240天以后。因为240是12，16，20的最小公倍数，在这期间3艘轮船都可以完成航行。至于这段时间，每艘轮船所航行的次数，可以按以下方式计算。

第1艘轮船：240÷12=20次；
第2艘轮船：240÷16=15次；
第3艘轮船：240÷20=12次。

24...

贝特萨罗特教授应该按以下方式下注：斯威·贝利，12元；杨特·萨拉，15元；桑德·胡弗斯，20元。当然，如果别的马获胜的话，教授就太不走运了。

25...

如果按照正常计算，艾米和贝茜分别会卖得15元和10元，一共是25元。当贝茜带60只小鸡去集市，每5只小鸡中，2只是自己的，3只是艾米的，这样直到把艾米的小鸡卖完；接下来，她开始卖自己剩下的10只小鸡。按理说，她自己的5只小鸡应该价值2.5元，但是，在最后两笔交易中她每次都损失了5角。所以，最终少了1元。

26...

数字3是这组递进数字的关键。你必须按照减去3，除以3，加上3，减去3，除以3，加上3的顺序计算。我们先从第1洞的分数12中减去3，得出9，即第2洞的分数；然后让9除以3，得出3，即第3洞的分数；接着，再加上3，得出6，即第4洞的分数；再从6中减去3，得出3，即第5洞的分数；然后，再除以3，得出1，即第6洞的分数；最后，第7洞的分数就是1加上3，得出4，即这个题的答案。

27...

28...

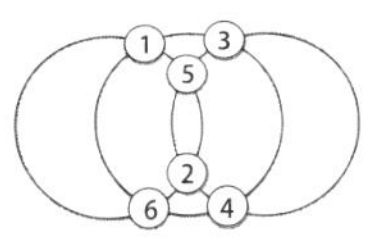

29...

将字母用以下数字来代替：a=2，b=11，c=8，d=1，e=14，f=4，h=13，i=5，j=9。

30...

$$\begin{array}{r} 96233 \\ +62513 \\ \hline 158746 \end{array}$$

31...

$$\begin{array}{r} 173 \\ +\ \ 4 \\ \hline 177 \end{array} \qquad \begin{array}{r} 85 \\ +92 \\ \hline 177 \end{array}$$

32...

下图所示答案是将数字放在正方形边周围的一种方法。

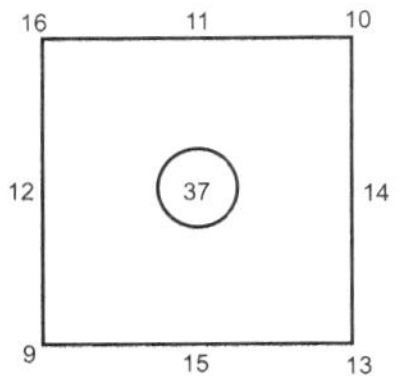

33...

9+8+7−6−5−4×3−2+1=0

34...

123−45−67+89=100。

35...

这50枚硬币分别是：12枚1元硬币、12枚5角硬币、14枚1角硬币、12枚5分硬币，总共为1×12+0.5×12+0.1×14+0.05×12=20元。

36...

巴里、伯特、哈利和拉里骑车行走1千米所用的时间分别是$\frac{1}{6}$小时、$\frac{1}{9}$小时、$\frac{1}{12}$小时和$\frac{1}{15}$小时。所以，他们行走1圈所用的时间就分别是$\frac{1}{18}$小时、$\frac{1}{27}$小时、$\frac{1}{36}$小时和$\frac{1}{45}$小时。这样，他们会在$\frac{1}{9}$小时之后第1次相遇（即$6\frac{2}{3}$分钟）。4乘以$6\frac{2}{3}$分钟得出$26\frac{2}{3}$分钟，即他们第4次相遇所需要的时间。

37...

这个题的答案是：

$$\frac{242}{303}=0.798679867986\cdots$$

38...

答案如下：

$$\begin{array}{r} 98765 \\ +\ 1234 \\ \hline 99999 \end{array}$$

39...

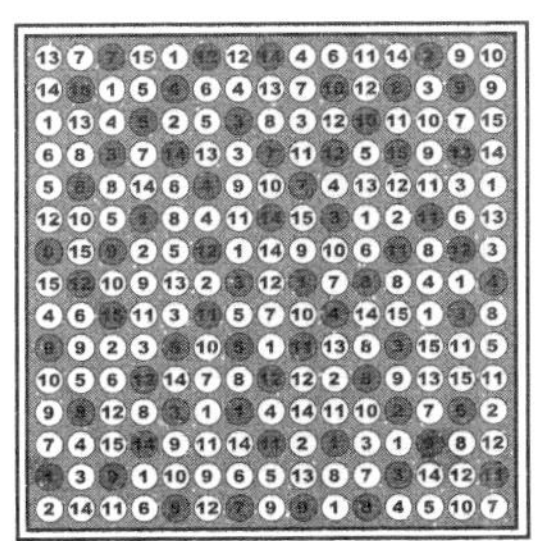

40...

第1个到第6个数字已列出，月序列数乘以它前1个序列数的数值便可得出该序列数的数值。这样，第2个数值为2×1=2；第3个数值为3×2=6；第4个数值为4×6=24。那么，第7个数值就是5040（7×720）

41...

她们开始以10元出售3个玩具熊。第1个女人卖了30只玩具熊，赚了100元；第2个女人卖了24只玩具熊，赚了80元；第3个女人卖了21只玩具熊，赚了70元。下午的时候，她们开始以10元出售1只玩具熊。这样，第1个女人卖了她最后的3只玩具熊，赚了30元；第2个女人卖了剩下的5只玩具熊，赚了50元；第3个女人卖了剩下的6只玩具熊，赚了60元。所以，她们每个人都赚了130元。

42...

其中一种答案如图所示：

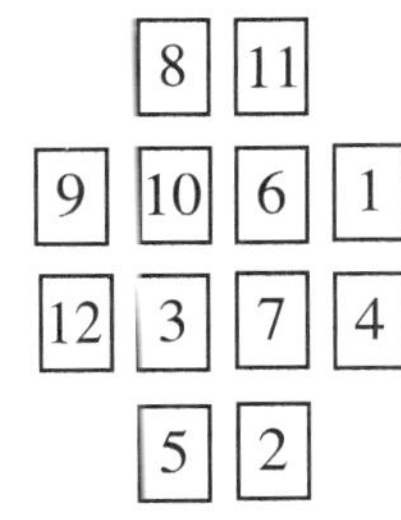

43...

答案为：$55\frac{5}{5}$。

44...

先分析一下调查结果：

（1）在食用辛辣芥末的234人当中，有90个人只食用辛辣芥末（234−144=90）。

（2）在食用清淡芥末的213个人当中，有69个人只食用清淡芥末（213−144=69）。

这就说明有三类人群：

（1）食用辛辣芥末的有90人。

（2）食用清淡芥末的有69人。

（3）既食用辛辣芥末又食用清淡芥末的有144人。

共303人。

然而，报告上却显示只有300个人接受了调查。

45...

如果这个大图的边长为8厘米，那么各尺寸的正方形个数依次为：

8×8厘米　1个

6×6厘米　4个

4×4厘米　9个

2×2厘米　18个

1×1厘米　8个

总共40个正方形。

46...

需要5分钟的时间。解决这个问题，首先要把时间转换成秒。

（1）打开凉水的水龙头，浴缸放满水需要400秒，即每秒进$\frac{1}{400}$的水。

（2）打开热水的水龙头，需要480秒的时间，即每秒进$\frac{1}{480}$的水。

（3）浴缸放完水需要800秒的时间，即每秒排$\frac{1}{800}$的水。

如果我们取4800作为它们共同的分母，便会得出以下等式：

$$\frac{12}{4800}+\frac{10}{4800}-\frac{6}{4800}=\frac{16}{4800}=\frac{1}{300}$$

这个值就是每秒放入浴缸的实际水量。这样，浴缸放满水就需要300秒，即5分钟。

47...

如果想要带回100千克的玉米面，那么，需要带来$111\frac{1}{9}$千克的玉米（111.111千克减去10%等于100千克）。

48...

三角形中每个处在内部的数字都是它上面与之紧密相连的两个数字的乘积。比如，数字8是2×4所得的结果，32是2×16所得出的结果，依此类推。

```
            2
          2—2
        2—4—2
      2—8—8—2
    2—16—64—16—2
  2  32  1024  1024  32  2
```

49...

任何两个三位数的差的中间位置上的数字都是9（第2个三位数是第1个三位数颠倒之后的数字；所谓的差是指大的数字减去小的数字所得的结果）。同时，这个结果的第1位和第3位的数字之和也等于9。所以，如果最后一位的数字是8，那么，第1位的数字就是1，而第2位的数字是9。

50...

称量茶叶按以下步骤进行：（1）把5千克的砝码放在秤盘上，然后把9千克的砝码放在另外一个秤盘上。现在，在5千克砝码的秤盘上称出4千克茶叶；（2）把两个砝码拿走，并把4千克茶叶放在1个秤盘上，然后再称出另外4千克茶叶；（3）接着称出4千克茶叶；（4）再称出4千克茶叶；这时，剩下的茶叶也是4千克；在（5）、（6）、（7）、（8）和（9）当中，利用天平的刻度将每份4千克的茶叶各分成2千克。

51...

答案如下：

20	1	12
3	11	19
10	21	2

52...

$$\begin{array}{r} 850 \\ 850 \\ +29786 \\ \hline 31486 \end{array}$$

53...

奥斯汀家和姑妈家相距60千米。如果他以每小时15千米的速度骑车的话，他会在下午4点到（即晚餐开始前1个小时）。如果他以每小时10千米的速度骑的话，他会花6个小时（即迟到1个小时）。所以，奥斯汀以每小时12千米的速度骑车，他会花5个小时，他将在下午5点准时到达。

54...

答案是18。下面那行上的每个数在调换其各位数字的位置后正好是这个数上面那个数的平方。比如，上面那行的第1个数字是4，它的平方是16，16调换位置后是61，即下面那行的第1个数。我们取最后数字9的平方，即81，这样，调换位置后就是 18。

55...

根据碑铭上所说的，莎拉·方丹太太比她的丈夫先去世。如果是那样的话，她怎么会是寡妇呢？

56...

答案如下图：

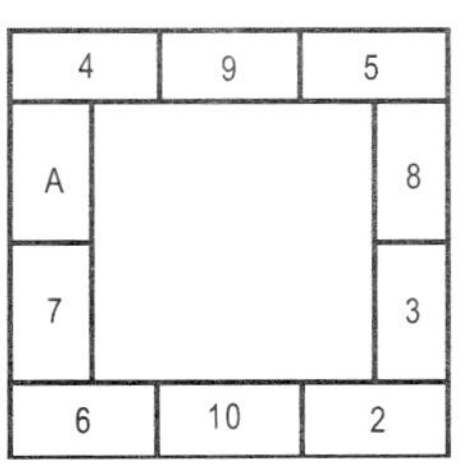

4	9	5
A		8
7		3
6	10	2

57...

阴影部分的面积是边长为 3 厘米的正方形的$\frac{1}{4}$。这个正方形的面积是 9 平方厘米，那么阴影部分的面积就是$2\frac{1}{4}$平方厘米。将边长为 4 厘米的正方形围绕小正方形旋转到任何位置，遮盖部分的面积总是相等。在旋转过程中，当大正方形将线段 ac 平分时，遮盖部分的这个更小的正方形面积就是$1\frac{1}{2}$厘米乘以$1\frac{1}{2}$厘米，即$2\frac{1}{4}$平方厘米。

58...

每个数都是前一个数的数位上的数字之积，即 49 等于 7 乘以 7、36 等于 4 乘以 9、18 等于 3 乘以 6。所以，答案是 8，即 1 乘以 8。

59...

解决这个题之前，先把这个圆柱体想象成一个展开的平面（如图所示）。苍蝇的位置在 F 点，蜘蛛的位置在 S 点。将左边的线段延长 1 厘米至 B 点，线段 BS 与图中顶端线段相交于 A 点，而这个点就是蜘蛛应该从圆柱体边上经过的地方。蜘蛛行走的路线就是一个直角三角形的斜边，这个三角形底边长 4 厘米、高 3 厘米。这样，斜边长为 5 厘米，这是蜘蛛所能走的最短路线。

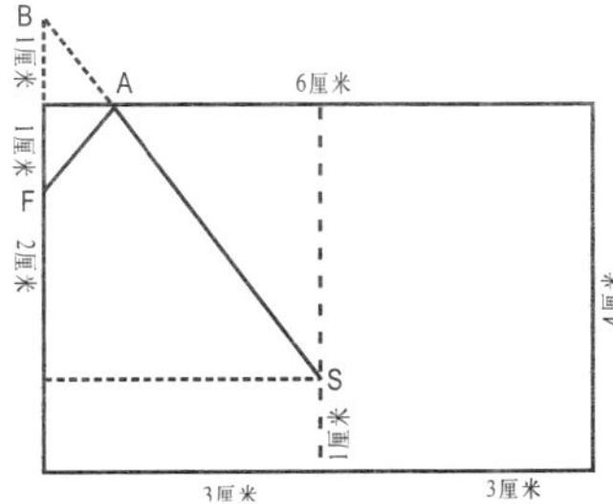

60...

这个大学生需要 10652 元。

$$\begin{array}{r} \text{SEND} \\ +\ \text{MORE} \\ \hline \text{MONEY} \end{array} = \begin{array}{r} 9567 \\ +1085 \\ \hline 10652 \end{array}$$

61...

下面的步骤清楚地说明了计算过程：

步骤 1：20×4=80（周长）。

步骤 2：80÷3.14=25.48（直径）。

步骤 3：25.48×25.48=649.23（正方形面积）。

步骤 4：25.48÷2=12.74（圆半径）。

步骤 5：12.74×12.74×3.14=509.65（圆面积）。

步骤 6：649.23−509.65=139.58（四个角的面积）。

步骤 7：139.58÷4=34.895 平方厘米（蜘蛛网的面积）。

62...

如果把火柴摆成 1 个三角形，那么，这个三角形的面积就是 6 个平方单位。如果把虚线上的 3 根火柴改变一下位置，那么，会去掉 2 个平方单位的面积。这样，剩下的图形的面积就正好是 4 个平方单位。

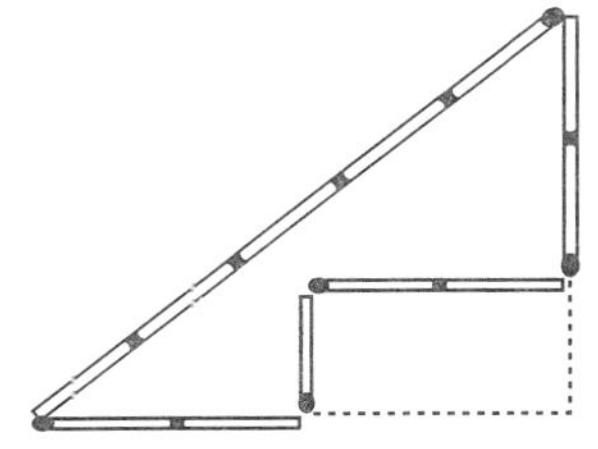

63...

在这个递进关系中，每袋里的硬币都比它前一袋的硬币少。每袋里的硬币数都是第 1 袋里的硬币数（即 60 枚硬币）与那袋的序数比。

第 1 袋 =60 枚硬币

第 2 袋 =30 枚硬币（$\frac{1}{2}$）

第 3 袋 =20 枚硬币（$\frac{1}{3}$）

第 4 袋 =15 枚硬币（$\frac{1}{4}$）

第 5 袋 =12 枚硬币（$\frac{1}{5}$）

第 6 袋 =10 枚硬币（$\frac{1}{6}$）

64...

完整的算式应该是：

$$\begin{array}{r} 117 \\ \times 319 \\ \hline 1053 \\ 117 \\ 351 \\ \hline 37323 \end{array}$$

65...

加尔文为每辆拖拉机花了 60 元，为每辆挖土机花了 15 元，为每辆卡车花了 5 元。这样，第 3 堆玩具一共花了 950 元，第 4 堆玩具共花了 80 元。

66...

盒子 1 的重量是$5\frac{1}{2}$千克；

盒子 2 的重量是$6\frac{1}{2}$千克；

盒子 3 的重量是 7 千克；

盒子 4 的重量是$4\frac{1}{2}$千克；

盒子 5 的重量是$3\frac{1}{2}$千克。

67...

这两个数分别是 11 和 1.1。这两个不论相加还是相乘，结果都是 12.1。

68...

答案如下：

```
  1XX        100
  33X        330
  5X5        505
  X77        077
 +X99       +099
 ----       ----
 1111       1111
```

69...

这是个难题，但是它却有不止一个答案。下面是我们所知道的一个答案：

$3^3+3^3+3^3+(\frac{3}{3})^3+3\times3+3\times3$

$=27+27+27+1+9+9=100$

70...

以下是我们知道的两个答案：

```
  24794      36156
 -16452     -28693
 ------     ------
   8342       7463
```

71...

答案是 301。

72...

布伦希尔德 1 天可以喝：

布伦希尔德 1 天喝$\frac{3}{140}$桶的啤酒。140 除以 3，得出$46\frac{2}{3}$天，即布伦希尔德自己喝光 1 桶啤酒所用的天数。

73...

这个题不止有一个答案，下面是其中之一：

1+2+45−67+89=70。

74...

满足条件的三明治的总数为 121。

75...

右图中的答案只是众多方案中的一个：

6	5	4	3	2	1
5	3	1	6	4	2
4	1	2	5	6	3
3	6	5	2	1	4
2	4	6	1	3	5
1	2	3	4	5	6

76...

因为正方形正中央的 4 个数字以及四个角的数字相加的结果也是 2000。同时，每个象限的 4 个数字相加的结果都是 2000。另外，还有两组数字的相加结果等于 2000，那么，就看你能不能找到了。

499	502	507	492
506	493	498	503
494	509	500	497
501	496	495	508

77...

在圣诞节这一天，巴顿是 8 岁、温德尔是 5 岁、苏珊是 3 岁。

78...

这是我们知道的一个解答这个题的办法。

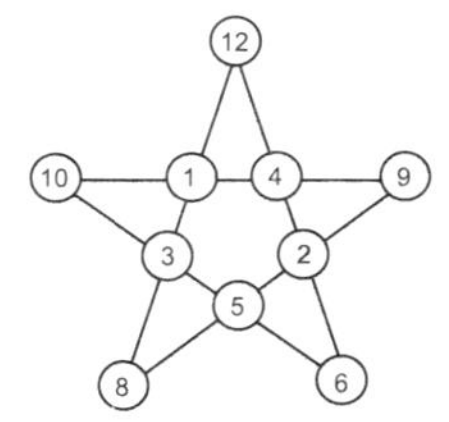

79...

第 1 个冲过终点的是青蛙。当它们到达橡树时，青蛙跳了 7 次，正好到达橡树，而蚱蜢在跳第 5 次时却超出了 1 米。这时，它们转身往回跳。由于蚱蜢每跳 3 次，青蛙就可以跳 5 次。所以，青蛙当然会轻松击败蚱蜢。

80...

大的长袜里有 54 个玩具，小的长袜里则有 45 个玩具。54 正好是 45 的翻版。2 个袜子里的玩具总和为 99，其$\frac{1}{11}$为 9，即 2 个长袜里玩具个数的差。

81...

在答案中，两个数位上的数字组成了一个奇数:13+3+3+1=20（注意：13 是由两个数位上的数字组成的）。

82...

```
   759
    75
 + 629
 -----
  1463
```

83...

答案如下图：

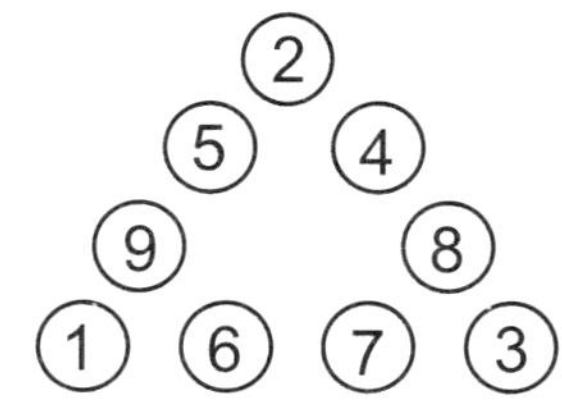

84...

奈德损失了整整 14 元。那筐高尔夫球的成本是 6 元，他又给了那位先生 8 元。

85...

最好的计算方法就是从

哈比的有利位置考虑问题：首先他离开帽子航行了5分钟，然后转身向回航行了5分钟并把帽子捡起来。在这个过程当中，帽子以水流速度在下游漂流了1千米，由于帽子用了10分钟漂流1千米，所以我们依此计算得出河流的水流速度是6千米/小时。

86...

内圈的数字是5，6，7，8，这4个数字相加的结果等于26。而外圈的数字是1，2，3，4，9，10，11，12，它们相加的结果等于52，正好是内圈数字相加结果的两倍。

87...

开始一共有10个人。80元的账，每个人应平摊8元。本森这对孪生兄弟离开之后，还剩下8个人，他们必须再多支付2元才能弥补差额。这样，8个人每人支付10元（多支付2元）。

88...

把那个算式颠倒过来。这时，原来的数字表达式在重新排列之后就变成81加上19，其结果就是100。

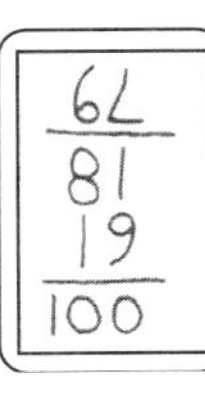

89...

各种面值的伪钞包括：

面值	数	总值
1元	10	10元
5元	100	500元
10元	9	90元
50元	18	900元
总计	137	1500元

90...

任何数的$\frac{3}{4}$的$\frac{2}{3}$都等于这个数的一半。答案如下：

$$\frac{2}{3}\times\frac{3}{4}\times 111=\frac{1}{2}\times 111$$
$$=55.5\text{ 元}$$

91...

A港口距离B港口300千米。

船从A港口驶到B港口：

$20\times 15=300$千米

船从B港口驶到A港口：

$15\times(15+5)=300$千米

92...

拜罗斯夫人是30岁，她女儿塞西莉是10岁。现在，拜罗斯夫人的年龄是她女儿的3倍。5年前，当她25岁时，塞西莉是5岁，即是女儿年龄的5倍。

93...

当你把2与191相加时，你首先在1的右下部画一条线，然后把2放在下面。此时，这个数字就读作$19\frac{1}{2}$，这当然比20小。

94...

答案为：

$$\begin{array}{r} 198 \\ \times\ 27 \\ \hline 5346 \end{array}$$

95...

苏巴克有11头牲畜、埃比尼泽有7头牲畜、押沙龙有21头牲畜。

96...

下面是弗朗昆教授最后想出来的答案。

$$44+\frac{44}{4}=55$$

97...

5个价值2角的蓝色线轴、30个价值1角的红色线轴以及8个价值5角的绿色线轴。这样，一共是8元。

98...

安德鲁叔叔是按照下图的样子将钱放置在8个间隔里的。

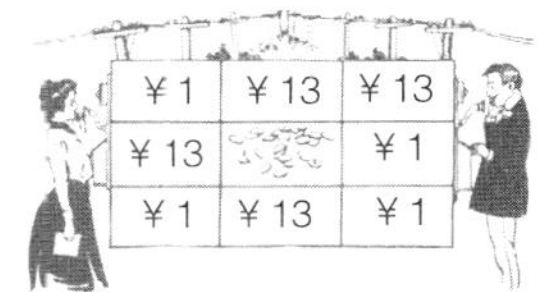

99...

答案如图：

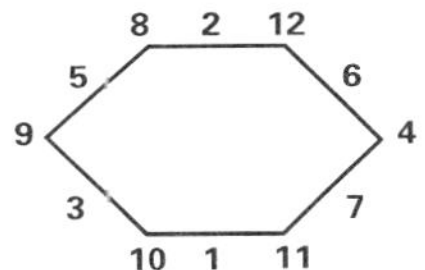

100...

祖父的生日宴会有许多人参加。下面列出的是在场的家庭成员，其中也包括祖父：2个兄弟、2个姐妹，他们的父母，以及父母各自的父母——这样，对孩子而言就有1个祖父和1个外祖父，1个祖母和1个外祖母。因此，共有10位家庭成员。

101...

下面是其中的一种解答方法。

19	22	26	12
25	13	18	23
14	28	20	17
21	16	15	27

102...

奈德的得分如下：10分靶槽内有14个铁圈，共得分140；20分靶槽内有8个铁圈，共得分160；50分靶槽内有2个铁圈，共得分100；100分靶槽内有1个铁圈，得分100。这样，140+160+100+100=500。

103...

这位船长当然就是挪亚了。他的那艘巨轮装载了来自世界各地的动物，这些动物自然不是为了出售。因为没有陆地，所以他根本无须担心风向问题，所有的港口都被水淹没，他最希望的就是找到陆地将船停泊。

104...

因为每个人所能分得的财产与各自服务的时间长短有关。女佣人分得了1份遗产，会客室的那个仆人分得了3份遗产，厨师则分得了6份遗产，这样，总共有10份。每份遗产为7000元的$\frac{1}{10}$，即700元，也就是那个女佣人所得的遗产。同时，会客室的那个仆人得到2100元，而厨师得到4200元。

105...

A桶中原来有66升的葡萄酒，B桶中原来有30升的葡萄酒。

106...

答案为：37—37—37。计算如下：37×3=111；37×6=222；37×9=333。

107...

酒杯里的水和水杯里的酒相等。证明如下：

（1）假如每个玻璃杯里都有100个单位的液体，茶匙可以容纳10个单位的液体。

（2）珀西用茶匙从水杯取出10单位的水并倒入酒杯，然后搅拌均匀。

（3）现在酒杯里有110个单位的液体。当珀西从酒杯取出一匙液体后，两种液体他将各取出$\frac{1}{11}$。这样，茶匙里有$9\frac{1}{11}$个单位的酒、有$\frac{10}{11}$个单位的水。然后，他把茶匙里的液体倒入水杯里。

（4）现在水杯里有$90\frac{10}{11}$个单位的水、有$9\frac{1}{11}$个单位的酒，总共有100个单位的液体。

（5）酒杯里现在有$90\frac{10}{11}$个单位的酒、有$9\frac{1}{11}$个单位的水，总共有100个单位的液体。

108...

8位圣诞老人总共握手28次。A与其他7位握手，B因为已经与A握过手所以只需与其他6位握手，而C只需与其余5位握手，依此类推，握手的总次数为：

7+6+5+4+3+2+1=28。

109...

哈里特让俱乐部的场地管理员通过附近的水管把洞里灌满水，这样网球就浮出了水面。

110...

女儿将炮弹作为平衡物先下去，然后国王和儿子把上面篮子里的炮弹取出来，让儿子下去，这时让女儿作为平衡物。接着，让炮弹单独下去，当它落地时，让儿子和炮弹作为平衡物，他们的合力可以使国王下来。王子然后从篮子里出来，再让炮弹单独下去。接着，女儿下去，炮弹上来。儿子再把炮弹取出来，然后单独下来，他的妹妹上去。女儿接着把炮弹放在另一个篮子里，使自己降落到地面上。

111...

把两根绳子的底端紧紧地系在一起（如图1所示），然后，爬到左边那根绳子的顶端，并将两根绳子缠在自己的两条腿上，在紧紧抓住绳子的同时，用匕首将右边的绳子割断；接着，使绳子从刚才系绳子的环上穿过去，并把绳子往下拽，直到绳结到达这个环（如图2所示）。再抓住右边的两根绳子，然后换到右边，并且把左边的绳子从环上切开，顺着双绳子落在地上。最后，把两根绳子从环上拉下来。

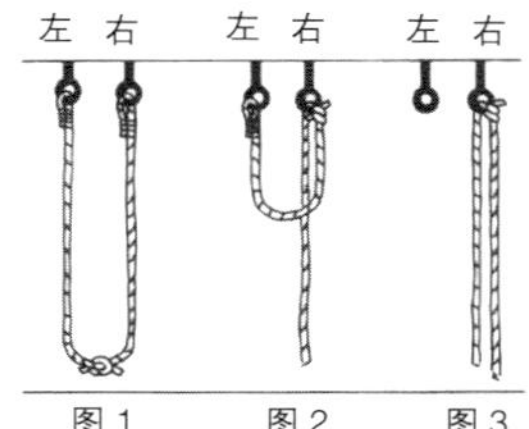

图1　图2　图3

112...

下面就是特雷弗·托兹的解决办法。他骑着自己的马到特拉洛尼的马厩，并把这匹马算到作为遗产的马内，这样总数就达到了18。他然后分给了约翰9匹马（18的一半），分给詹姆士6匹马（18的$\frac{1}{3}$），分给威廉2匹马（18的$\frac{1}{9}$）。他的这种分法是按照地主的遗嘱进行的，同时，也使各方都得到了满足。最后，特雷弗骑着自己的马高兴地回家了。

113...

参加比赛者从1号帽子取1枚硬币、从2号帽子取2枚硬币、从3号帽子取3枚硬币，往后依此类推。这之后，他们把这50枚硬币放在秤上称。如果这50枚金币都是真的话，那么，它们的总重量将是500克；但是，由于其中的1枚或者多枚硬币是伪造的，所以总重量小于500克。将这个重量从500减去之后的差就是装有伪造币的帽子的号码。比如，如果伪造币装在6号帽子里，由于硬币堆里有6枚硬币在这个帽子里，那么，秤上显示的总重量就是494克。将494从500减去之后的差是6，这就是装有伪造币的帽子的号码。

114...

打这个赌，每副牌你都会赢26元。每对扑克的确是一张红、一张黑。因为每堆扑克底部的扑克牌颜色不同，所以当你洗牌时，扑克牌都是交互排列的。你自己不妨试试看。但是，你只能洗一次牌。

115...

如果这3块表要再次在中午显示正确时间，那么，每天慢1分钟的那块表必须等到它慢24小时中的12个小时，而每天都快1分钟的那块表必须等到它快24小时中的12个小时。以每天1分钟的速度，那么这3块表要过整整720天才能再次在中午显示正确时间。

116...

这个题的答案与题本身一样，都有很长的历史了，即：人。当人是婴儿的时候，四肢着地；壮年时，用两条腿走路；年老时，走路就需要拐杖帮忙了。

117...

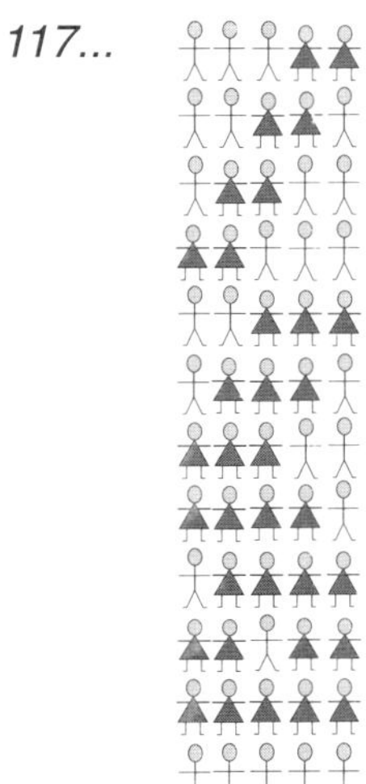

118...

可能的排列顺序应该是$6\times5\times4\times3=360$种。

119...

不可能做到。

120...

罗杰最少要从抽屉里拿出3只袜子。如果前两只正好搭配，他不会有疑问；如果不搭配的话，那么第3只袜子必定与前两只袜子中的1只搭配。

121...

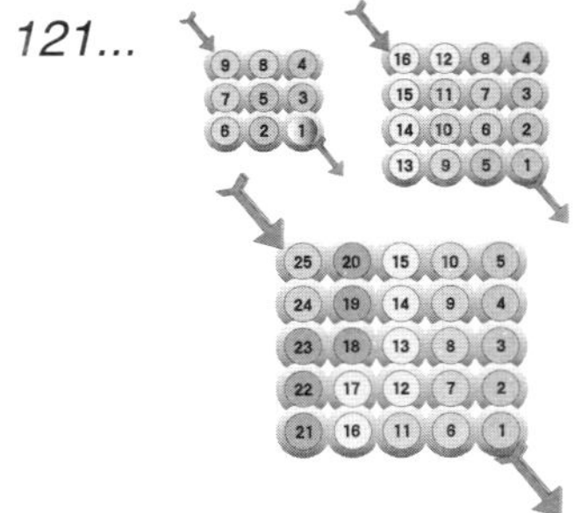

122...

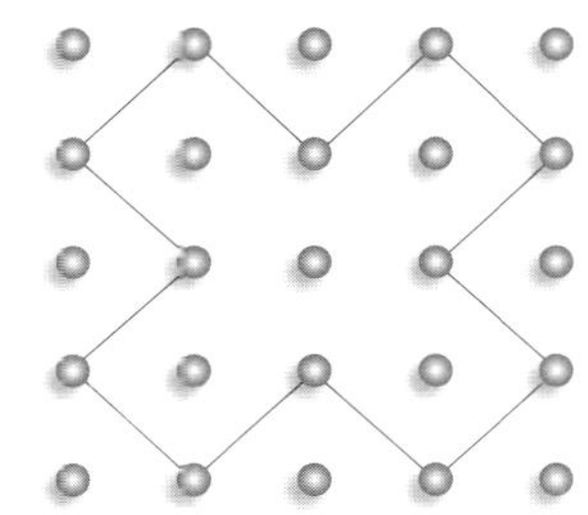

123...

满足条件的排列方法只有唯一的一种，如下图所示。

而如果有3对以上的夫妻，情况会发生很大的变化。下面列举了从3对到10对夫妻满足条件的排列数：

n=3............ 1
n=4............ 2
n=5.............13
n=6.............80
n=7............579
n=8...........4738
n=9..........43387
n=10........439792

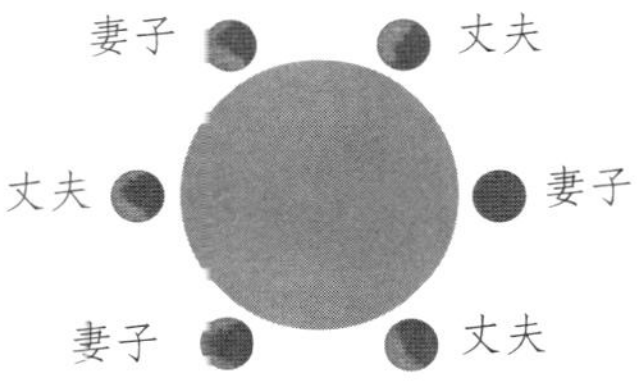

124...

不正确，随着水平面上升，指示标指向“干旱”。

125...

C公司。

126...

可以把每2个力相加，按顺序算出它们的合力，直到得到最后的作用力，或者把它们按照下面所示加起来。

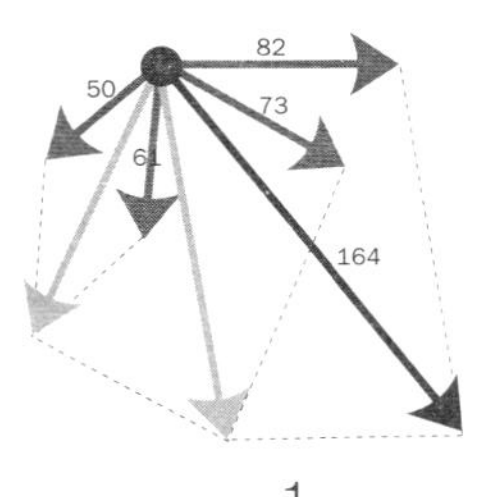

1

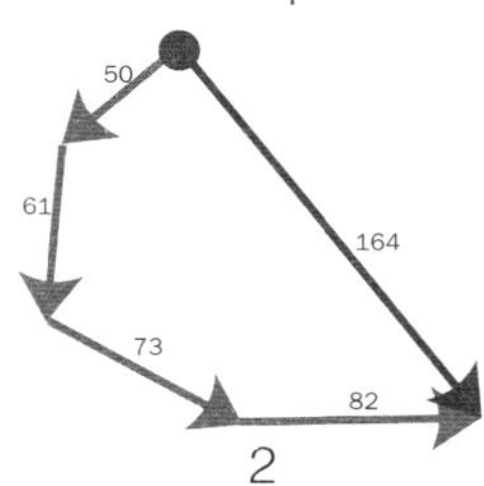

2

127...

有 6 种方法排列这 3 个盒子。

称 1 次可以在 2 种可能性中决定 1 个，称 2 次可以在 4 种可能性中选择，称 3 次可以在 8 种可能性中选择……

一般来说，“n”次称重将最多决定 2^n 种可能性。

在我们的题目中：

称重 1 次：A>B

称重 2 次：A<C

结论：C>A>B，问题就解决了。

如果第 2 步称重时：A>C

那么就有两种可能性：A>B>C 或 A>C>B，所以我们需要第 3 次称重来比较 B 和 C。所以最多需要称 3 次。

128...

D。每个多米诺骨牌数字（包括空白）在每行、每列中出现一次。

129...

三角形面积是 24 个平方单位，正方形面积为 36 个平方单位。

假设三角形面积为 X，我们可以得出这个方程式：3/4X=36/2，答案是 X=24。

130...

N 是既是左撇子同时也是右撇子的学生数。

7N 的人是左撇子，9N 的人是右撇子。

那　么 N+6N+8N=15N 即全班的学生数。

而右撇子在学生总数中所占的比例是 9N/15N，即 3/5，超过班上一半的人数。

131...

沿着地平线发射的炮弹将最先落地，然后是与地平线成 45° 角发射的炮弹，最后是与地平线成 90° 角的炮弹。

132...

假设没有摩擦力和空气阻力，这个球将以不断增加的速度一直下落直到到达地心。在那一点它将开始减速下落到另一边，然后停止，再无休止地重新下落。

133...

B。每个数字向顺时针方向移动该数字对应的次数。

134...

B。方框内图形的边应当每次增加一条边。如此推算，则 B 项中的图形应当有两条边才能符合规律。

135...

一个全满的圆。观察三角形顶角，从前一个到后一个，刚好增加 1/4 份。同样道理，比较各个三角形的下角，从前一个到后一个，也是刚好增加 1/4 份，全满后又重新开始。

136...

137...

转动纸张，空白面朝上，数字“2”在左上角。然后把右边向左折，这样数字“5”靠着数字“2”。现在，将下半部往上折，结果数字“4”靠着数字“5”。接下来将“4”和“5”向内折，位于数字“6”和“3”之间。最后，把数字“1”和“2”折到小数字堆上，到此一切结束。

138...

透镜 2 比透镜 1 更厚，因此经过透镜 2 的光线弯曲度更大，会聚太阳光也更强。如下图所示：

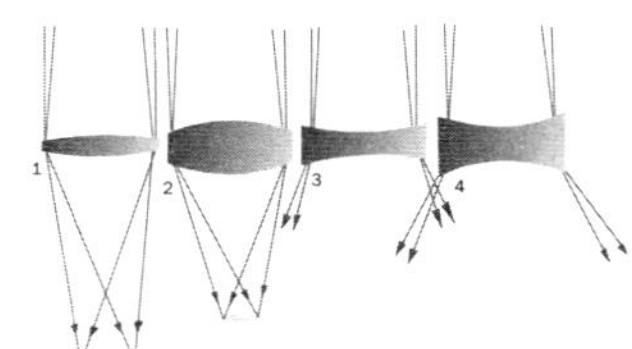

透镜 3 和透镜 4 都是凹透镜，它们根本不会会聚太阳光，因此它们下面的纸不可能燃起来。

139...

2。乘客行走的方向用平行四边形图示如下：

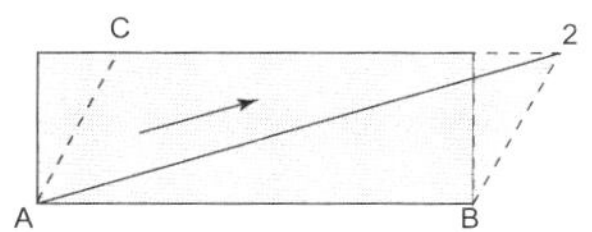

140...

K。在每行中，左右两边的数字相乘，所得结果等于中间 3 个字母的顺序值相加。

141...

3 个。方框内小球的值是由其在方框内的位置决定的：位于上边为 1，下边为 3，左边为 4，右边为 2。白色小圆的值等于 5。每个方框的值等于里面小圆的值的总和。

142...

B。这样每个横排和竖排上都有 10 个点。

143...

D。从左向右沿着每行移动，图中的圆围绕正方形的边顺时针方向移动 3 格，三角形沿着左上角和右下角的对角线往返移动，小星星从上到下以 Z 字形移动。

144...

下边的图已经画出了从 B 到 A 点的接线法，一共需要用去 233 厘米的电线。

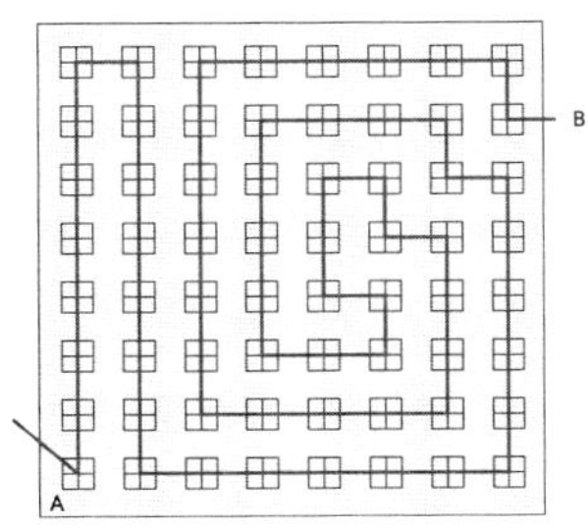

145...

1. F
2. B
3. E
4. F
5. C

146...

D。其他 3 个表格中的数字的总和都大于 100。

147...

如图将三角形的三个角分别向内折，中间形成一个长方形，这样 A，B，C 三个角加起来正好是一个平角，也就是相加之和等于 180°。

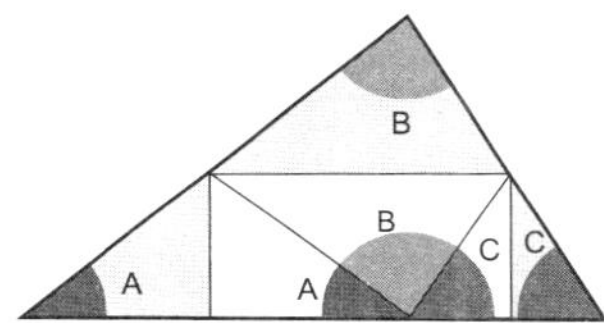

148...

人们总是习惯将“奶牛”、“白色”、“喝”与“牛奶”而不是“水”联系在一起。通过让人不断重复白色，你强化了这种联系。

149...

表 C 的值为 41。每个方格所代表的数字如表所示

16	9	8	1
15	10	7	2
14	11	6	3
13	12	5	4

150...

C。

151...

1. 圆形的数值为 2，五角星的数值为 3，三角形的数值为 5。所以天平 C 的右端需要放 4 个五角星才能平衡。

2. 五角星的数值为 1，三角形的数值为 3，圆形的数值为 6。所以天平 C 的右端需要放两个圆形才能平衡。

152...

两条对角线之间的度数是 60°。如果将第 3 个面的对角线——BC 连接起来，那么，就可以构成等边三角形 ABC。因为同是立方体对角线，所以它们的长度都相等。由于是等边三角形，所以每个角的度数都是 60°。

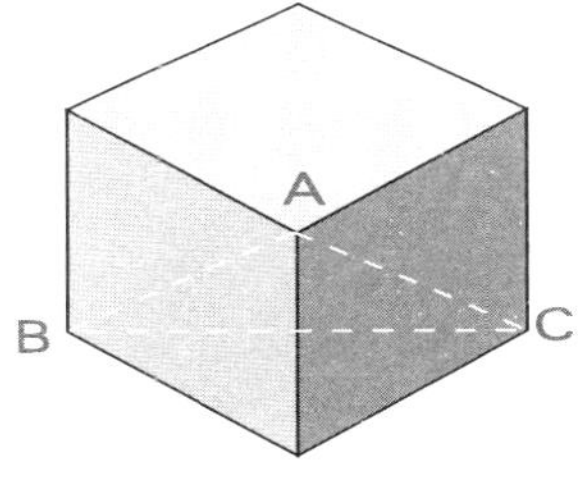

153...

2。其中的数字等于叠加在一起的面的数量。

154...

1 点 9 分 9 秒。

155...

B。圆点的位置每隔 4 个部分重复一次。

156...

最小的内接正三角形边长为 1，面积约为 0.4330；

最大的内接正三角形边长为 1.035，面积约为 0.4641。

内接正三角形的面积计

算公式是：$\frac{\sqrt{3}}{4}S^2$

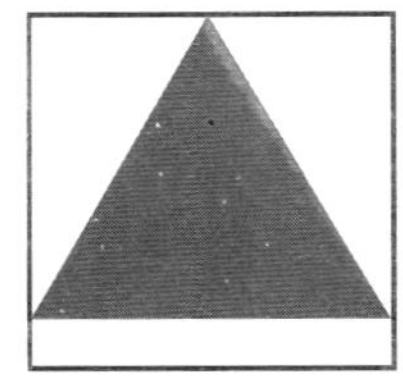
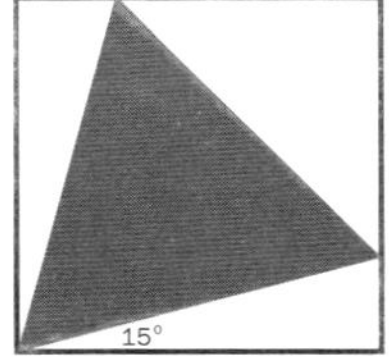

157...

这个地方是 5 号路与 4 号街的交叉点。

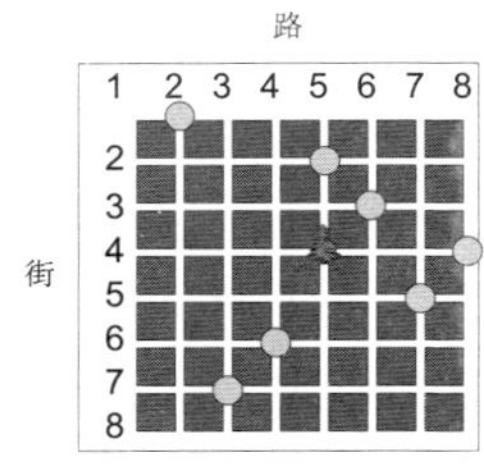

158...

直角三角形的内接正方形只有两个，摆放位置如图所示。而最大的是用深色标示出来的那个正方形。

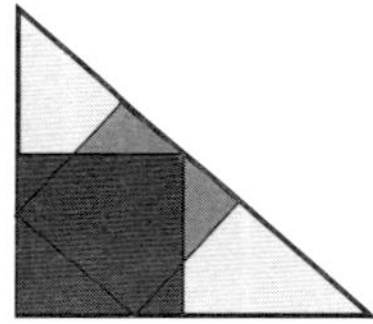

159...

将三角形任意两边的中点连结起来，这条线段与三角形的另一边所组成的长方形就是面积最大的内接长方形。锐角三角形有 3 个这样的内接长方形（形状不同，面积相同）；直角三角形有两个；钝角三角形只有一个。这个内接长方形的面积是三角形面积的一半，这一点用折纸很容易就能证明。

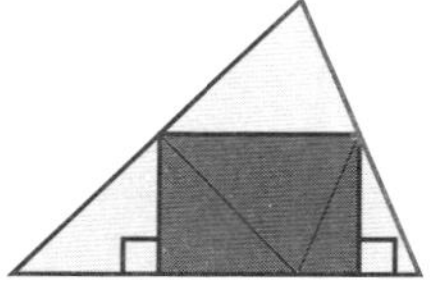

160...

砝码的重量是 2 个单位。由于它位于第 8 个单位的位置上，所以，它的重量需要 2 个单位（总重量为 8×2=16），才能维持系统的平衡。

左右两边的平衡关系如下：

（3×8+2×4）+（6×7）+（1×6+1×8）=（5×2+4×8）+（2×6+2×9）+（2×8）

161...

1236+873+706+257+82=3154，加起来可以精确地达到所要求的长度。

162...

D。秒钟数朝前走 30，朝后走 15，交替变化。分钟数朝后走 10，朝前走 5，交替变化。时钟数朝前走 2，朝后走 1，交替变化。

163...

6：50。分针分别朝后走 5、10、15 分，而时针分别朝前走 1、2、3 个小时。

164...

D。

165...

A。

166...

3 4 6 7

2 8 10

6 14

167...

所需数值是 6。右边盒子在秤上显示的重量是 9 个单位，而左边则是 3 个单位。所以，6×9（54）与 18×3（54）可以使秤的两边保持平衡。

168...

49 米。她在各段路上行走的路程依次如下：

A=9 米；B=8 米；C=8 米；D=6 米；E=6 米；F=4 米；G=4 米；H=2 米；I=2 米。

一共 49 米。

169...

3 只瓢虫有 125 种方式降落在 5 朵不同

的花朵上。将3个物体分配在5个“碟子”上的不同的分法是K^n，即5^3=125种。

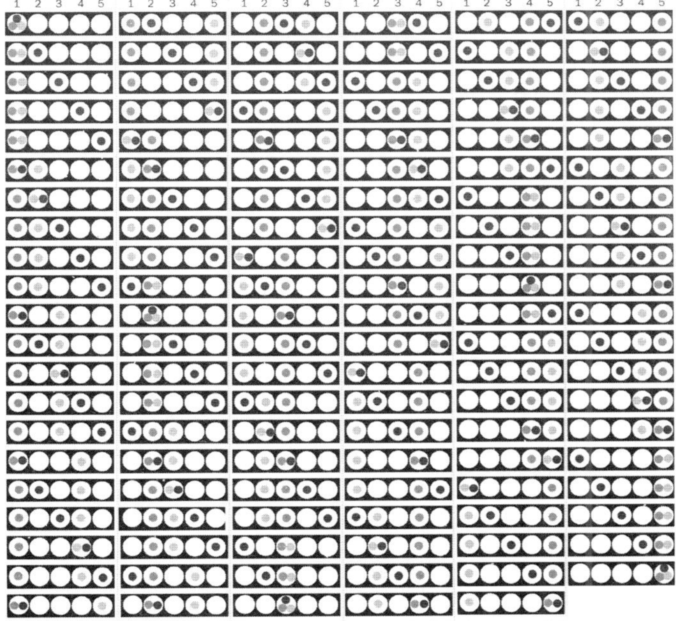

170...

6个烧瓶的总容积是98个单位容积（98被3除余数为2）。

空烧瓶的容积必须是被3除余数为2的1个数（因为蓝色的液体是红色液体总量的2倍），而在已给出的6个数中，只有20满足这一条件，因此容积为20的是空烧瓶。剩下的5个烧瓶的总容积为78，它的1/3应该为红色液体，即26；剩下的52为蓝色液体。由此得到最后的结果，如图所示：

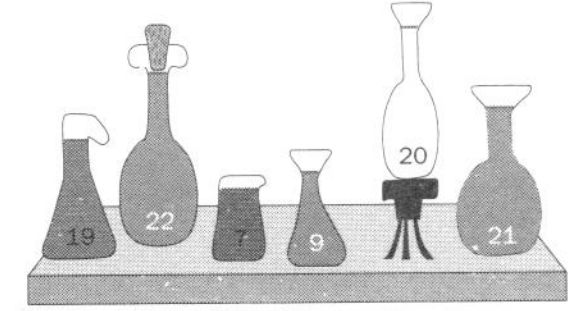

171...

这道题的标题已经告诉你应该怎样面对如下的3道题了：

①一样远。

②6次敲钟共用30秒钟，因此12次敲钟需要60秒钟——通常人们会这么想。但是当钟敲到第6下时，每两次敲钟之间的停顿共5次，每次停顿是30÷5=6秒。第1次与第12次敲钟之间共有11次停顿，那么，12次敲钟一共需要66秒。

③总会有一架飞机经过假设的3个点。

172...

以下是其中的一种答案：

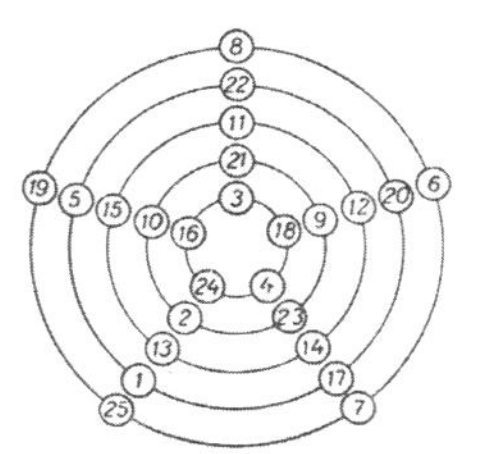

173...

2分（“偶数”面值）硬币在：

左手

右手（×3）奇数×3=奇数

左手（×2）奇数×2=偶数

和：奇数+偶数=奇数

右手

偶数×3=偶数

偶数×2=偶数

和：偶数+偶数=偶数

如果乘以3和2以外的其他奇数和偶数，这个小陷阱依然成立。

174...

221个银币。如果把你的库克拉全部换成金币的话，你可以换到40×7=280。但是只剩下161个金币，还缺少280−161=119个金币。剩下的只能用银币补充。金币和银币的价值比为：13:7。

13 : 7=X : 119

7X=1547

X=221

175...

概率分别为$\frac{343}{1000}$；$\frac{7}{24}$。

如果仅仅是从包里的10个球中拿出1个绿球，那么总共是$\frac{7}{10}$的概率。所以在把球放回去的情况下，3次都拿到绿球的概率是$\frac{7}{10}\times\frac{7}{10}\times\frac{7}{10}=\frac{343}{1000}$。

如果不把球放进去，第1次拿绿球的概率是$\frac{7}{10}$；第2次拿绿球的概率是$\frac{6}{9}$；第3次则是$\frac{5}{8}$。所以概率是$\frac{7}{10}\times\frac{6}{9}\times\frac{5}{8}=\frac{7}{24}$。

176...

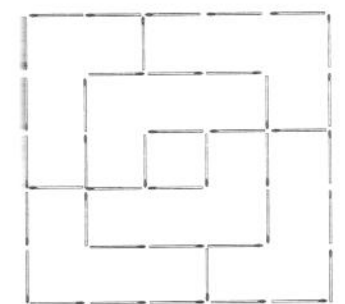

177...

如下图所示，用6个1号图形的毛坯可以拼成矩形。

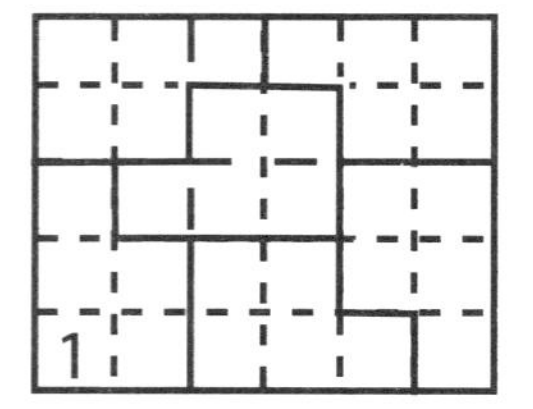

其他6种图形的切分法见下图。

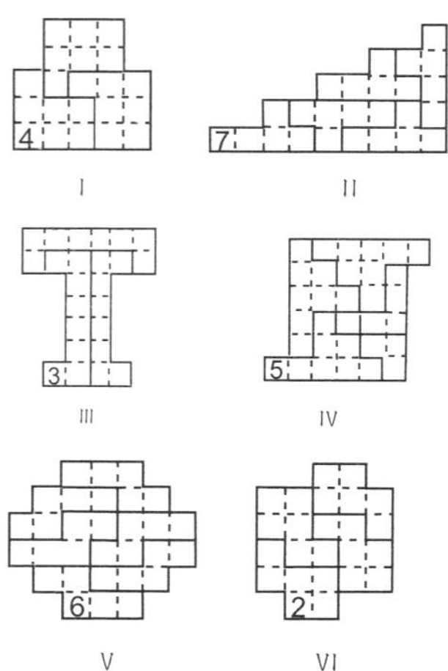

178...

答案如下图所示：

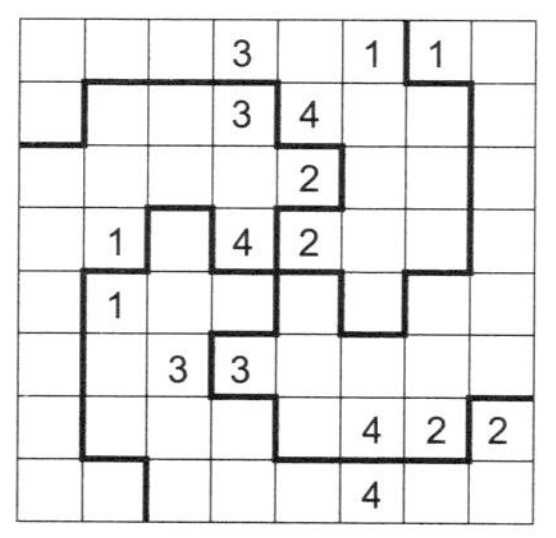

179...

这些数字系统看起来可能是这个样子：

1，2，3，4，5，6，7，8，9，◇，☆，※，10

（这里我们可以用任意的标志来表示原来的10，11和12。）原来的13变成了10。如果你选择还把10称为10，那么新的标志就要起个新的名字了。别的含有新标志的数字也是一样的。

180...

目标距离A点75英里，距离B点90英里。用圆规在刻度计上截取75英里长的长度，然后以A为圆心画个弧形。接着用圆规在刻度计上截取90英里长的长度，然后以B为圆心画个弧形。目标就在两个圆弧相交的海平面的交点上。

181...

下图是一种答案：

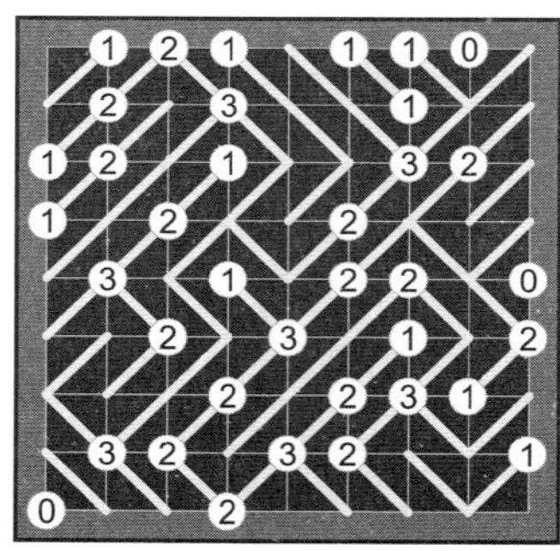

182...

把铅弹放入罐子中，然后向罐子中加满水，水会占满各个铅弹之间的间隙。把铅弹拿出来，计算罐子中水的体积，然后用罐子的体积减去水的体积就可以得出铅弹的体积。

183...

骰子相对的两面数字之和等于7，所以，下面两个骰子隐藏的面的数字之和等于7+7=14。最上面的骰子的底面的数字是3（用7减去上面的数字4）。由此可以得出，隐藏的5个面的数字之和为：14+3=17。

184...

设A是原来的三位数。因为骰子相对的两面的数字之和等于7，则第2个数字是777−A，那么，六位数字就是1000A+777−A=999A+777=111(9A+7)。把这个数除以111后减去7，得出的数再除以9，就可以求出A是多少。例子中的算法是朋友将254523÷111=2293的最终结果告诉了你，你就可以算出结果了。2293−7=2286，2286÷9=254。

185...

这道题我们用逆推法来做。懒人第3次过桥时，他只有12元钱。12元钱加上第2次过桥后给魔鬼的24元钱，那么他第2次过桥后有36元钱。因此，他在第2次过桥之前有18元钱。用18元钱加上他第1次过桥后给魔鬼的24元钱，他第1次过桥后共有42元钱。那么，他原来身上有21元钱。

186...

如图：∠X=90°。

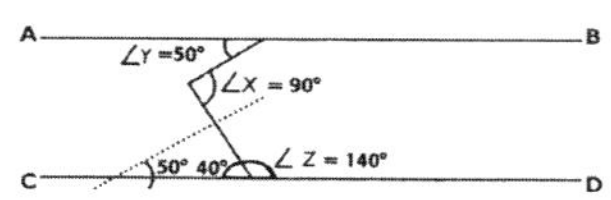

187...

首先，测量瓶子内液体的高度。然后，将瓶子颠倒，并测量瓶子内空气柱的高度。将这两个高度相加，便得出一个虚构圆柱体的高度。现在，用液体的高度除以圆柱体的高度，这样便可以得出瓶内液体体积所占瓶子的百分比。如果虚构圆柱体的高度是 5 厘米，而液体高度是 4 厘米，那么，用 4 除以 5，得出 80%，即液体体积所占的百分比。

188...

在大哥把自己的苹果分给 2 个弟弟之前，他有 16 个苹果，所以他分给二弟和小弟苹果各 4 个。在二哥分苹果之前，他的苹果数目是 8 个，这就是说大哥有了 $16-\frac{1}{2}\times4=14$ 个，小弟有 2 个苹果。在小弟分苹果之前，他有 4 个苹果，而二哥有 $8-\frac{1}{2}\times2=7$ 个苹果，大哥有 13 个苹果。由于每个人得到的苹果数与他们 3 年前各自的年龄相等。

所以，小弟今年 7 岁，二哥 10 岁，大哥 16 岁。

189...

设最后每个男孩各有 x 个蘑菇。那么玛露西亚给了柯里（x−2）个蘑菇，给了安德$\frac{1}{2}$x 个蘑菇，给了瓦尼亚（x+2）个蘑菇，给了佩提亚 2x 个蘑菇。由题可得：

$$x-2+\frac{1}{2}x+x+2+2x=45$$

$$4\frac{1}{2}x=45$$

$$x=10$$

所以，玛露西亚分给柯里 8 个蘑菇，安德 5 个蘑菇，瓦尼亚 12 个蘑菇，佩提亚 20 个蘑菇。

190...

任意一个四位数可以写做：

1000a+100b+10c+d

将第 1 位转换到最后：

1000b+100c+10d+a

两式之和：

1001a+1100b+110c+11d

很明显，这个方程式能够被 11 整除，而 4 个孩子的答案中只有托里亚说的数字能够被 11 整除。

191...

	甲	乙	丙
起初	4n	7n	13n
第 1 步以后	8n	14n	2n
第 2 步以后	16n	4n	4n
第 3 步以后	8n	8n	8n

第 3 步以后每个人手中的硬币数都是甲原来拥有的硬币数的 2 倍。那么剩下的算法就很简单了。

192...

这个物体共有 54 块外部表面（相当于 9 个立方体的表面）。由于每个立方体需要 2 升的油漆，所以总共需要 9×2=18 升油漆来涂整个物体表面。

193...

这 3 只鸟是 25，6，19。

194...

如果将射击的结果列表，我们就会明白只有一种方法可以将这 18 次射击结果平均分给 3 个人。

安德沙	25	20	20	3	2	1
波莱雅	25	20	10	10	5	1
迪　亚	50	10	5	3	2	1

第 1 行是安德沙的射击成绩，其中两个数字之和等于 22 环。第 1 行和第 3 行中有 3 环的成绩。第 3 行是迪亚的射击成绩，他射中了靶心。

195...

房屋的施工人员忘记把门牌号安装在各个单元内的各个房间上。他们在五金店把这些号码以每个 1 元出售。因为弗莱尔·布莱尔庄园只有 9 个单元，每间房屋只需要 1 个号码。因此，4 个顾客买 4 个号码一共要花 4 元。

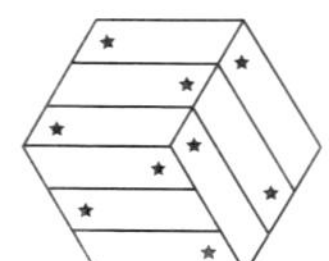